国家图书馆藏
辛亥革命图书目录提要

上

主　编　刘　瑛
副主编　赵建爽　余学玲

國家圖書館出版社

图书在版编目（CIP）数据

国家图书馆藏辛亥革命图书目录提要/刘瑛主编. —北京：国家图书馆出版社，2011.8

ISBN 978-7-5013-3882-5

Ⅰ. ①国… Ⅱ. ①刘… Ⅲ. ①辛亥革命-图书目录-中国 Ⅳ. Z88：K257

中国版本图书馆 CIP 数据核字（2010）第 264926 号

ISBN 978-7-5013-3882-5

9 787501 338825 >

书　　名　国家图书馆藏辛亥革命图书目录提要（全二册）

著　　者　刘瑛　主编

责任编辑　殷梦霞　邓咏秋

封面设计　九雅工作室

出　　版　国家图书馆出版社（100034　北京市西城区文津街 7 号）

发　　行　（010）66139745，66175620，66126153

　　　　　66174391（传真），66126156（门市部）

E-mail　btsfxb@nlc.gov.cn（邮购）

Website　www.nlcpress.com（投稿）

经　　销　新华书店

印　　刷　河北三河弘翰印务有限公司

开　　本　880×1230 毫米　1/16

字　　数　900 千字

印　　张　正文 53　彩页 1

版　　次　2011 年 8 月第 1 版　2011 年 8 月第 1 次印刷

书　　号　ISBN 978-7-5013-3882-5

定　　价　1200.00 元

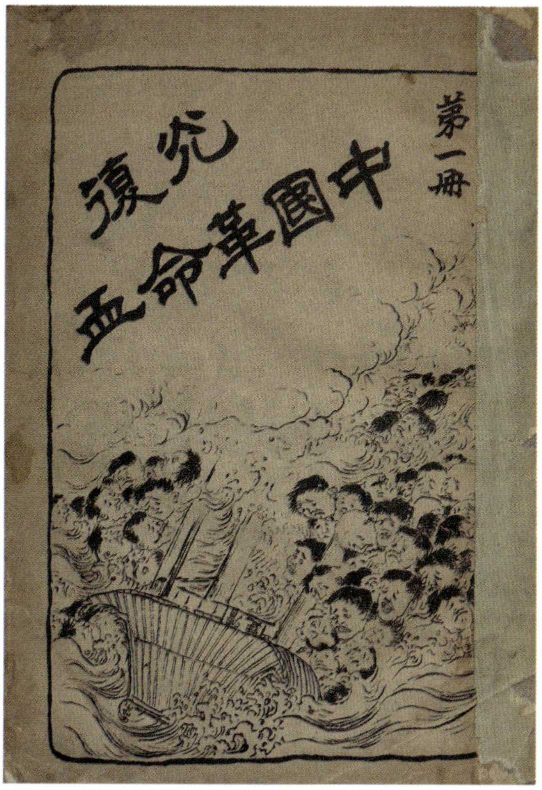

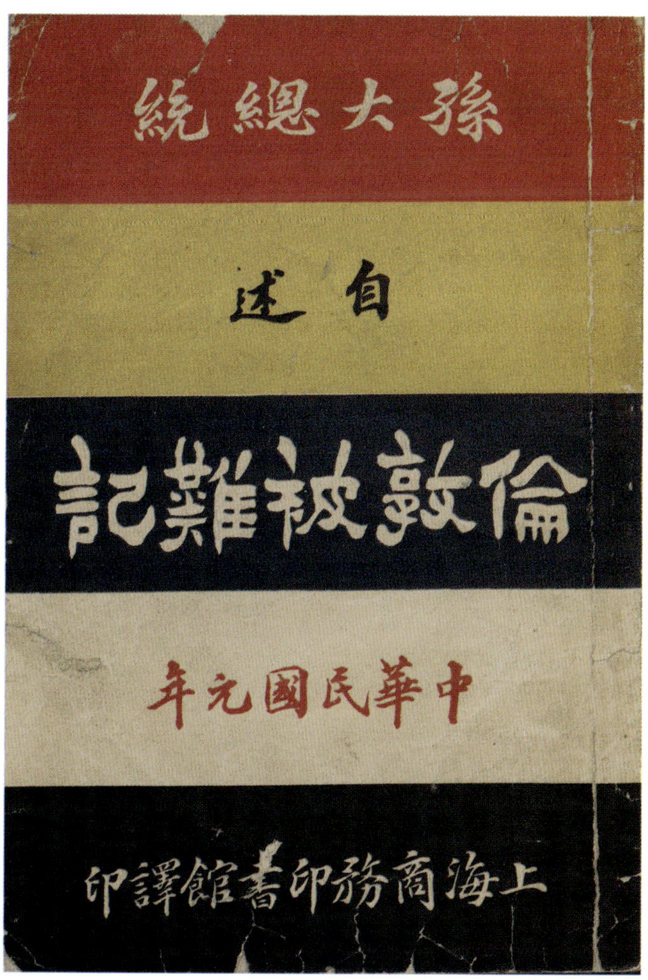

1《光复中国革命血》 第一册，何魄征编，共和书室，1911年

2《五十日见闻录》，朱通儒著，北京通报馆，1912年

3《伦敦被难记》，孙中山著，甘永龙编译，商务印书馆，1911年

1|2

3

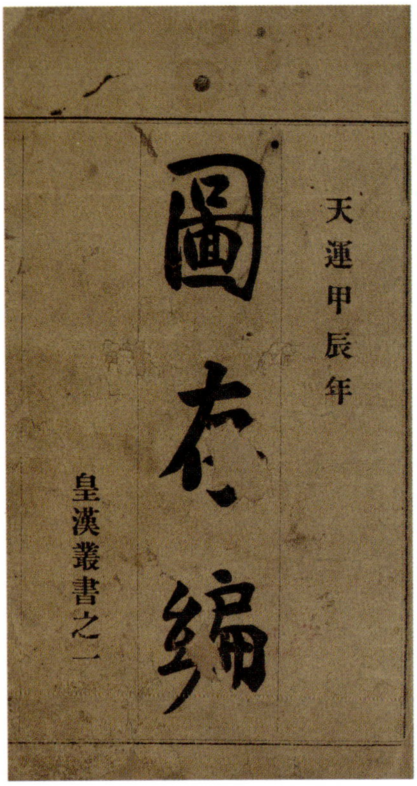

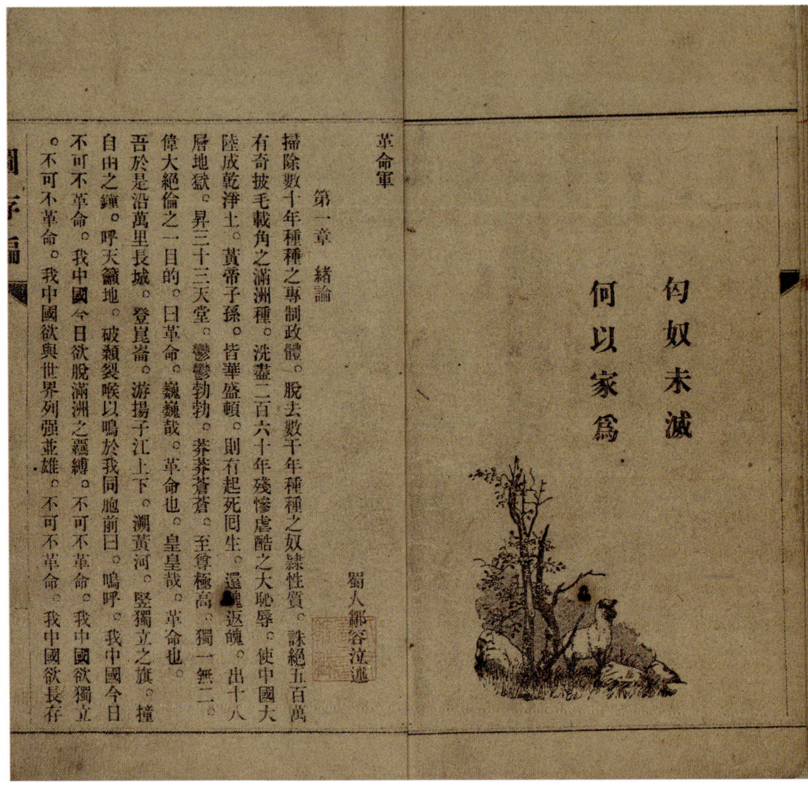
革命軍

蜀人鄒容泣述

第一章 緒論

掃除數千年種種之專制政體。脫去數千年種種之奴隸性質。誅絕五百萬有奇披毛戴角之滿洲種。洗盡二百六十年殘慘虐酷之大恥辱。使中國大陸成乾淨土。黃帝子孫。皆華盛頓。則有起死回生。還魂返魄。出十八層地獄。昇三十三天堂。鬱鬱勃勃。莽莽蒼蒼。至尊極高。獨一無二。偉大絕倫之一目的。曰革命。巍巍哉。革命也。皇皇哉。革命也。

吾於是沿萬里長城。登崑崙。游揚子江上下。溯黃河。豎獨立之旗。撞自由之鐘。呼天籲地。破顙裂喉以鳴於我同胞前曰。嗚呼。我中國今日不可不革命。我中國今日欲脫滿洲之羈縛。不可不革命。我中國欲獨立。不可不革命。我中國欲與世界列強並雄。不可不革命。我中國欲長存

匈奴未滅 何以家爲

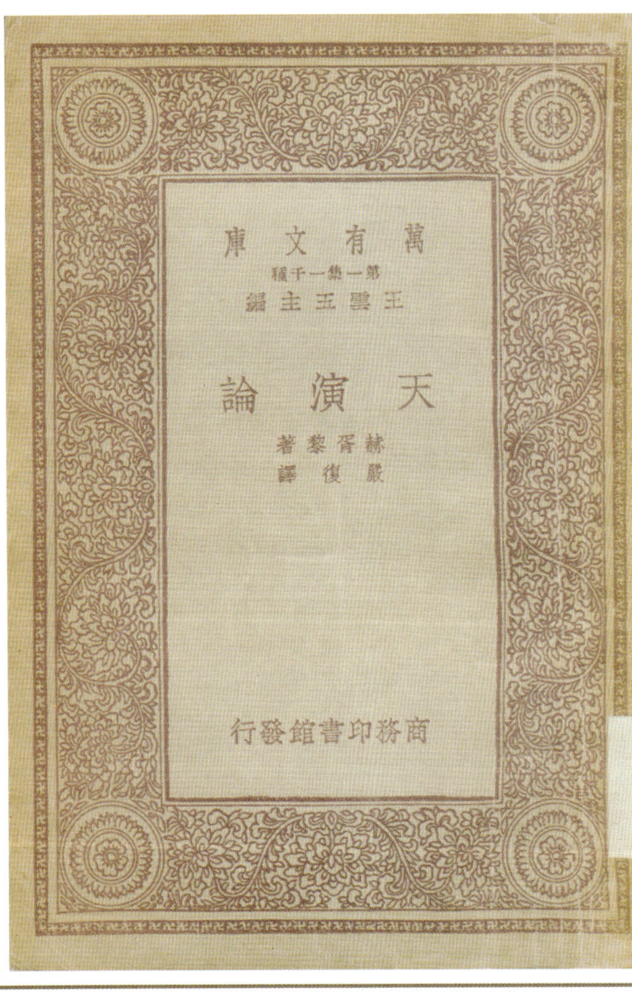

1《革命军》（伪装本）封面，邹容著，出版者不详，1904年

2《革命军》内页，邹容著，出版者不详，1904年

3《天演论》，赫胥黎著，严复译，商务印书馆，1933年

1|2
3|

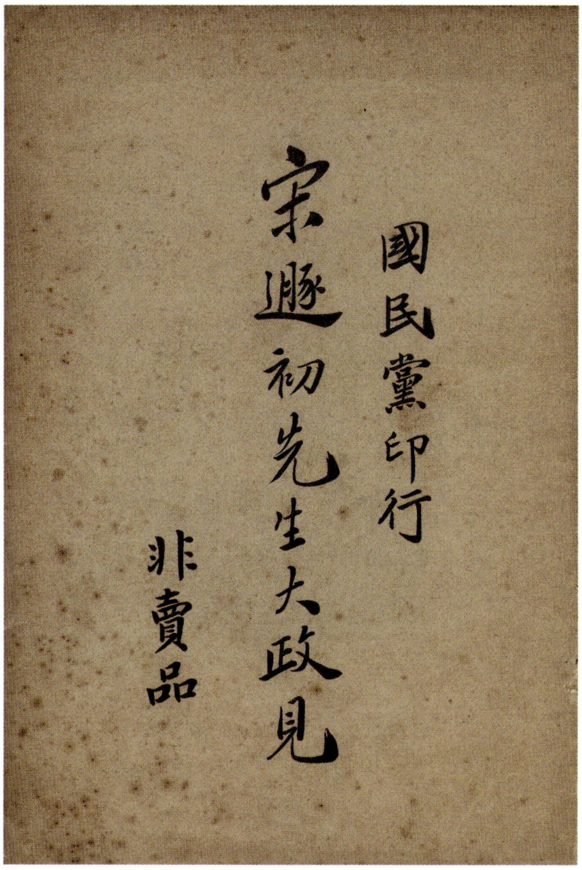

1《宋遁初先生大政见》，宋教仁著，出版者不详，出版年不详

2《宋渔父》第一集前编，徐血儿、邵力子、杨千里等编，民立报馆，1913年

3《宋渔父》第一集后编，徐血儿、邵力子、杨千里等编，民立报馆，1913年

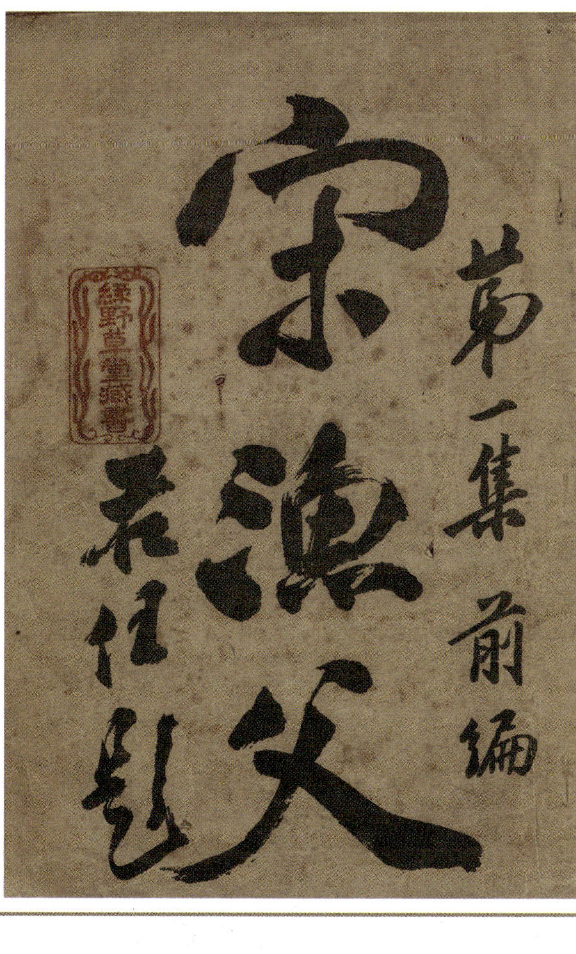

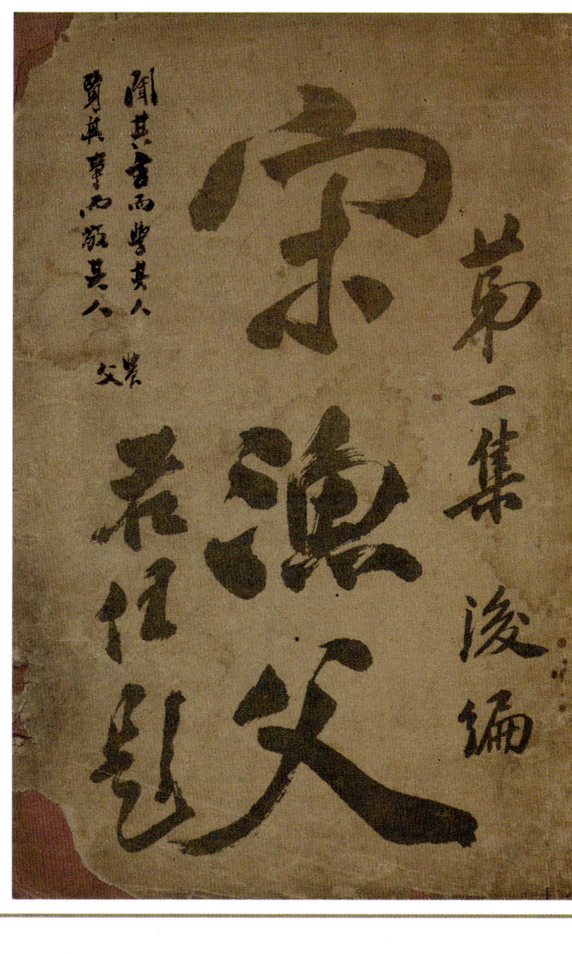

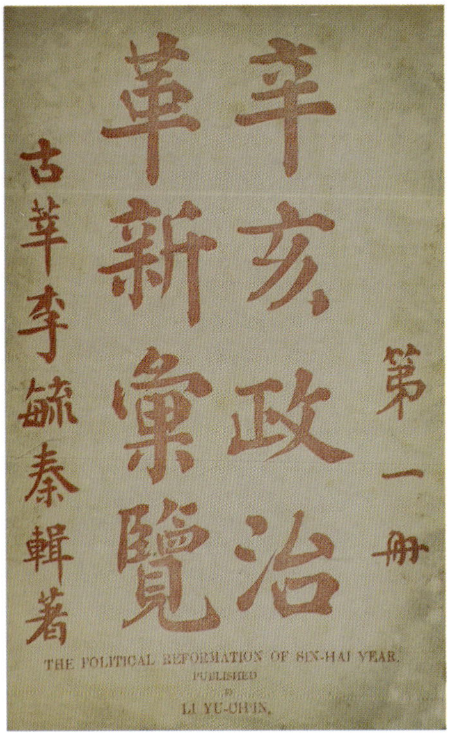

1《辛亥政治革新汇览》第一册，李毓秦辑，著者刊，1911年

2《辛亥革命》，储祎编，大众书局，1936年

3《流血女杰秋瑾》，复汉社编，上海书局，1907年

4《廖仲恺先生哀思录》，周恩来、邓中夏著，仲恺先生纪念筹备委员会编，仲恺先生纪念筹备委员会，1925年

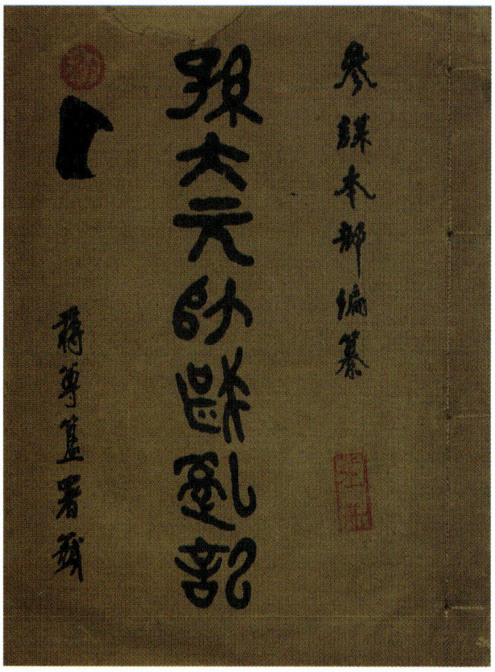

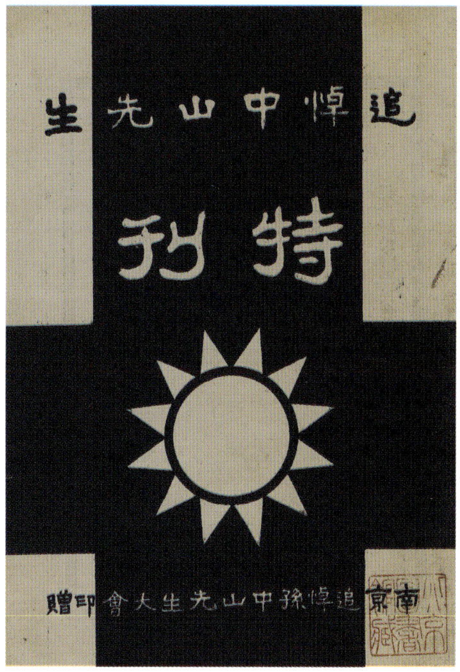

1《孙大元帅戡乱记》，李烈钧总纂，国民革命军参谋本部编纂，广东测量局，1924年

2《追悼中山先生特刊》，南京追悼孙中山先生大会编，南京追悼孙中山先生大会，1925年

3《三民主义》，孙文著，金井宽三译，改造社，1938年

1《黄花冈七十二烈士事略》，朱执信、邹鲁编，出版者不详，1922年

2《辛亥殉难记》，吴子修著，金息侯增订，增订者自刊，1930年，3版

3《辛亥殉难记》，吴子修著，金息侯增订，增订者自刊，出版年不详

1
2 3

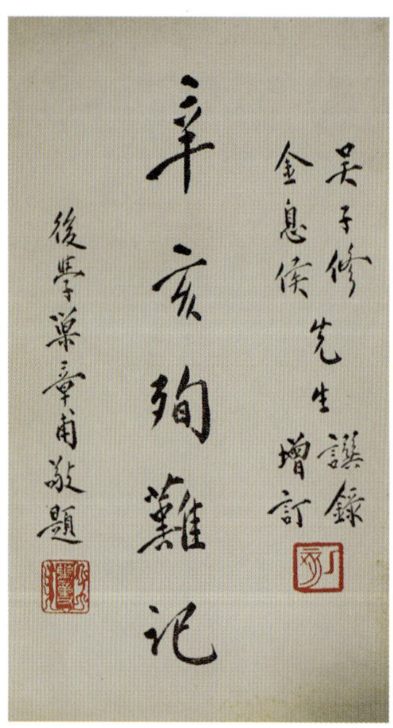

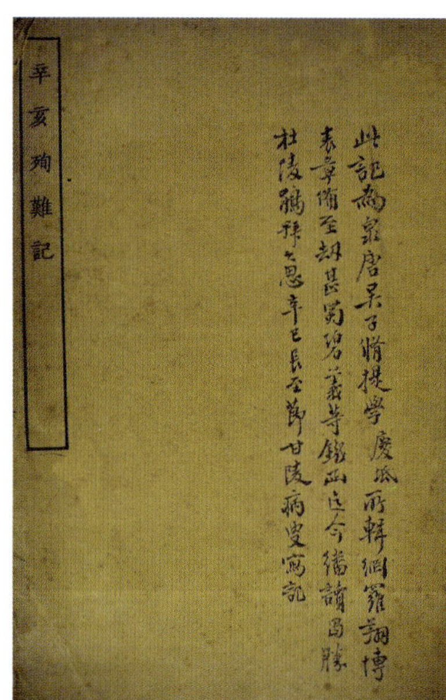

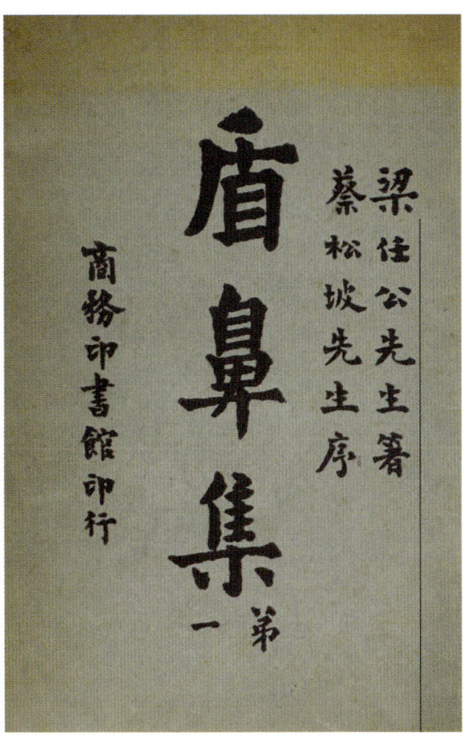

1《春航集》，柳亚子编，广益书局，1913年

2《盾鼻集》，梁启超著，商务印书馆，1916年

3《三十三年落花梦》，宫崎寅藏著，王文英标点，大达图书供应社，1934年，初版

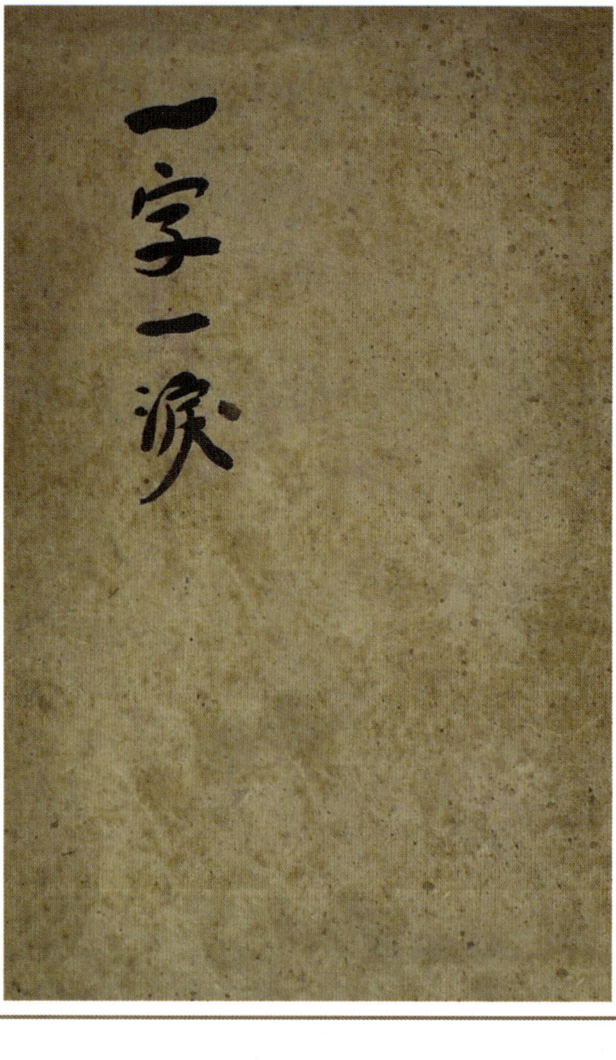

1《徐世昌》，沃丘仲子著，崇文书局，1918年
2《一字一泪》，三余书社编辑，三余书社，1912年

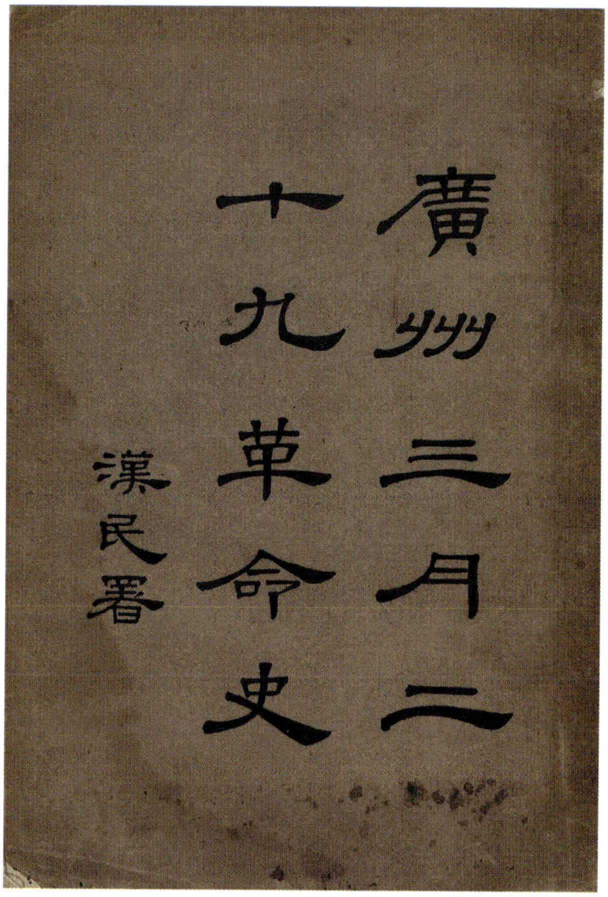

1《广州三月二十九革命史》，邹鲁编，明智书局，1930年，再版

2《大革命写真画》第五集，商务印书馆编译所编辑，商务印书馆，1912年

1
2

1《辛亥革命史丛刊》第一辑，《辛亥革命史丛刊》编辑组编，中华书局，1980年

2《无锡光复志》，钱基博撰，出版者不详，1913年

3《浙军杭州光复记》，浙军第四十九旅司令部编，浙军第四十九旅司令部，1912年

1
2 3

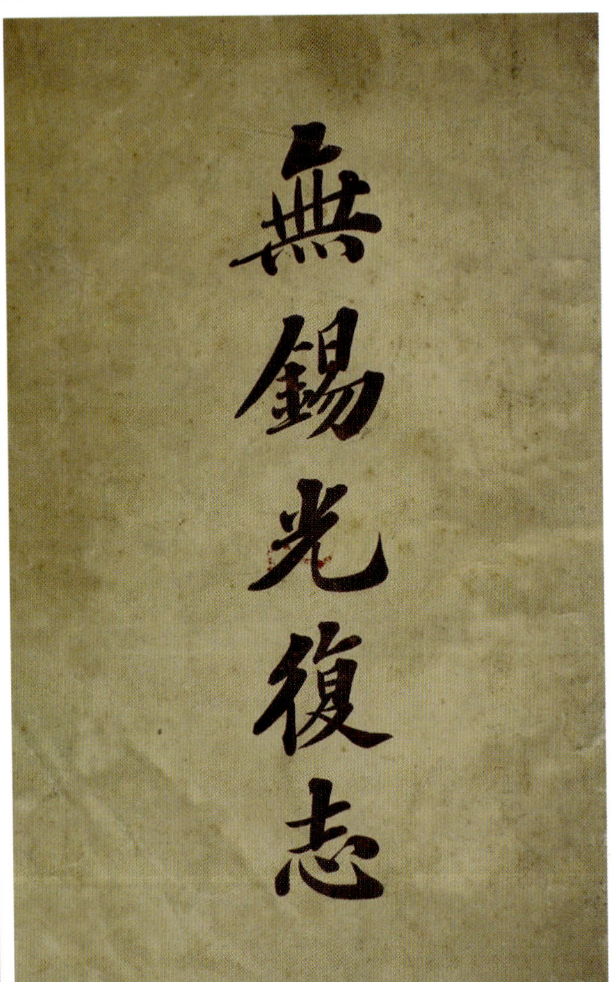

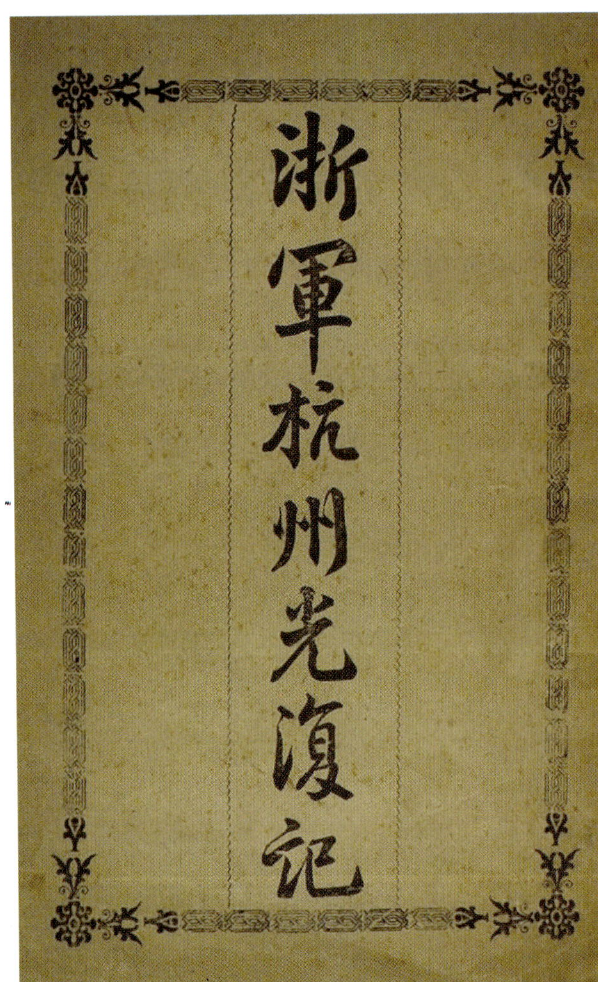

1《辛亥首义回忆录》第一辑，中国人民政治协商会议湖北省委员会编，湖北人民出版社，1957年

2《武昌起义》，章开沅编写，中华书局，1964年

3《辛亥武昌首义人物传》（上、下册），贺觉非编著，中华书局，1982年

1 | 2 3

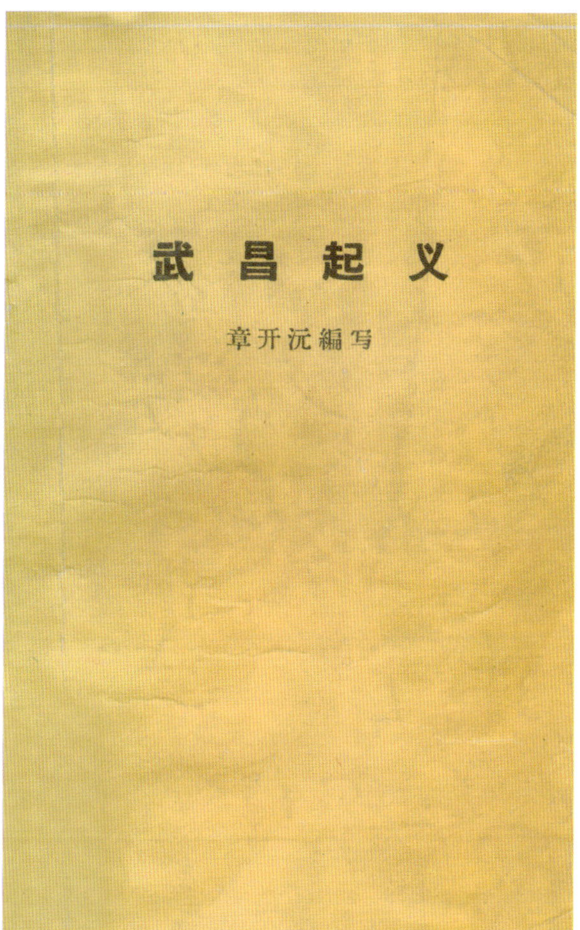

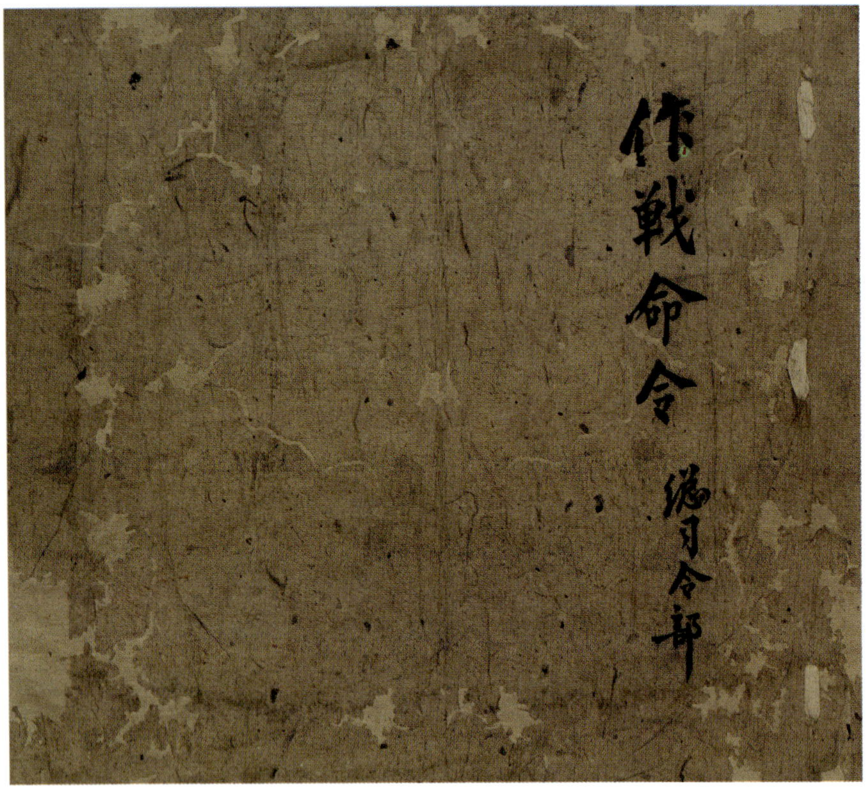

1 2 3

1《作战命令》，蔡锷等颁布，出版者不详，1916年，墨笔抄本
2《中华民国开国史》，谷钟秀著，上海泰东图书局，1914年
3《华侨革命开国史》，冯自由著，商务印书馆，1947年，沪初版

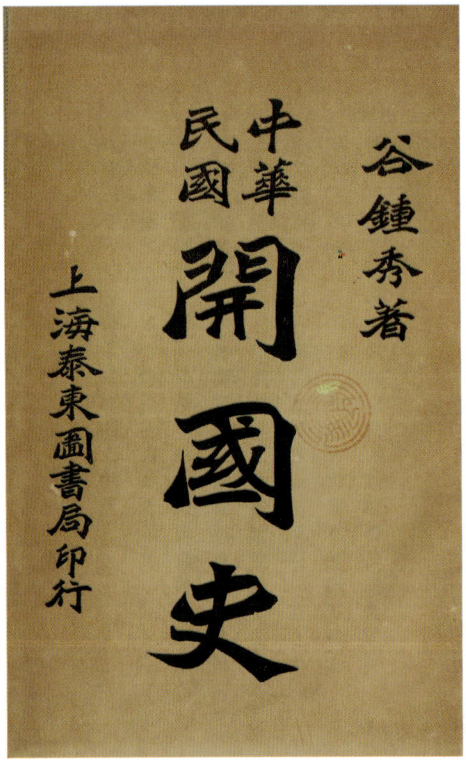

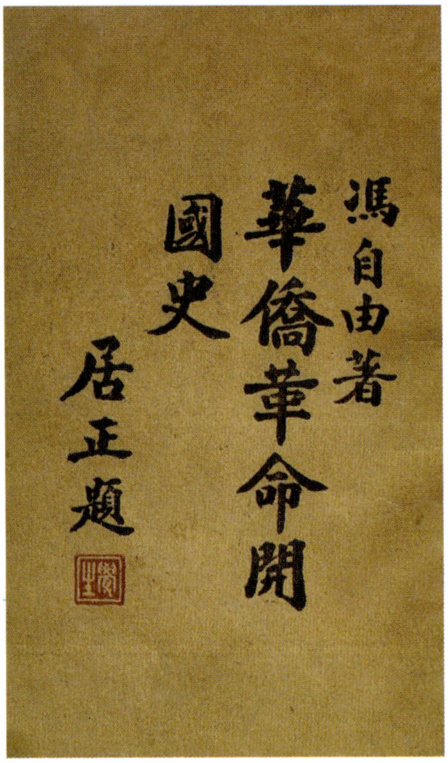

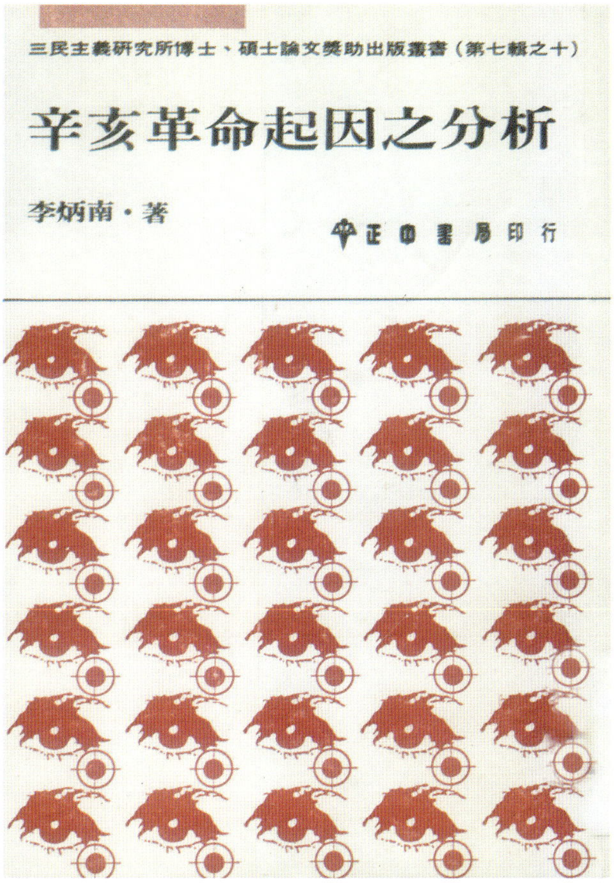

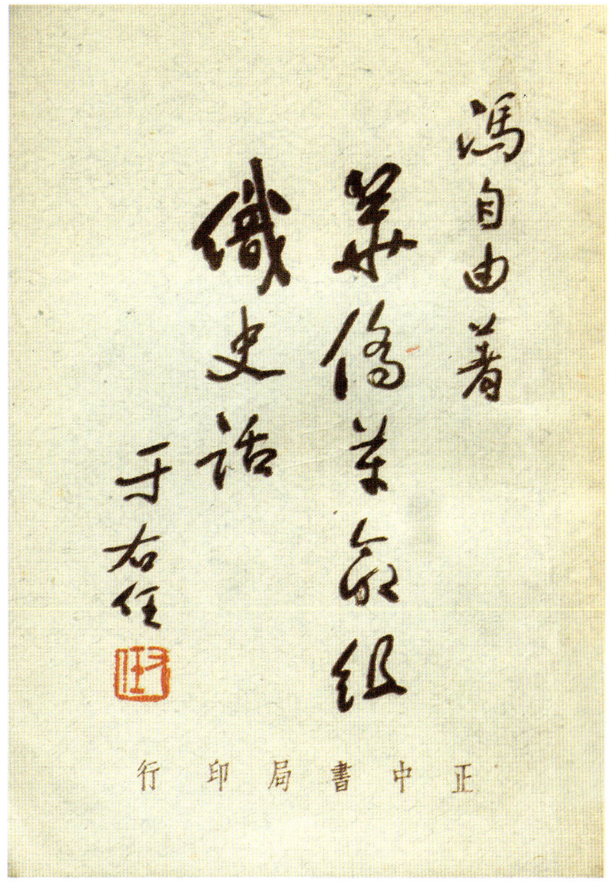

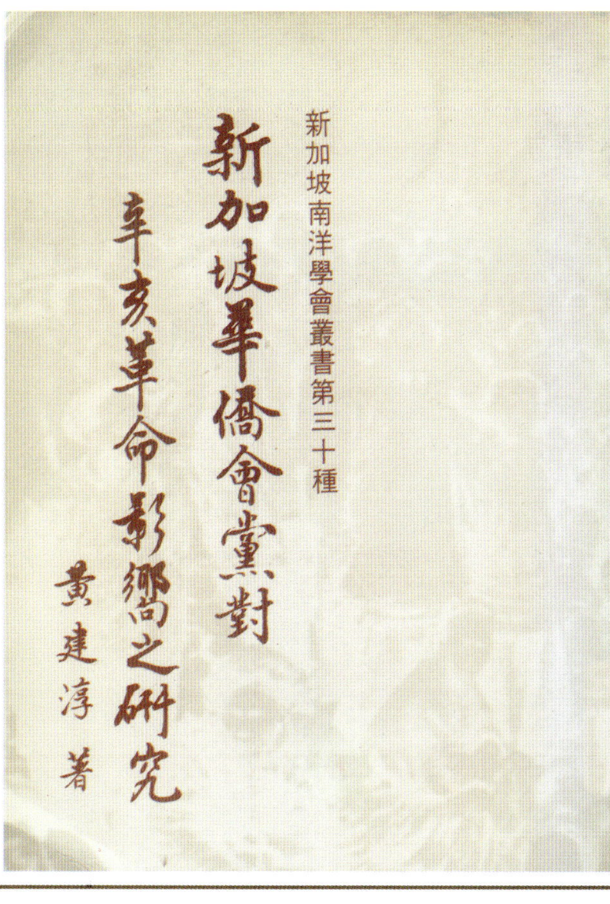

1《辛亥革命起因之分析》，李炳南著，正中书局，1987年

2《华侨革命组织史话》，冯自由著，正中书局，1954年

3《新加坡华侨会党对辛亥革命影响之研究》，黄建淳著，新加坡南洋学会，1988年

1 2

3

1《国耻》上、下册，知耻社编，知耻社，1915年

2《中国革命史》，贝华编，光明书局，1926年，再版

3《辛亥革命史稿》（第二卷，中国同盟会），金冲及、胡绳武著，上海人民出版社，1985年

1
2 3

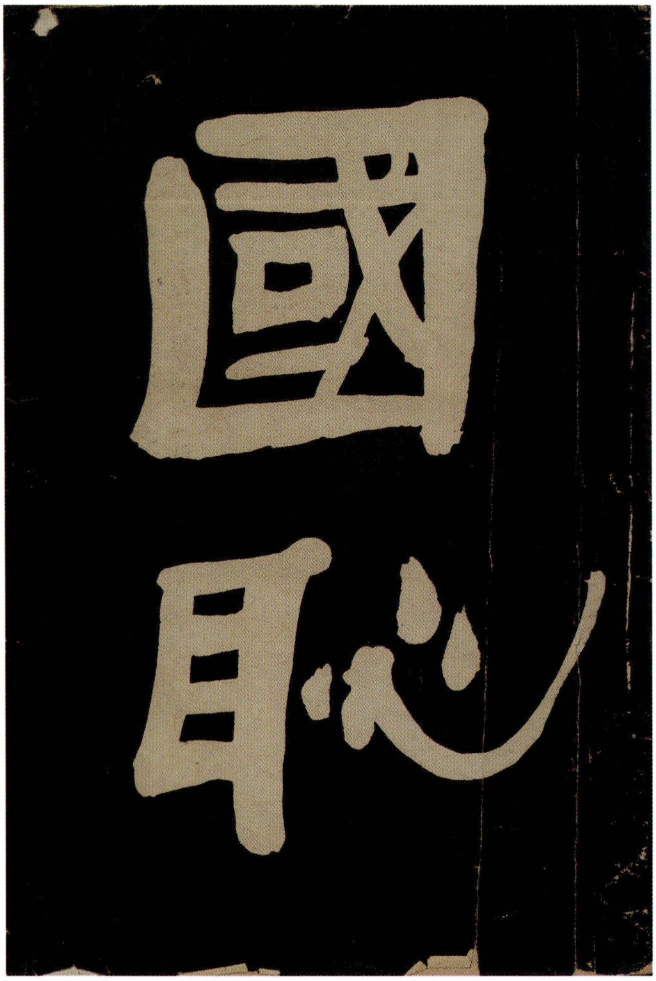

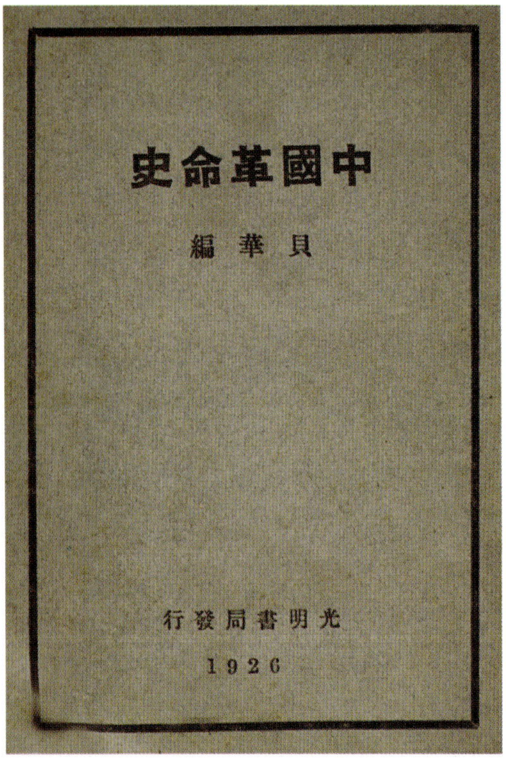

1《新大陆游记》，梁启超主编，新民丛报社，1904年

2《中国最近三十年史》，陈功甫编，商务印书馆，1934年，国难后再版、复制本

3《中国青年会半夜学堂辛亥简章》：中英文合璧，费吴生订定，中国青年会半夜学堂，1912年

4《辛亥革命史研究备要》，林增平、郭汉民、饶怀民主编，湖南出版社，1991年

1
2|3|4

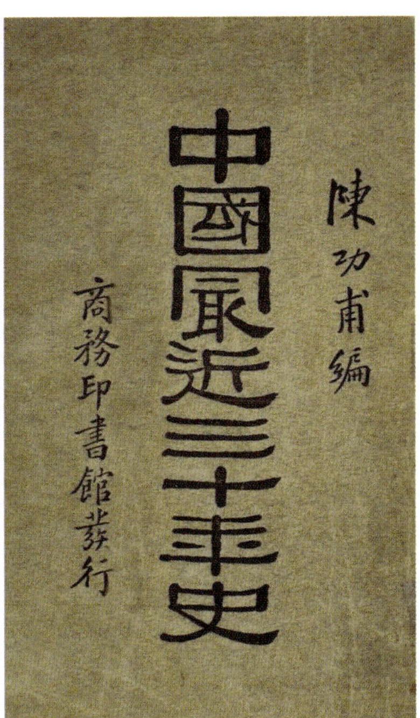

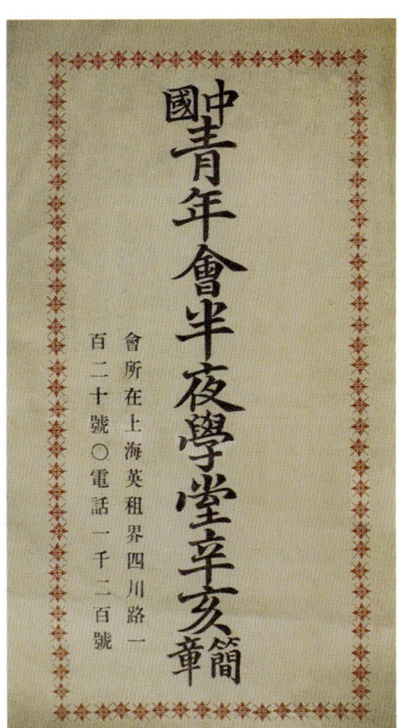

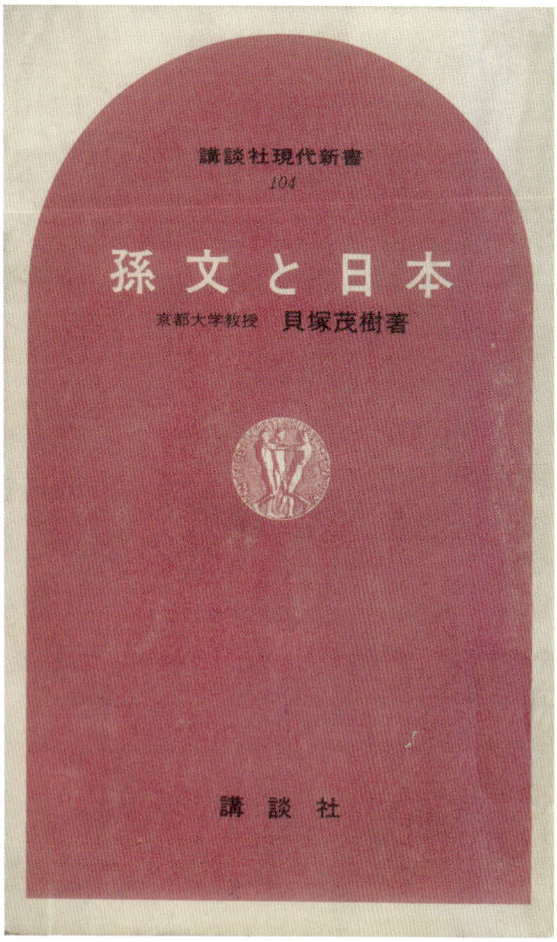

1|2
3|

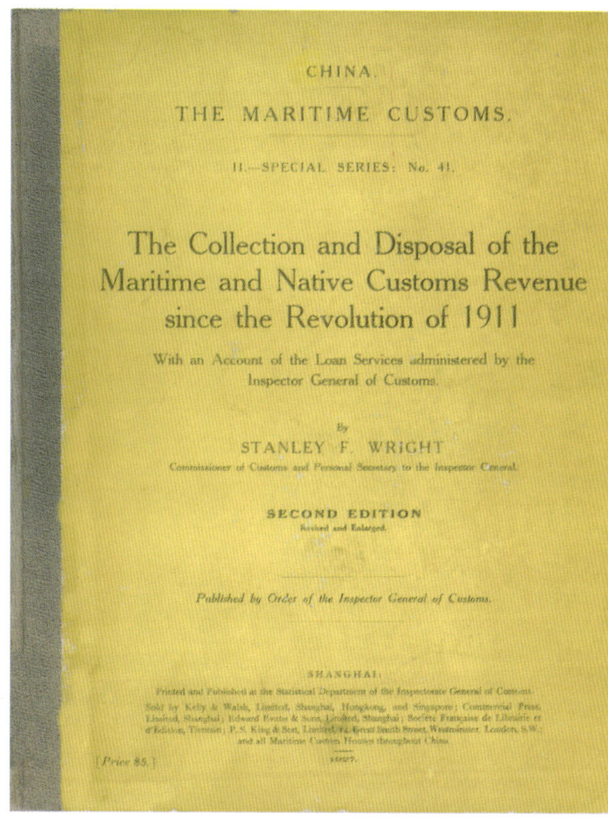

1《孙文与日本》，（日）贝冢茂树著，讲谈社，1967年

2《辛亥革命以来海关和常关税收的征收与处理》，（英）魏尔特，海关稽查总局统计处，1927年，再版

3《辛亥革命以来中国海关的税收》，（英）魏尔特著，第三版由约翰·卡本补充，海关稽查总局统计处，1935年，3版

编 委 会

目　录

序

姜 涛

辛亥革命是在中国历史进程中产生重大影响的革命。这一革命推翻了清王朝的统治，结束了中国两千多年的君主专制制度，建立了中华民国。近代中国的历史从此揭开了新的一页。中国民主革命的先行者孙中山正是在这一场伟大的斗争中成为“中国革命民主派的旗帜”①。而其他大批志士仁人也为推翻帝制、建立共和作出了不可磨灭的贡献，有的甚至为此献出了宝贵的生命，如邹容、陈天华、徐锡麟、秋瑾、黄花岗七十二烈士……

辛亥革命之伟大还体现在它是一场空前的思想文化革命。这一时期，各种新思潮，诸如民族解放、地方自治、实业救国等等，不断涌现。孙中山更提出了民族、民权、民生等三大主义，遂成为中国近代史上第一个比较完整的民主革命纲领。此外，在文学艺术、新闻出版、教育和科学技术等方面也呈现了新的面貌。

辛亥革命对中国的政治、社会等各个层面都产生了深远的影响，并波及亚洲、非洲的殖民地半殖民地国家。也因此，对于辛亥革命史的研究自武昌起义爆发后就不曾间断过。对这一段历史的研究，无论是从文献辑录、史籍谱传，还是从学术著作上都愈益广泛和深入。在革命爆发后的一段时期内，多集中于文史资料、史事记述，其中以冯自由撰述的《革命逸史》等著作为代表。中华人民共和国成立以后，辛亥革命史的研究取得了举世瞩目的成就。一系列学术会议和研讨会相继召开。影响较大者，有 1961 年举办的“纪念辛亥革命 50 周年学术研讨会”，1971 年举办的“孙中山和辛亥革命学术研讨会”，1981 年在武昌举办的“纪念辛亥革命 70 周年国际学术研讨会”等。一大批学术研究著作，包括海外辛亥革命史研究的佳作译著，陆续得到出版。这些论著，从通论、历史人物研究、区域研究、文献资料整理等多方面对辛亥革命进行了探讨。进入新世纪以来，辛亥革命研究在史实考订、文献资料整理、革命性质与评价标准等方面更深入了一层。但也必须承认，对于辛亥革命的历史，仍有加强研究的必要。我们需要有新的资料，尤其是对外文资料的继续发掘，需要有新的视角，新的对于细部的认识，同时更需要有宏观的思考。

呈现在读者面前的这部《国家图书馆藏辛亥革命图书目录提要》（以下简称“《提要》”），收录了国家图书馆所藏自 19 世纪末迄今有关辛亥革命的各种文献，其中各类中文文献（含港澳台出版物）近 7000 种，外文文献（以日文为主）近 200 种。《提要》依次著录各书的书名、作者、出版单位、出版时间、内容提要等，并按总论、重大历史事件、革命团体等主题依次排列，内容涵盖辛亥革命时期史实、思想和文化、社会、经济、教育、政治和军事、人物等多个角度。书后附有书名索引和著译者索引，方便查检。

从书目编撰上看，本书有以下四个特点：

第一，所收出版物时间跨度大。从 19 世纪末一直持续到 21 世纪，时间跨度达 100 多年，有利于当今的学者了解辛亥革命研究的全貌。

---

① 毛泽东：《纪念孙中山先生》（1956 年 11 月 12 日），《毛泽东选集》第 5 卷，人民出版社 1977 年 4 月版，第 311 页。

第二，在分类上并不囿于《中国图书馆分类法》，而是按图书涉及主题，分为 14 类，即：总论，重大历史事件，革命团体，三民主义及其研究，辛亥革命时期的思想文化，辛亥革命时期的教育，辛亥革命时期的经济，辛亥革命时期的政治军事，辛亥革命时期的社会，辛亥革命时期的区域研究，辛亥革命时期的中外关系，华人华侨支持辛亥革命，辛亥革命时期的人物，有关辛亥革命的外文图书。这种分类方法对于专题目录来说非常适宜，也很便利使用者。

第三，本书揭示了很多难得一见甚至首次披露的稀见文献。1904 年出版的邹容所作《革命军》，封面伪装题名为"《图存编》（皇汉丛书之一）"，是一部具有版本价值的伪装本。伍廷芳于清光绪二十六年（1900）在美国的演说稿《论美国与东方交际事宜》，孙中山亲笔誊写的《总理手书建国大纲》，蔡锷将军在护国战争中签发的《作战命令》等，均是国图所藏珍贵文献。

第四，本书收录文献数量大，近七千种，都是国家图书馆的实体馆藏，这些文献都可以从国家图书馆借到。编者为这七千种文献都撰写了内容提要，有助于研究者了解文献内容。

由于有国家图书馆宏富的馆藏资源作后盾，这部书目能够比较全面地介绍有关辛亥革命的中文和外文文献。本书的出版，是送给辛亥革命研究者的一份厚礼，也是对辛亥革命的一种纪念。

2011，岁次辛卯，辛亥革命 100 周年。历史的车轮整整走过了 100 年，中国的面貌也已有了很大的改变。我们清楚地认识到这些变化的来之不易，同样也清楚地认识到这些变化对渐行渐远的辛亥革命本身意味着什么。正因为如此，认真地保存、整理和搜集相关的资料就愈发显得重要。本书的编者们为此做了一件极其有益的工作。希望这部《国家图书馆藏辛亥革命图书目录提要》能为辛亥革命的研究和中国历史文化的传承起到其应有的作用。

是为序。

二〇一一年八月

出版说明

辛亥革命是中国民主革命时期的一次具有伟大历史意义的革命。这次革命推翻了清朝的统治，结束了中国两千多年来的君主专制制度，产生了中华民国，提高了中国人民的民主主义觉悟，促进了中国人民的革命斗争。江泽民同志在纪念辛亥革命九十周年大会上曾评价说："辛亥革命在中国近代历史发展中具有重要的地位，是中国人民为改变自己命运而奋起革命的一个伟大里程碑。"

国家图书馆建馆于 1909 年，历来十分重视收集、整理各种有关辛亥革命的文献。在纪念辛亥革命 100 周年之际，我们特将馆藏与辛亥革命有关的文献进行整理，编制出这部书目提要。目的是依靠国家图书馆的宏富馆藏，全面地介绍有关辛亥革命的各类馆藏文献。

辛亥革命在中国历史上的重要作用，赋予了此书不同的意义。这本《国家图书馆藏辛亥革命图书目录提要》可以说是包括了从清末到现代，中国以及国外关于辛亥革命研究的各种文献，对于研究辛亥革命有着重要的参考价值。此外，对于了解当时社会状况，铭记这段历史，发扬辛亥革命中无数英雄和先烈的精神也有着积极的作用。

多年来，国家图书馆坚持"中文求全，外文求精"的原则建设馆藏资源，馆藏数量与质量均在海内外享有盛名。因此，此书目能较全面地反映国内外关于辛亥革命研究的状况，及其相关资料。

本书收录了 2009 年之前出版的全部和 2010 年出版的部分资料，国家图书馆馆藏有关辛亥革命的各类中文文献近 7000 种，外文文献 200 余种，其中外文文献以日文文献为主。这其中包括日记、回忆录、文集、著作、诗集、小说、传记、史料汇编等。既收录了全国性的综合文献，亦收录区域性的地方文献；既收录了清末民初有关辛亥革命的历史文献，亦包括今人对辛亥革命的研究和评价；既收录本国著作，亦收录国外译著。除了有关辛亥革命史实和研究的文献，还特别注重收录当时名家的各种作品，比如梁启超的《清代学术概论》、严复翻译的《天演论》、秋瑾的《秋瑾诗文选》等，并对同一著作的不同版本都进行了收录。

本书所收文献分 14 大类，包括总论、重大历史事件、革命团体、三民主义及其研究、辛亥革命时期的思想文化、辛亥革命时期的教育、辛亥革命时期的经济等。每类之下再分设若干子类。比如在辛亥革命时期的人物下，另分合传、孙中山、黄兴、章炳麟、宋教仁、秋瑾、邹容、陈天华等子类；在重大历史事件中，另分反清义举、苏报案、清末立宪、保路运动、武昌起义等。

在编辑本书的过程中，我们得到了本馆数字资源部李晓明主任、人事处荣杰副处长、古籍馆谢冬荣副馆长的很多帮助，得到了古籍馆苏晓君、石光明、窦红玉、李慧、赵爱学、柳森、张伟丽、彭文芳、罗瑛、徐慧、肖刚、张珊珊、马琳等同事的热情协助。国家图书馆出版社也对此书的出版给予了大力支持。在此我们向他们表示衷心的感谢。本书部分提要的编写参考了《民国史料丛刊总目提要》等资料，在此也一并表示感谢。

本书从策划到出版历时近两年，从出版方案的研究到书目的编写，再到校对，每一位参与编写的人员都付出了辛勤的劳动和大量的精力，同时也得到了领导的关心与指导。但是对于这项工作，我们无疑是初学者，因此本书一定存在着诸多的不足和缺点。如有疏漏之处，我们恳请专家和读者进行批评和指正。

今年是辛亥革命一百周年。在此，我们谨以此书纪念百年辛亥！

编　者

二〇一一年六月

凡　例

一、本书收录国家图书馆所藏的有关辛亥革命的中文图书和外文图书。不含期刊、报纸、学位论文。

二、本书分类表以《中国图书馆分类法》、《中国内地及港台地区辛亥革命史论文目录汇编》为基础，根据所收书籍的具体情况而编制，详见本书目录。

三、每条书目记录包括以下六项：文献顺序号、书名、著者、出版项、丛编项、提要。本书正文全部书目记录的排列法如下：先按类排列（类目表见目录），每类之下按书名汉语拼音顺序排列。大多数图书只入一类，少数图书内容跨类，故同时归入两类，以便于学者利用。

（一）文献顺序号：反映每条书目记录在本书中的前后顺序，自 0001 至 7200。因本书在后期审校过程中删除了部分重复的书目条目，故有些地方的文献顺序号不连贯。

（二）书名：包括书名、副书名，以及说明书名的文字。

1. 书名不用书名号标注。

2. 副书名不论其在原书的位置，一律紧跟书名，用冒号区分。

3. 两种以上著作合并成一册出版而又没有共同书名者，依次著录各书名。书名为多文种的只著录其中文题名。原书为多卷书或者多册书的，在书名中著录卷号或者丛书编号。

4. 为真实、准确、客观地揭示文献信息，方便读者按目索书，书名项悉照原书所题如实著录。

（三）著者：包括著者、译者以及点校、编辑等责任者。合著、合译的，原则上全部著录，著者姓名之间用“，”隔开。同一著、译者，或用笔名、别号署名的，按原发表的名称著录，未做统一。某些著、译者互有差异的，按原样著录，未作改动。外国国籍作者其姓名为外文的，一律以中文著录，并在其姓名前加注国籍，加圆括号以示区别。

（四）出版项：包括出版者、出版地、出版年月和版次等。

1. 出版者的著录以出版机构为准，无出版机构则著录发行机构。出版机构不详的，直接注明“出版者不详”。

2. 出版地根据所取的出版机构后开列的出版地信息著录，或根据版权页其他位置所开列的信息进行著录。如版权页开列多个出版地，不能明确的，不录。出版地为旧地名的，原样照录，不做修改。

3. 出版时间及版次按照所见实物著录。出版时间著录至月。同书（指书名相同、著者相同、出版者相同）多个出版时间及版次的，按不同的图书分别著录。

（五）丛编项：包括丛书名、副丛书名、丛书编号、卷号等。丛书项不注明丛书编者。

（六）提要：

1. 包括内容提要和必要的说明。

2. 原书中如果包括附录、前言、后记、插图、照片、肖像、题词、表格等，在摘要中也加以著录。

四、本书附书名索引、著译者索引，索引以拼音字母为序。

1　总论

1.1　史料

0001　20世纪大事图录：1900－1999/冯华志，冯精志撰文．南宁：广西教育出版社．2001.10

本书用了近1500幅中外各国珍贵的历史照片支撑并勾画出从1900年至1999年的世纪轮廓。

0002　百年名人自述：20世纪中国风云实录．1/方建文，张鸣主编．北京：线装书局．2000.4

本册通过义和团运动和辛亥革命方方面面的决策者、领导者、执行者、亲历者亲口述说以及对亲历名人采访的方式展示了当时的局势和情景。本书附照片。

0003　革命日志/志光编．影印本．台北：文海出版社．1988（近代中国史料丛刊三编．第四十一辑；409）

本书根据阳历，按照月日联系史实的编写体例，汇聚了1792年至1928年间世界各国发生的重大历史事件。书中有孙中山遗像、孙中山遗嘱、编者的几句话和附录：孙中山先生年志。

0004　革命史上的重要纪念日/［著者不详］．［出版地不详］：［出版者不详］．1927.8

本书内容分为8编："总理纪念"、"先烈纪念"、"国庆纪念"、"国耻纪念"、"民众运动纪念"、"帝国主义惨杀纪念"、"军阀惨杀纪念"、"国际纪念"。书前有编者和潘顾西的序。

0005　革命先烈纪念日专刊/中国国民党广州特别市执行委员会编．广州：中国国民党广州特别市执行委员会宣传科．1932.3

本书为纪念辛亥革命先烈专刊。书前有邓泽如等人题字7篇，朱执信、黄克强等人遗像若干幅及革命先烈的碑文、遗墨等。全书包括：广州三月廿九之役报告书、革命先烈传略、党史史料、革命先烈遗著选、纪念革命先烈论文选、诗文选等六部分。有纪念革命先烈口号。

0006　革命逸史．初集/冯自由．渝1版．重庆：商务印书馆．1944.2

本书辑兴中会成立至辛亥革命时期革命者和革命团体的轶事。本书为五集中的初集。原载《逸经》文史半月刊，可与作者所著《中华民国开国前革命史》互相印证、参考。

0007　革命逸史/冯自由著．北京：新星出版社．2009.1

本书是冯自由根据香港《中国日报》及他自己多年笔记、往来书信、稽勋局调查表册等编写的。全书共6集，记录了革命史上无数无名英雄的业绩。本书有图。

0008　革命逸史/冯自由著．北京：中华书局．1981.6

本书收录了孙中山、陈少白等人的个人传记及轶事。

0009　革命逸史/冯自由著．台北：台湾商务印书馆．1969.3（人人文库；971～980）

本书着重讲述了革命先人的传记及轶事，对革命运动的经过也有介绍。

0010　回忆辛亥革命/中国人民政治协商会议全国委员会文史资料委员会编．北京：文史资料出版社，1981.8

本书内容包括：辛亥革命回忆、我的回忆、我亲身经历的辛亥革命事实、辛亥革命前后杂记、跟随孙中山先生十余年的回忆、辛亥前后黄克强先生的革命活动、回忆先君克强先生、广州起义亲历记等25篇文章。书中附有孙中山像和出版说明。

0013　梅川日记/梅川居士觉生撰述．铅印本．重庆：大东书局，1945

本书原名辛亥札记，熊十力在序言中充分概括了这本书："梅川日记者，友人觉生先生存稿也。先生当辛壬之际，开国大事，皆所亲历。札记甚详。余昔尝见之，许为开国信史，癸丑讨袁，不克，遂逃海外。札记散失，足为太息。其后还家，得日记残本，所记皆武昌革命事迹。而辛亥以前所记，尤可见义师之所由与。"

0014　民元藏事电稿·藏乱始末见闻记四种/《西藏研究》编辑部编．拉萨：西藏人民出版社，1983.2（西藏研究丛刊）

《西藏研究丛刊》是一部以藏、汉文西藏资料为主的丛书。其中择要收录有关西藏政治、经济、文化、历史、宗教和民俗等方面的专著、论文和其他文献史料，以及摘编散见于史书和实录中有关西藏的记述。本书分《民元藏事电稿》和《藏乱始末见闻记四种》两部分。其中《民元藏事电稿》为民国元年国务院所存的有关西藏、西康的来往电稿，以月日先后为次，附有序言。《藏乱始末见闻记四种》包括：藏乱始末见闻记、西藏篇、藏事陈略、藏乱纪略。

0015　绍兴文史资料选辑．第十一辑，纪念辛亥革命八十周年专辑/中国人民政治协商会议浙江省绍兴县委员会文史资料工作委员会编．绍兴：中国人民政治协商会议浙江省绍兴县委员会文史资料工作委员会，1991.8

全书分三部分：辛亥革命史料、辛亥革命纪念设施、辛亥革命研究成果。内容包括：孙中山在绍兴的演说、辛亥革命在绍兴、王振汉小传、辛亥革命烈士陈伯平生平事迹简介、介绍蔡元培的一副题词、回忆父亲、回忆辛亥老人、光复会会员陶文波传略等。有照片、序、前言、编后记和附录。

0016　孙中山与广东：广东省档案馆库藏海关档案选译/广东省档案馆．广州：广东人民出版社，1996.10（孙中山基金会丛书．译作）

本资料集主要从广东省档案馆所藏粤海关档案中的英文情报等选译编辑而成，内容为孙中山在广东的活动情况及各有关史实。本书根据孙中山在广东活动的历史情况分为5个部分，所收资料均按照时间先后排列。附录中选辑一些中文档案史料，主要是涉及清政府关于严防、查缉孙中山和革命党人等内容的来往文书。

0017　辛亥革命大事录/草莽余生撰．石印本．天津：张绍曾，1912

本书作者就以前所经历的环境所做之事及见闻，按日省录，抄集成册。从八月十八日始，至十二月二十六日止，共108天之间的事迹，用简要之笔写庞杂之事，其中有外人所不获知之事。

0018　辛亥革命大写真/章开沅主编；辛亥革命武昌起义纪念馆编．武汉：湖北美术出版社，2001.10

本书辑录了辛亥革命时期有关中外重要人物、重大事件之照片、图画共340余幅，包括武昌起义事略、各省光复经过、南北议和经过三辑。

0019　辛亥革命画史/江汉出版社编．影印本．台北：文海出版社，1981（近代中国史料丛刊续编．第八十四辑；832）

全书分3辑，包括：武昌起义事略、各省光复经过和南北议和经过。有照片。

0020　辛亥革命画史/江汉出版社编辑. 香港：江汉出版社. 1966

本书以照片的形式反映了辛亥革命时期的历史。全书分三辑：武昌起义事略、各省光复经过、南北议和经过。

0021　辛亥革命回忆录. 第一集/政协全国委员会文史资料研究委员会编. 北京：中华书局. 1961.10

本书收录31篇回忆录，记载了辛亥革命时期亲见、亲闻、亲知的史料。包括：辛亥革命回忆、我的回忆、我亲身经历的辛亥革命事实、辛亥革命前后回忆片段等。附《辛亥革命杂咏》、《写在辛亥革命回忆录前面》及照片和地图。

0022　辛亥革命回忆录. 第二集/政协全国委员会文史资料研究委员会编. 北京：中华书局. 1962.6

本书收录65篇回忆录，记载了辛亥革命时期亲见、亲闻、亲知的史料。包括：辛亥武昌首义亲历记、辛亥首义阳夏光复纪实、记詹大悲办《大江报》和汉口军政府分府、辛亥革命时期湖北学生军始末记等。有照片。

0023　辛亥革命回忆录. 第二集/中国人民政治协商会议全国委员会文史资料研究委员会编. 北京：文史资料出版社. 1962.6，1981.8重印

内容提要参见0022。

0024　辛亥革命回忆录. 第三集/政协全国委员会文史资料研究委员会编. 北京：中华书局. 1962.9

本书收录60篇回忆录，记载了辛亥革命时期亲见、亲闻、亲知的史料。包括：辛亥前我参加的四川几次武装起义、四川辛亥革命亲历记、忆成都保路运动、大汉四川军政府成立前后见闻等。附照片。

0025　辛亥革命回忆录. 第四集/政协全国委员会文史资料研究委员会编. 北京：中华书局. 1963.12

本书收录70篇回忆录，记载了辛亥革命时期亲见、亲闻、亲知的史料。包括：辛亥上海光复前后、辛亥沪宁光复的片段回忆、攻占上海制造局亲历记、光复军攻克上海江南制造局及陈其美篡取沪军都督之真相等。附照片。

0026　辛亥革命回忆录. 第四集/政协全国委员会文史资料研究委员会编. 北京：文史资料出版社. 1963.1，1981.8重印

内容提要参见0025。

0027　辛亥革命回忆录. 第五集/政协全国委员会文史资料研究委员会编. 北京：中华书局. 1963.2

本书收录60余篇回忆录，记载了辛亥革命时期亲见、亲闻、亲知的史料。包括：陕西辛亥革命回忆、回忆辛亥革命、秦陇复汉军战守乾州始末记等。附照片。

0028　辛亥革命回忆录. 第六集/政协全国委员会文史资料研究委员会编. 北京：中华书局. 1963.6

本书收录60余篇回忆录，记载了辛亥革命时期亲见、亲闻、亲知的史料。包括：欧洲同盟会纪实、留比学生参加同盟会的经过、同盟会和《民报》片断回忆、同盟会会员与保皇党分子在日本的几场战斗等。附照片。

0029　辛亥革命回忆录. 第七集/中国人民政治协商会议全国委员会文史资料研究委员会编. 北京：文史资料出版社. 1982.2

本书包括：武昌首义亲历记、炮八标起义前后、陆军第三中学参加武昌起义经历、回忆武昌首义、守卫武昌的学生军、记鄂军政府的初期外交活动、长江舰队响应辛亥革命的回忆、江口各团体联合会和武昌起义等文章。书中附有照片。

0030 辛亥革命回忆录．第八集/中国人民政治协商会议全国委员会文史资料研究委员会编．北京：北京文史资料出版社．1982.4

本书包括：杭州光复回忆、奉化渔民任光复杭州敢死队记、宁波光复回忆、温州光复概述、温州光复会议前后、光复残恨（日记）、我在辛亥革命之前、辛亥前后回忆等文章。有照片。

0032 辛亥革命回忆录/张奚若，丕强．上海：生活书店．1947.11

本书是作者亲身经历辛亥革命的回忆录。从作者经历的角度，讲述了辛亥革命时期，作者肩负同盟会的使命从北京到西安一路所见、所闻、所做的事情。

0033 辛亥革命回忆录/谭永年编．影印本．台北：文海出版社．1975（近代中国史料丛刊续编．第二十六辑；258—259）

全书分两册，共19章，内容包括：中山先生是民族革命英雄之典型、辛亥革命前之重要史实、兴中会初期之宣传与联络工作、同盟会第二阶段最主要之组党工作、同盟会第四阶段军事行动之主要工作、同盟会侧重筹饷与军事之第五阶段、辛亥光复之前夕革命狂潮澎湃国内等。书中附有照片、遗墨、题词、序、孙中山先生自传、孙中山先生年谱和补述。本书下册还附录了民族英雄文艺故事合编。

0034 辛亥革命亲历记：亲历·亲见·亲闻/党德信主编．北京：中国文史出版社．2001.1

本书收录了辛亥革命老人以自己的亲身经历撰写的大量回忆文章，记录了可歌可泣的革命历史。附照片。

0035 辛亥革命史地图集/陈祯琏主编，辛亥革命武昌起义纪念馆编著．北京：中国地图出版社．1991.6

本图集是一部反映辛亥革命运动期间的政治、军事、经济诸方面历史的专题地图集。附肖像。

0036 辛亥革命史料/张国淦．上海：龙门联合书局．1958.3

本书主要研究辛亥革命的历史，全书分4篇：武昌首义、各省响应、南北议和、清帝退位。附录辛亥革命大事表。

0037 辛亥革命史料/张国淦．影印本．台北：文海出版社．1976（近代中国史料丛刊续编．第二十六辑；252）

本书是作者根据本人在辛亥革命时期的活动的回忆和近年来收集的有关资料编写而成的，分武昌起义、各省响应、南北议和、清帝退位四篇，书中附有辛亥革命史料序、例言和辛亥革命大事表。本书与《蕲水汤先生（化龙）遗念录》（佚名编）合订。

0038 辛亥革命史料选辑/丘权政，杜春和等选编．长沙：湖南人民出版社．1981.9

本书是为纪念辛亥革命70周年而编辑出版的。全书分上、下两册：记述从兴中会成立到武昌起义和各省光复的史实。内容包括：我的老友孙逸仙先生、乙未广州革命始末记、追怀孙中山先生座谈会、兴中会革命史之一页、兴中会各同志工作史略、本党与洪门、我之革命史、同盟会成立记等。

0039 辛亥革命史料选辑：续编/丘权政，杜春和等选编．长沙：湖南人民出版社．1983.11

本书是《辛亥革命史料选辑》的续集。收录了追忆总理述略、先总理旧德录、追随国父之回忆、孙中山先生轶闻、晚晴园与中国革命史略、革命闲话、庚子壬寅及庚戌间之革命拾遗、辛亥革命前之社团运动及起义后军事之一幕等43篇史料。

0040 辛亥革命史资料新编/章开沅，罗福惠，严昌洪主编．武汉：湖北人民出版社．2006.9（国家清史编纂委员会·文献丛刊）

本资料主要辑录目前国内没有正式出版的辛亥革命有关史料，包括辛亥革命时期的人物论集、日记、年谱、报刊、外交与内务档案，共8卷。

0041 辛亥革命始末记/渤海寿臣撰．铅印本．[出版地不详]：[出版者不详]，1912

本书是1911年8月20日以后京津上海各报俱载之事实，按期汇刊，择要登载。12月25日议和完结革命成功后，是编遂止。内容分六门：谕旨、奏折、资政院、武昌、各省、论说。上谕、资政院每期都全部刊印，武昌、各省、奏折及论说按原报日期陆续刊印，其余年终补齐。本书版心题“实行立宪汇编”。本书12册。

0042 辛亥革命稀见史料汇编/阳海清等编．北京：全国图书馆文献缩微复制中心．1997.5

本书收集了有关辛亥革命的文献四卷，包括：专著3篇、回忆录8篇、人物传记7篇和文告1篇。内容包括：辛亥建国史纲、辛亥武昌起义纪实、辛壬闻见录、辛亥八月十九夜武昌首义之回忆、辛亥武昌首义见闻录、武昌起义三日记、回忆二十九标等。

0043 辛亥革命稀见史料续编/阳海清等编．影印本．北京：全国图书馆文献缩微复制中心．2000.4（中国公共图书馆古籍文献珍藏本汇刊．史部）

本书收集了有关辛亥革命的文献三卷，内容包括：撰述六篇、文牍二篇、传略五篇，或为著者手稿，或为稀见印本。

0044 辛亥革命研究史料目录：1899－1999/赵慧，涂文学主编．武汉：武汉出版社．2002.4

本目录汇集1899－1999百年间我国印行出版的有关辛亥革命的图书和报刊文章篇目，各目按书目之书名、作者、刊名、出版单位、出版时间、卷期辑录，出版时间一律用公元纪年。

0045 辛亥革命资料/中国科学院近代史研究所史料编译组编辑．北京：中华书局．1961.10

本书收集了有关辛亥革命的资料11篇。《南京临时政府公报》所保存许多临时政府的重要文告、法令和函电，在一定程度上反映了资产阶级革命派的政治态度及其与反革命斗争和妥协的经过。《日本驻汉口总领事馆情报》除反映日本及其他帝国主义国家对辛亥革命的态度外，还记载了当时的一些战况和经济方面的事情。

0046 辛亥革命资料汇编/丁思泽等编．油印本．北京：中国科学院历史研究所第三所南京史料整理处史料组，1958

本书内容全是从清政府的档案中收集，均就原件全文选取，仍按照原文件格式打印。标题多系编者所加，资料一件一题，比较集中者，便以一事为一题，并注明资料来源。内容分四部分：各地民变、武昌起义、各地起义、清廷预备立宪。

0047 辛亥革命资料类编/中国社会科学院近代史研究所近代史资料编辑组编．北京：中国社会科学出版社．1981.12

本书共收录辛亥革命资料13篇，其中《黄花岗起义》辑录有关记载8篇，另有《新中国武装解决和平记》、《运动北军反正记》等。

0048 英国蓝皮书有关辛亥革命资料选译/胡滨．北京：中华书局．1984.6

本书共两册，内容是有关于中国事件的函电（1912年）、关于中国事件的补充函电（1912年）、关于中国事件的补充函电（1913年）、关于中国事件的补充函电（1914年）。书中有大事索引、译名对照表。

0049 英国政府刊布中国革命蓝皮书．第一编/陈国权译；邓宗禹校勘．[出版地不详]：青山解堂．1912

英国政府颁发有关中国辛亥革命文件

(1911年10月—12月，第1—143号)。

0050 有关辛亥革命史料/［著者不详］. 稿本，朱丝栏，粘贴.［出版地不详］:［出版者不详］. 1909—1921

本书辑录了大量有关辛亥革命的史料。

0051 盂县文史资料. 第一辑，清末与民国史料录/中国人民政治协商会议山西省盂县委员会文史资料研究委员会编. 盂县：中国人民政治协商会议山西省盂县委员会文史资料研究委员会. 1986.4

本书为清末至民国年间的史料专辑，共编入反映盂县这一历史时期有关政治、经济、军事、教育卫生、风情民俗等方面情况的史料56篇。书中附序言和题词。

0052 云南辛亥革命史/云南省历史学会，云南省中国近代史研究会编. 昆明：云南大学出版社. 1991.10

本书分上、下两编：云南辛亥革命史、辛亥革命在云南论集。另有文摘7篇，讲述了云南辛亥起义的革命形势等内容。附照片。

0053 云南辛亥革命资料/谢本书著. 昆明：云南人民出版社. 1981.10

书中收录了光复滇省事略、云南光复阵中日志、政务会议记录、滇省谘议局光复后之报告书、天南电光集、光复临安纪略、北伐滇军来复电稿、西事汇略等17篇文章。书中有说明和云南辛亥革命资料目录索引。

0054 政府公报：1912年5月—1928年12月/［著者不详］. 影印本. 台北：文海出版社. 1912—1928

本多卷书包括1912年5月至1928年12月的政府公报，共294册。包括：命令、呈批、公文、公电、通告、附录等。

0055 知之录编毕来件/张难先辑. 稿本，粘贴. 湖北：张难先. 1945

本书分段记述湖北革命史实，起自1900年庚子汉口之役，止于武昌首义及停战与政府、国会成立，凡重要命令、文告、函电、文辞以及党人传状碑记，靡不采录。

0056 知之录编毕来件/张难先辑. 静电复制本. 北京：北京图书馆. 198?

内容提要参见0055。

0057 知之录出版后之改错函件/张难先辑. 稿本，粘贴. 北京：北京图书馆. 198?

书名据书名页题；本书据民国35年(1946)函件剪报等粘贴本复制。

0059 中国革命纪事本末/郭孝成编纂. 铅印本. 上海：商务印书馆. 1912

本书为一、二、三编合订，主要介绍辛亥革命史。第一编中国革命缘起及湖北革命始末，包括：中国革命之缘起、湖北举事纪事、武汉战略和停战中武汉之事实；第二编各省革命志略，按省分章记述光复之经过；第三编民清议和及共和国成立，包括：议和始末、民国各团之组织和中华共和国卓立于世界。

0060 中国革命日记：二卷/［著者不详］. 三版铅印本.［出版地不详］：新中国图书局，1914

本书日记自辛亥八月初七日始，至民国元年正月一日止，按日记录辛亥革命相关事宜。

0061 中国革命日记：二卷/［著者不详］. 铅印本. 上海：广益书局，1916

本书收录在《满清稗史》中，记录从反抗商办铁路收归国有开始，到清帝下诏退位结束的这段时间辛亥革命的全过程。

0062 中国革命实地见闻录/（日）断水楼主人著；乐嗣炳译. 影印本. 上海：三民公司. 1927.10

本书记录辛亥革命前孙中山的革命活动及历次起义，共22节。著者为孙中山的密友，多次同孙中山一起进行革命活动。后附孙中山、汪精卫轶事。

0063 中国革命实地见闻录/（日）断水楼主人原著；乐嗣炳译．再版．台北：中国国民党中央委员会党史史料编纂委员会．1983（中华民国史料丛编）

全书共22个部分，包括：云南的革命军、云南革命之由来、一个顿挫、预定行动、檄文、法国人之中国革命观、十二月一日夜、清朝军官的意向等内容。书中有照片、序和附录。

0064 中国革命史/［著者不详］．西安：西安绥靖公署教导营．1934.9

记辛亥革命前期至北伐完成前的革命史。分4篇：总理自传；总理手订中国革命史；革命阵容的整顿和发展；北伐之经过。

0065 中国革命史/贝华编．订正4版．上海：光明书局．1927.3

本书内容自孙中山先生领导革命起，至民国十三年中山先生逝世止，前后共四十年。本书按照中山先生一生事业编列。全书分为5篇：革命之运动时代、革命之成功时代、二次革命、云南起义、护法诸役及中山先生之死。有照片。

0066 中国革命史/贝华编．五版．上海：光明书局．1928.3

内容提要参见0065。

0067 中国革命史/贝华著．上海：光明书局．1926.9

内容提要参见0065。附录《中华民国临时约法》、《中国之革命》。书首有孙中山、黄兴及临时政府成立时各要员的合影及个人照片。

0068 中国革命史/陈功甫著；蔡元培校．上海：商务印书馆．1930.11（新时代史地丛书）

本书介绍孙中山领导的国民党（前称同盟会）及其他革命组织19世纪90年代至1927年底的革命运动史。全书共5章，前两章记辛亥革命之前的革命活动和辛亥革命经过。后三章为民国成立后的讨袁之役、护法之役、革命完成。

0069 中国革命史/中央指委会编．订正第5版．上海：三民书局．1929.10

共5篇，记述辛亥革命时代的军事实况及政治变迁。所记史实从孙中山倡导革命起，至1924年孙中山逝世止。

0070 中国革命史．第一册/［著者不详］．［出版地不详］：［出版者不详］．19—?

本书包括：广州之变、川路风潮与鄂事之关系、革军与官军开战等18章内容。

0072 中国革命史/贝华著．影印本．台北：文海出版社．1981（近代中国史料丛刊续编．第八十六辑；859）

内容提要参见0065。

0073 中国革命史/陈功甫著．上海：商务印书馆．1931.4（万有文库．第一集；991，新时代史地丛书）

全书分5章，包括：武昌起义前之革命运动、辛亥革命、讨袁之役、护法之役、革命之完成。

0074 中国革命史/陈功甫著；蔡元培校．国难后一版，复制本．上海：商务印书馆．1933.5（新时代史地丛书）

全书分5章，包括：武昌起义前之革命运动、辛亥革命、讨袁之役、护法之役、革命之完成。

0075 中国革命史/孙文著．［出版地不详］：［出版者不详］．［出版年不详］

本书分为两部分："中国革命史"、"国民政府建国大纲"。

0076　中国国民党党史纪要/邹鲁著．复制本．重庆：黄埔出版社．1940.7（黄埔丛书．第四辑之二）

全书分5章，包括：兴中会、中国同盟会、国民党、中华革命党、中国国民党（到孙中山逝世止）。

0077　中国国民党第一、二次全国代表大会会议史料/中国第二历史档案馆编．南京：江苏古籍出版社．1986.9（中华民国史档案资料丛刊）

本书内容包括：中国国民党第一次全国代表大会会议录、中国国民党第一次全国代表大会宣言、中国国民党总章、中国国民党一届一次会议、一届三次会议会议决议案、中国国民党第二次全国代表大会会议录、中国国民党第二次全国代表大会宣言、中国国民党中执会常委会会议录等。书前有照片。

0078　中国国民党第一次全国代表大会宣言/[著者不详]．初版．广州：[中国国民党第一次全国代表大会秘书处]．1924.1

本书分为3部分：中国之现状、国民党之主义、国民党之政纲。

0079　中国国民党概史/邹鲁编著．[出版地不详]：中央训练团．1939.10

本书分5章。介绍兴中会、中国同盟会、国民党、中华革命党、中国国民党各时期之概况。

0080　中国国民党概史/邹鲁编著．增订8版，国纸本．重庆：正中书局．1939.11

内容提要参见0079。

0081　中国国民党历史事件·人物·资料辑录/马齐彬等编．北京：解放军出版社．1988.1

本书记叙了国民党自创建至今近百年的复杂曲折的道路，是中国国民党历史辞典性质的书籍。收录了上自国民党的前身兴中会、同盟会时期，下至当代台湾国民党的重要活动；大事记要；历次代表大会、重要的中央全会介绍；派系组织；党政军组织机构的演变；重要人物简历等内容。书中有写在前面的话、中国国民党大事年表和后记。

0082　中国国民党史稿/邹鲁．新1版．北京：中华书局．1960.5

本书共4篇，包括组党、宣传、革命、列传。每篇包括若干章节，讲述了国民党成立和活动的历史事件。

0083　中国国民党史稿．1－2/邹鲁著．上海：上海书店．1989

本册共2篇，一为组党，二为宣传。其中组党内容为：兴中会、中国同盟会、国民党、中华革命党、中国国民党。宣传内容为：兴中会之宣传、同盟会之宣传、三民主义之演进、建国大纲之演进。

0084　中国国民党史稿/邹鲁编著．台北：台湾商务印书馆．1965.1

全书分3篇：组党、宣传和革命。包括：兴中会、中国同盟会、国民党、中华革命党、中国国民党、三民主义之演进、五权宪法之演进、建国大纲之演进等。

0085　中国内地及港台地区辛亥革命史论文目录汇编/严昌洪主编．武汉：武汉出版社．2003.6

本书收录20世纪中国辛亥革命史论文目录，分内地、香港、台湾地区三部编排，再按专题编辑，大致有综论、辛亥革命时期的经济、政治、军事、思想文化、中外关系、社会、人物等专题。附研究动态和报刊发表的部分史料等。

0086　中国统一刍议/陈炯明著．复制本．[出版地不详]：[出版者不详]．1931

全书分3章，包括理论、办法和忠告。

0087　中华民国褒扬令集初编．二：中华民国

元年至中华民国八年/“国史馆”编. 台北：台湾商务印书馆. 1984.12

本书包括：褒扬勋贤姓名、临时大总统令、大总统指令等内容。书中附有关史料。

0088 中华民国褒扬令集初编. 四，国父孙中山先生奉安实录/“国史馆”编. 台北：台湾商务印书馆. 1985.1

全书分 17 个部分，包括：“国民政府命令”、“尊称国父”、“国父生平”、“国父生辰考证的回忆”、“国父病历”、“总理衣冠冢”、“北平纪念建筑”、“造陵”等内容。书中附有照片。

0089 中华民国建国文献：革命开国文献. 第一辑，史料. 一/“国史馆”. 台北县：“国史馆”. 1995.12

本册分三篇：总论、建国思想、理论与宣传。内容包括：兴中会时期、同盟会时期、中华民国初创时期、革命与君宪的论战。书中附有中华民国建国文献序、中华民国建国文献编辑凡例和革命开国文献导言。

0090 中华民国建国文献：革命开国文献. 第一辑，史料. 二－三/“国史馆”. 台北县：“国史馆”. 1996.6

本册分两篇：革命组织的建立与发展和历次举义。内容包括：兴中会时期、同盟会时期、义烈行动等。

0091 中华民国建国文献：革命开国文献. 第二辑，史著. 一/“国史馆”. 台北县：“国史馆”. 1996.6

本册分三篇：总论、建国思想、理论与宣传、革命组织的建立与发展。内容包括：兴中会时期、同盟会时期、革命与君宪的论战。书中附有中华民国建国文献编辑凡例。

0092 中华民国建国文献，革命开国文献. 第二辑，史著. 二/“国史馆”. 台北县：“国史馆”. 1997.6

本册分四篇：历次举义、武昌起义与各省响应、中华民国的建立、对外关系。内容包括：四川路潮、武昌起义、各省响应、南京临时政府、南北议和等。书中附有中华民国建国文献编辑凡例。

0093 中华民国建国文献，革命开国文献. 第三辑，附录/中华民国建国文献编辑委员会. 台北县：“国史馆”. 1998.12

本册分四篇：总目录、大事记、人名及专有名词索引、书籍及论文目录。其中大事记包括：总论、建国思想、理论与宣传、革命组织的建立与发展、历次举义、武昌起义与各省响应、中华民国的建立等。书中附有中华民国建国文献编辑凡例。

0094 中华民国建国文献，民初时期文献（1912－1916）. 第一辑，史料. 一/“国史馆”. 台北县：“国史馆”. 1997.6

本册为第一篇总论。书中附有中华民国建国文献编辑凡例和民初时期文献导言。

0095 中华民国建国文献，民初时期文献（1912－1916）. 第一辑，史料. 二/“国史馆”. 台北县：“国史馆”. 1998.4

本册为政治篇，内容包括：政治建构、总统、内阁、国会、政党、官制和军警。

0096 中华民国建国文献，民初时期文献（1912－1916）. 第一辑，史料. 三/“国史馆”. 台北县：“国史馆”. 1998.6

本册内容包括：二次革命和反洪宪帝制。

0097 中华民国建国文献，民初时期文献（1912－1916）. 第一辑，史料. 四/中华民国建国文献编辑委员会. 台北县：“国史馆”. 2000.4

本册分两篇：财经、外交。内容包括：财政状况、货币与银行、交通建设、农垦与水利、工矿业、各国承认问题、善后大借款交涉、蒙藏问题交涉、欧战问题、二十一条交涉、帝制与外交、其他外交事务、侨务。

0098 中华民国建国文献，民初时期文献（1912—1916）．第一辑，史料．五/中华民国建国文献编辑委员会．台北县："国史馆"．2000．12

本册分两篇：社会、教育文化思潮。内容包括：妇女与家庭、宗教与礼俗、人民团体、社会运动与社会动乱、劳工问题、社会救济、教育、文化和思潮。

0099 中华民国建国文献，民初时期文献（1912—1916）．第二辑，史著．一/中华民国建国文献编辑委员会．台北县："国史馆"．2001．11

本册分两篇：总论和政治。内容包括：政治建构、议会、政党、二次革命、反洪宪帝制。书中附有中华民国建国文献编辑凡例。

0100 中华民国建国文献，民初时期文献（1912—1916）．第二辑，史著．二/中华民国建国文献编辑委员会．台北县："国史馆"．2001．11

本册分五篇：财经、外交、社会、文教和思想。其中外交篇又分三章：蒙藏问题交涉、欧战问题和中日关系。

0101 中华民国开国前革命史．上、中编/冯自由著．影印本．上海：上海书店．1990．12（民国丛书．第二编．历史、地理类；76）

本书收录了大量函件，讲述了中国革命之动机、兴中会、浙江志士革命运动、光复会等内容。本书附肖像。

0102 中华民国开国前革命文献/陆曼炎．重庆：拔提书店．193?

内分七类，刊载辛亥革命前兴中会、同盟会时期至辛亥革命时期的各种文献。其中包括宣言、檄文、发刊辞、论著、序跋、供辞、函札等。

0103 中华民国开国前革命文献/陆曼炎编．［出版地不详］：名山出版公司．1944．12

内容提要参见0102。

0104 中华民国开国五十年文献．第一编，革命源流与革命运动．第三册，列强侵略．一/"中华民国开国五十年文献编纂委员会"编纂．台二版．台北：正中书局．1970．7

本册所辑资料为帝俄从陆上及西方各国从海道两路东侵之经过及其影响。本册分四章，包括：列强侵略与中国失权、帝俄侵略之开端、清初之中英关系、鸦片之输入及禁烟。书中附有凡例。

0105 中华民国开国五十年文献．第二编，辛亥革命与民国建元．第二册，开国规模/"中华民国开国五十年文献编纂委员会"编纂．再版．台北："中华民国开国五十年文献编纂委员会"．1962．1

本册分两章：中华民国临时政府之成立、南北议和。内容包括：各省光复与临时政府成立、临时政府组织之过程、临时政府之成立与施政、临时政府参议院、和议概况、和议之开始、和议之进行、清帝退位、孙大总统辞职等。书中附有照片和凡例。

0106 中华民国开国五十年文献总目/中国国民党中央委员会党史史料编纂委员会．台北：中国国民党中央委员会党史史料编纂委员会．1969．6

本书为"中华民国开国五十年文献"丛书之总目。包括中国国民革命第一阶段——革命起因与民国建立的目录。第一阶段内分两编，包括：革命源流与革命运动、辛亥革命与民国建元。书中附有"开国五十年文献"序等。

0107 中华民国史料/孙曜著．影印本．台北：文海出版社．1967（近代中国史料丛刊；13）

全书共分7部分，包括：自武昌起义至参议院闭会、民国二年之善后大借款、自国会停顿至帝制案之撤销、清室复辟之始末、新国会之组织及开会与西南护法运动、直系恢复旧国会与大选风潮、段氏临时政府之始末。书中附有例言。

0108 中华民国史料丛编，中国日报/黄季陆主编．影印本．台北：中国国民党中央委员会党史史料编纂委员会．1969.6

本书内容包括：《中国日报》第一册民前八年（1904）三月五日至五月十四日；第二册民前五年（1907）二月十六日至四月十一日；第三册民前五年（1907）九月九日至十一月十五日；第四册民前五年（1907）十一月十六日至民前四年（1908）一月二十五日。书中附有插图。

0109 中华民国史料丛编：民报/黄季陆主编．影印本．台北：中国国民党中央委员会党史史料编纂委员会．1969.6（中华民国史料丛编）

全书共8册，包括：发刊词、民族的国民、论满政府虽欲立宪而不能、论中国宜改创民主政体、中国革命史论、某君之演说、法兰西共和国建造者甘必大传、民报之六大主义、时评、来稿、小说等。书中附有图画和同盟会时代民报始末记。

0110 中华民国史料丛编：民呼日报/黄季陆主编．影印本．台北：中国国民党中央委员会党史史料编纂委员会．1969.6（中华民国史料丛编）

本书内容包括：《民呼日报》第一册民前三年五月十五日至六月三十日；第二册民前三年七月一日至八月十四日。书中附有插图。

0111 中华民国史料丛编：民呼日报/黄季陆主编．影印本．台北：中国国民党中央委员会党史史料编纂委员会．1969.6（中华民国史料丛编）

本书内容包括：《民呼日报》民前三年十月三日至十一月十九日。书中附有插图。

0112 中华民国史料丛编：民立报/黄季陆主编．影印本．台北：中国国民党中央委员会党史史料编纂委员会．1969.6（中华民国史料丛编）

本书内容包括：《民立报》民前二年（1910）十月十一日至民国二年（1913）九月四日。共三十三册。书中附有插图。

0113 中华民国史史料长编/万仁元，方庆秋主编；中国第二历史档案馆整编．影印本．南京：南京大学出版社．1993.8（中华民国史档案资料丛书）

《中华民国史史料长编》系国民政府国史馆筹备委员会编纂的未刊书稿，共70册。本书自1911年起到1948年12月止，大都以月为单位，用按日记事的方法编成。原稿共存540册，本书整理编辑完全按原册次序，并予以补缺，影印出版。

0114 中华民国史事纪要：初稿（1894－1897）/中华民国史事纪要编辑委员会编辑．台北："中央文物供应社"．1974.11

本册内容包括：中日关系恶化，外国军火商在天津招徕生意；李鸿章、刘坤一会奏规复上海机器织布局，并另筹推广；日韩订立《攻守同盟条约》；李鸿章抵俄京圣彼得堡；日俄签订朝鲜议定书；《湘学新报》在湖南长沙刊行等。书中附有前言和凡例。

0115 中华民国史事纪要：初稿（1898－1899）/中华民国史事纪要编辑委员会编辑．台北："中央文物供应社"．1975.12

本册内容包括：英政府下令远东舰队进占威海卫；吴敬恒上书请变法；湖南南学会成立；清廷与英德订立第二次借款合同；清廷接受英国租借威海卫要求；德皇电贺俄皇取得旅顺大连等。书中附有前言和凡例。

0116 中华民国史事纪要：初稿（1902－1904）/中华民国史事纪要编辑委员会编辑．台

北："中央文物供应社"．1977.12

本册内容包括：梁启超主办之《新民丛报》在日本横滨创刊；英日同盟条约公布；俄法针对英日同盟发表宣言；天津《大公报》出版；清廷实授袁世凯为直隶总督兼北洋大臣；中俄签订陆路接线续约；孙先生文自日本经香港转赴安南；清廷命袁世凯、张之洞收回电报局改为官办等。书中附有前言和凡例。

0117　中华民国史事纪要：初稿（1905 年）/ 中华民国史事纪要编辑委员会编辑．台北："中央文物供应社"．1975.8

本册内容包括：中葡会订商办广澳铁路合同；日本僧人在广东佛山设立教堂；俄军退法库门东北之金利屯；清廷阻止英人在九江借地打靶；清外务部定买卖小轮新章；北洋开办无线电学堂；清廷令整饬厦门商政局等。书中附有前言和凡例。

0118　中华民国史事纪要：初稿（1906 年）/ 中华民国史事纪要编辑委员会编辑．台北："中央文物供应社"．1979.9

本册内容包括：孙文先生自法国马赛启程东返；清廷颁布教育宗旨；清政务处议准派翰林出洋游学游历；清廷以袁大化为山东按察使；上海粤路股东团体会成立；清廷宣布预备立宪；宋教仁至民报社访章炳麟等。书中附有前言和凡例。

0119　中华民国史事纪要：初稿（1907 年）/ 中华民国史事纪要编辑委员会编辑．台北："中央文物供应社"．1981.1

本册内容包括：驻兵，边情危迫；黄兴自香港返东京；清廷拒绝美招华工往巴拿马；清外务部奏准变通出使办法；北满洲俄兵全部撤退；清礼部学部奏准设立礼学馆；直隶天津府设审判厅；中日签订旅大租界条约等。书中附有前言和凡例。

0120　中华民国史事纪要：初稿（1908 年）/ 中华民国史事纪要编辑委员会编辑．台北："中央文物供应社"．1979.9

本册内容包括：中俄签订《吉林森林条约》；墨西哥设领事馆于汉口；清廷施行大清矿律；广州商民抵制日货；孙文先生在新加坡函约苏汉忠晤面；新加坡革命党同志举行第二次革命演说大会；钦州革命军击溃清军一营；钦州革命军再败清军等。书中附有前言和凡例。

0121　中华民国史事纪要：初稿（1909 年）/ 中华民国史事纪要编辑委员会编辑．台北："中央文物供应社"．1982.3

本册内容包括：溥仪继清帝位，更改年号，始称宣统元年；第二次万国禁烟会在上海开会；清廷批准《中美公断专约》；清廷谕各省一律依限成立谘议局；革命党人胡汉民函请邓泽如安置李福林等人；第二次万国禁烟会在沪闭幕；清廷度支部学部奏准设立财政学堂；清廷申谕禁烟办法等。书中附有前言和凡例。

0122　中华民国史事纪要：初稿（1910 年）/ 中华民国史事纪要编辑委员会编辑．台北："中央文物供应社"．1982.3

本册内容包括：孙文先生自纽约、芝加哥抵旧金山；广州新军事变扩大；英国抗议中国进兵西藏；旧金山中国同盟会总支部成立；清廷以松藩镇总兵张彪为湖北提督；英驻京代办与清外务大臣晤谈西藏事；江苏宜兴县乡民焚毁学堂；孙先生离旧金山赴檀香山等。书中附有前言和凡例。

0123　中华民国史事纪要：初稿（1911 年）/ 中华民国史事纪要编辑委员会编辑．台北："中央文物供应社"．1973.3

本册内容包括：孙文先生自纽约抵旧金山；广西南宁驻军谋起义，失败；孙文先生自旧金山抵温哥华；黄兴为起义催款事，再致函邓泽如；中俄关系突趋紧张；片马英兵进窥大理等。书中附有凡例。

0124 中华民国史事纪要：初稿（1912 年）/ 中华民国史事纪要编辑委员会编辑．台北："中央文物供应社"．1971.5

本册内容包括：各省代表选举黎元洪为临时副总统；世界语学社并入中国社会党；袁世凯电请伍廷芳亲往北京；孙大总统批准发行中华民国军需公债；临时参议院成立；参议院议决临时政府迁至北京等。书中附有前言和凡例。

0125 中华民国史事纪要：初稿（1913 年）/ 中华民国史事纪要编辑委员会编辑．台北："中央文物供应社"．1981.5

本册内容包括：中华民国开国周年纪念，中枢举行庆祝典礼；江西都督李烈钧电请暂缓施行军民分治；烟台驻兵因宣布遣散哗变；陆军部规定该部办公时间；直隶都督冯国璋反对变更国会地点；教育部公布大学规程等。书中附有前言和凡例。

0126 中华民国史事纪要：初稿（1914 年）/ 中华民国史事纪要编辑委员会编辑．台北："中央文物供应社"．1982.6—12

本册内容包括：中国邮政改制，本日起实行新邮区制；俄人对于远东之目的；西部中国之活动；俄人运动之复活；大成铁路（即成同铁路）；中国中央铁路公司之发生；中国之受欺；列强与中国之铁路等。书中附有前言和凡例。

0127 中华民国史事纪要：初稿（1915 年）/ 中华民国史事纪要编辑委员会编辑．台北："中央文物供应社"．1981.6

本册内容包括：青海行政公署在西宁组织成立；福建金门县正式成立；北京政府财政部通令全国实施《盐税条例》；北京航空学校举行第一次毕业典礼；北京政府申令嘉奖盐务署署长张弧；中华革命党张拱辰等在南通举事等。书中附有前言和凡例。

0128 中华民国史事纪要：初稿（1916 年）/ 中华民国史事纪要编辑委员会编辑．台北："中央文物供应社"．1982.6

本册内容包括：袁世凯实行盗国，以本年为洪宪元年；袁世凯改总统府为"新华宫"；广东共和军在惠州举事；教育部颁定修正师范学校规程；外蒙改用"洪宪"年号；国父致袁世凯部将，劝勿助逆；袁世凯公布修正勋章令等。书中附有前言和凡例。

0129 中华民国史事纪要：初稿（1917 年）/ 中华民国史事纪要编辑委员会编辑．台北："中央文物供应社"．1976.10

本册内容包括：蔡元培提议改革大学学制；中日郑家屯事件解决；贵州思县火灾；交通银行签订借日款五百万元合同；法国在广州湾加税；福建晋江兵变；成都滇军哗变；陕西武关兵变等。书中附有前言和凡例。

0130 中华民国史事纪要：初稿（1918 年）/ 中华民国史事纪要编辑委员会编辑．台北："中央文物供应社"．1982.6

本册内容包括：山东定陶兵变；海参威广义派被全部解除武装；北京政府公布《修订法律馆条例》；日本开元老会议讨论出兵西伯利亚事；全国高等专门学校校长会议开会；捷克军开始向中东路线一带开拔；全国教育联合会在上海开第四次会议；北京政府下令严剿鲁匪等。书中附有前言和凡例。

0131 中华民国史事纪要：初稿．（1937 年）/ 简笙簧编．台北："中央文物供应社"．1987.6

本册内容包括：国民政府明令颁授白崇禧等勋章；铁道部派员勘测武汉铁桥；军政部发表整理陕甘军事办法；汪兆铭自欧回抵上海；川湘公路行通车典礼；日方运送军用品武装伪蒙；汪兆铭赴奉化晤蒋委员长；陈嘉佑在香港逝世等。书中附有前言和凡例。

0132 中华民国史资料丛稿：增刊．第三辑，

孙中山年谱．下：征求意见稿/中国科学院近代史研究所中华民国史组，广东省哲学社会科学研究所历史研究室编．北京：中华书局．1976.11

本书按年月日顺序逐条纪事，每年次分两部分，先记国际、国内重要事件，次记谱主及有关事迹。本册记录了孙中山1920年到1925年生平。

0133　中华民国史资料丛稿（译稿）：民国名人传记辞典．第十一分册/（美）包华德主编；沈自敏译．北京：中华书局．1981.7（中华民国史资料丛稿）

本书记述了田汉、田耕莘、蔡锷、蔡元培、曹汝霖、曾琦、曾仲鸣、邹鲁、邹韬奋、杜重远、段祺瑞、汪精卫等民国知名人物的生平事迹。

0134　中华民国史资料丛稿，大事记．第一辑/中国科学院近代史研究所中华民国史组编．北京：中华书局．1973.12

本书按年月日顺序逐条纪事，记录了"1911年辛亥革命爆发"、"中华民国军政府成立"、"汉口保卫战"、"中华民国宣告成立，孙中山在南京就任临时大总统"、"清帝溥仪宣布退位"、"孙中山颁布《中华民国临时约法》"、"日、俄订立第三次密约"等历史事件。

0135　中华民国史资料丛稿：大事记序编．1905－1911/中国社会科学院近代史研究所中华民国史组编．北京：中华书局．1978.1

本书按年月日顺序逐条纪事，记录了从1905年到1911年间中华民国发生的大事。包括：中国同盟会在日本成立、宣统帝即位、保路运动、广州起义等历史事件。

0136　中华民国史资料丛稿：译稿．第一辑，1895－1912年中国军事力量的兴起/（美）鲍威尔著；陈泽宪等译；中国社会科学院近代史研究所中华民国史组编．北京：中华书局．1978.5

本辑分9章，包括：1895年以前的中国军队、1895－1897年新型军队的建立、1898－1900年百日维新与义和团叛乱、1901－1903年慈禧领导下的军事现代化、1904－1906年军事和官制的改革、1904－1906年间军事训练与组织方面的进步、旧秩序的崩溃1907－1911年、陆军和1911年的革命等。书后附书目提要。

0139　中华民国史资料丛稿：增刊．第一辑，孙中山年谱（上）/中国科学院近代史研究所中华民国史组，广东省哲学社会科学研究所历史研究室合编．北京：中华书局．1976.11

本书按年、月、日顺序，逐条纪事，每年次分两部分：先记国际、国内重要事件，次记谱主及有关事迹。本册记录1866年（清同治五年）孙中山诞生至1911年（清宣统三年）孙中山四十五岁的生平。书中附有编辑凡例。

0140　中华民国史资料丛稿：增刊．第二辑，孙中山年谱（中）/中国科学院近代史研究所中华民国史组，广东省哲学社会科学研究所历史研究室合编．北京：中华书局．1976.11

本书按年、月、日顺序，逐条纪事，每年次分两部分：先记国际、国内重要事件，次记谱主及有关事迹。本册记录1912年（中华民国元年）孙中山四十六岁至1919年（中华民国八年）孙中山五十三岁的生平。

0141　中华民国史资料丛稿：增刊．第三辑，孙中山年谱（下）/中国科学院近代史研究所中华民国史组，广东省哲学社会科学研究所历史研究室合编．北京：中华书局．1976.11

本书按年、月、日顺序，逐条纪事，每年次分两部分：先记国际、国内重要事件，次记谱主及有关事迹。本册记录1920年（中华民国九年）孙中山五十四岁至1925年（中华民国十四年）孙中山五十九岁的生平。书中附有征引书目和后记。

0143　中华民国史资料丛稿：专题资料选辑．第二辑，清末新军编练沿革/中国社会科学院近

代史研究所中华民国史组编. 北京：中华书局. 1978.5

本书着重在清末新军编练沿革方面，有限地收入了新军的营制、饷章、训练等方面的记载。全书分三部分：第一部分《清末新军编练综述》，收录了从新军编练缘起至全国普练新军方面的综合性资料；第二部分《各镇及各省新军编练沿革》，是从北洋六镇起，逐镇逐协地将清末新军三十六镇的编练沿革资料加以收集整理；第三部分《新军学堂和陆军留学生》，收录了北洋及各省陆军学校资料和陆军留日学生资料。书中附有中华民国史料丛稿编印凡例、前言和编辑说明。

0145 中华民国外交史料汇编/陈志奇辑编. 台北：渤海堂文化事业有限公司. 1996.4（人文社会科学丛书）

全书共分15册，系外交历史档案文献精华的辑集，为中华民国外交编年史。本史料汇编，始于民国元年，终于民国三十四年。书中附有序、凡例和参考书目。

0146 中山先生伦敦被难史料考订/罗家伦. 上海：商务印书馆. 1930.10

本书分6章，包括：《中山先生伦敦被难时求援第一书墨迹》、《中山先生伦敦被难时求援第二书墨迹》、《律师王德纳之子述墨迹由来函一》等。有附录8篇。

0147 亲历辛亥革命：见证者的讲述/全国政协文史和学习委员会编. 北京：中国文史出版社. 2010

本书包括：我的回忆、蔡元培与光复会革创时期、孙中山与早期同盟会、孙中山先生在日本、孙中山美国芝加哥、孙中山先生住在旧金山我家、同盟会和《民报》片断回忆、记京津同盟会二三事、辛亥革命前留日生活回忆等等。

1.2 研究

0148 1911·先行者/李继锋，毕洪撰稿；《探索·发现》栏目编. 北京：中国民主法制出版社. 2006.2（晚清秘史）

本书以电视解说词的形式再现了辛亥革命。书中附插图。

0149 乘桴新获：从戊戌到辛亥/汤志钧著. 南京：江苏古籍出版社. 1990.10

本书是作者在旅居日本期间搜集整理的近代史料、调查访问、讲课记录等论文、札记。包括伊藤来华和戊戌政变、伊藤博文关系文书、章太炎在台湾、关于亚洲和亲会等文章。有肖像。

0150 赤门谈史录：论辛亥革命的性质/刘大年著. 北京：人民出版社. 1981.7

本书是刘大年先生在日本东京大学研究院讲授中国近代史的讲稿，论述了辛亥革命的性质。内容包括：中国近代史研究的现实意义与指导思想问题、论辛亥革命的性质、中国近代史研究的现状。书中附有图片、说明和附录：承先启后责无旁贷；王芸生先生和他的《六十年来中国与日本》；横滨、东京孙中山遗迹访问记。

0151 从辛亥革命到北伐战争/全国政协文史资料委员会编. 合肥：安徽人民出版社. 2000.12（文史资料精华丛书；1）

本书回顾了从辛亥革命到北伐战争这一段历史，包括：晚清残局、辛亥革命、北洋军阀统治、五四运动、南方革命政权、黄埔建军与东征北伐、蒋汪的反革命政变。

0152 从辛亥革命到五四运动/胡绳武，金冲及著. 长沙：湖南人民出版社. 1983.11

本论文集收录了从辛亥革命到五四运动、辛亥革命和中国近代的民族觉醒、武昌起义告诉了我们什么、孙中山在临时政府时期的斗争、民初政局和二次革命、临时政府结束后的孙中山、云南护国运动的真正发动者是谁、辛亥革命与初期的新文化运动等 10 篇文章。书中附有后记。

0153　倒计时：晚清迷局中的生死较量/伍立杨著．沈阳：辽宁教育出版社．2009.4

本书作者主要介绍了中国历史从戊戌到五四的第二轴心时代的史实，试图从历史的本相中寻找中国人此后的命运密码。附照片。

0154　共和，1911：辛亥革命百年祭/季宇．南京：江苏文艺出版社．2001.1

本书是一部全景式地反映一九一一年辛亥革命的长篇纪实文学，书中全面客观地再现了这场历史事件。附照片。

0155　共和悲歌：民国开国传奇/马克锋著．武汉：湖北人民出版社．1997.4（开国传奇系列）

本书讲述了辛亥革命的经过，包括：东京聚义、政治谋杀、边地炮声、黄花岗祭、武昌起义等。

0156　共和国的追求与挫折：辛亥革命/林家有等编．北京：文物出版社．1991.11〔转变中的近代中国（1840—1949）丛书〕

本书运用丰富的历史照片和文物资料，介绍辛亥革命时期的重要历史人物和事件。

0157　国内外辛亥革命史研究综览/章开沅等编著．武汉：湖北教育出版社．1991.10

本书包括："建国以来辛亥革命史研究分类述略"、"台湾、香港的辛亥革命研究"、"日本、欧美的辛亥革命研究"、"国内外主要研究著作评介"等。

0158　国外辛亥革命史研究动态．第二辑/华中师范学院辛亥革命史研究室，中南地区辛亥革命史研究会编辑．武汉：华中师范学院辛亥革命史研究室，中南地区辛亥革命史研究会．1983.11

本书收录了：也评辛亥革命之研究、新时期的开端、一项流产的美中有关中国革命的计划、辛亥革命与日本、中国社会党和社会党——辛亥革命的一个侧面、日本辛亥革命遗迹巡礼、日本的辛亥革命遗迹与史料等 7 篇论文。

0159　国外辛亥革命史研究动态．第三辑/华中师范学院辛亥革命史研究室，中南地区辛亥革命史研究会编辑．武汉：华中师范学院辛亥革命史研究室．1984.8

本辑收录了关于宋庆龄与孙中山的结合、辛亥革命的思想先驱、评中村义先生的《辛亥革命史研究》、章炳麟李大钊思想之研究、新军及其在辛亥革命中的作用、萱野长知给中村弥六的书信电报介绍、滔天是孙文与黄兴初次见面的中介人吗、《湖北革命战见闻日记》解说等 9 篇文章。书中附有：东京"辛亥革命研究会"例会记录、荷兰的汉和学研究和台湾"辛亥革命研究会"记略。

0160　国外中国近代史研究．第二辑：辛亥革命七十周年纪念专辑/中国社会科学院近代史研究所《国外中国近代史研究》编辑部编．北京：中国社会科学出版社．1981.8

本书内容包括：辛亥革命史研究述评、近期日本对辛亥革命的研究成果、辛亥革命与中国陆军、日本对中国辛亥革命的态度、辛亥革命时期的中国资产阶级、清末经济恐慌与辛亥革命之联系、辛亥革命前夕的资产阶级自由派、辛亥革命与孙文、宋教仁等。书中附有编后记、稿约和补白。

0161　国外中国近代史研究．第十九辑/中国社会科学院近代史研究所《国外中国近代史研究》编辑部编．北京：中国社会科学出版社．1992.1

本辑收入论文、资料、书评、动态等共计 25 篇。主要内容包括：史汀生主义和胡佛主义、第一次世界大战后美国的门户开放政策与中国的政治生活、1928－1936 年的苏中贸易、戊戌变法时期康有为的明治维新论、孙逸仙的铁路计划遗产、辛亥革命时期的阶级对立、中国历史进程中的秘密会社、天津琐闻等。

0162 国外中国近代史研究．第二十辑/中国社会科学院近代史研究所《国外中国近代史研究》编辑部编．北京：中国社会科学出版社．1992.1

本辑收入论文、书刊评价、学术动态等稿件共计16篇。主要内容包括：满洲的铁路建筑和铁路冲突、抗日战争时期的鸦片侵略（续）、新疆战场、廖仲恺与工农运动、商民协会的瓦解与党治的失败，19世纪新马华人社会的分化与冲突、穿越大兴安岭、《近代世界的孙文学说》导言等。

0163 国外中国近代史研究．第二十一辑/中国社会科学院近代史研究所《国外中国近代史研究》编辑部编．北京：中国社会科学出版社．1992.12

本辑收入论文、动态等计13篇。主要内容包括：美国公众与美国政府对辛亥革命的态度、“拯救危难中的中国”——1940－1942年英国对华经济援助和奥托·尼迈耶爵士的使命、孙文思想中的民主与独裁——中华革命党创立时期孙文与黄兴的对立、太平洋战争爆发后的日中战争、抗日战争时期的鸦片侵略（续）、外国在华机关公团名汇（六）、1989年日本中国近代史研究概述等。

0164 话说辛亥革命/李书卿等编写．北京：中国少年儿童出版社．1998.7（爱国主义教育文库．近代风云卷）

本书包括：清王朝的腐朽统治、清朝末年的群众革命斗争、武昌起义、南京临时政府的建立、袁世凯窃国五个部分。

0165 纪念辛亥革命七十周年画册展品集/中国国民党革命委员会中央宣传部编．北京：文物出版社．1983.10

本书为纪念辛亥革命70周年书画集。包括书法、国画、篆刻等艺术形式。书中附有前言；书法、篆刻、拓片录文；作者简介；编后记。

0166 纪念辛亥革命七十周年青年学术讨论会论文选/中南地区辛亥革命研究会，湖南省历史学会编．北京：中华书局．1983.3

全书分上、下两册。收录了兴中会时期的孙杨两派关系、广东会党与辛亥革命、从戊戌到辛亥梁启超的民主政治思想、“武昌花园山机关”初探、论辛亥革命准备时期的资产阶级民主思想、试论清末湖北近代教育——从教育角度看武昌首义的社会背景、论秦力山、武昌起义前同盟会在国内的活动和斗争等论文。书中附有前言。

0167 纪念辛亥革命七十周年学术讨论会论文集/中华书局编辑部．北京：中华书局．1983.6

本论文集共分上、中、下三册，包括：列宁论辛亥革命；月异岁新、与时俱进，孙中山——伟大的爱国主义者与民主主义者，孙中山为创建共和国而斗争的伟大功勋，辛亥革命几个问题的再认识，辛亥革命中的反帝、民主、工业化问题，辛亥革命对民族资本主义工业的推动作用，近代中国社会的演化和辛亥革命等论文。书中附有照片和编者说明。

0168 纪念辛亥革命七十周年学术讨论会文集/民革黑龙江省委员会，黑龙江省历史学会编．哈尔滨：民革黑龙江省委员会；黑龙江省历史学会．1981.11

本书收录14篇纪念辛亥革命七十周年的论文，包括：孙中山革命思想发展的道路、孙中山晚年的伟大革命转变、略论孙中山的不断革命思想、毛泽东同志论辛亥革命、辛亥革命与盛宣怀、辛亥革命时期的黑龙江等。有黑龙江省长陈雷的题字和诗作，有照片。

0169 近代史研究．1981第3期（总第9期）/《近代史研究》编辑部编．北京：中国社会科学出版社．1981.8

本书为纪念辛亥革命七十周年专号，包括24篇文章：孙中山——伟大的爱国主义者与民主主义者、孙中山与辛亥革命、“排满”与民族运动、论南京临时政府、南京临时政府的立法建制、临时政府结束后的孙中山、论武昌起义后同盟会的演变、辛亥革命前的收回矿权运动等。

0170　论辛亥革命/吴玉章著．北京：人民出版社．1972.10

本书论述了辛亥革命的经过和历史意义，全书分4部分，包括：辛亥革命前的民族危机、孙中山和同盟会、共进会与文学社、同盟会展开斗争等。附甲午战争——辛亥革命大事记。

0171　民国的故事（公元1911－1920）：辛亥革命到直皖战争/蔡东藩原著；古木，马在淮改写．北京：华夏出版社．2008.1（蔡东藩历史讲坛）

本书记述了辛亥革命到直皖战争时期的历史事件和历史人物，包括辛亥革命、护国运动、护法战争等3部分。附照片。

0172　民国史谈：弹指兴衰多少事/杨天石主编．北京：中共中央党校出版社．2008.10

本书共11部分，内容包括：孙中山片段、蒋介石踪迹、民国初建、北洋人物、北伐前后、南京国民政府初期、国共关系、抗日救亡等。书中附有照片。

0173　民声：辛亥时论选/胡伟希编选．沈阳：辽宁人民出版社．1994.6（中国启蒙思想文库）

本书内容包括：说国民、与同志书、论文学与科学不可偏废、教育泛论、权利篇、公私篇、教育通论（节录）、新政府之建设等。书中附有总序和编序。

0174　呐喊声中的图强变革/《中国史话》编写组编．上海：上海科学技术文献出版社．2005.1（《CCTV教科文行动·给头脑的基本储存：中国史话》丛书）

全书分“庚子国变”、“记忆百年”两部分。内容有：庚子国变的真相、中国半殖民地化的加深、反帝爱国运动风起云涌、新青年的中国等。附地图及图。

0175　呐喊声中的图强变革：清末、民初/中国史话编辑委员会编著；陈玟玟主编．台北：大地出版社．2006.11（中国史话；6）

本书分为“庚子事变”和“记忆百年”两部分。主要内容包括：庚子事变真相、清军和义和团对东交民巷的围攻、联军攻进了北京城、孙中山革命、清帝逊位、民国成立。附照片及图。

0176　欧战后之中国/徐世昌著．影印本．台北：文海出版社．1967.5（近代中国史料丛刊．第三辑；28）

本书对一次世界大战之后的中国社会情况、教育与经济情况，以及一次世界大战对中国乃至世界经济等方面的影响等进行了叙述。本书共有三章，第一章为战后世界之观察，包括战役与经济之影响、战后之财政经济政策、战后之教育设施及改进；第二章中国之古与今，包括古时之施教与殖产、学术及物力上之凭藉、现在之产业状态、现在之教育状；第三章今后之中国与世界，包括世界对我相需之殷、吾国及时自奋之机、恒久和平之关键、吾人之两大属望。本书有序。

0177　清末民初历史与社会/胡绳武著．上海：上海人民出版社．2002.7

本书收录27篇论文，反映了作者近半个世纪以来，从事中国近代史教学与研究所形成的主要的学术观点，包括：辛亥革命史稿、清末的立宪运动、二十世纪初年中国无政府主义思潮、梁启超与民初政治和民初会党问题等。

0178　清末民初研究论稿/李书源著．长春：吉林教育出版社．2001.8

本书收录了有关中国近代史研究的文章30多篇，包括：中国近代社会的主要矛盾、近代中外关系论纲、评西方学者的鸦片战争“文化冲突论”、论洪秀全皇权主义思想的发展等、“中体西用”评议、洋务运动与明治维新人才实践的比较研究、民初民主党述略、文化热与近代文化史研究等内容。有序和后记。

0179 情系辛亥：纪念辛亥革命90周年征文获奖作品选/黄尚建，宋成卫主编．武汉：武汉出版社．2002.8

本书是纪念辛亥革命90周年征文获奖作品选，集中刊发的是获得二等奖、三等奖及部分优秀奖的作品，体裁广泛，有散文、故事、朗诵诗、论文、小说、诗歌、戏剧、小品等。附照片。

0180 屈辱·抗争·求索：中国近代史新编/罗通秀，刘建设编著．武汉：武汉大学出版社．1991.11（中国近现代史及国情教育丛书）

全书分三个部分：屈辱篇、抗争篇、求索篇。书中附有照片、前言、后记。附录包括：中国国近代史大事记、学习中国近代史主要参考书目。

0181 史料选编．一九八一年第二辑：辛亥革命七十周年纪念专辑/上海市文史馆，上海市人民政府参事室文史资料工作委员会编．上海：上海市文史馆：上海市人民政府参事室文史资料工作委员会．1981.9

书中收录了怀念孙中山先生、孙中山先生名号略考、一次难忘的会见、龙蟠虎踞话孙陵、纪念方声洞先生、辛亥见闻录、回忆武昌起义、辛亥革命二三事等25篇文章。书中附有照片。

0182 世纪回眸：20世纪的中国/王鸿江主编．天津：天津人民出版社．2001.10

本书分9章，包括：动荡的世界与崛起的中国、真理的追求、民主革命道路的探索、社会主义建设道路的开辟、一切从实际出发、民主与法制——跳出兴勃亡忽周期率的保证、吸收世界一切优秀文化成果、爱国主义——永恒的主题等。

0183 世纪之门/马昭．昆明：云南人民出版社．1998.1

本书是一部长篇全景式辛亥革命纪实之作，书中表达了作者对革命党人的深深敬意，赞扬了辛亥革命党人百折不挠的革命精神。本书附照片。

0184 孙中山暨辛亥革命研究/民革云南省委理论政策研究委员会编．昆明：云南美术出版社．2002.4

本书内容包括：孙中山先生的中国问题解、孙中山与社会主义、论孙中山的民族平等思想、辛亥革命与近代中国的社会变革、浅析辛亥云南军政府的法律制度等。

0185 天变：辛亥革命纪实/刘秉荣著．北京：人民日报出版社．2010.4

本书记述了辛亥革命始末。附照片。

0186 铁血华年：辛亥革命那一枪/赫连勃勃大王（梅毅）著．北京：中国戏剧出版社．2008.10

本书记述了武昌起义的历史场面，分析了汪精卫、史坚如、袁世凯等人的人物性格，回顾了中国历史上的革命历程，总结了辛亥革命的经验得失。附肖像、照片。

0187 铁血华年：辛亥革命那一枪/赫连勃勃大王（梅毅）著．台北：达观出版事业有限公司．2008.12（历史大系；2）

全书分11部分，内容包括：“暗夜沉沉血作灯——唐才常，新世纪率先倒下的英雄”、“徐锡麟的无悔青春”、“夕阳回射照龙旗——‘君主立宪’：清朝政府最后的稻草”、“天下未乱蜀先乱——四川保路运动及其后果”、“多米诺骨牌这样倒塌——辛亥革命长镜头”、“过把瘾就走——昙花一现的南京‘临时’政府”、“辛亥革命大事记”等。书中附有多余的话和序言：早产的革命。

0188　铁血华年：辛亥革命那一枪/赫连勃勃大王著．北京：华艺出版社．2008.11

本书记述了武昌起义的历史场面，分析了汪精卫、史坚如、袁世凯等人的人物性格，回顾了中国历史上的革命历程，总结了辛亥革命的经验得失。

0189　吴雁南文集．2，辛亥革命研究/吴雁南著；朱健华，陈奇主编．贵阳：贵州教育出版社．2003.8

本卷收入文章40篇、译文2篇，主要涉及辛亥革命时期社会矛盾、农民问题、“民变”、会党问题、孙中山等辛亥革命人物思想研究、孙中山实业思想与近代化的系列研究、当时社会思潮及相关研究。附照片。

0190　辛亥风云/吴廷桢，徐世华主编；王劲，马廉颇编写．兰州：甘肃教育出版社．1993.3（中华百年史丛书）

本书讲述了辛亥革命的始末，赞颂了革命志士威武不屈和为国牺牲的精神，展现了中国民族民主革命胜利发展的曲折艰辛历程。

0191　辛亥风云/中国新闻社编．北京：中国展望出版社．1982.9

本书内容包括：伟人的革命先驱者孙中山、武昌起义时的孙中山、孙中山和他的三民主义、怀念功勋彪炳的黄兴先生、武昌首义中的黄兴、黄兴与护国运动、革命风范启后人、革命先烈刘道一等70余篇文章。书中附有照片。

0192　辛亥风云录/任光椿．长沙：湖南人民出版社．1983.1

本书是一部长篇历史小说，再现了辛亥革命的历史风云，塑造了黄兴、孙中山、宋教仁等一批英雄人物。附插图。

0193　辛亥风云录/任光椿．桂林：漓江出版社．2007.1

本书以黄兴、孙中山、宋教仁、袁世凯等主要人物的故事为线索，生动地展现了革命党人为推翻封建帝制，实现共和而进行的艰难斗争历程。附照片。

0194　辛亥风云与近代中国/中南地区辛亥革命史研究会，武昌辛亥革命研究中心编．贵阳：贵州人民出版社．1991.9

本书包括：辛亥革命史研究会成立十周年纪念献辞、辛亥革命史研究会成立十周年随感、论清末的反满革命思潮、民国初年的权威主义、辛亥革命与妥协、论光复后的湖南政局等。

0195　辛亥革命/《中国近代史丛书》编写组编．上海：上海人民出版社．1972.9（中国近代史丛书）

本书分14章，包括：革命前的中国社会、孙中山与兴中会、继起的革命团体、同盟会的成立、和改良派作斗争、革命党人发动的武装起义、风起云涌的群众斗争、清朝政府的假立宪、铁路风潮等。

0196　辛亥革命/包村．上海：上海人民出版社．1962.12（工农通俗文库）

本书讲述了辛亥革命的经过、结果和历史意义，包括：辛亥革命前的民族危机、孙中山和中兴会、革命进入新阶段、同盟会展开斗争、保路运动等。

0197　辛亥革命/陈旭麓．上海：上海人民出版社．1955.6

本书扼要地叙述了自孙中山组织兴中会、同盟会至袁世凯就职大总统整个辛亥革命的前后经过，并对发生辛亥革命以前的中国国际环境与国内经济、政治形势做了介绍，最后对辛亥革命的意义和失败的原因作了分析。

0198　辛亥革命/陈旭麓．再版．上海：上海人

民出版社. 1961.9

内容提要参见 0197。

0199 辛亥革命/储祎. 重版. 上海：大众书局. 1936.4（中国近百年史少年丛书；1）

本书向全国少年介绍中国近百年国家社会的演变。

0200 辛亥革命/胡毅华，徐锋编著. 上海：上海书店出版社. 2002.8（历史聚焦书系）

本书对辛亥革命的基本经过和深远影响作了全景式观照。全书共 6 章，主要有：山雨欲来风满楼、风起云涌、中国同盟会、武汉义旗天下应、南京临时政府、革命失败等。

0201 辛亥革命/李剑桥，吴景山，竭宝峰主编. 沈阳：辽海出版社. 2007.6（中国近代史话；15）

本书全面客观地论述了辛亥革命时期的重大历史事件，向人们展示了中国大地上的风云变化、历史伟人、乱世奸雄、工农商学、世俗百姓的沉浮。

0202 辛亥革命/林增平编. 北京：中华书局. 1962.4

本书包含 5 部分：从兴中会到同盟会、同盟会领导和影响下的革命斗争、席卷全国的群众反抗斗争、革命风暴的酝酿、全国革命的高潮、帝国主义支持下的封建买办势力的反扑、革命的失败。

0203 辛亥革命/林增平编. 北京：中华书局. 1974.1（历史知识读物）

本书分 12 章，包括：孙中山和兴中会、资产阶级民主革命运动的兴起、人民群众的反抗斗争推动革命形势的发展、同盟会的成立、反对改良派的斗争、反清武装起义、革命高潮的到来、保路运动等。有照片。

0204 辛亥革命/林增平等编. 成都：巴蜀书社. 1989.9（中国史专题讨论丛书）

本书由 3 部分组成，包括：辛亥革命史研究概述、辛亥革命史研究论文选、辛亥革命史论著目录索引（1949—1987）。书后附录《“文革”期间文章目录》、《部分港台论著目录》。

0205 辛亥革命/宋然编著；侯长春绘图. 北京：通俗读物出版社. 1955.6

本书介绍了辛亥革命这一历史事件，以及辛亥革命失败的教训和历史意义。

0207 辛亥演义/王质玉著. 武汉：长江文艺出版社. 2011

本书为章回体小说，内容包括：黄鹤楼初创文学社、英租界复演风雷图，宪兵正目密结革命党、湖广总督宠爱廖美人；张统制怨毒《大江报》、彭楚藩遇合孙摇清；居正江城访志士、胡瑛牢狱结姻缘等。

0208 辛亥革命/吴玉章著. 北京：人民出版社. 1961.9

本书分两编：“论辛亥革命”和“从甲午战争前后到辛亥革命前后的回忆”，包括 23 章内容，以及图片、序诗、跋语和附录：甲午战争——辛亥革命大事记（1894—1912 年）。

0209 辛亥革命/吴玉章著. 北京：中国人民大学出版社. 1960.3

本书分 4 章，介绍了辛亥革命的背景、同盟会的共同纲领、发生地点的必然性等内容。本书有附录：《甲午战争——辛亥革命大事记（1894—1912 年）》。

0210 辛亥革命/萧乾主编. 台北：台湾商务印书馆. 1995.9（近现代新笔记丛书；第二辑）

全书分 7 部分：志士风流、苌弘碧血、霜天晓角、风雨满楼、首义惊雷、席卷神州、枯枝朽叶。内容包括：孙中山与黄兴第一次会面、黄兴的家书、章太炎两进龙泉寺、秋瑾与徐自华的革命情谊、于右任黄鹤楼题壁、辛亥年前广西的革命宣传品、辛亥革命军歌、辛亥起义在河南等。书中附有照片、总序和出版前言。

0211　辛亥革命/新兴. 南京：江苏人民出版社. 1956.10

本书主要讲述了辛亥革命的经过情形和历史意义。全书包含 5 个部分：人民要求推翻清朝统治、孙中山的革命活动、保路风潮、武昌起义、袁世凯夺取革命成果。书中附图。

0212　辛亥革命/中国史学会主编，柴德赓等编. 上海：上海人民出版社. 2000.6（中国近代史资料丛刊）

本书分 4 个部分来叙述，主要包括兴中会时期的革命活动、同盟会时期的革命运动、武昌起义及各省起义的经过、南京临时政府及中华民国成立的经过。本书附肖像、照片。

0213　辛亥革命/中国史学会主编. 上海：上海人民出版社. 1957.7（中国近代史资料丛刊）

全书共 8 册，讲述了辛亥革命的经过情形和历史意义，包括：兴中会时期的革命活动、同盟会时期的革命活动。书中附清廷预备立宪资料、武昌起义及各省起义的经过、南京临时政府及中华民国成立的经过。

0214　辛亥革命辞典/章开沅主编. 武汉：武汉出版社. 1991.8

本书选收辛亥革命史实和研究方面的有关词目共 3218 条。书末附《辛亥革命大事记》和《1949—1989 年国内辛亥革命史主要论文目录索引》。附照片。

0215　辛亥革命大事录/草莽余生著. 影印本. 台北：文海出版社. 1988（近代中国史料丛刊三编. 第四十四辑；432—433）

本书是草莽余生的随笔。书中附有叙言。本书与《华盛顿会议》晨报社编合订。

0216　辛亥革命大事录/刘望龄编著. 北京：知识出版社. 1981.11

本书内容包括：辛亥革命鸟瞰；辛亥革命大事志（1905 年 7 月至 1913 年 9 月）；辛亥革命主要会党、人物、事件、报刊简介；辛亥革命史研究的三十年；辛亥革命史主要中文书目；辛亥革命史主要论文目录（1949 年至 1981 年 6 月）。书中附有照片和 1949 年以来辛亥革命史研究主要学术讨论会、辛亥革命史主要研究机构简表等内容。

0217　辛亥革命的故事/葛子厚著. 济南：山东人民出版社. 1981.12（历史小故事丛书）

书中介绍了以孙中山为首的革命党人发动的辛亥革命的故事。内容包括：一个可耻的条约、振兴中华、大革命的导火线、号炮没有打响、出乎意料的胜利、成立湖北军政府、第一个共和国、袁世凯的一打一拉等 12 个故事。

0218　辛亥革命的故事/葛子厚编写. 新 1 版. 济南：明天出版社. 1992.11（历史小故事丛书）

内容提要参见 0217。

0219　辛亥革命的故事/上海人民出版社编辑. 上海：上海人民出版社. 1958.12

本书主要讲述了辛亥革命的经过情形和历史意义。包含 5 部分：革命的形式成熟了、孙中山的革命活动、武昌起义、袁世凯夺取革命成果、辛亥革命的历史意义。附图。

0220　辛亥革命的教训：一九四九年一月九日吴玉章校长在北华大学干部学习会上的报告/吴玉章. 北京：华北大学教务处. 1949.3

本书从政党、革命武装、革命理论、群众工作等方面总结辛亥革命的教训。

0221　辛亥革命的前前后后/金冲及著. 北京：中国文史出版社. 1991.8

本书内容包括：祖国在危急中、新的社会力量在成长、孙中山革命活动的开始、戊戌维新运动带来的思想解放、留日学生趋向革命的转折、苏报案、革命力量的集结、中国同盟会的成立等。

0222 辛亥革命纪实/李春萱. 稿本，朱丝栏. ［出版地不详］：［出版者不详］. 1945

本书记述了辛亥革命始末。

0223 辛亥革命纪实/李春萱撰. 静电复制本. 北京：北京图书馆. 198?

本书据民国间张难先抄本复印。记述了辛亥革命始末。

0224 辛亥革命简史/方志钦编著. 广州：广东人民出版社. 1980.6

本书分11章，包括：山雨欲来风满楼、从孙中山开始、同盟会成立前后、革命派与保皇派的大论战、此伏彼起的武装起义、保路风潮、武昌起义和武汉起义、连锁般的各省响应等。

0225 辛亥革命论文集/湖北省历史学会编. 武汉：湖北人民出版社. 1981.8

本书收录了孙中山和武昌首义、论武昌首义的根本历史原因、辛亥革命时期的汉口商会、湖北留学生与辛亥革命、湖北谘议局浅议、浅析张之洞的教育思想、辛亥革命前夕清王朝财政的崩溃、辛亥革命中暗杀活动及其评价等文章。书中附有前言。

0226 辛亥革命论文集/吴讱著. 南京：南京师范大学出版社. 2000.7

本书收入《江苏辛亥光复后的政权剖析》、《江苏辛亥光复后各州县任民政长考》、《从"安民布告"分析江苏地方官员对待辛亥革命的态度》等18篇文章。

0227 辛亥革命论文集/中山大学、中南五省辛亥革命研究会和广东历史学会编. 广州：广东人民出版社. 1980.11

本论文集是1979年11月在广州举行的"孙中山和辛亥革命学术讨论会"中的部分论文。收录了孙中山和辛亥革命，孙中山在临时政府时期的斗争，从洋务、维新到资产阶级革命，论谘议局，析同盟会的衰亡，论秋瑾，论蔡锷、孙中山和陆荣廷等16篇论文。

0228 辛亥革命论文集：纪念辛亥革命七十周年/武汉师范学院历史系等编. 武汉：武汉师范学院历史系. 1981.9

本书分上、下两册。包括：辛亥革命前列强对湖北的渗透、辛亥革命前湖北官办工业成败论、辛亥革命前的武汉民族资产阶级、革命两代人、武汉民族资产阶级与辛亥革命、武昌首义中的武汉商会商团、湖北成为辛亥革命"首义之区"原因初探等27篇文章。书中附有编者的话和后记。

0229 辛亥革命秘史/刘秉荣著. 北京：群众出版社. 1998.1

本书是一部全方位反映辛亥革命的长篇纪实文学，展示了革命志士们不屈不挠、前仆后继的斗争历程。本书附照片。

0230 辛亥革命日记/潘朕凡著. 上海：中原书局. 1926.6

记述作者随陆军第四中学参加辛亥革命的亲身经历。日记体，从辛亥年八月二十四日（阴历）至次年正月初七日。日期不连贯。

0231 辛亥革命史/高劳编；东方杂志社编. 4版. 上海：商务印书馆. 1923.12（东方文库；1）

本书从革命战争时代、革命成功时代、临时政府时代论述了辛亥革命的历程。并附《中华民国临时约法》、《中华民国国会组织法》及《大总统选举法》。

0232 辛亥革命史/高劳编；东方杂志社编. 上海：商务印书馆. 1925.5（东方文库；1）

内容提要参见0231。

0233 辛亥革命史/高劳编；东方杂志社编. 3版. 上海：商务印书馆. 1928.11（东方文库；1）

内容提要参见0231。

0234 辛亥革命史/郭真. 上海：北新书局. 1929.8

本书分3章：辛亥革命的由来、辛亥革命略史、辛亥革命的结果。讲述了辛亥革命前帝国主义的入侵，清政府的腐败，民族思想的发展，辛亥革命的爆发，民国政府的成立，辛亥革命的影响和失败。

0235 辛亥革命史/左舜生. 1941年版改排为135页. 上海：中华书局. 1934.1（中华百科丛书）

共8章，记述从兴中会成立到约法公布、临时政府北迁的历史。本书原系编者在复旦、大夏大学任教时的中国现代史料讲义。书首及书中有孙中山等人照片8幅。

0236 辛亥革命史（上）/章开沅，林增平等主编. 北京：人民出版社. 1980.3

本书分上、中、下三册，本册为上册，记述1901—1905年资产阶级民主革命运动加速酝酿和向全国发展的形势；为说明近代中国社会为这一革命运动所作的历史准备，追溯了中国资本主义经济的兴起和初步发展，以及孙中山创立兴中会前后的活动。

0237 辛亥革命史（中）/章开沅，林增平等主编. 北京：人民出版社. 1980.12

本书分上、中、下三册，本册为中册，记述1905年同盟会成立到1911年保路风潮勃兴猛涨的史事，即资产阶级民主革命在全国普遍发动和趋向高潮的过程。

0238 辛亥革命史（下）/章开沅，林增平等主编. 北京：人民出版社. 1981.7

本书分上、中、下三册，本册为下册，记述了1911年武昌起义到1912年南京临时政府北迁的经过，阐明革命取得推翻清朝统治的胜利及其最终失败的原委，为了以史实反复印证中国民族资产阶级不可能领导民主革命得到成功的历史规律，还综述了从“二次革命”到护法运动的梗概。书后附大事年表、主要征引书目、索引。

0239 辛亥革命史/朱育和等. 北京：人民出版社. 2001.3

本书共分6章，包括“山雨欲来”、“资产阶级革命派的形成”、“中国同盟会”、“武昌起义”、“清王朝的覆灭”、“共和：理想与现实”。

0240 辛亥革命史·帝制运动始末记/高劳编. 影印本. 台北：文海出版社. 1967（近代中国史料丛刊. 第九辑；86—87）

《辛亥革命史》分3章，包括：革命战争时代、革命成功时代和临时政府成立时代。书中附有附录。《帝制运动始末记》分9章，内容包括：帝制运动之由来、帝制之进行、各省之反抗、军事之行动、外交之经过、登基延期及帝制取消、关于调停之事件、袁总统逝世及黎总统继任、军事之收束。

0241 辛亥革命史：合订本/高劳编；东方杂志社编. 再版. 上海：商务印书馆. 1924.9（东方文库；第1—5种）

本书为东方文库第一种至第五种合订本，其为：高劳编《帝制运动始末记》、张梓生编《壬戌政变记》、章锡琛等编《欧战发生史》、坚瓠等编《大战杂话》等。

0242 辛亥革命史丛刊. 第一辑/《辛亥革命史丛刊》编辑组编. 北京：中华书局. 1980.9

本辑收录了解放思想、实事求是、努力研究辛亥革命史，从辛亥革命到五四运动，论孙中山和黄兴的关系，论黄兴与辛亥革命，为宪法流血的第一人，关于四川保路运动的几个问题，关于亚洲和亲会等20篇文章。书中附有编者的话。

0243 辛亥革命史丛刊．第二辑/《辛亥革命史丛刊》编辑组编．北京：中华书局．1980.12

本辑收录了论孙中山的哲学思想、论孙中山的唯物主义认识论、辛亥革命前夕的章太炎、略论民族资产阶级上层与清末立宪派、辛亥革命前后的郑观应、试论贵州自治学社的性质、沙俄与辛亥革命等21篇文章。书中附有编者的话。

0244 辛亥革命史丛刊．第三辑/《辛亥革命史丛刊》编辑组．北京：中华书局．1981.8

本辑收录了孙中山和辛亥革命研究中的一些问题、孙中山和人民群众、章太炎反对资本主义经济吗、论"二次革命"的几个军事问题、坚持真理坚持革命坚持进步、禹之谟革命事略、从辛亥革命到五四运动前我国科学的发展、孙中山和日本等15篇文章。书中附有编者的话。

0245 辛亥革命史丛刊．第四辑/《辛亥革命史丛刊》编辑部编．北京：中华书局．1982.10

本辑收录了论孙中山早期的平均地权思想、唐才常从和平改良到反清革命的思想述评、苏州市民公社与辛亥革命、苏州市民公社档案选辑、辛亥前后武汉报纸新闻资料简辑、1900至1908年的法国与孙中山、辛亥革命和宫崎滔天等16篇文章。书中附有编者的话。

0246 辛亥革命史丛刊．第五辑/《辛亥革命史丛刊》编辑组编．北京：中华书局．1983.11

本辑内容包括：论辛亥革命时期的社会主义思潮、辛亥革命时期的蔡元培、略论朱执信的经济建设思想、南京临时政府财政问题初探、辛亥革命时期的梧州资产阶级等。

0247 辛亥革命史丛刊．第六辑/《辛亥革命史丛刊》编辑组编．北京：中华书局．1986.5

本辑内容包括：辛亥革命时期章太炎社会历史观述论、略论自治学社与同盟会贵州分会、辛亥革命时期的上海妇女界、辛亥浙军会攻南京阵中日志等。

0248 辛亥革命史丛刊．第七辑/《辛亥革命史丛刊》编辑组编．北京：中华书局．1987.6

本辑内容包括：二十世纪初年中国反帝爱国史学初考、粤商自治会与反帝斗争、湖北起义首领孙武传、辛亥革命在日本的反应等。

0249 辛亥革命史丛刊．第八辑/中南地区辛亥革命史研究会，武昌辛亥革命研究中心编．北京：中华书局．1991.9

本辑收文15篇，分为四类：论文、考订、资料和译文。收有《论清末商会的性质》、《辛亥革命时期的苏州绅商》等文章，还有巴斯蒂的《清末赴欧的留学生们》等译文。

0250 辛亥革命史丛刊．第九辑/中南地区辛亥革命史研究会，武昌辛亥革命研究中心编．北京：中华书局．1997.5

本刊是辛亥革命史研究的学术集刊。主要内容有：孙中山与世情、清末广东士绅与辛亥革命、刘复基与武昌起义的准备、端方与清末宪政、革命日记、大来日记等文章。

0251 辛亥革命史丛刊．第十辑/中南地区辛亥革命史研究会，武昌辛亥革命研究中心编．武汉：湖北人民出版社．1999.1

本书包括：是非蜀洛待澄清、孙中山与云南、"通情"和"献策"、西村天囚和刘坤一、试论晚清苏州的"市民社会"、论民初商会对新公文程式的抵制、略论东亚同文书院的中国大调查等内容。

0252 辛亥革命史丛刊．第十一辑/章开沅主编；中南地区辛亥革命史研究会，武昌辛亥革命研究中心编．武汉：湖北人民出版社．2002.9

本书收有《评民国初年黄兴的基本政治倾向》、《章刘交谊及其他》、《辛亥革命时期贵州军政府的成立及其法制建设》等 14 篇文章。

0253 辛亥革命史丛刊. 第十二辑/章开沅主编；辛亥革命史研究会，武昌辛亥革命研究中心编. 武汉：武汉人民出版社. 2005.9

本辑收录《试论张謇现象——状元下海的文化解读》、《孙中山与新加坡两报论战》、《爱国画家对辛亥革命的贡献》、《回顾二十世纪严复研究的发展》等文章。

0254 辛亥革命史丛刊. 第十四辑/章开沅主编；辛亥革命史研究会，武昌辛亥革命研究中心编. 武汉：湖北人民出版社. 2010.2

本辑收录论文选粹、辛亥首义历史文化资源开发利用与对策课题系列论文选、辛亥革命研究青年学者论坛论文选等方面的文章。

0255 辛亥革命史纲/张同新. 南宁：广西人民出版社. 2001.11

全书分 3 部分：多难兴邦、十年奋斗、前仆后继倒清朝。其中“多难兴邦”包括：大厦将倾的清王朝、强国梦、创建兴中会等。“十年奋斗”包括：革命正道、列国取经、革命团体的涌现、中国同盟会的成立等。“前仆后继倒清朝”包括：三民主义理论体系的确立、同盟会的曲折发展、辛亥风暴的序曲等。

0256 辛亥革命史话/张海鹏，邓红洲著. 北京：社会科学文献出版社. 2000.9（百年中国史话. 第一辑；4）

本书内容包括：辛亥革命前的中国形势、辛亥革命的推动力、有组织的反清武装起义的发动、保路运动和武昌首义、南京临时政府和北京临时政府、辛亥革命的成功与失败。

0257 辛亥革命史论/张玉法著. 台北：三民书局. 1993.1（大雅丛刊）

本书从六方面论述辛亥革命的史实：总论、革命领袖、革命参与、革命理论、革命目标、二次革命。书中附有自序和跋。

0258 辛亥革命史论文集/广东省孙中山研究会，广东省民国史研究会编. 广州：广东人民出版社. 1993.1

本书是广东纪念辛亥革命 80 周年学术讨论会论文集，收《辛亥革命与广东》、《辛亥革命与中国民主化进程》、《辛亥时期国内学堂风潮述论》、《论黄兴与两湖革命》等论文 16 篇。

0259 辛亥革命史论文选：1949－1979/辛亥革命史研究会编. 北京：三联书店. 1981.6

本书分上、下两册。内容包括：辛亥革命，一九零五年俄国革命和中国，辛亥革命与民族资本主义的发展，从辛亥革命看民主资产阶级的性格，从洋务、维新到资产阶级革命，辛亥革命时期资产阶级革命派和农民的关系问题，辛亥革命前后的中国工人运动，辛亥革命时期的革命知识分子等。书中附有前言、附录和编后说明。

0260 辛亥革命史研究备要/林增平等主编. 长沙：湖南出版社. 1991.9

本书分 5 部分，包括：专题研究概述、历史事件研究、革命团体研究、人物研究概述和论文目录索引。

0261 辛亥革命始末记/渤海寿臣辑. 影印本. 台北：文海出版社. 1969.10（近代中国史料丛刊. 第 42 辑；420）

本书共两册，内容包括：谕旨、资政院、奏折、武昌、各省和论说。书中附有《辛亥革命始末记自序》、《实行立宪汇编》自序和例言。

0262 辛亥革命五十周年纪念论文集/湖北省哲学社会科学学会联合会编. 北京：中华书局. 1962.12

1961 年 10 月 16 日至 21 日，中国史学会和湖北哲学社会科学学会联合会在武汉联合举办辛亥革命 50 周年学术讨论会，本论文集所收录的 32 篇文章，绝大部分是从这次讨论会中选出。附照片、表格。

0263 辛亥革命五十周年纪念文集/中国人民政治协商会议山东省委员会，山东省历史研究所编. 济南：山东人民出版社. 1962.7

本书收录了夏浦斋、王祝晨等数位山东辛亥经历人的署名文章。附照片。

0264 辛亥革命研究及其它/辛亥革命武昌起义纪念馆编. 武汉：武汉大学出版社. 1994.10

本书收录了武昌起义军政府旧址、论黄兴的革命诗联、浅谈交谈式讲解、试论武昌首义的地利、同国际友人交谈辛亥革命、刘复基与武昌首义、论亡清的历史契机与武昌起义、试论湖北军政府的舆论宣传等37篇文章。书中附有湖北的光荣——代序、附录、编后等内容。

0265 辛亥革命研究一览/李喜所，凌东夫主编. 天津：天津教育出版社. 1991.10（学术研究指南丛书）

本书汇集了日、美、苏、法及港台地区对辛亥革命性质、战略和策略的研究，以及对人物的评价。

0266 辛亥革命研讨会论文集/“中央研究院”近代史研究所编辑. 台北：“中央研究院”近代史研究所. 1983.6

本论文集的主要内容包括：辛亥革命时期孙中山先生的民权思想、辛亥前后的地方分权主义、辛亥前后的上海、辛亥革命在福州、辛亥革命时期港澳的宣传、同盟会与辛亥革命、辛亥革命后的社会变迁、辛亥革命的性质与意义等。书中有照片、开幕词、报告和附录。

0267 辛亥革命演义/萧辅国. 北京：华文出版社. 2001.5

本书以历史演义的形式，忠实地记录了辛亥革命期间孙中山先生领导的十次武装起义和全国反清爱国斗争的大量史实。附照片。

0268 辛亥革命与20世纪的中国/中国史学会编. 北京：中央文献出版社. 2002.8

本书分3册，收录了提交“纪念辛亥革命九十周年国际学术讨论会”的全部论文102篇，还收录了李铁映的贺信等。附照片。

0269 辛亥革命与20世纪中国：1990－1999年辛亥革命论文选/华中师范大学中国近代史研究所编. 武汉：湖北人民出版社. 2001.1

本书收录了45篇论文，内容涉及辛亥革命研究综论、同盟会、清末新政与预备立宪、民初政局、社会经济、思想文化、人物研究等方面。

0270 辛亥革命与当代中国社会发展/梁川主编. 银川：宁夏人民出版社. 2006.12

本书为“辛亥革命与当代中国社会发展”学术讨论会的论文集，收录文章70篇，内容涉及辛亥革命与中国近代社会变迁、孙中山的国家统一思想与祖国统一大业等。

0271 辛亥革命与二十世纪中国/田伏隆等. 长沙：湖南人民出版社. 2001.9

本书包括：辛亥革命的历史必然性、辛亥革命与艰难的政治民主化进程、辛亥革命与中国经济发展、辛亥革命与思想大变革等。

0272 辛亥革命与近代社会/章开沅. 天津：天津人民出版社. 1985

本书收录了时代·祖国·乡里；论辛亥国魂之陶铸；“排满”与民族运动；辛亥革命与江浙资产阶级；关于辛亥革命性质问题；辛亥革命史研究三十年；要加强对辛亥革命时期社会环境的研究；论张勋复辟等20篇文章。书中附有自序。

0273 辛亥革命与近代中国/赵杰主编. 南京：江苏人民出版社. 1993.7

本书选编江苏省“纪念辛亥革命80周年”学术讨论会论文37篇，从政治、军事、经济、文化等方面阐述了孙中山为代表的革命先驱们，为推翻清朝封建制度，建立民主共和国的不朽功绩。

0274 辛亥革命与近代中国：1980－1989年论文选/武昌辛亥革命研究中心编．武汉：湖北人民出版社．1991.7

本书收入57篇文章，内容包括社会经济、资产阶级、革命团体、中外关系、人物研究等方面。

0275 辛亥革命与近代中国：纪念辛亥革命八十周年国际学术讨论会文集/中华书局编辑部编．北京：中华书局．1994.3

本书分上、下两册，辑中外学者提交“纪念辛亥革命八十周年国际学术讨论会”的论文101篇。附照片。

0276 辛亥革命与近代中国社会变迁/朱英主编．武汉：武汉大学出版社．2001.1

本书从政治、经济、思想文化、教育、报刊舆论、城市变革、民间社会和乡村社会等若干方面，深入地考察辛亥革命对中国社会发展变迁所产生的影响。

0277 辛亥革命与清末民初社会/饶怀民．北京：中华书局．2006.8（中国近代史事论丛）

本书以辛亥革命为主线，通过对孙中山、黄兴等领袖人物的思想和革命活动的论述，以及对发生在辛亥革命时期有关历史实践的论述，探讨了辛亥革命的发生过程及对清末民初社会的影响。

0278 辛亥革命与孙中山：纪念辛亥革命八十周年论文集/广东省社会科学院孙中山研究所编．广州：广东人民出版社．1991.9

本书大致分成辛亥革命研究和孙中山研究两个部分。包括新时代的伟大民主革命运动，辛亥革命与中国民主化进程，论黄兴与两湘革命，论“二次革命”失败的原因，立宪派与清末立宪自治等内容。

0279 辛亥革命与中国近代社会：纪念辛亥革命九十周年青年学术讨论会论文集/田伏隆，饶怀民主编．长沙：岳麓书社．2003.9

本文集分“辛亥革命时期的经济”、“辛亥革命时期的政局”、“辛亥革命时期的思想与文化”以及“孙中山及辛亥革命时期相关人物研究”四个专题，收录论文73篇。

0280 辛亥革命与中国社会发展道路/章开沅，罗福惠主编．武汉：湖北人民出版社．1993.12（当代世界与中国丛书/关广富总主编）

本书分5节，包括：辛亥革命在中国社会发展过程中的地位、资产阶级与中国资本主义、辛亥革命与新民主主义革命等。

0281 辛亥革命与中国现代化/四川省历史学会编．成都：四川教育出版社．2002.12

本书为四川省学者研究辛亥革命与四川保路运动的论文集。全书分为：总论、辛亥革命与文化的现代化、辛亥革命与社会结构的创新、辛亥革命与四川经济社会的现代化、四川保路运动的性质与特征、辛亥革命时期历史人物新论、综述、附录等。

0282 辛亥革命运动史/林家有主编．广州：中山大学出版社．1991.8

本书分7章，包括：辛亥革命运动发生的背景、辛亥革命运动的开端、辛亥革命运动的兴起、辛亥革命运动的发展、辛亥革命运动的高涨、辛亥革命运动的胜利与失败等。附录：辛亥革命运动大事年表。

0283 辛亥革命运动史稿/章开沅，林增平主编．北京：中国人民大学出版社．1988.12

本书共12章，系统论述了辛亥革命的历史背景、资产阶级革命运动的兴起、思想战线上的论争、反清起义和群众斗争、预备立宪和立宪运动、保路风潮、武昌首义、全国规模的革命高潮等内容。书中附有前言和辛亥革命史大事年表。

0284 辛亥革命在各地：纪念辛亥革命八十周年/中国人民政治协商会议全国委员会文史资料委员会编. 北京：中国文史出版社. 1991.9

本书收录文章30篇，包括湖北何以成为辛亥首义之区、缔造共和的历史壮、辛亥革命在陕西的前前后后，江西辛亥革命、山西辛亥革命纪、重九起义、贵州辛亥革命述略、辛亥上海光复纪略等。附照片。

0285 辛亥逊清政变发源记/彭芬辑. 铅印本. [出版地不详]：[出版者不详]，民国二十二年(1933)

本书主要讲述辛亥革命开始、发展、结果中的舆论以及政策条例等。包括4编：第1编总论。第2编分论包括4期：第1期四月十一日以前之引证与论说，第2期七月十五日以前之引证与论说，第3期七月十五日至十月初七日志引证与论说，第4期十月十八日以前只引证与论说。其中包括优给军人饷需、筹备自保经费等内容。第3编结论。第4编附记。

0286 辛亥演义/王质玉著. 北京：文化艺术出版社. 1992.1

本书共40回，以通俗小说的形式讲述了辛亥革命前的历史事件，以及辛亥革命的经过和结果。

0287 辛亥遗事/苏胜勇. 北京：人民文学出版社. 2007.1

本书以辛亥革命运动为大背景，真实地再现了当时两种势力、两条道路、两种前途相互斗争的异常复杂和曲折的史实。附照片。

0288 新世纪共和：辛亥革命/周新国，丁慧超著. 南京：江苏人民出版社. 1998.3（新编中国近代史）

本书讲述了辛亥革命的历程。包括排满风起、革命时代、山雨欲来、武昌起义、胜利与失败5章内容。本书附照片。

0289 新译英国政府刊布中国革命蓝皮书/罗家伦主编. 再版，影印本. 台北：中国国民党中央委员会党史史料编纂委员会. 1983.4（中华民国史料丛编）

本书包括英国政府刊布《中国革命蓝皮书》(第一编）第一号至第一百四十三号。书中附有《中国革命蓝皮书》序和《中国革命蓝皮书》译例。本书与《辛亥革命与列强态度》/王光祈译，合订。

0290 辛亥革命风云录/王雪庵著. 天津：百花文艺出版社. 2011.1

本书共120回，再现了孙中山伦敦蒙难、同盟会及光复会成立、惠州起义、河口战役、徐锡麟刺杀恩铭、安庆起义、十七省独立、南京争夺战、汉口保卫战等重大历史事件。

0291 研究中山先生的史料与史学：国父一百一十年诞辰纪念专辑/黄季陆等著. 再版. 台北：中华民国史料研究中心. 1982.6（民国史研究丛书；2）

本书内容包括："国父遗像"、"国父遗墨"、"编辑叙言"、"特载：国父生辰的考证"、"民生定义的真谛"、"征印三民主义版本校勘报告"和论文20篇。

0292 章开沅学术论著选/章开沅. 武汉：华中师范大学出版社. 2000.6（桂岳书系；6）

本书收入有"民族运动与中国近代史的基本线索"、"中外近代化比较研究浅说"、"愤悱·讲画·变力——对外反应与中国近代化"、"我与辛亥革命史研究"等约30篇论文。

0293 章开沅演讲访谈录/章开沅著. 武汉：华中师范大学出版社. 2009.12

本书包括：史学思索、呼唤人文、教书育人、痴迷辛亥、基督宗教、品评人物、历史寻踪及附录。

0294 知耻而后勇：百年国耻备忘录/肖季文等

编. 北京：国防大学出版社. 1992.8（国情·信念·改革丛书）

本书记述了16世纪开始到国民党反动派统治结束的历史时期，西方各资本主义列强对中国的掠夺瓜分、中国任人宰割和欺侮的重大史实。全书共22个部分，内容包括：几度超越，几度辉煌；“红毛番”的阴谋；马戛尔尼居心何在；“猪仔”：海外悲歌；“不败而败”与“不胜而胜”；如此“上帝的使者”；汪氏“艳电”：认贼作父；结语：莫忘国耻，敢为天下先等。

0295　志愿决死团始末记/余汉英编辑. 复制本. 武昌：近卫宪兵司令处. 1913

本书内容包括：余汉英编决死团始末记绪言、组织志愿决死团序、本团实行之军律、本团对于绸业同人捐送军饷之声明、致湖北军务部之电稿、陈司令呈请准予军事议会之报告、养成所起居之时间、陈司令呈请辞职之报告等。

0296　中国：从屈辱走向辉煌：1840－1997. 第一卷. 下，屈辱与抗争：1840－1919/中国革命博物馆编. 北京：中国民族摄影艺术出版社. 1997.9

本卷5章，包括：戊戌变法、义和团运动、晚清的文化科技教育、辛亥革命和北洋军阀的统治。附照片及图片。

0297　中国·1911/王先明著. 天津：天津人民出版社. 2000.1（世纪备忘：历史备忘系列）

本书分6篇，包括：宣统岁月、朝野间、天与道、洹上村、铁路潮、皇帝魂。书中附有前言和后记。

0298　中国20世纪全史. 第1卷，辛亥风雷（1900－1919）/胡绳武、戴鞍钢著. 北京：中国青年出版社. 2001.5

本卷共12章，包括：“危难中的祖国”、“新思想的萌动”、“革命派的集结”、“前仆后继的斗争”、“预备立宪和立宪运动”、“民众的抗争”、“雷霆震神州”、“共和制度的诞生”等。附照片。

0299　中国百年革命述评/李斌编著. 银川：宁夏人民出版社. 1999.12

本书16章，包括：太平天国运动、洋务运动、戊戌维新运动、义和团运动、清末“新政”改革与“预备立宪”、辛亥革命、北洋军阀统治等。

0300　中国朝鲜族历史研究参考资料汇编. 第一辑，明代至辛亥革命/高永一编. 延吉：延边大学出版社. 1989.5

本书上篇为迁入篇，下篇为间岛案篇。上限从明初开始，下限至辛亥革命前。内容包括：清初朝鲜族旗人及其后裔的记事、辛亥革命时期朝鲜族地区新学堂创办等资料、清政府对间岛问题的严正立场、关于天宝山矿的文件、督办吉林边务的严正立场、新闻界报导等。

0301　中国的革命运动/蒋国珍. 上海：世界书局. 1927.8

论述中国近代的辛亥革命的护国、护法运动。内分两章：革命导言、中国的革命运动。

0302　中国二十世纪通鉴：1901－2000/龚育之等主编；中国二十世纪通鉴编辑委员会编著. 北京：线装书局. 2002.9

本书收录了从1901年起至2000年这段时期内对中国社会进步和经济发展有重大影响的事件，对历史、对后人有教育和借鉴意义的事件，全面记述和反映二十世纪中国历史发展变化的全貌。

0303　中国革命和建设/段成斌主编. 兰州：甘肃人民出版社. 1994

本书分上、下两篇。上篇中国民主革命，包括：近代中国社会和资产阶级民主革命的兴起、资产阶级领导的民主革命、五四运动和国民革命等；下篇中国社会主义建设，包括：社会主义经济制度的建立和社会主义初级阶段、社会主义市场经济及其体制、实行全方位开放等。

0304 中国革命记/上海时事新报馆编辑. 上海：上海时事新报馆. 1911.10—1912.6

设图画、记事、言论一斑、传记、文牍、章程、杂录等栏目。

0305 中国革命论，又名中国革命的路线/张韶舞著. 复制本. 上海：平社. 1934.2

本书分述中国革命的性质、社会基础、领导权问题，中国革命的障碍以及如何完成中国革命等。

0306 中国国民党八十年大事年表/中国国民党中央委员会党史委员会编辑. 台北：中国国民党中央委员会党史委员会. 1974.8

本书内容以记述中国国民党1894年至1974年间的重要事迹、决策与措施。

0307 中国国民党大事典/陈兴唐主编；中国第二历史档案馆《中国国民党大事典》编写组编. 北京：中国华侨出版社. 1993.12

本书上自1894年孙中山创建兴中会，下迄在台湾的国民党现状，以编年体例全面系统地展现国民党近百年来的历史。书中附有照片、编者说明、序言、附录和主要参考资料。

0308 中国国民党大事记：1894.11—1986.12/李松林等编. 北京：解放军出版社. 1988.8

本书始于1894年孙中山创立兴中会，止于1986年。凡这一时期的国民党政治、经济、军事、外交等方面的大事，均按日编入。书中附有序、附录和后记。

0309 中国国民党党史：简编/张其昀著. 六版. 台北："中央文物供应社". 1956

本书为著名史地学家张其昀雪峰先生所著国民党党史，在本书中他追溯了国民党建立的始末及其变化发展的轨迹，并探讨了国民党在近代中国的历史地位和功过是非。

0310 中国国民党革命委员会历史研究：民主革命时期/王德夫，楼开炤编写. 北京：中国人民大学出版社. 1994.4（中国各民主党派历史研究丛书）

本书内容包括：中国国民党民主派组织的孕育、中国国民党民主派组织的形成、中国国民党民主派组织的联合、中国国民党革命委员会的正式成立、民革为推翻国民党反动统治而斗争、民革在将革命进行到底的斗争中不断前进等。

0311 中国国民党简史：1894—1949/李友红，郭传玺编. 北京：档案出版社. 1988.12

本书分6章：中国国民党的建立及其早期的革命活动、第一次国共合作和北伐战争、国民党的蜕变及其在全国统治的确立、国民党"攘外必先安内"的国策和法西斯统治的加强、国共第二次合作和八年抗日战争、国民党统治的崩溃。书前附孙中山像和照片。

0312 中国国民党六十年奋斗史略/张其昀著. 第四版. 台北：中国新闻出版公司. 1956（中国百科小丛书）

本书按照时间顺序辑录了国民党自建立以来六十年间所进行的各种活动及其变迁发展。

0313 中国国民党全书/余克礼，朱显龙主编；中国社会科学院台湾研究所编. 西安：陕西人民出版社. 2001.4

本书分为简史、事典、人物、大事记、职官表等五大部分。本书收录的资料上自1895年，下至2000年3月国民党在台湾地区丢失"执政权"，个别材料延至2000年8月。书中附有前言。

0314 中国国民党史/华林一著；蔡元培校. 上海：商务印书馆. 1931.4（万有文库. 1；180）

内分兴中会、革命同盟会、民元组织之政

党国民党、中华革命党、护法非常国会时代之国民党、中国国民党之改组、中山先生之北上与逝世、中山先生逝世后之国民党和清党运动10章内容。

0315 中国国民党史/刘健清等主编. 南京：江苏古籍出版社. 1992.1

全书分7编，叙述了从1894年兴中会建立到1988年国民党的十三大，国民党94年发展、变化的历史，包含了国民党在1949年前的历史及国民党退守台湾后的状况。除记述该党史中的人物、事件、会议等外，还将其放入整个中国社会现实中加以考察，显现国民党党史的全貌。书中附有序言、绪论和后记。

0316 中国国民党史/宋春主编. 长春：吉林文史出版社. 1990.4

全书分5编，包括：中国国民党的创建(1894年—1922年8月)、中国国民党的新生和北伐大革命（1922年8月—1927年7月)、国民党中央统治的确立与加强（1927年7月—1937年7月)、国民党的八年“抗战救国”(1937年7月—1945年8月)、国民党在大陆统治的覆亡（1945年8月—1949年9月)。书中附有序和前言。

0317 中国国民党史/肖效钦主编. 合肥：安徽人民出版社. 1989.6

全书分7章，主要包括：中国国民党的早期组织及其领导的辛亥革命、国民党的成立和反袁护法斗争、中国国民党的成立与讨逆斗争、中国国民党的改组与国民革命的发展、国民党统治的建立及其内外政策、国民党对抗战由积极转向消极和国民党统治的崩溃。书中附有序和前言。

0318 中国国民党史：1894－1988/苗建寅主编. 西安：西安交通大学出版社. 1990.5

全书分上、下两编，共9章。以中国国民党历史发展为线索，反映了1894—1988年中国国民党各个历史时期的主要矛盾，论述了中国国民党的产生、发展、改组、“统一”、抗战及其在大陆的失败和退台后的曲折历史过程。书中附有序言、总论、附录和后记。

0319 中国国民党一百周年大事年表/林养志，宋正仪编辑. 台北：中国国民党中央委员会党史委员会. 1994.11（中国国民党建党一百周年丛书）

本编内容，以记述中国国民党自创党至一百周年以来重要事迹及其决策与措施为主体；其他在当时国内外之大事足以影响革命运动或和党的决策与措施有关者，则摘要记入。全书分装两册，1894至1978年为第一册，1979至1994年为第二册。

0320 中国国民革命史/秦瘦鸥著. 再版. 上海：三民图书公司. 1935.4

本书即三民公司1929年版的《中国国民革命史问答一百条》的增订本。以问答的形式，简述辛亥革命至北伐的历史。

0321 中国国民革命探微/刘曼容著. 广州：广东人民出版社. 1997.12

本书4部分，包括：国民革命的特殊性、国民革命与工农群众运动、国民革命与冯玉祥国民军、国民革命与孙中山。

0322 中国近百年风云史/刘殿绪编著. 哈尔滨：哈尔滨工业大学出版社. 1992.10（青少年国情教育丛书）

本书介绍了从鸦片战争、太平天国运动、中日甲午战争、辛亥革命到新中国成立的百年历史。

0323 中国近百年革命史/萧白帆著. 香港：求实出版社. 1951.10

全书分7章，包括：中国革命的背景、软弱的中国资产阶级所领导的中国资本主义革命、俄国十月革命与中国“五四”运动开辟了新民主主义革命的道路、大革命失败宁汉反革命的合流、"土地革命"建立了中国人民革命的基本武装、八年来的抗日民族解放战争、打垮了国内外反动派中国人民站起来了。书中有序、卷头语和后记。

0324 中国近百年革命史略/荣孟源著. 北京：三联书店. 1954.3

全书分 10 章，包括：绪论、太平天国革命运动、维新运动、义和团反帝运动、辛亥革命、五四运动、中国共产党的成立和第一次国内革命战争、第二次国内革命战争、抗日战争、第三次国内革命战争和中国人民革命胜利。

0326 中国近百年革命运动史/蒲西厂著. 台北：南华出版社. 1947.9

本书记述百年来中国革命史实，以及相关的政治、经济及国际动态等时代背景。包括 7 章：绪论、中国革命运动的先驱期、中国民族革命的初步完成期、中国革命运动的挫折期、中国革命运动的再兴期、中国革命势力的统一期、中国反革命期。有附录《蒋委员长庐山谈话会议词》、《抗战建国纲领》和《日本降书全文》。

0327 中国近百年历史的资料和书籍/荣孟源著；第一届公共图书馆工作人员训练班编. [出版地不详]：[出版者不详]. 1954.9

全书分为三部分：中国近百年历史概述、中国近百年历史的资料、中国近百年史的书籍。

0328 中国近百年历史图集：1840－1978 年/《中国近百年历史图集》编辑委员会主编. 再版，增订本. 香港：天地图书公司. 1981.12

本书内容以图片为主，对鸦片战争迄 1975 年的中国历史，作一有连贯性的系统介绍。全书分 17 章，包括：第一次鸦片战争、太平天国运动、中日甲午战争及列强瓜分中国、戊戌维新、义和团运动、辛亥革命、五四运动、十年内战、抗日战争等。书中附有《中国近百年历史大事记》。

0329 辛亥年的枪声/南帆著. 福州：海峡文艺出版社. 2006.12

本书收入作者的散文佳作 41 篇既有对重大历史事件的追思，又有对平凡生活的关注，更有对未来的憧憬。

0330 中国近百年史/陈恭禄著. 上海：商务印书馆. 1936.9

内分 21 章，记述清代道光至光绪及清末民初的内政、外交及经济、教育状况。

0331 中国近百年史辞典/王承仁等编. 武汉：湖北人民出版社. 1986.8

全书收集词目 1500 余条，大体包括近百年内发生的重大事件，重要人物，施行的典章制度以及重要文件、史籍、报刊资料汇编等。

0332 中国近百年史略/周念行著. 台湾：[出版者不详]. 1954.8

全书分为 14 个部分，包括：太平天国、英法联军与俄国向我领土的侵略、中法战争与西南藩属的丧失、中日甲午战争与中俄密约、义和团事件与东北危害的加增、三民主义革命的初步成功、从二次革命到护法政府、第一次世界大战与我国等内容。书中附有自序。

0333 中国近百年宪政大事年表：一八九四年至一九九一年/简笙簧主编. 台北县："国史馆". 1992.3

本书以表格的形式，记述了从清光绪二十年（1894 年）孙中山成立兴中会起至 1991 年发生的"宪政大事"。书中附有前言。

0334 中国近百余年大事述评：中国近代现代史论文集/李守孔著. 台北：台湾学生书局. 1996.7

全书共 5 册，内容包括：近代中国之大变局、中国近代之文化复兴、淮军平捻之研究、盛宣怀的事功、李鸿章与甲午战争、辛亥革命之序幕——兴中会之创立与首次广州起义、自立军之研究、同盟会时代湖北新军之革命活动、清季新军之编练及其演变等。书中有照片和自序。

0335　中国近代大事年表/“近代中国出版社”编辑．再版．台北：近代中国出版社．1982.6

本书以表格的形式，记述了从清同治五年（1866 年）到 1981 年中国发生的大事。

0336　中国近代史：第四版/陈恭禄著．影印本．上海：上海书店．1990.12（民国丛书．第二编．历史、地理类；75）

本编分上、下卷共 19 篇，包括：鸦片战争前之中国、中英冲突及鸦片战争、内政外交、中日交涉、变法运动、改革与革命附外交、政治社会情状、民国以来之内政外交等。附年历对照表。

0337　中国近代史/陈丰祥，林丽月编著．台北：五南图书出版股份有限公司．2002.6

本书共 10 章，分别介绍了鸦片战争前的中国、台湾的开发与经营、外力冲击与晚清变局、台湾建省与乙未割让、民国初年的内忧与外患、民初的经济社会与文化、抗日战争与中共政权的建立、“台湾经验”的建立、台湾社会文化的变迁、未来展望——检讨过去，策励将来。书中有图片和附录。

0338　中国近代史/姜连起编著．北京：北京广播学院出版社．1996.7

本书详细记录了鸦片战争与中国近代史的开端、太平天国革命的发动和胜利发展、第二次鸦片战争、太平天国后期斗争、洋务运动与中国资本主义的产生、边疆危机与中法战争、中日甲午战争、维新变法、义和团运动和八国联军侵华战争、资产阶级民主革命的兴起、辛亥革命、新民主主义革命的酝酿。

0339　中国近代史/蒋廷黻著．北京：团结出版社．2006.1（民国珍本丛刊：插图珍藏本）

全书分 4 章，包括：剿夷与抚夷、洪秀全与曾国藩、自强及其失败、瓜分及民族之复兴。书中有图片、总论。附录：评《清史稿・邦交志》、琦善与鸦片战争。

0340　中国近代史/蒋廷黻著．长沙：岳麓书社．1987.4

全书分为两部分内容：中国近代史和外三种。其中中国近代史分四章，包括：剿夷与抚夷、洪秀全与曾国藩、自强及其失败、瓜分及民族之复兴。外三种包括：评《清史稿・邦交志》、琦善与鸦片战争、最近三百年东北外患史——从顺治到咸丰。书中附有重印前言、小序、总论、出版说明和欣慰与回忆。

0341　中国近代史/蒋廷黻著．海口：海南出版社．1994.8（人人袖珍文库）

内容提要参见 0340。

0342　中国近代史/蒋廷黻著．长沙：岳麓书社．1999.1（旧籍新刊）

内容提要参见 0340。

0343　中国近代史/蒋廷黻著．长沙：岳麓书社．2010.1

内容提要参见 0340。

0344　中国辛亥年 1911/伍立杨著．沈阳：春风文艺出版社．2011

本书以民国人物的第一手材料、回忆录作为勾画的依据，对 1911 年 10 月 10 日在武昌发生的辛亥革命进行了记述。全书分 3 卷，包括庄严光辉的新页——武昌起义压垮骆驼的最后一根稻草，争取自由的枢纽——跌仆跌起撞击专制酷虐，抗御奴役——继续辛亥革命结成光荣之果。

0345　中国近代史/李云汉著．再版，增订版．台北：三民书局．2005.1

本书始自清朝建立至20世纪80年代，事实上是一部中国近三百年史。全书分13章，包括：大变局的开端、太平天国与自强运动、帝国主义合力侵逼下的民族危机、辛亥革命与民国创建、民国初年的政治与外交、新局面的开创——北伐、训政时期的忧患与建设等内容。书中附有增订二版序言、弁言和附录。

0346 中国近代史/李云汉著. 四版 增订本. 台北：三民书局. 2006.3

本书分13章，包括大变局的开端、太平天国与自强运动、帝国主义合力侵逼下的民族危机、民族自救的道路由改革到革命、辛亥革命与民国创建、民国初年的政治与外交、新局面的开创——北伐、训政时期的忧患与建设等。书前有增订二版、三版、四版序言。

0347 中国近代史/林诠绍编著. 台北县：高立图书有限公司. 2008.1

全书分为11章，包括：清朝的历史、自强运动、台湾的历史发展、民国初年的政治外交、北伐统一与八年抗战、五四启蒙运动等内容。书中附有照片、编辑大意、附录和参考书目。

0348 中国近代史/陶晋生著. 台北：新陆书局股份有限公司. 2005.8

全书分20章，包括：西方列强东来和鸦片战争、英法联军、太平天国、自强运动、第一次中日战争、戊戌变法、国民革命、民初政局、五四运动、北伐和统一、第二次中日战争等。书中附有序、著者简介、绪论、参考书目和索引。

0349 中国近代史/张深溪，范朝敬主编. 北京：九州出版社. 2001.4

全书分8章，主要内容包括：鸦片战争与中国近代史的开端、太平天国革命及第二次鸦片战争、洋务运动与中国资本主义的产生、中法战争及中日甲午战争、戊戌变法与义和团运动、辛亥革命与中华民国的建立、北洋军阀的黑暗统治与新时代的曙光、近代中国的思想与文化。书中附有绪论和后记。

0350 中国近代史：1600－2000 中国的奋斗/（美）徐中约著；计秋枫，朱庆葆译. 牛津大学出版社授权出版据原书第六版译出. 北京：世界图书出版公司北京公司. 2008.1

本书自清朝立国起，下迄21世纪，缕述400年来中国近代社会之巨变。全书分6编，书中附有照片、出版前言、地图、序、历代纪元表、货币及度量衡折算表、索引和审校后记。

0351 中国近代史：1840－1919/李侃等著. 4版. 北京：中华书局. 1994.4

本书分7章，内容包括：鸦片战争和中国近代史的开端、太平天国及第二次鸦片战争、洋务运动和中国资本主义的产生、中法战争和中日战争、戊戌变法和义和团运动、辛亥革命、北洋军阀的黑暗统治和近代中国历史的新趋向。

0352 中国近代史：告别帝制/李喜所，李来容著. 台北：三民书局. 2008.10（中国断代史）

全书分14章，包括：鸦片战争与中国近代史的开端、太平天国与旧式农民战争的结束、洋务运动与西方生产力的引进、城乡变动与社会结构的更新、甲午战争与民族危亡、维新变法与思想启蒙、创建同盟会与革命风潮、武昌起义与帝制覆灭等内容。书中有照片、自序、前言——告别帝制、结语和附录。

0353 中国近代史：绘画本/王汝丰等主编；叶凤美等撰文；翁家澎等绘画. 杭州：浙江少年儿童出版社. 1992.12

全书分上、下两册，共13章。包括：鸦片战争、近代资本主义工业的出现、戊戌变法运动、义和团反帝爱国运动、资产阶级革命运动的酝酿与准备、同盟会的成立和资产阶级革命运动的高涨、推翻清王朝的辛亥革命、北洋军阀的黑暗统治与旧民主主义革命的结束。书中附有照片、序、概述、编后记。附录《近代中国文化科技教育图录》、《中国近代史大事年表》。

0354　中国近代史：前期（1840－1919年）/吴家振主编．郑州：河南人民出版社．1987.4

全书分12章，包括：鸦片战争、太平天国、洋务运动、戊戌维新运动、义和团运动、资产阶级民主革命的兴起和发展、武昌起义告捷与辛亥革命的失败、北洋军阀的黑暗统治等内容。书中附有前言、导论和大事年表。

0355　中国近代史参考地图：1840－1919/郭利民编制．长沙：湖南教育出版社．1984.9

本书内容包括：清朝末年主要革命团体和立宪团体分布示意图、1919年以前孙中山革命活动示意图、辛亥武昌起义前夕革命形势图、武昌起义和各省响应形势图、二次革命及其失败图、白朗起义战争形势图、护国运动形势图、护法运动形势图等。

0356　中国近代史参考图录：1840－1919/中国历史博物馆编．合订本．上海：上海教育出版社．1986.3

本书内容包括：鸦片战争、太平天国、中国的近代工业、中法战争、甲午中日战争、戊戌变法、义和团、辛亥革命和新的曙光。书中附有说明。

0357　中国近代史参考资料/云南大学历史系编．昆明：云南大学历史系．1973.6

本书共分两册，上册内容为鸦片战争、太平天国、洋务运动、反对帝国主义利用教会侵略的斗争、反对英法对云南的侵略、沙俄侵占我国大片领土、中法战争、甲午中日战争。下册内容为戊戌变法、义和团运动、辛亥革命、粉碎英帝分裂西藏的阴谋、反对英法对云南的侵略（续）、反对帝国主义及其走狗北洋军阀的统治、中国工人阶级在斗争中成长。

0358　中国近代史常识/唐凌编著．桂林：广西师范大学出版社．2009（党员素质丛书；61）

本书内容包括：外国资本主义对中国的侵略、中国近代农民的反帝反封建斗争、近代中国资产阶级的改良与革命、近代中外统治方式及力量的变化、中国近代的思想文化与生活、中国近代大事记（1840－1919）等。

0359　中国近代史大纲/蒋廷黻著．台北：启明书局．1959.6（文化书丛）

全书分4章，包括：剿夷与抚夷、洪秀全与曾国藩、自强及其失败、瓜分及民族之复兴。书中附有小序和总论。

0360　中国近代史大纲/蒋廷黻著．南京：江苏教育出版社．2006.6（国学书库．文史类丛）

全书分为两部分内容：中国近代史和外二种。其中中国近代史分四章，包括：剿夷与抚夷、洪秀全与曾国藩、自强及其失败、瓜分及民族之复兴。外二种包括：琦善与鸦片战争、最近三百年东北外患史—从顺治到咸丰。书中附有小序和总论。

0361　中国近代史话：1840－1919．第六卷，维新变法/夏以溶主编；王瑞成著．昆明：云南人民出版社．2001.5

本书内容包括："李鸿章失意隐退　康有为毅然出山"、"万木丛中聚生徒　草堂庭下著文章"、"借圣名南海举旗　商拒约公车上书"等。附插图。

0362　中国近代史话：1840－1919．第八卷，群英探索/夏以溶主编．昆明：云南人民出版社．2001.5

本书主要内容包括："孙文上书李鸿章　兴中会建檀香"、"兴中会香港设部　辅仁社杨谢加盟"、"陆皓东广州舍身　孙逸仙伦敦蒙难"等。附照片。

0363　中国近代史话：1840－1919．第九卷，辛亥硕果/夏以溶主编．昆明：云南人民出版社

社. 2001.5

本书主要内容包括："宣统帝继位改元 谘议局纷建各省"、"共进会设点武汉 抢米潮风起长沙"、"群治社改组振武 文学社辛亥成立"等。附照片。

0364 中国近代史话：1840－1919. 第十卷，捍卫共和/夏以溶主编；谢本书著. 昆明：云南人民出版社. 2001.5

本书内容包括："参议院议决迁都，国民党孙宋组建"、"孙中山应邀赴京，众党派竞选议员"、"宋教仁上海遇刺，胡李柏三督被免"、"袁世凯攻略南方，孙中山二次革命"等。有肖像，书影。

0365 中国近代史讲话. 五，辛亥革命/汪伯岩. 济南：山东人民出版社. 1955.8

本书叙述的是以孙中山为首的中国资产阶级民主主义革命运动，即从 1901 至 1911 年这一段时期的历史。前三章分析了当时的国内外政治、经济形势；后五章介绍了同盟会的成立，以及前赴后继的革命起义，归结辛亥革命的总爆发。最后着重批判资产阶级的软弱性和妥协性，以致革命失败。

0366 中国近代史讲话/李有明，沈庆生主编. 成都：四川人民出版社. 1983.5

全书分 12 讲，包括：鸦片战争——中国近代史的开端、第二次鸦片战争——中国半殖民地化的加深、太平天国革命、洋务运动、中法战争、戊戌维新、辛亥革命、中国革命的新曙光等内容。书中附有"认真补上这一课"（代序）和前言。

0367 中国近代史讲座. 第六讲，辛亥革命：初稿/吴玉章讲. 北京：中国人民政治协商会议全国委员会学习委员会. 1956.7

本书主要讲述了辛亥革命的经过情形和历史意义。包含：人民要求推翻清朝统治、资产阶级内部分裂、同盟会成立、文学社与共进会、袁世凯篡夺革命成果等内容。

0368 中国近代史教程/赵浦根，刘淑珍编著. 济南：济南出版社. 2002.7

本书内容包括：鸦片战争和中国近代史的开端、太平天国运动和第二次鸦片战争、洋务运动和中国资本主义的产生、边疆危机和中法战争、甲午中日战争和战后中国社会的变化、戊戌维新运动、义和团运动、辛亥革命、北洋军阀的黑暗统治和中国革命的新曙光。书中有前言、绪论和中国近代社会的基本总结。

0369 中国近代史教程：1840－1919/贾福容主编. 北京：中共中央党校出版社. 1994.3

全书分 10 章，讲述了鸦片战争，太平天国农民革命的兴起和发展，第二次鸦片战争和后期的太平天国，洋务运动与中国近代工业的产生，戊戌维新运动，义和团反帝运动，辛亥革命的孕育，辛亥革命的爆发、胜利与失败等内容。书中附有说明、绪论和插图。

0370 中国近代史历表/荣孟源编. 北京：三联书店. 1953.9

本书系据一百二十年的历书制成的公历和中历对照表，自 1830 年 1 月 25 日起至 1949 年 9 月 30 日止，并有二十四节气，可供研究近代史者检查之用。末附太平天国历简表、五千年间星期检查表及韵目代日表三种。书中附有前言和说明。

0372 中国近代史论丛. 第一辑. 第一册，史料与史学/包遵彭，李定一，吴相湘编纂. 台北：正中书局. 1956.8

本书内容包括：中国与近代世界的大变局、研究中国近代史的意义和方法、清代档案分类问题、故宫文献馆所藏之清代外交史料、清实录修改问题、清代名人传略、日本人对于我东北的研究、断代问题与中国历史的分期等。书中附有叙言和导论。

0373 中国近代史论丛．第一辑．第五册，自强运动/包遵彭，李定一，吴相湘编纂．台北：正中书局．1956.12

本书内容包括：清廷办理外交之机关与手续、中国外交制度的沿革、总理各国事务衙门及其海防建设、四国天津条约之经过、中法越南交涉、谈刘铭传、海防与塞防的争论、清末的“西学源出中国”说等。书中附有叙言和导论。

0374 中国近代史论丛．第一辑．第六册，第一次中日战争/包遵彭，李定一，吴相湘编纂．台北：正中书局．1957.6

本书内容包括：序海军大事记、海军大事记、海军实记、甲午战前之中日外交政策概说、甲午战争中国之海军、甲午战争纪、甲午中国海军战绩考、甲午战后之中俄关系等。书中有叙言和导论。

0375 中国近代史论丛．第一辑．第七册，维新与保守/包遵彭，李定一，吴相湘编纂．台北：正中书局．1956.12

本书内容包括：清代学术概论序、近代中国留学思想之变迁、七十年前之维新人物——冯景亭（桂芬）、康有为与戊戌变政之政变、谭嗣同的《仁学》、戊戌政变时反变法人物之政治思想、维新运动的反动、康有为思想之两极端等。书中附有叙言和导论。

0376 中国近代史论丛．第一辑．第八册，中华民国之建立/包遵彭，李定一，吴相湘编纂．台北：正中书局．1957.6

本书内容包括：记中国同盟会、中华民国诞生初期之外交、民初之国会、国民革命军北伐战争之经过上、国民革命军北伐战争之经过中、国民革命军北伐战争之经过下、中国的官、辛亥革命书征等。书中附有叙言和导论。

0377 中国近代史论丛．第二辑．第三册，财政经济/包遵彭，李定一，吴相湘编纂．台北：正中书局．1958.10

本书内容包括：清代屯田与漕运、清中叶之货币改革运动、民国以前的赔款是如何偿付的、民国以前关税担保之外债、中国铁路外债合同之史的分析、厘金制度之起源、论清光绪时之财政、辛亥革命前夕我国之陆军军费等。书中附有叙言和导论。

0378 中国近代史论集/蒋廷黻著．台北：大西洋图书公司．1970.4

主要内容包括：近代中国外交史资料辑要上卷、琦善与鸦片战争、东北外交史中的日俄密约、外交史及外交史料、最近三百年东北外患史、东北问题的新史料、民国初年之中日关系、中国近代史大纲等。书中附有照片。

0379 中国近代史论集：庆祝章开沅先生八十华诞/华中师范大学中国近代史研究所编．武汉：华中师范大学出版社．2005.10

本书收录了《清末民初先进中国人的“封建”观》、《民国初年部院之争》、《孙中山论心性文明与人格建国》等近30篇论文。

0380 中国近代史论文集·上/中国人民大学清史研究所编．北京：中华书局．1979.8

全书分上、下两册，本册内容包括：中国近代史的分期问题、关于中国革命的发生和胜利的原因、纪念太平天国革命百周年、洪秀全论、太平天国与少数民族、洋务历史试论、甲午战争前三十年间反洋教运动等。

0381 中国近代史论文集·下/中国人民大学清史研究所编．北京：中华书局．1979.8

全书分为上、下两册，本册内容包括：在辛亥革命五十周年纪念大会上的讲话、论辛亥革命、辛亥革命与反满问题、辛亥革命前后的立宪派与立宪运动、资产阶级革命思潮的兴起、辛亥四川保路运动、辛亥革命前后的中国工人运动等。书中附有附录。

0382 中国近代史普及读本/章开沅，陈辉主编. 武汉：湖北人民出版社. 1983.7

本书共12部分，包括：鸦片战争、第二次鸦片战争、太平天国农民战争的勃兴、中外反动势力的勾结、洋务运动与民族资本主义的产生、边疆危机和中法战争、甲午中日战争、维新思潮与戊戌变法运动等。

0383 中国近代史十五讲/陈旭麓著. 北京：中华书局. 2008.7

本书内容涉及近代中国的政治、经济、社会、文化等，按照时序与专题相结合进行编排。书中附有照片、代前言和出版后记。

0384 中国近代史史料指引：1500－1912/张玉法，洪健荣编辑. 台北：新文丰出版公司. 2005.8

全书分8章，包括：中国近代史的开端（前言）、近代前期研究、外患史研究、内乱史研究、变法与改制的研究、区域研究、人物研究和基本史料。书中附有序。

0385 中国近代史事论丛/沈寂著. 合肥：安徽大学出版社. 2009.9

本书收录有《有关中国近代史开端的几个问题》、《简论李鸿章的洋务观》、《李鸿章与合肥》、《庚子勤王运动的再认识》、《孙中山的社会主义》、《辛亥革命与民族主义》、《辛亥革命时期的淮上军》、《徐锡麟与光复会》等文章。书中附有后记。

0386 中国近代史事探索/郭汉民著. 长沙：湖南师范大学出版社. 2004.9

本书分6个部分，包括：对中国近代史、晚清史的宏观考察；对晚清具体政策的探索；对近代中国诸多史事的微观分析；讨论近代湖南人才群体及其精神，评析近代湖湘文化的爱国传统；对史学研究的一些思考；有关辛亥革命的研究论文和研究成果的评述。书中附有自序。

0387 中国近代史通鉴：1840－1949 5 辛亥革命/戴逸主编. 北京：红旗出版社. 1997.6

本卷6篇，包括：总论、重大事件、典章制度、思想文化、大事记、文献史料。

0388 中国近代史通鉴：1840－1950 6 民国初年/戴逸主编. 北京：红旗出版社. 1997.6

内容提要参见0387。

0389 中国近代史文献必备书目：1840－1919/姚佐绶等编. 北京：中华书局. 1996.3

本书收录约5600种公私著述，其中大部分是1840年到1919年撰写的，包括：诏旨、太平天国官书、民国政府公报、议案、典制、外交法令、奏议、公牍、信札、文集、诗集、专集、地方纪事、年谱、日记、笔记。

0390 中国近代史新论/李敖著. 台北：李敖出版社. 2002.5

全书分18个部分，包括：利玛窦和近代西学的东传、西化史的一章、祖法和历法、中国式谈判、被拆穿的纸龙、北京召开“辛亥革命烈士彭家珍学术研讨会”之感、黄门鼓吹、谁忠谁奸等内容。书中附有照片和《中国近代史论》序例。

0391 中国近代史学史/吴泽主编；桂遵义，袁英光著. 修订本. 北京：人民出版社. 2010.7

本书论述了自1840年至1919年的中国近代史学发展的历程。内容包括：鸦片战争时期改革派史学的发展；太平天国史的记载和研究；洋务派史学和资产阶级改良派史学的兴起；封建正统史学；资产阶级改良派史学的发展和衰落；资产阶级革命派史学；正统考据派和改良派的元史研究；民初至五四运动时期的史学等。书中附有前言、后记和附记。

0392 中国近代史研究/蒋廷黻著. 台北：里仁书局. 1982.8

本书内容包括：近代中国外交史资料辑要

上卷、琦善与鸦片战争、东北外交史中的日俄密约、外交史及外交史料、最近三百年东北外患史、东北问题的新史料、民国初年之中日关系、中国近代史大纲等。

0393　中国近代史重大事件30例：1840－1949/徐杏元主编．苏州：苏州大学出版社．1999.10

全书分为30个部分，包括：鸦片战争、太平天国起义、洋务运动、中法战争、中日甲午战争、戊戌变法、义和团运动、辛亥革命、五四运动、中国共产党成立等内容。书中附有前言和主要参考资料。

0394　中国近代史资料草目：1840－1919　馆藏图书资料草目之二/天津市人民图书馆编．油印本．天津：天津市人民图书馆．1957.6（馆藏图书资料草目；2）

本书以1940年鸦片战争至1919年五四运动为断代。各章回所著录的图书以1949年全国解放前所出版者为限。本编所著录的图书根据馆藏分为三大部：汉文之部、日文之部与西文之部。

0395　中国近代史资料研究与介绍/李正中著．天津：天津人民出版社．1990.1

全书分为上、下两编：中国近代史资料研究和中国近代史文献介绍。内容包括：日记的史料价值及其著录、年谱的史料价值及其著录、回忆录的史料价值、家谱的史料价值与整理、鸦片战争、太平天国、义和团运动、辛亥革命、北洋军阀统治时期及五四运动等。书中附有序言和后记。

0396　中国近代通史．第五卷，新政、立宪与辛亥革命：1901－1912/张海鹏主编；汪朝光著；中国社会科学院近代史研究所编．南京：江苏人民出版社．2009.9（凤凰文库．历史研究系列）

全书分9章，内容包括：清政府被迫开始实施新政、革命党人的政治组织和思想宣传、预备立宪与官制改革的挫折、立宪运动的开展及其困境、全国革命高潮与武昌起义、中华民国成立与清帝退位、南京临时政府在内外交困中终结、清末民初的文化观念与社会生活变迁等。书中附有出版说明、作者的话、主要参考文献和人名索引。

0397　中国近代通史．第六卷，民国的初建：1912－1923/张海鹏主编；汪朝光著；中国社会科学院近代史研究所编．南京：江苏人民出版社．2007.1

全书分8章，内容包括：北洋军阀统治的建立、袁世凯称帝与护国战争、军阀纷争与南北对峙、五四运动与时代转换之发端、直皖战争、第一次直奉战争与直系当政、北京政局的变化、民国经济发展的黄金时期及其起伏。书中附有出版说明、作者的话、主要参考文献和人名索引。

0398　中国近代通史．第六卷，民国的初建：1912－1923/张海鹏主编；汪朝光著；中国社会科学院近代史研究所编．南京：江苏人民出版社．2009.9（凤凰文库．历史研究系列）

内容提要参见0397。

0399　中国近代现代出版通史．第二卷，中华民国初年至抗日战争前（1912年－1937年7月）/叶再生著．北京：华文出版社．2002.1

本书是在大量历史资料的基础上，系统论述了中华民国初年至抗日战争前的出版历史。本卷包括第7至10篇：初年——新文化运动（1912－1920）、国民革命时期和中国共产党成立初期的出版（1921－1927）、十年内战阶段两种意识形态在出版领域中的较量（1927－1937）、全国出版形势——近代第二个出版高潮的出现（1927－1937）。书中附有索引和附录。

0400　中国近代现代史论集．17－18，辛亥革命/中华文化复兴运动推行委员会主编；中国近代现代史论集编辑委员会编辑．台北：台湾商务印书馆．1986.7

本书选录之论文系在国内外期刊杂志已发

表者，论文概括之时间约始于1830年代，止于1971年。全书分上、下两册，共49个部分，包括：从思想史角度看辛亥革命、辛亥革命的意义、兴中会时期革命言论之演进、同盟会时期的革命宣传、辛亥革命时期孙中山先生的民权思想、同盟会与辛亥革命、外人与辛亥革命、租界与中国革命等。书中附有编例。

0401 中国近代现代史论集. 28，建国十年/中华文化复兴运动推行委员会主编. 台北：台湾商务印书馆. 1986.7

本编分13章，包括：中山先生建国程序中训政时期规划之研究、国民政府初创时之组织及党政关系、民族复兴运动在民国史中的意义、我国废除治外法权的经过、战前十年中国大学教育经费问题等。

0402 中国近现代大事编年：1840－1999/茅家琦等主编. 北京：北京出版社. 1999.2

本书记述时间上起1840年（鸦片战争），下迄1999年。按时间顺序分为晚清、中华民国、中华人民共和国3部分。在体例上，以编年体为主，兼采纪事本末和诸体之长。在编纂上，以年为经，以事为纬，编年系月，按月排比史事。遇重大历史事件，则扼要叙其原委，自为标题。一般历史事件，只作一个条目记叙。书中附有前言和主要参考书目。

0403 中国近现代史/章开沅，朱英主编. 开封：河南大学出版社. 2009.8（高等院校文科教材·史学系列）

本书13章，包括前近代时期的中国社会、近代中国社会的开始、新社会结构的发生、民族危机的加深、民族运动的递进、清末新政和辛亥革命、社会与文化的新变化、民初的政治与社会、社会转折的新取向等。有插图。

0404 中国旧民主主义革命八十年大事简介/国防大学党史党建政工教研室编写. 北京：解放军出版社. 1988.6

本书叙述了从1840年鸦片战争到1919年五四运动八十年间的260件大事，涉及政治、经济、军事、外交、文化各个方面。全书分6部分，包括：反对外国鸦片侵略的战争——中国旧民主主义革命的开端；中国社会阶级结构的新变化；中法战争与中日甲午战争；戊戌维新和义和团运动——中国旧民主主义革命的第二次高潮；辛亥革命——中国旧民主主义革命的第三次高潮；中国旧民主主义革命向新民主主义革命的转变。

0405 中国科学院历史研究所第三所集刊 第一集/中国科学院历史研究所第三所编辑委员会编辑. 北京：科学出版社. 1954.7

本集刊收录了：关于中国历史上的一些问题、抗美援朝运动简记、第一次鸦片战争——外国资本主义侵略中国的开端、辛亥革命时期四川从保路到独立的经过等文章。

0406 中国科学院历史研究所第三所集刊 第二集/中国科学院历史研究所第三所编辑委员会编辑. 北京：科学出版社. 1955.7

本集刊收录了：中国近代史的分期问题、台湾历史概述、鸦片战争以前中国若干手工业部门中的资本主义萌芽、试论中国资产阶级的各个组成部分。

0407 中国历史大辞典，清史卷. 下/荣孟源主编. 上海：上海辞书出版社. 1992.10

本卷是《中国历史大辞典》的断代史分卷之一，所收词目限于晚清范围，即1840年至1912年2月。共收词目5087条。内容包括：事件、人物、年号、帝号、典章制度、章程条约、工矿企业、铁路交通、银行洋行、团体组织、书院学校、科技文化、史籍报刊、宗教及其他。书中附有前言、说明和凡例。

0408 中国历史大事编年. 十，近代/张习孔，田珏主编. 台北：黎明文化事业股份有限公司. 1994.9

本册时间段为公元1840年到公元1919年。分道光、咸丰、同治、光绪、宣统等几段。书中附有附录和主要参考书目。

0409　中国历史大事编年. 第五卷，清近代/张习孔，田珏主编；阎崇年等编著. 北京：北京出版社. 1987.11

本书收录了清（1644年至1839年）、近代（1840年至1920年）大事年表。分顺治、康熙、雍正、乾隆、嘉庆、道光、咸丰、同治、光绪和中华民国几部分。书中有附录：清世系表和主要参考书目。

0410　中国历史大事详解，清史/邓书杰编著. 长春：吉林音像出版社，吉林大学出版社. 2005

本书对中国清代历史上的大事进行了详解，内容涵盖了政治、经济、军事、科技、文化、艺术、外交、法律、宗教、民俗等方面。全书两册。

0411　中国历史大事编年. 第五卷，清近代/张习孔，田珏主编；阎崇年等编著. 再版. 北京：北京出版社. 1997

内容提要参见0409。

0412　中国历史大事表/王建国，王建军编著. 银川：宁夏人民出版社. 2008.5

本书内容包括：维新变法运动、辛亥革命、预备立宪和清末"新政"、二次革命及袁世凯的复辟活动、中华民国成立及袁世凯窃取革命果实、北洋军阀的黑暗统治等。书中附有中国历史纪年表。

0413　中国历史大事纪年：远古～一九四九年/徐州师范学院历史系《中国历史大事纪年》编写组编. 徐州：徐州师范学院历史系《中国历史大事纪年》编写组. 1978.5

本书包括：中国古代史大事纪年（远古—1840年）、中国近代史大事纪年（1840年—1949年）两部分。其中中国近代史大事纪年又分为旧民主主义革命时期和新民主主义革命时期。书中附有说明和附录：《中国原始社会主要文化遗存简表》、《中国历史朝代简表》、《中国历代农民起义简表》等。

0414　中国历史大事年表：国史密码/贺先举，王瑞雪编著. 香港：中国国际文化出版社有限公司. 2009.10

本书分上、下两部，以爱国思想为主线，从原始社会述至明清、民国以至现代。书中附有照片、说明、中国历史朝代简表和附记。

0415　中国历史大事年表：远古～一九一九年/徐州师范学院历史系《中国历史大事纪年》编写组编. 徐州：徐州师范学院历史系《中国历史大事纪年》编写组. 1975.10

本书包括：中国古代大事年表（远古—1840年）、中国近代史大事年表（1840年—1919年5月）两部分。书中附有毛主席语录、中国原始社会主要文化遗存简表、中国历史朝代简表、中国历代农民起义反孔斗争简表、《春秋》纪年表、秦纪年表、两汉纪年表、三国两晋南北朝纪年表等。

0416　中国历史大事速查/何梓莹撰稿. 香港：指南针集团有限公司. 2003.1（会考速查系列；1）

本书按香港会考中史课程为标准，将商周至近代共129宗中国史事以时间为序列出。书中附有序。

0417　中国历史图示集：1911－1992/黄裕冲，彤丹主编；马宇平等制作. 北京：中共中央党校出版社. 1995.12

本书分4编，包括中国共产党历史发展路线图、组织序列图、人民革命斗争发展图、坐标显示图。附录：《中外历史发展简明对照表》、《清王朝覆灭后中国南北政府一览表》、《孙中山领导的资产阶级革命派发动的反清武装起义一览表》等。

0418　中国民主革命时期的资产阶级/何干之遗

著；刘炼整理修订. 上海：上海人民出版社. 1980.10

全书分6章，包括：中国资产阶级产生的历史条件和资产阶级政治运动，民族民主统一战线的建立和破裂，在帝国主义武装侵略面前，资产阶级各派的矛盾和分裂，抗日民族统一战线内部的阶级斗争，建立人民民主统一战线，打碎国民党反动国家机器，中国共产党处理同资产阶级关系的主要经验。书中附有序和写在本书出版时。

0419 中国民族解放运动史. 第一、二卷/华岗编著. 初版. 辽宁：东北新华书店辽东分店. 1949.8

内容分为绪论、鸦片战争、太平天国革命、中法战争与甲午战争、戊戌政变与义和团运动、辛亥革命、五四运动、民族解放的生力军——现代工人运动的发轫等16章。

0420 中国民族解放运动史. 第一卷/华岗著. 长春：东北中苏友好协会. 1946.12

全书分7章，包括：绪论、鸦片战争、太平天国革命、中法战争与甲午战争、戊戌政变与义和团运动、辛亥革命和五四运动。书中附有自序。

0421 中国民族解放运动史. 第一卷/华岗撰. 增订本. 北京：三联书店. 1951.7

全书分8章，包括：绪论、中国近代史的开端——鸦片战争、太平天国——中国第一个民族民主革命的大风暴、英法联合进攻中国——第二次鸦片战争、中法战争与甲午战争、戊戌变法与义和团运动、一九一一年的辛亥革命、开始新民主革命的五四运动。书中附有增订本自序。

0422 中国民族政策之研究：以清末至1945年的“民族论”为中心/（日）松本真澄著；鲁忠慧译. 北京：民族出版社. 2003.12

本书分5章，包括：清末民族论的概况、中华民国时期之民族论与民族政策、中国共产党的民族论与民族政策（1922－1937）、中国共产党的民族论与民族政策（1937－1945）、中国伊斯兰改革运动与中国国家。

0423 中国时代：1900－2000. 上卷/师永刚，邹明主编. 北京：作家出版社. 2009.10

本书是美国六大主流报刊撰写的中国百年现代史，试图探究美国人对于中国历史的记录方式，以及他们如何看待中国，如何围观中国。有照片。本册内容包括：1900年图传、1930－1934年登上宝座的蒋宋王朝、1937年日本制造的侵略战争、1940－1942年大合唱救中国等。

0424 中国时代：1900－2000. 下卷/师永刚，邹明主编. 北京：作家出版社. 2009.10

本册内容包括：1977－1978年邓小平曲折复出、1981年社会主义的新变化、1982年通向世界之门、1989年变化中的中国等。

0425 中国现代史论集. 第三辑，辛亥革命/张玉法主编. 台北：联经出版事业公司. 1980.7

全书分6部分，包括：概论、革命领导、革命团体、革命经费、社会参与、国际关系。书中附有《中国现代史论集》总序、第三辑例言和索引。

0426 中国资产阶级的黄金时代：1911－1937年/（法）白吉尔著；张富，许世芬译. 上海：上海人民出版社. 1994.1

本书是法国著名中国历史学家白吉尔教授研究中国资产阶级的学术成果。

0427 中国最近三十年史/陈功甫编. 国难后再版，复制本. 上海：商务印书馆. 1934.12

全书分13章，内容包括：戊戌政变及拳匪之乱、日俄战争与藏印条约之改订、革新与革命、各省光复及清帝逊位、北京临时政府时代、清末及民国成立后之外交概况、对德绝交及宣统复辟、直皖奉直战争间之内外概况等。书中附有序。

0428　中国最近世史/李泰棻述．影印本．台北：文海出版社．1990（近代中国史料丛刊三编．第六十一辑；610）

全书分两册三编：自道光至辛亥年革命、自民国建元至今日、文明史。内容包括：道光时代、咸丰时代、同治内政、太平天国之平定、光绪时代、宣统时代、自民国建元至国会颠覆、自实行总统制至袁世凯之暴卒、自黎元洪代理总统至宣统复辟等。书中附有中国最近世史例言和绪言。

0429　中华百年风云/中国革命博物馆编撰．上海：少年儿童出版社．1999.12

本书展示了从1840年鸦片战争起到当前的中国历史发展的概貌，涵盖了政治、经济、军事、外交、法律、文化、教育、科技乃至社会生活等各个方面。

0430　中华民国初期历史研讨会论文集：1912—1927．上、下册/“中央研究院”近代史研究所编．再版．台北：“中央研究院”近代史研究所．1985.4

全书分上、下两册，包括十二次研讨会的论文，如：洪宪帝制的一些问题；直皖两系兵力的消长；郭松龄事件及其影响；三月二十日事件之研究；北伐前后国民政府外交政策之研究；政学会与护法运动；国会问题与南北和会；广州革命政府的建立等。书中附有照片、开幕词、闭幕检讨会和附录。

0432　中华民国创立史/张其昀著．台北：中华文化出版事业委员会．1952.7（现代国民基本知识丛书）

全书分7章，包括：孙中山与蒋介石、国民革命的四大伟业、开创民国时期、完成统一时期、抗战胜利时期等。书中附有自序。

0433　中华民国创立史/张其昀著．四版．台北：中华文化出版事业委员会．1956.2（现代国民基本知识丛书；1）

内容提要参见0432。

0434　中华民国建国史．第二篇，民初时期/“教育部”主编．台北：“国立编译馆”．1987.3

全书共4册，分6章，包括：民初政局的演变、政府与政治、中外交涉、经济发展、社会变迁、文化与思想。书中附有照片和地图。

0435　中华民国开国法制史：辛亥革命法律制度研究/邱远猷，张希坡著．北京：首都师范大学．1997.12

本专著研究范围上自辛亥革命运动的兴起、同盟会的成立，下至南京临时政府的结束。全书分上、下两编，分别以地方性法规和中央行政法规为论述的重点。内容包括：辛亥革命运动的兴起、三民主义政纲与创建中华民国方略、中华民国湖北军政府的成立及其法制、沪军都督府的成立及其法制、江苏都督府的成立及其法制、四川军政府的成立及其法制等。书中附有绪论、主要引证及参考书目、后记。

0436　中华民国开国前革命史/冯自由著．［出版地不详］：中国文化服务社．1944.5（中国国民党丛书）

全书分上、中、下三卷。有中国革命之动机、兴中会、香港中国报及同盟会、中国同盟会及民报、日知会、光复会、南洋华侨革命运动、丁未镇南关之役等51章节。

0437　中华民国开国史/谷钟秀著．初版．上海：泰东图书局．1914.1

本书分5编：绪论、组织政府时代、南京临时政府时代、北京临时政府时代、结论。

0438　中华民国开国史/谷钟秀著．影印本．台北：文海出版社．1971（近代中国史料丛刊．第六十六辑；651）

内容提要参见0437。书中附有序和民国议会人物表。

0439 中华民国实录．一卷，际会风云：1912－1918/罗元铮总主编；杨益茂，宋桂芝主编．长春：吉林人民出版社．1998.2

本书记述了南京临时政府和北京政府统治时期的政治、经济、军事、外交、文教、科技、风俗等方面的重大事件。书中附有照片、清（道光二十年以后）中华民国纪年表和韵目代日表。

0440 中华民国史．第一卷，中华民国的创建与北洋政府的统治/张宪文．南京：南京大学出版社．2006.1

本书为第一卷，内容包括世纪之交的中国与世界、辛亥革命与中华民国的建立、民国初年共和政制的演化、军阀政制的发展与权力更迭、北京政府时期的对外关系、新思潮新势力的勃兴等。

0441 中华民国史．第一编．全一卷：中华民国的创立（上）/李新主编．北京：中华书局．1981.9

全书分6章，包括：清朝统治的衰落和资本主义列强的侵入、中国资本主义的产生和初步发展、资产阶级革命运动的兴起、清政府推行的"新政"和人民群众的自发斗争、中国同盟会的成立、中国同盟会成立后的革命斗争。书中附有照片和序言。

0442 中华民国史．第二编，北洋政府统治时期．第一卷：1912－1916/李新，李宗一主编．北京：中华书局．1987.9

本书介绍了北洋军阀兴衰的历史。全书分5章，包括：北京临时政府的建立和国内政局、北洋军阀集团与同盟会矛盾的尖锐化、帝国主义列强对中国边疆的侵略和善后大借款、二次革命及其相关的斗争、民国初年的社会经济和财政状况。书中附有中华民国全图和照片。

0443 中华民国史．第一册，论/朱汉国，杨群主编．成都：四川人民出版社．2006.1

本书内容包括：中华民国的创立、民国初年的政局、军阀割据与军人专制、民众的觉醒、国民革命等14章。

0444 中华民国史纲/张宪文．河南：郑州人民出版社．1985.10

本书共6编，讲述了中华民国成立和北洋军阀统治开始、北洋军阀的分裂割据和混战、国民革命的兴起和北洋军阀统治的倾覆、南京国民政府的建立及其"安内攘外"政策等内容。附照片。

0445 中华年鉴：1912－1939/（英）伍德海，（英）贝尔主编．影印本．北京：国家图书馆出版社．2010.5

本书是民国时期著名的英文年鉴，反映了民国时期从1912年到1939年中国政治、经济、文化教育、社会、外交、财政等方面的情况。第一阶段为伦敦时期（1912－1919）。书中附有中历、西历对照表和辛亥革命索引。

0446 中山出世后中国六十年大事记/半粟编．影印本．上海：上海书店．1989.10（民国丛书．第一编；79）

本书以编年体的形式，记载了从同治五年（1866）到中华民国十七年（1928）这六十年间发生的大事。

0447 中山先生研究书目/刘真主编．台北：中山学术文化基金会．1995.10（中山学术文化基金会中山丛书）

本汇编收录1912年至1995年六月国内外出版有关孙中山先生研究书籍，包括中文、日文、英文、俄文，共计3731种。本汇编中文部分，分孙中山先生原著、学者专家研究有关孙中山先生之论著、机关团体编辑有关研究孙中山先生之论著三大类。书中附有序、凡例、索引和附录——《大陆地区对中山先生研究概况》。

0448　中外历史新编．第二卷，中国近代史/吴雁南等主编；荣铁生等编．贵阳：贵州人民出版社．1989.6

全书分8章，包括：鸦片战争、太平天国运动、洋务运动与中国资本主义的产生、边疆危机和中法中日战争、戊戌变法、义和团运动、辛亥革命、北洋军阀的黑暗统治和历史新曙光、近代文化教育与科技。书中有说明、大事记和后记。

0449　中外文明同时空，晚清民初 VS 工业革命：公元1840年—公元1919年/林言椒，何承伟总主编．上海：上海锦绣文章出版社．2009.8

本书对中国晚清民初时期和欧美、日本工业革命时期的文明史以及政治、经济、制度、文史状况，进行了横向的展示比较和纵向的梳理整合。

0450　重读晚清六十年：1851—1911/端木赐香著．北京：华文出版社．2010.6

本书分3篇：其中第1篇老佛爷为什么不高兴，包括：老公很昏庸、儿子太混蛋、甥侄有些负心等；第2篇老佛爷的主张，包括：坚持大清“特色”的“改革开放”、大清可以说不等；第3篇放下大菩萨塑渺小之目标，包括：何枝可倚李鸿章、绕树三匝康有为、左右不是袁世凯、上下求索孙中山等。

0451　追寻现代中国：1600—1912年的中国历史/（美）史景迁著；黄纯艳译．上海：上海远东出版社．2005.4（美国史学大师史景迁中国研究系列）

全书分5部分，包括征服与巩固、分裂与改革、国家与社会的展染、战争与革命、生活在人间。

0452　追寻辛亥/卜承祖主编；江苏省政协文史委员会，金陵之声广播电台编．南京：江苏古籍出版社．2002.12

本书收入文章174篇，配有照片326幅。全面反映了辛亥革命的背景、缘起、发生、结果和影响，以历史事件和人物活动为侧重点，追寻孙中山先生等革命先驱的光辉业绩。

0453　资产阶级与辛亥革命/林增平著．长沙：湖南出版社．1991.8

本书包括：论中国民族资产阶级的软弱性、中国民族资产阶级形成于何时、太平天国革命推动中国资本主义发展的问题有待进一步探索、谈中国近代资本主义的产生与洋务运动等。

0454　走向共和：历史纪实/阳父著．北京：当代中国出版社．2003.7

本书述说了从1894年甲午战争之后到民国初年的历史，书中披露了一些有争议人物的相关史料。附照片。

0455　最近之五十年：民国十二年/申报馆编．影印本．台北：文海出版社．199?（近代中国史料丛刊三编．第九十辑；893）

全书分3编：五十年来之世界、五十年来之中国、五十年来之新闻业。内容包括：五十年来世界进化概论、五十年来世界大事表、五十年来之世界哲学、五十年来中国进化概论、五十年来中国大事表、五十年来中国之哲学、五十年来中国之文学、最近十年之回顾等。书中附有发刊词、例言、序、自序、摄影、《申报》五十年纪念赠言和编辑余谈。

2 重大历史事件

2.1 综合

0456 1902年的故事/王新全，徐鹏堂主编. 延吉：延边大学出版社. 2005.7（二十世纪百年故事）

本书详细记录了1902年世界上发生的重大历史事件。内容包括：诗人希克梅特诞生、梁启超创办《新民丛报》、法国社会党成立、袁世凯接收天津、留日学生闹学潮、英布战争结束、中国发起成立教育会、美国18万煤矿工人罢工等。

0457 1903年的故事/王新全，徐鹏堂主编. 延吉：延边大学出版社. 2005.8（二十世纪百年故事）

本书详细记录了1903年世界上发生的重大历史事件。包括：《苏报》案、孙中山创军事学校、中国有了商部、华兴会成立、孙中山批驳保皇派、载人飞机成功试飞、《中国白话报》创刊、福特汽车公司的创立等。

0458 1904年的故事/王新全，徐鹏堂主编. 延吉：延边大学出版社. 2005.8（二十世纪百年故事）

本书详细记录了1904年世界上发生的重大历史事件。包括：中国劳工有了保障、两国联盟、牧师成立的工会、铁路中的有限公司、中国近代史上最长寿的报纸、孙中山在纽约讲演、清政府改革官职、中国最早的文艺报等。

0459 1905年的故事/王新全，徐鹏堂主编. 延吉：延边大学出版社. 2005.8（二十世纪百年故事）

本书详细记录了1905年世界上发生的重大历史事件。包括：中国人抵制美国货、爱因斯坦创立狭义相对论、孙中山在海外宣传革命主张、京张铁路开工、孙中山赴西贡筹款、三民主义、“红色百人队”、中国第一个博物馆等。

0460 1906年的故事/王新全，徐鹏堂主编. 延吉：延边大学出版社. 2005.8（二十世纪百年故事）

本书详细记录了1906年世界上发生的重大历史事件。包括：清政府颁布《征兵章程》、清政府禁止买卖人口、柳亚子办《复报》、争办奥运会、国际运动会在雅典举行、孙中山与《革命方略》、满铁成立、美国壳牌石油公司成立等。

0461 1907年的故事/王新全，徐鹏堂主编. 延吉：延边大学出版社. 2005.8（二十世纪百年故事）

本书详细记录了1907年世界上发生的重大历史事件。包括：秋瑾创办《中国女报》、于右任办报、亚洲和亲会成立、皖浙起义、三国订立了同盟、直升机的问世、上海召开商法大会、英荷壳牌公司成立等。

0462 1908年的故事/王新全，徐鹏堂主编. 延吉：延边大学出版社. 2005.8（二十世纪百年故事）

本书详细记录了1908年世界上发生的重大历史事件。包括：中英订立试办禁烟条约、滇民拒外、世界语协会成立、京师人也要喝自来水、《自由新报》、世界最大的工业公司成立、云南白药发明、教会在上海办报等。

0463　1909 年的故事/王新全，徐鹏堂主编. 延吉：延边大学出版社. 2005.8（二十世纪百年故事）

本书详细记录了 1909 年世界上发生的重大历史事件。包括：人类发现南磁极、中葡磋商澳门勘界、广安起义失败、人类首次到达北极点、《民呼日报》呼出民生、“宪政筹备会”成立、土耳其政权更迭、南社成立始末等。

0464　1910 年的故事/王新全，徐鹏堂主编. 延吉：延边大学出版社. 2005.8（二十世纪百年故事）

本书详细记录了 1910 年世界上发生的重大历史事件。包括：《民报》复刊、英国与不丹签订《普那卡条约》、京师大学堂设立新学科、梁启超与《国风报》、达赖喇嘛再度出走、日本吞并朝鲜、华东特大水灾、第二次日俄密约等。

0465　1911－1912：辛亥首义阳夏之战/陈国安著. 武汉：湖北人民出版社. 2006.6

本书讲述了辛亥首义和阳夏之战的过程和意义。内容包括：风雨飘摇的王朝、浪潮汹涌、多事的荆楚大地、秘密活动的团体、举事行动一波三折、占领武汉三镇、汉口争夺战、停战议和等。书中附有图片。

0466　1911 年的故事/刘伟编写. 北京：中国少年儿童出版社. 2001.3（20 世纪的故事）

本书为王新全和徐鹏堂主编的《20 世纪的故事》丛书之一。本册由刘伟编写。记录了 1911 年世界上发生的重大历史事件。内容包括：“三八”妇女节的由来、劳斯第一个发现癌病毒、黄花岗起义、意土战争爆发等。

0467　1911 年的故事/王新全，徐鹏堂主编. 延吉：延边大学出版社. 2005.8（二十世纪百年故事）

内容提要参见 0466。

0468　1911 年上海起义的故事/上海人民出版社编辑. 上海：上海人民出版社. 1959.7

本书内容包括：二十世纪之初的中国、上海资产阶级的“地方自治”、革命党人在上海的活动、准备起义、起义的胜利、支援各地人民的斗争等。

0469　1912 年的故事/罗华彤编写. 北京：中国少年儿童出版社. 2001.3（二十世纪百年故事）

本书记录了 1912 年世界上发生的重大历史事件。内容包括：中华民国建立、中华书局成立、新墨西哥州加入美国联邦、民社、定都之争、北京兵变、共和党、南非土著人国民大会等。

0470　1912 年的故事/王新全，徐鹏堂主编. 延吉：延边大学出版社. 2005.7（二十世纪百年故事）

内容提要参见 0469。

0471　1913 年的故事/罗华彤编写. 北京：中国少年儿童出版社. 2001.3（20 世纪的故事）

本书记录了 1913 年世界上发生的重大历史事件。内容包括：江西发生民政长事件、冯国璋反对变更国会地点、袁世凯嘉奖蒙古王公、孙中山出访日本、法总统普恩加莱积极扩军备战、宋教仁被刺、广州发生兵变、北京政府发布宗教信仰自由令等。

0472　1913 年的故事/王新全，徐鹏堂主编. 延吉：延边大学出版社. 2005.7（二十世纪百年故事）

内容提要参见 0471。

0473　1914 年的故事/罗华彤编写. 北京：中国少年儿童出版社. 2001.3（二十世纪的故事）

本书记录了 1914 年世界上发生的重大历史事件。内容包括：中国邮政实行新邮区制、袁世凯软禁章太炎、南非国民党成立、中国加入万国邮政会、政事堂取代国务院、孙中山发表《讨袁宣言》、孙中山创建中华革命党、中华民国国庆日确定等。

0474 1914 年的故事/王新全，徐鹏堂主编. 延吉：延边大学出版社. 2005.7（二十世纪百年故事）

内容提要参见 0473。

0475 1915 年的故事/王新全，徐鹏堂主编. 延吉：延边大学出版社. 2005.7（二十世纪百年故事）

本书由张宏艳编写。记录了 1915 年世界上发生的重大历史事件。内容包括：袁世凯的《大总统选举法》、中方照会英日要求其撤军、中华医学会成立、上海反日大会、开始选举“国民代表”、英法炮轰加利波利半岛、罗曼·罗兰获诺贝尔文学奖、民义社的反袁斗争等。

0476 1915 年的故事/张宏艳编写. 北京：中国少年儿童出版社. 2001.3（二十世纪的故事）

内容提要参见 0475。

0477 1916 年的故事/王新全，徐鹏堂主编. 延吉：延边大学出版社. 2005.8（二十世纪百年故事）

本书由张宏艳编写。记录了 1916 年世界上发生的重大历史事件。内容包括：广东革命党人起兵讨袁、护国战争全面展开、《民国日报》创刊、德国居民大量囤粮、爱尔兰志愿军在都柏林起义、海珠事件、湖南独立、俄日密约等。

0478 1916 年的故事/张宏艳编写. 北京：中国少年儿童出版社. 2001.3（20 世纪的故事）

内容提要参见 0477。

0479 1917 年的故事/何晓涛编写. 北京：中国少年儿童出版社. 2001.3（20 世纪的故事）

本书记录了 1917 年世界上发生的重大历史事件。内容包括：文学革命的开端、北京大学校长蔡元培、留法俭学会缘起及会约、美国参加第一次世界大战、西原借款、上海禁烟大会、张勋复辟、卡列金叛乱等。

0480 1917 年的故事/王新全，徐鹏堂主编. 延吉：延边大学出版社. 2005.8（二十世纪百年故事）

内容提要参见 0479。

0481 1918 年的故事/王新全，徐鹏堂主编. 延吉：延边大学出版社. 2005.8（二十世纪百年故事）

本书记录了 1918 年世界上发生的重大历史事件。包括：唐继尧电数段祺瑞罪名、威尔逊的“十四点纲领”、安福俱乐部、推广女子教育、中华汇业银行成立、布雷斯特和约、匈牙利共产党成立、德国十一月革命等。

0482 20 世纪中国大事年表：1900－1988/贾新民主编. 北京：中国人民大学出版社. 1992.10

本书收录了从 1900 年至 1988 年间大陆与港台的政治、经济、军事、外交、法律、文化学术、科学技术、文学艺术、生态人口、社会生活、体育卫生各方面的重要事件、重要人物等。

0483 长沙记忆：清末长沙“抢米”风潮长篇纪实/刘笃平，唐樱著. 长沙：湖南文艺出版社. 2006.12

本书分 9 部分，包括：黄桂荪全家自杀事件、清末长沙万象、戴义顺碓坊事件、巡警道赖承裕挨打事件、又一村枪击饥民事件、饥民焚烧抚台衙门、饥民怒毁教堂洋行、风潮何去何从、野火烧不尽。有附录和后记。

0484 大变革时代：晚清过后是民国/《先锋国家历史》杂志社编. 北京：新华出版社. 2010.1

全书分 6 部分，包括：《晚清的横截面》、《大门口的陌生人：近代中西思想碰撞》、《1919，新起点》、《走出屈辱：近代中国在抗争》、《十里洋场：中国人的生活与观念》、《改天换地：向着新中国前进》。

0485 大事纪要百年历/张耘等编. 北京：农村读物出版社. 1989.5

本书内容包括：公元1901－2000年历表、公元1901－1988年大事纪要。书中有附录：公元1989年属相年龄对照表、公元甲子互检表、节气表、中国历史年代简表等。

0486 庚辛要事记：一卷/李实忱撰. 铅印本. 天津：天津华新印刷局，1921

本书记录了有关庚辛以来的重大事件及李氏所亲身经历的状况，主要是长江下游，特别是南京及其周边地区的江防情况及战事。

0487 画说中国历史. 30，辛亥革命与清朝的覆亡/孟庆江，姜成安编辑；刘景胜，李爱国绘. 台北：光复书局. 1990.8

全书分7部分，内容包括：改变历史的重要事件、本书主要人物、孙中山先生与兴中会、创建同盟会与革命的高潮、武昌起义与中华民国诞生、民主革命的继续发展、辛亥革命前后思想上的转变。书中附有本册年表和图片。

0488 话说民国. 1/李志敏主编. 北京：团结出版社. 2007.9

本书叙述了中华民国从1912年建立到1949年覆亡这38年间的重要历史事件。本册为第一编：民国际会风云录——中华民国的创建。共6章：南京临时政府成立、袁世凯窃取革命胜利果实、袁世凯建立独裁统治、讨袁二次革命、袁世凯称帝、护国战争。书中附有前言和照片。

0489 话说民国. 2/李志敏主编. 北京：团结出版社. 2007.9

本书叙述了中华民国从1912年建立到1949年覆亡这38年间的重要历史事件。本册为第二编：北洋分裂烽火史——皖系军阀统治。共6章：府院之争与张勋复辟、南方护法运动、新国会、五四运动、中国国民党成立、赤旗崛起。

0490 话说民国. 3/李志敏主编. 北京：团结出版社. 2007.9

本书叙述了中华民国从1912年建立到1949年覆亡这38年间的重要历史事件。共6章：直系统治与直皖战争、国民党“一大”与第一次国共合作、北京政变与孙中山北上、广州国民政府、国民党“二大”、北洋政府灭亡与全国统一。

0491 历史小故事丛书选辑：鸦片战争到辛亥革命部分. 二/山东人民出版社编. 济南：山东人民出版社. 1984.3

本书收录了6个关于辛亥革命的故事，包括：未来的大总统、巾帼英雄秋瑾、邹容的故事、詹天佑的故事、辛亥革命的故事、袁世凯的故事。书中附有刘大年为本书作的《与青少年朋友谈学历史》序。

0492 民国大事日志. 第一册/刘绍唐主编. 再版. 台北：传记文学出版社. 1978.5（传记文学丛刊之二十八；1）

本书以日志的形式记载了从民国元年到民国三十年之间发生的大事。书中附有序和编者的说明。

0493 民国大事日志/刘绍唐主编. 再版. 台北：传记文学出版社. 1989.5（传记文学丛刊；28）

全书分4册，以日志的形式记载了从民国元年到民国八十年之间发生的大事。其中，第一册记载时间段为民国六年至民国三十年，第二册为民国卅一年至民国六十年，第三册为民国六十一年至民国七十年，第四册为民国七十一年至民国八十年。书中附有序、编者的说明。

0494 民国史料丛刊 885，史地·历史/张研，孙燕京主编. 影印本. 郑州：大象出版社. 2009.8（民国史料丛刊）

本册内容为《民国以来大事年表》及《民国十周年纪事本末》（一）。《民国以来大事年表》所记自 1912 年至 1937 年，附《民国以来历年灾荒年表》等。

0495 民国史料丛刊 886，史地·历史/张研，孙燕京主编. 影印本. 郑州：大象出版社. 2009.8（民国史料丛刊）

本册内容为许指严于 1922 年编纂的《民国十周年纪事本末》（二），记述了 1912 年至 1921 年 12 月间的重大事件，每年为一卷。

0496 民国史料丛刊 887，史地·历史/张研，孙燕京主编. 影印本. 郑州：大象出版社. 2009.8（民国史料丛刊）

本册内容为光华编辑社 1922 年出版的《民国野史》及文学书社 1914 年编辑的《民国艳史》。其中《民国野史》又名《朝野新谭》，姜泣群著，收民国初年人物逸事等；《民国艳史》的编者为修竹乡人。

0497 民国史料丛刊 888，史地·历史/张研，孙燕京主编. 影印本. 郑州：大象出版社. 2009.8（民国史料丛刊）

本册内容为上海国华书局 1917 年出版的《民国趣史》（第二集）及上海宏文图书馆 1920 年编著的《安福趣史》。《民国趣史》（第二集）为李定夷编著，分庆颂声、荣哀录、缙绅传、神怪谈、续情史、新黑幕、博物院、杂货店等目。《安福趣史》的著者为鸿隐生。

0498 民国史料丛刊 891，史地·历史/张研，孙燕京主编. 影印本. 郑州：大象出版社. 2009.8（民国史料丛刊）

本册内容为《五月九号国耻史》、《上海罢市救亡史》、《济南惨案史》、《国耻小史续编》。其中《五月九号国耻史》辑当时报刊关于签订《二十一条》的评论及有关资料。《济南惨案史》，叙述了济南惨案的背景、起因、经过、国内外的反应及应吸取的教训等。《国耻小史续编》的编者为赵玉森。

0499 民国以来大事年表：初稿/田家英编. 初版. 邢台：太行群众书店. 1947.8

本书是《中国革命大事记》的一个补充材料，时间上从民国六年起至民国二十六年止。附录：《1912－37 年世界政治大事简表》、《民国以来历年灾荒表》。

0500 南京临时政府/李剑桥，吴景山，竭宝峰. 沈阳：辽海出版社. 2007.6（中国近代史话；16）

本书全面客观地论述了南京临时政府时期的重大历史事件，向人们展示了中国大地上的风云变化、历史伟人、乱世奸雄、工农商学、世俗百姓的沉浮。

0501 评唐继尧护国/李开林. 昆明：云南民族出版社. 2006.12（滇史文丛）

本书是以研究、评价历史人物唐继尧护国运动为视角。本书内容包括：云南贵州辛亥革命、拥袁反袁两种力量的斗争、唐继尧的倒台、谎言余韵等内容。

0502 青山一发. 下，辛亥之路/陈舜臣著. 台北：远流出版事业股份有限公司. 2007.2（实用历史丛书）

全书分上、下两册：孙文崛起和辛亥之路。本册内容包括：维新、保皇会诞生、义和狂风、留学时代、《苏报》、同盟会、烽火连天、王朝的黄昏、辛亥之风等。书中附有出版缘起、后记、译后记和参考地图。

0503 清末大事编年：1894－1911/吴铁峰著. 长沙：湖南大学出版社. 1996.9

本书以编年体的形式记录了从 1894 年至 1912 年（甲午战争至辛亥革命）这段时期的主要历史事件，分析了这段历史对中国社会的影响。

0504 清末民初风云/全国政协文史资料委员会编. 北京：中国文史出版社. 2005.9（文史资料存稿选编集粹丛书；1）

本书分4部分，包括：清朝贵族生涯纪实、戊戌政变中的袁世凯、讨袁始末、二次革命前后的保定军校、袁世凯家庭的没落、西原借款、北洋政府时的金法郎案、国民党成立之经过、孙中山与黄兴的合作与分歧等。有照片。

0505 清末民初风云/全国政协文史资料委员会编. 北京：中国文史出版社. 2006.2（文史资料存稿选编精选. 1）

内容提要参见0504。

0506 上海近百年革命史话/章回等编写. 上海：上海人民出版社. 1962.10

本书是《上海近代反帝反封建斗争故事》和《上海现代革命故事》修改后的合订本。主要内容包括：上海小刀会起义、苏报案、1905年反美爱国运动、1911年上海人民的起义、"五四"运动在上海、"五卅"运动、上海工人三次武装起义、上海的解放等。书中附有前言。

0507 上海近代反帝反封建斗争故事/上海人民出版社编辑. 上海：上海人民出版社. 1959.9

本书记录了上海人民从1842年到1911年间的反帝反封建斗争。包括：1842年上海军民的抗英斗争、上海小刀会起义、太平军三打上海、反对拆除四明公所的斗争、小车工人的罢工斗争、苏报案、1905年反美爱国运动、1911年上海人民起义。

0508 世纪回首：百年国耻录/何瑜著. 北京：中国书店. 1999.3（京华博览丛书）

本书时间范围从1840年到新中国成立前的一百多年，以不平等条约为经，重大事件为纬，对这段历史进行回顾和反思。全书共16章，内容包括：城下之盟，国门洞开；北京沦陷，圆明浩劫；鹰瞵虎伺，边疆危机；甲午战争，震撼中华；列强争霸，瓜分潮起；京华血泪，直隶狼烟等。书中附有导言、《中国近现代史大事记》和主要参考书目。

0509 太平天国和辛亥革命的故事/陈雄章，宋晓宏. 北京：中共党史出版社. 1999.4（近代中国的故事；4）

本书分太平天国和辛亥革命两部分。其中太平天国的故事包括上帝的次子、云龙凤虎会金田、一路破围向金陵、半途而废的北伐等内容。辛亥革命的故事包括少年壮志、兴我中华、伦敦蒙难、革命中流等内容。

0510 西北革命史征稿/陕西革命先烈褒恤委员会编. 影印本. 上海：上海书店. 1990.12（民国丛书. 第二编. 历史、地理类；77）

本书原名《西北革命史》，征集了大量文献，包括：辛亥革命首事秦陇复汉之文件、讨袁护法之役档案等，书中记录了辛亥革命纪事、二次革命纪事、讨袁护国之役纪事、靖国军革命纪事、首都革命纪事等。

0511 辛亥革命/中国科学院近代历史研究所南京史料整理处编. 油印本. ［出版地不详］：［出版者不详］，1961

本书属于中国近代档案资料丛书。根据民政部、陆军部、内阁、邮政总局、养正院等各部档案以时间为顺序整理编辑而成。全书分为四大部分：各地人民的反抗斗争，清政府假立宪，四川保路运动，武昌起义及各省起义。

0512 辛亥革命大事记/［著者不详］. 绿格抄本. ［出版地不详］：［出版者不详］，1912—1949

本书将辛亥革命期前后的代表事件以抄录的形式使之流传，其中包括张謇奏请组织君主立宪、各省代表举孙文为临时大总统、大总统孙文宣布就职、黄兴电举各军大举北伐、中华民国临时政府发表组织大纲等内容。

0513 辛亥革命大事记/［著者不详］. 绿格抄本. ［出版地不详］：［出版者不详］，1912—1949

本书主要记述辛亥革命中的重大事件，以“张勋奏请组织君主立宪以拯危亡”开始，至“革命军组织北伐联军”止。

0514 辛亥革命前的群众斗争/李竹然编著．北京：通俗读物出版社．1957.6

本书介绍了群众的爱国斗争，包括：知识分子的爱国活动、各阶层人民的反美爱国运动、群众的抗捐抗税斗争、四川保路运动。

0515 辛亥革命史稿．第三卷，1911 年的大起义/金冲及，胡绳武著．上海：上海人民出版社．1991.9

本卷内容包括：铁路干线国有政策的宣布、四川同两湖保路风潮的比较、四川保路运动的兴起过程、同盟会发动的同志军起义、武汉成为首义地区的客观条件、文学社和共进会、同盟会中部总会、起义前夕的准备等。书中附有照片。

0516 新世纪的曙光：1912 年至 1928 年的中国故事/廖大伟等著．上海：上海锦绣文章出版社．2009.7〔话说中国（民国）〕

本书包括 101 个历史故事，如：公仆孙中山、剪辫子、教科书革命、白朗起义、科学的播火者、周恩来与觉悟社、红色的起点、邓小平巴黎办刊等。书中附有《聚焦 1912－1928 年的中国》、社会生活和历史文化百科、人物与关键词索引。

0517 绣像绘图中华民国史演义/陆律西编．石印本．上海：中央图书公司，民国二十年（1931）

本书采用章回小说的形式演义从辛亥武昌革命至民国十一年（1921）春的民国史事。此书分八卷四十二回，分八册，每册前有此册重要人物的绣像和重要事件的绘图。

0518 云南首义拥护共和始末记/庾恩旸著．昆明：云南图书馆．1917.3

本书记述了 1915 年云南发动护国战争史实。全书共 7 章。上册分袁氏称帝之原因、首义前之准备、首义时之计划等 4 章。下册分为首义后之情况、军事之结束等 3 章。有照片。

0519 云南首义拥护共和始末记/庾恩旸著．影印本．台北：文海出版社．1966（袁世凯史料汇刊；16）

本书分 4 章 13 节，包括：绪论、袁氏称帝之原因、首义前之准备、首义时之计划等，附有黎大总统及云南护国军队的各种照片。

0520 中国革命和改革开放的历程：1840－2006/李俊编．北京：中共中央党史出版社，2007.3

全书分 14 章，包括：近代中国向半殖民地半封建社会演变、近代中国人民三次大革命风暴、人民解放战争的胜利、从新民主主义向社会主的过渡、社会主义建设在曲折中前进、伟大的历史性转折、和平发展的东方大国等。有序言和结束语。

0521 中国革命纪事本末/郭孝成编纂．铅印本．上海：商务印书馆，民国元年（1912）

该书主要讲述辛亥革命的历史，分为 3 编：第 1 编中国革命缘起及湖北革命始末，包括：中国革命之缘起，湖北举义纪事，武汉战略，停战中武汉之事实。第 2 编包括：湖南光复纪事，赣南光复纪事，浙闽光复纪事，江苏光复纪事，云贵两广光复纪事，秦晋蜀光复记事，鲁豫直陇革命纪事，东三省蒙古新疆西藏革命纪事。第 3 编民清议和及共和立国，包括：议和始末，民国各团之组织，临时政府，中华共和国卓立于世界。

0522 中国近代革命运动/朱大平，张晓青编著．北京：北京科学技术出版社．1995.1（中国历史知识全书）

本书以历史故事形式，描述了 1840 年至 1919 年的重要事件，内容包括：反侵略反封建群众运动、农民革命风暴、资产阶级维新变法运动和辛亥革命风云。

0523 中国近代现代史论集. 27，护法与北伐/“中华文化复兴运动推行委员会”主编. 台北：台湾商务印书馆. 1986.6

本编分24章，包括：国父护法与广州军政府之成立（1917－1918）、总统蒋公与讨袁之役、广州革命政府的建立（1917－1926）、政学会与护法运动、中山先生护法时期的对日政策、中山先生护法时期的对日政策、中山先生护法时期的对美交涉（1917－1923）等。

0524 中华民国建国史. 第一篇，革命开国/“教育部”主编. 台北：“国立编译馆”. 1985.4

全书分两册，共10章，内容包括：革命背景、孙中山先生的革命思想、革命组织的建立与发展、理论与宣传、历次举义、武昌起义、各省光复、中华民国的建立、各国反应与影响和开国规模。书中附有照片、序言、编辑例言和地图。

0525 中华民国开国前革命史. 上、中编/冯自由著. 影印本. 上海：上海书店. 1990.12（民国丛书. 第二编. 历史、地理类；76）

本书收录了大量函件，讲述了中国革命之动机、兴中会、浙江志士革命运动、光复会等内容。本书附肖像。

2.2 反清义举

0526 白朗起义/杨炳延著. 郑州：河南人民出版社. 1978.3

全书分为6个部分，包括：“袄片”“笨炮”根深渊远；志坚胆壮，“打富济贫”；东征西战，协同讨袁；独抗大敌，巍然挺立；横扫陕甘，威震敌胆；血沃中原，浩气长存。

0527 白朗起义/中国科学院近代历史研究所南京史料整理处编. 油印本. [出版地不详]：[出版者不详]，1961（中国近代史档案资料丛书）

白朗起义是1911－1914年间爆发于河南宝丰、鲁山一带，纵横于豫鄂皖陕甘等五省的一次规模较大的农民起义。本书内容主要有：起义军在豫鄂两省的胜利发展、大举向皖鄂边境进军、进军陕甘、回师豫境及失败、有关白朗起义性质等问题的史料。

0528 白朗起义/中国社会科学院近代史研究所中华民国史研究室主编；杜春和编. 北京：中国社会科学出版社. 1980.7（中华民国资料丛稿）

本书分为两部分：官方档案和个人记述。内容包括：张镇芳档案、北洋政府档案、甘肃都督府档案、麻黄支队防匪记、商城失陷记、甘宁青史略、白狼猖獗记、记白狼事等。书中附有编辑说明和白朗起义概述。

0529 白朗演义/周熙，于为民著. 郑州：黄河文艺出版社. 1987.10

本书描写民国初年白朗义军讨伐袁世凯的斗争故事。内容包括：遍地烽烟、官大哥、投奔白朗、智取枣阳、争取白朗、大刘庄、奇袭六安、白朗之死等。

0530 长沙文史资料：增刊. 庚戌长沙“抢米”风潮资料汇编/中国人民政治协商会议长沙市委员会文史资料研究委员会主编. 长沙：中国人民政治协商会议长沙市委员会文史资料研究委员会. 1990.6

1910年发生在长沙的“抢米”风潮是一场自发的群众反帝反封建斗争，也是辛亥革命前夜的一场预演。本书探讨了这场斗争的起因、动力、会党的作用与风潮中官绅争斗的影响等问题。按照资料性质，本书分为档案、时评、闻见记、竹枝词、杂著、回忆录共六大类。各类资料编排以时间先后为序。书中附有前言、编辑说明和后记。

0531 承前启后继往开来：纪念辛亥革命九十周年河口起义九十三周年论文集/李兴华主编；

政协河口瑶族自治县委员会编. 昆明: 云南大学出版社. 2003.4

本书深入研究了辛亥革命与河口起义的若干问题，弄清了河口起义发生发展及其失败的基本过程，总结了河口起义的经验教训。附照片。

0532 丁未潮州黄冈起义史料辑注与研究/江中孝，邓开颂主编；中共广东省饶平县委员会，广东省饶平县人民政府，广东省社会科学院历史研究所编. 天津：天津古籍出版社. 2007.5

丁未潮州黄冈镇起义是1907年由孙中山亲自筹划领导的反清武装起义，规模宏大。本书广泛收集各种档案、书信、报刊文章、口述资料，成为客观了解和深入研究黄冈起义的坚实的史料依据。有照片。

0533 光绪朝朱批奏折. 第一一八辑，反清斗争（义和团辛亥革命秘密结社）/中国第一历史档案馆编；戈斌辑主编. 影印本. 北京：中华书局. 1996.12

本书所收奏折依照中国第一历史档案馆现行原档案管理体系，共分18大类130余项，以类项编年体编排。本辑收录了其中的"反清斗争·义和团"、"反清斗争·辛亥革命"、"反清斗争·秘密结社"。

0535 广东新军庚戌起义资料汇编/仇江编. 广州：中山大学出版社. 1990.12（岭南丛书）

庚戌起义，是清末宣统二年（1910）正月驻扎广州燕塘的新军在同盟会领导下举行的一次武装起义。本书内容包括：关于广东新军、革命党人关于庚戌起义的记述、被捕革命党人的供词、清方文书等。书中附有前言、照片和地图。

0536 广州起义/刘政. 上海：上海人民出版社. 1978.11

本书通过广州起义时保留下来的部分旧址、文物，介绍当时的一些历史片段。包括："起义的酝酿中工人赤卫队加紧进行战斗编队"、"地下兵工厂赶制武器"、"起义中夜袭沙河敌营盘"、"工农联合攻打石围塘火车站，西瓜园群众大会"、"成立红四师"。有照片。

0537 广州三月二十九革命史/革命纪念会编辑. 初版. 上海：民智书店. 1926.1

本书分绪论、款项之筹措、事前之擘画、发难之进行、出发与决战、事后之情形、黄花岗之埋葬、事后之暗杀等10章。书前有孙中山"黄花冈烈士事略序"，收入七十二烈士碑记、照片多幅。

0538 广州三月二十九革命史/邹鲁编. 再版. 上海：明智书局. 1930.4

内容提要参见0537。

0539 广州三月二十九日革命史/邹鲁. 本馆3版. 重庆：商务印书馆. 1930

内容提要参见0537。

0540 广州三月二十九日革命史/邹鲁. 再版. 上海：民智书局. 1930

内容提要参见0537。

0541 广州三月二十九日革命史/邹鲁. 本馆1版. 长沙：商务印书馆. 1939

内容提要参见0537。

0542 广州三月二十九革命史/邹鲁. 台二版. 台北：台湾商务印书馆. 1970.8（人人文库；229—230）

全书分10章，包括：绪论、款项之筹措、发难之进行、出发与决战、事后之情形、黄花岗之埋葬、事后之暗杀、建墓立碑、传记等内容。书中有照片、编印人人文库序、序和说明。

0543 广州辛亥三月二十九日革命记/邹鲁撰并书. 影印本. 长沙：商务印书馆，1939

本书以字帖形式，由邹鲁于1934年撰文，并用楷体手书全篇，述辛亥三月二十九日革命经过。高要张金刻石。

0544　广州辛亥三月二十九日革命记/邹鲁撰并书．影印本．长沙：商务印书馆，民国二十八年（1939）

本书记宣统三年三月二十九日黄兴为首的同盟会组织发动的广州起义。书中详细记录了起义的组织与筹备情况，对当天起义的经过及“黄花岗七十二烈士”的英勇事迹进行了真实的描述。

0545　黄花岗/卢洁峰著；岭南文库编辑委员会，广东中华民族文化促进会编．广州：广东人民出版社．2006.1（岭南文化知识书系）

本书分 6 部分，包括：七十二烈士墓的由来、墓园的建造、电话附加费、续建与管理、黄花岗附葬墓、精神不死。书中附有照片和烈士就义表。

0546　黄花岗/徐续编著．广州：广东人民出版社．1985.10

全书分 3 部分：首先记述黄花岗这个全国重点文物保护单位的风貌和有关文献、碑刻，并介绍辛亥革命“三・二九”起义指挥部——小东营五号；第 2 部分包括“三・二九”起义的史实、人物，并辑录烈士遗作、祭吊作品；第 3 部分介绍了位于黄花岗墓园内的其他墓葬及人物事迹。

0547　黄花岗/张以沣．北京：文物出版社．1983.4

本书详细介绍了黄花岗七十二烈士墓，并详细介绍了黄花岗起义和黄花岗七十二烈士墓修建的过程。书中附照片和广州三・二九起义烈士姓名录。

0548　黄花岗公园/邱金华等主编．广州：岭南美术出版社．2001.12

本书主要介绍了黄花岗公园和有关历史事件。包含：羊城名景、起义前后、英烈群谱、自由之魂等。有照片。

0549　黄花岗起义/包村编写．北京：中华书局．1963.3（中国历史小丛书）

本书介绍了黄花岗起义的历史背景、政治背景、思想背景、起义的过程、起义的失败和在起义中革命党人表现出的无比英雄气概。

0550　黄花岗起义/王凌云．北京：中国国际广播出版社．1996.3（爱国主义教育丛书）

本书分 12 部分，包括：山雨欲来、共图再举、筹措经费、设统筹部、购造枪械、定日发难、仓促备战、孤军奋战、黄兴脱险、功败垂成、浩气长存、碧血黄花。

0551　回民起义/中国史学会主编．上海：上海人民出版社，上海书店出版社．2000.6（中国近代史资料丛刊）

全书分 4 册，前两册记述了杜文秀及其领导的清末云南回民起义的过程，后两册介绍了清代西北各族穆斯林反抗清朝及外国入侵者的斗争，并对起义的性质和影响等问题进行了评价和探讨。书中附有题记和说明。

0552　景廷宾起义史料汇编/李云豪，刘保华，李金鹏主编；中国人民政治协商会议广宗县委员会编．北京：中国文史出版社．2007.12（广宗文史资料专集；5）

本书史料收录范围涉及奏折谕旨、报纸报道评论、信札、碑文、方志书籍载录、民间调查、鼓词《大战偏悦桥》七部分。书中附有照片、序、编辑说明和后记。

0553　景廷宾扫清灭洋起义/贾逸君编写．北京：中华书局．1962.7（中国历史小丛书）

全书分 8 个部分，包括：庚子年的大赔款和小赔款、景廷宾的家世和为人、广宗县爆发的抗“洋差”运动、厦头寺前竖起“扫清灭洋”的大旗、在中外反动势力的夹攻下、再接再厉的英勇战斗、慷慨就义，英明千古、结束语。书中附有地图。

0554 李文学起义：清末云南哀牢山地区各族农民起义/云南大学历史系《李文学起义》编写组编．昆明：云南人民出版社．1979.3

本书分9章，包括：醒目的长联，壮丽的画卷；神州震荡，哀牢星火；瓦卢村聚众；天生营起义；红崖传捷报，蜜滴飘师旗；村村森严壁垒，寨寨铁壁铜墙；坚持武装斗争，促进民族团结；争夺通关，鏖战九夹；保卫帅府，坚持革命等内容。书后附有《李文学起义大事记》及图片。

0555 滦县文史资料．第七辑，辛亥滦州起义/中国人民政治协商会议河北省滦县委员会编．滦县：中国人民政治协商会议河北省滦县委员会．1991.7

本书分4章，包括：滦州起义的历史条件、滦州起义的酝酿与准备、滦州起义、风雨八十年。本书附有前言和附录。

0556 宁夏文史资料．第十期，辛亥革命七十周年纪念专辑/中国人民政治协商会议宁夏回族自治区委员会文史资料研究委员会编．银川：中国人民政治协商会议宁夏回族自治区委员会文史资料研究委员会．[出版年不详]

本书内容包括：辛亥革命打落了亚洲的第一个皇冠、辛亥革命时期回族人民的革命斗争、甘肃辛亥革命概略、宁夏哥老会与辛亥革命、回忆辛亥革命宁夏军民起义、辛亥革命平罗县军民起义目击记、辛亥革命平罗军民反清斗争纪略、辛亥革命宁夏灵州军民起义等。书后有来函更正与补充。

0557 平顶山文史资料．第3辑，白朗起义/张显明编辑；中国人民政治协商会议平顶山市委员会编．平顶山：中国人民政治协商会议平顶山市委员会．1993.3

全书分5部分：起义初期情况（1912年4月—1913年4月）、横扫豫南鄂北（1913年5月—1914年1月）、主力东进豫皖鄂三边地区（1914年1月—3月）、挥师秦陇（1914年3月—6月）、回豫及失败（1914年6月—8月）。内容包括：河南巨匪就擒、河南巨匪正法、白朗打开唐县、白朗攻占信阳州、河南要闻、白狼扰害教会三志、白朗近日行踪等。书中附有白朗起义的历史特点——代前言、编辑说明、白朗起义述略、审订后记。

0558 萍、浏、醴起义资料汇编/萍乡市政协等编．长沙：湖南人民出版社．1986.11

全书分为8部分，包括：始末类、档案类、文电类、传记类、日记类、回忆类、时评类和其他类。书中附有照片、编辑说明、前言、《丙午萍浏醴大起义始末记》、《丙午萍浏醴起义大事记》和后记。

0559 萍乡哥老会起义资料汇编．萍乡文史资料．总第十期，芦溪文史资料．总第二期/彭云华主编；萍乡市政协文史资料 研究委员会，芦溪区政协文史资料研究委员会合编．萍乡：萍乡市政协文史资料研究委员会，芦溪区政协文史资料研究委员会．1988

本书内容包括：萍乡哥老会起义始末、芦溪争夺战、血染南坑、起义军湘东被袭记、邓海山被捕经过、邓海山传略、江西匪耗、旧会党概观等。书中附有照片、前言、后记。附录包括：萍乡哥老会起义人名录、参与镇压萍乡哥老会起义人名录、萍乡哥老会起义大事记。

0560 七十二烈士/蒋侨南编剧．海口：新民书局．1951.8

本书为《七十二烈士》剧本。附同盟会义勇进行曲。

0561 清代档案史料丛编．第二辑/故宫博物院明清档案部编．北京：中华书局．1978.10

本辑是关于李沅发起义的档案史料。全书分112个小节。书中附有关于高鹗的一些档案史料。

0562 三洲田首义/何博儒著．深圳：海天出版

社．1994.8

本书为鹏城旧事之二。书中叙述的故事都是百年前发生在深圳地区的历史事实和民间传说，重现深圳地区当年的苦况，歌颂深圳人民毅然追随民主革命先行者孙中山先生，进行艰苦卓绝的反帝反封建伟大斗争的精神风貌。

0563 书事七则：一卷/（清）陈贞慧撰．刻本．［出版地不详］：［出版者不详］，民国二十三至二十五年（1934—1936）

本书为陈贞慧记录明末清初的一些反清事迹，收入《常州遗书》，共7篇：《书甲子会推》、《书江陵武陵先后夺情事》、《书甲申南中事》、《防乱公揭本末》、《书癸巳毗陵事》、《书周季子死事后》。

0564 唐山文史资料．第十辑，辛亥滦州起义/中国人民政治协商会议唐山市委员会文史资料委员会编．唐山：中国人民政治协商会议唐山市委员会文史资料委员会．1991.7

本书分4章，包括：滦州起义的历史条件、滦州起义的酝酿与准备、滦州起义、风雨八十年。本书附有前言、附录、照片。

0565 同盟会与萍浏醴起义/饶怀民著．长沙：岳麓书社．1994.8

本书记述了萍浏醴起义的原因综合考察、酝酿和准备、爆发与胜利进军、失败与历史教训、起义中革命志士的献身精神及起义的社会反映等内容。

0566 辛亥定变纪略/钟广生撰．木活字本．［出版地不详］：［出版者不详］，民国间

本书与《辛亥新疆伊犁乱事本末》合订为一册。主要是宣统年间新疆伊犁叛乱，政府平定叛乱的记载。

0567 辛亥定变纪略/钟广生撰．铅印本．［出版地不详］：［出版者不详］，民国间

本书是关于宣统年间新疆伊犁叛乱，政府平定叛乱的记载。

0568 辛亥定变纪略/钟广生撰．铅印本．新疆：官报书局，民国间

内容提要参见0567。

0569 辛亥定变纪略：一卷/钟广生撰．铅印本．新疆：官报书局，民国间

内容提要参见0567。

0570 辛亥海军举义记/张怿伯撰．木活字本．［出版地不详］：［出版者不详］，民国间

辛亥革命爆发，清廷急调“海琛”、“海容”、“海筹”三艘巡洋舰，六艘炮艇，两艘鱼雷艇前往武昌镇压。本书内容主要是张怿伯联络“海琛”舰上众人，秘密分工合作，发展可靠官兵，初从下级工作做起，继及上级官佐，直至舰长，最终举旗起义之事。

0571 辛亥海军举义记略/何海鸣撰．木活字本．［出版地不详］：［出版者不详］，民国间

本书内容有：辛亥海军举义记略、读何海鸣先生《辛亥海军举义记略》后之印证、稿后书感。“记略”由张怿伯所撰《辛亥海军举义记》删改而来，述辛亥革命爆发后，张怿伯联络“海琛”舰上众人，秘密举旗起义之事。其文颇有与事实不符之处，因此张氏又撰“印证”予以说明更正。

0572 辛亥黄花岗起义/程存洁主编．上海：上海古籍出版社．2006.3

本书以图文并茂的形式再现了黄花岗先烈们的英雄业绩，分为“三·二九”起义的筹备情况、“三·二九”起义的经过、“三·二九”起义的深远影响3个部分。附图片、照片。

0573 辛亥滦州兵谏与滦州起义/赵润生，马亮宽著．天津：天津人民出版社．2003.9

本书对辛亥革命这个历史事件进行介绍，结合翔实的资料，生动地阐述与再现了革命前

夕、滦州兵谏、滦州起义的性质、作用与影响。附照片。

0574 辛亥腾越起义诗文录/刘硕勋，张兆兴辑录；腾冲县文联编．北京：中国文联出版社．2005.7（腾越文化丛书）

本书分3部分，包括：民国史料及当事人的回忆、今人对腾越起义的研究和论述、诗录。

0575 辛亥阳夏起义史略/邱文彬．无版权页．［出版地不详］：［出版者不详］．1939（中国革命史料）

记述武昌举事时，陆军四十二标起义事迹。也是对《武昌起义三日记》、《武汉首义史略》二书的补遗。

0576 辛亥粤乱汇编缘起·革党潮·兴汉纪念广东独立全案/［著者不详］．油印复制本．广州：中国科学院广州哲学社会科学综合研究所、广东省中山图书馆复制．1961.5（广东辛亥革命史料之五）

本书为合订本。《辛亥粤乱汇编缘起》共7章。《革党潮》设"图画"、"乱事新闻"、"舆论"等栏目。《兴汉纪念广东独立全案》收《记广东独立之前途》、《广东国民独立记始末》、《各团体集议详情续列于下》等17篇文章。

0577 新疆文史资料选辑．第九辑，辛亥革命伊犁起义专辑/中国人民政治协商会议新疆维吾尔自治区委员会文史资料研究委员会编．乌鲁木齐：新疆人民出版社．1981.9

本书包括：伊犁辛亥革命见闻记、伊犁辛亥革命概况、伊犁辛亥革命起义记闻、伊犁辛亥革命的一页等，另有调查报告、摘抄、诗词选录等。

0578 浙军杭州光复记/浙军第四十九旅司令部编．［出版地不详］：浙军第四十九旅司令部．1911.5

本书记辛亥年浙军起义反清事。分6章，其中二、三章介绍秋瑾案。

2.3 苏报案

0579 风雷动：风雨如磐苏报案/刘平．太原：山西人民出版社．1997.12（清朝奇案丛书）

本书分6章，包括：有学问的革命家——东帝其人、革命军中马前卒——西帝其人、大泽英雄起东瀛、风雷激荡春申江、惊天动地苏报案、铁窗炼狱铸英魂。

0580 清末新闻、出版案件研究：以"苏报案"为中心（1900—1911）/徐中煜著．上海：上海古籍出版社．2010.4

本书全方位考察了"苏报案"，展现了清政府与公共租界工部局在引渡、审判、量刑等一系列环节上反复交涉的曲折过程，从维护国家司法主权的角度谴责了列强的霸道行径。书中还揭示了中西法律文化的巨大差异。全书共7章，包括："苏报案"发生前后上海公共租界地区司法概况、《苏报》及"苏报案"的起源、"苏报案"发生的简要经过、"苏报案"案发后的外交交涉、对"苏报案"判决结果的法律思考、"苏报案"等案件与近代中国的社会转型。书中附有序言、结语、附录、主要参考文献和后记。

0581 苏报案故事/上海人民出版社编辑．上海：上海人民出版社．1959.3

本书共6部分，包括：五十多年前的中国、爱国学社和苏报、章太炎和邹容、震动全国的苏报案、继续坚持斗争、苏报案的历史意义。

0582 苏报案纪事/［著者不详］．［出版地不详］：［出版者不详］．［出版年不详］

本书又名《癸卯大狱记》，系将当时《苏报》登载涉及章炳麟、邹容的各类文章加以编辑，按日期收入。

0583 苏报案纪事/罗家伦主编．影印本．台北：中国国民党中央委员会党史史料编纂委员

会．1968.9（中华民国史料丛编）

本书内容包括：康有为、哀哉无国之民、客民篇、论中国当道者皆革命党、革命军序、介绍革命军、虚无党、国学社之独立等。

0584　苏报案研究/王敏著．上海：上海人民出版社．2010.3

本书依据新发现的史料，研究了苏报案发生后的一百多年间，中外报刊、政治宣传读物以及电影戏剧等文艺作品对章太炎和邹容英雄形象的构建过程。

0585　苏报及苏报案：1903年上海新闻事件/周佳荣．上海：上海社会科学院出版社．2005.1

本书探讨了《苏报》的内容，论述了“苏报案”的前因后果，从而展现了20世纪初中国思想界的面貌。

0586　苏报与清末政治思潮/周佳荣著．香港：昭明出版社．1979.1

本书通过史料的排比和综合，阐明《苏报》从主张维新、保皇、立宪转变为鼓吹革命排满的因由，分析报上激烈的言论，探讨“苏报案”前后中国思想界的情形。

0587　浙案纪略/（清）陶成章著；（清）魏兰补注．组版．［出版地不详］：［出版者不详］．1916.7

本书分3卷。上卷介绍了文字狱，记罪辫案、苏报案、萃新报案、新山歌案等案件始末、革命党原始、进取纪事以及辛亥革命前各项革命事迹。中卷为刘家福、徐锡麟、秋瑾等7人列传。下卷为附录，收革命党文告3篇、清吏案牍12篇。

2.4　清末立宪

0588　20世纪初中国政治改革风潮：清末立宪运动史/侯宜杰著．北京：人民出版社．1993.4

本书对20世纪初中国历史上立宪运动与预备立宪运动的性质、联系与异同及其在历史上的作用进行了论述。本书分11章，包括：立宪思潮兴起、立宪运动高涨、确立基本国策、立宪团体应时而生、国会请愿热潮、资政院内风波迭起、分道扬镳、失人心者亡等。

0589　丙午立宪：大清王朝最后的变革/刘伟著．上海：上海古籍出版社．2007.7（历史聚焦）

本书记载了大清王朝最后的变革历史，内容包括：改革与保守之间、西狩中的决心、“旧瓶装新酒”式的改革、迟到的立宪决定、后慈禧时代。

0590　博弈与妥协：晚清预备立宪评论/周叶中，江国华主编．武汉：武汉大学出版社．2010.6（中国立宪评论丛书）

本书内容包括：出洋立宪政治考察评论、预备立宪之官制改革评论、预备立宪之教育改革评论、预备立宪之地方自治改革评论、《钦定宪法大纲》评论、《九年预备立宪逐年筹备事宜清单》评论等。

0591　出使九国日记：清末出洋考察宪政的五大臣之一的日记/（清）戴鸿慈著．长沙：湖南人民出版社．1982.5（走向世界丛书）

本书为“出洋五大臣”之一戴鸿慈的出使九国日记，共分12卷；卷1（出京至上海）、卷2（经日本及檀香山）、卷3（美国旧金山至华盛顿）、卷4（美国纽约、费城、波士顿等地）、卷5（英国、法国）、卷6（德国柏林）、卷7（德国外地）、卷8（丹麦、瑞典、挪威）、卷9（德国南部及奥匈国）、卷10（俄、荷、比、瑞士）、卷11（意大利国）和卷12（海行旧国）。

0592　出使九国日记：十二卷/（清）戴鸿慈撰．铅印本．北京：第一书局，清光绪三十二年（1906）

内容提要参见0591。

0593　处常与求变：清末民初的浙江谘议局和

省议会/沈晓敏著. 北京：三联书店. 2005.5（近代中国的知识与制度转型丛书）

本书利用大量的档案文献，结合报刊、文集、日记、当事人回忆等资料，全面检讨了浙江谘议局和省议会由盛而衰的复杂过程，对于理解和认识议会制度移植中国的曲折历史，提供了典型个案。

0594　大清新编法典/伍廷芳撰. 影印本. 台北：文海出版社. 1987（近代中国史料丛刊三编. 第二十七辑；270）

本书为清末光绪末年清政府预备立宪时所颁布的大清新编法典，全法典共分为：《钦定大清商律》，包括商人通例、公司律、破产律；《大清刑事民事诉讼法》，包括总纲、刑事规则、民事规则、刑事民事通用规则，共计 260 条律例。

0595　二十世纪初中国政治改革风潮：清末立宪运动史/侯宜杰著. 北京：中国人民大学出版社. 2009.8（当代中国人文大系）

本书分 11 章，包括：惨变酿成惨祸、立宪思潮兴起、立宪运动高涨、确立基本国策、立宪团体应时而生、要求确定召集国会年限、推行地方代议制、国会请愿热潮等。有绪论、结束语、征引文献、附录、后记和再版后记。

0596　光绪朝朱批奏折. 第三三辑，内政（筹备立宪洋务运动文书档案其它），军务营制/中国第一历史档案馆编；戈斌辑主编. 北京：中华书局. 1995.3

本书所收奏折依照中国第一历史档案馆现行原档案管理体系，共分 18 大类 130 余项，以类项编年体编排。本辑收录了其中的“内政・筹备立宪”、“内政・洋务运动”、“内政・文书档案”、“内政・其他”、“军务・营制”。

0597　国家图书馆藏清代民国调查报告丛刊. 1/国家图书馆古籍馆编. 影印本. 北京：燕山出版社. 2007.9

本书收录了清代至民国时期的各类调查史料，调查研究的范围涉及政治、军事、经济、财政、外交、文化、人口等各个方面。内容包括：调查东部蒙古情形折、历城县乡土调查录、姚钱报告二本、浙江省谘议局议案四种。

0598　国家与社会：清末地方自治与宪政改革/马小泉著. 开封：河南大学出版社. 2001.8

本书共 8 章，包括：清末政治革新的背景、清末的地方自治思潮、地方自治的早期萌发、清政府的预备立宪方案、资产阶级的立宪请愿活动、清政府的地方自治政策、资产阶级的地方自治活动、清末地方自治与宪政改革评析等内容。书中附有 1908 年以前研究和筹备自治之机构列表、清政府颁定各级地方自治章程要项列表、上海市地方自治董事会议事会职员表。

0599　河南谘议局宣统二年常年会及临时会公布议案：第一册/（清）河南谘议局编. 铅印本. 河南：中州教育品社，清宣统二年（1910）

本书分初编、二编，初编是河南谘议局宣统二年本年 11 月以前经抚部院批复的议案汇编，以抚部院的批复到谘议局的时间先后编排，各条议案并附抚部院的批复劄文；二编未完，仅收 12 月初八“征收契税章程及细则”一条。

0600　湖北谘议局文献资料汇编/吴剑杰主编. 武汉：武汉大学出版社. 1991.9

全书共 5 编，包括：湖北谘议局之成立；湖北谘议局规则；湖北谘议局第一次常年会议文献；湖北谘议局第二次常年会议文献；汤化龙、张国溶议案。书中附有前言。

0601　湖南立宪派研究/黄俊军著. 长沙：国防科技大学出版社. 2009.7（辛亥革命专题研究丛书）

本书内容包括：湖南立宪派所处的历史时空、湖南立宪派的来源和构成、湖南立宪派的主要活动、关于湖南省谘议局的几个问题、湖南立宪派与革命派的关系等。

0602　湖南谘议局文献汇编/杨鹏程主编. 长沙：湖南人民出版社. 2009.12（湖湘文库. 乙编）

全书共6编，内容包括：湖南谘议局成立的官方文献、湖南谘议局成立之筹备、湖南谘议局第一届年会议事录、湖南谘议局第一届年会议决案、湖南谘议局第一届报告书、湖南谘议局第二届年会议决宣统三年经费预算案。书中附有出版说明和前言。

0603　吉林谘议局筹办处第二次报告书/（清）吉林谘议局筹办处编. 铅印本. 吉林：吉林印书馆，清宣统元年（1909）

本书为吉林谘议局筹办处的公文汇编，包括本处外行公文及部分外来公牍，按时间顺序编排，起止时间为宣统元年三月至同年六月，内容主要为选举事务相关，也有个别的开支经费报批等公文。

0604　旧王朝与新制度：清末立宪改革纪事（1901－1911）/徐爽著. 北京：法律出版社. 2010.2

本书内容包括：传统内的新政、断裂的传统，废科举对宪政改革的影响，他们从西方带回了什么，意见与决断，官制改革与丁未政潮，立宪派人的“议会梦”，慈禧末期和后慈禧时代的宪政等。书中附有照片。

0605　考察政治日记/（清）载泽撰. 初版铅印本. 上海：商务印书馆，清宣统元年（1909）

1905年为预备立宪，清政府派出五大臣出洋考察政治，分两路对美、英、法、德、俄、意、比、奥匈、日等国的政治进行考察。本书即是由五大臣之一的载泽将考察的全部过程悉行整理而成，记录时间起自1905年农历六月，止于第二年六月，历时一年。

0606　历代日记丛钞. 第一五六册/李德龙，俞冰主编. 影印本. 北京：学苑出版社. 2006.4

本书包括以下几部分：《乙巳年调查印锡茶务日记》/陆溁撰（清宣统元年铅印本）、《乙巳考察印锡茶土日记》/郑世璜撰（清光绪三十一年活字本）、《乙巳考察日本矿务日记》/许炳榛撰（清光绪间铅印本）和《考察政治日记》/载泽撰（清宣统元年铅印本）。

0607　立宪派与辛亥革命/张朋园著. 台北：中国学术著作奖助委员会. 1969.10（中国学术著作奖助委员会丛书；40）

全书分上、下两编：立宪派与立宪运动、立宪派与辛亥革命。共10章，内容包括：谘议局的建立与立宪派的结合、立宪派的言论与宣传、请愿国会与弹劾军机、革命前夕立宪派的态度、川鄂湘与武昌革命、云贵皖赣之独立、华北东北及西北各省的企图、江苏立宪派与革命大局等。

0608　立宪派与辛亥革命/张朋园著. 3版. 台北：“中央研究院”近代史研究所. 2005.2（“中央研究院”近代史研究所专刊；24）

内容提要参见0607。

0609　立宪派与辛亥革命/张朋园著. 长春：吉林出版集团. 2007.8

内容提要参见0607。

0610　立宪思潮与清末法制改革/卞修全著. 北京：中国社会科学出版社. 2003.5

本书讲述了立宪思潮在清末的盛行，立宪思潮推动下的清末制宪活动，立宪思潮与清末修律的深化，立宪思潮与清末司法制度改革等内容。

0611　论清末的立宪运动/胡继武，金冲及著. 上海：上海人民出版社. 1959.3

本书详细地论述了清末的立宪运动的阶级基础和背景，叙述了它的发展过程，分析了它的影响，讨论了运动的若干问题，并作出了对这一运动的评价。

0612 清季的立宪团体/张玉法著. 再版. 台北:"中央研究院"近代史研究所. 1985.2（"中央研究院"近代史研究所专刊；28）

本书分9章，包括：绪论、党会观念的由来、清季的政治环境、戊戌时代的维新团体、保皇会的组织及其运动、帝国宪政会与政闻社、国内的立宪团体及其运动、政党的出现等。附征引书目和索引。

0613 清末筹备立宪档案史料 上、下册/故宫博物院明清档案部编. 北京：中华书局. 1979

本书分两编。第一编清末统治集团对预备立宪的策划和议论，包括：出洋考察政治的情况、预备立宪的宣布及策划和统治集团内部的议论。第二编清末筹备立宪各项活动的情况，包括：官制、议院、谘议局和地方自治、法律和司法、满汉关系、教育、财政、官报。

0614 清末筹备立宪档案史料/沈云龙主编. 影印本. 台北：文海出版社. 1981（近代中国史料丛刊续编. 第八十一辑；801～802）

内容提要参见0613。

0615 清末立宪运动文选译/方学尧译注. 成都：巴蜀书社. 1997.6（近代文史名著选译丛书）

本书展现了100多年前的文史优秀成果，以清末立宪运动为中心，收录了梁启超的立宪法议、政闻社宣言书，康有为的官制议、代美国宪政会请开国会折，崇有的论中国立宪之要义等文章。

0616 清末民初宪政史料辑刊. 第一册/清宪政编查馆编；本社影印室辑. 影印本. 北京：北京图书馆出版社. 2006.2

本书是从国家图书馆馆藏文献中遴选清末民初宪政运动相关资料60余种，共11册。本册内容为：谘议局章程议员选举章程、宪政编查馆奏核民政部修订法律大臣会奏禁烟条例折、安徽宪政调查局民事习惯问题答案、考察英国政府臣民答问、宪政编查馆奏遵办民政财政统计编订表式酌举例要折并单四件。

0617 清末民初宪政史料辑刊. 第二册/清宪政编查馆编；本社影印室辑. 影印本. 北京：北京图书馆出版社. 2006.2

本册包括：宪政编查馆奏拟订结社集会律原折清单、宪政编查馆奏拟订宗室觉罗诉讼章程折、宪政编查馆奏各省谘议局及案语并议员选举章程、宪政编查馆奏城镇乡地方自治章程并选举章程折、宪政编查馆奏遵设贵胄法政学堂拟定章程折等。

0618 清末民初宪政史料辑刊. 第三册/清宪政编查馆编；本社影印室辑. 影印本. 北京：北京图书馆出版社. 2006.2

本册包括：宪政编查馆奏会议禁革买卖人口旧习办法折、宪政编查馆奏考核直省巡警道官制细则折、宪政编查馆奏考核提法使官制并考用属官章程折、宪政编查馆奏遵办民政财政统计表式折、预备立宪公会第一年收支清册、重订立宪国民读本等。

0619 清末民初宪政史料辑刊. 第四册/清宪政编查馆编；本社影印室辑. 影印本. 北京：北京图书馆出版社. 2006.2

本册内容为：谘议局章程讲义（清宣统元年铅印本）、最新职官全录一（清宣统元年冬季刻本）。

0620 清末民初宪政史料辑刊. 第五册/清宪政编查馆编；本社影印室辑. 影印本. 北京：北京图书馆出版社. 2006.2

本册内容为：最新职官全录（二）（清宣统元年冬季刻本）、最新职官全录（一）（清宣统二年冬季刻本）。

0621 清末民初宪政史料辑刊. 第六册/清宪政编查馆编；本社影印室辑. 影印本. 北京：北京图书馆出版社. 2006.2

本册内容为：最新职官全录二（清宣统二年冬季刻本）。

0622 清末民初宪政史料辑刊．第七册/清宪政编查馆编；本社影印室辑．影印本．北京：北京图书馆出版社．2006.2

本册内容为：最新职官全录一（清宣统三年夏季刻本）。

0623 清末民初宪政史料辑刊．第八册/清宪政编查馆编；本社影印室辑．影印本．北京：北京图书馆出版社．2006.2

本册内容为：最新职官全录二（清宣统三年夏季刻本）。

0624 清末民初宪政史料辑刊．第九册/清宪政编查馆编；本社影印室辑．影印本．北京：北京图书馆出版社．2006.2

本册内容为：筹备第一次国会报告书二（民国间抄本）/筹备国会事务局编。

0625 清末民初宪政史料辑刊．第十册/清宪政编查馆编；本社影印室辑．影印本．北京：北京图书馆出版社．2006.2

本册内容为：筹备第一次国会报告书二（民国间抄本）/筹备国会事务局编。

0626 清末民初宪政史料辑刊．第十一册/清宪政编查馆编；本社影印室辑．影印本．北京：北京图书馆出版社．2006.2

本册内容为：中华民国国会组织法、参议院议员选举法、众议院议员选举法、众议院议员湖南覆选区表（民国间铅印本）、国会问题文件廿二种（民国初朱丝栏钞本）、国会同人诗抄（民国间稿本）、吉林法政学堂校外自修讲义。

0627 清末宪政史/韦庆远等著．北京：中国人民大学出版社．1993.10

本书分13章，包括：宪政在主要资本主义国家的确立、立宪思想的传播与维新变法的失败、革命形势的逼近和清朝政府的对策、清政府预备立宪的出笼、清政府宣布提前召开议院、资政院的建立、资政院第一次常年会、辛亥革命的胜利和清廷立宪骗局的终结等。

0628 四川谘议局筹办处第二次报告书/（清）四川谘议局筹办处辑．铅印本．成都：印书公司，清宣统元年（1909）

本书汇编了四川省谘议局筹办处政务公文共25篇，内容有：督宪札饬择地修建谘议局局所文、呈详集议照会马神等经理建修谘议局文（附批）、详情督宪核示划地拨款移交赵中协以便动工文等，其中包括有四川谘议局议员表。

0629 四川谘议局第二届常年会决议案报告/（清）四川谘议局辑．铅印本．[出版地不详]：[出版者不详]，清宣统二年（1910）

本书汇编了四川谘议局第二届常年会决议议案，共包括督部交议案、本局提议案、本局建议案、人民陈请建议案、纠举案、质问案、本局豫算案等七种案目共35条议案。

0630 豫计地方自治经费厘订地方税界限应请开国会议/张謇著．铅印本．[出版地不详]：[出版者不详]，清宣统间

张謇所撰《豫计地方自治经费厘订地方税界限应请开国会议》文，论述朝廷宣布立宪章程，明定九年豫备期限，按章筹办城镇各项事宜等，最后得出筹治须财，筹财须税，筹税须定系统比率，定系统比率须国会的结论。书中开列有多种统计表格，有“未奉地方自治章程以前通州自治事宜及建设常年费出入表”、“奉到地方自治章程分年筹备通州自治事宜及建设常年费出入表”、“关系地方官治行政建设及常年费表”等。

0631 张謇和立宪派/李时岳著．北京：中华书局．1962.12

本书分8章，分别为：“从清流派说起”、“投身实业、亦官亦商”、“站在康有为的右面”、

“为了抵制革命的立宪”、“立宪运动的最高潮”、“挂起共和招牌”、“为袁世凯窃国效劳”、“改良主义者的悲哀”。有附录。

0632 折断了的杠杆：清末新政与明治维新比较研究/章开沅主编. 长沙：湖南出版社. 1992.5（中外近代化比较研究丛书）

本书以日本的明治维新为参照对象，从国家政权与近代化关系的角度，探讨了清末新政失败的原因等。本书分 5 章，包括：近代国家与国家的近代化、中日新政指导思想的异同、中日政权内部构造的异同、中日近代国家历史作用力的异同、杠杆为什么折断。

0633 浙江省谘议局议案四种/（清）浙江省谘议局编辑. 铅印本. [出版地不详]：[出版者不详]，1909

本书内容包括附加契税推广简易识字学塾案、小学堂订定教员合同条例法案、筹办全省厅州县简易贫民手艺传习所议案和筹设全省厅州县简易劝工厂议案四条，每一条的理由、办法都一一列出。

0634 真假共和. 上，1912 中国宪政实验的台前幕后/朱宗震著. 太原：山西人民出版社. 2008.6

本书叙述中国 1912 年宪政运动的台前幕后，来缅怀这一段令人悲伤的历史。内容包括：大人物，短命内阁，练习民主、练习自由，军权和多元化的地方政治，第二次内阁风潮，张案始末，稳定、建设成了主旋律及民国元年大事记。书中附有照片、自序、民国元年大事记和下册内容概述。

0635 真假共和. 下，1913 中国宪政实验的困境与挫折/朱宗震著. 太原：山西人民出版社. 2008.11

本书叙述了中国 1913 年宪政运动的困境与挫折。内容包括：中国第一次大选，南北冲突：对抗与血腥，大借款案：列强阴谋与国内斗争，“宋案”之后：武力和法律的两难选择，动荡的时局，二次革命，国会的命运，自由和权威的困惑等。书中附有照片、民国二年大事记、民国二年后续大事记。

0636 中国近代现代史论集. 16，清季立宪与改制/“中华文化复兴运动推行委员会”主编. 台北：台湾商务印书馆. 1986.1

本编分 16 章，包括：论清季之立宪运动、晚清地方行政现代化的探讨、晚清收回权利运动与立宪运动、日本对清廷钦定宪法之影响、预备立宪的现代性、革命党对清季立宪运动的批评、清末之谘议局和清季谘议局议员的选举及其出身之分析等。

0637 中国立宪史/荆知仁著. 台北：联经出版事业公司. 1984.11

全书分 3 篇：清季维新立宪之肇端、民初北京政府时期立宪运动之演变、国民政府时期立宪大业之发展。内容包括：立宪运动的背景、自强维新的适应历程、立宪国策的形成、立宪运动环境之分析、辛亥与民元立宪的初步、北京政府时期的结束、宪法草案的拟定、制宪大业之完成等。书中附有卷首语和附录。

0638 谘议局议长副议长常驻议员互选细则/福建谘议局编. 铅印本. [出版地不详]：[出版者不详]，1912—1949

本书共包含选举细则和议事细则两部分，选举细则包含以下六章内容：选举办法、选举时期、选举之办理次序、选举无效、惩罚、附则；议事细则包含以下十七章内容：议场整理、开议散会延会中止会议及休息、议事日表、议事、审议及审查、议员资格审查、咨询之申覆争议之和断陈请建议之收受、秘密会议、议事录及速记录、质问、缺席请假及辞职、警察及秩序、惩罚、停会及闭会、谘议局与资政院本省总督本省自治会及人民之关系、开会中之协议、附则。

0639 资政院章程/商务印书馆编译所编纂. 再版. 上海：商务印书馆. 1910.9

本书包括：资政院院章、资政院议员选举章程、谘议局章程附选举章程。

0640 自下而上的立宪尝试：省宪评论/周叶中，江国华主编. 武汉：武汉大学出版社. 2010.6（中国立宪评论丛书）

本书内容包括：《鄂州约法》评论、《江西约法》评论、贵州省宪评论、湖南省宪评论、浙江省宪评论、广东省宪评论、四川省宪评论等。

0641 走向世界丛书. 第一辑. Ⅸ/钟叔河编. 再版；修订本. 长沙：岳麓书社. 2008

本书为《李鸿章历聘欧美记》（蔡尔康等著）、《出使九国日记》（戴鸿慈著）、《考察政治日记》（载泽著）的合订本。内容包括：李鸿章与中俄密约、李鸿章历聘欧美记、关于“五大臣出洋”、出使九国日记和考察政治日记。书中附有照片、修订重版前言、总序、凡例、索引与简释。

2.5 保路运动

0642 保路运动/赵润生编著. 北京：中国国际广播出版社. 1996.3（爱国主义教育丛书）

本书记录了有关保路运动的历史，包括：帝国主义对中国铁路的篡夺、商办铁路与赎回粤汉路权的斗争、江浙两省的拒款运动、清政府铁路“国有”政策出笼、湘鄂粤人民保路运动的扩大、四川保路风潮的兴起、成都血案等。

0643 江浙铁路风潮/罗家伦主编. 影印本. 台北：中国国民党中央委员会党史史料编纂委员会. 1968.9（中华民国史料丛编）

全书分9部分，包括：苏杭甬全案、廷寄章奏、官场函电、两公司函电、两省拒款函电、两省开会纪事、两省集股情形、时论和杂录。书中附有照片。

0644 漫话四川保路运动/曾绍敏. 成都：巴蜀书社. 2006.9（巴蜀文化系列丛书）

本书主要叙述四川保路运动的实史，共4部分，内容包括：推进革命的保路运动、气势磅礴的保路同志军大起义、滚滚独立潮、彪炳千秋的历史功绩等。有图片、照片。

0645 四川保路风云录/中国人民政治协商会议四川省文史资料研究委员会，四川省人民政府文史研究馆同编. 成都：四川人民出版社. 1981.9（四川辛亥革命丛书）

本书收集有关辛亥革命的回忆录，主要叙述四川保路运动的实史，包括：四川辛亥革命述概、辛亥革命前四川灾情、由暴风雨前夕到革命大波、中国同盟会的成立及四川分会之发轫、哥老会的缘起与清王朝对它的镇压以及学校师生的革命思潮及多次运动。

0646 四川保路运动/隗瀛涛. 北京：中华书局. 1962.5（中国历史小丛书）

本书记录了有关保路运动的历史，包括：保路死事纪念碑、四川人民自办川汉铁路的斗争、保路风潮蔓延全省、同志军围攻省城、英勇的新津保卫战等。

0647 四川保路运动档案选编/四川省档案馆编. 四川：四川人民出版社. 1981.9

全书123题，计259件档案，4件资料。英、法教会和重庆海关（英）代理税务司档案中的书信译文，在本书中占很大篇幅，这些书信比较生动地叙述了各地保路运动的情况，还反映了外国传教士和外国官员对待保路运动的态度。

0648 四川保路运动史/隗瀛涛编著. 成都：四川人民出版社. 1981.9

本书共5章，包括：保路运动前夕四川各族人民反帝反封建斗争的高涨，资本主义经济在四川的发生和初步发展以及资产阶级的活动，川汉铁路公司的成立及其演变，波澜壮阔的保路爱国运动，保路同志军武装起义和四川独立。书中有照片。

0649 四川保路运动史料/戴执礼．北京：科学出版社．1959.1

本书辑录辛亥保路运动史料 457 件，其中根据珍贵稀有资料如布告、奏稿、传单、日记、宣传报等录出的有 180 余件。全书依据保路运动发展的阶段分为 5 卷：运动发生前的史料、自清王朝出卖铁路至与四川的立宪派伪争夺路款发生分化、自保路同志会成立至川人正式要求独立、自四川人民起义至清王朝在四川的反动统治瓦解、自同盟会革命党人在重庆独立至立宪派篡夺革命果实革命失败。

0650 四川保路运动史料汇纂/戴执礼编．台北：“中央研究院”近代史研究所．1994.6（“中央研究院”近代史研究所史料丛刊；23）

全书分三册、五卷、十五章。内容包括：川人抵制列强侵略集股自建川汉铁路；张之洞借款出卖粤函、川汉铁路建造权；清政府屈服于英、法、德、美的压迫借款卖路；股东大会的召开及其斗争；四川各阶层人士在保路运动中的并肩斗争；四川同盟会领导川人起义；清政府布署对同志军反扑等。书中附有照片、序、凡例和卷首。

0651 辛亥第一枪：清末四川反正诛杀赵尔丰纪略/汪永著．成都：西南交通大学出版社．1991.8

本书以吴庄、余正本等人为首的“三合会”——“三合保路会”的活动为主线，从一个侧面反映了孙中山先生领导的同盟会在复杂历史背景中的斗争历程。书中附有《知今・治今・显今——序》和图片。

0652 辛亥革命与中国现代化/四川省历史学会编．成都：四川教育出版社．2002.12

本书为四川省学者研究辛亥革命与四川保路运动的论文集。全书分为总论、辛亥革命与文化的现代化、辛亥革命与社会结构的创新、辛亥革命与四川经济社会的现代化、四川保路运动的性质与特征、辛亥革命时期历史人物新论、综述、附录等。

0653 辛亥年四川保路运动史料汇编/“国史馆”史料处编辑．台北县：“国史馆”．1981.8

全书分两部分：史料和论著。其中史料包含五卷，论著包含两部分。内容包括：商办川汉铁路公司续订章程；川汉铁路公司租股告示；川汉铁路公司购股告示；清帝宣布铁路干线收归国有谕；盛宣怀致两广总督张鸣岐电；四川保路同志会召集全体大会广告；四川保路同志会白话告白等。书中附有序文、例言。

0654 辛亥四川风雷/成都市政协文史资料委员会编．成都：成都出版社．1991.9

本书是记述辛亥年间四川保路运动的史料，内容有辛亥老人的亲历追忆，保路运动领袖人物的特写，也有英烈亲属的回忆等。附照片。

0655 辛亥四川路事纪略/（清）诵清堂主人辑．铅印本．成都：［出版者不详］，民国四年(1915)

本书收宣统三年四月初六上谕、十一日上谕、直省谘议局议员连合会呈都察院代奏请饬阁臣宣布政策文、住省各法团呈请都院电奏文、川路公司为陈明川路情形再恳电文、赵督札铁路公司、川人自保之商榷书、七月十五日被戕诸人姓氏表等。本书有图及照片。

0656 辛亥四川路事纪略/（清）诵清堂主人撰．铅印本．成都：［出版者不详］，1915

本书前有铁路股东总会开会留影、七月十五日督署开枪轰死平民今照图以志蜀都人士被戮之惨云、辛亥年七月保路死事者照像，主要是辑录 1911 年与四川修路有关的奏章、文告、书函、图照、摘要等，编为一册，所有内容都是照录原文。

0657　辛亥四川路事纪略：一卷/（清）诵清堂主人撰．铅印本．成都：昌福公司，1912

本书主要是辑录1911年与四川修路有关的奏章、文告、书函、图照、摘要等，编为一册，所有内容都是照录原文。本书版心题“辛亥路事纪略”。

0658　辛亥四川路事纪略：一卷/（清）诵清堂主人撰．铅印本．成都：昌福公司，1920

本书主要是辑录1911年与四川修路有关的奏章、文告、书函、图照、摘要等，编为一册，所有内容都是照录原文。版心题“辛亥路事纪略，第四版，满清野史”。

0659　辛亥四川路事罪言/王人文编．石印本．[出版地不详]：[出版者不详]，1936

本书为时任川滇边务大臣的王人文所上关于四川保路运动有关情况的奏折。内容有：宣统三年为铁路借款合同丧失国权太大请治签字大臣误国之罪并提出合同修改折、四川绅民罗纶等2400余人联名呈称绅民等叠读收路国有折，并附四川绅民罗纶等签注铁路借款合同清单、赵尔丰信札一封、督署电报处电文复印件三封、周善培题记、陈宝琛跋、王人文后记。

0661　辛亥四川事变之我/周善培．[出版地不详]：著者刊．1938.5

收作者任四川劝业道及提法司时，在保路运动中与上司及同僚们往还电文、书信、疏文等7篇。书后附《正大波误》一文。

0662　辛亥四川争路亲历记/周善培．重庆：重庆出版社．1957.9

本书讲述了作者亲身经历的辛亥四川争路史，记录了成都人民与官吏争路问题的演变经过，由争路问题激起了四川全省六七千万人的民变，推倒清政府的统治。

0663　中东铁路护路队参加一九〇〇年满洲事件纪略/（俄）戈利岑等著；李述笑，田宜耕译．北京：商务印书馆．1984.8

全书分36章，包括：俄中条约、护路队的扩编、满洲义和团运动的开始、撤离兴安岭、驻苏家屯站护路队的行动、撤离烟台站哨所、保卫哈尔滨纪实、攻占阿什河城、进军牡丹江等。有序、地名译名对照表和人名译名对照表。

0664　中俄密约和中东铁路的修筑/李济棠著；中国人民政治协商会议黑龙江省委员会文史资料委员会编辑部编．哈尔滨：黑龙江人民出版社．1989.10（中东铁路历史丛书）

全书分5部分，包括：俄国的远东政策及其推行的工具、俄国攫取我国东北铁路权益的准备、俄国获得建筑中东铁路的特权、关于中东铁路问题的谈判及其有关合同、中东铁路的勘测和建筑及其组织机构。书中附有前言和附录。

0665　中俄密约与中东铁路/哈尔滨铁路分局研究组，中国社会科学院历史研究所史地组编．北京：中华书局．1979.8

本书分5章节，包括：沙俄为什么要修筑中东铁路、《中俄密约》的签订、中东铁路的修筑、中东铁路与“国中之国”、中东铁路是怎样回到中国人民手里的。附照片。

0666　中国近代铁路史资料：1863－1911/宓汝成编．北京：中华书局．1963.2（中国科学院经济研究所中国近代经济史参考丛刊；7）

全书共3册，辑录的资料主要是关于中国铁路业的发展问题，同时选录了对历史事件有直接影响的主张和议论。全书将中国铁路史分为3个阶段：1863－1889年，外国资本主义侵略我国进行建筑铁路的活动，清政府对筑路的态度转变；1889－1900年，清政府准备借用外债筑路，并以出让路权博取帝国主义对他的支持；1900－1911年，帝国主义操纵清政府继续加紧掠夺路权。

0667　中国近代铁路史资料：1863－1911/宓汝

成编．1984年重印．北京：中华书局．1963.2（中国社会科学院经济研究所中国近代经济史参考资料丛刊．第七种）

内容提要参见0666。

0668 中国近代现代史论集．10，自强运动．五，铁路与电线/“中华文化复兴运动推行委员会”主编．台北：台湾商务印书馆．1985.11

本编分10章，包括：吴淞铁路交涉、甲午战争以前的中国铁路事业、清季铁路的官督商办制度、清季铁路建设的资本问题、清季铁路经费的筹措、清末铁路人才问题、台湾铁路、清季英国在华势力范围与铁路建设的关系等。

0669 中华民国铁路史资料/宓汝成编．北京：社会科学文献出版社．2002.9

本史料以涉及民国时期铁路路权为限，分为7个专题：各省商办铁路的国有和帝国主义列强剧烈争夺中国铁路权益、日本加紧侵略中国中攫取铁路权益的活动、国际强权政治中的中国铁路问题、官民要求筑路度约的动向和西欧资本势力的卷土重来、日本再度加紧侵略中国中攫取铁路权益的活动、民国政府的铁路政策计划和对一些涉外历史问题的处理。附《资料来源录要》。

0670 川路风潮记/剑胆撰．铅印本．［出版地不详］：京华日报社，民国间（1912—1944）

宣统三年四月（1911年5月），清政府宣布“铁路干线国有政策”，强行将川汉、粤汉铁路收归“国有”，公开将这两条铁路的修筑权出卖给美、英、法、德等国。为此，四川人民奋起反抗。本书以说书的形式，演说四川人民保护铁路的事情。剑胆为徐济笔名。

2.6 武昌起义

0671 鄂乱汇录初篇/蛰隐生编纂．［出版地不详］：新记印字馆．1911.10

作者站在清政府的立场辑录有关辛亥革命武昌起义的资料。

0672 鄂州血史/蔡寄鸥遗著．上海：龙门联合书局．1958.7

本书主要讲述了起义前湖北、武汉社会和革命党人活动的情况，起义的经过，以及起义后湖北地区政治、军事、文化各方面的变迁结果。

0673 湖北革命实录馆武昌起义档案资料选编/中国人民政治协商会议湖北省暨武汉市委员会，中国社会科学院近代史研究所，湖北省博物馆，武汉市档案馆编．武汉：湖北人民出版社．1983.3

全书分上、中、下三卷，共4编：武昌起义和湖北军政府建设、湖北各属响应、首义人物事略（上、下）、各省起义。内容包括：湖北起义战守实录、北征纪略、武昌首义后清方电报补抄、襄阳光复记、烈士方策小传、邓杰事略、熊秉坤事略、黄钺运动革命事略等。有后记和武昌起义主要人物名号索引。

0674 历代日记丛钞．第一六七册/李德龙，俞冰主编．影印本．北京：学苑出版社．2006.4

本书收录了津济旅行漫录、昆仑旅行日记、武昌起义日记、中国革命日记等内容。附照片。

0675 铁血共和/陈立华著．北京：中国文史出版社．2004.3

本书是对辛亥革命率先在武昌取得胜利的武昌首义进行记述的纪实文学，讴歌了首义总指挥及其战友推翻帝制建立共和国的历史功勋。

0676 文学社武昌首义纪实/章裕昆撰．［出版地不详］：［出版者不详］．1912—1949

本书详细记录1911年武昌起义的经过，及文学社在武昌起义中所起的作用。内容包括：甲午战后返鄂之黎元洪、湖北第一次革命组织、湖北日知会之参加革命活动、湖北新军之成立、日知会之挫折、军队同盟会之组织等。

0677　文学社武昌首义纪实/章裕昆著．北京：三联书店．1952.10

内容提要参见 0676。

0678　文学社武昌首义纪实/章裕昆撰．北京：北京图书馆．197?

内容提要参见 0676。书名据书签题，原名为《湖北文学社革命运动纪实》；行字不一，据民国间张难先抄本复印。

0679　文学社武昌首义纪实/章裕昆著．影印本．台北：文海出版社．1981（近代中国史料丛刊续编．第八十六辑；855）

内容提要参见 0676。本书与《梅楞章京笔记》/丁士源著合订。

0681　武昌革命真史/曹亚伯著．上海：上海书店．1982.2

本书包括：黄克强长沙革命之失败、武昌日知会之运动、孙文革命之追记、欧洲学生之革命潮、武昌日知会之破案、各地分起革命军等内容。附照片。

0682　武昌开国实录：二卷/胡祖舜撰．铅印本．［出版地不详］：［出版者不详］，民国三十七年（1948）

本书分上下两册，共二十余万言，以事为纲，以年月日为序，专门记述辛亥“武昌开国”事实，起自科学计习所，讫于北京临时政府成立。目录如下：自序、例言、目录、大事日志、引言、科学补习所、日知会、东京共进会、湖北共进会、文学社等。

0683　武昌开国实录：二卷/胡祖舜撰．北京：北京图书馆．197?

内容提要参见 0682。

0684　武昌两日记/龚霞初著．再版．湖南：湖南翊武中学．1946.2

本书内容包括“孙尧卿失机宝善里，蒋翊武集议小朝街”、“闻警报乘势下命令，闻风声无心遇侦探”、“候炮声痛饮自由酒，数钟点同换革命装”等 14 编。书前有宋教仁等人的序。

0685　武昌起义/何炳然．北京：中华书局．1963.3（中国历史小丛书）

本书讲述了武昌起义的经过和结果，以及武昌起义后的影响，武昌起义的成功所具有的重大历史意义。附肖像。

0686　武昌起义/章开沅编写．北京：中华书局．1964.7

本书分 3 章，包括：革命风暴的酝酿、震动中外的武昌起义、激烈的武汉保卫战。附录《武昌起义前后大事记》。附照片、地图。

0687　武昌起义/李多文．北京：中国国际广播出版社．1996.3（爱国主义教育丛书）

本书分 4 章，包括：黑云压城、武昌起义、武汉保卫战、意义与教训。

0688　武昌起义：电视连续剧文学本/李文．武汉：武汉出版社．2001.8

本书为电视剧《武昌起义》的电视文学剧本，包括 10 集：“武昌城里运筹帷幄”、“哀他省起义无果　揽重担当仁不让”、“孤军奋战事难为”、“殊途同归”、“箭在弦　一触即发”、“宝善里火药爆炸　瑞大开杀戒”、“绝代骄子彭刘杨　熊秉坤打响第一枪”、“炮轰总督署　瑞落荒而逃”等。有作者照片。

0689　武昌起义的故事/志杰编写．汉口：群益堂．1956.8

本书分 8 章，包括：全国人民的反清怒潮、武昌革命组织的成长、斗争中的文学社、十月十日的起义、武昌革命政府的成立、汉阳汉口的光复、武汉的保卫战、袁世凯独吞革命胜利果实。

0690　武昌起义军政府旧址/陈桢琏．北京：文

物出版社. 1984.1

本书采用大量图片介绍了辛亥革命的著名旧址红楼的面貌、构造、创立经过等内容，反映了辛亥革命武昌起义时期的基本史实。

0691 武昌起义日记/李国镛撰. 抄本. ［出版地不详］：张难先，民国间

本书为作者于辛亥革命武昌起义期间所写日记，时间从1911年8月21日至10月26日。日记前有自印题鉴、作者像、序言两篇（黎元洪、陈绶昌）、赞诗（陈元璧）等。钤“张难先印”。

0693 武昌起义日记/李国镛撰. 静电复制本. 北京：北京图书馆. 197?

书名据书签题，记事起1911年8月19日迄10月26日；据民国间张难先抄本复制。

0694 武昌起义史话/何炳然. 北京：中国展望出版社. 1981.8

本书分5章，内容包括：《“山雨欲来风满楼”》、《可贵的第一枪——武昌起义》、《新政府，旧人物》、《武汉保卫战》、《帝国主义牵线的所谓“停战议和”》。附插图、地图。

0695 武昌首义：纪念辛亥革命80周年专辑.《武昌文史》第七辑/郑庭佑主编. 北京：中国文史出版社. 1991.8

本书分6部分，包括：纪念篇、史事集、人物选、胜迹录、亲历记、资料辑，弘扬了革命先辈的辛亥首义精神和爱国精神。附照片。

0696 武昌首义传/王质玉. 太原：北岳文艺出版社. 1985.8（通俗文学丛书）

本书共24回，以通俗小说的形式讲述了武昌起义前的历史事件，以及武昌首义的经过和结果。

0697 武昌首义访事录：第一册/甘绩熙著. 朱丝栏抄本. ［出版地不详］：张难先，民国三十二年（1943）

本书分为两个部分：辛亥武昌首义概述、阳夏鏖兵纪实录。由辛亥革命元老张难先抄写，并留有多处墨笔眉批。

0698 武昌首义访事录：第一册/甘绩熙撰. 静电复制本. 北京：北京图书馆，［出版年不详］

本书作者亲历武昌起义，原以《甘绩熙自述》发表于《大汉日报》。

0699 武昌首义遗迹巡礼/皮明庥等. 武汉：湖北人民出版社. 1981.7（湖北旅游丛书）

本书按照历史事件发展的顺序对武昌起义的遗迹作了详细的介绍。附照片。

0700 武汉战纪/野史氏撰. 刻本. 新城：新城王氏，民国八年（1919）（陶庐丛刻；之十一）

野史氏即王树枏。本书记宣统三年八月至十月辛亥革命武昌起义事件。详细记录了张振武、孙武、杨鸿胜等筹备和起义并最终胜利的经过。书中以日记的形式记载了辛亥武昌起义的全过程，成为研究辛亥革命史的珍贵史料。

0701 辛亥革命目击记：《大陆报》特派员的现场报道/（英）埃德温·丁格尔著；刘丰祥等译. 北京：中国青年出版社. 2002.2（幼狮世纪风云书系）

本书旨在概括地介绍1911年10月发生在中国武昌、汉口和汉阳那段人所共知的革命历史。附照片、地图。

0702 辛亥革命先著记/杨玉如. 北京：科学出版社. 1957.12

本书是作者亲自参加辛亥革命武昌起义的回忆录。全书分3卷：武昌起义前的革命活动和起义情形；起义后成立革命军政府及清军作战的情况；各地响应革命、帝国主义破坏中国革命以及革命政府与清朝议和的经过，至北洋军阀篡夺革命果实。

0703 辛亥首义：电视连续剧剧本/王伯彦，周明杰主编；叶素珍，梁华平编著．北京：新华出版社．1991.2

本电视剧本以“辛亥首义”这一重大历史事件为题材，真实地再现了资产阶级民主主义革命派和爱国志士在孙中山先生的领导下，进行的雄浑悲壮、可歌可泣的革命斗争的历史画卷。附肖像、照片。

0704 辛亥首义风云/周志华主编．武汉：武汉出版社．2001.10

本书辑录了刘心田、陶炬、李白贞等武昌首义参加者的亲历、亲见、亲闻，对汤化龙、黄侃等人在辛亥首义中活动的某些方面进行了记述，对辛亥时期的一些社会动态也作了描述。附照片。

0705 辛亥首义红楼/甘骏主编．武汉：武汉出版社．2001.5（武汉旅游文化丛书）

本书通过对红楼——辛亥革命武昌起义湖北军政府旧址及其相关的珍贵历史文物的介绍，给人留下辛亥革命武昌起义史迹的整体印象。通过一百多幅历史照片，再现历史的本来面目。

0706 辛亥首义回忆录．第一辑/中国人民政治协商会议湖北省委员会编．武汉：湖北人民出版社．1957.3

本书编入辛亥首义人士所作的回忆，本辑收录了座谈辛亥首义、辛亥首义工程营发难概述、辛亥革命实践记、辛亥回忆一则、辛亥武昌首义回忆、日知会、我参加革命过程、武昌首义纪要等二十几篇文章。书中附有照片、重版说明、弁言、凡例、本书时间对照表和编后。附照片。

0707 辛亥首义回忆录．第一辑/中国人民政治协商会议湖北省委员会编．再版．武汉：湖北人民出版社．1979.12

内容提要参见0706。

0708 辛亥首义回忆录．第二辑/中国人民政治协商会议湖北省委员会编．武汉：湖北人民出版社．1957.12

本书编入辛亥首义人士所作的回忆，包括：测绘学堂辛亥武昌起义纪实、辛亥革命二十九标首义纪实、第二十一混成协工程队首义经过、第三十标辛亥首义事略、湖北新军在资州反正的回忆、辛亥首义纪事本末等。附照片。

0709 辛亥首义回忆录．第二辑/中国人民政治协商会议湖北省委员会编．再版．武汉：湖北人民出版社．1980.2

内容提要参见0708。

0710 辛亥首义回忆录．第三辑/中国人民政治协商会议湖北省委员会编．武汉：湖北人民出版社．1958.7

本书编入辛亥首义人士所作的回忆，内容包括：狱中记、潘怡如自传、记文学社、辛亥首义前后、辛亥武昌首义真相、辛亥阳夏光复史略、辛亥首义之片段回忆、回忆祁国钧烈士、辛亥武昌起义前后记9篇文章。附照片。

0711 辛亥首义回忆录．第三辑/中国人民政治协商会议湖北省委员会编．再版．武汉：湖北人民出版社．1980.11

内容提要参见0710。

0712 辛亥首义回忆录．第四辑/中国人民政治协商会议湖北省委员会编．武汉：湖北人民出版社．1961.9

本书包括：武昌起义纪事、回忆辛亥首义后的两件事、辛亥首义前后的一点回忆、北征记、回忆马队的革命活动、辛亥首义时的学生军、湖北新军在资州起义经过、回忆辛亥武昌首义等。附照片。

0713 辛亥首义回忆录．第四辑/中国人民政治协商会议湖北省委员会编．再版．武汉：湖北人民出版社．1981.3

内容提要参见 0712。

0714 辛亥首义胜迹/王立主编. 武汉：武汉出版社. 2003.12

本书是介绍武昌起义的画册，介绍这场爱国运动的首义志士和他们的事迹，及其分布在武昌城内保存至今的首义遗址遗迹等。附照片。

0715 辛亥首义史迹/辛亥革命同志会. ［出版地不详］：辛亥革命同志会. 1946.10

内分五类：史料述评，收首义参加者居正等回忆文章 39 篇；首义文告，收当时军政文告 5 篇；先烈传纪，收首义烈士彭楚藩等传纪 18 篇；革命文艺，收日记、杂文、题辞、墓志铭等；本会报告，收诸类报告 6 篇。

0716 辛亥武昌起义/《辛亥武昌起义》编辑组编. 北京：文物出版社. 1986.6

本书共 7 部分，主要内容有：武昌起义前的湖北社会、武昌起义的准备、武昌起义的胜利、湖北军政府、武汉保卫战、各省响应与南京临时政府成立、纪念辛亥革命武昌起义等。

0717 辛亥武昌起义的故事/宋青蓝. 济南：山东人民出版社. 1982.11（历史小故事丛书）

在同盟会的影响下，湖北的革命者发动了震惊中外的辛亥武昌起义，赶走了湖广总督，建立了湖北军政府。本书内容包括：洋人的朝廷、武昌革命第一帜、为革命再建团体、死我一人天下生、武昌起义的中坚、革命的秘密机关、为革命筹措款项、统一团体闹革命等。

0718 辛亥武昌起义史/贺觉非，冯天瑜. 武汉：湖北出版社. 1985.9

本书讲述了辛亥革命前的湖北社会状况，湖北革命组织的建立、演变和发展，武昌起义，湖北军政府的成立及建制，阳夏战争，十府一州光复及四川资州鄂军起义等内容。附照片。

0719 辛亥武昌首义记/中国国民党中央委员会党史史料编纂委员会编辑. 影印本. 台北：正中书局. 1961.10（革命史料集刊之一）

全书分两卷 12 部分，包括：革命团体、起义前筹画、十九之夕、三镇光复、成立军政府、湖北军队所在地之光复、各省光复、停战议和等内容。书中附有序、辛亥武昌首义纪序。

0721 辛亥武昌首义纪/李廉方撰. 铅印本. 湖北：通志馆校刊委员会，民国三十六年（1947）

此为《鄂故丛书》之二。是书凡二册，佚第一册，即前六部分一百一十五页。第二册第七部分是《成立军政府》，第八部分是《各国领事宣布中立及国际情态》，第九部分是《阳夏战事及吴禄贞与黄兴》，第十部分是《湖北军队所在地之光复》，第十一部分《各省光复》，第十二部分《停战义（议）和》等。

0722 辛亥武昌首义纪：二卷/李廉方编. 铅印本. 湖北：通志馆精华印书馆，民国三十六年（1947）（鄂故丛书）

该书记述武昌首义自开始至革命发展过程中的大事件和政策条文等。分为 2 卷：卷上包括第 1 至第 6，即革命团体、起义前筹划、秘密机关破露、十九之夕、拥黎元洪为都督及宣誓、三镇光复。卷下 7 至 12，包括成立军政府、各国领事宣布中立及国际情况、阳夏战争及吴禄贞与黄兴、湖北军队所在地之光复、各省光复、停战议和。

0724 辛亥武昌首义纪：二卷/李廉方撰. 铅印本. 湖北：通志馆，民国三十六年（1947）（鄂故丛书）

该书记述武昌首义自开始至革命发展过程中的大事件和政策条文等。原书分为 2 卷：此书为卷上，自 116 页以后缺失，卷上包括第 1 至第 6，即第一革命团体，第二起义前筹划，第三秘密机关破露，第四十九之夕，第五拥黎元洪为都督及宣誓，第六三镇光复。

0725 辛亥武昌首义纪：二卷/李廉方撰. 铅印

本．湖北：通志馆校刊委员会，民国三十六年(1947)（鄂故丛书之二）

该书记述武昌首义自开始至革命发展过程中的大事件和政策条文等。此书仅存第七成立军政府开始，第八各国领事宣布中立及国际情态，第九阳夏战争及吴禄贞与黄兴三章。

0726　辛亥武昌首义史/贺觉非，冯天瑜著．湖北：湖北人民出版社．1985.9

本书内容包括：辛亥革命前的湖北社会状况，湖北革命组织的建立、演变和发展，暴风雨前、武昌起义，湖北军政府的成立及建制，阳夏战争、十府一州光复及四川资州鄂军起义等。附照片、地图。

0727　辛亥武昌首义史/贺觉非，冯天瑜著．湖北：武汉大学出版社．2006.5（史学五种；3）

内容提要参见0726。

0728　辛亥武昌首义史话/刁抱石著．台北：畅流半月刊社．1981.12

本书内容包括：武昌首义之生力军、中国同盟会中部总会、辛亥川路风潮、革命团体大联合、湖北新军之成立与发展、起义前筹划及意外事故、伟大的八月十九日、辛亥革命成功。书中附有序、自序和附录。

0729　辛亥武昌首义史事志/皮明庥等．西安：陕西师范大学出版社．1986.9

本书以1911年10月辛亥武昌首义为中心，着重编比武昌起义时期武汉地区有关辛亥革命的史事，包括政治、经济、军事、文化、外事活动等方面。

0731　辛亥武昌首义、中华民国建国八十周年专辑/“中华民国辛亥武昌首义同志会”编辑委员会编辑．台北：“中华民国辛亥武昌首义同志会”．1991.10

本书包括：研究会合办“建国”八十年革命史料研讨会纪实、辛亥革命史料图片集珍、专论、轶闻与追述、在台杰出后裔介绍、会务活动图片等内容。书中附有遗像、墨迹、嘉言、附录和编后记。

0732　辛亥武昌演义/王质玉．武汉：武汉出版社．2001.9

本章回小说共22回，包括：《黄鹤楼初创文学社　英租界复演风雷图》、《宪兵正目密结革命党　湖广总督宠爱廖美人》、《张统制怨毒大江报　彭楚藩遇合孙摇清》、《居正江城访志士　胡瑛狱中缔姻缘》、《谭人凤督率长江革命　杨玉如夜访薄命女郎》等。

0733　辛亥札记/梅川居士述．［出版地不详］：述者自刊．1929.6

本书分九十多节，记述辛亥革命前后的史实，多为作者所亲见。大部分篇幅记武昌起义。叙言中提到作者与苏曼殊的交往。

0734　摘抄并修改李君西屏武昌首义记/李西屏撰；张难先摘抄．朱丝栏抄本．［出版地不详］：张难先，民国三十三年（1944）

本书依时间顺序，记录与了与武昌起义相关的重要历史事件，从1885年中法战役后孙中山立志革命记起，到1912年2月14日组织总统选举止。书后附“摘录中国国民党党史纪要第一辑”，辑有“萍浏醴之役”、“辛亥武昌起义”两段。

0735　摘抄并修改李君西屏武昌首义记事/张难先辑．朱丝栏抄本．［抄写地不详］：张难先．1944

李西屏（1887－1960年），原名翊东，湖北黄冈人，辛亥革命武昌首义的参加者。本书记事起1885年迄1912年，辑录了刘心田、陶炬、李白贞等武昌首义参加者的亲历、亲见、亲闻，对汤化龙、黄侃等人在辛亥首义中的活动进行了记述。本书附杂抄。

0736　摘抄并修改李君西屏武昌首义纪事/李翊东撰．静电复制本．北京：北京图书馆，197?

内容提要参见 0734。本书据民国 33 年张难先抄本复制。

0739 这也是一座红楼：辛亥革命武昌起义纪念馆/王兴科主编. 北京：中国大百科全书出版社. 1998.8（百个爱国主义教育示范基地丛书）

本书分 4 部分，包括：这也是一座"红楼"、"中华第一枪"、"民国之门"的见证、"永励后昆"。附照片。

0740 中华民国开国五十年文献. 第二编，辛亥革命与民国建元. 第一册，武昌首义/"中华民国开国五十年文献编纂委员会"编纂. 台二版. 台北：正中书局. 1967.4

本册分两章，中部革命运动之开展、武汉起义与湖北光复。内容包括：中国同盟会中部总会之成立及其发展、中部形势、川路风潮、武昌起义之筹划、武昌首义、三镇光复与组织军政府、保卫武昌与光复鄂境、海军起义等。书中附有照片和凡例。

2.7 各地响应

0741 从戎记略/郭希仁. 北京：共和印刷有限公司. 1913.3

作者于民国前广游欧美，深受欧美民主共和思想的影响。返国后响应武昌起义，投笔从戎，参加陕西新军。本书记述陕西军民辛亥革命史及作者的亲身经历。

0742 复滇录/孙种因，曹之骐编. 上海：泰东书局. 1924.4

记述辛亥革命光复云南的经过。全书分两部分：重九战记，由孙氏纂稿；腾越光复记略，曹之骐述。第一部分后有附录《云南首义诸人革命以前略历》及《云南军政府组织系统及人名表》。

0743 甘乱杂志/阳秋. ［出版地不详］：同文社. 1916

全书共 18 节，包括：秦陇之战、宁夏之变、西宁之变、秦州独立、议改土归流、李镜清被刺、白狼之敌等。

0744 光复军志：八卷/龚翼星撰. 龚翼星乌丝栏稿本. ［出版地不详］：［出版者不详］，1913

本书内容分 8 篇：党会篇、上海篇、上海篇下、吴淞篇、攻宁篇、北伐篇、解兵篇、军用篇。主要是有关李燮和辛亥革命时在吴淞创设光复军，后联师苏浙，进复金陵，西援武汉，北出烟台之事。作者就当时的亲身经历，询之故老，旁稽卷牍，征讨遗文，并与往日部属相校核，记录成文，以便后人观览。

0745 光复军志：八卷/龚翼星撰. 再版龚翼星铅印本. ［出版地不详］：［出版者不详］，1919

内容提要参见 0744。

0746 光复粤垣记/李准撰. 铅印本. ［出版地不详］：［出版者不详］，1912—1949

本书内容有：光复广东始末记、胡汉民君在南京宣布反正时情形、谢良牧等来书、胡汉民来书、正式凭证、致次武书、辛亥年九月十七日约书一、约书第二次交谢君质我赉交港机关部、来往电报、事后来往各电。

0747 汉族光复史：一卷/三户遗民辑. 铅印本. 上海：印鸿书局，1912

本书通过各官员之函告及观战员之口述，纪录了各省大汉民军光复武汉之过程的具体情形。

0748 黄钺与秦州起义/刘绍韬，黄祖同编. 兰州：甘肃人民出版社. 1992.1

本书汇编了黄钺在甘肃秦州响应武昌起义，组织甘肃临时军政府，颁布新政，光复陕西省的有关评述、回忆、传略、名录、文件、函电等。本书附照片。

0749 老河口文史资料. 第十九辑，纪念辛亥

革命七十五周年专辑/政协老河口市委员会文史资料研究委员会编．老河口：政协老河口市委员会文史资料研究委员会．1986.9

本书选辑了三篇老河口市有关响应武昌起义的革命史料，包括：老河口江湖会起义纪略、李秀昂被刺事实真相、江湖会起义见闻。书中附有前言和图表。

0750　李燮和与沪宁光复/饶怀民著．长沙：湖南师范大学出版社．1998.6

本书有助于辩明李燮和个人的史实真相，不仅对其作出客观公正的评判，而且对于了解辛亥革命时期的革命党人早期活动，革命派的内部关系，整个华东战略格局具有极其重要的意义。主要内容包括：年少露峥嵘、三湘举义兵、南洋坎坷路、沪宁建奇功、列兵筹安会、抑郁伴万年。

0751　陇右光复记/黄钺撰．铅印本．［出版地不详］：［出版者不详］，1913

本书辑当时的起义领导者黄钺所著《反正颠末》及辑录甘肃临时军政府檄文法约、往来电文而成。分为两部分，第一部分主要是法约、檄文、电文呈文等。第二部分主要收录了其他一些例如书牍类，录报类的信息。

0752　宁波文史资料．第十一辑，宁波光复前后，纪念辛亥革命八十周年专辑/中国人民政治协商会议宁波市暨各县（市）区文史资料委员会编．宁波：中国人民政治协商会议宁波市暨各县（市）区文史资料委员会合．1991.9

本书分4部分：史料综述、往事回忆、人物简介、文献掇拾。内容包括：辛亥革命宁波光复概述、辛亥宁波光复大事记、回忆宁波的光复、宁波光复亲历记、马宗汉、赵家蕃、宁波光复记、外国报刊对宁波光复的报导等。书中附后记和照片。

0753　上海：1911——攻打制造局/沈寂著．上海：上海辞书出版社．2007.8

本书以辛亥革命为时代背景，讲述了革命党人在上海举行的“光复”活动。内容包括：攻打制造局、请历史老人说话等。附插图、照片。

0754　宜昌县文史资料．第六辑，辛亥宜昌风云/中国人民政治协商会议湖北省宜昌县委员会文史资料研究委员会编．宜昌：中国人民政治协商会议湖北省宜昌县委员会文史资料研究委员会．1991.8

本专辑选刊的资料内容，以宜昌响应武昌首义而举兵反正这一历史史实为中心，涉及诸多事件、众多人物、各界动态、外人反响。全书分6部分，包括：宜昌反正纪实、首义人物春秋、宜昌辛亥人物、桑海点滴杂忆、川路·械斗·讨贼、海关外人动态。书中附有照片、插图、编辑说明和序。

0755　中华民国开国五十年文献．第二编，辛亥革命与民国建元．第三册，各省光复．上/“中华民国开国五十年文献编纂委员会”编．台北：“中华民国开国五十年文献编纂委员会”．1962．2

各省光复文献之排列，按其省会或重要都市光复之先后为序。其未克完成全省光复者，如河北、河南及台湾等处，即按其起义运动之先后为序，分编三册。本册分6章，内容包括：湖南光复、陕西光复、江西光复、山西光复、云南光复、江苏光复（上）。书中附有照片和凡例。

0756　中华民国开国五十年文献．第二编，辛亥革命与民国建元．第三册，各省光复．上/“中华民国开国五十年文献编纂委员会”编纂．台北：正中书局．1963.3

内容提要参见0755。

0757　中华民国开国五十年文献．第二编，辛亥革命与民国建元．第三册，各省光复．上/“中华民国开国五十年文献编纂委员会”编纂．

台二版. 台北：正中书局. 1966.4

内容提要参见 0755。

0758 中华民国开国五十年文献. 第二编，辛亥革命与民国建元. 第四册，各省光复. 中/“中华民国开国五十年文献编纂委员会”编纂. 台北：“中华民国开国五十年文献编纂委员会”. 1962.5

各省光复文献之排列，按其省会或重要都市光复之先后为序。其未克完成全省光复者，如河北、河南及台湾等处，即按其起义运动之先后为序，分编三册。本册分 8 章，内容包括：江苏光复（下）、浙江光复、贵州光复、广西光复、安徽光复、福建光复、广东光复、山东光复。书中附有照片和凡例。

0759 中华民国开国五十年文献. 第二编，辛亥革命与民国建元. 第四册，各省光复. 中/“中华民国开国五十年文献编纂委员会”编纂. 台北：正中书局. 1963.3

内容提要参见 0758。

0760 中华民国开国五十年文献. 第二编，辛亥革命与民国建元. 第四册，各省光复. 中/“中华民国开国五十年文献编纂委员会”编纂. 台三版. 台北：正中书局. 1975.2

内容提要参见 0758。

0761 中华民国开国五十年文献. 第二编，辛亥革命与民国建元. 第五册，各省光复. 下/“中华民国开国五十年文献编纂委员会”编纂. 台北：正中书局. 1963.3

各省光复文献之排列，按其省会或重要都市光复之先后为序。其未克完成全省光复者，如河北、河南及台湾等处，即按其起义运动之先后为序，分编三册。本册分 7 章，内容包括：四川光复、河南起义、河北起义、东北光复、新疆光复、甘肃光复、台湾起义。书中附有照片和凡例。

0762 中华民国开国五十年文献. 第二编，辛亥革命与民国建元. 第五册，各省光复. 下/“中华民国开国五十年文献编纂委员会”编纂. 台三版. 台北：正中书局. 1975.2

内容提要参见 0761。

2.8 南北议和

0763 （民国）南北议和会议卷宗集成. 第 1 册/［著者不详］. 影印本. 北京：全国图书馆文献缩微复制中心. 2004.9（国家图书馆藏历史档案文献丛刊）

本书为民国初年上海南北议和会议原始文件汇编，全书约 600 余件。收录了南北议和会议规则、议案、纪事录、政府来电、致政府电、陕事问题、国会问题、外交问题、各政团请愿意见书等内容。本册包括：出版说明、会议规则、和平会议议案及相关文件、各政团请愿意见书（一）。

0764 （民国）南北议和会议卷宗集成. 第 2 册/［著者不详］. 影印本. 北京：全国图书馆文献缩微复制中心. 2004.9（国家图书馆藏历史档案文献丛刊）

本书为民国初年上海南北议和会议原始文件汇编，全书约 600 余件。收录了南北议和会议规则、议案、纪事录、政府来电、致政府电、陕事问题、国会问题、外交问题、各政团请愿意见书等内容。本册包括：各政团请愿意见书（二）、致政府电（一）。

0765 （民国）南北议和会议卷宗集成. 第 3 册/［著者不详］. 影印本. 北京：全国图书馆文献缩微复制中心. 2004.9（国家图书馆藏历史档案文献丛刊）

本书为民国初年上海南北议和会议原始文件汇编，全书约 600 余件。收录了南北议和会议规则、议案、纪事录、政府来电、致政府电、陕事问题、国会问题、外交问题、各政团请愿意见书等内容，勾勒出了会议的真实状况。本册内容包括：致政府电（二）。

0766 （民国）南北议和会议卷宗集成．第4册/［著者不详］．影印本．北京：全国图书馆文献缩微复制中心．2004.9（国家图书馆藏历史档案文献丛刊）

本书为民国初年上海南北议和会议原始文件汇编，全书约600余件。收录了南北议和会议规则、议案、纪事录、政府来电、致政府电、陕事问题、国会问题、外交问题、各政团请愿意见书等内容。本册包括：致政府电（三）、政府与南方往来抄电（一）。

0767 （民国）南北议和会议卷宗集成．第5册/［著者不详］．影印本．北京：全国图书馆文献缩微复制中心．2004.9（国家图书馆藏历史档案文献丛刊）

本书为民国初年上海南北议和会议原始文件汇编，全书约600余件。收录了南北议和会议规则、议案、纪事录、政府来电、致政府电、陕事问题、国会问题、外交问题、各政团请愿意见书等内容。本册包括：政府与南方往来抄电（二）。

0768 （民国）南北议和会议卷宗集成．第6册/［著者不详］．影印本．北京：全国图书馆文献缩微复制中心．2004.9（国家图书馆藏历史档案文献丛刊）

本书为民国初年上海南北议和会议原始文件汇编，全书约600余件。收录了南北议和会议规则、议案、纪事录、政府来电、致政府电、陕事问题、国会问题、外交问题、各政团请愿意见书等内容。本册包括：第一次沪会要电、各省区赞助开议电、外交问题（民初外交协定）（一）。

0769 （民国）南北议和会议卷宗集成．第7册/［著者不详］．影印本．北京：全国图书馆文献缩微复制中心．2004.9（国家图书馆藏历史档案文献丛刊）

本书为民国初年上海南北议和会议原始文件汇编，全书约600余件。收录了南北议和会议规则、议案、纪事录、政府来电、致政府电、陕事问题、国会问题、外交问题、各政团请愿意见书等内容。本册包括：外交问题（民初外交协定）（二）、请继续开议函电（一）。

0770 （民国）南北议和会议卷宗集成．第8册/［著者不详］．影印本．北京：全国图书馆文献缩微复制中心．2004.9（国家图书馆藏历史档案文献丛刊）

本书为民国初年上海南北议和会议原始文件汇编，全书约600余件。收录了南北议和会议规则、议案、纪事录、政府来电、致政府电、陕事问题、国会问题、外交问题、各政团请愿意见书等内容。本册包括：请继续开议函电（二）、致总代表函电及代表来电（一）。

0771 （民国）南北议和会议卷宗集成．第9册～第10册/［著者不详］．影印本．北京：全国图书馆文献缩微复制中心．2004.9（国家图书馆藏历史档案文献丛刊）

本书为民国初年上海南北议和会议原始文件汇编，全书约600余件。收录了南北议和会议规则、议案、纪事录、政府来电、致政府电、陕事问题、国会问题、外交问题、各政团请愿意见书等内容。本册包括：致总代表函电及代表来电（二）－（三）。

0772 （民国）南北议和会议卷宗集成．第11册/［著者不详］．影印本．北京：全国图书馆文献缩微复制中心．2004.9（国家图书馆藏历史档案文献丛刊）

本书为民国初年上海南北议和会议原始文件汇编，全书约600余件。本册内容包括：（交通部）关于电报、铁路记账办法；军政分轨通电；委派职员函稿；恢复中行则例函电；各省派会议参观员函件；财政部公函等件；城门山铁矿事件；凤凰山铁矿事件；八年公债案；接收第一次上海和会卷宗清单；录第一次沪会杂件；陕事问题（一）。

0773 （民国）南北议和会议卷宗集成．第 12 册/［著者不详］．影印本．北京：全国图书馆文献缩微复制中心．2004.9（国家图书馆藏历史档案文献丛刊）

本书为民国初年上海南北议和会议原始文件汇编，全书约 600 余件。收录了南北议和会议规则、议案、纪事录、政府来电、致政府电、陕事问题、国会问题、外交问题、各政团请愿意见书等内容。本册包括：陕事问题（一）、政治问题。

0774 一九一九年南北议和函牍/［著者不详］．稿本．［出版地不详］：［出版者不详］，1918—1920

本稿汇集了朱启钤任南北议和北方总代表时所收电报、信函，分为请愿书、电报稿、公函等类。本书 270 件。

0775 一九一九年南北议和资料/中国科学院近代史研究所近代史资料编辑组编辑．北京：中华书局．1962.12（近代史资料：专刊；1）

本书内容含 7 部分，包括：李廷玉所存电稿、南北议和文献、议和文献辑存、唐继尧函电、护法诤言、政闻纪要和陕西靖国军纪事。

0776 张謇存稿/杨立强编．影印版．上海：上海人民出版社．1987.4

本书根据南通市图书馆所藏张謇未刊文稿，北京图书馆收藏的张謇致赵凤昌（竹君）的亲笔函件及有关资料选辑而成。包括 3 部分：文电、张季子九录校补稿、家书，有附录。

0777 赵凤昌藏札．1/张謇等撰．稿本，毛笔手书．［出版地不详］：［出版者不详］．［清末民初］

内收黄兴、张謇、汪兆铭、陈裕时等书札、电报稿 31 件。

0778 赵凤昌藏札．2/张一麐撰．稿本，毛笔手书．［出版地不详］：［出版者不详］．［清末民初］

内收张一麐、孟森、储南强、黄炎培、张相文等人写给赵凤昌的书札 31 通。

0779 赵凤昌藏札．3/缪焕章、缪荃孙等撰．稿本，毛笔手书．［出版地不详］：［出版者不详］．［清末民初］

内收缪焕章、缪荃孙等人致赵凤昌书札共计 22 通。

0780 赵凤昌藏札．4/梁敦彦等撰．稿本，毛笔手书．［出版地不详］：［出版者不详］．［清末民初］

内收梁敦彦、许同莘等人写给赵凤昌的书札共计 18 通。

0781 赵凤昌藏札．5/方楷等撰．稿本，毛笔手书．［出版地不详］：［出版者不详］．［清末民初］

内收方楷、星熙、梦景等人致赵凤昌书札共计 19 通。

0782 赵凤昌藏札．6/倪文蔚等撰．稿本，毛笔手书．［出版地不详］：［出版者不详］．［清末民初］

内收倪文蔚致张之洞书札 34 通，倪文蔚致蔼翁书札 1 通，另有叶衍兰致蔼翁书札 1 通。

0783 赵凤昌藏札．7/朱祖谋等撰．稿本，毛笔手书（经折装）．［出版地不详］：［出版者不详］．［清末民初］

内收沈增植、朱祖谋、王秉恩、吕景端、徐柯等致赵叔雍书札及诗词 51 件。

0784 赵凤昌藏札．8/赵凤昌等撰．稿本，毛笔手书．［出版地不详］：［出版者不详］．［清末民初］

内收赵凤昌、唐绍仪等与冯国璋往来书札

15件。

0785　赵凤昌藏札．9/罗惇曧撰．稿本，毛笔手书（经折装）．［出版地不详］：［出版者不详］．［清末民初］

内收罗惇曧致赵叔雍书札38通。

0786　赵凤昌藏札．10/何维朴等撰．稿本，毛笔手书（经折装）．［出版地不详］：［出版者不详］．［清末民初］

内收何维朴、陈衍、朱祖谋、况周颐、吴昌硕等致赵叔雍书札及诗词共计25通。

0787　赵凤昌藏札．11/况周颐撰．稿本，毛笔手书（经折装）．［出版地不详］：［出版者不详］．［清末民初］

本册全部为况周颐致赵叔雍书札及诗词67通（件）。

0788　赵凤昌藏札．12/孟森撰．稿本，毛笔手书．［出版地不详］：［出版者不详］．［清末民初］

本册为孟森致惜阴主人书札32通。

0789　赵凤昌藏札．13/胡元倓等撰．稿本，毛笔手书（经折装）．［出版地不详］：［出版者不详］．［清末民初］

内收胡元倓、邓邦述、丁福保、张元济、林葆恒、奭良、仇埰、夏承焘、许之衡、龙榆生、潘承厚、郭则沄等人致赵叔雍书札共计52通。

0790　赵凤昌藏札．14/金武祥撰．稿本，毛笔手书．［出版地不详］：［出版者不详］．［清末民初］

内收金武祥致赵凤昌书札17通，另有侄镛书札1叶。

0791　赵凤昌藏札．15/陈衍等撰．稿本，毛笔手书．［出版地不详］：［出版者不详］．［清末民初］

内收陈宝琛、陈三立、陈衍、程颂万、徐乃昌、孙德谦、汪康年、黄濬等致赵叔雍书札共计86通。

0792　赵凤昌藏札．16/张枢等撰．稿本，毛笔手书．［出版地不详］：［出版者不详］．［清末民初］

内收张枢、张厚縠等致赵凤昌书札共计15通。

0793　赵凤昌藏札．17/杨模等撰．稿本，毛笔手书．［出版地不详］：［出版者不详］．［清末民初］

内收杨模、张曾筹等人致赵凤昌书札共计17通。

0794　赵凤昌藏札．18/曾广铨等撰．稿本，毛笔手书．［出版地不详］：［出版者不详］．［清末民初］

内收熊希龄、胡元倓、曾广铨、陈元白等人致赵凤昌书札共计23通。

0795　赵凤昌藏札．19/赵椿年等撰．稿本，毛笔手书．［出版地不详］：［出版者不详］．［清末民初］

内收赵椿年、赵沆年、赵洪年等致赵凤昌书札20通。

0796　赵凤昌藏札．20/樊增祥等撰．稿本，毛笔手书．［出版地不详］：［出版者不详］．［清末民初］

内收王毓葆、彭汝琮、樊增祥、吴兆泰、杨守敬等人致赵凤昌书札12通。

0797　赵凤昌藏札．21/赵庆宽等撰．稿本，毛笔手书．［出版地不详］：［出版者不详］．［清末民初］

内收赵庆宽等人致赵凤昌等人书札共计13通。

0798 赵凤昌藏札. 22/张謇撰. 稿本，毛笔手书. ［出版地不详］：［出版者不详］. ［清末民初］

内收张謇致赵凤昌书札35通。

0799 赵凤昌藏札. 23/潘祖荫撰. 稿本，毛笔手书. ［出版地不详］：［出版者不详］. ［清末民初］

内收潘祖荫致张之洞书札4通17叶。

0800 赵凤昌藏札. 24/王仁堪等撰. 稿本，毛笔手书. ［出版地不详］：［出版者不详］. ［清末民初］

内收夏献铭、王仁堪、英启、王之春、张连桂、汪鸣銮、舒惠、沈瑜庆、陶濬宣、余肇康等人致赵凤昌书札30通。

0801 赵凤昌藏札. 25/姚觐元撰. 稿本，毛笔手书. ［出版地不详］：［出版者不详］. ［清末民初］

内收姚觐元致赵凤昌书札9件。

0802 赵凤昌藏札. 26/叶辛撰. 稿本，毛笔手书. ［出版地不详］：［出版者不详］. ［清末民初］

本册均为叶辛致汪竹坪书札11通，卷首有赵叔雍题记。

0803 赵凤昌藏札. 27/张謇等撰. 稿本，毛笔手书. ［出版地不详］：［出版者不详］. ［清末民初］

内收张謇、张一麐、王清穆致赵凤昌书札29通。

0804 赵凤昌藏札. 28/谭泽闿等撰. 稿本，毛笔手书（经折装）. ［出版地不详］：［出版者不详］. ［清末民初］

内收谭泽闿、王震、罗惇曧、王蕴章、吴湖帆、冒广生、潘飞声、恽毓珂、陈文中等人致赵尊岳等人书札57件。

0805 赵凤昌藏札. 29/罗振玉等撰. 稿本，毛笔手书. ［出版地不详］：［出版者不详］. ［清末民初］

内收罗振玉、陈其美等人致赵凤昌等人的书札、抄件等8件。

0806 赵凤昌藏札. 30/瞿廷韶等撰. 稿本，毛笔手书. ［出版地不详］：［出版者不详］. ［清末民初］

内收瞿廷韶、恽元復、冯嘉锡、丁禄名致赵凤昌书札24通。

0807 赵凤昌藏札. 31/孟森等撰. 稿本，毛笔手书. ［出版地不详］：［出版者不详］. ［清末民初］

内收孟森、孟昭常等人致赵凤昌书札15通。

0808 赵凤昌藏札. 32/赵凤昌等撰. 稿本，毛笔手书. ［出版地不详］：［出版者不详］. ［清末民初］

内收民国前后电文、书札、剪报通知等共18件。

0809 赵凤昌藏札. 33/罗振玉等撰. 稿本，毛笔手书. ［出版地不详］：［出版者不详］. ［清末民初］

内收张鸣岐（坚白）、严信厚、陶濬宣、许宝蘅、罗振玉、钱恂等人致赵凤昌书札32件。

0810 赵凤昌藏札. 34/徐小娴撰. 稿本，毛笔手书. ［出版地不详］：［出版者不详］. ［清末民初］

内收徐小娴致赵凤昌家书21通；徐小娴是赵凤昌的嫂子。

0811 赵凤昌藏札. 35/孙衣言，黄体芳等撰. 稿本，毛笔手书. ［出版地不详］：［出版者不详］. ［清末民初］

内收孙衣言、黄体芳、许景澄、袁昶等致

张之洞书札 6 件。

0812 赵凤昌藏札．36/程秉钊等撰．稿本，毛笔手书．[出版地不详]：[出版者不详]．[清末民初]

内收程秉钊、陈作霖、王清穆、丁立钧、宗得福等致赵凤昌书札 26 件。

0813 赵凤昌藏札．37/王仁东、王孝绳撰．稿本，毛笔手书．[出版地不详]：[出版者不详]．[清末民初]

内收王仁东、王孝绳致赵凤昌书札 34 件。

0814 赵凤昌藏札．38/李文田撰．稿本，毛笔手书．[出版地不详]：[出版者不详]．[清末民初]

内收李文田致张之洞、龚易图、方功惠书札 22 件。

0815 赵凤昌藏札．39/张联桂等撰．稿本，毛笔手书．[出版地不详]：[出版者不详]．[清末民初]

内收张联桂、吴筠孙、刘岳云等致赵凤昌书札 9 件。

0816 赵凤昌藏札．40/熊希龄撰．稿本，毛笔手书．[出版地不详]：[出版者不详]．[清末民初]

内收熊希龄致赵凤昌电报、剪报 12 件。

0817 赵凤昌藏札．41/屠寄撰．稿本，毛笔手书．[出版地不详]：[出版者不详]．[清末民初]

内收屠寄致赵凤昌书札 22 件。

0818 赵凤昌藏札．42/邵瑞彭撰．稿本，毛笔手书．[出版地不详]：[出版者不详]．[清末民初]

内收邵瑞彭致赵叔雍书札及诗稿 20 件。

0819 赵凤昌藏札．43/刘翊宸等撰．稿本，毛笔手书．[出版地不详]：[出版者不详]．[清末民初]

内收刘翊宸、刘瀚、汤世澍、陆佑勤、庄赓良等致赵凤昌书札 21 件。

0820 赵凤昌藏札．44/赵庆宽等撰．稿本，毛笔手书．[出版地不详]：[出版者不详]．[清末民初]

内收志锜、赵庆宽、朱祖谋、郑孝胥、胡元倓、王仁东、张厚琬、张元济、许同莘等致赵凤昌书札 45 件。

0821 赵凤昌藏札．45/盛宣怀等撰．稿本，毛笔手书．[出版地不详]：[出版者不详]．[清末民初]

内收盛宣怀、吕景端、冯钟岱、庄赓良、沈同芳、冯嘉锡等致赵凤昌书札 32 件。

0822 赵凤昌藏札．46/杨锐等撰．稿本，毛笔手书．[出版地不详]：[出版者不详]．[清末民初]

内收杨锐、乔树枏、杨玉书、孙鸿勋等致赵凤昌书札 28 件。

0823 赵凤昌藏札．47/张之洞等撰．稿本，毛笔手书．[出版地不详]：[出版者不详]．[清末民初]

内收张之洞致李鸿章及海军衙门电报稿 9 件。

0824 赵凤昌藏札．48/汤寿潜撰．稿本，毛笔手书．[出版地不详]：[出版者不详]．[清末民初]

内收汤寿潜致赵凤昌书札 29 件。

0825 赵凤昌藏札．49/郑孝胥撰．稿本，毛笔手书．[出版地不详]：[出版者不详]．[清末民初]

内收郑孝胥致赵凤昌诗稿 1 件。

0826 赵凤昌藏札．50/张之洞撰．稿本，毛笔手书．［出版地不详］：［出版者不详］．［清末民初］

内收张之洞致倪文蔚等人书札 10 件。

0827 赵凤昌藏札．51/朱滋泽等撰．稿本，毛笔手书．［出版地不详］：［出版者不详］．［清末民初］

内收朱滋泽、廖平、宋育仁、王绳生、王秉恩致赵凤昌书札 16 件。

0828 赵凤昌藏札．52/张鹤龄等撰．稿本，毛笔手书．［出版地不详］：［出版者不详］．［清末民初］

内收张鹤龄、费念慈、何嗣焜、吕景端、汪同、沈同芳、洪述祖、孟昭常致赵凤昌书札 41 件。

0829 赵凤昌藏札．53/张之洞撰．稿本，毛笔手书．［出版地不详］：［出版者不详］．［清末民初］

内收（张之洞）“关于广东士绅用罚款修会馆事”等奏折 5 件。

0830 赵凤昌藏札．54/王仁东等撰．稿本，毛笔手书．［出版地不详］：［出版者不详］．［清末民初］

内收王仁东、王孝绳、徐葆辰、沈瑜庆、沈翊清、郑孝胥、蔡锡勇、辜鸿铭等致赵凤昌书札 40 件。

0831 赵凤昌藏札．55/蔬道人等撰．稿本，毛笔手书．［出版地不详］：［出版者不详］．［清末民初］

内收蔬道人、罗缙绅、王之春、郑业斆、张秉文、胡元倓、袁树勋致赵凤昌书札 26 件。

0832 赵凤昌藏札．56/邵瑞彭撰．稿本，毛笔手书．［出版地不详］：［出版者不详］．［清末民初］

内收邵瑞彭致赵叔雍书札及诗稿 24 件。

0833 赵凤昌藏札．57/张之洞撰．稿本，毛笔手书．［出版地不详］：［出版者不详］．［清末民初］

内收张之洞电报稿 40 件。

0834 赵凤昌藏札．58/庄蕴宽撰．稿本，毛笔手书．［出版地不详］：［出版者不详］．［清末民初］

内收庄蕴宽致赵凤昌书札 33 件。

0835 赵凤昌藏札．59/陈允颐撰．稿本，毛笔手书．［出版地不详］：［出版者不详］．［清末民初］

内收陈允颐致赵凤昌书札 15 通。

0836 赵凤昌藏札．60/徐小娴撰．稿本，毛笔手书．［出版地不详］：［出版者不详］．［清末民初］

内收徐小娴致赵凤昌家书 17 通。

0837 赵凤昌藏札．61/刘巽权等撰．稿本，毛笔手书（经折装）．［出版地不详］：［出版者不详］．［清末民初］

内收刘巽权、邓承修、李宣龚、刘旭、王文焘、刘之泗、周庆云、阚铎、张诒祖等致赵叔雍书札 33 件。

0838 赵凤昌藏札．62/印光撰．稿本，毛笔手书．［出版地不详］：［出版者不详］．［清末民初］

内收印光致赵凤昌书札 13 件。

0839 赵凤昌藏札．63/林大任撰．稿本，毛笔手书．［出版地不详］：［出版者不详］．［清末民初］

内收林大任致赵凤昌书札及诗稿 28 件。林大任，林则徐的曾孙。

0840　赵凤昌藏札．64/翁斌孙等撰．稿本，毛笔手书．[出版地不详]：[出版者不详]．[清末民初]

内收翁斌孙、吴修闲、秦绥章、储世镛、王韬、李维格等致赵凤昌书札 24 通。

0841　赵凤昌藏札．65/叶恭绰撰．稿本，毛笔手书（经折装）．[出版地不详]：[出版者不详]．[清末民初]

内收叶恭绰致赵叔雍书札及诗稿 19 件。

0842　赵凤昌藏札．66/张曾筹等撰．稿本，毛笔手书．[出版地不详]：[出版者不详]．[清末民初]

内收张曾筹、屠寄致赵凤昌书札 28 件。

0843　赵凤昌藏札．67/黄兴等撰．稿本，毛笔手书．北京：国家图书馆出版社．[民初]（国家清史编纂委员会·文献丛刊）

内收黄兴、程德全、伍廷芳的书札及电报 9 件。

0844　赵凤昌藏札．68/陈陔等撰．稿本，毛笔手书．[出版地不详]：[出版者不详]．[清末民初]

内收陈陔、陈延益致赵凤昌书札 15 件。

0845　赵凤昌藏札．69/张之洞撰．稿本，毛笔手书．[出版地不详]：[出版者不详]．[清末民初]

内收张之洞致朝廷奏折稿 11 件。

0846　赵凤昌藏札．70/胡林翼等撰．稿本，毛笔手书．[出版地不详]：[出版者不详]．[清末民初]

内收胡林翼、杨文骏、胡琪等致赵凤昌书札 13 通。

0847　赵凤昌藏札．71/张之万等撰．稿本，毛笔手书．[出版地不详]：[出版者不详]．[清末民初]

内收张之万、宝廷、王懿荣、张佩纶、朱一新、王仁堪、樊增祥、朱锡恩致张之洞书札 26 件。

0848　赵凤昌藏札．72/陈宝琛撰．稿本，毛笔手书．[出版地不详]：[出版者不详]．[清末民初]

内收陈宝琛致张之洞书札 17 通。

0849　赵凤昌藏札．73/陈兰彬等撰．稿本，毛笔手书．[出版地不详]：[出版者不详]．[清末民初]

内收陈兰彬、何璟、邓修承、叶衍兰、陈乔森、黄遵宪、张荫桓、梁鼎芬致张之洞书札 23 件。

0850　赵凤昌藏札．74/彭玉麟撰．稿本，毛笔手书．[出版地不详]：[出版者不详]．[清末民初]

内收彭玉麐致张之洞书札 46 件。

0851　赵凤昌藏札．75/张謇等撰．稿本，毛笔手书．[出版地不详]：[出版者不详]．[清末民初]

内收张謇、梁鼎芬、张元济致赵凤昌书札 51 通。

0852　赵凤昌藏札．76/汪精卫等撰．稿本，毛笔手书．[出版地不详]：[出版者不详]．[清末民初]

内收汪精卫、孟森、杨庶堪、李书城、张君劢致赵叔雍书札 18 通。

0853　赵凤昌藏札．77/庄蕴宽等撰．稿本，毛笔手书．[出版地不详]：[出版者不详]．[清末民初]

内收庄蕴宽、彭宪、聂云台、江谦等致赵凤昌书札 38 通。

0854 赵凤昌藏札. 78/赵新撰. 稿本，毛笔手书. [出版地不详]：[出版者不详]. [清末民初]

内收赵新致赵凤昌书札 28 通。

0855 赵凤昌藏札. 79/许景澄等撰. 稿本，毛笔手书. [出版地不详]：[出版者不详]. [清末民初]

内收许景澄、黄绍箕、沈增植、张元济致赵凤昌书札 32 通。

0856 赵凤昌藏札. 80/屠寄等撰. 稿本，毛笔手书. [出版地不详]：[出版者不详]. [清末民初]

内收屠寄、吕景端、冯嘉锡、赵椿年、赵元任致赵凤昌书札 25 通。

0857 赵凤昌藏札. 81/陈宝琛等撰. 稿本，毛笔手书. [出版地不详]：[出版者不详]. [清末民初]

内收陈宝琛、王德榜、黄国瑾、彭汝琮、杨葆初、徐次舟、胡琪、张厚璟、张厚琬、胡元倓等致赵凤昌书札 15 通。

0858 赵凤昌藏札. 82/赵椿年等撰. 稿本，毛笔手书. [出版地不详]：[出版者不详]. [清末民初]

内收赵椿年、徐小娴、赵巽年致赵凤昌书札 12 通。

0859 赵凤昌藏札. 83/彭玉麟撰. 稿本，毛笔手书. [出版地不详]：[出版者不详]. [清末民初]

内收彭玉麐致张之洞书札 53 通。

0860 赵凤昌藏札. 84/陈宝箴等撰. 稿本，毛笔手书. [出版地不详]：[出版者不详]. [清末民初]

内收陈宝箴、陈三立、毛庆蕃致赵凤昌书札 39 通。

0861 赵凤昌藏札. 85/施长善等撰. 稿本，毛笔手书. [出版地不详]：[出版者不详]. [清末民初]

内收施长善、龚易图致张之洞书札及译文 10 件。

0862 赵凤昌藏札. 86/张之洞撰. 稿本，毛笔手书. [出版地不详]：[出版者不详]. [清末民初]

内收张之洞电报稿 23 通。

0863 赵凤昌藏札. 87/曹经沅等撰. 稿本，毛笔手书. [出版地不详]：[出版者不详]. [清末民初]

内收曹经沅、向迪琮致赵叔雍书札 34 通。

0864 赵凤昌藏札. 88/赵新撰. 稿本，毛笔手书. [出版地不详]：[出版者不详]. [清末民初]

内收赵新致赵凤昌书札 27 通。

0865 赵凤昌藏札. 89/张謇撰. 稿本，毛笔手书. [出版地不详]：[出版者不详]. [清末民初]

内收张謇致赵凤昌书札 31 通。

0866 赵凤昌藏札. 90/潘祖荫撰. 稿本，毛笔手书. [出版地不详]：[出版者不详]. [清末民初]

内收潘祖荫致张之洞书札 3 通。

0867 赵凤昌藏札. 91/王瑶卿等撰. 稿本，毛笔手书（经折装）. [出版地不详]：[出版者不详]. [清末民初]

内收王瑶卿、王凤卿、朱素云、程砚秋、金兆棪致赵叔雍书札 21 通。

0868 赵凤昌藏札. 92/张之洞撰. 稿本，毛笔手书. [出版地不详]：[出版者不详]. [清末民初]

内收张之洞致赵凤昌书札、电稿及诗抄11件。

0869 赵凤昌藏札. 93/孟森撰. 稿本，毛笔手书. ［出版地不详］：［出版者不详］.［清末民初］

内收孟森致赵凤昌书札26通。

0870 赵凤昌藏札. 94/张之洞撰. 稿本，毛笔手书. ［出版地不详］：［出版者不详］.［清末民初］

内收张之洞"为开设书局事"等奏章9件。

0871 赵凤昌藏札. 95/李宣倜等撰. 稿本，毛笔手书（经折装）. ［出版地不详］：［出版者不详］.［清末民初］

内收李宣倜、黄孝纾致赵叔雍书札30通。

0872 赵凤昌藏札. 96/罗照沧等撰. 稿本，毛笔手书. ［出版地不详］：［出版者不详］.［清末民初］

内收罗照沧、梁鼎芬致赵凤昌书札44通。

0873 赵凤昌藏札. 97/徐赓陛撰. 稿本，毛笔手书. ［出版地不详］：［出版者不详］.［清末民初］

内收徐赓陛致赵凤昌书札23通。

0874 赵凤昌藏札. 98/胡林翼等撰. 稿本，毛笔手书. ［出版地不详］：［出版者不详］.［清末民初］

内收胡林翼、阎敬铭、黄彭年、于荫霖、李用清、谭钟麟、唐炯、洪汝奎、刘坤一致张之洞书札15通。

0875 赵凤昌藏札. 99/英启等撰. 稿本，毛笔手书. ［出版地不详］：［出版者不详］.［清末民初］

内收英启、扎勒哈哩、邓文焯、端方等致赵凤昌书札18通。

0876 赵凤昌藏札. 100/张謇撰. 稿本，毛笔手书. ［出版地不详］：［出版者不详］.［清末民初］

内收张謇致赵凤昌书札、电报26件。

0877 赵凤昌藏札. 101/熊希龄等撰. 稿本，毛笔手书. ［出版地不详］：［出版者不详］.［清末民初］

内收赵凤昌、熊希龄等电报、书札29件。

0878 赵凤昌藏札. 102/汪精卫等撰. 稿本，毛笔手书（经折装）. ［出版地不详］：［出版者不详］.［清末民初］

内收汪精卫、黄郛、章士钊、沈恩孚、黄炎培、叶恭绰致赵凤昌书札21通。

0879 赵凤昌藏札. 103/盛宣怀撰. 稿本，毛笔手书. ［出版地不详］：［出版者不详］.［清末民初］

内收盛宣怀致赵凤昌书札27通。

0880 赵凤昌藏札. 104/沈秉堃等撰. 稿本，毛笔手书（经折装）. ［出版地不详］：［出版者不详］.［清末民初］

内收沈秉堃等人电报14件。

0881 赵凤昌藏札. 105/梁鸿志等撰. 稿本，毛笔手书（经折装）. ［出版地不详］：［出版者不详］.［清末民初］

内收梁鸿志、张弧、谢远涵、王克敏、黄炎培、张一麐、熊希龄、章士钊、王揖唐、汤尔和、蒋方震致赵叔雍书札、诗词43通（件）。

0882 赵凤昌藏札. 106/汪精卫等撰. 稿本，毛笔手书. ［出版地不详］：［出版者不详］.［清末民初］

内收汪精卫、林述庆、章士钊、林大任等致赵凤昌书札29通。

0883 赵凤昌藏札. 107/张謇等撰. 稿本，毛

笔手书（经折装）．［出版地不详］：［出版者不详］．［清末民初］

内收民国初年各种文件、会议记录、电文、信札等 25 通（件）。

0884 **赵凤昌藏札．108**/张謇等撰．稿本，毛笔手书（经折装）．［出版地不详］：［出版者不详］．［清末民初］

内收民国初年各种文件、会议记录、电文、信札等 22 通（件）。

0885 **赵凤昌藏札．109**/孙中山等撰．稿本，毛笔手书（经折装）．［出版地不详］：［出版者不详］．［清末民初］

内收民国初年各种文件、会议记录、电文、信札等 34 通（件）。

0886 **赵凤昌藏札**/国家图书馆善本部编．影印本．北京：国家图书馆出版社．2009.10（国家清史编纂委员会·文献丛刊）

本书是当时政界、商界、教育界等各界高层人士与他往来信件的合辑，彩色信笺，名人手迹，所议之事，无论巨细，均为当时历史之见证。本书 10 册。

3　革命团体

3.1　兴中会

0887　兴中会革命史要/陈少白. 复制本. 南京：建国月刊社. 1935.3（建国丛书；4）

本书分两章，记述了孙中山创办兴中会及进行反清革命活动的历史。其中有孙先生最初的革命言论与行动、革命党与保皇党交涉之经过、惠州起义之失败与史坚如殉难等节。书后附录12篇，计有杨衢云、陈廷威、邓荫南等人略史，“四大寇”名称之由来等。书首有作者像、小传、手稿等照片。

0888　兴中会革命史要/陈少白口述；许师慎笔记. 台版. 台北：“中央文物供应社”. 1956.6

全书分12节，记述了孙中山创办兴中会及进行革命活动的历史。内容包括：孙先生最初之革命言论与行动、孙先生之抵日本及漫游欧美、在日本之活动、台湾方面之活动、革命党与保皇党交涉之经过、联络三合会哥老会之经过、惠州起义之失败与史坚如殉难、杨衢云之死等。书中附有序和附录12篇。

0889　兴中会革命史要/陈少白著. 南京：建国月刊社. 1935（建国丛书；4）

本书分两章，记述孙中山创办兴中会及进行反清革命活动的历史。其中有孙先生最初的革命言论与行动、革命党与保皇党交涉之经过、惠州起义之失败与史坚如殉难等节。书后附录12篇。计有杨衢云、陈廷威、邓荫南等人略史，“四大寇”名称之由来等，书首有作者像、小传、手稿等照片。

0890　兴中会革命史要/陈少白撰. 铅印本. ［出版地不详］：［出版者不详］，民国二十四年（1935）

本书与《陈少白先生哀思录》合印。分为十二部分内容：一孙先生最初之革命言论与行动，二孙先生之抵日本及漫游欧美，三在日本之活动，四在台湾方面之活动，五保皇党之占领横滨学校，六杨衢云之重来日本及被摈，七余之再赴台湾及返香港，八革命党与保皇党交涉之经过，九联络三合会、哥老会之经过，十再与康梁等之交涉，十一惠州起事之失败与史坚如殉难，十二杨衢云之死。另附录《兴中会革命史别录》，有杨衢云之略史等十二节。本书1册。

0891　孙中山与兴中会/李剑桥，吴景山，竭宝峰. 沈阳：辽海出版社 .2007.6（中国近代史话；12）

本书全面客观地论述了辛亥革命时期的重大历史事件，向人们展示了中国大地上的风云变化、历史伟人、乱世奸雄、工农商学、世俗百姓的沉浮。

0893　中华民国开国五十年文献. 第一编，革命源流与革命运动. 第九册，革命之倡导与发展. 一（兴中会上）/“中华民国开国五十年文献编纂委员会”编纂. 台北：正中书局. 1964.2

本册分三章：革命之萌芽、革命组织之创立、华南革命运动。书中附有照片和凡例。

**0894　中华民国开国五十年文献. 第一编，革命源流与革命运动. 第九册，革命之倡导与发

展. 一：兴中会/“中华民国开国五十年文献编纂委员会”编纂. 台二版. 台北：正中书局. 1969. 4

内容提要参见0893。

0895 中华民国开国五十年文献. 第一编，革命源流与革命运动. 第十册，革命之倡导与发展. 二（兴中会下）/“中华民国开国五十年文献编纂委员会”编纂. 台北：正中书局. 1964.2

本册分三章：国外革命运动、华中革命运动、发行报刊鼓吹革命。书中附有照片和凡例。

0896 中华民国开国五十年文献. 第一编，革命源流与革命运动. 第十册，革命之倡导与发展. 二：兴中会/“中华民国开国五十年文献编纂委员会”编纂. 台二版. 台北：正中书局. 1969.4

内容提要参见0895。

3.2 同盟会

0897 开国文征. 第一卷/“中华民国开国五十年文献编纂委员会”编纂. 台北：“中华民国开国五十年文献编纂委员会”. 1964.3

本书为第一卷、分4部分，包括：宣言、会章、开会记录和部分函札。内容包括：中国同盟会中部总会成立宣言、中国同盟会中部总会章程、开办捐认捐名单、中国同盟会中部总会成立会签名单、中国同盟会中部总会总务会职员录、发展中部革命行动之重要决议、宋教仁致陈英士等函、黄兴至陈英士函等。书中附有序和导言：中国同盟会中部总会与辛亥革命。

0898 开国文征. 第二卷/“中华民国开国五十年文献编纂委员会”编纂. 台北：“中华民国开国五十年文献编纂委员会”. 1964.3

本书为第二卷，包括余下的全部函札。

0899 缅甸中国同盟会开国革命史. 上编/徐市隐著；缅甸中国同盟会开国革命史编纂处增编. 再版. 仰光：鼎新书局. 1929.8

本书分上、下两编。上编为本编纂处所采访辑成，分“缅甸中国同盟会各阜分会史略”、“缅甸中国同盟会会员史略”、“缅甸中国同盟会会员一览表”、“革命鳞爪”四章。下编为民国十八年徐市隐之遗著（缅甸华侨革命史）。

0900 缅甸中国同盟会开国革命史. 下编/徐市隐著；缅甸中国同盟会开国革命史编纂处增编. 仰光：鼎新书局. 1929.8

本书为侨居缅甸人士徐市隐著。从革命思想、革命实行、革命成功三时期讲述缅甸中国同盟会的成立。

0901 民报/《民报》报馆编. 北京：中华书局. 2006.5（中国近代期刊汇刊）

《民报》是中国资产阶级革命派创办的最著名的刊物，是同盟会的机关报，1905年11月26日在日本东京创刊，其前身是《二十世纪之支那》。此影印的《民报》系以1957年科学出版社的影印本为底本。

0902 欧洲同盟会纪实/朱和中撰. 抄本，朱丝栏. [抄写地不详]：张难先. 1912—1949

本书内容包括：欧洲同盟会之起源、欧洲同盟会之成立、欧洲同盟会之破裂、欧洲同盟会之暗淡及其潜滋。

0903 欧洲同盟会纪实/朱和中撰. 静电复制本. 北京：北京图书馆. 197?

内容提要参见0902。据民国间张难先朱丝栏抄本复制，行字不一。

0904 日知会/范鸿勋撰. 稿本，绿格. [抄写地不详]：范鸿勋. 1956

本书介绍了日知会成立的社会背景、机构设置、开展活动的情况以及被清政府破坏的过程。

0905 日知会/范鸿勋撰. 蓝格本静电复制. 北京：北京图书馆，1956

内容提要参见0904。

0906 同盟会的革命理论：《民报》个案研究/朱浤源著. 台北："中央研究院"近代史研究所. 1985.6（"中央研究院"近代史研究所专刊；50）

全书分5章，包括：同盟会革命与《民报》创刊、民族革命论、政治革命论、社会革命论、《民报》革命理论体系的探讨。书中附有自序、导论、附表、附图、参考书目和索引。

0907 辛亥革命史稿. 第二卷，中国同盟会/金冲及，胡绳武著. 上海：上海人民出版社. 1985.6

本书辑录《中国同盟会成立时期社会局势》、《武装起义的准备》、《反对取缔规则的斗争，同盟会内地分会的建立》、《萍浏醴起义》、《钦廉潮惠起义》、《徐锡麟和安庆起义》、《同盟会内部分歧》、《共进会成立》、《清政府"预备立宪"》等历史事件。

0908 中国近代政治思想史料/龚稷. 初版. 大连：大众书店. 1947.1

本书分为4辑，第1辑收《同盟会宣言》等5篇文章。第2辑收《今》等10篇文章。第3辑收《庶民之胜利》等13篇文章。第4辑收《劳工调查》等14篇文章。

0909 中国同盟会会员对联辑注/朱放校. 合肥：安徽大学出版社. 2004.11

本书共收集63位会员所作的587副对联和他们牺牲或逝世后的挽联381副，总共968副对联。从本书辑注的对联中可以看到，为了创造共和，同盟会会员正视弥天的黑暗，不畏专制的强暴，义无反顾，视死如归的英雄形象。

0910 中华民国开国五十年文献. 第一编，革命源流与革命运动. 第十一册，革命之倡导与发展. 三（中国同盟会一）/"中华民国开国五十年文献编纂委员会"编纂. 台北：正中书局. 1964.2

本册分3章：中国同盟会在日本、中国同盟会在欧洲、中国同盟会在南洋与大洋洲。内容包括：孙先生至日、同盟会、同盟会分支机关、中国同盟会重要份子、取缔留学生案、各国同盟会、新加坡、越南等。书中附有照片和凡例。

0911 中华民国开国五十年文献. 第一编，革命源流与革命运动. 第十二册，革命之倡导与发展. 四（中国同盟会二）/"中华民国开国五十年文献编纂委员会"编纂. 台北：正中书局. 1964.3

本册分3章：同盟会在国内之组织、同盟会在美洲之组织和革命报刊。书中附有照片和凡例。

0912 中华民国开国五十年文献. 第一编，革命源流与革命运动. 第十三册，革命之倡导与发展. 五（中国同盟会三）/"中华民国开国五十年文献编纂委员会"编纂. 台北：正中书局. 1964.3

本册分两章：革命起义和铁血行动。主要内容包括：萍浏起义、七女湖起义、防城起义、安庆起义、绍兴起义、河口起义、广州起义、炸袁世凯案、炸良弼案等。书中附有照片和凡例。

0913 中华民国开国五十年文献. 第一编，革命源流与革命运动. 第十四册，革命之倡导与发展. 六（中国同盟会四）/"中华民国开国五十年文献编纂委员会"编纂. 台北：正中书局. 1964.3

本册内容为辛亥革命之先声，包括：概论、策划、筹款、起义、安葬与建墓、事略和纪念。书中附有凡例和图片。

0914 中华民国开国五十年文献. 第一编，革命源流与革命运动. 第十五册，革命之倡导与发展. 七（中国同盟会五）/"中华民国开国五

十年文献编纂委员会”编纂. 台北：正中书局. 1965.3

本册内容为革命党与保皇党之斗争，包括：两党交涉、组织斗争和言论斗争。书中附有凡例。

0915 中华民国开国五十年文献. 第一编，革命源流与革命运动. 第十六册，革命之倡导与发展. 八（中国同盟会六）/“中华民国开国五十年文献编纂委员会”编纂. 台北：正中书局. 1965.8

本册内容为革命宣传与时事评论，包括：阐扬革命理论、唤醒革命意识、评论清廷措施和路矿问题。书中附有凡例。

3.3 其他革命团体

0916 白门悲秋集/蔡有守等撰. 铅印本. ［出版地不详］：［出版者不详］，民国间（1912—1949）

本书为民国初年著名资产阶级革命文化团体南社的丛刻集外增刊之一，所收诗作由南社成员蔡有守、汪啸叔、高吹万、唐铁林、左汉踪、姚风石、蔡人菊等 7 人游览南京时所作，包括：《游明故宫》、《谒明孝陵》、《短歌行》等 108 首。

0917 从磨剑室到燕子龛：纪念南社二大诗人苏曼殊、柳亚子/柳无忌著. 台北：时报文化出版事业公司. 1986.1（学术丛书；59）

本书是南社两大诗人苏曼殊、柳亚子的纪念文集。本书有引言、后记和附录：重订苏曼殊年表、重订柳亚子年表。

0918 高旭集/高旭著；郭长海，金菊贞编. 北京：社会科学文献出版社. 2003.5（国际南社学会·南社丛书）

本书收集了这位 20 世纪初成立的文学团体——南社创始人之一的作品，包括其诗、文与词作，其内容上多抒发爱国热情，排斥专制为主。全书分上、下两编。上编天梅遗集；下编天梅遗集补编。书中有照片、本书引用书目、参考书目和附录 11 篇。

0919 哥老会传说：黑道之四/易照峰著. 台北县：久佑达文化事业有限公司. 2009.1（人物传奇系列；012）

全书分 4 章，包括：袍哥本源、重庆袍哥始末、袍哥人物、黔滇川蒙疆陕哥老会。

0920 革命先驱：基督徒与晚清中国革命的起源/梁寿华著. 香港：宣道出版社. 2007.12（历史系列，戴德生华人事工中心丛书）

全书分 10 章，包括：《基督徒革命者的兴起》、《革命与华人教会本国化运动》、《孙中山：基督徒革命者的形成》、《基督徒革命力量的凝聚》、《革命团体的筹组》、《兴中会第一次起义》、《革命力量的重组》、《两湖基督徒的革命活动》等。书中附有戴德生华人事工中心丛书简介、图片专辑“革命先行者孙中山掠影”。

0921 光复会/郑云山著. 杭州：浙江人民出版社. 1984.5（浙江历史小丛书）

本书叙述了光复会从 1904 年在上海成立到 1912 年春被瓦解，他的广大成员、许多领导为革命抛头颅、洒热血。书中包括：“立会结盟，矢志光复”、“深入两浙，联络会党”、“创办‘大通’，谋握军权”、“枪鸣百花亭，血洒轩亭口”等故事。

0922 光复会史稿/谢一彪著. 北京：人民出版社. 2009.5

本书介绍了资产阶级革命团体光复会的创建、浙江近代会党的形成与发展、大通学堂的创办、光复会发动皖浙起义、熊成基发动安庆起义、第一次“倒孙风潮”等内容。

0923 光绪朝朱批奏折. 第一一八辑，反清斗争（义和团辛亥革命秘密结社）/中国第一历史档案馆编；戈斌辑主编. 影印本. 北京：中华

书局．1996.12

本书所收奏折依照中国第一历史档案馆现行原档案管理体系，共分 18 大类 130 余项，以类项编年体编排。本辑收录了其中的“反清斗争·义和团”、“反清斗争·辛亥革命”、“反清斗争·秘密结社”。

0924 洪门志/朱琳编．铅印本．上海：中华书局，民国三十六年（1947）

本书共分 21 章，详述了中国第一大帮派“洪门”的沿革、帮会结构、帮会规则、暗号、隐语、词令、仪式等。其中也包括历史上的殷洪盛、顾炎武等“洪门五祖”，史可法、郑成功等“洪门五宗”，以及陈近南、孙中山等洪门前辈的事迹。书前有作者民国二十九年序，述及洪门“创自明末清初，倡导‘民族革命’，并以‘反清复明’运动，建立‘民国基础’”。

0925 洪门志/朱琳编．影印本．上海：上海书店．1989（民国丛书．第一编；16）

全书共 21 章，包括：帮会概论、历史、宗考、历代山堂会社考、组织纲要、规律、汉留文字、文书、旗帜印信木斗歌句等。附有序言及再版序言。本书与《海底》、《清门考源》合订。

0926 洪门志/朱琳编著．影印本．石家庄：河北人民出版社．1990.5（民间秘密结社与宗教丛书）

内容提要参见 0924。

0927 洪门志/朱琳著．南昌：江西教育出版社．2010.1（秘密社会丛书）

内容提要参见 0924。

0928 湖北文学社革命运动纪实稿/章裕昆撰．北京：北京图书馆．197?

据民国间张难先抄本复印。

0930 黄叶楼遗稿/刘三著；陆繁霜原辑；黄太玄原勘订；刘颍白校勘．北京：中国人民大学出版社．1996.2（南社丛书．第一套）

本书乃刘三先生遗作，歌行近体 270 篇。其幼著英声，长腾茂时，东渡以还，驱弛南北，靡克凝居，足迹半九州岛，交游遍四海。本书记录了其愤世嫉俗、悲天悯人之志，抚时感逝、怀人念旧之情，与夫山水游观、园林琴酒之趣。有照片，附补遗及附录。

0931 江苏文史资料．第四十三辑　淮安文史资料．第九辑，周实阮式纪念集/江苏省政协文史资料委员会，淮安市政协文史资料委员会编．南京：《江苏文史资料》编辑部．1991.10

本书为了纪念辛亥革命八十周年，淮安辛亥烈士、南社诗人、淮南社的创始人周实、阮式二人殉义八十周年而出版。全书分 6 部分，包括：生平传记、八十年祭、昭雪经过、哀辞辑录、遗著选编（附序跋）、附录。书中附有照片、题词、序言和编后话。

0932 南社/杨天石，刘彦成著．北京：中华书局．1980.10（中国文学史知识丛书）

本书记录了南社成立的历史背景，南社成员的社会政治思想和文学思想及创作，后期南社的纠纷和斗争直至解体，还记录了新南社和南社湘集、南社纪念会以及其他有关事项。

0933 南社词选：二卷/胡朴安（原名胡韫玉）编辑．铅印本．上海：上海国学社，民国十三年（1924）（南社丛选）

本书包括词选二卷 397 首，共 60 人的作品。如：屯艮词/傅熊湘撰，季刚词/黄侃撰，以及一厂词/林百举撰等。

0934 南社丛刻/［著者不详］．影印本．扬州：江苏广陵古籍刻印社．1996.4

本书共 22 集，1909 年起到 1923 年止。汇集了南杜成员的诗、词、散文作品，比较全面地反映了新旧思想交替时期知识分子的思想感情与文学水平，有比较高的思想性和艺术性。

0935 南社丛刻/南社辑. 朱丝栏抄本. ［出版地不详］：［出版者不详］，民国间（1912－1949）

本书包括文章有：中泠诗抄后序，黄克强先生诔文，王烈士绍文墓表，续庚泉先生行状，荆大觉文，慈翁先生六秩荣寿序，囚言序，陈英士先生诔等。本书封面题南社二十三集未刊稿。本书2册。

0936 南社丛刻：二十一集/南社编. 铅印本. 上海：上海国光书局，清宣统三年～民国十二年（1911－1923）

本书二十一集现存第六、八、九、十、十三、十四、十五、十六和十八集。如南社第六集所收文五十六首，诗三百九十三首，词一百十五首。其中，文有《音乐小杂志序》、《二十自述诗序》、《李庐诗钟自序》等；诗有《长歌行》、《拟庾开府对酒歌》、《再步韵相思四首》等；词有《百字令》、《減字木兰花》、《兰陵王》等。本书10册。

0937 南社丛书中国近代文化变革与南社/卢文芸著. 北京：社会科学文献出版社. 2008.4（国际南社学会. 南社丛书）

全书分4章，包括：欲存国魂——南社的国学情结、井中心史——南社与民族主义、依然笃古——南社的文学选择、花前说剑——南社与传统人格。书中有绪论、结语和参考文献。

0938 南社丛刻第二十三集第二十四集未刊稿/柳亚子编；马以君点. 北京：社会科学文献出版社. 1994.4（国际南社学会丛书）

本书收集了柳亚子未能及时出版的《南社丛刻》第二十三、第二十四集，书中粤、闽、蜀、滇籍社友的作品较多。第二十三集收录了文录30篇，诗录23篇，书后有附录一至附录五。第二十四集收录了文录12篇，诗录20篇。

0939 南社丛谈：历史与人物/郑逸梅编著. 北京：中华书局. 2006.7（郑逸梅作品集）

本书对成立于1909年的中国文学诗社——南社进行了研究。介绍了南社成立前的酝酿、成立及其他支社、纠纷和斗争、后期活动、新南社的继起、纪念会、大事记、《南社丛刻》的内容及其他汇刊、社友事略等内容。书中附有照片和附录9篇。

0940 南社丛谈/郑逸梅编著. 上海：上海人民出版社. 1981.2

本书记录了南社成立前的酝酿，南社成立及其他的支社，南社的纠纷和斗争，至解体期间的历史，还有新南社和南社湘集、南社纪念会以及其他有关事项。书中还收录了南社成员的部分作品及南社诗选简注。卷首附照片，附录有南社社友姓氏录、著述存目表、斋名表、参加南社纪念会姓氏录、新南社社员录等。

0941 南社丛选：二十四卷/胡朴安（原名胡韫玉）编辑. 铅印本. 上海：上海国学社，民国十三年（1924）

全书分3册，包括文选十卷、诗选十二卷和词选两卷。内容包括：太一文九首、今希文五首、约真文二首、渔父文一首、默君文二首、亮夫文一首、定元诗五首、洞庭诗五首等。书中附有序和自序。

0942 南社丛选/胡朴安编. 影印本. 台北：文海出版社. 1967（近代中国史料丛刊. 第三辑；27）

内容提要参见0941。

0943 南社丛选/胡朴安选录；沈锡麟，毕素娟校注. 北京：解放军文艺出版社. 2000.7（百年百种优秀中国文学图书）

内容提要参见0941。

0944 南社钩沉/张夷主编. 济南：山东画报出版社. 2009.10

本书是南社后裔对他们先人的回忆，分南社百年、南社人物、南社散页三部分。内容包括：南社的酝酿、再论南社、忆勤朴老人、革命四十年的陈去病、柳亚子香港脱险始末、走近张素、陈柳两家几代情、南社和中国科学社等。书中附大量照片，书后附跋《南社百年，功垂千年》。

0945　南社纪略/柳亚子著．初版．上海：开华书店．1940.12

本书收入8篇文章：《我和南社的关系》、《读南社补记后答张破浪先生》、《我和朱鸳雏的公案》、《南社雅集在上海》、《我对于南社的估价》、《关于新南社及其他》、《南社纪念会聚餐记》、《南社大事记》。附录《南社社员姓氏录》等两篇文章。书前有作者序。

0946　南社纪略/柳亚子著；柳无忌编．上海：上海人民出版社．1983.4

内容提要参见0945。

0947　南社人物传/柳无忌，殷安如编．北京：社会科学文献出版社．2002.6（国际南社学会·南社丛书．第三套）

本书介绍于右任、刘季平、柳亚子、陈去病、胡朴安、马叙伦、沈雁冰、戴季陶等百余位南社代表人物的生平简略及主要著述等。

0948　南社诗话两种/曼昭，胡朴安著；杨玉峰，牛仰山校点．北京：中国人民大学出版社．1997.3（南社丛书．第一套）

《南社诗话》最初发表于香港《南华日报》，署名“曼昭”，后又连载于上海《中华日报·小贡献》，部分内容复于《蔚蓝画报》、《古今半月刊》登载。综观诗话内容，名为诗话，实际是记人叙事多于谈诗论艺。而且当中涉及的不仅是南杜成员的遗闻史事，还有不少关于清末民国的名人逸事和故事。

0949　南社诗集/柳亚子主编．上海：高圯书发行．1936.2

本书分为6册。共收《丁三在》、《丁上左》等350首诗。书前有柳亚子等人回忆南社文章。

0950　南社诗录．一/柳亚子等编．影印本．台中县：文听阁图书有限公司．2009.9（民国诗集丛刊；116）

本书为《南社丛刻》中的诗录部分，《南社丛刻》为近代文学革命团体南社的代表刊物，为研究南社的第一手资料。全书共五册，本册为第一册。

0951　南社诗录．二/柳亚子等编．影印本．台中县：文听阁图书有限公司．2009.9（民国诗集丛刊；117）

本书为《南社丛刻》中的诗录部分，《南社丛刻》为近代文学革命团体南社的代表刊物，为研究南社的第一手资料。全书共五册，本册为第二册。

0952　南社诗录．三/柳亚子等编．影印本．台中县：文听阁图书有限公司．2009.9（民国诗集丛刊；118）

本书为《南社丛刻》中的诗录部分，《南社丛刻》为近代文学革命团体南社的代表刊物，为研究南社的第一手资料。全书共五册，本册为第三册。

0953　南社诗录．四/柳亚子等编．影印本．台中县：文听阁图书有限公司．2009.9（民国诗集丛刊；119）

本书为《南社丛刻》中的诗录部分，《南社丛刻》为近代文学革命团体南社的代表刊物，为研究南社的第一手资料。全书共五册，本册为第四册。

0954　南社诗录．五/柳亚子等编．影印本．台中县：文听阁图书有限公司．2009.9（民国诗集丛刊；120）

本书为《南社丛刻》中的诗录部分，《南社丛刻》为近代文学革命团体南社的代表刊物，为研究南社的第一手资料。全书共五册，本册为第五册。

0957 南社丛选. 1－5 册/胡朴安编. 上海：国学社. 1936

本书是利用《南社文选》、《南社诗选》、《南社词选》3 种单行本的纸型汇总重印的，并更名为《南社丛选》。第 1、2 册是文选，第 3、4 册是诗选，第 5 册是词选。

0958 南社诗选：十二卷/胡朴安（原名胡韫玉）编辑. 铅印本. 上海：上海国学社，民国十三年（1924）（南社丛选）

本书包括诗选十二卷 3037 首，共 167 人的作品。如：萝泽诗/郑泽撰，君曼诗/刘国钧撰，定元诗/陈家英撰，蔚西诗/张相文撰等。本书 6 册。

0959 南社史长编/杨天石，王学庄编著. 北京：中国人民大学出版社. 1995.5（南社丛书. 第一套）

本书以时间为经，叙述南社历史，编列重要资料。分前编、正编、后编 3 部分。前编叙述主要发起人的活动和南社的酝酿，正编叙述南社成立至解体期间的历史，后编叙述新南社和南社湘集、南社纪念会以及其他有关事项。本书还收录了南社成员的部分作品。卷首附照片，书后附人名索引。

0960 南社文录. 一/柳亚子等编. 刻本. 台中市：文听阁图书有限公司. 2008.12（民国文集丛刊；第一编 146）

本书据民国间《南社丛刻》本影印。内容包括：唱歌三百首叙、与高天梅柳亚子书、南渡演义叙、送春赋、明季烈士传叙、秋瑾女史哀词、鉴湖女侠秋君墓表、游莫愁湖华严庵记等。

0961 南社文录. 二/柳亚子等编. 刻本. 台中市：文听阁图书有限公司. 2008.12（民国文集丛刊；第一编 147）

本书据民国间《南社丛刻》本影印。内容包括：粤东词钞三编序、与柳亚子书、觉非说、杂说、子美集序、血花飞传奇序、张氏姊哀词、说诗上、送朱君序等。

0962 南社文录. 三/柳亚子等编. 刻本. 台中市：文听阁图书有限公司. 2008.12（民国文集丛刊；第一编 148）

本书据民国间《南社丛刻》本影印。内容包括：与柳亚子书、与刘师培书、香妃传、感秋记、新学生李君广中传、与朱屏子书、与高天梅书、再与柳亚子书等。

0963 南社文录. 四/柳亚子等编. 刻本. 台中市：文听阁图书有限公司. 2008.12（民国文集丛刊；第一编 150）

本书据民国间《南社丛刻》本影印。内容包括：龟年清语序、青箱集序、青箱集自序、扬风雅唱自序、静春堂诗集序、惜秋花馆诗草序、柳溪竹枝词序、陈母沈太君传等。

0964 南社文选/胡朴安编. 影印本. 上海：上海书店. 1996.6（民国丛书. 第五编. 综合类；90）

本书是据上海国学社 1936 年版影印。收录了南社作品包括：太一文 9 首、萝庵文 12 首、钝庵文 46 首、今希文 5 首、约真文 2 首、渔父文 1 首等。

0965 南社文选：十卷/胡朴安（原名胡韫玉）编辑. 铅印本. 上海：上海国学社，民国十三年（1924）（南社丛选）

本书包括文选十卷 398 首，一共 107 个人的作品。如：太一文／宁调元撰，渔父文／宋教仁撰，冶民文／蔡寅撰，颖茗文／沈昌直撰等。本书 5 册。

0966 南社戏剧志/梁淑安著. 北京：社会科学文献出版社. 2008.11（国际南社学会·南社丛书. 第三套）

本书内容包括：南社与近代戏剧改良、鲜血谱写的慷慨悲歌、革命高潮中的时代鼓手、吴梅、洪炳文、辛亥革命前后其他南社剧作家、欧阳予倩。书后附录《南社戏剧家考略》、《南社社员剧作目录》。

0967　南社小说集/王文濡辑．铅印本．上海：文明书局，民国六年（1917）

本书是南社成员的小说作品集，内容包括：自由、黑医生、儿时、贼之小说家、予之鬼友、奇症、黄金、媒毒、蛇齿云、红爪郎、伤心人语以及哀川民，一共12篇小说。本书版心下题“南社丛刻”。

0968　南社研究/孙之梅著．北京：人民文学出版社．2003.9（中国古典文学研究丛书）

本书对成立于1909年的中国文学诗社——南社进行了研究。介绍了近代南社的崛起、南社社员的地理分布、南社柱石柳亚子、南社与国粹派、南社与近代的新闻报刊业、南社诗歌综论以及南社解体与南社余响的一些情况。

0969　南社研究．第1辑/马以君主编．广州：中山大学出版社．1991.7（南社研究丛刊）

本书旨在深入研究南社的整体、南社的史实、南社的成员、南社的作品、南社的事迹，以及南社与外界的关系。本册包括：作家研评、南社资料索引、亲友忆旧、史料辑存、佳作赏析、社团介绍、鸥梦圆专辑、旧文新载。卷首附回顾与前瞻、中国南社与柳亚子研究会贺电、国际南社学会贺辞、江苏省南社与柳亚子研究学会筹委会贺信。书后附索引，补白及插页。

0970　南社研究：第2辑/马以君主编．广州：中山大学出版社．1992.3（南社研究丛刊）

本书旨在深入研究南社的整体、南社的史实、南社的成员、南社的作品、南社的事迹以及南社与外界的关系。本书包括：作品研评、亲友忆旧、作家评介、史实考证等10个栏目。

0971　南社研究：第3辑/马以君主编．广州：中山大学出版社．1992.7（南社研究丛刊）

本书旨在深入研究南社的整体、南社的史实、南社的成员、南社的作品、南社的事迹以及南社与外界的关系。本书包括：《吴梅年谱》、《胜溪草堂文稿》、《南社研究资料索引》等内容。

0972　南社研究：第4辑/马以君主编．广州：中山大学出版社．1993.12（南社研究丛刊）

本册包括：文学评论、作家研究、亲友忆旧、社友今昔、怀念社友、作者与读者等10部分。

0973　南社研究：第5辑/马以君主编．广州：中山大学出版社．1994.3（南社研究丛刊）

本书旨在深入研究南社的整体、南社的史实、南社的成员、南社的作品、南社的事迹以及南社与外界的关系。本册包括：年谱跋记和分社研究两个栏目。

0974　南社研究．第6辑/马以君主编．广州：中山大学出版社．1994.11（南社研究丛刊）

本书旨在深入研究南社的整体、南社的史实、南社的成员、南社的作品、南社的事迹，以及南社与外界的关系。本册包括：作家研评、纪念去病、作家传记、史实考订、亲友忆旧、分社研究、社事回忆、社友遗作、史料辑存、悼念逸梅。

0975　南学通讯．17/中国南社与柳亚子研究会秘书处编辑．北京：中国南社与柳亚子研究会秘书处．2000.6

本书设悼念会友、南学信息、南学论坛、南风文萃、南风诗坛、南学书简等栏目。

0976　南学通讯．18/中国南社与柳亚子研究会秘书处编辑．北京：中国南社与柳亚子研究会秘书处．2001.12

本书设悼念会友、南学信息、南学论坛、

南风文萃、南风诗坛五个栏目。

0977 清末广西天地会风云录/徐舸著. 桂林：广西师范大学出版社. 1990.4

本书分 6 章，包括：越北举义旗；边界起风云；烽火遍广西（一）——南路各帮；烽火遍广西（二）——北路各帮；组织、纲领、性质；失败、作用、影响。本书附会党布告及碑文、清光绪末年广西行政区划。

0978 清末新知识界的社团与活动/桑兵著. 北京：三联书店. 1995.4（三联·哈佛燕京学术丛书. 第二辑）

本书分 10 章，包括：兴汉会的前因后果、勤王运动中各政治团体的关系、保皇会的暗杀活动、早期留日学生社团与活动、中国教育会、20 世纪初国内新知识界社团概论、同盟会成立前的孙中山与国内知识界、同盟会成立前孙中山与留日学界等。附征引书目举要。

0980 文学社武昌首义纪实，原名：湖北文学社革命运动纪实/章裕昆撰. 油印本. [出版地不详]：[出版者不详]，民国间

本书以章裕昆的经历见闻记述了辛亥革命武昌起义湖北文学社之革命运动事迹。起于兴中会的创立，止于文学社归并同盟会，内容包括文学社创立、主要活动、各烈士事略等。所取材料均由作者拟具，又分请诸位亲历者审查纠正。前画有总理及诸烈士遗像相框（无遗像），有作者“弁言”、沔阳张难先序。

0981 无尽庵词曲：二卷/周实撰. 铅印本. 上海：上海国光印刷所，民国元年（1912）

周实（1885－1911），字实丹，又字剑灵，号无尽、和劲、吴劲，江苏淮安人，南社著名诗人、散曲家，民主革命烈士。本书为周实个人词曲集，包括：北曲《清明梦》1 首，《如梦令》、《端正好》、《虞美人》、《醉太平》等词 34 首。

0982 无尽庵诗：四卷/周实撰. 铅印本. 上海：上海国光印刷所，民国元年（1912）

周实（1885－1911），字实丹，又字剑灵，号无尽、和劲、吴劲，江苏淮安人，南社著名诗人、散曲家，民主革命烈士。本书为周实个人诗集，包括：《和杜工部诸将韵》、《读史杂感和韵》、《游兜率禅寺》、《杨花曲》等 300 余首。

0983 无尽庵诗话：二卷/周实撰. 铅印本. 上海：上海国光印刷所，民国元年（1912）

周实（1885－1911），字实丹，又字剑灵，号无尽、和劲、吴劲，江苏淮安人，南社著名诗人、散曲家，民主革命烈士。本书为周实辑录前人经典诗话，分为两类：一为“忧时悯俗类”，二为“陶情淑性类”。旨在唤醒天下仁人志士革旧布新、发愤图强之心。

0984 无尽庵文：一卷/周实撰. 铅印本. 上海：上海国光印刷所，民国元年（1912）

周实（1885－1911），字实丹，又字剑灵，号无尽、和劲、吴劲，江苏淮安人，南社著名诗人、散曲家，民主革命烈士。本书为周实所撰文章汇编，包括：《与邵肃廷书》、《上陈伯陶学使书》、《国朝汉学师承记书后》、《读史记五帝本纪》等 14 篇。

0985 吴江文史资料. 第九辑，纪念南社成立80 周年专辑/中国人民政治协商会议江苏省吴江县委员会文史资料委员会编. 吴江：政协江苏省吴江县委员会文史资料委员会. 1989.12

本书内容包括：南社在辛亥革命中的地位和作用、南社对中国近代文学的贡献、陈去病与南社、金山高氏与南社、柳亚子和南社——为纪念南社成立 80 周年而作、柳亚子诗论管窥——浅谈《胡寄尘诗序》、同里自治学社与南社等。书中附有资料辑录、编后和照片。

0986 武昌日知会事实纪略/张纯一编. 铅印本. 湖北：[出版者不详]，1943

本书主要由日知会之缘起、日知会之创立

与丙午之狱及辛亥之首义、日知会之成绩三部分组成。

0987 武昌日知会事实纪略/张纯一编．静电复制本．北京：北京图书馆．197?

内容提要参见 0986。

0988 姚光集/姚光著；姚昆群、昆田、昆遗编．北京：社会科学文献出版社．2000.6（国际南社学会·南社丛书．第二套）

全书分 3 卷。第 1 卷文集：收录了复庐文稿 3 编；第 2 卷诗集：收录了《荒江樵唱》、《浮梅草》、《续浮梅草》、《倚剑吹箫楼诗集》；第 3 卷：书牍偶存。有照片。

0989 姚光全集/姚昆群，昆田，昆遗编．北京：社会科学文献出版社．2007.6（国际南社学会·南社丛书）

本书收录了姚光的著作，分文集、诗集、书牍偶存、专著、读书札记 5 部分。文集收集了复庐文稿、复庐文稿续编、复庐文稿三编；诗集收录了荒江樵唱、浮梅草、续浮梅草、倚剑吹箫楼诗集；书牍偶存收集了 1907 年至 1945 年的往来书信。专著收集了金山卫佚史、金山艺文志；读书札记收集了《史记》札记和自在室读书随笔。书中附有照片和附录。

0990 中国会党史料集成/濮文起，刘燕远编．北京：北京图书馆出版社．1999.8

本书共 3 册，分 15 部分。内容包括：中国帮会三百年革命史、中国秘密社会史、天地会研究、洪门志、洪门史、汉留全史、清门考源、青红帮之黑幕等。书中附有序言。

0991 中国会党史论著汇要/魏建猷主编．天津：南开大学出版社．1985.12

本书含甲、乙两部分。甲部为论文，包括：八部分会党通论、天地会、哥老会、青（清）帮、鸦片战争及其以前、太平天国时期、反洋教斗争时期和辛亥革命时期。乙部为专著和附录。

0992 中国秘密社会．第四卷，清代会党/谭松林主编；欧阳恩良，潮龙起著．福州：福建人民出版社．2002.10

本卷论述了秘密会党的形成与发展，以及在晚清时期的分化与演变。全书分 8 章，包括：清代会党的形成与初步发展；嘉道年间秘密会党的发展壮大；哥老会的兴起与流传；青帮的早期组织与帮规；清代会党起事；近代会党的反教会特权；清末会党活动；海外华人秘密社会。

0993 中国秘密社会史/（日）平山周著；商务印书馆编译所译．初版．上海：商务印书馆．1912.5

本书共 6 章："白莲会"、"天地会"、"三合会"、"哥老会"、"兴中会及同盟会"、"光复公会"。书前有桃源逸士作叙言。

0994 自立会史料/杜迈之，刘泱泱，李龙如编．长沙：岳麓书院．2009.1

本书共收录有关自立会资料 100 余篇，分 5 部分：专著记载、回忆录、官方文书、人物传记和书牍诗词。具体内容包括：记自立会、自立会始末记、自立军之失败、庚子汉口之役、徐怀礼与自立会、自立会庚子革命记、自立会追忆记、唐才常传等。书中附有照片和出版说明。

0995 自立会史料集/杜迈之辑．长沙：岳麓书院．1983.1

内容提要参见 0994。

0996 尊情录：一卷/周实撰．铅印本．上海：国光印刷所，1912

本书主要是探讨人的感情问题，内容有：与人葡书、再与人葡书、戊申清明、忻戚、爱、好色。

4 三民主义及其研究

0997 大学之道/黄倬南. 台中市：文听阁图书有限公司. 2008.7（民国时期经学丛书. 第一辑；57）

本书内容包括：经文大义、格物致知、诚意、修身、齐家、治国、中国有平天下之力量、三民主义根本四子书等。书中附有照片、题辞、来函、自序、凡例、纲领条目表、曾子传略、跋、结论和附录。本书与《三民主义与大学》顾寔著合订。

0998 党义：三民主义纲要/［著者不详］. 铅印本. ［出版地不详］：［出版者不详］，民国间（1912—1949）

本书系警官高等学校教材，全书系统论述了三民主义的建立、建设和目标。全书共分 8 章：导言、三民主义建立之次第、民族主义建立之目标、民族主义实行之步骤、民权主义建立之目标、民权主义实行之步骤、民生主义建立之目标、民生主义实行之步骤。第 7 章和第 8 章重点比较了民生主义与马克思主义，提出今日之中国，只可慢慢地向马克思的社会主义之最后目标前进之观点。

0999 对接与冲突：三民主义在孙中山身后的流变/张军民. 天津：天津古籍出版社. 2005.2（“近现代中国政治与社会变迁”研究丛书）

本书包括三民主义本体问题的哲学证辩、“东亚联盟”舆论声中的大亚洲主义、“五五宪草”与孙中山的宪法精神等内容。

1001 废姓主义谈/老成仙撰. 铅印本. ［出版地不详］：［出版者不详］，民国二十一年（1932）

本书主要阐释作者废除姓氏之主张，认为姓名带有浓重的宗法社会色彩，废姓既为治国之良策，复为救国之急务。本书共分为 21 章：引言、姓与人之关系、姓非世界所公有、汉族古时亦无姓、姓之起源、姓之流弊（上下）、废姓为今日之必要、废姓与三民主义之关系、促成民族主义不可不废姓、促成民权主义不可不废姓、促成民生主义不可不废姓、促成男女平等不可不废姓、促成世界大同不可不废姓、废姓之办法、废姓后之家庭组织、废姓后之国家制度、废姓后之亲属称呼、废姓后之婚姻问题、结论。

1002 革命救国的三民主义/陈伯达著. 初版. 重庆：中国文化社. 1938.12

本书内容分为 5 个部分：“三民主义的革命完整性”、“民族主义”、“民权主义”、“民生主义”、“关于革命救国三民主义的总结”。

1003 国父的民生思想/周开庆著. 3 版. 台北：台湾商务印书馆. 1974.6（人人文库；1342）

全书分 5 章。内容包括：绪论、民生主义的基本主张、民生主义的生产与分配、民生主义的交换与消费、民生主义的比较研究。书中附有复刊人人文库序。

1004 国父对青年的遗教/“中国青年反共救国团”总团部主编. 9 版. 台北：复兴书局. 1958.1

全书分为 20 部分，内容包括：知难行易、国民要以人格救国、世界道德之新潮流、三民主义与中国民族之前途、三民主义的具体办法、女子要明白三民主义、学生须以革命精神努力学问、耕者要有其田等。

1005　国父民族主义的精义与当代民族问题之研究/陈煌遥著．台北：三民主义研究所博士硕士论文奖助出版委员会．1992.5（三民主义研究所博士硕士论文奖助出版丛书．第七辑．17）

全书主要内容包括：民族主义的意义与发展、孙中山民族主义的精义、种族主义与民族问题、当代中国的民族问题等。书中附有绪言和参考书目。

1006　国父全集．第一册，三民主义、革命方略、建国方略、建国大纲/孙中山著；"国父全集编辑委员会"编．台北：近代中国出版社．1989.11

本全集共12册，分15类文件，装成9册；每册各自编为独立统一之页码。原著英文文件，另装一册。附录之孙中山年谱简编、著述年表合装一册；索引及中外名词对照表合装一册。本册分为4部分，包括：三民主义、革命方略、建国方略和建国大纲。三民主义——"三民主义"十六讲及附录《民生主义育乐两篇补述》；革命方略——《同盟会革命方略》及《中华革命党革命方略》属之；建国方略——《孙文学说》、《实业计划》、及《民权初步》属之；建国大纲——《国民政府建国大纲》属之。书中附有图像墨迹集珍、孙中山思想学说精义摘录、孙中山全集序、孙中山全集凡例、史料图片。

1007　国父人格及其现代化思想/江治华著．台北："国立编译馆"．1996.6（人文社会科学丛书）

全书分上、下两册。共4编：导论、孙中山人格发展和其国民革命、现代化思想和结论。内容包括：伦理道德的重要、法律的必要、三大思想的渊源及其本质、孙中山思想的演进、国民革命运动的步骤、国民革命的宣传与起义、亚洲第一个民主共和国的诞生、现代化民族思想等。书中附有自序。

1009　国父思想/崔德礼，廖斗星著．再版．台北：大中国图书公司．1997.8

本书共6编，分导论、民族思想、民权思想、民生思想、哲学思想和结论。书中附有编辑要旨和附录：孙中山年表。

1010　国父思想/郭展礼著．再版，修订．台北县：高立图书有限公司．2001.9

全书分6章，包括：导论、民族思想、民权思想、民生思想、哲学思想、和平统一与两岸关系。书中附有张序、自序、再版小序和附录：一、辛亥革命的历史背景与意义——孙中山先生的革命路线；二、孙中山记略年表。

1011　国父思想的新境界/赵际良著．台北：帕米尔书店．1976

本书从新的角度对孙中山思想进行了阐述。

1012　国父思想/"国立编译馆"主编．5版．台北："国立编译馆"．1983.10（中华丛书）

全书分为6篇。第一篇为绪论，引述孙中山自传等。第二篇为孙中山的哲学思想，列论民生史观、心物合一论、人类进化论、知难行易说、革命人生观。第三篇为孙中山的民族思想，主述民族主义，而以中国存亡问题与大亚洲主义属之。第四篇为孙中山民权思想，主述民权主义，而以民权初步与地方自治、建国大纲与五权宪法属之。第五篇为孙中山的民生思想，主述民生主义，而以实业计划与育乐问题属之。最后一篇为结论。书中附有例言。

1013　国父思想/黎明文化事业公司编辑委员会著．台北：黎明文化事业股份有限公司．1985.12（预官考试自修丛书）

全书分为6章，包括：导论、民族思想、民权思想、民生思想、哲学思想和结论。书中附有编者的话。

1014　国父思想/涂子麟，林金朝编著．修订，初版．台北：三民书局．1997.8

全书分5章，包括：绪论、民族主义、民权主义、民生主义、结论。书中附有序言和附录：中华民国宪法、“中华民国宪法增修条文”。

1015 国父思想/吴寄萍著. 台北：五南图书出版公司. 1983.3

全书分8章，包括：导论、民族思想、民权思想、民生思想、哲学思想、三民主义与其他主义之比较、三民主义的国家建设和结论。书中附有图片、特载和附录。

1016 国父思想/徐光明著. 台北：台湾东华书局股份有限公司. 2003.9

全书分6章，包括：孙中山生平与革命事业、孙中山思想渊源及理论体系、民族思想、民权思想、民生思想、哲学思想和结论。书中附有照片、序、目次、图次和表次。

1017 国父思想：中山先生与台湾经验/李秀华等编著. 台北县：高立图书有限公司. 2004.6

全书分5章，包括：导论、民族主义、民权主义、民生主义和哲学思想。书中附有序和附录：中华民国宪法、“中华民国宪法增修条文”、“公民投票法”。

1018 国父思想纲要/周世辅编著. 6版，修订版. 台北：三民书局. 2001.2

全书分8章，包括：导论、民族思想、民权思想、民生思想、哲学思想、三民主义与其他主义的比较、三民主义的国家建设和结论。书中附有自序、附录、重要参考书目、特载等内容。

1019 国父思想纲要/周世辅编著；周阳山修订. 7版，修订版. 台北：三民书局. 2004. 7

全书分7章，包括：绪论：中山思想与三民主义的领航人、导论、民族思想、民权思想、民生思想、哲学思想、宪政改革与中华民国宪法（一）、宪政改革与中华民国宪法（二）。书中附有修订七版序、自序、重要参考书目、孙中山年表、中华民国宪法、“中华民国宪法增修条文”。

1020 国父思想基本教材/吴寄萍编著. 再版，修订本. 台北：正中书局. 1984.10

全书分为6章，包括：导论、民族思想、民权思想、民生思想、哲学思想和结论。书中附有照片、再版自序和孙中山年表等。

1021 国父思想教本/中国文化大学《国父思想》教本编著委员会编著. 再版，修订本. 台北：中国文化大学出版部. 1986.9

全书分6编，包括：导论、民族思想、民权思想、民生思想、哲学思想和结论。书中附有附编和编著者言。

1022 国父思想新论/周世辅著. 修订，初版. 台北：三民书局. 1995.9

全书分6章，包括：导论、民族思想、民权思想、民生思想、哲学思想和结论。书中附有自序。

1023 国父思想学说精义录/秦孝仪编著. 台北：正中书局. 1976.11

全书分为上、下两编。内容包括：孙中山的志事、国民革命、建党革命、三民主义、五权宪法、建国方略、国家建设、政治等。书中附有照片和卷头语。

1024 国父思想要义/张遐民著. 增订版. 台北：台湾商务印书馆. 1984.11

全书分为6章，包括：孙中山思想之渊源、民族伦理思想与中华民族所负的任务、民权政治思想与中华民国的建立、民生经济思想与大同社会的实现、民生哲学思想与实现三民主义之原动力、孙中山生平革命史略。书中附有序、再版增订题记、三版小志、修订后之第四版、重编增订说明和附录。

1025 国父思想渊源与实践/徐文珊著. 台北：台湾商务印书馆. 1983.3

全书分4部分，前编、甲编、乙编和丙编。内容包括：孙中山思想构成的历史因素、由读书培成伟人——孙中山思想与行动构成的因素、孙中山创造的革命学——理论与行动的结晶、孙中山的本体哲学与知行哲学——为实践而探求理论、由孙中山思想看固有文化——思想的渊源、孙中山的政治哲学——政治理论的创新、三民主义思想举要——孙中山思想的结晶等。书中附有照片和自序。

1026 国父遗教：三民主义总辑/徐文珊纂辑．再版，增订本．台北：中华丛书编审委员会．1969.5（中华丛书）

全书分为前编、甲编、乙编、丙编四部分，包括：演讲本三民主义、著作本三民主义、孙中山有关三民主义之论者。书中附有照片、纂辑例言、增订再版附言和附录。

1027 国父遗教表解/尹让辙著．10版．台北：三民书局．1998.8

本书为纪念孙中山百年诞辰而编写。全书分4章，包括：三民主义总纲、三民主义分讲表解、三民主义总论、孙中山遗教概述。书中附有编者的话和附录。

1028 国父遗教阐微/郑彦棻著．台北：正中书局．1988.10

本书分上、下两编。上编六文，都是就孙中山思想，加以阐发；下编六文，则对孙中山言行，加以析述。内容包括：从孙中山遗嘱谈起、关于五权宪法、政治是关于众人之事、孙中山心理建设之遗教、孙中山的救国四大纲领、孙中山的治学精神、孙中山的开国外交、孙中山讲述三民主义的经过等。书中附有照片、引言和附录：《孙中山半生在海外》。

1029 国父遗教概要/张铁君著．12版．台北：三民书局．1992.8（人文科学概要丛书）

全书分5章，包括：绪论、孙中山的民族思想、孙中山的民权思想、孙中山的民生思想、孙中山的哲学思想。书中附有人文科学概要丛书编刊序言。

1030 国父遗教研究辑要/田庭畯编著．增订版．台北：巨流图书公司．1988.3

本书编辑之要旨在弘扬三民主义，研究孙中山思想。本书之内容以三民主义、建国方略、建国大纲、地方自治为主体，以孙中山重要演说、文献为依据。书中附有例言和附录。

1031 国父遗教正编/孙文．台北：［出版地不详］：［出版者不详］．［出版年不详］

本书共分4集，主要内容有：建国方略、建国大纲、三民主义、第一次全国代表大会等。

1032 黄堂殷之三民主义新释与其世界性/黄堂殷著．台湾宜兰市：黄堂殷．2003.1

本书归纳了三民主义的13个特性，包括：传统性、救国性、建国性、革命性、连贯性、连环性、现代性、永久性等。书中附有序文、诗和注。此外本书还附有英文版。

1033 论民生主义的生活品质指标/卫民撰．影印本．台北：台湾大学三民主义研究所．1978.6

全书分5章，包括：绪论、生活品质与生活品质指标、有关生活品质指标的研究、民生主义的生活品质指标、结论。书中附有论文提要、附录、主要参考书目和图表。

1034 论三民主义/洛甫等著．［出版地不详］：十年出版社．1939

本书8篇，包括《拥护真三民主义反对假三民主义》/（洛甫）、《关于三民主义与共产主义》/（王稼祥）、《旧三民主义与新三民主义》/（毛泽东）、《叶清的假三民主义就是取消三民主义》/（黎平）、《论共产主义者对三民主义关系的几个问题》/（陈伯达）、《关于三民主义的认识》/（艾思奇）、《加强三民主义的研讨》/（辛泰）、《三民主义研究提纲》/（杨康华）。

1035 论三民主义/毛泽东等著．初版．莱阳：

胶东新华书店．1946.5

本书收12篇文章：《旧三民主义与新三民主义》/毛泽东著、《拥护真三民主义反对假三民主义》/洛甫著、《关于三民主义与共产主义》/王稼祥著、《叶青的假三民主义就是取消三民主义》/黎平著、《论共产主义者对于三民主义关系的几个问题》/陈伯达著、《关于三民主义的认识》/艾思奇著等。

1036 论三民主义与共产主义/抗战理论研究会编．［出版地不详］：播种社．1940（抗战理论丛书第一种）

书中收入有关抗战的论述文章4篇：《为完成中华民国的真统一而奋斗》/（洛甫）、《拥护真三民主义反对假三民主义》/（洛甫）、《关于三民主义与共产主义》/（王稼祥）、《关于三民主义与共产主义的几个问题》/（陈伯达）。

1037 论三民主义与五权宪法/黄彦编注．广州：广东人民出版社．2008.11（孙中山著作丛书）

本书选辑了孙中山阐述三民主义和五权宪法的文章、演说、谈话及有关文告、规章共38篇。

1038 论现代与传统的理性的结合：三民主义的中西哲学基础/成中英著．台北："中央研究院"三民主义研究所．1984.1（"中央研究院"三民主义研究所丛刊；15）

全书分5章，内容包括：导论与泛论、中国现代化的内涵与取向、文化问题：兼论民族主义的基础问题、社会问题：兼论民权主义的基础问题、生活问题：兼论民生主义的基础问题、结论与总论：文化、社会与生活的综合哲学。

1039 挈其瑰宝：抗战时期中共与三民主义研究/宋进著．桂林：广西师范大学出版社．1994.12（《抗日战争史》丛书·文化系列）

全书分8章，内容包括：三民主义真假辨别论，三民主义新旧区分论，三民主义与共产主义的关系论，三民主义与新民主主义，中共与共产国际研究的比较论，中共领导人与三民主义研究，中共理论家与三民主义研究，中共三民主义研究的评价、作用与启示。书中附有《抗日战争史》丛书总序、编辑说明、导论、附录和后记。

1040 儒家思想与三民主义/胡勉著．台北：黎明文化事业股份有限公司．1980.4

全书分5篇，包括：总论、孔子的思想、孟子的思想、荀子的思想和结论。书中附有自序和参考书目。

1041 三民主义/［著者不详］．上海：中山书局．1928.1

本书分4章，包括："三民主义倒还没有什么?"、"马克思主义还是民生主义?"、"民权主义与苏维埃制度"、"世界革命中的民族主义"。

1042 三民主义/黄彦．广州：广东人民出版社．2007.11（孙中山著作丛书）

本书是孙中山最重要的革命学说和政治纲领，分为"民族主义"、"民权主义"、"民生主义"三部分，共16讲，书中有本书说明和后记。

1043 三民主义/孙中山．长沙：岳麓书社．2000.9（旧籍新刊丛书）

本书选自《孙中山全集》，包括：民族主义、民权主义、民生主义和附录：《三民主义与中国民族之前途》、《三民主义之具体办法》、《自传》、《遗嘱》等。有自序和重印后记。

1044 三民主义：标点眉批袖珍精本/孙中山著；三民公司标点眉批．上海：三民公司．1927

本书是孙中山最重要的革命学说和政治纲领，分为"民族主义"、"民权主义"、"民生主义"3部分。

1045　三民主义/孙文著. 上海：中央图书局. 1927

本书共16讲。包括民族主义6讲，民权主义6讲，民生主义4讲。

1046　三民主义/孙中山. 台二版. 台北：正中书局. 1988.10

全书分3部分：民族主义、民权主义和民生主义。内容包括：民族主义概论、中国民族的危机、恢复中国民族主义的方法、发扬中国民族主义的方法、自由的真谛、平等的真谛、欧美近代民权革命的障碍、民生主义的具体办法等。书中附有孙中山遗像、自序墨迹等。

1047　三民主义/孙中山撰. 铅印本. [出版地不详]：成都书业公会. 1927

书名据书衣题；20行48字，钤"刘寿松印"、"刘立之印"。

1048　三民主义论战与马克思主义中国化/黄志高著. 合肥：安徽大学出版社，2010.7

本书共分5章，内容包括：围绕三民主义展开的激烈论战、三民主义论战与新民主主义理论的系统阐述、论战中若干变量因素的影响与分析等。

1049　三民主义碑刻/孙中山纪念馆编. 南京：江苏人民出版社. 1993.8

本碑刻是从中山陵园藏经楼碑廊陈列的碑刻拓印而来。内容包括：张乃恭书局部、陈天锡书局部、连声海书局部、蔡允书局部、王贤书局部、民族主义第一讲、民权主义第一讲、民生主义第一讲等。书中附有序。

1050　三民主义碑刻/孙中山纪念馆编；高斯等主编. 影印本. 南京：江苏人民出版，1999

《三民主义》一书由孙中山先生陆续发表的各篇演说组成，从1924年1月到8月，由黄昌谷笔记、邹鲁校正而成。三民主义共十六讲，其中民族主义六讲、民权主义六讲、民生主义四讲。全文155000余字。此碑文由张乃恭、陈天锡、连声海、李启琛、叶恭绰、郑洪年、陈仲经、蔡允等十四人书写，唐仲芳刻石，全部楷书阴刻。本书从中山陵园藏经楼碑廊陈列的碑刻拓印而来，由彭冲题写书名，李沛瑶作序。

1051　三民主义表解/民团周刊社编. 南宁：民团周刊社. 1938.7（常识丛刊第一集之五）

全书分4部分：三民主义概论、民族主义、民权主义、民生主义。

1052　三民主义大辞典/"国立编译馆"三民主义大辞典编审委员会主编. 台北：幼狮文化事业股份有限公司. 1988.7

全书分上、下两册。本大辞典主要搜罗孙中山、蒋介石、蒋经国所发表的有关三民主义的言论，多为演讲、文告、宣告、谈话等。

1053　三民主义导论/司徒政著. 台北：台湾商务印书馆. 1978.10（人人文库；特610）

全书分5编，包括：三民主义的哲学体系、三民主义的历史哲学、三民主义的一般研究、三民主义与国家天下、附论。书中附有复刊人人文库序和序。

1054　三民主义道贯/丁迪著. 3版. 台北：帕米尔书店. 1982.3

全书分36个部分，包括：三民主义与大学、三民主义与中庸、三民主义与论语、三民主义与孟子、谈孔子思想、孙中山道统思想研究、三民主义八德论、三民主义与世界大同等内容。书中附有自序和三版序言。

1055　三民主义的比较研究/陶怀仲著. 台北：三民书局. 1978.7

全书分5部分，包括：导言、民族主义的比较研究、民权主义的比较研究、民生主义的比较研究、结论。本书融贯创新，允集大成。书中附有自序和参考资料。

1056　三民主义的边疆政策/周昆田著. 台北:“中央文物供应社”. 1984.11（蒙藏知识丛书）

全书分 8 章，内容包括：绪论、孙中山遗教中的边疆政策、蒋介石言论中的边疆政策、中国国民党所主张的边疆政策、约法及宪法中的边疆政策、对大陆“少数民族”政策的批判等。书中附有序和附录：重要参考书目。

1057　三民主义的方法论/黄人杰著. 台北：正中书局. 1980.5（青年理论丛书；10）

全书分 5 部分，内容包括：三民主义方法论的意义、三民主义的思想方法、三民主义的科学方法、三民主义的哲学方法、结论——对共产主义唯物辩证法的批判。书中附有序。

1058　三民主义的国家观/黄启明撰. 台北：台湾大学三民主义研究所. 1980.6

全书分 6 章，包括：国家的起源、国家的要素、国家的目的、国家的功能、政治组织、国家的未来。书中附有引论、结论和参考书目。

1059　三民主义的基本问题/周佛海. 再版. 上海：新生命书局. 1931.8

本书共 7 章。论述孙中山思想概貌，三民主义的中心、性质、理想、方法，民众组织及训练原则，由三民主义立场观察中国革命现阶段的任务和经济问题等。

1060　三民主义的科学研究法/何名忠著；潘素卿校对. 桂林：科学书店. 1942

本书共 5 章。总论科学研究方法的重要意义，研究三民主义的根据，提出 12 种具体研究方法（如：观察、演绎、归纳、类比、统计等）。

1061　三民主义的连环性/胡汉民著. 6 版. 上海：民智书局. 1929

本书阐述了以“连环的三民主义打破连环的世界反革命势力”提出民族、民权、民生三大主义。内容包括：世界反革命的势力、世界反革命势力之连环性、帝国主义是反革命势力的结晶、三民主义的世界等。

1062　三民主义的体系与原理/罗刚著. 台北：正中书局. 1974.2

全书分 15 章，包括：导言、民生释义与三民主义的体系、民生哲学的时代背景、人类生存的地位、人类生存以征服自然为手段、征服自然与发展科学、人类生存以互助为原则、民生哲学道德思想的体系等内容。书中附有序和再版序。

1063　三民主义的哲学体系/周世辅著. 4 版. 台北：黎明文化事业股份有限公司. 1983.8（大学丛书；24）

全书分 13 章，包括：本体论、宇宙论、进化论、认识论、方法论、知行论、人性论、人生观等内容。书中附有五版赘言、四版合订本序、初版序、导论和结论。

1064　三民主义的政治学/马璧. 再版. 上海：世界书局. 1946.9

本书共 4 编，分述政治和政治学，政治的本质、组织及功能。有著者《从本书写作的动机说起—代序》。

1065　三民主义读本/许涤新. 再版. ［出版地不详］：文化书店. 1939.5

本书共 5 章。介绍三民主义产生及发展过程，讲解民族、民权、民生主义等。

1066　三民主义概论/陈伯达. ［出版地不详］：［出版者不详］. 1938

本书内容包括：三民主义的历史根源、三民主义之历史的发展、革命的三民主义、三民主义与三大政策、马克思列宁主义与三民主义，附录《孙中山先生关于民族革命统一战线思想的发展》。

1067　三民主义概论/陈伯达著. 黎城：新华日

报华北分馆. 1939.6（前线丛书之七）

内容提要参见1066。

1068 三民主义概论/陈伯达著. 再版，增订版. ［出版地不详］：新华书店. 1941.6

本书分为5个部分：论孙中山先生及其学说、三民主义的历史根源、三民主义、三民主义与三大政策、马克思列宁主义与三民主义。

1069 三民主义教程/刘修如编著. 6版，修订本. 台北：正中书局. 1967.10（大学用书）

全书分7编，内容包括：引论、原理——民生哲学、主义、原动力、方略、国民革命程序、最后目的。书中附有蒋介石：《三民主义之体系及其实行程序》代序。

1070 三民主义教程/刘修如执笔. 沪13版. ［出版地不详］：［出版者不详］. 1947.6

本书分7编，讲述了中国革命与三民主义，三民主义的原理、意义及内容，中国革命方略，国民革命程序及最后目的等。

1071 三民主义教育法/卢绍稷. 上海：商务印书馆. 1928.9

本书分5章，包括：绪论、三民主义教育机关组织法、学校实施三民主义教育法、社会实施三民主义教育法、结论等。

1072 三民主义教育原理/范锜. 上海：民智书局. 1929.11

本书分10章，包括：三民主义教育之要义、团体生活之训练、革命精神之陶冶、教育之科学的研究、健全人格之培养、三民主义教育最高的任务等。

1073 三民主义教育哲学研究/崔载阳著. 台北："中央文物供应社". 1981.8（中华文化丛书. 哲学）

全书分8章，包括：引言、三民教育根源与人本哲学、三民教育出发与力行哲学、三民教育全程与民生哲学、三民教育目的与互助哲学、三民教育发展与建国哲学、三民完人教育与天人哲学、三民全民教育与心物哲学。书中附有作者简介、《中华文化丛书》序、编辑弁言和自序。

1074 三民主义理论之探讨：三民主义是理想与现实之统一/梁寒操讲；肖次尹记. 再版. 桂林：青年书店. 1940.1

本书为作者在"第四战区党政军干部训练团"的演讲稿。讲述三民主义思想的来源，三民主义是理想与现实的统一等。附《三民主义表解》。

1075 三民主义理则学/亓济编著. 台北：正中书局. 1980.3（青年理论丛书；9）

全书分6章，内容包括：逻辑、理则学、三民主义理则学；研究理则学的新方向；科学语式的基本律则及其实例；三民主义的理则思想；孙文学说与三民主义理则学；三民主义中重要的理则问题。书中附有书前语。

1076 三民主义力行社史/邓元忠著. 台北：实践出版社. 1984.8（黄埔建国文集）

全书分20章，包括：导言、时代背景、社员背景、主张与宣传、权力基础、组织发展、工作在地区上的推进、新生活运动的推行、抗战爆发等内容。书中附有参考资料和恭录：蒋委员长对力行社社员讲述"革命的心法"。

1077 三民主义伦理思想的现代意义/刘焕云撰. 台北：政治大学三民主义研究所. 1985.6

全书分6章：续、三民主义伦理思想的形成及其内涵、伦理的民族主义之现代意义、伦理的民权主义之现代意义、伦理的民生主义之现代意义、结论——三民主义伦理思想的现代使命。书中附有政治大学三民主义研究所1984学年度第二学期硕士论文提要和参考书目。

1080 三民主义浅说：汉蒙文对照本/中国国民

党察哈尔省党务指导委员会宣传部译．［出版地不详］：［出版者不详］．民国间（1912－1949）

本书为线装本，有照片。

1081　三民主义人口问题之研究/刘希一著．再版．台北：三民主义研究所博士、硕士论文奖助出版委员会．1982.9（三民主义研究所博士硕士论文奖助出版丛书；4）

全书分 7 章，包括：绪论、中西各重要学派的人口理论、人口品质的研究、人口数量的研究、人口分布的研究、人口政策的研究、结论，书中附有主要参考书目。

1082　三民主义商榷/老成仙撰．铅印本．［出版地不详］：［出版者不详］，民国间（1912－1949）

本书为《愚公九种》之一种，阐述作者对三民主义的理解。全书 5 章，分别是：引言；民族；民权；民生；结论。

1083　三民主义史话/贺渊．北京：社会科学文献出版社．2000.9（百年中国史话．第 4 辑；5）

本书内容包括：孙中山行舟万里酝酿三民主义、笔墨大战高扬主义、孙中山对三民主义的反思、孙中山逝世后的三民主义等。

1084　三民主义视障教育之研究/黄顺全著．台北：三民主义研究所博士硕士论文奖助出版委员会．1987.6（三民主义研究所博士、硕士论文奖助出版丛书．第五辑．15）

全书分 6 章，包括：绪论、三民主义视障教育之基础、三民主义视障教育之目的、三民主义视障教育之内容、三民主义视障教育之方法、结论与展望。书中附有参考资料和附录。

1085　三民主义统一中国之研究/李仲著．台北：三民主义研究所博士硕士论文奖助出版委员会．1987.6（三民主义研究所博士、硕士论文奖助出版丛书．第六辑．6）

全书分以下 6 章：探祖渊源——“春秋大一统”之统一观念，历史回顾——民初中国统一运动，理性抉择——为何以三民主义统一中国，揣摩印证——论“和谈”与“中国统一”之道，杜渐防萌——满布荆棘的中国统一前途，千秋大业——如何以三民主义统一中国。书中附有序言、绪论、结论、参考书目和为出版序。

1086　三民主义土地制度之研究/王松山著．台北：三民主义研究所博士硕士论文奖助出版委员会．1981.4（三民主义研究所博士、硕士论文奖助出版丛书．第三辑；8）

本书主要内容包括：绪论、中国历代土地制度沿革、三民主义土地制度之内容、三民主义土地制度之实施、现阶段土地制度检讨与改进等。书中附有参考书目。

1087　三民主义问答/金曾澄．再版．［出版地不详］：广东省教育会．1926.8

本书以问答的形式讨论了三民主义的概念、民族与国家的分别、欧战之后俄国的情况、现在中国与外国通商的情形等问题。

1088　三民主义新论/崔书琴著．修订版．台北：台湾商务印书馆．1992.10（大学丛书）

全书共 25 章，包括：民族主义的历史发展、民族思想的消沉与民族地位的恢复、民族主义的对内与对外意义、民族主义与列宁的民族政策、反帝政策与列宁的帝国主义论、外交政策论、革命程序论、平等论、自由论等内容。书中附有第三次修订版序、三民主义新论补编、参考书籍简称说明和版本页码对照表。

1089　三民主义学术/严明．曲江：民族文化出版社．1943.1（三民主义论文集．第 1 辑）

本书内容包括：张铁君《三民主义理则学》、朱谦之《三民主义史学思潮》、张以明《三民主义法律体系》、邱椿《三民主义教育学》、崔载阳《三民主义哲学》、关自勰《三民主义社会学》等。

1090　三民主义研究/［著者不详］.［出版地不详］:［出版者不详］.［出版年不详］

本书主要研究了三民主义，全书分 4 章，包括总论、民族主义、民权主义和民生主义。

1091　三民主义研究/王升著. 4 版. 台北：正中书局. 1982.10

全书分 7 章，包括：绪论、三民主义的时代背景、三民主义的思想渊源、民族主义、民权主义、民生主义和综论。书中附有墨迹和领袖训词。

1092　三民主义研究大纲/王治心. 3 版. 上海：中华书局. 1940.6

本书根据三民主义原本 16 讲分做 32 课，每课又划分段落，每段另列纲目，以便省记。

1093　三民主义要义/周世辅著. 11 版. 台北：五南图书出版公司. 1984.3（社会科学概要丛书）

全书分 9 章，包括：绪论、民族主义、民权主义、民生主义、三民主义的实践哲学、五大建设、三民主义与共产主义之比较、三民主义的实践与成就、结论。书中附有社会科学院概要丛书编刊导言、自序和附录。

1094　三民主义优于社会主义/任卓宣著. 台北：帕米尔书店. 1983.2

全书分 4 篇：三民主义与社会主义、与社会主义者论中国革命——并对孙中山作一新的认识与阐扬、三民主义之研究、五权宪法纲要。书中附有序言和跋语。

1095　三民主义与大学/顾寔著. 台中市：文听阁图书有限公司. 2008.7（民国时期经学丛书. 第一辑；57）

全书分 8 章，内容包括：大道章、格物章、致知章、诚意章、正新章、修身章、齐家章、治国平天下章。书中附有孙中山遗教、自序、本书编辑要旨和附录。本书与《大学之道》/黄倬南著合订。

1096　三民主义与各种主义比较研究/刘高陈编著. 台北：黎明文化事业股份有限公司. 1996.1

全书分 5 章，内容包括：“民族主义与国家主义及世界主义比较”、“民权主义与个人主义及集体主义比较”、“民生主义与资本主义及社会主义比较”、“三民主义与共产主义比较”、“三民主义的完整性与优越性”。书中附有前言和结论。

1097　三民主义与共产主义（比较研究）/任卓宣著. 再版. 台北：帕米尔书店. 1982.11

全书分 12 章，包括：导言、理则学与辩证法、心物合一论与唯物论、民生史观与唯物史观、孙中山的政治学说与马克思的政治学说、民族主义与国际主义、民权主义与无产阶级专政、实践方略与斗争策略等内容。书中附有序言和后记。

1098　三民主义与共产主义/［著者不详］. 菏泽：冀鲁豫书店. 1943

本书收入 4 篇文章：《驳顽固派》、《旧三民主义与新三民主义》、《三民主义与共产主义》、《孙中山先生三大政策的三民主义》。

1099　三民主义与共产主义/胡一贯著. 台北：“中央文物供应社”. 1981.8（中华文化丛书. 政治）

全书分 6 章，包括：马克思主义与孙文主义的思想渊源、辩证唯物论与民生哲学、唯物史观与民生史观、剩余价值论与社会价值论、阶级斗争论与社会互助论、三民主义与共产主义。书中附有《中华文化丛书》序、编辑弁言和写作经过。

1100　三民主义与共产主义/毛泽东等著.［出版地不详］：自修出版社.［出版年不详］

本书收录 8 篇文章：《拥护真三民主义反对假三民主义》、《关于三民主义与共产主义》、

《旧三民主义与三民主义》、《叶青的假三民主义就是取消三民主义》、《论共产主义者对于三民主义关系的几个问题》、《关于三民主义的认识》、《加强三民主义的研讨》、《三民主义研究提纲》。

1101 三民主义与共产主义/张闻天等著. 延安：新华书店. 1944

本书收入4篇文章：《只有新民主主义才能救中国》、《关于三民主义与共产主义》、《拥护真三民主义反对假三民主义》、《论共产主义者对三民主义关系的几个问题》。

1102 三民主义与共产主义的比较研究/刘珍著. 3版. 台北：黎明文化事业公司. 1979.9

全书分6章，包括：来源方面的比较、基础方面的比较、理论方面的比较、实践方面的比较、成效方面的比较和前途方面的比较。书中附有自序。

1103 三民主义与共产主义的基本认识/张铁君. 重庆：国民图书出版社. 1940.11

本书主要阐述作者的观点，他认为共产主义可以被包含于三民主义体系之中。

1104 三民主义与教育/卢绍稷. 上海：商务印书馆. 1930.10（师范小丛书）（万有文库. 第1集. 0271）

本书分6章，内容包括：三民主义与教育的关系、三民主义教育之建设、三民主义的政策、三民主义与其他主义教育之比较等。

1105 三民主义与警政现代化/吴学燕著. 台北：正中书局. 1993.11（三民主义学术理论丛书）

全书分7章，内容包括：绪论、三民主义的政治社会发展综观、台湾地区戒严时期与解严后的警政现代化、三民主义政治社会发展与警政现代化关系析论、社会治安问题的凸显与警政的因应措施、强化警政功能的途径、结论。书中附有前言和参考书目。

1106 三民主义与孔孟思想/程运著. 台北：黎明文化事业股份有限公司. 1993.7（三民主义与现代思潮丛书）

全书分13部分，包括：前言、三民主义的思想渊源、中华文化的特质、孔子学说的时代意义、孟子学说的时代意义、三民主义与孔孟思想的融贯、结语和注释。

1107 三民主义与民主政治/叶青. 再版. 重庆：青年出版社. 1946.3（甲种青年丛书）

本书共3章，包括：三民主义与民主主义、民权主义与民主主义、民权主义与代议政治。附三民主义与民主主义之比较研究大纲。

1108 三民主义与史学/李国祁著. 台北：正中书局. 1980.5（青年理论丛书；9）

全书分3部分，包括：近代中国民族主义思想的演进、民权主义在世界民主思潮中的地位、由文化演进论民生史观及民生主义。书中附有序言。

1109 三民主义与台湾建设/谷瑞照著. 台二版. 台北：正中书局. 1982.7

全书分8章，包括："绪论——国人艰辛辟台的回顾与前瞻"；"三民主义思想体系概述"；"三民主义与资本主义、共产主义的比较"；"三民主义与台湾的政治建设"；"三民主义与台湾经济建设"；"三民主义与台湾社会建设"；"三民主义与台湾文教建设"；"结论——二十一世纪是三民主义世纪"。书中附有王序。

1110 三民主义与文艺/王集丛著. 台北：台湾商务印书馆. 1971.3（人人文库；1576）

全书分7章，包括：三民主义文艺的理论基础、三民主义创立者孙中山的文艺思想、蒋介石的文艺思想、三民主义文艺之史的发展、三民主义文艺的理想主义、三民主义文艺的写实主义、三民主义的文艺政策。书中附有编印人人文库序。

1111　三民主义与现代伦理建设/姚诚著. 台北：正中书局. 1992.9（三民主义学术理论丛书）

全书分 4 章，包括：现代伦理建设的定位与定向、社会伦理的基础——民族主义、政治伦理的指标——民权主义、经济伦理的典范——民生主义。书中附有绪论和结论。

1112　三民主义与现代世界潮流的趋势/林桂圃著. 再版. 台北：革命思想月刊社. 1957.1（革命思想丛书. 第一种）

全书分 5 章，包括：前言、民族主义与现代世界民族潮流的趋势、民权主义与现代世界政治潮流的趋势、民生主义与现代世界社会经济潮流的趋势、结论——现世界潮流趋向三民主义。书中附有自序。

1113　三民主义与中国现代化/栗国成著. 台北：国立编译馆. 1995.11（人文社会科学丛书）

全书分 5 章，包括：绪论、中国现代化历程的回顾、三民主义思想中的中国现代化原理、台湾经验与中国现代化、结论。书中附有自序和参考引用书目。

1114　三民主义与中国政治/贺渊著. 北京：社会科学文献出版社. 1995.2（中国社会科学院青年学者文库）

全书分上、下两篇。上篇：“与时俱进”的三民主义（1903－1925.3）、下篇：在三民主义的旗帜下（1925－1949）。内容包括：三民主义的诞生、《民报》与三民主义、实践的洗礼、理论的再探索、理想的三民主义、邓演达信仰的三民主义、改组派宣传的三民主义、卖国的伪三民主义等。书中附有编辑说明、序、引言、参考书目和后记。

1115　三民主义与中国政治/贺渊著. 再版. 北京：社会科学文献出版社. 1998.4（中国社会科学院青年学者文库）

内容提要参见 1114。

1116　三民主义与自由/叶青. 泰和：时代思潮社. 1941.2

本书共 5 章，包括：孙中山哲学与自由、民族主义与自由、民权主义与自由、民生主义与自由、领袖哲学与自由。

1117　三民主义哲学思想之基础/周世辅. 沪 6 版. ［出版地不详］：［出版者不详］. 1947.12（总理学说研究丛书）

本书分 3 个篇章。第 1 篇介绍了三民主义与唯生论，概述三民主义哲学思想体系——唯生论和民生史观等；第 2 篇介绍了唯生论与西洋哲学；第 3 篇介绍了唯生论与中国哲学，按时间先后将唯生论与老子、庄子以及《周易》哲学等加以比较。

1118　三民主义政治学/马起华著. 再版. 台北：“中央文物供应社”. 1981.11（三民主义学术理论论丛）

全书分 11 章，包括：三民主义政治学的意义、三民主义政治学的道统、三民主义政治学的分析方法、三民主义的现代政治分析、三民主义政治学的国家观、国家的起源、国家的目的、民族与民族主义等内容。书中附有编辑弁言、《三民主义政治学》自序、图表和索引。

1119　三民主义政治学/萨孟武. 再版. 上海：新生命书局. 1929.10

本书共 4 章。阐述“民生史观”及“不平等观”。主张以三民主义为理论，以国民革命为方法，改造、建设新中国。附录《中国革命的必然性及其必然的转变》、《日本资本主义与中国国民革命》。

1120　三民主义之精神与八德/［著者不详］. ［出版地不详］：［出版者不详］. 1931.6

本书包括孝的动机及其标准、弟道与人生及世道之关系、忠是成就人格之原素、信之人己两义、耻是人生事业的鞭策、义的几个要义及其标准等。

1121 三民主义之考证与补遗/张益弘著. 台北：恬然书舍. 1984.2

全书分7章，包括：绪论、三民主义的由来、讲述成书的经过、手改稿本的出现、两种稿本的对照、对现行本的勘正、原稿本摘录补遗。书中附有序、导言、附录和附图。

1122 三民主义之理论的体系/周佛海. 上海：新生命书局. 1928.4

本书总论三民主义的时代背景、产生、演进、完成及其不可分性，分论民族主义、民权主义、民生主义的性质、内容及实施方法。

1123 三民主义之完美/叶青. 重庆：中国文化服务社. 1941.6

本书讨论了三民主义的创造性、综合性、时代性、社会性、革命性、科学性、哲学性、一贯性、阶段性、世界性等，作者认为三民主义是中国唯一的主义，中国国民党是唯一的政党。

1124 思想与实践：台湾经验的验证. 上，孙文学说与中华民国立国/徐元胜编著. 再版，修订本. 台北县：高立图书有限公司. 2002.2

全书共分为两篇，共6章内容。第一篇为导论，包括三民主义创立之背景、哲学或科学的三民主义、三民主义之实行与效果；第二篇为民族主义思想，包括民族主义缘起、民族主义——救国救世与恢复民族地位、大亚洲主义。本书有序言和照片。

1125 孙中山传/（德）海法特著；王家鸿译. 台北：台湾商务印书馆. 1978.7

本书前半部为传记体，中间有许多与孙中山有关的史实，后半部是以学者态度研究三民主义。书末有附录5篇。

1126 孙中山思想与当代世界/郑竹园. 台北：国立编译馆. 1996.2（世界学术译著）

本书着重研讨孙中山在其探讨民族主义、民权主义和民生主义的重要著作《三民主义》一书中的社会、政治和经济思想。本书共包括11章，一个大事表和一个精选书目，前4章主要分析孙氏的生平和时代，以及传统文化对其思想的影响；后6章着重详细讨论孙氏的“三民主义”。最后一章探讨孙氏思想对中国未来的影响。

1127 台湾地区高中学生政治社会化之研究：从三民主义教育效果探析/李超著. 台北：三民主义研究所博士硕士论文奖助出版委员会. 1986.4（三民主义研究所博士、硕士论文奖助出版丛书. 第五辑；4）

全书分5章，包括：导论、研究方法、调查结果、发现与讨论、结论。书中附有感谢辞、参考书目和附录。

1128 陶百川全集. 28，三民主义与共产主义/陶百川著. 台北：三民书局. 1992.4

全书分7部分，包括：三民主义与共产主义的比较研究；对本书的反应（重庆增补）、三民主义的经济结构（台北增补）、三民主义的台湾经验（台北增补）、尚未成功仍需努力（台北增补）。书中附有自序和台北版序言。

1129 现阶段社会安全制度：三民主义福利理念与蓝图/陈永竹著. 台北：尖端出版有限公司. 1986.7

全书分5章，包括：绪论、传统社会福利思想及近代社会安全制度与三民主义福利思想的关联、从三民主义福利思想到社会安全的具体化、建立三民主义福利思想体系的社会安全制度、结论——三民主义社会安全制度的实践。书中附有自序、主要参考资料和附录。

1130 新民主主义革命理论与三民主义比较研究/董世明著. 长春：东北师范大学出版社. 1995.12（东北师范大学文库）

全书分5章，包括：一个国家不同时代的产物、孙中山的民族主义与中国共产党的反帝反封建纲领和民族政策、民权主义与新民主主义革命的政治纲领、民生主义与新民主主义革命的经济纲领、历史的选择。书中附有序、绪言和后记。

1132 怎样以三民主义统一中国/风云出版社编辑委员会编. 台北：风云出版社. ［出版年不详］（风云论坛；42）

全书分3辑：政治参与、经济参与和社会参与。内容包括：民主运动不分党内外、对国民党的几点真诚建议、忧患意识与牙刷主义、给社会激进人士的十大建议、心平气和看李表哥、经济展望与隐忧、如何提高投资意愿、现代化企业经营与管理等。

1134 中国革命与三民主义/施存统. 上海：复旦书店. 1928.10

本书共6篇：《中国民主革命的性质与其必然的发展》、《国民党应代表的是什么》、《中国革命与三民主义》、《理想中的以党治国》、《中国革命与学生运动》、《革命、改良与反动》。

1135 中国国民党土地政策研究：1905－1949/金德群主编；左用章等撰. 北京：海洋出版社. 1991.8

本书系统论述了国民党土地政策产生的社会条件、基本内容、演变过程及经验教训。全书分7章，包括：中国土地问题的历史回顾、孙中山的平均地权纲领、国民革命时期的土地政纲、十年内战时期的土地法规、抗日战争时期的土地政策、抗战胜利后的土地改革方案、关于中国国民党土地政策的反思。

1136 中国哲学与三民主义/冯沪祥著. 台北：时报文化出版事业有限公司. 1984.1（时报书系；503）

全书分18个部分，包括：中国哲学与三民主义、三民主义的优越性、民族主义的精义与实践、儒家哲学的时代使命、儒家伦理与三民主义的精神、哲学与文艺、忧患意识的现代意义、文化建设的理论与实践等内容。书中附有作者简介、序言和自序。

1137 中国制宪史/吴经熊等著. 上海：上海书店. 1992（民国丛书第四编，政治·法律·军事类；27）

本书共3篇，内容包括："以往的制宪运动"、"立法院之议宪"、"附录"等。

1138 中华民国宪法：兼述国父思想/朱谌著. 台北：五南图书出版公司. 1994.11

全书分为12章，包括：导论、民族主义学说、民权主义学说、民权主义学说与宪法基本概念、民权主义学说、结论等内容。书中附有编辑大意与附录。

1139 中华民国宪法史案/李根源纂辑. 东京：国闻编辑社. 1914.3

本书分6部分，包括制宪、干宪、宪哄、宪祸、攘宪、总序。

1140 中华民国宪法史料/郭卫编. 影印本. 台北：文海出版社. 1973（近代中国史料丛刊. 第88辑；879）

全书分3部分，包括：制宪史略、国民大会制宪之概况、宪法本文及其附属法规。书中附有居正序。

1141 中华民国宪法史料/张耀曾，岑德彰编. 影印本. 台北：文海出版社. 1981（近代中国史料丛刊续编. 第八十一辑；803）

全书分为上、中、下三编，内容包括：中华民国临时政府组织大纲、临时约法、总统选举法、国会组织法、中华民国约法、中华民国宪法、国民政府组织法、国民议会组织法等。书中附有序、凡例和参考书目。

1142　中华民国宪法与孙中山思想/朱谌．台北：五南图书出版公司．1993.3

本书共分17章73节，包括："孙中山先生思想之特质"、"宪法之基本概念"、"宪政理论与五权宪法"、"中华民国宪法之制定与增修"、"中华民国宪法之宣言与总纲"等。自第6章后，按民族主义、民权主义及民生主义三者结合中华民国宪法条文撰述。有图表。

1143　中山思想答问/刘真主编．台北：台湾书店．1994.6（中山学术文化基金会丛书）

本书以问答的形式，对孙中山思想体系中若干易滋疑义之问题，依据孙中山本人言论及有关论著，作简要之诠释。全书分4部分：总论、民族主义、民权主义和民生主义。书中附有序和凡例。

1144　中山思想要义/刘真主编；陈志先，陈光辉编辑．台北：台湾书店．1994.7（中山学术文化基金会中山丛书）

本书内容包括：三民主义的中和性、五权宪法之理论与实施、从孙中山遗教中看自由与纪律、三民主义之哲学基础、三民主义五权宪法要义、孙中山与近代中国、伟大的中山先生、孙中山思想的精深博大等。书中附有序、凡例和附录。

1145　中山思想与台湾经验/刘真主编；陈志先编辑．台北：台湾书店．1995.10（中山学术文化基金会中山丛书）

全书分上、下两册，内容包括：孙中山民权主义在台湾之实践与发展、台湾的经济发展回顾与前瞻、孙中山经济思想在台湾之实践、中山先生的平衡观念与台湾经济发展策略、土地改革与台湾的农业发展、台湾粮食生产的基本原则与重要措施、孙中山与社会福利建设等。书中附有序、凡例、表和参考资料。

1146　中山先生平均地权思想在台湾实践之检讨/张金鹗等著．台北：台湾书店．1997.12（中山学术文化基金会中山丛书）

全书分6章，包括：绪论、平均地权思想及形成背景、台湾实施平均地权概况、当前平均地权制度之检讨、现代平均地权思想之意义与展望、结论。书中附有序、自序、参考文献和附录。

1147　总理遗教/中国国民党中央执行委员会编．铅印本．［出版地不详］：中国国民党中央执行委员会，1931

本书分上、下两集。上集有：总理遗像、遗墨、建国方略和建国大纲；下集有：三民主义和第一次全国代表大会宣言。本书前有"贡献给国民会议全体代表们"一文。

1148　总理遗教辑要/中国国民党中央执行委员会训练委员会编著．台北：正中书局．1952.4

全书分上、下两册，共7篇，内容包括：总论——三民主义之体系及其实行程序、三民主义、心理建设、伦理建设、社会建设、政治建设、经济建设。书中附有编辑例言、讲授法要点、图表和附录。

5 辛亥革命时期的思想文化

1149 《觉民》月刊整理重排本/高旭等原编；高铦，谷文娟整理. 北京：社会科学文献出版社. 1996.5（国际南社学会. 南社丛书 第二套）

《觉民》月刊为觉民社所创办，创刊于1903年11月，在金山县张堰镇出版，每月一期，至1904年8月为止，共出10期，停刊日期不详。为了保存这一重要史料，特整理重排了这10期《觉民》。内容包括：论说、哲理、教育、军事、卫生、传记、时局、小说、谈丛、时评、文苑等。卷首附《觉民》原刊的复制书名页及发刊辞，书后附紧要告白及赞助人名单。

1150 《訄书》评注/［章太炎原著］；梁涛著. 西安：陕西人民出版社. 2003.1（西部人文学术丛书）

本书注重注释与评价相结合，在《訄书》每篇之下，集中论述该篇撰著背景、发表时间、思想内容等。

1151 《天演论》传播与清末民初的社会动员/王天根著. 合肥：合肥工业大学出版社. 2006.5（文化与传播研究丛书）

本书探讨了有关《天演论》的一些问题，如关于《天演论》版本情况的考析；近代社会通讯鼓吹进化论的舆论导向与现实政治制度变革关系的探究；进化论是否成为戊戌维新运动的有力理论武器辨析；《天演论》传播与宗教关系的考察等。

1152 《饮冰室合集》集外文/梁启超著；夏晓虹辑. 北京：北京大学出版社. 2005.1

本书共3册，内容包括：与康有为等人书、自立会序、朝旨深意、日韩合并问题、呈请辞职文、致滇中将士书、西学书目表、饮冰室自由书等。

1153 《原强》评注/严复著；通辽柴油机厂工人理论组，通辽师范学院政史系《原强》注释组同注释. 长春：吉林人民出版社. 1976.11

本书是严复针对甲午战争后民族危机空前严重的现实，全面提出了他的改良主义理论和主张。他以达尔文的生物进化论和斯宾塞的社会政治学说为依据，指出一个国家或民族的强弱存亡，关键在于“民力”的强弱，“民智”的高下和“民德”的好坏，并带有作者的评点。

1154 1894－1915：梦想与困惑/马勇著. 昆明：云南人民出版社. 2001.1（中国干部最新文库）

本书以现代化的理念去探讨1894－1915年间的中国思想史。全书分5章：中国的唯一希望、谁能推动中国的现代化、中国现代化的诉求与失望、政治现代化的尝试与失败、现代化的思想资源。书中附有前言和序。

1155 1913年读音统一会资料汇编/文字改革出版社编. 北京：文字改革出版社. 1958.3（拼音文字史料丛书）

本书内容包括：读音统一会议事规则、会员录、会员席次表、清河王照方案、平江陈遂意方案、邢岛所提方案、审音代表决定之办法、三月十三日通过的38个注音字母等。

1156 20世纪的中国：学术与社会，史学卷/罗志田主编. 济南：山东人民出版社. 2001.1

本书分 6 编，包括：引论晚清的政治概念与“新史学”、民国的新史学及其批评者、20 世纪中国马克思主义史学、学科体制与近代中国史学的建立、中国史学的科学化——专科化与跨学科、20 世纪中国史学学术编年。

1157 20 世纪的中国：学术与社会，文学卷/韩毓海主编. 济南：山东人民出版社. 2001.1

本书分 3 篇，包括：现代文学观的发生与形成（1900－1927），现代文学的现代处境（1928－1948），中华人民共和国的文学（1949－1989）。

1158 安徽新闻百年大事：1898－1998/《安徽省志·新闻志》编委会办公室编. 合肥：黄山书社. 1999.12

本书以编年体的形式，简明扼要、多角度地展示了安徽百年来新闻发展的历史轨迹，也是解放 50 年来安徽新闻事业光辉成就的展现。时间上从 1898 年至 1998 年。书中附有照片。

1159 百年中国大事要览：科教文化卷/朱汉国，郝瑞庭总主编；贾兴权，唐伽编著. 北京：党建读物出版社. 2002.8

《百年中国大事要览》记录了 20 世纪里中国在政治、经济、军事、科学技术、文化教育、外交等方面的历史事件。本书为科教文化卷，包括：清王朝的灭亡、动荡的年代、五四风雷、国民革命、从对峙走向合作抗战、抗日战争、解放战争、新中国凯歌行进等阶段。书中附有总序和前言。

1160 百年中国哲学经典，清末民初卷：1898－1915/汤一介，杜维明主编. 深圳：海天出版社. 1998.9

本书分 3 部分，包括：今文经学、古文经学、新学。分别介绍了康有为、谭嗣同、梁启超、章太炎、刘师培、严复、王国维、孙中山的哲学思想和著作。

1161 被历史“遗忘的角落”：梁启超的新民学说与经济思想/潘强恩等著. 北京：新华出版社. 1999.1

本书介绍梁启超的生平和时代，着重探讨他的新民学说和经济思想，并试图追索他的思想观点在新民主主义革命时期所产生过的影响。

1162 常识文范：四卷/梁启超撰. 铅印本. 上海：中华书局，民国五年（1916）

本书分 4 卷，卷 1 为说常识、说国风等篇；卷 2 为论新民为今日中国第一急务，论进取冒险等；卷 3 为少年中国说，说幼稚等篇；卷 4 为复古思潮平议，论小说与群治之关系等篇。本书 4 册。

1163 陈天华集/陈天华著；刘晴波，彭国兴编；饶怀民补订. 长沙：湖南人民出版社. 2008.1（湖湘文库；248）

本集所辑陈天华的文章，以早出的书报为蓝本进行校点。收录有：《敬告湖南人》、《要求救亡意见书》、《中国革命史论》、《猛回头》、《警示钟》、《狮子吼》、《绝命辞》等文章，并附录有陈天华生平及思想研究资料目录索引等内容。

1164 冲破思想的牢笼：中国近代启蒙思潮/彭平一著. 长沙：湖南师范大学出版社. 2000.4

本书分 5 章，包括：“风气略开之后，异学未兴之前”——鸦片战争后启蒙思潮的萌芽、“冲决封建主义网罗”——戊戌维新期间近代启蒙思潮的兴起、“唤醒国民之精神”——辛亥革命前后近代启蒙思潮的发展等。

1165 春秋载记/梁启超著. 石印本. ［出版地不详］：中央大学出版部，民国间（1912－1949）

载记，史书体裁之一，记载不属于正统王朝的割据政权的事迹。本书是梁启超有关先秦社会政治史的名著之一，选取这一时段，正如他所说：“虽常有迁移分裂而所谓中国人者，则已成为永不可分之一体。他族入焉，非久必与之俱化。我国所以能岿然独立……而其酵釀之而字育之者，实在春秋之世。”全书论述了春秋时期在我国社会历史进程中的地位。

1166 词语的知惠：清末百科辞书条目选/钟少华编. 贵阳：贵州教育出版社. 2000.10（二十世纪中国人的精神生活丛书；2）

本书内容包括：《清末百科辞书介绍》、《普通百科新大辞典》条目选、《东中大辞典》条目选、《法律经济辞典》条目选、《新尔雅》条目选和《世界名人传略》条目选等。

1167 从革命到共和：清末至民国时期文学、电影与文化的转型/陈建华著. 桂林：广西师范大学出版社. 2009.10

本书共4篇。革命话语与文学革命：探讨了晚清“革命”话语的理论与实践；报刊杂志与政治文化：探讨了民国时期都市通俗文学与报刊杂志等大众传媒的政治关系；文学、电影与都市文化：讨论了中国早期电影与都市文化的共生关系；文本、文学主体与欧美现代主义：涉及欧美现代主义与本土文化的接受与挪用等问题。书中附有自序和照片。

1168 从孔夫子到孙中山：中国哲学小史/方克立. 北京：中国青年出版社. 1984.7

本书通过对我国历史上三十多位著名哲学家的生平活动和思想学说的简要评述，勾勒出从孔夫子到孙中山的一部中国哲学史的丰富内容和基本发展线索。本书附插图。

1169 从孔夫子到孙中山：中国哲学小史/方克立. 北京：中国少年儿童出版社. 1996〔希望书库；5—33（总337）〕

本书通过对孔子、墨子、孟子、柳宗元、王安石、章太炎、孙中山等著名哲学家的生平活动和思想学说的简要评述，勾勒出从孔夫子到孙中山的一部中国哲学史的丰富内容和基本发展线索。本书附插图。

1170 丛报汇选：三集/梁启超等撰. 刻本. [出版地不详]：义聚书屋，民国间（1912—1949）

本书分三集，初集包括论说、学说、时局、传记、地理、教育、名家谈丛、文苑；二集包括论说、学说、历史、地理、宗教、学术、名家谈丛；三集包括论说、学说、法律、历史、传记、学术、军事、地理、小说。本书有朱笔圈点，书衣题“鼎记义聚书屋”。本书12册。

1171 大变局中的涵化与转型：中国近代文化觅踪/苏中立，陈建林主编. 北京：中国工人出版社. 1992.3

本书分14章，包括：文化理论的多维视野、传统经学的递变终结、哲学思维的传承变革、宗教领域的纳异碰撞、教育制度的除旧布新、科学技术的引进成长、社会风俗的演化趋新、租界坐标的双重辐射等。

1172 淡淡的血痕中：中国现当代散文（1911—1936）/袁鹰主编. 北京：华夏出版社. 2004.1

本书为青年读者提供了中国散文史上1911年至1936年间具有代表性的散文，这些作品从侧面反映了我们的祖国从沉沦、挣扎、复兴走向富强的艰辛历程。

1173 滇八家诗选：八卷/王灿辑. 铅印本. 云南：云南印刷局，民国三十一年（1942）

本书包括钱沣、黄琮、戴炯（又作絅）孙、朱艭、赵藩、张星柳、陈荣昌和李坤八家诗作。著名诗人、法学家王灿编选《滇八家诗选》的目的是“焕发金碧光采”，让滇中名诗人与内地诸大家“后先辉映，并驾齐驱于中原”（董万川序）。本书4册。

1174 东北新闻史：1899—1949/黑龙江日报社新闻志编辑室编著. 哈尔滨：黑龙江人民出版社. 2001.12

本书包括：清朝末年东北报刊、民国年间东北新闻事业、东北沦陷时期新闻事业、东北解放战争时期新闻事业四部分内容。附古代东北的新闻传播。

1175 都会云裳：细说中国妇女服饰与身体革命（1911－1935）/吴昊著．香港：三联书店（香港）有限公司．2006.7

全书分6章，包括：辛亥革命与服饰革命；大都会妇女，时装急先锋；五四运动酝酿妇女服饰剧变；北伐前后的妇女与时装；裸变：妇女解放身体与服饰；旗袍的复兴。书中附有序、图片和结束语：火凤凰传说。

1176 贩马记：辛亥传奇剧/李健吾著．银川：宁夏人民出版社．1981.3

本书是一部正面反映辛亥革命，又以男女主人公恋爱悲剧为副线的分折不分幕的话剧。

1177 废姓主义谈/老成仙撰．石印本．双流：双流贯氏．民国二十一年（1932）

本书作者主张废除姓氏，以“化家族思想为国家思想”。其内容有《引言》、《姓与人之关系》、《姓非世界所公有》、《汉族古时亦无姓》、《姓之起源》、《姓之流弊（上）》、《姓之流弊（下）》、《废姓为今日之必要》等21章。

1178 分裂与建构：清末民初文学语言新变研究（1898－1917）/邓伟著．北京：中国社会科学出版社．2009.10（中国社会科学博士论文文库）

本书稿对于中国现代语言文字变革过程进行细致入微的分析与探讨，并揭示了这个过程与中国文学历史性转型之间的深刻关联。全书共6章，包括：文言的发展、白话文运动、翻译文学语言、梁启超与文学语言近代化、林纾与古文文学语言、徐枕亚与骈文文学语言。书中附有总序、序、绪论、代结语、参考文献和后记。

1179 告别臣民的尝试：清末民初的公民意识与公民行为/陈永森著．北京：中国人民大学出版社．2004.1（中国社会史研究丛书．第二辑．政治理念与中国社会）

本书分11章。包括：公民观念的引进、“国家主义”与“公民”的整体性、公德与私德、最初的公民权利观、女人也是公民、立宪与“公民”、公民与宪政规则、为再造共和培养合格公民等。有绪论、结束语、参考文献和后记。

1180 革命军/（清）邹容著．［出版地不详］：［出版者不详］．清光绪二十九年（1903）

本书共7章：绪论、革命之原因、革命之教育、革命必剖清人种、革命必先去奴隶之根性、革命独立之大义、结论。书前有章太炎序。

1181 革命军/邹容著．［出版地不详］：［出版者不详］．1904

本书分为7章：绪论、革命之原因、革命之教育、革命必剖清人种、革命必先去奴隶之根性、革命独立之大义、结论。书前有章太炎作《革命军序》及作者自序。本书为伪装本，封面伪装题名《图存编》，伪托该书为“皇汉丛书之一”。

1182 革命军/邹容．上海：民智书局．1928

内容提要参见1180。本书附肖像。

1183 革命军/（清）邹容著．再版．上海：民智书局．1929.4（革命文库．第一种）

内容提要参见1180。书前有陈天化的《革命文库总叙》、章太炎的《邹容传》和《革命军序》，以及邹容的《革命军自序》。附录《逐满歌》、《革命歌》、《扬州十日记》。

1184 革命军/邹容．北京：中华书局．1958.9

内容提要参见1180。本书附肖像。

1185 革命军/邹容．北京：中华书局．1971.9

内容提要参见1183。本书附肖像。

1186　革命军/（清）邹容著；冯小琴评注. 北京：华夏出版社. 2002.10（影响中国近代史的名著）

本书分 7 章，包括：结论、革命之原因、革命之教育、革命必剖清人种、革命必先去奴隶之根性、革命独立之大义、结论。书中有总序、《革命军》评价、《革命军》自叙和邹容评传。

1188　革命诗文选/唐卢锋编注. 重庆：正中书局. 1941.9（国文精选丛书）

全书分为 4 卷：前 3 卷为文选，第 1 卷是孙中山总理作品，第 2 卷是革命先烈作品，第 3 卷是当代革命先进的作品，第 4 卷为诗词选。

1189　革命之再起：中国国民党改组前对新思潮的回应（1914－1924）/吕芳上著. 台北："中央研究院"近代史研究所. 1989.4（"中央研究院"近代史研究所专刊；57）

本书共 7 章，包括：绪论、新时代的来临、五四时期中山先生革命理论的发展、革命党人迎接新思潮、革命党人重视民众力量、革命之再起和结论，附大事年表（1914－1924）、征引书目和索引。

1190　共和梨园新戏：十集/［著者不详］. 石印本.［出版地不详］：［出版者不详］，民国间（1912－1949）

此书系民国间改良京剧之汇总，共收入 144 种，有代表性的剧目主要有汾河湾、黛玉葬花、四郎探母等。正文主要为戏曲曲文。每种前有插图概括剧情。本书 29 册。

1191　共和浅说：一卷/高步瀛撰. 铅印本. 直隶：直隶官书局，民国元年（1912）

本书为国群铸一通俗讲演社讲演词，从道德、品行等多个方面规划了新时代国民应有的素质。共分为 30 章：总说、说共和国民与国家的关系、说共和国民当守法律、说共和国民当受教育、说共和国民当充兵役、说共和国民当纳赋税、说共和国民当重功德、说共和国民当化畛域、说共和国民当能合群、说共和国民当求自立、说共和国民当尚勤俭、说共和国民当重廉耻、说共和国民当有自治的能力、说共和国民当知本国的情形、说共和国民当知世界的大势、说共和国民当有任侠的风习、说共和国民当有尚武的精神、说共和国民当有责任心、说共和国民当去忌克心、说共和国民当重名誉、说共和国民当爱国家、说共和国民当振兴实业、说共和国民当慎重选举、说共和国民当热心地方自治、说共和国民当顾全国家大局、说共和国民的资格、说共和国民的精神、说共和国民的权力、说共和国民的幸福、结论。

1192　共和新尺牍/［著者不详］. 石印本. 上海：上海会文堂书局，民国二年（1913）

本书针对民国间日常生活中所用的文书、信件提出新的写作规范和样例，以此提倡新的话语方式和思维方式，破除陈规陋习。内容包括 12 类日常的文书写作：庆贺类、吊唁类、慰问类、家书类、通候类、规劝类、请托类、邀约类、馈送类、商业类、杂类。

1193　癸丑修禊集/梁启超编. 铅印本.［出版地不详］：［出版者不详］，民国二年（1913）

1913 年 4 月 9 日，即东晋永和九年后第二十六癸丑，梁启超在北京西郊万牲园发起了修禊活动。此为当时参与者梁启超、陈衍、杨度、夏曾佑、李盛铎等人有感而发的诗文 33 首。

1194　癸卯年万岁：1903 年的革命思潮与革命运动/严昌洪，许小青著. 武汉：华中师范大学出版社. 2001.8

本书内容包括：留东学子闹扶桑、内地风潮正激荡、辛亥革命的思想先驱、历史资源的利用、民族国家理论的建构。

1195　国粹学报/邓实，刘师培等编辑. 上海：上海国粹学报馆. 1905

本刊是研究国学的学术性刊物。1905 年 2

月23日（光绪三十一年正月二十日）创刊，是革命学术团体“国学保存会”的机关刊物。编辑者有邓实、章炳麟、刘师培、马叙伦、罗振玉等，由邓实任总纂。月刊。以“发明国字，保存国粹”为宗旨。以文言文撰写稿件。主要栏目有社论、政篇、史篇、文篇、丛谈、撰录等。第三年增设博物篇、学术篇。第四年第一期又设藏书志，第二期开地理篇，第五期设绍介遗书。第六年起，栏目分通论、经篇、史篇、子篇、文篇、博物篇、美术篇、丛谈、撰录等。该刊最后一期为1911年9月12日出版的第82期。后改名《古学汇刊》，另行出版。

1196　国风报：第一年第一期一第二年第十七期/［著者不详］. 影印本. 北京：中华书局. 2009.10（中国近代期刊汇刊）

本书据原版期刊影印，共52期，时限为1910年2月20日创刊至1911年7月停刊。主旨是评论时政、指导国民、健全舆论，设有谕旨、论说、时评、调查、记事、法令等14个门类。

1197　海上光复竹枝词/朱谦甫著. 上海：民国第一图书局. 1913.4

辛亥革命爆发后，作者感到记录革命始末的鸿篇巨制不少，却缺乏小篇幅的诗作来纪实。于是在民国元年（1912年），写了500首七绝，叫做《海上光复竹枝词》，把从武汉起义到南北统一的这个时间段内的民国气象、社会状态，都写入其中。全书包括：海上光复竹枝词词序、海上光复竹枝词和题词3部分内容。

1198　赫胥黎天演论/（英）赫胥黎著；严复译. ［出版地不详］：［出版者不详］. 1896

该书《导言》包括察变、广义、趋异、人为、互争、人择、善败、乌托邦等18篇；《论》包括能实、忧患、教原、严意、天刑、佛释、种业、冥往等17篇。

1199　赫胥黎天演论/（英）赫胥黎著；（清）严复译. 石印本. ［出版地不详］：富文书局. 1901

内容提要参见1198。

1200　黑血·金鼓：辛亥前后湖北报刊史事长编（1866～1911）/刘望龄著. 武汉：湖北教育出版社. 1991.4

本书辑录湖北报刊计191种，其中184种为本地出版。此外，书中简要辑录有湖北籍人士在国内外参与编辑的报刊16种。附书影。

1201　侯官严氏丛刻/严复撰. 影印本. 台北：成文出版社. 1968.8（清末民初史料丛书·16）

本书收录了清末著名学者、翻译家严复的著作。全书共收录了《上今上皇帝万言书》、《斯宾塞尔劝学篇》、《原强》、《救亡绝论》、《论世变之亟》等5篇文章，本书还有跋和严几道年谱。

1202　侯官严氏丛刻/严复著. 影印本. 台北：文海出版社. 1975.5（近代中国史料丛刊续编. 第十八辑；179）

内容提要参见1201。本书为严复的作品集。

1203　湖北学生界（汉声）. 第一一三期/罗家伦主编. 影印本. 台北：中国国民党中央委员会党史史料编纂委员会. 1968.9（中华民国史料丛编）

本书内容包括：叙论、学说、教育、经济、实业、军事、小说、时评、地理等。书中附有留学纪录、余录和附湖北调查部纪事。

1204　湖北学生界（汉声）. 第四一六期/罗家伦主编. 影印本. 台北：中国国民党中央委员会党史史料编纂委员会. 1968.9（中华民国史料丛编）

本书内容包括：论说、学说、实业、小说、文学、医学、历史传记、地理等。书中附有留学纪录、附湖北调查部纪事和附录。

1205　湖南时务学堂遗编/湖南时务学堂编．铅印本．北京：香山慈幼院，民国十一年（1922）

本书为湖南时务学堂杞记汇编，包括李炳寰、蔡艮寅、左景伊、周镇藩、黄瑞麒、李渭贤、陈为鐄、杨士辉、李洞时、杨树谷等 10 人关于变法维新方面的读书要点和心得体会。本书 30 册。

1206　黄绣球/（清）颐琐著．台北：广雅出版有限公司．1984.3（晚清小说大系）

妇女解放运动，可说是晚清小说系列中，颇为重要的一环。而颐琐的《黄绣球》则是当时反映妇女问题的小说中，最为优秀的著作。本书与《小足捐》、《东欧女豪杰》、《狮子吼》合订。

1207　集成与转型：明中叶至辛亥革命的精神文明/刘勇强编著．北京：北京大学出版社．2009.1

本书通过对启蒙思潮产生与发展、文学艺术中的世情写真和文人情怀、中西文化的交流以及民族文化、宗教信仰、教育制度的描述，展示了中华文明步履踉跄却永不止息的艰难探索。

1208　江苏报刊编辑史/倪波，穆纬铭主编．南京：江苏人民出版社．1993.12（出版史志丛书）

本书分为上、下两编，讲述了清代江苏期刊编辑出版业的兴起、辛亥革命时期江苏期刊的编辑出版、民国初期江苏期刊的编辑、近代江苏报纸编辑崛起时期、解放战争时期江苏报纸编辑业等内容。

1209　江苏省川沙县志．四/方鸿铠修；黄炎培纂．影印本．台北：成文出版社．1974.6（中国方志丛书．华中地方）

本书主要描述的是宗教志，内容主要包括：基督教、道院、佛寺。

1210　近百年湖南学风/钱基博著．长沙：岳麓书社．2010.1（民国学术文化名著丛书）

本书为论述辛亥革命以前湖南学术思想发展变迁的著作，书中采用传记的形式，分群别类合传诸人，如：魏源、罗泽南、李续宾、胡林翼、曾国藩、左宗棠、郭嵩焘、王闿运、谭嗣同、蔡锷等，旨在彰显湖南学人独立自由之思想、坚持不磨之志节。

1211　近百年湖南学风：含《经学通志》/钱基博著；傅道彬点校．北京：中国人民大学出版社．2004.9（朗朗书房．国学基础文库）

内容提要参见 1210。书中附有导言、余论和《经学通志》。

1212　近代史学刊．第 5 辑/章开沅，严昌洪主编．武汉：华中师范大学出版社．2009.6

本书包括：专题研究、研究生论坛、史实考证、学术综述与书评等栏目。

1213　近代新学：中国传统学术文化的嬗变与重构/王先明著．北京：商务印书馆．2000.3

本书共 9 章，包括结论，民族定位——新学民族性问题的再思考，经世致用——旧学走向新学的内在动因，洋务运动——沟通“中西”学的桥梁，戊戌“新学”——近代“新学”的初步形成，兴学堂——近代“新学”制度化建设，新旧比较——“新学”形成发展的历史轨迹，中体西用——近代新学的文化模式，新学与社会文明转型的几点思考。

1214　近代中国的百科辞书/陈平原，（捷克）米列娜主编．北京：北京大学出版社．2007.9（学术史丛书）

本书内容包括：“尚友录”到“名人传略”、晚清世界人名辞典研究、清末百科辞书条目特色研究、“纠缠知识”的范本、晚清百科全书、《新学备纂》及其与科举制度的关系、未完成的中西文化之桥、晚清辞书与教科书视野中的“文学”等。

1215　近代中国的知识分子与文明/（日）佐藤慎一著；刘岳兵译．南京：江苏人民出版社．2006.5（海外中国研究丛书）

本书以从 19 世纪后半期到 20 世纪初约半个多世纪的中国为主要舞台，以这一时期知识分子的思想轨迹和精神世界为主要研究课题。作者分别从“万国公法观的变化”、“法国革命观的变化”、“体制选择”这些不同的角度，来分析近代中国知识分子对世界认识的转换过程，以及他们各具特色的心路历程。

1216　近代中国启蒙运动史/何干之著．复制本．上海：生活书店．1938.2

本书论述了从洋务运动到抗日战争时期中国思想文化的发展。全书分 7 章，包括：启蒙运动的意义及其社会基础、新政派的洋务运动、戊戌维新运动、五四新文化运动、新社会科学运动、国难与新启蒙运动、目前思想文化问题。

1217　近代中国启蒙运动史/何干之著．胜利后第一版，复制本．上海：生活书店．1947.5

内容提要参见 1216。

1218　近代中国社会主义思潮觅踪/皮明庥著．长春：吉林文史出版社．1991.4

全书 35 章，包括：社会主义信息东渐之始、维新派的“社会主义”思潮、留学生译述社会主义著作、资产阶级革命派的社会主义探索、无政府主义与社会主义、民初孙中山的社会革命论、鼓荡“三无两个”的中国社会党等。附录：我国早期介绍和研讨马克思主义、社会主义论著要目。

1219　近代中国之种族观念/（英）冯客（Frank Dikotter）著；杨立华译．南京：江苏人民出版社．1999.9（海外中国研究丛书）

本书共 6 章。内容包括：作为文化的种族、作为类型的种族、作为宗族的种族、作为民族的种族、作为种类的种族、作为种子的种族等。在书中种族被视作与客观标尺无关的文化构造，如生理特征之差异，种族范畴之所指也只随符号世界而重构。

1220　精读严复/刘琅主编．厦门：鹭江出版社．2007.8

本书辑有严复主要译著《天演论》、《群学肄言》、《群己权界论》和政论文选如《原强》、《辟韩》、《论世变之亟》等篇，充分展现了著者提倡西学、救亡图存、追求国家富强的热烈情怀。

1221　警世钟/陈天华著；朱钟颐评注．北京：华夏出版社．2002.10（影响中国近代史的名著）

《警世钟》是辛亥革命前夕著名的民主革命宣传家陈天华反帝反清作品中最有影响力的两本著作之一，阐明了中国必须进行民主革命的道理。本书与《猛回头》合订。

1222　救亡求存：清末维新潮/焦润明著．沈阳：辽宁人民出版社．1997.8（清代社会文化丛书．思想卷）

本书收录了 45 篇文章，包括：作为维新潮先导的洋务潮，维新潮与洋务思潮的区别，严复与他的“三民”思想，康有为、梁启超的进化论思想，维新派在日本创设舆论阵地，发动不缠足运动，变法流产清廷全面复辟，维新思潮的历史结局等。有照片。

1223　决绝与眷恋：清末民初社会心态与文学转型/耿传明著．上海：复旦大学出版社．2010.6

全书分 4 章，包括：《天演论》的回声与文化上的“西进东退”趋势，癸卯年的“大觉悟”与“乌托邦”心态的涌动，“共和初建”的兴奋及对民初“宪政”的失望，《新青年》的崛起与“西体中用”等的文化定局。有导言、结语和后记。

1224　觉醒与挣扎：20 世纪初中日“人”的文

学比较/秦弓著．北京：东方出版社．1995.2（日本研究博士丛书）

全书分为两编：思潮研究和主题研究。主要内容："历史轨迹之一：日本"；"历史轨迹之二：中国"；"择取之一：轮廓"；"择取之二：热点"；"择取之三：眼力"；"理论框架的比较"；"历史进程的比较"；"个性王国：构筑与拓展"等。书中附有序言、引言、附录、参考书目和后记。

1225　历代日记丛钞．第一四五册/李德龙，俞冰主编．影印本．北京：学苑出版社．2006.4

本书主要讲述了清代学术变迁与政治的影响、清代经学之建设、清代史学之建设、清代学者整理旧学之总成绩等内容。

1226　论法的精神/（法）孟德斯鸠著；严复译．上海：三联书店．2009.3

本书10章，包括一般的法，由政体的性质中直接推演出来的法律，各种政体的原则，教育的法律应与政体的原则相适应，立法应与政体的原则相适应，政体原则和民、刑法繁简以及判决的形式等事物的关系，政体原则与节俭法律、奢侈以及妇女身份的关系，三种政体原则的腐化等。

1227　论世变之亟：严复集/严复著；胡伟希选注．沈阳：辽宁人民出版社．1994.9（中国启蒙思想文库；8）

本书收有《救亡决论》、《有如三保》、《实业教育》等20余篇文章。

1228　论早期国民党人的社会主义思想/陶季邑著．长沙：湖南师范大学出版社．1993.6

本书探讨了以孙中山为首的一大批早期国民党领袖人物的社会主义思想，以及第一次国共合作的原因。内容包括：社会主义思潮在中国出现的社会历史条件、辛亥革命时期孙中山等人的社会主义思想、民国建立最初几年国民党人的社会主义思想、五四时期国民党人的社会主义思想等。书中附有序和结束语。

1229　论自由/（英）约翰·穆勒著；严复译．北京：北京理工大学出版社．2009.1（典藏书架020　第二辑）

本书是自由理论体系的集大成之作，论述了资本主义制度下的公民自由权利，在西方曾被高度评价为"对个人自由最动人心弦，最强有力的辩护"。内容分为：释思想言论自由、释行己自由明特操为民德之本、论国群小己权限之分界、论自由大义之施行等5篇。

1230　论自由：［中英文本］/（英）约翰·穆勒著；严复译．上海：三联书店．2009.3（一力文库022）

内容提要参见1229。

1231　马克思主义哲学在中国：从清末民初到中华人民共和国成立/李其驹等主编．上海：上海人民出版社．1991.11

本书较系统地阐述从清末民国初年到新中国成立这一历史时期马克思主义哲学在中国的传播、应用和发展，以及它的沿革、变化和风貌，并提供了一些鲜为人知的人物和史料。

1232　满洲叹/胡礼垣撰．铅印本．天津：天津大公报馆，清宣统三年（1911）

本书收七律诗150首。作者有感于"文明必无专制，专制必非文明"，选取各朝关涉专制之事咏之，以明"专制为必不可行于今世矣"。附世界反正篇。

1233　猛回头/（清）陈天华撰．铅印本．湖南：湖南演说科，民国元年（1912）

陈天华《猛回头》是一篇散韵结合的弹词。作者从古到今，从中到外，歌颂了我国反抗外来侵略的优良传统，揭露了列强对瓜分中国的野心，指斥清政府的腐败无能，对国家前途表现出了深深的忧虑。作者怀着强烈的爱国之心，号召民众要齐心协力，反满抗洋，成为当时反帝反封的有力号角。

1234　猛回头：陈天华邹容集/陈天华，邹容著；郅志选注．沈阳：辽宁人民出版社．1994.9（中国启蒙思想文库；16）

本书收录了《警世钟》、《猛回头》、《狮子吼》、《绝命辞》、《革命军》几部分内容。

1235　孟德斯鸠法意/（法）孟德斯鸠著；严复译．上海：商务印书馆．1931.3（万有文库．第1集；235）

本书为严复所译的法国著名学者孟德斯鸠著作《法意》的中文译本。本书共有《法律通论》、《论治制形质》、《治制之精神》、《论教育宜与治制之精神相表里》、《论为国立法必与其治制精神之相得》等29卷内容。本书收录孟德斯鸠列传，序、严译名著丛刊例言等内容。

1236　孟德斯鸠法意/（法）孟德斯鸠著；严复译．北京：商务印书馆．1981.11（严译名著丛刊）

内容提要参见1235。本书系将1931年商务印书馆所印版本重新排印而成。

1237　孟德斯鸠法意/（法）孟德斯鸠著；严复译．台北：台湾商务印书馆．1977.8（人人文库；特509～511）

内容提要参见1235。

1238　民国六百家诗钞：1911年－1949年/杨子才编注．北京：长征出版社．2009.10

本书收录了民国时期的626家诗作约1600首，全书按作者生活年代先后为序排列。

1239　民国史料丛刊　909，史地·历史/张研，孙燕京主编．影印本．郑州：大象出版社．2009.8（民国史料丛刊）

本册内容为：《近三十年中国思想史》及《最近三十年中国文学史》。其中《近三十年中国思想史》分导言、三十年来中国思想演变、三十年来思想方法、三十年来中国古代思想整理与批评、三十年来中国思想论战、三十年来思想介绍等8篇，著者为郭湛波。《最近三十年中国文学史》由上海太平洋书店于1931年出版，陈炳堃著。

1240　民国文粹/新黄氓编辑．铅印本．上海：广益书局，民国二年（1913）

本书为初编，原4册，现存1册二编。包括：一、新民国文粹，有《云南军政府宣言》、《中国革命宣言》、《孙大总统对外宣言》、《黎副总统宣言》、《同盟会本部宣言》、《云南劝捐军费启》、《上海救恤公会募捐启》、《沪军都督府启》等33篇文；二、女革命文粹，有《尚侠女学代表辛素贞上陈都督书》、《李碧玉致徐统制书》、《吴芝瑛女士与美国麦美德教士书》、《张竹君致沈仲礼书》、《女子北伐队缘起》、《木兰同盟女子经武练习队宣言书》、《祭秋瑾文》、《顾浣云卖字助饷宣言》等19篇文章。

1241　民主革命时期马克思主义在上海的传播：1898－1949/周子东等编著．上海：上海社会科学院社．1994.8

本书6章，包括：马克思学说的早期介绍（1898－1916）、五四时期马克思主义的传播（1917－1921）、中国共产党成立后国民革命运动的高涨与马克思主义的传播（1921－1927）、在文化反"围剿"中马克思主义传播的深入发展（1927－1937）、在抗日烽火中马列主义、毛泽东思想的传播（1937－1945）、在迎接解放声中马克思主义的传播（1945－1949）。

1242　名学浅说/（英）耶方斯，W.S.著；严复译．北京：三联书店．1959.7（逻辑丛刊）

本书为严复所翻译的《严译名著丛刊》之一，为英国逻辑学家耶方斯所著《名学浅说》。本书为一本逻辑学的入门书，原书1876年在伦敦出版。这本书中第1章至第2章是绪论的性质，第3章至第14章讲演绎逻辑，第15章至第27章讲归纳逻辑。本书还有前言、序、出版说明等内容。

1243　名学浅说/（英）耶方斯著；严复译．台北：台湾商务印书馆．1973.7（人人文库；135）

内容提要参见 1242。

1244　名学浅说/（英）耶方斯著；严复译．北京：商务印书馆．1981.9（严译名著丛刊）

内容提要参见 1242。

1245　名学浅说/（英）威廉·史坦利·耶方斯著；严复译．3 版．台湾：台湾商务印书馆．2009.5（严复先生翻译名著丛刊）

内容提要参见 1242。本书还附有台湾商务印书馆重印严复先生翻译名著丛刊序、严复先生与商务书馆以及索引等内容。

1246　穆勒名学/（英）穆勒著；严复译．北京：商务印书馆．1981.1（严译名著丛刊）

原书分名与辞、演绎推理、归纳推理、归纳方法、诡辩与伦理科学的逻辑，共 6 部分，译者仅译出其中讲述演绎法的全部和讲述归纳法的一小部分。部甲部首为引论，包括：论开宗界说本非定论，辩逻辑之为学为术，论名学乃求诚之学术，言名学论推知不论元知，论名学所以统诸学之理，考名学之利用于何而见。部乙：通论推证思籀部分，分论推证大凡；部丙计有通论内籀大旨，论解例，杂举解例之事实等 13 篇。

1247　穆勒名学/（英）穆勒著；严复译．上海：商务印书馆．1931.4（万有文库．第 1 集；88）

内容提要参见 1246。

1248　穆勒名学/（英）穆勒著；严复译述．北京：三联书店．1959.1（逻辑丛刊）

内容提要参见 1246。

1249　穆勒名学/约翰·斯图亚特·穆勒著；严复译．再版．台湾：台湾商务印书馆．2009.7（严复先生翻译名著丛刊）

内容提要参见 1246。本书原名为《逻辑学体系》，主要在阐述理则学，即通称的逻辑。本书还附有台湾商务印书馆重印严复先生翻译名著丛刊序、严复先生与商务印书馆以及索引等。

1250　女界钟/金天翮著；陈雁编校．上海：上海古籍出版社．2003.11（近代中国研究专刊；4）

本书对中国女权运动进行研究，论述了 1903 年中国女权运动的源起，倡导女权的著名刊物《女界钟》的问世，并对此进行系统的介绍。附读《女界钟》、阅《女界钟》集龚定庵句、倡导女权的《女界钟》、金松岑先生行年与著作简谱。

1251　女权篇/（英）斯宾塞（Spencer，H）撰；马君武译．铅印本．［出版地不详］：少年中国学会，1902

全书共分为十节。第一节之要旨，事论男女之权。第二节论平等自由之天则，男女两类莫不适用。第三节辟男女不同权之论。第四节论今日妇人之状态。第五节论女人服从男人之风。第六七节证夫唱妇随之格言不可用。第八节驳夫妇同权不相睦之说，论夫妇和睦，组织家庭之幸福，非有平等自由不可。第九节论妇人可操政治权，而反对之说，皆据终焉。第十节是对各节的总结。

1252　评坛·社论·时评：国闻周报．第三卷第一期至第三卷五十期/胡霖等撰．影印本．台北：文海出版社．1985.10（国闻周报选辑；2）

本书内容包括《国文周报》自民国十五年一月至民国十五年十二月的第三卷一期至第三卷五十期的“评坛·社论·时评”内容，包括：《时局前途之希望》、《修改临时政府制》、《米价飞涨》、《难民》、《冯玉祥下野》、《段氏去留与政局变化》、《法统问题》、《追问徐又铮事》等。

1253 启蒙思潮史话/彭平一著．北京：社会科学文献出版社．2000.9（百年中国史话．第四辑；1）

本书分5章，包括：鸦片战争后近代启蒙思潮的萌芽、辛亥革命前后近代启蒙思潮的发展、新文化运动中启蒙思潮的高涨、五四运动后的马克思主义思想启蒙。

1254 前事今识：中国近现代的新闻往事/郑连根著．台北：秀威资讯科技股份有限公司．2009.3（史地传记）

本书为中国近现代新闻史的随笔集。本书评说前辈报人，并透过介绍他们的行事、办报理念，梳理近现代新闻发展的思潮和路径，冀望重新呼唤起新闻的良知与激情。全书分为3辑，第1辑为前人往事，共9章；第2辑为前麓今念，共7章；第3辑前思后想，共5章。本书有序。

1255 清代野记·十叶野闻/（清）坐观老人著，（清）许指严著．重庆：重庆出版社．1998.8（清末稗史精选丛书）

本书为《清代野记》、《十叶野闻》、《德宗遗事》合订。其中《清代野记》包括：亲王秉政之始、皇帝扮剧之贤否、文字之狱、琉球贡使、旗主旗奴三则、书杨乃武狱、雁门冯先生纪略、翰林不识字等。《十叶野闻》包括：和珅轶事、阎文介方正、礼部堂议和、瓦将军试金台书院、肃顺狱异闻、荣禄与袁世凯、瀛台起居注、吏部鬻官案等。《德宗遗事》共20篇。书中附有序言。

1256 清季革命运动期刊叙目选辑/余秉权等辑．美国：华盛顿图书馆机构研究会．1970.9

本书两部，第一部十三种革命期刊叙目，包括：中国旬报、译书汇编、国民报汇编、游学译编等；第二部三种革命期刊叙目，包括：国粹学报、天义和新世纪。序和导言均为英文。

1257 清末“新政”时期文化政策/张小莉著．北京：人民出版社．2010.3

全书分7章，包括：清末“新政”与清政府文化政策调整、教育政策的“除旧布新”、道德规范控制政策的调整、宗教政策的变通：以基督教政策为中心的考察、新闻出版政策的颁行及其他、文化政策与近代社会转型、文化政策特征解析与总体评价。书中附有序、绪论、结语、参考文献和后记。

1258 清末汉语拼音运动（切音字运动）编年史/倪海曙著．上海：上海人民出版社．1959.3

这是一本分年整理和编写的清末汉语拼音（切音字）运动的历史。清末的汉语拼音（切音字）运动是汉字改革运动的第一阶段。本书所收集和记载的材料，包括：人物、理论、方案、写法、推行，以及其他贡献等各个方面。书中除编年部分外，还有年表和拼音方案一览表。书末附索引和插图。

1259 清末民初北京舆论环境与新文化的登场/杨早著．北京：北京大学出版社．2008.8（都市想象与文化记忆丛书）

全书分5章，包括“眼光向下”：《京话日报》与启蒙运动；日本报纸在北京：《顺天时报》的启示；民初知识分子的身份转型与集团重组；校园内外：新文化的登场；五四前夕：新旧论争与多方博弈。书中附有总序、导论、结语、主要参考书目和后记。

1260 清末民初的思想主脉/吕切著．北京：东方出版社．1999.4（哥伦布学术文库）

本书共5章，包括：守本开新的中体西用说、重构政治哲学、思想革命的活水源头、西上中下、再审西上中下。书中附有前言、后记和附录。

1261 清末民初的晚明想象/秦燕春著．北京：北京大学出版社．2008.12（学术史丛书）

本书对晚清的“晚明三大家”、晚清面临着的文化兴亡与国族危机问题、论“士”与结

"社"、晚明"艳迹"、野史·小说、名物文章、走向"通俗"的晚明叙事等内容进行了探究。附录："国粹学派"主持出版的明末清初典籍简目。

1262 清末民初的云南社会/云南省档案馆编. 昆明：云南人民出版社. 2005.1（爱国主义教育丛书）

本书内容包括：通信落后导致云南门户洞开、工商职业介绍所的诞生、清代知府的市场意识、河口起义初试锋芒、民主共和思想深入人心、云南妇女缠足解放运动、梁启超草拟讨袁檄文、从东陆大学到国立云南大学等。书中有序、编辑说明和照片。

1263 清末民初法文化流变/贾国发著. 长春：东北师范大学出版社. 2003.8（东北师范大学文库）

本书从实际出发，选论了龚自珍、魏源、洪秀全、沈家本、康有为、梁启超、谭嗣同、严复、孙中山、章太炎、伍廷芳等11位代表人物，从中揭示了清末民初法文化流变的历程，并作了理论的分析和简要的评价。书中附有序言和结论。

1264 清末民初火花与中国文化/李少鹏，黄德良著. 天津：百花文艺出版社. 2002.1

本书共分10章，包括：火花的收藏价值、从火花看中国历史、火花中折射的中国文化、火花与印刷设计、火花上的方寸广告、火花真伪辨别、花海拾遗、清末民初火花图录等。书中附有序言、火花市场参考价目表以及附录《清末民初火柴厂家创办年表》。

1265 清末民初孔教运动研究/范玉秋著. 青岛：中国海洋大学出版社. 2006.11

本书主要包括维新背景下的孔教运动及其反响、革命情势下的孔教问题、秩序重建与孔教运动等内容。

1266 清末民初民间儒教对主流儒学的吸收与转化/钟云莺著. 台北：台湾大学出版中心. 2008.9（东亚文明研究丛书；76）

本书籍由四本民间儒教的著作，与主流儒学之思想作一比较，厘清二者间的同异，以及民间儒教如何吸收、转化主流儒学的思想，并将之宗教化。附人名索引、名词索引。

1267 清末民初文坛轶事/郑逸梅著. 北京：中华书局. 2005.7（郑逸梅作品集）

本书介绍了在清末民初这个动荡的时期，文坛受到的影响，有反封建与维护封建之争、有新文学和旧文学之争的轶事。

1268 清末民初无政府派的文化思想/（韩）曹世铉著. 北京：社会科学文献出版社. 2003.7（东方历史学术文库）

本书着重论述了中国无政府派文化思想形成、发展的历程，"天义"派、"新世纪"派文化思想各自的特点，民国初期无政府派与"新世纪"派文化思想的关系，以及无政府派与新文化运动的关系等问题。

1269 清末民初新式体育的传入与嬗变/陈晴著. 武汉：华中师范大学出版社. 2007.8（华大博雅学术文库. 教育学文丛）

本书作了一个创新性的尝试，即选取了一个独特的视角——从教育学的视角切入论述体育，指出"体育与教育同根互生"。深入介绍和分析了新式体育在中国传播、发展的原因和过程。

1270 清末民初新闻出版立法研究/殷莉著. 北京：新华出版社. 2007.3（新闻传播学博士文库）

本书对清末民初近30年我国新闻立法的过程、新闻法制思想、新闻立法的实践及其成果进行了全面系统地研究。

1271 清末民国时期中华民族自觉进程研究/高

翠莲著. 北京：中央民族大学出版社. 2007.11

本书将清末民国时期的中华民族自觉进程分为中华民族自觉的起步、中华民族自觉的曲折发展、中华民族自觉理论政策的不同取向与共性追求、中华民族自觉的广泛发展等几个阶段，并分章论述。

1272 清末民国小说史论/钱振纲著. 石家庄：河北人民出版社. 2008.5

本书内容包括：清末民国小说史的变革与演变、现代前30年严肃小说的发展、现代前30年消遣小说的变迁、鲁迅小说、矛盾小说、张爱玲小说、钱钟书小说。书中有序、自序、绪论和主要参考文献。

1273 清末社会思潮/吴雁南等主编；王劲等编. 福州：福建人民出版社. 1990.8

本书分9章，包括：导论——清末社会思潮的特点；爱国主义的风雷激荡；变法维新思想的产生发展；革命民主主义的云涌风起；君主立宪思想的兴衰；教育救国、实业救国思想的持续出现；无政府主义的初入中国；社会主义的早期介绍等。本书附文献史料：一、马克思主义著作；二、史料。

1274 清末四十年申报史料/徐载平，徐瑞芳著. 北京：新华出版社. 1988.4

本书分7章，包括：《申报》的创立、早期《申报》的人事、早期《申报》进展的过程、与同行的竞争及与外界的纠纷、《申报》的大改革、报道内容摘述、《申报》馆的附属事业。本书附清末四十年申报大事迹。

1275 清末文字改革文集/文字改革出版社编. 北京：文字改革出版社. 1958.9

这是一本分年整理和编写的清末文字改革文集，收集了清末（1892－1911）文字改革和汉语拼音的著作、序跋、论文、奏折、说帖（会议提案）、书信、演说等60余篇，是研究清末文字改革和汉语拼音运动的一本重要参考书。

1276 清末小说研究集稿/（日）樽本照雄著；陈薇监译. 济南：齐鲁书社. 2006.8

本书收录了清末小说资料在日本、刘铁云和日本人、胡适如何认识《老残游记》、谁是《绣像小说》的编辑人、《官场现形记》的真伪问题、《游戏报》的周树人是鲁迅吗等内容。

1277 清末政论报刊与民众动员：一种政治文化的视角/唐海江著. 北京：清华大学出版社. 2007.4

本书以政治文化为分析视角，分析清末政治文化与政论报刊之间的历史联系，揭示了清末政论报刊社会动员功能的发生机制和基本性质。全书共6章：政治文化转型与清末政论时代的到来、政治文化与清末政论报刊组织、政治化思维与传播观念认同、政治文化与言论的体制化、传播形式的政治文化意味、清末政治文化与现代媒介意识形态的生成。书中附有序言和引言。

1278 清儒学案/（清）徐世昌著. 影印本. 北京：中国书店. 1990.9（海王邨古籍丛刊）

本书为中国清代学术思想史著作，分为正案、附案和诸儒案。正案一般以学者字号为标题，凡曾为宰辅者或2人以上合案者，则称其县籍。列入附案的人物，则称为正案中人物的家学、弟子、交游、从游、私淑等。列入诸儒案者，以省籍分编。编排上，除居前11名是封建朝廷规定从祀孔庙者外，一般以学者生卒先后为序。每人先列传略，后载专著、文集。列入正案者有孙奇逢、黄宗羲、顾炎武、王夫之、颜元、戴震、龚自珍以及曾国藩、张之洞等179人，列入附案者有傅山、惠栋、刘宝楠等922人，列入诸儒案者有费密、唐甄等68人，共1169人。

1279 訄书/章炳麟撰. 刻本. [出版地不详]：[出版者不详]，清光绪间（1875－1908）

本书包括尊荀、儒墨、儒道、儒法、儒侠、儒兵、公言上中下、天论、原人、民数、原变等50篇。另有《訄书补佚》“辨氏”和“学隐”两篇。

1280 訄书原刻手写底本/章炳麟撰. 影印本. 上海：上海古籍出版社，1985

本书是章太炎先生早期著名著作之一，版本很多，每版均有修改，反映了在湍急的时代革命洪流中，作者思想的复杂变化过程。包括尊荀、儒墨、儒道、儒法、儒侠、儒兵、公言上中下、天论、原人、民数、原变等50篇。本书3册。

1281 权能区分理论之研究/刘高陈著. 台北：正中书局. 1994.8（三民主义学术理论丛书）

全书分9章，包括：权能区分与中国传统政治、权能区分与欧美学说事迹、权能区分的学术性与时代性、权能区分的基本原理、权能区分的真谛、权能区分中的政权论、权能区分的政权机关——国民大会、权能区分中的治权论、权能区分的治权机关。书中附有绪论、结论和参考书目。

1282 群己权界论/（英）穆勒著；严复译. 台北：台湾商务印书馆. 1966.8（人人文库）

本书是严复对穆勒所作的《群己权界论》的翻译，是自由理论体系的集大成之作，为古典自由主义最重要的著作之一，论述了资本主义制度下的公民自由权利，在西方曾被高度评价为“对个人自由最动人心弦，最强有力的辩护”。内容分为：引论、释思想言论自由、释行己自由明特操为民德之本、论国群小己权限之分界、论自由大义之施行5篇。

1283 群己权界论/（英）约翰·斯图亚特·穆勒著；严复译. 再版. 台湾：台湾商务印书馆. 2009.6（严复先生翻译名著丛刊）

内容提要参见1282。本书还附有台湾商务印书馆重印严复先生翻译名著丛刊序、严复先生与商务印书馆以及索引等内容。本书为台湾商务印书馆版本。

1284 群学肄言/（英）赫伯特·斯宾塞著；严复译. 再版. 台湾：台湾商务印书馆. 2009.8（严复先生翻译名著丛刊）

本书是一部研究社会方法的著作，强调“以天演为宗”，以生物学规律研究社会现象，从而论证中国的社会变法。全书分为砭愚、倡学、喻术、知难、物蔽、情瞀、国拘、流梏等16章。《砭愚》与《倡学》两章阐述了社会研究必须有专门的学科。《喻术》则概括了社会学的主要含义。《知难》述治社会之难。《物蔽》以后各章探讨了社会研究中的客观困难与主观困难。本书还附有台湾商务印书馆重印严复先生翻译名著丛刊序、严复先生与商务印书馆以及索引等内容。

1285 日本改造法案：北一辉之死二幕七场话剧/（日）松本清张著；吉林师大日本研究室文学组译. 北京：人民出版社. 1975.4

本书旨在表达北一辉对日本革命的个人评论与政治言论。

1286 日本论/戴季陶著. 台北：故乡出版社. 1987.5（日本文摘书选；11）

本书分24章：中国人研究日本问题的必要、神权的迷信与日本国体、皇权神授思想与神授思想的时代化、封建制度与佛教思想、封建制度与社会阶级、日本人学日本文明、武士生活与武士道、封建时代“町人”和“百姓”的品性等。有《日本论》新版编序、解说、序、戴季陶年谱、戴季陶主要著作、座谈会、戴季陶的《日本论》和照片。

1287 日本论/戴季陶著. 影印本. 香港：乾惠出版社. 19??

内容提要参见1286。书中附有序。

1288 日本论：了解日本的文化读本/戴季陶著. 北京：九州出版社. 2005.4（“了解日本”系列：插图本）

内容提要参见1286。本书有出版前言、序、插图。

1289 日本论：外一种/戴季陶著. 海口：海南

出版社. 1994.8（人人袖珍文库. 第一辑）

本书收录戴季陶著的《日本论》和蒋百里著的《日本人——一个外国人的研究》两部专著。

1290 日本人与日本论：解析日本民族性的经典读本/蒋百里，戴季陶著. 南京：凤凰出版社. 2009.11

本书从日本的自然条件、历史渊源说起，通过分析近代日本的国际局势、经济困境、政党矛盾、阶级隔阂等，综观了日本社会的变迁，指出了日本民族精神上的空虚与矛盾。本书有卷首语、照片。

1291 山东文学通史. 上卷，先秦至清末/乔力，李少群主编. 济南：山东教育出版社. 2003.6

本书梳理上迄先秦下及清末的山东古代文学历史，探索文学主流的嬗变演进、主要文学流派，探究其在整个中国文学史的作用与地位等。

1292 嬗变：辛亥革命时期至五四时期的中国文学/刘纳著. 北京：中国社会科学出版社. 1998.9（批评潮系列）

本书对辛亥革命时期、1912－1919 年、五四时期三个阶段不同的文学风貌做了梳理勾勒，着重揭示出中国文学在此期间所发生的从“旧”到“新”的历史性嬗变。

1293 嬗变：辛亥革命时期至五四时期的中国文学/刘纳著. 修订版. 北京：中国人民大学出版社. 2010.4（当代中国人文大系. 文学）

内容提要参见 1292。

1294 商务印书馆九十年：我和商务印书馆（1897～1987）/蔡元培等著. 北京：商务印书馆. 1987.1

本书收 77 篇文章：《商务印书馆总经理夏君传》、《高梦旦先生小传》、《商务印书馆编译所和革新〈小说月报〉的前后》、《我和商务印书馆》、《耄耋之年话商务》、《商务印书馆和我的史学研究》、《商务印书馆和我是老伙伴》、《最后一班岗》等。有编者前言、商务印书馆大事记。

1295 社会通诠/（英）甄克思著；严复译. 上海：商务印书馆. 1903.1

本书为严复所翻译的英国学者甄克思所著《社会通诠》，分为开宗、蛮夷社会、宗法社会、国家社会 4 个部分，共有社会形式分第一、图腾群制分第二、宗法通论分第三、豢绕禽兽分第四等 14 个章节。书前有夏曾佑序、译者序和原序。

1296 社会通诠/（英）甄克思著；严复译. 台北：台湾商务印书馆. 1977.8（人人文库；2335—2336）

内容提要参见 1295。

1297 社会通诠/（英）爱德华·甄克思著；严复译. 再版. 台湾：台湾商务印书馆. 2009.5（严复先生翻译名著丛刊）

内容提要参见 1295。本书还附有台湾商务印书馆《重印〈严复先生翻译名著丛刊〉序》、《严复先生与商务印书馆》以及索引等内容。

1298 社会学在近代中国的进程：1895－1919/姚纯安著. 北京：三联书店. 2006.3（近代中国的知识与制度转型丛书）

本书按照时序，分西方社会学的输入（1895－1903）、思潮激荡中的社会学（1903－1911）、社会研究视野中的社会学（1911－1919）三个阶段考察清末民初社会学在中国发展的渊源脉络、内外因缘及其对当时社会、文化的影响。书后附有后记、征引文献、索引。

1299 十九世纪末二十世纪初资产阶级庸俗政治经济学/李宗正主编. 北京：人民出版社. 1963.10

全书分 5 章，包括：新历史学派、奥地利学派、马歇尔的经济理论、克拉克的经济理论、制度学派。书中附有前言和后记。

1300　十韵汇编/刘复，魏建功，罗常培等编著. 影印本. 北京：国家图书馆出版社. 2009.8

本书将10种韵书材料集中在一起，是按韵对照编排，系统整理《切韵》系韵书的资料总集。

1301　时代与艺术：关于清末与民国“海派”艺术的社会学诠释/梁超著. 杭州：中国美术学院出版社. 2008.3

本书对清末与民国“海派”艺术进行了研究。全书分5章，包括：近现代上海及浙江社会局面概述、近现代上海及浙江艺术概述、海派画家的社会生活、海派画家的经济生活、海派画家的隐逸生活。书中附有总序、照片、附录和后记。

1302　世纪桥头凝思：文化走势与文学趋向/昌切著. 武汉：湖北人民出版社. 2000.4

本书共分5章，包括：文化检讨、三分格局与两极分化、唯圣的选择、在精神困境中突围、批评的现状与出路。书中附有导论、文化走势与文学趋向、结语、离异与认同以及后记。

1303　世界反正篇：一卷/胡礼垣撰. 铅印本. 天津：[出版者不详]，宣统三年（1911）

本书共12首新乐府诗，记辛亥革命后人民欢欣鼓舞之情和惩前毖后之意，每首诗后都有诗意概括和注释。

1304　苏报/罗家伦主编. 影印本. 台北：中国国民党中央委员会党史史料编纂委员会. 1968.9（中华民国史料丛编）

本书为光绪二十九年四月到光绪二十九年闰五月的《苏报》合订本。书中包括：论说、时事要闻、世界要闻、学界风潮、各省纪事、本埠纪事、新书介绍等内容。

1305　苏报/上海苏报馆编辑. 影印本. 台北：台湾学生书局. 1965.5（中国史学丛书；18）

本书为光绪二十九年二月到光绪二十九年四月的《苏报》合订本。书中包括：论说、时论择要、世界要闻、学界风潮、各省纪事、本埠纪事、专件择要等内容。书中附有出版前记。

1306　隧雅堂诗集/余达父著；余宏模整理. 贵阳：贵州人民出版社. 1989.12

作者为清末民初的彝族知名人物，曾留学日本，参加过辛亥革命，其诗集在少数民族文学研究中有重要价值。全书共分14卷，包括作者从1889年—1934年的作品。

1307　天讨/民报特刊编. 再版. 上海：民智书局. 1929.4（革命文库. 第二种）

本书收入《讨满洲檄》、《普告汉人》、《四川革命书》、《四川讨满洲檄文》、《江苏革命书》、《河南讨满洲檄》、《安徽讨满洲檄》、《直隶省宣告革命檄》等13篇文章。

1308　天演论/（英）赫胥黎著；严复译. 上海：商务印书馆. 1933.12（万有文库. 第一集；491）

本书译自赫胥黎所著的《进化论和伦理学》。书中首次向国人介绍了达尔文的进化论思想，用生物进化和演变的规律阐述社会发展规律。本书分上、下两卷。上卷为导言十八篇，主要内容有：察变、广义、人为、人择、人群、制私等。下卷为论十七篇，主要内容有：能实、忧患、天刑、种业、佛法、学派等。本书附有吴汝伦序、译《天演论》自序、译例言。

1309　天演论/（英）赫胥黎著；严复译. 台北：台湾商务印书馆. 1969.1（人人文库；1073）

本书是严复对黎胥赫所作的《天演论》的翻译。

1310　天演论/（英）赫胥黎著；严复译. 北

京：科学出版社．1971.3

内容提要参见1308。

1311 天演论/（英）赫胥黎著；严复译．北京：商务印书馆．1981.10

内容提要参见1308。本书附重印“严译名著丛刊”前言、序、“严译名著丛刊”例言。

1312 天演论/（英）赫胥黎著；严复译著；李珍评注．北京：华夏出版社．2002.10（影响中日近代史的名著）

内容提要参见1308。另有照片、总序和《天演论》评介。

1313 天演论/（英）赫胥黎著；严复译；欧阳哲生导读．贵阳：贵州教育出版社．2005.9（二十世纪中国人的精神生活丛书；11）

内容提要参见1308。

1314 天演论/（英）托马斯·亨利·赫胥黎著；严复译．再版．台湾：台湾商务印书馆．2009.4（严复先生翻译名著丛刊）

内容提要参见1308。

1315 天演论/（英）赫胥黎著；严复译．北京：北京理工大学出版社．2010.3

内容提要参见1308。

1316 天演论：物竞天择适者生存/（英）赫胥黎著；严复译著；冯君豪注解．郑州：中州古籍出版社．1998（醒狮丛书）

内容提要参见1308。本书附有序、前言、严译《天演论》管窥。

1317 天演论：［全译彩图本］/（英）托马斯·赫胥黎著；严复旧译；杨和强，胡天寿白话今译．北京：人民日报出版社．2007.10（醒狮丛书）

内容提要参见1308。有图。

1318 天演论：［中英文本］/（英）赫胥黎著；严复译．北京：中国青年出版社．2009.3（一力文库026）

内容提要参见1308。

1319 天演之声：严复文选/严复著；牛仰山选注．天津：百花文艺出版社．2002.1（中国近代思想者丛书）

本书收录了严复的《救亡决论》、《道学外传》、《与梁启超书》等20余篇文章，较为全面系统地体现了严复的社会政治、经济、军事和学术、文学思想。

1320 外交报汇编/张元济主编．影印本．北京：国家图书馆出版社．2009.6（民国文献资料丛编）

《外交报》是中国近代第一份以评述国际问题为主要内容的报刊，内容包括国际形势、国际公法、各国对中国的政策、各国之间的交涉、各国内政等，后曾另出有单行本。本书据民国三年初版按类汇编影印，各册前均编有详细的篇章目录。

1321 外交部沿革纪略：民国二年/吴成章编．影印本．台北：文海出版社．1987（近代中国史料丛刊三编．第二十五辑：241）

本书详细记录了咸丰十年起至民国二年这五十年中的中国与外国的外交交涉事件。本书以中国和一国设立外交专官开始记录。全书共分为甲乙两编，甲编叙述旧制，乙编叙述新制，旧制以咸丰十年十月为始，新制至民国二年一月为止。本书还有序和凡例。

1322 晚清、民国时期上海小报研究：一种综合的文化、文学考察/李楠著．北京：人民文学出版社．2005.9（猫头鹰学术文丛）

本书分3篇：《与现代市民社会共生——小报概貌》、《市民文化笼罩下的都市想像——小报与上海》、《市井众生的“浮世绘”——小报文学》。书中有序言、绪论、结语、附录和后记。

1323 晚清革命思潮与民间文学传播之研究/林俊宏著. 台北：台湾学生书局. 2006.12

本书共6章，包括：绪论、时代之声——陈天华的弹词小说、呐喊之声——秋瑾的革命歌谣、革命之流——菁英与民间文化、到民间去——民间文学与革命和结论。附参考书目。

1324 晚清民国传奇杂剧史稿/左鹏军著. 广州：广东人民出版社. 2009.6

本书概述晚清民国时期（1840－1949）传奇杂剧基本面貌、题材选择、艺术结构、文体形态、语言建构、舞台艺术等方面的显著变革和突出特征。

1325 晚清民国的学人与学术/桑兵著. 北京：中华书局. 2008.3

本书主要讲述了近代中国的新史学及其流变、中国思想学术史上的道统与派分、从眼光向下回到历史现场、民国学界的老辈、近代中国比较研究史管窥等内容。

1326 晚清民国时期上海小报：插图本/李楠著. 北京：人民文学出版社. 2006.9

内容提要参见1322。书后附有晚清、民国时期主要上海小报索引、附有参考文献和后记。

1327 晚清七十年. 壹，中国社会文化转型综论/唐德刚著. 台北：远流出版事业股份有限公司. 1998.6（唐德刚作品集. 1. 民国通史晚清导论篇）

本书分为11个部分，包括：中国现代化运动的各阶段；中国国家转型论提纲；外交学步与历史转型；论中国大陆落后问题的秦汉根源；论帝国与民国之蜕变；论帝国主义与晚清外患；胡适的大方向与小框框；中国近代目录学的先驱袁同礼先生等内容。书中附有照片和自序。

1328 晚清文化地图：1840至1911年的中国文化人/傅军龙，李柏田，竹天润著. 北京：团结出版社. 2006.4

本书分3部分，包括：经世致用与文化启蒙、洋务运动与体用之争、戊戌变法与“不中不西”。介绍了龚自珍、魏源、林则徐、曾国藩、左宗棠、李鸿章等历史名人的心态与人生轨迹。附照片、地图。

1329 危机中的文化抉择：辛亥革命时期国人的中西文化观/叶瑞昕. 北京：商务印书馆. 2007.9

本书将辛亥革命时期国人对中西文化的认识和取向归纳了四个问题，即“貌袭西学，以旧化新”、“输入文明，顺应时势”、“保存国粹，国有与立”、“新旧调和，以求会通”。

1330 文学之用：从启蒙到革命/黄开发著. 台北：秀威资讯科技股份有限公司. 2007.11（大陆学者丛书；13）

本书分6章，包括：新民之道、现代性的确立、精神立国、思想革命的视野、为人生、唯美·功利·革命。书中附有总序、序言、引论、结语、参考书目、附录和后记。

1331 无尽庵遗集（外一种）/周实，阮式著；朱德慈校理. 西安：陕西人民出版社. 2009.6

本书收录了《无尽庵遗集》中的序、传、题词、文、诗、诗话、尊情录、北曲、挽诗、挽联、诸跋、小说等作品，并加以点校。

1332 西潮又东风：晚清民初思想、宗教与学术十讲/葛兆光著. 上海：上海古籍出版社. 2006.5

本书收录10篇有关晚清民初思想、宗教和学术的论文，也选取了3篇相关的短评作为附录。包含《谁的思想史？为谁写的思想史?》、《想象的和实际的：谁认同“亚洲”?》、《论晚清佛学之复兴》等文章。附录包括《互为背景与资源》、《近代·学术·名著以及中国》、《关于近十年中国近代佛教研究著作的一个评论》。

1333 西学的中介：清末民初的中日文化交流/郑匡民著. 成都：四川人民出版社. 2008.4（近

代中国文化转型研究；5）

本书内容包括：甲午前后中日官绅之间的认知与交往、明治时期日本在中国经营的中文报刊、晚清译业及日译术语的输入、日本自由主义对中国的影响、清末留日学生民族意识的觉醒以及社会主义讲习会与政闻社。书中附有前言、引言、结语、参考文献和人名索引。

1334 先行者之歌：辛亥革命时期歌曲200首/陈一萍编．武汉：武汉大学出版社．2009.1

本歌集包括的曲目内容有：歌颂祖国、团结抗侮的歌曲；反对帝制、鼓吹民主革命的歌曲；宣传妇女自由解放、提倡文明新风的歌曲；提倡科学、兴办实业的歌曲等。附照片。

1335 辛亥革命名诗名联八百首/马玉卿等编．西安：陕西人民教育出版社．1992.7

本书收入从同盟会成立到第一次国共合作时期的诗词楹联，也收入少量纪念辛亥革命、歌颂祖国、修身、求学的代表作。附肖像。

1336 辛亥革命前十年间时论选集．第一卷/张枬，王忍之编．北京：三联书店．1960.4

本选集收录了1901年到1903年间，资产阶级、小资产阶级各个派别的政治、道德、文化、哲学观点的论文。

1337 辛亥革命前十年间时论选集．第二卷/张枬，王忍之编．1978重印．北京：三联书店．1963.1

本选集收录了1905年和1906年在《外交报》、《新民丛报》、《女子世界》、《东方杂志》、《国粹学报》、《二十世纪之支那》、《醒狮》、《民报》等报纸杂志上刊登的文章。

1338 辛亥革命前十年间时论选集．第三卷/张枬，王忍之编．北京：三联书店．1977.12

本选集收录了1908年到1911年间，在《外交报》、《东方杂志》、《国粹学报》、《云南杂志》、《中国新报》、《新世纪》、《民报》等报纸杂志上刊登的文章。

1339 辛亥革命前后的满族研究：以满汉关系为中心/常书红著．北京：社会科学文献出版社．2011.5

本书5章，包括清代满族的地位与角色，近代社会变动与满汉关系，辛亥革命与满汉关系，辛亥革命与民族认同，民初的满族社会与满汉文化交融。

1340 辛亥革命诗词选/刘运祺，蔡炘生编注．武汉：长江文艺出版社．1980.9

本集诗词起于1905年中国革命同盟会的成立，止于1912年南京临时政府成立前后，主要有孙中山、黄兴、宋教仁、廖仲恺、何香凝、邹容、秋瑾、李大钊、于右任、柳亚子等人。还汇集了湖北学生军歌以及湖南、四川流传的风潮竹枝词。

1341 辛亥革命诗歌选集/广东省文史研究馆，广东省政协文史资料研究委员会编；刘斯翰注．广州：广东人民出版社．1983.9

本选集包括了孙中山的《革命歌》、《挽刘道一》；黄兴的《吊刘道一烈士》、《咏鹰》；宋教仁的《思家》；朱执信的《代答》、《感怀》、《拟古决绝词》；秋瑾的《宝刀歌》、《感事》、《鹧鸪天》；陈少白的《过昭君墓》；蔡锷的《军中杂诗》；徐特立的《书愤》等辛亥革命诗歌。书中附有前言。

1342 辛亥革命时期的诗歌/华南师院中文系《辛亥革命时期的诗歌》编写组编．北京：中华书局．1978.11

本书分4章，包括：人民群众的歌谣、革命领导人和宣传家们的诗、起义烈士们的战歌、南社诗人的歌声。书中附绪言、结束语及后记。

1343 辛亥革命时期期刊介绍．第一集/丁守和主编．北京：人民出版社．1982.7

辛亥革命时期出版了大量期刊，是研究这一时期的政治史、思想史、文化史和报刊史的重要资料。全书分5集。本集介绍了《清议报》、《中国旬报》、《译书汇编》、《集成报》、《亚泉杂志》、《开智录》、《译林》、《国民报》等41种刊物。书中附有照片。

1344 辛亥革命时期期刊介绍．第二集/丁守和主编．北京：人民出版社．1982.1

本书分5集。本集介绍了《中国日报》、《新世界学报》、《大陆》、《启蒙通俗报》、《江苏商务报》、《选报》、《湖北学报》、《白话》、《复报》、《国粹学报》等42种刊物。书中附有照片及说明。

1345 辛亥革命时期期刊介绍．第三集/丁守和主编．北京：人民出版社．1983.11

全书分5集。本集介绍了《普通学报》、《外交报》、《翻译世界》、《政艺通报》、《女学报》、《童子世界》、《政法学报》、《绣像小说》等59种刊物。书中附有照片。

1346 辛亥革命时期期刊介绍．第四集/丁守和主编．北京：人民出版社．1986.10

全书分5集。本集介绍的刊物共68种，主要是辛亥革命后的，也有部分较早的刊物。

1347 辛亥革命时期期刊介绍．第五集/丁守和主编．北京：人民出版社．1987.11

全书分5集，本集对《大公报》、《警钟日报》、《京话日报》、《粤西》、《广西杂志》、《小说月报》、《南社丛刻》、《民立报》、《妇女时报》、《真相画报》等42种期刊作了比较系统的介绍。书中附有照片和附录。

1348 辛亥革命时期期刊总目/上海图书馆编．上海：上海图书馆．1961.10

本书收录了辛亥革命时期我国留日青年在日本东京出版的一部分期刊总目，共20种。

1349 辛亥革命新论/刘泱泱主编．长沙：湖南出版社．1996.7

本书收录了《论废科举的社会效应》、《辛亥革命前的人口状况》、《辛亥革命时期社会心理研究》、《辛亥革命时期社会习俗的变化》、《哥老会与辛亥革命》、《论20世纪初年的国民思潮》、《清末士绅与近代教育》、《辛亥革命与中国共产党的产生》等39篇文章。书中附有序和代跋。

1350 辛亥革命与近代思想：近代历史探索录/皮明庥．西安：陕西师范大学出版社．1986.10

本书包括：马克思主义的指导与中国近代史科学研究的历程、西学东渐论、论林则徐湖广禁烟的思想和实践、《鄂城纪事》所载杨秀清武昌“谒圣”事考伪、太平军初克武昌后的战略决策、马克思主义与太平天国史研究、张之洞在湖北兴办洋务平议、“中体西用”论评议等内容。书中附有前言。

1351 辛亥革命与少数民族/林家有编著．郑州：河南人民出版社．1981.7

这是一本研究辛亥革命与少数民族的关系的书，比较系统地介绍了辛亥革命前我国少数民族的社会经济和阶级关系的新变化及其对辛亥革命的影响。

1352 辛亥革命与中国近代思想文化/胡伟希编．北京：中国人民大学出版社．1991.9

本书收集了关于辛亥前后的社会思想文化现象，社会结构的变动与思想文化间的相互影响，思想文化的结构主义剖析及辛亥前后一些重要思想家及其著作的研究等论文。

1353 辛亥烈士诗文选译/李晓菊译注．成都：巴蜀书社．1997.6（近代文史名著选译丛书）

本书选录了辛亥革命时期陆浩东、邹容、陈天华、吴樾、刘道一、禹之谟、秋瑾、林文、林觉民等33位烈士的诗文作品，共75篇。书中附有前言。

1354 辛亥前后史事论丛/章开沅著．武汉：华中师范大学出版社．1990.7

本书收入作者关于辛亥前后史事论方面的文章 40 余篇，包括：民族运动与中国近代史的基本线索、孙中山与中国国情、论同盟会的性质及其内部分歧、辛亥革命时期的社会思潮、论辛亥革命时期爱国主义思想的特征、论国魂、辛亥革命史研究如何深入、湖南人与辛亥革命等。书中附有自序和作者近照。

1355　辛亥前后史事论丛续编/章开沅. 武汉：华中师范大学出版社. 1996.8

本书收入作者关于辛亥前后史事论方面的文章 52 篇，包括：现代化研究与中国近现代史研究、甲午战争与晚清政局、法国大革命与辛亥革命、辛亥革命与“只争朝夕”、关于孙中山研究的思考、基督教与五四运动、中国大陆辛亥革命资料出版的历程与展望、中国大陆对于孙中山之研究与定位：回顾与前瞻、《蔡元培评传》序言等文章。书中附有“历史寻踪”（代序）和后记。

1356　辛亥时期的精英文化研究/罗福惠. 武汉：华中师范大学出版社. 2001.10

本书从宏观上分析辛亥文化的内容及那一代新式知识分子的思想行为和性格特征。内容包括：时空与文化变革，传统文化的主流、非主流与西学，政治文化：时论与社会思潮；新式知识分子的成长与集结，新式知识分子与文化新工具。

1357　辛亥以来藏书纪事诗（外二种）/伦明等撰；杨琥点校. 北京：北京燕山出版社. 1999.12（书目书话丛书；5）

本书共 4 部分：辛亥以来藏书纪事诗、续补藏书纪事诗、广东藏书纪事诗和附录。书中有康有为、梁启超、章太炎、王国维、陈垣、姚茫父、冼玉清、刘师培等人的不少独到之见。

1358　辛亥以来藏书纪事诗/伦明等著；杨琥点校 . 再版 . 北京：北京燕山出版社. 2008.5

内容提要参见 1357。

1359　辛亥以来藏书纪事诗/伦明著；雷梦水校补. 上海：上海古籍出版社. 1990.9

本书包括：出版说明、自序、例言、辛亥以来藏书纪事诗、校记、伦哲如先生传略、附录、索引等部分。

1360　辛亥以前激动民族精神之革命文艺/李贻燕. 西安：中国文化服务社陕西分社. 1942.6

本书从辛亥革命以前的论文、传记、诗词、小说、鼓书、弹词等中摘录有关字句片断 60 则，以说明激动民族精神的革命文艺的重要。

1361　新编增补清末民初小说目录/（日）樽本照雄编. 济南：齐鲁书社. 2002.4

本书共收录书目 19000 余条，所收目录对象是清末民初时期发表于中国的创作小说和翻译小说，是辑录我国清末民初小说目录较为详备的一部资料性图书。书中附有序言、前言和后记。

1362　新大陆游记/梁启超主编. 日本横滨：新民丛报社. 1904（新民丛报临时增刊）

本书内容包括由横滨至加拿大、由加拿大至纽约、由纽约至哈佛波士顿、由纽约至华盛顿、由纽约至费城、由纽柯连至圣路易等 13 个部分。附录《记华工禁约》、《美洲游学指南》。书前有作者照片及徐勤序和作者自序。

1363　新大陆游记节录/梁启超著. 再版. 台北：台湾中华书局. 1983.10

本书是梁启超 1903 年赴美洲游历考察美国政治社会情况的记录，对域外城市社会和城市文明形成了较为全面、深刻的认识。附：夏威夷游记及游台湾书牍。

1364　新民丛报/梁启超主编. 铅印本. ［出版地不详］：［出版者不详］，清光绪宣统间

本书收：《新民丛报》第二十五至二十八号、三十至三十七号，三十八至三十九号、四十至四十三号、四十六至四十八号合本之丛录

门部分。内容涉及古今中外闲谈杂录，其中有梁启超先生的《饮冰室读书记》、《饮冰室自由书》、《饮冰室读书录》等文章。本书2册。

1365 新民与复兴：近代中国思想论/周佳荣著. 香港：香港教育图书公司. 1999（亚洲学术文库.11）

本书分3辑，包括亚洲联系的开展，维新和启蒙思潮、政治变革与复兴。

1366 新民丛报/梁启超主编. 影印本. 北京：中华书局. 2008.4（中国近代期刊汇刊）

本书是梁启超在日本横滨创办的《新民丛报》半月刊的影印本。《新民丛报》为辛亥革命前维新派的重要刊物。初期着力介绍西方资产阶级思想政治学说，言论激进，对中国知识界产生很大影响。至今仍是研究中国近代政治、文化不可或缺的重要刊物。共出96期。有图，有画像。

1367 新民丛报汇编/［著者不详］. 石印本. ［出版地不详］：文会书社，清光绪三十二年(1906)

全书分为：论说、学说、学术、历史、科学、教育、政治、法律、军事、生计、实业、地理、时局、宗教、传记、杂评、谈丛等17类。本书6册。

1368 新民丛报汇编续刊. 一/梁启超主编. 台北：台湾大通书局. 1903（近代史料丛书汇编. 第一辑）

本册内容包括：《新民说》、《敬告当道者》、《近世文明初祖二大家学说》、《天演初祖达尔文学说及其传略》、《法理学大家孟德斯鸠学说》、《论立法权》、《论政府与人民之权限》等。

1369 新民丛报汇编续刊. 一/梁启超主编. 台北：台湾大通书局. 1968（近代史料丛书汇编. 第一辑）

内容提要参见1368。

1370 新民丛报汇编续刊. 二/梁启超主编. 台北：台湾大通书局. 1903（近代史料丛书汇编. 第一辑）

本书包括：《保教非所以尊孔论》、《论教育当定总宗旨》、《新史学》、《亚洲地理大势论》、《欧洲地理大势论》、《罗兰夫人传》、《论中国学术思想变迁之大势》等。

1371 新民丛报汇编续刊. 二/梁启超主编. 台北：台湾大通书局. 1968（近代史料丛书汇编. 第一辑）

内容提要参见1370。

1372 新民伦理与新国家：梁启超伦理思想研究/吕滨著. 南昌：江西教育出版社. 2001.12

本书共8章，包括：梁启超伦理思想产生的社会历史条件；梁启超伦理思想形成的思想渊源；德立于群的功利主义道德论；惊世骇俗的道德革命论；“新民”：国民道德改造的核心；“新民”的价值目标模式和实现路径；人生观和道德修养、道德思想教育；梁启超伦理思想的评价。书中有序、绪论、梁启超年谱简编、主要征引和参考文献、后记。

1373 新民说/梁启超著. 上海：中华书局. 1936（饮冰室专集）

书中论述“新民”的思想、道德等。全书分为20节，包括：论公德、国家思想、进取冒险、权利思想、自由、自治、进步、自尊、合群、毅力、义务、尚武、私德、民气、政治能力等。

1374 新民说/梁启超著. 再版. 台北：台湾中华书局. 1978.7

本书分20节，包括：《叙论》、《论新民为今日中国第一急务》、《释新民之义》、《就优胜劣败之理以证新民之结果而论及取法之所宜》、《论公德》、《论国家思想》、《论进取冒险》等。有图表。

1375 新民说/梁启超著；宋志明选注. 沈阳：辽宁人民出版社. 1994.6（中国启蒙思想文库）

《新民说》写于1902年到1906年。本书主要根据1932年上海中华书局出版的《饮冰室合集》，间参照原文发表的《新民丛报》以及有关书籍整理编注的。

1376 新民说：少年中国的国民性改造方案/梁启超著；黄珅评注. 郑州：中州古籍出版社. 1998.9（醒狮丛书）

内容提要参见1373。附录：梁启超研究重要著作举要。

1377 新评中国之武士道/梁启超著；冯保善评点. 长春：吉林出版集团. 2008.4

本书辑录了70多位春秋战国时期著名人物作为中国武士道精神的体现者，有儒家鼻祖、千古圣人、将军、太子，也有谋士、士兵，还有仆人、渔夫、屠夫等社会下层普通人。有图。

1378 新政革命与日本：中国（1898－1912）/（美）任达著；李仲贤译. 南京：江苏人民出版社. 1998.3（海外中国研究丛书）

本书以中日关系为切入点，对1898年至1912年这一时期中国的主要社会思潮、流行语汇以及教育制度、军事制度、司法体制等作了细致的源流考证和"组织移植"的对比研究。本书包括3编："日本的作用及其背景"、"新政思想革命：新载体、新概念"、"新政体制革命：新的领袖、新的管理"。有附录。

1379 新政革命与日本：中国（1898－1912）/（美）任达著；李仲贤译. 再版. 南京：江苏人民出版社. 2006.9（海外中国研究丛书）

内容提要参见1378。

1380 新中国：附梁启超《新中国未来记》/陆士谔著. 北京：九州出版社. 2010.3

《新中国》是陆士谔在32岁写下的一部以梦为载体的幻想之作，发表于1910年。作者预言100年后，中国将举办万国博览会，地点便在上海浦东。同时他还精确预言了浦东的开发。本书还收入了同为预言未来中国的梁启超的《新中国未来记》。

1381 新中国的先声：中国无产阶级革命先驱诗存：1903－1949/刘德隆，刘瑀编著. 长春：吉林文史出版社. 2009.9

本书收录了1903年至1949年10月1日中华人民共和国成立的部分诗词6000余首，其作者250多人，均为1903年到1949年革命时期的亲历者，即为新中国的诞生而浴血奋斗的无产阶级革命先驱。

1382 新中国未来记/（清）梁启超著. 桂林：广西师范大学出版社. 2008.10

内容提要参见1384。本书附《新大陆游记（节选）》，《新中国建设问题（节选）》。

1383 新中国未来记/梁启超著. 南昌：百花洲文艺出版社. 1996.2（中国近代小说大系）

内容提要参见1384。本书与扫迷帚/壮者著、玉佛缘/嘿生著、世界进化史/惺庵（周桂笙）著、新天地/书带子著、女学生/王理堂著合订。

1384 新中国未来记/梁启超著. 台北：广雅出版公司. 1984.3（晚清小说大系）

本书分5章："楔子"、"孔觉民演说近世史 黄毅伯组织宪政党"、"求新学三大洲环游 论时局两名士舌战"、"旅顺鸣琴名士合并 榆关题壁美人远游"、"奔丧阻船两睹怪象 对病论药独契微言"，是一部政治小说，预言其后六十年"新中国"的壮盛繁荣。

1385 新中国未来记/梁启超著. 台北：远流出版社. 1980.2（中国历史演义全集；29～30）

内容提要参见1384。本书与《廿五史总演义》合订。

1386 醒俗画报精选：清末民初社会风情/侯杰，王昆江编著．天津：天津人民出版社．2005.1

《醒俗画报》是 1907 年 3 月社会活动家温世霖等人发起创办的，该报以“唤醒国民、校正陋俗”为宗旨，报道点评了当时社会各种新奇事物、习俗风尚、市井民情，为我们保留了清末民初社会生活真实的历史细节。

1387 学海．甲编：文科，法科，政治科，商科：第一年第一号至第二号/北京大学留日学生编译社编辑．日本东京：北京大学留日学生编译社．1908.2—3

该刊设“法律学界”、“政治学界”、“文学界”和“小说”等栏目。

1388 学礼录：三卷/戴传贤撰．铅印本．［出版地不详］：正中书局．民国三十三年（1944）

本书分 3 卷，卷 1 为礼制通议前编初稿；卷 2 为读礼札记；卷 3 为与同人论礼制服制书，与陈立夫、贾煜如先生论现行仪节书，与陈立夫、贾煜如先生论礼书体例书，与周贾、陈三先生约期会读北泉礼制全稿书，与陈立夫先生述起草礼制通议经过书，答周惺甫先生问北泉礼制全稿何时呈颁书 6 篇。

1390 亚当史密斯与严复：《国富论》与中国/赖建诚著．台北：三民书局．2002.8

本书透过严复所译的《国富论》，探讨了西方经济学在中文词汇与概念尚不够的情况下，是以哪种词语和思想方式传入的以及对清末知识界和积弱经济的影响。

1391 严复：天演论/严复译；杨佩昌整理．北京：中国画报出版社．2010.5

《天演论》是自称为“达尔文的斗犬”的英国著名学者赫胥黎的演讲稿，主要讲述了宇宙过程中的自然力量与伦理过程中的人为力量相互激扬、相互制约、相互依存的根本问题。严复以“信、达、雅”三条为翻译标准。本书导论 18 篇、正文 17 篇，分别冠以篇名，并对其中 28 篇加了按语。附：论自由。

1392 严复：中国近代思想启蒙者/林保淳著．台北：幼狮文化事业公司．1988.4（中国人丛书）

本书分 11 部分，内容主要有：风雨西潮、马江学堂、英伦去来、甲午战争、维新事业、天演进化、百日维新、转向保守、翻译著述等。本书附有序、年谱、严复在《国闻报》所发表的文章、严复翻译年表和照片。

1393 严复·康有为·谭嗣同·吴敬恒/郭正昭等著．更新版．台北：台湾商务印书馆．1999.8（中国历代思想家；19）

本书分别介绍了严复、康有为、谭嗣同、吴敬恒 4 位思想名家的生平事迹、主要思想和主要著作。

1394 严复话语系统与近代中国文化转型/韩江洪著．上海：上海译文出版社．2006.10（译学新论丛书）

本书依据社会语言学、文体学、翻译改写论、目的论、翻译规范论等理论，综合利用理论阐述、个案分析和历史考证等研究方法，借助英国语言学家诺曼·费尔克拉夫的话语分析框架，重点探讨和分析严复话语对中国文化转型产生重大影响的原因，并揭示其中的奥秘。本书附《严复简谱》、《严复译著目录索引》和《严复研究资料目录索引》。

1395 严复评点庄子/福建省文史研究馆，福建博物院编集．影印本．福州：福建人民出版社．2009.7

本书主要为两方面的内容：一是《庄子》思想的研究；一是《庄子》一书的文字训释。对研究严复思想及庄子哲学，具有重要的参考价值。

1396 严复诗文选注/（清）严复著；南京大学历史系，国营红卫机械厂《严复诗文选注》注

释组选注. 上海：上海人民出版社. 1976.6

本书收录严复作品 19 篇，包括：《论世变之亟》、《原强》、《辟韩》、《原强续篇》、《救亡决论》、《译〈天演论〉自序》、《论沪上创兴女学堂事》、《论中国教化之退》等。

1397 严复诗文选注/南京大学历史系，国营红卫机械厂《严复诗文选注》注释组选注. 南京：江苏人民出版社. 1975.6

内容提要参见 1396。附录《严复生平大事年表》。

1398 严复思想述评/周振甫编. 上海：中华书局. 1940.8

本书结合严复的实际生活和具体事例，分全盘西化、中西折衷、反本复古三个时期，全面地评述严复的思想。作者认为，中国近百年来，严复是第一个动摇了中国的旧思想，介绍西方新思想的人，也是中西文化批判的前驱，是中国思想史上划时代的人物。全书共 4 篇，每篇下又分若干章，每章后附有引用书目。

1399 严复思想新论/刘桂生等编. 北京：清华大学出版社. 1999.12

本书收录了近年来海内外严复研究中具有代表性的新成果，收入学术论文 13 篇。这些论文从严复与中西文化交融互释、严复与自由主义、严复与卢梭、斯宾塞等多个方面，探讨了严复在接受和传播西学过程中对待中西文化态度的前后一贯性及其对近代中国学术文化发展的贡献和意义。

1400 严复思想研究/董小燕著. 杭州：浙江大学出版社. 2006.11

本书包括 8 章：严复生平与时代、进化与衍变的政治经验主义、追求富强的国家观、严复政治思想的特质分析、中西政治文化比较、严复政治思想的矛盾性、严复政治思想的特征分析、严复政治思想的启蒙价值。

1401 严复思想与近代社会/苏中立，涂光久著. 北京：中国文史出版社. 2006.7（当代学者科研论丛）

本文包括：爱国・经世・近代化、文化・观启蒙思想、大同・社会主义、天演・进化、研究概述・述评以及附录简评《执中鉴西的经世致用与近代社会转型》等内容。

1402 严复思想与中国现代化/黄瑞霖主编. 福州：海峡文艺出版社. 2008.11

本书收录了《严复的爱国主义思想特色及其当代启示》、《严复关于民族问题的论述》、《严复与中国传统道德的现代转向》、《严复政治伦理思想刍议》等文章，以期促进对严复思想的研究，进一步深化对严复在中国近现代社会进步所做的贡献的认识。

1403 严复文集/严复著；书林主编. 北京：线装书局. 2009.6（中国近现代名人文库）

本书收录了严复的杂文。包括：《新反》、《进化》、《论世变之亟》、《原败》、《论译才之难》等作品，充分展现了著者提倡西学、救亡图存、追求国家富强的热烈情怀。

1404 严复文选：注释本/严复著；杭州市法家著作注释小组编. 杭州：浙江人民出版社. 1976（法家著作选；21）

本书分 4 部分，包括：《严复简介》、《原强》、《辟韩》和《译〈天演论〉自序》，每部分有文章的原文、译文和注释。

1405 严复文选：注释本/牛仰山选注. 天津：百花文艺出版社. 2006.10

本书所收文章多为严复的代表作，较为全面系统地体现了严复的社会政治、经济、军事和学术、文学思想，包括《论世变之亟》、《原强》、《辟韩》、《救亡决论》、《论中国之阻力与离心力》、《与梁启超书》等文章。

1406 严复选集/严复著；周振甫选注. 北京：

人民文学出版社. 2004.1（近代文学名家诗文选刊）

本书收录了严复的文选和诗选，包括《论世变之亟》、《原强》、《救亡决论》、《辟韩》等。

1407 严复学术思想评传/马勇著. 北京：北京图书馆出版社. 2001.2（二十世纪中国著名学者传记丛书）

本书分为12章，包括中国文化的根基与西方的洗礼，甲午战败的刺激与思想启蒙，在政治变革的激流中，近代中国第一译手，实业救国的思想与实践，新教育的理念与实践，目睹辛亥巨变等。有照片。

1408 严复学术思想研究/张志建著. 北京：商务印书馆国际有限公司. 1995.12

本书对严复思想的各个方面，包括哲学思想、政治思想、经济思想、逻辑思想、法律思想、教育思想、文学思想、史学思想、科学思想等，都做了概要的阐述，条理明晰。有些问题也提出了自己的思想和见解。

1409 严复学术文化随笔/严复著；王宪明编. 北京：中国青年出版社. 1999.1（二十世纪中国学术文化随笔大系. 第二辑）

本书分5编：政论篇、教育篇、西学篇、中学篇、文史篇，收录严复文章63篇。

1410 严复研究资料/牛仰山，孙鸿霓编. 福州：海峡文艺出版社. 1990.1（中国近代文学研究资料丛书）

本书系《中国近代文学研究资料丛书》的一种，所选的材料围绕一个原则：凡是反映严复的生平事迹的重要材料和研究他翻译、文学思想及文学创作的文章。所选文章散见于各种公开出版的书刊。本书内容分4部分：严复生平及文学活动、严复翻译研究文章、严复著译目录索引、严复研究资料目录索引。有照片。

1411 严复与道家思想/孙文礼著. 武汉：湖北人民出版社. 2009.4（武汉科技学院·人文社科文库）

全书分7章，包括：中外文化交流史上的道家意蕴，严复的道家情结，"道通为一"的中西会通观，"道法自然"与天演学说，"无为而治"与民主政治，逍遥游与自由论，章、王、冯对道家思想资源的运用。有引言、摘要、参考文献、后记等。

1412 严复与福泽谕吉：中日启蒙思想比较/王中江著. 开封：河南大学出版社. 1991.5

本书在中日启蒙思想的主题下，从历史的纵向发展和时代的横向联系这一坐标入手，对中、日启蒙思想作了整体上的概述，既注意中日与西方的对比，又分析了中、日的异同。在此基础上，以严复和福泽谕吉为突出代表，分列文化篇、思想篇和实践篇，全面系统地对他们的启蒙思想进行了透视和比较，展现了严复和福泽谕吉作为中、日启蒙大师真实的思想内涵及其共通性和独自性。在不少具体问题上，都做出了深入的考察，并提出了自己的见解和观点。

1413 严复与西方近代思想：关于孟德斯鸠与《法意》的研究/颜德如著. 长春：吉林大学出版社. 2005.1（比较政治思想研究丛书）

本书包括：孟德斯鸠在近代中国的传播、严复翻译思想新论、有关严译《法意》的几个问题、严复对孟德斯鸠思想的理解及其回应、当代中国学者笔下的孟德斯鸠5章内容。有附录：《20世纪以来西方学者对孟德斯鸠的研究》。

1414 严复与中国近代化学术研讨会论文集/福建省严复学术研究会，福州市严复研究会编. 福州：海峡文艺出版社. 1998

本书共收录论文62篇，并有附录4篇，包括：《〈天演论〉的译著及其伟大影响》、《从〈天演论〉译著初版看严复强烈的爱国主义精神》、《戊戌维新时期严复爱国思想的理性特征》、《从严复就甲午战争事致陈宝琛的三封信看其爱国思想》、《从严译〈天演论〉到孙中山的互助思想》等。

1415 严复与中国近代文化/张广敏主编. 福州：海风出版社. 2003（严复研究丛书）

本书是对我国思想家、教育家、翻译家严复进行研究的论文集，论述其教育思想、政治思想、伦理道德思想，及其在中国近代史上的地位和作用等。

1416 严复语萃/严复著；马勇编. 北京：华夏出版社. 1993（中国二十世纪思想文库. 新论语）

本书编辑严复的有关语录，分为：对中国传统社会与文化的认识、中西文化之比较、政治理想与政治实践等 5 部分。

1417 言论界之骄子：梁启超与新民丛报/周佳荣著. 香港：中华书局. 2005.6（中华文史专刊；01）

梁启超是近代中国著名的思想家，在二十世纪初年主办《新民丛报》，更被誉为“言论界之骄子”，影响非常广泛和深远。本书分为两部分：上篇记述《新民丛报》的刊行始末，及论述其于中国新知识分子形成的关系；下篇探讨《新民丛报》时期梁启超的政治思想，并分析其思想转变的因由。附录梁启超的署名和笔名、梁启超生平大事年表及梁启超研究书目解题。有图表。

1418 杨振鸿张文光合刊/［著者不详］. 抄本. ［出版地不详］：［出版者不详］，民国间

本书有：蔡锷等布告、赵藩杨君秋帆墓表、吕志伊杨君振鸿事略、杨琼诗三首、张君文光传、腾越光复纪略、记云南张君文光死事等内容。

1419 一百三十年来中国思想史纲/胡秋原著. 五版. 台北县：学术出版社. 1983.1（当代中国思想史丛刊）

全书分上、中、下 3 篇：由鸦片战争到第一次世界大战之结束；五四以后到九一八前夕；三十年代、经抗战·二次世界大战到现在。书中附有第四版自序、代序、附录和索引。

1420 一九〇七年以前中国的社会主义思潮/（美）伯纳尔著；丘权政，符致兴译. 福州：福建人民出版社. 1985.4（中国近代史译丛）

本书是一部系统地考察中国人最初同社会主义思潮接触的历史过程的专著。全书分 8 章，内容包括：大同、万国公报、孙中山、1906 年以前日本的社会主义、梁启超、1905－1906 年《民报》的社会主义、梁启超与同盟会关于社会政策的论战、1907 年。书中附有中译本前言、书目索引和译后记。

1421 易经证释/陆宗舆等撰. 铅印本. 天津：天津救世新教会，民国二十七年（1938）

本书由 7 部分组成：例言、序、序例、全易大旨及习易要例、图象暨各图表讲义、先后天各易象数及图表大旨、经文讲义等。本书 12 册。

1422 饮冰室合集：文集. 第 5 册/梁启超著；林志钧编. 上海：中华书局. 1936

本册含“生计学学说沿革小史”、“近世文明初祖二大家之学说”、“论中国国民之品格”、“世界将来大趋势” 4 章节。

1423 饮冰室合集：文集. 第 10 册/梁启超著；林志钧编. 上海：中华书局. 1936

本册含“改用太阳历法议”、“中国前途之希望与国民责任”、“责任内阁释义”、“箴立法家” 4 章节。

1424 饮冰室合集：文集. 第 12 册/梁启超著；林志钧编. 上海：中华书局. 1936

本册含“币制条例理由书”、“痛定罪言”、“曾文正公嘉言钞序”、“政局药言” 4 章节。

1425　饮冰室诗话/梁启超著. 北京：人民文学出版社. 1959.4

《饮冰室诗话》是梁启超逃亡日本时的著作，完全是宣传康有为、谭嗣同、夏曾佑、蔡智由等改良主义者的诗，特别大力宣传改良主义者黄遵宪的诗，具有强烈的、鲜明的政治性。本书根据中华书局《乙丑重编饮冰室文集》本校点整理。内容提要参见 1426。

1426　饮冰室诗话/梁启超著. 再版. 台北：台湾中华书局. 1968.1

本书是梁启超逃亡日本时的著作，评介了康有为、黄遵宪、谭嗣同、夏曾佑、蒋观云等人的名篇名句，发表著者的诗歌理论和见解内容。包括：锡兰岛卧佛、黄花谣四章、辰州教案新乐府四章等。

1427　饮冰室诗话/梁启超著；周岚，常弘编. 1959，1998 重印. 长春：时代文艺出版社. 1998.2

本书根据中华书局《乙丑重编饮冰室文集》本校点整理。全书分 3 部分：饮冰室诗话（204 则）、饮冰室诗话补编和饮冰室诗话附录。

1428　饮冰室文集/梁启超著. 台北：台湾中华书局. 1983

本编以编年为主，收集梁启超已印未印诸作，内容包括：变法通议、沈氏音书序、商会议、立宪法议、中国史叙论、论中国学术思想变迁之大势、中国改革财政私案、新史学等。此文集将原为平装十六册每两册合订一册，计成精装八册，其卷首目次，以及各册页目不作改动。

1429　饮冰室文集点校/梁启超著；吴松等点校. 昆明：云南教育出版社. 2001.8

本书以《乙丑文集》为底本，参照《合集》、广智书局本《饮冰室文集》进行点校，以不改动原文为根本原则，所有的文章都注明了写作和发表的时间、地点，并用现代标点符号进行标点。

1430　饮冰室文集精选/梁启超著. 台北：正中书局股份有限公司. 2003.8（正中经典系列；文学本纪；AB005）

本书收 18 篇文章：《三十自述》、《饮冰室读书记》、《饮冰室自由书》、《饮冰室诗话》、《学问之趣味》、《为学与做人》、《敬业与乐业》、《最苦与最乐》等。本书是由梁氏文集中精选出的最具代表性、最脍炙人口的文章，重新整编而成。

1431　庸言/梁启超主编. 影印本. 北京：中华书局. 2010.1（中国近代期刊汇刊）

本书共 8 册。《庸言》，1912 年（民国元年）12 月 1 日创刊，由“天津日界旭街十七号庸言报馆”出版。第一卷为半月刊，1914 年改为月刊，同年 6 月停刊，共出两卷三十期。该报由梁启超主办，分建言、专论、译述、艺林、愈载、时事、附录等栏。此影印本是根据中华书局旧藏付梓的，其中所缺第二十至三十号，则由上海社会科学历史研究所补入。

1432　于右任先生创办革命报刊之经过及其影响/陈祖华著. 台北：于右任先生纪念管理委员会. 1967.4

本书讲述了于右任先生创办革命报纸的经过及其影响。全书共 5 章：绪论、民呼日报、民呼报案、民吁日报、民立报、结论。附照片。

1433　于右任辛亥文集/于右任著；傅德华编. 上海：复旦大学出版社. 1986.9（中国近现代思想文化史史料丛书）

本集选编的是从 1905 年至 1913 年“二次革命”失败这一时期有关鼓吹反清革命，主张建立资产阶级共和国以及用资产阶级文化取代腐朽的封建文化的历史资料。所选各篇按发表在报刊上的时间先后顺序编排。末附《本人从前办报的经过》和《怀恩记》。

1434　宇宙之谜/（德）赫克尔著；马君武译. 北京：中华书局. 1958.1

本书讲述的是一位伟大的生物学家的“信仰”。赫克尔在书中，首次系统介绍了他的一元论哲学。全书分为4编：论人类、论灵魂、论世界、论上帝。书前附有重印说明、第一版自序、1908年改正本自序。附《认识论》、《心理学在生物科学系中之位置》、《灵魂生活进化之主要阶段》、《一元主义及二元主义之根本冲突》及原名译名对照表。

1435 语言、翻译与政治：严复译《社会通诠》研究/王宪明著. 北京：北京大学出版社. 2005.5（思想史丛书）

本书从文本源流、著译动因、关键词语与观念、政治社会影响等方面，对严译《社会通诠》一书进行了较为系统的研析。有照片，有图。

1436 愈野堂诗集/严复著. 影印本. 台北：台湾商务印书馆. 1977.9（人人文库；2339－2340）

本书为严复所著的诗集。

1437 原富. 上/（英）亚当·斯密著；严复译. 再版. 台湾：台湾商务印书馆. 2009.9（严复先生翻译名著丛刊）

本书是严复翻译英国古典经济学家亚当·斯密的《国富论》，上册三卷，内容包括：论分功之效、论分功交易相因为用、释庸、释赢、释租、论进富自然之序、论物价之析分、论泉币之始等。

1438 原富. 下/（英）亚当·斯密著；严复译. 再版. 台湾：台湾商务印书馆. 2009.9（严复先生翻译名著丛刊）

本书是严复翻译英国古典经济学家亚当·斯密的《国富论》，下册两卷，内容包括：论商宗计学之失、论通商条约、结论商宗计学之旨、论君王及合众国家之度支、论国家度支之源、论国债等。本书还附有台湾商务印书馆重印严复先生翻译名著丛刊序、严复先生与商务印书馆以及索引等内容。

1439 原富. 一/（英）亚丹斯密著；严复译. 上海：商务印书馆. 1929.10（万有文库. 第一集；83）

本书是翻译家严复所翻译的苏格兰经济学家、哲学家亚当·斯密（当时译作亚丹斯密）所著《The Wealth of Nations》。本书包含部甲上篇一至篇七，斯密亚丹传和中西年表。

1440 原富. 二/（英）亚丹斯密著；严复译. 上海：商务印书馆. 1929.10（万有文库. 第一集；183）

本书是翻译家严复所翻译的苏格兰经济学家、哲学家亚当·斯密所著《The Wealth of Nations》。本书包含部甲上篇八、九，部甲下篇十。

1441 原富. 三/（英）亚丹斯密著；严复译. 上海：商务印书馆. 1929.10（万有文库. 第一集；83）

本书是翻译家严复所翻译的苏格兰经济学家、哲学家亚当·斯密所著《The Wealth of Nations》。本书包含部甲下篇十一。

1442 原富. 四/（英）亚丹斯密著；严复译. 上海：商务印书馆. 1929.10（万有文库. 第一集；83）

本书是翻译家严复所翻译的苏格兰经济学家、哲学家亚当·斯密所著《The Wealth of Nations》。本书包含部乙引论，篇一至篇五。

1443 原富. 五/（英）亚丹斯密著；严复译. 上海：商务印书馆. 1929.10（万有文库. 第一集；83）

本书是翻译家严复所翻译的苏格兰经济学家、哲学家亚当·斯密所著《The Wealth of Nations》。本书包含部丙篇一至篇四，部丁上篇一至篇三。

1444 原富．六/（英）亚丹斯密著；严复译．上海：商务印书馆．1929.10（万有文库．第一集；183）

本书是翻译家严复所翻译的苏格兰经济学家、哲学家亚当·斯密所著《The Wealth of Nations》。本书包含部丁篇四、五、六，部丁篇七。

1445 原富．七/（英）亚丹斯密著；严复译．上海：商务印书馆．1929.10（万有文库．第一集；183）

本书是翻译家严复所翻译的苏格兰经济学家、哲学家亚当·斯密所著《The Wealth of Nations》。本书包含部丁下篇八、九，部戊上篇一。

1446 原富．八/（英）亚丹斯密著；严复译．上海：商务印书馆．1929.10（万有文库．第一集；183）

本书是翻译家严复所翻译的苏格兰经济学家、哲学家亚当·斯密所著《The Wealth of Nations》。本书包含部戊上下两部分。

1447 原富．九/（英）亚丹斯密著；严复译．上海：商务印书馆．1929.10（万有文库．第一集；183）

本书是翻译家严复所翻译的苏格兰经济学家、哲学家亚当·斯密所著《The Wealth of Nations》。本书包含部戊下篇二、三。

1448 原富/（英）斯密著；严复译．北京：商务印书馆．1981.11

本书是翻译家严复所翻译的苏格兰经济学家、哲学家亚当·斯密所著《The Wealth of Nations》。包括4部分。

1449 原富/（英）斯密著；严复译．台北：台湾商务印书馆．1977.8（人人文库；特506～特508）

本书是严复翻译亚当·斯密的《原富》所作的翻译。全书共分上、中、下三册。

1450 早期改良思想家诗文选译/刘崇敬译注．成都：巴蜀书社．1997.6（近代文史名著选译丛书）

本书选译了早期改良思想家冯桂芬、王韬、容闳、马建忠、郑观应、何启的诗文。

1451 张謇的文化自觉/黄振平主编．西安：陕西人民出版社．2003.6

本书内容包括：张謇传略、博汇万物以昭德教民——张謇与文物、杰出的诗文成就——张謇与文学、中国电影事业的拓荒者——张謇与电影、以美术助实业教育的主张和实践——张謇与美术、毕生推动中外文化交流的圣哲和行者——张謇与对外文化交流、近代南通文化产业的初始之路——张謇与文化产生等。

1452 章士钊社会政治思想研究：1903－1927年/邹小站著．长沙：湖南教育出版社．2001.4（博士论丛）

本书共有5章，包括：从旧式文人到革命青年；对个人自由权利的关注与对强有力政府的追求；共和政治的精神、价值与道路；思想转折；“全面反动”——以农立国的系统方案。书中附有序、前言、结语、附录、后记。

1453 章太炎、黄季刚二君关于刘申叔君之文十首［手稿］/钱玄同辑．稿本．［出版地不详］：［出版者不详］．［出版年不详］

本书为毛笔手书原稿（内有他人代抄）。刘师培，字申叔。

1454 章太炎、刘师培、梁启超清学史著述之研究/李帆著．北京：商务印书馆．2006.10（北京师范大学史学文库）

本书以“宏观论析”和“个案研究”相结合，分为上、下篇。上篇着重评析章太炎、刘师培、梁启超的清学史著述中关系到清代学术全局的一些问题；下篇具体评析了戴震义理思想的阐发等问题，更好地展示了他们关注清学的现实出发点和目的所在。

1455 章太炎生平与思想研究文选/章念驰编. 杭州：浙江人民出版社. 1986.8

本书是一本收录有关章太炎生平与思想研究文章的选集，选编的文章有对章太炎的回忆和考证，也有对其思想的剖析和著作评价，有总论和分论，也有对章太炎和其他人物的比较研究，还有国外学者的部分论文。本书特别注意收集了一些与浙江关系比较密切的文章。本书共收录了文章 20 篇和 1 篇著作系年。有插图。

1456 章太炎诗文选译/章太炎著；武继山译注. 成都：巴蜀书社. 1997.1（近代文史名著选译丛书）

本书所选的诗文篇目，概括有以下 4 个方面内容：指斥保皇派的错误与反对袁世凯的独裁、抨击清朝统治的腐败与揭露帝国主义的侵略、讴歌革命者的献身精神、改造国民劣根性及对教育下一代的思考。

1457 章太炎诗文选注/章太炎著；章太炎著作编注组注. 上海：上海人民出版社. 1976.6

本书选注了章太炎一生中比较有代表性的部分诗文，分为上、下册出版。上册包括“诗选”和 1903 年前的“文选”两部分。下册是 1906 年以后的“文选”。每一部分都是按照写作年月次序编订。其中，“诗选”收录了《艾如张董逃歌》、《杂感》、《儒冠》、《梁园客》、《咏南海康氏》等诗作；“文选”共收录了《商鞅》、《菌说》、《原变》、《秦献论》等文章。本书有插图。

1458 章太炎思想研究/姜义华著. 上海：上海人民出版社. 1985.8

本书对章太炎一生的思想演变作了较为详细的研究。全书共 9 章，包括：青年汉学家、要救国，图维新、走上革命之路、向封建网罗勇猛冲决、《民报》主编、一场夭折了的哲学革命、致力于民族文化近代化的巨匠、在“民国”初创的政治漩涡中、“既离民众，渐入颓唐”的晚年思想与学术。本书还附有结语和后记。本书有插图。

1459 章太炎思想研究/唐文权，罗福惠著. 武汉：华中师范大学出版社. 1986.7

本书力图比较全面客观地将章太炎的思想作为一个完整的思想体系，来加以详尽的考察与剖析。本书分为序言、在新旧思想文化的交接点上——绪论、他山之石可以攻玉——章太炎前期西学汲引、富国足民抑富振贫——章太炎的经济思想、“县群众，理民物”——章太炎的政治学说、不定一神有益生民——章太炎的宗教观、西来之风应机而化——章太炎的佛学思想、中国人“自然该守的中国道德”——章太炎的道德学说、后记等 14 个部分。

1460 章太炎思想研究/姜义华著. 北京：中国人民大学出版社. 2009.12（当代中国人文大系. 历史学）

内容提要参见 1458。

1461 章太炎选集/章太炎著；朱维铮，姜义华等编注. 上海：上海人民出版社. 1981.9

本书是近代中国著名的思想家、学者章太炎的论著选集。编入本书的论著，包括章太炎一生较有代表性的论文、讲稿、序跋、函电和其他杂著，共 69 篇及附录 8 篇。内容侧重反映作者从事资产阶级革命时期的政治思想、宇宙观和社会历史观。选录范围主要是政论、哲学、史学、社会学和经学等方面的论著。本书有插图。

1462 章太炎著作选注/苏州市《章太炎著作选注》编辑组编. 苏州：苏州市革命委员会政工组大批判组. 1975.5

本书对我国辛亥革命时期的著名学者、思想家、活动家章太炎的著作进行了选编和译注。

全书共选编了《订孔》、《商鞅》、《弭兵难》、《解辫发》、《革命军序》、《邹容传》等30篇文章，分别选自《訄书》、《章氏丛书》、《制言》、《民报》等著作和报刊。

1463　章太炎著作选注/驻云南空军战勤一连理论组等注释．昆明：云南人民出版社．1976.4

本书对我国辛亥革命时期的著名学者、思想家、活动家章太炎的著作进行了选编和译注。全书选注了章太炎的《商鞅》、《驳康有为论革命书》、《秦献论》、《秦政论》4篇文章，并附有1篇章太炎小传，还附有《驳康有为论革命书》、《商鞅》的读后感。

1464　章太炎著作选注/《法学著作选读》编辑组编．北京：北京人民出版社．1976.7（法家著作选读）

本书对我国辛亥革命时期的著名学者、思想家、活动家章太炎的著作进行了选编和译注。全书共收录了《商鞅》、《驳康有为论革命书》、《无神论》、《思葛》4篇著作，在这4篇前还有1篇章太炎简介。

1465　哲人与文士/杨天石著．北京：中国人民大学出版社．2007.7（朗朗书房．杨天石近代史文存）

本书以处于时代潮流最前沿的重要人物及其思想为对象，立足于诸多罕见的珍贵史料，阐述在近代历史上发生过重大作用的国粹主义、无政府主义和三民主义等重要思潮，探求理论得失及其经验。同时评析龚自珍、林则徐、谭嗣同、梁启超、孙中山、章太炎、刘怀培、鲁迅、陈去病、柳亚子、钱玄同、胡适等人的思想和创作成就。书中附有作者像和黄遵宪等人手迹。

1466　致用与重构的二重变奏：清末民初伦理道德近代嬗变研究/赵炎才著．北京：光明日报出版社．2009.10（高校社科文库）

本书旨在从致用与重构互动角度契入，对清末民初伦理道德近代嬗变作一专题性研究。全书分7章，包括：清末民初伦理道德概述、道德致用（上、下）、伦理重构（上、下）、伦理道德与其他社会文化之关系、近代伦理道德发展趋势及其历史反思。书中附有绪论、余论、参考文献、个人相关论著和后记。

1467　中国“女权”概念的变迁：清末民初的人权和社会性别/（日）须藤瑞代著；姚毅译．北京：社会科学文献出版社．2010.2（喜玛拉雅学术文库．阅读中国系列）

本书以翔实的中外历史资料和文献为基础，对“女权”概念在中国的引入和发展进行了较为全面的考察，描述女性争取权利的过程和知识分子与爱国人士对“女权”和理想女性的理解。书中附有照片。

1468　中国妇女服饰与身体革命：1911－1935/吴昊著．上海：东方出版中心．2008.1

本书分6章，包括：“辛亥革命与服饰革命”、“大都会妇女，时装急先锋”、“五四运动酝酿妇女服饰剧变”、“北伐前后的妇女解放与时装”、“裸变”、“妇女解放身体与服饰”、“旗袍的复兴”、“火凤凰传说”等。附照片。

1469　中国古典文学宝库．第六十辑，政论散文．二/齐豫生，夏于全主编．延吉：延边人民出版社．1999.8

本书收录了载淳、谭嗣同、章炳麟、陈天华、邹容等人所撰写的学术与政论文集。

1470　中国近代孤本小说集成．第四卷/梁心清等著．北京：大众文艺出版社．1999.3

本书收录有《最近官场秘密史》/天公著，《袁政府秘史》/陈逵九著，《古戍寒笳记》/叶楚伧著，《新世说》/易宗夔著，《商界现形记》/云间天赘生著。

1471　中国近代民主思想史/熊月之著．修订本．上海：上海社会科学院出版社．2002.1

（社会科学文库．史丛；7）

本书介绍了19世纪70年代以后民权思想的产生，早期改良派的民权思想，戊戌维新时期民权思想的发展，辛亥革命时期民主思想的成熟，以及“五四”时期民主思想的转变等内容。本书附照片。

1472 中国近代名家名作宝库．7，王国维黄遵宪文廷式卷/周松平主编．呼和浩特：内蒙古人民出版社．2000.12

本卷共分3部分。分别收录了王国维的《人间词话》、《人间词》、诗歌、书信、学术著作；黄遵宪的人境庐诗草共七卷；文廷式的诗篇、词篇日记。

1473 中国近代名家名作宝库．8，章太炎陈天华邹容卷/周松平主编；章太炎，陈天华，邹容著．呼和浩特：内蒙古人民出版社．2000.12

本卷共分三部分，分别收录了章太炎的杂文、诗篇、佛学、书信；陈天华的《猛回头》、《警示钟》、《狮子吼》、《绝命辞》以及邹容的《革命军》。

1474 中国近代启蒙思想史/侯外庐著．北京：人民出版社．1993.10

本书分5章，包括：百日维新派自由思想者康有为、维新思想的健者谭嗣同、章太炎的科学技术成就及其对于公羊学派的批判、反映19世纪末叶社会全貌的太炎哲学思想、古史学家王国维。有附录4篇，包括：《论洪秀全与洪仁玕》、《严复思想批判》、《孙中山的民主主义》、《论鲁迅三题》。

1475 中国近代社会文化史论/王先明著．北京：人民出版社．2000.11

本书包括乡村社会结构与社会控制、近代社会流动与结构性变动、社会转型与乡村权力结构、西学冲击与传统文化结构、传统文化结构的历史变迁、近代新学与文化重构和近代文化转型与社会变迁7部分。

1476 中国近代社会文化史续论/王先明著．天津：南开大学出版社．2005.10（近代中国研究丛书）

本书是随时而变的结果，汇集了近年来作者对于近代社会变迁与文化转型的研究成果。内容分为：学科发展理论探讨的总论篇、变动时代与政制更易的时代篇、由传统到近代的文化模式转型的文化篇、乡村社会结构历史变迁的社会篇4篇。

1477 中国近代文学潮流：从戊戌前后到五四文学革命/朱文华著．贵阳：贵州教育出版社．2004.9

本书包括中国古典文学的挣扎性延续以及近代文学的微弱萌芽，五四前20年中国文学潮流的涌现及其性质特征，五四前20年中国文学潮流发展的三个时期及其相应特点等章节。书后附后记、主要参考书目。

1478 中国近代现代史论集．6，自强运动．一，通论/“中华文化复兴运动推行委员会”主编．台北：台湾商务印书馆．1985.8

本编分15章，包括：中国近代之自强与求富、清末自强观的内容分野及其演变、由守旧到革新自强运动中守旧者的态度之转变、同光新政中革新派与守旧派的比照、清季同光自强运动与日本明治维新运动的比较、十九世纪初叶中国知识分子包世臣与魏源、魏源海国图志与林则徐、从曾国藩和魏源德经世思想看同光新政等。

1479 中国近代现代史论集．19－20，近代思潮/“中华文化复兴运动推行委员会”主编．台北：台湾商务印书馆．1986.5

本编分上、下册，共35章，包括：近代西洋文化之输入及其认识、清末反对西化的言论、近代中国知识分子应变之自觉、清季知识分子的中体西用论、戊戌前后的民权思想（1894－1903）、近百年中国民族主义教育思想之起源、社会达尔文主义与现代化——严复梁启超的进化论、清末民初的知识分子（1898—1921）等。

1480　中国近代珍稀本小说．5/董文成，李勤学主编．沈阳：春风文艺出版社．1997.10

本书收集有：《情变》、《宦海升沉录》、《胡雪岩外传》、《新中国现在记》等。

1481　中国近代珍稀本小说．6/董文成，李勤学主编．沈阳：春风文艺出版社．1997.10

全书包括：《苦学生》、《海上魂》、《自由结婚》、《断鸿零雁记》4部近代小说。

1482　中国近代珍稀本小说．9/董文成，李勤学主编．沈阳：春风文艺出版社．1997.10

本卷收入3篇，包括《狮子吼》/（清）陈天华著，《古戍寒笳记》/叶楚伧著，《中东大战演义，又名，说倭传》/洪兴全著。

1483　中国近代珍稀本小说．19～20，神州光复志演义/董文成，李勤学主编；听涛馆主人著．沈阳：春风文艺出版社．1997.10

本书共20册。本册为《神州光复志演义上、下》。全书从努尔哈赤崛起辽东写起，以清宣统皇帝宣布退位结束。其主体部分是孙中山倡导的推翻帝制建立民主共和政体的革命。本书采用写实手法，大量引述史料，许多章节几乎可以当史书来读。

1484　中国近三百年学术史/梁启超著．北京：中国书店．1985.3

本书是梁启超任教清华大学、南开大学等校所编讲义．详细研究十七、十八、十九三个世纪的中国学术史，阐释了学术发展的不同阶段及其相互转化的原因，从哲学和思想层面分析清代的学派、代表人物和典型作品，提出了诸多新见解。此次再版以1936年中华书局版为底本进行整理。全书分16章，包括：反动与先驱、清代学术变迁与政治的影响、阳明学派之余波及其修正、清代经学之建设、两畸儒等。

1485　中国近三百年学术史/梁启超著．11版．台北：台湾中华书局．1987.2

内容提要参见1484。有附录《清明之交中国思想界及其代表人物》。有图表。

1486　中国近三百年学术史/梁启超著．台北：里仁书局．1995.2

内容提要参见1484。本书与《清代学术概论》合订。有图表。

1487　中国近三百年学术史/梁启超著．北京：东方出版社．1996.3（民国学术经典文库．思想史类丛；11）

内容提要参见1484。

1488　中国近三百年学术史/梁启超著．太原：山西古籍出版社．2001.10（大学生应读·名家学术经典）

内容提要参见1484。

1489　中国近三百年学术史/梁启超著．天津：天津古籍出版社．2003.5（饮冰室文萃）

内容提要参见1484。

1490　中国近三百年学术史/梁启超著；张圣洁校点．石家庄：河北人民出版社．2004.3

内容提要参见1484。

1491　中国近三百年学术史/梁启超著．上海：三联书店．2006.4

内容提要参见1484。

1492　中国近三百年学术史/梁启超著．北京：团结出版社．2006.12（民国珍本丛刊：插图珍藏本）

内容提要参见1484。

1493　中国近三百年学术史/梁启超著．北京：中国华侨出版社．2008.5

内容提要参见1484。

1494　中国近三百年学术史/梁启超著．北京：中国社会科学出版社．2008.6（民国学术经典丛书）

内容提要参见1484。

1495　中国近三百年学术史/梁启超著．北京：人民出版社．2008.12

内容提要参见1484。

1496　中国近三百年学术史/梁启超著．长沙：岳麓书院．2010.1

内容提要参见1484，本书有后记。

1497　中国近三百年学术史论/章太炎，刘师培等撰；罗志田导读；徐亮工编校．上海：上海古籍出版社．2006.1（蓬莱阁丛书）

本书收录文章30余篇，内容包括：近儒学术统系论、清儒得失论、近代汉学变迁论、论近世文学之变迁、汉宋学术异同论等。

1498　中国历代珍稀小说：明清、民国．三/林鲤主编．北京：九州图书出版社．1998.5

本书包括：《红楼梦影》、《女娲石》、《狐狸缘全传》、《扫迷帚》、《情变》、《宦海升沉录》、《胡雪岩外传》、《新中国未来记》、《狮子吼》等内容。其中《狮子吼》为清代小说，八回，未完，作者陈天华。这是一部宣扬资产阶级革命理想的小说，是一部革命原理的通俗图解，分三部曲。

1499　中国人文精神的重建：约戊戌～五四/郭国灿著．长沙：湖南教育出版社．1992.3（博士论丛．第五辑）

本书包括：通论卷、新德卷和尚力卷。附章开沅序、主要参考资料和后记。

1500　中国思想史参考资料集，晚清至民国卷．上编/张勇主编．北京：清华大学出版社．2005.8

本书共4章，内容包括："借法济变"、维新救亡、革命建国、筹安共和。本书附有后记。

1501　中国体育思想史，近代卷/崔乐泉，杨向东主编；罗时铭，崔乐泉著．北京：首都师范大学出版社．2008.7

本书共分两编，内容包括：晚清时期的体育思想、中华民国时期的体育思想。本书附有引论、参考文献、后记。

1502　中国体育通史．第三卷，1840－1926年/崔乐泉总主编；罗时铭［卷］主编；李翔等编写．北京：人民体育出版社．2009.8

本书为《中国体育通史》第三卷，时间从1840－1926年。主要为中国近代体育的早期传入和初步发展时期，分上、下两编。上编为晚清时期的体育（1840－1911），下编为民国初年和北京政府时期的体育（1912－1926）。附照片、大事记、主要参考文献、后记。

1503　中国文学理论史：清末民初时期/黄保真等著．台北：洪叶文化事业公司．1994（国学精粹丛书；21）

本编分4章，包括：从鸦片战争前夜到甲午战争时期的进步文学理论、从鸦片战争前夜到甲午战争时期文学论坛上的主要流派、戊戌变法前后的文学理论、辛亥革命前后的文学理论。

1504　中国现代绘画史，民初之部（一九一二至一九四九）/李铸晋，万青力著．台北：石头出版股份有限公司．2001.10

这是《中国现代绘画史》的第二卷，概括的历史时期是从1912年中华民国成立，到1949中华人民共和国成立为止。全书分两部分，地域画风和新变局的冲击。包括上海；北京；广州；台湾；西方艺术的影响；木刻运动的兴起；抗战时期的绘画；民国初年的美术思潮共8章。书中附有序、前言、结论、参考书目、图版总览和索引。

1505　中国现代思想中的唯科学主义：1900－1950/（美）郭颖颐著；雷颐译．南京：江苏人

民出版社．1990（海外中国研究丛书）

本书4篇7章，包括现代科学对中国思想的教条影响，哲学的唯物主义者吴稚晖，辩证唯物主义者陈独秀，实用主义者胡适，三位科学家，1923年“科学”与“玄学”大论战，论战之后：教条的终结。

1506　中国现代文学基础理论与批评著译辑要：1912—1949/贺昌盛主编．福建：厦门大学出版社．2009.11（厦门大学国学研究院资助出版丛书；12）

本书分为上、中、下三编：基础理论、文艺思潮和文艺批评。内容包括：艺术教育之原理、文学研究法、近世美学、欧洲文艺复兴史、法兰西文学、文艺思想潮、三叶集、近代文学家、新诗概说等。书中附有出版例言、现代文论的知识构成（代序）和后记。

1507　中国现代性体验的发生：清末民初文化转型与文学/王一川著．北京：北京师范大学出版社．2001.10（文化与诗学丛书）

本书分上、中、下三篇共8章，包括：体验与文化现代性问题、现代性体验的发生、日常生活的现代性体验、全球性境遇中的现代性体验、惊羡体验与西方形象、感愤体验与现实中国形象、回瞥体验与古典中国形象、短零体验与中国人形象。有导论和后记。

1508　中国现代学术经典，梁启超卷/刘梦溪主编；梁启超著；夏晓虹编校．石家庄：河北教育出版社．1996.8（中国现代学术经典）

本书包括《梁启超先生小传》、《论中国学术思想变迁之大势》、《清代学术概论》、《中国历史研究法》、《中国历史研究法补编》、《新史学》等内容。

1509　中国现代学术经典，严复卷/刘梦溪主编；严复著；欧阳哲生编校．石家庄：河北教育出版社．1996.8（中国现代学术经典）

本书包括《严复先生小传》、《天演论》、《群学肄言》、《群己权界论》、《原强》、《救亡决论》、《说党》等内容。

1510　中国现代学术之建立：以章太炎、胡适之为中心/陈平原著．再版．北京：北京大学出版社．2010.1

内容提要参见1511。

1511　中国现代学术之建立：以章太炎、胡适之为中心/陈平原著．北京：北京大学出版社．1998.2（学术史丛书）

全书共9章，包括：求是与致用、官学与私学、学术与政治、专家与通人、作为新范式的文学史研究、晚清志士的游侠心态、现代中国的“魏晋风度”与“六朝散文”等。书中附有导言和附录。

1512　中国现代学术之建立：以章太炎、胡适之为中心/陈平原著．台北：麦田出版．2000.5（麦田人文；37）

内容提要参见1511。

1513　中华书局大事纪要，私营时期：1912—1954/钱炳寰编．北京：中华书局．2002.5

本书收有中华书局自1912—1954年的各种重要会议记录，以及中华书局公开发布的启事、声明、重要新闻、出版书刊的宣传广告等。书中附有照片。

1514　中华书局图书总目：1912—1949/中华书局编辑部编．北京：中华书局．1987.3

本书收录了解放前中华书局出版的图书总目。包括：哲学、政治、法律、军事、经济、历史、地理、综合类和儿童读物等多种学科。

1515　中华修身名言：从孔夫子到孙中山/宋衍申主编．长春：吉林教育出版社．1995.10

本书内容包括：正心克己、知耻自爱、谦逊诚实、艰苦奋斗、正直勇敢、博学笃行、团结礼让、成仁取义、尊贤敬老、大公无私、尽职尽责、爱国为民、立志有为。书中附有青年同学要注意解决好修身问题（代序）和前言。

1516 中华修身事迹：从孔夫子到孙中山/宋衍申主编. 长春：吉林教育出版社. 1995.10

本书内容包括：正心克己、知耻自爱、谦逊诚实、艰苦奋斗、正直勇敢、博学笃行、团结礼让、成仁取义、尊贤敬老、大公无私、尽职尽责、爱国为民、立志有为。书中附有青年同学要注意解决好修身问题（代序）和前言。有插图。

1517 中日近代对西方政治哲学思想的摄取：严复与日本启蒙学者/王克非著. 北京：中国社会科学出版社. 1996.12（北京日本学研究中心学术专著；3）

本书从翻译文化史的角度切入近代中国和日本的比较研究，对于两国学者如何摄取西方思想以及其中各种因素的影响做出了分析。

1518 朱执信集/朱执信著；广东省哲学社会科学研究所历史研究室编. 北京：中华书局. 1979.1

本书分上、下两册，主要内容包括：论满洲虽欲立宪而不能、土地国有与财政、无内乱之牺牲、中国存亡问题、学生今后之态度、所谓实力派之和平、社会与忏悔、中等社会的结合等。

1519 邹容与陈天华的思想/陈旭麓著. 上海：上海人民出版社. 1957.2

本书分为序言、邹容的“革命军”及其思想及论陈天华的爱国民主思想。其中，邹容部分主要包括：邹容奋斗的年代、“革命军”的民主主义思想、“革命军”与“苏报案”、“革命军”与辛亥革命关系。陈天华部分主要包括：民主革命的杰出宣传家、强烈的反帝爱国思想、从爱国到反君主专制的民主革命思想、陈天华思想的特点及其局限性。

1520 走向世界丛书. 第一辑. Ⅱ/钟叔河编. 再版，修订本. 长沙：岳麓书社. 2008

本书收录了《西学东渐记》、《游美洲日记》、《随使法国记》、《苏格兰游学指南》4部著作。本书附肖像和照片。

6 辛亥革命时期的教育

6.1 留日

1521 攻玉论：关于20世纪初期中国军界留日生的研究/靳明全著．重庆：重庆出版社．1999.1

本书第一、二章重点考察研究20世纪初期中国军界留学生在日本的学习、生活情况以及对中国近代社会的影响，第三至十章重点考察论述了中国军事化的起步，中国近代军事制度、军事理论的发展，中国近现代重大军事活动的演变，及其观照日本的特点。有照片。

1522 攻玉论：关于20世纪初期中国政界留日生的研究/靳明全著．重庆：重庆出版社．2001.10

内容提要参见1521。

1523 管理留日学生事务规程/教育部总务厅定．铅印本．［出版地不详］：总务厅文书科，民国二年（1913）

本书为政府为更好地管理留日中国学生而上报的呈文。留日学生人数众多，管理事宜素称杂难，故申请管理制度化，有章可循。书中共列举了40条规程，主要包括留日学生之费用管理、课程设置、管理人员安排等。

1524 管理留学日本自费生暂行规程 经理留学日本学生事务暂行规程：教育部令第三、四号/［著者不详］．铅印本．［出版地不详］：［出版者不详］，民国三年（1914）

本书内容包括民国三年教育总长签发的教育部部令第三号“教育部公布管理留学日本自费生暂行规程”，共13条，第四号“教育部公布经理留学日本学生事务暂行规程”共34条。反映了民国初建，政府重视留学教育，加强对留学工作的规范和指导。

1525 留日华侨小史/宋越伦著．台北：“中央文物供应社”．1953.12（华侨丛书）

本书分为24个部分，内容包括：中世纪以前中日关系之轮廓、四大唐寺之成立、通事会馆之组织、公所团体之创立、中华会馆组织之经过、长崎横滨中华商务总会、战后华侨统一组织之展开、留日华侨现状一瞥等。

1526 留日学生与清末新政/尚小明著．再版．南昌：江西教育出版社．2003.9（鹅湖学术丛书）

全书共4章，包括：留日学生与清末筹备立宪、留日学生与清末教育改革、留日学生与清末新军编练、留日学生。书中附有表和晚清留学生任用状况分析。

1527 留学函稿汇选/［著者不详］．铅印本．河北：河北书局，清光绪三十二年（1906）

本书收录了节次东京学界公愤始末报告乡人父老兴学书，留日学生上滇筹办云南学务书，苏杭甬草议之解决，留东学生来稿，上出洋考察政治三大臣书，留学日本郭开第上巡警部禀，上驻日钦差大臣总监督杨公使书，留日云南学生上练兵处书，湖南留日学生姚宏业遗书，上学部意见书，留日师范毕张佐业汉稿，留法学生上出洋大臣书，云南留日学生上丁制军禀，浙江金衢严三府留东同乡公启，留东学生姚明德上张殿撰书，豫晋秦陇四省协会成立通告书，上顺天同乡父老书，留东卒业管尚勋上苏抚禀，留学法政官绅上周玉帅条陈，云南留学河内学生上练兵处禀。

1528 清末留日学生/黄福庆著. 台北："中央研究院"近代史研究所. 1975.7（"中央研究院"近代史研究所专刊；34）

本书分 7 章，包括：时代背景、留学日本的发动、学生的特质与政策的配合、学习生活与环境、文化活动、政治活动、结论。书后附参考书目和索引。

1529 清末浙江与日本/吕顺长著. 上海：上海古籍出版社. 2001.8（中日文化研究文库）

本书分为上、下两篇，共 7 章，包括：浙江早期留日学生、"五校特约"留学及其对浙江的影响、浙江留日学生的横向构造、留日体验与归国后的活动、对日教育考察与中日文化交流、罗振玉与中日文化交流、在日华侨与中日文化交流等。有序言和附录。

1530 日本留学指掌/崇文书局编辑所编纂. 东京：崇文书局. 1905.10

本书分"留学生指针"、"官公私立诸学校"二编，附录游览及参观地。

1531 章太炎文集/章太炎著；书林主编. 北京：线装书局. 2009.7

本书收录了章太炎的讲演与书信，包括：《东京留学生欢迎会演说词》、《留学的目的和方法》、《说今日青年的弱点》、《研究中国文学的途径》、《论求学》、《说我》、《历史之重要》、《答学究》等。

1532 中国国民党在日本：一八九五－一九一四/陈鹏仁著. 台北：中国国民党中央委员会党史委员会. 1994.11（中国国民党建党一百周年丛书）

本书以从孙中山先生首次亡命日本起，至民国二年八月，讨袁之役失败，孙中山再亡命日本，为重整旗鼓，东山再起，创建中华革命党止为写作的主要对象。全书分 4 章，包括：孙中山先生首次亡命日本、中国同盟会时代的活动、辛亥革命前后、讨袁活动。书中附有序言、附录和参考文献。

1533 中国人留学日本百年史上下册：1896－1996/沈殿成主编. 沈阳：辽宁教育出版社. 1997.9

本书分 5 篇，包括：中国人留学日本运动的兴起和高潮（1896－1911）、中国人留学日本运动的发展和风潮（1912－1930）、中国人留学日本运动的曲折和回潮（1931－1945）等。

1534 中国人留学日本史/（日）实藤惠秀著；谭汝谦，林启彦译. 香港：中文大学出版社. 1982 年初

本书共 9 章，包括：留学日本的原因、留学日本的历史、留学生在日本的生活、留学生与日本人、留日学生的翻译活动、对中国出版界的贡献、现代汉语与日本词汇的摄取、留日学生的政治活动、结论。附照片，附中国人留学日本史前史简表、中国人留学日本史年表、与中国留日学生有关的五个统计表、征引及参考文献目录和索引。

1535 中国人留学日本史/（日）实藤惠秀著；谭汝谦，林启彦译. 增补版. 北京：三联书店. 1983.8

内容提要参见 1534。部分内容有增加。

1536 走向西洋：近代中日两国官派欧美留学之比较研究（1862－1912）/胡连成著. 长春：吉林大学出版社. 2007.3

全书分 5 章，包括：中日两国派遣留学生的历史背景及派遣状况之比较、中日两国官派留学政策之比较研究、中日两国贵胄留学的比较研究、海外留学生活与东西文化冲突之比较研究、中日留学生在近代过程中的历史作用之比较研究。书中附有近代中日两国欧美留学史对照大事年表、近代中日两国官派欧美留学史对照统计表。

6.2 其他

1537 （民国）教育部文牍政令汇编/［著者不详］. 影印本. 北京：全国图书馆文献缩微复制中心. 2004.6（国家图书馆藏历史档案文献丛刊）

全书共6册，收集了民国元年五月至民国三年五月民国教育部档案资料120多件。这批教育函电、公文，大到教育宗旨的制定、学校制度的变革、课程和教学方法的更新，小至教科用书、考试招生、留学事务等均有所触及。书中附有出版说明。

1538 民国史料丛刊 977，史地·年鉴/张研，孙燕京主编. 影印本. 郑州：大象出版社. 2009.8（民国史料丛刊）

本册内容为：开明书店1934年出版的《第一次中国教育年鉴（四）》/教育部教育年鉴编辑委员会编。本书取材于清末兴学至民国22年10月以前，以民国19年为主，分甲、乙、丙、丁、戊编，分别为：总述、法规、概况、统计、杂录。

1539 现代化视野下的中国教育：1862－1922/张平海著. 昆明：云南大学出版社. 2006.7（红河学院人字桥学术文丛）

本书以现代化历程中的重大事件为主要标志，把中国教育的早期现代化历程（1862－1922）划分为产生、发展、形成三个时期，扼要地阐述了中国教育早期现代化的基本过程。

1540 20世纪初（1898－1937）文化守成主义的教育思想及实践/赵万峰著. 西安：陕西人民出版社. 2005.11（西北大学中国思想文化研究所西部人文学术丛书）

本书遵循在文化背景上研究教育思想的逻辑思路，探索文化守成主义者在教育思想及实践现代化进程中的贡献，试图建立其教育思想体系。全书分9章，包括：中国近代的文化守成主义、文化守成主义的文化观、文化守成主义的教育宗旨、文化守成主义的教育功能观、文化守成主义的学制理念、文化守成主义的教育过程及方法、中国近现代教育思想体系视野中的文化守成主义、结论及影响。书中附有绪论、参考文献和后记。

1541 20世纪的中国，教育事业卷/曾天山主笔. 兰州：甘肃人民出版社. 2000.5

本卷叙述了从世纪之交的清末直至20世纪末的中国教育史。书末附20世纪中国教育事业大事记。

1542 百年国耻纪要/何瑜著. 北京：北京燕山出版社. 1997.1（京华博览丛书）

全书共19章，包括：城下之盟，国门洞开；广州失守，天津迫降；北京沦陷，圆明浩劫；蚕食鲸吞，趁火打劫；登堂入室，欲壑难填；鹰瞵虎伺，边疆危机；地狱之火，洋教黑幕；甲午战争，震撼中华等。书中附有照片和附录：中外不平等约章汇要。

1543 百年留学/香港电台编著. 香港：中华书局（香港）有限公司. 2007.7

本书分10章，包括：容闳与留美幼童、军事留学、东瀛留学潮、女子与留学、庚款留学、留学生与新文化运动、近代香港留学生、勤工俭学运动、绘画与留学、留学苏联。附图片。

1544 百年留学潮/邱岭，范闽仙著. 福州：福建教育出版社. 1995.4（当代中学生丛书. 第六辑）

本书记载了鸦片战争后的留学拓荒者，首批遣美少年生，早期留欧官费生，清末的留日巨潮，清末民初的庚款留美，留法勤工俭学与留苏革命学习，民国时期留学潮的低落，解放后留学的曲折与勃兴。

1545 百年中国实录：1911－2009/徐宪江主编. 北京：中共党史出版社. 2010.1

本书收录了近300余幅珍贵历史照片、50多万文字。时间自1911年至2009年。按大事、世界、声音、备忘4个栏目记述，大事为主体栏目。

1546 半个世纪风雨：1891－1949青岛教育大事记述/瞿广顺编著. 青岛：青岛出版社. 2009.6

本书记述上起1891年青岛建置，下至1949年6月2日青岛解放。记事以青岛当时区域为境界。在青岛教育记事之同时，为厘清历史脉络、彰明因果渊源，撷中国和山东省大事、青岛大事要事并纂。书中附有图片。

1547 半世雄图：晚清军事教育现代化的历史进程（晚清军事教育研究）/王建华著. 南京：东南大学出版社. 2004.11

本书共5部分，内容包括：中国近代军事教育的初创，中国近代军事教育的发展、中国近代军事教育体制的形成、列强与晚清军事教育，晚清军事教育的总体评述。本书有导言、主要参考资料、后记。

1548 北京东西洋留学会员录/北京东西洋留学会编. 北京：北京东西洋留学会. 1916.7

本书按姓名、籍贯、留学国、学科、学位、职业、住址等12项详志在京留学东、西洋之士。

1549 参观江苏学校笔记：初编/周公才编. 上海：商务印书馆. 1912.12

作者参观地区有苏州、上海、无锡、常州、南京等地48所初高等小学校和女校。附周公才小像。

1550 大总统颁定教育要旨/徐世昌著. 铅印本. ［出版地不详］：［出版者不详］，民国四年(1915)

本书为民国4年（1915）1月1日时任国务卿徐世昌颁定的有关发展学校教育的主要宗旨，内容涉及爱国、尚武、崇实、法孔孟、重自治、戒贪争、戒躁进7个方面。

1551 第一次中国教育年鉴/教育部中国教育年鉴编审委员会编. 上海：开明书店. 1934.5

取材自清末至1931年底。全书分教育总述、教育法规、教育概况、教育统计、教育杂录等5编。

1552 第一次中央教育会已提出未议各案/［著者不详］. 油印本. ［出版地不详］：［出版者不详］，民国间（1912－1949）

本书第1册系国民政府第一次中央教育会上已经提出但未能表决的案例汇编。这些议案内容主要包括国民教育序列、学制要求、教员安排、蒙藏教育等问题共31案。第2册为第一次中央教育会已列入议事日表未议各案一书，亦未议教育议案之汇总。本书2册。

1553 动荡转型中的民国教育/申晓云主编. 郑州：河南人民出版社. 1994.7（中华民国史丛书）

本书反映民国时期新、旧教育的冲撞，新教育的萌芽、生长情况以及新民主主义教育的胜利等。

1554 二百兆平民大问题/吴敬恒著. 复制本. 上海：商务印书馆. 1924.8

本书讲述了对不识字的平民的教育问题。共14部分，包括：如何是平民、对于平民什么是最要紧、教育什么、如何实施、依今日平民的环境能认得汉字有尤善、灌输平民以汉文的试验自然以最近的平民千字课为最好、但现今的平民教育不会与注音字母合作、他们忘了与注音字母合作等。

1555 光绪朝朱批奏折. 第一〇五辑，文教（科举学校留学）法律（律例审判）/中国第一历史档案馆编；戈斌辑主编. 北京：中华书局. 1996.12

本书所收奏折依照中国第一历史档案馆现

行原档案管理体系，共分 18 大类 130 余项，以类项编年体编排。本辑收录了其中的文教·科举；文教·学校；文教·留学；法律·律例；法律·审判。

1556　广西教育史：从汉代到清末/杨新益等编著. 桂林：广西师范大学出版社. 1997.4（区域文化与社会发展）

本书分 8 章，包括：西汉到南北朝时期的广西教育、隋唐五代十国时期的广西教育、宋代的广西教育、元代的广西教育、明代的广西教育、清代的广西教育、明清时期广西土司地区教育、清末广西的兴学运动。

1557　国耻. 上、下册/（民国）知耻社编. 上海：知耻社. 1915.6

本书上册包括国耻之起点、日本官民共谋之内容、日本海陆军无故示威、会议专载、全国舆情、政府告诫及各省官厅之举止、日人对我之论调等内容。下册包括日本要求条件全文、日本之最后通牒、五月九日后之全国舆情、五月九日后之政府告诫及各省官厅之举止、五月九日后之日人舆情等内容。

1558　国耻/（民国）知耻社编. 影印本. 台北：文海出版社. 1987（近代中国史料丛刊；三编. 第二十三辑. 227）

本书与《上海民潮七日记：民国八年》合订。其中《国耻》内容包括：日本要求条件全文、日本之最后通牒、五月九日后之全国舆情、五月九日后之政府告诫、五月九日后之各省官厅之举止、五月九日后之日人舆情、五月九日后之世界公论、救国储金、此后救亡之方略等。《上海民潮七日记：民国八年》中附有照片。

1559　国耻：近代中国民族恨/汪学毅著. 武汉：湖北教育出版社. 1993.8（中国荣辱小丛书）

本书分 7 部分，包括：炮舰威逼打开国门、侵略势力深入腹地、边关处处狼烟四起、甲午硝烟弥漫中华、列强环伺瓜分豆剖、清朝沦为“洋人朝廷”、北洋军阀卖国求荣。书中附有前言。

1560　国耻·国魂：中国孩子必须永远铭记的历史（1840－1945）/张铭华，经盛鸿编著. 桂林：广西师范大学出版社. 2009.12

本书内容包括：百年屈辱的发端——第一次鸦片战争；血腥屠杀；没有墓碑的冤魂——劳工厄运；无耻掠夺、疯狂搜刮；名将伟杰、浴血虎门——关天培；人民之战——三元里抗英；为了失败的胜利——冯子材；祭中华国魂等。书中附有引子、照片、附录和后记。

1561　国耻·国魂·国威：百年兴衰话爱国/张之编著. 上海：上海人民出版社. 1995.7

本书分 3 篇：国耻篇、国魂篇、国威篇。内容包括：“天朝上国”的梦幻、崛起与衰落、由炮舰推行的毒品贸易、炽热的爱国情怀、“匹夫有责”的使命感、睁眼看世界、一个悲剧世界的终结、崛起的东方、机遇与挑战、民族复兴的精神动力等。书中附有写在前面的话。

1562　国耻恨与中华魂：百年来中国人民反侵略斗争纪实/侯介夫，党德信主编. 沈阳：辽宁教育出版社. 2001.4

全书分 20 个专题，内容包括：鸦片战争、第二次鸦片战争、强盗纵火焚毁圆明园、沙俄趁火打劫、边疆地区危机、中日甲午海战、戊戌变法、八国联军侵入北京、辛亥革命等。书中附有前言、后记和主要参考书目。

1563　国耻鉴/孙鑫源著. 复印本. 上海：文明书局. 1915.8

本书分 8 章，包括：割地之耻、藩属丧失之耻、国疆被侵之耻（领海同）、领事裁判权之耻、利权丧失之耻、租借地之耻赔款之耻、划定势力范围及利益均沾（机会均等）之耻。书中附有国耻鉴提要、编辑例言和附录。

1564　国耻演义/吴虞公著. 银川：宁夏人民出版社. 1992.6

全书16回，以翔实的资料再现了自1840年鸦片战争至华盛顿会议的耻辱史。书中附有出版说明、序、点评及绘图48幅。

1565　华侨教育/朱敬先编著. 台北：台湾中华书局. 1973.10（近代中国教育史料丛刊）

全书分8章，包括：绪论、华侨教育发展史实、各地侨教发展史实（上）、各地侨教发展史实（下）、华侨社会教育、华侨教育问题和结论。书中附有序、前言、附录、参考书目、照片和地图。

1566　黄炎培考察教育日记. 第1集/黄炎培著. 上海：商务印书馆. 1914

本书记述了考察安徽、江西、浙江三省的教育状况、社会状况及山川名胜等。本书附照片。

1567　黄炎培考察教育日记. 第2集，山东直隶/黄炎培著. 上海：商务印书馆. 1915

本书记述了考察山东、直隶两省教育情况，以及津浦、胶济两线沿途的社会、自然风貌等。本书附照片。

1568　江苏留学史稿：1840－1949/姜新，小雨著. 长春：吉林人民出版社. 2006.7

本书对江苏省自1840－1949年留学状况进行了介绍、考察，对江苏留学过程进行考实性的认识、对留学过程的特点进行归纳，并进行抽象的分析及价值性的评价。附图表索引。

1569　江苏省川沙县志. 三/方鸿铠修；黄炎培纂. 影印本. 台北：成文出版社. 1974.6（中国方志丛书. 华中地方）

本书主要描述的是教育志，内容包括：教育行政、师范教育、中等教育、小学教育、教育款产、教育研究、教育统计、孔子庙之筹建。

1570　焦作市解放区教育志：1912年—1985年/焦作市解放区教育委员会教育志编辑室编. 北京：方志出版社. 1997.8

本志上限始于1912年，“总述”追溯到清末，下限为1985年。全书分10章，包括：大事记、教育机构设置、教育方针、学制与教学、教育经费及教学设施、成人教育、人物等。书中附有附录：规章制度、共产党在焦作扶轮学校地下活动片段等。

1571　教育部行政纪要：民国元年四月至四年十二月/“教育部”编. 影印本. 台北：文海出版社. 1986（近代中国史料丛刊三编. 第十辑；97）

全书分甲、乙、丙、丁4编。内容包括：京师图书馆及图书分馆、厅司职掌之沿革、全国高等师范学校事项、全国中学事项、全国实业学校事项、华侨学务事项、京师通俗教育演讲所、京师通俗教育会等。书中附有图表。

1572　近代中国教育史料/舒新城编. 影印本. 上海：上海书店. 1990.12（民国丛书. 第二编. 文化、教育、体育类；46）

本书共4册，论述了维新教育、学制、教育宗旨、女子教育、大学改制、海外大学、文学革命、教育意见等内容。

1573　近代中国教育史料/舒新城辑. 影印本. 台北：文海出版社. 1979（近代中国史料丛刊续编. 第六十六辑；652）

全书分为8部分，内容包括：大学改制、海外大学、男女同学、国语、文学革命、学潮、教育会议和教育人物。

1574　近代中华国耻录/梁占军撰写. 北京：北京出版社. 1994.10（中华全景百卷书. 1. 历史系列；9）

全书分3章：悲剧的序幕、苦难历程、百年屈辱。内容包括：东往西来、“东方不亮西方亮”、武力打开中国、国破山河碎、列强的罪恶、丑恶的文明。书中附“写在后面”。

1575　旧中国军事院校秘档/文闻编. 北京：中国文史出版社. 2006.1

本书介绍了清末民初陆军军官教育制度演变、湖北普通中学堂、清末北京宪兵学校、北洋军事学堂、天津北洋武备学堂、近代东北三省军事教育的沿革和发展等内容。

1576　考察日本斐律宾教育团纪实/黄炎培著. 上海：商务印书馆. 1917.9

本书收录了游程日记、斐律宾（菲律宾）的概况及教育行政、日本及斐律宾的师范教育、日本的军国民教育、斐律宾的农工商业教育、华侨教育等。

1577　跨出国门：清末出国潮/董守义著. 沈阳：辽宁人民出版社. 1997.8（清代社会文化丛书. 科教卷）

本书的53篇文章，讲述了清末年间出国潮的壮观情景。包括：自费留学的先驱、首次官办留学在大洋彼岸、第一届海军留学生：探求洋人奥秘、最早的留日学生、政府官员考察忙、断发易服革命风、矛头指向清朝、学生社团欧美风、世界“唐人街”等。有照片。

1578　留东新史/不肖生编辑. 3版. 上海：世界书局. 1929.6

本书共分为上、中、下3册，共有：“唐处士假造女豪杰　汪议长容纳老太婆”、“探口风汪夫人生病　出怨气胡女士设谋”、“拔枪拼命女侠救夫人　天理良心来宾请议长”、“受威逼忍气答条件　闻件败携眷走春申”、“王逊虞家庭施巧骗　李润林海船显忠诚”、“涉风涛头摇拨浪鼓　怕水厄身套救命圈”等36章内容。

1579　留学教育：中国留学教育史料/王焕琛编著. 台北：“国立编译馆”. 1980.7（近代中国教育史料丛刊）

本书分为上、下编；上编包括：留学教育之开始、留学美国、留学日本、留学欧洲、留学资格科目与费用、留学生监督、管理与官员贵胄留学等；下编包括：民国初年之留学教育、留学美国、留学日本、留学欧洲、民初留学生甄拔考试、公自费留学生、整顿留学教育等。附留学教育统计、留学教育大事记。有照片。

1580　留学史话/刘志强，张学继著. 北京：社会科学文献出版社. 2000.9（百年中国史话）

本书内容有：留学政策的演变，留学美国一百年，留学欧洲概况，留日运动，留学生与近代中国。

1581　留学须知/直隶同乡会编. ［出版地不详］：直隶同乡会. 19—?

本书内容包括：游船注意、上岸注意、火车注意、下宿注意、道路注意、电车注意、学校注意、宿舍注意、行止注意、交际注意。

1582　留学与中国社会的发展：中国留学教育的历史与发展研究/吴霓著. 南宁：广西人民出版社. 2004.7

本书共10章，包括：留学教育的远古先声、中国留学教育的开端、近代赴欧留学与中国早期的海军建设、庚子赔款与留美高潮、清末留学日本与救亡图存等内容。附《选派留学外国学生规程》、《国外留学规定》、《国家留学基金资助人员国外管理若干问题的规定》、《自费出国留学中介服务管理规定》、《自费出国留学中介服务管理规定实施细则（试行）》、《经教育部予以资格认定的自费出国留学中介服务机构名单（270家）》。

1583　美国影响与中国大学变革（1915－1927）：以国立东南大学为研究中心/张雪蓉著. 北京：华龄出版社. 2006.12（当代学者人文论丛）

本书论述了中国大学接受美国教育模式的外部环境以及使之发生的媒介；阐述了以东南大学为中心的大学变革，怎样在抛弃日本模式后，全面接受美国的办学模式；探讨了美国新人文主义与学衡派对中国大学变革的影响。全书分 3 编：大学变革的背景：留美学生与中国教育仿美环境，大学变革的展开：美国模式与中国大学体制，大学变革的反思：美国新人文主义与学衡派等。书中附有表格。

1584　美洲留学报告/（民国）美国留学生编辑. 上海：开明书店：作新社. 1904.5

本书分 4 部分：学生会纪事、同瀛录、游美灯、杂文。

1585　民国史料丛刊　1041，文教·教育概况/张研，孙燕京主编. 影印本. 郑州：大象出版社. 2009.8（民国史料丛刊）

本册内容为：《全国教育行政会议记略》、《第三次教育行政会议记录》、《历届教育会议议决案汇编（一）》。其中《全国教育行政会议记略》的主要内容有会议规则及会场规则、会员职员一览表、纪事、训词等 7 部分，由上海商务印书馆于 1916 年出版，卢殿虎、臧祜辑述。《第三次教育行政会议记录》包括有教育行政会议规程、筹备经过、会议日程等，附录有《第二次教育行政会议议决各案处理经过一览表》。

1586　民国史料丛刊 1061，文教·高等教育/张研，孙燕京主编. 影印本. 郑州：大象出版社. 2009.8（民国史料丛刊）

本册内容为：《北京民国大学一览》及《民国学院一览》。《北京民国大学一览》是北京民国大学出版部于 1924 年编著的，包括沿革一览、学则概要、校董一览、毕业学生一览等，附录《十三年度教学一览》、《十三年度入学新生一览》。《民国学院一览》包括校历、校史、校董会章程、组织系统表、教务通则、学程一览等 12 部分。

1587　民国文官考试制度研究：1912－1949/秦昊扬著. 北京：国家行政学院出版社. 2009.5

本书讨论了民国文官制度，是以选官方式——考试环节作为切入点的。全书分 6 章，内容包括：绪论、民国文官考试的渊源、孙中山关于文官考试的初步实践、北洋政府时期的文官考试制度、南京国民政府时期的文官考试制度、民国文官考试制度之思考。书中附主要参考文献。

1588　清代留学运动史/董守义著. 沈阳：辽宁人民出版社. 1985.7

本书分 4 章，包括：走向世界之前、初沐美雨欧风、留学大千世界和结束语。附清代留学运动史年表和本书参考文献举要。有照片。

1589　清代外务部中外关系档案史料丛编，中英关系卷. 第二册，留学办校/中国第一历史档案馆，北京大学，澳大利亚拉筹伯大学编. 北京：中华书局. 2007.3

本卷编辑内容为中英关系有关留学办校档案史料，共辑录主件、附件档案 264 件。

1590　清华大学史料选编. 第一卷，清华学校时期：1911－1928/清华大学校史研究室编. 北京：清华大学出版社. 1991.3

本书是为庆祝清华大学建校八十周年而出版的。全书共 4 卷，本卷内容有：综述、美国退还庚款办学、清华学校、爱国运动等 8 部分。

1591　清末教育西潮：中国教育现代化之萌芽/瞿立鹤著. 台北："国立编译馆". 2002.10

本书分 8 章，包括：绪论、教育西潮产生的原因、西言教育思潮、西兵教育思潮、西艺教育思潮、西学教育思潮、西政教育思潮和结论。附人名索引和校名索引。

1592　清末留学教育之研究/李绪武撰. 影印本. 台北：政治大学（教育研究所研究生论文）. 1967.6

本书分 6 章，包括：清末教育思想与留学教育、留美教育之研究、留欧教育之研究、留日教育之研究、留学生之管理奖励与考用等。

1593 清末民初江苏省教育会研究/谷秀青著. 桂林：广西师范大学出版社. 2009.10

本书在分析和梳理江苏省教育会产生的社会背景，以及内部治理结构的基础之上，着重考察清末民初社会变迁中，江苏省教育会为建立这种社会权威性模式所参与的教育、政治、社会性活动，以及这种模式终结的深层原因，进而探讨以江苏省教育会为代表的社团的时代命运。书中附有绪论、结语、征引文献与参考书目、附表一和后记。

1594 清末民初民族主义教育思潮/瞿立鹤著. 中华文化丛书. 教育. 台北："中央文物供应社". 1984.7

本书分 5 章，包括：绪论、自卫的民族主义教育思潮、国族的民族主义教育思潮、文化的民族主义教育思潮和结论。

1595 清末民初洋学学生题名录初辑/房兆楹辑. 影印本. 台北："中央研究院"近代史研究所. 1962.4（"中央研究院"近代史研究所史料丛刊）

本书 4 部分，包括：日本留学中国学生题名录（1903）、京师大学堂同学录（1906）、京师大学旧班师范毕业生题名录（1907）和清华学校同学录（1917）。

1596 清末民国时期中学教育研究/王伦信著. 上海：华东师范大学出版社. 2002.10

本书分别对清末民国时期中学教育制度的建立与演变、课程设置与实施、训育理论与实践及中学教育的发展状态进行了系统的考察，以专题研究的形式展开论述，内容涵盖了中学教育理论和实践的基本问题。有序言、结语和附录。

1597 清末实业教育制度变迁/吴玉伦著. 北京：教育科学出版社. 2009.12（教育博士文库）

本书内容包括：清末实业教育的制度化过程、清末实业教育制度的执行主体、清末实业教育制度的施教机构、清末实业教育的教学和管理、比较与鉴别。

1598 清末新政与教育转型：以清季四川师范教育为中心的研究/凌兴珍著. 北京：人民出版社. 2008.12

本书不仅从全国和全川的角度、以宏观和中观的视角，对清季师范教育作了概括论述，也就各级官绅对师范教育的认知、提倡、规划和举措作了具体剖析，尤其对传习师范、简易师范、初级师范、优级师范、女子师范、职业与专科师范以及川边民族师范进行了分类研究和动态考察。书中附有图表。

1599 全国教育行政会议各省区报告汇录：民国五年十一月/沈云龙主编. 影印本. 台北：文海出版社. 1986.6（近代中国史料丛刊三编. 第十辑；100）

本书内容包括：京师学务局教育报告、中等教育状况、京兆特别区域教育现状、专门教育、社会教育、普通教育、留学、黑龙江全省教育现状、江苏省教育概况等。书中附有图表。

1600 全国教育行政会议纪略：中华民国五年十二月/卢殿虎，臧祜辑述. 上海：商务印书馆. 1916.12

本书包括教育部召开的全国教育行政会议情况、各省区报告及江苏省提案等。

1601 图说中华百年国耻录/周山，张春波主编. 兰州：甘肃少年儿童出版社. 1998.9

本书介绍了从 19 世纪 40 年代到 20 世纪中叶的 100 多年间发生的 10 个历史事件：丧权辱国从此开始——第一次鸦片战争、海盗子孙们的新远征——第二次鸦片战争、国破山河碎——中日甲午战争、辛丑奇耻——八国联军侵华、沉重的"十字架"——教案中的屈辱、松花江悲歌——"九一八"事件等。书中附有前言、照片和后记。

1602 晚清民国时期职业教育课程史论/任平著. 广州：暨南大学出版社. 2009.7

本书内容包括：晚清民国时期的职业教育思想、晚清民国时期职业教育目标与结构、晚清民国时期的职业教育课程内容研究、晚清民国时期的职业教育课程实施、晚清民国时期的职业教育课程的评价等。附照片。

1603 晚清学堂学生与社会变迁/桑兵著. 台北县：稻禾出版社. 1991.11（史学丛书系列；6）

全书分 9 章，包括：旧世纪中的新时代：早期新式学堂与学生；国内学生群的兴起与学潮初盛；1905 年后的兴学热潮与学生状况；学堂风潮；爱国先锋与中坚——从“文明抵制”到“秩序革命”；学生与清末社会民主化进程；民主、爱国、尚武、革命的交响乐——国民会、国民捐与国民军；学生与反清革命等。书中附《先锋与本体的冲突》及征引书目举要。

1604 晚清学堂学生与社会变迁/桑兵著. 上海：学林出版社. 1995.5

内容提要参见 1603。

1605 晚清学堂学生与社会变迁/桑兵著. 桂林：广西师范大学出版社. 2007.3

内容提要参见 1603。

1606 亡国鉴：附国耻录/殷汝骊编. 复印本. 上海：泰东图书局. 1915.6

内收 6 篇文章：越南亡国鉴、朝鲜亡国鉴、缅甸亡国鉴、印度亡国鉴、波兰亡国鉴、埃及亡国鉴。书中附有国耻录和中日最近交涉全案。

1607 我和教育——三十五年教育生活史：1893—1928/舒新城著. 复制本. [出版地不详]：中华书局. [出版年不详]

全书分 3 编，包括：学生生活、教师生活及教育著述生活。书中附有叙和写完以后。

1608 勿忘国耻/程书伟等编著. 长春：吉林文史出版社. 1998.8（中学校园文化丛书）

全书共 14 部分，包括：罪恶的鸦片贸易、屈辱的城下之盟、名园浩劫、“猪仔”的悲惨命运、贪婪的北极熊、“不败而败”的中法战争、黄海在呜咽、“门户开放”的背后、“洋人的朝廷”等。书中附有前言。

1609 戊戌时期教育/汤志钧，陈祖恩编. 上海：上海教育出版社. 1993.1（中国近代教育史资料汇编）

本卷主要收集了戊戌变法时期，即 1895 年至 1901 年间的有关教育改革等方面的资料。

1610 学校制度/雷国鼎等译. 台北：台湾中华书局，1972.5

全书分 9 章，包括：绪论、国家与学校制度、产业的发展与学校制度、学前教育、初等教育、中等教育、高等教育、师范教育、课题与展望。

1611 学校制度/（日）隈本繁吉讲授；程家柽译. 铅印本. 京师：京师学部编译书局，清光绪三十二年（1906）

本书绪论之后分为 6 章：小学之法制及组织，小学校之教材，小学校之变制及设备，就学及出席，小学校教员，小学校之监督及管理。

1612 严复教育思想研究/崔运武著. 沈阳：辽宁教育出版社. 1993.12（中国近现代教育家系列研究）

本书介绍了严复的生平、教育实践活动，并对其教育思想进行了介评。有照片。

1613 张伯苓的大学理念/梁吉生主编. 北京：北京大学出版社. 2006.4（中国高等教育史丛书）

本书分为“张伯苓思想档案”和“我看张伯苓”两部分，精选了张伯苓先生有代表性的教育论说 16 篇，张伯苓教育思想研究论选 17 篇。以研究论选的形式集中反映张伯苓先生对中国现代教育事业的贡献，汇集了上世纪 40 年代以来中外学者对张伯苓教育思想的研究成果。书中附有照片和后记。

1614 张伯苓教育论著选/张伯苓著；崔国良编．北京：人民教育出版社．1997.11（中国近代教育论著丛书）

本书收录了张伯苓自 1904 至 1948 年的讲演、论文、书信、报告、序文、题词等近 140 篇，并将其 1951 年的《遗嘱》收入作为附录一；将其胞弟张彭春在南开期间所写的有关教育论著共 20 余篇收入作为附录二；将张伯苓主要教育论著目录收入作为附录三。选文一般按写作或讲演时间顺序排列。书前附有照片。

1615 张伯苓教育思想研究/梁吉生著．沈阳：辽宁教育出版社．1994.7（中国近现代教育家系列研究）

全书分为 13 章，记述了张伯苓先生的办学生涯及其教育思想的形成、发展、历史地位及其贡献。书中附有照片、序言、引言、结束语、大事年表、参考资料和后记。

1616 张伯苓教育言论选集/张伯苓著；王文俊等编．天津：南开大学出版社．1984.9

为了纪念张伯苓先生，也为了便于人们研究其教育思想，特编辑此书，主要选取散见于历年南开各种出版物上的演讲和文章，共计 160 余篇，去其重复或内容不关教育的，最后收录了 107 篇。书前附有照片、前言、序，书末附有张伯苓教育活动纪事。

1617 张謇教育思想研究/张兰馨著．沈阳：辽宁教育出版社．1995.1（中国近现代教育家系列研究）

本书对张謇的生平、教育主张、办学方向及张謇教育思想的历史地位与局限性进行了研究。有照片。

1618 张謇实业与教育思想概论/马斌主编．苏州：苏州大学出版社．2006.11

本书从张謇的实业及其实业思想、文化自觉、教育实践及其思想、城市和谐建设思想、为人出世之道、慈善事业及其公益思想以及纺织高等创举等方面介绍了张謇的实业与教育思想。有图。

1619 张謇职教思想研究文集/马斌主编．上海：东华大学出版社．2007.12

本书是纪念我国教育家、思想家、慈善家、书法家和政治活动家张謇的一本文集。内容包括：《论张謇教育思想的时代特征》、《张謇与南通纺织职业教育》、《张謇创办南通纺织专门学校的历史贡献》等论文。

1620 章太炎的白话文/章太炎著；陈平原选编．贵阳：贵州教育出版社．2001.8（二十世纪中国人的精神生活丛书）

本书收录了章太炎留学的目的和方法；中国文化的根源和近代学术的发达；常识与教育；经的大意；教育的根本要从自国自心发出来等 7 篇白话演讲录。

1621 章太炎的白话文/章太炎著．沈阳：辽宁教育出版社．2003.3（新世纪万有文库）

内容提要参见 1620。

1622 章太炎讲演集/章太炎著；马勇编．石家庄：河北人民出版社．2004.1（大师说）

本书收录有：留学的目的和方法；论佛法与宗教、哲学以及现实之关系；文章流别等近 50 篇文章。

1623 章太炎学术文化随笔/章太炎著；张勇编．北京：中国青年出版社．1999.1（二十世纪中国学术文化随笔大系．第二辑）

本书分 6 编，包括原学篇、议政篇、论道篇、明教篇、述志篇、杂税篇。附章太炎年谱简编和跋。

1624 中国百年留学精英传. 1/姚公骞等主编. 南昌：百花洲文艺出版社. 1997.6

各卷内所收诸传，大体以传主出国留学年代先后为序排列。本卷收录了容闳、詹天佑、严复、孙中山、冯如、蔡锷、范旭东、黄兴、邹容、鲁迅、陈寅恪、廖仲恺、何香凝、陈天华、吴玉章、林伯渠、李烈钧、朱执信、李四光、宋教仁、李叔同、沈钧儒和马寅初的留学传记。

1625 中国百年留学精英传. 2/姚公骞等主编. 南昌：百花洲文艺出版社. 1997.6

各卷内所收诸传，大体以传主出国留学年代先后为序排列。本卷收录了蔡元培、穆藕初、竺可桢、胡适、杨杏佛、李达、李大钊、郁达夫、郭沫若、陶行知、邵飘萍、邓子恢、茅以升、彭湃、杜重远、王若飞、聂荣臻、陈毅、蔡畅、李维汉、李立三、冯友兰的留学传记。

1626 中国百年留学全纪录. 壹/丁晓禾主编. 珠海：珠海出版社. 1998.1

本书叙述了中国留学生异国求学、求知、求真理的内幕和大事、轶事。作品以时间和空间为经，人物与事件为纬，揭示了中国百年留学与中国百年变革、兴替之间内在与外在的联系。本卷收录了幼童闯荡——美欧和学子狂飙——日本两部分。

1627 中国百年留学全纪录. 贰/丁晓禾主编. 珠海：珠海出版社. 1998.1

本书叙述了中国留学生异国求学、求知、求真理的内幕和大事、轶事。作品以时间和空间为经，人物与事件为纬，揭示了中国百年留学与中国百年变革、兴替之间内在与外在的联系。本卷收录了庚款悲喜——美欧和俭学新路——法苏两部分。

1628 中国教育史研究. 6，近代分卷/陈学恂主编；田正平卷主编. 上海：华东师范大学出版社. 2009.9

本书分3篇，第1篇中国近代新式教育的产生与发展，包括：近代新教育的萌芽、传统教育的转型、新教育的勃发；第2篇中国近代教育制度的演进与西方教育理论的传播，包括：近代教育制度的演进、西方教育理论在近代中国的传播；第3篇中国近代教育家群体研究，包括：时代的造就与选择、顺势应变各领风骚。书前附1907年至1909年实业学堂简表、1907年至1909年师范学堂简表、1907年至1909年全国高等教育机构简表、民国初年教育发展状况统计等；书后附参考文献举要、修订版后记。

1629 中国教育史要/黄炎培著. 上海：商务印书馆. 1930.10（百科小丛书万有文库. 第1集；299）

本书分5章，记述传说、德治、混战、科举、欧化等5个时期的教育。

1630 中国教育思想通史. 第五卷：1840－1911/王炳照，阎国华主编. 长沙：湖南教育出版社. 1994.6

本书共9章，内容有：近代新学教育思想的前驱、太平天国反封建的农民革命教育思想、洋务教育思潮、资产阶级维新教育思潮、近代女子教育思潮、西方教育科学的传人等。

1631 中国教育思想通史. 第六卷：（1911－1927）/王炳照，田正平主编. 长沙：湖南教育出版社. 1994.6

本书共11章，内容有：辛亥革命后的教育改革思潮、职业教育思潮、美感教育思潮、实用主义教育思潮、工读主义教育思潮、科学教育思潮、平民教育思潮、国家主义教育思潮、马克思主义教育思想的传播等。

1632 中国近代海军史论集/王家俭著. 台北：文史哲出版社. 1984.12（文史哲学集成；107）

全书分为10部分，包括：文祥对于时局的认识及其自强思想、清末海军留学生的派遣及其影响、旅顺建港始末（1880－1890）、中日

“长崎事件”之交涉（1886－1887）、清季的海军衙门（1885－1895）、清季的海防论、海防与塞防之争（附）、近代中国海权意识的觉醒等内容。书中附有自序。

1633　中国近代教育大事记/陈学恂主编．上海：上海教育出版社．1981.10

本书记录了从1840年至1919年间中国教育大事。书后附年份、页码对照表。

1634　中国近代教育史资料汇编，高等教育/陈元晖主编；潘懋元，刘海峰编．上海：上海教育出版社．2007.4

本书分上、下两编。上编共9章，主要包括：大学堂、高等学堂、法政学堂、高等实业学堂等内容。下编共6章，主要内容有：大学、专门学校、高等师范学校、高等教育评论等。

1635　中国近代教育史资料汇编，教育思想/陈元晖主编；璩鑫圭，童富勇编．再版．上海：上海教育出版社．2007.4

本书收集了中国近代各政治派别的教育家的教育思想和论著。主要包括：龚自珍、魏源、冯桂芬、李善兰、容闳、王韬、郑观应、张之洞、谭嗣同、张元济、王先谦、叶德辉、张百熙、吴汝纶、钟天纬、张焕纶、经元善、刘光蕡、孙诒让、张謇、严修、陈荣衮、王国维、邹容、秋瑾、章炳麟、蔡元培、范源濂等42位。

1636　中国近代教育史资料汇编，教育行政机构及教育团体/陈元晖主编；朱有瓛等编．再版．上海：上海教育出版社．2007.4

本书所选史料的时限从1902年到1922年止，但在华基督教教育团体不受此时限的限制。分为教育行政机构和教育团体两部分。教育行政机构包括清末教育行政机构和民国初年教育行政机构。教育团体包括中央、省、县教育会，教育部主持设立的教育团体，民间教育团体和在华基督教教育团体。有照片。

1637　中国近代教育史资料汇编：留学教育/陈学恂，田正平编．上海：上海教育出版社．1991.7（中国近代教育史资料汇编）

本书主要辑录自1872年至1922年前后中国历次重要的留学教育史料。本书共6章，主要包括：留学教育通论、留学美国、留学欧洲、留学日本、留法勤工俭学运动、留学教育统计表等。有照片。

1638　中国近代教育史资料汇编，留学教育/陈元晖主编；陈学恂，田正平编．上海：上海教育出版社．2007.4

内容提要参见1637。

1639　中国近代教育史资料汇编，普通教育/陈元晖主编；李桂林，戚名琇，钱曼倩编．再版．上海：上海教育出版社．2007.4

本书主要收录了近代（1902－1922）清代末年和民国初年的普通教育（包括中学、小学及幼稚园）的资料，除有关方针、政策、规章制度之外，还涉及各时期办学的实际情况。有照片。

1640　中国近代教育史资料汇编：实业教育师范教育/璩鑫圭等编．上海：上海教育出版社．1994.11

本卷收录1902－1922年前后有关实业教育（含职业教育）和师范教育制度与办学实况的资料。实业教育包括清末实业教育，民国初年的实业教育、职业教育；师范教育包括清末的师范教育、民国初年的师范教育。有照片。

1641　中国近代教育史资料汇编，实业教育师范教育/陈元晖主编；璩鑫圭，童富勇，张守智编．再版．上海：上海教育出版社．2007.4

内容提要参见1640。

1642　中国近代教育史资料汇编，戊戌时期教育/陈元晖主编；汤志钧，陈祖恩，汤仁泽编．再版．上海：上海教育出版社．2007.4

本卷收集了戊戌变法时期，即1895年至1901年间有关教育改革等方面的资料。包括：甲午战后改革教育的主要言论、戊戌时期的教育改革资料，以及当时围绕废科举、兴学校的新旧教育思想斗争的资料等。有照片。书后附征引参考书目举要。

1643 中国近代教育史资料汇编，学制演变/陈元晖主编；璩鑫圭，唐良炎编．上海：上海教育出版社．2007.4

本书主要收集了中国近代学制演变情况的资料，即辑录清政府"新政"时期的教育改革、有关壬寅癸卯学制、壬子癸丑学制以及壬戌学制演变情况的资料。附《陶行知：中国建设新学制的历史》、《蒋维乔，清末民初教育史料（节录）》、《［美］基南：新教育改革运动的发生及其在1922年前的发展》。有照片。

1644 中国近代留学简史/颖之编著．上海：上海教育出版社．1980.5（中国近代教育史丛书）

本书分4部分，包括：容闳和赴欧美留学、赴日留学和民主革命、留法勤工俭学、勤工俭学与无产阶级先锋队。

1645 中国近代留英教育史/刘晓琴著．天津：南开大学出版社．2005.10（近代中国研究丛书）

本书共分上、中、下三篇。上篇讲述了晚清留英教育研究，中篇介绍了北洋政府时期留英教育研究，下篇讲述了南京国民政府时期留英教育研究等有关内容。

1646 中国近现代美育论文选/俞玉滋，张援编．上海：上海教育出版社．1999.5

本书选编自1840年鸦片战争始，至1949年中华人民共和国建立前夕止，辑录了各历史时期有代表性的重要美育理论文章及有关史料。涉及的作者有康有为、王国维、蔡元培、鲁迅、吴梦非、吕澂、周玲荪、杨昭恕、李石岑、吴俊升、黄公觉、梁启超、刘思训等。

1647 中国近代史论丛．第二辑．第六册，教育/包遵彭，李定一，吴相湘编纂．台北：正中书局．1964.4

本书内容包括：现代学制的演变及其评议、抗战以来我国教育政策之演进、抗战十年来中国的大学教育、我国实施成人补习教育之沿革、抗战十年来中国的国民教育、抗战十年来中国的职业教育、我国的幼稚教育、百年留美教育的回顾与前瞻等。书中附有叙言和导论。

1648 中国近七十年来教育记事/丁致聘编．影印本．上海：上海书店．1990.12（民国丛书．第二编．文化、教育、体育类；45）

本书分为清代之部、民国之部两部分，记录了近代中国教育界的重大事件。本书与《最近三十五年之中国教育》合订。

1649 中国近世的教育发展：1800－1949/陆鸿基编．香港：华风书局．1983.3

本书收集了一些明清时代到20世纪中的教育史材料，内容共6部分，包括中国近代教育发展的趋势和特征、明清时代的科举教育和传统语文教育、改革的呼声和蜕变的起步、新学制的奠基、多元化之尝试、附录。

1650 中国留学教育的历史反思/黄新宪著．成都：四川教育出版社．1991.6（现代教育丛书）

本书分9章，包括：西学东渐与近代留美教育、近代化进程中的留欧教育、晚清留日教育与社会大变革、双重历史特性：退还庚款与留美教育、留法勤工俭学运动、民国时期留学教育的断裂与延续等等。附中国留学教育大事记。

1651 中国留学教育史/谢长法著．太原：山西教育出版社．2006.7（中国教育史专题研究丛书）

本书共7章，内容包括：洋务运动时期的留学教育、波澜壮阔的留学日本运动、清末留学欧美的基本轨迹、民初与北洋政府统治时期的留学教育、国民政府抗战前的留学教育、抗战时期及战后留学教育的演进、留学生与中国教育近代化。

1652 中国留学教育史：一八四七～一九七五年/林子勋著. 台北：华冈出版公司. 1976.1（华冈丛书）

全书分5章，叙述我国近百年来之留学教育重要史实。包括：清末留学教育的回顾、民国元年至民国十五年的我国留学教育、民国十六年至民国三十八年的我国留学教育、1949－1975年的我国留学教育、我国留学教育的检讨。

1653 中国留学生的历史轨迹：1872－1949/王奇生著. 武汉：湖北教育出版社. 1992.9

本书分上、下两篇。上篇叙述留美、留欧、留日的历史及留学制度的演变；下篇探讨留学归国学生对中国近代政治、军事、社会、思想、教育等方面的贡献与影响。附中国留学史大事记（1872－1949），有照片。

1654 中国留学史论稿/李喜所著. 北京：中华书局. 2007.4〔南开史学家论丛（第三辑）〕

本书收录近30年来发表的关于留学生的论文30余篇，内容包括中国留学潮的回顾与展望、留学生与近代中国社会变革的良性互动、20世纪中国留学生的宏观考察、中国留学生研究的历史轨迹、学术文化视野下的中国留学生研究、清末的留学管理、孙中山与近代中国的留学生、近代最早的女留学生等。

1655 中国青年会半夜学堂辛亥简章：中英文合璧/费吴生订定. 上海：中国青年会半夜学堂. 1912

中英文中国青年会半夜学堂简章（1911.9.18－1912.6.19）分弁言、科目、附言3部分，并附课程表。

1656 中国人留学史话/吴霓著. 济南：山东教育出版社. 1991.12（中国文化史知识丛书）

本书分9部分，包括：万水千山一孤僧、九州生气恃风雷、孤矢男儿志四方、沧桑有变心难易、睡乡谁遣警钟鸣、沦落天涯气自豪、养成正气流河岳、中华民族此重兴等。附照片及《中国文化史知识丛书》书目。

1657 中国人留学史话/吴霓著. 增订版. 北京：商务印书馆. 1997.4（中国文化史知识丛书）

本书分10部分，包括：万水千山一孤僧、九州生气恃风雷、孤矢男儿志四方、沧桑有变心难易、睡乡谁遣警钟鸣、沦落天涯气自豪、养成正气流河岳、晨光前路远微微、中华民族此重兴、结束语。附照片。

1658 中国人留学史话/吴霓著. 北京：中国国际广播出版社. 2009.11

内容提要参见1657。

1659 中国人留学苏（俄）百年史/黄利群著. 北京：中国文史出版社. 2002.5

本书阐述的是从1864年京师同文馆增设俄文馆，为往俄国派遣留学生做准备，到1966年因“文化大革命”，中国停止向苏联派遣留学生，长达100年的中国人留学苏（俄）的历史。

1660 中华留学教育史录：1840－1949/李滔主编. 北京：高等教育出版社. 2005.9（中国教育国际交流协会丛书）

本书辑录的是中华民族近现代有识之士负笈海外、蔚为壮观的留学历史画卷。本书分两部分，包括：晚清留学史录、民国时期的留学教育。

1661 中华民国第三次教育图表. 民国四年/教育部编. 影印本. 台北：文海出版社. 1986（近代中国史料丛刊三编. 第十辑；98－99）

全书分上、下两册，内容包括：全国各项学校学事比较图、全国公私立各项学校比较图、各省学校学事比较图、各省各项毕业生数统计表、各省各项辍学生数统计表、各省各项学生数统计表、各省学务历年比较表和京兆学务统计表等。

1662 中华民国教育法规选编：1912－1949/宋恩荣、章咸主编；中央教育科学研究所教育史研究室编. 南京：江苏教育出版社. 1990.7

本书介绍了中华民国自1912年至1949年间教育法规的概括，包括宗旨、方针；教育组织；通则；国民教育；中等教育；高等教育；师范教育；职业教育；社会教育；边疆教育、华侨教育；留学教育；抗战教育等内容。

1663 中华民国教育法规汇编：民国八年五月/教育部编. 影印本. 台北：文海出版社. 1986（近代中国史料丛刊三编. 第十一辑；101）

全书分10类，包括：官制、官规、本部总务、学校通则、普通教育、专门教育、社会教育、教科书、各种会议及展览会、杂录。书中附有废止失效法令一览表。

1664 自清末至建国前夕我国学前教育思想的发展/寇崇玲著. 兰州：甘肃师范大学. 1964

本书探讨了自清末至建国前夕我国学前教育思想的发展过程。全书分8章，内容包括：我国最早的空想学前社会教育思想——康有为的儿童公育主张、为没落封建王朝服务的张之洞的学前教育思想、资产阶级民主主义革命者蔡元培的学前教育思想、帝国主义在我国推行的学前教育思想、无产阶级学前教育思想的先驱—恽代英的儿童公育主张等。

1665 自由与和谐：蔡元培“五育并举”观研究/汤广全著. 成都：巴蜀书社. 2009.6

本书分5章：“五育并举”的提出及其内涵、“五育并举”观的思想渊源、“五育并举”观的实质、“五育并举”观的历史境遇及意义、“五育并举”观的当代启示。本书有序、导论、结语、主要参考文献、后记。

7 辛亥革命时期的经济

1666 1912－1937 年湖南经济现代化研究/刘兴豪著. 北京：中国戏剧出版社. 2008.11（文风丛书）

本书用现代化的视角来描述、分析和评价民国时期湖南经济发展的过程、发展轨迹，着重分析了影响湖南经济现代化进程的原因，并展望了湖南未来的经济。全书分 6 章：民国湖南经济发展的基础、财税与金融、工业的发展、农业的发展、商业的繁荣、交通事业的发展。有表格。

1667 百年中国大事要览：经济卷/朱汉国，郝瑞庭总主编；赖辉亮卷主编；周洁等撰写. 北京：党建读物出版社. 2002.12

《百年中国大事要览》记录了 20 世纪里中国在政治、经济、军事、科学技术、文化教育、外交等方面的历史事件。本书为经济卷，包括：清王朝的灭亡、动荡的年代、五四风雷、国民革命、从对峙走向合作抗战、抗日战争、解放战争、新中国凯歌行进等阶段。有总序和前言。

1668 比较财政学. 上卷/小林丑三郎著；宋教仁译述. 4 版，影印本. ［出版地不详］：林文昭藏版发行. 1917.2

本书分财政学总论、国家经费论、国家收入论、国家公债论、国家财务论、财政史论 6 编，比较各国财政制度及各派学说。附录：世界各国度量衡比较表、世界各国货币价格比较表。

1669 比较财政学. 下卷：林文昭藏版/小林丑三郎著；宋教仁译述. 4 版，影印本. 上海：商务印书馆；中华书局. 1917.2

本书分 6 编，下卷内容包括：国家公债论、国家财务论、财政史论等。

1670 变迁中的民国工业：一种制度分析的视角 1912－1936/龚会莲著. 西安：陕西人民出版社. 2009.7

本书的考察时限界定为中国近代工业发端之后，从 1912 年至 1936 年的这段工业发展史，在这段时期中又依据制度转换划分为北京政府（北洋政府）时期和南京政府（国民政府）时期。全书分 5 章，包括：绪论、民国经济社会结构与工业发展、北京国民政府时期的中国工业发展、南京国民政府时期的工业发展、结语。书中附有参考文献。

1671 驳张謇君改革全国盐政计划书条议/通国盐业联合议会撰；通国盐业联合议会编. 铅印本. ［出版地不详］：通国盐业联合议会，民国间（1912－1949）

本书为通国盐业联合议会针对《张謇君改革全国盐政计划书》所做的 55 条批驳意见。全书分为：中国盐政之现状、改革之目的、民制、官收、商运、改革之基本金、盐业银行之设备、设计之次第、岁入之预算、结论等 10 章。

1672 查勘旅顺骆马山煤铁矿招商试办章程/盛宣怀撰. 刻本. ［出版地不详］：［出版者不详］，清光绪间（1875－1908）

本书为清末民初政治家、实业家盛宣怀，关于开发旅顺骆马山煤铁资源并试办招商事宜的奏章。

**1673 传统与近代的二重变奏：晚清苏州商会个

案研究/马敏，朱英著. 成都：巴蜀书社. 1993.7

本书描述了晚清苏州商会产生与发展变化的过程，并且探讨它的组织系统、社会职能、团体性质及其在社会生活多层面扮演的角色与作用。全书分 7 章，包括：晚清苏州社会与商会的创设；苏州商会组织系统；苏州商会的一般社会职能；苏州商会的性质；苏州商会与清末反帝爱国运动；苏州商会与捐税抗争；苏州商会与辛亥革命。书后有附表。

1674 从百年屈辱到民族复兴. 卷二，北洋外债与辛亥革命的成败/许毅主编. 北京经济科学出版社. 2003.1

本书记述了北洋军阀政府时期的财政经济史，涉及北洋外债研究的几个问题、辛亥革命的胜利及其遭受挫折的教训、北洋政府时期的外债整理等内容。附录 1《北洋政府时期外债债项一日览表》、附录 2《北洋政府时期外债分类一览表》、附录 3《北洋政府时期汇率一览表》。

1675 从百年屈辱到民族复兴. 第二卷，北洋外债与辛亥革命的成败/许毅主编. 修订版. 北京：经济科学出版社. 2006.1

内容提要参见 1674。

1676 帝国沧桑：晚清金融风暴幕后的历史真相/李德林著. 南京：南京大学出版社. 2009.3

本书重现了 1872－1911 年间的晚清王朝的资本市场，包括绝命招商局、滴血的股票、王朝颠覆者等。

1677 帝国主义与中国海关. 第十三编，中国海关与辛亥革命/中国近代经济史资料丛刊编辑委员会主编. 北京：中华书局. 1964.8（中国近代经济史资料丛刊）

本编所辑的资料，最早的是 1906 年，最晚的是 1912 年，反映了帝国主义控制下的海关的总税务司和各地税务司在辛亥革命时期所进行的种种阴谋活动；记载了革命风暴在各地发展的情形和中国资产阶级对待帝国主义的态度；保存了一些当时的革命文件。书中附有编辑说明和附录。

1678 帝国主义在华投资/魏子初著. 3 版. 北京：三联书店. 1954.1

本书论述了 1902 年至 1945 年这一期间帝国主义在华投资不断增加的总趋势和不同阶段中各帝国主义国家投资的消长情况；指出了这些投资具有直接投资所占成分特别高，大半用于商业掠夺性的事业和在旧中国国民经济中占有垄断地位等特点。全书分 3 章，包括：投资的历史趋势；投资的特点；外资在我经济上的比重。书后附表：各国在华投资趋势、各国在东北投资等。

1679 帝国主义在华投资/魏子初著；人民出版社编辑部编辑. 北京：人民出版社. 1951.1（新华时事丛刊. 第 77 种）

本书是研究帝国主义在华投资的一个提要性报告。全书分 4 章，包括：投资的历史趋势、投资的特点、外资在我经济上的比重、解放后的变化。书后附有图表。

1680 帝国主义在旧中国的投资/吴承明编. 北京：人民出版社. 1955.10

本书分 6 章，包括：导论：帝国主义的资本输出和利润榨取、帝国主义在旧中国资本的扩张、帝国主义在旧中国资本的特权性质、帝国主义资本对中国的利润榨取、帝国主义资本在旧中国经济中的比重、帝国主义资本与中国经济的殖民地化。书中附有附录：关于帝国主义在旧中国资本的估计。

1681 东北地区农业历史文献联合目录：1912－1948/辽宁省图书馆等主编. 沈阳：辽宁科学技术情报研究所. 1965.9

本书内容包括：农业科学总论、农业经济、农业基础科学、农业工程、农田水利、农学（农艺学）、植物保护、农作物、园艺、森林、畜牧、兽医、狩猎、蚕蜂和水产。书中附有字顺索引。

1682 东北区域社会风俗变迁：1912－1931/段妍著. 长春：东北师范大学出版社. 2009.10（东北师范大学文库）

本书主要研究1912年至1931年东北地区社会风俗变迁。全书分6章，包括：东北区域风俗变迁的社会背景、东北区域物质生活风俗变迁、东北区域精神生活风俗的变迁、社会风气的演变趋向、东北社会风俗变迁的特点、东北社会风俗变迁的影响。书中附有东北三省古今地名对照表。

1683 东方的复兴：中印经济近代化对比观照/章开沅主编；范铁城著. 长沙：湖南出版社. 1991.1（中外近代化比较研究丛书）

本书共8章，内容包括：共性与“双重使命”理论、蹒跚徘徊的东方自然经济、资本主义萌芽何以不能健全生长、殖民势力入侵带来的后果之一、殖民势力入侵带来的后果之二、对外贸易、民族资本主义比较研究、近代经济思想的概观。本书附有总序和后记。

1684 东印度与华侨经济发展史/丘守愚编著. 复制本. 北平：正中书局. 1947.9

本书共9章，包括：土地与人民、农林业、外人农业、印度尼西亚人之农业、矿业、工业、商业、东印度各岛的经济之发展等。书中附有序言。

1685 对外经济关系与中国近代化/章开沅，朱英主编. 武汉：华中师范大学出版社. 1990.12

本书内容涉及中国近代化过程中的内部和外部因素、对外贸易与中国近代化、中外投资与中国近代化等。

1686 福建华侨汇款/郑林宽著. 复制本. 福建：福建省政府秘书处统计室. 1940.8（福建调查统计丛书）

本书汇编自1905年至1938年该省侨汇统计资料。共6章，包括：福建的自然环境、海外闽侨分布概况、闽侨汇款数额的估计、侨汇问题的讨论、侨汇机关与侨汇手续和结论。书中附有总序、自序和附录。

1687 福建近代产业史/罗肇前著. 厦门：厦门大学出版社. 2002.12

本书分7章，包括：导论、产生时期（1840－1894）、初步发展时期（1895－1911）、渐次展开时期（1912－1926）、鼎盛时期（1927－1937）、由沿海向山区转移的艰苦卓绝时期、举步维艰的复苏时期（1945－1949）等。有结束语和附录。

1688 福建开辟华侨新商埠议案/林崧磐撰. 铅印本. ［出版地不详］：［出版者不详］，民国四年（1915）

本书系提议在福建开辟华侨商埠之议案。内容主要论述了规划龙同海交界至嵩屿沿海一带，为福建华侨开辟新商埠，提出了设立侨民商埠民政官厅及议会、汇通银行之设想。附建立新商埠之预算表和相关地图。

1689 古今图书集成续编初稿. 续27典，食货典/（清）赵尔巽主编. 影印本. 台北：鼎文书局. 1977.7

本书为清代经济类史料汇编，包括两部分，第一部分选自《清史稿·食货志》，共分为六个部分：（一）户口、田制；（二）赋役、仓库；（三）漕运、漕粮、白粮、督运、漕船、钱粮、考成、赏恤、海运；（四）盐法；（五）钱法、茶法；（六）征榷、会计。第二部分为《清实录经济史料》，为《清实录》中的经济史料，包括（一）总类；（二）农业；（三）畜牧；（四）手工业；（五）近代工业；（六）交通；（七）商业及利息；（八）对外贸易、附外资的输入；（九）财政；（十）赋税；（十一）盐务；（十二）漕运。

1690 国家图书馆藏清代民国调查报告丛刊．26/国家图书馆古籍馆编．影印本．北京：北京燕山出版社．2007.10

本书收录了清代至民国时期的众多各类调查史料，调查研究的范围涉及政治、军事、经济、财政、外交、文化、人口等各个方面。本册内容包括：调查广州府新宁县实业情形报告、调查胡中丞聘之办理晋省铁路矿务始末详记、调查湖北西路矿产报告书、调查新化锑矿报告书、调查新疆府厅州县各属诸种矿产说明、广东实业调查概略、广东阳春县实业调查报告等。

1691 汉冶萍公司．一/陈旭麓等主编；朱子恩等编．上海：上海人民出版社．1984.12

本书辑录了自光绪十五年（1889 年）十一月张之洞筹办汉阳铁厂起至民国五年（1916 年）盛宣怀去世时止的汉冶萍公司专题资料。资料分为文稿、电稿两部分，按时间顺序编排。全书分三册出版，一册从光绪十五年十一月到光绪二十三年十二月；二册从光绪二十四年正月到光绪三十四年二月。一、二册辑录官办及官督商办时期的资料。三册从光绪三十四年二月到民国五年盛宣怀去世止，选收商办时的资料。本书为第一册，共选收文稿 599 件、电稿 8 件。有插图。

1692 汉冶萍公司．二/陈旭麓等主编；朱子恩等编．上海：上海人民出版社．1986.4

本书辑录了自光绪十五年（1889 年）十一月张之洞筹办汉阳铁厂起至民国五年（1916 年）盛宣怀去世时止的汉冶萍公司专题资料。资料分为文稿、电稿两部分，按时间顺序编排。全书分三册出版，一册从光绪十五年十一月到光绪二十三年十二月；二册从光绪二十四年正月到光绪三十四年二月。一、二册辑录官办及官督商办时期的资料。三册从光绪三十四年二月到民国五年盛宣怀去世止，选收商办时的资料。本书为第二册，共选收文稿 585 件、电稿 31 件。

1693 杭州市金融志：1912—1985/杭州市金融志编纂委员会编．［出版地不详］：［出版者不详］．1990.12

本志由概述、大事记、社会主义金融机构等部分组成。记述了杭州市金融业的历史和现状。全书分 5 编，包括：货币、解放前的金融业、社会主义金融机构、社会主义金融业务、社会主义金融管理。书中附有题词、照片、钱币图片、序言、编纂说明、概述、大事记和附记：金融人物传略、章则要例等。

1694 幻灭的梦：翁文灏与中国早期工业化/李学通著．天津：天津古籍出版社．2005.1（学者文丛）

本书 7 章，包括绪论、动荡时代的人生与理想、清末民初对工业化的认识与探索、从政时期的思想与实践等。有翁文灏生平简表、关于中国工业化著述目录、参考文献及书目。

1695 江苏临时省议会第二届会期报告：第二册元年度豫算议决案/［著者不详］．铅印本．［出版地不详］：［出版者不详］，民国元年（1912）

本书收录了江苏省临时议会议决通过的民国元年度各项出入款的预算公文 24 篇，以及江苏都督关于预算案的复文 4 篇。

1696 江苏省川沙县志．二/方鸿铠修；黄炎培纂．影印本．台北：成文出版社．1974.6（中国方志丛书．华中地方）

本书主要描述的是交通志，内容包括：交通行政、邮电、舟车、道路、桥梁。

1697 江苏省各县田亩科则价格收益第一次调查表/江苏省议会编．铅印本．江苏：江苏省议会，民国六年（1917）

本书所收表格，始于民国元年（1912），止于民国 5 年（1916）。共分两类，一为田亩科则，有表格 60 副；一为价格收益，有表格 46 副。另附有其他调查案公文 6 则。

1698 江浙铁路风潮/墨悲辑. 鉛印本. ［出版地不详］：［出版者不详］，清光绪三十三年（1907）

本书为罗家伦收集整理的清末苏杭甬铁路借款案之本末，计分9篇：苏杭甬全案、廷寄章奏、官场函电、两公司函电、两省拒款函电附各省海内外、两省开会纪事附各省海内外、两省集股情形附各省海内外、时论、杂录。本书2册。

1699 近百年来帝国主义在华银行发行纸币概况/献可编著. 上海：上海人民出版社. 1958.8

全书分7章，包括：总论；英国在华银行的罪恶活动；美国在华银行的罪恶活动；日本在华银行的罪恶活动；抗战期间日本各银行在中国各地发行纸币及日本军用票在中国各地的流通；法国、德国、荷兰及比利时等国在华发行纸币概况；中外合办银行在华发行纸币概况。附统计表及估计表内容。

1700 近百年来帝国主义在华银行发行纸币概况/研究处编译组；李荣廷编. 油印本. 上海：上海财经学院. 1957.1

全书分8章，包括：综述；英国在华三银行的罪恶活动；美国在华银行的罪恶活动；日本在华银行的罪恶活动；抗战期间日本各银行在中国各地发行纸币及日本军用票在中国各地流通状况与罪恶活动；法国、德国、荷兰及比利时等国在华银行发行纸币概况；中外合办银行在华发行纸币概况和结语。

1701 近代中国传统丝绸业转型研究/王翔著. 天津：南开大学出版社. 2005.10（近代中国研究丛书）

本书共9章。内容包括：鸦片战争后的中国丝绸业、中国丝绸业转型的开端、国际竞争的激化与中国丝绸业的危机、桑蚕业的改良、缫丝业的重振、丝织业的嬗变、近代丝绸业的结构与功能、丝绸业转型与近代社会变迁、日本侵华战争与中国丝绸业转型的中断等。

1702 近代中国的财政与军事/梁义群著. 北京：国防大学出版社. 2005.1

本书以财政收支为纲，分析了百年来鸦片战争至袁世凯时代的中国军事与政治情况，指出财政与各时期在政治、经济、军事等方面的密切关系。

1703 近代中国的经济与社会/吴景平，陈雁主编. 上海：上海古籍出版社. 2002.6（近代中国研究专刊；2）

本书分6部分，内容包括“近代中国资本主义的发生、发展”、“商会与社会转型时期的政治和政府”、“金融制度、同业团体和信用观念”、“国家政策、企业制度和经济变迁”、“在华外商和走向世界的华商”、“经济发展和社会变迁中的企业家和金融家”。书中附有“近代中国经济与社会”学术讨论会综述和编者后记。

1704 近代中国工业发展史（1860－1916）/张玉法著. 台北：桂冠图书有限公司. 1992.5（中国人丛书；14）

全书分6章，包括：近代中国工业发展的背景、近代中国的外资工业、近代中国的官办工业、近代中国的官督商办工业、近代中国的民营工业、近代中国工业发展中的一些问题。书中附有中国人丛书序、自序、征引书目和索引。

1705 近代中国经济变迁/黄逸平. 上海：上海人民出版社. 1992.8（近代中国社会史丛书）

本书共22部分，内容包括：中外贸易冲突与鸦片战争、中外贸易关系的变更、近代买办和买办资本、中国资本主义商业的产生、晚清中国钱庄的资本主义化、外国资本在华经济扩张、清末经济政策的演变、近代早期农业垦殖公司等。

1706 近代中国经济社会/贾植芳著. 沈阳：辽宁教育出版社. 2003.3（新世纪万有文库）

全书分3编：清代国家之经济政策、清代

社会构成、清末产业的诸系列。本书揭示了清朝经济社会的发展法则、方向及其内在矛盾；研究了社会发展的历史主体；对清末经济发展阶段、客观基础及其主体条件之间的相互关系作了论述。

1707 近代中国经济社会/贾植芳著．再版．上海：棠棣出版社．1950.1

全书分4编，包括：清代国家之一般论述（序编）、清代国家之经济政策、清代社会构成、清末产业的诸系列。内容包括：产业政策、租税政策、清代商人之范畴、清朝的政治形态、清末的制造业、清末的新产业。书中附有再版序言和前言。

1708 近代中国外债史稿 中国财政小史/刘秉麟编著．武汉：武汉大学出版社．2007.4

本书中《近代中国外债史稿》、《中国财政小史》对于晚清政府、北洋政府及国民党政府时期所举借外债的原因、具体数目、用途及偿还情况进行了细致地分析和研究。

1709 京汉铁路工程自光绪三十年拾月至十一月收支各款译册/盛宣怀编．稿本．［出版地不详］：［出版者不详］．1906

本册收录了光绪三十年十月至十一月京汉铁路建设中各项收支款。

1710 京张铁路：［英汉对照］/寇兴军，周俊岭主编；北京铁路分局编．北京：中国铁道出版社．2001.4

本书分始建、沧桑、人物、交往和风物5个专题，通过大量照片反映了京张铁路创业、演变和发展的过程。

1711 经济问题资料汇编/周开庆主编．影印本．台湾：华文书局．1967（近代中国经济丛编；1）

全书分6部分，包括：总类、工业类、农业类、商业类、水利类、战时经济类。书中附有近代中国经济丛编绪言和编辑例言。

1712 历年输出各国货值统计表：民国元年至十七年［汉英对照］/（民国）工商部编．［出版地不详］：工商部．1929（中国国际贸易统计之一）

此册分3部分。第1部分：历年输出各国货值总数表及比较图。第2部分：历年输出各国货值百分比较表及比较图。第3部分：历年输出各国货值指数表及指数图。

1713 满铁史资料 第二卷 路权篇/吉林省社会科学院《满铁史资料》编辑组编．北京：中华书局．1979.10

本书是关于日本帝国主义侵华机构——满铁的历史资料汇编，全书共8卷。本卷内容为“九一八”事变后满铁霸占我国东北全部铁路交通、满铁在关东军指使下垄断东北铁路交通经营权、日本对中东铁路的破坏与收买、满铁接管中东铁路。

1714 满铁史资料 第四卷 煤铁篇/解学诗主编．北京：中华书局．1987.8

本书是关于日本帝国主义侵华机构——满铁的历史资料汇编，全书共8卷。本卷内容为满铁霸占抚顺煤矿，窃取阜新煤矿和鞍山铁矿等方面的情况。其中详细记载了鞍山工人的状况与斗争；“九一八”事变后昭和制钢所的设立和隶属关系、大规模钢铁掠夺计划的制定和执行、伪满时期昭和制钢所的产销状况、昭和制钢所的劳务管理和工人生活状况。

1715 民初列强对华贷款之联合控制：两次善后大借款之研究/王纲领著．台北：私立东吴大学中国学术著作奖助委员会．1982.8（私立东吴大学中国学术著作奖助委员会丛书；87）

全书分7章，包括：列强对华贷款联合组团之历史背景、首次善后大借款交涉经纬、欧战其间美日对华之贷款交涉、二次善后借款交涉始末、列强对华贷款态度、中国朝野的反应、结论。书中附有前言和附录：善后借款合同二十一条和参考书目。

1716 民初内外债汇编/学海出版社编辑部编辑．影印本．台北：学海出版社．1971.10（中国财经资料汇编；12）

全书分两册，内容包括：国务总理张绍曾咨众议院文一件、财政部致国务院函、陆军部致国务院咨呈、海军部致国务院函、农商部致国务院函、交通部致国务院咨呈、内务部致国务院声复并无与外人订立借款合同公函、外交部与国务总理声复无自订借款合同公函。

1717 民国财政史．上/贾士毅著．影印本．上海：上海书店．1990.12（民国丛书．第二编．经济类；38）

全书分 6 编，包括：总论、岁入、岁出、国债、会计、泉币。本册包括：财政之沿革、财政之现情、财政方针之变迁、赋税、官有产业、杂收入等内容。

1718 民国财政史．下/贾士毅著．影印本．上海：上海书店．1990.12（民国丛书．第二编．经济类；39）

全书分 6 编，包括：总论、岁入、岁出、国债、会计、泉币。本册包括：宪法费、行政费、财政费、国债概论、中央公债、实业公债、地方公债、会计概论等内容。书中附有附录。

1719 民国经济史/周开庆主编．影印本．台湾：华文书局．1967（近代中国经济丛编；5）

全书分两编：论著和经济大事记。内容包括：金融之部、财政币制之部、农工矿商之部、一般经济之部、战时经济之部、经济学术之部。书中附有近代中国经济丛编绪言和朱序。

1720 民国军事经济史/龚泽琪等著．北京：海潮出版社．1993.12

本书共 5 章，包括：中华民国临时政府成立前后的军事经济、北京政府时期的军事经济、南京国民政府前期的军事经济、抗日民族战争时期的军事经济、南京政府总崩溃时期的军事经济。

1721 民国前期民营银行运行机制研究：1912—1937/周春英著．北京：中国财政经济出版社．2006.10（中国财税理论与政策：中南财经政法大学财政学博士文集）

本书分 6 章，包括：近代民营银行的产生与发展、国家对民营银行的制度安排、民营银行同业组织的自律与自建制度、民营银行个体的内部控制制度、民营银行的资金来源、民营银行的资金运用。书中附有表格索引。

1722 民国时期社会调查丛编（二编）：近代工业卷/李文海主编．福建：福建教育出版社．2010.4

本书分上、中、下三册，收录了多篇民国时期有关近代工业的调查报告，内容包括：中国工业调查报告、外人在华投资统计、天津市火柴业调查报告、七省华商纱厂调查报告、北京地毯业调查记、天津地毯工业、天津针织工业、天津织布工业等。书中附有前言和图表。

1723 民国时期四川货币金融纪事：1911—1949 年/田茂德，吴瑞雨编．成都：西南财经大学出版社．1989.11

本书分为 7 个时间段记述四川金融货币大事。其中，第一时间段为 1911－1917 年，第二时间段为 1918－1927 年，第三时间段为 1928－1933 年，第四时间段为 1934－1937 年，第五时间段为 1938－1941 年，第六时间段为 1942－1945 年，第七时间段为 1946－1949 年。本书有特载、表、史料索引、参考资料要目。

1724 民国史料丛刊 396，经济·财政/张研，孙燕京主编．影印本．郑州：大象出版社．2009.8（民国史料丛刊）

本册内容为：1923 年财政部编纂处编的《财政法规》，所辑自 1912 年起至 1922 年止，包括官制、官规、总务、赋税、会计、泉币、公债、印花税、附属机关等 12 类。

1725 民国史料丛刊 416，经济·财政/张研，孙燕京主编. 影印本. 郑州：大象出版社. 2009.8（民国史料丛刊）

本册内容为：商务印书馆1916年出版的《川盐纪要（二）》，林振翰编辑。本书介绍了四川盐务沿革及产、运、销概况。

1726 民国史料丛刊 418，经济·财政/张研，孙燕京主编. 影印本. 郑州：大象出版社. 2009.8（民国史料丛刊）

本册内容为：《民国三年内国公债条例浅释》、《国内外债券汇编》、《国民政府财政部发行各种债券条例简章》、《内国公债要览》。其中《国内外债券汇编》包括内国公债、内国债券、国外公债3编。《国民政府财政部发行各种债券条例简章》收《国民政府财政部发行各种债券一览表》、《军需公债条例》、《十七年金融短期公债条例》等。《内国公债要览》辑1918年以来各种内国公债、库券发行之原委、条例、基金情况等资料。

1727 民国史料丛刊 507，经济·农业/张研，孙燕京主编. 影印本. 郑州：大象出版社. 2009.8（民国史料丛刊）

本册内容为：《广东省地方农林试验场第五次报告书 下卷》，收录了1914年至1920年桑蚕试验报告、化学试验报告、林业试验报告等。

1728 民国史料丛刊 544，经济·农业/张研，孙燕京主编. 影印本. 郑州：大象出版社. 2009.8（民国史料丛刊）

本册内容为：《东三省农林垦务调查书》和《大豆产销》。《东三省农林垦务调查书》是1915年郭葆琳和王兰馨编辑的，书中资料除实地调查外，多引用各省行政公署报告及中外调查书。《大豆产销》由1947年行政院新闻局编，介绍大豆之起源与种类、用途及营养价值、大豆生长的自然环境、产区分布、产量估计及外销概况。

1729 民国史料丛刊. 653－654，经济·商贸/张研，孙燕京主编. 影印本. 郑州：大象出版社. 2009.2

《今世中国贸易通志》/陈重民编纂。全书分为3编：对外贸易之大势、出口货物和进口货物。《全国注册商标索引》（第二编·注册商标中文名称索引）/经济部商标局编。

1730 民国史料丛刊. 910－917，史地·历史/张研，孙燕京主编. 影印本. 郑州：大象出版社. 2009.2

《民国续财政史》/贾士毅著。全书分7编，内容包括：近代财政思潮之变迁、国家及地方财政之划分、国家财政之概要、近代财政之方针、财务官属之递嬗、地方财政概论、省地方财政、市地方财政等。

1731 民国史料丛刊. 926，史地·历史/张研，孙燕京主编. 影印本. 郑州：大象出版社. 2009.2

《中国铁道史》/谢彬著。本书共分16章，包括：绪论、铁道兴筑沿革、列强夺我路权之酷约、铁道与列强之交涉、建设铁道法令、全国干枝路线系统、铁道财政、铁道借款合同要项等。书中附有中国铁道史序和附录：孙中山先生中国铁道建设计划、全国各路站名里程总表。

1732 民国丝绸史：1912－1949/王庄穆主编. 北京：中国纺织出版社. 1995.11

本书对1912－1949年中国丝绸业的发展历史作了系统地叙述。内容包括养蚕、缫丝、织绸、印染等各方面的实况介绍。全书分4篇，包括：民国初年至抗战前的丝绸业（1912－1937年）、抗战期间的丝绸业（1938－1945年）、抗战胜利后的丝绸业（1946－1949年）、民国时期的柞丝绸业（1912－1949年）。书中附有照片和图表。

1733 民生主义经济理论与实践/洪墩谟，谢元坤著. 台北：正中书局. 1992.5（三民主义学

术理论丛书）

全书分5章，内容包括：“晚清中国经济的蜕变”、“晚清的经济改良思潮”、“民生主义经济发展论”、“民生主义经济制度”、“民生主义在台湾的实践”。书中附有前言、结论、参考书目和补篇。

1734 民生主义经济制度特质与实践之研究/胡文川著. 台北：三民主义研究所博士硕士论文奖助出版委员会. 1988.5（三民主义研究所博士硕士论文奖助出版丛书第八辑；8）

全书分6章，包括：绪论、近代经济制度的涵义、民生主义经济制度的建构、民生主义经济制度的特质、民生主义经济制度的实践、结论。书中附有参考书目。

1735 民族资本主义与旧中国政府：1840－1937/杜恂诚著. 上海：上海社会科学院出版社. 1991.6（学者书库. 史丛）

本书共分3章，探讨了中国资本主义发展线索及其同旧中国政府之间的关系。附录：历年所设本国民用工矿、航运及新式金融企业一览表。

1736 内江地区财政志：1912－1985年/张家宁主编；四川省内江市财政局编纂. 成都：四川辞书出版社. 2002.1（内江地区地方志丛书；30）

本志以1985年底内江市行政区域为记述范围。事涉时限内划出各县主要史实，略述。纵述历史，横陈门类，力求整体体现内江地区财政发展之脉络。全书分5篇，包括：机构；财政收入；财政支出；财政管理体制及预、决算；财政监察。书中附有序、编写说明、概述、大事记、附录和图表。

1737 宁夏农业纪事：1912－1990/宁夏农业志编审委员会办公室编. 银川：宁夏人民出版社. 1993.7

本书是宁夏历史上第一部全面系统记载宁夏农业事宜的长篇资料性著述。时间上从1912年1月至1949年9月。内容包括：农业生产力发展；生产关系变革；农业方针、政策、法律、制度及其贯彻执行；农垦业与教育；重要的会议、决议及其各种调查活动等。书中附有序言、说明和参考资料。

1738 朴斋晚清经济文稿/徐元基著. 开封：河南大学出版社. 2009.6

本书对近代经济史中的一些重要问题进行了评说，包括中国早期纺织业的重大空白问题、电报齐价合同问题、盛宣怀铁路计划是否有其合理性的问题，涉及近代中国经济史上的主要人物，如李鸿章、袁世凯、周学熙等。

1739 汽笛声声闹九州：清末民初铁路史话/严介生著. 北京：中国铁道出版社. 2005.11

本书通过介绍清末民初建筑的15条铁路、5位对这个时期铁路发展产生重要影响的人物，再现了中国早期铁路的发展历程。

1740 前商办川路驻汉办事处汇集各方否认非法清算处之函电/高钺，钟九章辑. 铅印本. ［出版地不详］：［出版者不详］，民国间（1912－1949）

本书内容包括：董事康千里陈树嘉刘亚觉代理总理张泰阶来函一、二，第四次股东大会来电，旅京同乡京官陈时利傅增湘来电，川路总公司董事局来函，驻汉维持会来函，驻汉维持会移来川路留省五道代理人江夔屿等一百一十一人公函，胡骏刘亚觉罗现璥来函，京津股东代表陈世模李逊周士杰天华记等复函，旅沪股东代表黄承暄何晟裕需等来函，北京张传易来函，宜昌杜成章来函，五道代表张学潮等来函，另附刘极光来函，一共14种。将函电排印出版，是为了彰明商办川路驻汉办事处是遵循“各股东暨各董事函电谆托，只有保存之责，并无擅发之权”，“并非挟嫌，亦非固执”。

1741 清代道光至宣统间粮价表. 1－2，奉天

热河山东/中国社会科学院经济研究所编. 桂林：广西师范大学出版社. 2009.1（国家清史编纂委员会·文献丛刊）

本书是清代后期90年间全国各地的粮价资料汇编，该粮价表上起道光元年（1821年），下迄宣统三年（1911年）。它对清代物价史、市场史、区域史、人口史、社会史等领域的研究有参考价值。本书包括奉天、热河、山东地区的粮价表。

1742 清代后期至民国初年盐务的变革：1830－1918/刘常山著. 台北：文史哲出版社. 2006.7（文史哲学集成；514）

全书分7章，包括：绪论、清代以前盐制沿革、清代以前盐制与弊病、清代后期的盐务改革、民国初年的盐务改革思想、民国初年的盐务改革、结论。书中附有序、参考书目和表格。

1743 清末的私有化浪潮/罗肇前著. 福州：福建教育出版社. 2000.8

本书分9章。其中上编包括："清季的华商"、"清季的商办思想"、"清季官办与商办的碰撞"。下编包括："招商承办"、"招商承租"、"仿照商办，自负盈亏"、"不变通，终停办"、"与明治日本经验的对照比较"、"部分私有化"。有导论和结束语。

1744 清末民初经济政策研究/徐建生，徐卫国著. 桂林：广西师范大学出版社. 2001.12

本书分10章，包括：近代经济政策转变的开始、甲午战后经济政策的局部调整、新政时期经济制度的变革、覆亡前经济政策的矛盾与混乱、晚清经济政策的特点、近代经济政策转变的新契机、民初经济政策的特征与导向、民初经济政策的动机和目的等内容。

1745 清末民初民商事习惯调查之研究/眭鸿明著. 北京：法律出版社. 2005.9

本书着重解析了清末民初两次调查运动的主客观动因和其价值取向，考察了清末民初传统习惯存在的社会机理，回顾了调查运动的启动、进展，对调查所设问题进行系统的梳理和分析。

1746 清末民初农工商机构的设立：政府与经济现代化关系之检讨（1903－1916）/阮忠仁著. 台北：台湾师范大学历史研究所. 1988.12（台湾师范大学历史研究所专刊；19）

本书5章，包括：商部的创立、农工商机构组织的演变、经济政策的形成、媒介组织之分析、对经济部门的诱导机能之检讨。书后有附录资料及征引书目。

1747 清末民初铁路外债观研究/马陵合著. 上海：复旦大学出版社. 2004.12（上海市社会科学博士文库）

本书主要选取晚清和民国初年为考察时段，探讨近代中国社会各界对铁路外债的反应，并选取主要的铁路外债，对相应的铁路外债观进行个案考察，试图揭示近代中国关于铁路外债问题认识的演变历程和基本特质。

1748 清末民国财政史料辑刊. 第一册/北京图书馆出版社影印室辑. 影印本. 北京：北京图书馆出版社. 2007.4

本册内容包括：度支部奏维持预算实行办法折稿/（清）度支部撰；度支部清理财政处档案/（清）度支部编；财政部新订各项公债库券程表汇编/财政部编；民国二年度国家预算公债专表/财政部编；谨拟财政公所分科办法。

1749 清末民国财政史料辑刊. 第二册/北京图书馆出版社影印室辑. 影印本. 北京：北京图书馆出版社. 2007.4

本册内容包括：（清）山西清理财政局编写的山西清查章程、山西藩库收支各款表说明书、山西运库内外销收支款说明书、山西各厅州县内外销留支等款说明书/（清）山西清理财政局编；（清）山东清理财政局编写的山东省光绪三十四年出入各款总表、山东省德州盐栈出入款项六柱清册、山东清理财政局拟定财政公所收支表。

1750 清末民国财政史料辑刊．第三册/北京图书馆出版社影印室辑．影印本．北京：北京图书馆出版社．2007.4

本册内容包括：宣统三年陕西省各府厅州县岁入岁出款目预算表；湖南海常各关财政款目说明书；浙江省中华民国元年七月一日起至八月末日止决算表；民国二年度国家预算广西省岁入岁出表；江苏省六年秋勘蠲缓减征实征银米清册；民国八年度贵州省、川边、云南省、新疆省国家岁入岁出预算表。

1751 清末民国财政史料辑刊．第四册/北京图书馆出版社影印室辑．影印本．北京：北京图书馆出版社．2007.4

本册内容包括：山西全省各府厅州县地方经理各款说明书/（清）山西清理财政局编；吉林行省财政各种说明书/清理财政局敬编；洛川财政志/黎锦熙编；江北清理财政说明书/（清）江北清理财政局编。

1752 清末民国财政史料辑刊．第五册～第七册/北京图书馆出版社影印室辑．影印本．北京：北京图书馆出版社．2007.4

本册内容包括：广西财政沿革利弊说明书（一）、广西财政沿革利弊说明书（二）、广西财政沿革利弊说明书（三）。

1753 清末民国财政史料辑刊．第八册～第九册/北京图书馆出版社影印室辑．影印本．北京：北京图书馆出版社．2007.4

本册内容包括：广东财政说明书（一）、广东财政说明书（二）。

1754 清末民国财政史料辑刊．第十册～第十一册/北京图书馆出版社影印室辑．影印本．北京：北京图书馆出版社．2007.4

本册内容包括：浙江财政说明书/（清）浙江清理财政局编；安徽田赋一览/安徽财政厅编。

1755 清末民国财政史料辑刊．第十二册/北京图书馆出版社影印室辑．影印本．北京：北京图书馆出版社．2007.4

本册内容包括：福建财政沿革利弊说明书和整理闽省财政商榷书/杨绰庵撰。

1756 清末民国财政史料辑刊．第十三册/北京图书馆出版社影印室辑．影印本．北京：北京图书馆出版社．2007.4

本册内容包括：湖南财政款目说明书（二十卷）/（清）湖南清理财政局编，（清）蔡源深等修，（清）陈宝书等纂。

1757 清末民国财政史料辑刊．第十四册～第十五册/北京图书馆出版社影印室辑．影印本．北京：北京图书馆出版社．2007.4

本册内容包括：山东清理财政局编订全书财政说明书（一）、山东清理财政局编订全书财政说明书（二）。

1758 清末民国财政史料辑刊．第十六册～第十七册/北京图书馆出版社影印室辑．影印本．北京：北京图书馆出版社．2007.4

本册内容包括苏属财政说明书/（清）江苏省苏属理财政局编。

1759 清末民国财政史料辑刊．第十八册～第十九册/北京图书馆出版社影印室辑．影印本．北京：北京图书馆出版社．2007.4

本册内容包括：甘肃清理财政说明书（一）、甘肃清理财政说明书（二）、四川财政考、四川财政说明书摘要、湖北财政纪略。

1760 清末民国财政史料辑刊．第二十册/北京图书馆出版社影印室辑．影印本．北京：北京图书馆出版社．2007.4

本册内容包括：中国财政论、清财政考略、清理财政章程解释、论海牙和平会无干涉中国财政之理。

1761 清末民国财政史料辑刊．第二十一册～第二十四册/北京图书馆出版社影印室辑．影印本．北京：北京图书馆出版社．2007.4

本册内容包括：光绪财政通纂/（清）杜翰藩编；中国财政纪略/（日）东邦协会撰，（清）吴铭译。

1762 清末民国财政史料辑刊补编．第一册/中央财经大学图书馆辑．影印本．北京：国家图书馆出版社．2008.10

本套书是对《清末民国财政史料辑刊》中收录的《各省财政说明书》的补充，资料内容涉及农、工、商、军事、教育、行政等诸多方面，对清末民国财政史、经济史、地方史的研究颇有价值。本册内容包括：直隶清理财政局说明书、黑龙江财政沿革利弊说明书、新疆清理财政局拟定藩道各库存收支章程、新疆清理财政局编订说明书等。书中附有出版说明。

1763 清末民国财政史料辑刊补编．第二册/中央财经大学图书馆辑．影印本．北京：国家图书馆出版社．2008.10

本套书是对《清末民国财政史料辑刊》中收录的《各省财政说明书》的补充，资料内容涉及农、工、商、军事、教育、行政等诸多方面，对清末民国财政史、经济史、地方史的研究颇有价值。本册内容包括：安徽财政沿革利弊说明书、江西各项财政说明书、江西各项财政出款说明书、江苏宁署清理财政局编造说明书。

1764 清末民国财政史料辑刊补编．第三册/中央财经大学图书馆辑．影印本．北京：国家图书馆出版社．2008.10

本套书是对《清末民国财政史料辑刊》中收录的《各省财政说明书》的补充，资料内容涉及农、工、商、军事、教育、行政等诸多方面，对清末民国财政史、经济史、地方史的研究颇有价值。本册内容包括：云南清理财政局调查全省财政说明书初稿。

1765 清末民国财政史料辑刊补编．第四册/中央财经大学图书馆辑．影印本．北京：国家图书馆出版社．2008.10

本套书是对《清末民国财政史料辑刊》中收录的《各省财政说明书》的补充，资料内容涉及农、工、商、军事、教育、行政等诸多方面，对清末民国财政史、经济史、地方史的研究颇有价值。本册内容包括：贵州省财政沿革利弊说明书、湖北财政说明书、湖南海常各关财政款目说明书。

1766 清末民国财政史料辑刊补编．第五～第六册/中央财经大学图书馆辑．影印本．北京：国家图书馆出版社．2008.10

本套书是对《清末民国财政史料辑刊》中收录的《各省财政说明书》的补充，资料内容涉及农、工、商、军事、教育、行政等诸多方方面，对清末民国财政史、经济史、地方史的研究颇有价值。本册内容包括：河南全省财政说明书（一）、河南全省财政说明书（二）。

1767 清末民国财政史料辑刊补编．第七册/中央财经大学图书馆辑．影印本．北京：国家图书馆出版社．2008.10

本套书是对《清末民国财政史料辑刊》中收录的《各省财政说明书》的补充，资料内容涉及农、工、商、军事、教育、行政等诸多方面，对清末民国财政史、经济史、地方史的研究颇有价值。本册内容包括：奉天财政沿革利弊说明书、划分国家税地方税说明书、东三省奉天光绪三十四年入款说明书、东三省奉天光绪三十四年支款说明书。

1768 清末民国财政史料辑刊补编．第八册/中央财经大学图书馆辑．影印本．北京：国家图

书馆出版社．2008.10

本套书是对《清末民国财政史料辑刊》中收录的《各省财政说明书》的补充，资料内容涉及农、工、商、军事、教育、行政等诸多方面，对清末民国财政史、经济史、地方史的研究颇有价值。本册内容包括：陕西全省财政说明书、陕西清理财政局编辑岁出各款分类说明书。

1769 清末民国财政史料辑刊补编．第九～第十册/中央财经大学图书馆辑．影印本．北京：国家图书馆出版社．2008.10

本套书是对《清末民国财政史料辑刊》中收录的《各省财政说明书》的补充，资料内容涉及农、工、商、军事、教育、行政等诸多方方面，对清末民国财政史、经济史、地方史的研究颇有价值。本册内容包括：山西全省财政各种说明书。如：山西全省财政沿革利弊说明书、山西藩库内外销支款说明书、山西藩库收支各款表说明书等。

1770 清末内蒙古垦务档案汇编，绥远、察哈尔部分/内蒙古自治区档案馆编．呼和浩特：内蒙古人民出版社．1999.7

本册反映的是清末清政府对绥远、察哈尔地区蒙旗土地的放垦、添厅设治，以及内蒙古中西部地区生产活动方式的深刻变化和蒙汉劳动人民在内蒙古中西部地区共同生活、生产、建设情况。从光绪二十八年到宣统三年，前后共10年，所编档案分为25类，其中绥远部分18类，察哈尔部分7类。

1771 清末商部研究/王奎著．北京：人民出版社．2008.6

本书内容包括：商部创设的历史背景；商部的组织机构与运作；商部改组为农工商部；商部、农工商部与清末工商业经济的近代变迁；商部、农工商部与清末农业的振兴与改良。书中附有绪论、结语、征引史料及参考文献、后记。

1772 清末绥远的蒙地开放/（日）安斋库治著；内蒙古师范学院历史系蒙古史教研室译．油印本．呼和浩特：内蒙古师范学院历史系蒙古史教研室．1961.12

本书分8章，包括：序言、清末开垦政策的实行、开垦进展的分期特征和地区类别、察哈尔右翼的开垦、伊克昭盟的开垦、八旗牧场的开垦、清末土默特的土地整理。有附录。

1773 清末现代企业与官商关系/（美）陈锦江著；王笛，张箭译．北京：中国社会科学出版社．1997.6（中国近代史研究译丛）

本书从近代中国的商人出身构成、官督商办企业及其商人管理者的官僚化、官商合办企业中的官商关系、私营企业中的商人与士绅关系、地方政府与商人之间的关系、中央政府与商人之间的关系、官商关系与中央政府和地方政府关系等角度，探讨了中国近代资本主义企业生产发展过程中官员、政府与商人之间的互动关系，清末中国企业发展中的官商关系与同期日本企业发展中的官商关系。附征引书目。

1774 清末议订中外商约交涉：盛宣怀往来函电稿/王尔敏，陈善伟编．香港：中文大学出版社．1993

本书共收晚清商约大臣吕海寰、盛宣怀先后与英、美、日、葡、德、意等国交涉修订商约过程资料共一千余件，包括电稿、函牍、信札附件、剪报等。全部资料取材自香港中文大学所藏《盛氏愚斋往来函牍》七十七册中之六册，电稿部分为盛氏亲笔所拟。函稿部分，以吕海寰给盛氏来函为主，兼及所附各类文牍。本编第一部分电稿方面，包括文件自光绪二十五年十月至宣统二年六月，为商约修订的一个详尽的记录。本编第二部分为函稿，所收为光绪二十八年到光绪三十三年的函稿。本书还有附录五篇。

1775 清末中外修订商约交涉研究/李永胜著．天津：南开大学出版社．2005.9（近代中国研

究丛书）

本书共 6 章，内容包括：清末中外商约交涉经过概述、中葡谈判与澳门问题、中外交涉的核心问题——裁厘加税、修约谈判的几个主要问题等。

1776　清容闳酌拟银行章程/（清）容闳撰．抄本．［出版地不详］：［出版者不详］，清末民初（1851—1921）

本书内容主要是容闳建议中国创设银行，宜参酌美国银行定例，因其最称精善。他强调先必示民以信，同时拟请筹拨官款设总银行于京都，开矿供银行铸币，并预见到创办之后，风气日开，各省分行将踊跃继起。原书应附容闳拟就的银行章程四十条，今无存。本书 2 册。

1777　日本帝国主义对华经济侵略/侯厚培，吴觉农著．再版，复制本．上海：黎明书局．1931.11

本书以实际材料阐明日本对华的经济侵略政策，包括：日本在铁路、航权、种植渔牧、矿权、工业、贸易、金融等各方面的侵略事实。全书分 8 章，内容包括：日本对华之经济侵略政策、日本对华之铁路侵略、日本对华之航权侵略、日本对华之农业侵略、日本对华之矿权侵略、日本对华之工业侵略、日本对华之贸易侵略、日本对华之金融侵略。书中附有地图和图表目录。

1778　日本利用所谓“合办事业”侵华的历史/张雁深著．北京：三联书店．1958.8

全书分 6 章，包括：日本帝国主义对中国的资本输出、中日合办事业的意义与实质、甲午战后至大战前夕的中日合办事业、大战期间的中日合办事业、大战后至九一八的中日合办事业、中日合办事业的终局。附《中日合办事业一览表（1895—1931）》。

1779　三十年来之中国工程/周开庆主编．影印本．台北：京华书局．1967.8（近代中国经济丛编；6）

全书分上、下两册，共 4 编：工程之部、事业之部、行政之部、技术之部。书中附有近代中国经济丛编绪言、中国工程师信条和序文。

1780　山东省议会议决山东省第六会计年度地方预算册/［著者不详］．石印本．［出版地不详］：［出版者不详］，民国六年（1917）

本书为山东省在 1917 年度地方收入预算册，分“收入经常门”和“收入临时门”两大类。正文前有“说明”。全书为表格式。本书有备考。

1781　商办汉冶萍煤铁厂矿有限公司推广加股详细章程/盛宣怀等编．铅印本．［出版地不详］：［出版者不详］，光绪三十四年（1908）

本书为商办汉冶萍煤铁厂矿有限公司推广加股的有关章程，共 10 章：宗旨；股本；股东会；名誉员；董事、查账人；总协理；办事人；预算；会计；附则。另外，本书封面题签无“详细”二字。

1782　商人精神的嬗变：近代中国商人观念研究/马敏．武汉：华中师范大学出版社．2001.1

本书主要内容有：近代商人观念变迁的历史起点、晚清重商主义思潮之再思、近代中国商人的二重心理结构、绅商名辨与谐应的社会观念变迁等。

1783　上海机器织布局/陈旭麓，顾廷龙，汪熙主编．上海：上海人民出版社．2001.4

本书辑录了有关上海机器织布局以及它后身华盛纺织总厂各类书信、电报、奏稿、文札等共 697 件，附录 8 件。

1784　上海金融史话/《上海金融史话》编写组编．上海：上海人民出版社．1978.6

全书分 13 章，包括：鸦片战争前的上海金融、封建钱庄买办化、帝国主义六国银行和银行团、北洋军阀统治时期“中、交”钞票停兑风潮、私人资本银行的畸形发展和贪婪剥削、一九三五年上海白银风暴、官僚资本四大银行和“法币政策”的事实实施、日帝侵略下的战时金融等内容。

1785 上海文史资料选辑. 第五十六辑，旧上海的外商与买办/政协上海市委员会文史资料工作委员会编. 上海：上海人民出版社. 1987.2

本书包括：外商垄断下的华茶外销、外商洋行控制华丝出口史料、美孚石油公司、亚细亚公司概况、旧上海外商银行买办、汇丰银行在旧中国的主要活动等内容。

1786 实业计划与国民政府——中国近代经济史论文集/张伟保撰. 台北：天工书局. 2001.1（新亚研究所丛刊. 第54种）

全书分4部分，包括：孙中山《实业计划》研究、《实业计划》对推动西北地区经济的构思与规划、国民政府的经济政策，1928－1937、抗战前国民政府与煤炭工业，1928－1937。书中附有附录和后记。

1787 市场、政府与社会变迁：平塘研究（1911－1993）/姜汝祥著. 贵阳：贵州人民出版社. 1998.12（博士文丛；2）

本书把制度经济学理论与社会交换理论结合起来，提出经济发展受制于市场位置等观点。内容包括3编，背景：民国时期边缘地带的市场与政府，集体化实践：人民公社体制的兴起与衰落，分化与整合：改革进程中的各个层面。附照片、地图。

1788 四川川路总公司附设铁道银行报告书/熊敦棣，梁正岷编. 铅印本. ［出版地不详］：［出版者不详］，民国间（1912－1949）

本书为股东之一的熊、梁二人为成立于民国二年五月四日的四川川路总公司附设铁道银行三年业务情形及经过事实所作的汇报。内容包括银行成立之原因、营业范围之规定、组织分行之次序、经过事实之困难、结算盈余之表示、筹划将来之方略6方面。

1789 苏州商会档案丛编. 第一辑：1905年－1911年/章开沅等主编；华中师范大学历史研究所，苏州市档案馆编. 武汉：华中师范大学出版社. 1991.9（中国近代经济史资料丛刊）

本书分12部分，包括：总会组织沿革、分会概况、振兴实业、商品展览与赛会、社会公益、商学活动、维护利权等。附照片。

1790 苏州商会档案丛编. 第二辑：1912年－1919年/马敏，祖苏主编；华中师范大学中国近代史研究所，苏州市档案馆编. 武汉：华中师范大学出版社. 2004.6（中国近代经济史资料丛刊）

本书主要辑录的是1912年至1919年间的苏州商会档案资料，反映了辛亥革命之后至“五四”运动前商会的组织与活动情况，同时涉及当时复杂多变的社会生活。全书包括总会组织沿革、分会概况、商事公断、振兴实业、对外交往、社会公共事业、金融流通、捐税征收、参与政治活动几部分内容。

1791 苏州商团档案汇编/章开沅等主编；华中师范大学中国近代史研究所，苏州市档案馆合编. 成都：巴蜀书社. 2008.1（国家清史编纂委员会·文献丛刊）

本书分上、下两编，12部分。主要内容有：商团组织沿革、商团选举及官佐任命、商团训练给凭及奖惩、商团主要活动，商团乡镇与部、商团军备械弹、基本情况调查统计、经费来源及收支举例等。

1792 孙中山经济改革论/姜旭朝. 北京：团结出版社. 1989.6

本书分7章，包括经济改革论（上、中、下），孙中山经济发展论，孙中山农业经济发展思想，孙中山经济改革思想源流论，孙中山经济范畴论。附录《孙中山简略》、《孙中山财政思想述评》、《孙中山早期思想性质初探》。

1793 土地、国家与农民：基于湖北田赋问题

的实证研究（1912－1949年）/李铁强著. 北京：人民出版社. 2009.4

本书把历史行程重点放在1927－1949年南京国民政府时期，切入点则是田赋问题。全书共6章，内容包括：土地利用、田赋赋率、田赋征收、田赋整理、田赋与财政。书中附有图表。

1794 土地改革问题：（论丛）/孙文等著. 初版. 上海：国讯书店. 1948.6

本书收入耕者要有其田、中国土地制度之回顾与前瞻、中共现阶段之土地改革运动、"土地法大纲"及"土地改革方案"、对于中共土地法的看法、解放区的土地改革、中国民主的农业改革、论划时代的土地改革等10篇文章。

1795 土地改革/"革命实践研究院"图书资料室编. 影印本. 台北：天一出版社. 198?

本书分4册，内容包括：实行兵农合一之商榷、我对于土地改革的意见、如何实行限田、切实扶植自耕农实现耕者有其田、论限田政策等。

1796 外人在华投资之过去与现在/高平叔，丁雨山合著. 重庆：中华书局. 1944.3

本书分两编。上编叙述抗战前外人在华投资之估计、范围及影响；下编分述战时日、美、英、苏、德、法等国在华之投资。

1797 晚清经济政策与改革措施/朱英著. 武汉：华中师范大学出版社. 1996.2（华中师范大学学术文库；华中师范大学学术基金丛书）

全书分14章，包括：甲午战后清政府经济政策的变化及影响、晚清的财政金融政策、晚清的农业政策、晚清的贸易政策、晚清的矿务政策、晚清的铁路政策、创办劝业会、颁行经济法规等。书中附有《晚清经济政策与改革措施记事年表》。

1798 五十年来之中国经济/中国通商银行编. 影印本. 台北：华文书局. 1967（近代中国经济丛编；4）

全书分15部分，包括：五十年来之中国通商银行、五十年来中国金融之演进、五十年来之中国金融、五十年来之中国银行业、五十年来上海之钱庄业、五十年来中国支持财政、五十年来之中国公债等内容。书中附有近代中国经济丛编绪言和附录。

1799 五十年来之中国经济：1896－1947/中国通商银行编. 影印本. 台北：文海出版社. 1983（中国金融经济史料丛编. 第一辑；7）

内容提要参见1798。书中附有照片和附录。

1800 物资建设五年计划草案/周开庆主编. 影印本. 台湾：华文书局. 1967（近代中国经济丛编；2）

全书分为总论、分论两部分，内容包括：引言、建设区域之划分、经营方式、资金需要、员工需要、补充说明、交通、矿冶、工业、农业、水利等。书中附有近代中国经济丛编绪言、例言和图表。

1801 厦门海关历史档案选编：1911年—1949年. 第一辑/戴一峰主编；厦门海关档案室编. 厦门：厦门大学出版社. 1997.12

本选编收录了1911至1949年间，历任厦门关税务司与总税务司的来往半官函和密函，所有信件均按时间顺序排列。

1802 现代中国财政史/［著者不详］. 复制本. ［出版地不详］：［出版者不详］.［出版年不详］

本书介绍了办理预算之萌芽时代、自民元至国民政府成立前办理预算之经过、国民政府成立后编制预算之经过等内容。

1803 辛亥革命货币/吴筹中，顾延培编著. 银川：宁夏人民出版社. 1986.9

全书分5章，包括：孙中山先生在国外发

行的筹饷票券；武昌起义各省响应在辛亥年和民国元年发行的有关辛亥革命标志的货币；中华民国临时政府成立及其发行的货币；辛亥革命时期中国通商、交通以及中国银行发行的纸币；辛亥革命货币的标志。本书附照片。

1804 辛亥革命时期货币［中英文本］/马传德，徐渊编著；孙戈译. 上海：上海教育出版社. 2002.3

本书内容包括：孙中山在海外发行的筹饷票券；各地军政府及地方发行的纸币；南京中华民国临时政府发行的纸币；民国初建时期的其他纸币；辛亥革命时期的金银币、铜元和铜钱；各省军政府和南京临时政府发行的公债票券。有序、编辑说明、后记和插图。

1805 辛亥革命时期新式商人社团研究/朱英著. 北京：中国人民大学出版社. 1991.6

全书分 8 章，包括：近代社团理论概述、辛亥革命时期新式商人社团的兴起、商会——各业商人的中枢组织、商团——清末商人的准武装组织、清末商人地方自治社团、其他各类新式商办社团、清末新成商人社团的组织、特征与社会影响、清末新式商人社团的局限性。

1806 续编清代稿钞本. 第八九册/桑兵主编；广东省立中山图书馆，中山大学图书馆编. 影印本. 广州：广东人民出版社. 2009.1（国家清史编纂委员会・文献丛刊）

本书包括：广东财政说明书、广东财政部自旧历九月十九日起至十月二十九日止收入报告册、广东财政部自旧历九月十九日起至十月二十九日止支出报告册、广东清理财政局呈送汇编广东玫州府属各州县宣统二年夏季分肆柱总册、浙江谘议局议决案 5 部分内容。

1807 血战：胡雪岩与盛宣怀的双雄争霸战/李帅达著. 长春：长春出版社. 2009.1

全书分 14 回，包括：绩溪县，放牛娃大放异彩；借权贵，胡雪岩渐渐露头；常州市，盛宣怀乱世降生；建奇功，无愧于红顶商贵；得荐举，盛宣怀入投李府；股份制，盛宣怀大开先河；办电报，盛宣怀敢为人先；兼官商，盛宣怀英雄迟暮等。

1808 伊犁地区工商税务志：1912－1990/伊犁地区税务局，伊犁地区国家税务局编. 伊犁：伊犁地区国家税务局. 1997.10（伊犁地区地方志资料丛书）

本书共 4 篇 12 章，着重记述新中国建立后社会主义工商税收制度在伊犁的建立、发展、改革、完善、贯彻实施和管理监督的历史全过程；对建国前伊犁地区的税收仅作概述；对本“税务志”断限以后的 1991－1996 年的税制改革、机构干部、税收收入完成以及有关编纂材料，列在附录篇中记述。书中附有地图、序、编辑说明、照片和编后记。

1809 张嘉璈与中国银行的经营与发展：1912－1935/毛知砺著. 台北县：“国史馆”. 1996.9（民国人物传记丛书；3）

全书分 4 章，包括：中国银行的成立与特质；张嘉璈服务中国银行的始末；国家银行时期的经营与管理；特许银行时期的经营与管理。书中附有序、自序、前言、附录、征引书目、索引和图表。

1810 张謇农垦事业调查/姚谦调查整理；张謇研究中心，南京大学海外教育学院编. 南京：江苏人民出版社. 2000.6

张謇首创的江苏沿海农垦事业，在中国近代经济史上具有重要意义。本书是关于张謇农垦事业的口述史。内容包括：通海垦牧公司（上、下）、大有晋盐垦公司、华丰垦殖公司、通济盐垦公司、泰和盐垦公司、华成盐垦公司、阜通垦殖公司、连云港地区的滩涂开发等。书末有附录《苏北垦殖公司概况表》和《苏北盐垦区各公司（含部分小仓库）位置图》。

1811 制度变迁和农村工业化：包买制在清末

民初手工业发展中的历史角色/周飞舟著．北京：中国社会科学出版社．2006.4

本书通过研究清末民初时期中国农村手工业的发展情况，探索了制度变迁和经济发展之间的关系。内容包括：导论、文献回顾、历史考察、江南地区的棉纺织业考察、数量分析、包买制和农村土布业的繁荣、结论等。

1812　中国的经济革命：二十世纪的乡村工业/（日）顾琳著；王玉茹，张玮，李进霞译．南京：江苏人民出版社．2010.1（凤凰文库·海外中国研究系列）

本书分上、下两篇共 9 章，包括：工业区的建立、高阳的企业家们、乡村织户、销售网络、共有资源、战时崩溃、现代企业中创业的精神遗产等。有结论、参考文献、索引等。

1813　中国各省地方银行纸币图录：1911 年以后/徐枫，赵隆业编著．北京：中国社会科学出版社．1992.7

本书收录了辛亥革命以后各省地方银行发行的纸币。共计 27 个省，71 家银行。

1814　中国海关与辛亥革命/中国近代经济史资料丛刊编辑委员会主编．1983 重印．北京：中华书局．1964.8（帝国主义与中国海关资料丛编；9）

全书分 3 章，包括：江汉关税务司与总税务司的往来文件（1911－1912）；其他各地海关洋员与总税务司等的往来文件（1906－1912）；总税务司安格联与税务处、英国使馆和海关驻伦敦办事处往来文件（1911－1912）。有附录。

1815　中国近代财政史·金融史．下卷，金融史/董孟雄编著．昆明：云南大学出版社．2000.10

本卷内容包括：我国早期的货币制度和金融机构（1840 年以前）、半殖民地半封建金融的开端、晚清时期的金融、北洋政府时期的金融、国民政府初期的金融、抗战时期国统区和沦陷区的金融、半殖民地半封建金融的崩溃、新民主主义金融的成长历程。书中附有前言和后记。

1816　中国近代改革开放经济思想探索：从林则徐到孙中山/施增平，陈文亮编著．厦门：厦门大学出版社．1995.11

本书重点论述了林则徐、龚自珍、包世臣、魏源、洪秀全、洪仁玕、左宗棠、康有为、孙中山等 12 人的经济思想。

1817　中国近代工业史资料．第一辑，民族资本创办和经营的工业/陈真，姚洛合编．北京：三联书店．1957.11

全书分为 5 部分内容，包括：中国工业在各个时期的发展和衰落概况、民族资本创办和经营的若干厂矿、利润和剩余价值、捐税、运费给予民族工业的负担、银行钱庄与民族工业。

1818　中国近代工业史资料．第二辑：1895－1914/汪敬虞编；中国科学院经济研究所编辑．北京：科学出版社．1957.4（中国近代经济史参考资料丛刊．第二种）

本辑辑录中日甲午战争以后至第一次世界大战以前二十年间（1895－1914 年）有关中国近代工业史的文字和统计资料，就本期外国帝国主义在华工业投资、国内封建政府在中国工业中的活动、民族工业的初步发展及其发展过程中的若干特点和中国工人阶级的状况等方面，提供一些基本资料。书中附有序、编辑说明和附录。

1819　中国近代工业史资料．第二辑：1895－1914/汪敬虞编．新一版．北京：中华书局．1962.8（中国近代经济史参考资料丛刊．第二种）

内容提要参见 1818。

1820　中国近代工业史资料．第三辑，清政府、北洋政府和国民党控制官僚资本创办和垄断的工业/陈真编．北京：三联书店．1961.10

本书包含 3 部分内容：清政府创办和经营

的工业、北洋军阀政府统治时期创办和经营的几个厂矿、国民党官僚资本垄断的工业。书中附有表格。

1821 中国近代工业史资料. 第四辑，中国工业的特点、资本、结构和工业中各行业概况/陈真编. 北京：三联书店. 1961.8

本书内容包括：中国工业的特点、资本和结构等基本情况，中国工业中各个主要行业的概况。附：1903－1947年历年华商发电容量、发电度数统计。

1822 中国近代合作化思想研究：1912－1949/张曼茵著. 上海：上海书店出版社. 2010.5（博士文库）

本书分7章，包括：近代中国合作制度思想的西方渊源、中国合作制度思想的早期形态、政府指导型合作制度思想的建立、政府强制型合作制度思想的兴起、“民主化、企业化、社会化”的合作制度革新思想的提出、1949年以前中国共产党的合作制度思想、近代中国合作制度思想总考察。书中附有序言、导论和参考文献。

1823 中国近代货币史资料. 第一辑，清政府统治时期：1840－1911/中国人民银行总行参事室金融史料组编. 北京：中华书局. 1964.9

本书包括：鸦片战争前后中国封建货币制度的动摇、太平天国革命冲击下清政府搜刮人民的币制措施、《辛丑条约》后半殖民地半封建货币制度的形成等内容。

1824 中国近代经济史. 1895－1927/汪敬虞主编. 北京：经济管理出版社. 2007.3（中国社会科学院文库. 经济研究系列）

本书以中国资本主义的发展和不发展为全书的中心线索，从历史条件和时代大环境上考察我国半殖民地半封建经济的发展演变过程，以大量史实论证中国不能走资本主义道路，而最终选择社会主义道路的历史必然性。

1825 中国近代经济史. 1895－1927/赵津主编. 天津：南开大学出版社. 2006.2

全书分12章，包括：绪论、近代中国经济的发展阶段、人口与资源、传统农业的转变、工业的发展道路、城市近代化进程、政府职能的转化、对外经济关系等。

1826 中国近代经济史/聂希斌，胡盛芳主编. 北京：中共中央党校出版社. 1991.2

本书分3编，包括：中国经济半殖民地半封建化的开始、中国半殖民地半封建经济的形成、中国半殖民地半封建经济的崩溃与新民主主义经济的产生发展。

1827 中国近代经济史/乔培华，杜本礼主编. 北京：九州出版社. 2003.12

全书分10章，包括：鸦片战争前中国封建经济的概况、鸦片战争与外国资本主义势力的侵入、太平天国革命的封建经济的变化、中国近代资本主义工业的产生、中国资本主义经济的发展等。

1828 中国近代经济史纲/魏永理. 兰州：甘肃人民出版社. 1983.6

本书论述了鸦片战争前的中国封建制经济和中外经济关系；第一次鸦片战争与外国资本主义的侵入，中国自然经济结构的顽强抵抗，太平天国革命运动的爆发；帝国主义的投资侵略下，中国半殖民地半封建社会经济性质的加深等问题。

1829 中国近代经济史教程/陈争平，龙登高著. 北京：清华大学出版社. 2002.9（清华大学中国经济史学丛书）

本书主要讲述了1840－1895年西方资本主义入侵及中国经济艰难发展的历史，1895－1937年中国半殖民地半封建社会经济形成及资本主义经济发展历史，以及1937－1949年新民主主义经济取得全国胜利的历史。

1830 中国近代经济史统计资料选辑/严中平等编. 北京：科学出版社. 1955.8（中国近代经济史参考资料丛刊. 第一种）

本辑发表了一些和中国近代经济史有关的统计资料，共7部分，包括：鸦片战争前的中英贸易；商埠、租界、租借地；对外贸易；工业；铁路；轮船航运业；农业。书中附有编辑说明和附录。

1831 中国近代经济史研究：清末海关财政与通商口岸市场圈/（日）滨下武志著；高淑娟，孙彬译. 南京：江苏人民出版社. 2006.11（海外中国研究丛书）

本书分4章，包括：清末财政与海关、马士与中国海关、海关与贸易统计、通商口岸与地域市场。书中附有照片和地图。

1832 中国近代经济史研究：清末海关财政与通商口岸市场圈/（日）滨下武志著；高淑娟，孙彬译. 南京：江苏人民出版社. 2008.5（凤凰文库. 海外中国研究系列）

内容提要参见1831。

1833 中国近代经济思想史. 下册，帝国主义对中国展开大规模投资掠夺、资产阶级领导的民主革命运动兴起和失败时期的经济思想/赵靖，易梦虹主编. 北京：中华书局. 1966.2

全书分6章，包括：清末大买办官僚盛宣怀的经济思想、资产阶级革命民主派的首要代表人物孙中山的经济思想、资产阶级革命阵营中其他代表人物的经济思想（上）章炳麟、资产阶级革命阵营中其他代表人物的经济思想（下）朱执信、资产阶级旧民主主义革命运动兴起和失败时期资产阶级改良派的经济思想（上）梁启超、资产阶级旧民主主义革命运动兴起和失败时期资产阶级改良派的经济思想（下）张謇。书中附有引言和结束语。

1834 中国近代商业革命/（美）郝延平著；陈潮，陈任译. 上海：上海人民出版社. 1991.12

本书评价了19世纪中西商业资本主义对中国经济和社会的影响，阐明了近代中国历代上三个相关联的问题，即资本主义萌芽、经济帝国主义、条约口岸影响中国的历史作用。全书分11章，包括：导论、沿海的自由贸易、货币的新形式、信贷的扩展、市场的扩大：鸦片贸易、竞争的加剧、利润的追求、面向最大的利润等。书中附有序、参考书目等。

1835 中国近代史论丛. 第二辑. 第二册，社会经济/包遵彭，李定一，吴相湘编纂. 台北：正中书局. 1958.3

本书内容包括：清代黄册中之户籍制度、太平天国革命前的人口压迫问题、清民政部户口调查、太平天国前后长江各省之田赋问题、清开关前后的三部商人著作、中国棉业之发展、张謇的思想及其事业、近三十年来中国妇女地位之变化。书中附有叙言和导论。

1836 中国近代史论丛. 第二辑. 第三册，财政经济/包遵彭，李定一，吴相湘编纂. 台北：正中书局. 1958.10

本书内容包括：清代屯田与漕运、清中叶之货币改革运动、民国以前的赔款是如何偿付的、民国以前关税担保之外债、中国铁路外债合同之史的分析、厘金制度之起源、论清光绪时之财政、辛亥革命前夕我国之陆军军费等。书中附有叙言和导论。

1837 中国近代史上的官绅商学/章开沅等主编. 武汉：湖北人民出版社. 2000.6

本书内容包括：社会转型中的晚清督抚群体、社会转型中的近代绅商、近代乡绅与宗族社会、近代商与学的互动及其影响等。

1838 中国近代现代史论集. 9，自强运动. 四，工商业/“中华文化复兴运动推行委员会”主编. 台北：台湾商务印书馆. 1985.8

本编分12章，包括：甲午战争以前的中国工业化运动、官督商办观念之形成及其意义、中国近代之工商致富论与商贸体制之西化、清季的江南制造局、清末金陵机器局的创建与扩展、清季兵工业约论、福州船厂之开创及其初期发展等。

1839 中国近代资产阶级经济发展思想/戴金珊著．福州：福建人民出版社．1998.7

全书分 6 章，内容包括：机器引起的争论——早期改良派经济发展思想线条、自由经济的发展模式——资产阶级维新派的经济发展设想、国家经济的发展模式——孙中山的经济发展设想、国家资本主义的发展模式——中国国民党经济发展政策思想概观、未来发展模式的展望——国统区工业化派学者的经济发展理论述要、历史的启示。书中附有序、前言、附录、主要参考书目和后记。

1840 中国近代资产阶级思想家与资本主义经济制度研究/司福亭，陈冠玉，武京玉著．成都：四川大学出版社．2009.9

本书内容包括：中国近代资产阶级思想家对资本主义制度的向往与认同、晚清民初中国资产阶级思想家对资本主义基金制度如何在中国发展的见解、中国近代资产阶级思想家对资本主义经济制度弊病的批评及其超越资本主义的思想 3 章。书中附有绪论、结论、附录和后记。

1841 中国经济思想史（上卷）/唐庆增著·**中国近百年经济思想**/夏炎德著·**晚清五十年经济思想史**/赵丰田撰．影印本．上海：上海书店．1989.10（民国丛书．第一编；36）

《中国经济思想史（上卷）》分 10 编，包括：绪论、老孔以前之经济思想、儒家、道家、墨家、法家、政治家与商人、史书与经济思想等内容。书中附有序、自序和附录。《中国近百年经济思想》分 7 章，包括：绪言、清代重臣的富强政策、驻外使节的洋务献议、维新志士的变法理想、官商巨子的实业方案、革命领袖的民生主义、结论。书中附有自序和附录。《晚清五十年经济思想史》分前、后两篇：晚清经济状况和附论，其中前篇又分上、下两篇：国民经济改良诸说和国家经济改良诸说。书中附有序、结论、引用及参考书目。

1842 中国旧海关史料：1859－1948（55－57：1911）/茅家琦，黄胜强，马振犊主编；《中国旧海关史料》编辑委员会编．北京：京华出版社．2001.10

本书收录自 1859 年至 1948 年，由中国旧海关各分关及海关总税务司造册处，伪满洲国财政部、经济部所编辑的《进出口贸易报告》、《贸易统计报告》、《中国各条约口岸贸易统计报告》等汇集出版。本册汇集 1911 年的海关史料。附地图。

1843 中国旧海关史料：1859－1948.58－60（1912）/茅家琦，黄胜强，马振犊主编；《中国旧海关史料》编辑委员会编．北京：京华出版社．2001.10

本书收录 1859 年—1948 年，由中国旧海关各分关及海关总税务司造册处，伪满洲国财政部、经济部所编辑的《进出口贸易报告》、《贸易统计报告》、《中国各条约口岸贸易统计报告》、《根据条约向国外开放贸易各中国口岸贸易统计报告》、《各口岸贸易统计报告》、《满洲国外国贸易统计年报》等汇集出版。本册汇集了 1912 年的海关史料。

1844 中国旧海关史料：1859－1948.61－63（1913）/茅家琦，黄胜强，马振犊主编；《中国旧海关史料》编辑委员会编．北京：京华出版社．2001.10

本书收录 1859 年—1948 年，由中国旧海关各分关及海关总税务司造册处，伪满洲国财政部、经济部所编辑的《进出口贸易报告》、《贸易统计报告》、《中国各条约口岸贸易统计报告》、《根据条约向国外开放贸易各中国口岸贸易统计报告》、《各口岸贸易统计报告》、《满洲国外国贸易统计年报》等汇集出版。本册汇集了 1913 年的海关史料。

1845 中国旧海关史料：1859－1948. 64－67 (1914) /茅家琦，黄胜强，马振犊主编；《中国旧海关史料》编辑委员会编. 北京：京华出版社. 2001.10

本书收录 1859 年—1948 年，由中国旧海关各分关及海关总税务司造册处，伪满洲国财政部、经济部所编辑的《进出口贸易报告》、《贸易统计报告》、《中国各条约口岸贸易统计报告》、《根据条约向国外开放贸易各中国口岸贸易统计报告》、《各口岸贸易统计报告》、《满洲国外国贸易统计年报》等汇集出版。本册汇集了 1914 年的海关史料。

1846 中国旧海关史料：1859－1948. 68－71 (1915) /茅家琦，黄胜强，马振犊主编；《中国旧海关史料》编辑委员会编. 北京：京华出版社. 2001.10

本书收录 1859 年—1948 年，由中国旧海关各分关及海关总税务司造册处，伪满洲国财政部、经济部所编辑的《进出口贸易报告》、《贸易统计报告》、《中国各条约口岸贸易统计报告》、《根据条约向国外开放贸易各中国口岸贸易统计报告》、《各口岸贸易统计报告》、《满洲国外国贸易统计年报》等汇集出版。本册汇集了 1915 年的海关史料。

1847 中国旧海关史料：1859－1948. 72－75 (1916) /茅家琦，黄胜强，马振犊主编；《中国旧海关史料》编辑委员会编. 北京：京华出版社. 2001.10

本书收录 1859 年—1948 年，由中国旧海关各分关及海关总税务司造册处，伪满洲国财政部、经济部所编辑的《进出口贸易报告》、《贸易统计报告》、《中国各条约口岸贸易统计报告》、《根据条约向国外开放贸易各中国口岸贸易统计报告》、《各口岸贸易统计报告》、《满洲国外国贸易统计年报》等汇集出版。本册汇集了 1916 年的海关史料。

1848 中国旧海关史料：1859－1948. 76－79 (1917) /茅家琦，黄胜强，马振犊主编；《中国旧海关史料》编辑委员会编. 北京：京华出版社. 2001.10

本书收录 1859 年—1948 年，由中国旧海关各分关及海关总税务司造册处，伪满洲国财政部、经济部所编辑的《进出口贸易报告》、《贸易统计报告》、《中国各条约口岸贸易统计报告》、《根据条约向国外开放贸易各中国口岸贸易统计报告》、《各口岸贸易统计报告》、《满洲国外国贸易统计年报》等汇集出版。本册汇集了 1917 年的海关史料。

1849 中国旧海关史料：1859－1948. 80－83 (1918) /茅家琦，黄胜强，马振犊主编；《中国旧海关史料》编辑委员会编. 北京：京华出版社. 2001.10

本书收录 1859 年—1948 年，由中国旧海关各分关及海关总税务司造册处，伪满洲国财政部、经济部所编辑的《进出口贸易报告》、《贸易统计报告》、《中国各条约口岸贸易统计报告》、《根据条约向国外开放贸易各中国口岸贸易统计报告》、《各口岸贸易统计报告》、《满洲国外国贸易统计年报》等汇集出版。本册汇集了 1918 年的海关史料。

1850 中国旧海关史料：1859－1948 (154－155：1902－1911) /茅家琦，黄胜强，马振犊主编；《中国旧海关史料》编辑委员会编. 北京：京华出版社. 2001.10

本书收录自 1859 年至 1948 年，由中国旧海关各分关及海关总税务司造册处，伪满洲国财政部、经济部所编辑的《进出口贸易报告》、《贸易统计报告》、《中国各条约口岸贸易统计报告》等汇集出版。本册汇集 1902－1911 年的海关史料。附地图。

1851 中国旧海关史料：1859－1948. 156 (1912－1921) /茅家琦，黄胜强，马振犊主编；《中国旧海关史料》编辑委员会编. 北京：京华

出版社. 2001.10

本书收录1859年—1948年，由中国旧海关各分关及海关总税务司造册处，伪满洲国财政部、经济部所编辑的《进出口贸易报告》、《贸易统计报告》、《中国各条约口岸贸易统计报告》、《根据条约向国外开放贸易各中国口岸贸易统计报告》、《各口岸贸易统计报告》等汇集出版。本册汇集了1912－1921年的海关史料。附中华民国舆图。

1852 中国旧海关与近代社会图史：1840－1949.4—5（第二编），民国北京政府与中国旧海关（1912－1927）/马振犊，刘广平主编；张开森册主编；中国第二历史档案馆，中国海关总署办公厅编著. 北京：中国海关出版社. 2006.12

本书收录了1912年至1927年之间有关民国北京政府与中国旧海关的历史照片和档案原件，辅以其他图书馆和档案馆的相关图片，并配以相关文字说明。本编分两册。第一分册：中国海关税款保管权的丧失、海关与民初金融、海关外籍税务司制度的延续。第二分册：海关与第一次世界大战、灯塔。

1853 中国棉纺织史稿：从棉纺织工业史看中国资本主义的发生与发展过程（1289－1937）/严中平著. 北京：科学出版社. 1955.9

本书原名《中国棉业之发展》。全书叙述1289－1937年间中国棉纺织业的发展史，特别着重分析1840－1937年间的发展史。全书分为9章，包括：导言、鸦片战争前中国纺织业的发展（1289－1840年）、中国手工棉纺织业的解体（1840－1890年）、中国近代棉纺织业资本主义生产的发生（1890－1895年）、一个国际商品市场上的棉纺织业（1895－1913年）、一个国际投资市场上的棉纺织业（1913－1931年）等。书中附有改版说明和附录：中国纱厂沿革表（1890－1937年）和统计资料。

1854 中国农民经济：河北和山东的农民发展，1890－1949/（美）马若孟；史建云译. 南京：江苏人民出版社. 1999.9（海外中国研究丛书）

本书作者利用《中国农村惯行调查》中河北省顺义乡沙井村、滦县寺北柴村、山东省历城县冷水沟村和恩县后夏寨村4个村庄的资料，研究了中国近代农村经济是如何组织起来、怎样行使职能以及怎样随着时间而改变。

1855 中国农民问题研究资料汇编. 第一卷，1912－1949/于建嵘主编. 北京：中国农业出版社. 2007.12

本书为第一卷，时间从1912－1949年。内容包括：民国时期国民党中央、国民政府、革命和建设时期中共中央、国务院（政务院）、全国人大常委会及有关部门发布的关于农民问题的法律、法规、规章、政策、决议等有关指导性、规范性文件以及重要历史人物的重要讲话、有关重要统计数据等。书中附有编辑说明。

1856 中国清代外债史资料：1853－1911/中国人民银行总行参事室编. 北京：中国金融出版社. 1991. 12

本书再现了中国清代史中有关外债方面的重大事件，包括中日甲午战前的外债、甲午战费和偿付赔款的外债、甲午至辛丑前的外债、辛丑后的外债等4章。

1857 中国铁道史/谢晓钟著. 影印本. 上海：中华书局. 1929.12（谢晓钟先生遗著；8）

全书共分16章，包括：绪论、铁道兴筑沿革、列强夺我路权之酷约、铁道与列强之交涉、建设铁道法令、全国干枝路线系统、铁道财政、铁道借款合同要项等。书中附有中国铁道史序和附录：孙中山先生中国铁道建设计划、全国各路站名里程总表。

1858 中国铁道史/谢晓钟著. 再版，复制本. 上海：中华书局. 1934.5（史地丛书）

内容提要参见1857。

1859 中国通商银行/陈旭麓等主编. 上海：上

海人民出版社. 2000.1（盛宣怀档案资料选辑；5）

本书系《盛宣怀档案资料选辑之五》，辑录了有关中国通商银行函稿565件，并银行往来电报钞存8本，时间自1896至1920年。

1860 中国现代化进程中的国家与市场——从孙中山、毛泽东到邓小平/王文章. 北京：北京大学出版社. 2004.8（北京大学邓小平理论研究书系）

本书分3篇，包括：民生主义的国家与市场、从新民主主义到计划经济的国家与市场、中国特色社会主义的国家与市场。作者试图从国家与市场这个独特视角，来审视孙中山、毛泽东和邓小平关于中国现代化的思想与实践。

1861 中国现势论/（清）出洋学生编辑所编. 铅印本. 上海：商务印书馆，1902

本书内容共分3编：第1编中国经济上之地理，包括：中国各省之经济、于中国经理上之统计；第2编中国与列强之关系，包括：《马关条约》成后之欧洲、俄人在中国及朝鲜地方势力最始之增进、德意志之干涉胶州事件、德人占领胶州之结局和法兰西之举动；第3编于中国通商口之经营，包括：中国对各国之让与、列强于经理上之营谋、法国之踏入南部中国。

1862 中国银行行史：1912－1949/中国银行行史编辑委员会编著. 北京：中国金融出版社. 1995.9

全书分4个阶段：南京临时政府和北洋政府时期（1912－1928）、南京国民政府时期（1928－1937）、抗日战争时期（1937－1945）、抗日战争时期至新中国成立时期（1945－1949）。书中附有中国银行大事记（1912－1950）、中国银行条例、中国银行章程、中国银行机构设置与变化等内容。

1863 中国早期工业化：盛宣怀（1844－1916）和官督商办企业/（美）费维恺著；虞和平译. 北京：中国社会科学出版社. 1990.1（中国近代史研究译丛）

本书以近代中国绅士资本家盛宣怀创办的轮船招商局、中国电报局、华盛纺织厂、中国通商银行四家官督商办企业为主线，详细阐述了中国早期工业化的经济成就和问题、人事和政策、社会和制度诸问题，并将中国的经验与日本和西方的经验进行了富有启发性的比较研究。

1864 中国资本主义的产生和早期资产阶级/段本洛著. 苏州：苏州大学出版社. 1996.11

本书内容包括：明末清初苏州商品经济的发展、清代丝织业中的商业资本、太平天国后期的租税政策、太平天国与中国资本主义的产生、论洋务派、棉花的引进与种植、社会改革与谭嗣同的悲剧、同盟会的性质、辛亥革命与反封建思想等。书中附有序。

1865 中国资本主义发展史. 第二卷，旧民主主义革命时期的中国资本主义/许涤新，吴承明主编. 北京：人民出版社. 1990.9

本书考察了1840年到1920年中国资本主义的发展。全书共6章，包括：导论；鸦片战争后外国资本主义的入侵和中国自然经济的分解；洋务派企业和民族资本近代工业的产生；甲午战争后资本主义的发展；第一次世界大战时期资本主义的发展；中国资本主义发展的水平。书中附有前言、附录和图表。

1866 中国资本主义发展史. 第二卷，旧民主主义革命时期的中国资本主义/许涤新，吴承明主编. 再版. 北京：人民出版社. 2003.6

内容提要参见1865。

1867 中国资本主义发展史. 第二卷，旧民主主义革命时期的中国资本主义/许涤新，吴承明主编. 北京：人民出版社. 2005.1（中国文库. 哲学社会科学类）

内容提要参见1865。

1868 中国资本主义发展史. 第二卷，旧民主主义革命时期的中国资本主义/许涤新，吴承明主编. 北京：社会科学文献出版社. 2007.5（中国社会科学院文库. 经济研究系列）

内容提要参见 1865。书中附有《中国社会科学院文库》出版说明、前言、图表和再版后记。

1869 中华民国海关华洋贸易总册. 民国纪元前一年（一九一一）/［著者不详］. 重印本. 台北县："国史馆"史料处. 1982.6

全书包括两部分：宣统三年通商各关华洋贸易总册和宣统三年通商各关华洋贸易论略。其中《宣统三年通商各关华洋贸易总册》分三节：税钞货价总款、货物花色专款、船货杂款。《宣统三年通商各关华洋贸易论略》则包括：天津口贸易论略、吉林口贸易论略、长沙口贸易论略、沙市口贸易论略、宜昌口贸易论略、重庆口贸易论略等内容。书中附有前言与图表。

1870 中间经济：传统与现代之间的中国近代手工业（1840—1936）/彭南生著. 北京：高等教育出版社. 2002.7

本书吸收 20 世纪 70 年代以来西方经济史学界的原始工作化理论，从宏观上将 1840—1936 年近百年来的中国近代手工业作为一个经济整体加以研究，解答了两个问题：中国近代手工业长期存在的原因、近代手工业的地位及其作用。书中附有序言、绪论、本文表格索引、征引文献书目和后记。

1871 中外贸易调查表/中国赴日实业团编辑. 上海：集成图书公司. 1911.9

本书自光绪三十一年（1905 年）至宣统元年（1909 年）做进口贸易表 15 项（棉绒绸布、矿产、粮食、洋药烟酒、糖、染料等）、出口贸易表 16 项（丝绸、茶叶、粮食豆饼、牲畜水产、油、矿产等），进行进出口贸易比较。并附中国各省之物产。

1872 资产阶级政治经济学史简编/詹君仲编著. 北京：北京师范大学出版社. 1991

全书分 11 章，包括：资产阶级最初的经济学说——重商主义、资产阶级古典政治经济学的产生、重农主义的经济学说、西斯蒙第的经济学说、十八世纪末十九世纪初的英法资产阶级、德国历史学派和美国制度学派等内容。书中附有前言和附录。

1873 最近汉口工商业一斑/张寿波. 上海：商务印书馆. 宣统辛亥（1911）八月

全书共 8 章。以汉口优越的地理和交通分析现在贸易之势，推测将来商务之情形。并有金融机关、工业、商业、物产、公共关系等章节，附论制糖及近年汉关贸易。收图片 9 幅。

8 辛亥革命时期的政治、军事

1874 **（清末）时事采新汇选**/国家图书馆分馆编选. 影印本. 北京：北京图书馆出版社. 2003.11

本书是对中国清代后期的政治史料进行汇编的综合性清末报刊文摘集，收录1902至1907年清朝的政事动态、谕旨、奏折和40多家中外报刊发表的新闻、政论等近7000篇文章。

1875 **1895：大清帝国大变局**/王明皓著. 北京：中共中央党校出版社. 2007.10

本书描述了1895年，面临数千年未遇之变局，满族汉族之争、清流浊流之争、地方派系之争，使衰老的大清帝国更显颓败之象。全书分9章，包括：沧海横流、帝国的万花筒、壮士一去不复还、国民孤愤英雄泪、哀旅顺、机关算尽、悲剧的谢幕、此恨绵绵无绝期等。有图片，照片。

1876 **1912：初试共和**/廖大伟著. 上海：学林出版社. 2004.4（中国20世纪显要之年丛书）

本书分6部分：风暴终于来了；临时政府，革命时代之政府也；南北议和，清帝退位；时势选择了袁世凯；政潮跌荡；现代化尝试的酸甜苦辣。书中附有照片、总序、序和后记。

1877 **1912－1916年北京政府统治研究**/邓亦武著. 武汉：湖北人民出版社. 2006.1

本书客观地研究了1912年至1916年北京政府的统治，论证袁世凯帝制失败和统治崩溃的必然性，总结了袁世凯的复杂历史作用和地位，并从其性格、阅历与动机上分析了原因。全书分5章：袁世凯上台的必然性；袁世凯的政治理念及专制集权的形成；袁世凯政权政治、经济、教育文化的现代化导向；袁世凯对各派政治势力的打击、利用和控制；由专制集权走向复辟——袁世凯统治的崩溃。

1878 **20世纪的中国，军事战争卷**/江原主笔. 兰州：甘肃人民出版社. 2000.5

全书分13章，包括：世纪初的强国梦——从反帝反封建斗争开始、赤军暴动枪声急、华夏风雷动、血铸长征路、中国无处不硝烟、神州大地风雷动等。

1879 **安福祸国记：（民国九年）**/南海胤子编. 影印本. 台北：文海出版社. 1996（近代中国史料丛刊三编；798—800）

《安福祸国记》分上、下两编，本书为上编。内容包括：安福部之缘起、安福部之扩张、安福部全盛时期、安福部与国会、安福部与内阁、安福部与国债、安福部与外交、安福部与财政等内容。书中附有序、自序、凡例和图片。

1880 **白话明史·清史**/《线装经典》编委会编. 昆明：云南教育出版社. 2010.1

本书节选了《明史》、《清史稿》的重要篇章，慎重选择了对历史进程有较大影响的人物和事件，将古代文言文翻译成浅显易懂的现代白话文，内容包括：郭子兴传、姚广孝传、张居正传、世宗雍正帝本纪、林则徐传、曾国藩传、康有为传、黄宗羲传等。

1881 **百年沧桑：中国国民党史**/茅家琦等著. 厦门：鹭江出版社. 2005.1

全书分4编，共44章，以孙中山、蒋介石、蒋经国、李登辉与中国国民党的关系为主线，叙述国民党的兴起、发展、改造、分裂、衰落的全过程。书中附有总序、附录和后记。

1882　百年沧桑：中国国民党史/茅家琦等著. 厦门：鹭江出版社. 2009.5

内容提要参见1881。

1883　百年回眸. 第一卷，清末民国卷：法律史研究在中国/曾宪义主编. 北京：中国人民大学出版社. 2009.12

本书收录了近代法律史研究中具有代表性的研究成果，以及大量不常为大家关注但具有很高学术价值的研究成果，可以说是对近代法律史研究成果进行了系统的发掘和整理。本书为清末民国卷，内容包括：中国成文法编制之沿革、古今法制表、历代刑法考、中国地方制度之沿革、中国历代法制大要、浙江制宪史、春秋国际公法、中华民国宪法史等。书中附有序和后记。

1884　百年老店国民党沧桑史/蒋永敬著. 台北：传记文学出版社. 1993（传记文学丛刊；138）

本书内容包括：玩火自焚的国民党接班人：汪精卫；国民党的分合与兴衰；国民党奋斗的历程：先内后外；同盟会成立的时代意义；鲍罗廷中国国民党之改组；胡汉民与国民党之清党运动；国民党早期之民主运动、胡适与国民党等。书中附有百年老店国民党沧桑史（代序）。

1885　百年中国/王萍主编. 延吉：延边人民出版社. 2000.9

本书分10篇，包括：日落紫禁城、黎明前的黑暗、血的奠基、抗战烽火、命运的决战、百废待兴、曲折道路、重振雄风等。每个部分都含有政治风云和百年回顾。

1886　百年中国大事要览：军事卷/朱汉国，郝瑞庭总主编；周建新，郝瑞庭卷主编. 北京：党建读物出版社. 2002.8

《百年中国大事要览》记录了20世纪里中国在政治、经济、军事、科学技术、文化教育、外交等方面的历史事件。本书为军事卷，包括：清王朝的灭亡、动荡的年代、五四风雷、国民革命、从对峙走向合作抗战、抗日战争、解放战争、新中国凯歌行进等阶段。书中附有总序和前言。

1887　百年中国大事要览：政治法律卷/朱汉国，郝瑞庭总主编；周淑文编著. 北京：党建读物出版社. 2002.8

《百年中国大事要览》记录了20世纪里中国在政治、经济、军事、科学技术、文化教育、外交等方面的历史事件。本书为政治法律卷，包括：清王朝的灭亡、动荡的年代、五四风雷、国民革命、从对峙走向合作抗战、抗日战争、解放战争、新中国凯歌行进等阶段。书中附有总序和前言。

1888　北京民国政府议会政治研究/刘景泉著. 天津：天津教育出版社. 2006.5（名家学术文库）

北京民国政府时代，是中国唯一一个实行过分权主义议会政治而又没有行得通的时期。这一时的议会政治，上承清末预备立宪史，下接新民主主义革命时期集权主义制度史，涉及的历史层面甚为广泛。本书分18章，对北京民国政府议会政治进行了研究。书中包含自序和后记。

1889　北洋公牍类纂续编/甘厚慈辑. 影印本. 台北：文海出版社. 196?（项城袁世凯有关资料汇刊；8）

本书将北洋往来公牍按类排列，依次列为自治、吏治、警察、学务、兵政、交涉、税务、盐政等方面，多角度地诠释了清末新政的内容和思路。清末新政颁行了一系列新经济法规，对私营工商业予以保护，体现了清廷新政变重农抑商为振兴工商、奖励实业的政策。

1890　北洋集团崛起研究：1895—1911/张华腾著. 北京：中华书局. 2009.4（中华文史新刊）

全书分6章，包括：北洋集团崛起的历史条件、小站练兵与北洋集团的雏形、义和团运动与北洋集团崛起的契机、北洋新政与北洋集团的形成、北洋集团的人员构成及其特点、北洋集团与清末新政。有序、绪论、征引书目和后记。

1891　北洋军阀统治时期史话. 第一册，辛亥革命前后和第一次南北战争时期：一八九五至一九一三年/陶菊隐著. 北京：三联书店. 1957.3

全书分10章，包括：北洋军阀的酝酿和产生、辛亥革命的前夜、武昌起义后各省纷纷响应、袁世凯利用时机重登政治舞台、袁世凯通过帝国主义进行南北议和、假统一与假和平的短暂时期、国民党讨袁战争的彻底失败等。

1892　变革中的危机：袁世凯集团与清末新政/楚双志著. 北京：九州出版社. 2008.1

本书侧重社会角色与社会变化之间的互动关系，即把袁世凯集团作为一个社会角色，将其置于清末新政之中，既探讨其对清末近代化的作用，又力图说明其对清末政局及清廷权力变动的影响，力图揭示清末中央和地方权力此消彼长的变化根源及其来龙去脉。

1893　驳张謇君改革全国盐政计划书条议/通国盐业联合议会撰. 铅印本. ［出版地不详］：通国盐业联合议会. 1912

袁世凯上台后，请张謇为其制定盐政改革方案，张謇吸取1912年第一次改革的教训，提出了民制、官收、商运三大纲领，其主旨是实行官专买，以政府垄断取代专商垄断，仍予专商以一定优先权，但还是遭到盐商们的反对，此书为通国盐业联合会，这一经济组织所撰的反对张謇《改革盐政计划书》的条议。

1894　参议院议事录/参议院编. 南京：参议院. 1912.4

内容含参议院议事录北京1912年4月至8月，南京1912年1月至4月，北京1912年9月至1913年4月三部分。

1895　查拿自立会告示/张之洞，于荫霖撰. ［出版地不详］：［出版者不详］，［出版年不详］

此书即《摘叙两湖自立会匪紧要情节告示》。

1896　长治久安：理念、制度及其推进：严复政治哲学研究/王建龙著. 上海：上海人民出版社. 2010.5（华东政法大学政治理论部学术研究丛书）

本书内容包括：追求“治道”——变“治乱兴衰”为“长治久安”、近代西方观念的引入、分疏与重构——对自由、民主和平等观念的有机统一、进化论的介入——治道与变道的进一步整合等。

1897　常熟议会第一年报告/常熟县议会辑. 铅印本. ［出版地不详］：开文社，民国元年（1912）

本书为1912年8月召开的常熟县第一届议事会通过的议案汇编。前附《常熟县议事会会议规则》、《常熟县议事会议员一览表》、《常熟县议事会元年度第一届常会临时会议案报告目录》、《常熟县议事会元年度第一届常会临时会议案汇录》。

1898　超越革命与改良/马勇著. 上海：三联书店. 2001.5（三联评论）

本书主要内容包括：《激进与保守：估戊戌》、《革命与改良：评辛亥》、《共和与帝制：衡洪宪》、《超越革命与改良：论五四》。

1899　从帝制走向共和：辛亥前后史事发微/杨天石著. 北京：社会科学文献出版社. 2002.1（近史探幽系列）

本书揭示了许多鲜为人知的史实，包括同盟会的分裂与光复会的重建、儒学在近代中国、论辛亥革命前的国粹主义思潮等。

1900 从繁盛到衰败：大陆时期的中国国民党/郭贵儒著. 北京：华文出版社. 1999.7

本书内容包括：中国同盟会、从国民党到中国国民党、中国国民党的改组和新生、中国国民党与国民革命、中国国民党的分化与统一、抗战初期的国民党、抗战中后期的国民党、国民党大陆统治的崩溃等。书中附有序、前言和后记。

1901 从工具选择到价值认同：民国立宪评论/周叶中，江国华主编. 武汉：武汉大学出版社. 2010.6（中国立宪评论丛书）

本书内容包括：《中华民国临时约法》（1912）评论、《中华民国宪法草案》（1913）评论、《中华民国约法》（1914）评论、《中华民国训政时期约法》（1931）评论等。

1902 从公堂走向法庭：清末民初诉讼制度改革研究/张德美著. 北京：中国政法大学出版社. 2009.7

全书分 7 章，包括：司法与行政之分离，起诉：从限制到保障，强制措施之规范化，证据：从合乎情理到内心确信，从公堂走向法庭，判决：在情理与法律之间，审级制度之演进。书中附有序、前言、结语、参考书目和后记。

1903 从万国公法到公法外交：晚清国际法的传入、诠释与应用/林学忠著. 上海：上海古籍出版社. 2009.12（复旦文史丛刊）

全书分为 6 章，包括：世界秩序的中国文本：晚清国际法的传入；晚清国际法教育；晚清国际法观；国际法的应用与挫折；“文明”与和平：晚清政府参加万国保和会；构建近代国家：文明的追求。

1904 从治民到民治：清末地方自治思潮的萌生与变迁/汪太贤著. 北京：法律出版社. 2009.10（中国近代公法研究丛书）

本书以“明”与“暗”两条线索，一方面勾勒出地方自治思想在清末酝酿、形成以及演变为思潮的线路和图景，另一方面揭示出地方自治思想或思潮的意旨或诉求的转变和转换的事实。全书分 9 章，包括：国外地方自治思想的输入与传播，地方自治主张的最初提出，从治民到民治：地方自治思想意旨的转变，地方自治思潮的泛起，从民权到立宪：地方自治诉求的转换，地方自治思想的传播与研究等内容。书中附有总序、引言、结论和主要参考文献。

1905 丛书集成三编. 二一，社会科学类，奏议经国方略地方行政地方自治军事学/王德毅主编；李淑贞等编辑. 影印本. 台北：新文丰出版公司. 1997.3

本书包括：端敏公奏议/（清）袁甲三、策要/（元）梁寅撰、诸儒奥论策学统宗前集/（元）谭金孙撰、常平权法/（清）陆世仪撰、支更说/（清）陆世仪撰、避地三策/（清）陆世仪撰、拟太平策/（清）李塨撰、上今上皇帝万言书/（清）严复撰、原强/（清）严复撰等内容。

1906 大变局下的晚清政治/李志茗著. 上海：上海古籍出版社. 2009.9（文史哲研究丛刊）

本书分 4 章，包括：中西交逢之初的世相、体制外的变革：非正规制度的突起、制度创新的困局、从机构调整到体制创新——晚清的行政改革历程。有序言、前言、附录、主要参考书目和后记。

1907 大清的挽歌：清末改革管窥/刘光永著. 西安：三秦出版社. 1999.8

本书是对清朝末年喧嚣一时的所谓改革进行的研究。全书共分 10 章，包括：人才为先、工商立国、走向开放、试图走法制化之路、官制改革、地方自治、财匮国危、失民心者失天下等内容。书中附有前言和后记。

1908 大清帝国兴亡录/王雪庵著；丁辛，贾瑞兰校点. 天津：百花文艺出版社. 1991.9

本书原名为《绣像神州光复志演义》，共

120 回，生动地描写了清王朝从满洲的崛起、立朝入关到逐渐衰败、终覆灭的全过程。重点描写了统一全国、太平天国起义和辛亥革命运动，其中尤其是以辛亥革命写得真实详尽。再现了孙中山伦敦蒙难、同盟会及光复会成立、惠州起义、河口战役、保路运动、武昌起义、十七省独立、宣统逊位等重大历史事件。书中附有例言和附录。

1909　大清帝国最后十年：清末新政始末/李刚著. 北京：当代中国出版社. 2008.9

本书试图客观地展现清末新政这一历史事件的真相。这次改革内容相当丰富，涉及的范围也很广，包括：创办学校、派遣留学生、废除科举制度、编练新军、创设警察、改组官制、仿效日本实施“预备立宪”、推行地方自治、鼓励民间报业发展等。书中附有自序。

1910　大清宣统新法令/商务印书馆编译所编. 铅印本. 上海：商务印书馆，清宣统 2－3 年(1910－1911)

本书为宣统元年至二年间清政府所颁布法律、法令的合集汇编。所采均为见诸官报及公牍的各类法令，包括：财政、司法、典礼、民政、任用、教育、宪政、外交、实业、军政、外官制等 11 方面。本书 20 册。

1911　大视野下清末民初变革/朱宗震著. 北京：新华出版社. 2009.4

本书分专题讲述了辛亥革命性质问题、微弱的新思想新文化、传统王朝的崩溃之路、士大夫转型问题、反满和群众问题、资产阶级的政治动向、20 世纪中国的社会整合和现代化启动。附录：《辛亥革命的动员模式和国民党失败的历史命运》、《辛亥革命性质的新探索》。

1912　地方自治制度/杨树谷编. 再版. 长沙：长沙府正街集成书社. 1913（政法述义；6）

全书分上、中、下三卷，内容包括：总论，市町村，市町村之基础，市町村之机关，市町村吏员，市町村之财政，町村组合及町村学校组合，市町村之监督，府县，府县之性质，府县之财政，府县之监督，郡，郡之性质及构成，郡之机关等。

1913　地域主义与国家认同：民国初期省籍意识的政治文化分析/杨妍著. 天津：天津人民出版社. 2007.10（南开大学政治学学术丛书）

本书主要运用政治文化研究方法、历史研究方法及比较现代化的研究方法，对民国初期的地域主义和国家认同两者的相互关系进行了研究。

1914　帝国的回忆：《纽约时报》晚清观察记（1854—1911）/郑曦原编；李方惠，胡书源，郑曦原译. 修订本. 北京：当代中国出版社. 2007.1

本书系《纽约时报》对华报道选编，起讫年代为 1854 年 1 月至 1911 年 10 月。内容涉及内政、外交、国防、文化、社会、革命及华侨等方面。附照片。

1915　帝国主义与中国政治/胡绳著. 初版. 北京：人民出版社. 1952.7

本书是通过历史事实来反映当时中国政治生活中的一些根本问题，表明中国人民反对帝国主义侵略的革命传统。全书分 6 章，包括：新关系的建立，“中兴”和媚外，“洋人的朝廷”，“强”的人（上、下），革命和反革命。书中附有序言。

1916　帝国主义与中国政治/胡绳著. 5 版. 北京：人民出版社. 1963.10

内容提要参见 1915。书中附有四版序言。

1917　帝国主义与中国政治/胡绳著. 6 版. 北京：人民出版社. 1978.3

内容提要参见 1915。书中附有六版序言。

1918　帝国主义与中国政治/胡绳著. 7 版. 北京：人民出版社. 1996.10

内容提要参见 1915。书中附有：北京七版序言、北京六版序言、北京四版序言、香港初版序言和尾语《未完成的故事》。

1919　帝国主义与中国政治/胡绳著. 北京，沈阳：人民出版社，东北人民出版社. 1952.7，1953.5

内容提要参见 1915。

1920　帝国主义与中国政治/胡绳著. 3 版. 北京：人民出版社. 1953.5

内容提要参见 1915。

1921　帝国主义与中国政治/胡绳著. 初版. 上海：生活书店. 1948.7（学习与研究丛刊）

本书内容分为 7 章："新关系的建立"、"'中兴'和媚外"、"洋人的朝廷"、"'强'的人"（上）、"'强'的人"（下）、"革命与反革命"、"尾语：未完成的故事"。

1922　帝制到共和/杨天石著. 台北：风云时代出版股份有限公司. 2009.12（揭开民国史的真相；卷一）

本书共 28 个部分。内容包括：太平天国的"太阳"、慈禧太后其人——在中央电视台百家讲坛的演讲、翁同龢罢官问题考察、康有为"戊戌密谋"补正、1901 至 1905 年的拒俄运动、陈天华的《要求救亡意见书》及其被否定经过、同盟会的分裂与光复会的重建、章太炎与端方关系考析等。书中附有照片、自序和"拨开迷雾，解开疑问——民国史及蒋介石研究的突破"。

1923　缔造共和之英雄尺牍/荣朝申辑. 影印本. 台北：文海出版社. 1972（近代中国史料丛刊. 第 80 辑；796）

全书分两册，共 8 卷。内容包括：中华民国政府大总统孙文布告书、黄兴致汪兆铭书、孙大总统布告同胞书、中国革命宣言、湖北京山国民军宣告书、湖防军队通告书、宋教仁复孙武书、张孝芬女士来函等。书中附有序。

1924　滇军讨袁纪事残卷/庚恩旸撰. 抄本. ［出版地不详］：［出版者不详］，民国间（1912—1949）

本残卷记载云南北伐军在北伐前的准备、人民欢送及攻取贵阳及攻占贵阳之后的一些历史事件。

1925　丁巳滇川军哄纪录/刘揆一著；云南国是报辑. 影印本. 台北：文海出版社. 1967.5（近代中国史料丛刊. 第七辑；68—70）

本书记述了民国初年滇川军的行军纪实和在云南四川等地的管理以及此阶段在西南地区战乱给平民带来的伤害，并对滇军与川军做了评价。本书分为记载类、评议和善后救济。

1926　东方的觉醒：近代中印民族运动定位观照/章开沅主编；唐文权著. 长沙：湖南出版社. 1991.1（中外近代化比较研究丛书）

全书分 7 部分，包括：被踉跄推入近代的门槛——背景：西方膨胀与东方衰微、同时并兴的民族起义——进位：印度大起义与太平天国革命、观念更新的缓慢节律——慢板引子：早期思想起蒙、相谐共鸣的宪政鼓动——呈现部：资产阶级改良运动、相启共发的革命高潮——展开部：资产阶级激进运动、甘地主义与新三民主义——再现部：民族解放运动的新态势等。

1927　东三省政略/（清）徐世昌著. 影印本. 台北：文海出版社. 1965.12（中国边疆丛书. 第一辑；4）

本书包括共 12 卷，包括以下 12 类内容：边务、蒙务、交涉、军事、官制、民政、财政、旗务、学务、司法、实业、谘议厅议案。

1928　东三省政略/（清）徐世昌等编纂；李澍田等点校. 长春：吉林文史出版社. 1989.2（长白丛书；3 集）

内容提要参见 1927。

1929　东亚风云．第二部，共和乱世：1911—1930/吴兴勇著．贵阳：贵州人民出版社．2007.10

全书共分25章，包括："依依惜别母女情长　妹代姐嫁公主泣血"、"革命与复辟反复较量　民党和北洋逐鹿中原"、"五年内三次军阀混战　吴秀才带兵两胜一败"、"京都学子齐集天安门　千年睡狮终于猛觉醒"、"东北王卖身救急　郭松龄壮志未酬"等。有尾声、历史大事记和后记。

1930　端方与清末新政/张海林著．南京：南京大学出版社．2007.1

本书是一部关于清末渐进主义改革派代表人物端方的学术著作。内容包括：变局中崛起、初任方面大员、出洋考察宪政、端方与两江政治改良、改良社会风俗与文化环境等。书中有照片、自序、主要参考资料和附：端方在新政活动中的诸多"第一"。

1931　二次革命后孙中山政治思想研究/刘保刚．郑州：中州古籍出版社．2008.10

本书内容包括："孙中山政治思想渊源考论"、"建国策略：革命与护法"、"政治体系分析：政党、政权、政体"、"人的现代化——孙中山公民教育思想研究"、"民生主义——社会和谐的基础"。

1932　二十六史．第二十三—二十六部，清史稿/齐豫生，夏于全主编；赵尔巽撰．延吉：延边人民出版社．1999

本书全书以纪传体断代史的体裁记载了清朝一朝的历史，分476卷，包括本纪25篇，志135篇，列传220篇。

1933　二十世纪中国实录/《二十世纪中国实录》编委会编．北京：光明日报出版社．1997.2

本书按编年体的形式，逐年分导言、世纪热点、历史内幕、历史考证、风云人物、珍闻轶事、流行风、历史档案、在当年的日历上9个部分，对二十世纪的中国进行了记录。

1934　二十世纪中国史．第一部/李云峰，陈舜卿主编；门秀芳等著．西安：西北大学出版社．1993.9

本书叙述20世纪在1949年新中国成立之前的历史，包括：辛亥革命和中华民国的建立、五四运动与皖直军阀政权的更替、全民族的抗日战争、两种中国命运的决战等7章。

1935　二十世纪中国史纲/金冲及著．北京：社会科学文献出版社．2009.8

全书分上、下两部，内容包括：步入二十世纪的前夜、推倒君主专制制度的辛亥革命、北洋军阀统活的建立、中国共产党的产生、全面抗战的爆发等。

1936　二十五史：百衲本．9－10，清史稿/赵尔巽等编．影印本．杭州：浙江古籍出版社．1998.5（新编小四库）

本书为民国赵尔巽等所撰的清朝一朝的纪传体断代史。全书共有帝王本纪25篇、列传341篇。

1937　二十五史全书．第十册，清史稿/赵尔巽等撰．呼和浩特：内蒙古人民出版社．1998

内容提要参见1936。

1938　二十五史新编．15，晚清史/胡礼忠，戴鞍钢新撰．上海：上海古籍出版社．1997.11

全书分纪事、传记、志、表四部分。内容包括：林则徐、魏源、洪秀全、奕䜣、曾国藩、李鸿章、康有为、孙中山、黎元洪等人物传记；政治制度；商业金融；近代城市；文化教育；社会生活；晚清帝系；晚清租界等。书中附有序。

1939　二十五史新编．15，晚清史/李国章，赵昌平主编；胡礼忠，戴鞍钢新撰．香港：中华书局（香港）公司．1998.6

内容提要参见1938。

1940　法治通史/曹恭翊编纂．北京：编者自刊．1918.1

介绍我国历代法律、制度之演进，间引外国法律制度，以资比较。分成文法、财政法、教育法、兵政法、国际法等16章。

1941　范文澜全集．第九卷，中国近代史上册/范文澜著．石家庄：河北教育出版社．2002

《中国近代史》上册初版于1946年，本书据1955年9月人民出版社刊印的第九版重印。全书分8章，记述了1840年至1901年旧民主主义革命时期的历史。书中附有照片、说明和附录：汉奸刽子手曾国藩的一生。

1942　废省议/王登义著．复制本．北京：宪法新闻．1914.1

全书分废置论和建设论两部分。内容包括：省制废否问题、废省缓急问题、区域分化大小问题、新区域上特别监督机关设否问题。书中附有绪言。本书为《宪法新闻》临时增订。

1943　分类详注新军用公文程式大全/张振武编．石印本．[出版地不详]：中原印书局，民国十六年（1927）

本书主要针对军用日常使用公文格式、内容，编成程式汇总。全书分为4编：第1编公文办法，包括公文分类用法、公文用语详释、公文选述要诀、公文办理程序、公文程式令表。第2编师旅团营连公文上，包括师旅团营连呈文、咨文。第3编师旅团营连公文下，包括师旅团营连公函、令文、布告等。第4编军政名人公电，包括拥戴电、计划电、劝告电、主张电等。本书4册。

1944　分治合作问题讨论集/李石曾、于右任著；毕修勺编．复制本．上海：革命周报社．1929.1（革命小丛书；4）

全书共26篇文章，包括：《分治合作问题》、《分治合作即分工合作》、《谈分治合作》、《分治合作质疑》、《分治合作如何》、《分治合作与中国》、《我对于分治合作的怀疑》、《为分治合作问题答革命周报汉南先生》等。书中附有编者言。

1945　奉天交涉案牍：二卷/[著者不详]．抄本．[出版地不详]：[出版者不详]．清末（1851—1911）

本书系赵尔巽任奉天总督时对外交涉会文。

1946　复辟文电/[著者不详]．报纸剪贴本．[出版地不详]：[出版者不详]．[出版年不详]

书中收1917年7月1日—9月18日报章所载有关张勋复辟的文电若干封。附：《复辟真相始末记》（石印本）。

1947　甘肃省议会议事细则/甘肃省议会编．油印本．[出版地不详]：[出版者不详]，民国间（1912—1949）

本书主要记述民国间甘肃省议会议事章程和细则。全书分为13章：总纲、议事日程、议案、讨论、修正、表决、审查会、纪律及警卫、请假缺席及惩罚、秘密会议、记录、附则。

1948　革命理论与革命工作/胡汉民讲．上海：民智书局．[出版年不详]

本书分7辑，包括：《三民主义与世界革命》、《第三次全国代表大会的使命》、《今后雪耻的两条道路》、《法律与自由》、《军人要懂得政治》、《革命的正路》、《国家不统一的痛苦》等文章。

1949　庚戌粤东军变记/李介孺编．影印本．台北：文海出版社．1976（近代中国史料丛刊续编．第二十六辑；251）

本书内容包括：陆军编制表一、广东陆军沿革表二、公事六、函件七、社情八、议论十、词章十一、歌曲十二等。书中附有序和自序。本书与《辛亥四川事变之我》/周善培著合订。

1950　庚子交涉隅录：一卷/程德全撰；李逊

编. 铅印本. ［出版地不详］：［出版者不详］，清宣统二年（1910）

1900年7月俄军进犯黑龙江，著者时任黑龙江营务处总办。本书收著者与黑龙江将军寿山的往来书信、向奉天将军和吉林将军禀告军情书、上俄皇及兵部大臣书以及记述瑷珲失陷、寿山殉城等情况的文章。

1951 庚子交涉隅录/程德全撰；李逊辑. ［出版地不详］：［出版者不详］. 1934.3（国学文库. 第10编）

内容提要参见1950。

1952 攻玉论：关于20世纪初期中国军界留日生的研究/靳明全著. 重庆：重庆出版社. 2001.10

本书第1、2章重点考察研究20世纪初期中国军界留学生在日本的学习、生活情况以及对中国近代社会的影响，第3至10章重点考察论述了中国军事化的起步，中国近代军事制度、军事理论的发展，中国近现代重大军事活动的演变，及其观照日本的特点。有照片。

1953 攻玉论：关于20世纪初期中国政界留日生的研究/靳明全著. 重庆：重庆出版社. 1999.1

本书分10章，包括时代背景及留学特征，辛亥革命活动者赴日，立宪制信仰者赴日，无政府主义者赴日，共产主义信仰者赴日，辛亥革命爆发前后，立宪运动的兴起和发展，无政府主义思潮的兴起，中国国民党的早期活动，中国早期共产主义运动。附录：清末无政府主义和传统思想。

1954 共产国际、联共（布）秘档与中国革命史新论. 第一集/黄修荣主编；中共中央党史研究室第一研究部等编. 再版，修订本. 北京：中共党史出版社. 2004.6

本书收录了论现代化视角下共产国际对中国革命的双重影响、"旅俄华工联合会"——共产国际帮助中共创建的桥梁、论越飞关于孙中山吴佩孚联合统一中国的政策、20世纪20年代初期苏俄对吴佩孚的统战及失败、共产国际与中共二大对国家结构形式的构想、共产国际的帮助与第一次国共合作的建立、瞿秋白与大革命时期的共产国际执委会远东局、大革命时期共产国际对旧民主主义革命性不彻底的"忽略"等几十篇论文。

1955 共和道路在近代中国/胡维革，于秀芹主编. 长春：东北师范大学出版社. 1991.7

本书概述了中国由半殖民地半封建社会走上社会主义道路的历程。全书分5部分，内容包括：初醒者的追求与探索、色彩斑斓的共和国方案、昙花一现的南京临时政府、"民主共和制"的破产、走不通的"第三条道路"。书中附有中国近现代史上的资产阶级共和国方案及其破产（代序）和跋。

1956 共和关键录/观渡庐编. 影印本. 台北：文海出版社. 1981（近代中国史料丛刊续编. 第八十六辑；856）

全书分4编，内容包括：南北代表会议问答速记录、北京取销唐代表电、南北直接会议电、请定大局电、清帝逊位确定共和电、贺民国成立电、各省求援电、关系外交电等。书中附有序、编辑大意、照片等。

1957 共和国的追求与挫折：辛亥革命与中华民国的成立/周佳荣，林启彦著. 香港，北京：商务印书馆（香港）有限公司，文物出版社. 1992.7

全书共7章，内容包括：序幕、共和国的理想——革命的道路、共和国的追求——革命行动、国体的探索——共和与立宪之间、共和国的初建——权力的转让、共和国的挫折——民主的建废。书中附照片、辛亥革命前后大事年表和参考书目。

1958 官箴书集成. 第十册/官箴书集成编纂委员会编. 影印本. 合肥：黄山书社. 1997.12

本册书包括：《樊山政书》二十卷、《陶瓷

公牍》十二卷、《从政琐记》一卷、《宦游偶记》二卷、《将吏法言》八卷。

1959 光复中国革命血．第一册/何魄征编．［出版地不详］：共和书室．1911.7

本书分为8个部分：绪言、图像、言论、文牍、传记、挽联、祭文、文苑。附录《国魂》等5首歌曲。

1960 光绪朝朱批奏折．第三三辑，内政（筹备立宪洋务运动文书档案其它），军务营制/中国第一历史档案馆编；戈斌辑主编．北京：中华书局．1995.3

本书所收奏折依照中国第一历史档案馆现行原档案管理体系，共分18大类130余项，以类项编年体编排。本辑收录了其中的"内政·筹备立宪"、"内政·洋务运动"、"内政·文书档案"、"内政·其它"、"军务·营制"。

1961 光绪朝朱批奏折．第一〇五辑，文教（科举学校留学）法律（律例审判）/中国第一历史档案馆编；戈斌辑主编．北京：中华书局．1996.12

本书所收奏折依照中国第一历史档案馆现行原档案管理体系，共分18大类130余项，以类项编年体编排。本辑收录了其中的"文教·科举"；"文教·学校"；"文教·留学"；"法律·律例"；"法律·审判"。

1962 光绪政要/沈桐生著．影印本．台北：文海出版社．1969（近代中国史料丛刊．第三十五辑；345）

全书共5册34卷，内容包括：正月醇亲王奏陈预杜推崇本生妄论、二月直隶总督李鸿章奏陈轮船招商请奖事、三月命左宗棠以钦差大臣督办新疆军务、钦差大臣闽浙总督沈葆桢请设台北一府三县、五月命湖广总督李瀚章前侍郎薛焕查办滇案、山东巡抚丁宝桢奏设机器局、十一月山东巡抚丁宝桢奏筹办山东省海防事宜、总理衙门奏定私贩外洋枪炮罪名等。书中附有凡例。

1963 光绪政要/（清）沈桐生辑．影印本．扬州：江苏广陵古籍刻印社．1991.10

本书叙事始同治十三年十二月，迄光绪三十四年十一月。以年为卷，每卷首列本年大纲目录，然后分别叙述。全书分四册。书中对光绪一朝大事，如：新疆回民起义、中法及中日之战、戊戌变法、义和团运动、预备立宪等，与各国所订之不平等条约等都有详细记载。有关上谕、奏折也择要辑入，本书是研究近代史的重要资料。

1964 光绪政要/（清）沈桐生辑．影印本．北京：中国言实出版社．2000.9

全书共12册，从卷1至卷34，采用编年式体裁，囊括了整个光绪朝代，包括：光绪朝代的谕旨、奏疏、官书、报章等内容。本书是研究清末政治、历史，尤其是光绪朝的必备之书。

1965 鬼神泣壮烈：清末民初暗杀论/伍立杨著．西安：陕西师范大学出版社．1998.9

本书共35篇文章、包括：生与死的社会生理、暗杀的展开、旧制度与大革命、清廷之倒行逆施、"民主政治是天下公理"非常年代的运作、革命者的惨重牺牲、孙中山先生的暗杀理念及政治理念等。

1966 国家图书馆藏清代孤本内阁六部档案续编．第11册/全国图书馆文献缩微复制中心编．影印本．北京：全国图书馆文献缩微复制中心．2005.10（国家图书馆藏历史档案文献丛刊）

本书按照档案原貌影印出版。本册包括：宣统年皮库官员禁烟册宣统元～三年、宣统供档宣统三～四年、大婚典礼进奉衔名物品册宣统十四年等内容。

1967 国民党建军演义/谭一青著．北京：中国青年出版社．1999.4

本书内容包括：武昌起义成功，北洋军阀

摘果；袁世凯暗杀宋教仁，孙中山兴起讨袁军；张作霖独霸奉天省，吴佩孚挑战段祺瑞；西南军阀各怀鬼胎，军政府内几度风波；黄埔学生露锋芒，北伐八军显威风；汀泗桥血战吴佩孚，南昌城三攻孙传芳；郭沫若著文斥蒋，总司令叛变“清党”等。书前附有照片。

1968 国民党人与前期中华民国/杨天石著. 北京：中国人民大学出版社. 2007.7（朗朗书房. 杨天石近代史文存）

本书内容包括：辛亥革命与共和知识分子——对一种传统观点的质疑、孙中山与“租让满洲”问题、蒋介石为何刺杀陶成章、在华经济利益与辛亥革命时期英国的对华政策、中山舰事件之谜、孙中山和中国国民党改组、蒋介石与北伐时期的江西战场等。书中附有序、编辑说明和附录：潘佩珠与中国、中韩爱国志士的早期联系等。

1969 国民党政治与社会结构之演变：1905—1949/崔之清主编. 北京：社会科学文献出版社. 2007.6（江苏省哲学社会科学重点学术著作）

全书分 3 册，研究重点在国民党的政治结构与社会结构，兼及政治理念、权力斗争、派系冲突与整合、党务活动、党务经费等相关领域。内容包括：中国同盟会的政治与社会结构，国民党·中华革命党的结构嬗变，三民主义：从创新到混乱，权力结构与组织流变：从整合到分裂（上、下），中国国民党早期党员规模与党务经费考察等。书中附有表格、导言、结语和参考文献。

1970 国民军二十年奋斗史初稿：第三集/［著者不详］. 石印本. ［出版地不详］：朝报社，1912—1949

本书记载了从民国十三年至民国十五年国民军奋斗过程中经历的一系列事件，按时间顺序共分为 34 章包括：二次直奉战争；中山北伐；枪决李彦青；驱逐溥仪；天津会议；避嚣天台山；执政府之成立；国民二军入豫；冯公任西北边防督办；察绥之措施；察绥之政治；察绥之外交种种；察绥之军事；入甘；入甘之政治；孙张之战；郭松龄反奉；天津战役；直省之措施；冯公下野及其出洋；李景林之反攻；固守北京；北京政变；黄村战役；与国民政府之关系；南口防御；晋北大战；南口战役；援甘；五原誓师；援陕等。

1971 国运 1909：清帝国的改革突围/［澳］雪珥著. 西安：陕西师范大学出版社. 2010.2

本书内容包括：金銮殿上新来两年轻人、老官场的弯弯道、黄龙旗下的资本主义、大清国的“新新人类”、鼓与呼：世乱难为人等。有自序、附录和后记。

1972 过渡形态：中国早期资产阶级构成之谜/马敏著. 北京：中国社会科学出版社. 1994.4（中国社会科学博士论文文库）

全书分 5 章，包括：导论：过渡型社会与早期资产阶级、特殊的形成道路、畸形的内部结构、社会组织形态的过渡性、过渡型心理结构。书中附有结语、出版说明、序、前言、主要征引参考书目和后记。

1973 洪宪公报：民国四年十二月至洪宪元年三月/（民国）政事堂印铸局. 影印本. 台北：文海出版社. 1966（袁世凯史料汇刊；18）

本书包括：袁世凯称帝期间出版的刊物，从民国四年十二月至洪宪元年三月的奏折、命令、通告等。

1974 护国军纪事. 第一册/黄季陆主编. 影印本. 台北：中国国民党中央委员会党史史料编纂委员会. 1970.10（中华民国史料丛编）

本篇分三大门，曰论说，曰文告，曰记述。其中包括：国论、外论、外交、属电、财政、军情、战讯等内容。书中附有共和军纪事叙、凡例和照片。

1975 护国军纪事．第二册/黄季陆主编．影印本．台北：中国国民党中央委员会党史史料编纂委员会．1970.10（中华民国史料丛编）

本篇分三大门，曰论说，曰文告，曰记述。其中包括：国论、外论、公电、檄文、公函、告示、外交、财政、军情、战讯等内容。有照片。

1976 护国军纪事．第三册/黄季陆主编．影印本．台北：中国国民党中央委员会党史史料编纂委员会．1970.10（中华民国史料丛编）

本篇分三大门，曰论说，曰文告，曰记述。其中包括：国论、外论、宣言、公电、公函、告示等内容。有照片。

1977 护国军纪事．第四册/黄季陆主编．影印本．台北：中国国民党中央委员会党史史料编纂委员会．1970.10（中华民国史料丛编）

本篇分三大门，曰论说，曰文告，曰记述。其中包括：宣言、公电、公函、布告、财政、军情等内容。书中附有照片和后编。

1978 唤醒中国：国民革命中的政治、文化与阶级/［澳］费约翰（John Fitzgerald）著；李恭忠等译．北京：三联书店．2004.10

本书分析了中国的觉醒与中国人民的觉醒之间的联系，并以中国南方的国民革命为视角，阐释了先行者孙中山在国民革命中的领导角色以及作为后继者的毛泽东在唤醒民众之政治中的地位。有图。

1979 黄花赋：共和前夜风云录/石之轩著．北京：中国文联出版社．2006.6

全书分75章，包括："奇山秀水醉中香，自古英雄相识难"、"从来悲秋肠易断"、"红叶送别望乡关"、"舞刀歌婵娟，秀才造反"、"东瀛樱花飘零"、"壮士此去渺无踪"、"豪气薄天碧血舞"等。

1980 会议通则：五卷，附录一卷/孙中山撰．铅印本．上海：中华书局，民国六年（1917）

本书共5卷分20章，是孙中山先生基于民国初建，国民的民主素养欠缺，所以从民权的第一步集会入手，著书介绍集会的原则、条理、习惯、经验等。内容包括集会、动议、修正案、动议之顺序、权宜及秩序问题等。

1981 绘图中华开国全传：四卷四十回/［著者不详］．石印本．上海：神州图书局，民国元年（1912）

本书为中华五千年的历史的通俗演义，起自盘古开天，下至中华民国建立，是上海神州图书局为改良风俗、开通民智而编。书前附多幅各代历史人物画像，书内每回附两幅插图。本书4册。

1982 简明近百年本国史/施瑛编著．复制本．上海：日新出版社．1947.2

本书叙述的时间上起鸦片战争，下迄抗战胜利，对近百年来中国的社会政治之演进作出概括。全书共分12章，内容包括：老大帝国浮雕、从鸦片战争到英法联军、太平天国的兴亡、藩属与领土的损失、中华民国的建立、国民革命的成功、从东北到西安、八年抗战等。书中附有编著大意。

1983 简明中国历史图册．第九册，半殖民地半封建（旧民主主义革命时期）．上/中国历史博物馆编．天津：天津人民美术出版社．1979.7

本书以大量的照片、绘画、图表和简练的文字，简明、通俗地介绍了中国历史的发展。全书分7章，包括：鸦片战争、太平天国革命运动——前期、第二次鸦片战争、太平天国革命运动——后期、中国资本主义工业的兴起，资产阶级和无产阶级的产生、边疆危机和中法战争、甲午中日战争。书中附有前言、照片和地图。

1984 简明中国历史图册．第十册，半殖民地半封建社会（旧民主主义革命时期）．下/中国

历史博物馆编. 天津：天津人民美术出版社. 1979.12

本书以大量的照片、绘画、图表和简练的文字，简明、通俗地介绍了中国历史的发展。全书分6章，包括：民族危机的加深、资产阶级改良主义运动——戊戌变法、义和团反帝运动、资产阶级民主革命运动的兴起、资产阶级领导的辛亥革命、反对帝国主义走狗——北洋军阀的斗争。书中附有照片、地图和大事年表。

1985 建国大纲浅说/冯放民编. 再版. 台湾：中国国民党台湾省执行委员会. 1945.11

本书分两部分："制定建国大纲宣言"和"国民政府建国大纲"。第二部分包括：为什么要建国、建国的推动力、建国的根据、建国的目标、建国的程序、建国的具体工作。

1986 剑桥中国史. 第十册，晚清篇（上）：1800－1911/（美）费正清编；张玉法主译. 台北：南天书局有限公司. 1987.9

全书共11部分，包括：导论：旧秩序；十九世纪的清属中亚；广州贸易与鸦片战争；条约体制的建立；太平天国之乱；中俄关系（1800－1862）；同治中兴；自强运动：西洋技艺的追求等内容。书中附有序、地图、建议阅读书目、参考书目、晚清帝系与亲王表和索引。

1987 剑桥中国史. 第十册，晚清篇. 上：1800－1911/（美）费正清编；张玉法主译. 台北：南天书局有限公司. 2000.3

内容提要参见1986。

1988 剑桥中国史. 第十一册，晚清篇（下）：1800－1911/（美）费正清编；张玉法主译. 台北：南天书局有限公司. 1987.9

全书共10部分，包括：晚清的经济趋势，1870－1911；清季外交关系，1866－1905；军事的挑战：西北与沿海；思想的转变和改革运动，1890－1898；日本与辛亥革命；政治及制度的改革，1901－1911；清末的政府、商人与实业；共和革命运动等内容。书中附有序、地图、图表、建议阅读书目、参考书目和索引。

1989 剑桥中国史. 第十一册，晚清篇. 下：1800－1911/（美）费正清编；张玉法主译. 台北：南天书局有限公司. 2000.3

内容提要参见1988。

1990 剑桥中国史. 第十二册，民国篇（上）：1912－1949/费正清主编；刘敬坤・潘君拯主译. 台北：南天书局有限公司. 1999.6

全书共12部分，包括：导论：中国历史上的沿海与内陆；经济趋势，1912－1949；外国在华势力；辛亥革命后的政治：袁世凯时期1912－1916；立宪共和国：北京政府1916－1928；五四及其后的思想史主题；1927年以前的中国共产主义运动；国民革命：从广州到南京1923－1928等内容。书中附有序、地图、图表、建议阅读书目、参考书目和索引。

1991 剑桥中国晚清史：1800－1911年・上卷/（美）费正清编；中国社会科学院历史研究编译室译. 北京：中国社会科学出版社. 1985.2

本书时间断限始于清代道光时代，止于辛亥革命。全书分上、下两卷。上卷包括：清王朝的衰落与叛乱的根源，广州贸易和鸦片战争，条约制度的形成，太平军叛乱，中俄关系，清代的中兴等11章。书中附有图、表格和书目介绍。

1992 剑桥中国晚清史：1800－1911年・上卷/（美）费正清，刘广京编；中国社会科学院历史研究编译室译. 北京：中国社会科学出版社. 1993.9

内容提要参见1991。

1993 剑桥中国晚清史：1800－1911年・下卷/（美）费正清编. 中国社会科学院历史研究所编译室译. 北京：中国社会科学出版社. 1985.2

本书时间断限始于清代道光时代，止于辛

亥革命。全书分上、下两卷。下卷包括：日本与中国的辛亥革命、1901－1911 年政治和制度的改革、辛亥革命前的政府、商人和工业、共和革命运动、社会变化的潮流等 10 章。书中附有图及表格。

1994 剑桥中国晚清史：1800－1911 年·下卷/（美）费正清，刘广京编；中国社会科学院历史研究所编译室译．北京：中国社会科学出版社．1993.9

内容提要参见 1993。

1995 剑桥中华民国史．第一部/（美）费正清主编；章建刚等译．上海：上海人民出版社．1991.11

本书是《剑桥中国史》的第 12 卷，叙述的是 1912－1949 年期间的中华民国史。内容包括：经济趋势、革命后的政治生活：袁世凯时代、立宪共和国：北京政府、军阀时代：北京政府的政治与军人专制、思想转变：从改良运动到五四运动、五四及五四之后的思想史主题、文学潮流（一）：追求现代性、1927 年以前中国的共产主义运动等。书中附有图表。

1996 剑桥中华民国史．第二部/（美）费正清主编；章建刚等译．上海：上海人民出版社．1992.9

本书记述了 1911－1949 年中华民国历史。内容包括：中国的国际关系（1911－1931）、南京时期的国民党中国（1927－1937）、共产主义运动（1927－1937）、土地制度、农民运动、地方政府的发展、学术界的发展（1912－1949）、文学潮流（二）：走上革命之路（1927－1949）等。书中附有图表。

1997 剑桥中华民国史：1912－1949 年．上卷/（美）费正清编；杨品泉等译．北京：中国社会科学出版社．1994.1（剑桥中国史）

本卷包括：经济趋势（1912－1949 年）、革命后的政治风云：袁世凯时期（1916－1928 年）、军阀时代、思想的转变：从改良运动到五四运动（1895－1920 年）、对现代性的追求（1895－1927 年）、1927 年前的中国共产主义运动、国民革命：从广州到南京（1923－1928 年）、中国的资产阶级（1911－1937 年）等 12 章。

1998 剑桥中华民国史：1912－1949 年．下卷/（美）费正清，（美）费维恺编；刘敬坤等译．北京：中国社会科学出版社．1994.1（剑桥中国史）

本卷包括：1911－1931 年中国的国际关系、南京十年时期的国民党中国（1927－1937 年）、1927－1937 年的共产主义运动、土地制度、农民运动、地方政府的发展、学术界的成长（1912－1949 年）、1949 年以前的毛泽东思想等 14 章。书中附有图及表格。

1999 江苏省川沙县志．五/方鸿铠修；黄炎培纂．影印本．台北：成文出版社．1974.6（中国方志丛书．华中地方）

本书主要描述的是选举志，内容包括：科举表、同光间诸生表、学位表、任官表、钦赐举贡及重游泮水表、例仕及议叙表、封赠及荫袭表、勋奖及褒词表等。

2000 江苏省临时议会议决应用第一次刑律草案/［著者不详］．铅印本．［出版地不详］：中国图书公司，民国元年（1912）

第一次刑律草案是在沈家本（1840－1913 年）的主持下，1907 年清政府制定的法律。本书即为武昌起义后，江苏省临时议会议为维护社会秩序，适当调整地沿用此法律草案。其内容分为总则和分则两编，共 53 章，387 条。其中，总则 17 章，87 条；分则 36 章，300 条。

2001 江西省议会第二届议员一览表/［著者不详］．铅印本．江西：江西省议会，民国间（1912－1949）

江西省议会，是自民国元年（1912 年）2

月1日由江西谘议局改立为江西临时议会为始，至民国13年（1924年）北伐军进驻江西为终的这段时期中，江西地区的最高的民意机构。本书即以选举区为顺序，内收第二届议员龙钦海等141人，职员李正准等16人，录其姓名、别号、年龄、籍贯、选举区、资历，以及通讯处等内容。附职员一览表。

2002 接合与更替/莫世祥著．广州：广东人民出版社．1997.8（广东省中青年社会科学家文库）

本书论述了新旧民主主义革命的结合与更替与民初国会覆亡引起的反省与探索，对护国运动与护法运动的社会背景、政治背景、孙中山的民权与党治思想及晚年民生主义新议做了研究。对当时的主要人物如马君武、唐绍仪、梁士诒的历史进行了介绍；对近代中外关系和香港史、粤港关系史均有研究。

2003 近百年本国史/沈味之编．5版，复制本．上海：世界书局．1931

本书分为三部分。第一部分介绍近百年中国的政局转移，讲述清道光年至国民政府时的政局；第二部分介绍近百年中国的外交失败，讲述鸦片战争至华盛顿会议的列强侵华事件；第三部分介绍近百年中国的民族革命，讲述太平天国至五卅惨案的人民革命。

2004 近代广东的政党·社会·国家：中国国民党及其党国体制的形成过程/（日）深町英夫著．北京：社会科学文献出版社．2003.7（海外中国近代史研究文库）

本书主要探讨中国国民党的整体组织，并把它定位于国家——社会关系的整体结构之中，探讨范围基本上限定于1890年到1920年广东地区——中国革命运动的主要舞台。内容包括：移动人口与民族认同、革命精英与民族认同、作为资源的革命认同、前卫政党与认同分裂、党国体制与多元认同和近代中国的政治体制等。书后附人名、地名、事项索引和表格。

2005 近代外祸史．上册/阿英编校．5版．上海：潮锋出版社．1951.4

全书分上、中、下三册。本册分5篇，包括：编例；中秘日录；越事备考案略；谏止中东和议奏疏；冤海述闻。卷首附柳亚子先生序。

2006 近代外祸史．中册/阿英编校．5版．上海：潮锋出版社．1951.4

全书分上、中、下三册。本册分4篇，包括：甲午中日战辑（一）；甲午中日战辑（二）；甲午中日战辑（三）；庚辛之际月表。

2007 近代外祸史．下册/阿英编校．5版．上海：潮锋出版社．1951.4

全书分上、中、下三册。本册分5篇，包括：庚子传信录；榆关纪事；附燕晋弭兵记；辱国春秋；国难稗钞。

2008 近代中国报道：1839－1919/齐钟久主编；中国革命博物馆编．北京：首都师范大学出版社．2000.6

本书是反映1839年－1919年近代中国政治、经济、文化、军事以及社会各方面内容的知识性、资料性书籍，图文并茂，共收入图片2000余张。

2009 近代中国的财政与军事/梁义群著．北京：国防大学出版社．2005.1

全书分11章，包括：鸦片战争与半殖民地半封建国家财政的开端、洋务运动与投资环境、近代海防建设与经费筹措、清末“新政”和整理财政的破产、无法摆脱财政困难是辛亥革命战争失败的直接原因、袁世凯统治时期的财政等。附《近代中国财政重要统计表》。

2010 近代中国海军大事编年．1（1840－1949）/刘传标编纂．福州：海风出版社．2008.5

本书阐述了中国晚清、民国时期海军的近代化和建国初期人民海军的组建；以各历史时期的海防背景为依托，将各时期各派系的海军活动，以图文结合的编年形式编纂。本书为第一篇：满清政府海军大事编年（1840－1911）。书中附有照片。

2011　近代中国海军大事编年. 2（1840－1949）/刘传标编纂. 福州：海风出版社. 2008.5

本书阐述了中国晚清、民国时期海军的近代化和建国初期人民海军的组建；以各历史时期的海防背景为依托，将各时期各派系的海军活动，以图文结合的编年形式编纂。本书为第二篇：中华民国北京政府海军大事编年（1912－1927）。书中附有照片。

2012　近代中国海军大事编年. 3（1840－1949）/刘传标编纂. 福州：海风出版社. 2008.5

本书阐述了中国晚清、民国时期海军的近代化和建国初期人民海军的组建；以各历史时期的海防背景为依托，将各时期各派系的海军活动，以图文结合的编年形式编纂。本书为第三编中华民国南京政府海军大事编年和第四编中华民国南京政府抗战后海军大事编年。书后附有中国近代舰队和舰艇及后记。

2013　近代中国人民反帝斗争史：1840－1919/北京大学历史系编. 北京：北京人民出版社. 1973.1

本书分8章，包括：近代中国人民反帝斗争的开端——鸦片战争；反对帝国主义走狗清朝的太平天国革命战争；反对外国教会侵略和保卫祖国边疆的斗争；反抗日本侵略的甲午战争；戊戌维新——资产阶级的改良主义运动；伟大的义和团反帝爱国运动；推翻帝国主义走狗清朝的辛亥革命；反对帝国主义及其走狗封建军阀的斗争。书中附有后记。

2014　近代中国是怎样走向共和的：大型电视连续剧《走向共和》引发的思考/李文海等主编. 北京：华龄出版社. 2003.10

本书收录了20多篇文章，包括《论中国近代的历史走向》、《历史正剧应当实事求是》、《要害就在历史观》、《历史上真实的李鸿章》等。

2015　近代中国外谍与内奸史料汇编：清末民初至抗战胜利时期（1871－1947）/"国史馆"编；洪桂己编纂. 台北县："国史馆". 1986.6

本书10章，包括：日本间谍横行大陆、民国成立政治舞台幕后、国际间谍在华活跃、国际共党在中国、伪满洲国的傀儡政权、华北风云与日军入关、华北及蒙古傀儡政权和华中日军特务机构等，附图片及日本重要间谍在华活动一览表。

2016　近代中国之革命与日本/彭泽周著. 台北：台湾商务印书馆. 1989.10

本书分12章，包括：论汉口惠州两役与日本、关于"惠州之役"记事的商榷、中山先生与中国兴业公司、论孙黄之离合、检讨中山先生致大隈首相书的真实性、护国讨袁与久原借款、田中参谋次长与中山先生、中山先生与袁世凯死后的北京政局等。

2017　近代中国资产阶级研究/复旦大学历史系等编. 上海：复旦大学出版社. 1984.2

本书分4部分：总论；中国资本主义的产生、发展和特点；中国资产阶级的形成和结构；中国资产阶级的历史地位和作用。书中附有编者说明、国外有关中国资产阶级研究概述和有关近代中国资产阶级部分论著目录索引。

2018　近代中外关系与政治/李育民著. 北京：中华书局. 2006.9（中国近代史事论丛）

本论文集包括两大部分，一是从不平等条约的角度阐释中外关系，除了从总体论述近代中国的条约制度之外，还分别阐述了领事裁判权、最惠国待遇、通商口岸、传教等特权制度；二是论述清末民初的中国政治。书中附有前言和后记。

2019　近世中国秘史/大西洋图书公司编. 台

北：大西洋图书公司．1970（大西洋集刊；1）

全书分 8 章，内容包括：思陵殉国记、钱忠介公遗事、康雍乾间文字之狱、书汉阳叶相广州之变、书太监安得海伏法事、李秀成供状、咸同间用兵轶闻、记第一次中俄密约。书中附有本书简介、序、自序和例言。

2020 近世中国秘史：第一编/扪虱谈虎客编．铅印本．［出版地不详］：［出版者不详］，民国间（1912－1949）

内容提要参见 2019。这 8 篇揭示了“二百年来民族及政府兴替得失”，且于每篇末均略加短评。本书残缺。

2021 近世中国史/金兆梓编．影印本．台北：文海出版社．1972.1（近代中国史料丛刊．第 71 辑；710）

全书分 15 章，包括：国际间不平等条约缔结前的中国、国际不平等条约之缔结、太平军之革命、列强对华土地之侵略、辛亥革命与中华民国的成立、民国成立后的内忧外患上、民国成立后的内忧外患下、国民革命之成功、不平等条约下的社会经济等内容。书中附有附录。

2022 京师内外城巡警总厅统计书/京师警察厅总务处编辑．北京：京师警察厅．1916.5

本书分 5 部分，包括 1910 年的总务、行政、司法、卫生等事项的统计。

2023 荆门市文史资料．第七辑：纪念辛亥革命八十周年专辑，安襄郧荆军革命纪实/中国人民政治协商会议湖北省荆门市委员会文史资料研究委员会编．荆门：中国人民政治协商会议湖北省荆门市委员会文史资料研究委员会．1991.9

本书题名为《安襄郧荆军革命纪实》，较为翔实地记载了安襄郧荆军在季雨霖率领下的革命壮举，包括：革命梦原稿、北征纪略、回忆招讨安襄郧荆经过、辛亥革命失败和季雨霖等反袁、荆门辛亥人物简介、北伐途中班师，招讨工作结束、为五十六年前的一笔历史账答客问等。书中附有序言、照片和编后记。

2024 旧中国的黑社会：1912－1949/赵文林主编；张远宏等编．北京：华夏出版社．1987.8

本书是一部揭示旧中国黑社会组织的情况、性质及罪恶活动的资料性书籍。内容包括：特务组织与中国黑社会、东洋间谍魔爪、民国时代的匪帮、洪帮和汉流的演变、青帮源流、遍及全国的封建迷信组织——同善社、黑社会的诈骗术等内容。附录《流氓组织“混混儿”》和《香港的娼妓与海盗》。

2025 救亡图存的近代化改革进程/黎仁凯主编．石家庄：河北教育出版社．2000〔中国改革通史．近代卷（1840－1911 年）〕

本书分 12 章，包括：鸦片战争的冲击与改革思潮的激荡、太平天国农民战争与咸丰朝局部改革、洋务新政——低层次的近代化改革、资产阶级改革派的形成、戊戌变法——政治改革的尝试、近代政治制度的改革与变化、近代经济制度的重大改革、近代军事制度的改革等。

2026 军制史话/牛俊法等著．北京：社会科学文献出版社．2000.9（百年中国史话．第四辑；12）

本书分 8 章，包括：来自中世纪的经制兵、三洋海军、效法西方的新式陆军、民国初年军制及国民革命军、新型的人民军队等。

2027 军制学：四卷/［著者不详］．铅印本．［出版地不详］：［出版者不详］，民国间

全书分两编，第 1 编总论，包括 4 章：军制本义、国军编成之基础、国军素质、国军之组织；第 2 编战时编制，包括 9 章：战时之国军区分、野战军高等司令部、常备军团战时编制、师辎重、军团炮队、军团辎重、马队师之编制、独立山炮大队、预备军之编制。书名页题“最新军制学”。本书 3 册。

2028　开国战史/“国防部”史政局编纂. 再版. 台北：正中书局. 1976.3

全书分上、下两册，共8篇，包括：前言、孙中山十次起义、武昌首义、中华民国创立、讨袁之役、护法之役、孙中山北伐、结论。书中附有史迹照片和附录。

2029　狂潮/谢远学主编. 北京：东方出版社. 2001.1（中国百年风云丛书：1900—1999）

本书共分9章，叙述了义和团运动和辛亥革命的历史，包括：“驱敌寇保家园　碑树义和团”、“划范围拓势力　瓜分狂潮急”、“内腐败外卖国　清廷已没落”、“推新政借立宪　无力回天”、“革命军猛回头　呐喊救民族”等。

2030　历代日记丛钞. 第一八五册/李德龙，俞冰主编. 影印本. 北京：学苑出版社. 2006

《历代日记丛抄》所收典籍，最早为宋赵汴《御试备官日记》，元、明、清及民国人所撰各类日记均有收录，共500多种。本册收录了《东瀛布道日记》等。有照片。

2031　临时公报/［著者不详］. 北京：［出版者不详］. 1911—1912

本书内容包括电报、报告、公告、命令和附录。

2032　临时公报：第一辑/［著者不详］. 影印本. 江苏：江苏人民出版社，1982

本书在开篇说明了编辑的目的“为了纪念辛亥革命七十周年，并适应研究中华民国史的研究和中国近现代史教学工作的需要，我馆（中国第二历史档案馆）收集整理了袁世凯就任中华民国临时大总统时期的政府机关刊物——北京《临时公报》，并由江苏人民出版社影印出版，以供史学工作者和有关部门参考使用。”本书收录了辛亥年十二月二十六日——大中华民国元年三月二十六日《临时公报》。本书4册。

2033　临时公报：第二辑/［著者不详］. 影印本. 江苏：江苏人民出版社，1982

本书收录了从大中华民国元年三月二十七日至元年四月三十日的《临时公报》。本书4册。

2034　临时政府公报：第一辑/［著者不详］. 影印本. 江苏：江苏人民出版社，1981

本报为临时政府刊行故定名为《临时政府公报》。本书在开篇说明了编辑的目的“为了纪念辛亥革命七十周年，并适应研究孙中山先生及其领导和创建的中华民国临时政府的需要，我馆（中国第二历史档案馆）收集整理了孙中山先生就任中华民国临时大总统时期的政府机关刊物——南京《临时政府公报》，并由江苏人民出版社影印出版，以供史学工作者和有关部门参考使用。”本书收录了《临时政府公报》第一号——第二十一号。本书6册。

2035　临时政府公报：第二辑/［著者不详］. 影印本. 江苏：江苏人民出版社，1981

本书收录了民国元年二月二十五日（第二十二号）至中华民国元年三月十六日（第四十号）《临时政府公报》。本书6册。

2036　临时政府公报：第三辑/［著者不详］. 影印本. 江苏：江苏人民出版社，1981

本书收录了民国元年三月十七日（第四十一号）至中华民国元年四月五日（第五十八号）《临时政府公报》。本书6册。

2037　龙旗：清末北洋海军纪实/舟欲行，黄传会著. 北京：学苑出版社. 2007.6（中国海军三部曲之一）

本书记录亚洲第一的近代化海上军事力量——北洋海军从成军到覆灭的全过程。全书分6章，包括：风雨宫阙、东亚长夜、龙旗猎猎、山雨欲来、太阳浴血、落日楼头。附《引子：寻觅龙旗》、《尾声：穿越历史的胡同》、《主要参考书目》和跋。

2038 龙旗飘扬的舰队：中国近代海军兴衰史/姜鸣著. 上海：上海交通大学出版社. 1991.7

本书7章，包括“造船办学，海军事业的先声”；“南北洋并举，海军发展的第一个浪峰”；“东南烽火，中法战争的海战”；“洋务运动中的新机关：总理海军事务衙门”；“一花独秀，北洋海军成军”；“狂飙吹落，甲午海战及北洋海军的覆灭”；“从波谷到重兴，海军发展的第二个浪峰”。有照片。

2039 龙旗飘扬的舰队：中国近代海军兴衰史/姜鸣著. 增订本. 北京：三联书店. 2002.12

本书7章，包括海军事业的先声，南北并举，马江之战前后，海军衙门的设立，北洋海军成军，甲午海战及北洋海军的覆灭，海军发展的第二个浪峰。附人名索引，舰船索引。

2040 陆海军大元帅大本营公报/黄季陆主编. 影印本. 台北：中国国民党中央委员会党史史料编纂委员会. 1969.10（中华民国史料丛编）

本书起自民国十一年一月三十日，到民国十四年止，共12册。书中包括：法规、命令、训令、指令、公文、公电、附录等内容。

2041 乱世潜流：民族主义与民国政治/罗志田著. 上海：上海古籍出版社. 2001.1（晚清民国学术书系）

本书选收作者有关民国史的部分论文，分“思想与社会”、“文化与政治”和“从内政到外交”3个部分论述中国民族主义和民国政治。

2042 论改组国民党与召开“一大”/黄彦编注. 广州：广东人民出版社. 2008.11（孙中山著作丛书）

本书分成3个栏目。选辑孙中山的演说、谈话、函电、批语及有关文告、规章、决议案共45篇。

2043 论中国革命与先烈/（日）宫崎滔天等著；陈鹏仁译. 台北：黎明文化事业公司. 1979.8

本书共31章，包括：译者序、中国革命的大势、中国革命与列国、东京通讯、关于中国留学生、宫崎滔天书信、为捣乱金融辨证、胡为日记、陈天华君等。书中附有照片。

2044 美法英德四国宪政比较/（美）约翰·温泽尔著；杨锦森等译. 复制本. 上海：中华书局. 1913.7

以表解形式比较美、法、英、德诸国的政体、宪法、元首、内阁、国会等。书中附有序。

2045 美国的中国近代史研究：回顾与前瞻/（美）柯保安著；李荣泰等译. 台北：联经出版事业公司. 1991.4

全书分4章，包括：《“中国反应西方”的问题》、《超越“传统与现代”理论》、《帝国主义：事实，还是迷思》、《迈向以中国为中心的中国史研究》。书中附有译序、前言和导论。

2046 梦断龙旗：清末北洋海军纪实/舟欲行，黄传会著. 北京：解放军文艺出版社. 2003.6（中国海军三部曲之一）

全书分6章，包括：风雨宫阙、东亚长夜、龙旗猎猎、山雨欲来、血火鏖兵、悲怆落日。附《引子：寻觅龙旗》和《尾声：穿越历史的胡同》。

2047 梦醒与嬗变/张鸣著. 北京：北京燕山出版社. 1998.8（戊戌百年沉思丛书）

本书从晚清的社会结构和政治格局的视角，重新审视戊戌变法。提出旗下闲人政治，清代制度运作的特点，士林的政治习惯，以及清朝的“补丁政策”和晚清改革的地方走向等因素对戊戌变法的影响。对西太后以及洋务派在戊戌的表现也作了全新的诠释。

2048 秘密社会与中国民主革命/周建超著. 福州：福建人民出版社. 2002.10（中国秘密社会研究系列）

本书6章，包括历史变迁中的秘密社会，

秘密社会与资产阶级民主革命，秘密社会与中共早期的工人运动，秘密社会与土地革命战争，秘密社会与全民族抗战，秘密社会与解放战争。

2049 民初北洋三大内战纪实/郭剑林主编. 天津：南开大学出版社. 2003. 9

本书共9章，包括皖系统治下的北洋社会、直皖战争、善后问题的处理之争、直奉矛盾的激化、第一次直奉战争、第一次直奉战后的国内外形势、直奉对峙与北洋社会、空前规模的第二次直奉战争、战争结局及其影响。有照片。

2050 民初的地方主义与联省自治/胡春惠著. 北京：中国社会科学出版社. 2001.5

本书共6章，包括：清末地方主义的兴起、辛亥革命与地方主义的发展、民初政争与中央和地方权力之消长、联省自治运动发生之背景、湖南首倡省宪运动、联省自治在其他地区的反响等内容。

2051 民初国父两次改组国民党之意义评析/刘以城著. 台北：幼狮文化事业公司. 1985.6

全书分4章，内容包括：绪论、中华革命党之改组、中国国民党之改组和结论。书中附有《典型在夙昔》（自序）和参考书目。

2052 民初国会之渊源与演进及其失败原因的分析研究/胡象贤著. 台北：学海出版社. 1983.7

全书分3编：绪论、本论——国会之渊源与演进、结论——国会失败原因分析。内容包括：代表联合会摄理国会时期、临时参议院代行国会时期、正式国会及其被解散时期等。书中附有附录和参考书目。

2053 民初政争与二次革命/中国社会科学院近代史研究所；中华民国史研究室主编；朱宗震，杨光辉著. 上海：上海人民出版社. 1983.6（中华民国史资料丛稿）

全书分上、下两册，内容包括：唐绍仪内阁风潮和陆征祥内阁风潮、张振武案风潮、江西民政长事件、宋教仁案和大借款案风潮、法律解决的幻灭、二次革命的主要政治性文件、各省独立及战争经过。书中附有照片、地图、序言、编辑说明和附录。

2054 民初之国会/李守礼编. 台北：正中书局. 1977.12（中国现代史史料选辑）

全书分6章，包括：各省代表团之集会与中华民国之成立、南京参议院之开幕、北京参议院之复会、国会之开幕与政党之演变、袁世凯之蹂躏国会、国会之解散与政党之末路。书中附有绪论。

2055 民国北京政府时期选举制度研究/叶利军. 长沙：湖南人民出版社. 2007.7

本书论述了北京政府时期的选举制度，包括国会议员、约法会议、立法院、国民会议、国民代表会议议员、总统、省议会和省级机关、县市乡村自治机关的选举制度。

2056 民国北京政府制宪史料. 第一册一第二册/李贵连主编. 影印本. 北京：线装书局. 2007.9

全书包括两册4部分：宪法起草委员会会议录一九一三年（第1册、第2册、第3册）；两院会合会宪法会议总统选举会汇编。书中附有前言。

2057 民国北京政府制宪史料. 第三册/李贵连主编. 影印本. 北京：线装书局. 2007.9

全书包括两部分：两院会合会宪法会议总统选举会续编和宪法起草委员会会议录一九一九年。

2058 民国北京政府制宪史料. 第四册一第十六册/李贵连主编. 影印本. 北京：线装书局. 2007.9

全书包括13册66个部分：《宪法会议公报》、《中华民国宪法案会议经过对照表》、《国宪起草委员会公报》。

2059 民国北京政府制宪史料二编/李贵连主编. 影印本. 北京：线装书局. 2008.12

本书内容包括：宪法新闻、中俄立约始末记、废省议、中华民国联省宪法草案及说明书、省宪辑览、省宪汇刊、宪友、湖南省宪六法全文、湖南制宪报告书等。书中附有照片及图片。

2060 民国初年的进步党与议会政党政治/张永著. 北京：北京大学出版社. 2008.3（政治学论丛）

本书全面研究民国初年议会政党政治中的重大历史事变，研究范围大致从1912年5月临时参议院北迁到1913年底正式国会的瓦解。全书分4章，包括：北京临时参议院的党派和议事活动、民初第一届国会选举、二次革命时期的进步党、从"熊、梁内阁"成立到进步党分裂瓦解。附宪法起草委员会议事活动表等。

2061 民国丛书，第五编/《民国丛书》编辑委员会编. 影印本. 上海：上海书店. 1945.12

本编分为哲学、宗教类；社会科学总论类；政治、法律、军事类；经济类；文化、教育、体育类；语言、文字类；文学类；美学、艺术类；历史、地理类；科学技术史类；综合类等11类，共100册。主要内容有：经学历史、新理学、中国宰相制度、中国所得税、明文学史、欧洲近代史、金石学、中国建筑史等。

2062 民国档案与民国史学术讨论会论文集/张宪文等编. 北京：档案出版社. 1988.9

本书由从民国档案与民国史学术讨论会上选取的70篇论文（学术报告）汇编而成。主要研究了民国档案的开发利用与民国史上的重要问题，以及如何发挥民国档案在学术研究中的作用。有照片。

2063 民国法规集成/蔡鸿源主编. 合肥：黄山书社. 1999.2

本书共100册，分6部分，包括：中华民国军政府、南京临时政府及"南方政府"法规，中华民国政府（北京）法规，中华民国国民政府暨总统府法规，中华苏维埃工农民主政府法规和新民主主义革命根据地法规，伪满洲国政府法规，汪伪"国民政府"法规。

2064 民国福建省地方政权机构沿革资料：1911—1949/中共福建省委组织史资料编纂领导小组办公室组织编纂；汤洪潮编. 福州：福建人民出版社. 1994.7

本书是一部反映从1911年10月辛亥革命爆发到1949年8月福建省会福州解放38年间，福建省政权机构和沿革的历史资料。

2065 民国经世文编/上海经世文社辑. 影印本. 北京：北京图书馆出版社. 2006.5

本书编于1914年，收录民国初年百十位政治大家之鸿篇巨制，以及各党派政团发表之政见，各官厅往来之公文，官方之通饬、政令等，共计678篇。分编于政治、法律、外交、财政、军政、教育、实业、交通、宗教、道德11个门类。

2066 民国军民政文牍合编：三卷・新民国文粹：一卷・女革命文粹：一卷/新氓子编辑. 铅印本. 上海：上海广益书局，民国三年（1914）

《民国军民政文牍合编》共3卷，每卷1册，是民国时期军、政、民方面重要的资料汇编。卷1收录《鄂军都督致满政府书》等书48篇；卷2收录《湖南共和协会致北京内阁书》等书37篇；卷三收录《江苏都督程德全誓师文》等文22篇，《讨满洲檄》等檄15篇。《新民国文粹》一卷和《女革命文粹》一卷合为1册。《新民国文粹》收录《云南军政府宣言》等33篇，有宣言、启事、莅位词、训令词、刍议、诔文等形式。《女革命文粹》收录《尚侠女学代表辛素贞上陈都督书》等与女革命者相关的文章19篇。本书4册。

2067 民国军事经济史/龚泽琪等著. 北京：海潮出版社. 1993.12

本书有5章，包括：中华民国临时政府成立前后的军事经济、北京政府时期的军事经济、南京国民政府前期的军事经济、抗日民族战争时期的军事经济、南京政府总崩溃时期的军事经济。

2068 民国军事史略稿．第一卷，北洋军阀和国民革命军/姜克夫编著．北京：中华书局．1987.7（中华民国史资料丛稿）

本卷介绍了从1895年清末编练新军、袁世凯小站练兵起，到1928年张作霖战败出关，北洋军阀最后一届政权垮台止的史实。

2069 民国军事近纪·广东军事纪/丁文江撰．北京：中华书局．1987.7（中华民国史资料丛稿）

本书为《民国军事近纪》与《广东军事纪》合订本。《民国军事近纪》分7章，记述北洋军阀统治时期北洋各派系的形成、北洋军各师旅建制与沿革，直皖、直奉、江浙战争经过，各地方小军阀的派系起源及其相互间的混战。

2070 民国时期总书目：1911－1949，政治/北京图书馆编．北京：书目文献出版社．1996.4

本分册收录政治类图书共14697种。分为政治理论，共产主义运动、共产党，工人、农民、青年、妇女运动与组织，世界各国政治，外交与国际关系等5类。

2071 民国史料丛刊 1，政治·法律法规/张研，孙燕京主编．影印本．郑州：大象出版社．2009.8

本册内容为：孙中山关于五权宪法的讲演稿《五权宪法》、上海三民书店1927年出版的《三民主义简讲·五权宪法解释合刊》、上海中央书局1927年出版魏冰心编辑的《五权宪法释义》、上海民众书店于1931年出版文公直编辑的《五权宪法问答一百条》。

2072 民国史料丛刊．19－21，政治·法律法规/张研，孙燕京主编．影印本．郑州：大象出版社．2009.8

本册为《国民政府中央行政法（一）》、《国民政府中央行政法（二）》、《国民政府中央行政法（三）》合行本。其中《国民政府中央行政法（三）》内容有四编。第一编政论，收《三民主义的解释》、《五权宪法的解释》、《我国法币辅币之整顿与自由铸造》等20篇行政法及行政法有关的论文；第二编，收中央、军政、外交、财政、司法、交通、教育、劳工等法规；第三编，收国民政府公文；第四编杂录，收宣言书、意见书、报告书、提议书、通告书、训词、演说词等。

2073 民国史料丛刊 61，政治·政权机构/张研，孙燕京主编．影印本．郑州：大象出版社．2009.8

本册内容为：《参议院内各种规则》，包括《参议院议长副议长互选规则》、《参议院议事细则》、《参议院委员会规则》、《参议院秘书厅办事通则》、《参议院要览》等，其中收录自1912年参议院移京之日起至1919年第二届参议院第二会期闭会之日止的法规。

2074 民国史料丛刊．66，政治·政权机构/张研，孙燕京主编．影印本．郑州：大象出版社．2009.8

本册包括：改良国会制度议/宾玉瓒著；国民会议实录（选举总事务所报告）/国民会议选举总事务所编；国民参政会/童蒙圣等执笔；国民参政会文献汇编/蒋卉辑；地方参政制度/重庆独立出版社编。

2075 民国史料丛刊 82，政治·政权机构/张研，孙燕京主编．影印本．郑州：大象出版社．2009.8

本册内容为：《废省议》、《缩小省区草案》、《省组织法论》。其中《废省议》分上、下两篇，由宪法新闻社于1914年出版，著者王登义。《缩小省区草案》分现行省区概况、缩小省区所根据之原则、草案、余论 4 部分。《省组织法论》分省组织法之体系与理论、省组织法案、省组织法施行法案 3 部分。

2076 民国史料丛刊. 208，政治·政权机构/张研，孙燕京主编. 影印本. 郑州：大象出版社. 2009.8

本册包括《京师第二监狱报告书》、《北平河北第一监狱报告》、《监狱改良》3 册。其中《京师第二监狱报告书》介绍该监狱自 1913 年 12 月开办起至 1918 年 12 月止的名称沿革、建筑、经费区分、组织内容、囚人管理、劳役情况、卫生医疗等问题。

2077 民国史料丛刊 243，政治·军队战争/张研，孙燕京主编. 影印本. 郑州：大象出版社. 2009.8

本册内容为：《陆军第十二混成旅剿办伊汝土匪第二次战后详报》及《护国军纪事（第一期、第二期）》。其中《护国军纪事（第一期、第二期）》，分论说、文告、记述三门。论说分国论、外论；文告分对内、对外；记述分外交、财政、军情、战讯、内声等，由中华新报馆编辑。

2078 民国史料丛刊. 246，政治·军队战争/张研，孙燕京主编. 影印本. 郑州：大象出版社. 2009.8

本册内容包括：《革命军人十诫》和《官兵必备》。其中《革命军人十诫》节录孙中山遗教及蒋介石言论中针对《军人读训》10 条的各种训诫；《官兵必备》分 7 章 39 节，收录第二十九军十六混成旅各级长官训令、军歌、军律、政治法令、历史、地理、教育等问答，各种武器操典及储用法等。

2079 民国史料丛刊 247，政治·军队战争/张研，孙燕京主编. 影印本. 郑州：大象出版社. 2009.8

本册内容为：《军政及军备》、《非常时期之国防建设》、《军粮管理之组织与实施》、《武力建设》。其中《军政及军备》分总说、军备两章。《非常时期之国防建设》分中外大势与非常时期、现代国防的定性分析、结论等 7 部分，著者程清舫。《军粮管理之组织与实施》由青年书店发行，杨礼恭编。《武力建设》由重庆黄埔出版社 1939 年出版。

2080 民国史料丛刊. 271，政治·民国初政/张研，孙燕京主编. 影印本. 郑州：大象出版社. 2009.8

本册收录由张难先所著的《湖北革命知之录》，共分二十余章，记述了湖北革命史实。

2081 民国史料丛刊. 272，政治·民国初政/张研，孙燕京主编. 影印本. 郑州：大象出版社. 2009.8

本册包括两广都司令部参谋厅编纂的《军务院考实》和叶夏声起草的《军政府内政方针草案》两部分。

2082 民国史料丛刊. 273，政治·民国初政/张研，孙燕京主编. 影印本. 郑州：大象出版社. 2009.8

本册包括天忏生、冬山编辑的《八十三日皇帝之趣谈（卷上）》和《八十三日皇帝之趣谈（卷下）》、翘生著《复辟纪实》、上海文艺编辑社编辑的《复辟始末记》。有照片。

2083 民国史料丛刊. 274，政治·民国初政/张研，孙燕京主编. 影印本. 郑州：大象出版社. 2009.8

本册包括黄攻素著《全国弭兵书》、伤心编著《吴张战记》、劫余生编著《东南烽火录》。

2084 民国史料丛刊. 275，政治·民国初政/张研，孙燕京主编. 影印本. 郑州：大象出版社. 2009.8

本册包括《北伐专号 敬告奉鲁军阀铁蹄下的民众》（国民革命军总司令部政治部编）、

《敬告北方民众》（国民革命军总司令部政治部编）、凌则民编《国民革命军北伐》、吴虬著《北洋派之起源及其崩溃》、《国民政府与工人》（中国国民党中央执行委员会工人部编）、曹雪松著《国民革命的两大使命》。

2085 民国史料丛刊. 276，政治·民国初政/张研，孙燕京主编. 影印本. 郑州：大象出版社. 2009.8

本册主要内容为《国民政府公报》和《国民政府公报特刊》。

2086 民国史料丛刊 305，政治·抗日战争/张研，孙燕京主编. 影印本. 郑州：大象出版社. 2009.8

本册内容为：《国民党之回顾录》和《过去三十五年中之中国国民党》。萃文社1915年编的《国民党之回顾录》，分记事、电报、公告、调查、余论、外论等7卷。上海商务印书馆1929年出版的《过去三十五年中之中国国民党》，编者陈希豪，共9章。

2087 民国史料丛刊 306，政治·抗日战争/张研，孙燕京主编. 影印本. 郑州：大象出版社. 2009.8

本册内容为：《中国国民党党史概要（再稿）》和《党国大事纪要》。《中国国民党党史概要（再稿）》分11章，介绍孙中山诞生前的民族革命运动，以及兴中会、中国同盟会、国民党成立、中国革命党等。《党国大事纪要》由远东书局于1943年出版，所记之事自1903年起至1937年止，著者谢森。

2088 民国史料丛刊. 880－882，史地·历史/张研，孙燕京主编. 影印本. 郑州：大象出版社. 2009.8

本册包括：黄克强长沙革命之失败、武昌日知会之运动、孙文革命之追记、欧洲学生之革命潮、武昌日知会之破案、各地纷起革命军等内容。附照片。

2089 民国史料丛刊. 889，史地·历史/张研，孙燕京主编. 影印本. 郑州：大象出版社. 2009.8

本册内容包括：光复成功之因素、光复前之影响、光复时之工作、光复后之措施、都督府之新法令、都督府之改组、光复后之党务、政务院各部局之施展等。

2090 民国史料丛刊 904，史地·历史/张研，孙燕京主编. 影印本. 郑州：大象出版社. 2009.8

本册内容为：1933年上海世界书局出版的《中国宪法史》/陈茹玄著，包括总论、清季之法治运动、中华民国临时政府之组织法、临时约法时期、天坛宪法草案、袁世凯之新约法、新约法之施行与帝制运动之继起、临时约法复活时期等15章，附录《中华民国临时约法》。

2091 民国史料丛刊. 905，史地·历史/张研，孙燕京主编. 影印本. 郑州：大象出版社. 2009.8

本册内容为：《中国宪法史纲要》/潘大逵著，分为13章，包括中国宪法的基础、清末的立宪运动、中华民国临时政府组织大纲、天坛宪法草案之争执、民国五年国会恢复后之草案续议、南北分裂与护法运动、民国十四年之中华民国宪法草案、对于中国将来宪法之建议等，有附录；《中国议会史》/顾敦鍒著，分为15章，包括绪言、我国议会之滥觞、清末之民治运动、民国以来之政党、各省都督府代表联合会、临时参议院、袁世凯制造之议会、国会临时会等，有附录。

2092 民国史料丛刊. 906，史地·历史/张研，孙燕京主编. 影印本. 郑州：大象出版社. 2009.8

本册内容为：《民国宪法及政治史》/陈茹玄著，本书分13章，包括总论、清季之法治运动、中华民国临时政府之组成、临时约法时期、袁世凯之新约法、新约法之实行与帝制运动之继起、临时约法复活时期、南北两政府之对峙等内容；《民国政党史》/谢彬编著，全书分14章，包括总论、清代之政治结社、国会请愿时代之政团、资政院时代之政党、民国初期之政党、临时参议院时代之政党、正式国会时代之政党、共和复活时代之政党等内容，有自序和附录《中国内阁更迭史》、《民国政党系统详表》、《政党解剖论》等8篇。

2093 民国文粹/新黄氓编辑. 铅印本. 上海：广益书局. 民国二年（1913）

本书为初编，原4册，现存1册二编。包括：一新民国文粹，有《云南军政府宣言》、《中国革命宣言》、《孙大总统对外宣言》、《黎副总统宣言》、《同盟会本部宣言》、《云南劝捐军费启》、《上海救恤公会募捐启》、《沪军都督府启》等33篇文；二女革命文粹，有《尚侠女学代表辛素贞上陈都督书》、《李碧玉致徐统制书》、《吴芝瑛女士与美国麦美德教士书》、《张竹君致沈仲礼书》、《女子北伐队缘起》、《木兰同盟女子经武练习队宣言书》、《祭秋瑾文》、《顾浣云卖字助饷宣言》等19篇文。

2094 民国宪法及政治史/陈茹玄著. 上海：政治学社. 1928（政法丛书）

本书叙述了自清季宪法运动至国民政府建都南京这一阶段的宪法史。共分13章，内容包括：清季之法治运动、中华民国临时政府之组织、临时约法时期、天坛宪法草案、袁世凯之新约法、临时约法复活时期、南北两政府之对峙、执政政府之瓦解至国民政府建都南京等。有自序。

2095 民国议会制度研究：1911－1924/薛恒著. 北京：中国社会科学出版社. 2008.12

本书分6章，包括：民国议会制的渊源、民国前期的政局与议会制的沉浮演变、议员的产生、议会的权力及其行使、议会制宪等。附照片。

2096 民国政党史/谢晓钟著. 影印本，增补订正. 上海：上海学术研究会总会. 1925.9（谢晓钟先生遗著）

全书分14章，包括：总论、清代之政治结社、国会请愿时代之政团、资政院时代之政党、民国初期之政党、正式国会时代之政党、共和复活时代之政党、南北对立时代之政党等内容。有作者遗像、孙中山赐序、复印先君遗著赘言、民国政党史序、民国政党史例言和附录。

2097 民国政党史/谢彬撰；**政党与民初政治**/戴天仇等撰. 北京：中华书局. 2007.6（近代史料笔记丛刊）

本书包括《民国政党史》和《政党与民初政治》。《民国政党史》分14章，记述了民国初年及北洋军阀统治时期各个主要政党团体的兴起与分化，及同一时期政党与国会、政党与军阀的关系，有附录。《政党与民初政治》分9个部分，辑自民国初年《民权报》、《独立周报》等报刊有关共和党、民主党、统一党的记载和论述。

2098 民国政制史/钱端升等著. 影印本. 上海：上海书店. 1989.10（民国丛书. 第一编；24）

本书详细介绍1911至1936年民国政治制度的设置和沿革，分4编：中央政府、省制、县制和市制。内容包括：临时政府之成立、临时大总统、临时参议院、国务院、行政各部、国会、司法制度、立法院、北京政府、省行政机关等。有序、附录和参考书目。

2099 民国政制史/钱端升等著. 上海：上海人民出版社. 2008.8（世纪人文系列丛书. 世纪文库）

内容提要参见2098。

2100 民国职官表：民国元年一月至民国七年六月止/东方杂志社编. 影印本. 台北：文海出版社. 1981（近代中国史料丛刊续编. 第八十六辑；860）

本书按照时间顺序编写，大致分中央和外省两部分。本书与《现代史料》/汪中著合订。

2101 民权主义与民主宪政/马起华著. 台北：正中书局. 1992.11（三民主义学术理论丛书）

全书分6章，内容包括：理念与制度、民权主义与民主政治、民权主义与民主宪政、非常时期的民主宪政、转型期中的民主宪政发展与问题、结论。有自序和图表。

2102 民四云南首义再造共和节略/李鸿纶撰. 石印暨铅印本. [出版地不详]：[出版者不详]。民国三十二年（1943）

这篇短文写于1943年，是时任国民政府陆军军需总监的李鸿纶上呈中国国民党中央执行委员会、党史史料编纂委员会的一封呈文。李鸿纶曾亲历云南护国运动始末，因不满教科书将蔡锷列为第一功勋，故写此以说明实情。李鸿纶认为“护国元勋应照事实改正为唐公继尧，必先有唐而后乃有蔡公锷、李公烈钧，庶足以彰公理。”李鸿纶并发出通告，广泛征集护国运动的史料。

2103 民元伊新停战始末记/[著者不详]. 抄本. [出版地不详]：[出版者不详]. 民国间（1912－1949）

本书分三部分。一部分双方之停战：清帝逊位，中华民国建立，广都督通电塔城、迪化（乌鲁木齐），新伊应暂停战；二部分塔城会议：伊犁议和代表贺家栋等人于民国元年五月抵达塔城商讨，至六月三十一日止，除阿尔泰归新疆范围内之一节再定以外，双方达成条件十一款，互换正式公文签押；三部分双方之组织：根据塔城协商条约第四条，都督以下所有办事机关应暂照内地建设，并参酌边地情形分别组织，以便实行共和诸要政等。

2104 民主革命运动的发展/李剑桥，吴景山，竭宝峰主编. 沈阳：辽海出版社. 2007.6（中国近代史话：11）

本书共16部分，包括：民主革命思想的传播、远涉重洋为革命、黄兴成立华兴会、吴樾刺杀五大臣、大势所趋结同盟、倡导新知创《民报》、三民主义为纲领、实有臣功陶成章等。

2105 纳溪县临时参议会第一届第二次大会会议录：三十二年二月/[著者不详]. 油印本. [出版地不详]：[出版者不详]. 民国间（1912－1949）

本书内容包括：第二次大会开会经过，正副议长秘书暨参议员名单，议事记录，参议员提案，县府交议案，大会对政府施政报告审查意见，参议员询问案，大会宣言，大会发出之重要文电，演词摘录。

2106 纳溪县临时参议会第三次大会会议录：三十二年十月/[著者不详]. 油印本. [出版地不详]：[出版者不详]. 民国间（1912－1949）

本书内容包括：第三次大会开会经过，正副议长秘书暨参议员名单，议事记录，参议员提案，县府交议案，大会对政府施政报告审查意见，大会宣言，大会发出之重要文电，演词摘录，附临时大会会议记录。

2107 南粤割据：从龙济光到陈济棠/余炎光，（美）陈福霖主编. 广州：广东人民出版社. 1989.11

本书叙述了各路军阀在广东进行割据统治的历史。全书包括“绪论”、“龙济光入粤，军阀割据形成”、“旧桂系据粤与祸粤”、“陈炯明的叛变和割据粤东”、“滇桂军入粤及其叛乱”、“新军阀的形成和混战”、“陈济棠统治的建立及其失败”等7章内容。有结束语和后记。

2108 你所不识的民国面相：直隶地方议会政治（1912－1928）/刘建军著. 桂林：广西师范大学出版社. 2009.10

本书由6部分组成，先是纵向梳理直隶地方议会的演变情况，继之对直隶地方议会运行的政治背景和社会环境加以分析，其后则将直隶代议政治的实态分为三个横剖面进行研究，借此管窥当时中国地方政治的转型问题和历史情境。有照片，附《直隶地方议会大事记》、《历届议员名表》、《选举告示二则》、《部分论案目录》和《民国时期直隶全图》。

2109 农民战争与会党/吴雁南，何正清著. 重庆：西南师范大学出版社. 1989.12

本书着重考察清代秘密结社天地会的起源和它组织、发动的几次起义，以及探讨了中国农民战争史的若干重大问题。内容包括：略论天地会的性质，天地会与道教、白莲教，摩尼教与天地会，明末结社与天地会，简论天地会的起源，朱一贵起义与天地会，西南会党与辛亥风云，清末资产阶级革命派与会党，试论农民起义的历史地位等。有序言和后记。

2110 弃旧图新：清末共和潮/李书源著. 沈阳：辽宁人民出版社. 1997.8（清代社会文化丛书. 思想卷）

本书的30篇文章，主要讲述了清末共和潮带给清统治的封建殿堂的冲击，因后劲不足，最终以失败告终。内容包括：暗夜微烛、走出国门后的慨叹、君主立宪的幻灭、洋人的朝廷、一日千丈共和潮、建立“国民的国家”、共和奏鸣中的异曲、历史的昭示等。有照片。

2111 倾覆与再建：明中叶至辛亥革命的政治文明/郭卫东. 北京：北京大学出版社. 2009.1

本书讲述了在清末民初翻天覆地的背景下，中国传统政治制度发生的转变以及与此伴生的社会、文化方面的变更。全书共6章，包括皇帝正统的自我倾覆、快一拍的军制建设、不得不行的财经制度改革、新教育体制与法制、行政体制改革和共和制的缔造。

2112 清朝的故事（公元1616－1911）：后金兴起到宣统退位/蔡东藩原著；但未丽改写. 北京：华夏出版社. 2008.1（蔡东藩历史讲坛）

本书分5部分，包括：清兵入关、康乾盛世、鸦片战争、太平天国、王朝末日，讲述了后金兴起到宣统退位时期的历史事件和历史人物。

2113 清朝全史/（日）稻叶君山著；但焘译. 影印本. 台北：台湾中华书局. 1977.12

全书分上、下两卷，共84章，以时间为经，以清代的政治、军事、经济、文化等方面的重要事件为纬，完整、清晰地展示了清代历史发展的基本面貌。是第一部全面叙论清朝历史的学术著作，对清朝的历史地位作出了比较公允的评价。附照片、太平党之扬子江日记和国际大事年表。

2114 清朝全史/（日）稻叶君山著；但焘译订. 影印本. 上海：上海社会科学院出版社. 2006.3（上海社会科学院传统中国研究中心文献整理研究丛书）

内容提要参见2113。

2115 清朝全史/（日）稻叶君山著；但焘译. 北京：中国社会科学出版社. 2008.10（民国学术经典丛书）

内容提要参见2113。

2116 清朝全史/刘毅编著. 北京：北京燕山出版社. 2010.1

本书内容均来自正史《清史稿》，经过精选精编。内容包括：本纪第一至第七、列传第一至第三十八。

2117 清朝全史/马文作编. 呼和浩特：内蒙古人民出版社. 2008.9（中华传统文化精品文库）

清朝是我国漫长的封建社会的最后一页。在200多年的漫长岁月中，清朝既为中华民族做出了超越前人的重大贡献、也为中华民族留下了大量的失败与屈辱的辛酸记录。本书解密大清王朝悬疑，讲述金顶红墙的大清三百年，勾勒了清王朝的兴起与衰亡的轨迹。全书分为正史、秘史、野史、艳史四部分。

2118 清朝通史. 13，光绪宣统朝分卷/朱诚如主编；余同元主编. 北京：紫禁城出版社. 2003.1

全书分17章，包括：边疆危机与新疆规

复、洋务求富运动、戊戌维新运动、义和团运动、抵制美货与收回利权运动、出国留学热潮、辛亥革命运动、宣统退位与清朝终结。有总前言、导言和后记。

2119 清朝续文献通考/（近）刘锦藻撰. 影印本. 杭州：浙江古籍出版社. 1988

《十通》是书名带“通”字的十部大书的总称，是一套有关我国历代典章制度的大型工具书，共计两千七百多卷，内容广博、规模宏大。《清朝续文献通考》就属于《十通》之一，全书共四百卷，内容包括田赋考十八卷、学校考二十一卷、宗庙考七卷、职官考三十二卷、郊社考十卷、兵考四十卷、乐考十四卷、邢考五卷、帝系考四卷等。有自叙等内容。

2120 清朝续文献通考/（近）刘锦藻撰. 再版，影印本. 杭州：浙江古籍出版社. 2000.1

内容提要参见2119。

2121 清代档案史料丛编. 第一辑/故宫博物院明清档案部编. 北京：中华书局. 1978.5

本辑包括：太平天国革命时期清政府的财政状况、辛酉政变、洪全福起事和顺治朝继续加派辽饷练饷。有照片。

2122 清代档案史料丛编. 第三辑/故宫博物院明清档案部编. 北京：中华书局. 1979.11

本辑包括：清茶门教，有关清初镇压明教宗室反抗的史料，光绪二十三年山东教案史料（十九件），道光、同治、光绪朝观测预报日食，月食的史料（二十二件），清代历史档案名辞简释，故宫明清档案部所存主要档案述略，故宫明清档案部所藏档案的过去和现在。有图片。

2123 清代档案史料丛编. 第四辑/故宫博物院明清档案部编. 北京：中华书局. 1979.12

本辑包括：顺治十八年加派练饷、顺治年间的圈地和投充、顺治年间清查起科明蕃田产、新发现的太平天国文书、清代起居注、从明清档案部所藏档案文献中看清朝秘密立储制度、清代历史档案名称简释（续一）。有图片。

2124 清代档案史料丛编. 第五辑/中国第一历史档案馆编. 北京：中华书局. 1980.8

本辑包括：徐乾学等被控鱼肉乡里荼毒人民状、乾隆朝旗民佃户等抗租霸地私典地亩的斗争、乾隆年间筹办京差车辆情况、新发现的有关太平军北伐的史料、胜保被参拿问案、咸丰四年穿戴档、太平天国文书制度。有图片。

2125 清代档案史料丛编. 第六辑/中国第一历史档案馆编. 北京：中华书局. 1980.8

本辑是关于明末农民起义的档案史料，分为明代档案史料和清代档案史料两部分。有图片。

2126 清代档案史料丛编. 第七辑/中国第一历史档案馆编. 北京：中华书局. 1981.1

本辑包括：顺治年间的驿递、顺治年间制钱的鼓铸、顺治十七年尚衣监行文知会簿、定南将军文移稿、有关阿睦尔撒纳的档案史料、承德布达拉庙、乾隆四十八年销毁书目、同治进药簿、清代历史档案名称简释（续二）和明清诰敕命文书简述。有图片。

2127 清代档案史料丛编. 第八辑/中国第一历史档案馆编. 北京：中华书局. 1982.4

本辑包括：东三省辛亥革命史料、东三省调拨枪械支援清廷史料、东三省调派援直军队及组织勤王师史料、蒙旗叛乱及私运枪械史料、宗社党史料、有关各省的辛亥革命史料和赵尔巽全宗档案概述。

2128 清代档案史料丛编. 第九辑/中国第一历史档案馆编. 北京：中华书局. 1983.6

本辑包括：顺治朝朱谕、大学士李光地奏折、大学士王掞奏折、雍正朝朱笔引荐单、乾隆末年白莲教秘密反清斗争、周福清科场贿赂案、清民政部简述和清代内务府沿革初探。有图片。

2129 清代档案史料丛编. 第十辑/中国第一历史档案馆编. 北京：中华书局. 1984.4

本辑包括：顺治年间茶马之制、顺治年间的逃人问题、康熙朝黄册中有关科举考试史料、乾隆四十八年节次照常膳底档（节选）、毅军纪略、北洋练兵案。

2130 清代档案史料丛编. 第十一辑/中国第一历史档案馆编. 北京：中华书局. 1984.2

本辑包括：崇德七年奏事档、使交纪事、乾隆六十年户部宝泉局工匠罢工斗争史料、乾隆年间修改雇工人条例史料、咸丰年间推行官票史料、同治年间东北人民反清斗争史料、清末整顿圜法改革币制史料、清末京师医局档案史料拾零、清代历史档案名称简释（续三）。

2131 清代档案史料丛编. 第十二辑/中国第一历史档案馆编. 北京：中华书局. 1987.9

本辑包括四个专题：乾隆朝陶瓷史料、乾隆朝内地与新疆丝绸贸易史料、有关清末京师大学堂经费问题的资料和清末朝阳金丹道教起义史料。

2132 清代档案史料丛编. 第十三辑/中国第一历史档案馆编. 北京：中华书局. 1990.3

本辑包括：顺治初年笼络与控制汉族官绅史料、顺治亲政后汉官被劾案、乾隆初年准噶尔遣使进藏熬茶史料、乾隆十二年安邑万泉聚众抗粮案、光绪二十四年涡阳起义、清廷收抚冯麟阁史料、清代历史档案名称简释（续四）、五国公使觐见同治帝交涉始末。

2133 清代档案史料丛编. 第十四辑/中国第一历史档案馆编. 北京：中华书局. 1990.5

本辑包括：盛京满文逃人档、盛京满文清军战报、盛京吏户礼兵四部文、康熙四十六年九月记注档册、乾隆年间治理湖南苗疆史料、咸丰八年顺天乡试科场案、出国游学生等致端方函札。有图片。

2134 清代革命史料陈列室目录：附说明/北京故宫博物院编. 油印本. 北京：故宫博物院，1949

本书内容包括：鸦片战争，太平天国运动，捻党运动，中法战争，中日战争，戊戌变法运动，义和团反帝运动，以及辛亥革命先导的各种革命运动（唐才常汉口起义案、洪全福广州起义案、苏报案、徐锡麟案、秋瑾案、孙中山进攻河口案、汪兆铭谋炸载沣案、陈敬岳谋刺李准案、争路运动、辛亥革命运动）。

2135 清帝逊位：四卷/［著者不详］. 石印本. ［出版地不详］：广昌书社. 1912

又名推翻清政府。本书对清帝退位到临时政府成立这段时间各地的来电及态度进行了详细的记录。

2136 清鉴纲目/印鸾章著；邓球柏，钟楚楚标点. 长沙：岳麓书社. 1987.6

本书分纲目二种，以年为经，以事为纬。全书 16 卷，自太祖开国起至宣统逊位止，凡其间 296 年之事迹，简其撰述，详其考证。附有开国纪要和清代帝系表。

2137 清末北京城市管理法规：1906－1910/田涛，郭成伟整理. 影印本. 北京：北京燕山出版社. 1996.9

本书为 20 世纪初清朝政府实行“新政”之后制定出的有关首都城市管理方面的一批法规，包括：道路交通法规、医药卫生法规、饮食服务行业管理法规、市场管理法规、矫正收容法规、特种行业管理法规 6 大类。

2138 清末变法与日本：以宋恕政治思想为中心/杨际开著. 上海：上海古籍出版社. 2010.6

本书以浙江人物宋恕的政治思想为中心，结合他与同时代人物如梁启超、章太炎等在变革问题上的思想互动，及对当时知识文化界与地方上层官僚阶层的影响，通过“权原”与“法原”两个政治学概念，将一系列相关话题串联起来，并从东亚儒家文明的整体视野来考察中国的变法思潮。附录《晚清变法思想史资料》。

2139 清末兵阵衣制图录/俞冰主编．影印本，经折装．北京：学苑出版社．2005

本书分上、下两册，上册《兵阵图》为清末彩绘本，是武卫中军所操演各式队形的图录，共45组。下册《陆军衣制详细图说》，以图文的形式说明新建陆军军衣采用的符号，分清军内等级。

2140 清末的下层社会启蒙运动：1901～1911/李孝悌著．石家庄：河北教育出版社．2001.9（台湾学术丛书）

本书共分6章，内容包括：“导论”、“白话报刊与宣传品”、“阅报社”、“宣讲、讲报与演说”、“戏曲”、“结论”。附录《胡适与白话文运动的再评估》、《从传统士庶文化的关系看二十世纪的动向》。

2141 清末地方议会制度研究：以江苏咨议局为视角的考察/刁振娇著．上海：上海人民出版社．2008.6

本书采用史论结合的方法，从宪法学的视角，以宪政建设为大的背景，对清末谘议局章程和谘议局议员选举章程进行了规范分析，同时结合江苏谘议局在清末从选举议员到开局议事、从寄予厚望到实验失败的动态发展过程的全面考察，从法律制度层面上总结了地方议会制度在清末实验失败的教训、原因以及现代民主政治建设的重要启示。附导论、余论、参考文献和后记。

2142 清末东北边患与移民实边问题研究/高强著．西安：陕西人民出版社．2009.7

全书分4章，包括：清廷封禁东北及其后果——东北边患的开始、东北边患的继续和清政府移民实边政策的出台、东北边患的加剧和清政府移民实边政策的深化、清末东北移民实边政策的总体评价。附参考文献、后记、再记。

2143 清末法政人的世界/程燎原著．北京：法律出版社．2003.9（西南政法大学学子学术文库；47）

本书分两篇，上篇法政教育，包括：法政人的意义、出洋留学法政的大潮（上、下）、综合性学堂与大学法政（法律）科、法政（法律）学堂、其他法政教育。下篇法政人的“普遍化”，包括：法政科毕业生的考试录用与授职、法政名流荟萃“宪政编查馆”、“修订法律馆”的法政精英、行政体系中的法政人、法政人之家（上、下）、法政人筹办地方自治和谘议局、充任“议员”的法政人等内容。有自序、后语及附表。

2144 清末法制变革思潮/马作武著．兰州：兰州大学出版社．1997.5

本书分10章，包括：清末法制变革思潮产生的时代与社会背景、清末法制变革思潮产生的思想渊源、清末宪政思想的启蒙与流变、清末变革旧律例思想、清末工商立法思想、清末司法改革思想、清末修律两大臣等内容。

2145 清末革命与君宪的论争/亓冰峰著．台北："中央研究院"近代史研究所．1966.12（"中央研究院"近代史研究所专刊；19）

本书分6章，包括：引论、革命党与保皇党的联合运动、梁启超的言论及其转变、两党在香港上海南洋美洲的言论冲突与报业争夺、《民报》与《新民丛报》的大论战和结论。附参考书目和索引。

2146 清末革命与君宪的论争/亓冰峰著．再版．台北："中央研究院"近代史研究所．1980.6（"中央研究院"近代史研究所专刊；19）

内容提要参见2145。本书由福特基金会、复蒙中国学术著作奖助委员会资助出版。

2147 清末国民意识与参政意识研究/梁景和著. 长沙：湖南教育出版社. 1999.2（博士论丛）

本书分8章，包括："清末国民意识的产生"、"清末国民性批判"、"国民意识的文化启蒙"、"参政意识的产生与发展"、"清末地方自治的实践"、"谘议局、资政院与国会大请愿"、"清廷与立宪派'宪政'态度之比较"、"清末国民意识与参政意识发展的历史局限"。有附录。

2148 清末海军史料/张侠等编. 北京：海洋出版社. 1982.5

本书共两册，分9章。第1册包括：建置沿革、舰船构造、防务设施、海战纪略、教育训练；第2册包括：规章制度、官员任免、经费收支、辛亥革命中的海军。有照片、示意图。附宣统元年分海军水师第一次统计表、福建船政始末记/韩仲英、筹海军刍议/姚锡光、载洵萨镇冰出国考察海军/林献炘、海军史实几则/陈绍宽等。

2149 清末海军史料/张侠等编. 北京：海洋出版社. 2001.4

内容提要参见2148。本书合订为1册。

2150 清末汉族大官僚为政思想研究/王建学著. 沈阳：辽宁教育出版社. 1993.7

本书研究了曾国藩、李鸿章、袁世凯的为政思想。包括：曾国藩——近代军阀的开山鼻祖，附曾国藩主要政事活动大事记；李鸿章——晚清政坛上的不倒翁，附李鸿章主要政事活动大事记；袁世凯——玩弄权术的野心家，附袁世凯主要政事活动大事记。

2151 清末监狱改良：思想与体制的重塑/肖世杰著. 北京：法律出版社. 2009.8

本书对发生在清末时期的监狱改良在思想、体制和设施方面进行了系统研究。全书分5章，包括：改良前清代监狱简况、清末监狱改良之动因、近代监狱改良思想的初步形成及其特质、清末监狱改良之践行、历史评价。附参考文献和后记。

2152 清末检察制度及其实践/谢如程著. 上海：上海人民出版社. 2008.12（博士文库）

本书从制度、实践、理念三个层面向读者展示了"立体"的清末检察制度，同时对清末建立检察制度的历史经验与教训作了客观的分析总结。全书共10章，包括：中国检察制度渊源、清末检察制度的确立、清末检察机构的职权、清末的司法独立与检察厅独立行使职权、清末检察厅的重要外部关系、清末检察官制度等。附主要参考文献、后记和附录。

2153 清末民初北京的政治风云/王均著. 北京：北京出版社. 2000.1（北京历史丛书）

本书共分6章，包括：清晚期的半殖民地化与维新运动、庚子之变、清末新政与预备立宪、君主专制的终结和民国建立、北京政府时期的政治纷争、北平市时期的政治等。有引言和尾声。

2154 清末民初的禁烟运动和万国禁烟会/上海市禁毒工作领导小组办公室，上海市档案馆编. 上海：上海科学技术文献出版社. 1996.6

本书分7章，收录了鸦片战争前至民国初期有关政府、民间开展禁烟（鸦片）运动和万国禁烟会召开的档案、报刊资料；包括清朝政府的禁烟、万国禁烟会、清末全国各地禁烟情形、上海租界禁烟、民国初期全国各地禁烟情形、1917年北京政府收买存土案、民间禁烟团体等。有照片、宣传画。附清末民初禁烟大事记、人名对照表、机构条约等专业名称中英对照表。

2155 清末民初的民主思想论集/孙广德著. 台北：桂冠图书公司. 1999.6（桂冠丛刊）

本书分4章，包括：清末宪政运动时期民主政治的提倡与设计、民国初建时期民主政治的省思与规划、北洋主政时期民主思想的反动维护与阐扬、南北抗衡时期民主思想的演进与发展。

2156 清末民初的审判独立研究：以法院设置与法官选任为中心/李超著. 北京：法律出版社. 2009.12（中国政法大学法学院学术文丛）

全书分6章，内容包括：政治权力体系重构中的审判独立、清末各级法院的设置和法官选任、清末法院设置在地方的实践——以新疆为例、民初法院体系的变迁、民初法官考选制度的形成和实践等。

2157 清末民初的战争/张明金著. 北京：解放军文艺出版社. 2001.1（世界战争档案：1900—1999）

本书以纪实的手法，记叙了八国联军侵华战争、辛亥革命战争、护国讨袁战争、张勋复辟战争、南北军阀战争、直皖战争、直奉战争、北伐战争等十次清末民初的战争。有序言、后记和主要参考书目。

2158 清末民初我国警察制度现代化的历程：1901—1928/王家俭著. 台北：台湾商务印书馆. 1984.10（岫庐文库；091）

本书分7部分，包括：引论、我国传统保安制度的探讨、国人对于近代警察之认识及我国警察的萌芽、警察制度的创立——巡警部与巡警道的设置、各省区警政之建立及其发展、民国初年警务之发展与演变、结论。附警政文献、中国创立近代警察大事记。

2159 清末民初刑诉法典化研究/郭成伟等著. 北京：中国人民公安大学出版社. 2006.4（诉讼法学文库；37）

本书分析了1840年后，引进以罪刑法定主义为核心的刑诉理念；分析了清末政府制定的《大清刑事民事诉讼法（草案）》和《大清刑事诉讼律（草案）》；分析了北洋政府对清末刑事诉讼法的改造与推进，以及中华民国南京国民政府在20世纪20年代后期制定《中华民国刑事诉讼法》，最终完成刑诉法典化的过程及其社会效果。

2160 清末民初行政诉讼制度研究/宋玲著. 北京：中国政法大学出版社. 2009.8

本书叙述了中国传统社会行政争议的预防与解决、清末立宪背景下的行政立法尝试、民国初年的平政院活动、北洋政府的行政诉讼立法与实践，配合对经典行政诉讼案例的解析与说明，勾勒出清末民初行政诉讼的具象。附录《近十年中国学界对行政院研究之述评》、《探索与尝试清末行政裁判制度的设计》、《清末民初行政诉讼制度中的本土因素》。

2161 清末民初政治研究/李云峰，刘东社著. 西安：西北大学出版社. 2008.7

本书是研究清末民初政治体系或政治系统演变的来龙去脉及其运行机制、发展规律的论著。全书分10章，包括：清代的政治结构及其变化；中国新生社会力量的成长；清末主要的社会政治思潮；孙中山、同盟会与三民主义；清王朝的末世改革；辛亥革命与民主共和制度的开创；民初政团政党的样态；清末民初政治综论及当代反思等。有前言、主要参考文献和后记。

2162 清末民国地权制度变迁研究/杨士泰著. 北京：中国社会科学出版社. 2010

本书共分5章，包括："从古代到近代：中西地权制度概要"、"清末：近代地权制度之发轫与微变（1901—1911年）"、"民国北京政府：地权制度之剧变与延承（1912－1928年）"、"南京民国政府：地权制度之确立与悬置（1927—1949年）"等。

2163 清末民初中国军国民教育之研究/方国安撰. 影印本. [出版地不详]：[出版者不详]. [出版年不详]

本书共分6章，包括：绪论、军国民教育之由来、清末军国民教育之盛行、民初军国民教育之兴衰、军国民教育之影响、结论。

2164 清末民初藏事资料选编：1877—1919/卢秀璋主编. 北京：中国藏学出版社. 2005.1（《西藏通史》资料丛刊）

本书所收资料起于1877年，止于1919年。所选资料为清末民初国内期刊上公开发表的时论、报道及有关的资料。同时，还有这些期刊上译载的国外报刊上有关西藏问题的时论、资料。

2165 清末实录：外十一种/［著者不详］. 北京：北京古籍出版社. 1999.2（清代野史丛书）

本书共分为两部分，清末实录和中法兵事本末。其中清末实录包括：清末实录、铁路国有案、辛亥四川路事纪略。中法兵事本末包括：中法兵事本末、中日兵事本末、割台记、丘逢甲传、叶名琛广州之变、外交小史、清代割地谈、第一次中俄密约等内容。

2166 清末新政史/张连起著. 哈尔滨：黑龙江人民出版社. 1994.7

本书分5章，包括：改革者的足迹、清末新政的准备、清末新政的前期、清末新政的后期、清末新政的尾声。附清末新政史大事表、主要参考书目。

2167 清末口岸法律制度研究/朱东晖，朱倩儒著. 北京：中国政法大学出版社. 2010

本书以清末口岸法律制度为研究对象，阐述了清末口岸开放及口岸法律制度产生的历史背景，介绍了清末口岸法的概念、特点、地位和作用，指出屈辱与进步是清末口岸法发展的两大主题。

2168 清末新政研究：20世纪初的中国边疆/赵云田著. 哈尔滨：黑龙江教育出版社. 2004.10（《边疆史地》丛书）

本书是一部研究20世纪最初10年，也是清朝最后10年，东北、蒙古、新疆等边疆地区实施新政的情况。全书分5章。有前言、绪论、结语和附录。其中附录以大事记的形式，记述了清末边疆新政的全过程。

2169 清末新政中的修订法律馆：中国法律近代化的一段往事/陈煜著. 北京：中国政法大学出版社. 2009.2（中国政法大学法律史学研究院博士文丛）

本书共6章，包括："清末新政中的修律准备"、"从律例馆到修订法律馆"、"修订法律馆的组织设计与运行模式"、"修订法律馆的组织群体"、"冲突与妥协：修订法律馆与外界的互动"、"成就与遗憾：修订法律馆的功业得失"。有序、引言、结论、参考书目和后记。

2170 清末刑事司法改革研究：以中国刑事诉讼制度近代化为视角/尤志安著. 北京：中国人民公共大学出版社. 2004.8（诉讼法学文库；XXV）

本书是研究清末刑事司法改革的专著，从中国刑事诉讼制度近代化的视角，论述清末刑事司法改革的原因、过程和影响。

2171 清末政局回忆录/德龄著. 海口：三环出版社. 1992.4

此书系德龄公主回忆录。全书分35部分，包括回忆中的沙市、严肃的庭院、宪人的洋娃娃、从屏门望进去、那些可怕的满洲人、绿绒帏、离别了沙市、运河航行见闻等。

2172 清末政体变革与国情之论争——梁启超与立宪政治/董方奎著. 武汉：华中师范大学出版社. 1991.7

本书共6章，包括："对西方民主政体的向往与尝试"、"力主破坏 倾向共和"、"放弃共和重尚君宪"、"体制变革之论争"、"二元制与议会制君主立宪之争"和"在彷徨中走向共和"。书后附征引及参考文献目录。

2173 清末直隶宪政改革研究/徐建平著. 北

京：中国社会科学出版社. 2008.9

本书对清末直隶宪政改革的社会背景和直隶行政体制改革、司法改革、地方自治与政治参与、顺直谘议局的议政实践与社会改革等宪政内容，进行了考察和分析，探讨了社会各种势力在宪政改革中的角色和作用，揭示了清末直隶宪政改革的特点和影响。附录《清末直隶各州、县、自治团体基本情况统计表》等。

2174　清末直隶新政研究/董丛林等著. 石家庄：河北人民出版社. 2002.12

本书共分 6 章，包括：清末直隶新政概说、新式警察的设置、兴工振商的运筹、农政农事的趋势、教育改革的推行、地方自治的实施。有前言和结语。

2175　清末奏底汇订/全国图书馆文献缩微复制中心. 影印本. 北京：全国图书馆文献缩微复制中心. 2004.7（国家图书馆藏历史档案文献丛刊）

全书共 8 册，由《清季奏稿》、《咸同奏稿》、《清代奏稿》以及《奏稿》四部书组成，跨道光、咸丰、同治、光绪四朝。

2176　清史纲要：十四卷/吴曾祺编. 铅印本. 上海：商务印书馆，民国十年（1921）

本书内容上起清顺治元年，下讫宣统三年，编著目的主要是就前清一代事实，择其关系重大及足资考证者，提纲挈要，按年编次，以供学校及自修者研究近代史之用，且备修有清一代正史者参考之资。本书 6 册。

2177　清史稿. 第四十一册（卷四三六至卷四五七）/赵尔巽等撰. 北京：中华书局. 1977.8

本书包括卷四百三十六至卷四百五十七：列传二百二十三——沈桂芬，至列传二百四十四——方耀。含张之洞列传。

2178　清史稿/赵尔巽等纂. 清史馆稿本. [出版地不详]：[出版者不详]，民国间（1912—1949）

本书所存主要为《清史稿》中清代同光时期人物列传、属国传、交通志、艺文志、食货志等，部分为抄校本。

2179　清史稿台湾资料集辑/（清）赵尔巽，（清）柯劭忞等撰. 台北：大通书局有限公司等. 1995（台湾文献史料丛刊. 第四辑；75—76）

《清史稿》凡五百三十六卷，原书有本纪十二，二十五卷；志十六，一百四十二卷；表十，五十三卷；列传三百十六卷，内汇传五十八卷。本刊原有“关内本”与“关外本”两种，前者为留存于史馆之版本，后者为任校刻者金梁等携出关外所重刻或补刻。两本卷数相同，主要差异则为“关外本”多张勋、康有为两传，并有“校刻记”。本书据“关内本”集辑，仍依纪、志、传分目。

2180　清史纪事本末. 第十卷，宣统朝/南炳文，白新良主编；傅美林撰. 上海：上海大学出版社. 2006.6

本书分 10 卷，记事范围上起清太祖，下迄宣统帝。其涉及的领域包括：政治、军事、经济、文化、民族关系、中外交往等，力求全方位、扼要地反映有关清代的历史面貌。本卷记述清朝宣统时期的历史。内容包括：宣统帝嗣位、开展地方自治、对日政策、国会请愿运动、拟定法律、保路运动、武昌起义、湖北军政府、中华民国成立等。有照片。

2181　清史两种/陈怀撰；胡珠生点校. 上海：上海社会科学院出版社. 2006.9（温州文献丛书）

本书包括：《清史要略》、《中国近百年史要》两种。《清史要略》记述自上古唐虞时代的满洲，下迄清末宣统逊位，民国成立。重点在明代以后的清史。内分 4 编：崛兴时期、隆盛时期、衰弱时期、灭亡时期。《中国近百年史要》内分 20 章，记述了鸦片战争至清朝灭亡的历史。附录《瑞安陈孟冲教授传》和《陈怀重要著作介绍》。

2182 清史要略/陈怀著. 上海：中华书局. 1931.2

记述自上古唐虞时代的满洲，下迄清末宣统逊位，民国成立。重点在明代以后的清史。内分 4 编：崛兴时期、隆盛时期、衰弱时期、灭亡时期。书前有作者像。

2183 清王朝的崩溃：公元 1911 年中国实录/王先明著. 天津：天津人民出版社. 2006.12

本书记录了公元 1911 年发生在大清王朝的历史故事，包括“风起黄鹤楼”、“无奈摄政王”、“天地大变局”、“政争军机处”、“雪案惊天下”等内容。附照片。

2184 群己权界论/（英）穆勒著；严复译. 上海：商务印书馆. 1930.4（万有文库. 第一集；146）

本书是自由理论体系的集大成之作，为古典自由主义最重要的著作之一，论述了资本主义制度下的公民自由权利，在西方曾被高度评价为“对个人自由最动人心弦，最强有力的辩护”。内容分为：引论、释思想言论自由、释行己自由明特操为民德之本、论国群小己权限之分界、论自由大义之施行等 5 篇。本书有序。

2185 群己权界论/（英）穆勒著；严复译. 北京：商务印书馆. 1981.1（严译名著丛刊）

内容提要参见 2184。本书为根据 1930 年上海商务印书馆所出版的版本重新编印而成。

2186 日本改正刑法草案/（日）杉荣三郎订正；陆宗与译. 铅印本. ［出版地不详］：修订法律馆. 清光绪三十一年（1905）

本书分两编，第一编总则又分 13 章，如法例、刑、时期计算、刑之犹豫执行及免除、时效、大赦特赦减刑等；第二编罪分 38 章，如对皇室罪、关内乱罪、关外患罪、关国交罪、妨害公务执行罪。

2187 日本如何缔造中华民国？/黄文雄著；萧志强译. 台北：前卫出版社. 2003.5（历史大公案；5）

全书共 8 章，包括：“甲午战争对中国文明发展的贡献”、“深远影响中国的‘日本文明’”、“清朝末年拼命向日本学习的‘黄金十年’”、“为中华民国建国而协力奔走的日本人”等。有前言和日中关系年表。

2188 荣县首义与辛亥革命/曾绍敏等主编. 成都：成都出版社. 1994.5

本书收录了论荣县独立的历史地位、荣县独立原由浅析、同盟会与荣县独立、辛亥革命在自贡、辛亥革命时期的自贡地方议事会、孙中山对四川革命志士的培养、立宪派在四川保路运动中的作用、辛亥革命中藏族人民的革命斗争等 32 篇文章。

2189 山东革命党史稿. 上/丁惟汾主编；于恩波等编纂. 台北：山东革命党史编纂委员会. 1971.5

全书分 13 卷。本册包括：革命初起、创兴报社、广建学校、实行秘计、山东独立、济南商埠之案和收降烟台等。有山东革命党史序和照片。

2190 山东革命党史稿. 下/丁惟汾主编；于恩波等编纂. 台北：山东革命党史编纂委员会. 1971.5

全书分 13 卷。本册包括：戡定蓬莱、再下黄县、讨袁之师、护法之师等内容。有附录一本。

2191 山东革命党史稿后编. 一/丁惟汾主编；于恩波等编纂. 台北：山东革命党史编纂委员会. 1971

全书分上、下两册，共 6 卷，本册包括：“山东党务复兴”、“改组后山东党务概况”、“十五年本省党务之开展”、“十五年秋本省党务”、“容共始末”、青岛市、烟台市、济南市等内容。

2192 山东革命党史稿后编．二/丁惟汾主编；于恩波等编纂．台北：山东革命党史编纂委员会．1971

全书分上、下两册，共6卷。本册包括：“总理北上”、“国民会议促成会”、“总理逝世”、“北京五卅惨案雪耻会”、“三一八惨案”、“工人运动”、“妇女运动”、“我军渡河追击”等内容。附山东革命党史稿后记。

2193 山东革命文化大事年表/孟红兵编著．北京：中共党史出版社．2005.6（山东革命文化丛书．附录）

本书按照时间的顺序介绍了1911年至1949年山东省的革命文化大事，供读者参考。附《山东革命文化丛书》总目。

2194 山东省临时省议会报告书/［著者不详］．铅印本．［出版地不详］：［出版者不详］．民国元年（1912）

本书收集1912年山东省临时省议会有关书面报告，佚前4编，所存第5编是“自治类”，第6编“教育类”，第7编“法律类”，第8编“警察类”，第9编“交通类”，第10编“实业类”，第11编“盐务类”，第12编“河防类”，第13编“类”。

2195 山东省临时议会议事录/［著者不详］．铅印本．［出版地不详］：［出版者不详］．民国元年（1912）

本书为1912年4月17日至9月8日，山东省临时议会所议事的会议记录，共4卷。

2196 山东省议会报告书：四编/［著者不详］．铅印本．［出版地不详］：［出版者不详］．民国二年（1913）

本书收集1913年山东省议会有关书面报告，该书分4编：交议案（附原案咨文）、提议案、质问书、请议案、公文函电摘要。

2197 山东省议议员选举法/参议院订．铅印本．［出版地不详］：国务院．民国间（1912—1949）

此书为山东省议会议员选举的法律法规，分7章。第1章为总则二十条；第2章初选举，包括投票区、选举人名册、当选人名额、选举通告、投标所及开标所、投票纸投放簿及投票匭、投标开票及检验；第3章为复选举；第4章选举变更，包括选举无效、当选无效、改造及补选；第5章为选举诉讼；第6章为罚则；第7章为附则。

2198 山东讨袁革命史略/延国符著．［出版地不详］：［出版者不详］．1970.9

本书共29部分，包括：“讨袁革命之起因”、“山东民党同志秘谋响应讨袁”、“山东民党国会议员之横被杀戮与流放”、“青岛当局下令驱逐革命党人”、“北方革命党人群集大连”、“密函泄露各地负责同志几为一网打尽”、“刘大同派对进袭诸城”等。书后附人名单。

2199 沈钧儒与中国宪政民主/陈水林，陈伟平著．北京：当代中国出版社．2003.2

本书共10章，包括沈钧儒与中国宪政民主之路；沈钧儒宪政民主思想的形成；“由我开头”的清末宪政请愿运动；民初国会参议员中著名的“民治派”；两次身陷囹圄的“中国大老”；坚持团结抗战，推进宪政民主的国民参政员；与中共亲密合作的旧政协代表；协商建国中一面“民主人士左派的旗帜”等。有照片。

2200 圣德纪略·儤直纪略·恩遇纪略·旧闻纪略/瞿鸿禨撰．［出版地不详］：［出版者不详］．民国九年（1920）

《圣德纪略》为对慈禧太后和光绪帝的歌功颂德之辞，《儤直纪略》为晚清宫廷的一些仪节和办事程规，《恩遇纪略》为瞿鸿禨被慈禧恩宠之事，《旧闻纪略》主要记乾隆、嘉庆两宫太后和同治帝的一些谕旨。

2201 司法交涉案/李金杜编著. 奉天：编者自刊. 1912.11

1840年至清末我国司法权受到外国领事裁判权的干涉，本书辑有关文件、条约等，旨在收回国权。分3编，第1编为公文函件；第2编为外事裁判词；第3编为中外司法条约。

2202 司法议会议案/张篁溪参定. 油印本. [出版地不详]：[出版者不详]. 民国间（1912—1949）

本书系第一次中央司法会议议案汇编，内容主要为各类议案，包括司法会议演说辞、司法议会意见书、司法会议职员录、司法议会议案共4部分。本书5册。

2203 四川省参议会第一届第一次大会提案/四川省参议会编. 油印本. [出版地不详]：[出版者不详]. 民国间（1912—1949）

本书为四川省参议会第一届第一次大提案汇编。内含与会代表提案151则，内容涉及政治、经济、教育、医疗卫生、农田水利、交通运输等事关四川发展建设诸多方面。

2204 四川省临时参议会第一次大会议事纪录/[著者不详]. 铅印本. [出版地不详]：[出版者不详]. 民国间（1912—1949）

本书根据四川省临时参议会成立及第一次大会会议经过编辑，内容包括会议提案及其决议案，询问案及其主管机关之答复，以及会期中重要事项，共12部分：本会议筹备及成立经过、关于本会各种法规、正副议长及参议员名单、第一次大会议事记录、提案及决议案、参议员询问案及政府主管机关之答复、第一次大会宣言、贺电选录等分类编辑纪录。正文前有会议现场图像资料。

2205 四川省议会第一届第三期常年会议汇编/四川省议会编. 铅印本. [出版地不详]：[出版者不详]. 民国间（1912—1949）

本书实为两册，汇编了四川省议会第一届第三期常年会议议案，包括总司令部交议案、议员提议案、人民请愿案等各类议案。文末附有民国七年度四川省地方岁入预算书总目。

2206 塔景亭案牍：清末民初的县衙记录/许文濬著；俞江点校. 北京：北京大学出版社. 2007.4（近代司法判决丛编）

本书收录了许文濬在任期间向上级汇报县衙工作的文书，向县境内发布的文告，批复各种禀文、呈文的文书，反映了他在句容县任正印官时处理民间词讼时的情况。

2207 天下残局：断章取义晚清史/谭伯牛著. 北京：同心出版社. 2006.6

本书分3部分，内容包括：《曾文正公的难言之隐》，《左宗棠的“伟人体”》，《李鸿章：教天下骂老子》，《湘军逼我作烈女》，《对袁世凯的“同情的理解”》，《八旗之变》，《盛世之衰》等。

2208 天下残局：说不尽的晚清史/谭伯牛著. 台北：知本家文化事业有限公司. 2007.8（文史瑰宝；060）

全书分5辑，内容包括：太平无事、官运如此亨通、曾国藩在祁门、曾文正公的难言之隐、李鸿章的“精神导师”、李鸿章的主考梦、诗人洪秀全、有用之学等。有自序、《咸同纪事》引言和图片。

2209 铁血黄花：清末民初暗杀论/伍立杨著. 成都：四川人民出版社. 2001.7

本书介绍了清末民初暗杀论，共分36章，包括：暗杀的展开、旧制度与大革命、清朝廷之倒行逆施、非常年代运作、革命者的惨重牺牲、孙中山先生的暗杀理念及政治理念、中国革命与近代俄国暗杀风潮、后期国民党暗杀之质变等。有附录。

2210 晚清督抚政治：中央与地方关系研究/刘伟著. 武汉：湖北教育出版社. 2003.10

本书力图以晚清时期担任封疆大吏的官员这一群体作为对象，研究督抚作为权利角色影响政治体系的过程和现象，研究这种现象对晚清社会和中央集权政治的影响。本书共 8 章，包括：督抚制度的起源与发展、晚清督抚群体特征、晚清督抚权力的变化、督抚与晚清改革、晚清各省财政体系等。

2211 晚清革命文学：辛亥革命六十周年纪念/张玉法编. 台北：新知杂志社. 1972.2

本书包括 9 部分：新广东、驳康有为书、新湖南、革命军、猛回头、警世钟、暗杀时代、孔孟心肝和武昌牢狱记。有序和后记。

2212 晚清海军兴衰史/戚其章著. 北京：人民出版社. 1998.4

全书分 7 章，包括：英舰叩关与海防运动在中国的兴起、清政府试办海军、创办造船工业与海军初建、甲申中法海战、清政府“大治水师”与北洋海军成军、甲午中日海战、清政府兴复海军。附结束语《晚清海军兴衰的历史启示》。

2213 晚清民族风云：《申报》社评与晚清民族运动（1900－1906）/黄晋祥著. 长春：吉林大学出版社. 2009.5

本书以《申报》为研究对象，由社评切入，对《申报》的主笔与社评及其视野下的义和团运动、晚清教案与庚子合议、拒俄运动与抵制美货运动等晚清民族运动进行了考察和探讨。

2214 晚清史/戴鞍钢著. 上海：百家出版社. 2009.5

本书分 12 章，包括：国门圮塌、“天京”对峙、督抚崛起、慈禧当政、“中外和好”、狼烟又起等。每章末尾都附有参考书目与参考文献。附照片。

2215 晚清史话/夏家馂著. 北京：中国国际广播出版社. 2009.10

本书分 5 章，包括内外交困局面的形成，列强宰割下的清朝、清朝的苟延残喘和灭亡、清朝衰亡时期的经济和文化、清代主要民族的风俗习惯。附《晚清大事年表》和《清朝帝系表》。

2216 晚清史事/杨天石著. 北京：中国人民大学出版社. 2007.7（朗朗书房. 杨天石近代史文存）

本书辑录了关于 19 世纪中叶至 20 世纪初的中国这一段历史的 49 篇文章，包括马桶阵、面具阵与“五虎”制做，《天朝田亩制度》与“割尾巴”，太平天国的“太阳”，《冯婉贞》的真相与史学家的困惑，黄遵宪的《朝鲜策略》及其风波，黄遵宪与苏州开埠交涉，慈禧太后其人，没有不呆变的“祖宗之法”等。附照片。

2217 晚清史探微/孔祥吉著. 成都：巴蜀书社. 2001.1

本书收录孔祥吉的文章 23 篇，其中包括《甲午战争中北洋海军上层心态》、《光绪皇帝维新思想溯源》、《晚清政治改革家的困境》等。

2218 晚清史研究/郑剑顺著. 长沙：岳麓书社. 2004.1（南强史学丛书）

本书共 9 部分，包括情理论和研究理论问题、鸦片与鸦片战争问题、太平天国和中法战争问题、洋务问题、船政问题、从甲午到辛亥问题、清政府问题、思想研究（上、下）。

2219 晚清史研究入门/杨冰编撰. 上海：华东师范大学出版社. 2008

本书讲述了晚清这段历史故事，包括：两次鸦片战争、洋务运动、戊戌变法、义和团运动、清末新政、慈禧与晚清社会变革等内容，另有附录三篇。

2220 晚清史治要/戚其章著. 北京：中华书

局．2007.4

本书就晚清近代化的启动与挫折、社会思潮的演变、从洋务运动到瓜分危机的历程、教案与义和团发展的轨迹等几个重要方面，多视角地对晚清社会历史进行考察。

2221　晚清述闻/文安主编．北京：中国文史出版社．2004.1（清末民初系列丛书）

本书对大清制度的形成、发展，及当时的民俗、民风进行介绍，讲述了清代官员的仪仗、清末旗丁的生活、旧北京婚俗等。

2222　晚清五十年：嬗变中的王朝末日/童超主编．昆明：云南教育出版社．2010.1

本书讲述了晚清五十年间的历史，内容包括：大太监李莲英、珍妃之死、梁启超和新文体、义和团廊坊大捷、八国联军进北京等。附照片。

2223　晚清选官制度变革研究/张靖著．北京：中国检察出版社．2010.2

本书以近代中国的整个宪政变革为坐标系，探究了晚清选官制度变革的成败缘由和启示。全书共5章，包括中国古代选官制度论略、晚清选官制度建构、晚清选官制度变革评价和结语——晚清选官制度变革启示。

2224　晚清演义：走向共和．长篇历史小说．上部，贪患毒乱/易照峰著．乌鲁木齐：新疆人民出版社．2002.5

本书对整个晚清的历史进行了深层次揭露。共36回，讲述了乾隆殡天、和珅敛财、嘉庆年百万灭匪国库无银、道光登基等故事。

2225　晚清演义：走向共和．长篇历史小说．下部，落日新晖/易照峰著．乌鲁木齐：新疆人民出版社．2002.5

本书对整个晚清的历史进行了深层次揭露。共31回，讲述了慈禧勾结洋人认敌为友、洋务运动、太平天国运动、甲午大战、同盟起义、镇南起义、武昌起义、清帝逊位等故事。

2226　晚清政治革命新论/郭世佑著．长沙：湖南人民出版社．1997.10

本书以政治革命为视角，重新探究辛亥革命的内涵、阶级基础与社会基础、革命性质等重大问题，力求透过错综复杂的晚清政治风云，把握近代政治革命的真实场景。包括："太平天国：旧式'汤武革命'而非近代政治革命"、"逼出来的'新政'：政治革命的一个背景"、"来自'中等社会'的奔走呼号"等内容。

2227　晚清政治革命新论/郭世佑著．增订版．北京：中国人民大学出版社．2010.3

内容提要参见2226。

2228　晚清中国的政治转型：以清末宪政改革为中心/高旺著．北京：中国社会科学出版社．2003.7（中国青年政治学院学术丛书）

本书从政治学的视角，重点分析了晚清宪政改革。全书共8章，包括导论、世界现代化浪潮的冲击与近代中国的回应、清末官制改革与政治发展、晚清地方自治运动与政治发展、晚清宪政运动中的政治参与、晚清宪政制度创新与政治发展、晚清宪政民族工作者与日本明治维新和晚清宪政改革与近现代中国政治发展。附《晚清宪政改革大事年表》。

2229　晚清中央与地方关系演变史纲/楚双志著．北京：中共中央党校出版社．2006.10

本书按时间及重大事件发展的线索为序，依次简要说明了太平天国、洋务运动、甲午战后、庚子前后、新政、辛亥革命几个时期的中央与地方关系的基本特征。

2230　危机中的变革：清末现代化进程中的激进与保守/萧功秦著．上海：三联书店．1999.1

本书分为16章，包括：《中国早期现代化的文化背景》、《清末变革新阶段的来临》、《政治冲突的两极化与戊戌变法的失败》、《清末新政：走向现代化的第三次选择》、《近代中国人对西方立宪的“文化误读”》、《从速开国会运动看清末政治参与危机》、《清末的权威危机与保路运动》等。有序言和结语。

2231　伟大的中国革命：1800—1985/（美）费正清著；刘尊棋译．北京：国际文化出版公司．1989.1

本书扼要叙述了 1800－1985 年中国经济、政治、社会的发展变化。包括：晚期的中华帝国：成长和蜕变（1800—1895）、晚清帝国秩序的变革（1895－1911）、第一次中华民国时期（1912—1949）、中华人民共和国（1949－1985）4 部分。书前附作者照片。

2232　伟大的中国革命：1800－1985 年/（美）费正清著；刘尊棋译．北京：世界知识出版社．2000.5（费正清文集）

内容提要参见 2231。

2233　文化激荡中的政府导向与社会裂变：1853 年～1911 年的湖北/高钟著．武汉：华中师范大学出版社．1998.12（博士文库）

本书是作者在博士学位论文的基础上写成的全书分 6 章，包括绪论、大风吹蹙洞庭波、潺潺西学浸鄂楚、“湖北新政”——强力的政府导向、文化逸轨与社会裂变和余论。

2234　我所知道的国民军与国民党合作史/马伯援著．影印本．台北：文海出版社．1985（近代中国史料丛刊三编．第三辑；27）

全书分 16 部分，包括：为什么称它为国民军、国民军与国民党合作倒段、杭州会议席上之十六混成旅、二次革命说冯胡、中央革命与总理北上、孙中山先生死后之国民军、三次代表冯玉祥赴粤说明国民军之近况、结论等内容。有照片和卷首语。

2235　吴汝纶尺牍/（清）吴汝纶著；徐寿凯，施培毅校点．合肥：黄山书社．1990.2（安徽文苑丛书）

本书分 5 卷，讲述了从 1871 年至 1903 年初，发生的中法、中日战争、义和团起义和八国联军入侵等事变。从中可以观事变的起因及其发展的大概；可以观民情的愤懑；可以观时政的腐败以及对朝廷有关大臣如李鸿章的议论。附补遗一卷、谕儿书一卷。

2236　五权宪法/萨孟武，梅思平，金鸣盛合编．3 版，复制本．上海：新生命书局．1932.9

本书主要讨论了五权宪法问题，共收 6 篇文章，包括：《由三权宪法到五权宪法》/萨孟武、《五权宪法的精神及其运用的方法》/梅思平、《五权宪法的设计》（一）/梅思平、《五权宪法的设计》（二）/金鸣盛、《省政府应该五权分政么》/金鸣盛、《治权分立的制度和学说》/梅思平。

2237　五权宪法草案精义/陈长蘅编著．[出版地不详]：正中书局．[出版年不详]（宪政丛书）

本书所称“五权宪法”即“五五宪草”。全书分 8 章，内容包括：总纲、人民的权利义务、国民大会、中央政府、地方制度、国民经济、教育、总结。

2238　五权宪法刍议/老成仙撰．铅印本．双流：双流贾氏．民国二十一年（1932）

本书附于老成仙《废姓主义谈》一书之后，主要是对孙中山先生五权宪法（即立法、司法、行政、弹劾、考试）之评论，有“三权鼎立”、“五权宪法”、“四权对峙”三图明示。

2239　五权宪法的监察制度/王军著．台北：正中书局．1979.1（青年理论丛书；6）

全书分 6 章，内容包括：绪论、五权宪法监察制度的历史背景、五权宪法监察制度的建立及其演变、现行监察制度的研讨、五权宪法监察制度的比较研究、结语。

2240 五权宪法建制研究集/王宣著. 台北：中华大典编印会. 1965.11

本书因类分7集：国民政府建国大纲的解析与综合研究、五权宪法的基本原理、分开权和能原理的探源、创制国民大会的研究、创立五权制度的研究、创立地方政制的研究、制宪中的一个提案。有序文、集首、附录和索引。

2241 五权宪法与各国宪法/潘公展主编；胡经明编著. 复制本. 上海：正中书局. 1946.10（宪政丛书）

本书分8章，包括：五权宪法与三权宪法之认识、五权宪法与英国宪法之比较、五权宪法与美国宪法之比较、五权宪法与苏联宪法之比较、五权宪法与法瑞宪法之比较、五权宪法与德国宪法之比较、五权宪法与意日宪法之比较、五权宪法与五五宪法之规定。书中附有序。

2242 五权宪法与三权宪法之比较研究/高旭辉著. 台北："中央文物供应社". 1981.7（中华文化丛书. 法制）

全书分7章，包括：从近代政法思想说到三权宪法、孙中山五权宪法之创立与演进、五权宪法与三权宪法思想基础之比较、五权宪法与三权宪法主要理论之比较、五权宪法与三权宪法政治制度之比较、五权宪法制度的五院特色、五权宪法与中华民国宪法。书中附有作者简介、《中华文化丛书》序、编辑弁言、引言、结论、中华民国宪法草案（五五宪章）和中华民国宪法。

2243 五权宪法与中国宪法/任卓宣著. 台北：帕米尔书店. 1948

全书分8章，包括：民主政治的发展、五权宪法之理论与实际、中国宪法草案的研究、五权宪法与代议政治、中国宪法的制定与五权宪法、中国宪法的修改与五权宪法、中国宪法的解释与五权宪法、五权宪法下的地方自治。有序言、附中华民国宪法草案（五五宪草）、政治协商会议宪法修改原则和中华民国宪法。

2244 五权宪法与中国宪法/任卓宣著. 3版，增订本. 台北：帕米尔书店. 1957.9

内容提要参见2243。

2245 五十日见闻录/朱通儒著. 北京：北京通报社. 1912.3

记辛亥革命后50天内，著者于上海、武汉等地有关政事的见闻。较详细地介绍了南、北军对峙的局面及若干军政要人事迹。

2246 五族共和：民国/邹兆孜编. 上海：上海古籍出版社. 1990.8（新选历史演义丛书）

本书以晚清民初的社会政治生活为主要内容，以中国近代史上的民族精英为中华民族寻找出路为线索，塑造出一批逼近历史真实的人物群像，描绘出中国处于历史转折和社会转型时期的重大历史事件，写出了各种政治势力和思想流派在历史进程中的贡献和局限。

2247 戊戌变法六十周年纪念论文集/吴玉章等著. 北京：中华书局. 1958.12

本书收9篇文章：《戊戌变法的历史教训》、《戊戌变法的历史意义》、《戊戌变法六十年》、《戊戌时代的思想解放》、《戊戌维新运动的积极意义》、《戊戌变法运动中康有为所提出的政治纲领》、《戊戌变法运动与维新派的对外态度》、《戊戌变法运动与出版事业》、《批判资产阶级史学家对戊戌变法运动的一些错误看法》。附编后记。

2248 戊戌维新变法运动/王汝丰. 北京：书目文献出版社. 1987.5（"伟大祖国"历史讲座）

本书较详细地记叙了戊戌维新变法运动的全过程。

2249 戊戌维新与清末新政：晚清改革史研究/王晓秋，尚小明主编. 北京：北京大学出版社. 1998.4

本书分为总论"晚清改革史研究论纲"、上篇"戊戌维新研究"、下篇"清末新政研究"和余论“晚清改革的历史启示”。

2250 戊戌以后三十年中国政治史/李剑农著. 北京：中华书局. 1965.7

本书原名《最近三十年中国政治史》。全书分10章，对戊戌变法以后三十年间中国封建统治阶级和各派系军阀之间的矛盾倾轧、纷争角逐，对资产阶级改良派和民主派的政治活动和他们的演变分化，作了比较有系统的、详细的记述，提供了不少具体的材料。有编辑前记和重印说明。

2251 戊戌以来的中国政治制度/王永祥著. 天津：南开大学出版社. 1991.10

本书对戊戌维新以来不同时期及形态的政治制度的形成和演变有较多叙述，以揭示其客观环境、结构与职能，同时对每种政治制度在当时条件下的实际运行与产生的社会效果、经验与教训，进行了科学的总结。

2252 西北近代军事史：1840－1919年/于建文著. 西安：陕西人民教育出版社. 1993.4

本书记述了西北各族人民反抗帝国主义、封建主义反动统治、抵御外来侵略、制止内乱颠覆的武装斗争史。

2253 西康省临时参议会第二届第一次大会汇编/西康省临时参议会编. 铅印本. 西康省：省临时参议会. 民国三十二年（1943）

本书由12部分组成：法规、本会参议员改选及开会之经过、名单图表、会议记录（附询问事项）、文案、报告、讲演词、第一届第三次大会决议各案实施经过及研讨意见、第二届第一次大会宣言、重要文电、本会秘书处职员一览表、附录在“重要文电”类中有“致毛泽东电”1通。

2254 西乡县临时议会议决案/西乡县临时议会编. 木活字本. ［出版地不详］：［出版者不详］. 民国二年（1913）

本书共4部分：县署提交议决案、议员提出议案、陈请建议案、本会答复案。

2255 锡良遗稿：奏稿/锡良著. 北京：中华书局. 1959.4（中国近代史资料丛书）

本书（全两册）收入锡良遗稿中的奏稿部分。锡良是清末大吏，从光绪二十六年闰八月至宣统三年十二月，他的遗稿中有很多重要的史料，如川汉铁路的创议和集股经过，如镇压黄兴在河口起义的情形，如日本在日俄战役后对东三省之加紧侵略的政策和美帝国主义之打算插足东三省的实况等。

2256 锡清弼制军奏稿/锡良著. 影印本. 台北：文海出版社. 1974（近代中国史料丛刊续编. 第十一辑；101）

全书分4册，共8卷，包括：署山西布政使至护理湖南巡抚任内折片、山西巡抚任内折片、河东总督至河南巡抚任内折片、热河都统任内折片、四川总督任内折片、云贵总督任内折片、东三省总督任内折片、二次热河都统任内折片。书中附有说明。

2257 县议会议员选举规则/浙江省议会编. 铅印本. ［出版地不详］：［出版者不详］. 民国间

本书共9章56条，包括：总则、人名册、投票所及开票所、投票纸投票簿投票匦、投票开票及检票、当选通知及证书、选举变更、选举诉讼、附则。版心题“浙江省议会县议会议员选举规则”，附县自治法施行细则。

2258 县自治法施行细则/浙江省议会编. 铅印本. ［出版地不详］：［出版者不详］. 民国间

本书为《县议会议员选举规则》之附录，收：“县自治法之施行依本细则之规定行之”、“县自治法施行以前，各县地方公益事项有合于县自治法第九条第一款至第四款之范围者，均依照县自治法之规定，由县自治团体继续办理”等，共计21条。

2259 宪法泛论/成应琼，刘作霖编辑. 再版. 长沙：长沙府正街集成书社. 1913

本书是日本法学博士筧克彦博士口述，编者整理而成，主要讲述了宪法的相关知识。全书分两编：总论和国法上之人格者。内容包括：国家、国法、国家之活动力和国家之外部的组成。附例言。

2260 湘军新志/贵县罗氏著. 影印本. 台北：文海出版社. 1983（近代中国史料丛刊续编；947）

本书对清末湘军的制度以及湘军制度对其功业的影响进行了探讨，着重研究了其利弊问题。全书包括：湘军兴起前的绿营、成立的经过、领袖与将士们及他们的故乡、制度的渊源、营制、饷章与饷源、招募与遣撤、纪律等13章内容。有自序一篇。

2261 辛亥革命后的几个短命政权：（1911—1949）/北京大学历史系七零级工农兵学员编著. 北京：北京人民出版社. 1975.11

本书共4部分，包括：八十三天的“洪宪皇帝”、顷刻瓦解的张勋复辟、更替频繁的军阀政权、得势一时的蒋家王朝。

2262 辛亥革命后帝制复辟和反复辟斗争/刘望龄编著. 北京：人民出版社. 1975.10（《学点历史》丛书）

本书分5章，包括：时代在前进，斗争不止息、短命的“洪宪帝制”、风起云涌的反“洪宪帝制”斗争、愚腐的张勋复辟、历史潮流不可抗拒。

2263 辛亥革命起因之分析/李炳南著. 台北：三民主义研究所博士硕士论文奖助出版委员会. 1987.11（三民主义研究所博士硕士论文奖助出版丛书. 第七辑. 10）

全书分7章，包括：绪论、革命理论的探讨、清末促成相对剥夺感的外在因素、清末促成相对剥夺感的内在因素、导致辛亥革命爆发的客观背景、导致辛亥革命爆发的导火索、结论。有序和参考书目。

2264 辛亥革命前的十年/乔志强著. 太原：山西人民出版社. 1987.1

本书讲述了辛亥革命前十年间农民的革命斗争、辛亥革命前的收回矿权运动、关于资产阶级革命派的形成、革命党人的武装斗争等内容。

2265 辛亥革命前后的中国政治/黎澍. 北京：人民出版社. 1954.6

本书记录了辛亥革命到五四运动期间，这一历史转变时期的重要历史事件。包括：近代中国革命运动的发展、辛亥革命的迅速胜利和反革命的猖狂进攻、袁世凯夺取权利、资产阶级民主制度的破坏等。

2266 辛亥革命前十年间民变档案史/中国第一历史档案馆，北京师范大学历史系编选. 北京：中华书局. 1985.2

本书分上、下两册。内容包括：直隶总督李鸿章奏署安平县知县朱贞保派捐激变请即革职片、内阁中书许枋奏治在安民政惟除弊折、直隶总督李鸿章奏清丰县捻党余众倡天乙教图谋起事折、两广总督陶模等为兴宁会党攻扑县城事致西安行在军机处电、两广总督陶模等为拿获兴宁会党首要事致西安行在军机处电、署两广总督德寿等为省港破获图谋举事会党聚集之所致军机处电等483篇史料。

2267 辛亥革命前夜的一场大论战/章开沅著. 北京：人民出版社. 1975.6（《学点历史》丛书）

本书分4章，包括：《两个营垒，两条路线》、《革命派与保皇派的大论战》、《尊法反儒与尊儒反法的斗争》、《“世界潮流，浩浩荡荡”》。

**2268 辛亥革命史稿. 第一卷，中国资产阶级

革命派的形成/金冲及，胡绳武著. 上海：上海人民出版社. 1980.7

本书论述了中国资产阶级革命派的形成。全书5部分，包括：风暴的由来、一种新的政治力量的出现、山雨欲来风满楼、暴风雨的袭来、革命力量的集结。有照片和后记。

2269　辛亥革命史稿. 第四卷，革命的成功与失败/金冲及，胡绳武著. 上海：上海人民出版社. 1991.9

本卷内容包括：孙中山的归国与南京临时政府的成立；临时政府的立法建制和除旧布新；各政治团体雨后春笋般地兴起；振兴实业的热潮；社会风尚的演变；严重的财政困难；北伐、议和、清帝退位与袁世凯窃权；定都之争等。有照片。

2270　辛亥革命与大陆浪人/赵军译. 北京：中国大百科全书出版社. 1991.4

日本大陆浪人在“大亚洲主义”思潮的鼓动下参与了辛亥革命，他们究竟有功还是有罪？对近现代中日关系史带来了什么样的影响？对此，本书作者作了理论上的探讨和细密的史实辨析，开拓了辛亥革命史研究的新领域。

2271　辛亥革命与民初政治转型/廖大伟. 北京：中国社会科学出版社. 2008.11

本书收集了作者已经发表的论文若干，包括：《不同的政治诉求》、《革命与妥协》、《民主政治的创试》、《隐患与夭折》、《孙中山与辛亥革命之评价》。

2272　辛亥革命与中国早期政治现代化/高燕宁著. 沈阳：辽海出版社. 2002.6

本书主要论述前现代化中国社会的基本结构、近代以来清王朝政治衰败的基本特征、马克思主义殖民地理论与中国革命、辛亥革命与中国政治现代化等。

2273　辛亥革命与中国政治发展/章开沅，严昌洪主编. 武汉：华中师范大学出版社. 2005.5

本书包括辛亥革命与中国政治思想的演变、辛亥革命与清末民初的民族国家认同、辛亥革命与民初议会政治、北京临时政府的制度建设等9章。

2274　辛亥新疆伊犁乱事本末/张开枚辑. 木活字本. [出版地不详]：[出版者不详]. 民国间(1912—1949)

此书记述宣统三年（1911）袁大化担任新疆巡抚时，发生叛乱，尤以迪化、伊犁两地最为严重。平定叛乱后，进行开垦农田、设立专职机构等建设新疆之举措，本书对其进行介绍并详细介绍了新疆的物产。附《辛亥定变纪略》。

2275　辛亥新疆伊犁乱事本末/张开枚辑. 铅印本. [出版地不详]：[出版者不详]. 民国间(1912—1949)

内容提要参见2274。

2276　辛亥以后十七年职官年表/刘寿林编. 北京：中华书局. 1966.3

全书共4部分：中央之部、地方之部、国会议员之部和附录。内容包括：南京临时政府总统部长表、南京临时政府总统府重要职官表、北洋政府历届总统国务总理简表、北洋政府总统府及国务院直属各局职官年表、北洋政府其他重要机关职官年表、军务院职官表、历届国会变化简表、北京临时参议院议员姓名录等。附有叙例。

2277　辛亥政治革新汇览. 第一册/李毓秦. 北平：著者刊. 1911

本书分两章。第一章“革命之概念”，内分7节论述革命与独立的区别，介绍各省独立后的文告等。第二章“革命之真相”，论述种族革命与政治革命。

2278　辛壬日记：一九一二年中国之政党结社/

（日）宗方小太郎著；冯正宝译. 北京：中华书局. 2007.4（近代史料笔记丛刊）

本书是1911－1912年宗方小太郎在华活动日记，记载了这一时期大批日本在华和来华人士的活动，是研究辛亥革命史的参考史料。本书包括《辛壬日记》和《一九一二年中国之政党结社》两部分。其中《辛壬日记》的时间范围是1911－1912两年。《一九一二年中国之政党结社》分两篇：清朝之政党结社和中华民国之社党。有出版说明、整理说明、序言和结论。

2279　新大陆游记/梁启超著. 影印本. 台北：文海出版社. 1967（近代中国史料丛刊. 第十辑；96－97）

本书是中国近代著名的政治活动家、启蒙思想家梁启超1903年赴美洲游历考察美国政治社会情况的记录，对域外城市社会和城市文明形成了较为全面、深刻的认识。本书有图，还附有杨芾所著《扶桑十旬记》。

2280　新大陆游记/梁启超著；何守真校点. 长沙：湖南人民出版社. 1981.4

内容提要参见2279。有照片。

2281　新大陆游记/梁启超著；李雪涛校注. 北京：社会科学文献出版社. 2007.1

内容提要参见2279。根据中华书局1936年版《新大陆游记节录》校注。有图。

2282　新建陆军兵略录存/袁世凯辑. 影印本. 台北：文海出版社. 1966（项城袁世凯有关资料汇刊；4）

本书分8卷，包括《章制》、《禁令》、《训条》、《操法》等方面。

2283　新军旧影：清末新军照片文献资料选/陈克，岳宏主编. 天津：天津古籍出版社. 2008.6

本书从历史文献与历史照片两方面介绍了清末新军的编练情况。全书共4部分，包括：总说、军事基础、军事专业训练和对抗演习。

2285　新民时代：梁启超文选/梁启超著，侯宜杰选注. 天津：百花文艺出版社. 2002.1（中国近代思想者丛书）

本书选收梁启超著作的精华部分，每篇文章均有题解和注释，并对梁启超的政治思想及其发展，对他多方面的成就进行了深入系统的分析探讨。

2286　新修清季史三十九表/钱实甫编. 台北：鼎文书局. 1973.10（中国近代史文献汇编；1）

全书分4编，包括：清季重要职官年表、清季新设职官年表、清代各地将军都统大臣等年表、清季中西历对照表。书中附民国以来北洋政府职官任免年月表。

2287　绣像神州光复志演义：十五卷/听涛馆雪庵室编. 石印本. 上海：民强书局，民国九年（1920）

此书分为上、下两部共120回，描写清兵入关至辛亥革命之际两百五十多年中的重大历史事件。自明清易代为开始，搜罗民间传说和正史所遗漏者，选取那些在易代之际涌现出来之英勇人物和事迹，编成此书。第一回为“以佛库伦吞果成孕　杨经略奉命出师”，最终回为“掷炸弹良弼丧生　下和诏清帝辞位”。后半部分记载了辛亥革命志士范传甲、熊成基等人的英勇事迹。本书16册。

2288　绣像神州光复志演义：十五卷一百二十回/听涛馆雪庵室编. 石印本. 上海：民强书局，民国十二年（1923）

内容提要参见2287。

2289　绣像神州光复志演义：十五卷一百二十回/听涛馆雪庵室编. 石印本. 上海：神州图书局，民国元年（1912）

内容提要参见2287。钤有“齐林玉世世子孙永宝用”、“齐氏所藏戏曲小说印”之印。

2290　绣像神州光复志演义十五卷一百二十回/

听涛馆雪庵室编．四版石印本．上海：民强书局，民国七年（1918）

内容提要参见2287。

2291 寻求正义：1905－1906年的抵制美货运动/（美）王冠华著；刘甜甜译．南京：江苏人民出版社．2008.5（海外中国研究丛书·海外学子系列）

本书把1905－1906年中国民众抵制美货的运动置于19、20世纪之交华人移民出国潮和欧美帝国主义扩张的背景下，展现出中外文化思想、法规政策、劳工商品间交汇和碰撞的宏大画面。全书包括：中国移民与美国排华、晚清政治话语中的移民、抵制运动前的大众行动、商人与抵制美货运动的起源、确定抵制策略和支持者、抵制运动的思想意识、大众采取行动、镇压与转化等8章。

2292 鸦片·屠刀·条约：帝国主义对中国的侵略/李玲兰著．福州：福建人民出版社．1993.5（"两史一情"教育丛书）

本书3部分，包括：从鸦片战争到"二十一条"、"黑太阳"肆虐中国大地、美国扶蒋再陷中国于水火。

2293 鸦片税收与清末新政/刘增合著．北京：三联书店．2005.5（近代中国的知识与制度转型丛书）

本书充分利用留存档案，通过论述鸦片税收作为中央和地方举办新政的重要财源这个史实，揭示了晚清的财政体制。

2294 亚洲曙光/（苏）叶尔玛朔夫著；李相崇，徐警青译．北京：中外出版社．1951.5

本书讲述了中国近百年来在封建主义的统治下遭受帝国主义侵略，资产阶级发动革命的历史。书中共分5章，包括：回顾多世纪的中国历史、农民战争、殖民地奴役者的政策和战略、英国对中国的扩张、太平军运动、鸦片战争等历史史实。

2295 严复作品精选/许祖华选编．武汉：长江文艺出版社．2005（现代文学名家作品精选）

本作品主要选编了严复的政论文和少量书信、旧体诗。对严复的译作，本作品只选录了其所作的序、跋等。其中正文的小字体皆为原稿中的注解性文字。

2296 扬子江流域现势论：四编/（日本）林繁撰；（清）汪国屏译．铅印本．上海：广智书局，清光绪二十八年（1902）

本书共分四编：第一编绪论；第二编富源上所见之扬子江，包括地域有西藏、四川省、重庆、宜昌、沙市、岳州、武汉、九江、芜湖、镇江、上海、苏州、杭州；第三编兵备上所见之扬子江（缺）；第四编结论。

2297 一次失控的近代化改革：关于清末新政的理性思考/吴春梅著．合肥：安徽大学出版社．1998.8（青年学者丛书）

本书正文分6章，包括："近代化变革：困境中的选择"、"近代化方案的探讨和确立"、"清末新政的启动"、"改革政治体制的酝酿"、"政治体制改革及其失败"、"关于清末变革的理性思考"等。有序言和附录。

2298 应变与困境：清末新政时期的意识形态控制/白文刚著．北京：中国传媒大学出版社．2008.4（文史博士文库）

本书对清末新政时期的晚清意识形态控制做了探析，内容包括：官方意识形态的调整、意识形态国家机器在新政时期的演变、新政时期意识形态控制制度的变革和延续、教育改革中的意识形态控制、新政时期的新闻出版控制、清末意识形态控制的失败。附主要参考文献和后记。

2299 影响二十世纪中国的十次战争/张大禾，金立昕主编．西安：陕西人民出版社．1997.1（二十世纪中国掠影）

本书记述20世纪中国发生重大影响的十次

战争，包括：“八国联军侵华战争”、“辛亥革命”、“护国战争”、“北伐战争”、“土地革命战争”、“抗日战争”、“解放战争”、“抗美援朝战争”、“中印边境自卫反击战”及“中苏边境自卫反击战”。介绍了战争发生的历史和社会背景、战争经过和结果，分析了战争成败的原因和特点，指出战争性质和它的地位及影响。

2300 影响人类历史进程的重大事件：中国卷/黄勇主编．北京：中国戏剧出版社．2005.9

本书精选了100件在中国历史上影响深远、意义重大的事件，从中国有文字记载的商朝开始，直到1949年中华人民共和国成立。全书共12篇，包括：商汤灭亡、百家争鸣、开元盛世、明朝建立、洋务运动、戊戌变法运动、辛亥革命等。

2301 影响中国历史的100件大事/马海艳，杨杰编著．北京：华文出版社．2009.8

本书选取了中国历史上100件大事，涉及了政治、经济、军事、文化、科技等诸多领域。内容包括：华夏民族的形成、三国鼎立、明朝的建立、清朝的建立、清末新政、中国同盟会的成立、辛亥革命、中华民国成立、新文化运动、南昌起义等。有图片。

2302 影响中国历史的365件大事．第二卷/通鉴文化编辑部编辑．台北：人类智库股份有限公司．2007（历史传真系列）

本书从普及史学的角度出发，在庞大的史学系统中，筛选了401件重大事件，通过文字、图片等元素的结合，立体地再现历史。全书分两卷，内容包括：大宋大业、大辽兴衰、金国沧桑、南宋哀歌、蒙古帝国、王朝末日、民主革命、抗日战争等。有插图。

2303 袁世凯与清末民初的中国政治/李德福著．五家渠：新疆生产建设兵团出版社．2008.7

本书共4章，包括：晚清的袁世凯及其北洋新军、袁世凯集团与清王朝的覆亡、民初袁世凯实行独裁统治的客观必然性、关于袁世凯政权的一般评价。附主要参考书目和后记。

2305 云南省议会第三期常年会报告书：第三册/云南省议会辑．铅印本．云南：云南官印局，1917

本书共分3类：第一类电文类，有“报告开第三期常会致中央电”等28通；第二类公函类，有“递补议员宋遇春函请辞案”等7件；第三类公牍类，有“咨请省长公署改建本会议场案”等14篇。

2306 云南省议会第一届报告书/云南省议会编．铅印本．云南：云南省议会．1913

本书原卷数不详，存一卷：卷三。共分两类：第一类“常年会请愿类”，收集了多种案文，并附都督、民政长复文；第二类“临时会请愿类”，各案文后附有民政长复函、行政公署、都督复文。

2308 云南省议会议事细则/［著者不详］．铅印本．［出版地不详］：［出版者不详］．民国间

本细则分11章共140条，包括有会议延会散会休息、议事日表、长官发言、会议记录、惩戒警卫等各种条文。另附有旁听规则11条、办事细则15条。

2309 再造共和/蔡东藩著．合肥：安徽人民出版社，2010.4（中国历代通俗演义·民国④）

本书内容包括：“撤军院复归统一　开国会再造共和”、“举副座冯华甫当选　返上海黄克强疾终”、“目断乡关伟人又殁　衅开府院政客交争”、“议宪法致生内哄　办外交惹起暗潮”、“绝邦交却回德使　攻督署大闹蜀城”等。

2310 在政治与知识之间：以晚清翻译出版为中心/崔波著．西安：陕西人民出版社．2009.7

本书内容包括：绪论、传统政治与知识、皇权下的知识补救、督抚主导下的实用知识的扩充、新型知识权力的成长、从知识权利走向

政治权利等。附录《晚清翻译出版物一览表》。

2311　增补订正民国政党史/谢彬编著. 再版，增补订正复制本. 上海：学术研究会总会. 1925.9（学术研究会丛书；12）

全书分14章，包括：总论、清代之政治结社、国会请愿时代之政团、资政院时代之政党、民国初期之政党、临时参议院时代之政党、正式国会时代之政党、共和复活时代之政党等内容。有民国政党史序、民国政党史例言和附录《中国内阁更迭史》、《民国政党系统详表》、《政党解剖论》等8篇。

2312　摘叙两湖自立会匪紧要情节告示/张之洞，于荫霖撰. 刻本. ［出版地不详］：［出版者不详］. 1900

唐才常领导的武汉自立军起义失败后，为防止全国各地发生类似的事件，湖广总督张之洞、湖北巡抚于荫霖发布《摘叙两湖自立会匪紧要情节告示》，将唐才常及全国各地自立会和自立军的有关情况布告天下，以示惩戒。

2313　章太炎经典文存/章太炎著；洪治纲主编. 上海：上海大学出版社. 2003.12（经典启蒙文库. 国学大师系列）

本书是从作者全部著述中精选出来的，偏重于哲学和民主政论两方面，为广大读者尤其是青年学生提供一面思考的镜子。

2314　章太炎政论选集/章炳麟著；汤志钧编. 北京：中华书局. 1977.11

本书编选了章太炎在中日甲午战争以后至1936年逝世前的政治论文、带有政治主张的演说辞、宣言、通电、启事、书札、诗文以及与中国近代史事有关的人物传记等各种著作。本书编选资料以单篇论文为主，结合章太炎思想活动按照不同历史阶段，分为三卷，收录了《致汪康年书》、《论亚洲宜自为唇齿》、《东京留学生欢迎会演说辞》、《咏南海康氏》、《致沪军都督电》、《回国启事》、《宣言一一九》等文章。附章太炎生平活动年表。

2315　浙江临时省议会第三届开会议决案/浙江省议会编. 铅印本. ［出版地不详］：［出版者不详］. 1912

本书内容包括决案《遵照交通部推广电线变通办法增设本省电线并认垫款案》等二十二条、修正案《修正浙江省县自治章程》等九条以及追认案《追认农事实验场不能与中等农校合并案》一条。

2316　浙江省议会第二届常年会议决案/浙江省议会编. 铅印本. ［出版地不详］：［出版者不详］. 1916

本书内容为民国五年（1916）九月四日浙江省议会第二届常年会议决案。包括省长交议案二十二条、议员提议案十七条、人民请愿事件七条以及附编九条。

2317　浙江省议会第二届第一次临时会质问书/浙江省议会编. 铅印本. ［出版地不详］：［出版者不详］. 1916

本书包括《张立等质问关于两浙缉私分统赵廷玉违法溺职事项书》、《童养正等质问关于水利委员会测量余姚牟山湖事项书》等共十五种。每份质问书后均有复文，并补录有三种省长答复文。

2318　正续共和正解/（清）劳韧叟撰. 铅印本. ［出版地不详］：［出版者不详］. 1918

劳乃宣（1843－1921），字季瑄，号玉初，别署矩斋，晚号韧庵、韧叟。本书为劳乃宣1911年辛亥革命后所作的《共和正解》和之后作的《续共和正解》两篇文章。第一篇文章认为“民主之制万不能行于中国”，第二篇对袁世凯重申自己君主立宪的主张，强调“正解之共和”是“君主居正统之名，以镇服天下之心，政府握大权之实，以担负行政之责任”。

2319　政党与近现代中国社会研究/刘景泉，郭

德宏主编. 天津：天津人民出版社. 2008.5（中国近现代政党史研究丛书）

本书分为“中国国民党的性质及组织结构”、“近现代中国政党的演变”、“中共与社会变迁”、“中共执政理论及能力考察”、“自由主义政党观及其活动”、“世界视野下的中国近现代政党”6部分。有照片。

2320　政党与民初政治/戴天仇等撰. 北京：中华书局. 2007.6

本书辑自民国初年《民权报》、《震旦》、《独立周报》等报刊中有关共和党、民主党、统一党的记载和论述，有助于了解当时政党和政情。

2321　政府公报/［著者不详］. 铅印本. 北京：政事堂印铸局. 1915

收录了民国四年（1915）三月一日至九日，第一千八号至一千十八号的政府政务命令、通告等文件，内容涉及财政、军事、教育、农商等各个方面。

2322　政府公报/［著者不详］. 铅印本. 北京：政事堂印铸局. 1916

收录了民国五年（1916）四月一日至三十日，八十六号至一百十五号的政府政务命令、通告等文件，内容涉及财政、军事、教育、农商等各个方面。

2323　中国：传统与变迁/（美）费正清著；张沛，张源，顾思兼译. 吉林：吉林出版集团有限责任公司. 2008.4（史家名著书系）

本书上溯半坡、龙山远古中华文明，下迄改革开放的20世纪80年代，内容涉及中国社会在政治、经济、军事、教育及意识形态各个方面的传承与流变。包括：传统中国发展的高峰、中国在19世纪时遭遇的入侵与叛乱、中国对西方的回应、帝国主义入侵中国、从君主专制到军阀混战、中华民国兴衰等内容。有照片。

2324　中国百年法制大事纵览：1900－1999/张晋藩主编. 北京：法律出版社. 2001.10

本书以年为线索，记载了从1900年至1999年我国百年法制的状况和发展轨迹。本书以百年重大的立法、司法活动、法制改革以及与法制相关的政治事件为对象，并辅以图片。

2325　中国百年政治风云实录/余诗鸣主编. 北京：红旗出版社. 1997.4

本书分上、中、下三卷，介绍了从1897年至1997年间中国的政治变化。其中上卷内容包括从1897年至1927年间清末民初的政治变化。

2326　中国成文法编制之沿革/梁启超著. 台1版. 台北：台湾中华书局. 1957.4

全书12章，对自战国以前的成文法至现代的成文法进行了研究。附《中国法理学发达史论》。

2327　中国的军阀政治：1916－1928/（美）齐锡生著；杨云若，萧延中译. 北京：中国人民大学出版社. 1991.10

本书从文化、经济、社会等多方面分析了中国1916－1928年间中国军阀割据时期的政治，分析了军阀产生的原因，军阀在政治社会生活中的地位等。有图表。

2328　中国法制通史/张晋藩总主编. 北京：法律出版社. 1999.1

本书共分27章，包括：“鸦片战争与中国主权的丧失”、“三民主义政纲与创建中华民国方略”、“《中华民国临时约法》”、“南京临时政府司法制度”、“北洋政府宪法”、“广州、武汉国民政府的政权建设”、“南京国民政府宪法与政权体制”、“吸收西方经验、保留民族传统的法律制度”等内容。

2329　中国革命和建设基本问题/杜兴运主编. 四川：西南交通大学出版社. 1989.8

全书分10章，包括：近代中国人民反帝反

封建的斗争、旧民主主义革命失败的经验教训、新民主主义革命、新民主主义革命胜利的法宝、由新民主主义革命向社会主义的发展、经济发展战略和对外开放、社会主义民主政治和法制建设、加强社会主义精神文明建设等内容。

2330 中国革命和建设基本问题简明教程/王元璋主编. 广西桂林：广西师范大学出版社. 1989.4

全书分 10 章，包括：中国旧民主主义革命、中国新民主主义革命、中国社会主义革命、社会主义初级阶段和党的基本路线、社会主义经济建设（上）、社会主义经济建设（中）、社会主义经济建设（下）、社会主义民主政治建设、社会主义精神文明建设、坚持和改善党的领导。

2331 中国革命和建设史辞典/彭承福主编. 重庆：重庆出版社. 1989.4

本辞典选收中国革命和建设史（从 1840 年鸦片战争至 1987 年中国共产党十三大）的思想方针政策、党派社团军队、重要历史人物、重大历史事件、重要报刊文献、重要国际条约、重要名词术语等七大类的词目 2204 条。附录《资料》、《简表》。

2332 中国革命与建设史新编/罗谦芳，金玉芳主编. 北京：中国林业出版社. 1995.9

本书 10 讲，包括：中国半殖民地半封建社会的形成、近代中国探索国家出路的不屈斗争、资产阶级领导的民主革命、新民主主义革命的开端、第一次国共合作和国民革命等。

2333 中国革命与建设史研究/甘观仕著. 汕头：汕头大学出版社. 1996.3

本文集收入作者自 1988－1995 年发表的中国革命与建设史论文章 30 余篇，包括：《辛亥革命在潮汕》、《国民党的成立和反袁护国斗争》、《新民主主义革命的开端》、《五四运动在潮汕》、《五四时期杜威的实用主义在中国的影响》、《罗素与中国基尔特社会主义》等。

2334 中国国民党八十年大事年表/中国国民党中央委员会党史委员会编辑. 台北：中国国民党中央委员会党史委员会. 1974.8

本书记述了自光绪 20 年孙中山创立兴中会至 1974 年 80 年间国民党的重要事迹及其决策与措施以及影响或决定了国民党的决策与措施的国内外大事。

2335 中国国民党百年风云录/程思远主编. 延吉：延边大学出版社. 1994.10

本书介绍了中国国民党百年来的兴衰发展历程，并对国民党在中国近现代政治生活中的作用及国共两党关系发展进程作了评述。全书分 3 编：中国国民党的创立和发展、中国国民党的一党专制统治、中国国民党在台湾。有附录。

2336 中国国民党百年风云录/程思远主编. 延吉：延边大学出版社. 1998.2

内容提要参见 2335。书中附有中国国民党的一党专制统治主要代表人物重要会议及文献、中国国民党历届中央执行、监察委员会成员名单及机构演变概况。

2337 中国国民党党史/李宗黄讲演. 4 版，复印本. 上海：民智书局. 1928.8

全书分 8 章，包括：概述、中国国民党沿革、中国国民党组织、中国国民党主义、中国国民党政纲、中国国民党基础、中国国民党步骤、中国国民党目的。附本讲参考书目。

2338 中国国民党党史/李宗黄讲演. 5 版，复印本. 上海：中华书局. 1929.2

内容提要参见 2337。附总理遗像、党旗诠义、中国国民党歌、中国国民党史序、题词和本讲参考书目。

2339 中国国民党党史概要/中国国民党中央执行委员会党史史料编纂委员会编. 3 版，复印本. 南京：中央印务局. 1946.1

全书分10章，讲述了自孙中山诞生前的民族革命运动以及到抗战第四年的国民党历史，并阐述了国民党的主义及政纲、方向等。内容包括："总理诞生前之民族革命运动"、"兴中会之创立与本党革命运动之开始"、"兴中会成立后国内外环境之险恶与革命运动之奋进"、"中国同盟会之成立与辛亥革命之成就"等。

2340 中国国民党第一、二次全国代表大会会议史料/中国第二历史档案馆编. 南京：江苏古籍出版社. 1986.9（中华民国史档案资料丛刊）

本书内容包括：中国国民党第一次全国代表大会会议录、中国国民党第一次全国代表大会宣言、中国国民党总章、中国国民党一届一次会议、一届三次会议会议决议案、中国国民党第二次全国代表大会会议录、中国国民党第二次全国代表大会宣言、中国国民党中执会常委会会议录等。有照片。

2341 中国国民党第一次全国代表大会宣言/［著者不详］. 铅印本. ［出版地不详］：［出版者不详］

本书包含两部分：第一次全国代表大会宣言全文，第一次全国代表大会宣言的意义。第一次宣言由孙中山亲手拟定，分析中国之现状，解说国民党之主义，列举国民党之政纲。

2342 中国国民党历次代表大会及中央全会资料/荣孟源主编. 北京：光明日报出版社. 1985.1

所收资料自1924年国民党改组起，至1949年7月在广州召开最后一次非常委员会议止，凡国民党正统派召开的会议全部收录。包括：每次会议的开会词、宣言、决议案以及闭幕词、出席会议代表、中央执监委员会名单和会议经过。按会议时间顺序编排。

2343 中国国民党历史事件·人物·资料辑录/马齐彬等编. 北京：解放军出版社. 1988.1

本书记叙了国民党自创建至今近百年的复杂曲折的道路，是中国国民党历史辞典性质的书籍，收录了上自国民党的前身兴中会、同盟会时期，下至当代台湾国民党的重要活动；大事记要；历次代表大会、重要的中央全会介绍；派系组织；党政军组织机构的演变；重要人物简历等内容。附中国国民党大事年表和后记。

2344 中国国民党史/李天民编. 油印本. ［出版地不详］：［出版者不详］. ［1912—1949］

本书内容分6章：绪论、兴中会时期、同盟会时期、国民党时期、中华革命党时期和中国国民党时期。

2345 中国国民党史大辞典/李松林主编. 合肥：安徽人民出版社. 1993.8

全书分9部分，包括：党派·团体·机构、历史事件、会议、文献资料、人物、报刊、对外关系、名词术语和附录。

2346 中国国民党史纲/季鸿生等著. 上海：百家出版社. 1990.1

本书内容包括：中国国民党的创立、中国国民党与北伐战争、中国国民党南京政权的建立及其"安内攘外"政策、中国国民党与抗日战争、国民党统治的覆亡、国民党企图以台湾为"反攻"基地、国民党在台湾统治从苟安趋向动荡。附后记。

2347 中国国民党史纲/马尚斌等著. 沈阳：辽宁大学出版社. 1992.2

本书分析了国民党的创建、改组和不同历史时期的内政、外交、经济、文化政策和状况，并评价了其是非功过。全书分5编，包括：中国国民党的创建、中国国民党的改组、中国国民党对全国的初期统治、中国国民党对全国的中期统治、中国国民党对全国的后期统治。附后记。

2348 中国国民党史纲/彦奇，张同新主编. 哈尔滨：黑龙江人民出版社. 1991.8

本书揭示了中国国民党历史演变的规律。

全书分5编：中国国民党的前身及其历史演变、中国国民党的改组与北伐大革命、国民党的十年统治、国民党的抗战与“建国”、国民党专制内战政策的总破产及向台湾体制的转变。附后记。

2349 中国国民党史述．第一编，党的建立与发展/李云汉著．台北：中国国民党中央委员会党史委员会．1994.11（中国国民党建党一百周年丛书）

全套书分5编：“党的建立与发展”、“民国初年的奋斗”、“训政建设与安内攘外”、“保卫台湾与建设台湾”和“附录”。本册包含10章内容：“孙中山先生的时代与思想”、“兴中会及其革命行动”、“同盟会的成立及其革命方略”、“理论与宣传”、“大论战与分离风波”、“广州三二九之役”、“辛亥大革命”。有照片。

2350 中国国民党史述．第二编，民国初年的奋斗/李云汉著．台北：中国国民党中央委员会党史委员会．1994.11（中国国民党建党一百周年丛书）

全书分5编：“党的建立与发展”、“民国初年的奋斗”、“训政建设与安内攘外”、“保卫台湾与建设台湾”和“附录”。本册包含10章内容：“首度执政”、“国民党的组成及其讨袁行动”、“护法运动”、“中国国民党改组”、“以党建国”、“孙先生之北伐与北上”、“北伐与清党”等。有照片。

2351 中国国民党一百年/肖恩芳编著．西宁：青海人民出版社．1995.7

全书分9章，包括：中国国民党的创建、中国国民党的改组和国共分裂、南京国民政府的建立及其内政外交、南京国民政府的八年抗战、国民党政权在大陆统治的崩溃、南京国民政府败退台北初期、蒋介石晚年领导下的国民党等。

2352 中国监狱学史纲：清末以来的中国监狱学术述论/郭明著．北京：中国方正出版社．2005.8

本书由作者的博士论文《中国监狱史研究——清末以来的中国监狱学术述论》修订而成，全书6章介绍了清末、民国和新中国监狱学的发展情况。附《中国监狱学研究文献要目》、《清末以来若干监狱学著作或教科书“章节目录”选辑（18种）》等。

2353 中国近百年政治史/李剑农著；**帝国主义与中国政治**/胡绳著．影印本．上海：上海书店．1989.10（民国丛书．第一编；23）

本书为合订本，《中国近百年政治史》主要叙述了从1840年鸦片战争到1926年国民党出师北伐之间近百年的中国政治变化的历史。依次介绍了鸦片战争、维新运动的初步、维新运动的反动、维新运动的再起、革命与立宪的对抗运动、清政府的颠覆与中华民国的成立、国民党与北洋军阀斗争的初期等内容。《帝国主义与中国政治》分6章，包括：新关系的建立、“中兴”和媚外、洋人的朝廷、“强”的人上、“强”的人下、革命与反革命。附尾语《未完成的故事》。

2354 中国近代政党监督思想研究：1900－1927/朱联平著．上海：上海人民出版社．2010.8（人文社科新著丛书）

本书共6章，内容包括：“中国早期政党的产生和发展”、“晚清时期的政党监督思想”、“民国初年的政党监督思想”、“北洋军阀时期的政党监督思想”、“晚清、民初及北洋军阀时期政党监督思想的比较分析”、“政党监督：功能·条件·要求”等。附参考文献和后记。

2355 中国近百年政治史/李剑农撰．铅印本．湖南兰田：蓝田书报合作社，1943

本书为作者两部分大学讲义的融合：最近三十年中国政治史（起戊戌变法，至民国十五年国民革命军出师北伐止）与后编（起鸦片战争，至甲午战争止）。内容分8章：鸦片战争、洪杨革命时代、西法模仿时代、维新运动的初步、维新运动的反动、维新运动的再起、革命与立宪的对抗运动（上）、革命与立宪的对抗运动（下）、清政府的颠覆与中华民国的成立。本书2册。

2356 中国近百年政治史/李剑农著．台北：台湾商务印书馆．1957.5

全书分上、下两册。本书主要叙述了从1840年鸦片战争到1926年国民党出师北伐之间近百年的中国政治变化的历史。依次介绍了鸦片战争、维新运动的初步、维新运动的反动、维新运动的再起、革命与立宪的对抗运动、清政府的颠覆与中华民国的成立、国民党与北洋军阀斗争的初期、中国国民党改组与北洋军阀的末路等内容。

2357 中国近百年政治史/李剑农著．台北：台湾商务印书馆．1992.9

内容提要参见2356。

2358 中国近百年政治史：1840－1926年/李剑农著．上海：复旦大学出版社．2002.9

内容提要参见2356。

2359 中国近百年政治史：1840－1926/李剑农著．武汉：武汉大学出版社．2006.10（武汉大学百年名典）

内容提要参见2356。有再版说明、再版前言和卷头语。

2360 中国近百年政治史/李剑农著．长沙：湖南教育出版社．2008.10（湖湘文库）

内容提要参见2355。

2361 中国近代边防史：1840年－1919年/郑汕，傅元祥主编．重庆：西南师范大学出版社．1990.4

本书分8章，包括鸦片战争前的中国边防、中国边防大门被打开、清政府国防重心的转移、周边危机和筹边筹海、清政府“保藩固圉”的失败、全民族的救亡图存、辛亥革命前夕的边防斗争等。附图、《1840－1911年清朝军机大臣一览表》、《清朝各地区总督一览表》、《清朝各边将军办事大臣一览表》。

2362 中国近代兵器工业：清末至民国的兵器工业/《中国近代兵器工业》编审委员会编．北京：国防工业出版社．1998.4

本书主要记述了从1861年至1949年中华人民共和国成立前的89年间，兵器工业在中国的发展过程。全书由综述、兵器发展概况、大事记、主要兵工生产科研单位、人物资料、档案史料、回忆资料、统计资料和附录9部分组成。

2363 中国近代的维新变法/范瑞祥，刘筱霞编著．北京：北京科学技术出版社．1995.1（中国历史知识全书．重大事件）

本书描述了维新变法产生的时代背景、变法的内容和变法的代表人物，评价了变法的功绩，并分析了变法失败的原因。附插图。

2364 中国近代海军史/吴杰章等主编．北京：解放军出版社．1989.7

本书共11章，包括中国近代海军建立前的古代水师、中国近代海防思想的产生与发展、中国近代海军的初创、近代海军教育的兴起、北洋海军发展成军、中日甲午战争、清末民初的中国海军、奉系东北海军的兴衰等内容。

2365 中国近代海军史/胡立人，王振华主编．大连：大连出版社．1990.2

本书从海军军制、海军建设、海防设施、海战等方面，对近代海军历史进行了深入的探讨。

2366 中国近代海军史略/张墨，程嘉禾著．北京：海军出版社．1989.6

本书阐述了中国近代海军的产生、发展、重建的艰苦曲折历程和基本经验教训，并通过对历次海战的评述，反映和歌颂了中国人民不屈不挠的反侵略斗争精神。

2367 中国近代海军史论集/王家俭著. 台北：文史哲出版社. 1984.12（文史哲学集成；107）

全书分10部分，包括：文祥对于时局的认识及其自强思想、清末海军留学生的派遣及其影响、旅顺建港始末（1880－1890）、中日“长崎事件”之交涉（1886－1887）、清季的海军衙门（1885－1895）、清季的海防论、海防与塞防之争（附）、近代中国海权意识的觉醒等内容。书中附有自序。

2368 中国近代海军史事日志：1860－1911/姜鸣编著. 北京：三联书店. 1994.12

本书记录了从1860至1911年中国近代海军的史事。附录《清末海军舰只舰体图》。有图表、照片。

2369 中国近代军人待遇史/王孝贵，龚泽琪主编. 北京：海潮出版社. 2006.8

本书是研究中国军人待遇的历史发展进程及其规律的一部专著，主要揭示晚清至革命根据地时期中国军人待遇的政治背景、基本构成、标准制度、保障措施、发展规律、思想蕴含和历史局限等问题。

2370 中国近代军事改革/皮明勇著. 北京：解放军出版社. 2008.1

本书论述了中国近代军事改革中的体制瓶颈、“中体西用”的战略模式、几代改革者的素质与作为、军人的社会经济地位，以及曾国藩、李鸿章、张之洞、陈独秀等人的军事改革思想等。

2371 中国近代军事后勤史：公元1840－1927/陈崇桥，张玉田主编. 北京：金盾出版社. 1993.6（军事后勤历史丛书）

本书分对外战争、北洋新军后勤、统一广东革命根据地和进行北伐战争的后勤等7编。

2372 中国近代军事史丛书. 第一辑，清末与辛亥革命/刘凤翰著. 影印本. 台北县：黄庆中. 2008.11

本丛书系将刘凤翰先生生前发表的重要论文及遗稿整理汇集出版，是一部有关近代中国军事史的专著。本套书共分为5辑。第一辑论述晚清的军事革新与辛亥革命；第二辑论述民国初年的史事，并有多篇军事史研究之评论；第三辑讨论黄埔建军和国民革命军北伐史事；第四、五辑讨论抗日战争史事。本书为第一辑清末与辛亥革命，包括晚清的军事革新（论文集）、新军与辛亥革命、袁世凯与辛亥革命（论文集）3章内容，共计8篇文章。

2373 中国近代军事史丛书. 第二辑，民国初年/刘凤翰著. 台北县：黄庆中. 2008.11

本书系将刘凤翰先生生前发表的重要论文及遗稿整理汇集出版，是一部有关近代中国军事史的丛书。本套书共分为5辑。第一辑论述晚清的军事革新与辛亥革命；第二辑论述民国初年的史事，并有多篇军事史研究之评论；第三辑讨论黄埔建军和国民革命军北伐史事；第四、五辑讨论抗日战争史事。本书为第二辑民国初年，包括南京临时政府的实况（论文集）、民国初年（论文集）、对大陆出版民国军事史研究之评论（论文集）3部分内容，共计12篇文章。

2374 中国近代军事史论文索引：1910－1986/复旦大学历史系中国近代史教研室等编. 北京：军事科学出版社. 1986.5

本索引起自1910年，讫于1986年4月。收录这一期间全国重要报刊上发表的中国近代军事史（1840－1949）学术论文、学术性文章及重要回忆录。全书分上、下两编。上编为中国近代军事史的旧民主主义革命时期，下编为新民主主义革命时期。

2375 中国近代民族资产阶级研究：1860－1919/章开沅等主编. 武汉：华中师范大学出版

社．2000.6

本书共8章，包括：民族资产阶级产生的社会环境、民族资产阶级的结构、民族资产阶级的企业经营、民族资产阶级的心理与思想意识、民族资产经济的政治参与等。

2376 中国近代现代史论集．8 自强运动．三，军事/“中华文化复兴运动推行委员会”主编．台北：台湾商务印书馆．1985.8

本编分19章，包括：清季的海防论、近代中国海权意识的觉醒、清季海防与塞防之争的研究、甲午战争前中国之海军、清季南北洋海防经费的筹措、清季海军经费考实、清季的海军衙门、旅顺建港始末等。

2377 中国近代现代史论集．21 民初政治（一）/“中华文化复兴运动推行委员会”主编．台北：台湾商务印书馆．1986.6

本编分16章，包括：清末民初的两次议会选举、民元改造参议院风潮、从民初国会选举看政治参与、民国初年对政党移植问题的争论、民初政党的调查与分析、民初国会中的激进派政党、民初国会中的保守派政党等。

2378 中国近代现代史论集．22 民初政治（二）/“中华文化复兴运动推行委员会”主编．台北：台湾商务印书馆．1986.5

本编分10章，包括：民初反袁运动与地方主义之消长关系、民初袁世凯在财政上的集权措施、袁世凯的宪法顾问古德诺、日本与洪宪帝制、洪宪帝制的一些问题、维护共和梁启超之联袁与讨袁、梁启超与讨袁护国、中华革命党与护国军等。

2379 中国近代现代史论集．23 民初政治（三）/“中华文化复兴运动推行委员会”主编．台北：台湾商务印书馆．1986.6

本编分12章，包括：复辟派的背景及其初期活动、段祺瑞的三次组阁、国会问题与南北和会、梁启超的国务大臣志气及其对民初财政司法外交的影响、直皖两系兵力的消长、北洋时期奉系领导阶层的变化、郭松龄事件及其影响等。

2380 中国近代战争实录/刘留生，张治荣著．北京：解放军文艺出版社．1992.12（军旅知识文库）

本书以反帝反封建为主线，选录了从1840年第一次鸦片战争至1919年“五四”运动期间的重大事件。全书共10章，包括鸦片战争、太平天国革命、英法联军的侵略、太平天国后期的武装斗争、洋务运动与保卫边疆的斗争、甲午战争、戊戌变法、辛亥革命等。

2381 中国近代政党史/朱建华主编．长春：吉林大学出版社．1990.12

全书分7章，包括：中国近代资产阶级政党产生的社会历史条件、中国资产阶级早期政团的出现及其活动、资产阶级政党雏形—兴中会的出现及其活动、资产阶级革命政党中国同盟会的建立及其领导的革命斗争、民初政党的兴起与政坛风云、中华革命党的建立及其改组为中国国民党、近代资产阶级政党的末路、新旧民主主义革命的伟大历史转折和新型无产阶级革命政党的建立。

2382 中国近代政治史/陈安仁撰述．再版，复制本．上海：商务印书馆．1934.2（新时代史地丛书）

本书是一本清代政治史，分章论述了清兵入关与中国政局的转变、清朝兴盛时的政治设施、清朝衰弱时期的政治状况及清朝的政治制度。

2383 中国近代政治思想史料/龚稷辑．初版．大连：大众书店．1947.1

本书分为4辑：第1辑收《同盟会宣言》等5篇文章，第2辑收《今》等10篇文章，第3辑收《庶民之胜利》等13篇文章，第4辑收《劳工调查》等14篇文章。

2384　中国近代著名战役战斗/徐平华编著. 济南：黄河出版社. 1997.12（未来军事家丛书；6）

本书从众多战役中精选了22个比较著名的战役、战斗，按时间顺序编排，进行介绍，并对作战双方的成败得失作简要评析，主要从军事斗争的角度进行历史的理论概括。

2385　中国近代资产阶级政党学说研究/杨德山著. 北京：人民出版社. 2002.8

本书以“中国近代资产阶级政党学说”为探讨内容，按阶段、分时期侧重对中国近代资产阶级各政治派别、政治人物有关政党问题的学说、思想、观念，及其相互关系和演变情况进行说明和分析。全书分5章，附主要参考书目和后记。

2386　中国军事力量的兴起：1895－1912年/（美）鲍威尔著；陈泽宪，陈霞飞译. 北京：中国社会科学出版社. 1979.8

全书分9章，包括：1895年以前的中国军队、1895－1897年新型军队的建设、1898－1900年百日维新与义和团叛乱、1901－1903年慈禧领导下的军事现代化、1904－1906年军事和管制的改革、1904－1906年间军事训练与组织方面的进步、旧秩序的崩溃（1907－1911年）、陆军和1911年的革命、结论。

2387　中国军事史略/张其昀著；文公直著. 影印本. 上海：上海书店. 1989.1（民国丛书. 第一编；32）

本书为《中国军事史略》与《最近三十年中国军事史》合订本。《中国军事史略》分4章，包括：兵役与兵制、军政与军令、兵源与将才、兵器与军资。《最近三十年中国军事史》分3编：军制、军史和战史。内容包括：中国陆军军制之沿革、民国之陆军军制、国民革命军军制、北洋军之历史、鲁豫军史、国民革命军军史、复辟之义、北伐讨贼之义等。

2388　中国军衔百年史略/刘岩著. 北京：军事科学出版社. 2007.5

本书以时间为序，详尽地论述了自清政府引入军衔制度以来的百年间，军衔制度随着中国政权更迭而演变发展的历史。有彩图。

2389　中国民国军事史/何布峰，谢安邦著. 北京：人民出版社. 1994.1（中国全史；93）

本文详细叙述了1911年辛亥革命爆发、中华民国建立之后，至1949年国内战争结束、中华人民共和国成立之间的军事斗争历史。

2390　中国民国政治史/许放著. 北京：人民出版社. 1994.1（中国全史；91）

本书包括中华民国政治概述、中华民国创立、袁氏政权始末、北洋军阀统治时期的政权政党与政争、国民党统治前期的政治发展趋势、抗日战争与中国政治等8章，依据历史发展的线索，阐述了中华民国每一历史时期政治的更迭与变迁，政党的政纲与主张等内容，系统地反映了中华民国政治发展的概貌。

2391　中国民事诉讼法制百年进程，清末时期. 第三卷/陈刚总主编；谢文哲卷主编. 北京：中国法制出版社. 2009.7

本书内容包括：清末《民事刑事诉讼暂行章程》草案考论、民事诉讼法原论、1877年德意志帝国民事诉讼法、迈向统一的1877年《得意志民事诉讼法》、日本民事诉讼法学演进之概论。

2392　中国民约精义/刘光汉，林獬著. 上海：镜今书局. 1904.5

刘光汉（光复汉族合法继承权之意）是刘师培笔名。此书分3篇。包括：上古、中古、近世。

2393　中国民族主义与马克思主义的兴起：清末民初知识分子的困境与抉择/王振辉著. 台北：韦伯文化事业出版社. 1999.10

本书分6章，包括：绪论、清末知识分子的民族主义与文化批判、民族主义的乌托邦性格、新文化运动中的民族主义及其蜕变、民初知识分子的结构及其困境、五四运动与马克思主义和结论。

2394 中国社会政策/何海鸣著. 北京：华星印书社. 1920.6

除总论和结论外，分33目。内容有：社会政策的观念、意义，统计与调查，兴业与重农，兴业中的工商界，劳动管理机关与劳动团体，对劳动者、妇女、侨工的政策，劳动保护法，城市计划与改良农村，财产所有权与国有化，企业的统一政策，土地等各种税务政策，专利特权，购买与消费、银行、救贫、普选等政策。

2395 中国通史全编. 19－20，中国近代化过程历史编/冯克诚，田晓娜主编. 西宁：青海人民出版社. 2002.1

本书分两册，由多个历史故事组成，包括：《国奉直南口之战》、《北伐战争》、《冯玉祥与张宗昌河南之战》、《龙潭之战》、《第二次北伐战争》、《蒋桂战争》、《蒋冯战争》、《桂粤联军反蒋之战》等。

2396 中国议会史/顾敦鍒著；**议会制度**/邱昌渭著. 影印本. 上海：上海书店. 1991.12（民国丛书. 第三编. 政治、法律、军事类；21）

全书分15章，包括：绪言、清末之民治运动、资政院之经过、民国以来之政党、各省都督府代表联合会、临时参政院、袁世凯制造之议会、国会临时会等内容。书中有王儒堂先生序、参考书籍目录和附录。

2397 中国早期资产阶级概论/朱英著. 开封：河南大学出版社. 1992.9

全书分13章，内容包括：资产阶级的形成、资产阶级的特点、资产阶级与革命派的关系、资产阶级与立宪派的关系、资产阶级与反帝爱国运动、资产阶级与“二次革命”、苏州商会的产生与特点、苏州商会与行会之比较等。有附录和后记。

2398 中国怎样降到半殖民地/钱亦石著. 北京：三联书店. 1950.2（新中国青年文库）

本书共分10章，包括：谁敲破中国之门、强盗们成群结队的来了、东方的黑花脸上了台、侵略者的天罗地网、有一次首都沦陷、木屐儿独霸东亚、睡狮从酣梦中醒了、五年来的血债等。

2399 中国政党史/印维廉编辑. 再版，复制本. 上海：中央图书局. 1929.5

本书由上编“中国各政党党史”和下编“中国国民党党史”组成，其中内容包括中国政党创始时期、中国政党繁盛时期、中国政党失败时期、中国政党复兴时期、中国政党的现势、中国国民党的经过、中国国民党的政纲、中国国民党的任务等。附参考书目。

2400 中国政党史/杨幼炯著. 4版. 台北：台湾商务印书馆. 1979.11（中国文化史丛书）

全书分10章，包括：绪言、清末之秘密结社与政党、民国初期之政党、正式国会时代之政党、三次革命与共和再造时代之政党、护法安福国会对峙时代之政党、临时执政时代之政党、中国国民党之改组与发展等内容。书中附有参考书籍。

2401 中国政党史/杨幼炯著. 影印本. 上海：上海书店. 1984.5（中国文化史丛书. 第一辑；6）

内容提要参见2400。

2402 中国政党史/杨幼炯著. 影印本. 上海：上海书店. 1990.12（民国丛书. 第二编. 政治、法律、军事类；25）

内容提要参见2400。本书与《明清之际党社运动考》/谢国桢著、《民国政党史》/谢彬著合订。

2403 中国政党史/朱建华，宋春主编. 哈尔滨：黑龙江人民出版社. 1991.7

本书包括：旧民主主义革命、新民主主义革命、社会主义革命三个时期，阐述了中国政党产生、发展、变化的规律，剖析了中国政党的主张、纲领、政策和策略，评价了中国政党在各个历史时期的地位和作用等。

2404 中国政党史：1894－1949/邱钱牧主编. 太原：山西人民出版社. 1991.12

全书分为 3 编，论述了“政党政治”在中国行不通的原因，总结了国共两党的历史经验教训，阐明近现代政党史上，只有顺应历史潮流前进的政党，才能兴旺发达。还对近代历史上有一定影响的政党及政派的历史作了论述。

2405 中国政治史/王杨滨著. 铅印本. 北京：京师大学校，［1912－1949］

本书内容有两篇：第一篇政府，附历朝官职配备表；第二篇内治。

2406 中国政治史/周谷城著. 北京：中华书局. 2007.9（中国文库. 哲学社会科学类）

本书阐述自远古到五四运动间各种政治现象的演变。全书以历史年代为序分为 5 篇：部族联合的完成（周平王东迁洛邑之前），政治社会的确立（自周平王元年至新莽元年），门阀藩镇的交替（自新莽元年至北宋初年），绝对专制的完成（自北宋初年至鸦片战争），民主政治的创造（自鸦片战争到五四运动）。附修订本序和弁言。

2407 中国政治通史. 10，步步悲歌的晚清政治/齐涛主编；戴鞍钢著. 济南：泰山出版社. 2003.8

本书分“序说晚清历史”、“起义狂飙”、“侵略者的铁蹄”、“近代化的起步”、“列强交逼”、“步入二十世纪”、“皇朝的覆灭”等 10 个部分。

2408 中国之命运/蒋中正著. ［出版地不详］：青年军出版社. ［出版年不详］

本书分 8 章，包括：中华民族的成长与发达、国耻的由来与革命的起源、不平等条约影响之深刻化、由北伐到抗战、平等新约的内容与今后建国工作之重心、革命建国的根本问题、中国革命建国的动脉及其命运决定的关头、中国的命运与世界的前途。附地图。

2409 中国最近世史：三编/李泰棻撰. 铅印本. 北京：北京大学. ［1912－1949］

本书为大学讲义，内容分 3 编。第一编自道光至辛亥革命，包括 5 篇：道光时代、咸丰时代、同治时代、光绪时代、宣统时代；第二编自民国建立至今日，包括 6 篇：自民国建元至国会颠覆、自实行总统制至袁世凯暴卒、自黎元洪代理总统至宣统复辟、自冯国璋代理大总统至直皖战争、自直皖战后至直奉之战、自徐世昌退位至黎元洪出走；第三编文明史，包括 4 篇：制度、宗教、学术、社会。

2410 中国国民党与农民运动/［著者不详］. 铅印本. ［出版地不详］：［出版者不详］. ［1912－1949］

本书记录了在国民党的指导和管理下农民运动的情况及其所取得的成果。

2411 中华百年祭：1840－1945 图文档案，政治/廖代茂，杨会国编著. 重庆：重庆出版社. 2006.5

本书精选大量的图片，对晚清时期的人民革命运动和中华民国时期的北洋政府、南京国民政府、傀儡政权等政治史进行了专章介绍。有照片。

2412 中华革命党会议记录抄本/［著者不详］. 抄本，朱丝栏. 重庆：张难先. 1945

张难先（1873－1968），民主革命家，爱国进步人士。本书为其所编中华革命党的历次会议记录。

2413 中华革命党议事录抄本/张难先编. 静电复制本. 北京：北京图书馆. 197?

据民国 33 年（1944）张难先朱丝栏抄本复印。

2414 中华民国第一次众议院议员名册/国民党上海交通部编. 铅印本. ［出版地不详］：［出版者不详］，［1912－1949］

本书为众议院议员名册，按省分列，共有直隶、奉天、吉林等二十个省。每省分区，每区列属县、额定人数及复选人一览表。

2415 中华民国国会组织选举法浅释/陶保霖，孔昭焱，寿孝天编辑. 复制品. 上海：商务印书馆. 1912.8

本书内容包括：国会组织法浅释、参议院议员选举法浅释、众议院议员选举法浅释、众议院议员各省复选区表。附临时约法。

2416 中华民国开国法制史：辛亥革命法律制度研究/邱远猷，张希坡著. 北京：首都师范大学. 1997.12

本书研究范围上自辛亥革命运动的兴起、同盟会的成立，下至南京临时政府的结束。全书分上、下两编，分别以地方性法规和中央行政法规为论述的重点。内容包括：辛亥革命运动的兴起、三民主义政纲与创建中华民国方略、中华民国湖北军政府的成立及其法制、沪军都督府的成立及其法制、江苏都督府的成立及其法制、四川军政府的成立及其法制等。附主要引证及参考书目、后记。

2417 中华民国开国前革命文献/陆曼炎编. 重庆：拔提书店. 193?

本书分 7 类刊载辛亥革命前兴中会、同盟会时期至辛亥革命时期的各种文献。其中包括宣言、檄文、发刊辞、论著、序跋、供辞、函札等。

2418 中华民国开国前革命文献/陆曼炎编. ［出版地不详］：名山出版公司. 1944.12

内容提要参见 2417。

2419 中华民国开国五十年文献. 第一编，革命源流与革命运动. 第一册，革命源流·上/“中华民国开国五十年文献编纂委员会”编纂. 台北：正中书局. 1964

本部分所辑资料包括清兵入关后之抗清运动及反清复明思想与会党组织。

2420 中华民国开国五十年文献. 第一编，革命源流与革命运动. 第二册，革命源流. 下/“中华民国开国五十年文献编纂委员会”编纂. 台一版. 台北：正中书局. 1964.4

本编第一部分“革命远源”，所辑资料包括清兵入关后之抗清运动及反清复明思想与会党组织。本册分 3 章：民族思想之钳制、反清复明之思想渊源、反清复明之秘密组织。

2421 中华民国开国五十年文献. 第一编，革命源流与革命运动. 第四册，列强侵略. 二/“中华民国开国五十年文献编纂委员会”编纂. 台二版. 台北：正中书局. 1970.7

本编第二部分“列强侵略”，所辑资料为帝俄从陆上及西方各国从海道两路东侵之经过及其影响。本册分 3 章，包括：鸦片战争、英法联军和中法之战。

2422 中华民国开国五十年文献. 第一编，革命源流与革命运动. 第五册，列强侵略. 三/“中华民国开国五十年文献编纂委员会”编纂. 台北：正中书局. 1964.11

本编第二部分“列强侵略”，所辑资料为帝俄从陆上及西方各国从海道两路东侵之经过及其影响。本册分 2 章，包括：中日交涉、甲午之战。

2423 中华民国开国五十年文献. 第一编，革命源流与革命运动. 第六册，列强侵略. 四/“中华民国开国五十年文献编纂委员会”编纂.

台北：中华民国开国五十年文献编纂委员会. 1965.3

本编第二部分“列强侵略”，所辑资料为帝俄从陆上及西方各国从海道两路东侵之经过及其影响。本册分4章，包括：瓜分之祸与门户开放、庚子拳乱与辛丑和约、日俄战争与收回东北、列强在华特权与经济侵略。有照片。

2424 中华民国开国五十年文献．第一编，革命源流与革命运动．第七册，清廷之改革与反动．上/“中华民国开国五十年文献编纂委员会”编纂. 台北：正中书局. 1966.10

本编第三部分“清廷之改革与反动”，叙述国人救亡图存之迫切要求，及清廷每有改革即继以反动。本册主要内容为改革运动。内容包括：改革运动、道咸时代之改革意见、同光时代之改革意见、甲午战后之改革意见、庚子事变后之改革意见、反对改革之言论举要。有附录。

2425 中华民国开国五十年文献．第一编，革命源流与革命运动．第八册，清廷之改革与反动．下/“中华民国开国五十年文献编纂委员会”编纂. 台北：正中书局. 1966.10

本编第三部分“清廷之改革与反动”，叙述国人救亡图存之迫切要求，及清廷每有改革即继以反动。本册分2章：清廷之新政、改革之进展与清廷之反动。内容包括：外交、工矿、交通、军事、教育、戊戌政变、预备立宪、路矿国有与民营之争。

2426 中华民国临时约法/［著者不详］. 铅印本. ［出版地不详］：［出版者不详］. 民国间（1912－1949）

辛亥革命胜利，以孙中山为首的中华民国临时政府制定了一部具有“宪法”性质的根本大法，这就是《中华民国临时约法》。该法包括七章五十六条：《总纲》（1－4条），《人民》（5－15条），《参议院》（16－28条），《临时大总统副总统》（29－42条），《国务员》（43－47条），《法院》（48－52条），《附则》（53－56条）等。

2427 中华民国时期军政职官志/郭卿友主编. 兰州：甘肃人民出版社. 1990.12

本书记录了有关南京临时政府、北京政府与北洋军、民国政府与总统府、伪满政府与汪伪国民政府主要官职；有关辛亥革命后建立的军政府、武汉国民政府、民国革命军、工农红军、中国人民解放军、伪满洲国民军队与汪伪军队的建制。

2428 中华民国史．第四册，志三/朱汉国，杨群主编. 成都：四川人民出版社. 2006.1

本卷为《中华民国史》志部军事外交卷，包括兵志、革命军队志、战争志、外交志四个志。兵志是对南京临时政府时期、北洋政府时期和国民政府时期军事体制的介绍。革命军队志是对中国共产党领导的军队的军事体制的介绍。战争志是对中华民国时期发生并对中国社会产生重要影响的各次战争的介绍。外交志选取了中国与那些在民国时期具有重大国际影响力的国家之间的双边关系加以考察。

2429 中华民国史资料丛稿：译稿．第一辑，1895－1912年中国军事力量的兴起/（美）鲍威尔著；陈泽宪等译；中国社会科学院近代史研究所中华民国史组编. 北京：中华书局. 1978.5

本辑分9章，包括：1895年以前的中国军队、1895－1897年新型军队的建立、1898－1900年百日维新与义和团叛乱、1901－1903年慈禧领导下的军事现代化、1904－1906年军事和官制的改革、1904－1906年间军事训练与组织方面的进步、旧秩序的崩溃1907－1911年、陆军和1911年的革命等。

2430 中华民国史资料丛稿：专题资料选辑．第二辑，清末新军编练沿革/中国社会科学院近代史研究所中华民国史组编. 北京：中华书

局．1978.5

本书着重在清末新军编练沿革方面，有限地收入了新军的营制、饷章、训练等方面的记载。全书分 3 部分：《清末新军编练综述》，收录了从新军编练缘起至全国普练新军方面的综合性资料；《各镇及各省新军编练沿革》，是从北洋六镇起，逐镇逐省地将清末新军三十六镇的编练沿革资料加以收集整理；《新军学堂和陆军留学生》，收录了北洋及各省陆军学校资料和陆军留日学生资料。

2431 中华民国时期西藏地方与中央政府关系研究/祝启源著；赵秀英整理．北京：中国藏学出版社．2010

本书分 3 章 14 节。内容包括：民国前期西藏地方与中央政府的关系、民国后期西藏地方与中央政府的关系、中华民国时期西藏地方与内地经济文化的关系。附《民国著作参考文献》和《祝启源先生略传》。

2432 中华民国政治史/贾逸君著．影印本．上海：上海书店．1990.12（民国丛书．第二编．政治、法律、军事类；22）

本书包括：民国之开创、袁氏当国后之政局、洪宪帝制、宣统复辟、冯氏党国及非法国会、护法战争、南北之和议、五四运动、直皖之战等内容。

2433 中华民国政治制度史/徐矛著．上海：上海人民出版社．1992.7

本书反映了中华民国政治制度的历史演变规律及其事实面貌，包括：绪言、中华民国成立前的中国政体、资产阶级初建政权时的政治制度、《临时约法》的实行与失败、北洋政府的政治制度、资产阶级力图重建政权时的政治制度、广州武汉国民政府的政治制度、南京国民政府的“训政”体制、五院制度详述等。

2434 中华宪法平议/（美）韦罗璧，（美）韦罗贝著；万兆芝译．复制本．上海：中华书局．1919.10

两著者都曾任前中华民国的宪法顾问，以西方政治理论与经验观察中国政制，讨论关于实行共和政治的各重要问题，并寻求其解决方法。全书分 10 编，包括：共和政治论、制宪论衡、天坛宪草论、政象危言、总统与国会、政党与宪治、省制、治人。有照片。

2435 中鱼集/沈钧儒著．影印本．上海：上海书店．1990.12（民国丛书．第二编．综合类；100）

本书包括中鱼集、章乃器论文集、荒谬集三个部分，论述了抗战、宪政、文化及乡村建设、中日纠纷、币制金融等问题。

2436 总理遗教/蒋委员长讲．再版．杭州：杭州正中书局．1940.1

本书分为 6 讲，内容包括“总理遗教概要”、“政治建设之要义”、“物质建设之要义”、“心理建设之要义”、“社会建设与民生哲学之要义”、“研究总理遗教之结论”。

2437 总理遗教六讲/蒋中正讲述．1944.5 再版，1945 沪 1 版，1946 沪 3 版．重庆：中国文化服务社．1944.3（国民党丛书）

1935 年 9 月 14 日—19 日蒋介石在峨嵋军训团的讲稿。分孙中山遗教概要、政治建设之要义、物质建设之要义、心理建设之要义、社会建设与民生哲学之要义、研究孙中山遗教之结论等 6 讲。

2438 总统顾问之议会组织法/［美］古德诺著．铅印本．［出版地不详］：［出版者不详］．1914

本文先叙述了政治会议解散后制定立法机关之必要性，接着从组织办法、代表性质和应行职务三个方面，阐述如何组织一个永久抑或临时的立法组织。

2439 走向共和/盛和煜，张建伟著．北京：民族出版社．2003.1

本剧本以晚清民初的社会政治生活为主要内容，以中国近代史上的民族精英为中华民族寻找出路为线索，塑造出一批逼近历史真实的人物群像，描绘出中国走向共和，处于历史转折和社会转型时期的重大历史事件，写出了各种政治势力和思想流派在历史进程中的贡献和局限。全书共56章，包括修园子、洋务领袖、来而不往非礼也、一局双赢、身怀利器、北洋碧波映龙旗、一衣带水、戊戌维新、汤武革命等。

2440　最近三十年中国军事史/文公直编．影印本．台北：文海出版社．1983.12（近代中国史料丛刊．第六十四辑；639）

本书分上、下两册，共3编：军制、军史、战史。其中军制篇包括：中国陆军军制之沿革、北洋新军之编练、民国之陆军军制等；军史篇包括：北洋军之历史、东三省军央、鄂湘军史等；战史篇包括：中日战争、辛亥革命战争、帝制战争等内容。

2441　最近三十年中国政治史/李剑农著．再版．上海：太平洋书店．1930.10

全书共12章，记述维新运动的初步、维新运动的反动、维新运动的再起、革命与立宪的对抗运动、清政府的颠覆与中华民国成立、帝制运动与反帝制运动、联省自治运动与南北各军阀的混战、最近三十年中国政治史的解释和今后的去路等。卷首有导言，分甲午战争以前的中国政况、最近三十年政治变化的概览两节。

2442　最近三十年中国政治史/李剑农著．3版．台北：台湾学生书局．1976.10

内容提要参见2441。

2443　最近之支那/［英］哥呼伦著；（清）武生译．铅印本．上海：东陵译社，1851—1911

本书所写是关于清末中国的现实。内容有："绪论"、"支那之政治"、"支那之社会"、"支那之外交"、"支那之经济"、"结论"。

9 辛亥革命时期的社会

2444 《大公报》与近代中国社会/侯杰著. 天津：南开大学出版社. 2006.4（近代中国研究丛书）

本书共9章，内容包括：导论——秉笔直书写大公，无冕之王——英敛之，文人论证——《大公报》对近代中国政治的参与，“开风气，牖民智”——《大公报》与近代中国民智启蒙等。

2445 20世纪初中国的遗老遗少/焦静宜著. 北京：科学出版社. 1989.8（中国文化风情丛书）

本世纪初的中国处于新旧杂陈的历史过渡时期，本书写出一批活跃于辛亥革命前后的封建遗老遗少的特殊心态和不同命运。全书共分13章，包括过渡的时代、从宣统皇帝到“张园士人”、末代皇后婉容、宫廷内外的“小德张”、水竹邨人徐世昌、状元实业家张謇、北洋之“虎”段祺瑞等。书中有照片和序。

2446 20世纪初中国的遗老遗少/焦静宜著. 台北：博远出版公司. 1990.4（中国文化风情丛书）

内容提要参见2445。

2447 20世纪的中国，体育卫生卷/汪智主笔. 兰州：甘肃人民出版社. 2000.5

本卷叙述了自1900年至20世纪末的中国体育卫生史。体育卷包括：引子——从“东亚病夫”说起、传统体育的继承与西方体育的初期传播、近代体育的成熟与初步发展、近代体育的不平衡发展等9章。卫生卷包括上、下两编5章，即导论——医药卫生的世纪巨变、20世纪前半叶中国医药卫生事业、20世纪后半叶中国医药卫生事业。附《20世纪中国体育大事记》、《20世纪中国医药卫生大事记》。

2448 20世纪的中国：学术与社会，社会学卷/李培林等著. 济南：山东人民出版社. 2001.1

本书分8章，包括：现代化的求索：启蒙、进化与改良，中国传统社会中的皇权，乡土社会及其社会结构特征，中国农村社会调查，农村工业化的道路与模式，城市社会生活，人口与生育制度研究，人类学在20世纪中国。

2449 安东旧影：安东影像集萃. 中卷，清末民国安东旧影/王文良主编. 沈阳：万卷出版公司. 2008.10

本书将1894－1945年期间有关安东的历史照片进行收集整理，并参考了历史文献记述和挖掘与其相关的人物故事、遗址遗迹以及重大历史事件和风土人情，从而更全面地认识安东的发展历程。

2450 北京图书馆藏家谱丛刊，闽粤侨乡卷. 第49册～第50册/张志清，徐蜀主编；北京图书馆编. 影印本. 北京：北京图书馆出版社. 2000.12

全套书共收入闽粤两省著名侨乡的陈、刘、黄、林等25姓的40种线装家谱，涉及地域包括晋江、福州、闽侯、潮州、香山、嘉应等。时间上起清顺治，下迄民国年间。

2451 北京银锭桥史迹志/张江裁辑. 铅印本. [出版地不详]：东莞张氏拜袁堂. 1943（汪精卫先生行实录）

本书记录了采访汪精卫刺杀摄政王目击证人的谈话内容。

2452 变动时代的乡绅：乡绅与乡村社会结构变迁（1901－1945）/王先明著. 北京：人民出版社. 2009.7（20世纪中国乡村社会变迁丛书）

本书对于民国以来的乡制变革作了较系统的考察。内容包括：士绅阶层与晚清“民变”、新学制与旧乡绅、乡村社会分层与乡绅的权力资本、乡村社会流动与乡绅阶层、“权绅化”走向与农民运动的兴起、“村选”政治与乡绅权势的消亡等。

2453 传承与新变：明中叶至辛亥革命的物质文明/刘玉才. 北京：北京大学出版社. 2009.1

本书从明清时期中国传统农业、手工业、科学技术、商品经济和近代工业发展过程，讲述了中华文明从农业文明走向工业文明的历程。全书共10章，内容包括：小引、立国之本、匠作巧思、商贸金融、科学曙光、营造法式、师夷制器、百姓日用和结语。

2454 慈善救济事业与近代山东社会变迁：1912－1937/赵宝爱著. 济南：济南出版社. 2005.9

本书内容包括：清代慈善救济事业回顾、近代慈善救济事业的兴起、慈善救济与政府责任、省内民间支持系统、跨越省界和国界的慈善活动。书中有前言、绪论、结语、主要参考文献和后记。

2455 大清王府/文安主编. 北京：中国文史出版社. 2004.1（清末民初系列丛书）

本书介绍了清朝宗室王公概况、清代等级制度、大清王府、清末贵族生活。包括：规模宏大的礼亲王府、恭王府及花园等。

2456 戴敦邦新绘旧上海百多图/戴敦邦绘；魏绍昌笺注. 杭州：浙江人民美术出版社. 1989.5

本书是作者根据清末小说家吴趼人的《沪上百多谈》绘制的漫画，客观地呈现了清末旧上海“十里洋场”的历史画貌，是一卷形象的、生动的社会风俗画。

2457 地质学与民国社会：中央地质调查所研究（1916－1950）/张九辰著. 济南：山东教育出版社. 2005.10（中国近现代科学技术史研究丛书）

本书分6章，包括：近代地质学与中国社会、中央地质调查所的历史、学术体制与学术方向、学术权威的作用、地质学家群体分析、对中国地质学界的影响。书中附有人名录、索引和地质调查所口述史料。

2458 调查延吉边务报告书：九章/吴禄贞等编. 铅印本. 吉林：官书印刷局，清光绪三十四年（1908）

本书共分9章：延吉厅幅员之广袤、延吉厅疆域之历史、延吉厅自国初至今建设之沿革、韩民户口区域一览表、吉韩界务之始末、日韩对延吉谬论之详辩、日人经营延吉之原因、日人经营延吉之手段、日人越境之举动（暂缺）。卷前附光绪三十二年十二月二十五日，帮办吉林边务陆军协统正参领吴禄贞所制延吉地图一幅。

2459 东北游记续编/卢作孚撰. 石印本. 峡防：峡防团务局，民国间（1912－1949）

本书记载的是由奉天抚顺到哈尔滨经吉林长春到天津北平的游记。从一九三〇年六月二十九日到七月十九日。而作者的全部行程是由一九三〇年三月八日离开重庆始到八月二十日回到重庆为止。可以作为了解当时的社会、经济和政治的史料。

2460 发财秘诀/（清）吴趼人著. 郑州：中州古籍出版社. 1987.9

本书收入中短篇小说9篇，其内容反映了清末社会的各个侧面，揭露官场黑暗与腐朽，抨击清政府媚外卖国，暴露封建道德的日益沦丧，描写作者所憧憬的社会思想。

2461　帆影楼纪事/吴芝瑛著．影印本．台北：文海出版社．1975.5（近代中国史料丛刊续编．第二十四辑；235—6）

本书收录了吴芝瑛所著文章多篇，对清末民初的社会情况多有描写，为窥见民国初年社会的一本史料，并附有《鞠饮案牍汇存》。本书有图及像。

2462　国民共济策/（英）威布夫妇著；吴源瀚，徐仁怡译．北京：内务部编译处．1919.10

本书分10章，论述社会的贫困问题、失业问题、社会保险、防贫救济的措施和方法等。

2463　黑龙江省奏稿/程德全撰．铅印本．［出版地不详］：［出版者不详］，清光绪三十四年（1908）

本书为清光绪三十三—三十四年（1907—1908）间黑龙江省奏折汇编，共收录如《国民捐数目折》、《购到火犁片》、《富安接办拜泉县荒务片》等奏折187篇，内容多以荒务为主。本书3册。

2464　淮河流域的水利事业（1912—1937）——从公共工程看民初社会变迁之个案研究/黄丽生著．台北：台湾师范大学历史研究所．1986.12（台湾师范大学历史研究所专刊；15）

全书分5章，包括：绪论、淮域水利发展的生态背景、淮域水利发展的条件及其变迁、淮域水利建设之成果与检讨、结论。书中附有自序、征引书目和图表。

2465　淮河中下游地区环境变动与社会控制：1912—1949/胡惠芳著．合肥：安徽人民出版社．2008.7

本书分5章，包括：淮河中下游地区的自然环境变动、民国时期自然环境社会控制的基本主张、民国政府的自然环境社会控制、民间团体对自然环境的治理与保护、自然环境社会控制的绩效分析。附相关法律法规。

2466　回应革命与改革：皖北李村的社会变迁与延续/韩敏著；陆益龙，徐新玉译．南京：江苏人民出版社．2007.3（海外中国研究丛书·海外学子系列）

全书分8章，包括：萧县和李家楼概述，晚清帝国时期（1369—1911年）的李氏家族，1912—1949年间民国时期的社会变迁，社会主义集体化中的李家楼，家庭生产责任制下的李家楼，性别、婚姻和姻亲关系，改革开放后皖北基督教的发展，仪式的复兴与族亲和姻亲网络的重建。书中有导论、结论、附录、索引、参考文献等。

2467　跻春台：清末拍案惊奇/（清）刘省三著；张庆善整理．天津：百花文艺出版社．1988.2

本书是清代最后一部话本小说专集，包括：元集、亨集、利集、贞集共40篇话本小说，其中多数为公案小说，反映了清末动荡不安的社会生活。

2468　江苏省川沙县志．一/方鸿铠修；黄炎培纂．影印本．台北：成文出版社．1974.6（中国方志丛书．华中地方）

本书主要收录了川沙县地图，包括：川沙县全境图、长人乡图、高昌乡图、八团乡图、九团乡图、横沙乡图、公安局图等。

2469　近代华北区域社会史研究/江沛，王先明主编．天津：天津古籍出版社．2005.1

本书分名家笔谈、天津史研究、经济与社会考察、教育谈片、民间结社探析、比较研究、田野心得等7部分，收录文章26篇。

2470　近代绅士：一个封建阶层的历史命运/王先明著．天津：天津人民出版社．1997.12（社会史丛书）

在近代中国社会历史及其社会阶级关系体系的变动过程中，无论是新生阶级力量的形成和发展，还是旧存阶级力量的分化和消亡，都与绅士阶层的历史性变动密切相关。作者以绅士阶层的历史轨迹为出发点，探讨近代社会结构变动的进程。

2471 近代武汉城市史/皮明庥主编. 北京：中国社会科学出版社. 1993.12

本书写的是从鸦片战争到建国前的武汉城市兴衰史。全书分4编，包括：近代武汉都会形成期与近代化的滥觞期（1840－1911）、武汉都会扩展期与近代化曲折发展期（1912－1937）、武汉都会战时化、殖民化期和近代化断裂期（1938－1949）、专论。书中附有地图、序言、导论和后记。

2472 近代中国的经济与社会/吴景平，陈雁主编. 上海：上海古籍出版社. 2002.6（近代中国研究专刊；2）

本书分6部分，内容包括：近代中国资本主义的发生、发展，商会与社会转型时期的政治和政府，金融制度、同业团体和信用观念，国家政策、企业制度和经济变迁，在华外商和走向世界的华商，经济发展和社会变迁中的企业家和金融家。书中附有“近代中国经济与社会”学术讨论会综述和编者后记。

2473 近代中国社会保障立法研究：1912－1949/岳宗福著. 济南：齐鲁书社. 2006.12

本书分上、下两编。上编包括历史背景与社会动因，思想渊源与理论基础，社会政策、社会立法与社会行政。下编包括近代中国社会救济立法，近代中国社会保险立法，近代中国社会福利立法，近代中国社会抚恤立法。有序、导论、结语、余论、主要参考文献和后记。

2474 救灾与济贫：中国封建时代的社会救助活动（1750－1911）/陈桦，刘宗志著. 北京：中国人民大学出版社. 2005.9（19世纪中国社会研究）

本书分上编和下编，内容包括：清代社会救助活动及其基本特征、以“荒政”为主要形式的国家救灾体制、御防“荒歉”的粮食储备制度、社会救助中封建国家作用的下降等。

2475 历史的凝眸：清末民初昆明社会风貌摄影纪实（1896－1925）/（法）奥古斯特·弗朗索瓦等摄影. 昆明：云南美术出版社. 2000.4

本摄影集共分为田园都市、古城楼庙、街巷即影、集市店铺、芸芸众生、社会风云6个部分，收入照片200多幅，生动表现了清末民初时期云南的人文景观，再现了昆明市的社会风貌。

2476 论清末民初中国社会/蔡尚思等著. 上海：复旦大学出版社. 1983.3

本书收录了17篇文章，包括：辛亥革命时期的新思想运动、评孙中山的民权主义思想、略论梁启超的《新民说》、论二十世纪初年中国社会危机、辛亥革命在上海、孙中山关于经济建设的设想、清末收回铜官山利权运动、“清末民初中国社会”学术讨论会综述等。

2477 民初直鲁豫盗匪之研究：一九一二～一九二八/吴蕙芳著. 台北：台湾学生书局. 1990.12（史学丛书；17）

全书分6章，包括：盗匪的时代背景；盗匪的种类、巢窟与分布；盗匪的组织、规律与隐语；盗匪的武器、战术与习性；盗匪的祸害；盗匪的影响。书中附有序、绪论、结论、参考书目和附录。

2478 民国时期的国家与社会：自由职业团体在上海的兴起（1912－1937）/徐小群著. 北京：新星出版社. 2007.12（中生代思想书系）

本书提供了一个新的视角来观察民国时期上海在历史境遇下的社会状况，研究1912－1937年间中国自由职业团体的活动。全书分4部分，包括“自由职业和自由职业者”、“社会组织——国家行为和职业化”、“律师、会计师和医师”、“新闻记者和大学教授”。有导言、参考文献和后记。

2479 民国时期的减灾研究：1912－1937/杨琪著. 济南：齐鲁书社. 2009.6

本书以考察民国的减灾问题为主旨，运用多学科的知识对民国减灾政策、措施、救灾方式的演化及减灾成效作总体研究。全书分 6 章，包括：严重的灾荒问题；减灾：制度与立法；灾害的社会救济与政府救济；灾害的研究、监测与治理；减灾工程与备荒防灾建设；民国减灾的再思考。书中附有绪论、参考文献和后记。

2480 民国时期宁波慈善事业研究：1912－1936/孙善根著. 北京：人民出版社. 2007.6（中国慈善研究丛书）

本书以大量第一手文献史料对民国时期（1912－1936）浙江宁波地区慈善事业进行了系统梳理。全书分 6 章，包括：地域背景与宁波慈善事业的传统、新旧并存的民国前期宁波慈善公益团体、慈善公益活动——常态救助与灾变应对、慈善公益事业与宁波社会的近代化、政治变动与民国前期宁波慈善公益事业的转型、民国前期宁波慈善公益事业的发展历程与地域特点。书中附有表格目录 63 个。

2481 民国时期社会调查丛编（二编）：社会组织卷/李文海主编. 福州：福建教育出版社. 2009.7

本书共收录了 21 篇民国时期有关社会组织生活的调查报告，内容包括：东北的社会组织、福建的民团与农村、同乡组织之研究、北平会馆调查、十七年各地工会调查报告、天津各级工会调查概况、天津各业工会现状、昆明市十二个工会调查等。书中附有前言和图表。

2482 民国时期社会调查丛编（二编）：乡村社会卷/李文海主编. 福州：福建教育出版社. 2009.7

本书共收录了 26 篇民国时期有关乡村社会生活的调查报告，内容包括：一个市镇调查的尝试、北平市四郊农村调查、南阳农村社会调查报告、兰溪农村调查和统计表、上海特别市各区农村概况、上海市百四十户农家调查、上海市中心区百零六户农民生活状况调查报告书、华阳县农村概况等。书中附有前言和图表。

2483 民国时期总书目：1911－1949，社会科学（总类部分）/北京图书馆编；李小文本册主编.［出版地不详］：［出版者不详］. 1995.6

本书目包括：社会科学总论、统计学、社会学、人口学、管理学、人才学 6 类，共收书 3500 余种。

2484 民国史料丛刊. 806，史地·地理/张研，孙燕京主编. 影印本. 郑州：大象出版社. 2009.8

本书共收录了《东三省旅行指南》和《东北游记》两本书。《东三省旅行指南》包括总论、旅客须知、东省游览地纪略等内容。《东北游记》为卢作孚所著，全书共有由上海到青岛、由青岛到大连、由大连到沈阳、由沈阳到哈尔滨、由哈尔滨回长春转敦化、由敦化回沈阳到山海关、由山海关到唐山、由唐山到北平、由天津到上海等 9 部分内容。

2485 民国史料丛刊. 871，史地·地理/张研，孙燕京主编. 影印本. 郑州：大象出版社. 2009.8（民国史料丛刊）

本册内容为：京汉铁路局 1913 年出版的《京汉旅行指南》第四期及京绥铁路管理局编译课编辑的《京绥铁路旅行指南》（一）。

2486 民国史料丛刊. 928，史地·年鉴/张研，孙燕京主编. 影印本. 郑州：大象出版社. 2009.8（民国史料丛刊）

本册内容为：《民国年鉴》及《新国民年鉴》（一）。《民国年鉴》所收内容自 1912 年始至 1928 年止。

2487 民生主义的社会安全制度/谈益民编著. 再版. 台北：正中书局. 1979.10

全书分 7 章，内容包括：前言、社会安全制度的认识、民生主义与社会安全制度、民生主义社会安全制度的设想、民生主义社会安全制度的实施、实施民生主义社会安全制度的有关问题、结论。

2488 明信片清末中国/王佳楠，蔡小丽收藏；陈玲等编著. 北京：中国人民大学出版社. 2004.1

本书以画册的形式收录了国外印制的有关清朝末年中国社会状况的明信片，阐述清末年间外国人眼中的清朝政府、苦难中的民众等。

2489 明信片清末中国/陈玲，王迦南，蔡小丽编著. 再版. 北京：中国人民大学出版社. 2005.3

内容提要参见2488。

2490 南洋华侨与闽粤社会/陈达著. 复制本. 长沙：商务印书馆. 1938.5

本书分两编九章。第一编包括：环境和社会变迁的原素。第二编包括：生计、衣食住、家庭与婚姻、社会觉悟、教育、卫生与娱乐、信仰。书中附有引言、章内表格目录和附录。

2491 孽海花：全本/曾朴，燕谷老人著. 太原：北岳文艺出版社. 1991.1

全本《孽海花》是曾朴写的《孽海花》与张鸿（署名燕谷老人）续写的《续孽海花》的合集。本书是反映清末的政治与社会变革的一部长篇历史小说。《孽海花》30回，《续孽海花分》60回。书中附有照片。

2492 蒲岐所志/（清）倪启辰纂. 影印本. 上海：上海书店. 1992.7（中国地方志集成. 乡镇志专辑. 25）

本书与清湖小志、石步志、金乡镇志等合订一册。本书两卷，清末纂，现据南京大学图书馆藏抄本影印。蒲岐今属浙江省乐清县，包括：兴地、规制、艺文、杂志等内容。

2493 奇案写真/文安主编. 北京：中国文史出版社. 2004.1（清末民初系列丛书）

本书搜集了清末民初发生的、多为历史事件及轰动朝野的大案与奇案，揭示清朝腐败的官场必然随着王朝的衰败而灭亡的规律。包括书甲辰三暗杀案，清廷查力、吴樾炸弹案、清末放逐袁世凯吴禄贞被刺案真相等。

2494 清代澳门社会生活消费研究：1644—1911/陈伟明著. 广州：广东人民出版社. 2009.12（澳门丛书）

本书分7章，包括：清代澳门生活资料主要来源、清代澳门居民收入与生活消费水平、清代澳门的社会生活消费时尚、清代澳门人口消费类型、清代澳门社会生活消费结构、清代澳门社会生活消费特色、社会生活消费与社会发展。书中有前言和主要参考书目。

2495 清代稿钞本. 第四九册/桑兵主编；广东省立中山图书馆，中山大学图书馆编. 影印本. 广州：广东人民出版社. 2007.4（国家清史编纂委员会·文献丛刊）

本书内容包括：开办船牌章程二十四则、广行善堂章程、广东提学使办理留洋学生公牍、广东谘议局筹办处第一次报告书、广东谘议局筹办处第二次报告书、广东谘议局第一次会议报告书、广东调查局公牍录要初编、广东谘议局第一期会议速记录等。

2496 清代稿钞本. 第五〇册/桑兵主编；广东省立中山图书馆，中山大学图书馆编. 影印本. 广州：广东人民出版社. 2007.4（国家清史编纂委员会·文献丛刊）

本书内容包括：谘议局章程及选举章程解释汇钞、广东宪政筹备处报告书、广东地方自治筹办处第二次报告书、广东清理财政局汇编司局等库宣统贰年春季分收款报告册、抄录广东省试办宣统三年预算岁出地方行政经费总册表等。

2497 清末北京志资料/张宗平，吕永和译；吕永和，汤重南校. 北京：北京燕山出版社. 1994.2

本书共39章，记述了清末义和团至1907年这段时间北京的变化，涉及了北京社会的各个方面，描写了当时的社会现状。

2498 清末川边藏区改土归流考/马菁林著. 成都：巴蜀书社. 2004.2

全书分10章，包括：中国大历史中的土司制度、清代改土归流总考、清王朝治藏政策及藏区土司制度概略、清末边藏区改土归流溯源、赵尔丰川边藏区改土归流的政治举措、赵尔丰川边藏区改土归流的经济社会举措、清末川边藏区改土归流的历史评价等。有序言和后记。

2499 清末川滇边务档案史料/四川省民族研究所《清末川滇边务档案史料》编辑组编. 北京：中华书局. 1989.5

本书分3册，选编了自1903年至1911年，四川省甘孜藏族自治州全部和西藏自治区昌都地区一部分的有关川滇边务大臣的档案资料。上册从癸卯1903年至戊申1908年；中册从己酉1909年至庚戌1910年；下册从庚戌1910年至辛亥1911年。有图片、注释、清末川滇边务大事记、专题索引、地区索引。

2500 清末鄂尔多斯基层社会控制研究/梁卫东著. 北京：民族出版社. 2009.12

全书分6章，包括：绪论、清前期中央与鄂尔多斯地方的关系、清末鄂尔多斯面临的变局、中央与地方关系的重组：鄂尔多斯社会控制的新格局、清末国家与社会的调适和互动、结语——鄂尔多斯模式的总结。书中附有主要征引与参考文献和后记。

2501 清末教案. 第六册，英国议会文件选译/陈增辉卷主编；俞观型，沈羹梅，曾广超译；中国第一历史档案馆，福建师范大学历史系合编. 北京：中华书局. 2006.2（中国近代史资料丛刊续编）

本辑从《英国议会文件》中选译与清末教案有关的部分文件，起于1868年扬州府教案，止于1892年排外暴动。包括：扬州府袭击英国新教传教士往来文件、英国传教士在中国内地定居问题的往来文件等。

2502 清末绿林纪实/刘秉荣著. 北京：中国人民公安大学出版社. 1993.9

本书是一部有关绿林纪实的作品，披露了清末绿林的内幕及规矩、制度、黑话等及绿林中各种人的善恶行为。

2503 清末民初报刊图画集成. 一～二，点石斋丛画/全国图书馆文献缩微复制中心编. 影印本. 北京：全国图书馆文献缩微复制中心. 2003.7（国家图书馆古籍文献丛刊）

本书与《清末民初报刊图书集成续编》一书互为补充，记录了清末民初年间社会时事、民俗民风、山水名胜、考古探奇等内容。本书收录的是光绪十一年的《点石斋丛画》。

2504 清末民初报刊图画集成. 三～四，诗画舫/全国图书馆文献缩微复制中心编. 影印本. 北京：全国图书馆文献缩微复制中心. 2003.7（国家图书馆古籍文献丛刊）

本书与《清末民初报刊图书集成续编》一书互为补充，记录了清末民初年间社会时事、民俗民风、山水名胜、考古探奇等内容。本书收录的是光绪十四年的《诗画舫》。

2505 清末民初报刊图画集成. 五/全国图书馆文献缩微复制中心编. 影印本. 北京：全国图书馆文献缩微复制中心. 2003.7（国家图书馆古籍文献丛刊）

本书与《清末民初报刊图书集成续编》一书互为补充，记录了清末民初年间社会时事、民俗民风、山水名胜、考古探奇等内容。本书收录了《海上青楼图记》、《北洋学报》、《时事书报》等。

2506 清末民初报刊图画集成. 六，舆论时事报图画之绘图中外小说/全国图书馆文献缩微复制中心编. 影印本. 北京：全国图书馆文献缩微复制中心. 2003.7（国家图书馆古籍文献丛

刊）

本书与《清末民初报刊图书集成续编》一书互为补充，记录了清末民初年间社会时事、民俗民风、山水名胜、考古探奇等内容。本书收录的是《舆论时事报图画之绘图中外小说》。

2507 清末民初报刊图画集成．七/全国图书馆文献缩微复制中心编．影印本．北京：全国图书馆文献缩微复制中心．2003.7（国家图书馆古籍文献丛刊）

本书与《清末民初报刊图书集成续编》一书互为补充，记录了清末民初年间社会时事、民俗民风、山水名胜、考古探奇等内容。本书收录的是《舆论时事报图画之绘图中外小说》和《舆论时事报图画之每日古事书》。

2508 清末民初报刊图画集成．八/全国图书馆文献缩微复制中心编．影印本．北京：全国图书馆文献缩微复制中心．2003.7（国家图书馆古籍文献丛刊）

本书与《清末民初报刊图书集成续编》一书互为补充，记录了清末民初年间社会时事、民俗民风、山水名胜、考古探奇等内容。本书收录的是《舆论时事报图画之图事新闻》和《舆论时事报图画之每日古事书》。

2509 清末民初报刊图画集成．九，舆论时事报图画之图画新闻/全国图书馆文献缩微复制中心编．影印本．北京：全国图书馆文献缩微复制中心．2003.7（国家图书馆古籍文献丛刊）

本书与《清末民初报刊图书集成续编》一书互为补充，记录了清末民初年间社会时事、民俗民风、山水名胜、考古探奇等内容。本书收录的是宣统元年的《舆论时事报图画之图事新闻》。

2510 清末民初报刊图画集成．十～十七，时事报馆戊申全年画报．壹－捌/全国图书馆文献缩微复制中心编．影印本．北京：全国图书馆文献缩微复制中心．2003.7（国家图书馆古籍文献丛刊）

本书与《清末民初报刊图书集成续编》一书互为补充，记录了清末民初年间社会时事、民俗民风、山水名胜、考古探奇等内容。本书收录的是宣统元年的《时事报馆戊申全年画报》。

2511 清末民初报刊图画集成．十八/全国图书馆文献缩微复制中心编．影印本．北京：全国图书馆文献缩微复制中心．2003.7（国家图书馆古籍文献丛刊）

本书与《清末民初报刊图书集成续编》一书互为补充，记录了清末民初年间社会时事、民俗民风、山水名胜、考古探奇等内容。本书收录的是宣统元年的《绘图骗术奇谈》和《时事报图画旬报》。

2512 清末民初报刊图画集成．十九，燕都时事画报/全国图书馆文献缩微复制中心编．影印本．北京：全国图书馆文献缩微复制中心．2003.7（国家图书馆古籍文献丛刊）

本书与《清末民初报刊图书集成续编》一书互为补充，记录了清末民初年间社会时事、民俗民风、山水名胜、考古探奇等内容。本书收录的是宣统元年的《燕都时事画报》。

2513 清末民初报刊图画集成．二十，北京白话画图日报/全国图书馆文献缩微复制中心编．影印本．北京：全国图书馆文献缩微复制中心．2003.7（国家图书馆古籍文献丛刊）

本书与《清末民初报刊图书集成续编》一书互为补充，记录了清末民初年间社会时事、民俗民风、山水名胜、考古探奇等内容。本书收录的是宣统元年、二年的《北京白话画图日报》。

2514 清末民初报刊图画集成续编．一～五，浅说画报．壹－伍/全国图书馆文献缩微复制中心编．影印本．北京：全国图书馆文献缩微复制中心．2003.8（国家图书馆古籍文献丛刊）

本书与《清代报刊图书集成》一书互为补充，记录了清末民初年间社会时事、民俗民风、山水名胜、考古探奇等内容。本书收录的是宣统元年、三年、民国元年的《浅说画报》。

2515　清末民初报刊图画集成续编．六～十五，图画日报．壹～拾/全国图书馆文献缩微复制中心编．影印本．北京：全国图书馆文献缩微复制中心．2003.8（国家图书馆古籍文献丛刊）

本书与《清代报刊图书集成》一书互为补充，记录了清末民初年间社会时事、民俗民风、山水名胜、考古探奇等内容。本书收录的是宣统元年、二年的《图画日报》。

2516　清末民初报刊图画集成续编．十六/全国图书馆文献缩微复制中心编．影印本．北京：全国图书馆文献缩微复制中心．2003.8（国家图书馆古籍文献丛刊）

本书与《清代报刊图书集成》一书互为补充，记录了清末民初年间社会时事、民俗民风、山水名胜、考古探奇等内容。本书收录了《开通画报》、《菊侪画报》、《绘图杂报选集》等。

2517　清末民初报刊图画集成续编．十七/全国图书馆文献缩微复制中心编．影印本．北京：全国图书馆文献缩微复制中心．2003.8（国家图书馆古籍文献丛刊）

本书与《清代报刊图书集成》一书互为补充，记录了清末民初年间社会时事、民俗民风、山水名胜、考古探奇等内容。本书收录了《北京画报》、《顺天画报》、《醒俗浅说报》、《醒华日报》。

2518　清末民初报刊图画集成续编．十八～十九，清代画报/全国图书馆文献缩微复制中心编．影印本．北京：全国图书馆文献缩微复制中心．2003.8（国家图书馆古籍文献丛刊）

本书与《清代报刊图书集成》一书互为补充，记录了清末民初年间社会时事、民俗民风、山水名胜、考古探奇等内容。本书收录的是民国十五年的《清代书报》。

2519　清末民初报刊图画集成续编．二十，京师教育画报/全国图书馆文献缩微复制中心编．影印本．北京：全国图书馆文献缩微复制中心．2003.8（国家图书馆古籍文献丛刊）

本书与《清代报刊图书集成》一书互为补充，记录了清末民初年间社会时事、民俗民风、山水名胜、考古探奇等内容。本书收录的是民国的《京师教育书报》。

2520　清末民初的陕北社会/秦燕著．西安：陕西人民出版社．2000.3

本书所研究的是陕西北部地区自清代道光至民国初年100多年的历史，共分6章，包括：自然环境与人口、社会经济状况、社会生活及风尚演变、陕北宗族、绅士与乡土社会、民间宗教与信仰等。书中附有前言和后记。

2521　清末民初秘密社会的蜕变/秦宝琦著．北京：中国人民大学出版社．2004.4（19世纪中国社会研究）

本书分12章，内容包括：清末民初三大秘密会党的基本状况、晚清三大帮会的造反活动、晚清主要秘密教门的流传及其造反活动、拜上帝会和太平天国的神权统治、清末民初秘密会党的蜕变、民初秘密教门蜕变的政治与文化背景等。附《参考书目》。

2522　清末民初云烟录/申君著．成都：四川人民出版社．1984.6（龙门阵丛书）

本书取与清末民初史事有关的文章汇成此集，分为上、下两编：上编《旧闻杂录》，收近似随笔的杂稿29篇；下编《丁巳复辟侧记》，则系将有关丁巳复辟文稿五篇重新编写，并为一题。

2523　清末民初政情内幕：《泰晤士报》驻北京记者、袁世凯政治顾问乔·厄·莫理循书信集．上卷（1895－1912）/（澳）骆惠敏编．沪版．

上海：知识出版社．1986.11

本卷选辑了1895－1912年莫理循任《泰晤士报》记者期间，先后从暹罗、缅甸和中国发出和收到的往来书信530封，大体上按时间顺序分成15章。书中附有序、译者的话、引言、外国人名中英对照表、经济机构名称中英对照表和照片。

2524 清末民初政情内幕：《泰晤士报》驻北京记者、袁世凯政治顾问乔·厄·莫理循书信集．下卷（1912－1920）/（澳）骆惠敏编．沪版．上海：知识出版社．1986.11

本卷选辑了1912年8月—1920年12月莫理循任《泰晤士报》记者期间，往来书信436封，大体上按时间顺序分成10章。书中附有照片及外国人名中英对照表。

2525 清末民初小说版本经眼录/付建舟，朱季梅．上海：上海远东出版社．2010

本书介绍了清末民初的《自由结婚》、《极乐世界》、《万国演义》、《梦游二十一世纪》、《瑞西独立警史》等100多部小说的版本和内容。

2526 清末民初中国城市社会阶层研究，1897－1927/李明伟著．北京：社会科学文献出版社．2005.5

本书将清末民初城市各类群体划分为官僚阶层、买办阶层、企业家阶层、城市知识阶层、城市中等市民阶层、下层市民阶层、工人阶层、贫民阶层等八大阶层，探讨了城市各阶层的具像与特征，描绘了一幅1897－1927年中国城市社会人生的多彩画卷。

2527 清末民初中国官绅人名录/（日）田原天南编．台北：文海出版社．1973.2

本书为官绅名录，将清末民初中国官绅人士悉予录列，简介其字号、籍贯、经历、官位。

2528 清末民初壮族土司社会研究：以广西大新县境为例/韦顺莉著．北京：民族出版社．2008.11（《地方叙事与民族遗产》丛书）

本书以清末民初广西大新县境土司社会为研究对象，以民间文献为主要史料，通过区域社会生活个案的比较和多学科的交叉性研究，探讨了壮族土司制度下的土司、官族、土目之间，以及他们与朝廷、汉堂和土民之间的社会关系与人文关系，反映其特有的民族文化特性、当地民众的社会生活，以及乡土社会秩序的多元性与层次性。书中附有已刊民间文书目录、未刊民间文书目录、图示。

2529 清末民初资产阶级与社会变动/杨立强著．上海：上海人民出版社．2003.6

本书共收入《民族觉醒的一块里程碑——关于戊戌变法评价的若干问题》、《上海商团与辛亥革命》、《论民国初年的政党、党争与社会》、《清末民初宝山的新乡绅及其领导的社会改革》、《辛亥革命后的上海农村》、《孙中山推进长江流域经济发展的构思》、《略论19世纪末20世纪初的陈宝琛》等文章近20篇。书中附有序言和后记。

2530 清末民初罪犯作业研究/高艳著．北京：中国社会科学出版社．2008.12

本书共6章，包括：犯罪作业的起源、清末犯罪作业的官方倡办、犯罪作业的展开、犯罪作业制度及实施、犯罪作业的相关分析和结语。

2531 清末民国社会调查与现代社会科学兴起/黄兴涛，夏明方主编．福州：福建教育出版社．2008.7

本书从社会调查与社会学、经济学、人口学、民族学、民俗学、统计学、边政学等现代社会科学的互动关系，社会调查与国人认知观念的转变，调查主体、调查过程与调查方法，以及学术风格养成等多重角度进行研究。

2532 清末民国时期川藏关系研究/吴彦勤著．

昆明：云南人民出版社. 2007.1（昆明学院学术文库）

本书审视了清末民国时期西藏与四川之间的关系的演变。内容自光绪二十二年四川总督陆传霖提议将瞻对重新划归四川为缘起，论述了巴塘事件、赵尔丰的川边改革、清末入藏川军始末、民元四川军政府的“援藏”、1917 年和 1930 年的两次川藏战争、1942 年国民政府未实现的“征藏”计划等。书中附有前言和参考书目。

2533　清末民权思想的发展与歧异：以何启，胡礼垣为例/许政雄著. 台北：文史哲出版社. 1992.2（文史哲学集成；251）

本书 5 章，包括：序论、前人研究成果的回顾和检讨、何胡两人民权思想的内容和特色、时代的回应与动机和结论。书后附《中国先睡后醒论》、《中国之睡与醒——与曾侯商榷》和《一八九零年代的民权论——以张之洞和何启的论争为中心》。

2534　清末邮传部研究/苏全有著. 北京：中华书局. 2005.8（中华文史新刊）

本书对邮传部的成立背景、官制、规章管理、职掌等制度层面作了全方位、多视角的探讨，重点论述该部在发展中国交通事业和回收利权方面的贡献。

2535　清末杂相/文安主编. 北京：中国文史出版社. 2004.1（清末民初系列丛书）

本书针对清王朝走向败亡之际的社会百态，讲述了走江湖的形形色色、江湖生意的四大门和其他、北京的书馆等内容。

2536　清末政局回忆录：清宫二年记/德龄著；顾秋心译. 珠海：珠海出版社. 1994.8（清宫秘闻纪实丛书）

本书收录了 35 篇文章，包括：回忆中的沙市、严肃的庭院、洋鬼子教育、太后的寿礼、恭王府里的集合、使馆生活的开始、父亲的宴会、到巴黎去、战云笼罩了中国、父亲与我等。书中附有照片。

2537　群学肄言. 一/（英）斯宾塞著；严复译. 上海：商务印书馆. 1931.12（万有文库. 第一集；116）

本书为严复翻译的社会学名著之一，是一部研究社会方法的著作。本书强调“以天演为宗”，以生物学规律研究社会现象，从而论证中国的社会变法。本册包括：砭愚、倡学、喻术、知难、物蔽、智绞、情瞀、学诐、国拘 9 章。《砭愚》与《倡学》两章阐述了社会研究必须有专门的学科，可以成为科学的观点和道理。《喻术》则概括了社会学的主要含义。《知难》述治社会之难。《物蔽》以后各章探讨了社会研究中的客观困难与主观困难。

2538　群学肄言. 二/（英）斯宾塞著；严复译. 上海：商务印书馆. 1931.12（万有文库. 第一集；116）

本册包括：流梏、政惑、教辟、缮性、宪生、述神、成章 7 章，探讨了社会研究中的客观困难与主观困难。

2539　群学肄言/（英）斯宾塞著；严复译. 北京：商务印书馆. 1981.1（严译名著丛刊）

本书为严复翻译的社会学名著之一，是一部研究社会方法的著作。本书强调“以天演为宗”，以生物学规律研究社会现象，从而论证中国的社会变法。全书分为砭愚、倡学、喻术、知难、物蔽、情瞀、国拘、流梏等 16 章。《砭愚》与《倡学》两章阐述了社会研究必须有专门的学科。《喻术》则概括了社会学的主要含义。《知难》述治社会之难。《物蔽》以后各章探讨了社会研究中的客观困难与主观困难。本书为据 1931 年上海商务印书馆版本所重新排印。

2540　上海地方自治研究：1905－1927/周松青著. 上海：上海社会科学院出版社. 2005.11

本书主要介绍了清末上海地方自治的兴起、清末民初上海地方自治的构成、上海地方自治的权力关系、上海地方自治与上海社会、上海地方自治的流变和中止、工巡捐局时期的上海地方自治、市公所时期的上海地方自治等内容。

2541　绍兴县麻溪坝利害记略/［著者不详］. 铅印本. ［出版地不详］:［出版者不详］，民国间（1912 - 1949）

绍兴县民为麻溪坝不被拆废而发起一场保护斗争。本书便为此事而收录任三宅《麻溪坝议》，及《麻溪坝案第一次呈都督民政司暨咨省议曾文》、《麻溪坝案第二次呈都督民政司暨咨省议曾文》、县议会致北京电报和致杭州电报。

2542　社会通诠/（英）甄克思著；严复译. 上海：商务印书馆. 1931.4（万有文库. 第一集；134）

本书为严复所翻译的英国学者甄克思所著《社会通诠》。分 4 个部分：开宗、蛮夷社会、家法社会和国家社会。并附有前言、序、出版说明等内容。

2543　社会通诠/（英）甄克思著；严复译. 北京：商务印书馆. 1981.1（严译名著丛刊）

内容提要参见 2542。

2544　沈阳历史大事年表：公元前 300 年一公元 1949 年/袁闾琨主编；沈阳市文史研究馆编. 沈阳：沈阳出版社. 2008.4（沈阳文史研究丛书）

本书是一部记录与沈阳城市历史发展有关的重大社会事件、重要人物活动的历史工具书。起于战国燕昭王时沈阳建城初始，即公元前 300 年，止于中华人民共和国成立，系统反映了这一时期的政治、经济、文化、教育、军事、外交、社会生活等重要活动。全书分 11 个阶段，包括：战国秦汉时期、隋唐时期、元朝时期、明朝时期、清朝时期、民国时期、民国沈阳沦陷时期等。书中附有凡例和后记。

2545　失业人及贫民救济政策/马君武著. 复制本. 上海：商务印书馆. 1929.10（万有文库. 第一集；258　百科小丛书）

全书分 4 编：失业人救济政策、工作介绍制度、工人保险制度又名社会保险制度、贫民救济政策。书中附有总论。

2546　逝去的影像：清末民国监狱老照片/王晓山编著. 北京：法律出版社. 2009.10

本书分为监狱建筑、警戒设施、刑罚执行、教诲教育、生活卫生、劳动作业、监狱管理人员、狱中历史人物 8 个部分，反映了旧中国 100 年左右的监狱旧影。书中附有照片。

2547　条约特权制度下的医疗事业：基督教在华医疗事业研究（1835－1937）/李传斌著. 长沙：湖南人民出版社. 2010.2（中外条约与近代中国研究丛书）

本书分上、下两篇，共 6 章，内容包括：教会医疗事业的产生和拓展、教会医疗事业的巅峰及其转变、教会医疗事业与近代中国政治、教会医疗事业与近代中西文化交流、教会医疗事业与近代中国的思想观念和风俗习惯变迁、教会医疗事业与近代中国的医疗和慈善事业等。

2548　晚清改革与社会变迁/中国社会科学院近代史研究所政治史研究室，河北师范大学历史文化学院编. 北京：社会科学文献出版社. 2009.10（晚清史论丛/中国社会科学院重点学科建设工程丛书. 晚清史学科）

本书分上、下册，收录 47 篇论文，上册内容包括：晚清史研究中的几个问题，清末制宪修律与辛亥革命，晚清州县官任职制度的紊乱——透视中国传统政治的深层矛盾，晚清地方主义的形成及其影响，晚清自强新政与立宪运动的经纬及其影响等，下册内容包括：中国第一条铁路诞生与铁路敷设争论，20 世纪初地方政府与经济倡导——直隶工艺总局及其经济活动评析，晚清证券思想述论，从斌椿到孙中山：论晚清国人铁路观的演变等。

2549 晚清国家与社会/中国社会科学院近代史研究所政治史研究室，苏州大学社会学院编. 北京：社会科学文献出版社. 2007.8〔晚清史论丛（第一辑）〕

本书是2006年8月25～27日在苏州召开的首届“晚清国家与社会”国际学术讨论会的论文集，分晚清社会、晚清政局、晚清制度、晚清经济、晚清思想文化5部分，内容包括：晚清政府对民间秘密宗教的治理——以末后一着教案为例，清末新式学务团体和教育界的形成：以江苏省为中心，盖棺论定论难定：张之洞之死的舆论反应，立宪派、地方督抚与清廷之间的互动关系——围绕国会请愿与责任内阁制问题的探讨，立宪运动及立宪派与民初议会制的建立等48篇文章。

2550 晚清民变研究/杨湘容著. 湘潭：湘潭大学出版社. 2010.6

本书内容包括：释题“民变”、晚清财政与民变、晚清灾荒与民变、晚清思想政治的削弱与民变、1910年莱阳抗捐抗税运动、1910年长沙抢米风潮。

2551 晚清民初武汉映像：［中英文本］/哲夫，余兰生，翟跃东主编. 上海：三联书店. 2010.1

本书所收录的288幅图片，均取自香港著名收藏家郑介初（哲夫）先生捐赠给武汉市的明信片、邮票、报刊等。

2552 晚清七十年/唐德刚著. 长沙：岳麓书社. 1999.9（海外名家名作）

本书共分为5部分，叙述了晚清七十年间中国社会的历史变迁。内容包括：中国社会文化转型综论、太平天国、甲午与戊戌变法、义和团与八国联军、袁世凯、孙文与辛亥革命等。书中附有照片。

2553 晚清乡土社会民事纠纷调解制度研究/春杨著. 北京：北京大学出版社. 2009.2（法史论丛；18）

本书内容包括：传统乡土社会纠纷调解的社会条件和思想基础、晚清乡土社会民事纠纷调解的依据、晚清乡土社会纠纷调解的特点及启示等。

2554 文化、权力与国家：1900－1942年的华北农村/（美）杜赞奇；王福明译. 南京：江苏人民出版社. 1994.8（海外中国研究丛书）

本书对1900—1942年的华北农村作了详细的个案研究。书中作者从“大众文化”的角度，提出了“权力的文化网络”等新概念，论述了国家权力是如何通过种种渠道（诸如商业团体、宗教、神话等）来深入社会底层的。

2555 文化、权力与国家：1900－1942年的华北农村/（美）杜赞奇著；王福明译. 再版. 南京：江苏人民出版社. 2003.8（海外中国研究丛书）

内容提要参见2554。

2556 无锡斗门小志/（清）佚名纂. 影印本. 南京：江苏古籍出版社. 1992.8（中国地方志集成）

《无锡斗门小志》与《无锡开化乡志》、《瞻桥小志》、《分湖小识》、《泾里志》、《开沙志》、《杨舍堡城志稿》合订一册。《无锡斗门小志》不分卷，现据清末抄本影印。斗门在今江苏省无锡市境内。

2557 项城县志/张镇芳修. 影印本. 台北：文海出版社. 1966.4（项城袁世凯有关资料汇刊；1）

本书共3册32卷，内容包括：舆图、沿革表、秩官表、选举表、地理志、河渠志、建置志、田赋志等。

2558 辛亥革命后的北京满族/北京市政协文史资料委员会编. 北京：北京出版社. 2002.1

本书收《辛亥革命后的北京满族》、《一位满族家庭妇女的回忆》、《一个老杂技艺人的经历》、《西山八旗之见闻》等 30 多篇文章。附照片。

2559　辛亥革命与 20 世纪中国社会/严昌洪著. 武汉：湖北人民出版社. 2008.12（华中师范大学近代史学术文库·文集系列）

本书收录了《20 世纪辛亥革命研究鸟瞰》、《世纪的觉醒——上世纪之交中国人对 20 世纪的认知》、《“国民”之发现——1903 年上海国民公会再认识》、《1903 年“沈荩案”及其影响》、《1905 年的五大臣出洋》等 20 余篇文章。

2560　辛亥前后上海城市公共空间研究/瞿骏著. 上海：上海辞书出版社. 2009.9（上海城市社会生活史丛书）

本书主要围绕清末民初上海的开放私园、街头、店铺、茶馆、戏园、车站、码头、会馆等城市公共空间展开，研究范围包括：舆论中的“革命”、形塑革命中的舆论变迁、新革命英雄谱系、革命烈士的生成、追悼会的现实情境、革命形象在生意中的呈现与流变、革命后的上海城市乱象与城市控制、民众日常生活等。

2561　洋人眼中的清末中国：1898－1908 年在华西方人明信片解读.［中英对照图集］/陈玲等编著；林婉媚译. 香港：中华书局（香港）有限公司. 2005.2

本书分 9 部分，包括：序言——神驰于历史的细节；外国人对中国的最初印象；人生百态；城内的人物；北京嬗变、八旗遗风、皇家气势；外国人来了；大清的反应；八国联军——最丑陋、最黑暗的历史；后记。

2562　一门学科与一个时代：社会学在中国/阎明著. 北京：清华大学出版社. 2004.4

本书勾勒了中国社会学从 19 世纪末到 20 世纪建立、发展、变迁的过程，记述了陶孟和、李景汉、陈达、吴景超、吴文藻、潘光旦、费孝通等社会学家的学术观点、社会实践和人生探索，探讨了中国社会兴衰与社会学以及社会学者命运的联系。书后附有参考文献。

2563　永恒的瞬间：阿尔贝·肯恩摄影师斯提芬·帕瑟中国旅程（1912－1913）/（法）斯提芬·帕瑟摄；（法）珍娜·芭索蕾撰写；邱治平译. 北京：中国林业出版社. 1999.10

本书将肯恩摄影师斯提芬·帕瑟从 1912－1913 年中国旅程作为一个实例，将中华文化及思想的四个象征性地点曲阜、泰山、北京和沈阳安排在他的行程内。书内有曲阜——红墙为一宗教建筑群的围墙、八达岭长城——位于卷洞下的挑夫、沈阳、北京——雍和宫密宗殿的内景摄影照片。书中附有英文介绍。

2564　游川日记/曹亚伯著；中国旅行社编辑. 上海：中国旅行社. 1929.11（中国旅行社旅行丛书；1）

记述由上海乘船入川沿途的风景名胜、民俗民风。书后附旅行途程表。有照片。

2565　中国风情：风土/（英）莫理循著；张皓译. 北京：国际文化出版公司. 1998.7（认识中国系列）

本书涵盖清末民初中国政治经济和社会变革。全书分 23 章，包括：引言、从汉口到万县、万县市、重庆市、从重庆到水富、水富城、从水富到昭通、昭通市、中国的医生、在昆明市等内容。书中附有编者前言和译者序。

2566　中国近代疾病社会史：1912－1937/张大庆著. 济南：山东教育出版社. 2006.3（中国近现代科学技术史研究丛书）

本书分 7 章，包括：疾病谱——构成与特性、中国近代疾病观念的变迁、传染病防治——医学建制化的开端、疾病控制——医疗卫生体系的建构、理解疾病——卫生知识的大众化、社会卫生——城市与乡村的实践、疾病模式转变中的医患关系。书中附有人名索引和主题索引。

2567 中国史迹风土丛书：十三种/张江裁辑. 铅印本. 东莞：张江裁拜袁堂，1943

本书与《汪精卫先生行实续录》合印，内容包括：北京庚戌桥史考、北京天桥志、北京庙宇征存录、燕城胜迹志、燕城花木志、北京岁时志、北京礼俗小志、燕市商标孴录、燕市贾贩琐录、津门小令、雨花石子记、江南好词、金陵山水街道丛考。

2568 中国土匪：1911－1950/冉光海著. 重庆：重庆出版社. 1995.12

本书阐述了清末民初至新中国建立之前，全国各地土匪产生背景和其活动的基本形式、基本规律，介绍了中国共产党对土匪问题的观念、政策和工作成就。

2569 中国卫生法规史料选编：1912－1949.9/陈明光主编. 上海：上海医科大学出版社. 1996.11

本书为上、下两篇。上篇为革命根据地和解放区的卫生法规。收入了革命根据地和解放区党、政、军部门发布的有关卫生工作的部分指示、命令、通知和决议等。下篇为民国时期的卫生法规，包括：公共卫生、医政、药政、食品卫生、红十字会等。书中有台湾卫生法规。

2570 中国现代社会史/张静如，刘志强，卞杏英主编. 长沙：湖南人民出版社. 2004.12

本书介绍了1911至1949年中国社会的经济、政治、教育与文化、阶级与阶层、社会组织、家庭、社会习俗、社会意识等内容。

2571 最近上海秘密史/（清）陆士谔著；齐守成等校点. 沈阳：辽沈书社. 1993.8

本书分28回，描述了清末光绪、宣统年间，上海滩的世事、人情、民风、时弊等。

2572 最近社会龌龊史/（清）我佛山人（吴趼人）著；卢叔度，吴承学校点. 广州：花城出版社. 1988.8（我佛山人作品选本）

本书收录了3个章回体社会小说，其内容都是揭露晚清社会千奇百怪卑污龌龊的现状。包括《最近社会龌龊史》、《上海游骖录》、《发财秘诀》。

10 辛亥革命时期的区域研究

2573 《罗定文史》. 第十一辑，蔡廷锴将军历史资料选辑/中国人民政治协商会议广东省罗定县委员会文史组编. 罗定：中国人民政治协商会议广东省罗定县委员会文史组. 1987.12

本书收集了蔡廷锴将军有关的历史资料，包括："一·二八"淞沪抗战回忆（节录）；蔡廷锴将军生平事业回忆；曲折的道路，前进的道路；我的祖父蔡廷锴；忆蔡将军往事；忆"一·二八"淞沪抗战中的蔡廷锴将军等。本书有前言、照片和题字。

2574 1911年上海起义的故事/上海人民出版社编辑. 上海：上海人民出版社. 1959.7

本书讲述了二十世纪之初的中国、上海资产阶级的"地方自治"、革命党人在上海的活动、准备起义、起义的胜利、支援各地人民的斗争等内容。

2575 安徽文史资料集萃丛书. 之一，辛亥风雷/中国人民政治协商会议安徽省委员会文史资料研究委员会编. 复制本. 合肥：安徽人民出版社. 1987.8

本书分7个部分，包括：辛亥革命在安徽的综述、辛亥革命前的思想准备和组织准备、徐锡麟领导的安庆起义、熊成基领导的马炮营起义、各地光复经过、二次革命、辛亥革命英烈。书中附有总序和前言。

2576 安徽文史资料选辑. 第五辑，纪念辛亥革命七十周年专辑/中国人民政治协商会议安徽省委员会文史资料研究委员会编. 复制本. 安徽：中国人民政治协商会议安徽省委员会文史资料研究委员会. [出版年不详]

全书分5部分，包括：辛亥革命在安徽的战斗历程、孙中山对台湾同胞的关怀、孙中山与安徽、安徽在辛亥前的革命活动、安徽各地光复的经过、辛亥革命和讨袁时期的历史人物。书中附有重印说明。

2577 安徽辛亥革命论文选/安徽省政协文史资料委员会编. 安徽：安徽省政协文史资料委员会. 1992.8

本书内容包括：浅议安徽义举在辛亥革命中的重要地位、辛亥革命在安徽失败的历史教训、安徽成为辛亥革命重要地区的原因初探、试论光复会在安徽的活动和影响、安徽的同盟会组织、安徽公学的兴办和影响、论陈独秀早期的民主思想、试论唐才常领导的自立军起义的性质等。书中附有后记。

2578 安康市文史资料. 第五辑，辛亥革命在安康/中国人民政治协商会议陕西省安康市委员会文史资料委员会编. 安康：中国人民政治协商会议陕西省安康市委员会文史资料委员会. [出版年不详]

全书分4部分：陕西省纪念辛亥革命八十周年学术论文选登、安康辛亥革命前前后后、安康辛亥革命人物、附录。内容包括：梁和尚反清起义始末记、流水店哥弟反压迫斗争、平利洛河教案纪实、尖山寨事件、凌大同简介、刘锡五简介、谭金龙简介、汪更生简介、平利辛亥革命述略、辛亥革命在紫阳的片断、白河辛亥革命简述、旬阳辛亥革命述略等。书中附有前言。

2579 安庆文史资料. 第一辑，纪念辛亥革命

七十周年/政协安庆市文史资料委员会，安庆市编史修志办公室，安庆市档案馆编. 复制本. 安庆：政协安庆市文史资料委员会，安庆市编史修志办公室，安庆市档案馆. 1981.5

本书内容包括：安庆在辛亥革命时期的重要地位、辛亥革命前后之安庆、辛亥革命前安徽之革命文化运动、徐锡麟革命烈士事略、徐锡麟烈士殉难后的革命余波、辛亥革命前后安徽军政概况、安庆辛亥革命始末、辛亥年安徽军民起义独立之经过等。

2580　澳门编年史. 第五卷，民国时期：1912－1949/吴志良，汤开建，金国平主编. 广州：广东人民出版社. 2009.12

本书展现了民国时期澳门独特而多变的历史轨迹。全书分 5 部分，包括：中葡交涉（1912－1918）、工运风潮（1919－1926）、澳城发展（1927－1936）、“中立区”的炮火（1937－1945）、繁荣澳门计划（1946－1949）。有照片。

2581　巴东县文史资料. 第一辑，辛亥革命巴东人物传略专辑/中国人民政治协商会议湖北省巴东县委员会文史资料研究委员会编. 巴东：中国人民政治协商会议湖北省巴东县委员会文史资料研究委员会. 1986.10

本书包括：邓玉麟、高尚志、费榘、田采堂、赵师梅、沈维鲁的人物传略。书中附有前言、已知巴东籍参加辛亥革命人员表和后记。

2582　巴县文史资料. 第三辑，纪念辛亥革命七十五周年专辑/中国人民政治协商会议四川省巴县委员会文史资料研究委员会编. 四川：中国人民政治协商会议四川省巴县委员会文史资料研究委员会. 1986.12

本书搜集了辛亥革命时期重庆起义的巴县人物的史迹、轶事、趣闻，并插入有关照片、手迹，在一定程度上反映出了辛亥前后的一些景况。书中附有照片。

2583　长江下游地区的地租、赋税与农民的反抗斗争：1840－1950/白凯著；林枫译. 上海：上海书店出版社. 2005.9（中国乡村研究专著系列）

全书分 6 章，包括：清代中前期的地主、佃户与国家；19 世纪 40－50 年代的民众反抗；太平天国对江南的占领；太平天国运动之后的重建工作与农村社会；民国时期的地主、佃户与国家；民国时期的民众反抗。书中附有总序、致谢、导言、结语、附录、参考文献、地图和图表。

2584　长沙文史资料. 第十一辑，《纪念辛亥革命八十周年》专辑/中国人民政治协商会议长沙市委员会文史资料研究委员会主编. 长沙：中国人民政治协商会议长沙市委员会文史资料研究委员会. 1991.10

本书主要收入了有关长沙地区辛亥革命史事和人物的文稿，也有少量反映其他地区辛亥革命的稿件，内容包括：辛亥革命与长沙、辛亥武昌起义亲历记、长沙反正前后见闻、光复长沙的前前后后、长沙籍辛亥革命人物、陈家鼎传略、回忆先父唐才质、黄兴未刊遗墨等。书中附有后记。

2585　长沙文史资料：增刊. 庚戌长沙“抢米”风潮资料汇编/中国人民政治协商会议长沙市委员会文史资料研究委员会主编. 长沙：中国人民政治协商会议长沙市委员会文史资料研究委员会. 1990.6

1910 年发生在长沙的“抢米”风潮是一场自发的群众反帝反封建斗争，也是辛亥革命前夜的一场预演。本书探讨了这场斗争的起因、动力、会党的作用与风潮中官绅争斗的影响等问题。按照资料性质，分为档案、时评、闻见记、竹枝词、杂著、回忆录共 6 大类。各类资料编排以时间先后为序。书中附有前言、编辑说明和后记。

2586　长沙县文史资料. 第一辑，纪念黄兴诞

生一百一十周年专辑/中国人民政治协商会议长沙县委员会文史资料研究委员会编．长沙：中国人民政治协商会议长沙县委员会文史资料研究委员会．1984.12

本书内容包括：纪念黄兴诞生110周年、辛亥革命元勋黄兴、黄兴思想及活动评述、黄兴与武装起义、回忆先君克强先生、先父黄兴和孙中山的革命友谊、孙中山的战友黄兴、黄兴与蔡锷等。书中附有图片、题词和照片。

2587　长治市文史资料．第九辑，纪念中国共产党成立七十周年、纪念辛亥革命八十周年/长治政协文史处编．长治：长治政协文史处．1991.10

全书分两部分：纪念中国共产党诞生70周年和纪念辛亥革命80周年。包括：中共潞安支部始末、屯留初期革命活动纪事、土地革命战争初期的襄垣革命、武乡革命开辟事略、潞安地区辛亥革命前后、高洪传略、李庆芳、山西光复纪念章、潞安辛亥革命浅析等。

2588　常德文史．第三辑，纪念辛亥革命八十周年专辑/中国人民政治协商会议湖南省常德市委员会文史资料研究委员会编．常德：中国人民政治协商会议湖南省常德市委员会文史资料研究委员会．1991.8

本书题名为辛亥革命中常德风云人物，包括："为宪法流血，公真第一人"——宋教仁生平事迹述略、宋教仁设立"湘西联络总站"、宋教仁与同盟会战略的转移、辛亥武昌首义与祖父刘复基、刘复基是文学社的实际领导人、民主革命时期的革命家林伯渠、我的父亲曾毅与辛亥革命、回忆林德轩先生二三事等。有照片。

2589　常州文史资料．第一辑，纪念辛亥革命七十周年专辑/中国人民政治协商会议江苏省常州市委员会文史委员会编．常州：中国人民政治协商会议江苏省常州市委员会文史委员会．1981.10

本书内容包括：常州光复始末纪实、光复前夕常武农村的反清斗争、倡言革命的常州演说会、陈范与《苏报》案、《苏报》馆主陈范、惜阴堂辛亥革命记、孙中山致赵凤昌函、赵凤昌致唐绍仪电等。有前言和照片。

2590　成都文史资料选编．1，辛亥前后卷/成都市政协文史学习委员会编．成都：四川人民出版社．2007.5

本书分4部分对成都市辛亥革命进行了介绍，包括：清末成都、孙中山与四川辛亥革命、保路运动、辛亥人物。

2591　成都文史资料选辑．第一辑，纪念辛亥革命七十周年专辑/中国人民政治协商会议四川省成都市委员会文史资料研究委员会编．复制本．成都：中国人民政治协商会议四川省成都市委员会文史资料研究委员会．199—

本书包括：四川辛亥之役、四川保路运动亲历记、四川保路运动的领导人蒲殿俊、四川保路同志会的组织者罗纶、四川保路运动的中坚人物张澜、乘时平乱上台的尹昌衡、回忆我的父亲张列五等。书中还有辛亥革命七十周年纪念诗词6篇。书前有发刊词。

2592　传统城市的近代命运：清末民初安庆城市近代化研究/朱庆葆著．合肥：安徽教育出版社．2001.11（长江下游城市近代化研究丛书）

本书共分为4章，包括：安庆的传统秩序及其功能、清末民初安庆政治与社会变革、清末民初安庆经济的低速发展、安庆城市近代化的影响因素与变化轨迹。详细地对清末民初安庆城市近代化进行了研究和探讨。有序言。

2593　大理文史资料选编．第一辑，辛亥革命护国运动/苏松林主编，中国人民政治协商会议大理白族自治州委员会文史和学习委员会编．昆明：云南民族出版社．2009.9

本书内容包括：辛亥革命回忆、云南陆军讲武堂同人录、辛亥革命斗士张耀曾的一生、张子贞事略、云南护国前后回忆等。

2594 大理州文史资料．第三辑，辛亥革命护国运动专辑/中国人民政治协商会议大理白族自治州委员会文史资料研究委员会编．大理：中国人民政治协商会议大理白族自治州委员会文史资料研究委员会．1985.8

本书内容包括：辛亥革命回忆、云南陆军讲武堂同人录、云南杂志摘选、张子贞事略、杨少乔简介、辛亥革命护国将领杨源华简介、同盟会南下关小组成立及活动、辛亥革命大理陆军起义简论等。有照片。

2595 大同义和团和辛亥革命/姚斌．太原：山西人民出版社．2006.2（大同历史文化丛书）

全书分大同义和团运动和大同辛亥革命两部分，内容包括：基督教在大同地区传播，大同义和团运动的发展、知识分子觉醒留学入会、同盟会在晋北地区活动、大同辛亥起义建军政府、起义军守城与清军对峙、大同解围与起义者结局等。

2596 丹徒文史资料．第六辑，辛亥革命先烈赵伯先/刘崇宽，魏楚宾主编；政协丹徒文史资料研究委员会编．丹徒：政协丹徒县文史资料研究委员会．1991

本书内容包括：赵伯先祭母文、赵伯先事略、赵伯先传、赵声传、赵声革命事迹、赵烈士事略、苏曼殊与赵伯先、黄花岗义烈记等。书中附有照片和前言。

2597 定襄文史资料．第二辑，辛亥先驱续西峰/中国人民政治协商会议定襄县委员会文史资料委员会编．定襄：中国人民政治协商会议定襄县委员会文史资料委员会．1988

本书为续西峰先生的生平革命史料，分 7 章，包括：青少年时代、任太原巡警道、兴办实（事）业、反对北洋军阀及阎锡山的统治、抱恨而终、续西峰轶事。书中附序、前言、附录和照片。

2598 鄂州血史/蔡寄鸥遗著．上海：龙门联合书局．1958.7

本书分 30 章，内容包括：唐才常血的评价，湘鄂间之革命运动，湖北继起之革命团，辛亥革命之社会背景，革命党人的生活状况，为武昌革命作先驱的广州革命，推进革命之争路怒潮，首义前夕之暴风骤雨等。书前有作者自序，书后附《参考书目》。

2599 福鼎县纪念辛亥革命八十周年专辑/中国人民政治协商会议福建省福鼎县委员会文史编纂委员会编．福鼎：中国人民政治协商会议福建省福鼎县委员会文史编纂委员会．1991

本书内容包括：辛亥革命简介、福鼎县的辛亥革命简介、忆先父潘雨峰、潘雨峰先生造像（白描）、缅怀辛亥革命老前辈潘雨峰先生、同盟会员朱腾芬事略、孙中山的奖章获得者——记辛亥革命的周忠魁先生、我心目中的周忠魁老先生等。书中附有照片和题词。

2600 福建文史资料．第六辑，辛亥革命专辑/中国人民政治协商会议福建省委员会文史资料编辑室编．福州：福建人民出版社．1981.8

本书内容包括：孙中山先生来闽、记孙中山先生来福州的见闻、追记孙中山先生的生活片断、黄花岗纪事、广州起义生还记、黄花岗起义二三事、辛亥革命与福建党人、福建学生北伐军等。书中附有照片。

2601 福建文史资料．第二十七辑，纪念辛亥福建光复八十周年/中国人民政治协商会议福建省委员会文史资料研究委员会编．福州：中国人民政治协商会议福建省委员会文史资料研究委员会．1991.12

本书分“纪念辛亥福建光复八十周年”和“文化史料”两部分。其中“纪念辛亥福建光复八十周年”分 4 章：往事回忆、史事拾零、人物事迹和历史编录，内容包括：辛亥革命前后福州满族旗营内情实录、讲武堂学生军官队在光复之役中、略忆福建学生北伐军、参加学生北伐军的片断回忆、我曾是福建学生北伐军的一员、福建光复前后船政二三事、光复前夕福州社会情况杂忆、我在辛亥光复前后的经历等。

2602 福建文史资料．第三十三辑，闽南民军（上）：事件、人物（一）/中国人民政治协商会议福建省委员会，泉州市委员会，漳州市委员会文史资料委员会编．福州：政协福建省委员会文史资料委员会．1995.9

本书以介绍民军总体概况及民军在不同历史时期形成的主要武装集合体（如"护法军"、"靖国军"、"自治军"等）的兴衰过程为主，内容包括：福建民军的四十年、民初编练民军的尝试、忆闽南讨逆军、福建下游护国军统筹部、对闽南民军的回忆、我所知道的征闽靖国军、护法军、靖国军的纷争与瓦解、关于征闽靖国军和靖浙联军的一些情况等。书中附有前言。

2603 福建辛亥光复史料/中国国民党福建省执行委员会文化事业委员会．连城：建国出版社．1940.10

本书记载了福建光复前后的史实。对光复前革命运动团体及光复后政治机构的变迁均有详细记述。

2604 福州文史资料选辑．第二十辑，庆祝中国共产党成立八十周年、纪念辛亥革命九十周年/中国人民政治协商会议福建省福州市委员会文史资料委员会编．福州：中国人民政治协商会议福建省福州市委员会文史资料委员会．2001.7

全书分3部分：纪念辛亥、党庆八秩、史林拾遗。内容包括：辛亥广州起义与福建党人、辛亥革命时期福建省首脑人物、辛亥革命前福州的革命团体、英华书院师生与辛亥革命、林森与辛亥革命、林森与孙中山、孙中山先生在福州、近代福州工人与辛亥革命等。

2605 垓下沧桑．第四辑，民元北伐固宿之战：纪念辛亥革命固宿之战八十周年/中国人民政治协商会议安徽省固镇县委员会学习文史委员会编．固镇：中国人民政治协商会议安徽省固镇县委员会学习文史委员会．1992.6

全书分6部分，包括：北伐前的国内形势、第二路北伐军的组建、北伐军固镇首捷、宿州再捷和徐州光复、民元北伐的夭折、附录。书中附有照片和前言。

2606 改良与革命：辛亥革命在两湖/（美）周锡瑞著；杨慎之译．北京：中华书局．1982.2

本书包括7章：改良败北的成果、学生与暴动、城市改良派上流阶层、新政与群众、革命的来临、革命、新政权。

2607 改良与革命：辛亥革命在两湖/（美）周锡瑞著；杨慎之译．南京：江苏人民出版社．2007.10（海外中国研究丛书）

内容提要参见2606。

2608 甘肃文史资料选辑．第十一辑，纪念辛亥革命七十周年专辑/中国人民政治协商会议甘肃省委员会文史资料研究委员会编．兰州：甘肃人民出版社．1981.10

本册内容包括：甘肃临时军政府檄文、甘肃临时军政府法约、黄钺在秦州反正回忆、陈养源与辛亥革命、辛亥武昌起义回忆、辛亥甘肃各地人民武装斗争、辛亥革命在甘肃、宁夏民军起义、辛亥革命前后的西宁实况等。

2609 共和再现：云南辛亥起义和护国首义/谢本书，宋光淑编著．昆明：云南人民出版社．1995.2（云南人民革命斗争史丛书；2）

本书比较详细地介绍云南地区革命发展的经过，全书分为5章：辛亥革命在云南、反对帝制复辟的酝酿、云南护国首义、护国战争的进程、护国战争的结束。

2610 广安文史资料选辑．第一辑，纪念辛亥革命七十周年专辑/中国人民政治协商会议四川省广安县委员会编．广安：政协四川省广安县委员会．1981

本书内容包括：前言、己酉起义、蜀北军政府始末、张百祥烈士事略、秦炳烈士事略、伍安全烈士事略、张雅南事略、蒲询事略等。书中附有照片。

2611 广东通志稿/（民国）朱庆澜，梁鼎芬，邹鲁等编．北京：全国图书馆文献缩微复制中心．2001.4（中国公共图书馆古籍文献珍本汇刊．史部）

本志为广东通志，分5册，包括：职名表、训典、人物志、艺文志、地形山川、广东省地质概要、灾变、广东刑法制度稿等内容。

2612 广东文史资料．第六十八辑，辛亥革命与广东/丁身尊主编；中国人民政治协商会议广东省委员会文史资料研究委员会编．广州：广东人民出版社．1991.9

本书记述了广东地区辛亥革命运动的历史概况，包括许多辛亥革命老人撰写的亲身经历、亲见、亲闻的回忆录。附照片。

2613 广东文史资料存稿选编．第四卷/广东省政协学习和文史资料委员会编．广州：广东人民出版社．2005.12

本书分5部分，介绍了辛亥革命与人物；广州起义；两广"六一"事变；广东抗日战争；民国时期广东经济、文教卫生、宗教等情况。

2614 广东文史资料存稿选编．第五卷/广东省政协学习和文史资料委员会编．广东：广东人民出版社．2005.12

本书分4部分，包括了民国时期广东名人录、民国时期广东政情、民国时期广东民俗·灾害、广东解放和起义等内容。

2615 广东辛亥革命史料/中国人民政治协商会议广东省委员会文史资料研究委员会编．广州：中国人民政治协商会议广东省委员会文史资料研究委员会．1962.2

本书收录了广东地区辛亥革命运动史料40余篇，记载了辛亥革命时期亲见、亲闻、亲知的史料。包括：广东地区的辛亥革命运动、庚子惠州三州田起义查访录、庚戌新军起义前后的回忆、新军起义前后及辛亥三月二十九日之役的回忆等。书中附照片、地图和图片。

2616 广东辛亥革命史料/中国人民政治协商会议广东省委员会文史资料研究委员会编．广州：广东人民出版社．1981.7

内容提要参见2615。

2617 广东新军起义资料/［著者不详］．油印本．广州：中国科学院广州哲学社会科学综合研究所，广东省中山图书馆．1960.6（广东辛亥革命史料；三）

本书是反映广东辛亥革命的史料，分为新军叛变本末和粤东军变记，收集了很多当时的文牍、报告、供词、函件、论文、词章及歌曲。

2618 广水文史资料．第六辑，辛亥革命应山风云录/中国人民政治协商会议湖北省广水市委员会文史资料研究委员会编．广水：政协广水市委员会文史资料研究委员会．1991.10

本书内容包括：武昌起义前后应山县、八十年前的见闻、白朗反袁过应山、湖北起义战守实录、先父熊兆飞辛亥简述、剪辫子记、清末民初应山学校（学堂）概况、辛亥十绣歌、辛亥诗稿等。书中附有序。

2619 广西大事记要：1912－1930年/蒲杏库编著．南宁：广西僮族自治区档案馆．1961.3

本书对1912年至1930年间广西发生的事件都做了简略地记述。全书分4部分，包括：广西大事记、十九年来广西省行政组织系统沿革图说、十九年来政治"领袖"题名录和十九年来军事"领袖"题名录。书中附有翻印说明和例言。

2620 广西地方简史/莫乃群主编．南宁：中国人民政治协商会议广西壮族自治区委员

会．1978.12

全书分9章，内容包括：旧石器时代—战国时期、秦汉时代、三国晋南朝时代、隋唐五代十国时期、宋元时代、明代、清代前期、清代后期和辛亥革命在广西。书中附有前言、广西地理沿革简表、广西历代大事简表、广西历代人物简表。

2621　广西会党资料汇编/庾裕良等编．南宁：广西人民出版社．1989.5（广西史志资料丛书）

本书主要是清嘉庆、道光、同治、光绪年间广西各地会党活动的奏折、附片及《堂匪总录》等内容。书中附有前言和凡例。

2622　广西人民起义资料：1903－1905/［著者不详］．复制本．广州：广东省中山图书馆参考研究部复制．1960.3

第1、2册辑录岭东日报刊载有关资料；第3册辑录东方杂志、广东日报、清实录、东华录、清史稿各书中有关广西人民起义的资料。

2623　广西文史资料．第十期，纪念辛亥革命七十周年专辑/中国人民政治协商会议广西壮族自治区委员会文史资料委员会编．再版．广西：中国人民政治协商会议广西壮族自治区委员会文史资料委员会．1989.10

本书内容包括：镇南关起义见闻、我参加同盟会和回广西进行革命活动的情况、辛亥革命时期的广西新军、辛亥革命片段回忆、辛亥革命在柳州、辛亥革命的回忆、广西独立时融县的斗争、我参加武昌首义经过等。另外还有辛亥革命烈士小传和特载两部分。书中附有照片。

2624　广西文史资料选辑．第三十四辑．1992年第2辑，纪念辛亥革命八十周年专辑/中国人民政治协商会议广西壮族自治区委员会文史资料委员会等编．南宁：广西区政协文史资料编辑部．1992

本书内容包括：在广西纪念辛亥革命八十周年大会上的讲话、在广西纪念辛亥革命八十周年学术研讨会上的讲话、辛亥革命对中国社会的影响、辛亥革命与广西、广西在辛亥革命中的地位和作用、广西对辛亥革命的历史贡献、试论辛亥革命前的广西会党、留日学生与广西辛亥革命等。书中附有广西纪念辛亥革命八十周年学术研讨会论文目录。

2625　广西辛亥革命资料/广西少数民族社会历史调查组编．南宁：广西少数民族社会历史调查组．1960.5

本书收录了有关广西辛亥革命的史料，包括：广西辛亥革命述略、辛亥以前的广西革命活动、在孙中山同盟会领导下的革命战役、辛亥革命在广西各地的活动、广西光复、辛亥革命以后的广西情况。

2626　贵阳文史资料选辑．第二辑，纪念辛亥革命七十周年/中国人民政治协商会议贵州省贵阳市委员会文史资料研究委员会编．贵州：中国人民政治协商会议贵州省贵阳市委员会文史资料研究委员会．1981.10

本书内容包括：贵州光复史实、贵州辛亥起义纪实、贵州辛亥革命见闻、贵州光复的几点回忆、宪政派活动片断、赵德全之死、清代末年贵阳各行业概况、辛亥革命前后贵阳的帮会活动、辛亥革命前后的贵阳教育、贵州省教育会始末等。书中附有编后。

2627　贵州文史资料选辑．第一辑/中国人民政治协商会议贵州省委员会文史资料研究委员会编．贵阳：中国人民政治协商会议贵州省委员会文史资料研究委员会．1963.3

本书内容包括：辛亥以来四十年间贵州政局的演变、贵州辛亥革命前后的几点回忆、贵州“民九事变”亲历记、贵州自治学社和宪政会的斗争、刘显世集团内部斗争散记、抗日战争中的“黔南事变”等。

**2628　贵州文史资料选辑．第十辑，纪念辛亥

革命七十周年/中国人民政治协商会议贵州省委员会文史资料研究委员会编. 贵阳：贵州人民出版社. 1981.10

本书收录了难忘的会见——回忆孙中山先生的一次谈话、辛亥革命片断回忆、辛亥武昌首义回忆——兼忆革命家黄兴、贵州辛亥革命的亲历和见闻、贵州自治学社革命斗争回忆录、贵州陆军小学学生参加辛亥起义经过、贵州辛亥革命中的临时学生保卫队、贵州辛亥革命的几点回忆等14篇文章。书中附有照片。

2629 贵州文史资料选辑. 第十辑增刊/贵州省史学学会编. 贵阳：贵州人民出版社. 1982.3

本书收录了论武昌起义的经验和教训、辛亥革命时期留学生的爱国主义、辛亥革命前的贵州社会、贵州自治学社早期的政治主张、从改良到革命——评贵州自治学社、辛亥革命时期的贵州哥老会、论辛亥革命时期贵州立宪派的分化、试论贵州军政府中革命派的内部斗争等15篇文章。书中附有后记。

2630 贵州文史资料选辑. 第十二辑/中国人民政治协商会议贵州省委员会文史资料研究委员会编. 贵阳：贵州人民出版社. 1982.11

本书内容包括：近七十年来贵州的医药卫生事业、贵阳文通书局的创办和经营、我参加东征和北伐、中国青年党在贵州的活动、忆南洋蒙难、贵阳同济堂中药店的创办和发展等。

2631 贵州辛亥革命/冯祖贻，顾大全著. 贵阳：贵州人民出版社. 1981.8

本书介绍了贵州辛亥革命的历史。全书分5章，包括：辛亥革命前的贵州社会；团体、派别与斗争；反正前后；革命的失败；贵州军阀统治的开始。书中附有结束语、大事月表和后记。

2632 贵州辛亥革命资料选编/贵州省社会科学院历史研究所编. 贵阳：贵州人民出版社. 1981.11

本书分3部分：函电、文告及报刊摘录；亲历者的记述及回忆；主要人物传记。附照片。

2633 桂林文史资料. 第十六辑，辛亥革命在桂林/桂林市政协文史资料委员会编. 桂林：漓江出版社. 1991.9

本书是一些亲身经历辛亥革命的老人的回忆录。包括：辛亥革命前后的广西局势和广西北伐军、辛亥革命前后广西各方面之概况、辛亥革命时期的广西、辛亥革命时期我在广西的一些见闻、在辛亥革命中的马君武、同盟会员在桂林的活动、广西宣布独立的促成、辛亥革命时的桂林等32篇文章。书中附有照片。

2634 桂林文史资料. 第四十三辑，回忆马君武/周德荣主编；桂林市政协文史资料委员会编. 桂林：桂林市政协文史资料委员会. ［出版年不详］

本书内容包括：一个苦学生的自述、马君武先生的家世及其事略、马君武轶闻逸事、马君武祖籍家世考、永远怀念我的父亲、马君武在扬州、马君武在中国公学、广西近代最早的翻译家——马君武、马君武与商务印书馆等。书中附有照片和后记。

2635 国防与外交/谢晓钟著. 影印本. 上海：中华书局. 1926（谢晓钟先生遗著；6）

本辑分25章，包括：新疆经营论、阿尔泰现势论、新疆勘界失地四则、帕米尔高原形势论、西北国境丧地始末、中英藏案交涉始末、西藏问题之研究、外蒙问题研究等。书前有“国父赐序”，有照片。

2636 国民革命与台湾：一八九五年至一九一四年/郑淑莲著. 台北：三民主义研究所博士硕士论文奖助出版委员会. 1992.3（三民主义研究所博士硕士论文奖助出版丛书. 第九辑；6）

本书共5章，包括：台湾与大陆源远流长、陈少白成立兴中会台湾分会、孙中山先生莅台与惠州之役、台籍革命志士的奋斗与贡献、辛亥革命对台湾的影响，附参考书目。

2637 汉川文史资料，纪念辛亥革命八十周年专辑．第五辑/中国人民政治协商会议汉川县委员会文史资料委员会编．汉川：汉川县政协文史资料委员会．1991.10

本书内容包括：辛亥革命简介、辛亥革命汉川起义纪略、我参加革命的经过、中山先生二三事、梁耀汉烈士事略、忆七叔梁辉汉、张荫兰自传、上孙中山书等。本辑编排大致以卒年先后为序，纪念文章配合人物传分组编排。书中附序言、编后语和照片。

2638 汉口五百年：新编汉口丛谈/皮明庥，吴勇主编．武汉：湖北教育出版社．1999.5（武汉丛书）

本书分 3 部分：汉口的形成和第一次崛起（15 世纪 60 年代—1860 年）、汉口城市的转型和第二次崛起（1861－1949 年）、汉口城区的发展和第三次崛起（1949 年—1998 年）。书中附有总序、前言和后记。

2639 河津文史资料．第二辑，辛亥革命七十五周年纪念专辑/中国人民政治协商会议山西省河津县委员会文史资料研究委员会编．河津：中国人民政治协商会议山西省河津县委员会文史资料研究委员会．1986.9

本书内容包括：伟大的革命先行者——孙中山、我们所知道的姚以价将军、姚以价将军墓表、怀念伯父严慎修、我参加辛亥革命的经历、回忆先父阎晋杰、辛亥革命中的“河津会议”等。书中附有照片和遗墨。

2640 河南文史资料．第六辑，辛亥革命专辑/中国人民政治协商会议河南省委员会文史资料研究委员会编．郑州：河南人民出版社．1981. 9

本册内容包括：辛亥革命运动若干史实、辛亥革命前后回忆片断、辛亥革命的前奏、辛亥革命回忆、辛亥杂忆、辛亥革命见闻、罗飞声传略、李亚东事略、河南部分同盟会员姓名录、辛亥革命在淮阳、辛亥革命前后的洛阳等。

2641 河南文史资料．第四十辑，樊钟秀与建国豫军/中国人民政治协商会议河南省委员会文史资料委员会，中国人民政治协商会议宝丰县委员会学习文史委员会编．郑州：中国人民政治协商会议河南省委员会文史资料委员会．1991.11

全书分 3 部分：回忆录·事略、文电、新闻报道（1922－1930 年）。内容包括：樊钟秀事略、樊钟秀小传、樊钟秀与建国豫军、樊钟秀轶事、樊钟秀与胡氏兄弟、孙大元帅给樊钟秀的训令、阎锡山祭樊钟秀文、豫军编练新兵等。书中附有照片。

2642 黑龙江近代历史大事记：1840－1949/黑龙江省社会科学院历史研究所编．哈尔滨：黑龙江人民出版社．1987.10

本书以编年的形式记述了从 1840 年至 1949 年以来，在全国、东北及黑龙江历史上有一定影响、占有一定地位，又反映黑龙江历史进程的重大事件和重要人物的活动。

2643 黑龙江历史大事记：1900－1911/黑龙江省档案馆编．哈尔滨：黑龙江人民出版社．1984.9

本书以编年的形式记载了 1900 年至 1911 年部分黑龙江历史资料。并包含附录：黑龙江将军、巡抚、各副都统。

2644 黑龙江历史大事记：1912－1932/黑龙江省档案馆，哈尔滨师范大学历史系编．哈尔滨：黑龙江人民出版社．1984.1

本辑以编年的形式收录了民国元年（1912 年）至民国二十一年（1932 年）的历史大事记。附录：《黑龙江省军政首脑人物（1912－1932)》和《东省特别区行政长官》。

2645 洪湖文史．第七辑，纪念辛亥革命八十周年专辑/政协湖北省洪湖市委员会文史资料委员会编．洪湖：洪湖市政协文史资料委员会．1992.2

本书内容包括：辛亥革命洪湖籍人物谱、

辛亥首义纪事本末、辛亥首义前后、孙中山先生的武汉之行、孙中山复唐克明函、刘南如传、洪湖人民反清斗争简述、辛亥革命时期的洪湖商贸市场等。书中附有照片和编后语。

2646　湖北革命史料杂记/张难先编. 静电复制本. 北京：北京图书馆. 197?

本书据民国间张难先朱丝栏抄本静电复印；与《湖北革命党历年团体党员略》合订。

2647　湖北革命知之录/张难先. 重庆：商务印书馆. 1945.11

本书记述了湖北省辛亥革命史，从庚子(1900)汉口之役至武昌首义、民国成立止。内容包括：吾国革命思想之渊源、湖北革命之动因、庚子汉口之役、科学补习所始末、同盟会湖北分会之概况、兴进会始末、武昌首义之发动、中华民国政府成立、国会成立等。

2648　湖北革命知之录/张难先. 影印本. 台北：文海出版社. 1981（近代中国史料丛刊续编. 第八十六辑；854）

内容提要参见2647。书中附有凡例、自序、后序及本书支干西历纪年对照表。

2649　湖北革命知之录/张难先. 上海初版. 上海：商务印书馆. 1946.5

内容提要参见2647。

2650　湖北军政府文献资料汇编/辛亥革命武昌起义纪念馆，政协湖北省委员会文史资料研究委员会编. 武汉：武汉大学出版社. 1986.11

本书所辑文献资料主要汇录1911年10月至1912年4月期间以湖北军政府或其主要领导人名义发布的公文，也酌录以军政府下属部(司)、科与镇、协机构或其主要领导人名义发布的公文，公文种类包括：宣言、檄文、告示、晓谕、照会、命令、章程、法则、决议、条例、函电等。本书按其内容酌分政治、军事、外交等类。书中附有照片。

2651　湖北通史，民国卷/章开沅等主编；田子渝，黄文华著. 武汉：华中师范大学出版社. 1999.6

本卷内容包括：北洋军阀在湖北统治的建立、新民主主义革命的发端、湖北早期现代化的艰难步履、武汉国民政府时期等。附照片。

2652　湖北通史，晚清卷/章开沅等主编；罗福惠著. 武汉：华中师范大学出版社. 1999.6

本卷内容包括：鸦片战争前后的湖北、农民群众与王朝政权的生死搏斗、湖北被纳入国际市场边缘、张之洞在湖北的新政改革等。附照片。

2653　湖北文史资料. 第四辑，纪念辛亥革命七十周年专辑/中国人民政治协商会议湖北省委员会文史资料研究委员会编. 武汉：中国人民政治协商会议湖北省委员会文史资料研究委员会. 1981.9

本书内容包括：辛亥革命武昌首义简介、民军第五协军事实录、回忆武昌首义、辛亥首义前后、第二十镇响应武昌首义纪事、朱峙山藏札、辛亥武昌首义主要人物传略、辛亥武昌首义前的革命团体等。本书有扉页篆刻。

2654　湖北文史资料：一九八六年第四辑，纪念孙中山先生诞辰一百二十周年辛亥革命七十五周年专辑. 总第十七辑/中国人民政治协商会议湖北省委员会文史资料研究委员会编. 武汉：中国人民政治协商会议湖北省委员会文史资料研究委员会. 1986.11

本书为辛亥革命亲历者和辛亥者后裔撰写的回忆录专辑，内容包括：我和孙中山先生八次会见记、武昌革命之回忆、武昌首义亲历记、南京陆军第四中学援鄂记、共进会总机关部是怎样失事的、辛亥革命资料拾零、烈士王汉传、武昌首义大学的筹建与夭折等。书中附有照片、编后记。

2655　湖北文史资料：一九八八年第三辑，湖

北“三怪”——严立三张难先石瑛史料专辑．总第二十四辑/中国人民政治协商会议湖北省委员会文史资料研究委员会编．武汉：中国人民政治协商会议湖北省委员会文史资料研究委员会．1988.10

本书内容包括：代释“三怪”、三老墨迹、严立三先生事略、严立三先生传、回忆严立三先生、湖北“三怪”之一的张公难先、我的公公石瑛先生、石瑛先生帮助我脱离虎口的前前后后等。书后有附录3篇，有照片。

2656　湖北文史资料，纪念辛亥革命八十周年：一九九一年第一辑．总第三十四辑/中国人民政治协商会议湖北省委员会文史资料研究委员会编．武汉：《湖北文史资料》发行部．1991

本专辑包括辛亥革命前的宣传和组织发动工作、全省各地相应武昌首义的情况、以往史料着笔不多且在辛亥革命中发挥了重要作用的人物等内容。其中不少是具有重要史料价值的三亲史料。书中附有照片、题词和编辑说明。

2657　湖南反正追记/同明等编．长沙：湖南人民出版社．1981.9

全书分4个单元。《湖南反正追记》等3篇是湖南革命的亲历记。《黄克强长沙革命之失败》等5篇是辛亥前夕湖南革命形势的实录。《湖南光复记》等4篇为辛亥当年记事。《宣统政纪》等3篇则为清政府方面关于湖南事件的文电，以及站在反对革命立场上的人们的记述，是一组反面材料。

2658　湖南省志．第一卷，湖南近百年大事记述/湖南省志编纂委员会编．再版，修订本．长沙：湖南人民出版社．1962.11

本“志”取材于1840年到1949年湖南解放为止。共分15卷，包括：《湖南近百年大事纪述》、《地理志》、《工旷志》、《农林水利志》、《交通志》、《财政贸易志》、《教育志》、《卫生志》、《文化艺术志》、《学术志》、《文物志》、《民族志》、《宗教志》、《人物志》和《杂记》。书中附有湖南近百年省级官吏表。

2659　湖州文史．第一辑，陈英士先生史料专辑/中国人民政治协商会议浙江省湖州市委员会文史资料研究委员会编．湖州：中国人民政治协商会议浙江省湖州市委员会文史资料研究委员会．1984.7

本书除了转辑部分辛亥革命老人的回忆录、传记文和组织有关人士撰文外，大量选用了辛亥革命时期报刊上的原始记载，用这一历史文献来阐述陈英士对辛亥革命的功绩，以及在当时社会上的巨大影响。本书分回忆录和传记文、历史资料两部分，内容包括：谈谈陈其美、我是怎样认识陈英士的、陈英士在上海光复前夕召开的一次重要会议、陈英士在上海光复前后、陈英士先生事略、陈英士殉国纪念报告、陈英士先生年谱初稿等。书中有前言、附录和照片。

2660　怀沙坪忆当年．续集：庆祝中国共产党建党七十周年暨纪念辛亥革命八十周年/中国人民政治协商会议重庆市沙坪坝区委员会文史资料委员会编．重庆：中国人民政治协商会议重庆市沙坪坝区委员会文史资料委员会．1991.6

全书分6部分，包括：伟人风范、峥嵘岁月、名流集粹、辛亥春秋、风雨同舟、沙坪今昔。内容包括：我记忆中的沙坪坝、重庆移灵记、沙坪四缘、我所知道的张伯苓、沙坪的美酒、在丰子恺家里作客、同盟会与蜀军政府、重庆最早的一次学生运动等。书中附有照片、篆刻、前言和编后语。

2661　黄石文史资料．第十九期，辛亥革命先驱曹亚伯：纪念曹亚伯先生诞辰一百二十周年/尹迪生主编；政协黄石市学习、文史资料委员会编．黄石：政协黄石市学习、文史资料委员会．1995.11

本书内容包括：先严曹亚伯与中山先生的友谊、略述父亲生前事、孙中山与曹亚伯、回忆儿时聆听亚伯公故事两则、曹亚伯在昆琐事、祖父的晚年、曹亚伯先生、革命奇人曹亚伯等。

书中附有序、历史照片一组、附录和编后。

2662　黄州文史资料．第一辑．总第五辑，纪念辛亥革命八十周年专辑/中国人民政治协商会议湖北省黄州市委员会文史资料委员会编．黄州：中国人民政治协商会议湖北省黄州市委员会文史资料委员会．1991.8

本书记录辛亥革命黄州光复前后史事，分6部分：革命活动、人物传选、片段回忆、志士名录、大事记、附录资料。内容包括：日知会在黄冈的活动、黄州光复经过、吴昆传、吴贡三事略、缅怀先父李西屏、我所知道的刘子通先生、历史的记录——夏校的诗文、两句诗的激发等。书中附有序、编后语和照片。

2663　惠州历史大事记：公元前214年～公元2004年/惠州市地方志办公室编著．北京：中华书局．2005.8（惠州地方史志丛书）

本大事记系统地反映了从公元前214年至公元2004年惠州市现行行政区，包括：惠城、惠阳、惠东、博罗、龙门等县（区）历史发展的轨迹。全书共4部分：封建社会时期、半殖民地半封建社会时期、新民主主义社会向社会主义社会、社会主义社会初级阶段。书中有地图三幅：惠州府境总图、惠阳地区图、惠州市地图。

2664　吉林省大事记：1912－1931/吉林省档案馆编．吉林：吉林省档案馆．1988.7

本书力图准确、详细地再现吉林省自辛亥革命至“九一八”事变这段历史中的一些重要史实，除详细记载了当时政治、军事、外交等一系列活动外，还特别着重反映了与之密切相关的经济、文化、教育等方面的发展情况，全书共收集编列了近4500个大事条目，总约30万多字。书中附有前言。

2665　纪念辛亥革命七十周年史料专辑/中国人民政治协商会议广东省广州市委员会文史资料研究委员会编．广州：广东人民出版社．1981.8（文史丛书）

全书分上、下两册，包括：广州三次暗杀清廷大员、广州三次武装起义、惠州三洲田起义、辛亥广州光复前后、革命党人物事迹、反清武装起义、国共合作、短稿等内容。

2666　江苏文史资料．第四十三辑・淮安文史资料．第九辑，周实阮式纪念集/江苏省政协文史资料委员会，淮安市政协文史资料委员会编．南京：《江苏文史资料》编辑部．1991.10

本书为了纪念辛亥革命八十周年；淮安辛亥烈士、南社诗人、淮南社的创始人周实、阮式二人殉义八十周年而出版。全书分6部分，包括：生平传记、八十年祭、昭雪经过、哀辞辑录、遗著选编（附序跋）、附录。书中附有照片、题词、序言和编后话。

2667　江苏文史资料．第七十七辑，常州名人传记．第二辑，中国第一代实业家盛宣怀/易惠莉著；江苏省政协文史资料委员会，常州市政协文史资料委员会合编．南京：《江苏文史资料》编辑部．1994.10（江苏文史资料；77）

本书分7章，包括：优越与忧患的青少年时代、不失时机投身洋务实业运动、亦商亦官的中年生涯、实业活动的顶峰、教育与实业并进、亦官亦商的晚年、以实业家身份走完人生之路。书中附有序和照片。

2668　江苏文史资料．第一百零三辑，镇江文史资料．第三十辑，辛亥镇江将军录/江苏省政协文史资料委员会，镇江市政协文史资料委员会编．南京：《江苏文史资料》编辑部．1997.10

全书分上、下两册。内容包括：英雄碧血照汗青、革命先烈赵声、保国歌、追念先烈赵声、林述庆传、李竟成的一生、漫话徐宝山、徐宝山故居调查记等。书中附有照片和编后。

2669　江苏文史资料选辑．第一辑/中国人民政治协商会议江苏省委员会文史资料研究委员会编．新1版．南京：江苏人民出版社．1981.6

本辑收录辛亥年第九镇新军秣陵关起义和江浙联军光复南京、辛亥革命南京临时政府亲历记、南京临时大总统府三月见闻实录、励志社与黄仁霖、国民党第九十七师南京近郊起义的会议等内容。

2670 江苏文史资料选辑．第二辑/中国人民政治协商会议江苏省委员会文史资料研究委员会编．新1版．南京：江苏人民出版社．1981.7

本辑收录黄兴南京留守府见闻、西安事变后期的谈判、陈纳德与“飞虎队”、民族资本家荣宗敬和荣德生等内容。

2671 江苏文史资料选辑．第六辑，纪念辛亥革命七十周年/中国人民政治协商会议江苏省委员会文史资料研究委员会编．南京：江苏人民出版社．1981.5

本辑收录从辛亥革命到护国讨袁、辛亥年联军攻克南京纪实、辛亥历险记、我所知道的李烈钧、国民党第一次全国代表大会上左右两派的斗争等内容。附照片。

2672 江苏文史资料选辑．第七辑，纪念辛亥革命七十周年/中国人民政治协商会议江苏省委员会文史资料研究委员会编．南京：江苏人民出版社．1981.9

本辑收录无锡光复的无名英雄、回忆1912年中山先生在南京夫子庙向群众征询意见、孙中山先生勉励国民演讲词、辛亥革命在南京等内容。附照片。

2673 江苏文史资料选辑．第十辑/中国人民政治协商会议江苏省委员会文史资料研究委员会编．南京：江苏人民出版社．1982.12

本辑收录“回忆建立如、泰、靖地区革命武装的曲折历程”、“太炎先生轶事”、“金陵刻经处”、“我在商务印书馆四年见闻”等内容。附照片。

2674 江苏文史资料选辑．第十一辑/中国人民政治协商会议江苏省委员会文史资料研究委员会编．南京：江苏人民出版社．1983.1

本辑收录孙中山复章太炎信、一九三五年刺汪案真相、三十年代的无锡丽新厂、唐文治和国学专修馆等内容。

2675 江苏辛亥革命研究/王佩良．长沙：国防科技大学出版社．2008.11（辛亥革命专题研究丛书）

本书分5章，包括：江苏民族资本主义的发展与资产阶级的壮大、江苏资产阶级立宪派的形成与立宪运动、江苏资产阶级革命派的形成与革命运动、江苏各地的光复斗争等。

2676 江西文史资料选辑．一九八八年第三辑．总第二十九辑，纪念湖口起义七十五周年，李烈钧将军/中国人民政治协商会议江西省委员会文史资料研究委员会编．南昌：《江西文史资料选辑》编辑部．1988.7

编入本专辑的文章分序言、专著、演讲、函电、公牍、追忆、大事记7个部分，李烈钧的著作均保持原貌。内容包括：李烈钧将军自传、孙大元帅戡乱记、离赣前于议会演讲词、致各界论用人之道电、武宁上将李烈钧、忆先父等。书中附有照片和后记。

2677 江西文史资料选辑．第二十二辑，纪念孙中山先生诞辰一百二十周年，李烈钧杨赓笙诗选/中国人民政治协商会议江西省委员会文史资料研究委员会编．南昌：中国人民政治协商会议江西省委员会文史资料研究委员会．1991.11

全书分李烈钧诗选和杨赓笙诗选两部分。内容包括：甲寅除夕、题长啸失败后、云南首义纪念日、云南起义二十周年（咏史）、修江舟中、过金陵舟中晚眺、别冯焕章、游庐山天桥等。书中附有照片、编者话、李烈钧杨赓笙诗选序和后记。

2678 江西文史资料选辑．第三十九辑，辛亥

革命在江西/聂国柱主编；政协江西文史资料研究委员会编．南昌：江西人民出版社．1991.10

本书是辛亥革命在江西的历史缩影，在整个辛亥革命时期，江西是对全国革命有着重大影响的省份。附照片。

2679　蒋介石家世，浙江文史资料选辑第三十八辑/浙江省政协文史资料委员会编．杭州：浙江人民出版社．1988.10（浙江文史资料选辑；第三十八辑）

本书是《浙江文史资料选辑》第二十三辑的重编增订本，提供了关于王采玉、蒋介石母子身世的真实史料。内容包括：《武岭蒋氏宗谱》纂修始末、蒋介石的故乡、蒋介石的外婆家——葛竹、解开蒋母王采玉身世之谜、毛福梅与蒋氏父子、我在蒋介石身边的时候、蒋介石在溪口的最后日子等。全书集中于蒋氏家世这一专题。书中附有前言、附录和照片。

2680　艽野尘梦/陈渠珍著．重庆：重庆出版社．1982.9（川边历史资料丛书）

本书记录了作者1909年从军，奉命进藏，在1911年11月武昌起义爆发、南北响应的消息传到西藏后，取道东归等经历；同时记录了英、俄帝国主义觊觎和争夺我国西藏的罪恶和阴谋活动；记载了辛亥革命对西藏和川军的重大影响和军中的同盟会员、哥老会成员在波密乘机发动政变、杀死协统罗长裿的实况。

2681　艽野尘梦/陈渠珍著；任乃强校注．拉萨：西藏人民出版社．1999.2

内容提要参见2680。

2682　艽野尘梦：西藏私家笔记（1909－1912）/陈渠珍著．再版．拉萨：西藏人民出版社．2009.1（“汉语江湖”书系；005）

内容提要参见2680。

2683　近百年来上海政治经济史：1842－1937/越裔译．影印本．台北：文海出版社．1974（近代中国史料丛刊续编．第九辑；88）

全书分15章，包括：洋鬼子、擅自行动的英国人、恐慌的时期、南京路惨案、十九路军之役、白银风潮、上海的内景、上海的灵魂、末代大班等内容。

2684　近百年来上海政治经济史/越裔译．影印本．台北：文海出版社．1983.5（中国金融经济史料丛编．第一辑；10）

内容提要参见2683。

2685　近代中国看天津丛书．历史大事100件：［中英文对照］/何焕臻，郭凤岐主编；天津市旅游局编．天津：天津古籍出版社．2009.2

本书收录了近代天津发生的100件重大历史事件，包括：修筑大沽炮台、天津销烟、白河投书、天津教案、中国邮票之诞生、天津机器局兴建、太平军北伐到津、英法联军入侵与《天津条约》签订等内容。书中附有天津近代大事记。

2686　京山文史资料．第七辑，辛亥革命在京山/中国人民政治协商会议京山县委员会文史资料研究委员会编．京山：中国人民政治协商会议京山县委员会文史资料研究委员会．1988.1

本书内容包括：刘氏三杰的革命事迹、刘英义军作战示意图、永隆河的同盟会、黄兴来到刘英家、刘英招兵谣、老兵张利山、宋河地区发起的反清讨袁运动、我县东乡辛亥革命史料等。书中附有题词、照片、写在前面的话。

2687　经营蒙古条议/吴绶卿著．影印本．呼和浩特：远方出版社．2008

本书介绍了经营蒙古之意见、政治之改革、兵事之必要、移民之政策、宗教之改革、教育之必要、银行之计量、工艺之振兴、森林之培植、马贼之安置等内容。

2688　荆门市文史资料．第七辑：纪念辛亥革命八十周年专辑，安襄郧荆军革命纪实/中国人民政治协商会议湖北省荆门市委员会文史资料研究委员会编. 荆门：中国人民政治协商会议湖北省荆门市委员会文史资料研究委员会. 1991.9

本书较为翔实地记载了安襄郧荆军在季雨霖率领下的革命壮举，包括：革命梦原稿、北征纪略、回忆招讨安襄郧荆经过、辛亥革命失败和季雨霖等反袁、荆门辛亥人物简介、北伐途中班师，招讨工作结束、为五十六年前的一笔历史账答客问等。书中附有序言、照片和编后记。

2689 靖江文史资料. 第三期，民初—解放/中国人民政治协商会议江苏省靖江县委员会文史资料研究委员会编. 靖江：中国人民政治协商会议江苏省靖江县委员会文史资料研究委员会. 1983.8

本期所记载的史料，从清末民初到1949年靖江解放为止，前后约40年时间，把在这一段时间内靖江所发生的一些大事做了比较系统的整理。全书计有概况、政权、政党、社团、军事、经济、教育、人物、杂记等9大问题，65个细目。

2690 旧民主主义革命时期陕西大事记述：1840—1919/西北大学历史系编. 西安：陕西人民出版社. 1984.7

本书分5部分，包括：鸦片战争前后（1821—1850年）；太平军、西捻军在陕西活动与回民起义前后（1851—1893年）；戊戌变法前后（1894—1898年）；义和团前后（1899—1904年）；辛亥革命前后（1905—1911年）。

2691 卷入大变局：晚清至民国时期南昌的士绅与地方政治/李平亮著. 北京：经济日报出版社. 2009.1（师范大学历史学文库. 传统社会与近代转型丛书）

全书分8章，包括：导言、晚清地方军事化与地方权力体系的重构、清末新政与社会重组、新式教育与士绅的转型、议会制度与地方政治派系、社会文化传统的延续与更新、结语。书中有总序、参考文献和后记。

2692 鄄城文史资料. 第四辑/鄄城县政协文史资料委员会编. 鄄城：鄄城县政协文史资料委员会. 1991.10

本书内容包括：三十年来衷怀所志之自剖、伦理为文化重心案、东西文化及民族出路序言、建设村本政治、民主政治下考试选举两权并用之精神、中华民族自救运动之研究、青年之出路、中国民族之精神及今后之出路等。书前有题字、照片、前言，书后有耀李诗词7首。

2693 昆明文史资料选辑. 第三十六辑，辛亥革命昆明重九起义人物专辑/陈永年主编，中国人民政治协商会议云南省昆明市委员会文史学习委员会编. 昆明：政协云南省昆明市委员会文史学习委员会. 2001.9

本专辑所收人物以参加过昆明重九起义者为主，永昌起义、腾越起义参加者和旅缅侨胞中的仁人志士也选收了几位，共收辛亥革命时期35位历史人物的文史资料36篇。书中附有前言和照片。

2694 莱海招抗捐运动与辛亥革命/刘同钧，董礼刚主编. 北京：北京理工大学出版社. 1994.12

全书分7部分，包括：莱海招抗捐运动发生的时代背景、莱海招农民抗捐运动概况、声势浩大的资产阶级民族主义斗争、莱海招抗捐运动的性质同辛亥革命的关系、人物介绍、报刊资料选集、莱海招抗捐运动与辛亥革命大事记。书中附有说明和引言。

2695 莱州文史资料. 第五辑，纪念辛亥革命八十周年专辑/戴则文主编；莱州市政协文史资料委员会，《莱州文史资料》编辑部编. 莱州：莱州市政协文史资料委员会. 1991.9

本书内容包括：在纪念辛亥革命八十周年的时候、邱丕振史略、邱丕振的家世及轶事、曲折历程的回顾、邱典五事略、孙竹君在辛亥革命中、邱绍尹和《爱国日报》、赵金漳与莱州辛亥革命等。书中附有照片、前言、附录、补白和后记。

2696 老河口文史资料．第十九辑，纪念辛亥革命七十五周年专辑/政协老河口市委员会文史资料研究委员会编．老河口：政协老河口市委员会文史资料研究委员会．1986.9

本书选辑了3篇老河口市有关响应武昌起义的革命史料，包括：老河口江湖会起义纪略、李秀昂被刺事实真相、江湖会起义见闻。书中附有前言和图表。

2697 乐山市财政税务志．上篇：1911－1949/四川省乐山市财政税务局编．乐山：四川省乐山市财政税务局．1984.12

本志断限时间上起辛亥革命，下迄1949年12月，共计39年。对民国以前的财政税收情况也作了简要追述，以阐明其形成和发展。卷首包括图片、序言、凡例、编写人员名录、目录等。正文专述中华民国时期的财政税收情况。书中有图表。

2698 乐山市金融志．上篇：1911－1949/中国工商银行乐山市支行营业部编．乐山：中国工商银行乐山市支行营业部．1985.6

本志记录时间从辛亥革命至乐山解放（1949年），主要对旧中国紊乱的币政和民间借贷、典当、银钱兑换、钱庄、银行的演变沿革以及经营情况作一简要述及。书中附有序、照片、地图。

2699 乐山市卫生志．上篇：1911－1949/乐山市市中区卫生局卫生志编纂小组编．乐山：乐山市市中区卫生局．[出版年不详]

本志为上篇，断限时间上起公元1911年辛亥革命，下迄1949年12月16日乐山市解放，共计39年。对民国以前的卫生医药情况也简要涉及，用以阐明乐山市医药卫生状况和发展的时代背景。本志上篇包括图片、序言、凡例、编写人员姓氏、目录等，正文专述中华民国（建国前期）的卫生医疗情况。

2700 乐山文史选辑．第十二辑，辛亥革命专辑/中国人民政治协商会议乐山市委员会文史资料委员会编．复制本．乐山：中国人民政治协商会议乐山市委员会文史资料委员会．1991.9

本书内容包括：辛亥革命乐山大事记；乐山同盟会组织的建立和发展；乐山同盟会组织在四川同盟会初期几次武装起义中的斗争事迹；保路运动的起始；保路同志军东路在井研、仁寿等地的斗争；有关乐山辛亥革命风潮情况的清廷电文及国际函电；纪念殉难烈士文；成都起义等。书中附有前言。

2701 历史在这里转折：民国时期的陕西记忆/黄留珠总主编；王建军主编．西安：西北大学出版社．2009.12〔话说陕西．6　民国卷（公元1912年至公元1949年）〕

本书以图文形式记录了陕西1912年至1949年的历史。内容包括：从留日士官生到民国大都督、陕西门户三易其手、辛亥革命中的陕西哥老会、西北高等教育的发端、护国战争在陕西、时代风云激荡、对孙中山先生一诺千金、西北惊雷、古都新生等。书中附有总序、总论、导言、地图、照片和陕西地区民国大事年表。

2702 利川文史资料．第一辑，辛亥革命集/中国人民政治协商会议利川市委员会文史资料研究委员会编．利川：中国人民政治协商会议利川市委员会文史资料研究委员会．1986.8

本书内容包括：先父牟鸿勋轶事、我的姑父牟鸿勋、革命志士牟鸿勋、甘绩熙年表、甘绩熙轶事、我的父亲苏成章、苏成章事略、父亲吴兆廷、黄人本简历等。书中附有前言、照片和后记。

2703 连云港市文史资料．第八辑，连云港市纪念辛亥革命八十周年专辑/中国人民政治协商会议连云港市委员会文史资料委员会编．连云港：中国人民政治协商会议连云港市委员会文

史资料委员会．1991.12

全书分6部分：前言、领导讲话、史料、论述与探讨、缅怀与继承、报道与观后。内容包括：回忆海州光复、海州光复前后、辛亥革命中的赣榆农民起义、略论辛亥革命时期的爱国主义特点、弘扬辛亥革命的爱国主义精神、孙中山“对外开放”思想的启示、由纪念辛亥革命八十周年想到的、两岸同唱一支歌等。书中附有照片。

2704 两湖地区辛亥革命新论/霍修勇．长沙：国防科技大学出版社．2008.8（辛亥革命专题研究丛书）

全书分7章，包括：两湖地区的历史渊源、两湖革命的基本动力、两湖志士的合作关系、两湖保路运动的兴衰、两湖谘议局的异同、两湖军政府的演变、两湖地区的“二次革命”。书中有摘要、绪论、附表、参考文献和后记。

2705 临海文史资料．第三辑，辛亥革命专辑/临海市政协文史组编．临海：临海市政协文史组．1986

本书内容包括：“名满东海”的光复旧勋、王文庆传、悼前浙民政长王文庆、王文庆反袁斗争片段、杨哲商烈士事略、杨旭东传赞、杨社纪略、纪念杨哲商牺牲七十五周年等。书中附有前言和照片。

2706 浏阳文史．第十辑，《纪念辛亥革命八十周年》专辑/中国人民政治协商会议浏阳县委员会文史资料研究委员会编．浏阳：中国人民政治协商会议浏阳县委员会文史资料研究委员会．1991.10

本书共征集到辛亥革命涉及浏阳的人和事计16万多字，而其中大部分文章又是围绕着以焦达峰为代表的民国先烈在辛亥革命期间活动的记述。本书分5部分，包括：辛亥革命前后浏阳史事拾零、光复湖南两都督、史事钩沉、致力辛亥革命的浏阳籍志士（部分）、辛亥革命中的浏阳。书前附有前言。

2707 泸州市卫生志：1911年至2003年/董善浦主编；《泸州市卫生志》编纂委员会编纂．北京：方志出版社．2005.12

本志上限自1911年，下限至2003年，记述了泸州市医疗事业的成就和经验。由概述、大事记、门类和人物4部分组成，另有辅文。附地图。

2708 滦县文史资料．第七辑，辛亥滦州起义/中国人民政治协商会议河北省滦县委员会编．滦县：中国人民政治协商会议河北省滦县委员会．1991.7

本书分4章，包括：滦州起义的历史条件、滦州起义的酝酿与准备、滦州起义、风雨八十年。本书附有前言和附录。

2709 洛阳文史资料．第11辑，纪念辛亥革命八十周年专辑/中国人民政治协商会议河南省洛阳市委员会文史资料委员会编．洛阳：中国人民政治协商会议河南省洛阳市委员会文史资料委员会．1991.9

本书征编了辛亥革命在洛阳的有关事件和仁人志士的史料，片段地记录了当时豫西地区城乡人民高举义旗、艰苦奋斗、英勇牺牲的壮举。具体内容包括：辛亥革命前后的洛阳、辛亥革命前夕洛阳附近的革命活动、我所知道的河南辛亥革命、忆王法岐先生、忆李肯堂先生、反清义士南大定、王天纵传略、辛亥志士梁文渊等。书中附有题字和前言。

2710 满洲——它的人民、资源和最近的历史/（英）亚历山大·霍斯著；张士尊，李梅梅译．沈阳：辽海出版社．2005.3（清末民初外国人眼中的东北社会丛书）

本书内容包括：从营口港到吉林的旅行见闻；最近在满洲发生的事件、满洲铁路和满洲东部边境旅行见闻；溯黑龙江和石勒喀河旅行见闻；满洲的边界、自然面貌和气候；满洲的人民及其管理组织等。

2711 梅县文史资料．第二十辑，纪念辛亥革命八十周年史料专辑/中国人民政治协商会议广东省梅县委员会文史资料委员会编．梅县：中国人民政治协商会议广东省梅县委员会文史资料委员会．1991.8

本书分3部分：专稿、回忆文章和任务介绍，内容包括：辛亥梅州光复、光复后的梅州、谢良牧与辛亥广东光复、梅州光复记、梅州光复回忆、同盟会在梅州的活动和梅城光复经过、同盟会在松口的革命活动纪略、温生才等。书中有照片和前言。

2712 梅州文史．第五辑，纪念辛亥革命80周年、太平天国140周年专辑/中国人民政协协商会议广东省梅州市委员会文史资料委员会编．梅州：中国人民政协协商会议广东省梅州市委员会文史资料委员会．1991.9

全书分两部分：辛亥革命史料、太平天国史料。内容包括：辛亥梅州光复前后、辛亥革命时期梅州的报刊、平远光复前后、松口同盟会员在辛亥革命中的活动、辛亥革命前后兴宁籍同盟会员及其事略、何天炯先生事略、辛亥革命中的华侨勇士古鲁公、林震传略等。书中附有前言。

2713 绵阳市文史资料选刊．第八辑，纪念辛亥革命八十周年专辑/中国人民政治协商会议四川省绵阳市委员会文史资料委员会编．绵阳：中国人民政治协商会议四川省绵阳市委员会文史资料委员会．［出版年不详］

全书分11部分，包括：辛亥老人谈辛亥革命、综述、武装斗争、名人轶事、教育演变、经济状况、农村及社会状况、军政体制、医药卫生、辛亥革命诗词文集轶、其他。书中附有题词、照片、前言和补白。

2714 民国广东大事记/广东省立中山图书馆编纂．广州：羊城晚报出版社．2002.11

本书主要反映了广东省从清宣统三年（1911年）至民国三十八年（1949年）间，长达38年的历史情况。内容涵盖了政治、军事、经济诸方面，附作战图、广东全境解放大事记、主要人物索引等。

2715 民国时期的海南：1912－1949/张兴吉著．海口：海南出版社，南方出版社．2008.4（海南历史文化大系．历史卷）

全书分8章，包括：民国时期的海南政局的演变、海南近代化进程中的纷乱与变革、民国时期海南岛经济的变化、民国时期海南岛的基础设施建设、民国时期海南社会文化与生活、民国时期海南岛黎族、苗族社会的变化、民国时期海南城市的发展进程等。书中附有序、自序、绪论、参考文献和后记。

2716 民国新疆史/陈慧生，陈超著．乌鲁木齐：新疆人民出版社．1999.12

全书共19章，包括：辛亥革命及其在新疆的发展、杨增新政权的建立和巩固及其统治的政策措施、民国初年新疆各族人民的反帝反封建斗争、民国初年的经济教育和文化、民国初年杨增新政权的对外关系、杨增新政权的社会危机及其覆灭、盛世才谋求新疆督办的实现、新疆和平解放等。

2717 民国新疆史/陈慧生，陈超著．乌鲁木齐：新疆人民出版社．2007.10

内容提要参见2716。

2718 民元藏事电稿·藏乱始末见闻记四种/《西藏研究》编辑部编．拉萨：西藏人民出版社．1983.2（西藏研究丛刊）

《西藏研究丛刊》是一部以藏、汉文西藏资料为主的丛书。其中择要收录有关西藏政治、经济、文化、历史、宗教和民俗等方面的专著、论文和其他文献史料，以及摘编散见于史书和实录中有关西藏的记述。本书分《民元藏事电稿》和《藏乱始末见闻记四种》两部分。其中《民元藏事电稿》为民国元年国务院所存的有关西藏、西康的来往电稿，以月日先后为次，附有序言。《藏乱始末见闻记四种》包括：藏乱始末见闻记、西藏篇、藏事陈略、藏乱纪略、附录和四篇跋。

2719　闽东文史资料．第一辑/中国人民政治协商会议宁德市委员会文史资料委员会编．厦门：鹭江出版社．2001.1

本书收集整理了闽东文史资料，共4部分，包括：雪泥鸿爪寻遗墨、沧海桑田忆故人、乡贤群像、旧文重刊。附照片。

2720　明清时期澳门问题档案文献汇编．四，档案卷［1905－1911］/杨继波等主编；赵雄，李国荣卷主编；中国第一历史档案馆等编．北京：人民出版社．1999.12

本卷反映明清两朝澳门历史问题的来龙去脉，时间跨度始自光绪三十一年六月初五（1905年），止于宣统三年（1911年）。

2721　内江地区财政志：1912－1985年/张家宁主编；四川省内江市财政局编纂．成都：四川辞书出版社．2002.1（内江地区地方志丛书；30）

本志以1985年底内江市行政区域为记述范围。事涉时限内划出各县主要史实，略述。纵述历史，横陈门类，力求整体体现内江地区财政发展之脉络。全书分5篇，包括：机构；财政收入；财政支出；财政管理体制及预、决算；财政监察。书中附有序、编写说明、概述、大事记、附录和图表。

2722　内江市东兴区文史资料．第二期．总第十八期，纪念中国共产党成立七十周年纪念辛亥革命八十周年专辑/中国人民政治协商会议四川省内江市东兴区委员会编．内江：政协四川省内江市东兴区委员会．1991.12

本书分纪念中国共产党成立七十周年和纪念辛亥革命八十周年两部分，内容包括：我在长征中、内江县土地改革运动的回顾、党指引我走革命路、革命路上不停步——纪念党成立七十周年、一个外国人记录下的内江辛亥起义、辛亥革命前后的内江中学堂、黄埔军校原内江县籍同学录、汉安诗词丛话等。

2723　内蒙古辛亥革命史料/中国人民政治协商会议内蒙古自治区委员会文史资料研究委员会编．呼和浩特：内蒙古人民出版社．1962.5

本书收录15篇回忆录，记载了辛亥革命时期老人们亲见、亲闻、亲知的史料。包括：略谈辛亥革命前后的家乡旧时；辛亥包、萨革命经过；辛亥丰镇起义纪实；辛亥阎锡山军民在托克托；辛亥革命与绥远特别区的划分等文章。

2724　内蒙古辛亥革命史料/中国人民政治协商会议内蒙古自治区委员会文史资料研究委员会编．再版．呼和浩特：内蒙古人民出版社．1979.11

内容提要参见2723。

2725　南京大战真相：战地照相．第三册/［著者不详］．［出版地不详］：有正书局．191－?

本书收南京大屠杀时期照片32帧，并收光复南京首领徐绍祯、程德全等人的照片6幅。

2726　宁波文史资料．第十一辑，宁波光复前后，纪念辛亥革命八十周年专辑/中国人民政治协商会议宁波市暨各县（市）区文史资料委员会编．宁波：中国人民政治协商会议宁波市暨各县（市）区文史资料委员会合．1991.9

本书分4部分：史料综述、往事回忆、人物简介、文献掇拾。内容包括：辛亥革命宁波光复概述、辛亥宁波光复大事记、回忆宁波的光复、宁波光复亲历记、马宗汉、赵家蕃、宁波光复记、外国报刊对宁波光复的报导等。书中附后记和照片。

2727　宁海文史资料．第二辑，童保喧专辑/中国人民政治协商会议浙江省宁海县委员会文史资料研究委员会编．宁海：中国人民政治协商会议浙江省宁海县委员会文史资料研究委员会．1990.8

本书内容包括：辛亥革命浙江临时都督童保喧、童保喧（伯吹）年表、童保喧诗抄。书中附有照片和大总统令、童师长祠堂记、童师长传赞、挽联、编后记等。

2728 宁夏文史资料．第十期，辛亥革命七十周年纪念专辑/中国人民政治协商会议宁夏回族自治区委员会文史资料研究委员会编．银川：中国人民政治协商会议宁夏回族自治区委员会文史资料研究委员会．［出版年不详］

本书内容包括：辛亥革命打落了亚洲的第一个皇冠、辛亥革命时期回族人民的革命斗争、甘肃辛亥革命概略、宁夏哥老会与辛亥革命、回忆辛亥革命宁夏军民起义、辛亥革命平罗县军民起义目击记、辛亥革命平罗军民反清斗争纪略、辛亥革命宁夏灵州军民起义等。书后有来函更正与补充。

2729 平顶山文史资料．第三辑，白朗起义/张显明编辑；中国人民政治协商会议平顶山市委员会编．平顶山：中国人民政治协商会议平顶山市委员会．1993.3

全书分5部分：起义初期情况（1912年4月—1913年4月）、横扫豫南鄂北（1913年5月—1914年1月）、主力东进豫皖鄂三编地区（1914年1月—3月）、挥师秦陇（1914年3月—6月）、回豫及失败（1914年6月—8月）。内容包括：河南巨匪就擒、河南巨匪正法、白朗打开唐县、白朗攻占信阳州、河南要闻、白狼扰害教会三志、白朗近日行踪等。书中附有白朗起义的历史特点——代前言、编辑说明、白朗起义述略、审订后记。

2730 萍乡哥老会起义资料汇编．萍乡文史资料．总第十期，芦溪文史资料．总第二期/彭云华主编；萍乡市政协文史资料研究委员会，芦溪区政协文史资料研究委员会合编．萍乡：萍乡市政协文史资料研究委员会，芦溪区政协文史资料研究委员会．1988

本书内容包括：萍乡哥老会起义始末、芦溪争夺战、血染南坑、起义军湘东被袭记、邓海山被捕经过、邓海山传略、江西匪耗、旧会党概观等。书中附有照片、前言、后记和萍乡哥老会起义人名录、参与镇压萍乡哥老会起义人名录、萍乡哥老会起义大事记。

2731 莆田文史资料．第二辑，辛亥革命专辑/中国人民政治协商会议福建省莆田县委员会编．莆田：中国人民政治协商会议福建省莆田县委员会．1981.10

本辑文章大多是亲身参加辛亥革命斗争的革命党人和其亲属所撰写的，也有一些是根据八九十岁的老人所口述的亲身见闻而整理，包括：辛亥莆人革命事略、莆田辛亥革命史料散记、一九一二年黄濂领导的莆仙农民起义、黄濂响应辛亥革命的前前后后、黄濂起义事迹调查记、杨持平传略、纪念伯父林师肇、林一士传等。书前附有编者话。

2732 齐鲁辛亥风云/刘晓博编著．北京：中共党史出版社．2005.6（山东革命文化丛书．中国共产党的创立和大革命时期；3）

本书分5部分，包括：强权政治陷深渊、爱国先声革命派、山雨欲来风满楼、烽火硝烟遍胶东、茫茫之路在何方，介绍了辛亥革命前后山东的历史。附照片。

2733 蕲春文史资料第四辑：纪念辛亥革命八十周年专辑，辛亥革命与蕲春/中国人民政治协商会议湖北省蕲春县委员会文史资料委员会编．蕲春：中国人民政治协商会议湖北省蕲春县委员会文史资料委员会．1991.10

本书分3部分：辛亥革命在蕲春、辛亥革命蕲春志士风云录和辛亥革命蕲春诗文选，内容包括：蕲州起义前后、辛亥革命在蕲春、民主革命先驱田桐、民主革命家黄侃、为救国救民奋斗一生的詹大悲、哀贫民、论立宪党人与中国国民道德前途之关系、满政府之立宪问题等。书中附有前言、文史资料委员会名单、后记和照片。

2734 钦州文史. 第2辑，孙中山与钦州专辑/唐启望主编；中国人民政治协商会议广西壮族自治区钦州市委员会文史资料委员会编. 钦州：广西钦州市政协文史资料委员会. 1996.6

本书是为了纪念孙中山先生诞辰130周年而作。全书分4部分，包括：孙中山领导的钦州王光山等四次反清武装起义、追随孙中山革命的钦州籍著名将领、孙中山对钦州铁路港口建设的规划与实施、钦州父老乡亲世世代代敬仰孙总理。有照片，《孙中山与钦州》序等。

2735 青岛文史资料选辑. 第一辑，纪念辛亥革命七十周年专刊/中国人民政治协商会议山东省青岛市委员会文史资料研究委员会编. 复制本. 青岛：中国人民政治协商会议山东省青岛市委员会文史资料研究委员会. [出版年不详]

全书分上、下两册。内容包括：1894年至1925年史事纪要；辛亥革命时期的山东"独立"；孙中山先生到青岛；益都县辛亥革命回忆；辛亥时期的安丘纪事；徐静心烈士事略；老同盟会员陈干生平事略；我参加同盟会的二、三事等。

2736 清末陕甘概况/杨绳信编著. 西安：三秦出版社. 1997.6 (三秦丛书)

本书分8章，记述了清光绪二十八年至宣统三年（1902－1911）十年间，陕、甘两省当时的实际状况。内容包括：清末甘肃史料片断、陕西人口及仓粮、陕西的赋税、陕西的教育及文化事业、陕西物价、外事及军队。

2737 泉州文史资料. 第九辑，辛亥革命七十周年纪念特辑/中国人民政治协商会议福建省泉州市委员会文史资料研究委员会编. 泉州：中国人民政治协商会议福建省泉州市委员会文史资料研究委员会. 1981.9

本书选载与泉州市直接或间接有关的历史资料，包括从戊戌政变到"文化大革命"结束各个时期的政治、军事、经济、文教、社会、华侨、宗教、人物等各个方面的资料。具体内容包括辛亥泉州光复史料和泉州反袁斗争史料两部分。书中附有前言和照片。

2738 荣县文史资料选辑. 第十辑，纪念辛亥革命暨荣县独立八十周年专辑/中国人民政治协商会议四川省荣山县委员会文史委员会，荣县纪念辛亥革命暨荣县独立八十周年活动领导小组办公室编. 荣县：中国人民政治协商会议四川省荣山县委员会文史委员会，荣县纪念辛亥革命暨荣县独立八十周年活动领导小组办公室. 1991.9

本书分10部分，包括：纪念辛亥革命荣县独立八十周年、先辈依旧、资料汇集、耳闻目睹、人物述林、英明永存、史海拾遗、论坛数题、诗词拾穗、史事质疑。

2739 山东图书馆辛亥年藏书目录/保鳌东编. 石印本. [出版地不详]：[出版者不详]，1911

全书以四库全书的体例将山东图书馆辛亥年间藏书目编次，共分9卷：经、史、子、集、丛书、科学、别录、山东艺文、补。

2740 山东文史资料选辑. 第三十一辑，辛亥革命在山东/山东省政协文史资料委员会编. 济南：山东人民出版社. 1991.10

本书内容包括：山东独立前后、辛亥革命在青岛、辛亥革命在烟台、荣成辛亥革命实录、辛亥革命在文登、辛亥革命在寿光、辛亥革命回忆片断、刘冠三传等。书中附有照片和编辑说明。

2741 山西省辛亥革命史略稿/山西省文史研究馆编. 太原：山西省文史研究馆. [出版年不详]

本书主要讲述了山西省辛亥革命时期的情形和历史事件。包括：革命前的社会情况和革命的策划策动、革命的爆发和阎锡山的攫的都督、娘子关的失败和太原失守等内容。

2742 山西通史. 卷柒，辛亥革命至第二次国

内革命战争卷/刘泽民等主编；雒春普，景占魁等著；山西省史志研究院编．太原：山西人民出版社．2001.6

全书分上编记述和下编专论两部分。内容包括：辛亥革命前的山西、革命党人的活动和太原光复、革命后的反复、南北议和后的山西政局、中原大战前后的山西、全面抗战爆发前的山西、近代山西禁烟运动述略、民国时期山西的“地方自治”等。

2743 山西文史资料全编/山西文史资料编辑部编．太原：《山西文史资料》编辑部．1998

全书10册，是由1961年10月至1998年底《山西文史资料》重新排印编辑而成的一部大书，是一部反映山西百年情况的“史记”。

2744 山西文史精选：晋省辛亥革命亲历记/山西文史资料编辑部编．太原：山西高校联合出版社．1992.8

本书收录有：晋省辛亥革命亲历记、阎锡山垄断经济、红军东征与抗日风潮、山西抗日五大战役、阎日勾结真相、阎锡山特务组织内幕、从上党战役到解放太原、阎锡山其人其事、建国前的山西教育、山西近代名人辑要。

2745 山西文史资料．第一辑，纪念辛亥革命五十周年专辑/山西文史资料编辑委员会编．太原：山西文史资料编辑委员会．1964.10

本书内容包括：同盟会在山西的活动、辛亥年山西革命见闻记、太原起义目击记、辛亥革命河东光复纪实、光复运城前后、辛亥革命经历记、人物简志、孙中山先生在太原、山西辛亥革命大事记等。书中附有发刊词。

2746 山西文史资料．第一辑，纪念辛亥革命五十周年专辑/中国人民政治协商会议山西省委员会文史资料研究委员会编．太原：山西省政协文史资料研究委员会．1961.10

内容提要参见2745。

2747 山西文史资料．第十九辑，辛亥革命七十周年专辑/中国人民政治协商会议山西省委员会文史资料研究委员会编．太原：中国人民政治协商会议山西省委员会文史资料研究委员会．1983.12

本书内容包括：谋建设必须扫除旧思想、孙中山先生太原之行、山西乡老座谈辛亥山西起义、参加起义先锋队的回忆、山西各地响应辛亥起义的情况、我在辛亥年的所见、傅存怀谈山西辛亥起义、辛亥太原起义亲历记等。书中附有照片。

2748 山西文史资料．一九九一年第四、五辑：总第七十六、七十七辑，辛亥革命在山西/山西省政协文史资料研究委员会编．太原：山西省政协文史资料研究委员会．1991.9

本书包括毛泽东《纪念孙中山先生》，孙中山先生在太原的五次演讲词，一些山西辛亥革命重要人物的回忆录、事略的转载或重登，以及辛亥革命人物简志。书中附前言和照片。

2749 山西辛亥革命史/刘存善编著．太原：山西人民出版社．1991.7

本书内容包括：辛亥革命前的山西、山西同盟会的革命活动、太原新军起义和山西军政府的成立、吴禄贞与阎锡山组成燕晋联军等。附录：山西辛亥人物简介、辛亥革命前山西行政区划与军政设置简介。附照片。

2750 陕西革命纪要/蔡屏藩编述；于右任校阅．台湾：［出版者不详］．1962.4

本书纪录了辛亥革命时期陕西革命纪要。全书共30章，包括：陕西革命势力之形成、留学生之派遣、西路军西安之围攻、于右任先生返陕督师、南北和议之争执、靖国军之政事、于右任先生迂道返陕解围等。附录陕西靖国军革命同志简谱。

2751 陕西辛亥革命/中国人民政治协商会议陕西省委员会文史资料委员会编写组编写；孙志亮，

张应超著. 西安：陕西人民出版社. 1991. 8

全书分 6 章，包括：辛亥革命前陕西社会矛盾的日益激化、同盟会陕西分会的成立及绅商学界的爱国活动、革命运动的蓬勃发展、西安起义及各县的光复、东西两路战役及援晋作战、辛亥革命在陕西的失败。书中附有序、陕西辛亥革命时期大事年表、参与陕西辛亥革命的部分同盟会员及国民党秦支部名录。

2752 陕西辛亥革命回忆录/中国人民政治协商会议陕西省委员会文史资料研究委员会编. 西安：陕西人民出版社. 1982.7

本书内容包括：辛亥革命回忆录、陕西辛亥革命回忆、回忆辛亥革命、回忆辛亥革命前夕陕西的学生运动、辛亥革命中潼关的三次攻守战、秦陇复汉军军政府临时财政措施、秦陇复汉军战守乾州始末记、榆林辛亥革命纪略等。书中附有照片。

2753 绍兴文史资料选辑. 第十一辑，纪念辛亥革命八十周年专辑/中国人民政治协商会议浙江省绍兴县委员会文史资料工作委员会编. 绍兴：中国人民政治协商会议浙江省绍兴县委员会文史资料工作委员会. 1991.8

全书分 3 部分：辛亥革命史料、辛亥革命纪念设施、辛亥革命研究成果。内容包括：孙中山在绍兴的演说、辛亥革命在绍兴、王振汉小传、辛亥革命烈士陈伯平生平事迹简介、介绍蔡元培的一副题词、回忆父亲、回忆辛亥老人的亲述、光复会会员陶文波传略等。书中附有照片、序、前言、编后记和附录。

2754 嵊县文史资料. 第 5 辑，辛亥革命史料专辑/中国人民政治协商会议嵊县委员会文史资料委员会编. 嵊县：中国人民政治协商会议嵊县委员会文史资料委员会. 1987.12

本书内容包括：竺少康年谱、周亚卫传略、童航时传、童济时传、胡士俊传略、二次革命烈士张韶良、辛亥革命军事人物马开崧传略、徐锡麟三访嵊县等。书中附有照片、代序、编后和有关嵊县参加辛亥革命著名人物史料辑录。

2755 双流文史资料选辑. 第 9 辑，纪念中国共产党成立七十周年辛亥革命八十周年/中国人民政治协商会议四川省双流县委员会文史资料研究委员会编. 四川：中国人民政治协商会议四川省双流县委员会文史资料研究委员会. 1991.12

本书分革命春秋、辛亥风云、经济史料、文教体卫、史海拾贝 4 个部分，包括：华阳县中和场剿匪平叛的经过、仁简支队、辛亥革命在四川成都方面的前因后果、辛亥革命前后同盟会在成都的活动、尹昌衡史事答问、华阳桑蚕丝绸业今昔、原华阳的织布业、新繁发现曾兰书法碑等内容。

2756 四川大事记：1911－1921/四川省人民政府参事室，四川文史研究馆编. 四川：四川人民出版社. 2001.1

本书所选资料均来自 1911－1921 的相关报章杂志、文书档案、统计资料及其他历史文献、著述（包括当事人的回忆录、来往电函）等，力图反映历史全貌。

2757 四川辛亥革命史料. 上/隗瀛涛，赵清主编. 成都：四川人民出版社. 1981.9

本册分 3 部分：四川省谘议局、四川保路运动、四川各地起义。内容包括：四川省谘议局第一次议事录（摘要）、四川谘议局宣统二年九月常年会纪略、四川保路同志会报告（选录）、川路今后处分议、蜀辛（节录）、川路风潮之演变、四川党人革命大事记、辛亥四川革命纪事等史料。书中附有编辑说明和编辑体例。

2758 四川辛亥革命史料. 下/隗瀛涛，赵清主编. 成都：四川人民出版社. 1982.2

本册分两部分：四川地方志和人物传记。内容包括：成都通览、华阳县志、巴县志、长寿县志、丁厚扶传、卞烈士传、王休事略、王健传略等史料。书中附有附录。

2759 松江文史. 创刊号,《纪念辛亥革命七十周年专辑》/政协松江县委员会文史组编. 松江：政协松江县委员会文史组. 1981.10

本书内容包括：我对辛亥革命过程的回忆、松江辛亥光复纪事、“五四”运动中松江各界声援北京学生的爱国正义斗事、一九二七年国共合作时期北伐军攻克松江目击记、回忆大革命时期的中国国民党松江县党部、大革命期间亭林群众公审土豪陈金聚、纪念辛亥革命七十周年诗词等。

2760 搜集湖北革命史料目录/张难先编. 稿本，朱丝栏. [出版地不详]：张难先. 1945

本书为张难先所著的有关湖北革命的史料目录，作者张难先谱名辉澧，号义痴，字难先，为民主革命家和爱国进步人士。

2761 搜集湖北革命史料目录/张难先编. 静电复印. 北京：北京图书馆. 1985

据1945年朱丝栏稿本复印。内容提要参见2760。

2762 台湾文献史料丛刊. 第四辑（75）—（76）/周宪文等编. 影印本. 北京：人民日报出版社. 2009.1

本书分本纪、志、表、列传几部分，内容包括：世祖本纪、圣祖本纪、高宗本纪、食货志、兵志、邦交志、诸臣封爵世表、疆臣年表等。

2763 太原文史资料. 第十六辑，纪念辛亥革命八十周年专辑/中国人民政治协商会议山西省太原市政协文史资料委员会编. 太原：中国人民政治协商会议山西省太原市政协文史资料委员会. 1991.9

全书分7章，包括：山雨欲来——辛亥革命前的太原形势、古城破晓——辛亥太原义举、革故鼎新——太原义举后的新政权、风起云涌——太原义举的作用和影响、偷梁换柱——阎氏垄断下的政权、人物述林——太原义举名人传略、历史足迹——太原义举大事记。书中附有照片、序言、凡例、概述和附录。

2764 唐山文史资料. 第十辑，辛亥滦州起义/中国人民政治协商会议唐山市委员会文史资料委员会编. 唐山：中国人民政治协商会议唐山市委员会文史资料委员会. 1991.7

本书分4章，包括：滦州起义的历史条件、滦州起义的酝酿与准备、滦州起义、风雨八十年。本书附有前言、附录、照片。

2765 万县市文史资料. 第四辑/中国人民政治协商会议四川省万县市委员会文史委员会编. 万县：中国人民政治协商会议四川省万县市委员会文史委员会. 1991.7

本书分7个部分：专稿、经济资料、市政建设、文化教育、人物资料、见闻回忆、钩沉，内容包括：纪念中国近现代三大革命、回忆民丰面粉厂、西山公园钟楼、万县市第一座自来水厂、回忆文干校、余永年、1924年万县事件等。

2766 温江文史. 总第十一辑，纪念辛亥革命暨四川保路运动九十周年专辑/郑华钰主编，四川省成都市温江县政协文史资料委员会编. 温江：温江县政协文史资料委员会. 2001.10

本书内容包括：辛亥革命暨四川保路运动温江人物志、四川保路同志会组织者之一——王铭新、温江县保路同志军兵事纪略、吴庆熙轶闻、豪杰仗义植民权、蜀中同志军纪事诗、辛亥民谣（三则）等。书中附有序、附录。

2768 文史资料. 第一辑：纪念辛亥革命五十周年专辑（一）/中国人民政治协商会议湖南省委员会文史资料研究委员会编. 湖南：中国人民政治协商会议湖南省委员会文史资料研究委员会. 1961.10

本书收录14篇回忆录，记载了辛亥革命时期老人们亲见、亲闻、亲知的史料。包括：辛亥革命前后回忆片段、辛亥革命前后黄克强先生的革命活动、与黄克强相交始末、关于黄兴、华兴会和辛亥革命后的孙黄关系等文章。附照片。

2769 文史资料．第二辑：纪念辛亥革命五十周年专辑（二）/中国人民政治协商会议湖南省委员会文史资料研究委员会编．湖南：中国人民政治协商会议湖南省委员会文史资料研究委员会．1961.12

本书收录15篇回忆录，记载了辛亥革命时期老人们亲见、亲闻、亲知的史料。包括：谭延闿统治湖南始末、一九二一年回湘筹组国民党支部和办理选举的经过、黄兴与明德学堂、回忆在明德学堂执教时的黄克强等文章。

2770 文史资料．第三辑/中国人民政治协商会议湖南省委员会编．长沙：中国人民政治协商会议湖南省委员会文史资料研究委员会．1962.10

本书内容包括：国民党湖南甲乙派的斗争、湖南两次驱赵亲历记、记上海黄金风潮案、复兴社的军事处及护卫处、回忆陈作新、辛亥组织海军陆战队会攻南京和北伐经过等。

2771 文史资料选辑．第一辑，纪念辛亥革命七十周年/中国人民政治协商会议江苏省南通市委员会文史资料研究委员会编．南通：中国人民政治协商会议江苏省南通市委员会文史资料研究委员会．1981

本书内容包括：白雅雨烈士传、张謇在辛亥革命中的政治活动考实、张謇和袁世凯的绝交与复交、张謇眼中的同盟会主要人物、张謇为南京临时政府筹款的经过、张謇在辛亥革命时的言论片段、辛亥通州光复始末记、辛亥革命后封建制度的改革等。书中附有前言。

2772 文史资料选辑．总第六辑，纪念辛亥革命七十周年专辑之一/中国人民政治协商会议江苏省苏州市委员会文史资料研究委员会编．复制本．苏州：中国人民政治协商会议江苏省苏州市委员会文史资料研究委员会．1981.9

本书内容包括：辛亥革命苏州光复小记、辛亥革命和程德金、辛亥革命前后的片段回忆、辛亥革命的片段、记光复会二三事、“二次革命”纪事、辛亥革命“五四”“五卅”反帝爱国革命运动中的苏州工商业界、辛亥革命时期文学家黄人在苏州。有前言、编辑凡例。

2773 文史资料选辑．第七辑，纪念辛亥革命七十周年专辑之二/中国人民政治协商会议江苏省苏州市委员会文史资料研究委员会编．复制本．江苏：中国人民政治协商会议江苏省苏州市委员会文史资料研究委员会．1982

本书所辑选的资料大都是撰写者亲身经历和见闻，包括：孙中山复章太炎的信、黄兴家书、祭孙文公、黄克强遗奠辞、致夫人汤国梨函并附致汪精卫函、谭人凤致章太炎函、张之洞致端方密函、邹容狱中致蔡寅函等。本书有编辑凡例和照片。

2774 文史资料选辑．第十二辑，纪念辛亥革命七十周年．/中国人民政治协商会议山东省委员会文史资料研究委员会编．济南：山东人民出版社．1981.9

本书内容包括：山东辛亥革命之经过；山东独立前后；辛亥山东独立记；辛亥革命对我的影响；辛亥革命烟台起义亲历记；辛亥革命光复烟台、荣成的回忆；吕子人谈辛亥革命；我所知道的丁惟汾等21篇史料。书中附有中国近代史资料丛刊“辛亥革命”山东部分文件。

2776 无锡光复志/钱基博撰．［出版地不详］：［出版者不详］．1913.9

本书包括6个部分：“匡复篇”、“军政篇”、“财政篇”、“民政篇”、“司法篇”、“自叙篇”。书前有照片多幅。书后附录《无锡光复门碑记》等3篇碑记。

2777 无锡光复志/钱基博．再版．［出版地不详］：［出版者不详］．1928

内容提要参见 2776

2778 吴江文史资料．第十一辑，纪念专辑/中国人民政治协商会议江苏省吴江县委员会文史资料研究委员会编．吴江：中国人民政治协商会议江苏省吴江县委员会文史资料研究委员会．1991.9

本书分 3 部分：纪念中国共产党成立 70 周年、纪念辛亥革命 80 周年、纪念太平天国革命 140 周年。内容包括：吴江行、从乙巳到庚辰——我的经历、党风忆昔、北库取枪记、回忆芦墟解放、坚定地沿着社会主义的道路前进、坚信马列主义、拥护共产党领导、重立“五九”国耻纪念碑追记等。书中附有照片。

2779 吴县文史资料．第 8 辑，纪念中国共产党成立 70 周年、辛亥革命 80 周年、太平天国 140 周年专辑/中国人民政治协商会议江苏省吴县委员会文史资料委员会编．吴县：中国人民政治协商会议江苏省吴县委员会文史资料委员会．1991.10

本书内容包括：中共苏州独立支部产生的历史条件和初期活动、顾容川病死狱中、中共吴县第一个县委的成立及其活动、我见到了孙中山先生、中国同盟会会员名录、关于同盟会会员姓名录、秋夜草疏图卷、一批有史料价值的家书等。

2780 武汉革命史迹要览/皮明庥著．武汉：湖北人民出版社．1981.12（湖北旅游丛书）

本书包括：太平军武汉江面架浮桥、太平天国武昌王府探、董必武和武汉中学、江岸丰碑、江汉馆前的凯歌、贺龙智闯江汉关、苏联空军烈士墓一瞥、六一亭风云录等内容。书中附有照片和出版说明。

2781 武汉史话/皮明庥，郑自来著．北京：社会科学文献出版社．2000.9（百年中国史话．第二辑）

全书分 8 章，包括：汉口开埠与武汉近代城市格局、难圆的“富国强兵”之梦、武昌起义、民初城市发展和新民主主义革命的兴起、从红色首都到白色恐怖、武汉会战和武汉沦陷、城市衰变和国民党统治的覆灭、百年来艰困、曲折的发展轨迹。书中附有《百年中国史话》丛书总序、引言和参考书目。

2782 武汉通史．4－5，晚清卷/皮明庥主编；皮明庥，邹进文著．武汉：武汉出版社．2006.6

本书记述了 1840 年（鸦片战争爆发）前后至 1911 年（辛亥武昌起义成功）武汉的历史。全书分上、下编。上编主要有汉口开埠、张之洞治鄂、辛亥革命武昌起义 3 个部分，下编概述晚清武汉城市、社会和文化。书中附有前言、主要参考文献和后记。

2783 武汉通史．6－7，民国卷/皮明庥主编；涂文学卷主编．武汉：武汉出版社．2006.6

本书记述了从 1912 年中华民国建立到 1949 年中华人民共和国成立这段时间武汉的历史。内容包括：民初鼎革和北洋军阀统治、民初汉口复建和城市现代变迁、民国革命军攻克武汉、武汉民国政府始末、武汉解放、武汉建置和租界回归、现代城市政府运行机制等。书中附有前言、主要参考文献和后记。

2784 武汉文史资料，武汉大事选录（一八九八——一九四九）．第 41－42 辑/武汉市政协文史资料委员会编．武汉：武汉市政协文史资料委员会．1990.11

本书汇录了鸦片战争后 50 年间有影响的大事，分 8 部分：戊戌维新前后、辛亥革命时期、民初军阀统治时期、第一次国共合作大革命时期、革命斗争转入农村时期、第二次国共合作抗战初期、武汉沦陷阶段和抗战胜利到武汉解放。书中有前言和照片。

2785 西南稀见方志文献．第三十四卷/林超民等主编．影印本．兰州：兰州大学出版社．2003.8（中国西南文献丛书：34）

本书收录了记述云南大理的地理、建设、财政、学校、武备等情况的民国方志《大理县志》，及记载民国时期云南麻栗坡特别区的天文、疆域、民族、史迹等资料的《新编麻栗坡地志资料》。

2786 西征纪略/尹昌衡撰. 铅印本. [出版地不详]：[出版者不详]，1912—1949

本书属于西藏学文献丛书别集，主要记录了在中华光复之际，边藏军心不稳。附录：告边藏番人文，西征别川人书，致中央条电，致北京成都文电，以及三年筹备各项具体实施条例。

2787 西征纪略/尹昌衡撰. 铅印本. 北京：中国藏学出版社，[出版年不详]

内容提要参见 2786。

2788 厦门文史资料. 第十八辑，纪念辛亥革命八十周年/中国人民政治协商会议福建省厦门市委员会文史资料委员会编. 厦门：中国人民政治协商会议福建省厦门市委员会文史资料委员会. 1991.10

本书内容包括：辛亥革命在厦门、厦门辛亥革命见闻录、厦门辛亥革命的鳞爪、光复厦门的回忆、陈新政与陷害革命、“厦门天仙戏园”事件始末、1908 年美国舰队访问厦门、辛亥革命前后的厦门报刊等。书中附有编后话和照片。

2789 仙桃文史资料. 第一辑，总第五辑. 辛亥革命与沔阳/中国人民政治协商会议仙桃市委员会文史资料研究委员会编. 仙桃：中国人民政治协商会议仙桃市委员会文史资料研究委员会. 1986.11

本书内容包括：辛亥革命沔阳志士录、沔阳暴动消息五则、回忆于右任先生、回忆武昌首义、辛亥革命及反袁回顾、辛亥革命旧闻琐忆、辛亥革命逸闻史料拾贝等。书中附有前言和照片。

2790 湘事记/子虚子著. 影印本. 台北：文海出版社. 1988

本书共两卷，第 1 卷为起义篇、军事篇。第 2 卷为内政篇、财政篇、政党篇、商业篇。

2791 辛亥鄂城纪略/于渐逵. 铅印本. [出版地不详]：[出版者不详]，1912

本书主要是辛亥革命期间关于鄂城的记载。

2792 辛亥风雷/中国人民政治协商会议安徽省委员会文史资料研究委员会编. 合肥：安徽人民出版社. 1987.8（安徽文史集萃丛书；1）

本书分 7 部分，包括：辛亥革命在安徽的综述、辛亥革命前的思想准备与组织准备、徐锡麟领导的安庆起义、熊成基领导的马炮营起义、各地光复经过、二次革命、辛亥革命英烈。

2793 辛亥风云在八闽：纪念辛亥革命 90 周年论文集/福建省孙中山研究会编. 福州：福建人民出版社. 2002.12

本书收录论文 40 多篇，内容涉及福建辛亥革命的背景、辛亥革命在福建、辛亥革命的意义和影响、辛亥革命中的闽台关系和孙中山思想的研究等方面。附照片。

2794 辛亥革命北方实录/胡鄂公. 上海：中华书局. 1948.8

前半部以编年体记述作者于光绪三十三年（1907）至民国元年（1912）三月九日从湘、鄂北上至保定、天津、北京等地参加辛亥革命的经过及所见闻。后半部分为辛亥革命北方烈士传，收有陈雄、李汉杰、高新华、耿进昌、郑玉成、王金铭、孟浩等 67 位烈士的传记。

2795 辛亥革命北方实录/胡鄂公. 影印本. 台北：文海出版社. 1970（近代中国史料丛刊. 第 53 辑；527）

内容提要参见 2794。

2796 辛亥革命江苏地区史料/扬州师范学院历

史系编. 南京：江苏人民出版社. 1961.12

全书分为两大部分：先是全省性的综合记载，后是各府州的分区记载。其中综合部分内容包括：抚吴文牍、辛壬春秋江苏篇、云阳程公六十寿序、苏军都督告示等。分区部分内容包括：回忆苏州光复、光复队记事、辛亥记事诗二首、太仓光复记闻、南通光复记、扬州光复事略等。附照片、图片。

2797 辛亥革命七十周年：文史资料纪念专辑/中国人民政治协商会议上海市委员会文史资料工作委员会编. 上海：上海人民出版社. 1981.8

全书分 4 部分：怀念孙中山先生、历史事件和历史人物、辛亥革命上海光复史料、辛亥老人回忆录。

2798 辛亥革命前后湖南史事/杨世骥. 长沙：湖南人民出版社. 1958

全书分 7 章，包括：引言、帝国主义侵略下湖南社会经济的变化、湖南人民自发的反帝斗争、辛亥革命的准备阶段——湖南人民反帝反封建斗争的持续和发展、辛亥革命——湖南光复及革命意义的破产、革命失败后的湖南、结语。有附记。

2799 辛亥革命前后湖南史事/杨世骥著. 再版. 长沙：湖南人民出版社. 1982.12

本书介绍了湖南辛亥革命前后的史事。全书分 7 章，包括：引言、帝国主义侵略下的湖南社会经济的变化、湖南人民自发的反帝斗争、辛亥革命的准备阶段——湖南人民反帝反封建斗争的持续和发展、辛亥革命——湖南光复、辛亥革命失败以后的湖南、结语。书中附有照片、重版前言、附记和再版附记。

2800 辛亥革命时期两湖地区的革命运动/李时岳. 北京：三联书店. 1957.2

全书分 7 章，包括：导言、辛亥革命的一般流程、两湖地区社会各阶层的政治趋向、“首义之区”的湖北、革命派与立宪派将最激烈的湖南、两湖地区反对革命果实篡夺者的斗争、结束语。附后记。

2801 辛亥革命武昌首义史料辑录/湖北省图书馆辑. 北京：书目文献出版社. 1981.11

本书叙述了辛亥革命前后武昌、四川、鄂西地区的革命活动和革命人士的传记。内容包括：汤化龙事略、张鹏程小传、辛亥武昌首义见闻录、辛亥参加首义回忆录、辛亥首义记事等。

2802 辛亥革命与贵州社会变迁：贵州省纪念辛亥革命九十周年学术研讨会文集/范同寿主编，《辛亥革命与贵州社会变迁》文集编委会编. 贵阳：贵州人民出版社. 2002.7

本书内容包括：辛亥革命与贵州近代化进程的启动、辛亥革命与贵州社会变革、清末贵州新政与辛亥革命、帮会与贵州辛亥革命、贵州军政府的财政、辛亥革命时期的赤水、辛亥革命遵义光复纪实、辛亥革命在镇远等，共计 41 篇文章。

2803 辛亥革命与山西/吉人著. 北京：大众文艺出版社. 2004.12（《中国与山西》丛书）

本书包括：辛亥革命前的山西、山西同盟会的革命活动、太原新军起义和山西军政府的成立、晋南的光复、南北议和与阎锡山执掌山西政权等 10 章内容。

2804 辛亥革命与四川社会/隗瀛涛主编. 成都：成都出版社. 1991.9

全书分 9 章，包括：农村社会经济、贸易与市场、辛亥革命前的人口与人口压力、辛亥革命前社会组织的演变、会党与辛亥革命、辛亥革命时期近代教育的兴起与发展、近代知识分子、地方政治的演变、川汉铁路与四川社会。

2805 辛亥革命与台湾早期抗日运动：西元一九一一～一九一五/蒋子骏著. 台北：文史哲出版社. 1990.2（文史哲学集成；227）

全书分 6 章，包括：绪论、台湾与大陆密切的关系、台胞抗日的起因、国民革命与台湾的关系、辛亥革命对台湾抗日运动的影响、结论。书中附有谢序、自序、附录、参考书目、索引和插图。

2806　辛亥革命在广东：［中英文本］/广东省中山图书馆编纂. 广州：广东教育出版社. 2001.1

全书分 5 部分，包括：辛亥革命前的广东、孙中山在广东的早期革命活动与兴中会的创立、同盟会在广东领导的反清斗争与广东的光复、广东军政府的施政方略与二次革命在广东的失败、永恒的纪念。有序和后记。附照片。

2807　辛亥革命在广西. 上集/广西政协文史资料研究委员会编. 南宁：广西僮族自治区人民出版社. 1961.10

本书内容包括：镇南关起义见闻、"三·二九"广州起义的回忆、"三·二九"广州起义亲历记、我参加辛亥革命的经历、我参加同盟会和回广西进行革命活动的情况、辛亥革命的回忆、辛亥革命时期广西的报刊、广西陆军小学堂等回忆录。书中附有照片、前言和凡例。

2808　辛亥革命在广西. 下集/广西政协文史资料研究委员会编. 南宁：广西僮族自治区人民出版社. 1962.4

本书内容包括：二次革命前后回忆点滴、陆军第八师在南京参加二次革命的经过、辛亥革命与二次革命琐忆、国民党和民主党在桂林竞选国会议员的斗争、国民党与进步党在广西的明争暗斗、二次革命时与陆荣廷一席谈、二次革命柳州起义亲历记广西讨袁的经过等回忆录。书中附有照片、革命烈士小传、附载、特载。

2809　辛亥革命在广西图片集/广西壮族自治区政协，广西壮族自治区博物馆编. 南宁：广西人民出版社. 1984.11

这本图片集收集了孙中山发动广西边境武装起义、同盟会在广西的革命活动、广西响应辛亥革命、孙中山驻桂北伐的照片。

2810　辛亥革命在河南/王天奖，邓亦兵等著. 郑州：河南人民出版社. 1981.1

本书内容包括："洋人的朝廷"、抗"洋官"，除"洋狗"、资产阶级民主革命活动的开展、群众斗争的新风暴、推翻清朝的反动统治等。附录大事月表。

2811　辛亥革命在湖北/吴剑杰著. 武汉：湖北人民出版社. 1981.4

本书描述了辛亥革命以前的社会历史背景，详细地叙述了武昌起义的酝酿准备和发生发展的过程，以及最后失败的原因。全书共 5 章，包括：革命的酝酿、武昌起义、武汉保卫战、革命在全省各地、革命的失败。附照片。

2812　辛亥革命在湖北史料选辑/武汉大学历史系中国近代史教研室编. 武汉：湖北人民出版社. 1981.9

全书分 3 卷：辛亥革命前的湖北社会、武昌起义的准备与胜利、辛亥革命后的湖北社会。内容包括：汉口之各国教堂、湖北教案、新式学堂之设立、辛亥年汉口商务萧条状、湖北编练新军始末、汤化龙行状、黎元洪年谱、湖北省议会选举之怪状等。

2813　辛亥革命在湖南/田伏隆等. 长沙：岳麓书社. 2001.9（二十世纪湖南文史资料文库）

本书通过风云激荡三湘、辛亥长沙举义、全省各地光复、湖南辛亥群英、附录 5 部分内容，介绍辛亥革命在湖南的发展历史。

2814　辛亥革命在湖南：论文集/湖南史学会编. 长沙：湖南人民出版社. 1984.4

本论文集收录了湖南人与辛亥革命、辛亥革命在湖南、清末湖南资本主义的发展和辛亥革命、湖南留日学生与辛亥革命、辛亥革命时期湖南会党的性质与作用、辛亥革命时期湖南的资产阶级立宪派、戊戌政变后的唐才常和自立军、论述自立军起义等26篇文章。书中附有前言。

2815 辛亥革命在岭东/房学嘉，曾宪恒．广州：暨南大学出版社．1993.3

本书内容包括：岭东志士革命思想之缘起、岭东留日学生与中国同盟会、岭东同盟会与潮梅革命运动、岭东同盟会与梅县松口体育传习所、岭东志士与辛亥“三二九”之役、岭东志士温生才刺杀孚琦的史实辨误、岭东志士陈敬岳刺杀李准的史实考辨等。附松口各界假座松口公学欢迎孙中山先生、孙中山与谢良牧1905年秋在东京合萤等多幅图片。

2816 辛亥革命在南京：摄影集/江苏省纪念辛亥革命七十周年筹备委员会，中国人民政治协商会议江苏省委员会编．南京：江苏人民出版社．1981.10

本书收录介绍南京临时政府、南京光复、孙中山先生革命奋斗的一生等珍贵照片，以及南京新貌的照片，共133幅。

2817 辛亥革命在山西/刘存善著．太原：山西人民出版社．1981.10

本书讲述了辛亥革命前的山西、同盟会员在山西的革命活动、太原新军起义和山西军政府的成立、燕晋联军的失败和清军入据太原等内容。

2818 辛亥革命在陕西/沈传忠等编．西安：陕西人民出版社．1986.12（陕西党史资料丛书）

本辑收录的是十九世纪末至二十世纪初有关陕西民主革命的资料，反映了陕西人民参加辛亥革命和在辛亥革命前后进行民主革命斗争的基本史实。全书分4部分，包括：辛亥革命前陕西人民反帝反封建的一些重要斗争、陕西辛亥革命思想的传播与同盟会陕西分会的成立及其活动、辛亥革命在陕西的经过、“二次革命”前后的陕西政局。附照片。

2819 辛亥革命在上海史料选辑/上海社会科学院历史研究所编．上海：上海人民出版社．1966.2

本书以上海的辛亥革命史料为中心内容，包括辛亥革命时期与上海起义和上海举行的南北议和有关的历史资料。全书分8个部分，包括：上海光复前的政治动态；上海光复、会攻南京和支援北伐；南北议和中上海舆论的反映；辛亥革命期间上海的群众活动；上海光复后各政治团体的动态；上海政治活动中的主要人物。书中附有图片、前言、编辑说明和大事记。

2820 辛亥革命在上海史料选辑/上海社会科学院历史研究所编．上海：上海人民出版社．1981.3

内容提要参见2819。

2821 辛亥革命在沈阳：纪念辛亥革命八十周年/沈阳市档案馆编．沈阳：沈阳出版社．1991.9

本书分3部分，包括：辛亥革命在沈阳、有关“辛亥革命在沈阳”的《盛京时报》报摘、有关“辛亥革命在沈阳”的档案原件。附照片。

2822 辛亥革命在伊犁/佟克力撰文；姜浩林绘画．乌鲁木齐：新疆人民出版社．2007.12（新疆历史画丛）

本书以画本的形式讲述了伊犁革命党人受辛亥革命影响，爆发革命的事件经过。

2823 辛亥革命在浙江/杨渭生著．杭州：浙江人民出版社．1984.5

本书内容包括：反帝爱国的新觉醒、民主革命与光复会、革命党人联络会党、革命据点大通学堂、反清暴动浙皖起义、运动新军酝酿光复、省城举义各府响应、江浙联军攻克南京。书中附有照片。

2824 辛亥革命在自贡/自贡市政协文史资料编辑委员会编．成都：四川人民出版社．2001.8（自贡文史资料选辑；30）

本书内容包括：荣县独立、辛亥革命亲历

记、辛亥富顺记事、我的祖父王天杰、左将军谢奉琦、李筱亭、涂哲小传、辛亥革命自贡记事等。

2825 辛亥革命浙江史料续辑/浙江省社会科学院历史研究所，浙江图书馆编．杭州：浙江人民出版社．1987.10（浙江地方史料丛书）

本书包括：辛亥革命前夕列强对浙江主权的侵犯、辛亥革命前夕清政府的统治、浙江谘议局及地方自治、留学生和民主思潮、辛亥革命前夕浙江人民的斗争、浙案余波、浙江光复等内容。

2826 辛亥革命浙江史料选辑/浙江省辛亥革命史研究会，浙江省图书馆编．杭州：浙江人民出版社．1981.8

本书分 3 大部分：第 1 部分是辛亥革命前夕浙江政治、经济、文化等方面的史料；第 2 部分是光复会及与它有关的史料；第 3 部分是浙江光复与“二次革命”前后的有关史料。

2827 辛亥革命重庆纪事/周勇．重庆：重庆出版社．1986.10（重庆文史资料丛刊）

本书从辛亥革命前的重庆社会、革命力量的积聚和同盟会重庆支部的建立、重庆保路运动、重庆独立和蜀军政府成立、蜀军政府内外政策及重要活动、重庆辛亥革命失败几方面论述了重庆辛亥革命史。书中附有文献资料 74 篇及蜀军政府公布四川死义烈士名单、回忆和见闻资料 12 篇、辛亥革命重庆大事记。

2828 辛亥两湖史事新论/湖北省社会科学联合会编．长沙：湖南人民出版社．1988.12

两湖地区是辛亥革命重要策源地之一，本书围绕两湖地区论述了两湖士林风气和武昌首义的文化渊源、海军在阳夏之战中的作用、武昌首义爆发的原因、清末民初湖北社会风俗的演变等内容。

2829 辛亥莆人革命事略/朱焕星，林君汉．福建：涵江图书馆．1942.12

本书记述了福建莆田革命志士参加辛亥革命运动的历史经过。书中附有附录：旅沪福建学生会庚戌年会员姓名录。

2830 新广东/太平洋客著．铅印本．日本：横滨新民丛报社，［出版年不详］

全书分为 6 节，包括：绪论；论广东有自立特质；论当自立之义；论自立之当预备与去俗见并广东不知自立之害；论广东人须知广东为自己之物并陈自立三策；结论。有广东省舆图与美国独立厅图照片。

2831 新疆文史资料精选（第一辑）/余骏升主编．乌鲁木齐：新疆人民出版社．1998.8

本书收录了反映新疆辛亥革命和杨增新统治时期的重要史料，包括：迪化辛亥革命风云、辛亥革命时的喀什哥老会、伊犁辛亥革命概述、杨增新上台前后、杨增新统治时期、杨增新时代杂记、杨增新治新种种、杨增新制服阿连阔夫等 10 篇文章。

2832 杏林文史资料．（八），纪念辛亥革命九十周年特辑/杨炳坤主编；中国人民政治协商会议厦门市杏林区委员会文史资料委员会编．厦门：政协厦门市杏林区委员会文史资料委员会．2001.10

本书内容包括：江泽民在纪念辛亥革命九十周年大会上的讲话、杨衢云：中国近代探索国家出路的资产阶级民主革命先驱、杨衢云：中国民主革命的早期倡导者和实践家、兴中会之英雄肝胆、百年前一记冷血枪声、寻找香港之子的足印、悄然引退的陈萃芳、民国元勋庄银安等。书中附有照片。

2833 修武文史资料．第二辑，纪念辛亥革命七十五周年/政协河南省修武县委员会编．修武：政协河南省修武县委员会．1986.10

本书内容包括：辛亥革命烈士程毅、追忆先父程毅、有关程毅资料辑录、程毅生卒年月考、同盟会员南玉笙、反清革命志士张盘铭、国名党修武县党部建立前后的活动、发生在一九三三年的保安队武装索饷事件等。书中附有题词和照片。

2834 徐汇文史资料选辑．第八辑，纪念辛亥革命八十周年专辑/中国人民政治协商会议上海市徐汇区委员会文史资料工作委员会编．徐汇：中国人民政治协商会议上海市徐汇区委员会文史资料工作委员会．1991.8

本书内容包括：辛亥革命之鳞爪、回忆辛亥革命、辛亥革命回忆录、参加辛亥革命斗争的回忆、辛亥革命回忆点滴、纪念辛亥革命诗二首、孙中山先生轶事点滴、孙中山先生英国蒙难获救记、孙中山先生手简考释等。书中附有手书和前言。

2835 宣汉文史资料．第一集，纪念辛亥革命八十周年专辑/萧德坤主编，宣汉县政协文史资料编辑委员会编．宣汉：宣汉县政协文史资料编辑委员会．1991

本书内容包括：宣汉县建置史、辛亥革命时期的东乡、辛亥革命在东乡之我见、东乡光复记、东乡辛亥革命中几个人物的简介、东乡保路同志协会报告、宣汉县清末民初的议会、景知事案及民国初年两党的斗争等。书中附有前言。

2836 烟台文史资料．第十四辑，纪念辛亥革命八十周年专辑/烟台市政协文史资料委员会，《烟台文史资料》编辑部编．烟台：烟台市政协文史资料委员会，《烟台文史资料》编辑部．1991.1

本书内容包括：山东辛亥革命之经过、辛亥革命烟台起义亲历记、烟台举义纪略、辛亥革命在胶东、辛亥革命在烟台、光复登州、革命军攻占招远、徐镜心轶事二则、王以成传略等。

2837 扬州文史资料．第六辑，纪念辛亥革命烈士熊成基诞辰一百周年专辑/中国人民政治协商会议江苏省扬州市委员会文史资料研究委员会编．扬州：中国人民政治协商会议江苏省扬州市委员会文史资料研究委员会．1987.2

本书内容包括：熊烈士事略、熊成基先生传、我与熊成基的交往、熊成基事迹回忆、熊成基慷慨就义记、熊成基被逮捕始末记、熊成基自书供词、辛亥革命时期的岳王会等。书中附有照片、前言和有关熊成基的清政府档案。

2838 扬子江流域现势论．四编/（日）林繁撰；（清）汪国屏译．铅印本．上海：广智书局，1902

本书共分 4 编：第 1 编绪论；第 2 编就富源上所见之扬子江，包括地域有西藏、四川省、重庆、宜昌、沙市、岳州、武汉、九江、芜湖、镇江、上海、苏州、杭州；第 3 编就兵备上所见之扬子江（缺）；第 4 编结论。

2839 阳新文史资料．第七辑，庆祝中国共产党成立七十周年、纪念辛亥革命八十周年专辑/中国人民政治协商会议阳新县委员会文史资料委员会编．阳新：中国人民政治协商会议阳新县委员会文史资料委员会．1991.6

全书分为庆祝中国共产党成立 70 周年和纪念辛亥革命 80 周年两部分。内容包括：阳大兵暴、中共阳新县组织发展概况、阳新农民运动的兴起和发展、红八军在阳新组建经过、革命的历史画卷、阳新人民在抗美援朝运动中、张学良将军第二次来阳新、一次难忘的反暴斗争等。书中附有写在前面的话。

2840 一次反封建的伟大实践：江苏省纪念辛亥革命七十周年学术论文选/江苏省历史学会编．南京：江苏人民出版社．1983.1

本书内容包括：辛亥革命与知识分子、传教士与辛亥革命、辛亥革命在淮阴、略论辛亥江苏光复、南京光复与辛亥革命、辛亥革命是一次反封建的伟大实践、略论《临时约法》的历史意义、论赵声等 33 篇论文。书中附有编辑说明。

2841　宜宾文史．总第十九辑，辛亥革命八十周年纪念专辑/熊明宣主编；宜宾市政协文史资料委员会编．宜宾：政协四川省宜宾市委员会文史资料研究委员会．1991.9

本书内容包括：孙中山先生传略、辛亥革命的形势点滴、辛亥革命初川汉铁路之争片断回忆、保路运动是怎么一回事、记辛亥革命前后二三事、辛亥革命时用水电报的来源、讨袁护国战役简介、护国战役宜宾之战的前前后后等。书中附有照片、篆刻、前言、附录和插图。

2842　宜昌县文史资料．第六辑，辛亥宜昌风云/中国人民政治协商会议湖北省宜昌县委员会文史资料研究委员会编．宜昌：中国人民政治协商会议湖北省宜昌县委员会文史资料研究委员会．1991.8

本专辑选刊的资料内容，以宜昌响应武昌首义而举兵反正这一历史史实为中心，涉及诸多事件、众多人物、各界动态、外人反响。全书分 6 部分，包括：宜昌反正纪实、首义人物春秋、宜昌辛亥人物、桑海点滴杂忆、川路·械斗·讨贼、海关外人动态。书中附有照片、插图、编辑说明和序。

2843　盂县文史资料．第一辑，清末与民国史料录/中国人民政治协商会议山西省盂县委员会文史资料研究委员会编．盂县：中国人民政治协商会议山西省盂县委员会文史资料研究委员会．1986.4

本书为清末至民国年间的史料专辑，共编入反映盂县这一历史时期有关政治、经济、军事、教育卫生、风情民俗等方面情况的史料 56 篇，依其内容分为 5 部分：政治与军事简述、经济与民生概况、教育与卫生略述、反抗与斗争片段、民情风俗与乐善好施琐事。书中附序言和题词。

2844　云和文史资料．第一期，云和辛亥革命史料专辑/中国人民政治协商会议浙江省云和县委员会文史资料研究委员会编．云和：中国人民政治协商会议浙江省云和县委员会文史资料研究委员会．1985.1

本书内容包括：光复会重要篇章、云和概况、魏兰大事年表、辛亥革命烈士——张庆祥、我的祖母何莲卿、魏兰轶事、魏兰与陈仪、处州最早的学校——先志学堂等。书中附有照片、前言和附录。

2845　云南丛书，第一册/云南省文史研究馆．影印本．北京：中华书局．2009.10

本丛书是民国初年云南辑刻的一部大型地方丛书，广泛收录了明清以来云南地方著述和文献，反映了当时云南的学术水平和版刻印刷技术的面貌。本册包括：云南丛书序、云南丛书总目、云南丛书辑刊职名、周易标义三卷、读易浅说十卷等。

2846　云南近现代社会科学研究书目：1912－1992/宋光淑编著．昆明：云南人民出版社．1996.7

本书收录的文献范围主要包括两个方面：一是记载云南政治、经济、文化教育、历史民族、考古、人物及工农业生产建设等方面的图书文献；二是与云南有关的学者（云南籍或在云南工作的外籍学者）在社会科学各个领域的著述。书中附有著者著作索引。

2847　云南省经济大事辑要：1911－1990/李以海主编；吴家禧等编写；《云南省经济综合志》编纂委员会编．云南：《云南省经济综合志》编纂委员会．1994.9

本书记录了从 1911 年至 1990 年云南经济发展的史实。内容包括：各个时期采取的重要方针、政策和措施，经济工作的重要布置，重要建设项目的建成投产，各个时期发生的重大事件以及经济发展的特点等。书中附有编辑说明和序。

2848　云南文史资料选辑．第十五辑，纪念辛亥革命七十周年/中国人民政治协商会议云南省委员会文史资料研究委员会编．昆明：云南人

民出版社. 1981.8

本书内容包括：纪念孙中山先生、论人民民主专政（节选）、辛亥革命回忆、回忆辛亥革命时期云南的杨振鸿、同盟会云南支部创始人吕志伊先生、辛亥腾越起义的历史回顾、腾越起义的一点回忆等文章。书中附有照片。

2849 云南文史资料选辑. 第十七辑，云南辛亥革命资料选编/中国人民政治协商会议云南省委员会文史资料研究委员会编. 昆明：云南人民出版社. 1982.7

本书内容包括：滇复先事录、滇西军都督府经费收支册、滇南光复伟人张文光传、杜韩甫事略、马骧历史简介、刘弼臣事略、《云南政治公报》摘录、云南光复诸人事略等文章。书中附有照片。

2850 云南文史资料选辑. 第四十一辑，辛亥革命在云南/中国人民政治协商会议云南省委员会文史资料委员会编. 昆明：云南人民出版社. 1991.9

本书内容包括：纪念孙中山先生、论人民民主专政（节选）、在东京与吕志伊等谈办云南杂志、河口起义电函、辛亥革命回忆、滇省光复始末记、辛亥前后十年杂记、增补云南辛亥革命回忆录等文章。书中附有照片。

2851 云南辛亥革命史/云南省历史学会，云南省中国近代史研究会编. 昆明：云南大学出版社. 1991.10

本书分上下两编：云南辛亥革命史、辛亥革命在云南论集。内容包括：辛亥革命前的云南、革命运动日益高涨、全省光复、评清末云南的两种日报、同盟会与云南辛亥起义、重九起义与云南教育、云南军都督府的公文改革、辛亥时期的云南吐司等。

2852 云南辛亥革命资料/谢本书著. 昆明：云南人民出版社. 1981.10

书中收录了光复滇省事略、云南光复阵中日志、政务会议记录、滇省谘议局光复后之报告书、天南电光集、光复临安纪略、北伐滇军来复电稿、西事汇略等17篇文章。书中附有说明和云南辛亥革命资料目录索引。

2853 云南杂志选辑/中国科学院历史研究所第三所编. 北京：科学出版社. 1958.11

《云南杂志》是清末革命党人所办期刊之一。全书分10章，包括：序编；政治；经济；文化教育；云南社会状况；帝国主义侵略云南；争回路矿利权运动；外交；英法帝国主义侵略越南缅甸史料；大事月表。书中附有图片和广告启示、云南杂志出版日期及总目录。

2854 云岩文史资料选辑. 第九辑，纪念辛亥革命八十周年/政协贵阳市云岩区委员会文史资料委员会编. 贵阳：政协贵阳市云岩区委员会文史资料委员会. 1991.10

本书内容包括：辛亥革命的历史结论、略谈参加武昌起义的经过（遗稿）、贵州辛亥革命经过回忆录（遗言）、贵州辛亥革命人物——乐嘉藻其人其事、朱礼贵参加武昌起义与贵州光复简介、贵州省同盟会会员：凌霄、辛亥革命时期贵州光复运动中的三位基督教青年事迹、贵州辛亥革命团体——自治学社人物介绍等。书中附有前言、照片、题词。

2855 运城文史资料. 第十四辑：1991年第4辑，纪念辛亥革命八十周年专辑/政协运城市文史资料研究委员会编. 运城：政协运城市文史资料研究委员会. 1991.9

本书内容包括：辛亥运城光复散记、中华民国晋军政分府始末、孙中山先生的道德观、山西辛亥革命歌、六旬自述、王平政轶事、先父李德山生前事略、辛亥英烈——卫恒泰等。书中附有序。

2856 枣阳文史资料. 第八辑，百年轶事：纪念辛亥革命九十周年/赵万爽编辑，朱明甦主编. 枣阳：枣阳市政协文史资料委员会. 2001.9

全书分风云人物、时政纪略、名人故事3部分。内容包括：孙中山秘书马伯援、红帮大爷马瑞堂、大革命时期枣阳国民党组织、蒋介石来枣阳、襄枣宜苏区、抗战时期的枣阳工作站、蔡阳枪声、蒋介石赞赏将军肉等。书中附有照片和序。

2857 枣庄文史资料. 第十五期，辛亥革命在枣庄/傅永顺主编；中国人民政治协商会议枣庄市委员会文史资料委员会编. 枣庄：政协枣庄市委员会文史资料委员会. 1992.12

本书分辛亥革命、辛亥人物、辛亥前后3部分。内容包括：辛亥革命在枣庄、台儿庄辛亥革命纪略、反清倒袁的革命志士尤民、尤民与江阴独立、忆先父张文源、反清志士吴廷勋、张锦湖先生事略等。书前有代序。

2858 张家口文史资料. 第28－29辑，民国时期察哈尔的都统与主席：1912－1949/中国人民政治协商会议张家口市委员会文史资料委员会编. 张家口：中国人民政治协商会议张家口市委员会文史资料委员会. 1996.6

全书分上、下两编。上编辑录北洋时期（1912－1928年）察哈尔特别行政区都统、署理都统16人。下编辑录国民党政府时期（1928－1949年）察哈尔省政府主席、代主席、流亡政府主席、人民察哈尔政府第一任主席张苏同志等共16人。书中附有照片、编者的话、附文、论文和读者来信。

2859 漳州文史资料. 第15辑. 总第20辑，纪念辛亥革命80周年专辑/中国人民政治协商会议福建省漳州市委员会文史资料委员会编. 漳州：中国人民政治协商会议福建省漳州市委员会文史资料委员会. 1991.10

本书内容包括：百岁自述、闽南辛亥光复与反袁护国、林森与辛亥革命、陈兆龙出狱赴京、宋善庆在漳州、民主革命志士丘仁心、漳州辛亥光复、第一个台籍同盟会员翁俊明等。书中附有照片和辛亥革命纪念章等内容。

2860 浙江辛亥革命回忆录/中国人民政治协商会议浙江省委员会文史资料研究委员会编. 杭州：浙江人民出版社. 1981.8

本书是为了纪念辛亥革命70周年出版的。书中内容大都是在浙江的辛亥老人的亲身经历亲见亲闻的实录。包括：回忆孙中山先生莅绍经过、孙中山先生宁波之行、参加孙中山先生奉安典礼纪事、蔡孑民先生二三事、章太炎先生二三事、陶焕卿先生小传、秋瑾烈士的营葬悼祭活动资料、秋瑾未发表的诗等35篇文章。书中附有照片。

2861 浙江文史资料选辑. 第十二辑/中国人民政治协商会议浙江省委员会文史资料研究委员会编. 杭州：浙江人民出版社. 1979.4

本书内容包括：西安事变前后、西安事变亲历记、辛亥革命前后浙江选举轶闻、回忆宁波中华基督教青年会、赴美考察基督教青年会记、民生药厂创办前后、宁波资本主义工商业简史等。

2862 浙江文史资料选辑. 第二十一辑/中国人民政治协商会议浙江省委员会文史资料研究委员会编. 杭州：浙江人民出版社. 1982

本书内容包括：辛亥革命时期建德的一次会党起义、忆潘天寿、记蒋百里二三事、沈定一其人、我在松阳起义前后、杭州沦陷八年小记、记浙闽海匪、我对浙南平阳起义的回忆等。

2863 浙江文史资料选辑. 第二十七辑，浙江辛亥革命回忆录. 续辑/中国人民政治协商会议浙江省委员会文史资料研究委员会编. 杭州：浙江人民出版社. 1984.10

在本辑中，刊载了秋瑾的侄子秋高和侄女的文章，他们提供了秋瑾的一些轶事；登载了徐锡麟的侄子侄女的文章，澄清了一些过去尚不清楚的事实。内容包括：伯父徐锡麟轶事、秋瑾被害前后的秋家、秋瑾灵柩坟墓遭难记、记我的母亲——章太炎夫人汤国梨、陈其美事略、我所知道的陈其美、魏兰与陶成章、忆光复会王文庆、辛亥革命亲历记等。书中附有前言。

2864 浙江文史资料选辑. 第三十辑，浙江辛亥革命回忆录. 第三辑/中国人民政治协商会议浙江省委员会文史资料研究委员会编. 杭州：浙江人民出版社. 1985.2

本史料集中反映的是秋瑾、王金发这两个英雄人物。包括：秋瑾留学日本史实重要补正、秋瑾夫家——湖南王氏家事调查、还他“磊落妩媚”真相——序王金发史料、莽男儿、孙中山与王金发、章太炎与王金发、有关先父王金发的一些琐事、王金发侦破宋教仁被刺案始末等。书后有袁世凯政府档案资料。

2865 浙江文史资料选辑. 第三十二辑，浙江辛亥革命回忆录第四辑，孙中山与浙江/中国人民政治协商会议浙江省委员会文史资料研究委员会编. 杭州：浙江人民出版社. 1986.3

本书内容包括：孙中山与光复会党人，孙中山与章太炎、秋瑾、蔡元培、陈其美以及蒋介石交往的史实；孙中山致焦易堂的几封信；孙中山在一九一二年至一九一六年三次来浙情况，在杭州、绍兴、宁波发表的五、六次演说；朱仲华、张珏的回忆；孙中山逝世后发生的历史悲剧等。书中有前言和照片。

2866 浙江文史资料选辑. 第三十六辑，陈英士/中国人民政治协商会议浙江省委员会文史资料研究委员会编. 杭州：浙江人民出版社. 1987.9

本书是1986年在湖州举行的“纪念陈英士殉难七十周年学术讨论会”上的论文和史料的选编，收录25篇文章，包括：重评陈英士、陈其美与善长典、辛亥革命时期的陈其美、陈英士与中华革命党、陈其美与护国战争、陈其美的死因极其反响、孙中山与陈其美、陈其美与于右任等。书中附前言、后记、照片。

2867 浙江文史资料特辑，纪念辛亥革命八十周年文集/浙江省政协祖国统一联谊文史资料委员会编. 浙江：浙江省政协祖国统一联谊文史资料委员会. 1991.9

全书分3部分：学术论文、文史资料、纪念诗词。内容包括：辛亥风云浙江潮、关于辛亥革命的意义和中国的现代化、孙中山与黄埔军校、孙中山思想在国外传播的一例、辛亥革命志士竺少康、秋风新曲、纪念辛亥革命八十周年、纪念秋瑾烈士英勇就义八十周年等。书中附有前言和照片。

2868 浙江辛亥革命史/汪林茂著. 杭州：浙江大学出版社. 2001.8

本书主要包括：民族危机下新社会势力的集结、浙江资产阶级革命派的形成、资产阶级革命在浙江的开展等。

2869 浙军杭州光复记/浙军第四十九旅司令部编. ［出版地不详］：浙军第四十九旅司令部. 1911.5

记辛亥年浙军起义反清事。分六章，其中第二和三章介绍秋瑾案。

2870 镇江文史资料. 第三辑，纪念辛亥革命七十周年专辑/中国人民政治协商会议江苏省镇江市委员会文史资料研究委员会编. 复制本. 镇江：中国人民政治协商会议江苏省镇江市委员会文史资料研究委员会. 1981.10

本书内容包括：孙中山先生来过镇江、纪念民主革命先行者赵伯先烈士、革命前辈赵声（伯先）、有关赵伯先二三事、流传于镇江、大港的赵声和其家族轶事、镇江伯先公园和赵伯先墓、辛亥革命烈士阮德山史略等。书中附有照片。

2871 重庆南岸文史资料. 第七辑，纪念中国共产党成立七十周年暨纪念辛亥革命八十周年专辑/重庆市南岸区政协文史资料委员会编. 重庆：重庆市南岸区政协文史资料委员会. 1991.11

本书内容包括：中国共产党在南岸地区的地下活动述略、从特务的破坏中重建党的组织、营救难友记、抗暴斗争中的市女中、记辛亥革命先辈石青阳、辛亥革命元老蒋作宾墓重建记、壮士热血洒涂山、陈然和《挺进报》等。书中附有前言和篆刻。

2872　重庆文史资料．第三十六辑，重庆辛亥革命 80 周年纪念专辑/中国人民政治协商会议重庆市委员会文史资料委员会编．重庆：西南师范大学出版社．1991.7

本书汇集了辛亥革命时期重庆地区的革命活动和先辈业绩的资料，包括：辛亥蜀军起义述略、同盟会与蜀军政府、怀念曾祖父邹容、黄花岗烈士饶国梁、蜀军政府都督张列五、忆朱之洪、辛亥革命时期的石青阳、江北反正记等。书中有前言、照片和图表。

2873　重庆辛亥革命时期人物，辛亥革命暨重庆蜀军政府成立七十五周年纪念专辑/重庆市地方志编纂委员会总编室等编．重庆：重庆市地方志编纂委员会总编室．1986.10（重庆地方志资料丛刊）

本书是一本专门记叙辛亥革命时期，在重庆地区进行活动的历史人物事迹的史料书籍，共收人物传记和简介近 50 篇，包括：邹容、吴玉章、杨庶堪、张培爵、朱之洪、夏之时、谢持、相楚等。书中附有编辑说明、序、附录和后记和图表。

2874　资中文史资料选辑．第十四辑，辛亥革命前后的资州：资中县纪念辛亥革命八十周年专辑/中国人民政治协商会议四川省资中县委员会政协文史资料委员会编．资中：中国人民政治协商会议四川省资中县委员会政协文史资料委员会．［出版年不详］

全书分 4 部分：资中在辛亥革命中的历史地位、罗泉井会议、杀端方、辛亥革命前后资中的历史人物。书中附有编后。

11 辛亥革命时期的中外关系

2875 1901年美国对华外交档案：有关义和团运动暨辛丑条约谈判的文件/天津社会科学院历史研究所编；刘心显，刘海岩译. 济南：齐鲁书社. 1984.10（义和团资料丛编）

本书分两个部分，第一部分是美国赴华专使柔克义的报告，第二、三部分系报告所附函电，其中有美国与各国之间来往的外交文件，以及美国国务卿等与驻华公使和特派专使之间的往来函电300余件。

2876 王光祈文集.5，中国近代外交史料译文卷/四川音乐学院，成都市温江区人民政府编. 成都：四川出版集团巴蜀书社. 2009.10

本书收录了作者译著，包括《辛亥革命与列强态度》、《李鸿章游俄纪事》、《瓦德西拳乱笔记》、《美国与满洲问题》、《西藏外交文件》、《库伦条约之始末》等。书中附有本卷前言、本卷编辑说明、附录和后记。

2877 20世纪的中国，对外关系卷/张历历主笔. 兰州：甘肃人民出版社. 2000.7

全书分12章，包括：风雨飘摇、强敌肆虐：清末对外关系（1900－1911年）；饱受欺辱、四面碰壁：北京政府对外关系（1912－1919）；屡被轻视、屡受干涉：中国几个政府的对外关系（1920－1928年）；日本入侵、列强姑息下的南京政府的对外关系（1928－1937年）；坚持抗战、终见成效：重庆国民政府险恶困难的对外关系（1937年7月－1948年8月）等。书中附有20世纪中国对外关系大事记和后记。

2878 澳门与共和体制在中国的建立：孙逸仙致若塞·卡洛斯·米那总督的一封信/（葡）卡洛斯·高美士·贝萨著；崔维孝等译. 澳门：澳门基金会. 1999.11

本书收录17份文件，时间上从1911年11月至1916年6月。内容主要包括：葡萄牙驻北京大臣致外事大臣公文及孙逸仙致澳门总督米那的一封信等。

2879 百年外交纵横/李颖著. 北京：中国经济出版社. 2000.8（《百年中国》系列丛书：1901－2000）

本书记述了我国百年来重大外交事件的来龙去脉，记录了百年来我国外交史上的耻辱与辉煌，包括："门户开放"群狼争食、维持晚清外交格局等内容。

2880 百年中国大事要览：外交卷/朱汉国，郝瑞庭总主编；苏浩卷主编；苏学曾等撰写. 北京：党建读物出版社. 2002.9

《百年中国大事要览》记录了20世纪里中国在政治、经济、军事、科学技术、文化教育、外交等方面的历史事件。本书为外交卷，包括：清王朝的灭亡、动荡的年代、五四风雷、国民革命、从对峙走向合作抗战、抗日战争、解放战争、新中国凯歌行进等阶段。书中附有总序和前言。

2881 百年中英关系/王为民主编. 北京：世界知识出版社. 2006.9（百年中外关系系列丛书；3）

全书分4编，包括：清末民初时期的中英关系；民国时期的中英关系；中华人民共和国成立至改革开放前的中英关系；改革开放后的中英关系。书中附有《百年中外关系系列丛书》总序、百年中英关系大事记和主要参考书目。

2882　春帆楼的迷梦：马关条约/周源. 北京：中国人民大学出版社. 1993.2（中国近代不平等条约书系）

本书讲述了《马关条约》签订的经过，包括：骗局　陷阱、不宣而战、大溃败、海上悲歌、不伦不类的和谈闹剧、广岛拒使等内容。附录：《马关新约》、《辽南条约》。

2883　帝国主义侵华史. 第一卷/丁名楠等著. 北京：科学出版社. 1958.5

全书分两编：外国资本主义开始侵入中国时期（1840－1864）、中国半殖民地半封建社会形态形成和边疆危机普遍发生时期（1864－1895）。内容包括：第一次鸦片战争；第一次鸦片战争后十多年间外国资本主义对华侵略的加强；第二次鸦片战争与中外反动势力对太平天国的联合镇压；列强在"修约"方式下进行勒索和边疆普遍危机的开始；外国资本主义对中国沿边侵略的加强与中法战争；沿边侵略的继续和甲午中日战争。书中附有插图和附录。

2884　帝国主义侵华史. 第一卷/丁名楠等著. 北京：人民出版社. 1961.8

内容提要参见2883。

2885　帝国主义侵华史. 第一卷/丁名楠等著. 再版. 北京：人民出版社. 1973.12

内容提要参见2883。

2886　帝国主义侵华史. 第二卷/丁名楠等著. 北京：人民出版社. 1986.12

本书为第三编：帝国主义激烈争夺下中国半殖民地深化时期（1895－1919）。内容包括：甲午战争后帝国主义瓜分中国的狂潮；八国联军对义和团运动的镇压、《辛丑和约》的订立；和平扩张和武力争夺；帝国主义列强的新组合、新角逐及其与清朝统治者的最后结合；帝国主义对中国革命的干预；日本在第一次世界大战期间企图独霸中国。书后附有图版目录；参考书籍举要；英、法、美、俄、德、日六国驻华公使表（1895－1919）；外国人名汉译表。

2887　帝国主义侵略中国史/黄孝先. 上海：商务印书馆. 1930.10（新时代史地丛书/万有文库）

本书分26章，内容包括：中外订约之始与其得失、中英鸦片之役、英法联军之役、英法联军前后之中俄各约等。附地图。

2888　帝国主义压迫中国史，原名，中国近时外交史/刘彦著. 复制本. 上海：太平洋书店. 1927.8

本书把作者的《中国近时外交史》、《与欧战期间中日交涉史》重加修正合并，并增加华盛顿会议以后至国民革命与取消不平等条约的内容。全书分上、下两卷，共39章。包括：鸦片战争、英法联军入北京、安南之丧失、缅甸之丧失、中日战争、西藏问题、各国对于清末之压迫、福州事件等内容。书中附有自叙、例言和序言。

2889　帝国主义与中国/高尔松，高尔柏编. 上海：中国经济研究会. [出版年不详]

书中收《帝国主义浅说》《何谓帝国主义》《帝国主义的性质之研究》《经济的帝国主义》《帝国主义侵略中国之各种方式》《中国民众与帝国主义》《帝国主义侵略中国的实况》《帝国主义者侵略中国之间接方式》等24篇文章。

2890　对华回忆录/（日）东亚同文会编；胡锡年译. 北京：商务印书馆. 1959.11

本书记述了自日本明治维新至"九一八"事变为止大约70年间日本侵略中国的历史。全书分5编，每编叙述日本侵华史上的一个重要项目。内容包括：中日修好条约交涉经过、天津条约及日韩关系、中日讲和谈判、日俄讲和谈判、山东问题、义和团事变、张作霖时代、张学良时代等。书中内容所涉及的范围很广，重点放在对我国东北的侵略上。

2891 对外交部意见书著/吴佩孚著. 石印本. ［出版地不详］：［出版者不详］，民国间（1912—1949）

第一次世界大战后，中国作为战胜国，在巴黎和会上彻底失败。本书为时任北洋政府陆军第三师师长吴佩孚向外交部陈述中国在胶澳问题上的不当之处。本书原题为《对于外交部颁发胶澳问题经过情形摘要之意见》。

2892 俄国在满洲：专制政体在帝国主义时代的对外政策史纲（1892－1906年）/（苏）鲍里斯·罗曼诺夫著；陶文钊，李金秋，姚宝珠译. 北京：商务印书馆. 1980.4

全书分8章，包括：导言：俄国远东政策的基本点；满洲问题的由来；俄国对满洲的“和平”渗透；对中国南满领土的“侵占”；向长城以北对英国的“极有害”的退让；对满洲全境的“临时”占领；战前的最后阶段；战争时期俄国的国际财政关系；战后满洲的“大型企业”。书中附有原书出版说明、原书前言、人名索引、内容和地名索引、附录：1897年的辛迪加和蒙古矿业公司。

2893 法帝侵华史/凌大珽撰. 北京：新潮书店. 1951.5

本书分6章，包括：金融侵略；借款及投资侵略；工矿业的侵略；贸易上的侵略；航运邮电上的侵略；文化侵略。书中附有法帝在华金融及投资机关一览表和法帝在华天主教情况一览表。

2894 分类编辑不平等条约/北京外交委员会编纂处编辑. 上海：商务印书馆. 1929.1

本书分上、下两册。按内容分为6大门类：领土主权、领海主权、外国人之权利、关税、交通、最惠国条款。共收中外不平等条约（包括合同、协定）700余件。书中附有中国现行重要条约表、分类不平等条约中西文校勘录。

2895 分类编辑不平等条约/汪大燮编并译正. 铅印本. ［出版地不详］：［出版者不详］，民国十五年（1926）

本书将列强各国与中国签订之不平等条约按内容分类厘出，复编辑在一起。全书共分6门27项，第1门为租借地、通商口岸等8项；第2门为在中国之外国军舰等3项；第3门为领事裁判等3项；第4门为进出口税等8项；第5门为铁路等5项。每项内均以条约签订之时间为序。有总目说明书和中西文校勘录。本书6册。

2896 国防与外交/谢晓钟著. 影印本. 上海：中华书局. 1926（谢晓钟先生遗著；6）

本辑分25章，包括：新疆经营论、阿尔泰现势论、新疆勘界失地四则、帕米尔高原形势论、西北国境丧地始末、中英藏案交涉始末、西藏问题之研究、外蒙问题研究等。书前有“国父赐序”，有照片。

2897 国民政府外交史/洪钧培著. 影印本. 台北：文海出版社. 1968.11（近代中国史料丛刊. 第二十八辑；280）

本书将民国成立以后国民政府与外国的外交历史提要钩玄、条分缕析地进行了系统叙述。共有绪论、沙基惨案、杯葛事件、关税会议之抗议、汉浔案、汉口之对日事件、收回租界交涉之经过、撤销俄领承认案等16章内容。本书有序、照片。

2898 海峡两岸《马关条约》百周年学术研讨会论文集/关捷. 大连：大连海事大学出版社. 1997.7

本论文集分5部分，包括：列强与《马关条约》、《马关条约》与社会经济、李鸿章与《马关条约》、《马关条约》与大连、《马关条约》与民族觉醒。附照片。

2899　红档杂志有关中国交涉史料选译/张蓉初译．北京：三联书店．1957.4

全书分 7 篇。内容包括：有关中日战争（1894—1895 年）文件、1897 年德国侵占胶州、俄帝国主义在远东的最初步骤、关于收买中国大臣李鸿章和张荫桓的电稿、义和团起义、库罗巴特金日记、辛亥革命。书中附有弁言。

2900　近百年来中日关系图录/中国国民党中央党史委员会主编．台北：近代中国出版社．1986.10

全书分 8 章，包括：中国革命与日本；民初的中日关系；蒋中正先生与日本；北伐前后；敌乎？友乎?；八年抗战；战后中日关系沧桑；合则两利。书中附有前言。

2901　近百年来中外关系/胡秋原著．影印本．台北：文海出版社．1971.3（近代中国史料丛刊．第 62 辑；620）

全书分 15 章，包括：导论、鸦片战争前夜之中外关系、鸦片战争与江宁条约、英法联军及俄国入侵、戊戌政变与八国联军、辛亥及民初之中外交涉、华会前后及中俄关系、国民革命初期之外交等内容。书中附有照片、地图和附录。

2902　近百年世界外交史/柳克述编订．4 版．台北：正中书局．1975.2

全书分上、下两卷，共 12 章。其中 1—6 章为“外国之部”，叙述了从维也纳会议（1814 年）至伦敦海军条约（1930 年）期间的外交史；7—12 章为“中国之部”，叙述了自鸦片战争（1840 年）至“九一八”前（1930 年）的中国外交史。内容包括：拿破仑战争结束后的四十年、民族统一运动的发展、世界大战与巴黎和会、战后外交（上）、战后外交（下）、自鸦片战争至中日战争、自马关条约至八国联军之役、自世界大战至华盛顿会议等。书中附有台版自序、原序、绪论和附录参考书目。

2903　近代中国的外交转型研究/李兆祥著．北京：中国社会科学出版社．2008.7（中国近代史学博士论丛）

本书分 4 阶段探讨了近代中国外交转型的过程，内容包括：近代中国外交转型的艰难起步（1840—1860）、近代中国外交转型的初步展开（1861—1900）、近代中国外交转型的循序推进（1901—1911）以及近代中国外交转型的基本完成（1912—1928）。

2904　近代中国外交史事新研/李恩涵著．台北：台湾商务印书馆．2004.8

全书分为 20 章，包括：中国近代外交史研究综述、论美国费正清教授对中国近现代（外交）史的研究、耶稣会士与中俄尼布楚条约交涉、中法战争期间湘淮军间的合作与冲突、左宗棠与清季政局、南方军政府时期、南方军政府的外交行政机构、顾维钧与中国近现代外交（简述）等内容。书中附有自序和附录。

2905　近代中国外交史资料辑要/蒋廷黻著．影印本．上海：上海书店．1990.12（民国丛书．第二编．政治、法律、军事类；27）

本书分为上、中两卷，内容包括：鸦片战争、修约战争、俄国友谊之代价、同治新政、教案、伊犁问题、朝鲜问题和甲午之战。书中附有自序和凡例。

2906　近代中国外交史资料辑要/蒋廷黻著．长沙：湖南教育出版社．2008.12（湖湘文库）

内容提要参见 2905。

2907　近代中国外交与国际法/程道德主编．北京：现代出版社．1993.2（法学文库）

本书分 13 个专题论述 1840—1949 年间中外关系的重大事件和重要条约。内容包括：列强在华领事裁判制度、清末民初英俄在新疆的活动与有关国际法问题、租界制度、中华民国建立之初关于承认问题的交涉、华盛顿会议与中国外交、十月社会主义革命后中苏邦交的建立等。

2908 近代中外关系与政治/李育民著. 北京: 中华书局. 2006.9(中国近代史事论丛)

本论文集内容包括两大部分，一是从不平等条约的角度阐释中外关系，除了从总体论述近代中国的条约制度之外，还分别阐述了领事裁判权、最惠国待遇、通商口岸、传教等特权制度；二是论述清末民初的中国政治。书中附有前言和后记。

2909 列强对华外交：对华政治经济关系的研究（1894—1900）/（英）菲利浦·约瑟夫著；胡滨译. 北京：商务印书馆. 1959.8

本书分19章，包括：初期与列强签订的条约、外国人的通商特权、中日战争、议和谈判、东亚三国联盟的干涉、第一次赔款的借款：三国联盟的分裂、俄法的计划、俄法在朝鲜和中国的合作等。书中附有参考书目、译后记和译名对照表。

2910 六十年来中国与日本. 第一卷/王芸生编著. 北京：三联书店. 1979.12

全书分7章，包括：中日始订修好条规、日本进攻台湾、《朝日江华条约》与中日关系、日本吞并琉球、《朝美通商条约》的缔结、朝鲜甲申政变与《天津条约》、英俄在朝鲜的角逐和美国的阴谋活动。书中附有修订导言、张序、编例、古代中日关系之追溯和本卷参考书目。

2911 六十年来中国与日本：由一八七一年同治订约至一九三一年九一八事变. 第一卷/王芸生编著. 北京：三联书店. 2005.7

内容提要参见2910。

2912 六十年来中国与日本. 第二卷/王芸生纂辑. 初版. 天津：大公报馆出版部. 1932.6

本册为第12—15章，包括：“甲午之战”、“广岛拒使”、“马关议和”、“议论朋兴与烟台换约”。附论“李鸿章之功罪”。

2913 六十年来中国与日本. 第二卷/王芸生编著. 北京：三联书店. 1980.6

全书分4章，包括：甲午战争、广岛拒使、马关议和、议论纷纭中交换和约。书中附本卷参考书目。

2914 六十年来中国与日本：由一八七一年同治订约至一九三一年九一八事变. 第二卷/王芸生编著. 北京：三联书店. 2005.7

内容提要参见2913。

2915 六十年来中国与日本. 第三卷/王芸生纂辑. 天津：大公报馆出版部. 1933.8

本册为第16—31章，包括“俄法德三国之干涉”、“台湾之割让”、“辽东之收回”、“东北铁路问题之发端”、“李鸿章使欧与中俄密约”、“中东铁路与道胜银行”、“朝鲜凶变与日俄争韩”、“中日商约之缔结”等内容。

2916 六十年来中国与日本. 第三卷/王芸生编著. 北京：三联书店. 1980.6

全书分16章，包括：俄法德三国之干涉、台湾之割让、互遣使臣、辽东之收回、东北铁路问题之发端、李鸿章使欧与中俄密约、中东铁路与道胜银行、朝鲜凶变与日俄争韩等。书中附本卷参考书目。

2917 六十年来中国与日本：由一八七一年同治订约至一九三一年九一八事变. 第三卷/王芸生编著. 北京：三联书店. 2005.7

内容提要参见2916。

2918 六十年来中国与日本. 卷一—三/王芸生辑. 影印本. 上海：上海书店.［出版年不详］（民国丛书. 第三编. 政治、法律、军事类；24）

本书是据大公报出版部1932年版影印。本册为三卷合订。内容包括：中日始订修好条约、台湾之侵扰、朝鲜交涉开始、中国正式通使日本、马关议和、议论朋兴与烟台换约、俄法德三国之干涉、台湾之割让、互遣使臣、辽东之收回、东北铁路问题之发端、李鸿章使欧与中俄密约等。书中附有附论和参考书目。

2919　六十年来中国与日本．第四卷/王芸生编著．北京：三联书店．1980.6

全书分 7 章，包括：庚子事变、东三省交涉、英日同盟、中日通商续约、日俄战争、第二次英日同盟、中日北京会议。书中附有凡例、附论：辟所谓《秘密议定书》及本卷参考书目。

2920　六十年来中国与日本：由一八七一年同治订约至一九三一年九一八事变．第四卷/王芸生编著．北京：三联书店．2005.7

内容提要参见 2919。

2921　六十年来中国与日本．第五卷/王芸生编著．北京：三联书店．1980.8

全书分 18 章，包括：伊藤渡韩与保护条约、满铁会社与关东都督、新奉吉长铁路协约及借款合同、大连设关、日法协定、韩皇废立与日韩新约、日俄协定、新法铁路问题、所谓间岛问题等。书中附有引言和本卷参考书目。

2922　六十年来中国与日本：由一八七一年同治订约至一九三一年九一八事变．第五卷/王芸生编著．北京：三联书店．2005.7

内容提要参见 2921。

2923　六十年来中国与日本．卷四、五/王芸生辑．影印本．上海：上海书店．［出版年不详］（民国丛书．第三编．政治、法律、军事类；25）

本书是据大公报出版部 1932 年版、1933 年版影印。本册为两卷合订。第四卷纪事自庚子事变至中日北京会议，第五卷自伊藤渡韩至第三次英日同盟。内容包括：庚子事变、东三省交涉、英日同盟、中日通商续约、日俄战争、第二次英日同盟、中日北京会议、伊藤渡韩与保护条约、满铁会社与关东都督等。书中附有附论、参考书目、凡例及图画。

2924　六十年来中国与日本．第六卷/王芸生编著．北京：三联书店．1980.9

全书分 4 章，包括：中华民国之诞生、二次革命、山东之攻略、二十一条交涉。书中附有凡例和本卷参考书目。

2925　六十年来中国与日本：由一八七一年同治订约至一九三一年九一八事变．第六卷/王芸生编著．北京：三联书店．2005.7

内容提要参见 2924。

2926　六十年来中国与日本．第七卷/王芸生编著．北京：三联书店．1981.1

全书分 10 章，包括：帝制之干涉、日俄协定及第四次密约、郑家屯事件、赠勋之波折、五国谅解、参加欧战、蓝辛石井协定、西原借款等。书中附有编例、本卷参考书目、致俄罗斯苏维埃社会主义共和国外交部信（孙中山）、俄罗斯劳农政府对华通告等。

2927　六十年来中国与日本：由一八七一年同治订约至一九三一年九一八事变．第七卷/王芸生编著．北京：三联书店．2005.7

内容提要参见 2926。

2928　六十年来中国与日本．卷六、七/王芸生辑．影印本．上海：上海书店．［出版年不详］（民国丛书．第三编．政治、法律、军事类；26）

本书是据大公报出版部 1933 年版、1934 年版影印。本册为两卷合订。内容包括：中华民国之诞生、二次革命、山东之攻略、二十一条交涉、帝制之干涉、日俄协定及第四次密约、郑家屯事件、赠勋之波折等。书中附有参考书目和图画。

2929　六十年来中国与日本．第八卷/王芸生编著．北京：三联书店．1982.4

本书包括两部分：1920－1931 年中日关系

大事记和附录：华盛顿会议纪事、中美日对二十一条之宣言、九国远东公约等。书中附有编例和后记。

2930 六十年来中国与日本：由一八七一年同治订约至一九三一年九一八事变．第八卷/王芸生编著. 北京：三联书店. 2005.7

内容提要参见 2929。

2931 民国时期英国与中国新疆：1912—1949/许建英著. 乌鲁木齐：新疆人民出版社. 2008.8（《新疆通史》课题研究丛书）

本书分 6 章，包括：英国和中国新疆关系的稳定与发展、英苏竞争下的英国与中国新疆、英国和中国新疆关系步入谷底、英国与中国新疆关系的复苏和终结、英国在中国新疆的传教活动、英国对中国新疆的考察活动。书中有民国时期英驻新疆总领事名单、中阿临时通商条件等。

2932 民国史料丛刊. 213，政治·对外关系/张研，孙燕京主编. 影印本. 郑州：大象出版社. 2009.8

本册内容为：上海商务印书馆 1915 年 10 月出版的《华洋诉讼例案汇编》，编者姚之鹤，包括：节录有关华洋诉讼的国际条约和国内关于华洋诉讼的法令、华诉洋例案与洋诉华例案、特种诉讼例案、上海租界华洋诉讼例案、华洋诉讼释义 6 编。

2933 民国史料丛刊. 214，政治·对外关系/张研，孙燕京主编. 影印本. 郑州：大象出版社. 2009.8

本册内容为：《俄蒙交涉始末之真相》、《哈尔滨交涉报告》、《揭破日本的阴谋》、《触目惊心之亡国条件》、《省港罢工中之中英谈判》。其中《俄蒙交涉始末之真相》评述了 1911 年 11 月驻京俄使以俄蒙新订协约通告中国政府及前后经过。《哈尔滨交涉报告》记述自 1917 年 12 月 13 日起至 1918 年 1 月 4 日止哈尔滨交涉事件始末。《揭破日本的阴谋》包括：《日本吞并中国之新国防方针》、《日本驻兵东三省之野心》、《美日战争及中国之地位》等 32 篇文章。《触目惊心之亡国条件》收《亚细亚报》登载的日本要求中国之条件、1917 年 8 月至 1918 年 12 月间政府对日借款等内容。《省港罢工中之中英谈判》包括：《中英谈判的我见》、《今日大会的意义》、《中英谈判总评》等 9 篇文章。

2934 民国史料丛刊. 216，政治·对外关系/张研，孙燕京主编. 郑州：大象出版社. 2009.8

本册内容包括：《废除不平等条约》和《广州武汉革命外交文献》。其中《废除不平等条约》介绍了不平等条约的形成及起点、帝国主义攫取之路矿电信权、关税协定、领事裁判权、租界等内容。

2935 民国史料丛刊. 224，政治·对外关系/张研，孙燕京主编. 影印本. 郑州：大象出版社. 2009.8

本书内容包括：《暴日最近之经济侵略与东北》/柳亚之编辑、《东北与日本》/张荫荃编著。其中《暴日最近之经济侵略与东北》分 9 章，包括：沈变之前因后果、沈变前后日本之经济变化、日本人口过剩说之研究、日本操纵东北财政之计划、日本与东北产业等。《东北与日本》分 9 节，包括：概说、宝藏无比之东北、东北与日本历来之纠葛、暴日横行东北之写真、各国报纸对日暴行之批判等。

2936 民国史料丛刊. 879，史地·历史/张研，孙燕京主编. 郑州：大象出版社. 2009.8

本册内容包括：《广州、武汉革命外交文献》/高承元编和《中华民国建国史》/郑鹤声编著。其中《广州、武汉革命外交文献》收关于沙基事件档卷、关于关税问题及关税会议档卷、关于汉口及九江英租界事件档卷、南京事件及关于对外侨损害国家责任问题档卷、关于领事裁判权对本国行政权影响问题交涉档卷、关于国籍纠纷交涉档卷、关于观审交涉档卷、关于澳门届务档卷及政治报告等。《中华民国建国史》所记自兴中会成立起至1941年止，分国民革命之目的与步骤、民国以前之革命事业、民国初年政局之演变、党军政之改进与推进、抗建事业之推行5章。

2937 民国史料丛刊．907，史地・历史/张研，孙燕京主编．影印本．郑州：大象出版社．2009.2

《中国外交史及外交问题》/夏天著。本书分10章，包括：中外交通的开始、鸦片战争后各国对话的侵略、八国联军的进攻与瓜分之议、列强共同的对华侵略、最近南京国民政府的外交、国民外交与革命外交、外交的实力、结论等。

2938 民国史料丛刊．908，史地・历史/张研，孙燕京主编．影印本．郑州：大象出版社．2009.2

《中国外交史纲要》/任启珊编，本书分7章，包括：对欧外交的开始、边藩国土的丧失、均势局面的形成、列强的共同侵略、日本对华的独霸、国民外交的活跃、国民政府的外交。书中附有总序、自序、附录参考书、中文名次索引和西文名次索引。《中国外交史》/钱亦石著。本书分8章，包括：绪论、国际资本主义前期中的中国外交、资本主义侵入时的中国外交、帝国主义初期的中国外交、世界大战中的中国外交、全国民众觉醒中的中国外交、国民革命胜利后的中国外交、世界经济危机中的中国外交。书中附有序言。

2939 民国外交档案文献汇览/全国图书馆文献缩微复制中心编．影印本．北京：全国图书馆文献缩微复制中心．2005.4（国家图书馆藏历史档案文献丛刊）

本书收录稀见民国北洋政府外交部档案文献3种：外交部参事厅收电簿、外交部条约司译件、外交文献。

2940 民国外交史料辑佚/张雁深等编．北京：开通书社．1951.8

全书分为4编，包括：中英交涉史料、中法交涉史料、中苏交涉史料和中意交涉史料。书中附有序和附录。

2941 清代外务部中外关系档案史料丛编，中西关系卷/中国第一历史档案馆等编．北京：中华书局．2004.9

本书辑录了1864至1912年有关中国与西班牙外交关系的档案806件，为晚清外务与西班牙政府及其驻华机构外交活动真实记录。

2942 清帝逊位与列强：1908－1912第一次世界大战前的一段外交插曲/（美）李约翰著；孙瑞芹，陈泽宪译．北京：中华书局．1982.8

全书分14章，包括：中华帝国的完整（1908年11月15日以前）、宣统朝初期（1908年11月15日至1909年6月6日）、新的国际激烈竞争（1909年6月6日至10月4日）、北京的处境更为危险（1909年10月5日至12月31日）、互相竞争的列强和束手无策的北京（1910年9月23日至12月）、皇朝权威的丧失（1911年10月9日至11月26日）等。

2943 清帝逊位与列强：第一次世界大战前的一段外交插曲（1908－1912）/（美）李约翰著；孙瑞芹，陈泽宪译．南京：江苏教育出版社．2006.7（清史别丛）

内容提要参见2942。

2944 清季外交史料．第八册清末外交年鉴/王彦威，王亮同著．再3版，影印本．台北：文海出版社．1969.5

全书分9册。其中第8册为《清末外交年鉴》和《西巡大事记》。《清末外交年鉴》分4卷，所载史料从清光绪元年至宣统三年止。附有清末外交年鉴序和清代约章分类表。《西巡大事记》包括：拳匪纪事、大臣祸国、杀戮忠良、两宫西巡、津沽及东省失守、联军入京、中外议和、行在纪事等内容。附有照片、序、例言和跋。

2945　清季英国侵略西藏史/佘素著. 北京：世界知识出版社. 1959.5

全书分8章，包括：清初外人在西藏的活动；廓尔喀战争；英国侵略喜玛拉雅诸山国；游历和通商问题；英帝第一次侵藏战争；划界、通商纠纷；英帝第二次侵藏战争；“拉萨条约”和中英交涉。书中附有地图和附录。

2946　清季中日韩关系史料/“中央研究院”近代史研究所编. 台北：“中央研究院”近代史研究所. 1972.12（中国近代史资料汇编）

本史料系据清代总理各国事务衙门之“朝鲜档”及外务部有关日韩商务、边务、路矿、侨民、航运、邮电等交涉案件整理汇编而成。本史料包括：上谕、奏疏、函札、照会、咨文、条约、合同、报告、禀帖等，起自同治三年，讫于宣统三年（1864—1911）。书中附有例言。

2947　清末民初中国人的日本观——以直隶省为中心/孙雪梅著. 天津：天津人民出版社. 2001.8（南开日本研究丛书）

本书共分9章，包括：清末东游热的兴起、直隶省官民的东游与“东游日记”、东游所见之日本教育、东游所见之日本实业、东游所见之日本司法、东游所见之日本行政、东游所见之日本社会、民俗以及东游与直隶省的发展等。有绪论、结语、参考书目和附录。

2948　清末中琉日关系史研究/（日）西里喜行著；胡连成等译. 北京：社会科学文献出版社. 2010.4（国家清史编纂委员会·编译丛刊）

本书以丰富的史料和细致的论述，提供了一个审视清末中琉日关系乃至近代中日关系的全新视角。全书分上、下两册，共4编，包括：鸦片战争前后的国际秩序与琉球王国；中琉日关系重组时期的琉球问题；清国外交官的对日观、对日策略与琉球问题；清末新闻界的国际认识与琉球问题。

2949　日本财界与辛亥革命/李廷江. 北京：中国社会科学出版社. 1994.3

本书研究的主题是日本财界与辛亥革命的关系。书中通过对日本财界对外经济战略，特别是辛亥革命前后与中国尤其是与孙中山等的关系，探讨了日本财界在推进“大陆政策”中所扮演的角色。全书分9章，包括：日本的财界与财界人、财界的“海外雄飞”、财界的大陆经纶、财界的朝鲜政策、被遗忘的历史、辛亥革命与日本各界的反响、中央银行设立案的成立经过、辛亥革命后的若干问题等。书中附有照片、前言和后记。

2950　日本外交文书选译：关于辛亥革命/中国社会科学院近代史研究所中华民国史研究室主编；邹念之编译. 北京：社会科学出版社. 1980.5（中华民国史资料丛稿）

本书收录了日本内阁决议、日本驻各国使节（主要是驻华公使及中国各地领事）致外务大臣的请示、报告以及外务大臣给他们的指示、训令等共500余件，从国际斗争的角度揭示辛亥革命时期国内外的政治、外交、经济和军事情况。

2951　沙俄侵华史. 第一卷/中国社会科学院近代史研究所编. 北京：人民出版社. 1976.10

本卷分5章，包括：黑龙江、乌苏里江流域自古以来是中国领土；沙皇俄国侵略黑龙江地区的开端；中俄《尼布楚条约》的订立；中俄《布连斯奇条约》和《恰克图条约》的签订；俄国东正教会的侵华活动。书中附有地图目录、插图目录和附录：中文参考书目、俄文参考书名译汉表、英文参考书名译汉表、俄汉人名对照表、俄汉地名对照表。

2952　沙俄侵华史. 第一卷/中国社会科学院近代史研究所编. 北京：人民出版社. 1978.3

内容提要参见2951。

2953 沙俄侵华史．第二卷/中国社会科学院近代史研究所编．北京：人民出版社．1978.4

本卷分4章，包括：《尼布楚条约》后一百五十年间沙俄侵略黑龙江的野心；沙俄重新武装入侵我国黑龙江地区和逼签中俄《瑷珲条约》、《天津条约》；沙俄武力侵占乌苏里江以东地区和迫订中俄《北京条约》；沙俄镇压太平天国革命的罪恶活动。书中附有地图目录、插图目录和附录：中文参考书目、俄文参考书目、西文参考书目、俄汉人名对照表、俄汉地名对照表。

2954 沙俄侵华史．第三卷/中国社会科学院近代史研究所编．北京：人民出版社．1981.5

本卷分6章，包括：中国古代西北疆域；一八六〇年以前沙俄对中国西北的侵略；沙俄通过《勘分西北界约记》割占中国西北大片领土；沙俄武力逼签中俄《改订条约》；沙俄扩大对新疆的侵略和违约霸占中国帕米尔地区；沙俄对中国西部和北部的“地理考察”。书中附有地图目录、插图目录和附录：中文参考书目、俄文参考书目、西文参考书目、俄汉人名对照表、俄汉地名对照表。

2955 沙俄侵华史．第四卷．上/中国社会科学院近代史研究所编．北京：人民出版社．1990.4

本册内容包括：十九世纪末沙俄对华侵略扩张的加紧；义和团运动时期沙俄对中国的侵略；争夺中国东三省的日俄帝国主义战争。书中附有地图目录和插图目录。

2956 沙俄侵华史．第四卷．下/中国社会科学院近代史研究所编．北京：人民出版社．1990.4

本册内容包括：辛亥革命前夕沙俄对中国边疆地区的侵蚀；辛亥革命和北洋军阀统治时期沙俄对中国的侵略。书中附有附录、地图目录、插图目录和余论：十月革命后沙俄残余势力对中国的侵略。

2957 沙俄侵华史/复旦大学历史系《沙俄侵华史》编写组编．上海：上海人民出版社．1975.12

本书分7章，包括：沙皇俄国早期对华扩张及其被遏止；两次鸦片战争期间沙俄对中国大片领土的侵占；农奴制改革前后沙俄对中国西部地区的侵略；沙俄妄图变中国东北为它的殖民地（上、下）；俄日战争后沙俄对中国东北和西部地区侵略的深入；加紧侵略蒙古，妄图侵占长城以北大片中国领土。书中附有附录：大事年表、引用主要外文书籍译名对照表。

2958 沙俄侵华史/复旦大学历史系《沙俄侵华史》编写组编写．上海：上海人民出版社．1986.10

内容提要参见2957。

2959 沙俄侵华史/中国社会科学院近代史研究所编写．再版．北京：中国社会科学出版社．2007.3（中国社会科学院文库．历史考古研究系列）

全书分4卷。第1卷叙述了17－18世纪早期沙俄对中国的侵略和《尼布楚条约》的订立；第2卷叙述了19世纪中叶沙俄割占黑龙江以北、乌苏里江以东100多万平方公里中国领土的经过；第3卷叙述了19世纪下半叶沙俄割占中国西北大片领土，以及违约侵占帕米尔地区的经过；第4卷论述了19世纪末至1917年沙俄帝国主义的对华政策和侵略活动等内容。书中附有出版说明、说明、前言、附录、地图目录和插图目录。

2960 十九世纪的德国与中国/（德）H．施丢克尔著；乔松译．北京：三联书店．1963.7

本书是据德意志民主共和国1958年柏林版译出。全书共16章，包括：引子；早期的德国对华贸易关系；普鲁士和德国加入在中国有特权的国家行列；建立普鲁士—德意志驻北京公使馆和东亚海军站；1861－1885年德国的对华贸易；修改中德条约和达成烟台协定；伊犁危机等。书后附有引用资料、著作目录、人名、地名及其他对照表等。

2961 十九世纪末叶帝国主义争夺中国权益史/胡滨著. 北京：三联书店. 1957.10

全书分 8 章，包括：甲午战争前的中国和世界；中日甲午战争；俄法在远东的勾结；英德在中国的扩张；帝国主义瓜分中国的狂潮；美帝国主义的“门户开放”政策；中国人民的反侵略斗争；结束语。书中附有本书所征引的经典著作及参考文献。

2962 太平洋会议与梁士诒/叶遐庵述；俞诚之录. 台北：文海出版社. 1975.5（近代中国史料丛刊续编. 第十九辑；189）

本书对太平洋会议前后中国在外交上所发生的各种鲜为人知的内幕进行了披露与叙述。本书包括：引言、清末民初列强对中国外交之秘密、太平洋会议的远因——国际共管中国铁路问题之内幕、太平洋会议前我国各政团的活动和对鲁案的斗争、太平洋会议前后山东问题的真相等章节。

2963 天涯何处是神州：中俄密约/李尚英. 北京：中国人民大学出版社. 1993.8（中国近代不平等条约书系）

本书讲述了中俄《御敌互相援助条约》的性质和签订经过。内容包括：西伯利亚铁路背后的如意算盘、江洋大盗与“侠客”、总理衙门变成了大拍卖场、殖民地银行的建立、俄国人进入了满洲大地、“黄俄罗斯”计划的破产、中俄密约的原形毕露等。附录《中俄密约》。

2964 眺望中国/（美）费正清著；傅光明等译. 北京：中国广播电视出版社. 1992.2

本书从历史和现实结合的角度，分析评论近百年中美两国关系发展的历史。内容包括：“帝国主义新观”、“毛的中国之内幕”、“正常化之路”、“文化大革命”、“副产品：美国人的现实乐观主义”。书中附有序、前言、导言、跋、索引和译后记。

2965 外国在西藏扩张：1888－1919/（苏）列昂节夫，В. П著；张方廉译. 北京：民族出版社. 1960.1

本书据 1956 年俄文版译出。全书分 3 章，包括：外国在西藏的扩张的发端、英帝国主义武装侵略西藏、辛亥革命和第一次世界大战时期帝国主义在西藏的扩张。书中附有序、引论和结语。

2966 外交部沿革纪略：二编/吴成章编. 铅印本. ［出版地不详］：外交部，民国二年（1913）

本书凡例载：“中国外交专官制度自成立之后，凡三易名曰：总理各国事务衙门、曰外务部、曰外交部，三者之性质及其作用虽不相同，而脉络则有息息相关之处。”全书内容分甲乙二编，甲编叙旧制，乙编叙今制，旧制以咸丰十年十月为始，今制至民国二年一月为止。

2967 外蒙主权归属交涉：1911－1916/张启雄著. 台北：“中央研究院”近代史研究所. 1995.11（“中央研究院”近代史研究所专刊；77）

本书主要从外交视角考察了外蒙古第一次独立运动以后，北洋政府与沙俄、外蒙古独立集团之间的外交谈判等具体交涉过程，内容包括：绪论、俄国策动下的中蒙统独纷争、中俄北京会议的外蒙主权归属交涉、中俄蒙恰克图会议的名分利权论争与交涉、册封哲布尊丹巴呼图克图的难局与交涉、结论。书后有附录。

2968 外人在华特权和利益/（美）威罗俾著；王绍坊译. 北京：三联书店. 1957.10

本书分 43 章，包括：中国所承担的义务；中国条约中的最惠国条款；中国的主权和领土与行政的完整；中国的门户开放；华盛顿会议上的“门户开放”问题；利益范围；1922 年前在满洲的日本人；二十一条要求；华盛顿会议上“民四条约及换文”的问题等。书中附有译者前言、第二版序、第一版序、中外条约和有关中国的条约汇编集、译名对照表。

2969 现代中国外交史/金兆梓著. 上海：商务印书馆. 1930（新时代史地丛书）

全书分 7 章，包括：驭夷政策之外交、不平等条约之缔结、边境之侵削与藩属之丧失、均势下之中国、民国成立后均势之局之动摇、日本之力图破坏均势、国权恢复运动之发轫。书中附有绪论。

2970 现代中国外交史/金兆梓著. 再版. 上海：商务印书馆. 1934.7（新时代史地丛书，万有文库. 第一集；160）

内容提要参见 2969。

2971 辛亥革命时期中日外交史/俞辛焞著. 天津：天津人民出版社. 2000.7（南开日本研究丛书）

本书共 8 章，主要内容有：辛亥革命的爆发与中日外交、南京临时政府与中日外交、日本的满蒙政策及对闽浙地区的渗透、北京政府与中日外交、孙中山访日与中日外交、二次革命时期的中日外交、第一次世界大战爆发与中日外交、洪宪帝制与中日外交。

2972 辛亥革命与列强态度/王光祈译. 上海：中华书局. 1929.4

全书内收辛亥革命时期德国驻各国使节与外交部的电文、牒文等 62 件。包括：德国驻美大使 Bernstorff 伯爵致柏林外部之电、德国驻日代办 Radowitz 致柏林外部之电、德国外部秘书 Kiderlen 致德国驻美大使 Bernstorff 之文件、德国外部秘书 Jagow 致德国驻美大使 Bernstorff 之文件、柏林外交部致中国驻德使馆之牒文纪要等。书中附有译者绪言和民报增刊：天讨。

2973 辛亥革命与列强态度/王光祈译. 影印本. 台北：文海出版社. 1973（近代中国史料丛刊. 第 91 辑；901）

内容提要参见 2973。

2974 辛亥革命与列强态度/朱文原著. 台北：三民主义研究所博士硕士论文奖助出版委员会. 1981.2（三民主义研究所博士硕士论文奖助出版丛书. 第二辑；4）

全书分 6 章，包括：绪论、辛亥革命之发生、孙中山之外交决策、列强对华态度（一）、列强对华态度（二）和结论。书中附有参考书目。

2975 延吉边务报告/吴禄贞撰. 影印本. 台北：文海出版社. 1969（近代中国史料丛刊. 第 32 辑；317）

全书分 8 章，包括：延吉厅疆域之历史、延吉厅建设之沿革、延吉厅之地理、韩民越垦之始末、吉韩界务之始末、日韩谬说之纠正、日人经营延吉之原因、日人经营延吉之政策。有延吉边务报告序和延吉边务报告叙言。

2976 英国对华政策：1895－1902/（英）杨国伦著；刘存宽，张俊义译. 北京：中国社会科学出版社. 1991.12（中国近代史研究译丛）

全书分 12 章，包括：导言、索尔兹伯里勋爵与中国、让与权的争夺、中国的反应、联合照会、英德协定、满洲、英日同盟等内容。附录：文献目录和主要人名对照表。

2977 英国侵略西藏史/（印）Taraknath Das 著；薛桂轮译. 复制本. 天津：国闻周报社. 1928.7（国闻周报丛书之三）

全书分 12 篇，包括：自华伦海斯丁至柯爽时代之英藏关系；英日同盟以前柯爽之侵略西藏政策；英日同盟日俄之战与杨赫斯邦之率兵入藏；此后之西藏；一九〇六年之中英条约；英俄协约与西藏；中国革命与英国侵略西藏之急进；阿泊远征队及其目的等。有地图、照片及译者自序。

2978 英国侵略西藏史/（英）荣赫鹏著；孙煦初译. 再版，影印本. 台北：台湾学生书局. 1981.5（中国史学丛书. 续编；28）

全书共 25 章，包括：曼宁之访问拉萨、孟加拉政府之努力、中英会议、条约权利之保障、对俄谈判、遣使之认可、吐纳、和议条款、谈判情形等。书中附有序、译叙、卷头语、导言和附录。

2979 英国与中国边疆危机：1637－1912/高鸿志著．哈尔滨：黑龙江教育出版社．1998.12（边疆史地丛书）

全书分 8 章，包括：英人东来与海疆危机的开始；18 世纪后期英国侵略西藏的阴谋；英国对中国东南海疆的侵略；英国侵略西藏计划逐步实现；云南边疆危机；英、俄在新疆的矛盾和斗争；甲午战争后英国对华侵略与中国边疆危机进一步加深；20 世纪初年英国对西藏的侵略及其与沙俄的斗争。书中附有大事年表。

2980 英国政府刊布中国革命蓝皮书．第一编/陈国权译；邓宗禹校勘．［出版地不详］：青山解堂．1912

英国政府颁发有关中国辛亥革命文件（1911 年 10 月—12 月，第 1—143 号）。

2981 中俄关系史．上册/明骥编著．台北：三民书局．2006.11

全书分 12 章，包括：中俄关系之形成、元明两朝之中俄关系、中俄直接交涉之开始、雅克萨战争、尼布楚条约、十七世纪末与十八世纪初期中俄之关系、中国使团出使俄国、俄国东正教在中国等。书中附有序和导论。

2982 中俄关系史料．中华民国六年至八年（一九一七～一九一九），俄政变与一般交涉/"中央研究院"近代史研究所编．再版．台北："中央研究院"近代史研究所．1984.10（中国近代史资料汇编）

本书所收文件，均按时间顺序，排列编号。全书分为 3 部分：分类目录、史料正文和附录。内容包括：中俄贸易、俄国政变、招募华工、华工问题、旅俄华侨侨务、俄境设领、俄币交涉、道胜银行等。书中附有地图和插图。

2983 中俄关系史料．中华民国六年至八年（一九一七～一九一九），新疆边防/"中央研究院"近代史研究所编．再版．台北："中央研究院"近代史研究所．1983.6（中国近代史资料汇编）

本书所收文件，均按时间顺序，排列编号。全书分 3 部分：分类目录、史料正文和附录。内容包括：阿尔泰撤兵交涉、防范俄土激党宣传、阿尔泰边防、日政府阴谋派兵入新、俄境战乱与加强沿边防务、催请政府接济军械、安置入境避难俄属难民、俄政变与英国驻华使领之要求等。书中附有地图和插图。

2984 中俄关系史论文集/中国社会科学院近代史研究所，中俄关系史研究室，兰州大学历史系编．兰州：甘肃人民出版社．1979.12

本书收录论文 32 篇，包括：沙俄的对外领土侵略和苏联的霸权主义历史观、美化沙俄侵略的强盗理论、苏联对中国的研究和我国加强对苏联研究的迫切性、沙俄最早侵占的中国领土和历史上中国的疆域问题、准噶尔西北疆域考、霸权主义的王法、卑鄙的手段卑鄙的目的、沙俄是如何侵吞中国西北领土四十四万多平方公里的等。

2985 中法外交史/束世澂著；金兆梓校．上海：商务印书馆．1929.10（新时代史地丛书 万有文库．第一集：168）

本书分 7 章，包括：中法交通之起源、第一次不平等条约之缔结、法国对华侵略之第一步——夺我藩属安南、法国对华之政治侵略、法国对华之经济侵略、最近发生之中法交涉事件、法国现状及将来对华政策之推测。书中附本书参考书报目录及中法间大事年表。

2986 中国近代对外关系史资料选辑：1840－1949．上卷．第一分册/复旦大学历史系中国近代史教研组编．上海：上海人民出版

社. 1977.9

全书分 4 章，包括：鸦片战争前的中外关系、鸦片战争和战后的中外关系（1840－1850 年）、太平天国的对外关系和第二次鸦片战争（1851 年—1864 年）、第二次鸦片战争后至中法战争中国的对外关系（1861 年—1885 年）。书中附有编者说明。

2987　中国近代对外关系史资料选辑：1840－1949. 上卷. 第二分册/复旦大学历史系中国近代史教研组编. 上海：上海人民出版社. 1977.9

全书分 4 章，包括：中法战争后至中日甲午战争中国的对外关系（1885 年—1895 年）、帝国主义瓜分中国狂潮和义和团运动（1895 年—1901 年）、二十世纪初中国的对外关系（1901 年—1911 年）、辛亥革命至五四运动前中国的对外关系（1911 年—1919 年）。

2988　中国近代对外关系史资料选辑：1840－1949. 下卷. 第一分册/复旦大学历史系中国近代史教研组编. 上海：上海人民出版社. 1977.9

全书分为两章，包括：五四运动和第一次国内革命战争时期的中外关系（1919 年 5 月—1927 年 7 月）、第二次国内革命战争时期的中外关系（1927 年 7 月—1937 年 7 月）。书中附有编者说明。

2989　中国近代对外关系史资料选辑：1840－1949. 下卷. 第二分册/复旦大学历史系中国近代史教研组编. 上海：上海人民出版社. 1977.9

全书分为两章，包括：抗日战争时期的中外关系（1937 年 7 月—1945 年 8 月）、第三次国内革命战争时期的中外关系（1945 年 8 月—1949 年 9 月）。

2990　中国近代史论丛. 第一辑. 第三册，早期中外关系/包遵彭，李定一，吴相湘编纂. 台北：正中书局. 1956.12

本书内容包括：中俄早期贸易考、中俄国界史地考、鸦片输入中国考、琦善与鸦片战争、鸦片战争期间英国人的军纪问题、清代外国银圆之流入及其影响、清代鸦片战前之沿海通商等。书中附有叙言、导论和附录。

2991　中国近代史上的不平等条约/谷云编写. 北京：人民出版社. 1973.11（《学点历史》丛书）

本书是重点介绍了中国近代史上的 12 个不平等条约，包括：中英南京条约、中美望厦条约、中法黄埔条约、中俄瑷珲条约、天津条约、北京条约、中俄北京条约、中英烟台条约、中俄伊犁条约、中日马关条约、中俄密约及其有关条约和辛丑条约。书中附有毛主席语录和出版说明。

2992　中国近代外交内幕/拓晓堂著. 北京：书目文献出版社. 1993.11

本书收 1840 至 1919 年中国近代史上 11 个具有重大影响、典型意义中外交涉事件的案例，包括：中英《南京条约》交涉始末、第二次鸦片战争期间的中外谈判、由洋人带队的第一个外交使团之出访、保密二十八年之久的《中俄密约》、令人瞠目结舌的《二十一条》的签订等。

2993　中国近代外交概要/王正廷著. 南京：外交研究社. 1928.11

本书共 4 章，内容包括：绪言、中外国际交通之起源、鸦片战争后中国外交之失败、欧战后中国外交之关系。

2994　中国近代外交史：1840－1919/赵佳楹编著. 太原：山西高校联合出版社. 1994.4

全书分 15 章，包括：中国是伟大的、鸦片战争以前中国的对外关系、鸦片战争以前的中俄关系、洋务运动时期的外交、中法战争时期清政府的外交、义和团运动时期清政府的外交、清末十年清政府的外交、辛亥革命及民国初年的外交等。书中附有前言和后语。

2995 中国近代现代史论集. 7，自强运动. 二，外交/中华文化复兴运动推行委员会主编. 台北：台湾商务印书馆. 1985.10

本编分14章，包括：中国近代化的延误、十九世纪中国国际观念之演变、中国对西方外交制度的反应、南北洋大臣之建置及其权利扩张、清季外交职权的嬗递、清代总理各国事务衙门与军械处之关系、清季总理衙门的职掌、清代之总理衙门及其经费等。

2996 中国近代现代史论集. 14，清季对外交涉. 一，英美法德/中华文化复兴运动推行委员会主编. 台北：台湾商务印书馆. 1986.1

本编分10章，包括：外人在华享有内河航行与沿海贸易权之条约根据、上海法租界之设定及其反响、清光绪朝之中越关系、滇案始末及其影响、许景澄与帕米尔交涉、一八九四至一九〇〇美国在华之政策等。

2997 中国近代现代史论集. 15，清季对外交涉. 二，俄日/中华文化复兴运动推行委员会主编. 台北：台湾商务印书馆. 1986.2

本编分14章，包括：中日交涉中的历史教训、中日修好条约初探、近代中日关系探源及两国外交使才举例、琉球亡国中日争持考实、清代琉球县案始末、中日长崎事件之交涉(1886－1887)、朝鲜壬午军乱时的中日交涉等。

2998 中国近代现代史论集. 25－26，民初外交/中华文化复兴运动推行委员会主编. 台北：台湾商务印书馆. 1986.9

本编分上、下册，共26章，包括：1913年列强对中华民国政府之外交承认、民初日本对华政策之探讨（1911－1915）、民初日本对“满”政策之形成、民初中英西藏交涉、日本与1919年的南北议和、从“贝里咸合同”到“禁助中国海军协议”（1911－1929）、民初陆军军火之输入（1911－1928）等。

2999 中国近时外交史/刘彦编. 影印本. 台北：文海出版社. 1983.1（近代中国史料丛刊续编；989）

本书分20章，包括：鸦片战争、英法联军入北京、俄罗斯东西国境之侵略、琉球之丧失、中日战争、列强分割中国之开端、日本国威膨胀与中国之关系、各国对于清末之趋势、各国对于民国成立后之趋势、老西开事件等。

3000 中国近时外交史/刘彦编. 精装. 台北：文海出版社. 1983.9

内容提要参见2999。

3001 中国近时外交史/刘彦编. 3版. 上海：上海书店. 1989.10（民国丛书第一编；27）

内容提要参见2999。

3003 中国外交史. 上/刘彦著；李方晨增订. 3版，增订本. 台北：三民书局. 1979.9

全书上、下两册，共45章。本册内容包括：鸦片战争、英法联军入北京、琉球之丧失、安南之丧失、中日战争、列强分割中国之开端、日俄战争与中国之关系、中美关系、各国对于民国成立之压迫等。

3004 中国外交史. 下/刘彦著；李方晨增订. 3版，增订本. 台北：三民书局. 1979.9

全书上、下两册，共45章。本册内容包括：日俄同盟与中国之关系、福州事件、最近西藏问题、华盛顿会议与中国、国民革命与取消不平等条约、苏俄对新疆的侵略、中俄邦交与中俄战争、战后十七年来的中国外交等。

3005 中国外交史. 中华民国时期：1911－1949/吴东之主编. 郑州：河南人民出版社. 1990.2

全书分5章，包括：北京政府的媚外外交，废除不平等条约运动的兴起与20年代的中国外交，南京国民政府联美抑日、反苏反共的外交，抗日战争时期南京国民政府的外交，战后南京国民政府的反共外交。

3006 中国外交史/钱亦石编著. 复制本. ［出版地不详］：生活书店. 1938.9

本书分为8章，包括：绪论、国际资本主义前期中的中国外交、资本主义侵入时的中国外交、帝国主义初期的中国外交、世界大战中的中国外交、全国民众觉醒中的中国外交、国民革命胜利后的中国外交和世纪经济危机中的中国外交。书中附有序言。

3007 中国外交史/曾友豪编. 影印本. 上海：上海书店. 1926.10（民国丛书. 第四编. 政治·法律·军事类；29）

全书分3卷：中国与欧美各国之关系、中日交涉史、中国与列强。书中附有自序和中外国际大事年表。

3008 中国外交史/曾友豪著. 影印本. 台北：文海出版社. 1975（近代中国史料丛刊续编. 第十九辑；187）

内容提要参见3007。

3009 不平等条约与中国近代领水问题研究/刘利民著. 长沙：湖南人民出版社. 2010.2（中外条约与近代中国研究丛书）

本书分9章，内容包括：鸦片战争前的中国领水主权状况，外籍引水与中国领水主权的丧失、列强攫取军舰驻华特权的历史考察、外国船舶与中国领水管辖权的丧失、领海主权中的渔业问题考察等。

3010 中国外交史：1840－1949/黄凤志主编. 长春：吉林大学出版社. 2005.3

全书共9章。内容包括：鸦片战争时期的中外关系；太平天国革命和第二次鸦片战争时期的中外关系；第二次鸦片战争后中国的边疆危机；帝国主义瓜分中国的狂潮；中华民国北京政府外交；国民政府初期的外交；九一八事变至七七事变期间的中国外交；抗日战争时期南京国民政府的外交；南京国民政府覆灭前夕的外交等。书中附有前言。

3011 中国外交史：1840－1949/外交学院编. 北京：外交学院. 1957－1958

本书将中国外交分为4个阶段：从1840年第一次鸦片战争到19世纪70年代、19世纪70年代到1895年甲午中日战争结束、从1895年甲午战争结束到1917年十月社会主义革命、从1917年十月社会主义革命到1949年中华人民共和国成立。

3012 中国外交史：鸦片战争至辛亥革命时期（1840－1911）/王绍坊著. 郑州：河南人民出版社 . 1988.8

本书除绪论外，共分8章，包括：第一次鸦片战争及战后的中外关系（1840－1850），太平天国的对外关系与第二次鸦片战争（1851－1864），第二次鸦片战争后中外关系的变化（1891－1870），资本主义列强对中国边疆、邻国的侵略与中法战争（1871－1885），资本主义各国对中国边疆、邻国侵略的扩大与甲午中日战争（1885－1895），帝国主义瓜分中国的狂潮（1895－1899）。义和团时期清政府的对外关系（1900－1901）等。有附录4篇和地图。

3013 中国外交史资料选辑：1840－1949/外交学院编. 北京：外交学院. 1957－1958

本书共分3册，第一册选录的96种资料只限于1840至1917年中国外交史上的一些重要条约和其他文件。后两册主要搜集党的一些有关文献，同时也附有北洋军阀政府和国民政府的外交文献以及帝国主义侵略中国的外交文献。

3014 中国外交演义，民国时期/李连庆主编；王俊彦著. 北京：世界知识出版社. 1995.8

本书分34回，以演义的形式记录了民国时期的中国外交。有照片。

3015 中华百年祭：1840—1945 图文档案，外交/廖代茂编著. 重庆：重庆出版社. 2006.5

本书记录了中国外交现代化的艰难历程，对所谓“专家外交”、“革命外交”、中国废除不平等条约运动的由来与发展、鲜为人知的蜜月时代的中德关系等进行了重点介绍。有照片。

3016 中华帝国对外关系史. 第一卷，一八三四～一八六〇年冲突时期/（美）马士著；张汇文等译. 新一版. 北京：商务印书馆. 1963.6

全书分 26 章，包括：中国的政府、中国的租税、早期的对外关系、沉默政策、鸦片问题、战争与和议、条约口岸、俄国与中国等。书中附有中译本序言、原序、大事年表、各种单位说明、附录和本书引用的主要资料。

3017 中华帝国对外关系史. 第二卷，一八六一～一八九三年屈从时期/（美）马士著；张汇文等译. 新一版. 北京：商务印书馆. 1963.4

全书分 19 章，包括：上海税务司、政变、移民问题、蒲安臣的出使、天津的屠杀、俄国与伊犁、法国与东京、香港与澳门等。书中附有弁言、年表、各种单位说明和附录。

3018 中华帝国对外关系史. 第三卷，一八九四～一九一一年被制服时期/（美）马士著；张汇文等译. 北京：商务印书馆. 1960

全书分 15 章，包括：对日战争、邮政的发展、铁路的发展、中国面临瓜分、百日维新、义和团的起源、暴风雨的爆发、北京和天津等。书中附有附录。

3019 中华民国建国文献，民初时期文献（1912—1916）. 第一辑，史料. 四/中华民国建国文献编辑委员会. 台北县：“国史馆”. 2000.4

本书旨在就中华民国建国以后之历程、成就及重大事件，运用文献作重点介绍。本册分两篇：财经、外交。内容包括：财政状况、货币与银行、交通建设、农垦与水利、工矿业、各国承认问题、善后大借款交涉、蒙藏问题交涉、欧战问题、二十一条交涉、帝制与外交、其他外交事务、侨务。

3020 中华民国史. 第四册，志三/朱汉国，杨群主编. 成都：四川人民出版社. 2006.1

本卷为《中华民国史》志部军事外交卷，包括兵志、革命军队志、战争志、外交志 4 志。兵志是对南京临时政府时期、北洋政府时期和国民政府时期军事体制的介绍。革命军队志是对中国共产党领导的军队的军事体制的介绍。战争志是对中华民国时期发生并对中国社会发生重要影响的各次战争的介绍。外交志选取了中国与那些在民国时期具有重大国际影响力的国家之间的双边关系加以考察。

3021 中华民国外交简史/杨公素著. 北京：商务印书馆. 1997.12

本书除绪论外，分 4 篇概括地叙述了中华民国时期的外交史，包括：北京北洋支付的外交（1911—1928）、南京国民政府执行攘外必先安内政策的十年（1927—1937）、抗战时期国民政府的外交（1937—1945）、国民政府依靠美国打内战的外交（1946—1949）。

3022 中华民国外交史/石源华著. 上海：上海人民出版社. 1994.12

全书分 12 章，包括：绪言；民国初创，维持晚清外交格局；欧战爆发，对日外交地位上升；列强集会，重定各国在华“均势”；五卅震荡，北京政府的“修约”外交；国共合作，广州、武汉政府的革命外交；南京奠基，国民政府初期的外交；东北战火，对日外交地位再次上升；华北事变，国民政府变换对日方针等内容。书中附有绪言和中华民国历届政府外交部部长、次长年表。

3023 中华民国外交史辞典/石源华主编. 上海：上海古籍出版社. 1996.6

本辞典上起 1911 年辛亥革命爆发，下迄 1949 年中华人民共和国成立，共计收录有关中华民国外交史的词目 3000 余条。全书分凡例、笔画索引、正文、附录和分类索引。

3024 中华民国外交史料汇编：民国（1－34）年/陈志奇辑编，“国立编译馆”主编．台北：渤海堂文化事业有限公司．1996.4（人文社会科学丛书）

全书共分 15 册，为中华民国外交编年史。本史料汇编，始于民国元年，终于民国三十四年。采用条目格式，按年序每年一编，每条史料依年、月、日序统一编号，并附相关参考资料。全书共 34 编，1612 条目，附录资料 624 件。书中附有序、凡例和参考书目。

3025 中国近代外交史略/顾明义编著．长春：吉林文史出版社．1987.3

全书分 8 章，包括：鸦片战争时期的中外关系、太平天国时期的中外关系与第二次鸦片战争期间的中外交涉、第二次鸦片战争后至中法战争期间的中国对外关系、清末十年中国的对外关系、辛亥革命时期的外交与袁世凯政府的对外交涉等。书中附有照片、序言、绪论和后记。

3026 中华民国外交史资料选编．一：1911－1919/程道德等编．北京：北京大学出版社．1988.11

本卷包括 15 个部分：关于各国承认中华民国政府的交涉、修改税则的交涉、善后大借款的交涉、关于日本侵略山东青岛的交涉、关于“二十一条”要求的交涉、关于参战问题的交涉、关于中东铁路问题的交涉、关于外蒙取消自治的交涉等。书中附有说明和 1911－1919 年中华民国外交大事记。

3027 中华民国与东南亚各国外交关系史：1912－2000/陈鸿瑜著；“国立编译馆”主编．台北：鼎文书局股份有限公司．2004.10

全书分 12 章，包括：导论、中华民国与新加坡之外交关系；中华民国与马来西亚之外交关系；中华民国与菲律宾之外交关系；中华民国与越南之外交关系；中华民国与泰国之外交关系；中华民国与印尼之外交关系；中华民国与缅甸之外交关系；中华民国与柬埔寨之外交关系等内容。书中附有地图、序、附录、参考书目、索引和表。

3028 中美关系史．一．1911－1949/陶文钊著．再版．北京：中国社会科学出版社．2007.3（中国社会科学院文库．国际问题研究系列）

本书分 3 卷。通过对两国间重大事件的叙述，展示了中美两国外交政策的决策过程及影响双方决策的种种国内和国际因素，以及两国外交政策对世界的影响。本卷为上卷，记录了 1911 年至 1949 年新中国成立前的中美关系史。附照片。内容包括：早期中美关系、中美外交关系的建立与发展门户开放政策及其实施、巴黎和会与华盛顿会议等。

3029 中美农业技术合作团报告书/周开庆主编．影印本．台北：华文书局．1956.11（近代中国经济丛编；3）

全书分 15 章，包括：农业建设计划概要、农业金融、土地政策、农产联销、租佃制度、教育与研究、农业推广、农业管制、农业统计等。书中附有序言、提要和附录。

3030 中日法律文化交流比较研究：以唐与清末中日文化的输出与输入为视点/张中秋著．北京：法律出版社．2009.7（中国法学学术丛书）

全书分 6 章，包括：中日法律文化交流简况、动因比较、选择比较、交流中的继受与变通比较、效果与影响比较、成败得失的原因比较等。书中附有《隋唐及清末中日法律与文化及相关事项年表》。

3031 中日关系史：1912－1926/陈鹏仁译．台北：水牛图书出版事业有限公司．1990.1（文史丛书；70）

全书分 3 章：从辛亥革命到袁世凯的没落；五四前后；废除不平等条约。书中附有译者的话。

3032 中日关系史料，欧战与山东问题（1914－1916）年/“中央研究院”近代史研究所编. 台北：“中央研究院”近代史研究所. 1974.8（中国近代史资料汇编）

本书所收文件，均按时间顺序，排列编号。全书分为 3 部分：分类目录、史料正文和附录。内容包括：欧战爆发与各国情况、中国宣布局外中立、日德胶澳之战。

3033 中日关系史料：路矿交涉，中华民国元年至五年（1912－1916）/“中央研究院”近代史研究所编. 台北：“中央研究院”近代史研究所. 1976.9（中国近代史资料汇编）

本书所收文件，均按时间顺序，排列编号。全书分 3 部分：分类目录、史料正文和大事年表。内容包括：铁路类、矿物类。书中附有例言。

3034 中日关系史料：通商与税务，中华民国元年至五年（1912－1916）/“中央研究院”近代史研究所编. 台北：“中央研究院”近代史研究所. 1976.6（中国近代史资料汇编）

本书所收文件，均按时间顺序，排列编号。全书分上、下两册，共两部分：商务与埠务之部、关务税务之部。内容包括：商务类、商标类、埠务类、关务类、税务类和禁运类。附例言和《民国元年至五年大事年表》。

3035 中日关系史料：一般交涉. 上，中华民国元年至五年（1912－1916）/“中央研究院”近代史研究所编. 台北：“中央研究院”近代史研究所. 1986.6（中国近代史资料汇编）

本书所收文件，均按时间顺序，排列编号。全书分上、下两册，共 3 部分：时间目录、分类目录和史料正文。内容包括：日馆政务；日侨居住、营业、置产纠纷；抵制日货；中日武力冲突事件；驻华军警；筹借日款；防务等。书中附有例言和地图。

3036 中日关系史料：一般交涉. 下，中华民国元年至五年（1912－1916）/“中央研究院”近代史研究所编. 台北：“中央研究院”近代史研究所. 1986.6（中国近代史资料汇编）

本书所收文件，均按时间顺序，排列编号。全书分上、下两册，共 3 部分：时间目录、分类目录和史料正文。内容包括：日馆政务；日侨居住、营业、置产纠纷；抵制日货；中日武力冲突事件；驻华军警；筹借日款；防务等。书中附有例言和地图。

3037 中日关系史料：邮电航渔盐林交涉，中华民国元年至五年（1912－1916）/“中央研究院”近代史研究所编. 台北：“中央研究院”近代史研究所. 1975.3（中国近代史资料汇编）

本书所收文件，均按时间顺序，排列编号。全书分 3 部分：分类目录、史料正文和大事年表。内容包括：邮务交涉、电讯交涉、无线电、航务交涉、渔业交涉、林业交涉和其他。书中附有例言。

3038 中日条约汇纂：附各国公约/尹寿松编；王卓然校订. ［出版地不详］：东北外交研究委员会. 1932.2

本书共收中日条约及合同 101 件。依订约之年月顺序依次编列，分光绪条约、宣统条约、民国条约 3 编及补遗。附有关中日两国的各国公约等 24 件。

3039 中日外交史/陈博文著. 上海：商务印书馆. 1929（新时代史地丛书，万有文库．第一集；164）

本书共 4 章：元明以前之中日外交、清代之中日外交、五四以前之中日外交、五四以后之中日外交。主要内容有：中日交通之起源、元明时代、甲午之战、清末之大借款、善后借款、南京事件、长春事件、福州事件、最近之满蒙交涉等。

3040　中日外交史/陈博文著；金曾澄校阅．国难后2版．上海：商务印书馆．1934（新时代史地丛书）

内容参见3039。

3043　中外旧约章汇编．第三册/王铁崖编．北京：三联书店．1962.3

本书内容包括：1919年到1949年中华人民共和国成立以前，中国对外订立的条约、协定、章程、合同等。书中附有旧约章分国表、参考书目。

3044　中西近代外交史：1814－2000/蔡育岱编著．台北：鼎茂图书出版股份有限公司．2009.9

本书分4篇：基础篇概念、西洋外交史、中国外交史、补充篇。内容包括：近代国际体系的演进、维也纳会议、民族主义浪潮、早期的涉外关系、帝国主义扩张与中国危机、辛亥革命与民国成立、民族主义兴起与革命外交、中日战争与废除不平等条约。

3045　最近三十年中国外交史/刘彦著．4版，复制本．上海：太平洋书店．1932

全书共23章。内容包括：中国问题之开端、拳匪之祸、日俄战争与中国、二十一条之中日协约、巴黎和会中国之大失败、中德协约、华盛顿会议与中国之关系、中俄协定等。书中附有《中国国民党第三次全国代表大会外交报告及中国国民党第三次全国代表大会外交决议案》。

12 华人华侨支持辛亥革命

3046 东南亚的华侨华人与华裔/陈烈甫著．台修一版．台北：正中书局．1983.5

全书分24章，内容包括：绪论、世界华侨的分布、世界华侨的分布（续）、华侨中心在东南亚州、华侨成功的因素、华侨对当地国的贡献、华侨对祖国的贡献、华侨对祖国的贡献（续）、侨社的华文教育等。书中附有自序和附录：南越华侨大逃亡潮。

3047 东南亚华侨民族主义发展研究：1912—1928/张坚著．桂林：广西师范大学出版社．2008.1

本书分7章，包括：民族主义与东南亚华侨——理论与历史的思考、东南亚华侨民族主义的形成及其特点、中华民族成立与华侨民族主义的成熟化、一战后东南亚民族主义运动对华侨民族主义的影响、一战后东南亚华侨民族主义的新任务、东南亚华侨整合旧交往体系运动与民族主义的发展。有序、结语、参考书目与文献、后记。

3048 东南亚华侨史/朱杰勤著．北京：高等教育出版社．1990.5

全书分为3编18章，内容包括：元明时代中国人在东南亚各国的活动、欧人的东来及其对东南亚的侵略、明清之际的“海禁”和华侨政策、鸦片战争前东南亚华侨的人口结构及社会经济地位、鸦片战争后华人移入东南亚的高潮、中国在东南亚设置领事的经过及其作用、近代东南亚华侨社会概况、华侨与东南亚各国人民共同抗日直至胜利等。书中有前言。

3049 东南亚华侨通史/吴凤斌主编．福州：福建人民出版社．1994.5（华侨华人研究丛书）

本书系统地论述东南亚华侨的产生、发展与变化等，并阐明这些变化的规律性。全书分3编共22章，包括：汉唐时期中国与东南亚的关系和华侨的产生、宋元至明代中叶的东南亚华侨、殖民者东来后东南亚各国对华侨的政策和态度、20世纪上半叶东南亚华侨人口的发展、民国政府的华侨政策等内容。有照片。

3050 东南亚华侨资料汇编．一/何凤娇编．台北县：“国史馆”．1999.3（民国史料丛书）

本书就东南亚区域内之华侨档案整编成书。从东南亚各国华侨概况、人口、教育、实业、捐款等主题来接近东南亚各地华侨之真实面貌。本编为华侨概况调查。书中有内容简介、编者简介和编辑凡例。

3051 东南亚历史舞台上的华人与华侨/钱平桃，陈显泗主编．太原：山西教育出版社．2001.10（世界华人文化丛书）

本书详细记述了自古以来，华人华侨在开发建设东南亚过程中的艰辛、困苦与辉煌成就，记述了华人华侨在东南亚社会、经济、文化发展中的卓越贡献。全书共12章，包括：打开国门通向海洋，踏上丝绸之路闯南海的中国人，夹缝中求生拌和着血泪的忧与喜，落地生根情系故国，华侨、革命之母，扬爱国传统救国家于危难，留下历史印迹的华人，落地生根融为一家等内容。

3052 东南亚著名华侨华人传．第一集/蔡仁龙等编．北京：海洋出版社．1989.4

本书介绍了东南亚18位著名华侨华人的生

平及他们是怎样走上成功之路的，其中有华侨领袖、著名学者、教育家和企业家，包括：陈嘉庚、黄乃裳、陈楚楠、陈清泉、李光前、陈六使、黄志信、黄仲涵等人。

3053　东印度与华侨经济发展史/丘守愚编著．复制本．北平：正中书局．1947.9

本书共 9 章，包括：土地与人民、农林业、外人农业、印度尼西亚人之农业、矿业、工业、商业、东印度各岛的经济之发展等。书中附有序言。

3054　二十世纪初康有为保皇会在美国华侨社会中的活动/高伟浓著．北京：学苑出版社．2009.4

本书从保皇派势力在海外的形成与扩展、制度与理念变化中的保皇党、康有为与美国保皇党的财务运作、美国保皇会的兴办教育活动、美国保皇会、华侨与清政府高官等多个层面，论述了康有为保皇会在美国的活动及其与美国华侨的关系。附《美国七大华人会馆与中华会馆简介》。

3055　法属中南半岛之华侨/杨建成主编．台北：中华学术院南洋研究所．1986.6（南洋研究史料丛刊；20）

全书分 9 章，内容包括：法属中南半岛华侨发展史概要、法属中南半岛华侨经济势力的成长过程及其经济地位、法属中南半岛对日输出贸易与华侨、对祖国之经济支持、教育、华侨言论机构、华侨团体及成员、中日事变与华侨等。

3056　菲律宾的华侨/杨建成主编．台北：中华学术院南洋研究所．1986.9（南洋研究史料丛刊；23）

全书 9 章，内容包括：序论、华侨史略、人口、华侨的特性、华侨对策、华侨的经济、贸易、华侨社会、中日战争与华侨。

3057　菲律宾华侨史/黄滋生，何思兵著．广州：广东高等教育出版社．1987.9（东南亚华侨史丛书）

全书分 15 章，包括：16 世纪 70 年代以前的中菲关系和菲律宾华侨、西班牙占领菲律宾和华侨大批赴菲、1603 年的华侨起义和菲西当局对华侨的第一次大屠杀、17 世纪初至 30 年代华侨社会的变化和 1639 年的抗暴斗争、18 世纪末至 19 世纪菲西当局对华侨的政策、19 世纪的菲律宾华侨社会、美国统治时期菲律宾华侨对排华活动的抗争等内容。书中有东南亚华侨史丛书总序、前言和主要参考书（文）目。

3058　福建华侨汇款/郑林宽著．复制本．福建：福建省政府秘书处统计室．1940.8（福建调查统计丛书）

本书汇编自 1905 年至 1938 年福建省侨汇统计资料。共 6 章，包括：福建的自然环境、海外闽侨分布概况、闽侨汇款数额的估计、侨汇问题的讨论、侨汇机关与侨汇手续和结论。书中附有总序、自序和附录。

3059　福建开辟华侨新商埠议案/林崧磐撰．铅印本．[出版地不详]：[出版者不详]，民国四年（1915）

本书系提议在福建开辟华侨商埠之议案。内容主要论述了规划龙同海交界至嵩屿沿海一带，为福建华侨开辟新商埠，提出了设立侨民商埠民政官厅及议会、汇通银行之设想。附建立新商埠之预算表和相关地图。

3060　华侨，华人问题论文集/陈碧笙选编．南昌：江西人民出版社．1989.3（《华侨史》丛书）

本书收录了 32 篇论文，包括：海外华人现状、略论华侨爱国思想的根源及其延续、第二次世界大战后美国华人社会的变化、华人移居澳大利亚史略、新中国经济圈与环太平洋经济、东南亚华人的过去与现在、东南亚华人的今昔、印度尼西亚华裔富豪初探等。有序言。

3061 华侨/涂开舆著．上海：商务印书馆．1931.4（百科小丛书）

本书共 8 章，包括：南洋之华侨、日本西伯利亚及港澳之华侨、美洲之华侨、大洋洲之华侨、非洲之华侨、欧洲之华侨、华侨人数之估计、华侨每年之寄金。有绪言。

3062 华侨参政权全案/刘士木编辑．复制本．上海：华侨联合会．1913.2

本书为民国元年间华侨要求获得参政权有关文件的汇编。内容包括：华侨联合会咨南京参议院文、华侨联合会上袁大总统电、华侨联合会上黎副总统电、国务院复华侨联合会电、南洋侨民上参议院书、沈艾孙上参议院书、参议院提议华侨联合会电请修正选举法案、谢碧田复参议院书等 59 份文件。书中有照片、传记、序言和跋。

3063 华侨发展简史/李朴生著．再版．台北：[出版者不详]．1982

全书分 13 部分，包括：华侨发展简史、老侨生谈伦敦、假如孔子做侨生、华侨报纸对祖国之伟大贡献、华侨社会之分析、香港政治情势的分析、美国华侨概况、我们为什么替华侨讲话等内容。书中有序和再版自序。

3064 华侨概观/刘士木，徐之圭编．复制本．上海：中华书局．1935.3（中华百科丛书）

全书共 11 章，包括：华侨之意义、华侨移殖之环境及动机、华侨移殖之径路、华侨移殖之中介及其辅助机关、华侨移殖之历史、华侨之分布及现势、华侨与本国之政治关系、华侨与本国之经济关系等。书中有总序、弁言、参考书及名次索引。

3065 华侨概况/何汉文著．复制本．上海：神州国光社．1931.4

本书大部分取材于日人野朗著《华侨（支那民族海外发展）》。全书共 5 章，包括：绪论、华侨之状况、华侨之问题、中国与华侨、本书结论。书中有例言和附录。

3066 华侨革命开国史/冯自由著．沪初版，复制本．上海：商务印书馆．1947.10

本书记述了华侨在辛亥革命前后的革命活动。共 10 章，包括：香港之部、檀香山之部、日本之部、越南暹罗之部、美国之部、南洋英荷二属之部、缅甸之部、加拿大之部、其他各部、华侨革命党选举归国参政代表之经过。书中附有自序。

3068 华侨革命开国史/冯自由著．台北：台湾商务印书馆．1975.8（人人文库；2141—2142）

内容提要参见 3066。

3069 华侨革命史话/冯自由著．1947 沪再版．上海：商务印书馆．1946

内容提要参见 3066。

3070 华侨革命史/华侨革命史编纂委员会编纂．台北：正中书局．1981.3

全书分上、下两册，包括：前篇——导言和后篇——华侨对中国革命之贡献。内容包括：华侨开拓简史、华侨创业精神及其对侨居地之贡献、侨务政策与机构之演进、开国时期、民国成立迄国家统一时期、抗战时期和战乱时期。书中附有华侨革命史序和参考书目。

3071 华侨革命史/李为麟编著．台北：正中书局．1988.5（海外华人青少年丛书）

全书分为 7 章，包括：封建时代华侨之处境、历代华侨移殖过程、华侨成功主因与对侨居地贡献、华侨对革命事业的贡献、华侨对革命之经济支持、华侨在抗战期间所作贡献、华侨当前对国家所负责任。有序言。

3072 华侨革命史：一卷/陈新政撰．铅印本．[出版地不详]：[出版者不详]，民国十九年(1930)

本书是陈新政先生在 1921 年槟城阅书报社

13 周年纪念会上发表的演讲稿，包括“本社未成立以前”、“本社已成立以后”两部分，反映了槟城华侨在筹集经费、募集军饷、创办报纸、开办小学等方面对孙中山领导的革命运动做出的贡献。

3073　华侨革命组织史话/冯自由编著. 台北：正中书局. 1954.6

本书详细地介绍了辛亥革命时期的各个华侨革命组织。全共分为上、下两编，上编为兴中会时期，介绍了兴中会时期的华侨革命组织。下编为同盟会时期，介绍了同盟会时期的华侨革命组织。

3074　华侨革命组织史话/冯自由编著. 再版. 台北：正中书局. 1984

内容提要参见 3073。

3075　华侨华人史研究集. 一/梁初鸣，郑民编. 北京：海洋出版社. 1989.4（中国华侨历史学会丛书；3）

本书共收录论文 35 篇，包括：清政府的华侨政策、华侨对辛亥革命的巨大贡献、从辛亥革命看华侨的爱国精神、辛亥革命与南洋华侨资产阶级、爱国华侨的反袁斗争、孙中山与华侨、试论孙中山的侨务思想、论我国一部较大的华侨族谱等。

3076　华侨华人与中国革命和建设/林金枝主编；李国梁等著. 福州：福建人民出版社. 1993.12

本书分 3 编，第 1 编华侨与中国革命，包括：华侨与中国近代革命运动、华侨与中国现代革命运动；第 2 编华侨华人和港澳台同胞与中国经济建设，包括：华侨汇款、造福桑梓、近现代华侨在大陆的投资、近现代华侨投资有贡献的几位代表人物等；第 3 编华侨华人和港澳同胞与中国教育事业，包括：清末时期华侨捐资兴学的萌芽、民国时期华侨捐资兴学之风的形成与发展等。附照片。

3077　华侨开国革命史料/蒋永敬编. 台北：正中书局. 1977.11（中国现代史史料选辑）

本书按区域将著述和文献进行编辑，全书共 9 编，包括：概述、檀香山、美国、加拿大、南美诸国、香港、横滨、南洋和其他地区。有引言。

3078　华侨领袖陈嘉庚/中共厦门市委党史研究室编. 北京：中央文献出版社. 2001.10（陈嘉庚研究；1）

本书包括：华侨爱国的典范、陈嘉庚光辉的一生、中华英杰华侨领袖陈嘉庚、陈嘉庚和毛泽东、陈嘉庚和周恩来、当代华侨最杰出的领袖、陈嘉庚与抗日战争、陈嘉庚与三位历史伟人等 26 篇文章。

3079　华侨名人传. 续集/“华侨协会总会”编著. 台北：黎明文化事业股份有限公司. 1987.1

本书介绍了旅居世界各地侨胞在国外奋斗创业，及对国家有特殊之工、农、商、学或科技、工程各界的杰出人才。书中介绍了 5 个地区，即东南亚地区、东北亚地区、美国地区、加拿大地区和非洲地区。书中有序。

3080　华侨名人录/黄绮文著. 上海：上海人民出版社. 1989.12（汕头大学学术丛书）

全书共 19 篇文章，包括：民族工业最早的创办人——陈启源、张振勋首创大型酿酒厂、华侨爱国实业家黄奕住、“万金油大王”胡文虎、林义顺热情赞助革命、黄乃裳从改良到革命、红花岗烈士温生财、华侨旗帜陈嘉庚等。书中有前言。

3081　华侨旗帜陈嘉庚/薛卫民著. 长春：吉林文史出版社. 2008.10（中国孩子的好榜样）

本书由 16 个小故事组成，包括：大海在咆哮、喊螺壳、门是干什么用的、天下的果实、“我们不是小蛮子!”、“司令部和大将军”、“世界到底有多大”、“那些远去的背影”等。书中另附榜样足迹（大事记）。

3082　华侨史/杨建成主编. 台北：“中华学术院”南洋研究所. 1985.12（南洋研究史料丛刊；16）

全书分总论和各论两部分，共17章，内容包括：华侨的意义、南海交通的黎明时代、唐代的南海交通、苦力贸易、民国革命与华侨、中国的华侨对策、菲律宾的华侨、爪哇的华侨等，书中有序言和结论。

3083　华侨史论集/高信，张希哲编；李东海等执笔. 台北：“国防研究院”. 1963.4

本书分9部分，包括：加拿大华侨史、檀香山华侨史、印度尼西亚华侨社会史、菲律宾华侨报业史、马来亚华文教育发创史、马来亚华文报业史、新加坡华侨早期历史、北婆罗洲华侨移殖经过与爱国史实、五十年来的南洋研究。书中有华侨史论集序。

3084　华侨史论文集. 第一集/暨南大学华侨研究所编. 广州：暨南大学华侨研究所. 1981.10

全书共9篇文章，包括：十九世纪中期在印度尼西亚的契约华工、1740年印度尼西亚华侨反抗荷兰殖民者的斗争、十九世纪加里曼丹华侨及其反抗荷英殖民者的斗争、十七一十九世纪的越南南方华侨、十六一十八世纪华侨在菲律宾经济生活中的重要作用、爱国华侨学者的翘楚、缅甸华侨对辛亥革命的贡献、华侨与省港罢工等。书中附有学术讲座。

3085　华侨史论文集. 第二集/暨南大学华侨研究所编. 广州：暨南大学华侨研究所. 1981.10

全书共10篇文章，包括：十九世纪后期中国人在美国开发中的作用及处境、论华侨与殖民者的界限和区别、华侨与广东地区辛亥革命运动、孙中山的革命活动与海外华侨的关系、孙中山和美国华侨、华侨与保皇会初探、抗日战争中东江华侨回乡服务团的贡献等。书后附有调查访问关于汕头地区吸收侨（港）资建设侨乡情况的调查、旅美泰归侨访问录等内容。

3086　华侨问题. 上/丘汉平撰述；莊祖同助编. 复制本. 上海：商务印书馆. 1936.9（万有文库. 第二集七百种. 现代问题丛书）

本书共两册10章，上册包括：绪论、华侨的国籍问题、华侨的经济问题、华侨的失业问题、华侨的教育问题。书中附有序言。

3087　华侨问题. 下/丘汉平撰述；莊祖同助编. 复制本. 上海：商务印书馆. 1936.9（万有文库. 第二集七百种. 现代问题丛书）

本书共两册10章，下册包括：华侨的文化及社会问题、华侨的团体生活、华侨的政治问题、待遇华侨的苛例、中国侨民的条约权利问题。

3088　华侨问题论文集/“中国侨政学会”编. 台北：海外出版社. 1954.1（侨政丛书；1）

全书包括15篇论文：从历史上看印度尼西亚与中国、华侨经营南洋之历史及其贡献、马来亚的几种区域特征、南洋资源地理、侨民教育之回顾与展望、侨民教育本质的研究、论华侨经济势力、泰国民族与华侨等。有序言。

3089　华侨研究/暨南大学华侨研究所编. 广州：广东高等教育出版社. 1988.12

本书选收有华侨的历史、人物、教育、经济等方面的研究文章13篇，内容包括：古代中国与文莱的关系及华侨的活动、试论日本横滨的华侨社会、1905年中国人民抵制美货的运动、著名旅日爱国侨商吴锦堂、华侨教育与华文教育、战后印尼政府的华人文教新闻政策剖析等。书中附有前言。

3090　华侨与孙中山先生领导的国民革命学术研讨会论文集/张希哲，陈三井. 台北县：“国史馆”. 1997.8

本书包括研讨会开幕式致词、论文、会议记录、闭幕式致词4部分，书中收录的论文包括以下5个主题：革命与保皇论争、华侨与辛亥革命、革命与民族主义、华侨与国内政局、海外地区与国民革命。有照片和附录：筹备委员会、议程表、出席人员名单。

3091 华侨与辛亥革命/中国社会科学院近代史研究所近代史资料编辑组编. 北京：中国社会科学出版社. 1981.12

全书共收录了12篇文章，包括：华侨革命开国史、南洋与创立民国、缅甸中国同盟会开国革命史、回忆辛亥革命前中国同盟会在美成立的过程、辛亥前我在檀香山同盟会和自由新报工作的回忆、开国前美洲华侨革命史略、辛亥前美洲之革命运动、孙总理三度游美事略等。有照片。

3092 华侨与中国革命/黄珍吾著. 台北："国防研究院"中国文化研究所. 1963.9（华侨丛书）

全书分8章，包括：发起革命组织在华侨、宣传革命主义在华侨、发动革命起义在华侨、支持革命经费在华侨、华侨对建国时期之贡献、华侨对抗日救国之贡献、结语等。书中有序、编首语和参考书目。

3093 华侨与中国民族民主革命/任贵祥著. 北京：中央编译出版社. 2006.1（国家社科基金成果文库）

全书分7章，包括：华侨与近代改良救国运动、华侨与辛亥革命、华侨与讨袁护法斗争、华侨第一次国共合作、华侨与国民革命、华侨与祖国抗日战争、华侨与全国解放战争。书中有导论、华侨与中国革命关系大事记、主要参考书目和后记。

3094 华侨与中国新民主主义革命：兼论民主革命时期华侨与中国共产党的关系/任贵祥著. 北京：中国华侨出版社. 2006.7（中国华侨历史学会文库；4）

本书从投身中国旧民主主义革命、协助共产国际创建中共、推动第一次国共合作、溶入大革命洪流、掀起第二次爱国高潮、在全国解放战争中分化与转变6个方面论述了民主革命时期华侨与中国共产党的关系。书中有序言、导论、结束语、后记等。

3095 惠州华侨志/《惠州华侨志》编纂委员会编. 惠州：《惠州华侨志》编纂委员会. 1998

全书分8章，包括：祖籍惠州的华侨；惠州华侨与祖国历次革命运动；华侨社团、港澳台胞社团；侨务；华侨华人、港澳同胞对惠州建设的贡献；惠州市侨乡的变化；华侨华人与居住国的发展；华侨杰出人物传略。有照片、概述和大事记。

3096 跨域史学：近代中国与南洋华人研究的新视野/黄贤强著. 厦门：厦门大学出版社. 2008.11（厦门大学国学研究院资助出版丛书；4）

本书分为上、下、续三编，共13章。上编跨域抗争运动——中国近代史的新视野和新史观，包括动物化文图与近代中国的反教排外运动、近代中国与海外华人等；下编跨域华人社会与政治——从中国到南洋，包括：新马华人近代史分期刍议、槟城妇女问题与女子教育、孙中山在槟城的革命团体及其互动模式、同德书报社与孙中山精神在新加坡的传承等；续编跨域知识分子——再发现南洋与中国，包括：南洋知识分子与晚清国家和社会等内容。

3097 留日华侨小史/宋越伦著. 台北："中央文物供应社". 1953.12（华侨丛书）

本书分24个部分，内容包括：中世纪以前中日关系之轮廓、四大唐寺之成立、通事会馆之组织、公所团体之创立、中华会馆组织之经过、长崎横滨中华商务总会、战后华侨统一组织之展开、留日华侨现状一瞥等。

3098 马来亚华侨史/巴素原著；刘前度译. 槟榔屿：光华日报有限公司. 1950.12

全书分3卷：初期历史、马来亚华侨特殊状况、最近新发展（1939年至1946年）。内容包括：中国移民、初期马来亚与马六甲华侨、马来各邦华侨、马来亚华侨宗教、马来亚中英关系、马来亚中文教育、战时马来亚华侨、回顾与展望等。书中有序、引言和附记。

3099 马来亚华侨史纲要/姚枬著. 重庆：商务印书馆. 1943.4

本书共6节，包括：总论，中、马古代交通述概，欧人势力时代的马来亚华侨，会党与猪仔，领馆侨团学校报馆之创设，华侨经济发展。书中有自序和附表。

3100 马来亚华侨问题资料/华侨问题研究会编辑. 北京：联合书店. 1950.7（华侨问题参考资料；1）

本书共7章，包括：马来亚华侨简史、马来亚华侨人口、华侨在马来亚的地位、经济与财政、文化教育、华侨进出马来亚所受的限制、华侨横遭迫害的实况。书中有前言和附录。

3102 缅甸华侨兴商总会四十周年纪念特刊：1911—1951/陈兰生，陈孝奇编辑. 仰光：旅缅华侨兴商总会. 1951.6

全书分4部分，包括：会务、侨况、法规和文著。书中有照片、序、题词和广告索引。

3103 民国华侨名人传略/陈民著. 北京：中国华侨出版公司. 1991.8

本书共收录了33位华侨名人的传略，包括：陈嘉庚、胡文虎、司徒美堂、邓荫南、陈友仁、罗富星、徐宗汉、庄希泉等人。书中有前言和后记。

3104 民国时期社会调查丛编（二编）：华侨卷/李文海主编. 福州：福建教育出版社. 2009.12

本书共收录了10篇民国时期有关华侨的调查报告，内容包括：南洋实地调查录、南洋华侨、南洋华侨与闽粤社会、夏威夷之华侨、加拿大华侨的过去史略及其近状、南洋华侨学校之调查与统计、南洋华侨教育调查研究、福建华侨汇款等。有前言和图表。

3105 民国浙江华侨史/徐鹤森著. 北京：中国社会科学出版社. 2009.3（浙江文化研究工程成果文库. 民国浙江史研究丛书）

本书共5章，内容包括：辛亥革命与浙江籍留学生和华侨、20世纪20年代的浙江籍华侨、20世纪30年代的浙江籍华侨、第二次世界大战期间和20世纪40年代的浙江籍华侨、结束语等。有前言、参考书目、后记等。

3106 南洋华侨/黄竞初著. 复制本. 上海：商务印书馆. 1930.12

全书共10章，包括：各属华侨之分布、移民史略、古迹、风俗习惯、社会与教育、商业、劳工、居留待遇以及结论。

3107 南洋华侨史/陈碧笙选编. 南昌：江西人民出版社. 1989.7（华侨史丛书）

全书分3编，内容包括：古代中国和南洋的友好往来；荷兰统治下的印度尼西亚华侨；16世纪中期至19世纪中期的越南华侨；西方殖民者东来以后的泰国华侨；在葡、荷、英殖民者交替统治下的马来西亚华侨；华侨在东南亚的广泛分布；华侨的“中国人”意识及其与祖国的关系；华侨的“当地人”意识及其发展趋势等。有绪论和后记。

3108 南洋华侨史/李长傅著. 影印本. 上海：上海书店. 1991.12（民国丛书. 第三编. 政治、法律、军事类；22）

本书与《中南半岛华侨史纲要》、《马来西亚华侨史纲要》合订。全书共9章，叙述了印尼、马来亚、加里曼丹、菲律宾、暹罗、缅甸、越南等国家和地区的华侨史。书中有序、导言、南洋华侨大事年表和参考书目举要。

3109 南洋华侨史话/巫乐华著. 北京：商务印

书馆．1997.4（中国文化史知识丛书；039）

全书分为22章，包括：中国人移居南洋、郑和在南洋、泰国的郑王大帝、两位开发加里曼丹的中国人、新加坡历史上的华侨“先贤”、中国移民和南圻开发、西班牙殖民主义者的血腥大屠杀、“红溪惨案”等内容。有照片。

3110　南洋华侨史话/巫乐华著．台北：台湾商务印书馆．1994.9（中国文化史知识丛书；88）

内容提要参见3109。

3111　南洋华侨通史/温雄飞著．复制本．上海：东方印书馆．1929.11

全书分上、中、下三卷。上卷12章，包括：东西交通、黄巢起义、蒙古进犯中原、清兵入关等，叙述了华侨南迁的历史。中卷5章，叙述了华侨遭受迫害、屠杀及近代华侨经济的发展。下卷为杂传和年表。书中有霹雳政府规定劳工契约等内容。

3112　南洋华侨与闽粤社会/陈达著．复制本．长沙：商务印书馆．1938.5

本书分两编九章。第1编包括：环境和社会变迁的原素。第2编包括：生计、衣食住、家庭与婚姻、社会觉悟、教育、卫生与娱乐、信仰。书中有引言、章内表格目录和附录。

3113　南洋霹雳华侨革命史绩/黄警顽，黄宗汉等编辑．初版．上海：上海文华美术图书公司．1905.4

本书收入《郑螺生光荣史》、《华侨革命之前因后果》两篇文章，以及郑螺生等襄助革命及有关同盟会史料照片多幅。

3114　南洋史地与华侨华人研究：李长傅先生论文选集/李长傅著．广州：暨南大学出版社．2001.5

本书收集了我国著名历史地理学家、华侨史专家李长傅先生的论文40篇，分为华侨华人篇、中外交通篇、南洋古国篇、南洋地理篇4部分。

3115　清代华侨与闽粤社会变迁/孙谦著．厦门：厦门大学出版社．1999.6

本书分8章，包括：绪言、闽粤人口的海外迁移、海外闽粤华侨的拓展与回归、资金运动、物质技术转移、社会组织的演变、精神文化的提升、结语。

3116　琼籍华侨与海南革命/程昭星，王新芒著．海口：海南出版社．2008.4（海南历史文化大系．华侨卷）

本书共8章，主要介绍了不畏艰险远涉重洋的琼籍华侨、辛亥革命对琼籍华侨社会的影响、琼籍华人华侨与海南辛亥革命运动、琼籍华侨与海南大革命运动、琼籍华侨及港澳同胞与海南抗战、日军南进后琼籍华侨在旅居国的抗日斗争、琼籍华人华侨和归侨及侨眷侨属与海南解放战争等内容。书中有人物志、参考文献、后记等。

3117　世界华侨名人传．第一册/杨庆南编著．台北：华侨工商职业学校基金会．1984.5

全书分4篇，包括：新加坡、马来西亚、印度尼西亚和其他。书中有照片、地图、世界华侨名人传序、自序和编后话。

3118　世界华侨名人传．第二册/杨庆南编著．台北：马华企业有限公司．1984.12

全书分7篇，包括：马来西亚（续）、汶莱、菲律宾、泰国、新加坡（续）、美国、结论。书中有前言和照片。

3119　世界华侨名人传．第三册/杨庆南编著．马来西亚：马华企业有限公司．1985.9

全书分7篇，包括：马来西亚（续）；新加坡（续）；美国（续）；加拿大、英国、委内瑞拉；日本；香港；特写。书中有序言、照片和地图。

3120 世界华侨名人传．第四册/杨庆南编著．马来西亚：马华企业有限公司．1985.10

全书分 7 篇，包括：新加坡（续）、泰国（续）、美国（续）、澳洲、马来西亚（续）、特写和论文。书中有前言、照片和地图。

3121 世界华侨名人传．第五册/杨庆南编著．马来西亚：马华企业有限公司．1986.12

全书分 9 篇，包括：新加坡（续）、马来西亚（续）、美国（续）、印度尼西亚（续）、泰国（续）、菲律宾（续）、印度、特写和论文。书中有前言和照片。

3122 世界华侨名人传．第六册/杨庆南编著．马来西亚：马华企业有限公司．1987.5

全书分 10 篇，包括：美国（续）、马来西亚（续）、新加坡（续）、印尼（续）、文莱（续）、澳洲（续）、尼日利亚、世界各地华侨概况、论文和血的记录。书中有前言、照片和地图。

3123 世界华侨名人传．第七册/杨庆南编著．马来西亚：马华企业有限公司．1987.7

全书分 8 篇，包括：菲律宾（续）、美国（续）、马来西亚（续）、新加坡（续）、香港（续）、墨西哥、特写和论文。有照片。

3124 世界华侨名人传指南/杨庆南编著．台北：马华企业有限公司．1987.9

全书分 8 篇，包括：美国、香港、南非、印尼、泰国、澳洲、日本和特写。书中有专函、贺词、世界华侨名人传序、自序、世界华侨名人传目录、照片和笔者生活片段。

3125 泰国的华侨/杨建成主编．台北："中华学术院"南洋研究所．1986.6（南洋研究史料丛刊；21）

全书分 7 章，内容包括：暹罗与中国史的关系；在暹华侨的人口统计、渡暹动机、特性、发展方向；在暹华侨经济势力累积的过程及经济的地位；日暹贸易与在暹华侨；在暹华侨对本国的贡献；在暹华侨的社会建设；暹罗政府对华侨政策。书中有统计表索引和主要参考资料。

3126 辛亥革命时期的华侨/杜永镇著．北京：中国华侨出版社．1991.10

本书叙述了华侨对辛亥革命的支持与贡献。全书分 4 章，包括：中国近代民主革命团体——兴中会在海外华侨中的建立；协助孙中山广泛传播民主革命思想、建立同盟会；反对美国苛待华工条约，为辛亥起义作了最好的思想动员；辛亥革命的无私支持者和亲身参加者。书附有前言、附录和照片。

3127 辛亥革命与华侨/洪丝丝等著．北京：人民出版社．1982.5

全书分 6 部分，包括：华侨对辛亥革命的巨大贡献、辛亥"三二九"起义中牺牲的华侨烈士、爱国华侨在经济上对辛亥革命的支持和贡献、美洲致公堂与辛亥革命、缅甸华侨与辛亥革命（附录：缅华参加辛亥革命大事记要）、辛亥革命运动中的台山县与华侨。书中有编者的话。

3128 辛亥革命与南洋华人研讨会论文集/辛亥革命与南洋华人研讨会论文集编辑委员会编辑．台北：辛亥革命与南洋华人研讨会论文集编辑委员会．1986.9

全书分讲词、影集、论文及讨论 3 部分。内容包括：辛亥革命与海外华人、海外民族主义之发展、国民党在南洋的活动、南洋对辛亥革命之反应、南洋华人对辛亥革命之声援（一）、南洋华人对辛亥革命之声援（二）、南洋华人之法律地位问题、辛亥革命与南洋华人。书中有序和照片。

3129 新加坡华侨会党对辛亥革命影响之研究/黄建淳著．新加坡：新加坡南洋学会．1988.1（新加坡南洋学会丛书；30）

全书分5章，包括：绪论、新加坡华侨会党形成的原因、新加坡华侨会党与革命党的关系、新加坡华侨会党对辛亥革命的贡献、结论。书中有序、前言、参考资料、附录、附表、示图和相片。

3130　新加坡马来西亚华侨史/林远辉，张应龙著. 广州：广东高等教育出版社. 1991.1（东南亚华侨史丛书）

本书共21章，包括：绪论、汉唐时期中国和马来西亚新加坡的关系与华侨、宋元时期中国和马来西亚新加坡关系的发展与华侨、明代中国和满剌加的关系与华侨、明代中国和文莱（浡泥）的关系与华侨、葡荷占领马六甲时期马来亚的华侨、英语侵占新加坡马来西亚与输进华工、19世纪马来亚华侨的经济活动等。书中有总序和后记。

3131　星、马华人与辛亥革命/颜清湟著；李恩涵译. 台北：联经出版事业公司. 1982.5

全书分8章，包括：辛亥革命前新加坡、马来亚的华侨社会；1906年前星、马革命派的活动；星、马革命派的发展（1906－1909）；星、马革命派与维新派的对垒（1906－1909）；星、马革命派与维新派的思想论战（1907－1910）；星、马革命派的革命活动（1909－1911）；星、马华侨社会对革命运动的反应；回顾与检讨。书中有照片、序、前言、参考书目、英文档案杂志缩写对照表和附录。

3132　印度尼西亚华侨史/温广益等编著. 北京：海洋出版社. 1985.3

全书共3编12章，论述了我国古代与印度尼西亚的交往关系；华侨的出现和发展；华侨对居住国的经济、文化、反抗荷印殖民者的斗争等方面所起的作用以及对祖国抗日战争所作的贡献。书中有照片、前言、序言和后记。

3133　印尼华侨史：古代至1949年/李学民，黄昆章著. 广州：广东高等教育出版社. 2005.1（东南亚华侨史丛书）

本书上起秦汉，下迄1949年中华人民共和国成立前后，涉及印尼华侨的社会经济、政治、文化教育等多方面。全书共7章，包括：西方殖民者入侵前的印尼华侨；荷兰东印度公司时期的印尼华侨；法、英短期殖民统治时期和荷兰重占印尼后的华侨；19世纪70年代至年日本南侵前夕的印尼华侨（上、下）；印尼独立战争时期的华侨等内容。

3134　英属马来亚华侨/杨建成主编. 台北：“中华学术院”南洋研究所. 1986.7（南洋研究史料丛刊；24）

全书分6章，包括：马来亚与华侨、英属马来亚华侨人口、华侨经济、华侨的政治活动、华侨社会、马来亚政府之华侨对策。

3135　越南华侨参考资料/中华人民共和国华侨事务委员会编. 北京：中华人民共和国华侨事务委员会. 1954.12

全书分7部分：“越南华侨一般概况”、“北越华侨简况”、“北越华侨人物简况”、“法伪蒋贼劫夺华侨情况”、“越南南部蒋贼伪总领事馆简况”、“蒋贼卖国集团在越南的祸侨罪行”、“中越关系简史”。有附录。

3136　早期新加坡华文报章与华人社会：1881－1912/陈蒙鹤著；胡兴荣译. 广州：广东科技出版社. 2008.10

全书分5章，包括：19世纪80年代的新加坡社会状况，华文报业先驱——《叻报》，1890－1905年间的华文报章，笔战，报业与社会的相互影响。书中有序、致谢、插图及照片列表说明、报刊名称中英文对照及缩写、附录、参考书目等内容。

3137　中国国民党与华侨文献初编：一九〇八～一九四五年/杨建成主编. 台北：“中华学术院”南洋研究所. 1984.11（南洋研究史料丛刊；11）

全书分“上编：有关海外党务侨务议决案”和“下编：总理总裁有关海外党务侨务之文告”两部分。内容包括：海外党务报告、关于党务经费案、改进海外党务案、对于党务报告之议决案、对于政治报告之决议案、推进侨民教育案、致五洲华侨电、对泰国军民广播等。有编者引言。

3138 中国近代史论丛．第二辑，第四册，华侨/包遵彭，李定一，吴相湘编纂．4版．台北：正中书局．1980.4

本书内容包括：马来西亚与中国历代关系、中缅历代关系史略、南洋之地理特色与国际地位、南洋华侨于革命中之努力、美国新移民与中国之关系、美国华侨教育改革之我见、墨西哥革命党残害华侨事件、中俄两国侨民问题等。有导论。

3139 中国华侨历史学会成立10周年学术讨论会/中国华侨历史学会主办．油印本．北京：主办者刊．1991

本资料7册，收入《华侨教育研究十年》、《试论清代前期华侨政策及海外移民》、《浅析华人参政的发展趋势》、《华侨在海外的贡献》等文章。

3140 祖国与华侨/司徒美堂著．香港：文汇报．1956.8

全书分上、下两册，时间上从1948年—1955年，内容包括：抗议反动审判、建国一周年、保卫和平加紧斗争、我痛恨美帝国主义、与国外华侨谈爱国大团结、中苏友好的伟大意义、祖国和华侨、孙中山先生同华侨的关系等。书中有插图、代序和附录。

13 辛亥革命时期的人物

13.1 合传

3141 1912：帝国的终结/张晨怡著. 北京：中华书局. 2010.6

全书分 6 章：袁世凯：新旧之间的枭雄，溥仪：逆流与幻灭，章太炎："章疯子"不疯，张謇：被争议的立宪派领袖，秋瑾：壮志未酬的革命女侠，王国维：孤独的文化守成者。书中附有图片。

3142 爱国民族英雄丛书/李春秋主编. 北京：中国华侨出版社. 1996.4（"中华魂"华夏名人传记系列·爱国、民族英雄丛书）

本书主要以广大中小学生为对象，用通俗、浅显的语言，重点讲述了蔡锷、黄兴、蔡元培等华夏名人如何奋发图强、报效祖国的故事。

3143 爱国英魂，革命先烈篇/国家教委基础教育司编. 北京：中国少年儿童出版社. 1992.8（爱国主义教育丛书）

本书记述了邹容、陈天华、秋瑾、林祥谦、廖仲恺、李大钊、向警予、蔡和森、方志敏、刘胡兰等 26 位革命英烈的英雄事迹。书中附有编者的话。

3144 爱国运动的兴起/李剑桥，吴景山，竭宝峰主编. 沈阳：辽海出版社. 2007.6（中国近代史话；13）

本书分 20 部分，包括：扫清灭洋景廷宾、媚外求荣李鸿章、唐才常和自立军、屠守仁和东太后、日俄战争祸中国、革命现行孙中山、爱国运动的兴起、西藏抗英保江孜、陈天华警世献身、《间岛问题》揭阴谋、孙文组建同盟会、振兴中华名黄兴、章太炎不屈斗士、邹容甘当马前卒等。

3145 八位大学校长：蒋梦麟、胡适、梅贻琦、张伯苓、竺可桢、罗家伦、任鸿隽、胡先骕/智效民著. 武汉：长江文艺出版社. 2006.1（背影丛书）

本书展现了 20 世纪上半时中国 8 位著名大学校长——蒋梦麟、胡适、梅贻琦、张伯苓、竺可桢、罗家伦、任鸿隽、胡先骕的教育理念和丰富实践。书中附有照片和前言。

3146 巴东县文史资料. 第一辑，辛亥革命巴东人物传略专辑/中国人民政治协商会议湖北省巴东县委员会文史资料研究委员会编. 巴东：中国人民政治协商会议湖北省巴东县委员会文史资料研究委员会. 1986.10

本书包括：邓玉麟、高尚志、费榘、田采堂、赵师梅、沈维鲁的人物传略。书中附有前言、已知巴东籍参加辛亥革命人员表和后记。

3147 巴县文史资料. 第三辑，纪念辛亥革命七十五周年专辑/中国人民政治协商会议四川省巴县委员会文史资料研究委员会编. 四川：中国人民政治协商会议四川省巴县委员会文史资料研究委员会. 1986.12

本书搜集了辛亥革命时期重庆起义的巴县人物的史迹、轶事、趣闻，汇编成集，并插入有关照片、手迹，在一定程度上反映出了辛亥前后的一些景况。书中有照片。

3148 白门悲秋集/蔡有守等撰. 铅印本. ［出

版地不详]：[出版者不详]，民国间（1912—1949）

本书为民国初年著名资产阶级革命文化团体南社的丛刻集外增刊之一，所收诗作由南社成员蔡有守、汪啸叔、高吹万、唐轶林、左汉踪、姚凤石、蔡人菊等7人游览南京时所作，包括：《游明故宫》、《谒明孝陵》、《短歌行》等108首。

3149　百年大学演讲精华/蔡元培等著；立绪文化编选. 台北：立绪文化事业有限公司. 2003.4（大学堂丛书系列；6）

本书收录蔡元培、朱自清、鲁迅、胡适等人的演讲词，全书在内容上分类为知识、史哲、文学、美学、民族、大学6类。

3150　百年婚恋. 第二辑，胡适溥仪沈从文张謇/孟卓等编著. 沈阳：辽宁人民出版社. 2002.1

全书分4部分，包括：守旧新人——百年婚恋之胡适、紫禁暮色——百年婚恋之溥仪、清扬婉兮——百年婚恋之沈从文、礼尊情重——百年婚恋之张謇。

3151　百年婚恋. 第四辑，蔡元培梁启超辜鸿铭曹禺/张德玉等编著. 沈阳：辽宁人民出版社. 2003.1

全书分4部分，包括：水流云在——百年婚恋之蔡元培、往事如歌——百年婚恋之梁启超、名士风流——百年婚恋之辜鸿铭、花落逢君——百年婚恋之曹禺。本书附照片。附插图。

3152　百年老课文/蔡元培，林语堂，胡适等著. 哈尔滨：哈尔滨出版社. 2005.1

本书分为生活的脉络、润物有声、往事如烟、轻盈的信笺、民主与科学、人在旅途、遭遇文化、金声玉振等8章，收录蔡元培、林语堂、胡适、巴金、卞之琳、老舍、沈从文、梁实秋、王羲之、王勃、苏轼等人的散文作品。书中附有照片和插图。

3153　北洋人士话沧桑/王毓超著. 北京：中国文史出版社. 1994.3

本书40回，包括《辛亥年民主革命成功，清廷颁诏宣统帝退位》、《中华民国奠都金陵，北京兵变万民遭殃》、《出卖开平滦州两矿，内阁短命连换总理》、《初步完备法制基础，颁布实行印花税法》、《国会复选议员国民党获胜，蓄意内战签定善后大借款》、《民主独裁纷争无已，帝国主义趁机而入》、《袁氏梦想化家为国，全民声讨奸雄丧命》等。

3154　北洋人物史料三种/竞智图书馆等编. 影印本. 台北：文海出版社. 1971（近代中国史料丛刊. 第六十七辑；668）

本书收录了《徐世昌全传》、《段祺瑞秘史》、《李纯》三本北洋人物史料。《徐世昌全传》以传记的形式记述了徐世昌的生平事迹，全书共计74章。《段祺瑞秘史》记述了段祺瑞的生平事迹，包括段氏出身小史、段氏在前清时代之事实记等6个部分。《李纯》收录了有关李纯的史料合刻，全书共有李纯全史、李纯轶事两个部分。

3155　北洋三杰：王士珍段祺瑞冯国璋合传/徐青等著. 北京：光明日报出版社. 1993.9

全书分24章，包括："三杰"出世、官运亨通、镇压革命、帝制丑剧、督军集会、复辟12天、再造共和、首都革命、寿终正寝等。

3156　砭旧危言：唐才常、宋恕集/（清）唐才常，（清）宋恕著；郑大华，任菁选注. 沈阳：辽宁人民出版社. 1994.9（中国启蒙思想文库）

本书分为上、下两篇，上篇为唐才常启蒙思想文选，下篇为宋恕启蒙思想文选。

3157　蔡元培与胡适（1917—1937）/张晓唯著. 北京：中国人民大学出版社. 2003.12（中国社会史研究丛书. 第二辑. 政治理念与中国社会）

本书研讨蔡元培、胡适两位大家的思想和

事功，其联手合作 20 年成为民国知识界的主导力量，又保持着当年的启蒙意绪和自由主义特性，亦映现出民国知识分子社会生活和心理状态等诸多侧面。

3158　蔡元培张元济往来书札/蔡元培，张元济著．台北："中央研究院"中国文哲研究所筹备处（发行）．1990.6（近代文哲学人论著丛刊；1）

本书收录了蔡元培先生与张元济先生的往来书信多篇，涉及教育、文化等方面内容。书中还收录蔡元培致刘海粟、胡适等人的信函。附录：蔡元培致其他学人函，蔡元培任北大校长时公函存稿等。本书附肖像。

3159　蔡元培鲁迅的美育思想/孙世哲著．沈阳：辽宁教育出版社．1990.12

本书包括上编：蔡元培鲁迅美育思想的发展、下编：蔡元培鲁迅美育思想解析和后记。

3160　常德文史．第三辑，纪念辛亥革命八十周年专辑/中国人民政治协商会议湖南省常德市委员会文史资料研究委员会编．常德：中国人民政治协商会议湖南省常德市委员会文史资料研究委员会．1991.8

本书题名为"辛亥革命中常德风云人物"，包括："为宪法流血，公真第一人"——宋教仁生平事迹述略、宋教仁设立"湘西联络总站"、宋教仁与同盟会战略的转移、辛亥武昌首义与祖父刘复基、刘复基是文学社的实际领导人、民主革命时期的革命家林伯渠、我的父亲曾毅与辛亥革命、回忆林德轩先生二三事等。书中有照片。

3161　陈璧君与汪精卫/王光远，姜中秋著．北京：中国青年出版社．1992.2

本书描写了陈璧君与汪精卫相识并追随其投身民主革命，出生入死，如影相随，但抗日战争爆发后，汪氏夫妇投靠日寇建立南京傀儡政权，沦为汉奸的历程。

3162　陈大齐·太虚·戴季陶/沈清松等著．更新版．台北：台湾商务印书馆．1999.1（中国历代思想家·23）

本书共 3 部分，内容包括：生平与著述、陈大齐的学术思想、学术贡献总评等。附照片和参考书目。

3163　陈天华与邹容/向燕南编著．北京：中国国际广播出版社．1996.3（爱国主义教育丛书）

本书分别介绍了中国近代民主革命史上著名的理论家与宣传家邹容与陈天华。《陈天华》包括："莫谓草庐无俊杰"、"只身东渡挟春雷"、"睡乡谁遣警钟鸣"、"杀尽仇人方罢手"、"召集同志，合成大团"、"难酬蹈海亦英雄"。《邹容》包括：罢科举、游海外、斥保皇、《革命军》、《苏报》案、革命潮。

3164　春雨楼头：苏曼殊郁达夫闻一多徐志摩诗选/苏曼殊等著；孟泽，黄惊涛选评．长沙：岳麓书社．2002.1（窗外清音）

本书收录了苏曼殊、郁达夫、闻一多、徐志摩 4 人的部分经典诗歌，并且每篇诗歌后面都附注释。

3165　从康有为和严复看晚清思想之嬗变/郑雅文著．台北：万卷楼图书股份有限公司．2007.4（论文类；074）

本书探讨了康有为、严复二人的进化观、儒学转化、民主思潮、群己观等思想主张，论述了康有为、严复二人的先进思想在晚清思想的创新、转化中的重要意义。

3166　从林则徐到孙中山/张品兴．北京：中国少年儿童出版社．1980.7（少年百科丛书）

本书介绍了林则徐、洪秀全、康有为、梁启超、孙中山等 12 位著名人物的爱国事迹、革命活动、历史贡献等内容。

3167　从林则徐到孙中山：近代中国历史人物扫描/石培华．上海：华东理工大学出版

社．2002.6

本书内容包括：开眼看世界的林则徐、晚清王朝的大忠臣曾国藩、功过兼半的左宗棠、追求维新变法的康有为、晚清皇朝的末代重臣张之洞、20世纪中国伟人孙中山等。

3168 从林则徐到孙中山：近代中国十八先贤传/中山大学近代中国研究中心．广州：中山大学出版社．1994.9

本书讲述了林则徐、魏源、洪秀全、谭嗣同、蔡元培、孙中山等18位先贤的光辉业绩与斗争经历，表现了近代中国18位先贤的爱国主义精神，革命精神，变革、开拓和创造精神。本书附照片。

3169 从磨剑室到燕子龛：纪念南社二大诗人苏曼殊、柳亚子/柳无忌著．台北：时报文化出版事业公司．1986.1（学术丛书；59）

本书是南社两大诗人苏曼殊、柳亚子的纪念文集。本书有引言、后记和附录：重订苏曼殊年表、重订柳亚子年表。

3170 大革命写真画：中英文注释．第一集/商务印书馆编译所编辑．上海：商务印书馆编译所．1911.10

全书共14集。内收辛亥革命中各方面领导人物及活动之图片、照片本集收辑有黄兴、黎元洪、袁世凯、任廷芳、张彪等人照片，共44幅。

3171 大革命写真画：中英文注释．第五集/商务印书馆编译所编辑．上海：商务印书馆．1912.2

本集收辑庄蕴宽、林述庆、蒋雁行、陈其美照片及光复上海诸军将校合影，共41幅。

3172 大革命写真画：中英文注释．第九集/商务印书馆编译所编辑．上海：商务印书馆．1912.3

本集收辑谭延闿、陈作新、易堂龄及湖南外交司职员、司法司职员照片，共40幅。

3173 大清孤儿：清末传统士人的宿命解读/扎不棱著．北京：九州出版社．2008.6

本书从不同侧面记录了清朝最后一批士大夫们在这样一段特定的历史时期中的迷茫、痛苦、奋进与革新。内容包括：谭延闿——翩翩混世的“士大夫”；王闿运——“帝王师”之梦的幻灭；康有为——一生，一个信念；梁鼎芬——忠贞，永不终结；罗振玉与王国维——恩怨有奇缘，留名别天渊；盛宣怀——亦官亦商的奇人；梁启超——“万变不离其宗”的前行者等。书中有前言和照片。

3174 党人三督传/李烈钧等著．上海：上海书店出版社．2000.1

本书系胡汉民、李烈钧、柏文蔚三督生前的自传，详细叙述了同盟会创立、黄花岗之役、辛亥革命、二次革命、护国讨袁、北伐战争、西安事变等一系列历史画面。书中附有照片。

3175 滇南碑传集补/李根源辑．朱格抄本．［出版地不详］：［出版者不详］，民国间（1912—1949）

本书收录大部分为李根源所撰先人、师友的碑铭传记资料。迁滇始祖昭信公传，平越公仆孙兴传，普荷传，清故腾越镇左营都司陈公墓碑，清龙陵营参将李公珍国传，金泽事略，先师赵会楼先生行状。

3176 动地诗：中国现代革命家诗词选/孙中山等著．［出版地不详］：［出版者不详］．1981.1

本书收录并翻译了孙中山、秋瑾、赵声、黄兴、周恩来、毛泽东、陈毅等人所创作的诗词。

3177 渡河与引路：1912－1918年杂文选/姜振昌，范秀瑞编．北京：文化艺术出版社．1996.10（民国杂文大系；1）

本书包括79篇杂文：时事愤言——柳亚

子、论国会议院须有士君子之风——严复、说党——严复、暗杀与自杀——李大钊、痛定罪言——梁启超、警告青年——陈独秀、青年人宜尊重——林纾、答王敬轩——刘半农等。书中附有出版说明和后记。

3178 儿玉花外诗存：一个日本诗人笔下的辛亥革命风云人物纪实/（日）儿玉花外原著；崔淑芬编译．武汉：武汉出版社．2003.9（中国·星星诗文库）

本书收录的诗歌采取了叙事诗的体裁，其中收有《亡命客与日本》、《思念扬子江》、《献给中华妇女》、《迎黄兴君》、《亚洲的盟杯》、《中华统一的曙光》等。有照片。

3179 冯玉祥和蒋介石/王朝柱著．北京：中国青年出版社．1994.4

全书分3部分：蒋冯结盟、中原大战、饮恨塞外。有前言和尾声。

3180 反复善变的冯玉祥/杜英穆编著．再版．台北：名望出版社．1988.4（别传丛书；18）

本书是韩复榘、汪精卫、冯玉祥的合集。内容包括："小兵出身，自知进修"、"拳匪动乱，到处为家"、"剿匪无能，屡遭牺牲"、"暗中跳槽，吃尽苦头"、"连番升级，一再闯祸"、"不是误杀，乃是擅杀"、"密谋革命，幸未遇难"、"东山再起，连升三级"等。

3181 冯玉祥与蒋介石：从把兄弟到死对头/永刚，俊才著．北京：中央文献出版社．2000.10

本书记录冯玉祥与蒋介石从把兄弟到死对头的经历和过程，描绘了两位名人的部分生平事迹。

3182 福鼎县纪念辛亥革命八十周年专辑/中国人民政治协商会议福建省福鼎县委员会文史编纂委员会编．福鼎：中国人民政治协商会议福建省福鼎县委员会文史编纂委员会．1991

本书内容包括：辛亥革命简介、福鼎县的辛亥革命简介、忆先父潘雨峰、潘雨峰先生造像（白描）、缅怀辛亥革命老前辈潘雨峰先生、同盟会员朱腾芬事略孙中山的奖章获得者——记辛亥革命的周忠魁先生、我心目中的周忠魁老先生等。书中附有照片和题词。

3183 福州文史资料选辑．第二十辑，庆祝中国共产党成立八十周年、纪念辛亥革命九十周年/中国人民政治协商会议福建省福州市委员会文史资料委员会编．福州：中国人民政治协商会议福建省福州市委员会文史资料委员会．2001.7

全书分3部分：纪念辛亥、党庆八秩、史林拾遗。内容包括：辛亥广州起义与福建党人、辛亥革命时期福建省首脑人物、辛亥革命前福州的革命团体、英华书院师生与辛亥革命、林森与辛亥革命、林森与孙中山、孙中山先生在福州、近代福州工人与辛亥革命等。

3184 改革家丛书/李春秋，钟显林主编．北京：中国华侨出版社．1996.4（"中华魂"华夏名人传记系列）

本书讲述了改革家谭嗣同、王安石、商鞅等人的生平、思想等内容，展现了改革大师对历史的深远影响。

3185 改良与革命的中国情怀：康有为与章太炎/汤志钧著．香港：（香港）商务印书馆公司．1990.6（商务玖仟丛书）

本书尝试比较康有为与章太炎这两位具有影响力的知识分子，勾勒出他们对东西文化、国学、政治及社会理想蓝图等意见的异同，反映出"改良派"和"革命派"之间的矛盾和冲突。本书包括：中学和西学、古文和金文、论学与论政、改良和革命、经和史、保皇和排满、共和和复辟、沉沦和颓唐等9个章节，以及引言、后记等部分。

3186 革命军·驳康有为书/章炳麟，邹容著．复制本．上海：神州广文社．1912

本书收录邹容的《革命军》和章太炎的《驳康有为书》。

3187 革命浪人：滔天与孙文/（日）三好彻著；任余白译. 上海：学林出版社. 1997.11

本书为人物传记体小说。全书分77章，前10章介绍孙中山伦敦蒙难的史事，后面的67章讲述宫崎滔天三十岁走过的人生道路。附人名录。

3188 革命先进的书牍/陈安仁编. 广州：文英印刷馆. 1936

本书收有国民党中央本部给陈安仁的书简20余件，其中包括孙中山的亲笔信（影印）。有照片。

3189 革命先烈集. 第一辑/广州先导社编. 初版. 广州：广州先导社. 1935.7

本书收入史坚如、秋瑾、徐锡麟、陆皓东、吴樾、温生才、陈敬岳、林冠慈等42位辛亥革命烈士的传记。每个传记均配以烈士遗像。

3190 革命先烈先进诗文选集. 第一册/"中华民国各界纪念国父百年诞辰筹备委员会"学术论著编纂委员会主编；中国国民党中央党史史料编纂委员会编辑. 台北："中华民国各界纪念国父百年诞辰筹备委员会". 1965.11

本书分为先烈先进两部分，其中有革命先烈12人选集，革命先进24人选集。本卷包括先烈部分7人选集：邹容选集、陈天华选集、吴樾选集、徐锡麟选集、秋瑾选集、吴禄贞选集和宋教仁选集。

3191 革命先烈先进诗文选集. 第二册/"中华民国各界纪念国父百年诞辰筹备委员会"学术论著编纂委员会主编；中国国民党中央党史史料编纂委员会编辑. 台北："中华民国各界纪念国父百年诞辰筹备委员会". 1965.11

本书分为先烈先进两部分，其中有革命先烈12人选集，革命先进24人选集。本卷包括先烈部分5人选集：宁调元选集、陈其美选集、朱执信选集、廖仲恺选集和邵元冲选集。

3192 革命先烈先进诗文选集. 第三册/"中华民国各界纪念国父百年诞辰筹备委员会"学术论著编纂委员会主编；中国国民党中央党史史料编纂委员会编辑. 台北："中华民国各界纪念国父百年诞辰筹备委员会". 1965.11

本书分为先烈先进两部分，其中有革命先烈12人选集，革命先进24人选集。本卷包括先进部分4人选集：陈少白选集、邓慕韩选集、赵声选集、黄兴选集和胡汉民选集。

3193 革命先烈先进诗文选集. 第四册/"中华民国各界纪念国父百年诞辰筹备委员会"学术论著编纂委员会主编；中国国民党中央党史史料编纂委员会编辑. 台北："中华民国各界纪念国父百年诞辰筹备委员会". 1965.11

本书分为先烈先进两部分，其中有革命先烈12人选集，革命先进24人选集。本卷包括先进部分3人选集：戴传贤选集、秦力山选集和田桐选集。

3194 革命先烈先进诗文选集. 第五册/"中华民国各界纪念国父百年诞辰筹备委员会"学术论著编纂委员会主编；中国国民党中央党史史料编纂委员会编辑. 台北："中华民国各界纪念国父百年诞辰筹备委员会". 1965.11

本书分为先烈先进两部分，其中有革命先烈12人选集，革命先进24人选集。本卷包括先进部分7人选集：马君武选集、苏曼殊选集、蔡元培选集、吴敬恒选集、王宠惠选集、张继选集和居正选集。

3195 革命先烈先进诗文选集. 第六册/"中华民国各界纪念国父百年诞辰筹备委员会"学术论著编纂委员会主编；中国国民党中央党史史料编纂委员会编辑. 台北："中华民国各界纪念国父百年诞辰筹备委员会". 1965.11

本书分为先烈先进两部分，其中有革命先

烈 12 人选集，革命先进 24 人选集。本卷包括先进部分 9 人选集：于右任选集、杨庶堪选集、邹鲁选集、叶楚伧选集、李烈钧选集、陈果夫选集、吴铁城选集、朱家骅选集和朱霁青选集。

3196　庚子辛亥忠烈像赞/冯恕辑. 影印本.［出版地不详］:［出版者不详］，1912—1949

本书收庚子殉节臣子许景澄、袁昶等共 32 位，辛亥殉节臣子田征葵、赵尔丰等共 36 位，以人物死节先后为序，一像一赞。

3197　庚子辛亥忠烈像赞/冯恕辑. 朱丝栏稿本.［出版地不详］:［出版者不详］，1912—1949

内容提要参见 3196。附征求庚子殉节殉难遗像姓名单 11 张。

3198　宫崎滔天论孙中山与黄兴/（日）宫崎滔天等著；陈鹏仁译. 台北：正中书局. 1977.10（国民文库；13）

本书内容可以分 5 部分，包括：有关孙中山先生和黄兴将军的文章、《三十三年之梦》和《宫崎滔天全集》两书的介绍、槌子女士对于辛亥革命的回忆、有关黄兴将军的轶事和李云汉先生所撰写的对《孙中山先生与日本友人》一书的评介、刊登了孙中山先生给作者的函电。有照片。

3199　共和时代的中国妇女/游鉴明，罗梅君，史明主编；洪静宜，宋少鹏等译. 台北县：左岸文化. 2007.4（座标. 历史）

全书分 4 部分，包括：性别研究的方法论、女性与政党/女性与国家、传媒论述下的女性百态、书写女性/女性记忆。书中附有导论。

3200　共和之光：一九一二年一月一日晚十一时/贺兰山，贺成绘. 天津：天津人民美术出版社. 2007.10

本画册通过中国画特有的笔墨把民国时期的历史特征、空间感、沧桑感显现出来，主要人物包括：孙中山、黄兴、胡汉民、蔡元培等。

3201　故大总统黎公墓志铭・善章草王鲁生墓表・林屋山人步君墓志铭/金天翮撰. 抄本.［出版地不详］:［出版者不详］，民国间（1912—1949）

本书系金天翮所撰三份墓志铭之结集。《故大总统黎公墓志铭》主要记述了黎元洪的生平事迹，黎元洪（1864—1928），字宋卿，湖北黄陂人。书中突出讲述其自宣统 3 年（1911）被推为中华民国军政府鄂军大都督之事，及其在革命中辅佐孙文，后与段祺瑞、袁世凯等人周旋。《善章草王鲁生墓表》主要记述王鲁生生平及其习章草之事。王生镫（1864—1928），字鲁生，早年因被怀疑为新党，放弃举业。游历名山大川，创章草一体，增减王羲之草诀歌为书，人皆惊诧，已而大快，鲁生遂名噪京城。然终其一生抑郁不得志。《林屋山人步君墓志铭》记步凤藻的生平事迹，步凤藻（1874—1933），步凤鸣之五弟子，字章五（别作彰五、章武），号翰青，自号杞人、林屋山人。自幼攻读诗文，学业出众，光绪二十三年（1897）先拔贡，“中州三杰”之一。后追随袁世凯，与袁次子袁克文（寒云）结为金兰之好，民国 5 年（1916）袁氏称帝，他愤然辞职，行医济世，以治愈总统冯国璋之妻奇症而名噪京沪。

3202　贵州辛亥人物传稿/刘毅翔编著. 贵阳：贵州人民出版社. 2003.7

本书是关于贵州省辛亥革命政治家的列传，采用记叙文体，真实地介绍了传主在辛亥革命时期的思想、著述、诗文、言论以及行动等。

3203　国父的典范与先总统蒋公的继承/符涤泉著. 台北：“中央文物供应社”. 1987.2（中华文化丛书. 政治）

全书分 5 章，包括：传承关系、革命勋业、学识修养、行谊操守、学说思想。书中附有“中华文化丛书”序、编辑弁言、前言等。

3204　国父们如何治党治军治国/杨双，徐小苗主编. 合肥：安徽人民出版社. 1992.9

作者认为，近现代史所称的国父，是对国家有杰出贡献，极受国民敬爱之人。他们是伟人中的伟人，其治国思想和经验，是人类社会文明成果中精华的精华。本书写入的人物有：列宁、孙中山、恺撒、拿破仑、霍梅尼、甘地、戴高乐、华盛顿等多位“国父”或国家缔造者。书中附有前言。

3205 国学大师讲国学/梁启超等著. 北京：中国致公出版社. 2008.5

本书选编了中国9位国学大师的作品，包括：梁启超的《国学入门书要目及其读法》、章太炎的《国学概论》、李大钊的《史学要论》以及鲁迅的《中国小说的历史的变迁》等。

3206 国学大师讲文学/梁启超等著. 北京：中国致公出版社. 2009.1

本书精选了9位国学大师谈论中国古典文学的作品，包括：梁启超的《中国韵文里头所表现的情感》、闻一多的《屈原问题》、鲁迅的《中国小说史略（节录）》等。

3207 国学大师说国学/章太炎，梁启超，蔡元培等著. 昆明：云南人民出版社. 2009.8（国学殿堂丛书）

本书内容分为：国学概论、治国学的方法、国学与中国文化3部分。收录章太炎、梁启超、王国维、胡适、傅斯年等中国近现代国学大师通论传统国学及专门论述国学入门、国学典籍、国学方法及国学主要思想流派和代表人物的精辟论文。本书有代序《愿中华国学日益昌盛》。

3208 国学大师说老庄及道家/梁启超，章太炎，闻一多等著. 昆明：云南人民出版社. 2009.8（国学殿堂丛书）

本书选取国学大师对道家思想的形成和发展、《老子》和《庄子》等道家典籍以及道家思想的其他代表人物等方面的研究成果结集成册，为读者提供全面认识道家思想和老子、庄子的权威文本。

3209 国学大师说儒学/章太炎，梁启超，朱自清等著. 昆明：云南人民出版社. 2009.8（国学殿堂丛书）

全书分上、下两卷，上卷儒学概论包括：原儒、儒家之利病、论儒的生活等，下卷经典略说包括：经学略说、论语类钞、四书、诗经等。

3210 国学大师说诸子百家/陈独秀，梁启超，傅斯年等著. 昆明：云南人民出版社. 2009.8（国学殿堂丛书）

本书收录了章太炎、梁启超、傅斯年等国学大师论诸子百家的精辟论文。

3211 国学三家谈/章太炎等著. 北京：中国致公出版社. 2008.1

本书选取了三位大师各一篇国学名著，包括：国学略说、清代学术概论、汉文学史纲要。

3212 海外访史录/杨天石著. 北京：社会科学文献出版社. 1998.9

本书是著者海外访史的初步成果，包括：黄遵宪与宫岛诚一郎，犬养毅纪念馆所见孙中山、康有为等人手迹，孙中山秘密赴沪时的笔谈，何震揭发章太炎，跋孙中山在檀香山的几次谈话，黄兴致井上馨函回译及解读，孙中山致山县有朋函等内容。书中附《访日漫记》、《访美漫记》和插图目录。

3213 汉川文史资料. 纪念辛亥革命八十周年专辑. 第五辑/中国人民政治协商会议汉川县委员会文史资料委员会编. 汉川：汉川县政协文史资料委员会. 1991.10

本书包括：辛亥革命简介、辛亥革命汉川起义纪略、我参加革命的经过、中山先生二三事、梁耀汉烈士事略、忆七叔梁辉汉、张萌兰自传、上孙中山书等。本辑编排大致以卒年先后为序，纪念文章配合人物传分组编排。书中附序言、编后语和照片。

3214　何以为生：文化名人的经济背景/陈明远著. 北京：新华出版社. 2007.6

全书分上、下两编：鲁迅的经济状况和文化名人经济状况个案，其中上编包括：鲁迅为版税而奋斗、鲁迅逛小市、鲁迅和电影等；下编包括：康有为的经济状况、蔡元培的经济状况、章太炎的经济状况等。本书有图片和附录。

3215　河津文史资料. 第二辑，辛亥革命七十五周年纪念专辑/中国人民政治协商会议山西省河津县委员会文史资料研究委员会编. 河津：中国人民政治协商会议山西省河津县委员会文史资料研究委员会. 1986.9

本书包括：伟大的革命先行者——孙中山、我们所知道的姚以价将军、姚以价将军墓表、怀念伯父严慎修、我参加辛亥革命的经历、回忆先父阎晋杰、辛亥革命中的“河津会议”等。书中附有照片和遗墨。

3216　胡适、刘半农、刘大白、沈尹默/侯吉琼编辑. 台北：海风出版社. 1990.7（中国新文学大师名作赏析；19）

本书选录了胡适、刘半农、刘大白、沈尹默所创作的具有代表性的文章，分为“关于这一本书：胡适、刘半农、刘大白、沈尹默三十年代文学”；“了解胡适、刘半农、刘大白、沈尹默的重要资料”；“胡适最有名的诗歌及赏析”；“刘半农最有名的诗歌及赏析”；“刘大白最有名的诗歌及赏析”；“沈尹默最有名的诗歌及赏析”；“胡适、刘半农、刘大白、沈尹默的一生记录”、“附录”几部分。本书附插图。

3217　胡适、刘半农、刘大白、沈尹默诗歌欣赏/陈孝全，周绍曾著. 南昌：广西教育出版社. 1989.6（中国现代作家作品欣赏丛书）

本书选择胡适、刘半农、刘大白、沈尹默4位草创时期诗人的代表作，内容包括：一颗遭劫的星、相隔一层纸、回声、面包与盐、红色的新年、各各工作、心上的写真、月夜等。比较细致地评析他们诗作的思想和艺术特色。

3218　湖北革命党历年团体党员略/［著者不详］. 稿本. 重庆：张难先. 1943

本书按时间顺序辑录了民国时期湖北省的革命党的各种团体及其成员的名称和事略。

3219　湖北革命党历年团体党员略/张难先编. 静电复制本. 北京：北京图书馆. 197?

内容提要参见3218。据民国间朱丝栏抄本静电复印；与《湖北革命史料杂记》合订。

3220　湖北文史资料：一九八八年第三辑，湖北“三怪”——严立三张难先石瑛史料专辑. 总第二十四辑/中国人民政治协商会议湖北省委员会文史资料研究委员会编. 武汉：中国人民政治协商会议湖北省委员会文史资料研究委员会. 1988.10

本书包括：代释“三怪”、三老墨迹、严立三先生事略、严立三先生传、回忆严立三先生、湖北“三怪”之一的张公难先、我的公公石瑛先生、石瑛先生帮助我脱离虎口的前前后后等。书后有附录3篇，有照片。

3221　话说民国. 上册：1912—1937/韩文宁编著. 南京：凤凰出版社. 2008.7

本书勾勒了自1912年孙中山南京就职至1937年七七事变之前的中华民国史，按年代铺排，以人物引出历史事件。包括：开国总统孙中山、同舟共济、民国“海归派”的科学之梦、渴望与开放、主权的回归、独秀于林、鲁迅的呐喊、民国第一案等。书中附有前言和照片。

3222　黄花冈七十二烈士事略/朱执信、邹鲁编. 初版. 广州：［出版者不详］. 1922

本书收录《林烈士遗墨之一》、《林烈士遗墨之二》、《李烈士文甫遗墨》、《方烈士声洞绝笔书》、《林烈士觉民遗稿真迹》、《陈烈士与荣遗稿真迹》、《林烈士尹民遗墨》、《黄克强先生手书黄花冈七十二烈士挽联》等多篇传记文章。书前有多幅烈士遗像和孙中山、胡汉民等人所作之序。

3223　黄埔恩怨：许崇智与蒋介石/许锡缵著．北京：中国友谊出版公司．1994.2

许崇智与蒋介石的恩怨关系少为人知，更为一些历史学家所不屑一顾。因此他们的有些冤案未能得到昭雪，有些悬案至今未能解决。全书共分45章，主要包括：苦行僧趺坐催生、趿破鞋东瀛习武、京岘山新军炮吼、徐少帅于山举兵、神兵天降克金陵、争权力金陵崩裂、风摇滚福建沉沦、雾黄浦三英起义等内容。有前言、大事记、附录、照片、后记。

3224　黄埔军校的将士们/王晓华，张庆军著．上海人民出版社．2009.5

全书分7章，包括："黄埔雄起　将星摇篮"、"黄埔军魂　威震疆场"、"堂堂之阵　正正之旗"、"中流砥柱　民族脊梁"、"军人素质　黄埔兵法"、"各为主义　公仇斗狠"、"黄埔情浓　私谊情深。"有引子和尾声：黄埔大结局。

3225　黄兴宋教仁朱执信诗文选译/黄兴等著；王汝丰译注．成都：巴蜀书社．1997.6（近代文史名著选译丛书）

本书以作者的年代和写作时间为顺序，编译了宋教仁、黄兴、朱执信三人所创作的诗词、演讲、信件、演说词、传记、序言、宣言等共43篇。

3226　黄炎培与近代中国的儒商/朱宗震著．桂林：广西师范大学出版社．2007.11

全书分8章，包括：导论：黄炎培与他的几位商界朋友；张謇：对社会负责的经理人；卢作孚：不走资本主义道路和企业家；黄炎培：为公不为私的伦理观（上、下）；儒商和社会主义等。本书有前言和后记。

3227　黄遵宪·梁启超/张永芳著．沈阳：春风文艺出版社．1999.1（插图本中国文学小丛书；90）

本书内容包括：共同的深切思念、共同的政治理想、共同的文学主张、黄遵宪的生平与著作、梁启超的生平与著作、梁启超与近代文学革命等。

3228　回忆孙中山和廖仲恺/何香凝．北京：中国青年出版社．1957.8

全书分两部分：回忆孙中山先生、回忆廖仲恺。内容包括：廖仲恺与何香凝结婚、武昌起义、廖仲恺的反袁工作、陈炯明囚禁廖仲恺背叛孙中山、筹备策划国民党改组、服膺孙中山先生的三大政策、廖仲恺与国民党右派的激烈斗争、廖仲恺遇害身亡等。

3229　回忆孙中山和廖仲恺/何香凝著．再版．北京：中国青年出版社．1963.4

内容提要参见3230。

3230　回忆孙中山和廖仲恺/何香凝著．北京：三联书店．1978.8

内容提要参见3228。

3231　剪淞留影集/吴芝瑛辑．铅印本．［出版地不详］：［出版者不详］，民国七年（1918）

本书两册，共辑有民国时各界名流49人唱和诗共315首，其中梁启超1首，徐世昌3首，陈三立5首，沈曾植12首，郑孝胥12首；尚有其他多位名人诗作百余首。

3232　剪淞留影集/吴芝瑛辑．铅印本．［出版地不详］：［出版者不详］，民国间（1912—1949）

内容提要参见3231。

3233　江苏文史资料．第四十三辑　淮安文史资料．第九辑，周实阮式纪念集/江苏省政协文史资料委员会，淮安市政协文史资料委员会编．南京：《江苏文史资料》编辑部．1991.1

本书为了纪念辛亥革命八十周年；淮安辛亥烈士、南社诗人、淮南社的创始人周实、阮式二人殉义八十周年而出版。全书分6部分，包括：生平传记、八十年祭、昭雪经过、哀辞辑录、遗著选编（附序跋）、附录。书中有照片、题词、序言和编后话。

3234 江苏文史资料. 第103辑，镇江文史资料. 第30辑，辛亥镇江将军录/江苏省政协文史资料委员会，镇江市政协文史资料委员会编. 南京：《江苏文史资料》编辑部. 1997.10

全书分上、下两册。内容包括：英雄碧血照汗青、革命先烈赵声、保国歌、追念先烈赵声、林述庆传、李竟成的一生、漫话徐宝山、徐宝山故居调查记等。书中附有照片和编后。

3235 江西文史资料选辑. 第二十二辑，纪念孙中山先生诞辰一百二十周年，李烈钧杨赓笙诗选/中国人民政治协商会议江西省委员会文史资料研究委员会编. 南昌：中国人民政治协商会议江西省委员会文史资料研究委员会. 1991.11

全书分李烈钧诗选和杨赓笙诗选两部分。内容包括：甲寅除夕、题长啸失败后、云南首义纪念日、云南起义二十周年（咏史）、修江舟中、过金陵舟中晚眺、别冯焕章、游庐山天桥等。书中有照片、编者话、李烈钧杨赓笙诗选序和后记。

3236 蒋介石和他的密友与政敌. 第三卷，冯玉祥和蒋介石/王朝柱著. 北京：中国青年出版社. 2001.2

本书分3章，内容包括：蒋冯结盟、中原大战、饮恨塞外。有照片。

3237 蒋介石与冯玉祥/周玉和著. 北京：团结出版社. 2009.7（蒋介石军政关系图书）

本书共10章，讲述了蒋冯二人从最初相见恨晚、惺惺相惜而义结金兰，到为了不同利益而相互倾轧，最终因政见不同而彻底决裂。

3238 巾帼英雄：中国近百年杰出革命女性/刘筱红主编. 武汉：华中师范大学出版社. 1995.9

本书介绍了10位中国近百年来杰出革命女性的事迹，包括：秋瑾、何香凝、宋庆龄、史良、向警予、杨之华、蔡畅、邓颖超、康克清和张金宝。

3239 近代爱国人物传略/张品兴等编. 西安：陕西人民出版社. 1986.10

本书分34部分，包括：提倡富强救国的郑观应、维新变法的领导人康有为、维新变法的宣传家梁启超、向西方寻求真理的严复、爱国外交家和诗人黄遵宪、起兵勤王的自立军首领唐才常、第一代留美的爱国者容闳、伟大的革命先行者孙中山、武昌起义的总司令黄兴等。

3240 近代出版人的文化追求：张元济、陆费逵、王云五的文化贡献/汪家熔著. 南宁：广西教育出版社. 2003.6（20世纪中国出版文化丛书）

本书介绍了近代出版人的先驱，包括："近代出版第一交椅"的张元济，"商务的第一个对手"即中华书局出版人陆费逵，极具"商务情结"的出版人王云五的出版生涯等。

3241 近代名家名人文库，龚自珍严复/广来选编；龚自珍，严复著. 呼和浩特：内蒙古人民出版社. 2009.11

本书收录了龚自珍、严复的文学作品，其中龚自珍部分分为散文、词篇和书信，严复部分分为散文、词篇、日记和译著。

3242 近代名家名人文库，文廷式苏曼殊/广来选编；文廷式，苏曼殊著. 呼和浩特：内蒙古人民出版社. 2009.11

本书分别收录了文廷式和苏曼殊的文学作品数篇，其中文廷式部分分为诗篇、词篇和日记，苏曼殊部分分为诗歌、小说、杂论、笔记和译著。

3243 近代名人逸闻/朱鲁大著. 香港：南粤出版社. 1987.10（南粤系列）

本书包括：孙中山长女孙琰英年早逝、孙中山的幼女和女婿、蓝妮和她的女儿、黄兴代孙中山执笔的一封信、顾维钧的四次婚姻、《知堂回想录》的版本、“令飞”是鲁迅的笔名等。书中附有爱书者罪言（代序）和后记。

3244 近代湘贤手札/龙伯坚藏；**谭延闿手札**/简干藏. 影印本. 台北：文海出版社. 1970（近代中国史料丛刊. 第56辑；557—8）

本书为近代湘贤手札/龙伯坚藏，谭延闿手札/简干藏合订本。包括：谭钟麟、王先谦、欧阳中鹄、刘仁熙、谭嗣同、唐才常、黄克强、谭延闿等人的手札。

3245 近现代革命先烈/王恩铭撰写. 北京：京华出版社. 1994.10（中华全景百卷书. 6. 人物系列；52）

本书收入人物传记89篇，包括：陆皓东、史坚如、杨衢云、吴樾、马福益、姚洪业、刘道一、禹之谟、徐锡麟、倪映典、刘复基、彭楚潘等。

3246 近现代历史人物选评/吴长春，史春林编著. 济南：黄河出版社. 1995.8

本书收入了从1840年至1949年这段历史时限内各个时期，各方面具有代表性的人物20位，包括：林则徐、魏源、康有为、梁启超、严复、孙中山、黄兴、章太炎、蔡元培、陈独秀等。

3247 井田制度有无之研究/朱执信等著. 复制本. 上海：华通书局. 1930.10

内收朱执信、胡汉民、吕思勉、胡适、季融五、廖仲恺等6人对中国古代有无井田制讨论的来往信函8封。

3248 井田制有无之研究/朱执信著. 台北：中国文献出版社. 1965.10

内容提要参见3247。附井田制度有无之研究提要。

3249 康梁诗钞/康有为，梁启超撰. 石印本. [出版地不详]：中华图书馆. 民国三年（1914）

康有为（1858—1927），字广厦，号长素，广东南海人，人称“康南海”。维新派代表人物，近代著名政治家、思想家、社会改革家、书法家和学者。梁启超（1873—1929），字卓如，号任公，又号饮冰室主人，广东新会人。维新派代表人物，近代政治家、思想家、教育家、史学家和文学家。本书即是《康南海先生诗钞》和《梁任公先生诗钞》的合集，其中前者录诗143首，后者录诗28首。

3250 康梁书牍：四卷/康有为，梁启超撰. 石印本. 上海：晋益书局，民国间

本书共分四卷，卷一为康南海（康有为）书牍4通，梁任公（梁启超）书牍7通；卷二康南海诗词28首，梁任公诗词5首；卷三康南海公牍6通；卷四梁任公公牍44通。本书4册。

3251 康南海文集梁任公文集合刻/康有为，梁启超撰. 石印本. 上海：共和编译局，民国三年（1914）

康有为（1858—1927），字广厦，号长素，广东南海人，人称“康南海”。梁启超（1873—1929），字卓如，号任公，又号饮冰室主人，广东新会人。本书计南海先生文集10册，梁任公先生文集8册。其中南海先生文集分说论27篇，序跋17篇，奏议6篇，书牍3通，拟案2通，游记5篇，祭文1篇，著述4种，诗114首；梁任公先生文集分通论13篇，政治34篇，法律18篇，财政29篇，外交10篇，杂论11篇，铁路6篇，生计4篇，文苑10篇，附录6篇。本书18册。

3252 康有为梁启超思想研究/申松欣著. 郑州：河南美术出版社. 1996.9

本书研究了戊戌维新时期康有为的改革思想及其影响、康有为的中西文化观、康有为的教育思想、梁启超与中国近代文化、辛亥革命

时期梁启超的思想、康梁思想统一述论等内容。本书附照片。

3253 康有为梁启超与维新运动/广东省博物馆等编. 广州：岭南美术出版社. 1998.8

本书讲述了康有为、梁启超等维新人士的早期活动，维新运动的高涨和百日维新，维新运动的失败及其影响等内容。

3254 伉俪革命家——廖仲恺与何香凝/周兴梁著. 广州：广东人民出版社. 2008.10（广东历史文化名人丛书）

全书分8章，包括：爱国的年轻伉俪、创建民国的虎将、捍卫共和制度、国共合作的元勋、国民革命建奇功、救国抗战女英豪、民主革命派的代表、令人尊敬的国家领导人。书中描写了廖仲恺与何香凝几十年的革命救国历程，有照片、引言、大事年表、主要参考书目和后记。

3255 跨世纪的沉思：孙中山、梁启超、张謇社会经济改造观研究/杨宏雨著. 长春：吉林大学出版社. 2005.3

本书在对中国早期工业化运动的历程及其失败原因进行简单介绍的基础上，系统阐述了孙中山、梁启超、张謇的经济改造观，并总结了近代中国社会经济改造的基本思路。

3256 昆明文史资料选辑. 第三十六辑，辛亥革命昆明重九起义人物专辑/陈永年主编，中国人民政治协商会议云南省昆明市委员会文史学习委员会编. 昆明：政协云南省昆明市委员会文史学习委员会. 2001.9

本专辑所收人物以参加过昆明重九起义者为主，永昌起义、腾越起义参加者和旅缅侨胞中的仁人志士也选收了几位，共收辛亥革命时期35位历史人物的文史资料共36篇。书中附有前言和照片。

3257 莱州文史资料. 第五辑，纪念辛亥革命八十周年专辑/戴则文主编；莱州市政协文史资料委员会，《莱州文史资料》编辑部编. 莱州：莱州市政协文史资料委员会. 1991.9

本书内容包括：在纪念辛亥革命八十周年的时候、邱丕振史略、邱丕振的家世及轶事、曲折历程的回顾、邱典五事略、孙竹君在辛亥革命中、邱绍尹和《爱国日报》、赵金漳与莱州辛亥革命等。书中附有照片、前言、附录、补白和后记。

3258 老一代革命家的故事/石仲泉，陈登才主编. 北京：中共党史出版社. 1993.12

本丛书包括刘少奇、张闻天、李先念、吴玉章等10位老一辈革命家的故事。

3259 李敖大全集. 8，孙中山研究蒋介石研究/李敖著. 北京：中国友谊出版公司. 1999.1

本书研究了孙中山是否见了李鸿章、孙中山的一个错误、孙中山反对双十国庆、孙中山把三民主义作为“统战工具”、孙中山与陈粹芬等问题。本书附照片。

3260 李敖再数蒋氏父子/李敖著. 台北：全能出版社. 1987.11

本书内容包括：蒋介石抓住孙中山小辫、为“孙中山研究”致检察官、蒋介石不要中南半岛、轮椅救国论等。

3261 李大钊和冯玉祥/阎稚新著. 北京：解放军出版社. 1987.4

全书分18个部分，内容包括：李大钊说服冯玉祥经营西北边陲、李大钊策动郭松龄联冯倒奉、李大钊制定进军西北的战略方针与敦促冯玉祥回国、李大钊联络阎锡山援冯反奉、冯玉祥西进援陕与解围西安等。附录：李大钊和冯玉祥大事记。本书附照片。

3262 李大钊和瞿秋白/吕健著. 上海：商务印书馆. 1951.11（新少年读物）

李大钊和瞿秋白是中国共产党早期的两位

烈士。他们对于中国的革命事业，都有伟大的贡献。本书简要地介绍了他们的生平事迹，其中“李大钊”部分内容包括：反对袁世凯恢复帝制、促成民族统一战线、为革命而牺牲等。“瞿秋白”部分内容包括：青年时代、参加革命工作、文化斗争工作、为革命而牺牲。

3263 李善兰华蘅芳詹天佑诗文选译/（清）李善兰等著；陈亚兰译注．成都：巴蜀书社．1997.6（近代文史名著选译丛书）

本书选编了近代著名数学家李善兰、华蘅芳和杰出的铁路工程师詹天佑的一些诗文，选篇中的文章多数是他们从事科技活动的片断记录，包括著作序言、心得体会、经验总结等。

3264 历史上敢想敢做的人．16/上海人民出版社编．上海：上海人民出版社．1958.9

本书主要介绍了铁路工程师詹天佑和近代科学家徐寿。有插图。

3265 利川文史资料．第一辑，辛亥革命集/中国人民政治协商会议利川市委员会文史资料研究委员会编．利川：中国人民政治协商会议利川市委员会文史资料研究委员会．1986.8

本书内容包括：先父牟鸿勋轶事、我的姑父牟鸿勋、革命志士牟鸿勋、甘绩熙年表、甘绩熙轶事、我的父亲苏成章、苏成章事略、父亲吴兆廷、黄人本简历等。书中附有前言、照片和后记。

3266 梁启超张东荪/王昌焕编撰．北京：人民日报出版社．1999.5（五四风云人物文萃；7）

本书包含梁启超的《国民浅训》、《欧游心影录》等6篇文章，张东荪的《第三种文明》、《现在与将来》等9篇文章。有照片。

3267 梁启超章太炎解读中华文化经典/庆善，于唐编．沈阳：辽海出版社．2003.1（大师解读中华文化经典丛书）

本书收录了梁启超、章太炎对中华文化经典著作的研究文章，包括《治国学杂话》、《小学略说》、《经学略说》、《史学略说》、《国学入门书要目及其读法》等10篇。

3268 廖家两代人：廖仲恺何香凝和廖梦醒廖承志/蒙光励著．修订本．广州：暨南大学出版社．2001.4

全书分32章，真实地反映了廖家两代人的事迹。内容包括：少年时代、东渡扶桑、讨袁斗争、黄埔慈母、仲恺遇刺、继承遗志、长征路上、和平使者等。书中附有照片、序、引言、大事年表、后记、跋和修订后记。

3269 廖平林损刘师培田桐邹容刘贞一曹亚伯禹之谟张森楷传草稿/庄桓撰．抄本．［出版地不详］：［出版者不详］，民国间（1912—1949）

本书是晋江庄桓的遗著，内容为廖平、林损、刘师培、田桐、邹容、刘贞一、曹亚伯、禹之谟、张森楷等9位民国时期政界学界名人的传记。

3270 廖平林损刘师培田桐邹容刘贞一曹埃布尔禹之谟张森楷传草稿/庄桓撰．抄本．［出版地不详］：［出版者不详］．1912

内容提要参见3269。

3271 廖仲恺何香凝研究：廖仲恺何香凝学术研讨会论文集/吴雁南等著．广州：广东高等教育出版社．1993.12

为了纪念何香凝诞辰115周年，1993年6月在广州、深圳联合召开以“廖仲恺何香凝与中国民主革命”为主题的廖仲恺何香凝学术研讨会，本书是提交这次研讨会的论文和讲话稿的结集。收《廖仲恺与近代中国社会主义思想》、《廖仲恺何香凝与辛亥革命》、《大革命时期的何香凝》、《廖仲恺与广东》、《廖仲恺与孙中山的民生主义》等文章40篇。书中附有照片、附录《有关廖仲恺何香凝研究的论著资料目录索引（1949.10—1993.10）》和后记。

3272 廖仲恺与何香凝/谈涛编著．北京：中国国际广播出版社．1996.3（爱国主义教育丛书）

全书分 8 部分，包括：天缘巧合结良缘、东瀛留学显头角、广东共和奠基石、讨袁护法为共和、身陷图圄斗叛逆、联俄联共中砥柱、筹建黄埔搏军阀、承继遗志真女杰。

3273 廖仲恺与孙中山/廖金龙，惠州市政协学习和文史资料委员会编著；袁光主编．北京：中共党史出版社．2006.10

本书是为了纪念辛亥革命 95 周年，孙中山诞辰 140 周年和廖仲恺诞辰 130 周年而编著。全书分 14 章，内容包括："客家人里出伟人　檀香山先导革命"、"东渡扶桑地　追随孙中山"、"创建同盟会　推翻清王朝"、"二次革命　举旗反袁"、"先导三民主义　致力工农运动"、"反帝反封　打倒列强"等。书中附有照片、序和后记。

3274 临海文史资料．第三辑，辛亥革命专辑/临海市政协文史组编．临海：临海市政协文史组．1986

本书内容包括："名满东海"的光复旧勋、王文庆传、悼前浙民政长王文庆、王文庆反袁斗争片段、杨哲商烈士事略、杨旭东传赞、杨社纪略、纪念杨哲商牺牲七十五周年等。书中有前言和照片。

3275 凛烈万古：彭家珍，杨禹昌，张先培，黄之萌合传/宜健人著．台北：近代中国出版社．1982.1（近代中国丛书．先烈先贤传记丛刊．37）

本书是彭家珍、杨禹昌、张先培、黄之萌 4 位烈士的合传。有先烈先贤传记丛刊序言、参考书目和照片。

3276 岭南维新思想述论：以康有为、梁启超为中心/宋德华著．北京：中华书局．2002.1

本书以维新领袖康有为、梁启超为中心，力图对岭南维新思想进行全方位的述论，全书分 5 章，包括：突破中学束缚的新思想体系、疑古用古的学术观、成熟完备的变法观（上、下）、逐步深化的西学观。

3277 论戊戌维新运动及康有为梁启超/广东人民出版社编．广州：广东人民出版社．1985.2

本书选收了 1983 年 9 月在"戊戌维新运动和康有为、梁启超学术讨论会"中的代表性论文，共计 21 篇，内容包括：关于戊戌维新与辛亥革命、英国戊戌政变、康有为的爱国维新精神、对梁启超的评价、梁启超少年的思想、梁启超与中国近代史学等。反映了对戊戌维新运动和康、梁研究的成果和不同看法。

3278 猛回头：陈天华邹容集/陈天华，邹容著；郅志选注．沈阳：辽宁人民出版社．1994.9（中国启蒙思想文库；16）

本书收录了《警世钟》、《猛回头》、《狮子吼》、《绝命辞》、《革命军》几部分内容。

3279 孟子二十讲/康有为，梁启超等著；董洪利，方麟选编．北京：华夏出版社．2008.1

本书所收孟子研究 20 讲，时间跨度为 1901 年迄 1997 年，基本勾画了 20 世纪孟子研究的面貌，选编基本按时间为序，同时综合考虑了流派、师承、影响与地域。内容包括：论汉以前之儒者、孟子的政治思想、思孟学派、孟子对同时学者之评论、孟子的仁政学说等。

3280 民初风云录：漫谈辛亥元勋革命史/姜昆等编著．台北：汉湘文化事业股份有限公司．1995.8（纪史文学；19）

本书收录了孙中山、黄兴、廖仲恺、何香凝、章太炎、邹容、徐锡麟、秋瑾、陈天华等 20 人的传记。书中附有照片和前言。

3281 民初风云人物/惜秋撰．台北：三民书局．1976.10（历史人物；第十辑）

全书分上、下两册，介绍了民初各风云人物的故事，包括：黄克强、胡汉民、吴禄贞、陈其美、宋教仁、蔡元培、伍廷芳、谭人凤、于右任等。书中附有编辑大意。

3282 民初十二家：上海画坛/历史博物馆编辑委员会编辑；苏启明主编. 台北：历史博物馆. 1998.6

全书包括 4 部分：序、论述、作品赏析和图版目次。包括：程璋、王震、吴征、冯超然、贺天健、赵叔孺、郑午昌、吴湖帆等画家的作品。

3283 民国碑传集目录/柳亚子藏. 朱丝栏抄本. ［出版地不详］：李梦周，民国间

本目录列出了被收录碑传中的人名，分为元首、枢长、诸司、将帅、疆吏等 27 类，400 多位名人。如孙文、黄兴、伍廷芳、严复、詹天佑、武训、史量才、杨小楼等各界名流均收录其中。首页铅笔草注“重庆时拟”，拟者不详。

3284 民国广西人物传/广西辛亥革命史研究会编. 南宁：广西人民出版社. 1983.10（广西历史人物丛书）

本书讲述了刘古香、李德山、李幼卿、李立廷、马君武、雷沛鸿等人的生平和主要经历。

3285 民国领袖陈其美皖系智囊徐树铮/李光辉编著. 北京：中国戏剧出版社. 2005.12（中国名人大传. 第 2 辑）

本书介绍了陈其美和徐树铮的一生，书中陈其美部分包括：少年中断学业独立谋生、结识孙中山加入同盟会、成为孙中山的得力助手等 8 节；徐树铮部分包括：科场失意步入军旅、背靠大树平步青云、四处树敌陷入困境等 8 节。

3286 民国名人小传/唐祖培著. 再版. 香港：自联出版社. 1961.6

本书包括了孙中山、章太炎、康有为、梁启超、黎元洪、张謇、詹天佑、蒋方震等 10 人的传记。书中附有自序。

3287 民国那些事儿. 禅机卷：1912－1949/史冷金著. 西安：陕西师范大学出版社. 2007.1

本书以民国时期风云人物的奇闻轶事贯穿始终，全书分 10 章，包括：“龙无首：山雨欲来风满楼”、“蟒缠身：你方唱罢我登场”、“群兽斗：城头变换大王旗”、“虎东北：老子英雄儿好汉”、“猴沐冠：多少楼台烟雨中”、“犬蠕行：身在汉营心在曹”等。书中附有照片。

3288 民国人物传. 第一卷/李新，孙思白编. 北京：中华书局. 1978.8（中华民国史资料丛稿）

本书记述了孙中山、黄兴、宋教仁、陈天华、秋瑾、徐锡麟、朱执信等 60 余位民国知名人物的生平事迹。附有《中华民国人物志》中的《民国人物传》选录草案。

3289 民国人物传. 第二卷/李新，孙思白编. 北京：中华书局. 1980.8（中华民国史资料丛稿）

本书记述了廖仲恺、吴禄贞、邹容、陶成章、赵声、温生才、林文、何香凝等 60 余位民国知名人物的生平事迹。附有《中华民国人物志》中的《民国人物传》选录草案。

3290 民国人物传. 第三卷/宗志文，朱信泉主编. 北京：中华书局. 1981.8（中华民国史资料丛稿）

本书记述了彭家珍、刘道一、张榕、陈少白、鲁迅、闻一多、刘半农等 60 余位民国知名人物的生平事迹。附有《中华民国人物志》中的《民国人物传》选录草案。

3291 民国人物传. 第四卷/朱信泉，严如平主编. 北京：中华书局. 1984.3（中华民国史资料丛稿）

本书记述了陈觉民、方声洞、马宗汗、谢晋元、张啸林、董显光、詹天佑等 60 余位民国知名人物的生平事迹。

3292　民国人物传．第五卷/严如平，宗志文主编．北京：中华书局．1986.7（中华民国史资料丛稿）

本书记述了宋庆龄、陆皓东、陈友仁、老舍、郁达夫、郑振铎、王少棠等60余位民国知名人物的生平事迹。附有《中华民国人物志》中的《民国人物传》选录草案。

3293　民国人物传．第六卷/宗志文，严如平主编．北京：中华书局．1987.1（中华民国史资料丛稿）

本书记述了刘复基、施从云、黄泽霖、陈诚、王伯元、茅盾、康心如、关伟林等60余位民国知名人物的生平事迹。附有《中华民国人物志》中的《民国人物传》选录草案。

3294　民国人物传．第七卷/朱信泉，宗志文主编．北京：中华书局．1993.11（中华民国史资料丛稿）

本书记述了邵力子、许世英、李宗仁、汪精卫、胡适等70余位民国知名人物的生平事迹。附有《民国人物传》第一至七卷目录索引。

3295　民国人物传．第八卷/严如平，熊尚厚主编．北京：中华书局．1996.7（中华民国史资料丛稿）

本书记述了冯玉祥、陈果夫、黄炎培、张历生、陈布雷等70余位民国知名人物的生平事迹。书中附有附录《民国人物传》第一至八卷目录索引。

3296　民国人物传．第九卷/严如平，宗志文主编．北京：中华书局．1997.3（中华民国史资料丛稿）

本书记述了蒋介石、范光启、李书城、叶楚伧、王乐平、邹韬奋等60余位民国知名人物的生平事迹。书中附有附录《民国人物传》第一至九卷目录索引。

3297　民国人物传．第十卷/娄献阁，朱信泉主编．北京：中华书局．2000.6（中华民国史资料丛稿）

本卷收入新撰民国人物传78篇，包括：张群、吴忠信、高崇民、陈启天、叶圣陶、张大千、慈禧太后、光绪帝、司徒雷登等各类人物。书中有附录《民国人物传》第一至十卷目录索引。

3298　民国人物传．第十一卷/熊尚厚，严如平主编．北京：中华书局．2002.7（中华民国史资料丛稿）

本书通过具体的事实，介绍了李济深、谭平山、史良、陈叔通、冯自由、毛人凤等60余人主要的经历和言行，将人物的生平事迹如实地反映出来。书中附有附录《民国人物传》第一至十一卷目录索引。

3299　民国人物传．第十二卷/朱信泉，娄献阁主编．北京：中华书局．2005.9（中华民国史资料丛稿）

本书通过具体的事实，介绍了宋子文、孔祥熙、陈立夫、宋美龄、赵登禹、张学良等60余人主要的经历和言行，将人物的生平事迹如实地反映出来。书中附有附录《民国人物传》第一至十二卷目录索引。

3300　民国人物大辞典/徐友春主编；王卓丰等编撰．石家庄：河北人民出版社．1991.5

本书介绍了民国时期政治、军事、经济、科技、文化教育、宗教、民间各界知名人士的生平事迹。附录各都督代表联合会代表名录、南京临时政府参议院议员姓名录、北京临时政府参议院议员姓名录、第一届国会议员姓名录、宪法起草委员及其党派变化、政治会议议员姓名录、约法会议议员姓名录、参政院参政姓名录等。

3301　民国人物大辞典/徐友春主编．再版，增订版．石家庄：河北人民出版社．2007.1

内容提要参见3300。另包括：中华民国中央政府机构建制、中华民国议会、国会暨其他政治会议和中华民国时期中国驻外使馆与外国驻华使馆等各类附录。

3302 民国史料丛刊. 1031，史地·人物/张研，孙燕京主编. 影印本. 郑州：大象出版社. 2009.8

本册内容为：《党国名人传》、《抗敌将领印象记》、《当代人物志》。其中《党国名人传》收录了孙中山、黄兴、胡汉民、蔡元培、蒋中正、宋庆龄、何香凝、阎锡山、廖仲恺、秋瑾等93人传略。《抗敌将领印象记》记录了蒋介石、冯玉祥、毛泽东、陈诚、朱德、彭德怀、周恩来等21人。《当代人物志》收录了康有为、吴佩孚、林语堂、马君武、张大千等各界名人传略15篇。

3303 民国伟人尺牍：二卷/黎元洪等撰. 石印本. 上海：上海五音书局，民国元年（1912）

全书分上、下两卷，收录《黎都督致清政府书》、《伍廷芳复蒙古各王书》、《马相伯致徐宝山书》等名人书札44篇。附有孙文、黄兴、袁世凯、黎元洪、程德全、萨镇冰、孙少侯、陈其美、顾涚云、李碧玉、张竹君、吴淑卿等人的绣像。

3304 民国掌故/申晓云等主编. 上海：上海人民出版社. 1997.12

全书分4编：民国名流交往集萃、民国名人婚恋透视、民国大事内幕揭秘、民国各界丑闻实录。书中附有序。

3305 民族英雄及革命先烈传记/沈刚伯等编. 7版. 台北：正中书局. 1981.6

全书分上、下两册，包括：岳飞、文天祥、郑成功、秋瑾、邹容、林觉民、宋教仁、蔡锷等人物的传记。书中附有序和跋语。

3306 名家的成长/梁启超著. 台北：牧村图书有限公司. 2002.5（名家名著精选；05）

本书收录了蔡元培、章太炎、王国维、梁启超、邹鲁、王云五、李济、胡适等20位二十世纪名家的自述，呈现出这些名家的成长历程，治学经验以及学术成就。

3307 名家书札墨迹. 第一八册/俞冰主编. 影印本. 北京：线装书局. 2007.2

本书收录了盛宣怀手札、谭廷闿书札、味古堂收集手札、翁斌孙友朋书札、吴大澄手札等。

3308 磨剑鸣筝集：南社二友柳亚子与苏曼殊诗选/柳亚子，苏曼殊著；柳无忌译. 上海：上海外语教育出版社. 1993.5

本书收集了柳亚子和苏曼殊近200首诗作。其中包括柳亚子的《放歌》、《孤愤》、《消息一首》、《沁园春》等诗作；苏曼殊的《本事诗十首》、《花朝》、《佳人》、《落日》等诗作。全书汉英对照。附照片。

3309 南海先生诗集/康有为撰；梁启超书. 影印本. 上海：广智书局，清宣统三年（1911）

康有为（1858－1927），又名祖诒，字广厦，号长素，又号明夷、更牲、西樵山人、游存叟、天游化人，广东省南海县丹灶苏村人，人称康南海，中国政治家、思想家、教育家，光绪21年进士，曾与弟子梁启超合作戊戌变法。本书目录题13卷，仅印1－4卷为梁启超手书：延香老屋诗集、汗漫舫诗集、万木草堂诗集、明夷阁诗集。本书有康有为墨笔题字。

3310 南社人物传/柳无忌，殷安如编. 北京：社会科学文献出版社. 2002.6（国际南社学会·南社丛书. 第三套）

本书介绍于右任、刘季平、柳亚子、陈去病、胡朴安、马叙伦、沈雁冰、戴季陶等百余位南社代表人物的生平简略及主要著述等。书中附有总序和后记。

3311 南社人物吟评/邵迎武著. 北京：社会科

学文献．1994.4（国际南社学会·南社丛书）

本书介绍了于右任、沈雁冰、戴季陶等132位南社代表人物的生平简略及主要著述等。

3312　女革命文粹/新黄氓辑．铅印本．上海：广益书局，民国二年（1913）

本书与《新民国文粹》合印，其中《女革命文粹》包括：尚侠女学代表辛素贞上陈都督书，李碧玉致徐统制书，吴芝瑛女士与美国麦美德教士书，张竹君致沈仲礼书，沈仲礼复张竹君女士书，吴淑卿女士投军文，女子北伐队缘起，中华女子侦探团缘起，陈婉衍女子北伐队宣言，金山女界协赞会启，木兰同盟女子经武练习队宣言书，吴芝瑛复女子北伐陈司令书，浙西女士张访瀛书赠女子北伐队，西冷重兴秋社并建风雨亭启，祭秋瑾女士文，上海城东女学社追悼革命死者文，吴芝瑛女士致徐寄尘书，顾浣云卖字助饷宣言，张君新斧致吴徐两女士书，共19篇文章。

3313　霹雳行：温生才、林冠慈、陈敬岳、钟明光合传/邓文来著．台北：近代中国出版社．1983.5（近代中国丛书．先烈先贤传记丛刊．44）

全书分4部分，包括：本刊序言、插图、正文和本文主要参考书目。

3314　谱写世纪光辉篇章的潜江两兄弟——李书城李汉俊/罗仲全编著．武汉：武汉出版社．2005.7

本书讲述了国民党元老——李书城参加辛亥革命及应邀赴北京出席全国第一次政治协商会议等的生平事迹，以及中共一大代表李汉俊的生平事迹。书中附照片、来信和后记。

3315　七位革命前辈的故事/呼延南，乐萌编著．太原：山西人民出版社．1998.9（老一辈无产阶级革命家的故事；9）

本书介绍了吴玉章、李先念、徐特立、谢觉哉、林伯渠、董必武、张闻天等7位革命前辈的故事。

3316　齐鲁辛亥英烈/李宏生，冷家煜主编．济南：济南出版社．1997.12

本书以辛亥革命时期山东徐镜心、丁惟汾、刘培源、陈干、王金铭、王乐平、赵魏、吴大洲等26位英烈的传记为主要内容，介绍了各位英烈的生平事迹。书中附有前言、后记和附录：山东同盟会会员简表（1905－1912）、孙中山与山东革命运动（1905－1919）。

3317　前所未有的民国趣事．第三部，孙中山与辛亥元勋/朱祥全等编著．台湾：普全文化事业有限公司．1994.8（民国趣闻；3）

本书收录了孙中山、黄兴、廖仲恺、何香凝、章太炎、邹容、徐锡麟、秋瑾、陈天华等20人的传记。书中附有照片和前言。

3318　钱塘夏曾佑穗卿先生纪念文集/夏曾佑著；夏丽莲整理．台北：文景书局．1998.1

本书分论著与书信、书评、传记3卷。有序文、编者序、附录：穗卿先生亲笔殿试考卷影本。

3319　清代民国名人家谱选刊续编．50/国家图书馆地方志家谱文献中心编．影印本．北京：北京燕山出版社．2006

本书共选家谱42部，包含姓氏31个。每谱前均附有提要，内容包括谱籍、谱名、卷数、纂修者、版本及年代等，重点记述谱中出现的清代至民国间的名人资料。涉及经学、史学、文学、方志学各门学科，以及政治、军事、教育、藏书、术数、医药等各个领域。附插图。

3320　清末民初名人手札/上海书画出版社编．上海：上海书画出版社．2007.6（翰札菁华）

本书收集了许多名人的手札，有杨守敬、梁鼎芬、冯煦等。它们既展现了书家本人的风格，又标志着不同时代的书法成就。

3321 清末民初人物丛谈/范福潮著. 武汉：湖北人民出版社. 2009.2

本书内容包括：难为李鸿章、孙中山的筹款历程、焦达峰之死、辛亥革命时期的蒋介石、陶成章案与光复会的灭亡、枭雄陈其美、唐绍仪南下议和、大元帅之争等。书中附有照片和序言。

3322 清末民初宋诗派文人群体活动年表/杨萌芽著. 开封：河南大学出版社. 2008.8

本年表的时间范围从道光二十八年（1848年）到民国二十七年（1938年），以陈三立、郑孝胥、沈曾植、陈衍、陈宝琛等几个重要人物为中心，对宋诗派的活动作了详细的勾稽。书中有前言、编写凡例、参考文献和后记。

3323 清末民初文坛轶事/郑逸梅著. 上海：学林出版社. 1987.2

本书收录了这时期文坛85位有关人物的事件，包括：孙中山为刘成禺《太平天国战史》作序、章太炎迁居苏州的曲折、梁启超的几件小事、柳亚子的故居、程小青和世界书局、张爱玲的成名作《沉香屑》、黄氏三兄弟、一代艺人冯春航等。附《我们的祖父郑逸梅》。

3324 清末四公子/高阳著. 北京：华夏出版社. 2004.3（高阳作品九 人物传记）

本书介绍了湖北巡抚之子谭嗣同、湖南巡抚之子陈立三、福建巡抚之子丁惠康、广东水师提督之子吴保初的小故事。

3325 清末四人传奇/朱益平著. 南昌：江西人民出版社. 1989.11（通俗文学作家自选集）

本书共收中篇通俗小说4篇，包括：捻军盟主张乐行、洋务派首领李鸿章、首任台湾巡抚刘铭传、黑旗军英杰刘永福的浪迹生涯。

3326 清末四人日记/何静梧，龙尚学主编；贵阳市志编纂委员会办公室编. 贵阳：贵州教育出版社. 1998.4（金筑丛书）

本书收录了清末贵阳4位人物的日记，包括：钱衡的北上日记、罗文彬的香草园日记、袁照芙的镜仁日记、陈廷棻的陈廷棻日记。

3327 清末铁路三大悲剧人物/严介生著. 北京：中国铁道出版社. 2009.8

本书介绍了李鸿章、张之洞、盛宣怀三位清末铁路的关键人物与中国早期铁路的关系，以及他们的悲剧人生。书中有照片、清末（1911年）铁路简图、主要参考资料和后记。

3328 情系双清：景仰廖仲恺何香凝的人和事/余德富著. 广州：广东人民出版社. 2009.12

本书分18章，内容包括："双清的壮丽人生吸引着我"、"为了更好的纪念廖仲恺"、"廖仲恺何香凝纪念馆诞生记"、"寻觅'双清楼主'的足迹"、"廖承志溘然逝世之后"、"满园桃李笑春风"、"纪念双清活动的新高潮、霍英东三进仲恺校园"等。书中附有序、跋、后记和鸣谢。并收录了廖仲恺何香凝事略和纪念廖仲恺何香凝的文物实物总览。

3329 邱樊倡和集：三卷/汪兆铭，萧天任撰. 石印本. ［出版地不详］：［出版者不详］，清宣统三年（1911）

本书收录汪兆铭、萧天任两人诗文往来、答和之作两卷。卷一为汪兆铭诗作，如杨忠愍祠前树、述怀（辛亥）、入狱一年矣慨然赋此等篇；卷二为萧天任所著，如遗愤二首、除夕感怀用精卫原韵、辛亥元旦、遣怀三首等数首诗文作品。

3330 秋瑾·赵声·黄兴·蔡锷·胡汉民/杜英穆编著. 再版. 台北市：名望出版社. 1987.9（别传丛书；3）

本书分5编：鉴湖女侠秋瑾、革命先烈赵声、开国元勋黄兴、护国军神蔡锷、革命硬汉胡汉民。书中附有革命先烈先贤别传主要参考资料和照片。

3331 饶氏兄妹：从黄花岗到红岩村/陈先学. 重庆：重庆出版社. 1994.12

本书描述了饶氏兄妹颇富传奇色彩的一生，并通过饶氏兄妹走过的道路，展示了从辛亥革命到新民主主义革命的历史。全书分为上编同盟忠魂和下编虎穴巾帼两编。其中上编包括：孝廉人家、棍击学监、避祸学农、离别夺钱等3部分；下编包括：迟闻噩耗、以书为媒、婚事新办、有志夫妻等49个部分。有代序和附文、照片。

3332 人文精神读本，生活：中级版/黎尚主编；梁启超，王蒙等著. 北京：中央编译出版社. 2006.6

本书内容包括：故乡的野菜——周作人、论诚意——朱自清、我的处世哲学——王蒙、少年中国说——梁启超、春末闲谈——鲁迅、脸与法治——林语堂、两个大都市——王守忆、白发苏州——余秋雨等。

3333 仁慈为本：康德黎夫妇的生平/（英）简·康德黎·斯图尔特著；施美华，李东译. 北京：世界知识出版社. 1996.7

本书共18章，包括：早年生活、查灵克罗斯医院和急救的萌芽、志愿医疗救护团、香港和香港华人西医书院、外科学在香港、医学在中国—淋巴腺鼠疫、骚乱与美誉、在伦敦遭绑架、热带医学、一个时代的结束、朋友和亲人：跨越时空的友谊、战争威胁、孙中山：中国第一位总统等内容。书中附有前言。

3334 日本浪人与辛亥革命/赵金钰著. 成都：四川人民出版社. 1988.4（中国近代史专题研究丛书）

本书共12章，主要包括：概论、孙中山与日本的大陆政策、浪人首领头山满、内田良平的东亚经论、论北一辉、梅屋庄吉、佃信夫与张勋复辟、末永节和肇国会等内容。

3335 三大师谈国学/梁启超，章太炎，朱自清著. 上海：三联书店. 2007.2（阅读世界人文书系）

本书共3部分，内容主要包括：清代学术概论、经典常谈。

3336 三十三种清代人物传记资料汇编. 第一册—第三册/天津图书馆历史文献部编. 影印本. 济南：齐鲁书社. 2009

本书包括：清史稿列传、清史列传80卷、国朝先正事略60卷、清代学者像传、国朝书人辑略11卷等内容。

3337 三湘英烈传，旧民主主义革命时期. 第一卷/饶怀民主编；湖南省革命烈士传编纂委员会编. 长沙：国防科技大学出版社. 2001.8

本丛书记述了旧民主主义革命时期著名湘籍烈士英勇和光辉的一生，本册为第一卷，收集了81名英烈，共72篇传记，收录传主的时间范围从1840年第一次鸦片战争至1900年自立军起事失败为止。收录在本册的英烈包括：黄生才、林启容、唐正才、龙松年、胡轮、罗荣光、蔡钟沽、田邦璇等。

3338 三湘英烈传，旧民主主义革命时期. 第四卷/饶怀民主编；湖南省革命烈士传编纂委员会编. 长沙：国防科技大学出版社. 2005.12

本丛书记述了旧民主主义革命时期著名湘籍烈士英勇和光辉的一生，本册为第四卷，收录从1840年第一次鸦片战争发生至1919年五四运动整个旧民主主义革命时期共132名英烈的传记，如同前三卷一样，编入本卷的所有传主一般按照牺牲的时间先后排列，包括：邱志儒、邓世恩、周福贞、黄亮、黄文高、刘廷扬、夏雷、何晏等人。

3339 山东革命党史稿：先烈传. 上/丁惟汾主编；于恩波等编纂. 台北：山东革命党史编纂委员会. 1971

本书为上册，包括：徐镜心传、薄子明传、路友于传、赵锡九传、蓝毓昌传、赵魏传、刘懋德传、李凤鸣传、邹斌元传等内容。书中附有山东革命党史稿序和照片。

3340 山东革命党史稿：先烈传. 下/丁惟汾主编；于恩波等编纂. 台北：山东革命党史编纂委员会. 1971

本书为下册，包括：王立德传、贾振琨传、王以成传、臧汉臣传、李凤官传、丁学舜传、赵应秦传、王守曾传等内容。书中附有照片和山东革命先烈碑传。

3341 山东革命文化人物简介/王增乾编著. 北京：中共党史出版社. 2005.6（山东革命文化丛书. 附录）

本书简要介绍了1911年至1949年期间为山东革命事业做出重大贡献和对山东社会发展产生重大进步影响的人物，按姓氏笔画排列。其中包括：丁惟汾、马本斋、王元盛、严光、杨一辰、杨士法、黎玉、潘复生等。

3343 陕西革命先烈事略/蔡屏藩编述；于右任校阅. 台湾：[出版者不详]. 1962.4

本书介绍了110位陕西在辛亥革命时期死难烈士的生平和事迹。

3344 陕西著述志：公元前1066－1911/李正德主撰. 西安：三秦出版社. 1996.8

本书是一部地方文献性的参考书，全书汇集了陕西省78个地、市、县中辛亥革命以前的1715位历史人物的著述目录4420种。

3345 上海孙中山宋庆龄文物图录/秦量主编. 上海：上海辞书出版社. 2005.7

本书分别收录与孙中山、宋庆龄革命活动和思想具有重要关系的代表性文物共342件。文物包括：题词、文稿·著作、函电、印章、地图、学习·工作·生活用品、肖像照片、亲友馈赠纪念品、艺术收藏品等。

3346 甦庄存稿/言敦源著. 影印本. 台北：文海出版社. 1975（近代中国史料丛刊续编；206）

本书分为甦庄文存和甦庄诗存两部分。其中甦庄文存包括：渔隐外庄图记、谢贞女殉节记、送日本立花中佐归国序、陈一甫先生寿序等。甦庄诗存包括：三十初度、南行纪事诗、南行杂诗、乐府诗等。

3347 嵊县文史资料. 第5辑，辛亥革命史料专辑/中国人民政治协商会议嵊县委员会文史资料委员会编. 嵊县：中国人民政治协商会议嵊县委员会文史资料委员会. 1987.12

本书内容包括：竺少康年谱、周亚卫传略、童航时传、童济时传、胡士俊传略、二次革命烈士张韶良、辛亥革命军事人物马开崧传略、徐锡麟三访嵊县等。书中附有照片、代序、编后和有关嵊县参加辛亥革命著名人物史料辑录。

3348 十二忠烈传/王树滋编著；徐忍茹，汤增璧校订. 南京：正中书局. 1936.4（国民说部. 第二集. 国民革命集；8）

本书是章回体通俗小说，凡14章。记述陆皓东、史坚如、吴孟侠、徐锡麟、秋瑾、熊成基、温生才、陈敬岳、林冠慈、吴禄贞、彭家珍、钟明光12人事迹。

3349 双杰传：方声洞，林觉民合传/乐茝军著. 台北：近代中国出版社. 1979.8（近代中国丛书. 先烈先贤传记丛刊. 13）

全书分9部分，包括：被爱的童年、焕发的少年、忧患的青年、亲情爱情、肝胆相照、回国投身、诀别、赴义、永生。书中附有照片和先烈先贤传记丛刊序言。

3350 双清诗画集/廖仲恺，何香凝著. 北京：人民美术出版社. 1982.9

全书分为诗篇和画页两部分。其中双清词草（廖仲恺）31首、何香凝诗39首、画页102幅。诗篇中包括：幽禁中感赋、蝶恋花、征妇怨、冬夜洗衣、往法国途中、采桑、高举红旗、遥念台湾等。画页中包括：山水、虎、狮、花、菊、雪鹿、枫树、松竹梅等。

3351 思想家丛书/樊美筠，海童主编. 北京：中国华侨出版社. 1996.4（“中华魂”华夏名人传记系列）

本丛书收录的思想家包括：老子、孔子、墨子、韩非子、孙子、庄子、孟子、荀子、孙膑、董仲舒、王夫之、顾炎武、黄宗羲和严复。共22册。

3352 宋氏三姐妹/（美）尤恩森著；赵云侠译. 北京：世界知识出版社. 1984.5

本书记述了宋氏三姐妹——宋庆龄、宋蔼龄、宋美龄的家庭、青少年时代的生活，后来各人所走的不同道路以及她们对当时社会所起的作用和影响。有照片。

3353 随州文史资料. 第二辑/中国人民政治协商会议湖北省随州市委员会文史资料研究委员会编. 随州：中国人民政治协商会议湖北省随州市委员会文史资料研究委员会. 1985

本书内容以随州市参加辛亥革命部分人物资料为主，尤以有关何成浚先生的资料为重点。书中附有编后和照片。

3354 孙中山·蔡元培/蒋永敬，陶英惠著. 更新版. 台北：台湾商务印书馆. 1999.8（中国历代思想家；20）

本书分两编：孙中山和蔡元培。内容包括：幼年家乡的环境和生活、旅居檀香山就学西校、由宣传改革到立志革命、转学香港西医书院鼓吹革命、借医术为入世之媒、创立兴中会与首次起义、生平与时代、著述与思想等。本书有参考书目和插图。

3355 孙中山和蒋介石交往纪实/周盛盈. 石家庄：河北人民出版社. 1993.7

全书分上、下两篇。上篇以孙中山为主线，展现的是孙中山通过陈其美的介绍认识蒋介石后，开始逐渐了解蒋介石，并对其加以任用和信任。下篇以蒋介石为主线，勾画出了蒋介石在得到孙中山的重用后，个人野心逐渐暴露，到孙中山逝世后背叛三民主义，反俄反共的复杂历史画面。

3356 孙中山和宋庆龄：电影、电视剧本专辑/中国展望出版社编. 北京：中国展望出版社. 1986.8

本书共收5部电影、电视文学剧本。包括：孙中山和宋庆龄、林巧稚大夫、将军行、敦煌守护神、刀客传奇。书中有编者的话。

3357 孙中山及辛亥人物论丛/尚明轩. 香港：东方红书社. 2001.10

本书分5编，主要包括：孙中山、宋庆龄、廖仲恺和何香凝、黄光、朱执信等，学旅之什等。书中有前言和附录。

3358 孙中山廖仲恺与中国革命/（美）陈福霖著. 广州：中山大学出版社. 1990.6（中山大学学术丛书. 社会科学系列）

全书分两编：孙中山与中国革命、廖仲恺与中国革命。内容包括：“从反清到反帝：孙中山对中国民族主义的阐释”、“孙中山与五四运动”、“孙中山与中国国民党改组的起源”、“评述有关孙中山与国共合作的重要著作”、“廖仲恺的家世及早期事迹”、“廖仲恺与孙中山”、“廖仲恺在中国革命史上的地位”、“撰写《廖仲恺年谱》引用的重要史料”等。书中附有照片、序言和自序。

3359 孙中山宋庆龄与梅屋庄吉夫妇/俞辛，熊沛彪. 北京：中华书局. 1991.7

本书介绍了梅屋庄吉的主要生平和他对孙中山革命的景仰，记述了梅屋庄吉对孙中山从事革命活动各个阶段的竭力支持和慷慨的经济援助，讴歌了孙中山、宋庆龄与梅屋庄吉夫妇之间深厚的友谊。有照片。

3360 **孙中山先生与蒋中正先生**/邵铭煌．台北：近代中国出版社．1994.11（中国国民党一百周年丛书）

本书分3个单元，包括："两位历史巨人的一生"、"革命薪传史画"、"辅车相依，一致奋斗"。有照片。

3361 **孙中山与国民党左派研究**/尚明轩．北京：人民出版社．1986.7

本书辑录了孙中山、宋庆龄、廖仲恺、何香凝、朱执信5位革命者的15篇论文和5篇传略，并侧重于对他们坚持孙中山联俄、联共、扶助工农三大政策和坚固国共合作方面的研究。有照片。

3362 **孙中山与湖州人**/沈石铭．北京：团结出版社．2001.11

本书分3编讲述了孙中山以及追随孙中山的一批湖州先辈为辛亥革命作出的非凡业绩，包括孙中山，孙中山对我国传统道德伦理思想的继承与发展，湖州光复的前前后后等内容。有照片。

3363 **孙中山与蒋中正的民族主义思想：一八九四——九七五**/朱谌．台北：黎明文化事业公司．1993.8

本书共8章，主要内容有：近代中国民族主义的觉醒、文化的民族主义思想、伦理的民族主义思想、政治的民族主义思想、经济的民族主义思想、济世的民族主义思想、区域的民族主义思想、中国民族主义理论的实践。

3364 **孙中山与宋庆龄**/张磊、萧润君、盛永华著．广州：广东人民出版社．1997.12

孙中山先生是伟大的爱国者、民主革命先行者。宋庆龄先生是伟大的爱国主义、民主主义、国际主义、共产主义战士。本书分为农家之子共和之父、爱国女学生走上革命途、十年携手共艰危、路漫漫其修远兮吾将上下而求索、为新中国奋斗、在社会主义事业的征程中等6部分。

3365 **孙中山与宋庆龄**/耿可贵．郑州：河南人民出版社．1982.7

本书为《孙中山与宋庆龄》的戏剧剧本。故事展现了二人光辉伟大的形象。有剧照。

3366 **孙中山与宋庆龄**/晨光著．北京：团结出版社．2004.1（世纪风流书系）

本书记述自1894年孙中山奔赴檀香山建立革命党前与宋家的交往，1915年两人的结合，至1925年孙中山去世两位革命伴侣相濡以沫的人生历程。书中收有近200幅历史图片和照片。

3367 **孙中山与宋庆龄**/耿可贵，张启蓉．杭州：浙江文艺出版社．1990.2

本书为9集电视连续剧文学剧本，以孙、宋二人的爱情为主线，立足于写人，写情。有作者像。

3368 **晚清民国人物另类档案**/苏文编著．北京：中华书局．2006.6

本书收录百余则奇闻轶事，讲述了100个晚清民国时期人物的故事，包括：曾国藩、张之洞、张謇、严复、康有为、袁世凯、孙中山、蔡元培、章太炎、黄兴、梁启超、宋教仁等，读者可从中了解他们鲜为人知的一面。

3369 **孙中山与宋庆龄**/马再淮著．台北县：华立文化．2004.2（People：02）

本书讲述了孙中山与宋庆龄伟大的爱情。全书共4章，内容包括：天地鸿蒙谁将情种、姐妹睨于墙、樱花烂漫的时节、婚波等。

3370 **追寻已远——晚清民国人物素描**/吴方著；越宁编．北京：人民文学出版社．2005.8

本书追寻的是在历史上留下深刻印迹的人物，如：龚自珍、魏源、曾国藩、梁启超、谭嗣同、严复、章太炎、蔡元培、胡适等，阐发人物心灵隐秘，评估人物历史历过。

3371　孙中山与宋庆龄/郑彭年. 北京：新华出版社. 2002.1

本书主要内容有甲午风云骤然起、农家出身志气高、面向西方求真理、孙文回国成大局、第一夫人戴桂冠、四海同悲夫人病、国之瑰宝永放光等。

3372　孙中山与宋庆龄：诗体小说/张永枚. 广州：花城出版社. 1984.1

本书共9章，主要内容包括：一九二二年的春神、精诚团结、白花洲、水兵和总统、革命和爱情、守卫总统府、劫后相逢、失望和希望等。

3373　孙中山与袁世凯/林凤. 北京：中国档案出版社. 1995.8

本书分16章，包括："安阳城袁世凯卧薪尝胆伺机东山再起　武昌首义程定国打响辛亥革命第一枪"、"浴血奋战革命胎死腹中，李统协坐享其成　江山易主来了大总统有了中华民国"、"孙中山海外遥遥望革命　袁世凯阴险为己出山挞伐"、"历艰险逸仙回国内上海载歌迎孙文　忆旧事恨清廷切骨出来了枭雄袁世凯"等。有照片。

3374　他城：中国文化名人眼中的外国名城/梁启超，朱自清等著；马相武主编. 北京：中国华侨出版社. 2007.5

本书收集了中国现代著名文人在"他城"的游历之作。包括：梁启超、朱自清、徐志摩等人。有插图。

3375　谭复生唐佛尘先生墨迹/（清）谭嗣同，（清）唐才常书；汪兆铭编. 影印本. 上海：[出版者不详]，民国二十五年（1936）

本书为汪兆铭（号精卫）在民国24年（1935）唐有壬被刺杀后，悲愤之余，且感于谭嗣同（字复生）、唐才常（字佛尘）二前辈皆赍志殉国，于是把唐有壬所赠谭嗣同上其师欧阳中鹄万言书、唐才常上其师欧阳中鹄书合编影印，其中附有唐有壬、欧阳立徵（欧阳中鹄子）跋，及汪兆铭题识二则与挽唐有壬联。谭嗣同万言书中，主张兴办算学社促进维新变法，也就是后来有名的《兴算学议》。谭书、唐书及汪兆铭诸人题识，皆是墨迹影印。有张元济题"汪精卫见贻，转付东方图书馆藏弆　张元济　民国廿五年二月"。

3376　桃源文史. 第三辑，辛亥革命时期桃源人物集/湖南省桃源县政协文史资料研究委员会编. 复制本. 香港：国际展望出版社. 1991

本书共搜集50多篇、30多位辛亥革命时期人物的"三亲"史料和综合性的资料，包括：先父唐伯球、我所知道的胡瑛、烈士吴先梅、宋教仁与潭江书院、先父罗维镛、回忆董维键博士、先君文骏生平事略等。书中附有补白、图片、题词、前言和编后语。

3377　图文版白话二十五史精华. 第十卷，明史清史稿/骈宇骞主编. 北京：中国文联出版社. 2000.3

本书分为明史和清史稿两部分，其中明史包括：姚广孝、杨士奇、王守仁、戚继光、张居正等人列传；清史稿包括：太祖本纪、睿忠亲王多尔衮、洪承畴、施琅、王士祯等人列传。本书附插图。

3378　推动中国历史进程的99人：1911年前/杨立著. 上海：上海大学出版社. 2006.5（精英丛书）

本书选帝王22人、名臣16人、名将7人、思想家9人、名僧道4人、史学家5人、艺术家20人、科学家5人、教育家4人、名医4人、探险家3人，按时间先后顺序排列做了介绍。

3379　晚清名儒年谱. 15/本社影印室辑. 影印本. 北京：北京图书馆出版社. 2006（清人年谱系列）

本书包括：陶庐老人自订年谱（王树枏）

二卷/王树枏编、啬翁自订年谱（张謇）二卷/张謇编、水竹邨人年谱（徐世昌）二卷、附录一卷/贺培新编。

3380 晚清名儒年谱．16/本社影印室辑．影印本．北京：北京图书馆出版社．2006（清人年谱系列）

本书包括：侯官严先生年谱（严复）一卷/严璩编、桐城马先生年谱（马其昶）一卷/陈祖壬编、郑叔问先生年谱（郑文焯）一卷/戴正诚编、侯官陈石遗先生年谱（陈衍）七卷/陈声暨编；王真续编；叶长青补订、侯官陈石遗先生年谱（陈衍）一卷/王真编。

3381 晚清七十年．伍，袁世凯、孙文与辛亥革命/唐德刚著．台北：远流出版事业股份有限公司．1998.6（唐德刚作品集．5．民国通史晚清导论篇）

本书分为8个部分，内容包括："从蒋中正与毛泽东说到袁世凯"、"从中原世族到朝鲜监国"、"乱世抓枪杆，有枪便有权"、"卷入三大危机，一项运动"、"论孙文思想发展的阶段性"、"细说辛亥革命"、"同盟会是个革命大拼盘"、"魅虏易驱，民国难建"。有照片。

3382 晚清史事/杨天石著．北京：中国人民大学出版社．2007.7（朗朗书房．杨天石近代史文存）

本书主要内容有：太平天国的"太阳"、慈禧太后其人、孙中山在1900年、何震揭发章太炎、邹容自贬《革命军》、1901年至1905年的拒俄运动、清政府乞求日本驱逐孙中山、为有炮声动地来清末报纸对武昌起义的反应等。

3383 汪精卫和蒋介石/王朝柱著．北京：中国青年出版社．1993.1（中国近代历史人物丛书）

本书包括5部分，主要内容有：初合即分、再合再分、分分合合、分道扬镳、尾声。

3384 汪精卫与陈璧君/程舒伟，郑瑞峰著．北京：团结出版社．2004.1

本书记述汪精卫与陈璧君早期立志反清、护法运动中两人生死相随，及后来汪投敌卖国两人夫唱妇随、成为历史罪人的结局。附照片。

3385 汪精卫与吴稚晖的论文集/严勖哉编．复制本．上海：新时代书店．1928

本书内容包括：分共以后、致吴稚晖函、粤变后之宣言、读了汪先生"分共以后"的赘言、弱者之结语、相当时期的话、两个旧电报、致民国日报记者等。书中附有附录。

3386 伟人百传．第六卷，孙中山宋庆龄李光耀尼克松曼德拉/侯书雄主编．呼和浩特：远方出版社．2002

本卷包括孙中山、宋庆龄、李光耀、尼克松、曼德拉5位世界历史上著名的政治家的传记，勾勒出他们的主要人生轨迹。

3387 未能忘却的忆念：《宇宙风·自传之一章》《人世间·名人志》合集/蔡元培等著．上海：上海古籍出版社．1999.12（白屋丛书）

本书汇辑文章是从《人间世》的《名人志》和《宇宙风》的《自传之一章》中录取的。分别为蔡元培、陈独秀、何香凝等人的自传和郁达夫、曹聚仁等为他人写的传记。本书有编者的话及序。

3388 文武北洋：1912－1928/李洁著．再版增订版．桂林：广西师范大学出版社．2006.9（温故书坊）

本书集中记录了作者对民国初期，即"反动的北洋军阀时代"的寻找与发现。内容包括：《漳洹犹觉浅——袁世凯遗址畅想》、《东厂胡同有遗德——对黎元洪故宅的寻访》、《凄雨中的末路英雄——段祺瑞旧居及其他》、《茫茫烟蔓寻何处——吴佩孚遗迹考》、《市井有谁知国士——沪上"遇"杨度》、《长青的孤桐——章士钊京华故居行》等。有人物照片和故居图片。

3389 我所知道的“北洋三杰”王士珍段祺瑞冯国璋/文斐编. 北京：中国文史出版社. 2004.1（揭秘中国军阀丛书）

本书包括：“龙”——王士珍、“虎”——段祺瑞、“豹”——冯国璋3篇。其中第一篇有尽忠朝廷、左右逢源等内容。第二篇有少年挚友、官高不弃等内容。第三篇有直系魁首、跌宕人生等内容。

3390 我所知道的“北洋三雄”徐世昌曹锟孙传芳/文斐编. 北京：中国文史出版社. 2004.1（揭秘中国军阀丛书）

本书内容包括：“北洋师爷徐世昌”、“直系元戎曹锟”、“五省联帅孙传芳”3篇。

3391 我在孙中山、张学良、蒋介石身边的日子/（澳）端纳口述；（美）泽勒记录. 台北：周知文化事业公司. 1994.7（大历史系列；2）

本书共17章，主要内容有：开启中国顾问的传奇生涯，成为举世瞩目的名记者、置身辛亥革命的核心、走进孙中山的世界、袁世凯兴亡秘辛、目击孙中山的临终一刻、张学良的内心世界等。

3392 无穷的困惑：黄炎培、张君劢与现代中国/许纪霖著. 再版. 上海：三联书店. 1998.9

本书内容包括：大变动时代的两个弄潮儿、政海与学海：进退维谷的困境、历史设下了布满陷阱的迷津、重庆与延安：两极中的持中与倾斜、从独立到依归：不可违抗的必由之路等。

3393 吾师吾友/梁启超等著；鄢斌编. 北京：团结出版社. 2007.1

本书收录了梁启超、鲁迅、沈从文、周作人等名家的散文，分为：友谊一生老益重、先生之风山高水长、铁肩担道义妙手著文章、友人杂忆等9篇。有插图。

3394 武昌起义的前导彭楚藩、刘复基、杨宏胜传/朱介凡著. 台北：近代中国出版社. 1982.12（近代中国丛书. 先烈先贤传记丛刊；39）

本书以三人合传的形式简要介绍了彭楚藩、刘复基、杨先胜三位辛亥革命的先驱者的生平事迹，对他们为辛亥革命做出的贡献作了评价。本书分为赞、七十一年历史的见证、鄂州英才、湘学薪传、襄河下武汉、铁血双十震撼世界、附录、参考书目等部分。附插图。

3395 西北/戴季陶著. 再版. 南京：新亚细亚学会. 1932.5（新亚细亚学会边疆丛书）

本书辑戴季陶、马鹤天、丁上源、陈海滨、吴稣、彭文和、朱允明、蔡元本等12人所写有关开发中国西北地区的专论20篇。有编后记。

3396 襄阳政协文史资料，第一辑：纪念辛亥革命七十五周年专辑，辛亥革命襄阳人物简介/襄阳县政协文史资料研究委员会编. 襄阳：襄阳县政协文史资料研究委员会. 1986.10

本书记述了辛亥武昌起义时期（大体上是从1904年到1916年）襄阳籍的革命志士的活动、经历，包括3部分：辛亥革命襄阳人物简介、附录和小资料。书中附有照片、凡例、前言和编后语。

3397 写在生活边上/梁启超，鲁迅等著；房福贤编. 济南：山东画报出版社. 2007.6

本书编选梁启超、李叔同、鲁迅、周作人等近现代文化名流谈衣、食、住、艺、玩的文章多篇。有照片和图。

3398 谢逸桥谢良牧与孙中山领导的民主革命/房学嘉，李大超. 广州：暨南大学出版社. 1991.8

本书主要内容有：谢逸桥与清末潮梅革命运动、《中华新报》与“嘉应党狱”案、谢逸桥谢良牧与辛亥广州之役、谢良牧与辛亥广东光复、谢良牧与护法斗争、孙中山与松口、谢良牧与讨伐陈炯明的斗争、谢良牧反对曹锟贿选的斗争等。

3399 辛亥风云人物/曾业英等编著．福州：福建教育出版社．1993.12（中国近代爱国人物故事丛书）

本书讲述生长素、黄兴、章太炎、宋教仁、邹容、陈天华、秋瑾、徐锡麟、吴禄贞、朱执信等人的故事。

3400 辛亥风云人物钩奇/刘泱泱等著．长沙：湖南文艺出版社．1991.11

本书记载了82位辛亥英烈。辛亥革命的主要人物和重大事件，本书都有介绍。

3401 辛亥革命北方英烈小传/黄真等编．北京：北京出版社．1984.12

本书记述了辛亥革命时期在北方战斗和牺牲的革命先烈蒋卫平、吴禄贞、白雅雨、王金铭、彭家珍、蔡德辰、张先培、陈翼龙等人物的事迹。书中附有照片、写在前面和主要参考书刊目录。

3402 辛亥革命湖北人物传资料选编/湖北省档案馆档案资料编辑室，湖北省地方志办公室资料室同编．武汉：湖北省档案馆档案资料编辑室；湖北省地方志办公室资料室．1983.3

本书选编了吴禄贞、刘成禹、蓝天蔚、朱和中、周泽春、胡秉柯、史青、贺之才等辛亥革命时期的湖北人物传。书中附有代序言和附录。

3403 辛亥革命人物像传/辛亥革命武昌起义纪念馆编．武汉：武汉大学出版社．1993.6

本书图文并茂地（文字包括中、英、日3种）介绍了1901年至1913年辛亥革命人物共计174名，包括孙中山、程潜、马君武、廖仲恺等人。附照片。

3404 辛亥革命时期的历史人物/李新，任一民等编．北京：中国青年出版社．1983.3

本书主要内容包括：伟大的革命先行者孙中山、革命军中马前卒邹容、巾帼英雄秋瑾、黄花岗烈士林觉民、辛亥革命时期的蔡元培、光复会的领导人陶成章、沪上督军陈其美、清末摄政王载沣等。

3405 辛亥革命四川三大将军传/曾绍敏等编著．成都：四川省社会科学院出版社．1986.6

本书记录了邹容、喻培伦、彭家珍3位四川籍烈士在辛亥革命时的事迹。书中有照片、孙中山大总统祭蜀中死义诸烈士文、孙中山大总统令陆军部抚恤邹谢喻彭四烈士文、前言和后记。

3406 辛亥革命四烈士年谱/孙元超编．北京：书目文献出版社．1981.1（文献丛书）

内容提要参见3407。

3407 辛亥革命四烈士年谱/孙元超编．2001重印．北京：北京图书馆出版社．1981.1

本书包括了徐锡麟、秋瑾、陈伯平、马宗汉四人的年谱。书中附有照片、序言、凡例、附录：《徐锡麟书札四十二通》、《光复军告示》、《徐锡麟供词》、《孙中山致徐锡麟》、《大通师范学堂第二次招生广告》等14篇文章。

3408 辛亥人物碑传集/卞孝萱，唐文权编．北京：团结出版社．1991.10

本集选辑的范围是与辛亥革命有关的人物，其主要活动均在清末民初时期。本集收录了碑传250多件，分为15卷。1—6卷为革命人物。7—11卷为民初政治军事人物。12—14卷为清廷人物。15卷泛收其他人物。

3409 辛亥人物论集/饶怀民主编．兰州：甘肃人民出版社．2001.8

本书主要内容包括：孙中山的近代化思想与反封建、孙中山的对外开放思想及其基本特征、马君武与辛亥革命、黄兴功过辨析、吴禄贞与武昌起义、伍廷芳与南北议和、李烈钧与“二次革命”、蔡锷的政治思想及其演变、杨度的君主立宪救国思想述论。

3410　辛亥武昌首义人物传/贺觉非. 北京：中华书局. 1982.1

本书按个人不同政治面貌和不同情况，分为日知会、同盟会、共进会、文学社、其他革命志士、首义烈士和有关人物等列传共8篇。

3411　辛亥殉节录：六卷/罗正钧辑. 刻本. 湘潭：湘潭罗氏养正斋，民国九年（1920）

此书系对辛亥革命的战火中死去的清政府官员、驻防官兵及其家属的记录。分为6章：殉节诸守令传略上、殉节诸守令传略下、殉节诸武臣传略上、殉节诸武臣传略下、殉节诸士人传略、殉节驻防将士表。详细叙述了战争中人们的死难经过。本书2册。

3412　辛亥殉难表/吴自修撰. 铅印本.［出版地不详］：［出版者不详］，民国间（1912—1949）

该书主要记述辛亥革命中在镇压革命时殉难的清政府官员和驻防兵丁及家属姓名列表。包括：西安驻防殉难职官兵丁表附家属，福州驻防殉难官兵丁表附家属及福州捷胜营汉军殉难兵丁表，江宁驻防殉难官兵民表附家属，京口驻防殉难职官兵民表附家属。每人名下均列出死因。

3413　辛亥殉难记/吴子修.［出版地不详］：增订者自刊. 宣统三年（1911）

内发文职传、武职传、驻防传、列女传4卷。记述辛亥革命时为清朝效忠而亡的清官吏及眷属近300人的传略。卷首有宣统三年（1911年）上谕20篇。

3414　辛亥殉难记/吴子修著；金息侯增订. 3版.［出版地不详］：增订者自刊. 1930

内容提要参见3413。

3415　辛亥殉难记/吴庆坻修；金梁增订. 影印本. 台北：成文出版社. 1968.9（清末民初史料丛刊；26）

全书分5卷，包括：文职传一；文职传二；武职传；驻防传；列女传和列女表附。书中附有辛亥殉难记卷首和辛亥殉难记序。

3416　辛亥殉难记/吴庆坻修；金梁补. 影印本. 台北：文海出版社. 1981（近代中国史料丛刊续编. 第八十二辑；815）

内容提要参见3415。

3417　辛亥殉难记/吴子修著；金息侯增订.［出版地不详］：增订者自刊. 1935

内容提要参见3413。

3418　辛亥殉难记：六卷/吴自修撰. 影印本. 台北：明文书局. 1985（清代传记丛刊. 名人类）

全书分6卷，包括：文职传一；文职传二；武职传；驻防传；列女传和列女表附；重印增补。书中附有重印辛亥殉难记跋和辛亥殉难记序。本书与《辛亥殉节录》/罗正钧撰、《黄花岗七十二烈士传》/邹鲁辑合订。

3419　辛亥殉难记：六卷卷首一卷/吴自修撰. 铅印本.［出版地不详］：［出版者不详］，民国间（1912—1949）

此书系吴自修搜访辛亥年殉难之清政府官兵、家属资料汇聚而成。书前有王先谦序。是年殉难文武官员150余人。卷首为上谕十余篇，多为追封、哀悼之语。分为文职传、武职传、驻防传、列女传和列女表附。本书2册。

3421　辛亥以来人物传记资料索引/王明根主编；复旦大学历史系资料室编. 上海：上海辞书出版社. 1990.12

本索引共收录1911—1949年有传记资料的正、反面人物18000余人，中文传记资料80000余条。

3422　辛亥以来人物年里录/邵延淼. 南京：江苏教育出版社. 1994.6

本书是综合性人物工具书，共收各界人物

15696 人。书中之资料收集起止期为 1911 年至 1993 年 6 月。大致划分为清廷末期、北京政府和国民政府、伪政权、新中国几个阶段。书中人物都是在一定时期、一定地区具有一定影响的人物。辞条中除著录姓名、生卒年、性别、民族、自号、籍贯等尽可能详尽外，还著录其重要职务，以反映人物之主要经历。全书包括：前言、编辑说明、人名索引、人物年里录、人物地理分布索引、后记几部分。

3423 星马华侨中之杰出人物/程光裕著. 台北：华冈出版公司. 1977.5（新知丛书）

全书分 4 部分，内容包括：奇才学者辜鸿铭、传奇人物林文庆、南侨诗宗邱菽园、抗疫战士武连德。书中附有序和插图 7 幅。

3424 行道天涯：孙中山与宋庆龄的革命与爱情故事/平路著. 台北：联合文学出版社. 1995.3（联合文丛；80）

本书分 62 个部分讲述了孙中山与宋庆龄的革命爱情故事。书中有代序。

3425 血路：范传甲、倪映典、熊成基三烈士传/胡秀著. 台北市：近代中国出版社. 1982.2（近代中国丛书. 先烈先贤传记丛刊. 28）

全书分为 13 部分，包括：革命激情、志同道合、儿女情长、壮士一去、长春之旅、人心叵测、冤家路窄、熊成基边地殉国等内容。书中附有先烈先贤传记丛刊序言和插图。

3426 血战：胡雪岩与盛宣怀的双雄争霸战/李帅达著. 长春：长春出版社. 2009.1

全书分 14 回，包括："绩溪县，放牛娃大放异彩"、"借权贵，胡雪岩渐渐露头"、"常州市，盛宣怀乱世降生"、"建奇功，无愧于红顶商贵"、"股份制，盛宣怀大开先河"、"办电报，盛宣怀敢为人先"、"兼官商，盛宣怀英雄迟暮"等。

3427 寻求历史的谜底：近代中国的政治与人物/杨天石著. 北京：首都师范大学出版社. 1993.7（当代中国学者文库）

本书分上、下两册，内容包括：关于宣南诗社、龚自珍的戒诗与学佛、毕永年生平事迹钩沉、1901 年至 1905 年的据俄运动、同盟会的分裂与光复会的重建、章太炎与端方关系考析、读孙中山致纽约银行家佚札、蒋介石为何刺杀陶成章等。书中附有序、后记和插图。

3428 寻求历史的谜底：近代中国的政治与人物/杨天石著. 北京：中国人民大学出版社. 2010.3（当代中国人文大系）

内容提要参见 3427。

3429 寻求历史的谜底：近代中国的政治与人物/杨天石著. 台北：文史哲出版社. 1994.12

内容提要参见 3429。书中有著者像及插图目录。

3430 严复·康有为·谭嗣同·吴敬恒/郭正昭等著. 更新版. 台北：台湾商务印书馆. 1999.8（中国历代思想家；19）

本书分别介绍了严复、康有为、谭嗣同、吴敬恒四位思想名家的生平事迹、主要思想和主要著作。

3432 杨振鸿张文光合刊/［著者不详］. 抄本. ［出版地不详］：［出版者不详］，民国间（1912—1949）

杨振鸿（1874－1909），字秋帆，号思复，云南省昆明市人，近代资产阶级革命者。1903 年留学日本，入振武学校学习军事。1905 年，加入同盟会。张文光，字绍三（一作少三），云南腾冲三街人。生性刚强，不畏势，不吝财。1906 年，在同盟会会员杨振鸿启发下加入同盟会。本书收有关杨张事迹的文章：赵藩杨君秋帆墓表、吕志伊杨君振鸿事略、张君文光传、记云南张君文光死事等。其中有的文章摘录自北京《顺天时报》、新加坡《国民日报》等。本书书名据书衣题。

3433　一士类稿·一士谭荟/徐一士著．重庆：重庆出版社．1998.8（清末稗史精选丛书）

本书为《一士类稿》与《一士谭荟》合订。其中《一士类稿》包括：自序、王闿运与《湘军志》、李慈铭与周祖培、太炎弟子论述师说、左宗棠与梁启超、谈段祺瑞、壬午两名医、杭州旗营掌故等。《一士谭荟》包括：序、靖港之役、张之洞与彭玉林、荣禄与袁世凯、倭仁和总署同文馆、咸丰军事史料、吴佩孚与郭绪栋、李审言文札等。

3434　游泸草：二集/章士钊，潘伯鹰撰．铅印本．［出版地不详］：［出版者不详］，民国三十三年（1944）

本书分前、后两集，前集章士钊撰，汇集民国三十二年（1943）之夏，其避暑峨眉道经泸州，匝月中唱酬诗篇、乐府；后集为同年七月，潘伯鹰所撰长句。

3435　云和文史资料．第一期，云和辛亥革命史料专辑/中国人民政治协商会议浙江省云和县委员会文史资料研究委员会编．云和：中国人民政治协商会议浙江省云和县委员会文史资料研究委员会．1985.1

本书内容包括：光复会重要篇章、云和概况、魏兰大事年表、辛亥革命烈士张庆祥、我的祖母何莲卿、魏兰轶事、魏兰与陈仪、处州最早的学校——先志学堂等。书中附有照片、前言和附录。

3436　早期改良思想家诗文选译/刘崇敬译注．成都：巴蜀书社．1997.6（近代文史名著选译丛书）

本书选译了早期改良思想家冯桂芬、王韬、容闳、马建忠、郑观应、何启的诗文。

3437　张元济蔡元培来往书信集/张树年，张人凤编．香港：商务印书馆（香港）公司．1992.1

本书收录了张元济与蔡元培的来往书札，上自1907年，下迄1939年，持续30余年。其中也包括了张元济与其他名人的亲笔来往书信。全书共计有189封信件。本书有编辑说明、《张元济蔡元培来往书信集》跋。

3438　章炳麟·欧阳竟无·梁启超·马一浮/张玉法等著．更新版．台北：台湾商务印书馆．1999.11（中国历代思想家；21）

本书介绍了中国思想家章炳麟、欧阳竟无、梁启超和马一浮的生平、思想、著作和影响。有照片，图表，肖像。

3439　章太炎、黄季刚二君关于刘申叔君之文十首（手稿）/钱玄同辑．稿本．

本书为毛笔手书原稿（内有他人代抄）。刘师培，字申叔。

3440　章太炎、刘师培、梁启超清学史著述之研究/李帆著．北京：商务印书馆．2006.10（北京师范大学史学文库）

本书以“宏观论析”和“个案研究”相结合，分为上、下篇。上篇着重评析章太炎、刘师培、梁启超的清学史著述中关系到清代学术全局的一些问题；下篇具体评析了戴震义理思想的阐发等问题，展示了他们关注清学的现实出发点和目的所在。

3441　章太炎尺牍·王阳明尺牍·归震川尺牍/章炳麟著．影印本．台北：广文书局．1994.12（尺牍续编）

本书收集整理了章太炎、王阳明、归震川的书信作品。

3442　章谭合钞/章太炎，谭复生撰．影印本．台北：广文书局．1977.1（国学珍籍汇编）

本书收录了章太炎和谭复生的文钞影印本，分为章太炎文钞和谭复生文钞两部分，其中章太炎文钞四卷，谭复生文钞两卷。

3443　招商局：长篇历史小说，清末卷/沙泽，张后铨著．武汉：长江文艺出版社．2000.9

本卷以招商局积极参与中国一系列重大政治、经济、军事、外交活动为主线，描写了招商局自成立至壮大的波澜壮阔的宏大历程与场景，浓墨重彩地塑造了政界风云人物李鸿章、荣禄、袁世凯、孙中山和商业巨子盛宣怀、朱其昂、徐润、傅宗耀等人的艺术形象，展示了招商局是个没有硝烟的战场。

3444 浙东三烈集/［著者不詳］.［出版地不详］:［出版者不详］.［出版年不详］

本书内容包括：《徐锡麟、陈伯平、马宗汉传》、《革命军首领徐锡麟示》、《徐锡麟法庭宣言》、《徐锡麟遗札》、《陈伯平遗札》、《马宗汉遗札》。书前有徐锡麟、陈伯平、马宗汉照片。

3445 浙江革命女烈志/浙江省妇女联合会编. 杭州：浙江人民出版社. 1981.9

本书内容包括：胡焦琴烈士传、林心平烈士传、李敏的故事、记郑明德烈士、党的女儿宣华芳、记杨静娟烈士、记沈一飞烈士。书中附有编者的话和插图。

3446 浙江人物综论/魏桥主编，浙江方志述论编写组. 北京：方志出版社. 1999.8（浙江方志述论；3）

本书为《浙江方志述论》全 3 册中的第 3 册，对浙江省政治、经济、文化、教育、科技、军事各个方面的人物进行了综合论述。

3447 浙江人物简志/浙江省社会科学院编著. 杭州：浙江人民出版社.［出版年不详］（浙江简志；2）

全书分上、中、下三册。收录在国内外或在本省历史上有一定影响的浙江籍人（也包括少数籍贯不是浙江而出生于浙江的）一千余名，记述其生卒年代及生平简历。下限迄 1980 年，所录人物包括：政治、经济、文化、教育、科技、军事等各个方面。

3448 浙江辛亥革命回忆录/中国人民政治协商会议浙江省委员会文史资料研究委员会编. 杭州：浙江人民出版社. 1981.8

本书是为了纪念辛亥革命 70 周年出版的。书中内容大都是在浙江的辛亥老人的亲身经历亲见亲闻的实录。包括：回忆孙中山先生莅绍经过、孙中山先生宁波之行、参加孙中山先生奉安典礼纪事、蔡孑民先生二三事、章太炎先生二三事、陶焕卿先生小传、秋瑾烈士的营葬悼祭活动资料、秋瑾未发表的诗等 35 篇文章。书中附有照片。

3449 浙江文史资料选辑 . 第十六辑/中国人民政治协商会议浙江省委员会文史资料研究委员会编. 杭州：浙江人民出版社. 1980

本书内容包括：张难先主浙见闻、浙江省早期的地质调查工作、追忆马一浮先生、浙江图书馆史略、我在蒋石侍从室里的点滴回忆、浙江解放前夜的陈仪、我所知道的汤思伯等。

3450 浙江文史资料选辑. 第二十一辑/中国人民政治协商会议浙江省委员会文史资料研究委员会编. 杭州：浙江人民出版社. 1982

本书内容包括：辛亥革命时期建德的一次会党起义、忆潘天寿、记蒋白里二三事、沈定一其人、我在松阳起义前后、杭州沦陷八年小记、记浙闽海匪、我对浙南平阳起义的回忆等。

3451 浙江文史资料选辑. 第二十七辑，浙江辛亥革命回忆录. 续辑/中国人民政治协商会议浙江省委员会文史资料研究委员会编. 杭州：浙江人民出版社. 1984.10

在本辑中，刊载了秋瑾的侄子秋高和侄女的文章，他们提供了秋瑾的一些轶事；登载了徐锡麟的侄子侄女的文章，澄清了一些过去尚不清楚的事实。内容包括：伯父徐锡麟轶事、秋瑾被害前后的秋家、秋瑾灵柩坟墓遭难记、记我的母亲——章太炎夫人汤国梨、陈其美事略、我所知道的陈其美、魏兰与陶成章、忆光复会王文庆、辛亥革命亲历记等。书中附有前言。

3452　浙江文史资料选辑．第三十辑，浙江辛亥革命回忆录．第三辑/中国人民政治协商会议浙江省委员会文史资料研究委员会编．杭州：浙江人民出版社．1985.2

本史料集中反映的是秋瑾、王金发这两个英雄人物。包括：秋瑾留学日本史实重要补正、秋瑾夫家——湖南王氏家事调查、还他“磊落妩媚”真相——序王金发史料、莽男儿、孙中山与王金发、章太炎与王金发、有关先父王金发的一些琐事、王金发侦破宋教仁被刺案始末等。书后有附录：袁世凯政府档案资料。

3453　真实与幻影：近世文人纵横谈/黄波著．台北：秀威资讯科技股份有限公司．2008.11（史地传记类；PC0062）

本书通过作者批阅的大量第一手资料，对胡适、张东荪、张君劢、梁漱溟等中国近现代文人的遭际和心态做了深层次的解读。本书分为三辑，第一辑为时代与人，包括14篇文章；第二辑为性情与命运，包括12篇文章；第三辑为现象解读，包括11篇文章。本书有自序一篇。

3454　镇江文史资料．第三辑，纪念辛亥革命七十周年专辑/中国人民政治协商会议江苏省镇江市委员会文史资料研究委员会编．复制本．镇江：中国人民政治协商会议江苏省镇江市委员会文史资料研究委员会．1981.10

本书内容包括：孙中山先生来过镇江、纪念民主革命先行者赵伯先烈士、革命前辈赵声（伯先）、有关赵伯先二三事、流传于镇江、大港的赵声和其家族轶事、镇江伯先公园和赵伯先墓、辛亥革命烈士阮德山史略等。书中附有照片。

3455　政海轶闻/陶菊隐著．上海：上海书店出版社．1998.3（民国史料笔记丛刊）

本书是陶氏早年的一部时人行迹笔札结集。内容包括：袁世凯、蔡锷、熊希龄、张勋、曹锟、吴佩孚、张作霖、冯玉祥、王闿运等。书中附有出版说明。

3456　知识分子与中国历史的发展/湖南历史学会编．长沙：湖南人民出版社．1985.7

本书汇集了从古代起到1919年五四运动前后止，中国历史上著名的知识分子代表人物154人的小传，包括：徐骧、谭嗣同、唐才常、华蘅芳、黄遵宪、邹容、陈天华、刘道一、禹之谟、黄兴、朱执信、严复等。

3457　知识分子与中国社会变革/贾春增主编．北京：华文出版社．1996.10

本书10章，包括：历史上的中国知识分子阶层、探索中的中国近代知识分子、知识分子与“五四”新文化运动、新民主主义革命与中国知识分子、知识分子在社会主义革命和建设中的作用等。

3458　中国百年传记经典．第一卷/萧关鸿编．上海：东方出版中心．1999.1

本书收录了《李鸿章传》、《邹容传》、《蔡元培口述传略》等11篇经典传记作品，展示出近、现代中国传记文学初创时期的特色。

3459　中国百年传记经典．第三卷/萧关鸿编．上海：东方出版中心．1999.1

本书包括张居正大传、义丐武训传、朱元璋传、西潮、八年回忆等内容，其中“八年回忆”以柳亚子在抗战期间的避难行程为线索，记载了当时许多重要历史事件的细节和著名历史人物的活动。

3460　中国百年传记经典．第四卷/萧关鸿编．上海：东方出版中心．1999.1

本书主要内容包括：八十年来知堂回忆录、顾维钧回忆录、早年自传、孔子传、我走过的道路、三松堂自序、牛棚日记等。

3461　中国大资本家传．1，南张北周卷/赵云声主编．长春：时代文艺出版社．1994.5

本卷共 3 部分，分别介绍了实业救国状元张季直、北洋实业导师周学熙、北周实业传人周叔弢。附照片。

3462 中国大资本家传. 4，川帮大亨卷/赵云声主编. 长春：时代文艺出版社. 1994.5

本书分 4 部分，包括：华夏航运巨星卢作孚、天府金融怪杰刘航琛、重庆金融巨头康心如、川帮银行大亨杨粲三。

3463 中国大资本家传. 6，商界领袖卷/赵云声主编. 长春：时代文艺出版社. 1994.5

本书分 4 部分，介绍了中国航业首富虞洽卿、南方企业总裁朱葆三、民族工业之魂叶澄衷、商文双栖勇士章乃器。有照片。

3464 中国大资本家传. 8，洋场巨商卷/赵云声主编. 长春：时代文艺出版社. 1994.5

本书包括：海上百货大亨郭琳爽、宦门创业奇才聂云台、华夏西药宗师黄楚九、上海电业巨星李平书 4 部分。书中附有照片。

3465 中国大资本家传. 9，实业巨子卷/赵云声主编. 长春：时代文艺出版社. 1994.5

本书分 3 部分，分别介绍了东南织染权威刘国钧、中南纺织英杰苏汰余和现代出版楷模张元济。

3466 中国大资本家传奇. 第 1 卷，南张北周实业救国/赵云声主编；刘明涛副主编. 台北：旺文社. 1998.1

全书分两部分：实业救国状元张季直、北洋实业导师周学熙。其中《实业救国状元张季直》中包含 12 章：京师无绪、辞官南归、南通纱厂、富强之本、东渡考察、好梦难圆、共和旗下、进退两难等内容。《北洋实业导师周学熙》中包含 17 章：家世与童年、历尽坎坷的科举之路、牛刀初试、大开眼界、整顿官银号、京城“自来水”、临危受命、“北洋实业”的高峰等内容。书中附有《中国大资本家传》序、照片和参考书目。

3467 中国革命史人物传略/范济国主编. 武汉：湖北教育出版社. 1987.1

本书收录了中国旧民主主义革命、新民主主义革命和社会主义改造基本完成三个阶段的重要人物，如冯玉祥、冯国璋、孙中山、杨度、李公朴、严复、吴玉章、宋庆龄等人的身世、作为、影响、功过等。书中有序言和附录。

3468 中国革命战争中的 100 个第一/崔哲，胡柏仁编著. 西安：未来出版社. 1992.12

本书主要内容有：打响武昌起义第一枪的人、我党第一任宣传部长、蒋介石黑名单上的第一人、毛泽东同志第一次遇险等。

3469 中国古典文学宝库. 第六十辑，政论散文. 二/齐豫生，夏于全主编. 延吉：延边人民出版社. 1999.8

本书收录了载淳、谭嗣同、章炳麟、陈天华、邹容等人所撰写的学术与政论文集。

3470 中国国民党百年人物全书/刘国铭主编. 北京：团结出版社. 2005.12

本书是系统介绍中国国民党自 1894 年兴中会成立以来的人物工具书，共收录 21458 人，其中有肖像 9580 幅。人物资料收至 1999 年，个别涉录至 2005 年。书后附有字号别名索引、籍贯索引。

3471 中国国民党名人录/刘继增，张葆华主编. 武汉：湖北人民出版社. 1991.9

本书从 1894 年孙中山组建兴中会起至今已近百年的著名人物中，收录了兴中会、同盟会、国民党时期政治、党务、军事、经济、文化、社会等方面代表人物共约 1000 人，列入条目。除国民党员中的知名人物外，还收入了极少数与国民党关系密切的知名人士。书后附《黄花岗七十二烈士简表》等。

3472 中国近百年爱国者之歌/刘少清，程砚农主编. 北京：海潮出版社. 1992.8

全书分 8 篇，撰写了 1840 年鸦片战争到 1949 年新中国成立期间不同阶段的爱国主义人物的事迹，并讴歌了其爱国精神。如：林则徐、洪秀全、康有为、孙中山、黄兴、章太炎、秋瑾、陈独秀、毛泽东等。书中附有绪论和后记。

3473 中国近百年史话/曹聚仁著. 香港：三联书店. 2003.10（大师小作丛书）

全书分为 22 个部分，包括：叛徒、诗人之泪、康有为登场、西医孙中山、时代骄子梁启超、民报与章太炎、辛亥革命、革命之梦等内容。书中附有《大师小作》出版说明和前词——十九世纪之中国。

3474 中国近百年史话/曹聚仁著. 北京：三联书店. 2008.11（中学图书馆文库）

内容提要参见 3474。书中附有前词——十九世纪之中国。

3475 中国近代名家名作宝库. 6，翁同龢康有为梁启超谭嗣同卷/周松平主编；（清）翁同龢等著. 呼和浩特：内蒙古人民出版社. 2000.12

本卷分 4 部分。分别收录了翁同龢的诗篇、日记；康有为的诗词散文、日记、梁启超的散文、诗词、日记、书信；谭嗣同的诗词、散文。

3476 中国近代名家名作宝库. 7，王国维黄遵宪文廷式卷/周松平主编. 呼和浩特：内蒙古人民出版社. 2000.12

本卷共分 3 部分。分别收录了王国维的《人间词话》、诗歌、书信、学术著、黄遵宪的人境庐诗章共 7 卷；文廷式的诗篇、词篇、日记。

3477 中国近代名家名作宝库. 8，章太炎陈天华邹容卷/周松平主编；章太炎，陈天华，邹容著. 呼和浩特：内蒙古人民出版社. 2000.12

本卷共分 3 部分。分别收录了章太炎的杂文、诗篇、佛学、书信；陈天华的《猛回头》、《警示钟》、《狮子吼》、《绝命辞》以及邹容的《革命军》。

3478 中国近代名家名作宝库. 9，孙中山卷/周松平主编. 呼和浩特：内蒙古人民出版社. 2000.12

本书收录孙中山先生的文章约 13 篇，其中包括：《上李鸿章书（节录）》、《兴中会章程（节录）》、《军政府宣言》、《临时大总统宣言》、《在上海同盟会机关的演说》等。

3479 中国近代名家名作宝库. 10，黄兴蔡锷宋教仁秋瑾卷/周松平主编；黄兴等著. 呼和浩特：内蒙古人民出版社. 2000.12

本卷共 4 部分，分别收录黄兴的诗篇、演讲、书信、电文；蔡锷的诗歌、电文、杂文、文章书信；宋教仁的诗歌、散文、演讲、日记；秋瑾的诗词、书信、杂文。

3480 中国近代名家名作宝库. 11，陈独秀李大钊卷/周松平主编. 呼和浩特：内蒙古人民出版社. 2000.12

本卷共分两部分。第一部分收录了陈独秀的杂文、诗文以及日记；第二部分收录了李大钊的杂文以及诗歌。

3481 中国近三百年学术史论/章太炎，刘师培等撰；罗志田导读；徐亮工编校. 上海：上海古籍出版社. 2006.1（蓬莱阁丛书）

本书收录文章 30 余篇，内容包括：近儒学术统系论、清儒得失论、近代汉学变迁论、论近世文学之变迁、汉宋学术异同论等。

3482 中国文史人物故事书箱. 第十一辑/刘文忠，刘元煌编写. 北京：人民文学出版社. 1997.12（斑马书系）

本套丛书总计 10 余辑，每辑 10 种。作品以明白、晓畅、规范的白话文记叙文史人物，从大量的原始资料中提取菁华，以求雅俗共赏，增广知识，陶冶情操，一振国人之民族自豪精神。

3483　中国现代美学名家文丛，梁启超卷/金雅主编；梁启超卷原著；金雅卷选编．杭州：浙江大学出版社．2009.3（中国现代美学名家文丛）

本书分上、下两编16讲，辑录了章太炎、梁启超、陈柱三位大师的诸子学术研究成果，包括《美术与生活》、《知命与努力》、《东南大学课毕告别辞》、《学界上康德之位置》、《晚清两大家诗钞题辞》、《译印政治小说序》、《翻译文学与佛典》、《文学家的性格及其预备》等内容。

3484　中国现代美学与文论的发动："中国现代美学、文论与梁启超"全国学术研讨会论文选集/金雅主编．天津：天津人民出版社．2009.3

本书分6部分，主要包括：总论、趣味研究、情感研究、文论研究、比较研究、现代性及其他。书中附有序和后记。

3485　中国现代学术之建立：以章太炎、胡适之为中心/陈平原著．北京：北京大学出版社．1998.2（学术史丛书）

全书共9章，包括：求是与致用、官学与私学、学术与政治、专家与通人、作为新范式的文学史研究、晚清志士的游侠心态、现代中国的"魏晋风度"与"六朝散文"等。书中附有导言和附录：《章太炎的学术品格》。

3486　中国现代学术之建立：以章太炎、胡适之为中心/陈平原著．台北：麦田出版．2000.5（麦田人文；37）

内容提要参见3485。

3487　中国现代学术之建立：以章太炎、胡适之为中心/陈平原著．再版．北京：北京大学出版社．2010.1

内容提要参见3485。

3488　中国革命四大首领合传/［著者不详］．石印本．［出版地不详］：海左书局．民国间（1912—1949）

本书包括：孙文、黎元洪、黄兴、赵声四人传记。

3489　中华爱国通史：插图本．第九卷/王峰主编．北京：印刷工业出版社．2000.12

本书介绍了晚清国耻，辛亥革命的历史风云，孙中山、黄兴、邹容、詹天佑、秋瑾等中华英杰，袁世凯、张勋等反面人物以及当时的爱国思潮。有照片。

3490　中华百杰图传，学苑英才/陈显泗主编；季云飞，肖季文卷主编．海口：海南国际新闻出版中心．1997.5

本书分10册，分别以连环画的形式介绍了"史学之父　司马迁"、"资政良臣　司马光"、"一代巨儒　黄宗羲"、"清学祖师　顾炎武"、"国学巨子　王国维"、"启蒙大师　梁启超"、"人世楷模　蔡元培"、"万世师表　陶行知"、"学界骄子　胡适"、"多才奇人　郭沫若"。

3491　中华百杰图传，思想精英/陈显泗主编；王家训等绘．海口：海南国际新闻出版中心．1996.2

本书分10册，分别以连环画的形式介绍了"一代亚圣　孟子"、"道家始祖　老子"、"华夏先哲　孔子"、"变法领袖　康有为"、"革命元勋　李大钊"、"重民良吏　柳宗元"、"务实先贤　王充"、"义理宗师　朱熹"、"启蒙先驱　王夫之"、"封建叛逆　李贽"。

3492　中华骄子，辛亥烈士/张国祥，叶成林主编．北京：龙门书局出版社．1994.11（中华骄子）

本书包括：民主革命的斗士谭人凤、惠州起义的领导人郑士良、宁死不屈的革命实干家禹之谟、为共和革命牺牲的第一人陆皓东、唤醒睡狮的陈天华、鉴湖女侠秋瑾、为共和宪法流血的宋教仁、同盟会第一位烈士刘道一等。书中有总序和卷首语。

3493　中华民国开国名人传/王昭然编. 台北：新东方印制厂. 1957.12

全书分32部分，内容包括："总理学记"、"与国父同心革命的第一人郑士良先生"、"舍身取义杀身成仁的吴樾先生"、"心雄万夫的秋瑾女士"、"大气磅礴的吴禄贞先生"、"青年革命政治家宋教仁先生"、"革命的圣人朱执信先生"、"博古通今的蔡元培先生"等。书中有序、自序和编后赘言。

3495　中华民国史. 第六册，传一/朱汉国，杨群主编. 成都：四川人民出版社. 2006.1

本书收录了南京临时政府和北洋政府人物的传记，包括：王士珍、王占元、卢永祥、田文烈、冯国璋等人。

3496　中华民国史资料丛稿：译稿：民国名人传记辞典. 第一分册/（美）包华德主编；沈自敏译. 北京：中华书局. 1979.6（中华民国史资料丛稿）

本书记述了白云梯、詹大悲、詹天佑、张继、张季鸾、张之江、张伯苓、张学良、张厉生、张大千等民国知名人物的生平事迹。

3497　中华民国史资料丛稿：译稿. 第八辑：民国名人传记辞典. 第二分册/（美）包华德主编；沈自敏译. 北京：中华书局. 1980.2（中华民国史资料丛稿）

本书记述了张作霖、张宗昌、张资平、张元济、赵恒惕、陈诚、陈庆云、陈济棠、陈果夫、陈立夫等民国知名人物的生平事迹。

3498　中华民国史资料丛稿：译稿．民国名人传记辞典. 第三分册/（美）包华德主编；沈自敏译. 北京：中华书局. 1981.4（中华民国史资料丛稿）

本书记述了陈布雷、陈绍宽、陈树人、陈文宽、陈仪、陈寅恪、郑振铎、郑孝胥、程潜、蒋介石等民国知名人物的生平事迹。

3499　中华民国史资料丛稿：译稿. 民国名人传记辞典. 第四分册/（美）包华德主编；沈自敏译. 北京：中华书局. 1983.12（中华民国史资料丛稿）

本书记述了钱玄同、钱大钧、钱永铭、周作人、周树人、周学熙、周自齐、朱执信、朱经农、朱绍良等民国知名人物的生平事迹。

3500　中华民国史资料丛稿：译稿. 第九辑：民国名人传记辞典. 第五分册/（美）包华德主编；沈自敏译. 北京：中华书局. 1980.3（中华民国史资料丛稿）

本书记述了达赖喇嘛（十三世）、德王、范源濂、费孝通、冯承钧、冯至、冯友兰、冯玉祥、谢持、徐悲鸿等民国知名人物的生平事迹。

3501　中华民国史资料丛稿：译稿. 第十二辑：民国名人传记辞典. 第九分册/中国社会科学院近代史研究所中华民国史研究室编. 北京：中华书局. 1980.10（中华民国史资料丛稿）

本书记述了麦斯武德、梅光迪、梅兰芳、梅贻宝、缪荃孙、莫德惠、白杨、班禅喇嘛、溥仪等民国知名人物的生平事迹。

3502　中华民国史资料丛稿：译稿. 民国名人传记辞典. 第十分册/（美）包华德主编；沈自敏译. 北京：中华书局. 1981（中华民国史资料丛稿）

本书记述了谢晋元、李根源、王卓然、周凤岐、殷夫、陈望道、丰子恺等民国知名人物的生平事迹。

3503　中华民国史资料丛稿：译稿. 民国名人传记辞典. 第十一分册/（美）包华德主编；沈自敏译. 北京：中华书局. 1981.7（中华民国史资料丛稿）

本书记述了田汉、田耕莘、蔡锷、蔡元培、

曹汝霖、曾琦、曾仲鸣、邹鲁、邹韬奋、杜重远、段祺瑞、汪精卫等民国知名人物的生平事迹。

3504 中华民族杰出人物传. 10/金再及主编. 北京：中国少年儿童出版社：中国青年出版社. 1996.12［希望书库；1—25（总025）］

本书讲述了陈独秀、李大钊、毛泽东、周恩来、刘少奇、瞿秋白、张闻天、任弼时等人的生平事迹和传奇故事。

3505 中华人物故事全书：普通本，近现代部分，辛亥先驱卷/中国少年儿童出版社主编；陈建洲等编写. 北京：中国少年儿童出版社. 1995.8

本书介绍了孙中山、陆皓东、黄兴、陈天华、邹容等辛亥革命先驱们的一生经历、主要成就贡献和生动感人的事迹。附插图。

3506 中华人物史鉴：春秋～清末/张宏儒，张晓虎主编. 北京：团结出版社. 1997.8

全书按相等的篇幅分为4大卷本，属纪传体史书，以记述古代中华人物生平活动为主。第1卷包括：帝王卷（秦一清）；第2卷包括：名臣卷（东汉一清）；第3卷包括：名将卷（明清）、名士卷（先秦一清）；第4卷包括：皇亲卷（秦一清）、妇女卷（春秋一清）、宗教卷（先秦一清）、畴人卷（春秋一清）。每一卷中按朝代更替顺序编排。

3507 中华伟人画像/“国父纪念馆”文教活动组主编. 台北：“国父纪念馆”. 1977.10

本书列有50位伟人的画像和简介，并附有英文版翻译。其中包括：孔子、孟子、司马迁、张骞、汉武帝、诸葛亮、唐太宗、李白、成吉思汗、戚继光、林则徐、曾国藩、孙中山等。书中附有中华伟人画像筹划经过纪要、序和跋。

3508 中华现代名人掌故：1911－1965/王钦韶，宁静主编. 郑州：河南人民出版社. 1994.1

本书是《中华掌故类编》的续编，收录掌故1700余则，按政事、军事、德行、处世、事业、家事、轶事等7大类进行编排，包含社会各界知名人物的各类精彩故事。

3509 中华英杰谱. 卷三，革命伟人/王新全主编. 延吉：延边大学出版社. 2006.4（爱国主义教育丛书）

本书介绍了“伟大的民主革命先行者——孙中山”、“国民党左派的旗帜廖仲恺”、“早期中国共产党的卓越领袖李大钊”、“伟大的领袖毛泽东”、“万民敬仰的周恩来”、“倡导修养，公而忘私的共和国主席刘少奇”、“度量大如海，意志坚如钢的朱德总司令”等人的生平事迹。书中附有数千古人杰伟业开万代风流新篇——《中华英杰谱》总序。

3510 中华英杰谱. 卷十三，实业元勋/王新全主编. 延吉：延边大学出版社. 2006.7（爱国主义教育丛书）

本书介绍了晚清重工业先驱者张之洞、世纪之交中国“状元实业家”张謇、开启中国机器缫丝业先河的陈启源、面粉大王荣氏兄弟、橡胶大王陈嘉庚、银行家陈光甫、中国化学工业之父范阳东、银行家陈光甫等实业家的生平事迹。书中附有数千古人杰伟业开万代风流新篇——《中华英杰谱》总序。

3511 中华英杰谱. 卷十六，思想先哲/王新全主编. 延吉：延边大学出版社. 2006.7（爱国主义教育丛书）

本书包括：“老子：阴柔如水道法自然倡无为”、“孔子：肩挑日月周游列国推仁义”、“孟子：巧舌如簧满怀仁义说诸侯”、“戴震：人性为本轻视义理重实证”、“严复：传播西学毕生译书为救国”、“章炳麟：文笔犀利投身革命播国粹”、“梁启超：才华横溢维新变法拯国威”等内容。书中附有数千古人杰伟业开万代风流新篇——《中华英杰谱》总序。

3512 中外历史人物词典/黄邦和，皮明庥主编. 长沙：湖南人民出版社. 1987.11

本词典是一部综合性的历史人物词典，共收中国历史人物3000余人，外国历史人物1890余人。对中外古今政治、军事、经济、学术、文化、科技及民族、宗教、社会等各方面人物列入条目。书中附有照片和外国人名译名对照表。

3513 重庆辛亥革命时期人物，辛亥革命暨重庆蜀军政府成立七十五周年纪念专辑/重庆市地方志编纂委员会总编室等编. 重庆：重庆市地方志编纂委员会总编室. 1986.10（重庆地方志资料丛刊）

本书是一本专门记叙辛亥革命时期，在重庆地区进行活动的历史人物事迹的史料书，共收人物传记和简介近50篇，包括：邹容、吴玉章、杨庶堪、张培爵、朱之洪、夏之时、谢持、相楚等。书中附有编辑说明、序、附录和后记和图表。

3514 朱执信集·廖仲恺集/朱执信著. 影印本. 上海：上海书店. 1990.12（民国丛书. 第二编. 综合类；92）

全书为朱执信和廖仲恺著作的合集。朱执信集包括：论说、传记、墓志、函牍、旧诗、新诗、小说、杂录等。书中附朱执信先生遗像、序、附载文章3篇。

3515 诸子十六讲/陈柱，章太炎，梁启超著. 北京：中国友谊出版公司. 2009.12

本书分为16讲，主要包括：儒家总论、诸子、荀子、原道、老子、阴阳家总论、法家总论、墨家总论等内容。本书有前言、附录、后记。

3516 追随国父革命群英小传/曾一士总编辑. 再版. 台北："国父纪念馆". 2000

全书分5部分，包括："国父事迹纪要"、"中华民国国父·国旗·国歌·国旗歌的历史"、"国父画纪"、"《国父》油画中的人与事"、"追随国父革命群英小传"。书中附有序和照片。

3517 总理与总裁重要文电初集/中国国民党中央党史史料编纂委员会编. 影印暨铅印本. 台湾：新中国出版社，1952

本书收：民国7年至13年孙中山与蒋介石之间电文50通。本书有照片、附孙中山墨迹。

3518 总理与总裁/曹云鹏编著. ［出版地不详］：浙江省战时教育文化事业委员会. 1940

全书分上、下两编，上编孙中山分14节介绍孙中山一生所从事的革命活动及事业；下编蒋介石，分14节介绍蒋介石的经历。

3519 邹容陈天华评传/冯祖贻著. 郑州：河南教育出版社. 1986.12（近代史人物评传）

全书分8部分，以详尽的史料，评述了邹容、陈天华二人的一生，充分肯定了他们的英勇献身精神，运用比较研究对二人的思想的异同作了深刻分析。书前附有照片和序言。书后附有邹容、陈天华生平大事年表和后记。

3521 邹容陈天华评传/朱庆葆，牛力著. 南京：南京大学出版社. 2006.8（中国思想家评传丛书；189）

本书分别介绍了中国近代民主革命史上著名的理论家与宣传家邹容与陈天华。全书分为两个部分，即"邹容评传"和"陈天华评传"。书中附有内容简介、人名索引、词语索引和主要参考文献。

3522 邹容和陈天华/陈旭麓，费成康著. 上海：上海人民出版社. 1985.1（祖国丛书）

本书将《邹容》和《陈天华》合为一书，收入"祖国丛书"。内容包括：在风浪中成长、为革命献出青春、成为革命党的大文豪、策动武装起义、参与发起同盟会、投入改良派的大论战、警世之钟长鸣等。附录有邹容和陈天华的生平大事年表。

3523 邹容与陈天华的思想/陈旭麓. 上海：上海人民出版社. 1957.2

本书分3部分，主要包括：序言、邹容的“革命”及其思想、论陈天华的爱国民主思想。

3524 走向世界丛书. 第一辑. X/钟叔河编. 再版，修订本. 长沙：岳麓书社. 2008.10

本书收录内容包括：《欧洲十一国游记二种》/康有为著、《新大陆游记及其他》/梁启超著、《癸卯旅行记·归潜记》/钱单士厘著。有照片。

3525 尊孔派和卖国贼：曾国藩、李鸿章、张之洞、袁世凯/王天奖，李国俊编写. 北京：人民出版社. 1976.1（《学点历史》丛书）

本书旨在研究曾国藩、李鸿章、张之洞、袁世凯等人的尊孔、卖国、复辟的思想和政治路线的发展脉络。

13.2 孙中山

3526 “孙中山思想与当代中国社会”国际学术研讨会论文集/李广良主编；中国国民党革命委员会云南省委员会理论政策研究委员会，中国国民党革命委员会云南省委员会孙中山研究会编. 昆明：云南大学出版社. 2007.11

本书内容包括：《试论孙中山在近代中国的历史作用和影响》、《孙中山理论与中国国家现代化》、《孙中山三民主义与国共两党之关系》、《孙中山与民国初年的政党政治》等39篇论文。

3527 “孙中山与亚洲”国际学术讨论会论文集/广东省孙中山研究会编. 广州：中山大学出版社. 1994.1

本书主要收集有关孙中山的论文，包括：孙中山思想的研究，孙中山生平事功的研究，孙中山和亚洲各国各地区及同时代人的关系或比较研究。

3528 “孙逸仙思想与国家建设”论文集/孙逸仙思想与廿一世纪国际学术研讨会论文集编辑委员会编辑. 增订本. 台北：孙逸仙思想与廿一世纪国际学术研讨会筹备会（台湾师范大学三民主义研究所）. 1992.12

本书收录的论文有：修宪方向之探讨、孙逸仙思想与伦理建设、孙逸仙自由与平等观、文化噪音中迈一小步、民权主义与固法审查、中山先生反帝思想之演进、中山先生在日本、孙逸仙文化思想的现代意义等。

3529 “孙逸仙思想与廿一世纪”论文集/孙逸仙思想与廿一世纪国际学术研讨会论文集编辑委员会编辑. 台北：孙逸仙思想与廿一世纪国际学术研讨会筹备会（台湾师范大学三民主义研究所）. 1992.6

本书收录的论文有：民主与中国政治文化之变迁、中国特色的宪政主义、孙逸仙民族认同理念之探讨、国民大会定位争议之探讨、为民主主义进一解、对西方自由民主的挑战、孙逸仙文化思想与中国现代化、孙中山与亚洲民族力量的统合等。

3530 “孙逸仙思想与亚太地区安全发展”论文集/财团法人孙文思想研究交流基金会编辑. 台北：台湾师范大学三民主义研究所：孙逸仙思想与廿一世纪国际学术研讨会筹备会. 1995.3

本书论文分中文与日文两部分。其中中文部分包括：孙中山与国际公法、少数民族和政治发展、三民主义现代的意义、中国何去何从、政治沟通与祖国统一等文。日文部分包括：孙文的对外思想、台湾初访杂感等文。

3531 “孙逸仙思想与中国现代化”论文集. 二/孙逸仙思想与廿一世纪国际学术研讨会论文集编辑委员会编辑. 台北：孙逸仙思想与廿一世纪国际学术研讨会筹备会（台湾师范大学三民主义研究所）. 1993.3

本书论文分为台湾部分、大陆部分和海外部分。其中台湾部分包括：华侨看中国统一、孙中山先生和两岸关系的共识等。大陆部分包括：孙中山的近代化思想、论民生主义的真谛。海外部分包括：孙中山的政治发展理论与策略、孙逸仙思想与中国近代化等。

3532 “中山思想与现代化经营管理”学术研讨会论文集/姜波英编辑. 台北：“国父纪念馆”. 2004.3（“国父纪念馆”丛书）

全书分为开幕式、论文和闭幕式 3 部分。其中论文又分思想组、政策组、产经组和两岸组。思想组包括现代化、全球化与孙中山思想等论文。政策组包括孙中山经济思想与中国发展经济学等论文。产经学包括中山思想与企业型政府等论文。两岸组包括孙中山外资思想及评价等论文。有照片。

3533 哀思录：一编七卷二编四卷三编四卷/孙中山先生葬事筹备处. 铅印本［出版地不详］：［出版者不详］. 1912—1949

本书 4 册，有图像及照片。

3534 哀思录：一编七卷二编四卷三编四卷/孙中山先生葬事筹备处编. 铅印本. ［出版地不详］：［出版者不详］，民国间（1912—1949）

本书为由汪精卫、宋子文、何香凝、邹鲁、戴季陶等组成的孙中山先生葬事筹备处，组织编写的有关孙中山先生生平、患病经过及海内外追悼情况的资料汇编。其中，一编含遗像、遗嘱、自传、由粤往津记事、病状经过、医生报告、治丧报告，二编含海外各地追悼记事，三编含海内各地追悼会摄影、悼歌、挽联、海内各地追悼记事。本书 3 册。

3535 哀思录：一编七卷二编四卷三编四卷/孙中山先生葬事筹备处编. 影印本. ［出版地不详］：［出版者不详］，［出版年不详］

据民国铅印本影印，内容提要参见 3534。

3536 澳门与共和体制在中国的建立：孙逸仙致若塞·卡洛斯·米那总督的一封信/（葡）卡洛斯·高美士·贝萨著；崔维孝等译. 澳门：澳门基金会. 1999.11

本书收录 17 份文件，时间上从 1911 年 11 月至 1916 年 6 月。内容主要包括：葡萄牙驻北京大臣致外事大臣公文及孙逸仙致澳门总督米那的一封信等。

3537 布衣总统：孙中山/陈廷一. 北京：东方出版社. 2008.9

本书共 25 章，主要内容有：中山出生、少年壮志、大洋求学、经世抱负、流浪生涯、世纪曙光、同盟序曲、决然北上等。本书有序两篇、引子、后记。

3538 从传统伦理向现代伦理的转化与跨越：孙中山伦理思想研究/朱春晖. 北京：当代中国出版社. 2007.4

本书共 5 章，主要包括：跨越传统伦理的历史动因和理论进路、反思传统伦理思想，开掘新的伦理资源、建构以国民道德权利为价值取向的政治伦理等。

3539 从经济学看国父思想/罗时实编著. 3 版. 台北：正中书局. 1982

全书分 6 章，内容包括：孙中山经济思想体系、民生主义经济组织与制度、平均地权与耕者有其田、节制私人资本与发达国家资本、民生主义的实践——三种革命运动、民生主义与共产主义。书中附有绪论。

3540 翠亨孙中山故居/李伯新，黄彦. 北京：文物出版社. 1981.8

本书介绍了孙中山翠亨故居的地理位置、风貌、格局，以及孙中山的生平事迹等内容。本书附肖像和插图。

3541 大道之行：孙中山思想发微/姜义华. 广州：广东人民出版社. 1996.10（孙中山基金会丛书. 论集）

本书共 4 部分，包括：为民族重新造型、政治造型与政党作业、公平社会的架构、重铸国魂。附照片。

3542 大学生对“国父思想”教育之态度研究：政治大学之个案/彭立忠撰．台北：政治大学三民主义研究所．1985.6

全书分8章，内容包括：绪论，大学生一般性的国思态度与政治态度，大学生的社会、心理特征与态度的关联性，大学生国思态度与政治态度之形成因素，态度变异之前测、末测分析，结论。书中附有内容摘要、参考书目和附录。

3543 丁未潮州黄冈起义史料辑注与研究/江中孝，邓开颂主编；中共广东省饶平县委员会，广东省饶平县人民政府，广东省社会科学院历史研究所编．天津：天津古籍出版社．2007.5

丁未潮州黄冈镇起义是1907年由孙中山亲自筹划领导的反清武装起义，规模宏大。本书广泛收集各种档案、书信、报刊文章、口述资料，成为客观了解和深入研究黄冈起义的史料依据。有照片。

3544 东方巨人孙中山/广宇．呼和浩特：内蒙古人民出版社．1998.5

本书介绍了孙中山先生的生平事迹、革命经历、政治思想、经济思想、哲学思想、军事思想、教育思想等内容。本书附照片。

3545 二次革命后孙中山政治思想研究/刘保刚．郑州：中州古籍出版社．2008.10

本书内容包括：“孙中山政治思想渊源考论”、“建国策略：革命与护法”、“政治体系分析：政党、政权、政体”、“人的现代化——孙中山公民教育思想研究”、“民生主义——社会和谐的基础”。

3547 放眼世界的孙中山/段云章著．广州：中山大学出版社．1996.9（中国近代史研究丛书）

本书记录了孙中山先生早年向西方寻找真理的足迹，第一次世界大战中的反战立场，对1919年两个和会的审视，与世界社会主义运动的呼应，谋求中国近代化的世界眼光，在亚洲民族解放运动中的立场，及对日本认识的演讲等内容。

3548 菲华各界庆祝国父中山先生百年诞辰纪念特辑/郑英达等编辑．［出版地不详］：［出版者不详］．1970.9

本书内容包括：菲华各界庆祝中山先生百年诞辰纪念委员会之组成、菲华各界庆祝中山先生百年诞辰纪念委员会之工作概述、庆祝大会与体育活动、百人美展、平剧公演、闽南地方戏演出、纪念孙中山百年诞辰三项活动、孙中山百年诞辰纪念文选等。书中附有图片、题词、序、编后记和《马尼拉中国公园落成纪要》等内容。

3549 革命先行者孙中山/徐鲁．长春：吉林文史出版社．2008.1（中国孩子的好榜样）

本书内容包括：大榕树下的童年、机智少年、到檀香山去、从失败中看到的希望、中华民国大总统等。

3550 共和之路：孙中山传/陈廷一．郑州：河南文艺出版社．2007.1（中国当代优秀传记作家文库）

本书主要介绍了孙中山先生的一生，内容包括：从出生、少年壮志、大洋求学到播种革命、流浪生涯、伦敦梦难再到劫后风采、世纪曙光等。本书附照片。

3551 关于孙中山传记和考证/王瑛琦．台北：文星书屋．1965.11（文星丛刊；131）

本书主要内容包括：孙中山传记、孙中山先生的生平、孙中山行谊、孙中山与喜嘉理牧师、孙中山革命运动在檀岛、孙中山的诗和诗论、孙中山名号源考、孙中山诞生的地点和家庭。

3552 馆藏民国台湾档案汇编. 第一百四十六册/陈云林总主编；中国第二历史档案馆，海峡两岸出版交流中心编. 影印本. 北京：九州出版社. 2007（台湾文献史料出版工程）

本册内容包括：内政部与台湾省行政长官公署关于办理国民身份证事项的来往文件（1946年10－11月），台湾省行政长官公署关于台湾省合作金库组织活动的文件（1946年10月—1949年5月），台湾省行政长官公署秘书处编辑室编印之《国父遗教辑要》（1946年10月），台湾省行政长官公署有关设立或改组重要同业公会事项的代电（1946年10月）等。

3553 广东省社会科学院历史与孙中山研究所建所五十周年纪念文集/李庆新. 香港：银河出版社. 2008.11

本书分正编和附编两部分。正编包括：文东考古五十年、论李士桢抚粤、阮元与清代经学、中国海咨的黄金时代等。附编包括：历史与孙中山研究所大事记、历史与孙中山研究所立项课题一览表等。

3554 广东文史资料：孙中山与辛亥革命史料专辑/中国人民政治协商会议广东省委员会文史资料研究委员会编. 广州：广东人民出版社. 1981.8

本书讲述辛亥革命前孙中山领导的武装起义和在华侨中进行革命宣传、建立同盟会组织和筹款活动等情况，以及广东响应武昌起义和光复的经过、辛亥革命后广东政局的演变等内容。本书附照片。

3555 广州西关风华/广州市荔湾区地方志编纂委员会办公室编. 广州：广东省地图出版社. 1997.6

本书选介了荔湾部分名胜古迹共20处，包括：沙面外事旅游区、孙中山东西药局遗址、华林寺、源胜陶瓷工艺街、詹天佑故居遗址、文塔、仁威庙、宋代西村窑遗址等景点。本书附照片及地图。

3556 国父/杨祖慰著. 台北：名人出版事业股份有限公司. 1982.8（名人伟人传记全集；101）

本书内容包括：伟人的诞生、到檀香山、回到故乡、开始行医、创立兴中会、第一次广州起义、去美国宣传革命、伦敦蒙难、百日维新、义和团、建立同盟会、武昌起义等。书中附有序、后记和年表。

3557 国父百年诞辰纪念册/“中央日报社”编辑. 台湾：“中央日报社”. 1965.11

本书内容包括：孙中山思想及其对今后的影响、孙中山诞辰一百年、纪念孙中山伟大的精神、我对孙中山的追忆、纪念孙中山百年诞辰与台湾、孙中山轶事等。书中附有画页。

3558 国父百年诞辰纪念丛书介绍/中国国民党中央委员会党史史料编纂委员会编. 台北：“中央文物供应社”. 1968.9

为纪念孙中山百年诞辰，出版了12种丛书，共计27巨册，包括：《国父全集》《国父年谱》《国父墨迹》《国父画传》《国父孙中山先生传》《革命先烈先进诗文选集》《国民革命史》《国民革命画史》等。本书将前述12种丛书的序文、前言或凡例，以及详细目录汇编成册，以便了解丛书的旨趣与内容，也是研究中国近代史的必要工具。

3559 国父传/大众书局编辑部主编. 高雄市：大众书局. 1985.6（金奖童话故事丛书；2）

全书分为77个部分，包括：身世、童年、大开眼界、奉父命返国、再赴檀香山、创立兴中会、广州首义、成立同盟会等内容。书中附有图片和给家长的话。

3560 国父的道德学说/任卓宣著. 台北：“中央文物供应社”. 1982.6（中华文化丛书. 哲学）

全书分为9章，包括：引言、哲学的道德学（上、下）、科学的道德学（上、下）、实践的道德学（上、中、下）及结论。书中附有作者简介、照片、“中华文化丛书”序、编辑弁言和自序。

3561 国父的高明光大/罗香林著. 台北：文星书店. 1965.11（文星丛刊；136）

本书收录了关于孙中山史实的论文，分为家世的传统、学术的研求、师友的关系、思想的联系4个部分，包括：孙中山上世在紫金县时代的世次名讳与行实、孙中山的父母行实与孙中山所感受的家乡陶冶、孙中山聪明睿智与气宇魅力所由发扬的根源、孙中山与康德黎博士的关系、孙中山与何启爵士的关系、孙中山与咸马里将军的问题、孙中山三民主义与林肯主张的关系、孙中山重视波亚战术的关系等。

3562 国父的民生思想/周开庆著. 3版. 台北：台湾商务印书馆. 1974.6（人人文库；1342）

全书分5章。内容包括：绪论、民生主义的基本主张、民生主义的生产与分配、民生主义的交换与消费、民生主义的比较研究。书中附有复刊人人文库序。

3563 国父的文化哲学观/林宗杰著. 台北：三民主义研究所博士硕士论文奖助出版委员会. 1981.10（三民主义研究所博士硕士论文奖助出版丛书. 第二辑. 1）

全书分3部分，包括：孙中山文化观的历史发展、孙中山文化观的内在涵义、孙中山文化观的当前意义。书中附有绪论、本论、结论和参考书目。

3564 国父的政党理论/孙治民著. 台北：黎明文化事业股份有限公司. 1984.7

全书分6章，包括：导论、概念分析、内外环境、演化过程、体系特质和结论。附《孙中山政党言论辑录》和《参考书目》。

3565 国父对青年的遗教/“中国青年反共救国团”总团部主编. 9版. 台北：复兴书局. 1958.1

全书分为20部分，内容包括：知难行易、国民要以人格救国、世界道德之新潮流、三民主义与中国民族之前途、三民主义的具体办法、女子要明白三民主义、学生须以革命精神努力学问、耕者要有其田等。

3566 国父对于儒家哲学与科学思想之融合/沈宗瑞著. 台北：三民主义研究所博士硕士论文奖助出版委员会. 1986.11（三民主义研究所博士硕士论文奖助出版丛书. 第六辑；3）

全书分6章，包括：绪论、中国儒家哲学、西洋科学思潮、孙中山对于两者之融合、儒家哲学的现代意义和结论。书中附有序和参考书目。

3567 国父对中国经济发展的构想/李徽林著. 台北：三民主义研究所博士硕士论文奖助出版委员会. 1991.4（三民主义研究所博士硕士论文奖助出版丛书. 第九辑. 12）

全书分4章，包括：经济发展的背景与目标、经济发展构想的主要内容、经济发展的推动策略、经济发展过程制度化的安排。书中附有前言、结语和参考书目。

3568 国父法律思想论集/谢冠生、查良鉴主编. 台北：“中国文化学院”法律研究所. 1965.11

本论集系由法学诸名家执笔，阐述孙中山的法律思想。全书35篇。其顺序先学理而后法制，先公法而后私法，间亦参列若干专题，作深入探讨。书中附有序、编辑例言、绪论、结论和执笔人简介。

3569 国父革命宣传志略/汤承业著. 台北：黎明文化事业股份有限公司. 1979.11

全书分上、下两册，共15章，包括：以宣传贯通思想、演讲宣传、集会宣传、个别宣传、周游宣传、论战宣传、报纸宣传、杂志宣传等内容。书中附有照片、本书提要、再版序、自序、前言、结论和参考书目。

3570 国父革命缘起详注/许师慎著. 台北：正中书局. 1965.10（“国父百年诞辰纪念丛书”）

全书分 20 部分，包括：革命言论时代、第一次革命、三民主义主张之所由完成、第二次革命、革命风潮初盛时代、革命同盟会成立之始、武昌革命成功、中华民国之创立等内容。书中附有注释例言、孙中山与蔡孑民张蔚西二先生有关本书之书牍等内容。

3571 国父革命缘起详注/许师慎编著. 5 版. 台北：正中书局. 1979.10

内容提要参见 3570。

3572 国父革命运动史要及其思想之演进/蒋永敬著. 再版. 台北：正中书局. 1979.10（青年理论丛书；6）

全书分为 14 部分，包括：早年的生活和革命思想的发生、创立兴中会与首次起义、初次环游世界与伦敦蒙难、庚子动乱与惠州之役、同盟会的成立及其革命言论、同盟会革命方略与武装起义、讨袁与成立中华革命党、护法再挫与改组国民党等内容。书中附有前言。

3573 国父画传/罗家伦主编. 台北：中国国民党党史史料编纂委员会. 1954

书末附：孙中山生平事迹简表。

3574 国父画纪/“国父纪念馆”. 5 版. 台北：“国父纪念馆”. 1989.6

全书分 24 个部分，包括：史地背景童年生涯、远游檀岛潜心向学、革命思想发源香港、组会兴中决志排满、革命同盟东京诞生、谋求民治联合组党、重振士气组党革命、改组改党进行北伐等内容。书中附有序、跋语和后记。书中附有主要内容的英文版本。

3575 国父纪念馆建馆始末：王大闳的妥协与磨难/梁铭刚等著. 台北：“国父纪念馆”. 2007

本书是为了孙中山纪念馆建馆三十五周年之际所举办的特展“久违了，王大闳先生!”而出版的特刊，对孙中山纪念馆建馆时的历史进行了较为详细的叙述。本书附照片。

3576 国父家世源流考/罗香林著. 再版，复制本. 重庆：商务印书馆. 1943.9

本书分 12 个部分，包括：引论、近人所述孙中山上世源出东莞说之非是、孙中山上世源出于广东紫金县忠坝公馆背之证据、紫金忠坝孙氏之源流与迁移背景、清初粤东沿海之迁界复界与孙中山上世之迁居中山县、孙中山聪明睿智与气宇魄力所由发扬之根源、结论等内容。书中附有序、附图、附注、参考书目和自跋。

3577 国父建党革命一百周年学术讨论集. 第一册，革命开国史/“国父建党革命一百周年学术讨论集编辑委员会”编辑. 台北：近代中国出版社. 1995.3

全书分 4 部分，包括弁言、讲词、影集和论文及讨论。其中，论文及讨论包括：孙中山先生的大同思想、孙中山先生国家观念的形成、兴中会时期孙中山先生革命思想探索、新加坡的俱乐部与中国国民革命、孙中山先生与新马华人、两广会党与辛亥革命、中山先生与美国、美国外交承认中华民国始末等内容。

3578 国父建党革命一百周年学术讨论集. 第二册，北伐统一史/“国父建党革命一百周年学术讨论集编辑委员会”编辑. 台北：近代中国出版社. 1995.3

全书包含 12 次讨论会的内容：孙中山先生寻求与德国进行军事合作之努力、国民党与杭州的五四运动、中国历史性的北伐之再思、民国十四年的东南大学学潮、孙中山先生与中国国民党旅欧支部、胶济铁路赎回后沿线日军撤退问题、北伐前后的“基督将军”冯玉祥、王京岐在欧洲的组党革命活动等。

3579 国父建党革命一百周年学术讨论集. 第

三册，抗战建国史/“国父建党革命一百周年学术讨论集编辑委员会”编辑. 台北：近代中国出版社. 1995.3

全书包含12次讨论会的内容：“建设委员会对电气事业的规划”、“蒋中正先生抗战胜利前后之扶日防俄主张及其功用”、“抗战时期的政治恐怖”、“胡适大使与中美关系”、“国民政府时期的故宫博物院”、“抗战时期的弹劾制度”、“再论中苏友好同盟条约”、“战后中国向日本索取赔偿研究”等。

3580 国父建党革命一百周年学术讨论集. 第四册，台湾光复与建设史/“国父建党革命一百周年学术讨论集编辑委员会”编辑. 台北：近代中国出版社. 1995.3

全书包含12次讨论会和综合座谈的内容：“孙中山先生经济思想在中国之实践”、“光复初期台湾经济体系之重建”、“孙中山与蒋中正先生用人风格的比较探讨”、“中国国民党与光复后台湾经济之发展”、“中国国民党与中国民主的演进”、“战后台湾经验的历史思考”等。有附录。

3581 国父进化论之研究/杜伯翰著. 增订版. 台北：帕米尔书店. 1981.10

全书分11章，内容包括：绪论、进化论、孙中山的进化论、宇宙进化、物质进化时期、物种进化时期、人类进化时期、人类进化时期的特征、人之种种、人类进化之极致——“天人合一”、结论。书中附有增订本序和主要参考书目。

3582 国父军官教育思想之研究/黄奕炳著. 台北：三民主义研究所博士硕士论文奖助出版委员会. 1991.1（三民主义研究所博士硕士论文奖助出版丛书. 第九辑. 5）

全书分7章，包括：军官教育思想的形成、军官教育的理论基础、军官教育本质论、军官教育目的论、军官教育的内容论、军官教育方法论、军官教育思想的实践与发扬。书中附有绪论、结论、附录和参考书目。

3583 国父均富论之理论与实践/刘明灏著. 再版. 台北：三民主义研究所博士硕士论文奖助出版委员会. 1982.4（三民主义研究所博士、硕士论文奖助出版丛书；6）

全书分为6章，内容包括：绪论、我国均富思想演进及其实践、西洋均富的沿革、民生主义的均富论、均富的实践、结论。书中附有参考书目。

3584 国父民初革命纪略/叶夏声著. 复制本. 广州：孙总理侍卫同志社. 1948.11

本书记述了民国初年孙中山先生的政治活动。主要包括：照片、戴恩赛序、著者自序、凡例、绪言、前期、后期，本书附录：《国父逸事谈》、《国父大无畏精神恭述》，附表和附记。

3585 国父民族主义的精义与当代民族问题之研究/陈煌遥著. 台北：三民主义研究所博士硕士论文奖助出版委员会. 1992.5（三民主义研究所博士硕士论文奖助出版丛书. 第七辑. 17）

全书分6章，包括：“民族主义的意义与发展”、“孙中山民族主义的精义”、“共产帝国主义的扩张与民族问题”、“种族主义与民族问题”、“当代中国的民族问题”、“结论”。书中附有绪言和参考书目。

3586 国父墨宝/北方杂志社编辑. 影印本. 台北：文海出版社. 1972（近代中国史料丛刊. 第82辑；811—2）

全书分7部分，包括：自序、孙文学说序、三民主义、致中国基督教青年书、致商团书、致季龙书、致胡汉民书。本书与《黄留守（兴）书牍》/吴砚云编辑合订一册。

3587 国父墨宝/孙文书；郭镇华编. 影印本. 北平：北方杂志社国父遗墨筹印委员会. 1948.3

本书包括：《自序》、《孙文学说序》、《三民主义》、《致中国基督教青年书》、《致商团同志书》、《致季龙书》、《致胡汉民书》等7篇。本书有肖像。

3588 国父墨迹/罗家伦主编. 影印本. 台北：中国国民党中央委员会党史编纂委员会. 1961

本书为孙中山先生的珍贵墨迹，分卷一和卷二两册。

3589 国父墨宝/孙中山著. 再版，影印本. 台北："国立编译馆"中华丛书编审委员会. 1981.12

内容提要参见3587。

3590 国父墨宝/孙中山书；东南文化出版社编辑委员会编. 台北：东南文化出版社. 1953.9

全书分8个部分，包括：自序、孙文学说序、三民主义、致中国基督教青年书、致商团书、致季龙书、致胡汉民书和致蒋介石书。书中附有题词和孙中山照片。

3591 国父年表/中国国民党中央党史史料编纂委员会编辑. 台北：中国国民党中央党史史料编纂委员会. 1952.10

本表分两栏，上栏记孙中山及与孙中山所领导革命运动有关之事迹，下栏扼要记述与革命运动有关或直接间接有影响之中外大事。书中附有序言。

3592 国父年谱/罗家伦主编. 增订本. 台北：中国国民党中央委员会党史史料编纂委员会. 1969.11

本年谱分上、下两册，取纲目体裁，以资识别。本书以孙中山生平及其领导国民革命之重要事迹为主体。凡孙中山对于国家民族重要之主张与措施，及其影响所及之革命行动，与反革命之重大事件足以表现孙中山之对策者，亦并扼要提述。书中有增订本前言、导言、凡例、图片、文献墨迹和索引。

3593 国父年谱/罗家伦主编. 增订本. 台北：中国国民党中央委员会党史委员会. 1994.11（中国国民党建党一百周年丛书）

内容提要参见3592。书中附有弁言与英中文重要名词对照表。

3594 国父年谱：初稿/中国国民党党史史料编纂委员会，"国史馆"史料编纂委员会. 台北：正中书局. 1958.10

内容提要参见3592。所用史料，以中国国民党党史史料编纂委员会库存原始文件为主体，包括：孙中山手书文稿、书稿、命令、函札、批牍及党政会议记录等。书中附有导言、凡例和图片。

3595 国父批牍墨迹/罗家伦主编. 影印本. 台北："中央文物供应社". 1955

本书从1410件孙中山先生批牍中选出105件，影印原稿，并附释文、来件、考订，时间是从民国3年（1914）7月29日至民国13年（1924）11月10日。从中可了解当时的政治动态，孙中山先生的处事态度、做人风格、思想主张、革命理论、治学态度，以及对改正社会积习所做的努力。书后附《国父批牍墨迹有关大事年表》。

3596 国父批牍墨迹/孙中山撰；中国国民党中央委员会党史史料编纂委员会编. 影印暨铅印本. 台北：中华印刷厂，1955

内容提要参见3596。

3598 国父年谱表解/浦家麟编校. 上海：中国国民党上海特别市执行委员会. 1946

全书共9部分，包括：孙中山遗嘱、孙中山传略、孙中山自传、中国之革命、孙中山年谱、三民主义总表、建国大纲表解等。附三民主义表解。

3599 国父七访美檀考述/项定荣著. 台北：时报文化出版事业有限公司. 1982.3（时报书系：381）

全书分为14章，包括：十三岁首次赴檀香

山、第二次访檀决志革命、第三次访檀创立兴中会、第四次赴檀专访美欧、五访檀美联络洪门、自东而西六访美檀、孙中山在海外的生活及关心家事、七次访美奔走紧急筹款等内容。书中附有前言和绪论。

3600　国父全传/陈健夫编著．再版．台北：自由太平洋文化事业公司．1964.11（传记丛书之一）

本书取材自《国父全集》、《国父年谱》及各家著述。全书分 66 章，包括：农家子弟、幼读儒书、集志以兴中、广州突举义旗、民族老革命党、文明人之真价值、同盟会等内容。书中附有照片、说明、《国父全传》序和《国父全传》自序。

3601　国父全部遗教题解/吴立坚编著．南京：近代唯柱出版社．1946

本书是对三民主义及心理建设、社会建设、物质建设等所作的题解。

3602　国父全集选本/叶青编选．泰和：江西省三民主义文化运动委员会．1941

全书分哲学、主义、政治、经济、社会 5 编。共 29 篇文章，如《精神与物质问题》、《民报发刊词》、《五权宪法》、《中国实业当如何发展》、《社会主义之派别与方法》等。

3603　国父全集．第一册，三民主义、革命方略、建国方略、建国大纲/孙中山著；“国父全集编辑委员会”编．台北：近代中国出版社．1989.11

本全集共 12 册，分 15 类文件；每册各自编为独立统一之页码。原著英文文件，另装一册。附录之孙中山年谱简编、著述年表合装一册；索引及中外名词对照表合装一册。本册分为 4 部分，包括：三民主义、革命方略、建国方略和建国大纲。三民主义部分包括“三民主义”十六讲及附录“民生主义育乐两篇补述”；革命方略部分包括“同盟会革命方略”及“中华革命党革命方略”；建国方略部分包括“孙文学说”、“实业计划”、及“民权初步”；建国大纲部分包括“国民政府建国大纲”。书中附有图像墨迹集珍、孙中山思想学说精义摘录、《国父全集》序、《国父全集》凡例、史料图片。

3604　国父全集．第二册，宣言及文告、论著、谈话/孙中山著；“国父全集编辑委员会”编．台北：近代中国出版社．1989.11

本册分为 3 部分，包括：宣言及文告、论著和谈话。宣言及文告——凡孙中山以其本人或党、政府等名义所发表之宣言、通电、檄文及重要通告等均属之；论著——凡孙中山专门论述性质之著作均属之；谈话——凡孙中山发表之谈话均属之。书中附有史料图片。

3605　国父全集．第三册，演讲/孙中山著；“国父全集编辑委员会”编．台北：近代中国出版社．1989.11

本册内容为演讲，凡孙中山之演讲均属之。书中附有史料图片。

3606　国父全集．第四～五册，函电/孙中山著；“国父全集编辑委员会”编．台北：近代中国出版社．1989.11

本册内容为函电，凡孙中山所发之函札及电报均属之。书中附有史料图片。

3607　国父全集．第六～七册，公牍/孙中山著；“国父全集编辑委员会”编．台北：近代中国出版社．1989.11

本册内容为公牍，凡孙中山以党或政府名义所发布事关公务之公电及批牍等均属之。书中附有史料图片。

3608　国父全集．第八～九册，人事命令/孙中山著；“国父全集编辑委员会”编．台北：近代中国出版社．1989.11

本册内容为人事命令（民国前五年至民国十二年）。凡孙中山以党或政府名义发布之任命状、委任状、任免奖惩命令及旌义状等均属之。书中附有史料图片。

3609　国父全集．第九册，译著、杂文、遗嘱/孙中山著；“国父全集编辑委员会”编．台北：近代中国出版社．1989.11

本册分4部分，包括：人事命令（民国十三年至民国十四年）、规章、译著、杂文和遗嘱。人事命令——凡孙中山以党或政府名义发布之任命状、委任状、任免奖惩命令及旌义状等均属之；规章——凡孙中山以其本人或党、政府等名义所发布之章程、约章、总章、规约及誓约等均属之；译者——如孙中山译者之《赤十字军救伤法》属之；杂文——凡孙中山所作不属于以上各类之文件，如书序、祭文、祝辞、启事及诗词等均属之；遗嘱——孙中山临终前签字之遗嘱属之。书中附有史料图片。

3610　国父全集．第十册，英文著述/孙中山著；“国父全集编辑委员会”编．台北：近代中国出版社．1989.11

本册内容为原著英文文件，分5部分：著作、书信、其他、索引和中文版本索引。书中附有史料图片。

3611　国父全集．第十一册，国父年谱简编、著述年表/孙中山著；“国父全集编辑委员会”编．台北：近代中国出版社．1989.11

本册分两部分，包括：孙中山年谱简编和著述年表。

3612　国父全集．第十二册，索引、中外名词对照表/孙中山著；“国父全集编辑委员会”编．台北：近代中国出版社．1989.11

本册分两部分，包括：索引和中外名词对照表。其中索引又分为人名索引、地名索引和专有名词索引。

3613　国父全集/中国国民党中央党史史料编纂委员会编辑．改版．台北：“中央文物供应社”．1957.5

全书分为6册，内容包括：三民主义、孙文学说（建国方略之一）、实业计划（建国方略之二）、民权初步（建国方略之三）、演讲、宣言、文电、谈话、函札、专论和杂著。书中附有遗像、遗嘱、遗墨、自传和附录：《国父年表》。

3614　国父全集/孙中山著；中国国民党中央委员会党史委员会编订．台北：中国国民党中央委员会党史委员会．1973.6

本全集共6册，分12类文件；每册各自编为独立统一之页码。原著英文文件，另装一册。著作年表、索引及中外名词对照表，合装一册。本全集依照文件性质，分为以下12类编次之：三民主义、革命方略、建国方略、建国大纲、宣言及文告、论著、讲演、谈话、规章、函电、公牍和杂文。书中附有照片和凡例。

3615　国父全集/孙中山著；中国国民党中央委员会党史委员会编订．再版．台北：中国国民党中央委员会党史委员会．1981.8

内容提要参见3614。

3616　国父孙中山与阿Q/黄文雄著；曾龄仪译；阿浜漫画．台北：前卫出版社．2001

本书完全从不同的角度分析了辛亥革命前后的一些事件。

3617　国父全书/张其昀编．台北：“国防研究院”．1960.3

本书分甲、乙两编，包括：建国方略、建国大纲、三民主义、中国国民党第一次全国代表大会宣言、兴中会时代、同盟会时代、国民党时代、中华革命党时代、中国国民党时代等。

3618　国父人格及其现代化思想．上/江治华著．台北：“国立编译馆”．1996.6（人文社会科学丛书）

本书包括：第一篇导论与第二篇孙中山人

格发展和其国民革命两部分。其中第一篇包括伦理道德的重要、法律的必要、孙中山思想的演进等。第二篇包括：孙中山的先世与幼少年、革命与人格、亚洲第一个民主共和国的诞生等。

3619 国父人格及其现代化思想. 下/江治华著. 台北："国立编译馆". 1996.8（人文社会科学丛书）

本书包括：第三篇现代化思想和第四篇结论两部分。其中第三篇包括：概说、现代化民族思想、现代化民生思想等。

3620 国父人性论之研究/李常井著. 再版. 台北：三民主义研究所博士硕士论文奖助出版委员会. 1982.10（三民主义研究所博士、硕士论文奖助出版丛书）

全书分4章，内容包括：孙中山人性论之要义、孙中山人性论与我国先哲人性论之比较、孙中山人性论与西方人性论之比较、孙中山人性论之价值与贡献。书中附有研究旨趣和参考书目。

3621 国父生平与志业/庄政著. 台北："中央日报"出版部. 1982.5

全书分8个部分，包括：名号考释、家世探源、学生生涯、革命与会党、开国典章、维护人权、人格与风范、民国前后十件史事。书中附有照片、序言、孙中山先生年表和征引及参考书目。

3622 国父思想/崔德礼，廖斗星著. 再版. 台北：大中国图书公司. 1997.8

本书共6编，分导论、民族思想、民权思想、民生思想、哲学思想和结论。书中附有编辑要旨和附录：孙中山年表。

3623 国父思想/郭展礼著. 再版，修订. 台北县：高立图书有限公司. 2001.9

全书分6章，包括：导论、民族思想、民权思想、民生思想、哲学思想、和平统一与两岸关系。书中附有张序、自序、再版小序和附录：《辛亥革命的历史背景与意义——孙中山先生的革命路线》；《孙中山记略年表》。

3624 国父思想的新境界/赵际良著. 台北：帕米尔书店. 1976

本书从新的角度对孙中山思想进行了阐述。

3625 国父思想/"国立编译馆"主编. 5版. 台北："国立编译馆". 1983.10（中华丛书）

全书分为6篇。第1篇为绪论，引述孙中山自传，与孙中山思想渊源。第2篇为孙中山的哲学思想，列论民生史观，心物合一论，人类进化论，知难行易说，革命人生观。第3篇为孙中山的民族思想，主述民族主义，而以中国存亡问题，与大亚洲主义属之。第4篇为孙中山民权思想，主述民权主义，而以民权初步与地方自治，建国大纲与五权宪法属之。第5篇为孙中山的民生思想，主述民生主义，而以实业计划与育乐补述属之。最后一篇为结论。书中附有例言。

3626 国父思想/黎明文化事业公司编辑委员会著. 台北：黎明文化事业股份有限公司. 1985.12（预官考试自修丛书）

全书分为6章，内容包括：导论、民族思想、民权思想、民生思想、哲学思想和结论。书中附有编者的话。

3627 国父思想/涂子麟，林金朝编著. 修订，初版. 台北：三民书局. 1997.8

全书分5章，包括：绪论、民族主义、民权主义、民生主义、结论。书中附有序言和附录：中华民国宪法。

3628 国父思想/吴寄萍著. 台北：五南图书出版公司. 1983.3

全书分8章，包括：导论、民族思想、民权思想、民生思想、哲学思想、三民主义与其他主义之比较、三民主义的国家建设和结论。

书中附有图片、特载和附录。

3629 国父思想/徐光明著. 台北：台湾东华书局股份有限公司. 2003.9

全书分6章，包括：孙中山生平与革命事业、孙中山思想渊源及理论体系、民族思想、民权思想、民生思想、哲学思想和结论。书中附有照片、序、目次、图次和表次。

3630 国父思想：中山先生与台湾经验/李秀华等编著. 台北县：高立图书有限公司. 2004.6

全书分5章，包括：导论、民族主义、民权主义、民生主义和哲学思想。书中附有序和附录："中华民国宪法"、"中华民国宪法增修条文"、"公民投票法"。

3631 国父思想纲要/周世辅编著. 6版，修订版. 台北：三民书局. 2001.2

全书分8章，包括：导论、民族思想、民权思想、民生思想、哲学思想、三民主义与其他主义的比较、三民主义的国家建设和结论。书中附有自序、附录、重要参考书目、特载等内容。

3632 国父思想纲要/周世辅编著；周阳山修订. 7版，修订版. 台北：三民书局. 2004.7

全书分7章，包括：绪论：中山思想与三民主义的领航人、导论、民族思想、民权思想、民生思想、哲学思想、宪政改革与中华民国宪法（一）、宪政改革与中华民国宪法（二）。书中附有修订七版序、自序、重要参考书目、孙中山年表等。

3633 国父思想基本教材/吴寄萍编著. 再版，修订本. 台北：正中书局. 1984.10

全书分为6章，内容包括：导论、民族思想、民权思想、民生思想、哲学思想和结论。书中附有照片、再版自序和附录：孙中山年表等。

3634 国父思想教本/中国文化大学《国父思想教本》编著委员会编著. 再版，修订本. 台北：中国文化大学出版部. 1986.9

全书分6编，包括：导论、民族思想、民权思想、民生思想、哲学思想和结论。书中附有附编和编著者言。

3635 国父思想论文选集/陈春生编. 台北：台湾学生书局. 1987.2

全书分上、下两册，共6编，包括：总论之部、哲学思想之部、民族思想之部、政治思想之部、经济思想之部和结论之部。书中有照片和序言。

3636 国父思想探微/马绍伯著. 台北：正中书局. 1970.6

全书分11章，包括：导言、世变、异同、源流、道贯、天人、儒法、风暴、治平等内容。书中附有序文和附录：纪念孙中山先生百岁诞辰。

3637 国父思想新论/周世辅著. 修订版. 台北：三民书局. 1995.9

全书分6章，包括：导论、民族思想、民权思想、民生思想、哲学思想和结论。书中附有自序。

3638 国父思想学说精义录/秦孝仪编著. 台北：正中书局. 1976.11

全书分为上、下两编。内容包括：孙中山的志事、国民革命、建党革命、三民主义、五权宪法、建国方略、国家建设、政治等。书中附有照片和卷头语。

3639 国父思想要义/张遐民著. 增订版. 台北：台湾商务印书馆. 1984.11

全书分为6章，包括：孙中山思想之渊源、民族伦理思想与中华民族所负的任务、民权政治思想与中华民国的建立、民生经济思想与大同社会的实现、民生哲学思想与实现三民主义之原动力、孙中山生平革命史略。书中附有序、再版增订题记、三版小志、修订后之第四版、重编增订说明和附录。

3640 国父思想与传统道德/田立桦著. 台北：台湾商务印书馆. 1973.3（人人文库：1952—1953）

全书分6章，内容包括：前言、我国的传统与伦理思想、我国伦理思想之简介、中华文化与一脉相传的道统、孙中山思想与我国传统道德、结论。书中附有编印人人文库序和参考书辑。

3641 国父思想与近代学术/程天放主编，罗时实等编著. 再版. 台北：正中书局. 1975.2

全书分5编：从政治学看孙中山思想、从经济学看孙中山思想、从教育学看孙中山思想、从社会学看孙中山思想、孙中山思想的哲学体系。书中附有前言和跋。

3642 国父思想渊源与实践/徐文珊著. 台北：台湾商务印书馆. 1983.3

全书分4部分：前编、甲编、乙编和丙编。内容包括：孙中山思想构成的历史因素、由读书培成伟人——孙中山思想与行动构成的因素、孙中山创造的革命学——理论与行动的结晶、孙中山的本体哲学与知行哲学——为实践而探求理论、由孙中山思想看固有文化——思想的渊源、孙中山的政治哲学——政治理论的创新、三民主义思想举要——孙中山思想的结晶等。书中附有照片和自序。

3643 国父思想资料博士与硕士论文目录/政治大学社会科学资料中心编辑. 台北：政治大学社会科学资料中心. 1972.5

全书分为甲、乙两部分。甲、孙中山思想资料目录，包括：综合部、哲学部、社会科学部、自然科学部、应用科学部、艺术部、文学部和史地部。乙、博士与硕士论文目录（1956—1970年）。书中附有序。

3644 国父孙中山先生哀思录/［著者不详］. ［出版地不详］：［出版者不详］. 19—？

全书分3部分：祭文、挽联、纪事。前有《孙中山事略》、附录《孙先生制定建国大纲宣言》、《孙先生三民主义演说》、《孙先生五权宪法讲演录》。

3645 国父孙中山先生/郑彦棻著. 台北：正中书局. 1987.12（海外华人青少年丛书）

全书分4章讲述了孙中山的生平轶事，包括：幼年和童年时代、不凡的青年时代、屡败屡战，终告功成、创建民国，继续奋斗。书中附有照片和序言。

3646 国父孙先生年谱/中国国民党中央执行委员会宣传部编. 重庆：中国国民党中央执行委员会宣传部. 1940

本书逐年叙述孙中山1至60岁的生活、学习、革命活动及业绩。后附《总理行谊》（吴稚晖讲）。

3647 国父孙中山先生传/蒋星德编著. 复制本. 上海：正中书局. 1948.7

全书分13章，叙述了孙中山的生平事迹。内容包括：孙中山的幼年生活、到火奴鲁鲁去、回国以后、革命运动的开始、第一次革命和伦敦被难、革命的主义和宣传、同盟会成立前后、中国历史上第一个大总统、讨袁与护法等。书中附有自序。

3648 国父孙中山先生纪念集：一个开创世纪奇迹的伟人/孙穗芳. 香港：秋海棠文化企业. 2000.9

本书包括孙中山生平和孙中山墨宝两部分，附录中包含作者孙穗芳博士的照片和轶事。

3649 国父图像墨迹集珍/"国父图像墨迹集珍编辑委员会"主编. 台北：近代中国出版社. 1984.2

本书内容计分4篇，前三篇为孙中山一生

之历史，第四篇为孙中山思想之体系。第1篇，以“天不生仲尼，万古如长夜”为题，时间自孙中山出生以迄创立民国。第2篇，以“东方世界的新时代”为题，时间自创立民国以迄二次革命。第3篇，以“新中国的崎岖之路”为题，时间自二次革命以迄孙中山逝世。第4篇，则以“孙中山详加计划，重新改造中华”为题。书中附有照片、再集中华文化之大成、例言、附录和后记。

3650 国父外交政策/史振鼎著. 再版. 台北：幼狮文化事业公司. 1976.8（“国父百年诞辰纪念丛书”；2）

全书分为7章，内容包括：绪论、孙中山对日本的外交政策、孙中山对俄国的外交政策、孙中山对美国的外交政策、孙中山对英国的外交政策、孙中山对法国的外交政策、孙中山对德奥的外交政策。书中附有序。

3651 国父新自由论与约翰穆勒自由论之比较研究/黄炎东著. 台北：正中书局. 1980.8

全书分7章，内容包括：孙中山与穆勒论自由的时代背景、孙中山与穆勒的生平及著作、孙中山论自由、穆勒论自由、孙中山新自由论与穆勒自由论之比较、批评、结论。书中附有序言和参考书目。

3652 国父学术思想论，又名，权能区分论/丁迪著. 台北：天工书局. 1982.12（大学文库）

全书分为关于孙中山政权学术思想部分和关于孙中山治权学术思想部分。包括：孙中山心目中的国会、我对国会问题的理解、我对国会问题的补充意见、论国民大会选举权、论中华民国宪法前言及总纲、五权宪法的特性、五权宪法的一贯制、如何使政府有能等。书中附有自序。

3653 国父遗教：建国方略，建国大纲/孙中山. 台北：中正书局. 1954.4

本书包括：心理建设——孙文学说、物质建设——实业计划、社会建设——民权初步、建国大纲4个部分。

3654 国父遗教：三民主义总辑/徐文珊纂辑. 再版，增订本. 台北：中华丛书编审委员会. 1969.5（中华丛书）

全书分为前编、甲编、乙编、丙编四部分，包括：演讲本三民主义、著作本三民主义、孙中山有关三民主义之论者。书中附有照片、纂辑例言、增订再版附言和附录。

3655 国父遗教表解/尹让辙著. 10版. 台北：三民书局. 1998.8

本书为纪念孙中山百年诞辰而编写。全书分4章，包括：三民主义总纲、三民主义分讲表解、三民主义总论、孙中山遗教概述。书中附有编者的话和附录。

3656 国父遗教阐微/郑彦棻著. 台北：正中书局. 1988.10

本书分上、下两编。上编6文，都是就孙中山思想，加以阐发；下编六文，则对孙中山言行，加以析述。内容包括：从孙中山遗嘱谈起、关于五权宪法、政治是关于众人之事、孙中山心理建设之遗教、孙中山的救国四大纲领、孙中山的治学精神、孙中山的开国外交、孙中山讲述三民主义的经过等。书中附有照片、引言和附录：《国父半生在海外》。

3657 国父遗教概要/张铁君著. 12版. 台北：三民书局. 1992.8（人文科学概要丛书）

全书分5章，包括：绪论、孙中山的民族思想、孙中山的民权思想、孙中山的民生思想、孙中山的哲学思想。书中附有人文科学概要丛书编刊序言。

3658 国父遗教类编. 第1辑/王扶生等编；陈果夫等校. ［出版地不详］：中央政治学校研究部. 1942.5（中央政治学校研究部丛书）

本册分哲学、社会、文化、教育、民族、

外交、军政、嘉言等8门。每类下选录中山先生有关语录。书中附有序和编辑例语。

3659 国父遗教类编. 第2辑/王扶生等编；陈果夫等校. 再版. ［出版地不详］：中央政治学校研究部. 1942.5（中央政治学校研究部丛书）

本册分政治、五权宪法、人民之权力义务、政党、革命等5门。每类下选录中山先生有关语录。书中附有序和编辑例语。

3660 国父遗教研究辑要/田庭畯编著. 增订版. 台北：巨流图书公司. 1988.3

本书编辑之要旨：在弘扬三民主义，研究孙中山思想。本书之内容：以三民主义、建国方略、建国大纲、地方自治为主体。以孙中山重要演说、文献为依据。书中附有例言和附录。

3662 国父遗教正编/孙文著. ［出版地不详］：［出版者不详］. ［出版年不详］

全书分为正编和副编两部分。其中正编包括：建国方略、建国大纲、三民主义和第一次全国代表大会宣言。副编包括：与建国方略有关者、与建国大纲有关者、与三民主义有关者、与第一次全国代表大会宣言及历次革命运动有关者。书中附有照片、孙中山遗嘱和孙中山遗教编例。

3663 国父与韩非哲学思想比较研究/萧善章著. 台北：学海出版社. 1986.7

全书分3章，包括：历史观与比较、社会关系论与比较、人性论与比较。书中附有绪论、结论、附录和参考书目。

3664 国父与江苏. 第一集/李鸿儒编. 台北：三民书局. 1965.11（江苏文献丛书；3）

本卷分两编，内容包括：论著和江苏革命史料。书中附有序、弁言、凡例等内容。

3665 国父与江苏/李鸿儒编辑. 再版. 台北：三民书局. 1966.8（江苏文献丛书；1）

全书分为8编，内容包括：论著、江苏革命史料、孙中山执政南京与退让、孙中山与人函电及演讲、实业计划与江苏、奉安与追怀、赞襄孙中山革命的乡先贤烈、孙中山百年诞辰纪念诗文补辑。书中附有序、弁言、凡例等内容。

3666 国父在海外/郑彦棻著. 6版. 台北：海外文库出版社. 1959.6（海外文库）

全书分10部分，内容包括：孙中山半生在海外、大洋船上二三事、火奴鲁鲁多奇异、洋学校里初露头角、少年侨胞见义勇为、难兄难弟如手如足、孙中山在港澳、孙中山在日本、孙中山在南洋、孙中山在欧美。书中附有照片和地图。

3667 国父在日本/陈鹏仁著. 台北：台湾商务印书馆. 1988.8（岫庐文库；105）

全书分16部分，包括：孙中山在日本、三民主义的研究在日本、抗战期间日本伪造我国法币内幕、台湾抗日文学、美国与日本、孙逸仙与南方熊楠、吴克仁军长殉国史实等内容。书中附有自序。

3668 国父在香港之历史遗迹/罗香林著. 香港：香港珠海书院出版委员会. 1971.1（珠海书院丛书；1）

全书分为12部分，包括：引言、孙中山之母杨太夫人香港新界百花林墓地、孙中山受基督教洗礼之香港必列者士街公理会、孙中山所毕业之香港荷李活道西医书院、孙中山命陈少白创立中国日报之士丹利街二十四号、孙中山命兴中会人员策划革命运动之新界青山红楼、孙中山曾为公开演讲之香港大学大礼堂、结语。书中附有照片和附录：孙中山在兴中会时代之言论。

3669 国父在香港之历史遗迹/罗香林著. 香港：香港大学出版社. 2002（香港大学图书馆丛书；18）

内容提要参见 3668。

3670　国父哲学思想的科学基础/王化岐著. 台北：正中书局. 1975.8（青年理论丛书；6）

全书分 6 章，内容包括：哲学与科学、孙中山哲学的思想体系（上、下）、孙中山哲学的科学基础（上、下）和结论。

3671　国父哲学思想论/蒋一安著. 再版，增订本. 台北：台湾商务印书馆. 1988.7（知识青年丛书）

全书分 7 篇，包括：绪论、本体论、宇宙论、人性论、道德论、知行论和民生史观。书中附有李序、自序和增订本序。

3672　国父哲学思想与中国传统文化/宋峨卿编著. 再版. 台北：台湾商务印书馆. 1976.8（人人文库：1574－1575）

全书分为 6 章，内容包括：绪论、基本原理、世界进化、政治哲学、伦理道德、知行哲学。书中附有复刊人人文库序和自序。

3673　国父哲学研究/崔载阳著. 5 版. 台北：正中书局. 1979.11

全书分为 6 编，包括：本体哲学研究、知识哲学研究、人生哲学研究、社会哲学研究、教育哲学研究、革命哲学研究。书中附有序言。

3674　国父之大学时代/罗香林著. 台北：台湾商务印书馆. 1971（人人文库：1631）

全书分为 10 章，内容包括：引论、香港西医书院之创设及其时代意义、孙中山在西医书院研读之景况与日常生活、孙中山在西医书院之同学与书院学员分析、孙中山在西医书院之成绩与毕业盛况、孙中山在西医书院时之革命思想与言论、西医书院师友之协助孙中山致力革命建国、余论等。书中附有编印人人文库序、前言、附注、参考书目和插图。

3675　国父之大学时代/罗香林撰. 铅印本. 重庆：独立出版社，民国三十四年（1945）

内容提要参见 3674。

3676　国父之家世与学养/罗香林著. 台北：台湾商务印书馆. 1972.7

本书将《国父家世源流考》和《国父之大学时代》合为一书。其中《国父家世源流考》分 12 个部分，包括：引论、近人所述孙中山上世源出东莞说之非是、孙中山上世源出于广东紫金县忠坝公馆背之证据、孙中山聪明睿智与气宇魄力所由发扬之根源、结论等内容。《国父之大学时代》分 10 章，包括：引论、香港西医书院之创设及其时代意义、西医书院之组织与课程及教师、孙中山在西医书院研读之景况与日常生活、孙中山在西医书院之同学与书院学员分析、孙中山在西医书院之成绩与毕业盛况、孙中山在西医书院时之革命思想与言论、余论等内容。

3677　国父知行哲学之研究/钟丁茂著. 台北：三民主义研究所博士硕士论文奖助出版委员会. 1986.12（三民主义研究所博士硕士论文奖助出版丛书. 第 6 辑. 9）

全书分 7 章，包括：绪论、中国先秦如，儒墨知行哲学观、近代西方知识哲学家对“知”的看法、知难行易说析论、知难行易说与知行合一说、知难行易说之辩护与阐扬、结论。书中附有序和参考书目。

3678　国民革命与统一建设：20 世纪初孙中山及国共人物的奋斗/周兴梁著. 天津：天津古籍出版社. 2004.7（“近现代中国政治与社会变迁”学术研究丛书）

全书分 3 编：为国民革命运动做贡献、为祖国共和统一而奋斗、为社会文明建设出力。从不同角度展现了国共两党人物与 20 世纪初期中国社会政局的变迁与转型的关系，及他们在这个大变革过程中各自不同的表现和作用。书中附有总序、代序和跋记。

3679　海峡两岸孙中山纪念地史料陈列展图集/曾一士．台北："国父纪念馆"．1998.5

本书系将1997年到1998年举办的海峡两岸孙中山纪念地史料陈列展上两岸各馆提供的史料图文汇集成册。全书共分为中山先生与台湾、中山先生与湖北、中山先生与北京、中山先生与广东、中山先生与南京、中山先生与上海6个部分。本书还有序一篇。本书有照片。

3680　浩气长存：纪念伟大的革命先行者孙中山先生诞辰140周年全国书画作品展（1866—2006）/刘小宁，刘静．北京：中国文史出版社．2007.1

本书收录了政协委员、人大代表、社会各界艺术家为纪念孙中山先生诞辰140周年所创作的书画作品，并通过书画展览的方式缅怀孙中山先生的历史功绩，弘扬孙中山先生爱国、革命和不断进步的伟大精神。

3681　弘衍传薪：国立国父纪念馆建馆三十周年口述历史/孙剑秋总编辑．台北："国父纪念馆"．2002.12

本书主要内容：历任"国父纪念馆"馆长、阳明山中山楼管理所所长；"国父纪念馆"资深职工、志工；文化界；教育界；艺术传播；政治界；口述历史专刊座谈会；第一场：口述历史撰著原则与实务；第二场：文化机构与社区文化的塑造。书中附有序、跋和附录。

3682　华侨与孙中山先生领导的国民革命学术研讨会论文集/张希哲，陈三井．台北县："国史馆"．1997.8

本书包括研讨会开幕式致词、论文、会议记录、闭幕式致词4个部分，书中收录的论文包括以下5个主题：革命与保皇论争、华侨与辛亥革命、革命与民族主义、华侨与国内政局、海外地区与国民革命。附录：筹备委员会、议程表、出席人员名单，并附照片。

3683　会议通则：五卷，附录一卷/孙中山撰．铅印本．上海：中华书局，民国六年（1917）

本书共5卷分20章，是孙中山先生基于民国初建，国民的民主素养欠缺，所以从民权的第一步集会入手，著书介绍集会的原则、条理、习惯、经验等。内容包括集会、动议、修正案、动议之顺序、权宜及秩序问题等。

3684　纪念孙中山先生/广东省社会科学院历史研究室．北京：文物出版社．1981.1

本图集介绍了孙中山的生平、政治思想、革命经历、革命纲领等内容，歌颂了这位伟大的爱国主义者和民主革命先驱者的丰功伟绩。本书附照片。

3685　纪念孙中山先生诞辰一百二十周年书画册/广东省纪念孙中山先生诞辰一百二十周年筹备处．香港：香港汉荣书局有限公司．1986.11

本书收录了广大书画家的书画作品，以此歌颂孙中山先生的伟大，寄寓对孙中山先生的爱戴崇敬和深切怀念。

3686　纪念孙中山先生诞辰一百二十周年书画集/苏昌辽．南京：南京大学出版社．1988.5

本画集收录了百余件纪念孙中山先生诞辰一百二十周年的书画作品，以此缅怀孙中山先生的丰功伟绩。

3687　纪念孙中山先生篆刻集/杭州逸仙书画社．北京：文物出版社．1988.1

本篆刻集汇集了现代篆刻各种流派、各种风格的精华，把中国的篆刻艺术和纪念孙中山先生的功勋结合起来，在欣赏篆刻艺术的同时，得到思想上的教益和启示。本书附肖像。

3688　建国方略　建国大纲：国父遗教/孙中山著．13版．台北：正中书局．1982.12

本书分为3部分：心理建设、物资建设、社会建设，内容包括：以饮食为证，知行总论，有志竟成，交通之开发，矿业之发展，农业之发展，临时集会之组织法，永久社会之成立法等。书中附有地图。

3689 建国方略/孙中山著；曹冈译. 呼和浩特：内蒙古人民出版社. 2006

本书包括《孙文学说》（心理建设）、《实业计划》（物质建设）和《民权初步》（社会建设）3部分。

3690 建国方略/黄彦编注. 广州：广东人民出版社. 2007.11（孙中山著作丛书）

本书是孙中山关于政治、经济、哲学思想方面的力作，由《孙文学说》、《实业计画》、《民权初步》3种著作汇编而成。附图。

3691 建国方略/孙中山著. 6版. ［出版地不详］：新时代教育社. 1927.5

本书分为8章：以饮食为证、以用钱为证、以作文为证、以七事为证、知行总论、能知必能行、不知亦能行、有志竟成。

3692 孔子学说国父思想与社会学/周梦熊著. 台北：中华丛书编审委员会. 1974.6（中华丛书）

全书分3编，包括：孔子社会学说的演论、孙中山社会思想的阐证、对现代社会学的启迪。书中附有引言和结论。

3693 孔子学说国父思想与哲学/周梦熊著. 台北：中华丛书编审委员会. 1976.4（中华丛书）

全书分为两编，包括：概论宇宙哲学和统言人生、伦理哲学。书中附有引言和结论。

3694 跨世纪的沉思：历史·文化·人物/张磊. 广州：广州出版社. 2002.8（中国新文化传播书系）

本书收录150余篇文章，分为8个部分。包括："论述孙中山、毛泽东、邓小平的历史地位与作用，评析他们之间继承与超越的关系"；"近代中国文化和岭南文化的研究"；"以中国近代为范围，探究历史人物的思想与实践"；"人文社会科学研究"等。

3695 李敖大全集. 5，孙逸仙和中国西化医学. 大学后期日记甲集. 大学后期日记乙集/李敖著. 北京：中国友谊出版公司. 1999.1

《孙逸仙和中国西化医学》内容包括：从"基督"到学医、中国第一个西方医钮——广州博济医院、香港第一个西医大学——香港西医书院、"改良"与"革命"之间、从行医到革命、回到"医生"，回到"基督"等。附照片。

3696 李敖论孙中山/李敖. 台北：全能出版社. 1987.8

本书讨论了孙中山是否见过李鸿章、孙中山与告洋状、孙中山反对双十国庆、孙中山与陈粹芬等问题。

3697 伦敦被难记/孙中山著；甘永龙编译. 上海：商务印书馆. 1911.4

本书记1896年孙中山在英国伦敦被清政府驻英使馆幽禁的经过。

3698 伦敦被难记：孙大总统自述/孙中山著，甘永龙编译. 初版. 上海：商务印书馆. 1912.4

本书分为8章：原因、被诱、被禁时之情形、幽禁、良友营救、访求侦探、英政府之干涉、省释。记孙中山在英国伦敦被清政府驻英使馆幽禁的经过。

3699 论改组国民党与召开"一大"/黄彦编注. 广州：广东人民出版社. 2008.11（孙中山著作丛书）

本书分成三个栏目。选辑孙中山的演说、谈话、函电、批语及有关文告、规章、决议案共45篇。

3700 论国父的调和观、马克思的阶级论与现代社会的关系/赖锦珧著. 台北：三民主义研究所博士硕士论文奖助出版委员会. 1995.5（三

民主义研究所博士硕士论文奖助出版丛书．第十辑；9）

全书分7章，包括：绪论、马克思阶级的概念、马克思阶级理论之剖析、马克思的阶级理论与现代社会、孙中山的阶级调和观、孙中山的阶级调和观与现代社会、结语。书中附有自序。

3701 马克思主义经典作家论孙中山/广东省理论研究室编．广州：广东省理论研究室．1973.6

本书选辑了列宁、斯大林和毛泽东著作中有关论述孙中山的部分。本书分为《列宁、斯大林论孙中山》和《毛泽东同志论孙中山》两个部分，其中《列宁、斯大林论孙中山》包括了《俄国社会主义民主工党第六次“布拉格”全国代表会议（节录）》、《中国的民主主义和民粹主义》等8篇文章；《毛泽东同志论孙中山》包括了《湖南农民运动考察报告（节录）》、《中国共产党在抗日时期的任务（节录）》等17篇文章。本书还附有几点说明。

3702 民初国父两次改组国民党之意义评析/刘以城著．台北：幼狮文化事业公司．1985.6

全书分4章，内容包括：绪论、中华革命党之改组、中国国民党之改组和结论。书中附有典型在夙昔（自序）和参考书目。

3703 民国之父——孙中山/尚明轩著．兰州：兰州大学出版社．1998.3（民国人物大系）

本书以传记的形式对我国民国之父、伟大的爱国主义者、民主革命先驱、民族英雄孙中山先生光辉而伟大的一生进行了详尽地描述。本书分5章内容：“青少年时代”、“推翻封建帝制，创建共和民国”、“殚精竭虑捍卫革命成果”、“开辟国共合作之路”、“为国家和平统一呕心沥血”。本书附有代序和结束语。有照片。

3704 民权初步/孙中山著．上海：三民书店．1917

本书为孙中山所著《民权初步》。共分为5卷，卷1结会，包括临时集会之组织法、永久社会之成立法等4章内容；卷2动议，包括动议等6章内容；卷3修正案，包括修正之性质与效力等3章内容；卷4动议之顺序，包括附属动议之顺序等5章内容；卷5权宜及秩序问题，包括权宜问题等两章内容。本书附有自序，结论以及附录两篇。

3705 民权初步/孙文著．8版．台北：三民书局．1993.1

内容提要参见3704。

3706 民主革命的先行者——孙中山/张磊，张苹著．广州：广东人民出版社．2005.7（广东历史文化名人丛书）

本书共分5章，包括：满怀爱国与变革热忱的青少年，踏上民主革命的道路，为建立民主和富强的共和国而奋斗，捍卫共和制度的“艰难顿挫”，“另为彻底之革命运动”。书中附有引言，大事年表和主要参考书目。

3707 民主先驱——孙中山/宋秋芝编著．北京：书目文献出版社．1996（世纪人物传记故事丛书第一辑）

本书以传记的形式详尽的叙述了我国民国之父、伟大的爱国主义者、民主革命先驱、民族英雄孙中山先生的一生。本书有青少年时代、兴中会时期、中国同盟会和共和国、国共合作4章内容。附有附录两篇，前言一篇。

3708 民族主义/孙文著．再版．上海：民智书局．1924.12

本书内容分为6讲。书前有孙中山像。

3709 尼古拉与慈禧列宁与孙中山/（俄）尤·米·加列诺维奇著；周绍珩译．成都：四川人民出版社．1999.9（20世纪的俄罗斯与中国·两大民族及其领袖们）

本书除前言、后记和参考文献外，共分6

章，包括：我们和我们的邻邦、尼古拉二世和维特、慈禧和李鸿章、中国帝制的衰落和孙逸仙、俄国帝制的崩溃和列宁、1924 年中苏协定。

3710 平民总统孙中山/刘晓宁．南京：南京出版社．2000.6（走进总统府丛书）

本书介绍了孙中山就任民国大总统的原因，以及他就任总统后在政治、财政、法令等方面所做的贡献，直到最后辞职的人生经历。

3711 钦州文史．第 2 辑，孙中山与钦州专辑/唐启望主编；中国人民政治协商会议广西壮族自治区钦州市委员会文史资料委员会编．钦州：广西钦州市政协文史资料委员会．1996.6

本书是为了纪念孙中山先生诞辰 130 周年而作。全书分 4 部分，包括：孙中山领导的钦州王光山等四次反清武装起义、追随孙中山革命的钦州籍著名将领、孙中山对钦州铁路港口建设的规划与实施、钦州父老乡亲世世代代敬仰孙总理。有照片，《孙中山与钦州》序等。

3712 青年孙中山/陈廷一．北京：中国社会出版社．2004.4

本书介绍这位伟大的革命先行者青年时期的生平事迹，记述其求学、“伦敦蒙难”及“成立同盟会、炮击清军”，于“历史转折”之时出任“临时大总统”，以及他与宋庆龄的相识等。

3713 青年孙中山/陈廷一．再版．北京：中国社会出版社．2008.1

内容提要参见 3712。

3714 青山一发．上，孙文崛起/陈舜臣著；许锡庆译．台北：远流出版事业股份有限公司．2007.2（实用历史丛书）

本书为上册，共分 18 部分，包括：公车上书以后，起义前夕，亡命之客，强学会，地球一周，檀香山，横越大陆，中山樵等内容。书中附有出版缘起，推荐，自序，后记，译后记和照片。

3715 青山一发：从孙文崛起看大清日落/陈舜臣著；许锡庆译．桂林：广西师范大学出版社．2007.10

本书分为上、下两部分，包括：海东青，起义前夕，中山樵，维新，壮士不复还，保皇会诞生，义和狂风，《苏报》等内容。书中附有中国同盟会入会誓词，自序和照片。

3716 三民主义/黄彦编注．广州：广东人民出版社．2007.11（孙中山著作丛书）

本书是孙中山最重要的革命学说和政治纲领，分为“民族主义”、“民权主义”、“民生主义”3 部分。

3717 三民主义/孙中山．长沙：岳麓书社．2000.9（旧籍新刊丛书）

本书选自《孙中山全集》，包括：民族主义、民权主义、民生主义和附录：《三民主义与中国民族之前途》、《三民主义之具体办法》、《自传》、《遗嘱》等。有自序和重印后记。

3718 三民主义：标点眉批袖珍精本/孙中山著；三民公司标点眉批．上海：三民公司．1927

本书是孙中山最重要的革命学说和政治纲领，分为“民族主义”、“民权主义”、“民生主义”3 部分。

3719 三民主义/孙文著．上海：中央图书局．1927

本书共 16 讲。包括民族主义 6 讲，民权主义 6 讲，民生主义 4 讲。

3720 三民主义/孙中山．台二版．台北：正中书局．1988.10

全书分 3 部分：民族主义、民权主义和民生主义。内容包括：民族主义概论、中国民族的危机、恢复中国民族主义的方法、发扬中国民族主义的方法、自由的真谛、平等的真谛、欧美近代民权革命的障碍、民生主义的具体办法等。书中附有孙中山遗像、自序墨迹和蒋介石著《增录民生主义育乐》等。

3721　三民主义/孙中山撰. 铅印本. ［出版地不详］：成都书业公会. 1927

书名据书衣题；20 行 48 字，钤“刘寿松印”、“刘立之印”。

3722　三民主义论战与马克思主义中国化/黄志高著. 合肥：安徽大学出版社，2010.7

本书共分 5 章，内容包括：围绕三民主义展开的激烈论战、三民主义论战与新民主主义理论的系统阐述、论战中若干变量因素的影响与分析等。

3723　少年孙逸仙：1866.11－1895.10/曾祥进著. 成都：著者自刊. 1993.10（孙中山先生系列传记文学；1）

本书以传记文学的方式撰述了 1866 年至 1895 年少年时期孙中山的行事，共包括 6 部分：不拘一格降人才、童年（1866－1878）、新世界的启示、港穗求学、结纳志士、港穗行医、开展革命、津门上书、改良途穷、创立中国第一个政党、广州首次起义。

3724　石破天惊孙中山/高阳. 北京：团结出版社. 2005.11（高阳作品集）

本书以历史小说的形式叙述了近代民主革命家，中国国民党创始人，三民主义的倡导者、理论家、思想家，民国之父孙中山的生平事迹。全书共有夕阳下的帝国、孙逸仙温室、大清朝的气候、伦敦风云贵变、与保皇党论战等 20 章内容。本书有代序和附录两篇。

3725　实业计划/孙中山著. 台北：新中国出版社. 1952（总理全书；3）

本书是 1918 至 1919 年孙中山避居上海，将“奔走国事 30 余年”的经验进行理论总结时所做。《实业计划》由 6 大计划 33 部分组成，涉及发展交通通讯、“三峡建坎”、经济和实业所有制度等问题。

3726　世纪光环——国父行谊图专辑/曾一士总编辑；李奇茂著. 台北：“国父纪念馆”. 2001.3

本书主要内容是李奇茂教授手绘的孙中山图像百余幅。书中附有序。

3727　世纪伟人——孙中山/陈廷一. 北京：团结出版社. 1998.1（民国名人传记系列；1）

本书以传记的形式对我国民国之父、伟大的爱国主义者、民主革命先驱、民族英雄孙中山先生光辉而伟大的一生进行了详尽的叙述。本书共有中山出生、少年壮志、大洋求学、香港求学、经世抱负、立志兴中、播种革命、义举流产等 25 章内容。本书有序、引子和后记，并附有本书征引参考书目资料和照片。

3728　世界大同：孙中山伦理思想研究/周宇著. 长沙：湖南教育出版社. 2003.12

本书对孙中山伦理思想的产生、发展规律进行了深入的研究，挖掘孙中山伦理思想的现代价值，为当今的道德建设和精神文明建设提供了思想资源和必要的启示。全书分 6 章，包括绪论：孙中山伦理思想的背景论，孙中山伦理思想的道德论，民族主义中的爱国思想，民权主义的政治伦理观，民生主义的道德理想，孙中山伦理思想的基本精神及其特点。书中附有序、参考文献和后记。

3729　思想与实践：台湾经验的验证. 上，孙文学说与中华民国立国/徐元胜编著. 再版，修订本. 台北县：高立图书有限公司. 2002.2

本书讨论了国民党在大陆失败迁台后的混乱局面中，如何发展经济与政治，台湾现代化的主要原因等问题。全书共分为两篇六章内容。第 1 篇为导论，包括：三民主义创立之背景、哲学或科学的三民主义、三民主义之实行与效果；第 2 篇为民族主义思想，包括：民族主义缘起、民族主义——救国救世与恢复民族地位、大亚洲主义。本书有序言和照片。

3730 孙大元帅对全国青年联合会演说词/孙中山著；黄昌穀记．初版．［出版地不详］：［出版者不详］．1923.1

本书是孙中山先生在欢迎中国青年联合会代表会上的演讲。

3731 孙大元帅对时局重要宣言/孙中山著．日本东京：中国国民党东京支部．1924.11

本书内容为孙中山先生1924年11月10日的1篇重要宣言。附《孙先生在沪招待报界演说词》。

3732 孙大元帅戡乱记/李烈钧总纂；国民革命军参谋本部编纂．广东：广东测量局．1924.9

本书分为绪论、桂林会战、复赣旋师、联军复粤、元首旋节、沈军肇乱及败窜、东江之战、湘军援粤等10章。书前有李烈钧序。

3733 孙大总统书牍/孙文撰．铅印本．［出版地不详］：新中国图书局，民国元年（1912）

本书分卷上、下两卷。收录了孙中山先生各类书牍共62篇，分宣言类、公牍类、咨文类、函牍类、批牍类共5类。书后有附录一篇《要求自由禁烟主权之请愿书》和祭文两篇《追悼武汉死义诸烈士文》、《追悼江皖倡义诸烈士文》。

3734 孙大总统演讲军人精神教育/孙文著．初版．上海：民智书局．1922.11

本书分为5课：精神教育、智、仁、勇、决心。

3735 孙大总统演说词/孙文讲演．石印本．［出版地不详］：［出版者不详］，民国元年（1912）

本书为孙中山先生在东京神田锦辉馆为《民报》纪元节庆祝大会所作演讲演说辞，前绘有演讲图及小荒村人跋。

3736 孙文传/陈健夫编著．香港：马昆杰文化事业公司．1964

本书共66章，详细地介绍了孙中山一生的思想和事迹。附照片。

3737 孙文革命思想发展史论/庄政著．台北："国立编译馆"．2007.6

本书分为两大部分，先从历史观察，再从哲学探讨。首先论述孙中山先生发起革命的客观环境；次论革命首领的主观条件；接下来依次论述三民主义。本书还附有孙中山先生传略。有图片。

3738 孙文思想评论/谭宇权著．台北：文津出版社有限公司．2002.5（文史哲大系；166）

本书共19章，包括：世界公民，大政治家，学以致用的学者——孙中山先生，试论研究孙文思想的合理途经，孙文思想产生的中国背景，论孙文的治学态度和方法，评民族主义第一讲，评民权主义第一讲，评论民生主义第一讲和综论孙文之民生主义等。书中附有自序，后记和照片。

3739 孙文思想与政略/庄政著．台北："国立编译馆"．2001.12（人文社会科学丛书）

本书共分6章，包括：革命思想之形成，早期革命思想，民初建国理论的变演，革命建国思想的新动力，晚年革命思想与攻略和结论。书中附有导言，征引及参考书目和图片。

3740 孙文小史/［著者不详］．铅印本．［出版地不详］：［出版者不详］，民国间（1912—1949）

本书系一篇孙文小传，简要记述了孙文生平经历及革命历程，颇多微词。

3741 孙文选集/黄彦．广州：广东人民出版社．2006.11

本书选收孙中山一生的重要著述。全书共分3册，上册为孙中山代表作四种，即他本人在遗嘱中提及者，中册和下册则按各篇著述的时间顺序编排，其中的若干篇著述时间，对以往全集本或选集本有所证正。有肖像。

3742 孙文学说/［著者不详］. 4版. ［出版地不详］：新时代教育社. 1927.4

本书亦称《心理建设》，是《建国方略》的第一部分，也即理论基础。本书中孙中山提出了他的自然观、历史观及其知行学说。全书分8章，内容包括：以饮食为证、以用钱为证、以作文为证、以七事为证、知行总论、能知必能行等。

3743 孙文学说. 续集/孙中山著. 初版. 上海：上海振华书局. 1924.5

本书分为5卷：结会、动议、修正案、动议之顺序、权宜及秩序问题。书前有孙中山的序。

3744 孙文学说/孙文著. 初版. 上海：华强印书局. 1919.6

本书内容为《孙文学说》卷一《行易知难》，共分8章：以饮食为证、以用钱为证、以作文为证、以七事为证、知行总论、能知必能行、不知亦能行、有志竟成。

3745 孙文学说精义/胡适著. 铅印本. ［出版地不详］：［出版者不详］. 1918

1918年孙中山写成《孙文学说》这一哲学专著，即《建国方略》的第一部分《心理建设》，出版发行后，胡适大为赞赏，因其素来主张做事需有计划，遂将《孙文学说》择其精要，辑录而成本书。附照片。

3746 孙文学说疏证/王万钟著. 重庆：正中书局. 1944.3（总理学说研究丛书）

本书分两篇。第1篇是评论各家有关孙文学说的论述；第2篇是孙文学说的解证，解释知难行易说，根据孙文的行知说，对知行问题的各种传统观念加以批判，阐发孙文学说的要旨。

3747 孙文学说之哲学探微/王静厚著. 台北：正中书局. 1981.5（三民主义研究所博士、硕士论文奖助出版丛书. 第三辑；1）

本书分9章，包括：导言、思想的中心、进化与知行、人类知行问题的本源、知行问题前说、对知难行易的体认、知行问题正论等。

3748 孙文与陈炯明史事编年/段云章，沈晓敏编著. 广州：广东人民出版社. 2003.10

本书以记述孙中山与陈炯明的关系为主，以各阶段发生的事件为脉络，结合社会历史环境，围绕这二者之间发生的种种问题进行了研究和探讨。时间上从1886年至1933年。有前言、凡例和征引文献。附照片。

3749 孙文与日本史事编年/段云章编著. 广州：广东人民出版社. 1996.10（孙中山基金会丛书. 专著）

本书力图通过广泛搜集整理有关资料，较全面地展示孙文与日本的关系，搜集的范围包括日本官方档案、孙文本人及有关人士的著作、书信、日记、传记，当年度报纸杂志，当时和后来学者们的有关论著等，共约343种，搜集资料的年代从1866年至1925年。有作者照片。

3750 孙文政治道德思想体系与新世纪价值/张瑞滨著. 再版，增订. 台北：大屯出版社. 2002.9

本书共分7章，包括：绪论，孙文政治道德人格之形成，孙文政治道德思想之起源，孙文政治道德之体系，孙文政治道德之价值，孙文政治道德在新世纪之意义与实践和结论与建议。书中附有增订版序，自序和参考书目。

3751 孙文主义要论/邵元冲讲演；高良佐，邱元武笔记. 铅印本. ［出版地不详］：［出版者不详］. 1912—

本书是曾担任孙中山机要主任秘书的邵元

冲先生在中山学院为学生讲授孙中山先生思想的笔记。在本书中邵元冲分析了孙文主义的来源，实质及其发展变化。附照片。

3752 孙文主义之哲学的基础/戴季陶著. 5版，复制本. 上海：民智书局. 1927.1

本书共5部分，包括：民权初步、孙文学说、军人精神教育、三民主义和实业计划。附民生哲学系统表说明。

3754 孙逸仙博士与美国：1894－1925/张忠正著. 台北：广达文化事业有限公司. 2004.7（案头书；027）

本书主旨在探讨孙逸仙自1894年正式献身革命至1925年去世之30年期间他与美国朝野之间的关系，尤以1911年辛亥革命之后孙逸仙争取美国支持的过程与挫折，以及美国对孙逸仙之政治活动与革命目标的态度与政策，为本书着墨的重点。有照片。

3755 孙逸仙伦敦被难记/孙中山. 再版. 上海：孙文主义研究会. 1927.4

本书记1896年孙中山在伦敦被中国驻英使馆幽禁的经过。有自序，有附录。

3756 孙逸仙伦敦蒙难真相：从未披露的史实/黄宇和. 台北：联经出版事业公司. 1998.10

本书对1896年孙中山于伦敦蒙难、获救的过程进行记述。全书分6章，包括：轰动全球的绑架案、一波未平一波又起、英雄形象的创造、英雄形象的树立、百年后的英雄形象、英雄形象的未来。附“书评选辑”。有图表。

3757 孙逸仙伦敦蒙难真相/黄宇和. 修订版. 上海：上海书店出版社. 2004.2（黄宇和院士系列）

内容提要参见3756。

3758 孙逸仙先生传/吴相湘编撰. 增订本. 台北：远东图书公司. 1984.3

本书以编年与纪事兼用，并注意当时中外大事。全书共分5编，包括：“伟大号召　振兴中华”、“革命风潮震撼人心”、“建立民国　有志竟成”、“军阀政乱　护法图治”、“唤起民众　共同奋斗”。有3篇附录。有照片。

3759 孙逸仙演说/孙文著；吼生记录. ［出版地不详］：［出版者不详］. 1901

本书内容是孙中山由欧洲过日本对日本留学生发表的演讲。

3760 孙逸仙演说/孙文著；吼生记录. ［出版地不详］：［出版者不详］. 1905

内容提要参见3759。

3761 孙逸仙在伦敦（1896－1897）：三民主义思想探源/黄宇和著. 台北：联经出版事业股份有限公司. 2007.8

本书试图对三民主义的源头之一伦敦与中国革命的关系进行探索。本书分为3大部分，9章内容：第1部分重建历史，把孙逸仙1896－1897年在伦敦的活动重建起来，以便鸟瞰其在伦敦时所见所闻；第2部分分析历史，分析三民主义形成的过程、内容以及当今之意义；第3部分反思，由于得到两份高质量的匿名审查报告启发，本书作者在出版前对书稿作全盘检视并提出回应。本书还有自序、凡例、中英文目次、表目次、英中对照表、参考资料及书目和索引。

3762 孙中山、毛泽东与中国现代化/黄德智. 广州：暨南大学社. 1994.8

本书包括：《孙中山、毛泽东与中国现代化》、《孙中山、毛泽东与儒家文化》、《孙中山、毛泽东与新闻事业》、《孙中山、毛泽东的对外开放思想》、《从孙中山、毛泽东的中西文化观看》、《孙中山、毛泽东对教育与现代化关系的认识》等论文18篇。有序、前言、后记。

3763 孙中山/［著者不详］. 香港：教育出版

社. 198?

本书分10部分，包括：童年时代、求学时期、革命前的准备、在伦敦遇难、到处奔走革命、黄花岗之役、武昌起义、讨袁和护法等。附孙中山年谱。

3764 孙中山/段云章著. 南京：江苏古籍出版社. 1984.12（中国历代名人传丛书）

本书共11章节，主要内容有：在黑暗中探索、首举民主革命大旗、公认的革命先驱、第一任大总统、坚决捍卫共和国、迎向新的曙光、打倒帝国主义、逝世北京等。

3765 孙中山/凯风，依群. 北京：中国少年儿童出版社. 1999.8（世界大人物丛书）

本书共分28部分，内容包括：伟人之初，香港学医，创立兴中会，伦敦蒙难，海外大论战，内部之争，黄花岗之役，革命伴侣等。书中附有孙中山生平年表和参考书目。

3766 孙中山/凯风，依群. 再版. 北京：中国少年儿童出版社. 2003.1（世界大人物丛书）

内容提要参见3765。

3767 孙中山/邵传烈. 上海：上海人民出版社. 1980.10（中国近代史丛书）

本书分20部分，包括：少年的愤慨、到檀香山去、勿敬朝廷、上书李鸿章、民主革命的第一枪、伦敦被难、惠州再起、与保皇党人分手等。有照片。

3768 孙中山/宋诒瑞. 香港：新雅文化事业公司. 2000.6（世界名人之旅）

本书分10章，包括：志气不凡的少年、革命思想的萌芽、救死扶伤的好医生、革命行动的开始、伦敦蒙难记、为革命奔走、失败是成功之母、推翻封建皇朝等。有前言和大事年表。

3769 孙中山/王寿南. 台北：台湾商务印书馆. 2007.4（典范人物系列）

本书以传记的形式对我国民国之父、伟大的爱国主义者、民主革命先驱、民族英雄孙中山先生的一生进行了叙述。全书共分为幼年的生活、求学时代、成立兴中会、第一次广州起义、伦敦蒙难、惠州起义、中国同盟会的成立、当选为中华民国临时大总统等10部分内容。

3770 孙中山/乙维清. 南京：江苏人民出版社. 1996.10

本书分19个部分，包括：香山少年性自强、向学救人慨而慷、奋命一击在重阳、异域困厄险为殃、东瀛连横及康梁、血染旌旗雪上霜、列身洪门斥保皇、大会群英勇任当等。

3771 孙中山/张笑天. 北京：中国言实出版社. 2001.11

本书分20集，包括创立兴中会、伦敦蒙难、组建同盟会、愈挫愈奋、血染黄花岗、辛亥风云、临时大总统、会晤袁世凯、宋氏姐妹、国共合作、抱病北上等。有剧照。

3772 孙中山/张笑天. 长春：时代文艺出版社. 1999.6

全书分56章以丰富的史料为基础，以小说形式反映了孙中山的一生。从1895年孙中山组织第一次广州起义写起，到1925年逝世为止，再现了孙中山先生一生的传奇革命经历。有照片。

3773 孙中山/中国革命博物馆. 北京：外文出版社. 1986

本书通过大量图片介绍了孙中山先生的一生。

3774 孙中山/周学之. 北京：昆仑出版社. 1999.1（中华名人丛书. 首批）

本书分22章介绍了孙中山的一生，包括：出身贫寒农家、求学檀香山、香港——中山革命思想发源地、草创兴汉会与上书李鸿章、建立兴中会、广州首义、伦敦蒙难、脱险后的不屈奋斗等。有照片。有附录《参考征引书目》。

3775 孙中山：1866－1925/李凤宇. 南京：江苏文艺出版社. 1999.6（中外名人传记丛书）

本传记分23章，包括：金槟榔山下的童年、世情砺侠骨、到檀香山去、初识番邦面目、沙船上的演说家、重返翠亨村的日子、桀骜不驯的自由神、悠悠赤子心等。有照片。附孙中山生平大事年表。

3776 孙中山：从剧本到影视/［著者不详］. 北京：中国电影出版社. 1991.5（中国影片研究丛书）

本书为1985年珠江电影制片公司拍摄的大型传记故事影片《孙中山》的研究集。本书内容分4部分，包括：影片文学剧本及完成台本、影片创作人员的创作经验总结、评论文章、专家谈片。书中附影片剧照、人物造型照及工作照。

3777 孙中山：革命先驱/杨百灵. 延吉：延边人民出版社. 2002.12（世界伟人传记丛书）

本书分17部分，包括：苦乐相伴的童年、童年趣事、异国的少年生活、确立救国大志、第一次广州起义、国外流亡、海外筹划革命、组织中国同盟会、再掀革命高潮等。有插图。

3778 孙中山：革命先行者/李文华. 长春：北方妇女儿童出版社. 2001.2（世界伟人传记丛书；34）

本书分6部分，包括："再见了，翠亨村"、"海外求学"、"推翻满清，建立民国"、"讨袁护国"、"伟大的转变"、"鞠躬尽瘁，死而后已"。有插图。

3779 孙中山：纪念孙中山先生诞辰130周年/上海孙中山故居纪念馆. 上海：上海人民出版社. 1996.10

本书共收入500多幅珍贵照片，其中不少属首次面世。收入时，编者对已发表过图片进一步做了考证，纠正了不少错误。图册形象地展示孙中山立志救国、推翻帝制、建立民国、倡办实业、讨袁护法到第一次国共合作的光辉历程，再现了孙中山伟大的一生。有照片。

3780 孙中山：勉为其难的革命家/（美）史扶邻著；丘权政，符致兴译. 北京：中国华侨出版社. 1996.8

本书共分7部分，包括：成为职业革命家，谋求"善意的中立"，外无援手，投身民族主义的洪流，辛亥革命，捍卫革命精神，顺应新的潮流。书中附有中译本前言，译本序，后记，注解，译者说明和照片。

3781 孙中山：愈挫愈奋的伟大先行者/张磊. 广州：广东人民出版社. 1996.10（孙中山基金会丛书. 论集）

本论文集共收集了25篇文章，大致分为6组。"代序"概括了作者对孙中山研究深化与拓展的意见；第2组论文集中反映了孙中山的理论和实践，同时探究了其普遍意义；第3组论文侧重于孙中山思想的研究；第4组主要关于孙中山的主要革命实践；第5组论述了朱执信、廖仲恺、宋庆龄和刘师复；第6组主要是研究工作的述评。有作者照片。

3782 孙中山：中国人民伟大的革命儿子/邹声编. 香港：中华书局股份有限公司. 1957.10

本书分9章，包括：为革命筹款、为了反对清政府而寻找外援、利用外国力量的劳力、向苏维埃俄国探寻摸索、有活力的联俄背景、在俄国的帮助下进行工作、挫折和新的希望、最后的追求探索等。书中有序、绪论、结论、缩写字体表、参考书目提要和译后记。

3783 孙中山：壮志未酬的爱国/（美）韦慕庭. 北京：新星出版社. 2006.8

本书分9章，包括：为革命筹款、为了反对清政府而寻找外援、利用外国力量的努力、何苏维埃俄国探寻摸索、有活力和联俄背景、在俄国的帮助下进行工作、挫折和新的希望、最后的追求探索等。书中有序、绪论、结论、缩写字体表、参考书目提要和译后记。

3784　孙中山：壮志未酬的爱国者/（美）韦慕廷著；杨慎之译. 广州：中山大学出版社. 1986.10

内容提要参见3783。

3785　孙中山别传/风云出版社编辑委员会. 台北：[出版者不详]. 198?（风云书系；52）

本书分140篇，包括："翠亨乡中，诞生伟人"、"相貌堂堂，自幼不凡"、"月下读书，为省油灯"、"一番道理，无法驳倒"、"义正言辞，大胆拒盗"、"挺身而出，对抗恶吏"、"坏风积习，亟谋改革"、"初次出国，大开眼界"等。有照片。

3786　孙中山藏档选编：辛亥革命前后/黄彦，李伯新. 北京：中华书局. 1986.9

本书选编自广东省中山市翠亨村孙中山故居收藏的孙中山所藏档案资料，包括：电报、函札、公牍、呈文、规章、批件、演说辞和其它文件等，共计508件。其中大都是手稿原件，原抄件还有当时印刷的传单、小册子。有照片。

3787　孙中山传/（德）海法特著；王家鸿译. 台北：台湾商务印书馆. 1978.7

本书共分5篇，包括：历史背景，孙中山的生平，孙中山学说，孙中山精神在中华民国和孙中山与新中国对于宪法学，国际法与世界和平的重要性。书中附有后序和附录。

3788　孙中山传/尚明轩. 北京：北京出版社. 1981.3

本书分为7章，内容包括：青少年时代，踏上民主革命的征途，创立中国同盟会与改良派作斗争，领导人民推翻封建帝制，建立共和国，辛亥革命失败后的继续奋斗，在绝望里遇到了十月革命和中国共产党，从旧三民主义到新三民主义的伟大转变。书中附有再版说明，前言，结束语和附录。

3789　孙中山传/尚明轩. 北京：文化艺术出版社. 2008.3

本书共分7章，介绍孙中山先生的一生。内容包括：青少年时代；踏上民主革命征途；成立中国同盟会；推翻封建帝制，创建中华民国；坚决捍卫共和国；掀起国民革命高潮；抱病北上，巨星陨落。书末有3篇附录。有照片。

3790　孙中山传奇/范方镇，韩建国. 南京：江苏古籍出版社；江苏人民出版社. 2002.12

本书讲述了孙中山的一生。内容涵盖童年时代、求学檀香山、香港学医、弃医救国、创建兴中会、探求救国真理、革命伴侣宋庆龄等。

3791　孙中山辞典/张磊. 广州：广东人民出版社. 1994.9

本书收词目2059条，内容分孙中山著译作、历史文献、人物、政治制度、军事、社会党团派系、学术会议等15类。

3792　孙中山大传/陈廷一. 北京：团结出版社. 2001.9

本书分25章，内容有：中山出生、少年壮志、大洋求学、香港求学、立志兴中、播种革命、走向成功、二次革命、逃亡日本、护国战争、联俄联共、决然北上等。有照片。有附录："孙中山生平大事年表"、"孙中山重要著作选编"、"本书征引参考书目、资料"。

3793　孙中山文史图片考释/余齐昭著. 修订版. 广州：广东人民出版社. 2009.12（孙中山大元帅府纪念馆书系）

本书内容包括：孙中山就读博济医院名称沿革、孙中山同家人合影的时间与人物考、孙中山有无诗作补辨、黄花岗七十二烈士墓今昔、孙中山昆仲辟谣、孙中山与执信学校及其他、孙中山在阅兵、追随孙中山革命的卢信等，书中附有序、前言和后记。

3794　孙中山大传/何虎生，陶军谋．北京：中国工人出版社．2001.11

本书记述了这位历史巨人，从“贫困之农家子”到流亡革命家；从不懈地组织武装起义推翻帝制，到建立民国；从紧跟时代潮流不断探索，到改组国民党，实行国共合作，谋求国家和平统一的奋斗生涯。有照片。

3795　孙中山大元帅府/李穗梅．广州：广东人民出版社．2007.8（岭南文化知识书系）

本书包括10部分：南下护法，任大元帅；建府河南，士敏土场；军阀排挤，护法失败；返粤重组，护法再挫；帅府重建，讨伐叛军；实践理想，建设都市；一大召开，国共合作；离粤北上，帅府改组等方面的内容。有照片。

3796　孙中山的大学生涯：拥抱祖国爱情和书的伟人/庄政．台北：中央日报出版部．1995.11（领袖丛书；C9）

本书分6个单元：读大学前的教育背景、大学生涯及行医历程、大学师友对其志业的影响、大学时期两位伟大女性的支持、治学的精神与方法、四位改变中国现代史的人物。含附录8篇。有照片。

3797　孙中山的反帝思想/王志光．郑州：河南人民出版社．1981.9

本书共分5部分，包括：孙中山走上革命道路的社会历史条件，向西方寻求救国真理的杰出代表，怀疑、苦闷与探索，向新的道路前进，反对帝国主义侵略的英勇战士。书中附有前言和结束语。

3798　孙中山的故事/陈露明，陈小明．汕头：汕头大学出版社．1998.5（中外英雄人物故事丛书）

本书讲述了孙中山的童年生活、在檀香山求学、学医和从医生涯、广州起义、维新革命、成立同盟会、结识宋庆龄和护国运动等故事。

3799　孙中山的故事/洪斌，李英敏．沈阳：辽宁人民出版社．1980.11（小学生文库）

本身通过21个有趣的小故事，从不同的侧面，介绍了伟大革命家、我国民主革命的先行者孙中山先生光辉的一生，反映了孙中山的革命精神。有插图。

3800　孙中山的故事/李茂高，李一峰．上海：少年儿童出版社．1990.1（少年文库）

本书分39个部分，追忆了孙中山的光辉业绩和他伟大的一生，包括：苦难的童年、去檀香山、香港求学、组织兴中会、第一次武装起义、伦敦蒙难、结识日本朋友、与康梁谈判等。

3801　孙中山的活动与思想/桑兵．广州：中山大学出版社．2001.10（孙中山与近代中国学术系列）

本书分上、下两编，收录研究孙中山的文章约16篇。包括：孙中山与庚子勤王运动、庚子孙中山上书港督卜力述论、孙中山生平活动史实补正、孙中山与国内知识界、孙中山与留日学界、孙中山与同盟会的成立、同盟会成立时孙中山的政治形象等。

3802　孙中山的家世：资料与研究/孙中山故居纪念馆．北京：中国大百科全书出版社．2001.11

本书分历史文献、孙中山亲属对家世的看法、调查访问材料、函电、年谱与传记选录等6个部分，对孙中山家族进行了全面的研究。收录涉及孙中山家世源流问题讨论相关的历史文献、口述史料、调查访问记录、函电、年谱与传记、以及研究孙中山家世源流的著作、论文，介绍这方面研究状况的文章或评论等。有附录一篇。

3803　孙中山的科学技术思想/张汉静．北京：科学出版社．2005.6（山西大学科学技术哲学

文库）

本书共分为8章，包括："千年之志，科技兴国"，"真知特识，科学而来"，"机器巧，百艺兴，制作盛"，"农务有学，耕耨有器"，"交通便利，富强之道"，"独立自主，质量建军"，"用人所长，补我所短"，"愈挫愈奋，振兴中华"。书中附有序言、引论、结语、附录、参考文献和后记。

3804 孙中山的历程：一个伟人和他的未竟事业/尚明轩. 3版. 北京：解放军文艺出版社. 2001.2（一代天骄丛书）

全书分10卷，包括：青少年时代、踏上民主革命征途、流亡中矢志不移、为推翻帝制创建民国而斗争、中国第一个总统、二次革命、捍卫民主共和、二次护法运动、首次国共合作等。附摘编附注。

3805 孙中山的历程：一个伟人和他的未竟事业/尚明轩. 北京：解放军文艺出版社. 1998.1（一代天骄丛书）

内容提要参见3804。

3806 孙中山的民生主义研究/刘枫，曹均伟. 上海：上海社会科学院出版社. 1987.10

本书共分10章，包括：孙中山革命的一生与民生主义的产生，民生主义概念及经济范畴，"平均地权"的纲领，节制资本的纲领，"国家资本主义"的思想，振兴实业的思想，货币理论，人口理论等内容。书中附有序言和后记。

3807 孙中山的亲属与后裔/孙中山故居纪念馆. 北京：中国大百科全书出版社. 2001.3

本书共分6部分，包括：翠亨孙氏先祖，孙中山的父母，孙中山的兄、姊、妹，孙中山的子女和侄子，孙氏后裔故乡行。书中附有"孙中山的亲属与后裔"展览一瞥，附录和后记。

3808 孙中山的青少年时代/翟杰，柳生. 北京：中国华侨出版社. 2006.12

本书共分7章，内容包括：时代、家庭与童年、求学檀香山，大学时代（上）、大学时代（下）、探索"医国道路"、踏上革命征程和三十岁以后的战斗岁月。书中附有参考书目和后记。

3809 孙中山的青少年时代/赵俊芳，田毅鹏. 北京：现代出版社. 1997.3（中外名人的青少年时代：系列丛书. 政治家卷）

本书分8部分，包括：翠亨苦少年、洪秀全第二、外面的世界很精彩、檀香山求学、归乡的"叛逆"、始有志于革命、从"医人"到"医国"、大学时代的交游。

3810 孙中山的生平及其事业/李吉奎. 广州：中山大学出版社. 2001.10（孙中山与近代中国学术系列）

本书收录了撰者研究孙中山的文章24篇，分3辑，其中包括：南京临时政府的财政与政局、欧战期间的孙中山、孙中山与日本基督教、孙中山与外蒙问题、孙中山论明治维新、论孙中山晚年的儒学观等。

3811 孙中山的思想和道路/朱一智，隋启仁. 南京：江苏人民出版社. 1987.8

本书分10章，包括：风雷激荡的年代、英勇战斗的一生、孙中山的自然进化论、孙中山的知行论、孙中山的社会进化论、孙中山的民族主义、孙中山的民权主义、孙中山的民生主义等。

3812 孙中山的思想与实践/黄彦. 广州：广东人民出版社. 1999.11

本书共收录18篇文章，包括：五四运动后的思想升华，民权主义理论的创新及其试验，政党理念的一贯性，地方自治理论与实践，联省自治论，开放思想的内涵及其尝试，武装斗争思想与实践，教育思想与实践等内容。

3813 孙中山的伟大思想与革命实践/周兴樑.

广州：广东高等教育出版社. 1998.8

本论文按其内容大致可分为5大类：孙中山与东西方思想文化、孙中山与辛亥革命运动、孙中山与第一次国共合作、孙中山与祖国的统一与建设、孙中山与国内外人物的关系。

3814 孙中山的哲学思想/王学华. 上海：上海人民出版社. 1960.3

本书分4个部分，包括：孙中山的生平及其世界观的形成、孙中山的哲学思想、孙中山的社会观点、结束语。

3815 孙中山的治学方法/张笃勤. 台北：新视野图书出版公司. 1998.11（阅读之旅；1）

本书共分12章，包括：童年村塾读书生活，檀香山求学经历，广州与香港习医生涯，伦敦读书与社会考察，北美和南洋读书片断，流亡日本读书情景，上海读书与著述，三民主义演讲与读书累积等。书中附有序言和附录。

3816 孙中山的足迹/沈先金. 南京：南京出版社. 2005.6

本书共分11部分，内容包括：诞生翠亨，走向世界，早年求学，革命征程，探求真理，宣传革命，缔造共和，鞠躬尽瘁等。书中附有序言，附录，后记和照片。

3817 孙中山读书生涯/张笃勤. 武汉：长江文艺出版社. 1997.12（中国名人读书生涯）

本书共分12章，内容包括：童年村塾读书生活，檀香山求学经历，广州与香港习医生涯，伦敦读书与社会考察，流亡日本读书情景，上海读书与著述，细微之处见学养，读书特点与爱好等。书中附有首卷语，附录，后记和照片。

3818 孙中山对国内情势的审视/段云章. 广州：中山大学出版社. 2001.10（孙中山与近代中国学术系列）

本书分为孙中山和国内重大事件、孙中山和近代中国思潮、孙中山和同时期人物、孙中山的地区观4编。

3819 孙中山对外方略/李本义. 北京：中国社会科学出版社. 2006.7

本书从反霸维和的外交方略、利用外资进行国家经济建设的外资方略、对外开放方略等9个方面，用大量的事实，全面论述了孙中山的对外方略。

3820 孙中山法律思想体系研究/乔丛启. 北京：法律出版社. 1992.5

本书共分6章，内容包括：孙中山法律思想的演变及其原因，孙中山法律思想体系的理论基础，孙中山的法律论，孙中山的法制思想方案，孙中山法律思想体系评述，孙中山与民国政府法制。书中附有绪论和后记。

3821 孙中山法律思想研究/唐自斌. 长沙：湖南师范大学出版社. 1997.4

本书分7章，包括：孙中山法律思想的形成于发展、资产阶级民主法律观、资产阶级共和国法制思想、五权宪法思想、民法思想、刑法和刑事诉讼法思想、基本特征和历史地位。

3822 孙中山荣哀录/中国国民书局编辑. ［出版地不详］：中华国民书局. 1927

本书收录有《孙中山先生传》、《孙中山先生逝世记》、《三民主义王权宪法之要旨》，以及祭文、悼词、挽联等。

3823 孙中山革命奋斗小史/胡绳. 香港：海洋书屋. 1948（万人丛书）

本书按年代叙述孙中山思想发展及革命行动，分1894年前之思想、兴中会时期、同盟会时期、1912年至1916年时期、1916年至1922年时期、1923年至1925年时期等6部分。

3824 孙中山革命与美国/郝平. 北京：北京大学出版社. 2000.2

本书共分9章，包括：夏威夷与“茂宜王”

孙眉，孙中山与基督教，兴中会为何首创于檀香山，革命派与立宪派之间的大论战，成立同盟会，美国同盟会的成立和中国红龙计划，革命前的筹款与革命爆发后的外交斡旋，美国对孙中山思想的影响等。书中附有导言、结论、附录、后记和照片。

3825　孙中山故居纪念馆/本书编辑小组编. 北京：文物出版社. 2006.10

本书分概况、来访贵宾、展示体系、学术研究、文物保护等部分，以图片的形式介绍了孙中山纪念馆的情况。有照片。

3826　孙中山海外生涯/陈妙英. 北京：文津出版社. 1994.9

本书分4章，包括："香港求学　蕴育革命思想　澳门行医　镜湖声名鹊起"、"远渡欧美　发展革命势力　学贯中西　创立三民主义"、"流亡日本　组织政党同盟会　广交知友　患难之际结良缘"、"八下南洋　谋划革命之基地　筹募经费　南海一隅掀狂澜"。

3827　孙中山和他的亲友/马庆忠，李联海. 广州：花城出版社. 1988.2

本书共分19部分，内容包括：伴侣和战友，教子成器，浩气英风，"四大寇"，"旷世之逸才"，彼此钦佩的挚友，一往情深，君子之交淡若水等。书中附有序，后记和照片。

3828　孙中山和他的时代：孙中山研究国际学术讨论会文集/中国孙中山研究学会. 北京：中华书局. 1989.10

本书围绕"孙中山和他的时代"这个主题，对孙中山与政治、经济、军事及国际关系等问题展开讨论，全书分上、中、下三编，共收论文109篇，内容包括：孙中山与中华民国、孙中山与五四知识分子、孙中山和日本华侨、孙中山与英国、孙中山与光复会等。有照片。

3829　孙中山和他的助手/赵矢元. 哈尔滨：黑龙江人民出版社. 1987.12

全书分15部分，包括：略说孙中山和他的助手（代序）、早期的革命助手、"誓与孙逸仙共生死"——宫崎滔天与孙中山、"为宪法流血公真第一人"——宋教仁与孙中山、疾风如劲草——朱执信与孙中山、革命的"钱荷包"和"奥巴桑"——廖仲恺夫妇与孙中山等。书中有后记和照片。

3830　孙中山和他的助手/赵矢元. 再版. 哈尔滨：黑龙江人民出版社. 1991.8

内容提要参见3829。

3831　孙中山和辛亥革命/金冲及. 广州：广东人民出版社. 1996.10（孙中山基金会丛书. 论集）

这本论文集所收的文章大体分为3组，第一组共18篇，是论述孙中山和辛亥革命的；第二组有7篇，是泛论中国近代史中一些重要问题的；第三组有5篇，是论述有关孙中山和辛亥革命研究状况的。有作者照片。

3832　孙中山画传/赖某深. 长沙：岳麓书社. 2007.2

本书用文字记叙其人生足迹的同时，将众多中山先生的影像收入书中。全面地反映了孙中山革命的、战斗的一生。内容包括：青少年时代、上书李鸿章、创建兴中会、第一次广州起义、伦敦蒙难、创建同盟会、黄花岗起义、武昌起义等。有附录：《在广州中国国民党恳亲大会的演说》、《有志竟成》、《三民主义》第六讲。

3833　孙中山及其思想/吴剑杰. 武汉：武汉大学出版社. 2001.9

本书共分12章，内容包括：导论，生平概略，与反对君权相联系的民族主义，三民主义的新发展，孙中山的经济思想，孙中山的哲学思想，孙中山的文化思想，孙中山的哲学思想，孙中山的军事思想等。书中附有附录和后记。

3834 孙中山集外集/陈旭麓，郝盛潮．上海：上海人民出版社．1990.7

本书分为论著、演说、谈话、函札、文电、宣言、文告、规章等10类，各类都有《孙中山全集》中未及揭载的重要文献。有照片。

3835 孙中山集外集补编/孙中山．上海：上海人民出版社．1994

本书收录600余件文献资料、20余幅图片，其中有许多很有价值的史料。

3836 孙中山纪念馆：展览图录/孙中山纪念馆．香港：孙中山纪念馆．2006.12

本书分4部分介绍了相关孙中山纪念馆的展品，包括：孙中山与近代中国、孙中山时期的香港、孙中山先生事迹与中国大事年表、甘棠第的历史与修缮。有照片。

3837 孙中山纪念画册/上海孙中山故居纪念馆．上海：上海人民美术出版社．2001.9

本书分为两部分，一为上海孙中山故居纪念馆馆藏文物精选，这里珍藏着大批记录当年历史的文物；二为书画作品，有历史油画、国画、书法、篆刻等。有照片。

3838 孙中山暨辛亥革命研究/民革云南省委理论政策研究委员会编．昆明：云南美术出版社．2002.4

本书内容包括：孙中山先生的中国问题解、孙中山与社会主义、论孙中山的民族平等思想、辛亥革命与近代中国的社会变革、浅析辛亥云南军政府的法律制度等。

3839 孙中山家世研究与辨析/邹佩丛．太原：山西人民出版社．2008.10

本书内容包括：孙中山、孙眉生前的相关活动，自述与知情者的相关记述，党史会采访员的调查与“东莞县上沙乡说”的初步确定，东莞“两乡之争”与国民党西南执行部的全面调查，“两说”维护者的第二场争论及社会动态等。有照片。

3840 孙中山建设哲学：中国现代系统思维的开启及运用/黄明同．北京：社会科学文献出版社．2006.10（孙中山研究系列）

本书共分8个部分，内容包括：总论、系统建设观、开放建设观、协调建设观、均衡建设观、和谐社会观，思想渊源与社会历史背景当代社会思维的新取向与孙中山建设哲学的启示。书中附有序言，附录，后记和照片。

3841 孙中山教育思想初探/韦杰廷，邓新华．长沙：湖南教育出版社．1992.12

本书内容包括：孙中山教育思想的认识论基础、关于教育的作用和目的的论述、论思想品德教育、论教师和教与学等。

3842 孙中山经济改革论/姜旭朝．北京：团结出版社．1989.6

本书运用马克思主义的观点，分析、评述了孙中山先生的经济学说。

3843 孙中山经济思想/胡显中．上海：上海人民出版社．1985.9

本书分9章，包括：伟大的民主革命先行者、土地问题、资本问题、实业问题、教育问题、民生主义总论、货币学说、人口思想。

3844 孙中山经济思想：中国建设前瞻者的思考/黄明同，卢昌健．北京：社会科学文献出版社．2006.10（孙中山研究系列）

本书内容分为10章，包括：概论、国情与目标、走向近代化的系统工程、交通网络的构想、“振兴农业”与“移民垦荒”、近代工业化之路，土地纲领和资本制度等内容。书中附有序、前言、后记和照片。

3845 孙中山军事思想与实践/《孙中山军事思想与实践》编写组．北京：军事科学出版社．1989.3

本书分为 3 编，共 10 章，包括：唯有革命何以救中国，一地起义数地响应的战略，建立民国，以战止战，保卫民国，反对武人争雄，挽救民国的新探索，伟大的转变，北伐的战略和策略等内容。书中附有结束语和大事记。

3846　孙中山领导的革命运动与清末民初的广东/邱捷．广州：广东人民出版社．1996.10（孙中山基金会丛书．论集）

本书共收论文 18 篇，包括：孙中山晚年与皖奉军阀的联名和斗争，孙中山“联俄”过程中的一段插曲，广东商人与辛亥革命，辛亥革命前资本主义在广东的发展，广东军政府初期的财政状况，1912－1913 年广东纸币的低折问题，辛亥革命时期的广东顺德县，关于孙中山的祖籍问题等。书中附有后记和照片。

3847　孙中山伦敦蒙难/邵传烈．长春：吉林美术出版社．2008.6

本书以连环画的形式再现了孙中山在伦敦蒙难的经过。

3848　孙中山论/张磊．广州：广东人民出版社．1986.6

本书收录论文 12 篇，大致分为 3 组：第 1 组内容主要阐发列宁和毛泽东对孙中山的有关论述；第 2 组大都关于孙中山的毕生革命实践；第 3 组侧重于孙中山思想的研究。

3849　孙中山毛泽东邓小平现代化思想比较研究/任大立．武汉：湖北人民出版社．2000.12

全书分 10 章，包括：“孙中山、毛泽东、邓小平现代化思想的形成背景及其可比性”、“孙中山、毛泽东、邓小平对中国国情认识的比较”、“孙中山、毛泽东、邓小平关于中国现代化的目标构想的比较”、“孙中山、毛泽东、邓小平关于中国现代化的战略重点的比较”、“孙中山、毛泽东、邓小平关于中国现代化的实施主体的比较”、“孙中山、毛泽东、邓小平推进中国现代化的实践的比较”、“邓小平现代化思想是中国实现现代化的伟大旗帜”等。

3850　孙中山民权主义探微/韦杰廷，陈先初．桂林：广西师范大学出版社．1995.1

本书分 12 章，包括：民权主义的形成、旧民权主义、民权主义的发展、新民权主义、革命程序论、自由观、平等观、权能区分论等。

3851　孙中山民生主义新探/韦杰廷．哈尔滨：黑龙江教育出版社．1991.8

本书共分 8 章，内容包括：民生主义的形成和发展，旧民生主义，新民生主义，民生主义的所有制结构，民生主义的经济理论，民生主义的历史理论，民生主义与新民主主义和民生主义的性质，社会作用和历史地位。书中附有书后记。

3852　孙中山名言钢笔字帖/庞中华，施善玉．北京：人民中国出版社．1993.5

本书收录了硬笔书法家根据孙中山的名言写成的楷、行、隶三种字体，作为字帖。

3853　孙中山名言录/李晔，杜凡一．台北：智慧大学．1995.12（智慧文库；41）

本书分 7 章收录了孙中山的名言，包括：世界潮流・政治、三民主义与中国革命、社会分工与经济建设、教育・宣传・报界、哲学、奋斗、思想修养。

3854　孙中山年谱/贺岳僧．再版．上海：世界书局．1928.5

本书以编年形式详述了孙中山的一生。

3855　孙中山年谱长编/陈锡祺．北京：中华书局．1991.8

本书分 3 卷，根据国内外大量已经刊布和未曾发表的孙中山著述和有关档案材料，经过鉴别考订，详细地记述 1866 年至 1925 年间孙中山的生平思想、言论和革命实践活动。有肖像。

3856 孙中山评传/茅家琦. 南京：南京大学出版社. 2001.5（中国思想家评传丛书）

本书分为 3 部分，包括回顾过去出版的著作，指出丰硕的成就和倾向性的问题；分阶段地具体分析孙中山的活动和思想发展；对孙中山的思想作宏观的概括。有照片。

3857 孙中山评传/施浘著；刘彭陶译. 昆明：云南人民出版社. 1996.12

本书共分 7 章，包括：1911 年的资产阶级革命，从“二次革命”到第一次世界大战，陈炯明的叛变，“三大政策”，收复广州，国民党的改组和反帝斗争。书中附有中译本序言，参考书目，译后记和照片。

3858 孙中山评传/张磊著. 广州：广州出版社. 2000.11

本书共有 11 章，内容包括：满怀爱国与变革热忱的青年、踏上民主革命的道路、为创建独立、民主和富强的共和国而奋斗、捍卫共和制度的“艰难顿挫”、民族主义思想、民权主义思想、民生主义思想、新三民主义与三大政策等，记述了我国民主革命先行者孙中山先生一生的传奇经历。书中附有照片、导言、附录和后记。

3859 孙中山全传/李凡. 北京：北京出版社. 1991.6

本书共分 7 编，包括：青少年时期，兴中会前期，兴中会后期，同盟会时期，为捍卫共和国政府继续奋斗，革命统一战线的建立——首次国共合作，北上和逝世。附有孙中山年表，注释，附录和照片。

3860 孙中山全传/李凡. 再版，增订版. 北京：北京出版社. 1996.3

全书分 8 编，包括：青少年时期、兴中会前期、兴中会后期、同盟会时期、中华民国的建立、为捍卫共和政府继续奋斗、革命统一战线的建立——首次国共合作、北上和逝世。书中有孙中山年表。

3861 孙中山全传/李守鹏. 再版. 南昌：江西人民出版社. 2001.9

本书内容包括：动荡中诞生、童年磨砺、不满旧规矩、孙眉闯荡檀香山、辍学回国、宣传新思想、“只想推翻清廷”、行医受挫、创建兴中会、筹备广州起义、伦敦被禁等。

3862 孙中山全集. 第一卷/孙中山著；广东省社会科学院历史研究室等编. 北京：中华书局. 1981.8

本书收录包括孙中山执笔的各种著作，别人执笔经他同意署名的诗文函电，他主持制定的文件，据他口述写成的书文，别人当时记录的演说和谈话，当事人事后忆载的可信而意思完整的演说和谈话，由他签发的公文、命令、委任状、各种证券和收据，以及一部分诗词等。还收录了孙中山所写的意思完整的批语。本卷收录的是 1890 年至 1911 年的作品。

3863 孙中山全集．第二卷/孙中山. 北京：中华书局. 1982.7

本书包括 1912 年间，孙中山执笔的各种著作、诗文函电、演说和谈话、批语、公文、命令、委任状等。有照片。

3864 孙中山全集．第三卷/中山大学历史系孙中山研究室等编. 北京：中华书局. 1984.6

本书包括 1913 年 1 月至 1916 年 12 月间，孙中山执笔的各种著作、诗文函电、演说和谈话、批语、公文、命令、委任状等。有照片。

3865 孙中山全集. 第四卷/中国社会科学院近代史研究所中华民国史研究室等编. 北京：中华书局. 1985.5

本书包括 1917 年至 1918 年间，孙中山执笔的各种著作、诗文函电、演说和谈话、批语、公文、命令、委任状等。有照片。

3866 孙中山全集. 第五卷/中山大学历史系孙中山研究室等编. 北京：中华书局. 1985.4

本书包括1919年1月至1921年11月间，孙中山执笔的各种著作、诗文函电、演说和谈话、批语、公文、命令、委任状等。有照片。

3867 孙中山全集. 第六卷/中山大学历史系孙中山研究室等编. 北京：中华书局. 1985.3

本书包括1921年12月至1922年12月间，孙中山执笔的各种著作、诗文函电、演说和谈话、批语、公文、命令、委任状等。有照片。

3868 孙中山三次在广东建立政权/中国人民政治协商会议全国委员会. 北京：中国文史出版社. 1986.11

本书是从广东政协和全国政协、广州市政协等单位历年所征有关孙中山在广东进行革命活动的史料中选出，以亲历和亲见亲闻的回忆录为主，同时辅以必要的文献资料和加工整理资料，全书刊载史料37篇，分3编：一九一七年孙中山在广东建立中华民国军政府、一九二一年孙中山在广东建立中华民国政府、一九二三年孙中山在广东建立大元帅府。有附录：《中国国民党全国代表大会会议录》、《孙中山三次在广东建立政权大事记》。有照片。

3869 孙中山社会建设思想研究/林家有. 广州：中山大学出版社. 2009.8（孙中山基金会丛书）

本书分7章，包括：孙中山社会建设思想的理论建构、孙中山对中国传统社会的认知与改造、孙中山的社会政治意识与社会变革、孙中山的经济建设思想与福利社会的追求、孙中山的科学发展观与社会转型、孙中山的宗教精神与对儒学的改造、孙中山的大同理想与社会新秩序的构想等。

3870 孙中山社会科学思想研究/张启承，郭先坤. 合肥：安徽人民出版社. 1985.6

本书共分19章，包括："振兴中国"的理想观、"务求适合于国力"的国情观、"以人民管理政事"的政治思想、"致富、防不均"的经济思想、"以战止战"的军事思想、"一律平等"的民族思想、"以至诚为重"的宣传思想、"世界进化三时期"的自然观等内容。书中附有序言，前言和后记。

3871 孙中山社会历史观研究/韦杰廷. 长沙：湖南人民出版社. 1986.7

本书分6章，包括：孙中山关于人和人类社会出现的观点、孙中山关于社会发展进程的思想、孙中山关于历史发展动力的理论、孙中山关于阶级斗争和人类互助的观点、孙中山关于国家与革命的思想、孙中山关于英雄和群众历史作用的观点。有附录《孙中山社会历史研究评述》。

3872 孙中山生平事业追忆录/尚明轩. 北京：人民出版社. 1986.6

本书分上、下两卷，共收148篇，包括：孙中山先生与华侨，追忆孙先生，为国忘私的孙中山先生，重提旧事话当年，我对孙逸仙的印象，孙中山先生在檀香山，孙中山视察芜湖，孙中山和袁世凯的第一次会见等。书中附有前言。

3873 孙中山生平写照/沈尧伊绘；赵薇编. 澳门：澳门文化学会. 1987

为纪念孙中山先生诞辰一百二十周年，澳门华侨报举行北京画家沈尧伊绘画和赵薇编文的《孙中山与辛亥革命》组画展览。本书由这次画展作品编印成册而成。

3874 孙中山诗传/鞠盛. 北京：党建读物出版社. 2002.3

本书收录赞颂孙中山先生的叙事诗10篇，包括：《救亡图强》、《伦敦蒙难》、《开创民国》、《愤讨国贼》、《北上回天》等。有附录《孙中山先生传略》、《孙中山先生论中国古典诗词》。

3875 孙中山史事详录：1911－1913/王耿雄. 天津：天津人民出版社. 1986.9

本书收录了自1911年武昌起义始至1913年“二次革命”失败止孙中山的史事。本书史事主要引自报刊资料分1911年10月至12月、1912年、1913年3部分，有附录：征引书目和后记。有照片。

3876 孙中山手书碑刻/孙中山书；孙中山纪念馆编. 南京：江苏人民出版社. 1996.5

本书含孙中山手书的《天下为公》、《国民政府建国大纲》。有附录《孙中山先生年表》。有肖像。

3877 孙中山书信手迹选/孙中山书；刘大年主编. 北京：文物出版社. 1986.9

本书共收录孙中山的亲笔书信74封，内容包括：致宫崎寅藏（滔天）、致平山周、致犬养毅、致庄文亚、致王鸿猷、致黄兴、致朱执信、致蒋中正、致胡汉民等。有肖像。

3878 孙中山思想概论/胡钢. 天津：天津人民出版社. 2006.10

本书共分10讲，包括：孙中山早期的革命活动，国共合作与和平统一，孙中山早期的政治思想，孙中山三民主义思想的形成，孙中山的哲学思想，孙中山的经济建设思想，孙中山的科学技术思想，孙中山的教育思想等。书中附有孙中山年谱简编，附录和后记。

3879 孙中山思想概论/胡钢. 天津：天津人民出版社. 2009.7

本书分为12讲，包括：孙中山早期的革命活动，辛亥革命和辛亥革命后的继续斗争，孙中山早期的政治思想，孙中山三民主义思想的发展，孙中山的哲学思想，孙中山的教育思想，孙中山的外交思想，孙中山的军事思想等。书中附有孙中山年谱简编，附录，后记和再版后记。

3880 孙中山思想论稿/刘兴华. 哈尔滨：黑龙江人民出版社. 1985.7

本书分9部分，包括：早期思想和向革命民主主义的转变、三民主义体系确立及其发展、民族主义、民权主义、民生主义、工业化思想、军事思想、教育思想、哲学思想。有附录《孙中山主要活动大事年表》。

3881 孙中山思想新探/刘德军，陆建洪. 北京：档案出版社. 1989.3

本书收录13篇文章，包括：《孙中山建党思想新探》、《论孙中山的反帝战略策略思想》、《试论孙中山的辩证法》、《论孙中山对资本主义的认识》、《孙中山对马克思主义的认识》、《孙中山的民主社会主义思想》、《试论辛亥革命后孙中山对农民问题的认识》、《浅论孙中山的“五权宪法”学说》等。有附录《孙中山研究文章书目索引》。

3882 孙中山思想研究/董少辉. 哈尔滨：黑龙江人民出版社. 2005.5

本书介绍了孙中山的哲学思想、政治思想、经济思想、军事思想、文化思想、教育思想和科学技术思想。书后附有孙中山生平事略。

3883 孙中山思想研究：关于孙文学说思想体系构建原则的初步思考/刘兴华，刘仁坤著. 哈尔滨：黑龙江人民出版社. 2007

本书从历史实际出发，对孙中山的许多思想进行鉴别、梳理、整合，以期达到言必有据、论从史出，和每个重要思想的相对完整与统一，坚决防止那种对孙中山言行加以分割或脱节，片面为自己的观点做注脚的做法。

3884 孙中山思想研究/田源，马志伟. 西宁：青海人民出版社. 1998.9

该书较为全面、详细地研究和阐述了中山先生在中国近现代交错时期具有承上启下历史意义的政治思想、经济思想、民族思想、爱国主义思想、哲学思想、文化思想、教育思想。

3885 孙中山思想研究/张磊. 北京：中华书局. 1981.8

本书采用历史分析的方法，力求把孙中山的思想理解为一个变化发展的过程，系统阐述了三民主义的三个组成部分，并分析了他从旧民主主义向新民主主义的变化发展，揭示了新阶级的新特点。

3886 孙中山思想与当代世界/郑竹园. 台北："国立编译馆". 1996.2（世界学术译著）

本书着重研讨孙中山在其探讨民族主义、民权主义和民生主义的重要著作《三民主义》一书中的社会、政治和经济思想。本书共包括11章，一个大事表和一个精选书目，前四章主要分析孙氏的生平和时代，以及传统文化对其思想的影响；后六章着重详细讨论孙氏的"三民主义"。最后一章探讨孙氏思想对中国未来的影响。

3887 孙中山思想与当代世界研讨会论文集/黄文范. 台北：太平洋文化基金会. 1988.2

本书共收15篇论文，包括：孙中山的生平与时代，从比较观点看孙中山思想，孙中山的民族主义与中国革命，五四时期中山先生民族主义的发展，中山先生的政治思想与现实政治问题，中山先生有关和平与战争的理论，三民主义与中国教育的现代化，孙中山先生道德哲学之现代意义等。书中附有开幕典礼，总结讨论，闭幕式，附录和照片。

3888 孙中山思想与国家发展的整合研究：以现代中国的变迁为主体/黄城. 再版. 桃园县：钟郡出版社. 2004.3

本书分4卷共10章，包括：孙中山思想与廿世纪中国的教训，孙中山思想与中华民族的复兴，政治民主化与意识形态的出路，孙中山思想与国家发展理论的融合，民族主义的实践策略，民权主义的实践策略，民生主义的实践策略，孙中山思想与两岸关系的解析等内容。书中附有序言，结论和图表。

3889 孙中山思想与和谐社会：桂台两地纪念孙中山诞辰一百四十周年论文集/中国国民党革命委员会广西壮族自治区委员会. 南宁：广西民族出版社. 2006.12

本书共收28篇论文，包括：从孙中山振兴实业到基本实现工业化，孙中山张作霖同盟与莫斯科的关系，做好公仆回报社会，从文化复兴到振兴文化产业，孙中山与桂林，孙文学说的当代意义，孙中山北伐在桂林，孙中山与祖国统一等内容。书中附有序和后记。

3890 孙中山思想与华人世界：大型学术研讨会论文集/杨允中主编. 澳门：澳门学者同盟. 2008.5（澳门学者文库；5）

本书共收论文38篇，包括：民族复兴之路的历史考察，挽救革命的重大举措，孙中山思想与中国人世纪，孙中山与振兴中华伟业的开拓，孙中山民族复兴思想的演进，略论孙中山的民族凝聚思想，孙中山五权宪法的理念与法制化雏形，孙中山、康有为论香港社会等内容。书中附有开幕辞，闭幕小结和照片。

3891 孙中山题词遗墨汇编/孙中山书；刘望龄辑注. 武汉：华中师范大学出版社. 2000.9

本书包括"孙中山题词遗墨"和"孙中山题词释文"两部分。共收题词469件，遗墨299件。

3892 孙中山图传：1866－1925/杨博文. 北京：团结出版社. 2006.10

本书共分5章，包括：少慕西学立志救国，领导起义推翻帝制，创建民国辞让总统，反袁护法，保全共和联俄联共誓师北伐和和平奋斗救中国。书中附有照片。

3893 孙中山图典/陈根楷主编. 广州：广东人民出版社. 2004.12

本图典收入了孙中山先生的530幅历史照片及740幅相关背景图片资料，不仅反映孙中山先生生平，而且保留了历史资料的完整性。

3894 孙中山未完成的革命/张绪心，高理宁．台北：时报文化出版企业公司．1993.11（历史与现场；40）

本书共分两部分7章，内容包括：孙中山的青年期及其识见，中国的新兴民族主义：革命与秩序的重建，在混乱中寻找民主，革命之再起，三民主义——旧传统中的新理论，孙中山的三种挑战：传统、革命、共产主义。书中附有前言、注释和附录。

3895 孙中山文粹/孙中山著；岭南文库编辑委员会，广东中华民族文化促进会．广州：广东人民出版社．1996.10（岭南文库）

本书分为上、下两卷。上卷包括：上李鸿章书、香港兴中会章程、中国的现在和未来、军政府宣言。下卷包括：护法宣言、五权宪法、和平统一宣言、致蒋介石函等。

3896 孙中山文集/孙中山著；孟庆鹏编．北京：团结出版社．1997.12（民国名人文存系列；001）

这部两卷本的“文集”分成7个栏目：三民主义、社会主义、政治和政党、国家和民族、经济和建设、道德和文化、革命和生活。分栏中的文字，以中山先生写作或演说、谈话时间为序编成篇目，并参校了多种版本孙中山著作，校订其文字。

3897 孙中山文史图片考释/余齐昭．广州：广东省地图出版社．1999.9

本书共收120篇文章，包括：孙中山就读博济医院名称沿革，孙中山主持第一次内阁会，孙中山与廖仲恺合影质疑，上海孙中山故居年代析，孙中山在阅兵，孙中山手令墨迹19件，李仙根与孙中山，孙中山与宋家交往的若干史实等。书中附有附录和照片。

3898 孙中山文选译/孙中山著；周源译注．成都：巴蜀书社．1997.6（近代文史名著选译丛书）

本书共收文章13篇，包括：上李鸿章书（节录），兴中会章程（节录），敬告同乡书，驳保皇报书，《民报》发刊词，军政府宣言，临时大总统宣言书，讨袁宣言等。书中附有前言。

3899 孙中山先生141周年诞辰纪念论文选集/曾一士．台北：“国父纪念馆”．2006.12（“国父纪念馆”丛书）

本书收录了在北京召开的“孙中山与中国同盟会——纪念中国同盟会成立百周年”国际学术研讨会、在台北召开的“李交邦先生与国民革命——纪念李交邦先生百岁冥诞”学术研究会和在广西召开的“孙中山与社会和谐”学术研讨会三个研讨会的论文共计19篇。本书有照片。

3900 孙中山先生北上与逝世后详情/黄昌穀．3版．上海：民智书局．1927.12

本书为黄昌穀先生集孙中山先生遗教而编辑。全书包含4大部分：建国方略、建国大纲、三民主义、中国国民党第一次全国代表大会宣言。

3901 孙中山先生传/高良佐．兰州：甘肃人民出版社．2006.6

本书共3卷，包括：孙中山少年时代、革命发轫时代和革命猛进时代。分3阶段介绍了孙中山的生平事迹和革命历程。

3902 孙中山先生传/胡去非编．台北：台湾商务印书馆．1969.1（人人文库；922—923）

本书分12章，包括：学生时代、组织会党实行革命、革命之主义与宣传、革命之大牺牲、排满成功、辛亥以后之革命、护法之始末等。有肖像。

3903 孙中山先生的故事/洛菲编写；林仰峥绘图．广州：广东人民出版社．1957.5

本书将孙中山先生一生中的诸多小事编写成小故事，并配以插图，反映了孙中山先生高尚的人格和作为一名爱国革命领袖的风貌。

3904　孙中山先生的容共经纬之研究/林初耀. 台北：黎明文化事业公司. 1992.4

本书分8章，包括："引言"、"中国共产党的诞生"、"容共概况"、"处理中共问题的可行途径"、"容共断非出于消极被动"、"容共是主动积极的"、"容共政策失败的检讨"、"结论"。

3905　孙中山先生对青年的启示和领导/李焕. 台北：正中书局. 1979.1

本书分7章，包括：绪论、兴中会时期结纳会党青年、同盟会时期结合知识青年、中华革命党时期重组革命青年、中国国民党时期团结爱国青年、孙中山对青年的启示、结论。

3906　孙中山先生奉安大典/韩建国. 南京：南京出版社. 2009.5

孙中山先生奉安中山陵八十周年之际，为缅怀中山先生的光辉业绩，追忆中山先生的伟大品格，南京孙中山纪念馆和南京市档案馆联合编写、出版了此书。本书共选取珍贵照片319幅，配以简明的说明文字，以时间为序详细反映了孙中山先生病逝公祭、钟山建陵、迎榇奉安的全过程。

3907　孙中山先生感忆录/郑照. 台北：文星书店. 1965.11（文星丛刊；132）

本书共收20篇文章，包括：追随孙中山北伐杂忆，孙中山的德性，孙中山逸事谈，孙中山先生逸事，我的老友孙逸仙先生，我与孙中山，孙中山与台湾，孙中山言行起居恭录等。书中附有前言。

3908　孙中山先生故居/隋学芳编写；徐大刚摄影. 影印本. 上海：上海人民美术出版社. 1957.9

本书介绍了孙中山故居的历史概括以及故居内的布置和收藏。有照片。

3909　孙中山先生画册/中国人民政治协商会议全国委员会文史和学习委员会，中国国家博物馆编. 北京：中国文史出版社. 2006.11

本画册分为：走出翠亨立志救国、领导起义推翻帝制、创建民国辞让总统、视察各地宣传民生、反袁护法捍卫共和、联俄联共誓师北伐、毅然北上鞠躬尽瘁、历史丰碑奉安大典、世纪伟人永恒纪念等9章，全面地反映孙中山先生伟大的一生。

3910　孙中山先生墨宝/吕苾寿. 台北：文海出版社. 1984.12

本书收录了孙中山先生的墨宝，包括：孙中山译著、大元帅令等。

3911　孙中山先生墨迹/孙中山书；杨政知等选. 石家庄：河北人民出版社. 1986.8

本书汇集了孙中山先生的题辞、函电、令示、批牍、手稿等，刻意装帧，彰显艺术瑰宝。

3912　孙中山先生廿年来手札：四卷/孙文撰并书；邓泽如辑. 影印本. 广州：述志公司，民国十六年（1927）

本书为孙中山先生二十年来手札汇编，包括孙中山先生亲笔手札30首，由汪精卫、廖夷白、古湘芹等先生代笔（有孙中山先生亲笔署名）手札64首，又附载有与此相关之重要史料手札13首，内容多为孙中山先生历次经营革命之经过。前有照片及辑者邓泽如跋。本书4册。

3913　孙中山先生廿年来手札/邓泽如藏. 影印本. 台北：文海出版社. 1968（近代中国史料丛刊. 第十九辑；185）

本书收录了孙中山先生自1906年至1926年这二十年期间的手札，从手札中可以看到孙中山提携海内外同志为革命奋斗百折不挠之精神，革命前军事财政实业教育之计划，外交之政策，由中国同盟会以至中华革命党、中国国民党之变迁等，是极为珍贵的民国史料。本书有照片。

3914 孙中山先生史料目录汇编/中国国民党中央委员会党史委员会．台北：中国国民党中央委员会党史委员会．1995.12

本书分甲乙两编，甲编为“中央党史委员会藏总理史料及研究目录”，乙编为“中央党史委员会孙逸仙博士图书馆馆藏三民主义及孙中山思想图书目录”。

3915 孙中山先生书信手札集/文海出版社．影印本．台北：文海出版社．1987（近代中国史料丛刊三编．第二十三辑；224）

本书收录了孙中山先生书信手札等诸多手稿影印件，是极为珍贵的史料，对研究民国初年历史、辛亥革命史有着重大价值。

3916 孙中山先生思想初探/陈鹏仁．台北：近代中国出版社．2000.8

本书收录文章 17 篇，包括：《民族主义的力量》、《权能划分精义之诠释》、《民权主义与民主政治》、《论孙中山先生的民权主义四喜与五权宪法》、《国父提倡国家社会主义》、《国家社会主义与社会改良主义》、《论民主社会主义》、《民生主义、资本主义、共产主义比较观》等。

3917 孙中山先生思想教材内涵学术化之研究/黄人杰．台北县：正中书局．2002.12（三民主义学术理论丛书）

本书共分 8 章，内容包括：现行大专《国父思想》教材编纂的演进，《国父思想》教材编纂改进的学理根据，《国父思想》教材内涵学术化的指标，三民主义历史教材与辛亥革命史思想的融贯研究，民族主义教材内涵与文化学思想的融贯研究，民权主义教材内涵与政治学思想的融贯研究，民生主义教材内涵与经济学思想的融贯研究，三民主义哲学教材与革命学民生哲学的融贯研究。书中附有绪论，图表目次，附录和参考书目。

3918 孙中山先生演说全集/总理逝世三周年首都各界纪念会编．影印本．台北：文海出版社．1971（近代中国史料丛刊．第六十七辑；661）

本书收录了孙中山先生在各种场合和会议上的演说词。包括：对国民党员之演讲词、对军政界之演讲词、对工学界演讲词、对农商界之演讲词、对民众及民众团体之演讲词、对外宾之演讲词 6 编。

3919 孙中山先生遗教/黄昌穀编校．上海：民智书局．1926.3

上册收建国方略、国民政府建国大纲，有孙中山序（1918 年 12 月）。下册收三民主义及中国国民党第一次全国代表大会宣言，自序写于 1924 年 3 月。

3920 孙中山先生遗言/孙中山著．3 版．上海：上海书店．1925.4

本书共收 7 篇文章：《为商团事件对外宣言》、《为驻粤英领的哀的美敦书向麦克唐纳尔政府抗议电》、《北伐宣言》、《北上宣言》、《在上海招待新闻记者演说》、《遗嘱》、《致苏联遗书》。

3921 孙中山先生与近代中国学术讨论集．第一册，孙中山先生思想学说/孙中山先生与近代中国学术讨论集编辑委员会编辑．台北：孙中山先生与近代中国学术讨论集编辑委员会．1985.12

本书共分 15 部分，包括：中山先生的民族主义思想讨论，儒家思想对孙中山先生政治思想的影响讨论、中山先生政治哲学与现代思潮，孙逸仙之世界政治家角色，孙中山先生的民权主义与近代民主政治讨论，孙中山先生与清末民元的妇女运动，孙中山先生与华南劳工运动之发展，孙中山先生的经济思想与中国的经济发展等内容。书中附有照片。

3922 孙中山先生与近代中国学术讨论集．第二册，中华民国开国史/孙中山先生与近代中国学术讨论集编辑委员会编辑．台北：孙中山先

生与近代中国学术讨论集编辑委员会. 1985.12

本书共分15部分，包括：兴中会同盟会与中华民国国号之创生，民族主义与辛亥革命，辛亥武昌起义后清廷之反应，黄乃裳的革命志业，孙逸仙与南方熊楠，外力与中华民国之创建，民国二年美国承认中华民国的经纬，二次革命的根源等内容。

3923 孙中山先生与近代中国学术讨论集. 第三册，国民革命与对外关系史/孙中山先生与近代中国学术讨论集编辑委员会编辑. 台北：孙中山先生与近代中国学术讨论集编辑委员会. 1985.12

本书共13部分，包括：孙逸仙与德国，西方对现代中国的历史研究：以“五四”为例，广州时期英国人对孙中山先生的态度，加拉罕与广州革命政府，黄浦军官学校的历史地位，二十年代的内蒙古国民党，三民主义力行社会与日本，华莱士访华之行等内容。

3924 孙中山先生与近代中国学术讨论集. 第四册，抗战胜利与台湾光复史附录/孙中山先生与近代中国学术讨论集编辑委员会编辑. 台北：孙中山先生与近代中国学术讨论集编辑委员会. 1985.12

本书共分16部分，包括：好男应当兵：对日抗战时期中国的军士人力动员，抗日战争前期华人的抗日救亡运动，八年抗战是谁打的，中国抗战时之财政，从开罗会议到台湾光复，抗战损失调查经纬初探，抗战后期中国军队入缅参战问题，对中国当前政策的剖析等内容。

3925 孙中山先生与日本友人/陈鹏仁. 再版. 台北：水牛图书出版事业公司. 1990.7（文史丛书；73）

本书收录19篇文章，包括：“孙逸仙其仁如天”/宫崎滔天、“我参加了辛亥革命”/萱野长知、“辛亥革命与我”/古岛一雄、“我对于辛亥革命的回忆”/宫崎槌子、“辛亥革命秘话”/萱野长知、“孙逸仙是位大战略家”/《新日本》编者、“送迎孙中山先生私记”/泽村幸夫、“敕严枕涛录”/池亨吉等。有附录：《孙中山先生给日本人的文电信礼》、《有关孙中山先生的日文文献》、《国父旅日年表》。

3927 孙中山先生与辛亥革命/黄季陆等著. 台北县：中华民国史料研究中心. 1981.2（民国史研究丛书；6）

全书分上、中、下三册，包括：出席国际孙逸仙先生学术研讨会报告、“孙逸仙博士与香港”国际学术会议有关讲词及报告、论述三部分。其中论述又分4节：中山先生思想学说、中山先生与世界、川路风潮、革命之爆发及其影响。书中附有孙中山遗像、孙中山墨迹和编辑叙言。

3928 孙中山先生与中国/高尔柏，高尔松. 上海：民智书局. 1925

本书分13部分，包括：《中山先生大事年志》、《悼中山先生》、《孙中山先生逝世与中国》、《中山先生逝世与中国国民党》、辑录孙中山所著《五权宪法》、《国民政府建国大纲》、《中国国民党政纲》、《北伐宣言》、《北上宣言》等。有照片。

3929 孙中山先生与中国现代化之研究/林诗辉. 台北：三民主义研究所博士硕士论文奖助出版委员会. 1992.5（三民主义研究所博士硕士论文奖助出版丛书. 第八辑. 13）

本书共分4篇，包括：导论，中山先生实现中国现代化之构思，中山先生中国现代化之实践和结论。书中附有自序、参考书目录和图表。

3930 孙中山先生在广西/中国人民政治协商会议广西壮族自治区委员会文史资料委员会. 南宁：广西人民出版社. 1996.11

本书收孙文演说12篇，包括：在镇南关对起义士兵的演说，广西善后方针，党员须研究革命主义，广西应开辟道路，知难行易，军人精神教育，统一中国非北伐不为功，关于钦州铁路，港口建设的规划等。书中附有前言和照片。

3931 孙中山先生重要文件选辑/孙中山先生诞辰九十周年纪念筹备委员会.［出版地不详］：孙中山先生诞辰九十周年纪念筹备委员会印. 19??

本书分9部分，包括：《兴中会宣言》、《同盟会宣言》、《临时大总统就职宣言》、《第二次讨袁宣言》、《国民党改组问题》、《国民党第一次全国代表大会宣言》、《北上宣言》、《遗嘱》等。书末有附录《人民政协全国委员会副主席董必武在孙中山先生逝世三十周年纪念大会上的讲话》。

3932 孙中山宪政思想研究/牛彤. 北京：华夏出版社. 2003.5

本书通过分析孙中山宪政思想中的基本概念，深入介绍了其宪政思想的逻辑体系、思想渊源和基本特征。本书共分4章，包括：国家观念中的“共和”与“立宪”，政治力与政府，五权宪法，宪政观中的政党。书中附有导论，结语，后记和附录。

3933 孙中山详传/王俯民. 北京：中国广播电视出版社. 1993

本书全面地记述了孙中山先生的奋斗史和民国的历史。有照片。

3934 孙中山选集/孙文. 北京：人民出版社. 1956.11

这部选集分上、下两卷。编入上卷的是孙中山先生在一九二三年进行改组国民党以前的著作，编入下卷的是孙中山先生在国民党改组时期和改组后的著作。这些著作代表了孙先生在各个历史时期的主要思想。有照片。

3935 孙中山选集/孙中山. 北京：人民出版社. 1966.11

内容提要参见3934。

3936 孙中山选集/孙中山. 北京：人民出版社. 1981.11

内容提要参见3934。

3937 孙中山选集/孙中山著；王晓波编. 台北：帕米尔书店. 1984.1（帕米尔文丛；5）

本书内容完全取材自《国父全集》，收录了中山先生的书信、演讲、著作。

3938 孙中山言粹/中山市文化局，翠亨孙中山故居纪念馆编. 北京：中国大百科全书出版社. 2000.1

本书分中国与世界、思想、政治、经济、文化、人生6个方面收录了孙中山语录。主要内容包括：东方与西方、学习与借鉴、思想总论、民生主义等。

3939 孙中山研究. 第一辑/广东省孙中山研究会. 广州：广东人民出版社. 1986.12

本书收录文章21篇，包括：《兴中会的历史地位》、《分析伦敦报界对孙中山被难之报道与评论》、《辛亥革命期间中国留日学生的动向》、《辛亥革命后孙中山和黄兴、宋教仁若干政见的异同》、《孙中山与第一次护法运动》、《爱国华侨对护法运动的支持和贡献》、《孙中山与第一次国共合作》、《孙中山与鲍罗廷》等。

3940 孙中山研究. 第二辑/广东省孙中山研究会. 广州：广东人民出版社. 1989.10

本书收录文章20篇，包括：《孙中山与大西北》、《孙中山与中共广东区委的联系和合作》、《略论孙中山与蒋介石的关系》、《孙中山与北洋军阀》、《“孙吴联合”与1920－1923年苏俄的对华政策》、《共产国际与国民党改组的若干问题》、《论孙中山的军事战略思想》、《合情合理的程序》等。

3941 孙中山研究和史料编纂/黄彦. 广州：广

东人民出版社．1996.10（孙中山基金会丛书．论集）

本书分17部分，包括：从孙中山研究说起(代序)、孙中山早期思想的评价问题、谈谈孙中山致郑藻如书、孙中山和檀香山兴中会的成立、孙中山改组革命团体的一次尝试、兴中会研究评述、论孙中山在反清革命时期的领袖地位、孙中山在辛亥革命的日子里等。

3942 孙中山/陈兆丰主编；上海市孙中山宋庆龄文物管理委员会编著．上海：上海教育出版社．2010.2

本书包括：少年时代、创立兴中会、组建中国同盟会、同盟会的纲领、“三民主义”思想体系、黄花岗上党人魂、临时政府成立、黄埔建军篇章。叙述了中国伟大的革命先行者孙中山的一生。书中附有照片、序和跋。

3943 孙中山研究论集：纪念辛亥革命九十周年/徐万民主编．北京：北京图书馆出版社．2001.8

本书收入研究孙中山的文章20余篇，包括：孙中山思想与现代中国、孙中山与中国之改造、孙中山与中国近代文化观念的更新、孙中山的军事理论与中国的军事现代化等。

3944 孙中山研究论文集/贺守仁．广州：中山大学出版社．1993.9

本书收入论文14篇，研究了孙中山与国外关系，孙中山建设战略思想，岭南教育及时代对孙中山的影响等，分析了孙中山思想活动的发展历程。

3945 孙中山研究论文集/吴玉章．成都：四川人民出版社．1986.10（孙中山研究丛书）

本书分上、下两册，共收56篇论文，包括：孙中山先生伟大的革命精神，关于孙中山的大学时代，孙中山与义和团运动，孙中山与辛亥革命，中华革命党略论，孙中山的政治思想，论“平均地权”，孙中山和人民群众等内容。书中附有代序，附录和编后记。

3946 孙中山研究文集．第二辑/中山市孙中山研究会．香港：天马图书公司．1999.11

本书收录了中山市孙中山研究会成员撰写的50余篇论文，论文的主题包括：孙中山与澳门、澳门与香山、孙中山与香港、孙中山与香山等。

3947 孙中山研究文集/中山市孙中山研究会．广州：广东人民出版社．1996.9

本书是为纪念孙中山诞辰130周年而编辑，收入的文章包括：《孙中山的“天下为公”与廉政建设》、《纪念孙中山　学习孙中山》、《众星拱月　月明星辉》、《孙中山的心性文明与物质文明论给我们的启示》、《从“自治县”——“模范县”：试论中山市建设的今昔》、《深化与拓展孙中山研究》、《孙中山——中国现代化的先驱》、《孙中山致力国民革命40年所走过的道路》等。

3948 当代中山人：系统思维与实践/马为民主编．北京：社会科学文献出版社．2006.10（孙中山研究系列）

本书共分7章，包括：孙中山的传统思维：当代中山人的思维传统，经济建设系统，社会建设系统，经济社会协调发展，开放与兼容，互助与博爱，系统思维的个案剖析。书中有引言、附录、参考文献、后记和照片。

3949 孙中山研究总目/苏爱荣，刘永为．北京：团结出版社．1990.3

本书辑录了国内外用中、日、英、法、德、俄文出版或发表的孙中山著作及对其研究的专著、报刊论文和论文集中的有关篇目。

3950 孙中山一家人：一个在中国有巨大影响的家族/黄瑆，毛胜．北京：中共党史出版社．2004.5

本书描述了一个在中国有巨大影响的家族。

内容包括："先祖、父母和叔父"，"长兄孙眉及其后人"，"姐妹和侄儿"，"结发之妻卢慕贞"等15章。

3951 孙中山轶事/李联海．广州：广东人民出版社．1985.12

全书共166部分，包括：禁呼万岁、家事和国事、广州蒙难、中国将来忧完全靠这些有为的青年、不改平民本色、身后遗产、紫金山墓地等。书中有序和后记。

3952 孙中山轶事/石静宜．台北：可筑书房．1990.4（传奇文学之旅；5）

本书共收77篇文章，包括：名字和尊称，洪秀全第二，官吏和三个有钱的兄弟，自是有慕西学之心，怒毁北极殿神像，财富不能使我动心，檀香山街头的奇遇，伦敦蒙难之后等内容。书中附有前言和照片。

3953 孙中山邮票图集/广东省集邮协会．北京：人民邮电出版社．1991.6

本图集内容主要包括孙中山生平、有关孙中山辛亥革命的邮票珍品、实寄封、文物图片等，并附有中外所发行的孙中山专题邮票目录。

3954 孙中山与《五权宪法》/高国田．北京：中国少年儿童出版社．2001.4（人之初名著导读丛书）

本书共分5章，包括：胸怀大志的莘莘学子，倾覆帝制的不屈斗士，光照时代的救国蓝图，痛遭挫折的制宪实践，瑰丽诱人的制宪理想。书中附有引言和参考书目。

3955 孙中山与澳门/盛永华等编．北京：文物出版社．1991.1

本书以167幅历史文物照片和文献资料，形象地介绍澳门发展的简史并介绍这个中国最早对外开放的门户对孙中山的影响。

3956 孙中山与北京/刘国平主编．北京：中央文献出版社．2006.1

本书分上、中、下三篇，共8章，包括：少有大志医人医国，武装起义愈挫愈奋，创建民国，捍卫共和，建国方略高瞻远瞩，顺应潮流联俄联共，唤起民众三莅北京，巨星陨落举国哀悼，高山仰止历史丰碑。书中附有党和国家领导人论孙中山和孙中山与北京大事记。

3957 孙中山与北京/黄宗汉，王灿炽．北京：人民出版社．1996.7

本书分上、中、下三篇，以图录的方式介绍了孙中山先生的生平事迹，以记述孙中山先生三次北京之行为主，兼收与此次活动有关的资料。孙中山逝世后的治丧以及送殡等有关资料亦酌情收录。

3958 孙中山与大元帅府/孙中山大元帅府纪念馆．广州：广东省地图出版社．2001.12（孙中山与翠亨历史文化丛书）

本书包括：孙中山建政广州时期统一祖国的活动与斗争、孙中山与大元帅府、护法运动中的孙中山与陈炯明、辛亥前孙中山文明理念论略、孙中山与国民党研究综述等文章。

3959 孙中山与第三国际/周谷．台北：大地出版社．1997.10（万卷文库；227）

本书共分18部分，包括："马克思幽灵东来神州"，"加拉罕与中俄协定"，"孙中山与革命圣人列宁"，"第三国际谋略南中国"，"孙中山个人密洽俄援"，"蒋介石奉派使俄"，"巨星陨落"，"鲍罗庭黯然返回俄国"等内容。书中附有前言。

3960 孙中山与福建/戴学稷，陈孝华．福州：福建人民出版社．2002.12

本书共分6章，包括：孙中山登上政治舞台前后的福建社会，19世纪末20世纪初民主思想在福建的酝酿与传播，辛亥革命风暴中的福建革命党人，在孙中山竖起的反袁旗帜下，护法运动在福建，孙中山的遗愿与福建人民的继续奋斗。书中附有前言和附录。

3961 孙中山与宫崎滔天/李联海. 重庆：重庆出版社. 1985.4

本书共分7章，内容包括：我需要马上见到这位先生，真像个山东大汉，一臂之力，起码我是个能够安于主义的人，先发制人，向你介绍个叫黄兴的，中国革命成功了等内容。

3962 孙中山与共产国际/李玉贞. 台北："中央研究院"近代史研究所. 1996.10（"中央研究院"近代史研究所史料丛刊；32）

本书共分13章，包括：双向寻求联系目的各不相同，孙中山对共产主义采取审慎态度，身处逆境思绪万千，孙中山开始联俄容共，国民党改组的第一次战役，以后种种譬如今生，孙中山致力于中苏睦谊，孙中山的抉择和构想等内容。有照片、文件、序言、附录、校后语和索引。书中按编年顺序论述孙中山与共产国际关系的演进，表象及内涵。

3963 孙中山与共产主义/崔书琴. 香港：亚洲出版社. 1954.2

本书共分17章，包括："联俄容共的背景"，"联俄容共是一时的策略"，"中山先生的思想体系"，"反帝政策与列宁的帝国主义论"，"两种根本不同的革命"，"两种意义的自由"，"民生主义与共产主义"，"土地问题"等内容。书中附有序言，图书目录。

3964 孙中山与广东：广东省档案馆库藏海关档案选译/广东省档案馆. 广州：广东人民出版社. 1996.10（孙中山基金会丛书. 译作）

本书共分5部分，包括：武装反清斗争时期，民国初建至再造共和时期，中华民国军政府时期，中华民国正式政府时期（二次护法），陆海军大元帅大本营时期。书中附有编译说明和附录。附录中选辑一些中文档案史料，主要是涉及清廷政府关于严防、查缉孙中山和革命党人等内容的来往文书。

3965 孙中山与贵州民主革命/何长凤，顾大全. 贵阳：贵州人民出版社. 1987.9

本书共选20余篇论文，包括两方面的内容，即孙中山与贵州民主革命、孙中山的革命实践与政治思想主张。

3966 孙中山与国共第一次合作/林家有，周兴樑. 成都：四川人民出版社. 1989.3（孙中山研究丛书）

本书分10章，包括："国共第一次合作前国共两党的情况与中国的形势"、"苏俄、共产国际对孙中山革命事业和国共合作的关注"、"中国共产党联合战线政策的形成与国共第一次合作方案的制定"、"孙中山寻求同盟者的过程及其认识的转变"等。

3967 孙中山与国家发展学术研讨会论文集/曾一士. 台北："国父纪念馆". 2007.11（"国父纪念馆"丛书）

本书分3部分，共22篇论文，包括：孙中山精神：形成、内容和意义，三民主义的形成与完善，对"三大政策"争议之评议，孙中山的民族主义思想研究述评，从善治看五权宪法，中心思想与直接民权，二十一世纪孙中山先生伦理思想之时代意义，大陆对孙中山社会思想的研究等内容。书中附有附录和照片。

3968 孙中山与国民革命/万仁元. 香港：商务印书馆. 1994.7（中国近代珍藏图片库）

本图集所收图片以孙中山创立同盟会（1905年）始，止于1929年6月1日奉安大典告成，但涉及具体人物的生平事迹，时限上有所延伸，职务与活动则以1905至1925年为重点。有照片。

3969 孙中山与海军护法研究/汤锐祥. 北京：学苑出版社. 2006.10

本书分4部分，包括：论文、护法舰队官佐略历、程玉堂先生荣哀录、程璧光殉国记。收入《中山革命诸役与海军》、《海军南下护法若干问题考》、《孙中山与“永丰”舰》、《孙中山与温树德关系浅析》等论文。有照片。

3970 孙中山与护法海军论集/汤锐祥．广州：广东高等教育出版社．1993

本书收入论文26篇，人物小传7篇，其中有《中山革命诸役与海军》、《孙中山改组护法舰队的若干问题》、《略论孙中山与温树德的关系》等。

3971 孙中山与华侨/任贵祥．哈尔滨：黑龙江人民出版社．1998.9

本书共分10章，包括：出国侨居血泪斑斑，从兴中会到同盟会，反清武装起义的先锋，广阔的海外舆论阵地，扫清革命道路上的绊脚石，参与创建中华民国，跟随孙中山讨袁，响应孙中山改组国民党等。书中附有序言和后记。

3972 孙中山与华盛顿/马起华．台北：“中央文物供应社”．1982.1（中华文化丛书）

本书分4章，包括：“政治人物与政治系统”、“美国国父华盛顿”、“中国国父孙中山”、“中美国父的比较”。书末有《美国国父华盛顿表》、《中国国父孙先生表》和作者照片。

3973 孙中山与近代广东社会/丁旭光．广州：广东人民出版社．1999.6（广东省中青年社会科学家文库）

本书以孙中山一生中在广东的学习、生活和从事革命活动为主线，探求他的生平、事业和思想对广东社会的某些方面所产生的影响，侧重于叙述孙中山在广东的政治活动及其对广东政局所造成的变化，旁及经济、社会、教育和思想意识等方面内容。

3974 孙中山与近代社会/广东省社会科学院孙中山研究所，中山市孙中山故居纪念馆．广州：广东人民出版社．1996.9

本书收入21篇文章，按其内容编排，大致分成孙中山研究和中国近代社会研究两个部分。书末附录《中国大陆发表的孙中山研究论文资料目录索引（1991—1995）》。

3975 孙中山与近代中国/吴雁南，路文彩．乌鲁木齐：新疆人民出版社．1986.9

本书在一定程度上反映了我国近代史学者对孙中山做出的精品论述，尤其研究了孙中山的爱国主义精神和实践、孙中山与近代中国、孙中山的哲学思想、对外开放思想等。有肖像。

3976 孙中山与近代中国的改革/中山大学孙中山研究所．广州：中山大学出版社．1999.4（孙中山研究论丛；14）

本书收录18篇文章，包括：《孙中山的民族主义思想与中国的现代化建设》、《孙中山与清末驻日使臣》、《孙中山与俄国民粹派关系论述》、《论1924年孙文访日》、《古老的理想与维新的意义》、《汪康年对〈实务报〉、〈京报〉的经营及其人际关系》、《清代广州文澜书院》、《严复的近代教育变革思想》等。

3977 孙中山与近代中国的觉醒/林家有．广州：中山大学出版．2000.11（孙中山与近代中国学术系列）

本书分为：孙中山的爱国革命思想、孙中山与近代中国政治、孙中山与近代中国人物、近代中国人物的思想与价值观、近代中国的觉醒与民众运动5编，基本上都是围绕孙中山与近代中国社会的变动和民族、国民觉醒这个主题。有作者照片。

3978 孙中山与近代中国民主革命/周兴樑．广州：中山大学出版社．2001.10（孙中山与近代中国学术系列）

本书分为孙中山与他领导的辛亥革命运动、孙中山与他领导的国民革命斗争上、下两篇。内容包括：孙中山庚子惠州起义的性质和特点、兴中会在同盟会成立过程中的作用、广东籍同盟会员的暗杀活动等。

3979　孙中山与康德黎/（苏）尼基伏洛夫著；温家琦译. 北京：华艺出版社. 1988.4

这是一部纪实性中篇小说。描写孙中山先生在伦敦遇险和其老师、密友英国医生康德黎营救他的全过程。

3980　孙中山与临时大总统府/刘刚. 南京：南京出版社. 2002.1

本书介绍了孙中山就任民国大总统的原因，以及他就任总统后在政治、财政、法令等方面所做的贡献，直到最后辞职的人生经历。书中充满了对伟人孙中山的敬仰之情。有插图。

3981　孙中山与吕运亨比较研究/（韩）李京来. 合肥：合肥工业大学出版社. 2007.3（李良玉教授与其博士生文丛）

本书是对中韩有代表性的政治人物孙中山与吕运亨的比较研究，特别把重点放在两人晚年的政治行为，即在中国的国共合作和在韩国的左右合作及南北合作上。有照片。

3982　孙中山与美国/习贤德. 上海：上海人民出版社. 2008.6（美国研究丛书）

本书详尽论述了清末民初孙中山与美国的恩怨情仇，并分析西方列强及苏俄对待中国的态度，充分展示孙中山的建国理念与构想以及遭遇的困难与挫折，呈现了当时中国各种势力各种人物在复杂的社会状况中表现的不同姿态。有照片。

3983　孙中山与美加华侨/刘伟森著. 台北：近代中国出版社. 1999.12

全书分 7 章，内容包括：各次访问美加事略、访美加行程与在檀事略、筹饷的主力—洪门致公堂、孙中山的华侨挚友、华侨对祖国的贡献、国民党在美的始创和成长、文献辑录。书中附有序和影集。

3984　孙中山与民初政局/杨天石. 台北：风云时代出版股份有限公司. 2009.12（揭开民国史的真相；2　杨天石文选）

本书通过作者赴美亲手查阅蒋介石笔记手稿，取得极为珍贵的历史资料，对民国初年的政局形势、革命运动等诸多历史上的谜团进行了解析和探究。本书内容包括：辛亥革命与共和知识分子、孙中山与中国革命的前途、一九一一年的拒英、拒法拒俄运动、康有为的联满倒袁计划、在华经济利益与辛亥革命时期英国的对华政策、陈其美的“三次革命”设想等 34 部分。本书附有照片。

3985　孙中山与南京临时政府/中国人民政治协商会议江苏省委员会办公厅. 南京：南京出版社. 2001.8

本书收入了大量极具史料价值的历史照片，形象生动地展示了孙中山与南京临时政府的业绩，包括：南京光复，共和奠基；孙文就职，民国建立；次长握权，参院立法；清帝退位；中山践诺；《临时约法》，共和硕果；平民总统，伟人中山；中山业绩，世人景仰七部分。有照片、前言和后记。

3986　孙中山研究．第三辑/林家有主编. 广州：中山大学出版社. 2010.8（孙中山基金会丛书）

本书收录了《孙中山的民族精神对中国社会建设的启迪》、《地图上的爱国者与强国梦——论孙中山的地图情结》、《孙中山革命党人与五四运动互动关系研究》、《孙中山宣传思想论析》、《李萁与辛亥革命》、《近年来广州地区孙中山研究综述》、《百年来民生主义研究回顾与思考》等文章。

3987　孙中山与日本/李吉奎. 广州：广东人民出版社. 1996.10（孙中山基金会丛书. 专著）

本书通过重现历史画面，发掘孙中山与日本关系中的内在联系因素，揭示和分析一些重要的然而又是人们不甚了解的问题，还将通过孙中山的革命经历和国际交往，分析孙中山民族主义对外部分的发展脉络及其缺欠。有作者照片。

3988 孙中山与日本关系研究/俞辛焞．北京：人民出版社．1996.8

本书以政治、外交为重点，系统地阐述了自1894年至1925年两者之间的复杂关系，并对两者关系中的一些重大专题，进行了深入地探讨。

3989 孙中山与三角联盟/苏全有．石家庄：河北人民出版社．1998.8（名人·历史瞬间）

三角联盟是孙中山联合皖系、奉系反对直系的同盟，本书讲述了这一历史时期的民国史。

3990 孙中山与上海/王耿雄．上海：上海人民出版社．1991.12

本书记述了孙中山27次到上海的革命活动情况。有照片。

3991 孙中山与上海文物文献档案图录/汤伟康主编；上海市历史博物馆，上海市档案馆编．上海：上海书店出版社．2006.11

本书编者搜集了民主革命的先行者孙中山先生大量文献档案，包括：中山先生活动的史料、中山先生在上海从事革命活动的原始记录、中山先生的著作以及中山先生的革命伴侣宋庆龄以及其他老同盟会会员的怀念文字等，全面展现了孙中山先生在上海生活、工作的历史细节。有图。

3992 孙中山与现代文明/中华炎黄文化研究会，上海炎黄文化研究会．苏州：苏州大学出版社．1997.8

本书主要内容有：缅怀祖父培养优秀人格、辛亥革命时期的革命动员、中华民族的共同精神财富、孙中山的人文思想、孙中山论国民、孙中山与祖国统一、试论孙中山的市场观等。

3993 孙中山与香港/刘家泉．北京：中央文献出版社．2001.7

本书共11章，主要包括：海外归来与负笈香港、香港的大学时代、香港兴中会成立后发动的第一次武装起义、惠州起义与香港、武昌城迎来胜利孙中山就职总统、三次在广东建立政权时期与香港、孙中山最后一次到港、香港在孙中山领导的辛亥革命事业中占有独特地位起着不可替代的作用等。

3994 孙中山与辛亥革命/沈渭滨．上海：上海人民出版社．1993

本书以孙中山的思想和活动为脉络，论述了19世纪末期和20世纪初期中国社会的思潮起落、人才消长、物候代谢，以及革命与朝廷的矛盾、革命与改良的矛盾等。

3995 孙中山与辛亥革命/孙占元．济南：山东人民出版社．1991.7

本书以孙中山与辛亥革命为主线，展示了19世纪到20世纪初的历史风貌。全书分9部分。主要内容有：孙中山走上民主革命之路、近代知识分子的新动向、革命运动不断高涨、辛亥武昌起义的枪声、从二次革命到护法运动、孙中山的思想等。

3996 孙中山与辛亥革命/王凌云．北京：中国国际广播出版社．1996.3（爱国主义教育丛书）

本书分10章，包括：少年时代、香港学医、创建兴中会、伦敦蒙难、成立中国同盟会、武装起义、槟榔屿会议、武昌起义等。

3997 孙中山与辛亥革命/吴雁南．贵阳：贵州人民出版社．1986.8

本书收入19篇论文，包括3方面内容：孙中山的革命思想、清末社会思潮、辛亥革命与工农群众。

3998 孙中山与辛亥革命/徐万民．北京：北京图书馆出版社．2002.9

本书收录了辛亥革命时期国人科学观初探、辛亥革命时期的教育改革、评孙中山的自由观、孙中山宗教思想初探、辛亥革命后孙中山对政党体制的选择等文章。本书有编者前言、照片。

3999 孙中山与辛亥革命：［中英文对照］/沈尧伊绘画，赵薇编文. 西安：陕西人民美术出版社. 2006.11

本书收录了丙烯画60幅，选取孙中山先生革命生涯中辛亥革命的一段，以此纪念孙中山先生诞辰一百四十周年。

4000 孙中山与辛亥革命：纪念辛亥革命90周年论文集/纪念辛亥革命90周年论文集编委会编. 南京：江苏古籍出版社. 2002.3

本书精选了为纪念辛亥革命90周年的论文37篇，内容丰富、资料翔实、观点鲜明，介绍了辛亥革命的性质特点、新的研究成果等内容。

4001 孙中山与辛亥革命论集/陈锡祺. 广州：中山大学出版社. 1984.10

本书收录了作者关于孙中山与辛亥革命的文章16篇，包括：《孙中山和辛亥革命》、《关于孙中山的大学时代》、《孙中山革命思想的产生和革命事业的开始》、《二十世纪初孙中山和资产阶级改良派的斗争》、《辛亥三月二十九日黄花岗之役》等。

4002 孙中山与辛亥革命论集/陈锡祺. 再版，增订本. 广州：中山大学出版社. 1992.7（近代中国研究丛书）

本书共收录论文20余篇，记述了孙中山在辛亥革命中的伟大业绩，研究了他的思想，颂扬了他的革命精神。主要内容有：同盟会成立前的孙中山、孙中山与辛亥革命的开端、辛亥三月二十九黄花岗之役、孙中山与国民党"一大"、孙中山对民生主义与共产主义关系的论述等。

4003 孙中山与辛亥革命史研究：庆贺陈锡祺先生九十华诞论文集/陈胜粦. 广州：中山大学出版社. 2001.10（孙中山与近代中国学术系列）

本书收录研究孙中山的论文约30篇。其中有：辅仁文社与兴中会关系辨析、兴汉会的前因后果、评孙中山1913年访日等。有照片。

4004 孙中山与辛亥革命史研究的新审视/林家有. 广州：广东教育出版社. 2007.12

本书包括：孙中山研究、辛亥革命研究两大部分，具体有孙中山对中国近代化道路的反思、论孙中山近代思想的理论架构、孙中山拯救中国民族的复兴、论孙中山的世界观、孙中山与中华民族的复兴、光复会与中华民族的觉醒、辛亥革命对满族的影响等内容。

4005 孙中山与兴中会/李剑桥，吴景山，竭宝峰. 沈阳：辽海出版社. 2007.6（中国近代史话；12）

本书主要内容有：不为良医为良相、救民水火兴中会、广州举事失先机、孙逸仙伦敦蒙难、陈天华警世献身、不屈斗士章太炎、心怀家国兴亡志、文武双全女侠怀等。

4006 孙中山与中国革命的起源/（美）史扶邻. 北京：中国社会科学出版社. 1981.6

本书讲述了孙中山早期的影响、兴中会的建立、伦敦蒙难、惠州起义、民族主义和革命的语言、建立同盟会等内容。

4007 孙中山与中国革命的起源/（美）史扶邻. 北京：中国青年出版社. 1996〔希望书库；5—16（总320）〕

内容提要参见4006。

4008 孙中山与中国国民党/尹诚善，冯雅春. 长春：吉林文史出版社. 1991.5

本书阐述孙中山推翻帝制、建立民国、同反动军阀势力坚持斗争，并且真诚同中国共产党进行合作等方面的丰功伟绩，他开创的中国民主革命的道路是对世界政治的伟大贡献。

4009 孙中山与中国国民革命/刘曼容. 广州：广东人民出版社. 1996.10（孙中山基金会丛书. 专著）

本书通过归纳孙中山的国民革命理论与实践，揭示了其具有的革命性与妥协性并存、进步性与局限性并存的矛盾两重性。同时充分肯定了孙中山在国民革命史上、中国资产阶级革命史上以及世界资产阶级革命史上的历史地位。有附录《孙中山与国民革命学术史概述》。

4010 孙中山与中国近代化/张磊. 北京：人民出版社. 1999

1996年11月4日至7日在广东省中山市翠亨村举办了“孙中山与中国近代化”国际学术讨论会。本书是这次讨论会的论文集，计收录论文110篇。有照片。

4011 孙中山与中国近代化道路研究/林家有. 广州：广东教育出版社. 1999.11

本书考察了孙中山与中国近代化道路的有关问题，从全局的、宏观的和战略的高度比较了中国近代化的各种模式，论述了孙中山近代化纲领的思想渊源、理论体系及政治、经济、文化和社会的变革方案，确认了他把革命化与近代化相统一的真知灼见，总结了他在近代化历程中尽心跋涉的经验教训。

4012 孙中山与中国近代化研究/王业兴. 北京：人民出版社. 2005.12

本书共分19章，内容包括：孙中山的民本思想、孙中山的民生主义思想、孙中山的民主共和国思想与模式设计、民国初年正当的离合及其影响、孙中山的政党思想、孙中山以党治国思想的形成及其影响等。

4013 孙中山与中国近代军阀/段云章，邱捷. 成都：四川人民出版社. 1990.1（孙中山研究丛书）

本书共4章，主要内容有：两种趋向、与军阀首次大较量——反袁斗争、真假共和之争、坚决反对军阀及其后台帝国主义。

4014 孙中山与中国近代社会/广东省社会科学院. 北京：国际文化出版公司. 1998.11（“不惑之路”丛书）

本书收录的是1983年以来广东省社会科学院研究人员公开发表过的论文或调查报告，共16篇，包括：《伟大的爱国者、民主革命先驱——孙中山》、《从孙中山近代道德思想看孔子思想的现代价值》、《论孙中山国家资本主义思想的发展道路》、《论孙中山振兴实业与对外开放的战略决策》、《试论孙中山开放文化观》等。

4015 孙中山与中国民主革命/李时岳，赵矢元. 沈阳：辽宁人民出版社. 1981.9

本书分15章，包括：中国革命民主派的旗帜、孙中山与太平天国革命、孙中山与义和团运动、孙中山划清革命与保皇的界限、孙中山的民族主义和反满问题、孙中山的民权主义和资产阶级共和国、孙中山的民生主义和平均地权、孙中山与南京临时政府等。

4016 孙中山与中国社会的变迁/郭学旺. 北京：中国言实出版社. 2001.9

本书内容有：伟大的社会革命与世纪伟人、中国资产阶级政治体制的出现与嬗变、中国社会现代化历程的世纪性转折、文化教育的变迁与社会意识的演化、精神遗产与时代意义等。

4017 孙中山与中华民族凝聚力/陈剑安. 广州：广东人民出版社. 1997.12（中华民族凝聚力研究丛书）

本书分7章，包括：“孙中山所出的时代与中华民族的‘聚’、‘散’格局”、“孙中山的阅历、素质、纲领及其对民众的凝聚力”、“民国以前孙中山凝聚民众的实践活动”、“民国以前事与愿违的‘离散’现象”、“从历史大总统到护法大元帅”、“与时俱进的三大政策及其凝聚力”、“简短的启示”。

4018 孙中山与中山大学：孙中山关于中山大学（原名国立广东大学）的命令、训令、指令、题词及演讲/中山大学档案馆. 广州：中山大学出版社. 1999.10

中山大学是中山先生亲手创办并以其英名命名的高等学府。本书是其关于中山大学（原名国立广东大学）的命令、训令、指令、题词及演讲。有照片。

4019 孙中山与祖国的和平统一：纪念辛亥革命九十周年学术研讨会论文集/王功安，林家有主编. 广州：中山大学出版社. 2001.11（孙中山与近代中国学术系列）

本书包括：孙中山统一祖国的思想与实践、孙中山的思想与爱国主义精神、辛亥革命及其影响，涉及文章30余篇。附照片。

4020 孙中山在港澳与海外活动史迹/吴伦霓霞，陈胜粦. 香港：香港中文大学孙中山研究所. 1986

本书利用摄影图片及文字注解，以说明孙中山先生在香港、澳门及海外活动事迹，图片来源多处，以藏于中山大学孙中山纪念馆为最多。

4021 孙中山在桂林/苏理立. 北京：中央文献出版社. 2006.1（桂林历史文化丛书）

本书记述了孙中山先生在桂林的奋斗事迹。全书包括：走进大本营、知难而行易、心潮似海、会见马林、桂林的新年、吹响进军号、高天寒流等12章。附《孙中山在桂林的演说》。有照片。

4022 孙中山在民国初年的决策研究/朱宗震. 成都：四川人民出版社. 1991.9（孙中山研究丛书）

本书共9章，主要内容有：民国统一后的策略转变、和平建国的经济政策、调和南北的努力、外交和国防政策、重走武装革命之路、革命党的重组、坚持革命的道路、护国运动中的策略变迁等。

4023 孙中山在上海/汤伟康，黄一缇. 上海：上海人民美术出版社. 1991.5

本图集集中反映了孙中山在上海进行的革命活动。

4024 孙中山在说/孙中山著；叶匡政编. 北京：东方出版社. 2004.7（纸生态书系. 独立史料典藏）

本书收入孙中山先生的一些著名谈话、演说，临终前的谈话、国事遗嘱、家事遗嘱，以及孙中山大事年记。有照片。

4025 孙中山在夏威夷：活动和追随者/马兖生. 北京：世界知识出版社. 2003.9

本书记录了孙中山在夏威夷的主要活动、当地华侨华人支持孙中山早期革命活动的事迹、夏威夷对现代中国的诞生所起的历史作用等内容。有照片。

4026 孙中山哲学思想/肖万源. 北京：中国社会科学出版社. 1981.5

本书对孙中山的哲学思想做了比较全面、系统地探讨，联系孙中山所处的时代，纵观国内外与孙中山哲学思想有关的思潮，从各方面进行了分析和论述。

4027 孙中山哲学思想研究/韦杰廷. 长沙：湖南人民出版社. 1981.8

本书是对孙中山哲学思想的初步探讨，包括4章：从旧三民主义到新三民主义、唯物主义的自然观、唯物主义的认识论、二元论的社会历史观。有附录《辨孙中山的宇宙观不是二元论》。有照片。

4028 孙中山哲学研究/张江明. 广州：广东人民出版社. 1986.6

本书分11章，包括：孙中山革命世界观的形成和发展、孙中山哲学思想产生的时代背景和历史地位、以近代自然科学为基础的唯物主义自然观、“先有史实，后有言论”的唯物主义知行观、进化发展的辩证思想、战斗的科学无神论思想、二元论的民生史观、两个文明建设的创议等。有照片。

4029 孙中山箴言录/孙中山著；刘波编. 北京：中国文联出版公司. 1998.3（中国近代思想家箴言录）

本书辑录了孙中山的箴言，包括6部分：宇宙・人道・知行、文化抉择与民族前途、民族主义、民权主义、民生主义、人文杂论。

4030 孙中山振兴中华思想研究/林家有. 广州：广东人民出版社. 1996.10（孙中山基金会丛书. 论集）

本书收录了研究孙中山振兴中华思想的文章，分作5章，包括：孙中山与中华民族的发展、孙中山的民族主义思想与辛亥革命的结局、孙中山的革命观与民权主义思想、孙中山的经济建设思想与文化教育主张、孙中山的国情观与革命思想的发展。

4031 孙中山政治心理思想研究/王蓓. 北京：中国社会科学出版社. 2004.5

本书对孙中山先生有关新型政治文化和民族精神的构建思路，中国国民人格优劣因素与民族、政治发展的相关性思考进行了研究，阐发了先生的政治心理思想。

4032 孙中山政治学说研究/邵德门. 长春：东北师范大学出版社. 1992.12

本书探讨了孙中山政治学说的产生、形成、体系及其国家学说、政党和政党制度论、现代化思想、社会政治意识建设思想等。

4033 孙中山之宪政思想/谢政道. 台北：五南图书出版公司. 2000.1

本书研究的重心是以孙中山的宪政思想为研究主轴，分3部分：孙中山宪政思想之研究、学者对孙中山宪政思想之诠释、孙中山宪政制度之重构。有图表。

4034 孙总理思想的研究/马璧著. 再版. 上海：世界书局. 1947.3

本书分4部分研究了孙中山的理论和方法，包括：总论、孙总理的伦理思想、孙总理的政治思想、孙总理的经济思想。

4035 同盟会成立前的孙中山/陈锡祺. 广州：广东人民出版社. 1957.12

本书详细叙述了同盟会成立前孙中山的革命思想与革命活动，着重介绍了孙中山的革命思想如何产生及革命行动的开始，分析了其革命思想与当时改良主义者的区别。有照片。

4036 同盟会成立前的孙中山/陈锡祺. 再版，修订本. 广州：广东人民出版社. 1984.5（广东近代史丛书）

内容提要参见4035。

4037 同孙中山携手/高国伟. 成都：四川少年儿童出版社. 1999.9（东方红故事丛书）

本书讲述了关于中国共产党和孙中山领导的国民党共同携手进行民族民主革命的第一次国共合作的开端、发展以及最后如何分裂的过程的故事。

4038 挽孙中山先生联选/刘作忠. 兰州：兰州大学出版社. 2000.1

本书搜录孙中山先生逝世后海内外548个单位、团体，1423位个人哀挽其楹联1888副。

4039 伟大的革命先行者孙中山/李文海. 北京：书目文献出版社. 1985.6（“伟大祖国”历史讲座丛书）

本书分4个阶段简要地介绍了孙中山的生平事业。第一阶段为1866—1895年（自出生至29岁），第二阶段为1895—1911年（自29—45岁），第三阶段为1911—1922年（自45—56

岁)，第四阶段为1922－1925年（自56－59岁)。

4040 伟大的孙中山/黎明．北京：中国少年儿童出版社．1957.5

本书分4部分，包括："勇敢的少年"、"寻找真理的人"、"胜利、妥协、前进"、"伟大的转变"。有照片。

4041 伟大的孙中山/［著者不详］．香港：新地出版社．1957.2

本书收录多篇纪念孙中山的文章，包括：《纪念孙中山》、《纪念中国伟大的民主革命导师孙中山先生》、《孙中山——中国人民伟大的革命的儿子》、《回忆孙中山》、《向伟大的中山先生学习》、《对中山先生的片段回忆》、《孙中山先生伟大的革命精神》等。有附录孙中山先生九十周年诞辰纪念活动专页。有照片。

4042 伟人孙中山/李茂高．上海：百家出版社．1992.1（中华子孙丛书．第1辑)

本书讲述了孙中山的童年生活、香港求学、创立同盟会、与宋庆龄结婚、会见李大钊、国共合作、评定商团叛乱等故事。

4043 伟人孙中山/中山市孙中山研究会．广州：广东人民出版社．2001.1

本书通过从出生到成长、从医人到"医国"的转变、踏上民主革命的征途、公认的革命先驱等篇章讲述了孙中山先生的革命一生。有图，有照片。

4044 未刊稿本孙中山先生传/全国图书馆文献缩微复制中心．影印本．北京：全国图书馆文献缩微复制中心．2003.5（中国文献珍本丛书)

本书共分13章，是一部系统反映孙中山先生生平及思想的传记资料。其成书时间离辛亥革命和孙中山去世都较近，故无论是作者的记忆，还是当时的参考资料都应比较可靠，在加上审稿者的特殊身份，故此手稿具有一定的史料价值。

4045 文明的薪火：孙中山思想综论/张汉静．太原：山西科学技术出版社．2006.4（山西大学科学技术哲学文库)

本书从政治思想、经济思想、文化思想、科技思想和治国思想5个方面，探究了孙中山先生的思想脉络及其中所蕴含的科学与民主的精髓，分析了近代科学成果在其思想中的沉积，以及在"三民主义"、"治国方略"等实践中的体现。

4046 我的祖父孙中山/孙穗芳．台北：禾马文化事业公司．1995（禾马风云人物；3－4)

本书分16章，记录了孙中山的一生，包括：童年纪事、檀香山的少年生活、革命思想开始萌芽、兴中会成立及第一次广州起义、伦敦蒙难记、在海外为革命事业奔走、中国同盟会成立、在全国各地积极发动起义等。有照片。

4047 我的祖父孙中山/（美）孙穗芳．北京：人民出版社．1996.9

内容提要参见4046。

4048 我的祖父孙中山先生纪念集：一位开创世纪奇迹的伟人/孙穗芳．南京：南京大学出版社．2001.10

本书分祖父生平；少年潜心向学，立志救国救民；组会兴中同盟，撒播革命火种等部分，展示了孙中山先生400多张照片及200多份墨宝。

4049 我们的国父/杜英穆编著．再版．台北：名望出版社．1987.9（别传丛书；1 革命先烈先贤别传)

全书分140个部分，包括：翠亨乡中，诞生伟人；相貌堂堂，自幼不凡；月下读书，为省灯油；初次出国，大开眼界；破除迷信，断然行动；倾心革命，巧制炸弹；设兴中会，首定三民；广州起义，首次失败等内容。书中附有编写别传丛书说明、照片和附录。

4050 我所认识的孙逸仙/陆灿. 北京：文物出版社. 2008.10（孙中山与翠亨历史文化丛书）

本书根据孙中山故居纪念馆所藏该书的英文打字稿复印件重新全文翻译，且收录了《Sun Yat Sen—As I knew him》的英文原稿全文。

4051 我怎样认识国父孙先生/王云五等著. 再版. 台北：传记文学出版社. 1982.6（传记文学丛刊；3）

全书分为3部分："国父自述"、"我怎样认识国父孙先生"和"附录"。内容包括："我怎样认识国父孙先生"、"追忆国父述略"、"总理病逝前后"、"中山先生胸襟浩瀚"、"总理学记"、"孙先生起居注"、"国父给我的启示"、"国父的大学时代"、"国父的信徒威廉博士"、"总理在香港"等。

4052 武力建设/孙中山. [出版地不详]：中央陆军军官学校. 1942

本书收文6篇：《总理国防十年计划书》、《军人精神教育》、《革命军的精神》、《怎样做革命军》、《革命军的责任》、《革命军的牺牲精神与高深学问》。

4053 细说孙中山/李君如. 郑州：河南人民出版社. 2001.9（细说20世纪中国伟人系列）

本书共12部分，主要内容有：探索救国良方、同盟革命掀高潮、中国的"华盛顿"、广交海内外朋友、伟人的婚姻家庭、护法北伐讨叛贼、顺应时代大潮的巨人、领袖风范存人间等。

4054 现代化视野下的孙中山研究/徐方平，郭劲松. 武汉：崇文书局. 2005.8（崇文学术文库）

本书从政治、经济、法律、文化和外交等方面探讨了孙中山关于中国早期现代化的思想及其实践。收《现代化视野下的孙中山研究》、《孙中山"民生主义"经济思想的演变与发展》、《孙中山与莫斯科》等74篇论文。有照片。

4055 辛亥革命前重要论文/黄彦编注. 广州：广东人民出版社. 2007.11（孙中山著作丛书）

本书选辑孙中山在辛亥革命前的重要论文共13篇，包括：一是提出发展社会经济以使国家富强的计划；二是揭露清朝统治的腐败并呼吁外国人同情中国革命；三是批判保皇党人的错误主张。

4056 辛亥革命以来名人墨迹/任学良主编. 杭州：浙江美术学院出版社. 1990.5

本书分上、下两卷，上卷从孙中山起，下卷由毛泽东开始，共收录269人的墨宝395件。墨迹来源，除未发表的真迹外，以各种书刊纪念册为主，部分书法出版物也有所转录。

4057 辛亥革命与孙中山：纪念辛亥革命八十周年论文集/广东省社会科学院孙中山研究所编. 广州：广东人民出版社. 1991.9

本书大致分成辛亥革命研究和孙中山研究两个部分。

4058 研究中山先生的史料与史学：国父一百一十年诞辰纪念专辑/黄季陆等著. 再版. 台北：中华民国史料研究中心. 1982.6（民国史研究丛书；2）

全书分为5个部分，包括：孙中山遗像、孙中山遗墨、编辑叙言、特载：孙中山生辰的考证、民生定义的真谛、征印《三民主义》版本校勘报告和论文20篇。

4059 浙江文史资料选辑. 第三十二辑，浙江辛亥革命回忆录第四辑，孙中山与浙江/中国人民政治协商会议浙江省委员会文史资料研究委员会编. 杭州：浙江人民出版社. 1986.3

本书内容包括：孙中山与光复会党人，孙中山与章太炎、秋瑾、蔡元培、陈其美以及蒋介石交往的史实；孙中山致焦易堂的几封信；孙中山在一九一二年至一九一六年三次来浙情况，在杭州、绍兴、宁波发表的五、六次演说；朱仲华、张珏的回忆；孙中山逝世后发生的历史悲剧等。书中有前言和照片。

4060　中国革命史话：1840—1949/钟康模，徐东绚编著. 成都：四川人民出版社. 1991.7（中国农村文库）

本书分上、下两册。上册共 34 回，内容有：白云山下英雄血，黄鹤楼前革命潮；临时政府内外交困，中华民国曲折坎坷；践诺言孙公让总统，耍手段袁氏拒南下等。下册分四部分，包括：建立马列政党，国共合作北伐；创建人民军队，开展土地革命；坚持八年抗战，日本最后投降；打倒蒋家王朝，建立人民政权。

4061　中国革命导师/黄光学著. 台北："中央文物供应社". 1983.7（中华文化丛书. 政治）

全书分 5 部分，包括：孙中山与领袖、孙中山、领袖、孙中山与领袖来往函电、特载。书中附有照片、墨迹、"中华文化丛书"序和编辑弁言。

4062　中国革命史/贝华编. 订正 4 版. 上海：光明书局. 1927.3

本书内容自孙中山先生创导革命起，至民国 13 年中山先生逝世止，前后共 40 年。本书按照中山先生一生事业编列。全书分为 5 篇：革命之运动时代、革命之成功时代、二次革命、云南起义、护法诸役及中山先生之死。

4063　中国革命史/贝华编. 五版. 上海：光明书局. 1928.3

内容提要参见 4062。

4064　中国革命史/孙文著. ［出版地不详］：［出版者不详］.［出版年不详］

本书内容分为两部分：中国革命史、国民政府建国大纲。

4065　中国国民党第一次全国代表大会宣言/［著者不详］. 铅印本. ［出版地不详］：［出版者不详］，1912—

本书包含两部分：第一次全国代表大会宣言全文，第一次全国代表大会宣言的意义。第一次宣言由孙中山亲手拟定，分析中国之现状，解说国民党之主义，列举国民党之政纲。揭示现状，以求药方。

4066　中国国民党在日本：一八九五——九一四/陈鹏仁著. 台北：中国国民党中央委员会党史委员会. 1994.11（中国国民党建党一百周年丛书）

本书以从孙中山先生首次亡命日本起，至民国二年八月，讨袁之役失败，孙中山再亡命日本，为重整旗鼓，东山再起，创建中华革命党止为写作的主要对象。全书分 4 章，包括：孙中山先生首次亡命日本、中国同盟会时代的活动、辛亥革命前后、讨袁活动。书中附有序言、附录和参考文献。

4067　中国民主革命的伟大先驱孙中山/孙中山故居纪念馆. 北京：中国大百科全书出版社. 2001.3

本书记述了这位历史巨人，从"贫困之农家子"到流亡革命家；从不懈地组织武装起义推翻帝制，到建立民国；从紧跟时代潮流不断探索，到改组国民党，实行国共合作，谋求国家和平统一的奋斗生涯。

4068　中华民国褒扬令集初编. 四，国父孙中山先生奉安实录/"国史馆"编. 台北：台湾商务印书馆. 1985.1

全书分 17 个部分，包括：国民政府命令、尊称"国父"、孙中山生平、孙中山生辰考证的回忆、孙中山病历、总理衣冠冢、北平纪念建筑、造陵等内容。书中附有照片。

4069　中华民国史资料丛稿：增刊. 第一辑，孙中山年谱. 上：征求意见稿/中国科学院近代史研究所中华民国史组，广东省哲学社会科学

研究所历史研究室编. 北京：中华书局. 1976.11

本书按年月日顺序逐条纪事，每年次分两部分，先记国际、国内重要事件，次记谱主及有关事迹。本册记录了孙中山1986年到1911年生平。

4070 中华民国史资料丛稿：增刊. 第二辑，孙中山年谱. 中：征求意见稿/中国科学院近代史研究所中华民国史组，广东省哲学社会科学研究所历史研究室编. 北京：中华书局. 1976.11

本书按年月日顺序逐条纪事，每年次分两部分，先记国际、国内重要事件，次记谱主及有关事迹。本册记录了孙中山1912年到1919年生平。

4071 中华民国史资料丛稿：增刊. 第三辑，孙中山年谱. 下：征求意见稿/中国科学院近代史研究所中华民国史组，广东省哲学社会科学研究所历史研究室编. 北京：中华书局. 1976.11

本书按年月日顺序逐条纪事，每年次分两部分，先记国际、国内重要事件，次记谱主及有关事迹。本册记录了孙中山1920年到1925年生平。

4072 中华民国史资料丛稿：增刊. 第一辑，孙中山年谱（上）/中国科学院近代史研究所中华民国史组，广东省哲学社会科学研究所历史研究室合编. 北京：中华书局. 1976.11

本书按年、月、日顺序，逐条纪事，每年次分两部分：先纪国际、国内重要事件，次纪谱主及有关事迹。本册记录1866年（清同治五年）孙中山诞生至1911年（清宣统三年）孙中山四十五岁的生平。书中附有编辑凡例。

4073 中华民国史资料丛稿：增刊. 第二辑，孙中山年谱（中）/中国科学院近代史研究所中华民国史组，广东省哲学社会科学研究所历史研究室合编. 北京：中华书局. 1976.11

本书按年、月、日顺序，逐条纪事，每年次分两部分：先纪国际、国内重要事件，次纪谱主及有关事迹。本册记录1912年（中华民国元年）孙中山四十六岁至1919年（中华民国八年）孙中山五十三岁的生平。

4074 中华民国史资料丛稿：增刊. 第三辑，孙中山年谱（下）/中国科学院近代史研究所中华民国史组，广东省哲学社会科学研究所历史研究室合编. 北京：中华书局. 1976.11

本书按年、月、日顺序，逐条纪事，每年次分两部分：先纪国际、国内重要事件，次纪谱主及有关事迹。本册记录1920年（中华民国九年）孙中山五十四岁至1925年（中华民国十四年）孙中山五十九岁的生平。书中附有征引书目和后记。

4075 中华民国宪法与孙中山思想/朱谌. 台北：五南图书出版公司. 1993.3

本书共分17章73节，包括："孙中山先生思想之特质"、"宪法之基本概念"、"宪政理论与五权宪法"、"中华民国宪法之制定与增修"、"中华民国宪法之宣言与总纲"等。自第6章后，按民族主义、民权主义及民生主义三者结合中华民国宪法条文撰述。除第1章提要性地剖析并提示"孙中山先生思想之特质"外，其余各章都采用交叉引证论述方式撰写，将孙中山先生著述思想、西方宪政学理、西方重要国家宪法、中华民国宪法四者熔于一炉。有图表。

4076 中华英杰. 1/阙道隆，郑一奇主编. 杭州：浙江少年儿童出版社. 1995.12

本书收集了10位代表性人物，包括：统一中国第一人——秦始皇；雄武豪杰——汉武帝；以智谋强国的贤相——诸葛亮；盛唐英主——李世民；开创清代盛世的大帝——康熙；民主革命的先行者——孙中山；新中国缔造者——毛泽东等。

4077 中山丛书．1—4册/孙中山．再版．上海：太平洋书店．1926

第1册分总目、遗像、遗墨、传略、主义6部分；第2册方略；第3册演讲，收44篇；第4册学说、宣言、书牍、杂著和附录。有图像。

4078 中山陵：一个现代政治符号的诞生/李恭忠著．北京：社会科学文献出版社．2009.1

本书从墓葬与政治的关系入手，将孙中山的丧事、中山陵的兴建与20世纪二、三十年代的国家再造过程结合起来分析，细致展现了国民党人通过墓葬途径来营造孙中山的身后形象、树立新式精神偶像、增进国家认同的努力，全书分6章，包括："再造民国：孙中山的革命遗产与国民党的政治策略"、"内部整合：葬事筹备处的沿革与国民党阵营的权力重组"、"工程与政治：中山陵的征地、设计和修建"、"开放的纪念性：中山陵的建筑精神与符号内涵"等。有照片。

4079 中山思想答问/刘真主编．台北：台湾书店．1994.6（中山学术文化基金会丛书）

本书以问答的形式，对孙中山先生思想体系中若干易滋疑义之问题，依据孙先生本人言论及有关论著，作简要之诠释。全书分4部分：总论、民族主义、民权主义和民生主义。书中附有序和凡例。

4080 中山思想要义/刘真主编；陈志先，陈光辉编辑．台北：台湾书店．1994.7（中山学术文化基金会中山丛书）

本书内容包括：三民主义的中和性、五权宪法之理论与实施、从孙中山遗教中看自由与纪律、三民主义之哲学基础、三民主义五权宪法要义、孙中山与近代中国、伟大的中山先生、孙中山思想的精深博大等。书中附有序、凡例和附录。

4081 中山思想与台湾经验/刘真主编；陈志先编辑．台北：台湾书店．1995.10（中山学术文化基金会中山丛书）

全书分上、下两册，内容包括：中山先生民权主义在台湾之实践与发展、中山先生经济思想在台湾之实践、中山先生的平衡观念与台湾经济发展策略、土地改革与台湾的农业发展、台湾粮食生产的基本原则与重要措施、中山先生与社会福利建设等。书中附有序、凡例、表和参考资料。

4082 中山先生伦敦被难史料考订/罗家伦．上海：商务印书馆．1930.10

本书分6章，包括：《中山先生伦敦被难时求援第一书墨迹》、《中山先生伦敦被难时求援第二书墨迹》、《律师王德纳之子述墨迹由来函一》等。有附录8篇。

4083 中山先生思想概观/周佛海著．5版，改订版．上海：民智书局．1927

本书包括：绪论、中山先生思想之历史的背景、中山思想概要、结论4个部分。

4084 中山先生行谊/刘真主编；陈志先编辑．台北：台湾书店．1995.10（中山学术文化基金会中山丛书）

全书分上、中、下三册，内容包括："孙中山生平"、"孙中山传"、"我们的总理"、"总理行谊"、"孙中山先生之生活"、"孙中山先生逸事"、"欧洲同盟会纪实"、"同盟会成立记"、"我对于辛亥革命的回忆"等。书中附有照片、墨迹、序和凡例。

4085 中山先生研究书目/刘真主编．台北：中山学术文化基金会．1995.10（中山学术文化基金会中山丛书）

本汇编以收录1912年至1995年6月国内外出版有关孙中山先生研究书籍，包括中文（含大陆地区出版者）、日文、英文、俄文，共计3731种。本汇编中文部分，分孙中山先生原著、学者专家研究有关孙中山先生之论著、机关团体编辑有关研究孙中山先生之论著3大类。

书中附有序、凡例、索引和附录：大陆地区对中山先生研究概况。

4086 中山先生轶事/钟闻编. 北京：中国文史出版社. 2001.1

本书荟萃了38篇文章，大部分是同时代人对孙中山先生的回忆，其中有孙中山与香港西医书院、孙中山与黄兴初次会面、孙中山与佛教、朱德与孙中山第一次会见、孙中山在北京等文章，从不同的侧面展示了孙中山先生高贵的品质与高尚的情操。

4087 中山先生与德国/李国祁著. 台北：台湾书店. 2003.1（中山学术文化基金会丛书）

全书分5章，包括：十九世纪国际形势与中国自强努力、近代德国的勃兴与中德关系演进、孙中山先生及革命党人现代化观念与德国现代化思想比较、孙中山先生的联德活动、德人及德文著作对孙中山先生的认识。书中附有序、自序、导论和结论。

4088 中山先生与莫斯科/蒋永敬，杨奎松著. 台北：台湾书店. 2001.5（中山学术文化基金会丛书）

全书分6部分，包括：孙中山先生与越飞联合声明前的谈判，马林与国共合作，鲍罗廷与改组国民党，莫斯科决定联合孙中山之经过，孙中山的西北军事计划及其夭折，孙中山、莫斯科与国共纠纷的缘起。书中附有序和凡例。

4089 中山先生与英国：1883－1925/黄宇和著. 台北：台湾学生书局. 2005.8（中山学术文化基金会中山丛书）

全书分10章，内容包括：绪论、培养之情1883－1895、救命之恩1895－1896、造就领袖1896－1897、求助情切1897－1911、再予援手1911－1922、执著追求1923－1924、现实抉择1924－1925、挑战英国1924－1925、尾声。书中附有序、凡例、前言、英中对照、参考资料及书目和跋。

4090 中山演讲集/孙中山著. 初版. ［出版地不详］：新民书局. 1927.1

本书收入《救国之急务》、《巩固中华民国基础之方针》、《解决中国问题的方法》、《广西善后方针》、《广西应开辟道路》、《统一中国非北伐不为功》、《党员须研究革命主义》等44篇文章。

4091 追悼中山先生特刊/南京追悼孙中山先生大会编. 南京：南京追悼孙中山先生大会. 1925

本书收录《悼孙中山先生》、《孙中山先生行状略述》、《孙中山先生自传》、《中山先生之生活》、《临终时之孙先生》等10篇文章。

4092 自传及叙述革命经历/孙中山. 广州：广东人民出版社. 2007.11

本书选辑孙中山的书文、信函、演说、谈话共25篇，除首篇为早年所撰自传外，其余都包含有叙及本人事迹或革命经历的内容。

4093 总理对青年说的话/孙文讲演；中国国民党福建省党务指导委员会宣传部编. ［出版地不详］：中国国民党福建省党务指导委员会宣传部. ［出版年不详］（宣传丛书. 之一）

本书分为5章："建设事业与青年"、"青年应有之志愿"、"自由平等之意义"、"'知难行易'的学说"、"青年营巩固民国之基础"。

4094 总理奉安实录/（民国）总理奉安专刊编纂委员会编；韩文宁，韩建国，卢海鸣点校. 南京：南京出版社. 2009.4（南京稀见文献丛刊）

本书记载了南京国民政府成立后，孙中山先生遗体由北京奉移南京安葬的整个过程，披露了奉安筹备、迎榇公祭、宣传、陵墓工程、奉安典礼、奉安账目等鲜为人知的史料，是记录孙中山先生逝世后葬礼筹备及奉安大典最为系统和完整的史料。全书分照片、纪述、专载、附录4部分。书中刊载了100余幅奉安活动图片以及中山陵设计图及陵园全景图。

4095　总理奉安实录/（民国）总理奉安专刊编纂委员会辑. 铅印本. ［出版地不详］:［出版者不详］，民国间［1912—1949］

本书主旨在记述由民国政府主礼的孙中山葬事筹备及奉安大典之经过事实。内容有：孙中山遗像遗嘱、奉安哀辞、陵墓全景、奉安纪念章、照片、纪述、专载和附录。

4096　总理革命事略及年谱/中国国民党广西省党务指导委员会宣传部编. 广西：中国国民党广西省党务指导委员会宣传部. 1928.12（宣传小丛书；11）

分史略（孙中山著《有志竟成》）、年谱（自孙中山 1 岁至 60 岁）、附录（著作及演讲纪录要目）3 部分。

4097　总理嘉言录/孙文著. 铅印本. ［出版地不详］:［出版者不详］，1912—1949

本书前有孙中山遗像及遗嘱，内容包含“国民政府建国大纲”和“总理嘉言录”两部分。“国民政府建国大纲”共 25 条，后有宋庆龄跋；“总理嘉言录”内容有：修养 21 条、学术 6 条、主义 10 条和政法 16 条。

4098　总理墨迹/孙中山撰. 影印暨铅印本. 台湾：新中国出版社，1952

本书为孙中山致蒋介石函牍手迹汇编，包括孙中山墨迹 33 篇，时间自民国 7 年（1918）4 月 8 日，迄至民国 13 年（1924）10 月 28 日。

4099　总理全集/孙中山著；胡汉民编. 影印本. 上海：上海书店. 1990.12（民国丛书. 第二编. 综合类；90—91）

本书共两集。第一集主要包括：主义、方略、杂著 3 部分。第二集主要包括：宣言、演讲、讲话 3 部分。

4100　总理事略/胡去非编纂. 台一版. 台北：台湾商务印书馆. 1971.2（中山文化教育馆研究丛书）

全书分 15 章，包括：儿童时代、离乡就学、革命运动、完成三民主义后之革命事业、同盟会成立后之革命方略、革命军战役、革命事业之推进、满清灭亡民国成立、讨袁、护法等内容。书中附有照片、序、绪言、例言和附录。

4101　总理手书建国大纲/孙文. ［出版地不详］:［出版者不详］.［出版年不详］

孙中山起草的关于建设中国的计划。又称《国民政府建国大纲》，经孙中山亲笔誊写。

4102　总理遗教/蒋委员长讲. 再版，复制本. 杭州：杭州正中书局. 1940.1

1935 年 9 月 14 日—19 日蒋介石在峨嵋军训团的讲稿。分“总理遗教概要”、“政治建设之要义”、“物质建设之要义”、“心理建设之要义”、“社会建设与民生哲学之要义”、“研究总理遗教之结论”6 讲。

4103　总理遗教/中国国民党中央执行委员会编. 铅印本. ［出版地不详］：中国国民党中央执行委员会，1931

本书分上、下两集。上集有：孙中山遗像、遗墨，建国方略和建国大纲；下集有：三民主义和第一次全国代表大会宣言。本书前有“贡献给国民会议全体代表们”一文。本书 2 册。

4104　总理遗教辑要/中国国民党中央执行委员会训练委员会编著. 台北：正中书局. 1952.4

全书分上、下两册，共 7 篇，内容包括：总论——三民主义之体系及其实行程序、三民主义、心理建设、伦理建设、社会建设、政治建设、经济建设。书中附有编辑例言、讲授法要点、图表和附录。

4105　总理遗教六讲/蒋中正讲述. 1944.5 再版，1945 沪 1 版，1946 沪 3 版. 重庆：中国文

化服务社．1944.3（国国民党丛书）

内容提要参见 4102。

4106 总理遗墨/孙文书．影印本．［出版地不详］：［出版者不详］，1912—1949

本书前有孙中山遗像、遗嘱影印件，末有 1930 年谭延闿跋。主要内容均为孙中山亲笔所书，非一时言非一事。有：孙文序、大元帅令四件、孙文致蒋介石手札 23 通、孙文撰蒋母王太夫人像赞、祝寿字 1 幅、挽蒋母字 3 幅、赠蒋介石字 5 幅。

4107 总理遗教表解/中国国民党中央执行委员会宣传部编．［出版地不详］：中国国民党中央执行委员会宣传部．1941

本书包括三民主义、建国方略、建国大纲、军人精神教育、地方自治开始实行法及钱币革命等著作的表解。附蒋介石重要言论表解、蒋介石《国民精神总动员纲领及其初稿办法》等的表解 3 种。

4108 总理遗教/蒋委员长讲．重庆：青年书店．1939.3

内容提要参见 4102。

4109 走近孙中山/陈运和．北京：中国戏剧出版社．2005.2（华夏学人文库）

本书以政治长诗的形式记录和歌颂了孙中山的一生。包括：引子、前传、后传 3 部分。

注：由于“13 辛亥革命时期的人物”部分的书目太多，因分册需要，自“13.3 黄兴”以后的部分归入下册。）

国家图书馆藏
辛亥革命图书目录提要

下

主　编　刘　瑛
副主编　赵建爽　余学玲

國家圖書館出版社

13 辛亥革命时期的人物

注：本册从“13.3 黄兴”起，“13.1 合传”和“13.2 孙中山”有关书目，请参阅本书上册末尾。

13.3 黄兴

4110 铲除事件一切障碍之使者：黄兴传/白慈飘著. 台北：近代中国出版社. 1980.5（近代中国丛书. 先烈先贤传记丛刊. 14）

本书从黄兴在两湖学院学习讲起，着重介绍了黄兴一生革命历程。全书共分6章，包括：革命发轫、血肉长城、中华民国诞生、二次革命、东渡、青山千古。

4111 长沙县文史资料. 第一辑，纪念黄兴诞生一百一十周年专辑/中国人民政治协商会议长沙县委员会文史资料研究委员会编. 长沙：中国人民政治协商会议长沙县委员会文史资料研究委员会. 1984.12

本书内容包括：纪念黄兴诞生110周年、辛亥革命元勋黄兴、黄兴思想及活动评述、黄兴与武装起义、回忆先君克强先生、先父黄兴和孙中山的革命友谊、孙中山的战友黄兴、黄兴与蔡锷等。书中附有图片、题词和照片。

4112 黄克强先生尺牍：一卷/黄兴撰. 铅印本. 上海：上海振学社，国光书局. 民国二年(1913)

本书包括：与冯自由书，再与冯自由书，与诸同志书，与致公党书，与筹饷局书，致李燮和，致段芝泉，致伍廷芳，致伍、汪、陈三君，致各省报馆，致教育部，致中华报馆，致中央及各省，致副总统等。

4113 黄克强先生传记·蔡（锷）黄（兴）追悼录·丁巳滇川军哄纪录/刘掞一著；云南国是报辑. 影印本. 台北：文海出版社. 1967.5（近代中国史料丛刊. 第七辑；68—70）

本册书为三本书的合集：《黄克强先生传记》、《蔡（锷）黄（兴）追悼录》、《丁巳滇川军哄纪录》。《黄克强先生传记》以传记的形式对黄兴的生平事迹进行了详尽的叙述，并对其为辛亥革命和民国建立而立下的功绩作出了评价。包括：宣传革命、创立华兴会、湘中谋泄、上海被捕、回湘再举、共组同盟会等29部分内容。本书还有照片和序。《蔡（锷）黄（兴）追悼录》为一本社会各界悼念蔡锷和黄兴两位民国开国功勋的追悼录。书中收录了当时社会各界对蔡锷与黄兴的悼文、挽联等数篇。书中有照片。

4114 黄留守（兴）书牍/吴砚云编辑. 影印本. 台北：文海出版社. 1972（近代中国史料丛刊. 第82辑；811—2）

本书包括：就任留守后之公启、致各都督维持礼教、致各省都督及议会反对借款条件、致国务院请宣布毁约、致四川陆军全体奖誉助捐、致中央政府论移兵、致中央及各省通告解职、安慰军民示等内容。书中附有附录。本书与《国父墨宝》/北方杂志社编辑合订。

4115 黄兴/毕万闻著. 南京：江苏人民出版社. 1982.11（中国历代名人传丛书）

本书以传记的体裁，按时间顺序介绍了我国资产阶级革命家黄兴的生平事迹。包括：有志于大者运者、躬身亲行重于口舌激情、创立华兴会、发动长沙起义、三次脱险、成立同盟会、冲锋陷阵的勇士、领导黄花岗起义、历史的偶然与必然、英勇无畏的战斗和无可奈何的妥协、步步退让与最后失败等 13 个章节和附录。

4116　黄兴/常谊编．北京：中华书局．1963.12（中国历史小丛书．第 120 种）

本书以人物传记的形式对我国杰出的资产阶级民主革命家黄兴的生平事迹作了较为详尽的叙述，并对其历史功绩简要作了评价。全书分 9 章，包括："少年时期"、"留学日本立志革命"、"组织华兴会　策划长沙起义"、"同盟会的成立　粤桂滇边境的武装起义"、"武昌起义以后"、"二次革命"、"对黄兴的评价"等。

4117　黄兴/林增平编．长沙：湖南人民出版社．1958.8

本书介绍的黄兴是中国旧民主主义革命时代杰出的革命家。他在青年时候，就热情地走上了反帝反封建的革命道路。1904 年，他创立了"华兴会"，组织和发动了反对清朝反动统治的起义。1905 年他协助孙中山建立了"同盟会"以后，积极地领导了多次的武装斗争。1911 年武昌起义爆发后，他指挥革命军和反革命军作战，襄助孙中山建立了革命的南京临时政府，进行了反抗袁世凯的斗争。书中对这些事迹，都一一作了简要的介绍。书中附有照片。

4118　黄兴/闵杰．天津：新蕾出版社．1993.5（中国历史名人丛书）

本书分 13 章，包括：男子要为天下奇、游学日本、创立华兴会、孙黄共创中国同盟会、同盟会初期的活动、组织南部起义、碧血黄花、暗杀行动等。书中附有插图和编者的话一篇。

4119　黄兴/谭本龙著．武汉：长江文艺出版社．1980.7

本书以纪传体的形式、小说的体裁，记叙了领导辛亥革命的资产阶级民主革命家黄兴成长战斗的一生。全书分为引子、童年、武汉求学、勤王起事、留学日本、组织华兴会、准备长沙起义、遇险、同盟会的成立、湖广风暴、从镇南关到河口、风暴之前、暴动、行刺、武昌起义、汉口激战、保卫汉阳、南京临时政府、尾声等 19 个部分。

4120　黄兴/晓理编著．北京：中国国际广播出版社．1996（爱国主义教育丛书）

本书以人物小传的形式简要的按时间顺序叙述了我国杰出的民主革命家黄兴的生平事迹，全书共分为早年时期、立志革命、密谋举事、第一次起义、边境线上的武装起义、广州起义前夕、碧血黄花、武昌起义、搏战汉阳、民国成立、二次革命、壮志未酬、黄兴的一生等 13 章。

4121　黄兴/曾德厚著．香港：天地图书公司．1995（千古风流历史小说系列）

本书以历史小说的体裁详细的记叙了我国资产阶级民主革命家黄兴革命的一生。书中详细描述了黄兴的奋斗经历及其与孙中山、蔡锷、宋教仁等革命领袖的关系。全书共分 5 章，包括：东洋磨剑小试牛刀、肝胆相照孙黄同盟、丈夫喋血春雨黄花、辛亥风云鄂江血潮、公与共和日月同辉。

4122　黄兴：长篇历史小说/任光椿著．北京：文化艺术出版社．1995.2

本书是一篇长篇历史小说。再现了大潮汹涌般的辛亥革命的历史风云，塑造了黄兴、袁世凯一正一反的典型形象，塑造了孙中山、宋教仁、蔡锷等一大批历史人物，描绘了一幅丰富多彩的历史画卷。全书由 61 个章节和楔子、尾声组成。

4123　黄兴传/石彦陶，石胜文著．北京：人民出版社．2004.5

本书分天生此英豪、朝读书暮读书、一去

渡沧海、投笔方为大丈夫、结义凭杯酒等29章，叙述了革命领袖黄兴的传奇一生。

4124 黄兴传记/刘揆一述．［出版地不详］：［出版者不详］．1929.3

本书系统介绍黄兴（1874－1916）一生的生活经历和革命活动。书前有黄一欧《传记缘起》一文作为本书的代序。本书有黄兴传记后序、肖像。

4125 黄兴传记/刘揆一述．［出版地不详］：［出版者不详］．［出版年不详］

内容提要参见4124。

4126 黄兴传记资料/朱传誉主编．影印本．台北：天一出版社．1985

本书共8册，其中收录了有关我国资产阶级民主革命家黄兴的各种资料，包括：报纸、期刊、文集、论文等，所收资料时间到1984年为止。

4127 黄兴的故事/叶少华编著．汕头：汕头大学出版社．1998.5（中外英雄人物故事丛书）

本书为黄兴先生小传，主要内容有：青少年时期、华兴会、初尝革命、世纪动荡、黄花岗起义、东山再起、二次革命、英雄长逝等。

4128 黄兴的军事理论与实践/李喜所等著．北京：人民出版社．1999.6

黄兴是辛亥革命时期与孙中山齐名的革命领袖，本书从黄兴的军事实践研究其军事理论构架，从其军事理论透视其军事活动的得失，并从中国军事由传统向近代转化的大格局中考察黄兴的特殊贡献和深远影响，系统而深入地再现了黄兴的军事家风范，评说黄兴的军事理念。全书共5部分，包括：序、黄兴早期的军事理论、黄花岗起义与黄兴的战略战术、阳夏战役与黄兴、民国初年黄兴的军事探索。

4129 黄兴的时代：十年革命之旅/郭兆平著．长沙：湖南出版社．1996.6

本书着重讲述了我国杰出的资产阶级民主革命家黄兴自组织华兴会，经黄花岗起义、武昌起义，直至定都南京，建立中华民国为止的十年多的革命历程，并将这十年称为“黄兴的时代”，对这期间的全国的各种革命都有所提及。全书分18章，包括：黄兴诞生地与诞生时、孙黄初次会晤于东京、中国同盟会由东京迁设上海、策划黄花岗起义、武昌起义成功、中华民国诞生等。

4130 黄兴画册/辛亥革命武昌起义纪念馆编．武汉：湖北教育出版社．1991.9

本画册记录了中国资产阶级民主革命著名的革命家、思想家、军事家和社会活动家黄兴的一生经历，包括有关黄兴的文物、照片等。

4131 黄兴黄一欧黄乃/刘强伦著．石家庄：河北教育出版社．2006.12（百年家族）

本书以人物为载体，家族为场景，通过黄兴家族三代主要成员黄兴、黄一欧、黄乃等的人生道路全方位反映黄兴家族的兴盛衰落。全书分12章，包括：崇文尚武的富裕人家、笃实行以华兴、千古碑立名山、豪情依旧徐宗汉、再接再厉黄一欧等。书中附有序言、前言和附录。

4132 黄兴集/湖南省社会科学院编．北京：中华书局．1981.5（中国近代人物文集丛书）

本书为我国资产阶级民国革命家黄兴所著论文、讲演、公牍的文集。全书共收录黄兴的论文、讲演、函电、公牍、诗词、联语等近600篇，书后还附有黄兴的译文及黄兴生平重要活动年表、逝世通告等。

4133 黄兴集/黄兴著；刘泱泱编．长沙：湖南人民出版社．2008.1（湖湘文库）

本书记述了辛亥革命领袖人物之一黄兴所有著作的文集，包括：论文、序跋、书信、电稿、演讲、谈话等。

4134 黄兴聚义/龚笃清著. 长沙：湖南人民出版社. 1984.3

本书以小说的体裁、评书的形式演绎了黄兴1904年从日本归国在长沙成立华兴会后，根据刘揆一建议与哥老会联络并一同筹划长沙起义，并最终失败的一段经历。全书共分为图大义茶馆访友，遇为难雪夜受惊；黄克强比武聚义，马龙头古洞传贤；开山堂乡场历险，困孤峰高僧指路；飞行客夜探宝殿，苦心人秘制炸药等8个章节。

4135 黄兴克强先生传记/刘揆一著. 台湾：［出版者不详］. 1966.12

本书分为25章节，内容包括：宣传革命、创立华兴会、湘中谋泄、上海被捕、回湘再举、共组同盟会、桂林游说、统筹全国等。书中附有遗像、遗墨等。

4136 黄兴研究著作述要/萧致治著. 长沙：湖南大学出版社. 2010.6（湖湘文库；乙编）

本书在结构上分为生平简介、研究概述、著作述要、重要论文简介和著作论文索引5个部分。

4137 黄兴年谱/毛注青编. 长沙：湖南人民出版社. 1980.1

本书以年谱的形式，按年月记事，介绍了我国杰出的民主革命家黄兴的生平事迹。全书分为年谱、征引书目、后记3部分。

4138 黄兴年谱长篇/毛注青编著. 北京：中华书局. 1991.8

内容提要参见4137。

4139 黄兴评传/萧致治著. 南京：南京大学出版社. 2001.9（中国思想家评传丛书；192）

本书记述了黄兴抱着赤诚的爱国思想奋起革命救亡，参加反清运动，维护共和的坎坷人生，并对他的爱国思想、道德品质以及他在军事、政法等领域的杰出贡献，作了扼要的评价。

4140 黄兴评传/左舜生著. 香港：香港现代出版公司. 1970.3

本书以评传的形式，介绍了我国杰出的民主革命家黄兴的生平事迹，并且对黄兴的历史功绩进行了简要的评价。全书分11章，包括：写在传前的一段话、从黄兴的家庭谈到“华兴会”的发起、“同盟会”成立前“华兴会”的活动、孙黄携手与“同盟会”的成立经过、“同盟会”成立后的六年间、武昌大革命爆发以前、首义事实经过、宋案与二次革命等。书后还附有附录6篇。

4141 黄兴评传/左舜生著. 再版. 台北：传记文学出版社. 1981.7（传记文学丛刊；10）

内容提要参见4140。

4142 黄兴颂/赵焱森主编；《黄兴颂》编辑委员会编. 长沙：湖南人民出版社. 2006.1

本书收录了黄兴的部分诗作，黄兴逝世后孙中山、蔡锷等知名人士撰写的挽词，以及现代海内外人士为怀念黄兴功绩、精神、品行而创作的诗词作品。

4143 黄兴未刊电稿/薛君度，毛注青编. 长沙：湖南人民出版社. 1983.8

本书共收集黄兴等未刊电稿124件。其中黄兴发出的88件，黄兴与孙中山、谭延闿、柏文蔚等联合发出的14件，张孝准、李书城、黄一欧、徐少秋等发出的22件。发电时间自1916年5月22日起至10月22日止。还有孙中山及殷汝骊等致黄兴电各一件。全书共分为黄兴未刊电镐、黄兴著述补遗和附录3部分。

4144 黄兴小史/［著者不详］. 铅印本. ［出版地不详］：［出版者不详］，民国初年（1912－1921）

本书包括“黄兴革命开始之时代”、“黄兴革命激烈之时代”、“黄兴革命成功之时代”、“黄兴背叛民国之时代”4节。据其内容，当为袁世凯一派的文人所作，论述黄兴从事革命事业的事迹及所谓功过。

4145 黄兴新论/（美）薛君度，萧致治编．武汉：武汉大学出版社．1988.8

本书收20篇文章：《黄兴生平探讨》、《试论黄兴》、《黄兴思想及活动述评》、《论黄兴及其政治思想》、《试论黄兴的爱国主义思想》、《黄兴与武装起义》、《“军事冒险”论辩析》、《论黄兴与辛亥革命》等。本书有前言一篇。书中附有关黄兴著作、论文、资料目录（1911～1987）。

4146 黄兴研究/林增平，杨慎之主编．长沙：湖南师范大学出版社．1990.8

本书收42篇文章：《海峡两岸重评黄兴事功》、《黄兴功过辨析》、《黄兴究属何派?》、《〈经铿黄氏家谱〉与黄兴家世》、《黄兴与明德师生的革命活动》、《黄兴早期史事三题》、《论黄兴与会党的关系》等。书中附有前言一篇。

4147 黄兴与辛亥革命/萧致治，石彦陶等著．长沙：岳麓书社．2005.6

本书包括了黄兴家世及其早年、黄兴与武汉辛亥革命运动、黄兴与民国教育的奠基、孙中山与黄兴比较研究新论等内容。

4148 黄兴与中国革命/（美）薛君度著；杨慎之译．长沙：湖南人民出版社．1980.1

本书研究了中华民国创立人之一黄兴的革命事迹，对黄兴对革命运动内部领导的交互作用方面，进行了较为系统地叙述。全书共分11章，包括：早年生活、华兴会与长沙起义、同盟会成立前的孙中山、同盟会、辛亥前五年间的革命战役、广州“三·二九”之役、武昌起义、中华民国的成立、对袁世凯的斗争、黄兴的政治思想评价等。书中附有中译本序、原序、附录等内容。

4149 黄兴与中国革命/（美）薛君度著；杨慎之译．香港：三联书店香港分店．1980.9

内容提要参见4148。

4150 黄兴在日活动秘录/俞辛焞编．天津：天津人民出版社．1998.6（南开日本研究丛书）

本书根据日本外务省外交史料馆收藏的外交档案《各国内政关系杂集·支那之部·革命党关系（包括流亡者）》一至十九卷、《帝国对中国南北冲突的态度一件》、《宫崎滔天全集》一至五卷、《原敬日记》三、四卷、日本防卫厅研究所所收藏的《清国事变关系外务报告》中有关黄兴的史料汇编而成，是一部供研究者使用的资料集。

4151 杰出的民主革命家——黄兴/陈以同编著．上海：学林出版社．1990.10

本书分16章，包括：青少年时代、在日本留学时期、回国后、在湖南策划的几次起义、与孙中山共建中国同盟会、同盟会成立后的几次武装斗争、不计名利维护团结、黄花岗起义等。书中附有照片。

4152 黄兴三民主义思想研究/邓江祁著．长沙：湖南人民出版社．2010.12

本书作者注重将黄兴三民主义思想与辛亥革命中发生的一些重大历史事件，包括拒俄运动，组建同盟会、武昌起义、南京临时政府成立和取消等联系起来，进行研究，从而凸显了黄兴三民主义思想的时代特色内容包括：引论——黄兴与三民主义、民族主义思想、民权主义思想、民生主义思想和结语——黄兴对三民主义理论贡献。

4153 民国元戎黄兴/仲华编；冯椒生等绘．海南：海南国际新闻出版中心．1995.8（中华百杰图传．军事奇才）

本书以连环画的形式简要地叙述了我国杰出的民主革命家黄兴的生平事迹和革命历程。

4154 黄克强先生全集/黄克强著．罗家伦主编．增订本．台北：“中央文物供应社”．1973

本书共6篇，主要包括：译著、演讲、谈话、函电、公牍、杂著。书中有附录。

4155 民国黄克强先生兴年谱/杨恺龄撰著. 影印本. 台北：台湾商务印书馆. 1981.4（新编中国名人年谱集成．第十三辑）

本书详细记述了黄兴先生一生的经历和重大事件。有照片。

4156 黄克强·蔡松坡轶事/天忏性，冬山同编. 影印本．台北：文海出版社. 1969（近代中国史料丛刊．第50辑；499－500）

本书内容包括：结识孙中山、健儿喋血镇南关、原来他是假内应、试试我的手段、一纸言论胜过十万毛瑟、出险之原因、良言规劝熊成基、与徐锡麟之关系等。

4157 忆黄兴/田伏隆主编；湖南省政协文史委，长沙市政协文史委编. 长沙：岳麓书社. 1996.9（二十世纪湖南文史资料文库）

本书是一本追忆我国杰出的革命家黄兴的文集，收录了孙中山、刘揆一、邹鲁等人在黄兴病逝后所撰写的追忆黄兴的文章，全书分6编，包括：赤诚爱国，革命一生；求学武昌，东渡日本；创建华兴会，策划长沙起义；孙黄携手建党，组织武装革命；保卫武汉，缔造民国；二次革命，护国讨袁。书中附有综述和附录。

13.4 章炳麟（章太炎）

4158 "文"的再认：章太炎文论初探/陈雪虎著. 北京：北京大学出版社. 2008.7（文艺学与文化研究丛书）

本书结合历史文化语境，集中考察了辛亥革命时期章氏文论和文学思想，阐释其潜在的革命性内涵，探讨章氏基于语文现代性推进文化重建的思路及其价值。书中附录有章太炎学术年谱简编等内容。

4159 《訄书》评注/梁涛著. 西安：陕西人民出版社. 2003.1（西部人文学术丛书）

本书注重注释与评价相结合，每篇之下，集中论述该篇撰著背景、发表时间、思想内容等，便于读者对各篇撰写的社会历史条件、章氏思想发展演变轨迹等有更深入的了解。

4160 沧浪人物故事：章太炎/路军主编；潘文龙著文；徐海鸥绘画. 苏州：古吴轩出版社. 2008.7

由沧浪区委宣传部组织，苏州20位作家、画家共同创作的《沧浪人物故事》连环画丛书问世，全书以通俗易懂的文字和流畅的线描画，叙述描绘了10位与沧浪区有关的历史人物，其中包括章太炎。

4161 大儒章太炎/张秀丽著. 北京：华文出版社. 2009.1

本书分7章，包括：不拘一格降人才、进则为民请命、退则阐扬文化、政坛沉浮、以新眼读旧书、师友往还和老树春深更着花。书中附有余论和后记。

4162 大师章太炎/金宏达著. 合肥：黄山书社. 2008.4

本书共9章，主要内容有：苦治经学的岁月、风云初征、一个斗士的孤影、《苏报案》与三年牢狱、在东京、走向共和、"在贼中"，护法——行走的旗帜、老骥伏枥。书中有引言、尾声、附录。

4163 多元视野与传统的合理化：章太炎思想的阐释/王玉华著. 北京：中国社会科学出版社. 2004.11

本书研究了章太炎的思想及其文化秩序的重构理论，以章太炎思想为核心，寻绎中国传统文化演化的历史轨迹及其对于近代中国社会文化的深远影响。附录《章太炎先生行谊简谱》。

4164 革故鼎新的哲理：章太炎文选/章太炎著；姜玢编选．上海：上海远东出版社．1996.7（中国现代思想家论道丛书）

本书集中选录了章太炎面对近代中国社会大变革，从哲理的高度对宇宙、历史、人生重新认识的有关著述。

4165 革命哲人——章太炎传/陈永忠著．杭州：浙江人民出版社．2008.11（浙江名人研究大系，浙江文化名人传记丛书）

全书分8章，介绍了著名思想家章太炎的成长岁月、维新思想、革命活动及留学经历等内容。书中附有大事年表和参考文献。

4166 海军总长程君之碑/章炳麟撰．影印本．[出版地不详]：[出版者不详]，民国间（1912—1949）

本书是民国政府海军总长程璧光碑的碑文拓片影印本。碑文简要记述了程璧光的生平经历。诸如辛亥革命前曾与孙中山有布衣交；民国建立后任陆海军统率处参议；识破袁世凯复辟阴谋，佯为奉承；后任海军总长，不满段祺瑞专权，率先辞职；后以海军实力参与反对张勋复辟运动、护法运动；后遇刺身亡。

4167 沪上春秋：章太炎与上海/章念弛著．台北：三民书局．1995.3（三民丛刊；110）

本书讲述了章太炎的生平事迹与革命道路，全书包括以下4个章节：从戊戌变法到辛亥革命、从二次革命到护法运动、从五四运动到北伐战争、从南京政府到抗日战争。

4168 记章太炎先生/沈延国著．影印本．台北：文海出版社．1975（近代中国史料丛刊续编．第十三辑；129）

本书以传记的形式详细地介绍了辛亥革命时期著名学者、革命家章太炎的生平事迹。全书共9章：幼年时代，革命必流血，西牢三年，锦辉馆上，亡命日本，创立统一党，被袁世凯禁锢等。书中还附有插图和章太炎所著《太炎文录续编》。

4169 精读章太炎/刘琅主编．厦门：鹭江出版社．2007.8

本书辑录了其重要著作《国故论衡》、《国学讲演录》，以及《官制索隐》、《驳康有为论革命书》、《留学的目的和方法》等重要文论和演讲。附录：章太炎先生学术年表。

4170 历史的重要/秦燕春考释．济南：山东文艺出版社．2006.7（现代学者演说现场．章太炎卷）

本书分6辑，包括：《东京“秀才造反”：有学问革命家》，《“新”与“旧”之间：“民国遗民”》，《时危挺剑人长安：太炎北游的文化意义》，《苏州讲学：“经义”与“治事”》，《无锡讲道：国学·历史·理学》，《寂寞锦帆路：最后的国学大师》。

4171 论章太炎/李润苍著．成都：四川人民出版社．1985.2

本书对章太炎的革命经历、政治业绩、学术著作等进行了较为详细的研究与论述。本书包括：章太炎是什么派、章太炎的经济思想、章太炎的民族主义、章太炎的国粹主义、章太炎的史学观点和方法、章太炎与《民报》的革命宗旨等13个部分。书中附有插图、前言、序言、结语等。

4172 民国章太炎先生炳麟自订年谱/章炳麟撰．影印本．台北：台湾商务印书馆．1980.4（新编中国名人年谱集成．第十辑）

本书以年谱的形式，按年叙事，为章太炎自己编订，详细记述章太炎从出生到1922年共55年的生平事迹。本书在年谱前附有一篇英文的《章太炎传略》。书中附有插图和附录3篇：为燕京学报所载《国学大师章太炎先生》和汪东所撰《余杭章先生墓志铭》等。

4173 名师骑士/章炳麟著．北京：东方出版

社. 1998.6（民国奇才奇文. 章太炎卷）

本书讲述了章太炎的生平业绩、学术思想、政治活动等方面内容，全书包括：章太炎的自传、传记、宣言、大事年表等文章。

4174　南通费君赞/章炳麟撰. 影印本. ［出版地不详］：［出版者不详］，民国间（1912－1949）

费启丰（1867－1912），字鉴清，南通人，以治家教子、收宗族、倡公益著于乡。本篇为章炳麟应费鉴清之子费师洪之请，为其父所撰悼念文章。

4175　清代文献纪略/归静先编. 影印本. 台北：文海出版社. 1971（近代中国史料丛刊. 第六十四辑；634）

全书分6章，内容包括：绪言、康熙五案、雍正八案、乾隆十七案、章炳麟先生《哀焚书》节略、光绪一案。

4176　清建国别记/章炳麟撰. 铅印本. ［出版地不详］：［出版者不详］，民国十三年（1924）（章氏丛书）

本书包括：《清为金裔考》、《建州方域考》、《范察董山李满住事状》、《范察董山李满住事状后考》、《卜哈秃兀者秃木事状》、《伏当加事状》、《孟特穆福满考》、《觉昌安塔克世奴儿哈赤事状》，共8篇考证类文章，另附考三道。章太炎在序中说明，“本因攘胡事而欲知清上世之事，结果书之成距有志攘胡，时已远矣”。

4177　訄书　初刻本　重订本/章炳麟著. 北京：三联书店. 1998.6（中国近代学术名著）

《訄书》是章炳麟自选的学术作品集，初刻于1900年，重订于1904年，两个版不仅内容不同，理论体系亦有差异，反映了作者思想变化的轨迹。本书以《訄书》初刻补佚本和重订本为底本，标点分段略加注释，辑为一册，为目前最完整的版本。

4178　訄书/章太炎著. 上海：古典文学出版社. 1958.3

全书共分为《訄书前录》、《訄书》、《訄书新附》3个部分。《訄书前录》有《客帝匡谬》、《分镇匡谬》两部分；《訄书》有原学第一、订孔第二、儒墨第三、儒道第四、儒法第五、儒侠第六、儒兵第七、学变第八等63个篇目。《訄书新附》包括：驳康有为论革命书、狱中赠邹容、狱中闻沈禹希见杀3篇文章。

4179　訄书/章太炎著．罗家伦主编. 影印本. 台北：中国国民党中央委员会党史史料编纂委员会. 1968.9（中华民国史料丛编）

全书分63个篇目，包括：《原学第一》等。书前有《訄书前录》包括《客帝匡谬》和《分镇匡谬》两篇文章。

4180　訄书/章炳麟著. 沈阳：辽宁人民出版社. 1994.9（中国启蒙思想文库；14）

内容提要参见4179。

4181　訄书/章炳麟著；刘治立评注. 北京：华夏出版社. 2002.1（影响中国近代史的名著）

内容提要参见4179。书后有附录：驳康有为论革命书和章炳麟评传。

4182　訄书/章炳麟著；朱维铮编校. 香港：三联书店. 1998.7（中国近代学术名著丛书）

本书包括：导言、本册说明、訄书初刻本、訄书重订本和附录。

4183　訄书/章炳麟撰. 刻本. ［出版地不详］：［出版者不详］，清光绪间（1875－1908）

本书包括：尊荀、儒墨、儒道、儒法、儒侠、儒兵、公言上中下、天论、原人、民数、原变等50篇。另有《訄书补佚》“辨氏”和“学隐”两篇。

4184　訄书/章太炎著. 呼和浩特：内蒙古人民出版社. 2006

内容提要参见 4179。

4185 訄书/（清）章太炎原典；曹冈解译. 呼和浩特：内蒙古人民出版社. 2005.5（中华大方略全书. 经略策略图文版）

内容提要参见 4179。

4186 訄书详注/章炳麟著. 徐复注. 上海：上海古籍出版社. 2000.12

在《訄书》中作者系统地考察了中国古代各种学说，对哲学、宗教、社会学、语言文字学、历史学等诸多问题进行了广泛而深入的研究，并探讨了当时中国的现实问题及社会改造方案。包括订孔、儒墨、儒兵、学变等 63 个篇目。徐复为章氏及门弟子，本注本采取“以章注章”的方式，探微抉奥，为其一生学问之总结。

4187 訄书原刻手写底本/章炳麟撰. 影印本. 上海：上海古籍出版社，1985

本书是章太炎先生早期著名著作之一，版本很多，每版均有修改，反映了在湍急的时代革命洪流中，作者思想的复杂变化过程。本书为原刻手写底本；包括尊荀、儒墨、儒道、儒法、儒侠、儒兵、公言上中下、天论、原人、民数、原变等 50 篇。本书 3 册。

4188 章太炎评传/姜义华著，再版. 南昌：百花洲文艺出版社. 2010.3（国学大师丛书）

本书叙述了章太炎学说形成、成熟、嬗变的历史过程，在充分肯定章太炎在革命史上业绩的同时，结合其生平，重点突出了他的学术活动和学术成就，说明他如何来自旧学营垒，适应时代潮流而一步步成为 20 世纪中国思想史上、学术史上的一位巨人，展现了近代中国国学的新内涵及章太炎为中国国学的贡献。

4189 太炎先生自订年谱/章炳麟撰. 影印本. 台北：文海出版社. 1971（近代中国史料丛刊；第六十八辑；672）

本书以年谱的形式，按年叙事，为章太炎自己编订，详细记述章太炎从出生到 1922 年间共 55 年的生平事迹。书中附有插图和附录 3 篇：燕京学报所载《国学大师章太炎先生》和汪东所撰《余杭章先生墓志铭》等。

4190 太炎先生自定年谱/章太炎撰. 抄本；乌丝栏. [出版地不详]：[出版者不详]. 1912

本书为章太炎自己写定的从其出生至 55 岁（即 1869 至 1922 年）的年谱，记录了他在此期间的立身行事和思想及与时人的交往。前有章太炎遗像和遗墨，后附有《国学大师章太炎先生》、《余杭章先生墓志铭》和《太炎先生自述学术次第》等文献。

4191 先驱的踪迹：章太炎先生逝世五十周年纪念文集/章太炎纪念馆编. 杭州：浙江古籍出版社. 1988.1

本书收集整理了章太炎先生逝世五十周年纪念会暨学术讨论会中的报道、纪念文章与学术论文。附录：《学术讨论会论文总目》。本书附照片。

4192 先哲精神：章太炎先生逝世 60 周年纪念文集/张振常主编；章太炎研究会，杭州章太炎纪念馆编. 杭州：杭州出版社. 1996.12

本书主要内容有：山西的章门弟子、章太炎对中共态度探析、论宋恕和章太炎的思想异同、论章太炎人格、章太炎先生之讲学活动、太炎先生之讲学活动、太炎先生在苏州、章太炎医学探析。

4193 阅世品人录：章太炎家书及其他/陈存仁著. 桂林：广西师范大学出版社. 2008.1

全书主要涉及中国现代史上文化界、实业界的几个重要人物：章太炎、刘半农、胡适等。书中或综述一个人的一生，或重点记述某人的一些大事，并收录了章太炎先生被困北京时期的 84 封家书及照片。

4194 章炳麟箴言录/章炳麟著；刘小新编. 北京：中国文联出版公司. 1998.3（中国近代思想家箴言录）

本书收集整理了章太炎在史学、哲学、文学、语言学、逻辑学等方面的著述，书中对每一部作品都有详细的提示和注释。

4195 章氏丛书：十三种/章太炎著. 刻后印本. 江苏：年江苏广陵古籍刻印社，1981

章太炎，名炳麟，字枚叔，号太炎。浙江余杭人，清末民初民主革命家、思想家、中国近代著名朴学大师。著述甚丰。这部书包括春秋左传读叙录一卷、镏子政左式说一卷、文始九卷、新方言十一卷附岭外三州语一卷、庄子解故一卷、管子余义一卷、齐物论释一卷又重定本一卷、国故论衡三卷、检论九卷、太炎文录初编五卷补编一卷、菿汉微言一卷。本书32册。

4196 章太炎（炳麟）先生家书/汤国梨编. 影印本. 台北：文海出版社. 1977（近代中国史料丛刊续编. 第四十四辑；432）

本书共收录了民国时期著名学者、革命家章太炎从1913年8月到1916年6月间的家书共84封，为章太炎在北京被袁世凯羁禁时之手迹。全书分为叙言、1913年家书32封、1914年家书19封、1915年家书20封、1916年家书13封。

4197 章太炎/傅杰编. 上海：三联书店. 1997.11（自述与印象）

本书收录了章太炎先生的自述资料，内容包含：学术次第、思想迁变、生平事迹等方面。

4198 章太炎/姜义华著. 台北：东大图书公司. 1991.3（世界哲学家丛书）

本书简要地叙述了章太炎的生平与著作，他的思想、学术渊源和他生存的环境，他在发展华夏文化和探索中国走向近代化之路方面独特的构建，及他的哲学架构及其主要内容，并通过他和朋友及弟子的关系展示了其社会影响。全书共5章，分别是社会大变革中的搏击——生平和著作、华夏文化的疏浚与重构、中国近代化之路的省察、认识方式的近代分析等。本书还附有《世界哲学家丛书》总序、自序、年表、主要参考文献、人名索引、主题索引、书籍报刊索引等。

4199 章太炎/陆荣椿著. 天津：新蕾出版社. 1993.5（中华历史名人丛书）

本书主要内容有：俞门受业读经书、也来宣传变法维新、在日本的惊人之举、铁窗生涯、民国初见的日子里、护法军政府秘书长、力主抗日等。

4200 章太炎/谈涛编著. 北京：中国国际广播出版社. 1996（爱国主义教育丛书）

本书讲述了资产阶级民主革命家、思想家章太炎的生平事迹。全书分7章，包括：离经叛道救新途、苍茫求索图破壁、分道扬镳割辫发、奋袂叱咤笔为枪、身陷囹圄笑顽虏、主编“民报”旺人神、渐入颓唐保晚节。

4201 章太炎/王林著. 昆明：云南教育出版社，云南出版集团公司. 2008.9（大家精要）

本书共分10章，内容包括：“读书精勤，晨夕无间”、“七次被追捕，三次入牢狱”、“民族主义，终有爆发之一日”、“共和政体不得已而取之”、“用宗教增进国民的道德”、“上天以国粹付余”、“谆诲学人，保国学于一线”、“有学问的革命家”等。书中附有年谱、主要著述和参考书目。

4202 章太炎/熊月之著. 上海：上海人民出版社. 1982.11（中国近代史丛书）

本书以传记的形式叙述了我国辛亥革命时期的著名学者、思想家、活动家章太炎的生平事迹。全书共分为埋头读书、维新路上、分道扬镳、“此是中国的玛志尼”、“要拿章炳麟，就是我”、主编《民报》、东京讲学、辛亥革命前后、“时危挺剑入长安”等11章。书中有插图。

4203 章太炎/中共杭州市余杭区委宣传部主编. 杭州：西泠印社出版社. 2007.12（余杭历史文化丛书）

本书共16章，主要内容有：出身书香门第、投身维新运动、断发矢志革命、走向新的起点、与同盟会分歧、东京讲学著书、参加护法运动、晚年苏州讲学等。

4204 章太炎/朱仲玉编写. 北京：三联书店. 1963.7（知识丛书）

本书以记传的形式简要叙述了我国辛亥革命时期的著名学者、思想家、活动家章太炎的生平事迹。全书共分为：青少年时代、“诂经精舍”的高材生、从改良主义到反满革命、中夏亡国纪念会、为邹容《革命军》作序、《驳康有为论革命书》、因“苏报案”坐牢等18个章节的内容。

4205 章太炎/朱仲玉编写. 北京：中华书局. 1961.3（中国历史小丛书）

本书以传记的形式简要叙述了我国辛亥革命时期的著名学者、思想家、活动家章太炎的生平事迹。全书分8章，包括：青少年时代的民族主义思想、“中夏亡国二百四十二年纪念”、痛斥康有为的保皇思想、轰动全国的“苏报案”、和《新民从报》的论战、在被袁世凯囚禁的日子里等。

4206 章太炎传/许寿裳著. 天津：百花文艺出版社. 2009.7

本书记叙了章太炎先生的传奇一生。内容包括：最近三百年来中国政治和学术的鸟瞰、革命元勋的章先生、国学大师的章先生、先生晚年的志行。书中附有著作简表、照片等。

4207 章太炎传/王有为著. 广州：广东人民出版社. 1984.8（广东近代史丛书）

本书详细记述了民主主义革命家章太炎的一生。全书共分14章，包括：世代“书香”与少年时代、走出书斋　投身社会、东渡日本与张园割辫、结识孙中山与召开“亡国纪念会”、震惊中外的“《苏报》案”、主编《民报》鼓吹革命、东京讲学、《民报》封禁与章孙关系、武昌起义到南京临时政府等。本书还有附录两篇，后记一篇和插图。

4208 章太炎传/许寿裳著. 天津：百花文艺出版社. 2004.7

本书是章太炎弟子、鲁迅挚友关于先生的传记作品，记述了作为革命元勋的章先生与共和党的关系，及作为国学大师的先生的学术贡献，及晚年状况与抗日思想等。本书附有插图、照片和附录：著作简表、纪念章太炎先生的14篇文章。

4209 章太炎传/张兵著. 北京：团结出版社. 1998.2（中国文化巨人丛书. 近代卷）

本书讲述了章太炎的生活、思想、学术研究、革命经历等方面内容，本书附章太炎简谱。

4210 章太炎传记资料/朱传誉主编. 影印本. 台北：天一出版社. 1985

本书共12册，收录了关于章太炎的各种资料，包括报纸、期刊、文集、论文等，所收资料时间截止于1984年。

4211 章太炎的白话文/章太炎著；陈平原选编. 贵阳：贵州教育出版社. 2001.8（二十世纪中国人的精神生活丛书）

本书收录了章太炎留学的目的和方法，中国文化的根源和近代学术的发达，常识与教育，经的大意，教育的根本要从自国自心发出来等。

4212 章太炎的白话文/章太炎著. 沈阳：辽宁教育出版社. 2003.3（新世纪万有文库）

内容提要参见4211。

4213 章太炎的丰采/任真著. 台北：精美出版

社. 1985.6（精美丛刊；30）

本书由序言及24章组成，包括：欣承疯字号、饱读诗书晓民族大义、倡革命与康有为反目、抵台湾任主笔、挥笔如剑高喊革命、避难日本遇孙文、因《苏报案》进了大牢、再往日本接掌《民报》等。

4214 章太炎复冯自由书/章太炎撰. 铅印本［出版地不详］：［出版者不详］. 1912

本书为章太炎收冯自由推其为名誉审议之信后所作，信中章太炎与冯自由讨论了革命中一些人物的功过是非，并诠次“虽声誉已先，而酬庸未称者”，建议冯自由予以表彰。

4215 章太炎集/章炳麟著. 北京：中国社会科学出版社. 1995.12（近现代著名学者佛学文集）

本书主要内容包括：太炎先生小传、答铁铮、无神论、人无我论、五无论、国家论、大乘佛教缘起考、支那内学院缘起等。

4216 章太炎讲演集/章太炎著；马勇编. 石家庄：河北人民出版社. 2004.1（大师说）

本书收录有：留学的目的和方法；论佛法与宗教、哲学以及现实之关系；文章流别等近50篇。

4217 章太炎经典文存/章太炎著；洪治纲主编. 上海：上海大学出版社. 2003.12（经典启蒙文库. 国学大师系列）

本书是从作者全部著述中精选出来的，偏重于哲学和民主政论两方面，为广大读者尤其是青年学生提供一面思考的镜子。

4218 章太炎年谱长编：1868－1918年/汤志钧编. 北京：中华书局. 1979.1

本书以年谱的形式记叙了章太炎的生平事迹。本书主要按照不同历史阶段，结合章太炎的思想活动，分5卷编次，每卷前附按语，说明这一阶段的国内外形势和章太炎的思想活动，基本以年月为经，以事实为纬，侧重记述章太炎政治学术情况。《太炎先生自定年谱》为研究章太炎思想的重要资料，按年系入，编于篇首。本书有插图。

4219 章太炎年谱摭遗/谢樱宁著. 北京：中国社会科学出版社. 1987.12

本书运用海内外资料对汤志钧的《章太炎年谱长编》一书中遗漏的项目作了补充，不当的地方进行了修正，又从章太炎思想的内在发展线索作了论证。本书附照片。

4220 章太炎评传/何成轩著. 郑州：河南教育出版社. 1990.8（近代史人物评传）

本书介绍了章太炎的生活经历，以及作者对章太炎的政治观点、哲学体系等的独到见解。本书附肖像。

4221 章太炎评传/姜义华著. 南昌：百花洲文艺出版社. 1995.12（国学大师丛书. 第二辑；17）

本书记述了章太炎的生平事迹与学术思想以及章太炎的学术行年。

4222 章太炎全集. 三/章炳麟著；上海人民出版社编. 上海：上海人民出版社. 1984.7

本卷编入了章太炎先生同一部著作的三种结集本：《訄书》初刻本、《訄书》重订本和《检论》。

4223 章太炎全集/章炳麟著；上海人民出版社编. 上海：上海人民出版社. 1982.2

本书收录了章太炎一生中所写的各种著作，包括：专著、学术论文、书札、碑铭题序、讲稿、诗词、信件等，不仅有助于全面了解他一生的政治活动和学术思想，而且对研究中国近代历史也有重要的参考价值。

4224 章太炎散论/汪荣祖著. 北京：中华书局. 2008.11（汪荣祖人物书系）

本书从各个角度描写了章太炎，包括他的故居、婚姻、革命、学问、思想，以及与一些主要历史人物的关系等。书中附有照片。

4225 章太炎生平与思想研究文选/章念驰编. 杭州：浙江人民出版社. 1986.8

本书是一本收录有关章太炎生平与思想研究文章的选集。本书编选的文章有对章太炎的回忆和考证，也有对其思想的剖析和著作评价，有总论和分论，也有对章太炎和其他人物的比较研究，其中还有国外学者的部分论文。本书特别注意收集了一些与浙江关系比较密切的文章。本书共收录了文章20篇和一篇著作系年。本书有插图。

4226 章太炎生平与学术自述/章太炎著；倪伟编选. 南京：江苏人民出版社. 1999.3（中国学人自述丛书）

本书从章太炎的著作文章中编选出其个人经验的人生自述，并给予评点和注释。书中附有照片和附录：章太炎年谱简编。

4227 章太炎诗钞/章炳麟撰. 石印本. 上海：上海进步书局，1920

本书收录于《近代十大家诗钞》之中，共有章太炎诗歌7首，分别为：《过广宁》、《短歌》、《鸩鹊案户鸣　为刘道一作也》、《上留田行》、《杂诗》、《夏口行》、《无题》。

4228 章太炎诗文选译/章太炎著；武继山译注. 成都：巴蜀书社. 1997.1（近代文史名著选译丛书）

本书所选的诗文篇目，概括有以下4个方面内容：指斥保皇派的错误与反对袁世凯的独裁、抨击清朝统治的腐败与揭露帝国主义的侵略、讴歌革命者的献身精神、改造国民劣根性及对教育下一代的思考。

4229 章太炎诗文选注. 上/章太炎著；章太炎著作编注组注. 上海：上海人民出版社. 1976.6

本书选注了章太炎一生中比较有代表性的部分诗文，分为上、下册出版。上册包括“诗选”和1903年前的“文选”两部分。下册是1906年以后的“文选”。每一部分都是按照写作年月次序编订。本书为上册，“诗选”收录了《杂感》、《儒冠》、《梁园客》、《咏南海康氏》、《狱中赠邹容》等16篇诗作；“文选”共收录了《商鞅》、《菌说》、《原变》、《秦献论》等15篇文章。本书有插图。

4230 章太炎手迹选释/刘春蕙选释. 杭州：浙江古籍出版社. 2008.8

本书是从西湖博物馆馆藏数百件章太炎的珍贵手迹中遴选出47幅汇编而成，包括：书法、书信文稿、诗、联语、释文几个篇章。

4231 章太炎书信集/马勇编. 石家庄：河北人民出版社. 2003.1

本书收集资料为章太炎书信，按公元年月日编排，以受信人为单元，受信人多为近现代中国的著名人士。本书附照片。

4232 章太炎说文解字授课笔记/章太炎讲授；朱希祖，钱玄同，周树人记录. 北京：中华书局. 2010.1

本书是章太炎先生在日本讲授《说文解字》的课堂实录，根据钱玄同、朱希祖、鲁迅三人现场所记和事后整理的笔记整合在一起编排。记录了章太炎先生研究《说文》的具体成果。书中附有照片。

4233 章太炎思想研究/姜义华著. 上海：上海人民出版社. 1985.8

本书对章太炎一生的思想演变作了较为详细的研究。全书共9章，包括：青年汉学家；要救国，图维新；走上革命之路；向封建网罗勇猛冲决；《民报》主编；一场夭折了的哲学革命；致力于民族文化近代化的巨匠；在“民国”初创的政治旋涡中；“既离民众，渐入颓唐”的晚年思想与学术。本书还附有结语和后记。本书有插图。

4234 章太炎思想研究/姜义华著. 北京：中国人民大学出版社. 2009.12（当代中国人文大系. 历史学）

内容提要参见4234。

4235 章太炎思想研究/唐文权，罗福惠著. 武汉：华中师范大学出版社. 1986.7

本书力图比较全面客观的将章太炎的思想作为一个完整的思想体系，来加以详尽地考察与剖析。本书分为序言，在新旧思想文化的交接点上——绪论，他山之石可以攻错——章太炎前期西学汲引，富国足民抑富振贫——章太炎的经济思想，“县群众、理民物”——章太炎的政治学说，不定一神有益生民——章太炎的宗教观，西来之风应机而化——章太炎的佛学思想，中国人“自然该守的中国道德”——章太炎的道德学说、后记等14个部分。

4236 章太炎外纪/汪太冲撰. 铅印本．北京：文史出版社. 1924

本书包括经时代之太炎、论文时代之太炎、排满时代之太炎、苏报时代之太炎等内容，记载了章太炎在这些时期的立身行事和言论，并论述了章太炎的思想及其发展变化。

4237 章太炎文集/章太炎著；书林主编. 北京：线装书局. 2009.7

本书收录了章太炎的讲演与书信，包括：《东京留学生欢迎会演说词》、《留学的目的和方法》、《说今日青年的弱点》、《研究中国文学的途径》、《论求学》、《说我》、《历史之重要》、《答学究》等。

4238 章太炎吴虞论集/唐振常. 成都：四川人民出版社. 1981.11

本书集中对章太炎、吴虞二人及其有关之事进行了论述。全书由序、《论章太炎》、《“民报”封禁事件诸问题》、《吴虞研究》、《吴虞与青木正儿》、附录、后记等部分组成，本书有插图。

4239 章太炎先生家书/章炳麟撰，汤国梨编. 影印本. ［出版地不详］：中华书局，1962

1913年8月至1916年6月章先生被袁世凯羁押在北京，此书是据章先生写给夫人汤国棃的书信84封影印。

4240 章太炎先生家书/章炳麟撰，汤国梨编. 影印本. 上海：上海古籍出版社，1986

内容提要参见4239。并附有汤夫人致章先生信函及识语残件两件、诗词选录及京师警察厅致汤夫人函连函封两件。

4241 章太炎先生家书/章太炎著；汤国梨编次. 上海：上海古籍出版社. 1985.2

本书共收录了民国时期著名学者、革命家章太炎从1913年8月到1916年6月间的家书共84封，为章太炎在北京被袁世凯羁禁时之手迹。全书分为叙言、1913年家书32封、1914年家书19封、1915年家书20封、1916年家书13封。

4242 章太炎先生学术论著手迹选/章太炎书；章念驰选. 北京：北京师范大学出版社. 1986.5

本书所辑为章念驰在章太炎生前的遗稿中所选出的一小部分。本书所辑大致分为专著、学术论文、书札、碑铭题序和家训。内容包括：《刘子政左氏说》、《新方言》、《清建国别记》《徵信论》、《倍敦说》、《韦孟谏诗释疑》、《西南属夷小记》、《帛布识语》、《与人论文书》、《履素诗集题辞》、《祭孙公文》、《安君碑》等，共计28种。还附有跋一篇。

4243 章太炎先生自定年谱/章炳麟著. 影印本. 上海：上海书店. 1986.6

本书以年谱的形式，按编年叙事，为章太炎自己编订的年谱手稿，详细记述了章太炎从出生到1922年55年间的生平事迹。本书收录了影印的章太炎先生自定年谱初稿本（手迹）、章太炎先生自定年谱清稿本（手迹），还附有插图、后记、家训（手迹）等内容。

4244 章太炎选集/章太炎著；朱维铮，姜义华等编注. 上海：上海人民出版社. 1981.9

本书是近代中国著名的思想家、学者章太炎的论著选集。编入本书的论著，包括章太炎一生较有代表性的论文、讲稿、序跋、函电和其他杂著，共69篇，又有附录8篇。内容侧重反映作者从事资产阶级革命时期的政治思想、宇宙观和社会历史观。选录范围主要是政论、哲学、史学、社会学和经学等方面的论著。本书有插图。

4245 章太炎学术年谱/姚奠中，董国炎著. 太原：山西古籍出版社. 1996.8

本书以时间顺序详细讲述了章太炎学术著作的撰写经过，以及当时所发生的历史事件。本书附画像及照片。

4246 章太炎学术文化随笔/章太炎著；张勇编. 北京：中国青年出版社. 1999.1（二十世纪中国学术文化随笔大系. 第二辑）

本书收录了章太炎留学的目的和方法；中国文化的根源和近代学术的发达；常识与教育；经的大意；教育的根本要从自国自心发出来等。

4247 章太炎与近代中国学术研讨会论文集/善同文教基金会编. 台北：里仁书局. 1999.6

本书收集整理了关于章太炎文学思想、经学思想、政治思想等的评论文章。本书附照片。

4248 章太炎语萃/章太炎著；姜义华编. 北京：华夏出版社. 1993.9（中国二十世纪思想文库. 新论语. 第一辑）

本书按内容分为：论儒学；论道、墨、法家之学；汉代至清代学术评议；民族革命；齐物哲学；道德论；论教育；宗教论；论史学与文学等9部分。书中附有附录：自述学术思想演变过程、章太火年表要略、参考文献等。

4249 章太炎政论选集/章炳麟著；汤志钧编. 北京：中华书局. 1977.11

本书编选了章太炎在中日甲午战争以后至1936年逝世前的政治论文、带有政治主张的演说辞、宣言、通电、启事、书札、诗文以及与中国近代史事有关的人物传记等各种著作。本书编选资料以单篇论文为主，结合章太炎思想活动按照不同历史阶段，分为3卷，收录了《致汪康年书》、《论亚洲宜自为唇齿》、《东京留学生欢迎会演说辞》、《咏南海康氏》、《致沪军都督电》、《回国启事》、《宣言一一九》等文章。书中还附有章太炎生平活动年表。

4250 章太炎著作选注/《法学著作选读》编辑组编. 北京：北京人民出版社. 1976.7（法家著作选读）

本书对我国辛亥革命时期的著名学者、思想家、活动家章太炎的著作进行了选编和译注。全书共收录了《商鞅》、《驳康有为论革命书》、《无神论》、《思葛》4篇著作和章太炎简介。

4251 章太炎著作选注/苏州市《章太炎著作选注》编辑组编. 苏州：苏州市革命委员会政工组大批判组. 1975.5

本书对我国辛亥革命时期的著名学者、思想家、活动家章太炎的著作进行了选编和译注。全书共选编了《订孔》、《商鞅》、《弭兵难》、《解辫发》、《革命军序》、《邹容传》等30篇章太炎所著文章，分别选自《訄书》、《章氏丛书》、《制言》、《民报》等著作和报刊。

4252 章太炎著作选注/驻云南空军战勤一连理论组等注释. 昆明：云南人民出版社. 1976.4

本书对我国辛亥革命时期的著名学者、思想家、活动家章太炎的著作进行了选编和译注。全书选注了章太炎的《商鞅》、《驳康有为论革命书》、《秦献论》、《秦政论》4篇文章，并附

《章太炎小传》，《驳康有为论革命书》、《商鞅》的读后感。

4253 章太炎篆书墨迹/章太炎作. 台北：联经出版事业公司. 1996.3

本书收录了章太炎的书法作品以及释文。

4254 章太炎自写诗稿/章太炎书. 济南：齐鲁书社. 1982.4

本书为章太炎1916年以后所作诗稿。1916年袁世凯死后，章太炎获释南移，历游香港、爪哇，后经黔、蜀，往来于湘、沪、苏、杭间，前后约11年，共作诗30余首，手自写录。本书据墨迹手稿，原大影印。

4255 章太炎与章门弟子/刘克敌，卢建军著. 郑州：大象出版社. 2010（20世纪文化大师与学术流派丛书）

本书分9章，内容包括："大国手"之师与"大国手"之弟子——太炎先生与其师俞樾、太炎之学探源、徘徊于学术与革命之间、章门弟子大观、章门高足的恩恩怨怨——钱玄同与黄季刚、一个门派成就一所大学——章门弟子与北大、学在民间与最后的知识分子之消失——从20世纪中国文化视角看师承关系。

4256 中国现代名家名作文库，章太炎卷/姜德铭主编. 北京：中国戏剧出版社. 2001.11

本卷包括"革命之道德"、"民国光复"和"传记序文"，收录了章太炎学术与诗文创作的经典作品。

4257 中国现代学术经典，章太炎卷/刘梦溪主编；章太炎著；陈平原编校. 石家庄：河北教育出版社. 1996.8

本书讲述了章太炎先生的传记、学术年表、著述要目，收录了多篇章太炎先生的学术著作。其中包括：国故论衡、检论、今古文辨义、五朝学、释戴、非黄、说林（上、下）等。

4258 追忆章太炎/陈平原，杜玲玲编. 北京：中国广播电视出版社. 1997.1（学者追忆丛书）

本书分6辑，内容包括：章太炎先生传记、亲友眼中的章太炎、师友及弟子有关章氏生活的回忆文章、章太炎晚年在苏州讲学、章太炎的轶闻轶事等。

4259 追忆章太炎/陈平原，杜玲玲编. 修订本. 北京：三联书店. 2009.4（学者追忆丛书）

内容提要参见4258。书中附有序和后记。

13.5 宋教仁

4260 宋渔父/徐血儿等著. 影印本. 上海：上海书店. 1991（民国丛书. 第三编. 综合类；84）

本书依次据民立报馆1913年版影印。内容包括：宋渔父先生传略、宋渔父先生政见、宋渔父先生遗著、宋渔父先生哀诔、宋先生被害后之舆论等。书中附有序、图画。本书与《杨杏佛文存》（杨铨著）合订。

4261 喋血共和：忆宋教仁/马志亮主编；湖南省政协文史资料研究委员会编. 长沙：岳麓书社. 1997.12（二十世纪湖南文史资料文库）

本书收录了宋教仁先生传略、轶闻、轶事以及追忆宋教仁先生的文章、纪事，宋教仁案件的见闻录。书中附有照片和附录：宋教仁年表，宋教仁逝世的祭文等。

4262 方祖燊全集. 十一/方祖燊著. 台北：文史哲出版社. 1999.7

全书分70章，讲述了宋教仁的生活经历及其政治活动、革命道路。内容包括：少青年时代、认识黄兴、参加华兴会、科学补习所、孙逸仙先生、中国同盟会成立、武昌革命、遇刺等。本书附照片和附录。

4263 护法使者/宋教仁著. 北京：东方出版社. 1998.6（民国奇才奇文. 宋教仁卷）

本书叙述了宋教仁的生平经历、革命经过。全书分以下3个方面：反清斗士，共和先驱，纵论天下。书中附有附录：宋教仁生平大事年表

4264 三湘渔父：宋教仁传/方祖燊著．台北市：近代中国出版社．1980.9（近代中国丛书．先烈先贤传记丛刊．16）

本书讲述了宋教仁的一生。分70章，包括：少青年时代、革命思想的萌生、认识黄兴、参加华兴会、科学补习所、商议长沙之役、失败与逃亡等。

4265 宋遯初先生大政见/宋教仁著．［出版地不详］：［出版者不详］．［出版年不详］

本书内容分为两部分："对于政体之主张"、"对于政策之主张"。书前有宋教仁遗像。

4266 宋教仁/陈旭麓，何泽福编．南京：江苏古籍出版社．1984.5（中国历代名传丛书）

本书分10章：走上革命道路、参加筹组同盟会、东北之行、在困难中前进、名重一时的政论家、迎接武装起义高潮的日日夜夜、为建立中央临时政府而努力、从法制院总裁到农林总长，并附录宋教仁生平大事年表。

4267 宋教仁/张爱平编著．北京：中国国际广播出版社．1996.3（爱国主义教育丛书）

本书共9部分，主要内容有：走上革命道路、从华兴会到同盟会、在艰难的日子里、渔父大名闻于全国、为革命忍辱负重、为革命理想而牺牲等。

4268 宋教仁：护法先驱/曾德厚，何忠华著．长沙：湖南文艺出版社．1996.1（长篇历史小说：丛书）

本书共5章，主要内容有：长歌当哭出国门、同盟会里孙黄宋、只争中华一方土、唤起巨龙腾飞时，长夜黎明血如曦。

4269 宋教仁案/［著者不详］．铅印本．［出版地不详］：［出版者不详］，民国初年（1912—1921）

本书为剪报汇编，剪报中"近代历史小说"版面连续刊登了以"宋教仁案"为题、以剑胆为作者的连载小说共102篇，缺第一篇。

4270 宋教仁传/吴相湘著．台北：传记文学出版社．1985.9（传记文学丛刊；88）

本书讲述了中国民主宪政的先驱宋教仁的一生。共分为6章：求学时代之环境与背景、日本六年、对内政外交的主张、大革命爆发前后、政党政治之尝试、为民主宪法牺牲。

4271 宋教仁传/吴相湘著．北京：中国大百科全书出版社．2010.1（百科史学·传记丛书）

内容提要参见4270。

4272 宋教仁传记资料/朱传誉主编．影印本．台北：天一出版社．1985

全书共分5册。辑录关于宋教仁散见于各类书刊、报章的生平传记。

4273 宋教仁集/郭汉民编．长沙：湖南人民出版社．2008.6（湖湘文库）

本书收入了宋教仁诗文、函电、启事、演说以及由其主持起草的文件。随着中外学术交流的拓展，其在日本期间一些未刊的言论也在日本外务省的藏档中被发现。

4274 宋教仁集/宋教仁著；陈旭麓主编．北京：中华书局．1981.3

本书集录宋教仁生前手笔，有的并非出于宋教仁的手笔，如函电、约章、程文、公启等，但有他署名或经他审定，也编入本书。

4275 宋教仁日记/宋教仁著；湖南省哲学社会科学研究所古代近代史研究室校注．长沙：湖南人民出版社．1980.9

宋教仁是我国旧民主主义革命史时期著名

的革命活动家和政治家。本书为宋教仁1904年至1907年所写的日记。其中1905年9月22日至是年年底的日记原缺。

4276 宋教仁血案/徐血儿等编；蔚庭，张勇整理．长沙：岳麓书社．1986.9

本书记载了宋教仁案的远、近因，袁世凯、赵秉钧与洪述祖等的密谋文电，刺宋经过，破案及审讯详情，国内外舆论动态，以及二次革命失败等内容。

4277 宋教仁与民国初年的议会政治/刘景泉等著．石家庄：河北人民出版社．1998.8（名人·历史瞬间）

本书记述了宋教仁的政治活动与政治改革，全书分7章，包括：民国初年议会政治的源流、革命思想初萌、优秀的宣传鼓动家、出色的革命组织者和领导者、民初"共和"的代兴与流变、民初的多党制政治生态、为"宋教仁模式"献身。本书附照片。

4278 宋教仁与中国民主宪政/迟云飞．长沙：湖南师范大学出版社．1997.10（湖湘文化研究丛书．近代湖南名人专题研究）

本书共3篇：求索、创共和、献身。讲述了宋教仁早年生活经历、同盟会中部总会的成立和活动、创建民主政府、宋教仁被刺与逝世等内容。附录：宋教仁生平大事年表。

4279 宋渔父先生传略·遗著·哀诔/徐血儿等编．影印本．台北：文海出版社．1972（近代中国史料丛刊．第82辑；813）

本书内容包括：宋渔父先生传略、宋渔父先生政见、宋渔父先生遗著、宋渔父先生哀诔、宋先生被害后之舆论等。书中附有序、图画。

4280 宋教仁与中国民主宪政/迟云飞著．修订版．长沙：湖南师范大学出版社．2008.7（湖湘文化研究丛书）

本书内容包括：青年革命家、同盟会中部总会、民主宪政思想的形成、宋教仁与孙中山民主宪政思想的比较、创建民主政府、法制建设、痛苦的让位、坚持责任内阁制的斗争等。

4281 宋教仁——中国民主宪政的先驱/吴相湘著．再版．台北：文星书店．1965.4（文星丛书53）

本书为宋教仁先生（1882－1913）的传记，其内容综合叙述与分析解释并重，对若干重要史实均力求提供新纪录与新解释。共分求学时代之环境与背景、日本六年、对内政外交的主张、大革命爆发前后、政党政治之尝试、为民主宪法牺牲6章。

4282 宋渔父．第一集前后编/徐血儿、邵力子、杨千里等编．上海：民立报馆．1913

宋渔父是近代民主革命家宋教仁的号，1913年3月国会开会前夕被袁世凯派人刺死于上海。本书前编内容包括："宋渔父先生传略"、"宋渔父先生政见"、"宋渔父先生遗著"、"宋渔父先生哀诔"、"宋先生被害后之舆论"等栏目；后编内容包括："宋渔父先生遗著"、"宋渔父先生演说辞"、"渔父先生被害后十日纪"、"宋先生被害后之舆论"等栏目。书前有宋教仁的遗像和编者序。

4283 宋渔父戴天仇文集合刻/［著者不详］．［出版地不详］：中美编译局．［出版年不详］

本书包括3个部分：甲篇：国际问题、乙篇：国家与社会、丙篇：单刀直入录。

4284 宋渔父林颂亭书牍及事略/姜泣群编．上海：中华艺文社．1913

本书包括3个部分：渔父先生历史谭，林颂亭事略和林颂亭先生别传。

4285 宋渔父遗著/宋教仁著．影印本．台北：文海出版社．1970（近代中国史料丛刊．第53辑；528）

本书为宋教仁生前所著遗著——带有自传

性质的《我之历史》一书。全书共有序、传、我之历史第一至第六、附录：中央行政与地方行政之分划等内容，以自传的形式叙述了宋教仁的生平事迹。

13.6 秋瑾

4286 不朽的丰碑：秋瑾全传/陆坚等著. 长春：长春出版社. 1997.4（中国历代才子传丛书）

本书主要包括：文武双全女侠怀、敢破闺训诗名著、草草婚姻恨难排、风烟滇沛遇知交、启蒙育才播火种等内容。

4287 愤怒的鉴湖：秋瑾传/张漱函著. 3版，修订本. 台北：幼狮文化事业公司. 1988.3（幼狮传记丛书. 爱国青年传记小说；8）

本书分11部分，讲述了女革命家秋瑾的生平事迹和爱国情怀。

4288 风雨自由魂：秋瑾/孔菁慧著. 济南：山东画报出版社. 1998.10

本书包括少女情怀任豪侠，遇人不淑空悲叹，冲破樊篱争自由，只身万里气如虹，奔走革命多磨难，血荐轩辕千古名，共6章。附照片。

4289 风雨自由魂：秋瑾/孔菁慧著. 香港：中华书局（香港）公司. 1999.11（二十世纪中国名人小丛书；12）

内容提要参见4288。

4290 风雨自由魂：秋瑾/孔菁慧著. 济南：山东画报出版社. 2001.7

内容提要参见4288。

4291 革命女侠秋瑾/李劲松著. 沈阳：辽宁民族出版社. 1992（中国历代女名人传丛书）

本书主要内容包括："崇侠尚义　少年怀大志"、"婚姻不幸　萌生女权观"、"小住京华　选定革命路"、"东渡扶桑　异国寻真理"、"义不受辱　激愤踏归途"、"创办女报　点燃暗室灯"、"策划起义　高举反清旗"、"斗志未酬　血染轩亭口"等。书中附有序、附录和后记。

4292 鉴湖女侠/［著者不详］. 石印本. ［出版地不详］：［出版者不详］. 清光绪宣统间

本书讲述了秋瑾的生平和她从事革命的经历。

4293 鉴湖女侠秋瑾/孟瑶著. 3版. 台北："中央妇女工作会". 1961.2

本书分16部分记述了秋瑾的生平事迹。书中序和再版序。

4294 鉴湖女侠秋瑾/王槩编著. 香港：中华书局. 1961.4（中华通俗文库）

本书讲述了秋瑾的生平事迹，革命斗争经历，以及被害的经过。本书附图。

4295 鉴湖女侠——秋瑾/叶文龄著. 北京：作家出版社. 1998.9

本书共分为22章，内容包括：杀贼就义、风雨避难、舌战公堂、鱼水不欢、义结金兰、谊重东瀛、结交义士、酒店密谋等。有照片。

4296 鉴湖女侠秋瑾/张正著. 哈尔滨：北方文艺出版社. 2000.7

本收共12章，主要包括：多事之秋女侠成长、草草出嫁婚姻不幸、异国他乡崭露头角、抗暴不屈毅然回国、砺兵秣马筹划起义、主持大通激流勇进、血雨腥风挺身赴难、不朽丰碑千古永垂等。

4297 鉴湖女侠秋瑾/郑云山著. 上海：上海人民出版社. 1984.1（祖国丛书）

本书共包括6章："时艰激志，稽山育英"、"身羁深闺，心念救国"、"留学日本，投身革命"、"痛斥礼教，呼唤女权"、"主持大通，组织起义"、"英勇殉难，名垂青史"，并附生平大事年表。本书附照片。

4298　王丕震全集．第七十六卷/王丕震著．北京：中国文史出版社．2008.3

全书分《秋瑾》、《李汝炯》两部分。其中《秋瑾》内容包括：生于忧患、福建十五年、民族在觉醒、磨难的婚姻、时代的召唤、京城小住、留日十八月、安眠西泠桥。

4299　鉴湖女侠秋君墓表/徐自华撰；吴芝瑛书．影印本．［出版地不详］：悲秋阁，清光绪三十四年（1908）

本书为近代民主革命志士秋瑾（1875—1907）墓表，由徐自华撰写，吴芝瑛书写碑文。书后附有《泰晤士报》发表的吴芝瑛的美国女友麦美德为她撰写的专文（附吴芝瑛照片）、侯官严复撰《廉夫人吴芝瑛传》，以及侯官严复译《美国教会麦美德女士书吴芝瑛事略》。吴芝瑛（1867—1933），字紫英，别号万柳夫人。桐城县高甸人。工诗、文、书法，被誉为“三绝”。生于诗书之家。夫廉泉，人称“无锡才子”。

4300　从秋瑾到蔡珠儿：近现代知识女性的文学表现/罗秀美著．台北：台湾学生书局．2010（中国文学研究丛刊）

本书共9章，主要内容有：绪论；闺阁女诗人・公共启蒙者；游移的身体・重层的镜像；理想的革命・自强的女子；流动的风景・凝视的文本；女学生・女教师・女作家；国族的离散・自我的召魂；结论等。书中有序、参考文献。

4301　鉴湖女侠秋君墓表/徐自华撰；吴芝瑛书．影印本．上海：大众书局．民国间

内容提要参见4299。

4302　巾帼英雄秋瑾/周芾棠，谢德铣著．杭州：浙江人民出版社．1982.11（浙江历史小丛书）

本书共分为10篇，内容包括：少女时代、结婚前后、东渡日本、离日回国、创办《中国女报》、主持大通学堂、准备武装起义、血战大通学堂。有照片。

4303　历代妇女名人年谱/张爱芳选编．影印本．北京：北京图书馆出版社．2005.6

本书收录自汉迄近代有代表性的妇女年谱23种而成，其撰成年代自宋朝及于现代。收录有《秋瑾年谱》/孙元超编、《秋瑾年谱（未定稿）》/山石编。

4304　流血女杰秋瑾/复汉社编．石印本．上海：上海书局．1907

本书分为两部分：遗诗、遗词。书前有章炳麟所作序。书后有何震作后序。

4305　漫云女子不英雄：秋瑾诗词注评/郭蓁撰．上海：上海古籍出版社．2004.7（花非花名媛诗词系列）

本书收录巾帼才女秋瑾的诗词作品，对难点字词、涉及人物、典故等进行注释，并对作品进行了评析。

4306　女英雄秋瑾/李宏生著．济南：山东人民出版社．1983.6（历史小故事丛书）

本书是《历史小故事丛书》的一种。本书以讲故事的形式，通俗、生动的介绍了秋瑾不平凡的一生。本书共分为仇恨的火种、回到故乡、像进了牢笼、探索与追求、东渡日本、在同盟会成立前后等10部分内容。

4307　清鉴湖女侠秋瑾年谱/林逸撰．影印本．台北：台湾商务印书馆．1985.7（新编中国名人年谱集成．第十九辑）

本书以年谱的形式叙述了我国辛亥革命的先驱者、清末著名的女革命家秋瑾的生平事迹。本书年谱事迹参照秋璨芝女士所编秋瑾女侠遗集传记、遗闻、史表、文集、碑铭等，并加考证。本书由年谱、自序、鉴湖女侠秋瑾遗像、凡例、征引用书等部分组成。有插图。

4308 秋风秋雨愁煞人/周素珊著；近代中国杂志社编. 台北：近代中国杂志社. 1979.5（近代中国丛书. 先烈先贤传记丛刊）

本书描述了我国清末著名女革命家、辛亥革命的先驱者秋瑾光辉而短暂的一生。全书共有16部分。本书还有序言一篇，有照片。

4309 秋瑾/北京市第五十一中学历史组编写. 北京：中华书局. 1959.4（中国历史小丛书）

本书以传记的形式叙述了辛亥革命的先驱、著名的女革命家秋瑾的生平事迹。全书共分为灾难深重的祖国、被封锁在封建囚牢里、冲破樊笼留学日本、参加同盟会奔走革命、创办《中国女报》、组织“光复军”领导武装起义、安庆起义失败等10部分内容。本书有照片。

4310 秋瑾/高翔著. 沈阳：春风文艺出版社. 1999.1（插图本中国文学小丛书；96）

本书将我国辛亥革命先驱、清末著名女革命家、文学家秋瑾作为叙述和研究对象，史论结合，从多元的视角展示了秋瑾的政治品格、人格特征和英雄风范。本书由闽花初绽、湖湘婚恨、京华岁月、咏物吟情、忧患家国、东瀛革命、热血之交、刀剑情结等16章和引言、结语组成。本书有插图。

4311 秋瑾/哈思同编著. 北京：中国国际广播出版社. 1996.3（爱国主义教育丛书）

本书对我国辛亥革命的先驱、清末著名的女革命家秋瑾的生平事迹进行了较为详尽的叙述。全书共有习文练武的才女、革命当自家庭始、两赴日本求真理、为妇女解放而呼号、全力以赴组织起义、一腔热血染中华等6章内容。

4312 秋瑾/柯灵原著；吴戈改编；吴山明，刘国辉绘画. 北京：人民美术出版社. 2005.8（连环画精品鉴赏）

本书以连环画的形式讲述了秋瑾的一生。

4313 秋瑾/欧缬芳著. 台北：台湾商务印书馆. 2008.12（典范人物系列）

本书以人物传记的形式叙述了我国清末著名女革命家、辛亥革命的先驱秋瑾的生平事迹。全书共分为女侠的故乡、出阁、忧郁的新娘、离别、北京城的岁月、风流云散、东渡、樱花岛上等14章内容。本书有序一篇。本书有插图。

4314 秋瑾/平慧善著. 南京：江苏古籍出版社. 1984.3（中国名人传丛书）

本书以传记的形式叙述了辛亥革命的先驱、著名的女革命家秋瑾的生平事迹。本书共分为“书香门第　崇侠少女”、“不幸婚姻　苦恼斗争”、“两上京华　冲出樊笼”、“留学日本　参加革命”、“创办女报　唤醒同胞”、“主持学堂　策划起义”、“血洒轩亭　营葬风波”、“英名永垂　精神不朽”8个部分的内容。本书还附有秋瑾生平大事年表。

4315 秋瑾/王艾村著. 北京：中华书局. 1981.8（中国历史小丛书）

本书以传记的形式叙述了辛亥革命的先驱、著名的女革命家秋瑾的生平事迹。本书共分为路打不平、冲破封建牢笼、在日本的革命活动、揭起争取妇女解放的大旗、联络会党准备武装斗争、主办大通学堂、起义失败、宁死不屈等8个章节的内容。本书有插图。

4316 秋瑾/伍贻业，方积根著. 北京：中国少年儿童出版社. 1982.1

本书描写了清朝末年女革命家秋瑾光辉的一生。本书包括：家庭革命、留学日本、初露锋芒、筹划起义、壮志未酬等5章内容。本书有插图。

4317 秋瑾/叶文玲著. 杭州：浙江文艺出版社. 1996.12

本书以历史小说的形式叙述了辛亥革命的先驱、著名的女革命家秋瑾的生平事迹。本书由楔子、22章和尾声组成。本书还附有一篇后记。

4318 秋瑾/郑云山著. 上海：上海人民出版社. 1980.5（中国近代史丛书）

本书以传记的形式叙述了辛亥革命的先驱、著名的女革命家秋瑾的生平事迹。全书共分为奔放不羁的少女、沐受新思潮的洗礼、初赴日本、再赴日本、妇女解放斗争的杰出战士、主持大通学堂等 11 部分内容。本书有插图。

4319 秋瑾/朱耀庭编著. 杭州：浙江人民出版社. 1957.1

本书以传记的形式叙述了辛亥革命的先驱、著名的女革命家秋瑾的生平事迹。本书共有少年时代、婚后生涯、在北京、只身留日、参加革命、回国、创办中国女报、响应萍浏起义等 17 部分内容。本书有照片。

4320 秋瑾：鉴湖女侠/曾德厚，何忠华著. 长沙：湖南文艺出版社. 1997.7（千秋系列长篇历史小说）

本书以长篇历史小说的体裁对辛亥革命的先驱、清末著名女革命家秋瑾光辉而短暂的一生进行了描写，共有秋诗集句、秋词摘句、弹词积聚、秋绝命词等 6 个章节组成。

4321 秋瑾：竞雄女侠传/（日）永田圭介著；闻立鼎译. 北京：群言出版社. 2007.1

本书把秋瑾的一生放在近代中国风云变幻的历史背景和二十世纪初中日关系与中国人留学日本潮的历史视角下，把秋瑾从出生厦门，旅居台湾，故乡绍兴，留学日本，以及投身革命，创办女报，筹备起义，直至壮烈牺牲的整个人生娓娓道来。

4322 秋瑾传/夏衍原著；柯灵改编. 上海：上海文艺出版社. 1979.4

本书为一部电影剧本，系改编自夏衍的话剧剧本《秋瑾传》，以电影的形式刻画了清末女革命家秋瑾的光辉形象。本书有插图。

4323 秋瑾传/夏衍撰. 上海：开明书店. 1950.4（夏衍剧作集）

本书为一部夏衍剧作，以戏剧的形式叙述了女革命家秋瑾的生平事迹。全剧共由 5 幕组成。

4324 秋瑾传：京剧/夏衍原著；王雁改编. 北京：北京出版社. 1960.4

本书为一部京剧剧本，系改编自夏衍的话剧《秋瑾传》，以戏剧的形式描写刻画了女革命家秋瑾的光辉形象。本剧共由 7 场组成。本书附有剧照和代序。

4325 秋瑾传记资料/朱传誉主编. 影印本. 台北：天一出版社. 1985

本书收录了有关我国辛亥革命先驱、清末著名女革命家秋瑾的各种传记资料，包括：期刊杂志、报章所刊资料、私家日记、碑铭、墓志、行述、行状、年谱、纪念文、回忆录、合集和专著等，所收资料时间截止于 1983 年。

4326 秋瑾的故事/李茂高著. 上海：少年儿童出版社. 1982.1

本书以小说的形式描写了我国近代史上著名的女革命家、辛亥革命的先驱秋瑾革命战斗的一生。全书由长大也要当英雄、跟舅舅学武艺、不做碌碌无为的人、与丈夫决裂、留学日本、“鉴湖女侠”、寻找带路人、会见孙中山等 20 部分组成。本书还有前言一篇。本书有照片。

4327 秋瑾的故事/谭湘编著. 石家庄：花山文艺出版社. 1996.12（读故事学英雄文学丛书）

本书以细腻、抒情的笔致讲述了“巾帼英雄”秋瑾的一生，记叙了她在那个多事之秋的时代，挺身而出，积极参加和领导妇女解放与反清起义斗争，为革命洒尽最后一滴血。同时本书也描写了秋瑾侠义的性格和诗文的才华。本书由引子、仕宦之家、爱骑马的女孩、“革命当自家庭始”、投身女权运动等部分组成。本书有总序。

4328 秋瑾的故事/伍贻业，方积根编著. 北京：中国少年儿童出版社. 1994.8（故事大世界. 爱国故事和名人故事系列）

本书描写了清朝末年女革命家秋瑾光辉而短暂的一生。全书有5章，包括：家庭革命、留学日本、初露锋芒、筹划起义、壮志未酬。

4329 秋瑾的故事/张惠菁编著. 沈阳：辽宁人民出版社. 1981.2（小学生文库）

本书通过17个生动而感人的小故事，以浅显的文字，介绍了我国近代史上著名的女革命家、民主革命烈士秋瑾的学习、生活和奋斗的一生。本书共由悄悄走进哥哥的书房、缠足的风波、她像一只雏鹰、在黑暗中寻找光明等17个故事组成。本书有插图。

4330 秋瑾革命传/秋灿芝著. 5版. 台北：三民书局. 1984.3（三民文库；29）

本书为一部长篇历史小说，描述了我国近代史上的著名女革命家、辛亥革命的先驱者秋瑾的成长与革命经历。本书为章回体，共有"闽侯县侠女出世　北京城志士忧时"、"攻拳匪联军得胜　盗奇珍千里追踪"、"崇专制不解平权果　伸雅怀欣赏自由花"、"孙总理首创同盟会　陈天华愤随屈大夫"、"办女报秋瑾警聋聩　刺大臣吴樾丧残生"、"徐锡麟巧遇豪杰　竺绍康计擒强人"、"听诗声顿成知己　兴体育暂且还乡"、"齐革命歃血为盟　编党军有心倡议"等17回内容。本书有自序一篇。

4331 秋瑾革命史研究/王去病等主编. 北京：团结出版社. 1997.1（秋瑾研究丛书. 第四辑）

本书收录了多篇对秋瑾革命史进行研究的学者所著述的论文，编辑成册，以纪念秋瑾就义90周年。全书共有论秋瑾的爱国思想、论囚禁与浙江辛亥光复的关系、秋瑾与中国女学等31篇关于秋瑾的论文和秋瑾革命文献。本书附有后记和照片。

4332 秋瑾集/秋瑾著；中华书局上海编辑所编辑. 北京：中华书局. 1960.7

本书收录了现存的秋瑾各类作品，并将这些作品汇编成集，是研究近代史的重要资料。本书共分为杂文、书信、诗、词、歌、弹词、译著和附录8个部分，其中收录杂文14篇，书信8通，诗135首，词38首，歌8首，弹词、译著各一篇，附录3篇。本书还有出版说明、编例和照片。

4333 秋瑾集/秋瑾著. 新1版. 上海：上海古籍出版社. 1979.9

内容提要参见4332。本书根据中华书局上海编辑所1960年7月第一版、1965年11月第四次版本重印。

4334 秋瑾年谱/郭延礼著. 济南：齐鲁书社. 1983.9

本书以年谱的形式叙述了我国近代史上著名的女革命家、辛亥革命的先驱秋瑾的生平事迹。本书分为正文和注释两部分；谱主生平为正文，凡考证、征引史料、资料来源和说明等，均放在注释中。以时间先后为顺序，在正文之后列作品编年，以文、诗、词、歌为序。本书有编写凡例、前言以及附录6篇。本书有照片。

4335 秋瑾女士遗集/秋瑾著；王绍箕辑. 3版. [出版地不详]：白光书店. 1937.5

本书包括3部分：遗诗、遗著、翻译。书前有秋瑾、徐锡麟、吴芝瑛像。书后附录：陈去病、徐自华、章炳麟、苏曼殊等所著传略、墓表、序文等。

4336 秋瑾女侠遗集/秋瑾著；王灿芝编. [出版地不详]：[出版者不详]. 1928

本书分为6部分：传记、诗、词、歌、杂文、译著。书前有编者序等内容。

4337 秋瑾评传/郑云山，陈德禾著. 郑州：河南教育出版社. 1986.6（中国近代人物评传丛

书）

本书以秋瑾主要活动经历为基本线索，对她成长的时代与环境，她在妇女解放方面的深刻思想与卓越活动，在诗词创作上的特色与成就，在政治思想上的光彩与局限，特别是她在民主革命中的一系列活动及最后的壮烈殉难，都分章作了评述。本书包括："家世、时代和环境"、"东瀛留学界的骄子"、"妇女解放的先驱者"、"一代革命女诗人"、"武装起义的组织者"、"政治思想的光彩与局限"、"牺牲尽责，虽死犹生"等 7 章内容。本书还有附录两篇。有照片。

4338　秋瑾评集/王去病，朱馥生主编；杭州秋瑾研究会编. 北京：中国妇女出版社. 2000.11（秋瑾研究丛书；5）

本书包括《日本人士对秋瑾的影响和评价》、《周恩来论秋瑾》、《秋瑾的思想与艺术》等文章，集中了社会各界对秋瑾本人的评介。

4339　秋瑾全集笺注/秋瑾原著；郭长海，郭君兮辑注. 长春：吉林文史出版社. 2003.11

本书共包括诗三卷、词一卷、歌一卷、联语一卷、文一卷、书信一卷、弹词小说一卷、译著一卷，书中对所收作品逐一给予题解和注释。

4340　秋瑾少女时代的故事/江娟，周芾棠编著. 贵阳：贵州人民出版社. 1986.4

本书主要内容有辛勤的慈母、长大也要当英雄、祖父的钟爱、绣花、赋秋、海棠、回故乡绍兴、以诗换字、吊屈原等。

4341　秋瑾诗文选/（清）秋瑾著；郭延礼选注. 北京：人民文学出版社. 1982.4

本书选注了我国近代著名女革命家秋瑾的诗文 94 首，共分为文选、诗选、词选、歌选 4 个部分。其中诗选共选注了诗 68 首，分为三个部分：1904 年出国前为第一期，共选注了诗 36 首；1904 年到 1905 年留日时期为第二期，选注了诗 12 首；1906 年到 1907 年归国后直到就义为第三期，选注诗 20 首。文选选注《中国女报发刊词》、《敬告姊妹们》等 4 篇文章；词选收录词 19 首；歌选选注《读〈警钟〉感赋》等 3 首歌。本书有前言和秋瑾年谱简编。

4342　秋瑾史迹/中华书局上海编辑所编辑. 上海：中华书局. 1958.9

本书收录了我国近代史上著名的女革命家、辛亥革命先驱秋瑾多篇珍贵手稿的影印件，为第一手珍贵的文献资料，有很高的研究价值。全书所收手迹分为文稿、诗歌、小说、书简 4 个部分。文稿收录了《拟告国人书手稿》、《拟晓谕手稿》等 4 篇；诗歌收录了《书感》、《有所感》等 16 首；小说收录了《精卫石》6 回；书简收录了信件及信封 12 篇。本书还有附录 5 篇，编辑后记 1 篇，郭沫若所书序文影印件以及陶成章所著《秋瑾传》。本书有照片。

4343　秋瑾史料/周芾棠等辑. 长沙：湖南人民出版社. 1981.12

本书搜集收录了有关我国近代史上著名的女革命家、辛亥革命的先驱秋瑾的各种史料多篇。全书共有《女革命家秋瑾》/范文澜撰、《秋瑾就义纪念碑文》/蔡元培撰、《致秋瑾书简》/徐锡麟撰、《秋瑾传》/陶成章撰等 33 篇史料。本书附有附录 3 部分，分别是：清政府办理秋瑾革命档案；关于秋瑾的生年；秋瑾年谱。本书附有后记和照片。

4344　秋瑾事迹研究/郭长海，李亚彬编著. 长春：东北师范大学出版社. 1987.12

本书以资料考订的形式对我国近代史上著名的女革命家、辛亥革命的先驱秋瑾的生平与革命事迹进行了资料考证与研究。全书共由秋瑾世纪系年、秋瑾世纪考、秋瑾交游考、秋瑾佚著考、解放前有关秋瑾研究著作考、纪念秋瑾活动大事记等几个部分。本书附有附录两个部分和后记。

4345 秋瑾文学论稿/郭延礼编. 西安：陕西人民出版社. 1987.8

本书对我国近代史上著名的女革命家、辛亥革命的先驱秋瑾在文学上的成就和贡献进行了较为深刻的探讨与论证。全书共有：秋瑾的时代和她革命的一生，一位叛逆女性的心声——秋瑾诗词研究之一，反帝爱国的战歌——秋瑾诗词研究之二，民主革命的号角——秋瑾诗词研究之三，孤独、悲凉及其他——秋瑾诗词研究之四，秋瑾诗词的艺术风格——秋瑾诗词研究之五，秋瑾文的思想与艺术，秋瑾的弹词《精卫石》等10章。本书有前言和结语。本书附有附录16篇和照片。

4346 秋瑾选集/（清）秋瑾著；郭延礼选注. 北京：人民文学出版社. 2004.4（近代文学名家诗文选刊）

本书共包括诗三卷、词一卷、歌一卷、联语一卷、文一卷、书信一卷、弹词小说一卷、译文一卷，书中对所收作品逐一给予题解和注释。

4347 秋瑾研究丛书/［著者不详］. 北京：中国妇女出版社. 1989

本套丛书包括《秋瑾史集》、《秋瑾年表》、《秋瑾诗词研究》、《秋瑾革命史研究》、《秋瑾评集》5册。

4348 秋瑾研究资料/郭延礼编. 济南：山东教育出版社. 1987.2（中国近代文学研究资料丛书）

本书搜集收录了有关我国近代史上著名的女革命家、辛亥革命的先驱秋瑾的生平事迹的大量史料，力求为研究工作者和教学工作者进一步了解和研究秋瑾提供较为完整和可靠的资料。在本书的资料选择上，对建国前的罕见史料尽量多选，而建国后的资料的选录则突出重点。本书分6辑：秋瑾生平及其活动、秋瑾思想及其作品研究、《秋瑾集》集外诗辑、悼念秋瑾的诗文和纪事、秋瑾研究资料目录索引、附录。本书有照片。

4349 秋瑾遗著/秋瑾等著. 石印本. ［出版地不详］：［出版者不详］. ［出版年不详］

本书内容包括：秋女士传、秋女士演说、秋女士女报说、秋女士译看护学教程、秋女士遗诗、吴芝瑛述秋女士遗事等11个部分。书前有“秋女士男装小影”。

4350 秋瑾政治人格之研究/杨碧玉著. 台北：三民主义研究所博士硕士论文奖助出版委员会. 1989.4（三民主义研究所博士硕士论文奖助出版丛书. 第10辑；3）

本书对我国近代史上著名的女革命家、辛亥革命的先驱秋瑾的政治人格进行了研究与探讨。本书采用史密斯的“人格与政治分析图”与格林斯坦的“政治与人格的扩大分析图”产生分析架构图，再从现象的描述、动态的解释及根源的研究三种互补的研究途径来研究秋瑾的政治人格。本书由绪论、秋瑾政治人格形成的社会远因、秋瑾政治人格形成的社会近因、秋瑾的政治态度与意见、秋瑾调和人我关系的方式、秋瑾自我实践的方式、结论、参考书目等部分组成。本书有序两篇和插图。

4351 秋瑾之死/叶文玲著. 香港：明窗出版社. 1997.1（小说系列）

本书以全新的角度，描写了秋瑾作为一个知名女人催人泪下的生活，对秋瑾的一生进行了全面而深入的探讨。本书由楔子、徐锡麟断颈剜心、风雨夜举家逃亡、“女匪首”舌战公堂、新婚夜鱼水不欢、窈窕女苦觅知音、俏青年艳压群芳、结金兰洗血海仇等23个部分组成。

4352 问苏小小郑孝女秋瑾松风和尚何以同葬于西泠桥试研究其命意所在/（清）招招舟子撰. 铅印本. 上海：国学扶轮社，清宣统元年(1909)

此文为《香艳丛书》第六集卷三的一篇赋，

全文五百一十九字，探究苏小小、郑孝女、秋瑾与松风和尚同葬于西泠桥之由。

4353 谢晋电影选集，历史卷，秋瑾·清凉寺钟声·鸦片战争/金冠军，谢衍，石川主编. 上海：上海大学出版社. 2007.5

本卷收录了《秋瑾》、《清凉寺钟声》、《鸦片战争》3部电影完成本及其导演阐述与专家评论。有照片，有剧照。

4354 浙学、秋瑾、绍兴师爷研究/王建华主编. 北京：人民出版社. 2008.4

本书包括7部分：地域文化纵谈、浙学研究、绍兴师爷研究、秋瑾论、越史研究、越文艺研究、越地当代问题研究。

4355 中国历代女名人传/刘海荣，李光天主编. 沈阳：辽宁民族出版社. 1992.6

书中包括：《革命女侠秋瑾》/李劲松著、《专权太后慈禧》/魏鉴勋著等内容。

4356 中国连环画精品收藏图鉴. 1，古代题材外国题材/田少东等编辑. 哈尔滨：黑龙江美术出版社. 2001.1

本书以连环画这一特殊的载体记录了军阀混战、抗战、解放战争、抗美援朝、“文革”前十七年、“文化大革命”和改革开放不同时期的历史。本辑收录了《秋瑾》、《逼上梁山》、《白娘子》、《牛郎织女》等连环画藏品。

13.7 邹容

4357 革命军/（清）邹容著. ［出版地不详］：［出版者不详］. 清光绪二十九年（1903）

本书共7章：“绪论”、“革命之原因”、“革命之教育”、“革命必剖清人种”、“革命必先去奴隶之根性”、“革命独立之大义”、“结论”。书前有章太炎序。

4358 革命军/（清）邹容著. 再版. 上海：民智书局. 1929.4（革命文库. 第一种）

本书分为7章：“绪论”、“革命之原因”、“革命之教育”、“革命必剖清人种”、“革命必先去奴隶之根性”、“革命独立之大义”、“结论”。书前有天化的《革命文库总叙》、章太炎的《邹容传》和《革命军序》，以及邹容的《革命军自序》。附录《逐满歌》、《革命歌》、《扬州十日记》。

4359 革命军/邹容. 北京：中华书局. 1958.9

内容提要参见4357。

4360 革命军/邹容. 北京：中华书局. 1971.9

内容提要参见4357。

4361 革命军/（清）邹容著；冯小琴评注. 北京：华夏出版社. 2002.10（影响中国近代史的名著）

《革命军》是20世纪初年中国杰出的资产阶级民主革命宣传家邹容撰写的著作。本书在中国近代史上首次明确而且系统地提出了资产阶级民主共和国的纲领，不仅主张用资产阶级共和国取代封建专制制度，而且抛弃了资产阶级君主立宪制度的方案，被誉为近代中国的《人权宣言》。

4362 少年“大将军”邹容/林长春编著. 沈阳：辽宁人民出版社. 1982.2（小学生文库）

本书是向小朋友介绍我国辛亥革命前驱者、著名青年革命家邹容的童年和青少年时期的一些故事。这些故事生动地描写了邹容革命的一生。

4364 革命军/邹容著. ［出版地不详］：［出版者不详］. 1904

本书分为7章：绪论、革命之原因、革命之教育、革命必剖清人种、革命必先去奴隶之根性、革命独立之大义、结论。书前有章太炎作《革命军序》及作者自序。该书为伪装本，封面伪装题名《图存编》，伪托该书为“皇汉丛书之一”。

4365 论邹容/廖伯康等著；重庆地方史资料组编．重庆：西南师范大学出版社．1987.7（重庆地方史资料丛刊）

本书选收了1983年7月在重庆召开的邹容诞生一百周年纪念大会和学术讨论会中的论文、报告、资料共计21篇。本书有照片。

4366 青年神：邹容传/钟雷．3版，修订本．台北：幼狮文化事业公司．1988.3（幼狮传记丛书．爱国青年传记小说；6）

本书以传记的形式记述了邹容的生平事迹。全书共分为18部分，本书还有邹容烈士传略一篇和“出版的话”。

4367 青年之神：邹容传/翟君石著．台北市：近代中国出版社．1987.2（近代中国丛书．先烈先贤传记丛刊．71）

本书讲述了革命先驱邹容烈士的生平事迹。全书共有：倜傥不群一神童、“狂徒邹二”、“后来者”的新志向、楼外楼风波、留日考试的磨难、争取自费留学、在上海光方言馆、“披发下瀛洲”等36章内容。本书还附有附录两篇：邹容烈士大事年表、参考书目及资料。本书有本刊序言。本书有照片。

4368 邹容/杜呈祥编著．再版．[出版地不详]：青年出版社，1946.8

本书记述了邹容的生平事迹。

4374 邹容/《中国近代史丛书》编写组编．上海：上海人民出版社．1974.4（中国近代史丛书）

本书分8部分，包括：《风雷激荡的年代》、《在新、旧斗争中成长》、《留日学生运动的闯将》、《在“革”与“保”的战线上》等。有照片。

4375 邹容/刘亚雪，邢露中编写．北京：中华书局．1961.3（中国历史小丛书）

本书共8章，主要内容为：试场中的风波、开始接受新思想、参加成都留日学生考试、游学日本、激进的青年革命宣传家、充满革命热情的《革命军》、“苏报案”、牺牲等。

4376 邹容/王学庄著．天津：新蕾出版社．1993.5（中华历史名人丛书/顾传菁，李福田主编）

本书分6部分，包括：巴山少年、东渡扶桑、沪江风云、《革命军》、黑狱英魂、至今人念大将军。

4377 邹容/隗瀛涛．南京：江苏人民出版社．1982.12（中国近代史丛书）

本书分12章，包括：“故乡和家庭”、“维新新风”、“争取留学”、“从爱国到革命”、“在拒俄运动中”、“宣布革命之旨于天下”、“巍巍哉，革命也！皇皇哉，革命也！”等。有肖像。

4378 邹容/张习孔．再版．北京：中华书局．1981.8（中国历史小丛书）

本书分8部分，包括：试场中的风波、开始接受新思想、参加成都留日学生考试、游学日本、激进的青年宣传革命家、充满革命热情的《革命军》、“苏报案”等。有插图、肖像。

4379 邹容/岳山．上海：上海人民出版社．1982.12（中国近代史丛书）

本书分8部分，包括：风雷激荡的年代、在风浪中成长、思想战线上的“马前卒”、《革命军》的出版、《苏报》案、为革命献出青春等。有照片。

4380 邹容传/重庆市《邹容传》编写组编．成都：四川人民出版社．1979.11（四川史地丛书）

本书分7章，包括：时代风雷、立志革新、奔向革命、革命闯将、革命号角、铁槛捐躯、“至今人念大将军”。有照片。

4381 邹容的故事/陈漱石. 济南：山东人民出版社. 1979.12（历史小故事丛书）

本书描述了资产阶级革命家邹容的一生。主要内容有：闯新路、可敬的后来者、第一声惊雷、回祖国去、斗熊、狱中吟诗、号角嘹亮、马前卒与大将军。

4382 邹容文集/（清）邹容著；周永林. 重庆：重庆出版社. 1983.9（重庆地方史丛书）

本书收集邹容的诗文遗作 11 篇，并略加校订。附录有：邹容在上海的革命活动、狱中斗争和牺牲经过、邹容挚友为他撰写的传记和悼念诗文、有关邹容史事的解释和考辨文章、重庆市人民在纪念辛亥革命七十周年期间对邹容的纪念活动等文章、资料。有照片。

13.8 陈天华

4383 陈天华/黄乔生著. 天津：新蕾出版社. 1993.5（中华历史名人丛书）

全书包含 10 部分内容："草庐俊杰，山泽英雄"、"在日本的革命活动"、"《革命军》与《苏报》案"、"《猛回头》和《警世钟》"、"回国策动武装起义"、"参与创建同盟会"、"与改良派大论战"、"睡狮猛醒向天吼"、"蹈海殉国"、"警钟响遍中国大地"。

4384 陈天华/王鉴清著. 上海：上海人民出版社. 1982.11（中国近代史丛书）

本书分 7 章，内容包括：以天下为己任、东渡留学、著书警世人、组织华兴会和长沙起义、追随孙文力主联合、怒斥康梁、蹈海殉国。

4385 陈天华/赵恒烈编写. 北京：中华书局. 1960.7（中国历史小丛书）

本书分 6 章，内容包括：有志的青年、踏上革命的路途、《警世钟》和《猛回头》、播下了革命的种子、语重心长的绝命书以及结束语。

4386 陈天华集/陈天华著；刘晴波，彭国兴编；饶怀民补订. 长沙：湖南人民出版社. 2008.1（湖湘文库；248）

本集所辑陈天华的文章，以早出的书报为蓝本进行校点。收录有：《敬告湖南人》、《要求救亡意见书》、《中国革命史论》、《猛回头》、《警世钟》、《狮子吼》、《绝命辞》等文章，并附录有陈天华生平及思想研究资料目录索引等内容。

4387 警世钟/陈天华著；朱钟颐评注. 北京：华夏出版社. 2002.10（影响中国近代史的名著）

《警世钟》是辛亥革命前夕著名的民主革命宣传家陈天华反帝反清作品中最有影响力的两本著作之一，以激昂的爱国热情、通俗流畅的文笔，简洁透彻地阐明了中国必须进行民主革命的道理。本书与《猛回头》合订。

4388 猛回头/（清）陈天华撰. 铅印本. 湖南：湖南演说科，民国元年（1912）

陈天华《猛回头》是一篇散韵结合的弹词。作者从古到今，从中到外，歌颂了我国反抗外来侵略的优良传统，揭露了列强瓜分中国的野心，指斥清政府的腐败无能，对国家前途表现出了深深的忧虑。作者怀着强烈的爱国之心，号召民众要齐心协力，反满抗洋，成为当时反帝反封的有力号角。

4389 中国近代珍稀本小说. 9/董文成，李勤学主编. 沈阳：春风文艺出版社. 1997.10

本书收录了《狮子吼》、《古戍寒笳记》和《中东大战演义》3 部分内容。其中《狮子吼》8 回，是清代资产阶级革命派小说。

4390 中国历代珍稀小说：明清、民国. 三/林鲤主编. 北京：九州图书出版社. 1998.5

本书包括：《红楼梦影》、《女娲石》、《狐狸缘全传》、《扫迷帚》、《情变》、《宦海升沉录》、《胡雪岩外传》、《新中国未来记》、《狮子吼》等内容。其中《狮子吼》为清代小说，8 回，未完，作者陈天华，是一部宣扬资产阶级革命理想的小说，是一部革命原理的通俗图解，分三部曲。

4391 作狮子吼：陈天华传/罗宗涛著. 台北：近代中国出版社. 1982.2（近代中国丛书. 先烈先贤传记丛刊. 26）

本书分5章，内容包括：陈天华先烈传略、陈天华先烈的著作、陈天华先烈所感受的内忧外患、陈天华先烈的主张与理想以及结语。

13.9 蔡锷（蔡松坡）

4392 （增补重注）曾胡治兵语录/蔡锷著. 台北：军事译粹社. 1978.8

本书共分为13篇，包括：将才、用人、尚志、诚实、勇毅、严明、公明、仁爱等。

4393 蔡锷/蒋莉编著. 北京：中国国际广播出版社. 1996（爱国主义教育丛书）

本书共8章，包括：少年英才、求学东瀛、弃学治军、云南革命、援川救藏、奉调进京、智脱虎口、护国讨袁。

4394 蔡锷/刘福祥，赵矢元著. 哈尔滨：黑龙江人民出版社. 1984.1

本书分为7篇，包括：在新思潮的漩涡中、东渡异乡赤子心、辛亥革命云南举义、廉洁有为的年轻都督、京师虎口走将军、袁氏王朝的掘墓人、身殉共和死而后已。附：蔡锷生平大事年表。

4395 蔡锷/毛振发著. 北京：军事科学出版社. 1988（通俗军事文库中华名将系列）

本书共13章，主要内容包括：少年秀才、广西治军、编纂兵书、派兵援藏、筹划边防、迷津拥袁、率师出征、病逝日本等。

4396 蔡锷/任光椿著. 香港：天地图书公司. 1995（千古风流历史小说系列）

本书详写蔡锷的传奇一生，从兴同盟会诸友人前仆后继缔造共和，到被袁世凯软禁京城，设计离京南下反袁，到起兵北伐再造共和。他曲折起伏的身世，都与中国近代史有关。

4397 蔡锷/王丕震著. 台北：秋海棠出版公司. 1994.5（经典系列；2）

本书共分为20篇，包括：少年时代、奋发求进、留学日本、三选官场、项城袁氏、难不住他、武昌起义、重九起义等。

4398 蔡锷传/谢本书著. 天津：天津人民出版社. 1983.3

本书共13篇，包括：少年时代、留学日本、广西任职、重九起义、云南改革、支援邻省、二次革命、伙食都门等。本书附照片和图。

4399 蔡锷传记资料/朱传誉主编. 影印本. 台北：天一出版社. 1981.1

本书共分为43篇，内容包括：蔡锷、蔡锷生平事略、蔡锷病状始末及护国军第一军医务经过、蔡黄追悼录、梁任公蔡松坡文、记蔡松坡、辛亥革命前的蔡松坡等。

4400 蔡锷的故事/陈华编著. 汕头：汕头大学出版社. 1998.5（中外英雄人物故事丛书）

本书讲述了蔡锷少年时代的生活情况、求学经历，以及蔡锷投身从戎的革命斗争生涯。

4401 蔡锷故里/邵阳市郊区人民政府编. 北京：中国文史出版社. 1996.9

本书包括4篇：英才辈出的摇篮、风景这边独好、如诗如酒的风情、绮丽如画的山水。本书附彩照及图。

4402 蔡锷集/蔡锷著. 北京：文史资料出版社. 1982.11

本书分为事略、年谱、重要军政文电、文选、家书9件、附载7部分。其中文选包括秦始皇功罪论、治兵语录按语、告别蜀中父老文等。

4403 蔡锷集/蔡锷著. 长沙：湖南人民出版社. 1983.1

本书收录了蔡锷的论文、演说辞、函札、电报、公牍、诗词、联语、札记等 600 篇。本书附照片及图。

4404 蔡锷集/曾业英编. 长沙：湖南人民出版社. 2008.7

本书收录了蔡锷的读书札记、时评、政论、信札、文电、公牍、演词、序跋、题词、诗作、著述、译著、军事计划、会议记录等。

4405 蔡锷思想研究/邓江祁著. 长沙：湖南师范大学出版社. 2006.6（近代湘籍政治家思想研究）

本书分为 7 章，内容包括：维新变法思想、民主革命思想、国权思想、政党思想、宪政思想等。本书附照片。

4406 蔡锷思想研究/邓江祁著. 长沙：湖南师范大学出版社. 2008.11（湖湘文库；67）

内容提要参见 4405。

4407 蔡锷外传/彭本乐著. 西安：未来出版社. 1986.8

本书共分为 10 篇，包括：洪玉施计、袁蔡相会、刺袁、遇凤、密谋、韬晦、访云吉班、肝胆相照，善恶分明、将计就计等。本书附图。

4408 蔡锷新论/郭汉民，严农主编. 长沙：湖南人民出版社. 1997.9

本书是 1996 年邵阳纪念蔡锷逝世 80 周年国际学术研讨会的论文选集。主要内容有：打破派系论蔡锷、论蔡锷的政治倾向、蔡锷评价管见、蔡锷与民初政局、蔡锷与孙中山等。本书附照片。

4409 蔡锷与护国运动/宗泽著. 北京：云海出版社. 1951.5

本书共分 8 篇，包括：蔡锷的早年生活和参加辛亥革命、蔡锷万里如滇、云南起兵的一幕、护国军四川苦战、梁启超入桂和广西的响应、千回百折的广东独立、袁世凯的败亡和结语。

4410 蔡松坡集/蔡锷著；曾业英编. 上海：上海人民出版社. 1984.7

本书分为上、下两篇，上篇收录政论、函电、公牍、演词等，下篇收录专著，还部分辑录了与他人联合署名的文电，分别编入有关部分。本书附照片。

4411 蔡松坡先生年谱：一卷/刘达武编. 铅印本. 邵阳：蔡公遗集编印委员会，民国三十二年（1943）（蔡松坡先生遗集）

本书所收为蔡锷年谱资料。序中评论松坡先生道："民国以来武人专横，风气大坏，欲以身作则，矫正其弊耳，以羸弱之躯，处困苦环境，能为中华民国留人格，两造共和，非伟大人格之力，曷克臻此。"蔡锷（1882—1916）原名艮寅，字松坡。湖南邵阳人。1915 年云南护国起义的主要组织者和领导者。蔡锷曾经响应辛亥革命，发动反对袁世凯洪宪帝制的护国战争，是中华民国初年的杰出军事领袖。中国近代军事家，政治家。

4412 蔡松坡先生荣哀录/刘达武等辑. 铅印本. [出版地不详]：[出版者不详]，民国二十四年（1935）

本书内容包括：遗像，序言，恤令 4 道，唁电 35 通，祭辞 12 首，挽诗 19 首，又词歌 4 首，附谒墓诗 12 首，杂录 10 首，挽联 456 首，纪念塔铭 13 首。

4413 蔡松坡先生遗集：八种/蔡锷撰；刘达武辑. 铅印本. 邵阳：蔡公遗集编印委员会，民国三十二年（1943）

本书内容包括：卷首（含遗像、遗墨、年

谱）和遗集。遗集分 8 部分：一为曾胡治兵语录两卷；二为军国民篇 1 卷；三为军事计画 3 卷；四为军政文电 3 卷；五为中国历代经界纪要 3 卷；六为各国经界纪要 3 卷；七为经界法规草案 3 卷；八为杂著（含唁电、祭词等）。本书 12 册。

4414 蔡松坡遗集/蔡锷著．影印本．台中县：文听阁图书有限公司．2008.12（民国文集丛刊；108）

本书系将蔡锷生前所著文章收集成册。全书共有曾胡治兵语录两卷、军国民篇 1 卷、军事计画 3 卷、军政文电 3 卷、中国历代经界纪要 3 卷、各国经界纪要 3 卷、经界法规草案 3 卷以及杂著等部分组成。本书有序、照片等。

4415 各国经界纪要：三卷附二卷/蔡锷编．铅印本．湖南邵阳：蔡公遗集编印委员会，民国三十二年（1943）

本书为民国杰出将领蔡锷为外交工作需要而编撰的周边各国土地制度形成与流变要略。包括：日本、朝鲜、安南、法国、德国、美国等部分。本书 3 册。

4416 国际公志/蔡锷编译．铅印本．上海：广智书局，清光绪二十八年（1902）（蔡松坡先生遗集）

本书为民初杰出将领蔡锷因外交工作需要，而辑录的国际公法汇编。包括：总论、《邦国独立权及互相保持之责》、《处置国财国产法》、《邦国之权利及其义务》、《外交上之礼仪》、《邦国互市之权利及其义务》。

4417 护国名将蔡松坡/“国家出版社”编辑部编审．台北：“国家出版社”．1982.9（通俗文库；27）

本书讲述了蔡松坡的生平轶事，书中包括：少年苦学的独特精神、新思想的开头、他怎样成为一个军事家、他的政治远见与经世思想、成功了就走的清高品格、一个完整无缺的人等内容。本书附肖像。

4418 护国运动主将蔡锷/丁凤麟，施宣圆著．上海：上海人民出版社．1984.11（祖国丛书）

本书包括：“寒门学子，立志救国”、“留学日本，探求真理”、“投笔从戎”，“治军报国、重九举义”，“光复昆明”等内容。

4419 将军行：蔡锷传/任光椿著．北京：团结出版社．1996.3

本书主要描述了蔡锷先生富于战斗精神和传奇色彩的一生，主要包括：1911 年的辛亥革命、1915 年与梁启超策划反袁，以及他的婚姻生活。附照片。

4420 经界法规草案：三卷/蔡锷撰．铅印本．湖南邵阳：［出版者不详］，民国三十二年（1943）（蔡松坡先生遗集）

本书是蔡锷在 1913 年任全国经界局督办期间所编写，共分 3 卷，列有测绘、土地丈量等条例、细则、章程、规则等共计 41 条。

4421 军国民篇：一卷/蔡锷撰；刘达武辑．铅印本．湖南邵阳：［出版者不详］，民国三十二年（1943）（蔡松坡先生遗集）

本书内容分为 3 部分：从八个方面（教育、学派、文学、风俗、体魄、武器、郑声、国势）来分析汉族在近代战争中屡战屡败之原因；近世列国之军备；军国民之要素。

4422 军事计画：三卷/蔡锷撰；刘达武辑．铅印本．湖南邵阳：［出版者不详］，民国三十二年（1943）（蔡松坡先生遗集）

本书共分上、中、下 3 卷 6 章，分别是练兵之目的、国力与武力与兵力、义务兵役制、兵器要纲、编制、教育。

4423 军政文电：三卷/蔡锷撰；刘达武辑．铅印本．湖南邵阳：［出版者不详］，民国三十二年（1943）（蔡松坡先生遗集）

本书收录了蔡锷从辛亥革命后至民国五年8月间的公牍电文，分上、中、下3卷，第1卷收录文电24通，第2卷收录文电61通另附2通，第3卷收录电文66通另附1通。

4424 纳溪战役之作战命令/蔡锷颁布．墨笔抄本．云南：［出版者不详］．1916

书中收录1916年2月18日至3月19日纳溪战役的命令18条。

4425 松坡军中遗墨/蔡锷著．影印本．台北：文海出版社．1967.5（近代中国史料丛刊．第九辑；88－89）

本书收录了民国开国元勋、革命先驱蔡锷将军在军队中所遗留的手墨124条，是反映民国初年滇军历史和蔡锷生平的重要史料。

4426 松坡军中遗墨/蔡锷撰．石印本．上海：中华书局，民国六年（1917）

蔡锷（1882－1916），原名艮寅，字松坡，湖南宝庆（即今邵阳市）人。1911年辛亥革命云南重九起义的主要领导者，总指挥。后又发动反对袁世凯洪宪帝制的护国战争。本书收录蔡锷1915－1916年护国战争中电稿：致梁新会函、致梓畅函稿、泸州会议兵数计画稿等100余通。本书2册。

4427 松坡军中遗墨/蔡锷撰．石印本．北京：松坡学会，民国十五年（1926）

内容提要参见4426。

4428 伟人百传．第十一卷，李自成洪秀全蔡锷马歇尔朱可夫/侯书雄主编．呼和浩特：远方出版社．2002

本卷包括：李自成、洪秀全、蔡锷、马歇尔、朱可夫5位世界历史上著名的军事家的传记，勾勒出他们的主要人生轨迹。

4429 忆蔡锷/田伏隆主编；湖南省政协文史资料研究委员会编．长沙：岳麓书社．1996.9（二十世纪湖南文史资料文库）

本书除综述和附录外，共分4编，包括："光辉的一生"、"勤奋好学、立志报国"、"领导辛亥云南起义"、"护国讨袁前后"。有照片。

4430 杂著：一卷附一卷/蔡锷；刘达武辑．铅印本．湖南邵阳：蔡公遗集编印委员会，民国三十二年（1943）（蔡松坡先生遗集）

蔡锷（1882－1916），字松坡，湖南邵阳人。1911年云南重九起义的主要领导者，总指挥。1915年云南护国起义的主要组织者和领导者，中华民国开国元勋，是中华民国初年的杰出军事领袖。本书收录其文告5篇，演说词3篇，誓词2篇，函札19篇，序跋4篇，碑铭3篇，诗4首，联语3篇。

4431 中国历代经界纪要：三卷/蔡锷撰．铅印本．湖南邵阳：蔡公遗集编印委员会，民国三十二年（1943）（蔡松坡先生遗集）

本书为民国杰出将领蔡锷因民国经济建设需要，而编撰的中国历代土地制度形成与流变要略。全书分3编，第1编包括：绪言、中国历代田制总表、中国历代赋制总表、中国历代垦田总数表；第2编包括：夏商周三代，秦汉时代，晋（南北朝附），隋、唐、五代，宋、南宋、辽金，元明；第3编：有清时代，顺治时代，康熙时代雍正时代乾隆时代，嘉庆时代，道光时代（咸丰同治光绪宣统附）。

4432 作战命令/蔡锷等颁布．墨笔抄本．云南：［出版者不详］．1916

书中收入1916年2月19日至6月22日护国战争之纳溪战役由总司令蔡锷签发的作战命令数十条，并有蔡锷的印章。

13.10 陈其美（陈英士）

4433 陈其美：民国军中大哥大上海第一都督/白希编著．北京：金城出版社．1998.11

本书共上、下两册，共18章，内容包括：

你从哪里来、展露上海滩、扶桑岁月稠、东京大较量、网罗各路英豪、各路人马强又壮、筹组中部同盟会、势能吞大海、国民党缔造者陈其美等。书中附有序、照片、尾声、附录。

4434 陈其美传记资料/朱传誉主编．影印本．台北：天一出版社．1981.1

本资料主要包括：陈英士先生小史、开国之人豪、陈英士先生在革命史上的地位、纪念父亲的百岁诞辰、陈英士先生典型犹在、夺取江南制造局的经过、我所崇敬的英士先叔、陈英士先生的伟大贡献和不朽精神等内容。

4435 陈其美与辛亥革命/张学继著．哈尔滨：黑龙江人民出版社．2002.12（浙江民国人物研究系列）

陈其美是辛亥革命的风云人物，也是辛亥革命的核心人物。本书介绍了陈其美的生平事迹，包括：陈其美的青少年时代、陈其美最初的革命活动、陈其美与东南各省的光复、陈其美与南京临时政府的建立、陈其美的10月都督生涯、陈其美与“二次革命”、陈其美与中华革命党等。

4436 陈其美与中国革命/张达夫撰．影印本．台北：私立中国文化学院．1977.7

本文分5章，主要讲述了陈其美革命思想的萌芽与成长、早期的革命活动、辛亥革命中显露才识、沪军都督与二次革命、中华革命党时代。书中附有提要、绪论、结论、参考及引用书目。

4437 陈英士（其美）先生年谱/何仲萧编．影印本．台北：文海出版社．1975（近代中国史料丛刊续编．第二十六辑；255）

全书分为徐序、自序、年谱、附录4部分。书前附有中国国民党丛书叙言。附录中包含行状、祭文、挽联、陈公英士墓志铭等内容。本书与《梅川谱偈》合订。

4438 陈英士评传/朱馥生，姚辉著．北京：团结出版社．1989.1

本书分12章，包括：“大变动时代的‘当店倌’”、“东渡日本，投身革命”、“活跃于‘十里洋场’的秘密党人”、“光复上海，底定东南”、“政坛风云”、“上海讨袁军总司令”、“中华革命党总务部长”、“忠于民主，献身共和”等内容，并附有陈英士生平大事记和照片。

4439 陈英士先生革命小史/邵元冲编．影印本．台北：文海出版社．1987（近代中国史料丛刊三编．第二十一辑；204）

全书分10章，包括：陈英士与民国的关系、幼年时代及习商时代的陈英士、留学时代及运动革命时代的陈英士、宋案发生及二次革命时代的陈英士、中国革命党时代的陈英士、西南讨袁时代的陈英士及其遇害、陈英士的世界革命思想，陈英士的性格等内容。本书与《民国外史》、《中国革命名人传》合订。有照片。

4440 陈英士先生纪念全集：九卷/何仲箫辑．铅印本．［出版地不详］：［出版者不详］，民国十九年（1930）

全书分上、下两集，共9卷，包括：传述、遗著、语录、殉国唁词汇录、安葬唁词汇录、十一周纪年汇志、十二周纪年汇志、十三周纪年汇志、十四周纪年汇志。书中附有图像、遗墨、序、例言和各地追悼摄影。

4441 陈英士先生纪念全集/何仲箫编．影印本．台北：文海出版社．1970（近代中国史料丛刊．第53辑；529）

陈其美（1878—1916），字英士，浙江吴兴人，近代民主革命志士。本书为陈其美逝世十四周年纪念文集。内容提要参见4440。

4442 陈英士先生年谱/何仲箫著．沪1版．上海：中国文化服务社．1946.4（中国国民党丛书）

全书共4章：《徐序》、《自序》、《年谱》及《附录》。

4443 大革命家陈其美/民心社编．复制本．上海：泰东图书局．1916.6

本书是陈其美遇刺后的纪念集，内容包括：遗像、遗墨、历史、光复时之陈其美、遇害时之陈其美、中外各报之记载、各凶犯报外之记闻、哀诔录等。

4444 扶颠持危：陈英士传/查显琳著．台北：近代中国出版社．1984.6（近代中国丛书．先烈先贤传记丛刊．54）

本书分为32个部分，介绍了陈英士的家庭背景、少年经历、主要工作、同盟会的创建等内容。书中附有照片和族谱。

4445 湖州文史．第一辑，陈英士先生史料专辑/中国人民政治协商会议浙江省湖州市委员会文史资料研究委员会编．湖州：中国人民政治协商会议浙江省湖州市委员会文史资料研究委员会．1984.7

本书分回忆录和传记文、历史资料两部分，包括：谈谈陈其美、我是怎样认识陈英士的、陈英士在上海光复前夕召开的一次重要会议、陈英士在上海光复前后、陈英士先生事略、陈英士殉国纪念报告、陈英士先生年谱初稿等。书中有前言、附录和照片。

4446 沪军都督：陈英士传奇/陈祖基，徐重庆著．杭州：浙江文艺出版社．1987.12

本书分为12章，包括："刺客列传"、留东外史、上海风云、针锋相对、尚武精神、上海光复、多事之秋、成仁取义等内容。另附有《沪军都督》序、尾声和后记。

4447 沪军都督：辛亥革命中的陈英士/姚凡著．上海：上海文艺出版社．1992.2

本书共30篇，主要包括：卧病萌志、到长江流域去、醉心会春院、临战之前、攻克制造局、说降、容将激将、东南半壁再易主等。

4448 沪军都督陈公英士行状/邵元冲撰．铅印本．［出版地不详］：［出版者不详］，民国间（1912—1949）

本书为陈英士烈士的革命同仁邵元冲所撰，简要陈述了陈英士烈士的生平及革命事迹：早年弃读从商，又弃商从政，后留学日本，与徐锡麟、秋瑾等革命志士交往，并加入同盟会。回国后曾任工商总长、沪军都督。民国5年（1916）遇刺而亡。

4449 集隋志字陈英士先生传略/程振华集．影印本．南京：正中书局，民国二十五年（1936）

本书为辛亥革命烈士陈英士的传记，简述了烈士的生平、言行事迹及就义情况。书中字体是辑《隋志》字而成。

4450 民国陈英士先生其美年谱/徐咏平撰．影印本．台北：台湾商务印书馆．1980.5（新编中国名人年谱集成．第八辑）

本书分为3个部分，包括：纪念图片、年谱正文和附录。附录中收录了陈英士先生行状和陈英士先生墓志铭两部分内容。

4451 民国前驱——陈其美/张学继著．兰州：兰州大学出版社．2002.3（民国人物大系）

作为辛亥革命一代的领袖人物，陈其美无疑是最具传奇色彩和独特政治风格的革命家。本书分青年时代、投身革命、经营上海、东南锁钥、十月都督、二次革命、毁党造党、再起反袁、身后毁誉等部分。

4452 挽陈其美先生楹联辑/刘作忠编注．武汉：武汉测绘科技大学出版社．1996.6

陈其美（英士）是辛亥革命时期声名显赫的资产阶级革命家。本书搜录陈其美先生1916年5月殉难至抗日战争爆发前，在历次悼念和纪念活动中，海内外97个单位（团体）和1560位个人奉献的挽联1388副。书中附有照片、序、附录、后记。

4453 浙江文史资料选辑. 第三十六辑，陈英士/中国人民政治协商会议浙江省委员会文史资料研究委员会编. 杭州：浙江人民出版社. 1987.9

本书是1986年在湖州举行的“纪念陈英士殉难七十周年学术讨论会”上的论文和史料的选编，收录25篇文章，包括：重评陈英士、陈其美与善长典、辛亥革命时期的陈其美、陈英士与中华革命党、陈其美与护国战争、陈其美的死因极其反响、孙中山与陈其美、陈其美与于右任等。书中附前言、后记、照片。

13.11 朱执信

4454 兵的改造与其心理/朱执信著. 复制本，6版. 上海：民智书局. 1926.4（国民丛书；1）

朱执信先生一生不断地努力于政治改造和社会改造。本书是其遗著之一，介绍了兵的心理、变态心理及其改造。

4455 虎门遗恨：朱执信传/谢霸天著. 台北：近代中国出版社. 1979.5（近代中国丛书. 先烈先贤传记丛刊. 11）

朱执信殉难于1920年，距今已90年了。然而他的思想、精神以及创下的事业却一直在发展延伸。本书主要内容包括：辫子的故事、光复广东、整编民军、坐镇香港、愤然离粤、再赴日本、回忆留学生活、虎门遗恨等。书中附有照片、序、前言、朱执信年谱。

4456 划过黑夜的亮星：朱执信传记/赵南成著. 广州：花城出版社. 2005.5（广州市执信中学校史丛书）

本书分19部分，内容包括：赴日本留学、成功的读书方法、发展和壮大同盟会组织、黄花岗起义一马当先、为光复广东建立功勋、夫妻携手同经风雨爱情弥坚、在广东军政府中的良好政绩等。

4457 睡的人醒了：朱执信集/张延华，冯东红选注. 沈阳：辽宁人民出版社. 1994.9（中国启蒙思想文库）

本书主要包括：睡的人醒了、未来之价值与前进之人、生存之价值、人类的将来、人生问题、复查光佛函、危险之塞耳政策、新文化的危机等20章。书中附有丛书总序、编序。

4458 文武兼备的革命家——朱执信/林家有，张金超著. 广州：广东人民出版社. 2008.10（广东历史文化名人丛书）

本书共6章，内容包括：早年教育、矢志革命、光复广东、捍卫共和、理论创新、虎门遇难。书中有引言、大事年表、主要参考书目、后记。

4459 朱执信/余炎光著. 上海：上海人民出版社. 1984.4（中国近代史丛书）

本书共11章，内容包括：出身于书香门第、由排满而革命、初露锋芒、社会革命当与政治革命并行、积极投身武装起义、发动民军光复广州、政权建设之梦、为民主共和理想而战等。附有出版说明、朱执信像。

4460 朱执信集/朱执信著；广东省哲学社会科学研究所历史研究室编. 北京：中华书局. 1979.1

本书分为上、下两册。内容包括：论满洲虽欲立宪而不能、北美合众国之相续税、土地国有与财政、心理的国家主义、无内乱之牺牲、生存之价值、革命与心理、青年学生应该警戒的两件事、人生问题等。

4461 朱执信评传/张瑛著. 郑州：河南教育出版社. 1990.8（近代史人物评传）

本书共11章，内容包括：青少年时代、为创建民主共和国而奋斗（上、下）、建设民主共和政权、为捍卫民主共和国而奋斗（上、下）、为民主共和而英勇牺牲等。书中有序言、附录和后记。

4462 朱执信社会政治思想研究/张顺昌著. 贵阳：贵州人民出版社. 2005.4

本书共9章，主要内容包括：朱执信早期革命思想的萌芽、初露锋芒的革命政论家、朱执信资产阶级民主革命思想的初步确立、新的时代与新的探索、朱执信改造中国社会之构想、朱执信与马克思主义在中国的早期传播、朱执信的国家主义观等。

4463 朱执信思想研究/肖万源著. 北京：人民出版社. 1985.10

本书共14章，主要内容包括：为革命奋斗一生的朱执信、朱执信的进化发展观，朱执信与马克思主义、朱执信关于革命的理论、朱执信的国家观、阶级论和群众观中的新见解、反帝反封建的人生观等。

4464 朱执信文存/朱执信著；邵元冲编. 影印本. 台中：文听阁图书有限公司. 2008.12（民国文集丛刊. 第一编. 113）

本书为普通青年读物，关于朱执信先生思想和理论方面的文字。本书主要内容包括：无内乱之牺牲、生存之价值、革命与心理、人类的将来、诗的音节、求学与办事、耶稣是什么东西、民意战胜金钱武力等22篇文章；新诗3篇；小说1篇以及附载《怀朱执信先生》、《执信的人格》。

4465 朱执信先生文集/朱执信著. 台北：中国国民党中央委员会党史委员会. 1985.6

本文集分上、下两册，以收录国民党党史会库史料为主，综编而成。概分为论著、译述、函电、杂著等4编，其中小说及诗因篇幅不多，并入杂著一编。卷首选录朱执信先生遗照、合照及墨迹8件，并附传略。

4466 朱执信先生自书诗遗墨/朱执信撰并书. 石印本. 上海：民智书局，民国间（1912－1949）

本书主要是朱执信手书诗词，内容有：读《汉书》8首、观物2首、六年归广州寓居海幢寺中岁除日作、登阿苏火山绝顶。后有胡汉民挽执信甥诗词各1首，及陈融、戴季陶、谭延闿、古应芳、汪兆铭等人的纪念文字。

13.12 吴禄贞

4467 调查延吉边务报告：三卷/吴禄贞等编. 铅印本. 吉林：吉林官书印刷局，清光绪三十四年（1908）

延吉是中朝边界的重镇，有着重要的战略地位，特别是近代日俄战争之后（1904－1905）包括延吉在内的东三省更是亟待保护之领土。此书通过介绍延吉的概貌以激起国人保卫东三省之决心。此书共9章：延吉厅幅员广袤、延吉厅疆域之历史、延吉厅自国初至今建设之沿革、韩民越垦之始末、吉韩界务之始末、日韩对于延吉谬论之详辩、日人经营延吉之原因、日人经营延吉之手段、日人越境之举动（此章暂缺）。本书2册。

4468 调查延吉边务报告书. 二卷/吴禄贞等编. 铅印本. 吉林：吉林官书印刷铅印本局. 1908

本书共两卷9章：延吉厅幅员之广袤，延吉厅疆域之历史，延吉厅自国初至今建设之沿革，韩民户口区域一览表，吉韩界务之始末，日韩对延吉谬论之详辩，日人经营延吉之原因，日人经营延吉之手段，日人越境之举动（暂缺）。卷前附光绪三十二年十二月二十五日，帮办吉林边务陆军协统正参领吴禄贞所制延吉地图一幅。本书2册。

4469 东四盟蒙古实纪/吴禄贞撰. 影印本. 呼和浩特：远方出版社. 2008.3（内蒙古历史文献丛书；4）

本书介绍了蒙古之制度、蒙古之宗教、蒙古之人民、蒙古之风俗、蒙古之畜牧、蒙古之医术、蒙古之兵对、蒙古之家庭嗜好等内容。本书与《经营蒙古条议》、《昭乌达盟纪略》、《蒙事一斑》、《筹蒙刍议》、《东蒙古纪程》合订。

4470 九边处处蹄痕：吴禄贞传/胡玉衡著. 台北：近代中国出版社. 1982.10（近代中国丛书. 先烈先贤传记丛刊. 36）

本书分14章，内容包括：从幼年到立志革命、入兴中会后的活动、归国后的革命运动、北上的企图和挫折、在东北策动革命、武昌起义、袁世凯的复出、响应革命的壮举、三角同盟的瓦解等。书中附有照片和后记。

4471 吴烈士遗诗：二卷/（清）吴禄贞撰. 石印本. ［出版地不详］：［出版者不详］，民国间（1912—1949）

吴烈士，即吴禄贞（1880－1911），字绶卿，湖北云梦人，近代资产阶级革命者。本书辑录了吴禄贞古今体诗22首，附词两阕。前有吴烈士31岁遗像、钱基博撰《吴烈士传》、无锡廉泉撰《吴烈士遗诗序》及孙寒厓题词5首。

4472 吴禄贞/赵宗颇，夏菊芳著. 上海：上海人民出版社. 1982.5（中国近代史丛书）

本书分10章，内容包括：一个有抱负的青年、留学日本、参加自立军起义、散播革命种子、北上入京、对日交涉、第六镇统制、血洒石家庄等。

4473 吴禄贞集/吴禄贞著；皮明庥、虞和平、吴厚智编. 武汉：华中师范大学出版社. 1989.8（辛亥人物文集丛书；3）

吴禄贞（1880—1911），字绶卿，中国民主革命先驱。本书以时间先后为序，按文著、诗词、函电等部分，收集了吴禄贞烈士的文本、抄件或文物资料，其中主要收录了他的诗文。本书特设附录，内有吴禄贞大事记一则和吴氏亲属纪念性文字数则，以及孙中山、黄兴的唁电数则。书中另附有照片。

4474 吴绶卿先生遗诗/（清）吴禄贞撰. 铅印本. ［出版地不详］：［出版者不详］，民国元年（1912）

吴绶卿，即吴禄贞（1880－1911），字绶卿，湖北云梦人，曾任延吉边务督办，延边华韩杂处，吴禄贞治边有功，颇得民心，受到当地人民爱戴。本书采集了吴禄贞遗诗数首，包括：西征古今体诗22首（附词二阕），戍延古今体诗30首。又附有延边诸君哀挽录，分别为延珲各界哀祭诗文联摘存、归化韩民哀祭诗文联摘存。本书前有吴绶卿先生遗像、绶卿先生象赞（如弟程明超拜题）、吴太夫人影像、绶卿先生家族合影，序3篇（海盐张元济、黄冈程明超、增祥），题词10首，书后有谢炳朴跋。

4475 延吉边务报告/吴禄贞撰. 影印本. 台北：文海出版社. 1969（近代中国史料丛刊. 第32辑；317）

全书分8章，包括：延吉厅疆域之历史、延吉厅建设之沿革、延吉厅之地理、韩民越垦之始末、吉韩界务之始末、日韩谬说之纠正、日人经营延吉之原因、日人经营延吉之政策。有延吉边务报告序和延吉边务报告叙言。

13.13 梁启超

4476 《饮冰室合集》集外文/梁启超著；夏晓虹辑. 北京：北京大学出版社. 2005.1

本书辑录《饮冰室合集》未收之梁启超佚文，体例依从《饮冰室合集》，散篇文章入“文集集外文”，有单行本入“专集集外文”。内容包括：与康有为等人书、致孙中山函三通、《新民丛报》章程、英日同盟论、檀香山赔款问题、哀西藏、原学、致袁世凯电等。

4477 被历史“遗忘的角落”：梁启超的新民学说与经济思想/潘强恩等著. 北京：新华出版社. 1999.1

本书共4章，主要包括：折射时代光芒的生平、发聋振聩的新民学说、独树一帜的经济思想、“新民”与新民主主义。书中有引言。

4478 变法通议/梁启超著；何光宇评注．北京：华夏出版社．2002.1（影响中国近代史的名著）

本书是维新派领袖梁启超在戊戌变法前夕撰写的一组政论文章，主要内容是论证中国社会变则存，不变则亡；只有改良现行的腐朽官僚体制和科举取士制度，兴办新式学校培养变法人才，才能从根本上解决封建制度的弊端，维护清朝的政治统治。本书附照片。

4479 博学多变的人生：梁启超的读书生活/易新鼎著．郑州：中原农民出版社．1999.2（名人书趣丛书）

本书选取梁启超的读书生活这一特定角度，通过他如何读书、写书、购书、藏书、爱书，以及介绍他们的家学渊源、师承关系、访学交谊等，来展现他们的读书方法，治学特点以及事业成就等。本书附照片。

4480 常识文范：四卷/梁启超撰．铅印本．上海：中华书局，民国五年（1916）

本书分 4 卷，卷 1 为说常识、说国风等篇；卷 2 为论新民为今日中国第一急务，论进取冒险等；卷 3 为少年中国说，说幼稚等篇；卷 4 为复古思潮平议，论小说与群治之关系等篇。本书 4 册。

4481 楚辞二十讲/梁启超，王国维等著；胡晓明选编．北京：华夏出版社．2009.3

本书精取了楚辞研究的宏论力作，包括《屈原研究（节选）》、《〈离骚〉的抒情结构及意象表现》、《〈九歌〉的结构》、《宋玉赋：性梦与艳情》等文章。

4482 楚辞文献集成．第二十五册/吴平，回达强主编．影印本．扬州：广陵书社．2008

本书包括：楚辞余论、读骚列论、楚辞解题及其读法、楚辞之研究、屈原及宋玉、离骚研究、楚辞辩证、离骚草木疏。

4483 春风桃李百世师：梁启超和他的弟子/黄跃红，王琦著．广州：广东教育出版社．2009.8（国学传承丛书）

本书对梁启超及其弟子的思想和事迹进行了记述和研究，内容包括：天生俊杰百年一遇、时务学堂独步一时、时哉后起我英雄、吾爱吾师吾尤爱真理等。本书附插图。

4484 春秋载记/梁启超著．石印本．［出版地不详］：中央大学出版部，民国间（1912－1949）

载记，史书体裁之一，记载不属于正统王朝的割据政权的事迹。此书是梁启超有关先秦社会政治史的名著之一，选取这一时段，正如他所说：“虽常有迁移分裂而所谓中国人者，则已成为永不可分之一体。他族入焉，非久必与之俱化。我国所以能岿然独立……而其酵釀之而字育之者，实在春秋之世。”全书中肯地论述了春秋时期在我国社会历史进程中的地位。

4485 从“承启之志”到“守待之心”/魏泉考释．济南：山东文艺出版社．2006.7（现代学者演说现场．梁启超卷）

本书内容包括：清代学术概论、中国散文里头所表现的情感、国学入门书要目及其读法 3 部分。

4486 大家国学，梁启超卷/梁启超著；夏晓虹编．天津：天津人民出版社．2008.8

本书内容包括：清化学术概论、中国韵文里头所表现的情感、国学入门书要目及其读法 3 部分。

4487 道家二十讲/梁启超，胡朴安等著；黄河选编．北京：华夏出版社．2008.1

本书共 20 讲，内容包括：从“知不可而为”到“无为无不为”、庄子的入世方法、道家与道教、道家的自觉、道家是个幽默派、历史上的庄子、新道家与玄学等。

4488 东亚的民本思想与近代化：以梁启超的国会观为中心/李晓东著. 台北："中央研究院"东北亚区域研究. 2001.11（"中央研究院"东北亚区域研究演讲系列；5）

本书为台湾地区"中央研究院"东北亚区域研究及演讲系列丛书的第5本，主要探讨东亚的民本思想与现代化。本书分为不断被重新解读的儒学、梁启超的政治主张与加藤弘之、国会观的转变和结论4个部分。

4489 盾鼻集/梁启超撰. 上海：商务印书馆. 1916.10

本书分7部分，主要内容有：风华正茂的少年时代、变法维新的勇将、鼓吹君主立宪、策划护国战争反对张勋复辟清室、一代举人等。

4490 盾鼻集/梁启超著. 影印本. 台北：文海出版社. 1966（袁世凯史料汇刊；15）

内容提要参见4489。

4491 风尘孤剑在：梁启超/张启华著. 台北：万卷楼图书公司. 1999.1（中华文化宝库. 学术思想类；027）

本书分7部分，主要内容有：风华正茂的少年时代、变法维新的勇将、鼓吹君主立宪、策划护国战争、反对张勋复辟清室、一代举人等。

4492 国民浅训：一卷/梁启超撰. 铅印本. 上海：商务印书馆，民国五年（1916）

本书是梁启超所撰的一部通俗浅易的社会政治教科书，旨在向民众讲解有关爱国、民主、平等、自由等方面的基本知识，进一步阐述其改造国民性的思想和实行民主政体的主张。本书包括：《何故爱国》，《国体之由来》、《何谓立宪》、《自治》、《自治（续）》、《租税及公债》、《征兵》、《调查登录》、《乡土观念与对外观念》、《公共心》、《自由平等真解》、《不健全之爱国论》、《我国之前途》等13篇。

4493 国体问题：一卷/梁启超撰. 石印本. [出版地不详]：[出版者不详]，民国间（1912—1949）

本书为梁启超对当时国体改革问题发表的见解。附《汪凤瀛参政致筹安会书》、《刘少少与杨度孙毓筠书》、《黄晦闻与刘师培书》。

4494 国性与民德：梁启超文选/梁启超著；王德峰编选. 上海：上海远东出版社. 1995.7（中国近现代思想家论道丛书）

本书主要内容有论中国积弱由于防弊、自由书、少年中国说、服从释义、说希望、余之生死观、国家运命论、国性篇等。

4495 国学要籍研读法四种/梁启超著. 北京：北京图书馆出版社. 2008.11

本书收录了《古书真伪及其年代》、《读书分月课程》、《国学入门书要目及其读法》、《要籍解题及其读法》，原著或为梁先生的授课笔记、或为讲义、或应《清华周刊》之邀而作，对中国文化要籍的研读分别教以方法、授以门径。

4496 好读书/梁启超，陶行知等著；王宗仁主编. 北京：中国华侨出版社. 2008.8（名人情趣丛书）

本书内容包括：读书的艺术/（林语堂）、谈读书/（朱光潜）、忆读书/（冰心）、为什么要读书/（胡适）、读中国书/（梁启超）、爱读的书/（茅盾）、读书百宜录/（张恨水）、读书杂谈/（鲁迅）行等。书中附有出版说明。

4497 护国之役电文及论文/梁启超著. 影印本. 台北：文海出版社. 1967.5（近代中国史料丛刊. 第九辑；88—89）

本书收录了民国初年护国战争时期各界通电文字以及对于护国之役的论文数篇，真实地反映出了当时的历史事实。

4498 精读梁启超/刘琅主编. 厦门：鹭江出版社. 2007.8

本书辑有其重要史学作品《中国历史研究法》、《新史学》，以及《科学精神与东西文化》、《少年中国说》、《论不变法之害》、《人权与女权》等重要文论，充分体现了梁启超深邃的史学观和治学用心。

4499 救亡与启蒙：梁启超之儒学研究/黄雅琦著. 台北县：花木兰文化出版社. 2009.3（中国学术思想研究辑刊. 三编；25）

本书内容包括：绪论、晚清民初的儒学、梁启超的成学历程、梁启超的儒学变迁论、梁启超的先秦儒学论、梁启超的汉唐儒学论、梁启超的宋明儒学论、梁启超的清代儒学论等。

4500 觉世与传世：梁启超的文学道路/夏晓虹著. 北京：中华书局. 2006.1（名家讲现代中国）

本书对梁启超的文学思想、小说、诗歌、“新文体”进行了研究，探讨了他与传统文学观念、日本明治文化、日本明治小说、日本明治散文等的联系。本书附照片。

4501 跨世纪的文化巨人——梁启超/谢放著. 广州：广东人民出版社. 2005.7（广东历史文化名人丛书）

本书描述了梁启超一生的重大事迹和心路历程。全书共分 6 部分，内容包括：岭南才子：探寻人生道路，维新主将：投身变法运动，启蒙新星：传播西方学说，宪政灵魂：选择救国方案，政党领袖：追求民主政治，学界宗师：构建现代文化。书中附有大事年表，主要参考书目和后记。

4502 旷世奇才梁启超/董方奎著. 武汉：武汉出版社. 1997.10

本书记叙了梁启超为追求中国富强民主的改革之路而呕心沥血、彷徨求索的痛苦历程。此外，书中还写了梁启超的轶闻趣事和操守德行。

4503 烂漫天才：梁启超别传/范明强著. 北京：华夏出版社. 1999.2（近代名士别传丛书）

本书分 10 部分，主要内容有：天纵奇才、多情男儿、师徒之间、维新志士、力拒革命、护国领袖、漫游情怀、天丧斯人等。本书附照片。

4504 李文忠公事略：一卷/梁启超撰. 四版铅印本. 成都：昌福公司，民国九年（1920）.（满清野史）

李鸿章（1823－1901），字渐甫，号少荃，安徽合肥人，谥文忠。是淮军创始人、洋务运动的主要倡导者之一、晚清重臣，官至直隶总督兼北洋通商大臣，授文华殿大学士。本书即是梁启超为其作传记，内分 12 章，分别为绪论、李鸿章之位置、李鸿章未达以前及其时中国之形势、兵家之李鸿章上、兵家之李鸿章下、洋务时代之李鸿章、中日战争时代之李鸿章、外交家之李鸿章上、外交家之李鸿章下、投闲时代之李鸿章、李鸿章之末路、结论。本书 2 册。

4505 李鸿章传/梁启超著. 海口：海南出版社. 2001.10（名人名传丛书：插图本. 第一辑）

内容提要参见 4504。

4506 李鸿章传/梁启超著. 台北：立绪文化事业公司. 2004.12（新世纪丛书. 传记）

内容提要参见 4504。

4507 李鸿章传/梁启超著. 天津：百花文艺出版社. 2008.4

内容提要参见 4504。

4508 理想与力气/梁启超著. 呼和浩特：内蒙古人民出版社. 1999（中国现代经典文库）

本书主要包括：说悔、理想与气力、少年

中国说、欧游心影录（节录）、知命与努力和人物点评。

4509 历朝学案拾遗．上/梁启超，王恩洋等撰．影印本．北京：北京图书馆出版社．2004.12

本套书分上、中、下 3 卷，收录明清以来学者编著的有关先秦诸子至民国时期著名学者学案的补遗、札记、订误等著作 14 种。

4510 历朝学案拾遗．中/梁启超，王恩洋等撰．影印本．北京：北京图书馆出版社．2004.12

本套书分上、中、下 3 卷，收录明清以来学者编著的有关先秦诸子至民国时期著名学者学案的补遗、札记、订误等著作 14 种。

4511 历朝学案拾遗．下/梁启超，王恩洋等撰．影印本．北京：北京图书馆出版社．2004.12

本套书分上、中、下 3 卷，收录明清以来学者编著的有关先秦诸子至民国时期著名学者学案的补遗、札记、订误等著作 14 种。

4512 梁启超/鲍风著．武汉：长江文艺出版社．1996.12（中国智贤人生丛书）

本书共分为 19 章，包括：根深方能叶茂、强国与强智、英雄与英雄崇拜、识时务者为俊杰、人生与艺术、知命与努力、希望与失望、群居与独处等。

4513 梁启超/陈引驰编．上海：三联书店．1997.11（自述与印象）

本书收录了有关梁启超先生的文章 16 篇，包括：三十自述、清代学术概论（节录）、梁先生北海谈话记录（节录）、梁任公先生传、梁启超（节录）、读吴其昌撰《梁启超传》书后、梁任公先生、梁启超传等。

4514 梁启超/崔志海编著．北京：中国国际广播出版社．1996（爱国主义教育丛书）

本书共分为 10 章，包括：时代与家世、少年得志、拜康有为为师、投身维新运动、北上参与变法、舆论界的骄子、立宪运动的领袖、护国功臣等。

4515 梁启超/耿云志，崔志海著．广州：广东人民出版社．2008.12（岭南文库）

本书共分 7 章，包括：少年时代初露峥嵘，投身政治康梁齐名，流亡海外苦心探索，民国初期政海浮沉，五四时期文化兴国，潜心治学多有建树，晚年生活心境相谐。书中附有结语，附录和参考书目。

4516 梁启超/李喜所，胡志刚著．石家庄：河北教育出版社．2003.1（百年家族）

本书内容主要包括：百年一梦——解读梁家、探源——南国飞出个金凤凰、永垂不朽是文章、群星闪烁——渐为平常百姓家等，叙述梁启超及家族后世几代人百年的生活足迹。有照片。

4517 梁启超/廖卓成编著．台北：三民书局．2006.5（20 世纪文学名家大赏；01）

本书主要内容有：变法通议（节录）、少年中国说、新民说（节录）、三十自述、欧游心影录（节录）、学问之趣味、人权与女权、护国之役四顾谈、为学与做人等。有照片。

4518 梁启超/刘炎生著．广州：广东人民出版社．2004.12（岭南文化知识书系）

本书共分 13 章，包括：科场成名，投身戊戌变法，宣扬西方思想文化，倡导文学革命，致力立宪运动，五四运动前后，国学大师，伟人陨落等内容。书中附有图片和照片。

4519 梁启超/牛仰山编写．北京：中华书局．1962（中国历史小丛书）

本书共分为 6 章，包括：康有为的得力助手、宣传改良主义思想、参与湖南维新运动、在百日维新前后、变法失败后走向反动、政治上最后的堕落。

4520 梁启超/齐春风著. 昆明：云南教育出版社. 2009.3

本书内容包括：梁启超的生平及其家庭、维新变法的主倡者、流亡海外活动、归国后的活动、梁启超的政治、经济、宪政、史学、佛学思想等。

4521 梁启超/徐刚著. 广州：广东旅游出版社. 1996.9

本书共分为 26 章，包括：萧瑟年华、凌云塔下、万木草堂、公车上书、础润而雨、百日风云、亡命天涯、红颜知己等。

4522 梁启超/薛瑞汉，庞建国著. 北京：民族出版社. 2003.7（晚清风云人物史话）

本书分为：天生俊杰・才华横溢、政治舞台・崭露头角、百日维新・腥风血雨、避难东瀛・重谋大业、岁月苦随公碌・自东徂西广见闻等 11 章。有照片。

4523 梁启超/张琳璋著. 北京：中国文联出版社. 2009.3

本书共分为两卷，上卷：经营天下；下卷：梦断共和。

4524 梁启超：改良人生/鲍风著. 修订版. 武汉：长江文艺出版社. 2000.11（中国圣贤人生大系）

本书从根深方能叶茂、强国与强智、人生与艺术、知命与努力、为学与做人、敬业与乐业、群居与独处等方面论述了梁启超的主要思想。

4525 梁启超：公车上书/寒波著. 长沙：湖南文艺出版社. 1996.10（千秋系列长篇历史小说丛书）

本书共分为 34 章，内容包括："梁启超金榜结良缘"、"李惠仙慧眼识英才"、"广州城、康有为布衣收高徒"、"度关山、千金女梦魂寻郎君"、"岁在甲午、光绪帝歌舞升平庆元旦"、"时值盛夏、梁启超奔走营救康南海"、"夜沉沉兮，光绪帝挥泪养心殿"、"风萧萧兮、梁启超大闹都察院"等。

4526 梁启超：经营天下/张琳璋著. 北京：华艺出版社. 2006.6

本书是一部描写中国近代学者、杰出思想家梁启超先生的长篇历史小说。在专制的清王朝面前，梁启超和他的师友们最早提出了维新变法、经营天下的思想理念，在中国掀起了一场思想大解放的社会变革运动。

4527 梁启超：中国近代史上构建新文化的一代宗师/李喜所，胡志刚著. 台北县：立绪文化事业公司. 2001.9（百年家族；新世纪丛书. 传记；97）

本书共分为 11 篇，包括："百年一梦——解读梁家"、"探源——南国飞出金凤凰"、"开民智，启新学"、"成也政治，败也政治"、"成就学术志业"、"饮冰室居家与双涛园群童"、"思成，梁启超"、"梁思成——中国现代建筑学先驱"等。有照片。

4528 梁启超"豪杰译"研究/蒋林著. 上海：上海译文出版社. 2009.1（译学新论丛书；浙江省重点学科浙江师范大学外国语言学及应用语言学系列学术丛书）

本书内容包括：梁启超与"豪杰译"的由来；翻译目的论视域中的梁启超"豪杰译"；梁启超"豪杰译"的文体特征及其文体生成；梁启超"豪杰译"的文化意义等。

4529 梁启超・明治日本・西方/（日）狭间直树编. 北京：社会科学文献出版社. 2001.3

本书收录了 14 篇日本京都大学人文科学研究所的研究报告，内容涉及了梁启超的经济思想、哲学思想、伦理道德思想、史学思想、宗教思想等。

4530 梁启超传/李平，杨柏岭著. 合肥：安徽

人民出版社. 1997.8

本书介绍了梁启超先生的生平事迹，内容包括：新会神童康门高足、变法鼓手维新志士、海外逋人启蒙新星、论战旗手宪政灵魂、联袁主谋国家桢干、反袁先锋护国英雄、段阁谋士欧洲游客、骚坛健将议政文士等 9 章。附录：梁启超的文化思想和学术成就。

4531　梁启超传/李喜所，元青著. 北京：人民出版社. 1993.10

本书勾勒梁启超的政治生涯，同时对他的思想和学术文化作了研究，还对他的家庭生活、个人性格、业余爱好、人际关系等作了介绍。有照片。

4532　梁启超传/李喜所，元青著. 修订本. 北京：人民出版社. 2010.1

本书介绍中国近代文化名人梁启超的生平事迹及其贡献。内容包括：寻根、流水年华、康门高足、初涉政治舞台、与袁世凯握手合作等。

4533　梁启超传/孟祥才编著. 北京：北京出版社. 1980.11

本书初步探索中国近代社会条件如何造就了梁启超这样的人物，而他的全部活动又给中国近代社会造成了怎样的影响；探索梁启超在学术思想上较他之前的前辈贡献了什么新的东西，而时代和阶级的局限有怎样限制了他的眼界，从而在他的遗产中使精华和糟粕、珍珠和粪土奇妙的结合在一起。有肖像。

4534　梁启超传/王勋敏，申一辛著. 北京：团结出版社. 1998.7（中国文化巨人丛书. 近代卷）

本书共分为 8 章，包括：风华正茂、初搏政坛、搏击中流、宪政大潮、与狼共舞、护国之帅、不懈求索、归宗学术。附录：梁启超简谱。

4535　梁启超传/吴其昌著. 北京：东方出版社. 2009.3

本书记叙了梁启超不平凡的传奇一生，包括：梁氏生前中国一般的惨状、梁氏幼年的家庭生活及家乡环境、康梁会接、促成戊戌变法的原因、政治失败原因的解析等内容。有图。

4536　梁启超传/吴其昌著. 北京：团结出版社. 2004（插图本名人名传丛书）

内容提要参见 4535。

4537　梁启超传/吴其昌著. 天津：百花文艺出版社. 2004.7

内容提要参见 4535。

4538　梁启超传/吴其昌著. 天津：百花文艺出版社. 2009.7

内容提要参见 4535。

4539　梁启超传/徐刚著. 广州：广东旅游出版社. 2006

本书共分 26 章，萧瑟年华，公车上书，亡命天涯，新民如梦，宪政波澜，再造辉煌，论战社会主义，绝笔余响等内容。书中附有后记和照片。

4540　梁启超传/张琼著. 北京：京华出版社. 2002.6（中国名人大传）

本书介绍了中国近代著名的政治家、思想家、戊戌维新运动领袖之一梁启超的一生。全书分少年英杰、维新变法、流亡海外、坚持共和等 9 章。

4541　梁启超传记五种/梁启超著. 天津：百花文艺出版社. 2009.2

本书收录了《管子传》、《王荆公传》、《袁崇焕传》、《南海康先生传》、《殉难六烈士传》。

4542　梁启超传记资料/朱传誉主编. 台北：天一出版社. 1979.11

本书主要介绍的是梁启超先生的传记，包括：梁启超传、梁任公别录、梁任公传“序”、梁任公先生年谱长编初稿序、梁任公年谱长编初稿纠正、神童梁启超、记梁启超先生等。

4543　梁启超的故事/伍仕健编著．汕头：汕头大学出版社．1998.5（中外英雄人物故事丛书）

本书讲述了梁启超的生平经历、学术思想、变法经过、革命斗争等故事。

4544　梁启超的经济面向/赖建诚著．台北：联经出版事业股份有限公司．2006.1（联经学术丛书）

本书主要是对梁启超在经济方面的研究，共分为12章，包括：综观概述、币制改革、财税与预算、外债与内债、工商实业、社会主义与土地国有论、散论五则、管子的国家经济观等。

4545　梁启超的人生哲学/鲍风著．台北：扬智文化事业公司．1997.9（中国人生丛书；25）

本书共分为16篇，包括：走近梁启超、根深方能叶茂、英雄与英雄崇拜、识时务者为俊杰、人生与艺术、知命与努力、希望与失望、群居与独处等。

4546　梁启超的书法艺术/陈福树著．珠海：珠海出版社．2003.11

本书是研究梁启超书法艺术的专著，本书既注重对梁氏书法艺术的整体把握，更注重对梁氏书艺、书论的探讨与相应历史时期的政治、文化背景的结合。有图。

4547　梁启超的思想/宋文明著．台北：水牛出版社．1973.5（水牛文库；111）

本书共分10部分，包括：梁启超与传记文学，梁启超看儒家思想，梁启超的道德观，梁启超的历史哲学，梁启超的方法论，梁启超的进步主义，梁启超的经济思想，梁启超看世界人类前途，梁启超论人性等内容。书中附有自序和附录4则。

4548　梁启超的治国之道/雷慧儿著．台北：东大图书公司．1989.6

本书共分6章，包括：梁启超倡导人才主义的背景，梁启超的人才主义思想及其渊源，梁启超人才主义思想外显的政治体制，梁启超实践人才主义的过程，梁启超实践人才主义的困境，结论。书中附有自序，参考书目和索引。

4549　梁启超读书生涯/王心裁著．武汉：长江文艺出版社．1998.2（中国名人读书生涯）

本书对梁启超的一生读书著述等有关资料做了比较详细的整理，全书共7部分，包括：学业基础初奠定、精研哲理牖新知、钻穴名理斗邃密、却借佛经叩法门、讲析文章撢芳菁、蛮笺细展写乌丝、书海自有舟楫通。附录：《梁启超生平读书著述年表简编》。有照片。

4550　梁启超读本/梁启超著；老愚评注．呼和浩特：内蒙古大学出版社．2008.1

本书共收文章52篇，包括：论不变法之害，论报馆有益于国事，致康有为书，中国积弱溯源论，论政府与人民之权限，新大陆游记，政党与政治上之信条，五年来之教训，五十年中国进代论等内容。书中附有策划者言。

4551　梁启超的治学方法/王心裁著．台北：新视野图书出版公司．1998.12（阅读之旅；3）

内容提要参见4551。有序、卷首记和后记。

4552　梁启超法律思想综论/焦润明著．北京：中华书局．2006.11（中华文史新刊）

本书内容共分7章，包括：民族危机意识与近代变法的时代潮流，法律思想的理论来源及其形成，西方近代法律思想的介绍与引进，本土法律资源的开发，中国特色宪政道路的设想，西方宪政制度的介绍与选择，建设法治国家的核心价值创设。书中附有引言、参考文献和后记。

4553 梁启超国学讲录二种/梁启超著；陈引驰编校. 北京：中国社会科学出版社. 1997.6（20世纪国学名著）

本书分为上、下两辑，上辑包括：要籍解题及其读法；下辑包括：古书真伪及其年代。附录：国学入门书要及其读法；一个最低限度的国学书目等。

4554 梁启超和他的儿女们/吴荔明著. 上海：上海人民出版社. 1999.1

本书是由《浩瀚书海中的女领航员——我的妈妈梁思庄》（《人物》1985第3期）和《梁启超和他的儿女们》（《民国春秋》1991第1、2期）两篇文章扩展而成。本书是一个集体的家族记忆，充满了怀思之情。有照片。

4555 梁启超和他的儿女们/吴荔明著. 台北：立绪文化事业公司. 2001.12（新世纪丛书. 传记；102）

内容提要参见4554。

4556 梁启超和他的儿女们/吴荔明著. 北京：北京大学出版社. 2009.1

内容提要参见4554。

4557 梁启超和中国古代学术的终结/蒋广学著. 南京：江苏教育出版社. 1998.6

本书共分为3篇，包括：走出“今文经学”心路历程、梁启超“不中不西、即中即西”的中国学术观、梁启超对未来学术的最终关怀。

4558 梁启超和中国古代学术的终结/蒋广学著. 再版. 南京：江苏教育出版社. 2001.11

内容提要参见4557。

4559 梁启超和中国现代文化思潮/易鑫鼎著. 北京：首都师范大学出版社. 2009.12（首都师范大学学术文库）

本书由上编“梁启超思想漫论”和下编“梁启超对后继者的影响”，共18章组成。其中内容包括：梁启超的文化性格、梁启超和袁世凯的矛盾关系、梁启超的民主主义思想、毛泽东和梁启超等。

4560 梁启超集/梁启超著；郑大华，王毅编注. 广州：花城出版社. 2010（大家小集）

本书共分“变法纵论”、“新民释义”、“文史研究”、“教育丛谭”、“戊戌六君子传”、“家书撷选”6辑，精选各个时期产生巨大社会影响的精彩文章45篇。

4561 梁启超集/梁启超著. 北京：中国社会科学出版社. 1995.12（近现代著名学者佛学文集）

本书收集了梁启超先生对佛学的著述，主要包括：缘起、梁启超先生与佛学、余之生死观、论佛教与群治之关系、印度史迹与佛教之关系、佛教之初输入、佛学时代、佛教教理在中国之发展等。书中附有图表。

4562 梁启超家书/梁启超著；林洙编. 北京：中国青年出版社. 2009.8

本书共8部分，主要内容有：致思顺书；致成、永、忠书；致思成思水书；致思顺思庄书；给孩子们书；给大小孩子们书；致思忠书；致思达书等。有照片。

4563 梁启超家书/梁启超著；张品兴编. 北京：中国文联出版公司. 2000.1

本书收集了梁启超从1898年至1928年所写的书信，除了不到10封是写给原配夫人李惠仙的，其余300多封全是写给他的孩子们的，内容涉及一般家庭事务，更多的是涉及孩子们读书、写字、学习、课程、选择学校、选择职业等许多方面。

4564 梁启超讲读书/梁启超著. 天津：天津古籍出版社. 2005.7（大师讲坛）

本书共分 3 部分内容，包括：国学入门书要目及其读法，要籍解题及其读法，古书真伪及其年代。书中附有照片。

4565 梁启超讲国学/梁启超著．北京：金城出版社．2008.5

本书分 3 辑：要籍解题及其读法、清代学术概论、治国学杂话。有图。

4566 梁启超讲国学/梁启超著．北京：中国传媒大学出版社．2008.8

内容提要参见 4565。

4567 梁启超讲国学/梁启超著．长春：吉林人民出版社．2008.1

本书选取了梁启超著作中有关儒释道思想的论著，如《中国思想史上的儒学统一时代》、《佛教教理在中国之发展》、《中国思想史上的老学时代》等，并附有《最低限度之必读书目》和《梁先生致〈清华学刊〉记者书》，并以其在 1923 年东南大学国学研究会的讲演《治国学的两条路》作为代序，书中有照片和本丛书所选大师儒学传承简明谱系。

4568 梁启超讲国学/梁启超著．南京：凤凰出版社．2008.11

本书分为国学入门要目及其读法、要籍解题及其读法和新史学 3 部分。

4569 梁启超讲历史/滕新才编．北京：新华出版社．2005.12（中国现代文化泰斗大讲堂）

本书主要辑录了梁启超三部极具史学价值著作：《中国历史研究法》、《清代学术概论》、《中国历史研究法补编》和一些历史研究散篇。

4570 梁启超讲文化/梁启超著；冯志阳编．天津：天津古籍出版社．2005.7（大师讲坛）

本书包括《欧游心影录（节录）》、《科学精神与东西文化》、《什么是文化》、《研究文化史的几个重要问题》、《东南大学课毕告别辞》等。有照片。

4571 梁启超讲演集/梁启超著；夷夏编．石家庄：河北人民出版社．2004.1（大师说）

本书是梁启超的讲演文本选录，收录有：保国会演说词、现代教育之弊端、无枪阶级对有枪阶级、我对于子女高等教育希望特别注重的几种学科等 30 篇。

4572 梁启超教子满门俊秀/丁宇，刘景云编著．北京：中华工商联合出版社．2002.4

本书分上、下两篇共 15 章，包括：近代文化大师——梁启超，艺蘅馆的女主人——长女梁思顺，一代建筑宗师——梁思成，卓有贡献的考古学家——二子梁思永，书海中的指挥员——二女梁思庄，“燕京三杰”之一——三女梁思懿，新中国火箭专家——五子梁思礼，勤于耕耘，学问来源于生活等内容。书中附有主要参考文献和后记。

4573 梁启超经典文存/梁启超著，洪治纲主编．上海：上海大学出版社．2004.12（经典启蒙文库．国学大师系列）

本书是从作者全部著作精选出来的，偏重于政论、史学和文学等方面的论述与思考，为广大读者尤其是青年学生提供一面思考的镜子。附“梁启超生平及著作年表”。

4574 梁启超经济思想研究/朱俊瑞著．北京：中国社会科学出版社．2004.12

本书采取历史学、经济学、政治学等不同学科综合研究的方法，对梁启超的经济思想进行了专题研究。

4575 梁启超论教育/董方奎，陈夫义主编．海口：海南出版社，三环出版社．2007.7

本书是从梁启超 1000 多万字的文献资料中，筛选出 80 多万字有关教育的论述，又从中精选出 30 多万字，用现代教育的观点加以分类，摘要汇编而成。

4576 梁启超论清学史二种/梁启超著. 上海：复旦大学出版社. 1985.9（中国近现代思想文化史料丛书）

本书是将梁启超先生的《清代学术概论》和《中国近三百年学术史》二书合编为一帙。

4577 梁启超论著选粹/梁启超著；陈其泰等编. 广州：广东人民出版社. 1996.4

本书主要从学术文化的角度，精选出业已经受时间考验的梁启超最有价值的论著。本书重点收录为（一）戊戌前后至本世纪初，宣传变法、宣传新思想的重要论著；（二）梁启超晚年学术臻于成熟时的重要学术论著。本书对所选论著分为4篇：社会·文化篇、哲学·文艺篇、民族·宗教篇、历史·文献篇。本书还有前言、编选例言，书后附有梁启超生平著述年表。

4578 梁启超美学思想研究/金雅著. 北京：商务印书馆. 2005.6

本书是对梁启超的美学思想的研究，共分梁启超美学思想的逻辑脉络、梁启超美学思想的四人范畴、梁启超的文艺思想与艺术美论、梁启超美学思想的价值与启迪4章及1个附录。

4579 梁启超名篇名句赏读/赵艺杰编. 呼和浩特：远方出版社. 2007.9

本书收录的梁启超名篇名句涉及政论、随感、讲演、书信、诗。有图。

4580 梁启超年谱长编/丁文江，赵丰田编. 上海：上海人民出版社. 1983.8

本书按时间顺序记述了梁启超先生的一生，全书共分12部分，第1部分包括谱前、1873年至1898年；第2部分为1899年至1901年；第3部分为1902年至1905年，第4部分为1906年至1907年；第5部分为1908年至1910年；第6部分为1911年，第7部分为1912年至1915年；第8部分为1916—1917年；第9部分为1918年至1912年；第10部分为1922年至1924年；第11部分为1925年至1926年；第12部分为1927年至1929年。书中有梁启超年谱长编序、前言和编辑说明。

4581 梁启超年谱长编/丁文江，赵丰田编. 上海：上海人民出版社. 2009.4

内容提要参见4580。

4582 梁启超评传/蒋广学，何卫东著. 南京：南京大学出版社. 2005.7（中国思想家评传丛书）

本书分两大部分14章，内容包括：青少年梁启超的成长之路、梁启超“民主主义”思想的孕育和形成、梁启超对西方近代自由观的认同等。

4583 梁启超评传/沈大德，吴廷嘉著. 南昌：百花洲文艺出版社. 1996.12（国学大师丛书；22）

本书以梁启超一生中的学术活动为中心线索，比较全面的揭示了他的学术发展道路，以及家学渊源、师友关系、学术研究方法、主要成果、巨大贡献与局限等。本书附梁启超活动大事年表，梁启超主要论著分类编目，梁启超的笔名和署名。

4584 梁启超评李鸿章/梁启超著. 北京：长征出版社. 2008.1

全书共12章，主要内容有：绪论、李鸿章之位置、兵家之李鸿章（上、下）、中日战争时代之李鸿章、外交家之李鸿章（上、下）、投闲时代之李鸿章、李鸿章之末路、结论等。

4585 梁启超评王安石/梁启超著. 北京：长征出版社. 2008.10

本书共22章，主要内容有：荆公之时代（上、下）、荆公与神宗、荆公之政术（一、二、三、四）、荆公之武功、新政之成绩、荆公之家庭等。

4586　梁启超启蒙思想的东学背景/郑匡民著. 上海：上海书店出版社. 2003.10（中国社会科学院近代史研究所专刊）

本书7章，包括梁启超戊戌变法时期的日本观与流亡日本后的处境，福泽谕吉启蒙思想与梁启超，中村正直《西国立志编》、《自由之理》与梁启超的新民思想，日本民权思想与梁启超，日本国家主义思潮与梁启超，国家有机体论与梁启超和结论。

4587　梁启超启蒙思想的东学背景/郑匡民著. 再版. 上海：上海书店出版社. 2009.7（中国社会科学院近代史研究所专刊）

内容提要参见4586。

4588　梁启超启蒙思想研究/焦润明著. 沈阳：辽宁大学出版社. 2006.11

本书包括：中日启蒙思想的异同、由传统转向西学中的觉醒、面对民族危机的忧患意识、关于新文化的构想、关于东西方文化优劣的思考等8章内容。

4589　梁启超趣味论研究/方红梅著. 北京：人民出版社. 2009.5（南湖学术文库）

本书阐释了梁启超在后期全面展开的极具特色的趣味论思想，并以趣味论为纽结，把梁氏一生的艺术观点、审美思想和人生哲学贯通起来进行梳理，建构起一个关于梁氏整个美学思想的具有内在统一性的理论体系。

4590　梁启超全集. 第一册（第一～二卷/沈鹏等主编. 北京：北京出版社. 1999.7（传世藏书系列）

本书以林志钧先生30年代编辑的《饮冰室合集》为底本，依体裁、内容划分类别，分时论、学术文章、诗论诗话、诗词创作、戏剧小说、碑帖、年谱、游记、书信等部分。还收集梁启超的大量书信，分编为社交书信、家书两卷补入本书。本册为第一卷，变法通议和第二卷，瓜分危言。

4591　梁启超全集. 第二册（第三～四卷）/沈鹏等主编. 北京：北京出版社. 1999.7（传世藏书系列）

本书以林志钧先生30年代编辑的《饮冰室合集》为底本，依体裁、内容划分类别，分时论、学术文章、诗论诗话、诗词创作、戏剧小说、碑帖、年谱、游记、书信等部分。还收集梁启超的大量书信，分编为社交书信、家书两卷补入本书。本册为第三卷，新民说；第四卷，新大陆游记。附录：记华工禁约；夏威夷游记；游台湾书牍。

4592　梁启超全集. 第三册（第五～六卷）/沈鹏等主编. 北京：北京出版社. 1999.7（传世藏书系列）

本书以林志钧先生30年代编辑的《饮冰室合集》为底本，依体裁、内容划分类别，分时论、学术文章、诗论诗话、诗词创作、戏剧小说、碑帖、年谱、游记、书信等部分。还收集梁启超的大量书信，分编为社交书信、家书两卷补入本书。本册为第五卷，开明专制论；第六卷，王荆公。

4593　梁启超全集. 第四册（第七～八卷）/沈鹏等主编. 北京：北京出版社. 1999.7（传世藏书系列）

本书以林志钧先生30年代编辑的《饮冰室合集》为底本，依体裁、内容划分类别，分时论、学术文章、诗论诗话、诗词创作、戏剧小说、碑帖、年谱、游记、书信等部分。还收集梁启超的大量书信，分编为社交书信、家书两卷补入本书。本册为第七卷，中国国会制度私议和第八卷，新中国建设问题。附：朝鲜对于我国关系之变迁。

4594　梁启超全集. 第五册（第九～十卷）/沈鹏等主编. 北京：北京出版社. 1999.7（传世藏书系列）

本书以林志钧先生30年代编辑的《饮冰室合集》为底本，依体裁、内容划分类别，分时论、学术文章、诗论诗话、诗词创作、戏剧小说、碑帖、年谱、游记、书信等部分。还收集梁启超的大量书信，分编为社交书信、家书两卷补入本书。本册为第九卷，伤心之言和第十卷，欧游心影录。

4595　梁启超全集. 第六册（第十一～十二卷）/沈鹏等主编. 北京：北京出版社. 1999.7（传世藏书系列）

本书以林志钧先生30年代编辑的《饮冰室合集》为底本，依体裁、内容划分类别，分时论、学术文章、诗论诗话、诗词创作、戏剧小说、碑帖、年谱、游记、书信等部分。还收集梁启超的大量书信，分编为社交书信、家书两卷补入本书。本册为第十一卷，墨子学案和第十二卷，先秦政治思想史。附录：先秦政治思想。

4596　梁启超全集. 第七册（第十三～十四卷）/沈鹏等主编. 北京：北京出版社. 1999.7（传世藏书系列）

本书以林志钧先生30年代编辑的《饮冰室合集》为底本，依体裁、内容划分类别，分时论、学术文章、诗论诗话、诗词创作、戏剧小说、碑帖、年谱、游记、书信等部分。还收集梁启超的大量书信，分编为社交书信、家书两卷补入本书。本册为第十三卷，翻译文学与佛典和第十四卷，中国历史研究法。

4597　梁启超全集. 第八册（第十五～十六卷）/沈鹏等主编. 北京：北京出版社. 1999.7（传世藏书系列）

本书以林志钧先生30年代编辑的《饮冰室合集》为底本，依体裁、内容划分类别，分时论、学术文章、诗论诗话、诗词创作、戏剧小说、碑帖、年谱、游记、书信等部分。还收集梁启超的大量书信，分编为社交书信、家书两卷补入本书。本册为第十五卷，中国近三百年学术史；第十六卷，要籍解题及其读法。

4598　梁启超全集. 第九册（第十七～十八卷）/沈鹏等主编. 北京：北京出版社. 1999.7（传世藏书系列）

本书以林志钧先生30年代编辑的《饮冰室合集》为底本，依体裁、内容划分类别，分时论、学术文章、诗论诗话、诗词创作、戏剧小说、碑帖、年谱、游记、书信等部分。还收集梁启超的大量书信，分编为社交书信、家书两卷补入本书。本册为第十七卷，古书真伪及其年代，第十八卷，诗话、诗词集。

4599　梁启超全集. 第十册（第十九～二十一卷）/沈鹏等主编. 北京：北京出版社. 1999.7（传世藏书系列）

本书以林志钧先生30年代编辑的《饮冰室合集》为底本，依体裁、内容划分类别，分时论、学术文章、诗论诗话、诗词创作、戏剧小说、碑帖、年谱、游记、书信等部分。还收集梁启超的大量书信，分编为社交书信、家书两卷补入本书。本册为第十九卷，戏剧小说集第二十卷，社交书信、第二十一卷，家书。

4600　梁启超诗词全注/汪松涛编注. 广州：广东高等教育出版社. 1998.9

本书共收录了梁启超诗作183题424句，寄夏穗卿，寄穰公同年，甲午为仲弟书扇（残句），与江孝通联句（二首），上海遇雪寄蕙仙，寄内四首，七律等。有肖像。

4601　梁启超诗文选/梁启超著；方志钦，刘斯奋编注. 广州：广东人民出版社. 1983.7（广东地方文献丛书）

本书内容分为3大类：政治论文、学术论文和诗词，反映作者各个时期的政治态度、学术见解和思想感情。书中有选编者简明的注释和扼要的题解。附梁启超年谱简编。有照片。

4602　梁启超诗文选译/梁启超著；马金科译注. 成都：巴蜀书社. 1997.6（近代文史名著选译丛书）

本书内容包括：《新民说》、《少年中国说》、《呵旁观者文》、《论中国学术思想变迁大势》、《新史学》、《去国行》、《志未酬》、《水调歌头》等。

4603　梁启超史学论著四种/梁启超著．长沙：岳麓书社．1985.9

本书所收录梁启超的4种史学论著，包括：《五十年中国进化概论》、《清代学术概论》、《中国历史研究法》、《新史学》。

4604　梁启超史学论著四种/梁启超著．长沙：岳麓书社．1998.8（旧籍新刊）

内容提要参见4603。

4605　梁启超说佛/梁启超著．北京：九州出版社．2006.11（“方家讲坛”系列）

本书包括：印度佛教与佛陀时代、佛教与西域、佛教之初输入、中国印度之交通、佛教教理在中国之发展等7章内容。

4606　梁启超说佛/梁启超著．北京：中国青年出版社．2005.5

本书包括《中国佛法的兴衰》、《佛教初期的输入》、《印度佛教》、《佛陀时代》、《佛教与西域》、《西行求法》、《佛教的中国化》、《佛典的翻译》、《佛教心理学》等9篇文章。有图。

4607　梁启超说佛/梁启超著．台北：海鸽文化出版图书有限公司．2006.2（文澜图鉴；01）

本书是梁启超先生对佛教历史、文化的变迁、佛学中心思想的一个概述，立论精妙，见解独到。全书共有中国佛法的兴衰、佛教的输入、印度佛教、佛陀时代、佛教与西域、西行求法、佛教的中国化、佛典的翻译、佛教心理学等内容。本书有插图。

4608　梁启超说佛/麻天祥，孔祥珍著．武汉：湖北人民出版社．2007.1（名家说佛系列）

内容提要参见4607。有照片。

4609　梁启超思想研究/钟珍维，万发云著．海口：海南人民出版社．1986.12

本书全面系统的研究梁启超思想，先考察梁启超思想的社会基础和理论渊源，然后依次剖析了他的政治思想、经济思想、史学思想、哲学思想、法制思想、教育思想、科技思想、新闻思想和文学思想，并突出了他的爱国主义。附梁启超笔名署名表。有照片。

4610　梁启超思想之演进与转变/王心美著．台北县：花木兰文化出版社．2009.3（中国学术思想研究辑刊．三编；26）

本书为探讨梁启超思想上屡变屡迁的契机造因与毕生忧念之所在，意欲通过对梁氏个人思想转折的了解，顺势将中国近代的变迁具体而微地表现出来。全书共分为6章：绪论、传统中寻求变革理念（1890－1898）、西方思想的涵泳与影响（1899－1917）、欧游后的思想转折（1918－1929）、传统文化的重新认识和结论。

4611　梁启超谈佛/梁启超著；张阳编．北京：东方出版社．2005.6

本书包括：印度之佛教、佛教教理在中国之发展、佛教心理学浅测、中国佛法兴衰沿革说略、佛教之初输入5部分内容。有图。

4612　梁启超谈佛学/梁启超著．北京：长征出版社．2008.1

本书重新对梁启超先生的《佛学研究十八篇》进行整理、修订，包括：中国佛法的兴衰、佛教初期的输入、印度佛教、佛教在中国的发展、佛典的翻译、佛教心理学等章节，突出了其佛学研究的价值。有图。

4613　梁启超题跋墨迹书法集/梁启超书；冀亚平等编．北京：荣宝斋出版社．1995.3

本书是梁启超的书法集，包括：泰山刻石残字跋、群臣上寿刻石跋、甘泉山刻石残字跋、麃孝禹刻字跋、莱子侯刻石跋、唐公房碑跋、三老讳字忌日记跋等。

4614 梁启超未刊书信手迹/中华书局编辑部编. 北京：中华书局. 1994.11

本书共收录了梁启超书信 394 通（其中含少量电文），书信的时间大致为 1912 年至 1928 年间。其内容多涉及当时中国的社会政局。附录：党村致梁启超书等。

4615 梁启超文集/梁启超著；书林主编. 北京：线装书局. 2009.7

本书收录了梁启超的政论、传记、讲演、书信，包括：《论不变法之害》、《论变法不知本原之害》、《戊戌六君子传》、《鄙人对于言论界之过去及将来》等作品。

4616 梁启超文论的现代性阐释/杨晓明著. 成都：四川民族出版社. 2002.7（中国古典文献学研究丛书）

本书作者对梁启超文论的现代性问题作了深入的研究，从理论上细致地分辨了启蒙现代性和审美现代性的不同指向和意义，并且从启蒙现代性和审美现代性两个关联并有区别的含义上，对梁启超文论作了辩证而精微的分析。

4617 梁启超文选/林文光选编. 成都：四川文艺出版社. 2009.4

本书分政论、杂文、学术、传记和文学研究 5 个部分，收录梁启超最为经典的文章。

4618 梁启超文选：注释本/侯宜杰选注. 天津：百花文艺出版社. 2006

本书所收系梁启超著作的精华部分，每篇文章均有题解和注释。书中对梁启超的政治思想及其发展，对他的多方面成就进行了深入系统地分析探讨。

4619 梁启超心语/梁启超著；罗检秋编. 长沙：岳麓书社. 1999.8（文人妙语系列）

本书主要选自《饮冰室合集》，少数内容见《梁启超未刊书信手迹》（中华书局 1994 年版）及丁文江、赵丰田编《梁启超年谱长编》等书。内容包括：思想信仰、政治时论、吾国吾民、文化历史、道德修身、读书治学、人生感悟、品评人物。

4620 梁启超选集/梁启超著，王蘧常选注. 北京：人民文学出版社. 2004.1（近代文学名家诗文选刊）

本书收录了梁启超的诗文，包括：《英法通议自序》、《论不变法之害》、《论变法不知本原之害》、《政变原因答客难》等。

4621 梁启超选集/梁启超著；李华兴，吴嘉勋编. 上海：上海人民出版社. 1984.11

本书内容以各个时期具有代表性的政论为主，兼及学术著论，注重反映梁启超先生的政治思想，以及关联密切哲学思想、学术文化思想、新闻思想、教育思想、经济思想等。附：《梁启超生平活动年表》、《梁启超笔名署名表》。有照片。

4622 梁启超选集/易鑫鼎编. 北京：中国文联出版社. 2006.12

本书内容包括：追随潮流击进、倡导文化思想更新、“新文体”和时评政论、沟通新旧和中西文化的传记、学术研究和治学方法。

4623 梁启超学术论著/梁启超著；王焰编. 杭州：浙江人民出版社. 1998.6（近人学术述林）

本书分为自序、序论、前论、本论共 4 部，主要在于阐发中国先秦诸子（主要是儒、道、墨、法四家）的政治学说。附先秦政治思想。

4624 梁启超学术论著集，传记卷/梁启超著；陈引驰编. 上海：华东师范大学出版社. 1998.11

本书是梁启超具有学术价值的传记文字。内容包括：管子传、王荆公传、李鸿章传、南海康先生传、殉难六烈士传、黄帝以后第一伟人赵武灵王传、张博望班定远合传、祖国大航海家郑和传等。

4625 梁启超学术论著集，文学卷/梁启超著；陈引驰编. 上海：华东师范大学出版社. 1998.11

本书包括：中国之美及其历史、中国韵文里头所表现的情感、屈原研究、陶渊明、情圣杜甫、饮冰室诗话、文论丛录。

4626 梁启超学术思想评传/陈鹏鸣著. 北京：北京图书馆出版社. 1999.5（二十世纪中国著名学者传记丛书）

本书共5章，内容包括：话长论短话平生、著论求为百世师；如切如磋，如琢如磨——梁启超和他的学术师友；博大理论，超前思想；身后是非谁管得。附梁启超重要著述年表，重要研究论著目录。有照片。

4627 梁启超学术文化随笔/梁启超著；夏晓虹编. 北京：中国青年出版社. 1996.7（二十世纪中国学术文化随笔大系. 第一辑. 系列一）

本书共6篇，内容包括：政论篇、道论篇、史论篇、文论篇、学论篇、通论篇。附梁启超年谱简编。

4628 梁启超研究丛稿/吴铭能著. 台北：台湾学生书局. 2001.2（文献学丛刊）

本书共分为上、下两篇，上篇为：梁任公的古文献思想研究——以目录学、辨伪学、清代学术史及诸子学为中心的考察；下篇为梁任公与徐志摩的交谊。有照片。

4629 梁启超演讲集/梁启超著；贾菁菁编选. 天津：天津古籍出版社. 2005.7（饮冰室文萃）

本书收录《保国会演说词》、《共和党之地位与其态度》、《在中国公学之演说》、《无枪阶段对有枪阶级》等演讲词。

4630 梁启超游记：欧游心影录·新大陆游记/梁启超著. 北京：东方出版社. 2006.6（"四海之内——从东方到西方"书系）

本书包括：梁启超先生游访欧洲、日本、美国、加拿大等地时对当地政治、经济、人文风情等方面的感悟。有照片、图。

4631 梁启超游台作品校释/梁启超著；许俊雅编校. 台北："国立编译馆". 2007.1

本书乃汇集梁启超1911年春应林献堂之邀来台游历期间诗词之作，及其后与台湾文人相往还书信，分别校释。书前配以相关诗文稿、书信、照片等史料。书后附录相关研究及当时唱和作品。本书之校释以1960年台湾中华书局出版的《饮冰室文集》第十六册诗词为主，另参考《台湾诗荟》、《新大陆游记》等诸多资料，反复参校而审定。全书分为图说、序、诗作、词作、游台湾书牍、国民常识学会缘起及章程、附录和参考文献等部分。有照片、图。

4632 梁启超与胡适：两代知识分子学思历程的比较研究/董德福著. 长春：吉林人民出版社. 2004.1

本书以梁启超和胡适为切入点，通过对两人的思想等的比较研究，对近现代时期的时代变迁、文化的转型和思想变动的轨迹进行探讨。有照片。

4633 梁启超与护国战争/董方奎编著. 重庆：重庆出版社. 1986.8

本书主要就梁启超与护国战争的关系阐述护国战争的始末，对梁启超的文章、通电和行动，讲述的较为详细。附《护国战争大事日志》。

4634 梁启超与近代报业/赖光临著. 台北：台湾商务印书馆. 1968.4（人人文库；629）

本书共分为7章，内容包括：绪论、梁启超从事报业之背景分析、梁启超经营之报刊、梁启超之报业思想、梁启超对报业之贡献、梁启超言论之影响、结论。

4635 梁启超与林献堂往来书札/许俊雅编注. 台北：万卷楼图书股份有限公司. 2007.9

本书主要收录梁启超与林献堂往来之书信，并旁及梁、林二人知交亲朋的书札，是学界首次披露的珍贵史料。书札或叙诗学、治学之观念，或涉及中国政情，或抒别后情怀，或为活动所需动捐，或是相关作品难得切磋，内容不一，为对于梁、林两人的深度理解，以及两岸文化文学的交流，提供了珍贵的参考史料。全书共收信件 45 封，并有序言，编校说明和附录。本书有照片。

4636 梁启超与民国政治/张朋园著．台北：食货出版社．1978.5（食货史学丛书）

本书以梁任公在民国年间的行谊为讨论范围，权充民国部分之评传。全书 11 章，分别探讨任公之共和理想、政党活动、联袁讨袁、改组国会、出任司法财政等之政治活动，以及退出政坛后参与新文化运动之种种，他晚年的兴趣言论趋向与影响等亦有概略叙述。附录：《梁启超致康有为函》。

4637 梁启超与民国政治/张朋园著．台湾："中央研究院"近代史研究所．2006.4（"中央研究院"近代史研究所专刊；90）

内容提要参见 4636。

4638 梁启超与民国政治/张朋园著．长春：吉林出版集团有限责任公司．2007.8

内容提要参见 4636。

4639 梁启超与清季革命/张朋园著．台北："中央研究院"近代史研究所．1964.5（"中央研究院"近代史研究所专刊；11）

本书内容包括梁启超接受中西文化的过程、梁启超戊戌之前的激进言论与志气、梁启超流亡日本前期的革命言论、梁启超与革命党的合离始末、梁启超流亡日本后期的言行、梁启超与革命党论战的影响、自报章发售数字看梁启超言论的影响等，共 7 章，书前有梁启超三十一岁时的照片和萧公权序。书后附有《梁启超大事年表（清季）》。

4640 梁启超与清季革命/张朋园著．再版．台北："中央研究院"近代史研究所．1999.6（"中央研究院"近代史研究所专刊；11）

内容提要参见 4639。有肖像、附梁启超大事年表（清季）、译名对照表。

4641 梁启超与清季革命/张朋园著．长春：吉林出版集团有限责任公司．2007.12

内容提要同 4639。

4642 梁启超与日本/石云艳著．天津：天津人民出版社．2005.6（南开日本研究丛书）

本书分为 10 章，介绍了梁启超流亡初期的政治活动和日本政府的对应、梁启超与明治思想家、梁启超的办报活动及其新闻思想、梁启超流亡日本时期的办学活动及其教育思想等。

4643 梁启超与饮冰室/郭长久等主编．天津：天津古籍出版社．2002.5（今晚丛书）

本书主要内容有：饮冰子与饮冰室、梁启超的天津情节、龙济光两次鸿门宴、梁启超与蔡锷、梁启超和讲学社、饮冰室藏书、图纸的故事、另一部书等。有照片。

4644 梁启超与中国近代思想/（美）勒文森著；刘伟译．成都：四川人民出版社．1986.6（走向未来丛书）

本书从深广的文化背景揭示梁启超对时代以及时代对他的双向影响。主要介绍了一个著名思想家种种思想困惑及坚实的行动，构成了使人感到震惊的心理图式，中国古代思想、近代思想乃至二十世纪初西方思想都在争夺他。他是怎样地选择，他在自己的选择中如何走向自己的结局。附录：《一场关于孔夫子经典著作真实性的辩论》。有插图。

4645 梁启超与中国思想的过渡/（美）张灏著；崔志海，葛夫平译．南京：江苏人民出版社．1995.1（海外中国研究丛书）

本书分 10 章，内容包括：思想背景、康有为在19世纪末的思想地位、梁启超的早年生活和思想背景、流亡中的梁启超、新民、新民和国家主义、新民和私德等。

4646 梁启超与中国思想的过渡：烈士精神与批判意识（1890—1907）/张灏著；崔志海，葛夫平译. 北京：新星出版社. 2006.2

内容提要参见4645。本书还包括《烈士精神与批判意识——谭嗣同思想的分析》。

4647 梁启超在湖南提倡革命教育/［著者不详］. 刻本. ［出版地不详］：［出版者不详］，民国间（1912—1949）

本书记录了梁启超1897年应湖南巡抚陈宝箴之邀，任长沙时务学堂总教习时宣传变法思想，培养维新人才的始末。本书1册。

4648 梁启超哲学思想论文选/梁启超著；葛懋春，蒋俊编选. 北京：北京大学出版社. 1984.4

本书收录了有关梁启超思想政治的论文选，包括：《变法通议》自序、论不变法之害、《说群》序、说群一、说动、读《春秋》届说、读《孟子》届说、英雄与时势等。附：《梁启超其他哲学著作参考目录》；《梁启超哲学思想研究论著参考目录》。

4649 梁启超箴言录/梁启超著；吴小龙，张芝梅编. 北京：中国文联出版公司. 1998.3（中国近代思想家箴言录）

本书共7章，包括：论传统："积弱溯源"、论未来："新民说"、论人生："最美之人生观"、论治学："知行一贯"、论文化："造新文明"、论政治："救危亡求进步之道"、杂论：天下事、世间人。

4650 梁启超之路/黄团元著. 武汉：湖北人民出版社. 2008.4

本书内容共分11章，包括：农家奇才功科举，变法维新图强国，断发胡服走扶桑，舆论骄子办报刊，宪政转型立潮头，力反军制当军师，再度为宫入内阁和侠骨柔情振家声等内容。书中附有前言——行略当效梁启超和照片。

4651 梁启超知交手札/"中央图书馆"特藏组编. 台北："中央图书馆". 1995.6

本书收录了梁启超的知交友朋书札共360余封，上起光绪三十二年，下至民国元年，先后长达7年，执笔者约120人。

4652 梁启超致江庸书札/梁启超著；江靖编注；汤志钧，马铭德校订. 天津：天津古籍出版社. 2005.5

本书绝大部分是梁启超任司法总长前后写给江庸的函札和便条，书札内容或涉及当时政情，或叙及学术活动，其中除人事任免外，对当时政局也多针砭。有照片。

4653 梁启超中国近代名人传记丛编/马勇编. 石家庄：河北人民出版社. 2005.1

本书共分5部分，包括：光绪皇帝传15章，李鸿章传12章，戊戌六君子传6章，康有为传9章，自传2章。书中附有烈宦寇连材传，照片和图片。

4654 梁启超著述系年/李国俊编. 上海：复旦大学出版社. 1986.1（中国近现代思想文化史史料丛书）

本书收列梁启超所写从1888年到1928年的政治时评、学术著论、文艺作品、译述、书信、谈话及其他杂著。附署名表。

4655 梁启超自述/梁启超著. 郑州：河南人民出版社. 2004.5（学人自述文丛）

作者按故乡与家世、少年时代、在维新变法的日子里、海外流亡岁月、政海浮沉、护国战争、巴黎和会前后以及在最后的九年里等顺序，叙述了自己的一生。书后附有梁启超年谱。有照片。

4656 梁启超作品精选/童秉国选编. 武汉：长

江文艺出版社．2005.8（现代文学名家作品精选）

本书分政治论文、学术论文、文学论文、传记、杂论、诗词 6 个部分，收录了梁启超的作品。

4657 梁任公尺牍/梁启超撰．初版石印本．上海：文明书局，民国十一年（1922）（近代十大家尺牍）

本书节录自饮冰室全集杂文类书牍，计收梁启超书牍 17 通，包括：答某君问办理南洋公学善后事宜，复友人论保教书，答某君问日本禁止教科书事，复刘古愚山长书，致伍秩庸星使书，上粤督李传相书，上鄂督张制军书，复金山中华会馆书，游台第一信，游台第二信，游台第三信，游台第四信，游台第五信，游台第六信，与上海某某等报馆主笔书，上涛贝勒笺，哀启等。

4658 梁任公近著/梁启超著．影印本．台北：文海出版社．1978（近代中国史料丛刊续编．第五十三辑；521—523）

本书收录了梁启超在民国期间所著文章。全书分为 3 卷，上卷即《欧游心影录》，共计 8 篇；中卷收录的是研究佛典之著作，共有 12 篇；下卷是研究国史以及其他国学的著作及政治问题论文，共计 27 篇。

4659 梁任公近著．第一辑/梁启超著．影印本．上海：上海书店．1996.12（民国丛书．第五编．综合类；91）

内容提要参见 4658。

4660 梁任公诗钞/梁启超撰．三版石印本．上海：进步书局，民国九年（1920）（现代十大家诗钞）

本书收录了梁启超诗 23 首，包括：澳亚归舟赠小畔四郎，留别梁任南汉挪路卢，壮别二十六首，甲寅冬假馆著书于西郊之清华学校成欧洲战役史论赋示教员及诸生，二十世纪太平洋歌，东归感怀等。

4661 梁任公诗稿手迹/梁启超著．影印本．台北：文海出版社．1967.5（近代中国史料丛刊．第四辑；38）

本书共收录了梁启超诗作手稿 53 首，为影印版本，并附有《饮冰室诗话》。

4662 梁任公诗稿手迹/梁启超撰；康有为评点．影印本．上海：古典文学出版社，1957

本书是梁启超手书其诗稿真迹，大部分是其 1898 年戊戌变法失败后，逃亡日本时的作品，共计古近代诗 106 首。康有为并对其进行批点评定。这些诗篇不仅隽永可诵，手法亦是独步一时。

4663 梁任公文钞/梁启超撰．铅印本．上海：文明书局、中华书局，民国四年（1915）（现代十大家文钞）

本书收梁启超先生论政、论学之文，有论说、序跋、碑铭、寿祭等几十篇，如同性篇、国家运命篇、罪言、外债平议、中国外交方针私议、财政问题商榷书、中国古代币制考、谭嗣同传等。本书 4 册。

4664 梁任公先生年谱长编初稿/丁文江，赵丰田编．油印本．[出版地不详]：[出版者不详]，民国二十五年（1936）

本书参考梁启超《三十自述》等各种资料编成，内容自同治十二年（1873）一岁始至民国十八年（1929）57 岁止。书前有“谱前”，述及先世世系，详述其祖父母、父母的生平及对梁启超的影响，并附世系表。本书 12 册。

4665 梁任公先生写南海诗集墨迹/梁启超撰．影印本．[出版地不详]：上海广智书局．1913

本书是梁启超手书康有为诗集的墨迹集。

4666 梁任公学术讲演集：第二辑/梁启超著．铅印本．上海：商务印书馆，民国十二年

(1923)

本书分为：先秦政治思想、教育与政治、教育家的自家田地、学问之趣味、生物学在学术界之位置、科学精神与东西文化 6 个部分。

4667 梁任公学术讲演集. 第三辑/梁启超撰. 国难后第 1 版. 上海：商务印书馆. 1923.9

本书收《美术与生活》、《敬业与乐业》、《市民的群众运动之意义及价值》、《历史统计学》、《屈原研究》、《人权与女权》、《什么是文化》、《研究文化史的几个重要问题》、《护国之役回顾谈》、《为学与做人》、《治国学的两条大路》、《东南大学课毕告别辞》、《教育应用的道德公准》13 篇讲演词。

4668 梁任公知交手札/梁启超著. 影印本. 台北：文海出版社. 1974（清代稿本百种汇刊. 81. 集部）

本书收录了梁启超手札的影印件多种，时间起于光绪三十四年，止于民国元年，按年序排列，不分卷。本书所收手札通信者有章太炎、黄可权、徐佛苏等人，中间附有家书，极富研考之价值。

4669 梁著国学入门/梁启超著. 北京：中国工人出版社. 2007.1（好书不老精品书系）

本书共分 6 部分，包括：国学入门书要目及其读法，最低限度之必读书目，致《清华周刊》记者书，治国学的两条大路，治国学杂话，学问之趣味。书中附有导读和附录。

4670 梁著作文入门/梁启超著. 北京：中国工人出版社. 2007.7（好书不老精品书系）

本书作者以浅显、通俗的文字，全面阐述了作文所应遵循的规则，以及提高作文水平的具体方法。

4671 浏阳谭先生传/梁启超撰. 铅印本. 上海：文明书局，民国六年（1917）（谭浏阳全集）

谭嗣同（1865－1898），字复生，号壮飞，湖南省浏阳人。中国近代改良派政治家、思想家，“戊戌六君子”之一。

4672 论梁启超的“流质性”与转型期中国文学的现代品格/罗义华著. 武汉：华中师范大学出版社. 2007.5（“求索”语言文学学术文库）

本文内容包括：绪论、“流质易变”、文学气质与时代焦虑、“流质易变”、政治与文化、“流质性”与现代性、余论、“流质性”话语的理论意义与实践价值等。

4673 论中国学术思想变迁之大势/梁启超撰. 上海：上海古籍出版社. 2006.7（世纪人文系列丛书. 世纪文库）

本书包括：胚胎时代、全盛时代、儒学统一时代、老学时代、佛学时代、近世之学术等内容。

4674 论中国学术思想变迁之大势/梁启超撰；夏晓虹导读. 上海：上海古籍出版社. 2001.9（蓬莱阁丛书）

内容提要参见 4673。书中有《论中国学术思想变迁之大势》导读。

4675 名家品论语/梁启超等著；过常宝，刘德广主编；魏荣选编. 北京：中国华侨出版社. 2008.2

本书共分 5 卷，包括：论语要旨，礼乐政教，儒雅人生，君子人格和金声玉振。共计 27 篇文章。

4676 名家品庄子/梁启超等著；过常宝，刘德广主编；丁玲选编. 北京：中国华侨出版社. 2008.2

本书分 6 卷，主要内容有：庄子通读、社会观照、人生哲学、心性道德、审美之维、现代启示。

4677 欧洲战役史论前编/梁启超撰. 铅印本.

上海：商务印书馆，民国三年（1914）

本书是梁启超先生在第一次世界大战爆发后不久编成，因战争仍在进行，此书所谓“战役史”，实际内容多是分析欧洲局势、战争爆发的原因以及对中国的影响等。全书共分 20 章，包括：导言、战争直接原因—奥皇储遇难案、大斯拉夫主义与大日耳曼主义、奥赛国情及其交恶之积因、俄国进取东方之动机及巴尔干问题之由来、俄土战争与柏林会议、柏林条约与今战役之关系、三国同盟与俄法同盟等。

4678　评胡适之中国哲学史大纲/梁启超撰．打印本．［出版地不详］：［出版者不详］，民国间（1912—1949）

此为梁启超先生在北大哲学社演讲的演讲稿。全文分 9 部分，第一部分首先作了三点声明，第二部分对胡适《中国哲学史大纲》作总体评价，其余部分则分别分析胡书的缺陷和梁氏不赞同之处。

4679　评胡适中国哲学史大纲/梁启超撰．刻本．［出版地不详］：［出版者不详］，民国十一年（1922）

内容提要参见 4678。

4680　清代学术概论/梁启超著．北京：中华书局．1954.1

本书是一部阐述清代学术思潮源头及其流变的经典著作，也是梁启超先生的代表性作品之一。全书分 33 部分，内容包括：论时代思潮、略论“清代思潮”、清学的出发点、由启蒙到全盛、戴门后学、“朴学”、经史考证、水地与天算、清学全盛的时代环境等，收中有序、自序和第二自序。

4681　清代学术概论/梁启超著．11 版．台北：台湾中华书局．1989.6

内容提要参见 4680。

4682　清代学术概论/梁启超著．北京：东方出版社．1996.3（民国学术经典文库．思想史类丛；10）

内容提要参见 4680。本书有序、第二自序、附录：中国古代学术流变研究。

4683　清代学术概论/梁启超著．北京：蓝天出版社．1998（传世名著百部；52．学术名著）

内容提要参见 4680。本书有自序、第二自序和名著通览。

4684　清代学术概论/梁启超著．上海：商务印书馆．1930.7（国学基本丛书）

内容提要参见 4680。

4685　清代学术概论/（清）梁启超撰；朱维铮导读．上海：上海古籍出版社．1998.1（蓬莱阁丛书）

内容提要参见 4680。书中有《清代学术概论》导读、节目提要、自序、第二自序和附录：清代学术概论序。

4686　清代学术概论/梁启超著．北京：中国书籍出版社．2006.5（国学名家选粹）

内容提要参见 4680。书中有序言、蒋序、自序和第二自序。

4687　清代学术概论/梁启超著．北京：人民出版社．2008.12

内容提要参见 4680。书中有序、自序、第二自序和附录：中国古代学术流变研究。

4688　清代学术概论/梁启超著．长沙：岳麓书院．2010.1

内容提要参见 4680。

4689　清代学术概论/梁启超著．南京：江苏文艺出版社．2007.12（北斗丛书）

内容提要参见 4680。

4690　清代学术概论/梁启超著．铅印本．上

海：商务印书馆，民国十年（1921）（共学社史学丛书、中国学术史第五种）

内容提要参见4680。

4691 清代学术概论/梁启超原著；朱维铮校注．北京：中华书局．2010.1

内容提要参见4680。书中有《清代学术概论》导读、节目提要、自序、第二自序和附录：《清代学术概论》序、《欧洲文艺复兴史》序等。

4692 清代学术概论/梁启超著．台北：台湾书房出版有限公司．2008.3（名宿经典）

内容提要参见4680。书中有导读、自序、第二自序。

4693 清代学术概论/梁启超著；夏晓虹点校．北京：中国人民大学出版社．2004.7（朗朗书房．国学基础文库）

内容提要参见4680。

4694 清代学术概论/梁启超撰．上海：上海古籍出版社．2005.4（世纪人文系列丛书）

内容提要参见4680。本书有自序、第二自序、前言、节目提要和附录：清代学术概论序。

4695 清代学者整理旧学之总成绩/梁启超著．北京：商务印书馆．1999.7（商务印书馆文库）

本书是梁启超的专著《中国近三百年学术史》的一部分，是作者在清华学校授课时编写的讲义。作者认为，以乾嘉学派为中坚的清代学者，一反明人空疏之习，专从书本上钻研考索，想达到他们所谓“实事求是”的目的。梁启超从这种认识出发，对清代学者的学术成就作了全面的梳理。全书共分为3册，上册有绪言、经学、小学及音韵学3部分内容；中册包括校注先秦子书及其他古籍、辨伪书、辑佚书3部分内容；下册包括史学、方志学、传记谱牒学3部分内容。

4696 清代学者整理旧学之总成绩/梁启超著．铅印本．上海：辅仁大学，民国间

本书为梁氏《中国近三百年学术史》之一部分，包括：经学、小学及音韵学、校注先秦子书及其他古籍、辨伪书、辑佚书、史学、方志学、传记谱牒学等8章。

4697 清史商例第一稿/梁启超撰．铅印本．［出版地不详］：［出版者不详］，民国间（1912—1949）

此为梁启超先生所拟清史编例。分纪例、表例、志例、传例4大部分，各部分均拟定卷次目录，并对各卷内容作了简要说明。

4698 三水梁太公重游泮水征诗文启/梁志文，梁启超撰．铅印本．［出版地不详］：［出版者不详］，民国十六年（1927）

本书为民国十六年（1927）梁启超、梁志文受梁士诒所托，为庆祝其父梁保三重游泮水（清代科举制度中，入府、州、县学满六十年称为重游泮水，作为曾充秀才而享高寿者的庆典）而撰。内容述及梁士诒世系、梁保三学术渊源及其对梁士诒的教导。

4699 少年中国的呼唤：梁启超杂文代表作品选/梁启超著；李伏虎编选．兰州：甘肃人民出版社．1998.3（中国现代五大优秀杂文家丛书）

全书收录了：《人权与女权》、《自由书》（节录）、《非“唯”》、《欧游心影录》（节录）、《说幼稚》、《中国积弱溯源论》（节录）等31篇杂文。本书有照片。

4700 少年中国说/梁启超著．北京：东方出版社．1998.1（民国奇才奇文．梁启超卷）

本书分为3部分，第1部分指点江山，包括《致汪康年书》、《论中国积弱由于防弊》、《少年中国说》、《傀儡说》等30篇文章；第2部分感悟人生，包括《说动》、《成败》、《文野三界之别》、《英雄与时势》等29篇文章；第3部分论艺怀人，包括《〈曾文正公嘉言抄〉序》、《石醉六藏江建霞遗墨》等10篇文章。本书还

有梁启超所著的《三十自述》和《梁启超生平大事年表》。

4701 少年中国说/梁启超著. 广州：新世纪出版社. 1998.6（学者小品经典. 第一辑）

本书收录了《论中国积弱由于防弊》、《说动》、《傀儡说》、《动物谈》、《成败》、《英雄与时势》、《理想与气力》、《文野三界之别》等 62 篇文章。本书有前言。

4702 史传今义/梁启超撰. 上海：商务印书馆. 1916（饮冰室丛著；4）

本书有上、下两册。上册收《史记货殖列传今义》、《管子传》（附录：《商君传》）、《张博望班定远合传》，下册收《王荆公传》。

4703 史海回眸李鸿章/梁启超著. 西安：陕西师范大学出版社. 2008.8

本书仿西人传记之体，载述李鸿章一生行事，并加以论断，使读者知其为人。包括李鸿章之位置、李鸿章未达以前及其时中国之形势、兵家之李鸿章等内容。

4704 世界末日记/（法）佛林玛利安撰；梁启超译；张春帆释. 石印本. ［出版地不详］：古今图书馆，清宣统三年（1911）（二十世纪奇书快睹）

本书为梁启超所译法国著名文学家兼天文学家佛林玛利安所著科学小说《世界末日记》，译文文笔简练精当。书中某些段落后附有张春帆对原文内容的解释和评述。

4705 世界末日记/梁启超撰；剑痕评点. 铅印本. 上海：广益书局，民国四年（1915）

内容提要参见 4704。书末有“情海渔郎”附记，认为此书直接写世界末日的状况，间接写国家末日的惨剧，有很深的寓意。

4706 数风流人物：梁启超、徐志摩、陈独秀、雷震/吴铭能著. 台北：秀威资讯科技股份有限公司. 2007.4（世纪映像丛书. 史地传记）

本书内容包括：你所不知道的梁启超、驳斥日本人的谎言、梁启超《年谱》被动了手脚、梁启超饮冰室的藏书、梁启超和他的儿女们、梁启超与徐志摩的交谊等。书中附有作者序。

4707 说悔/梁启超著. 北京：华文出版社. 1998.3（名家百味文库）

本书主要内容有：《变法通议》自序、论中国积弱由于防弊、动物谈、英雄与时势、理想与气力、破坏主义、世界外之世界、人生观与科学等。

4708 晚清名儒年谱. 20/本社影印室辑. 影印本. 北京：北京图书馆出版社. 2006.12（清人年谱系列）

本书叙述梁任公早期的思想及政治运动，内容包括：他的求变思想、倡导民权及族类言论、思想转趋温和的由来与主张立宪的影响以及言论的总述等。

4709 危机·革命·重建：梁启超论“过渡时代”的中国道德/段江波著. 桂林：广西师范大学出版社. 2008.12

本书以过渡时代、危机、革命、重建为关键词，细致梳理了梁启超道德思想的演变轨迹。全书共分 4 章，包括：思考道德问题的时代视域，“二重相叠”的道德危机，趋于现代性的“道德革命”，传统与现代互补的道德重建。书中附有导论，主要参考文献，跋和后记。

4710 维新巨擘：中国近代资产阶级革命领袖梁启超自述/张明林主编. 哈尔滨：黑龙江人民出版社. 2003（巨人自述. 中国卷；8）

本书述叙了中国近代著名的政治家、思想家、戊戌维新运动领袖之一梁启超的一生。全书分：生平总述、求知问学、广推时务、奔走维新、宣传为业、域外求学、纵横政界、护国反袁等。

4711 先秦政治思想史/梁启超撰. 铅印本. 上海：商务印书馆，民国十二年（1923）

此书又名《中国圣哲之人生观及其政治哲学》，为梁启超在北京法政专门学校和东南大学讲授"先秦政治思想"讲义，经整理出版，分序论、前论和本论3大部分。其中序论有《本问题之价值》、《部题之内容及资料》、《研究法及本书研究之范围》等3节，前论"启蒙时代"有《时代背景及研究资料》、《天道的思想》、《民本的思想》、《政法与伦理之结合》、《封建及及所生之结果》、《阶级制度兴替状况》、《法律之起原（源）及观念》、《经济状况之部分的推想》等8节，本论"全盛时代"有《时代背景及思潮渊源》、《儒家思想》5节、《道家思想》两节、《墨家思想》3节、《法家思想》4节、《统一运动》、《寝兵运动》、《教育问题》等23节。本书前有作者在南京所作的序。

4712 先秦政治思想史/梁启超著. 11版. 台北：台湾中华书局. 1984.4

内容提要参见4711。

4713 先秦政治思想史/梁启超著. 北京：东方出版社. 1996.3（国学术经典文库. 思想史类丛；4）

内容提要参见4711。

4714 先秦政治思想史/梁启超著. 天津：天津古籍出版社. 2003.5（饮冰室文萃）

内容提要参见4711。

4715 现代名著宝库. 第二十辑，学术篇/禹裔，齐豫生主编. 延吉：延边人民出版社. 1999

本书收入了我国近代知识分子叶德辉用笔记体裁说明关于古代雕板书籍各项专门知识的《书林清话》和近代文学家和文学理论家梁启超的《清代学术概论》。有肖像。

4716 新大陆游记/梁启超主编. 日本横滨：新民丛报社. 1904（新民丛报临时增刊）

本书内容包括：由横滨至加拿大、由加拿大至纽约、由纽约至哈佛波士顿、由纽约至华盛顿、由纽约至费城、由纽约至波地摩必珠卜、由纽柯连至圣路易等13个部分。附录《记华工禁约》、《美洲游学指南》。书前有作者照片及徐勤序和作者自序。

4717 新大陆游记/梁启超著. 影印本. 台北：文海出版社. 1967（近代中国史料丛刊. 第十辑；96—97）

内容提要参见4716。本书还附有杨芾所著《扶桑十旬记》。

4718 新大陆游记/梁启超著；何守真校点. 长沙：湖南人民出版社. 1981.4

内容提要参见4716。有照片。

4719 新大陆游记/梁启超著；李雪涛校注. 北京：社会科学文献出版社. 2007.1

内容提要参见4716。根据中华书局1936年版《新大陆游记节录》校注。有图。

4720 新大陆游记节录/梁启超著. 再版. 台北：台湾中华书局. 1983.10

内容提要参见4716。附《夏威夷游记》及《游台湾书牍》。

4721 新会梁氏：梁启超家族的文化史/罗检秋著. 北京：中国人民大学出版社. 1999.10（文化名门世家丛书）

本书共分10章，包括：新会梁家，海纳百川，创造的新世纪，探索现代化，文化宗师，手足之间，发掘古文明：梁思永和回响与余韵等内容。书中创刊有引言、结语、附录2则、后记和照片。

4722 新论梁启超/董方奎著. 武汉：华中师范大学出版社. 2007.11（华大博雅学术文库. 史学文丛）

本书分为：政体模式的彷徨求索、从拥护

共和到捍卫共和、渐进论的科学性、反对帝国主义、论教育、梁启超的定位等8部分，收录了《梁启超为什么放弃美式共和方案》、《梁启超从军广西对护国战争的战略意义》、《梁启超社会主义观再认识》等文章。有照片。

4723 新罗马传奇：一卷五出/饮冰室主人撰. 刻本. ［出版地不详］：［出版者不详］，民国间（1912—1949）

本传奇采用意大利烧炭党人反对神圣同盟的事迹，写意大利民族统一运动，再现意大利建国史，由《楔子》和五出正文组成。其中第一出为《会议》，第二出《安革》，第三出《党狱》，第四出《侠感》，第五出《吊古》等。书中间有扪虱谈虎客批注。

4724 新民丛报/梁启超主编. 铅印本. ［出版地不详］：［出版者不详］，清光绪宣统间

本书收：新民丛报第二十五至二十八号、三十至三十七号，三十八至三十九号、四十至四十三号、四十六至四十八号合本之丛录门部分。内容涉及古今中外闲谈杂录，其中有梁启超先生的："饮冰室读书记"、"饮冰室自由书"、"饮冰室读书录"等文章。本书2册。

4725 新民与复兴：近代中国思想论/周佳荣著. 香港：香港教育图书公司. 1999（亚洲学术文库. 11）

本书分3辑，包括亚洲联系的开展，维新和启蒙思潮、政治变革与复兴。

4726 新民丛报/梁启超主编. 影印本. 北京：中华书局. 2008.4（中国近代期刊汇刊）

本书是梁启超在日本横滨创办《新民丛报》半月刊影印本。《新民丛报》为辛亥革命前维新派的重要刊物。初期着力介绍西方资产阶级思想政治学说，言论激进，对中国知识界发生很大影响。至今仍是研究中国近代政治、文化不可或缺的重要刊物。共出96期。有图，有画像。

4727 新民丛报汇编/［著者不详］. 石印本. ［出版地不详］：文会书社，清光绪三十二年（1906）

全书分为：论说、学说、学术、历史、科学、教育、政治、法律、军事、生计、实业、地理、时局、宗教、传记、杂评、谈丛等17类。本书6册。

4728 新民丛报汇编续刊. 一/梁启超主编. 台北：台湾大通书局. 1903（近代史料丛书汇编. 第一辑）

全书分两册，内容包括：新民说、学说、时局、政治、教育、历史、宗教、地理、学术、传记等。

4729 新民丛报汇编续刊. 一/梁启超主编. 台北：台湾大通书局. 1968（近代史料丛书汇编. 第一辑）

本书包括：《新民说》、《敬告当道者》、《二大家学说》、《达尔文学说》、《孟德斯鸠学说》、《新派生物学家小史》、《论民族竞争之大势》等。

4730 新民丛报汇编续刊. 二/梁启超主编. 台北：台湾大通书局. 1903（近代史料丛书汇编. 第一辑）

全书分两册，内容包括：新民说、学说、时局、政治、教育、历史、宗教、地理、学术、传记等。

4731 新民丛报汇编续刊. 二/梁启超主编. 台北：台湾大通书局. 1968（近代史料丛书汇编. 第一辑）

本书包括：《保教非所以尊孔论》、《论教育当定总宗旨》、《新史学　中国之旧史学》、《新史学　论正统》、《欧洲地理大势论》、《罗兰夫人传》、《论中国学术思想变迁之大势》等。

4732 新民伦理与新国家：梁启超伦理思想研究/吕滨著. 南昌：江西教育出版社. 2001.12

本书内容共分8章，包括：梁启超伦理思

想产生的社会历史条件，梁启超伦理思想形成的思想渊源，德立于群的功利主义道德论，惊世骇俗的道德革命论，“新民”国民道德改造的核心，“新民”的价值目标模式和实现路径，人生观和道德修养道德思想，梁启超伦理思想的评价。书中附有序、绪论、梁启超年谱简编、主要引征和参考文献、后记和照片。

4733 新民时代：梁启超文选/梁启超著，侯宜杰选注. 天津：百花文艺出版社. 2002.1（中国近代思想者丛书）

本书共收梁启超文章34篇，包括：变法通议（选录），自由书（选录），立宪法议，新史学（选录），新大陆游记（选录），对外与对内，反对复辟电，立宪法议等内容。书中附有前言。

4734 新民说/梁启超著. 上海：中华书局. 1936（饮冰室专集）

本书分20节，包括：《叙论》、《论新民为今日中国第一急务》、《释新民之义》、《就优胜劣败之理以证新民之结果而论及取法之所宜》、《论公德》、《论国家思想》、《论进取冒险》等。

4735 新民说/梁启超著. 再版. 台北：台湾中华书局. 1978.7

内容提要参见4735。

4736 新民说/梁启超著；宋志明选注. 沈阳：辽宁人民出版社. 1994.9（中国启蒙思想文库）

内容提要参见4735。

4737 新民说：少年中国的国民性改造方案/梁启超著；黄珅评注. 郑州：中州古籍出版社. 1998.9（醒狮丛书）

内容提要参见4735。附录：梁启超研究重要著作举要。

4738 新民之梦/杨天宏著. 成都：四川人民出版社. 1995.7（强国之梦系列丛书）

本书分10章，包括：早年学习生涯、投身维新变法、思想渐趋激进、创立新民学说、回归改良营垒、尝试议会政治、奋袂反对复辟等。

4739 新评中国之武士道/梁启超著；冯保善评点. 长春：吉林出版集团有限责任公司. 2008.4

本书辑录了70多位春秋战国时期著名人物作为中国武士道精神的体现者，有儒家鼻祖、千古圣人、将军、太子，也有谋士、士兵，还有仆人、渔夫、屠夫等社会下层普通人。有图。

4740 新中国未来记/梁启超著. 台北：广雅出版公司. 1984.3（晚清小说大系）

本书分5章：“楔子”、“孔觉民演说近世史　黄毅伯组织宪政党”、“求新学三大洲环游　论时局两名士舌战”、“旅顺鸣琴名士合并　榆关题壁美人远游”、“奔丧阻船两睹怪象　对病论药独契微言”，是一部政治小说，预言其后六十年的“新中国”的壮盛繁荣。

4741 新中国未来记/梁启超著. 南昌：百花洲文艺出版社. 1996.2（中国近代小说大系）

内容提要参见4740。本书与《扫迷帚》/壮者著、《玉佛缘》/嘿生著、《世界进化史》/悍庵（周桂笙）著、《新天地》/书带子著、《女学生》/王理堂著合订。

4742 新中国未来记/（清）梁启超著. 桂林：广西师范大学出版社. 2008.10

内容提要参见4740。本书附《新大陆游记（节选）》，《新中国建设问题（节选）》。

4743 新中国未来记/梁启超著. 台北：远流出版社. 1980.2（中国历史演义全集；29—30）

内容提要参见4740。本书与《廿五史总演义》合订。

4744 薪火四代，上，梁启超、梁思成、林徽音、梁从诫、梁帆的家族文学聚会/梁从诫编选. 台北：天下远见出版公司. 2002.1（社会人文；168）

本书分梁启超和梁思成两篇。其中梁启超包括：自由书、少年中国说、新民说、三十自述等。梁思成包括：古建序论、正定纪游、中国建筑中的塔、中国建筑师等。

4745 薪火四代，下，梁启超、梁思成、林徽因、梁从诫、梁帆的家族文学聚会/梁从诫编选．台北：天下远见出版公司．2002.1（社会人文；168）

本书分林徽因、梁从诫、梁帆3篇。其中林徽因篇包括：悼志摩、山西通信、一片阳光等。梁从诫包括：空谷回音、长空祭、三峡看水等。梁帆包括：麦田、那一顶亭等。

4746 言论界之骄子：梁启超与新民丛报/周佳荣著．香港：中华书局．2005.6（中华文史专刊；01）

梁启超是近代中国著名的思想家，在二十世纪初年主办《新民丛报》，更被誉为"言论界之骄子"，影响非常广泛和深远。本书分为两部分：上篇记述《新民丛报》的刊行始末，及论述其于中国新知识分子形成的关系；下篇探讨《新民丛报》时期梁启超的政治思想，并分析其思想转变的因由。附录梁启超的署名和笔名、梁启超生平大事年表及梁启超研究书目解题。有图表。

4747 颜李学派与现代教育思潮/梁启超撰．铅印本．北平：四存学校，民国二年（1912）

此书为梁启超在四存中学的讲义，探讨颜李学派思想，为教育界逐渐重视颜李思想而推波助澜。

4748 颜李学术/梁启超撰．铅印本．北平：四存学校，民国十九年（1930）

本书研究颜李学派实践实用、多做少说、重行不重知等学术思想。

4749 要籍解题及其读法/梁启超稿．铅印本．[出版地不详]：[出版者不详]，民国间（1912—1949）

本书亦名《群书概要讲义》，收：论语孟子、荀子史记、左传国语、礼记大戴礼记、韩非子。书口题云南省立第一中学校讲义。

4750 一代宗师梁启超传奇/陈锡宗，陈占标著．台北：新潮社．1994.7（传记文学之旅；21）

本书分6章：脱颖而出、维新志士、逋逃之恋、立宪风波、从政风雨、夕照残英。本书是一本尽可能客观地反映梁启超一生的文学传记。

4751 一个被放弃的选择：梁启超调适思想之研究/黄克武著．台北："中央研究院"近代史研究所．1994.2（"中央研究院"近代史研究所丛刊；70）

本书分8章：导论、《新民说》的创作背景及影响、目标：组我与群体的关系、梁启超对知识的看法、梁启超对世界历史与中国现状的观察、梁启超对实现目标之方法的看法、谭嗣同的《仁学》及其与梁启超的调适思想之异同、结论。本书以梁启超《新民说》为基本史料，分析20世纪初期梁氏思想的内涵与变迁，及其在近代思想史上的意义。有照片。

4752 一个被放弃的选择：梁启超调适思想之研究/黄克武著．北京：新星出版社．2006.5

内容提要参见4751。

4753 一个被放弃的选择：梁启超调适思想之研究/黄克武著．再版．台北："中央研究院"近代史研究所．2006.4（"中央研究院"近代史研究所专刊；70）

内容提要参见4751。

4754 乙丑重编饮冰室文：五集八十卷/梁启超撰．铅印本．上海：中华书局，民国十五年（1926）

本书分为五集八十卷：第一集（卷1—4）

收：古议院考、史记货殖列传今义等文章62篇；第二集（卷5－46）收：论中国学术思想变迁之大势、论学术之势左右世界等文章186篇；第三集（卷47－58）收：国性篇、中国之道德之大原等文章65篇；第四集（卷59－76）收：佛教之初输入、千五百年前之中国留学生等文章96篇；附集（卷77－80）收：金石跋类、书籍跋类文章347篇。本书80册。

4755 饮冰室合集：文集．第5册/梁启超著；林志钧编．上海：中华书局．1936

本册含“生计学学说沿革小史”、“近世文明初祖二大家之学说”、“论中国国民之品格”、“世界将来大趋势”4章节。

4756 饮冰室合集：文集．第10册/梁启超著；林志钧编．上海：中华书局．1936

本册含“改用太阳历法议”、“中国前途之希望与国民责任”、“责任内阁释义”、“箴立法家”4章节。

4757 饮冰室全集/梁启超撰．铅印本．上海：中华书局，民国五年（1916）

本书分为：论说文类，收：通论、专论类文章96篇；记述文类，收：序跋、学案、历史、传记、地理类文章68篇；杂文类，收：杂记、时评、杂评、书牍、谈薮类文章151篇；美文类，收：诗、词、曲、骈文。其中诗305首，词23首，曲3种，骈文2篇；附录类，收：提案、演说类文章20篇。本书44册。

4758 饮冰室诗话/梁启超著．北京：人民文学出版社．1959.4

本书是梁启超逃亡日本时的著作，评介了康有为、黄遵宪、谭嗣同、夏曾佑、蒋观云等人的名篇名句，发表作者的诗歌理论和见解。内容包括：锡兰岛卧佛、黄花谣四章、辰州教案、新乐府四章等。

4759 饮冰室诗话/梁启超著．再版．台北：台湾中华书局．1968.1

内容提要参见4758。

4760 饮冰室诗话/梁启超著；周岚，常弘编．1959，1998重印．长春：时代文艺出版社．1998.2

本书根据中华书局《乙丑重编饮冰室文集》本校点整理。全书分3部分：饮冰室诗话（204则），饮冰室诗话补编和饮冰室诗话附录。

4761 饮冰室诗话：五卷/饮冰子撰．石印本．上海：上海书局，清宣统二年（1910）

梁启超书中语：“我生爱朋友又爱文学，每于师友之文辞芳馨悱恻，辄讽诵之，以印于脑，自忖于古人之诗能成诵者寥寥，而近人诗则数倍之……”辑评近人康有为、黄遵宪、谭嗣同、夏曾佑、蒋观云等人的名篇名句，共收174条。本书5册。

4762 饮冰室文集/梁启超著．台北：台湾中华书局．1983

本编以编年为主，收集梁启超已印未印诸作，包括：变法道议、沈氏音书序、商会议、立宪法议、中国史叙论、论中国学术思想变迁之大势、中国改革财政私案、新史学等。此文集将原为平装16册，每两册合订一册，计成精装8册，其卷首目次，以及各册页目不作改动。

4763 饮冰室文集点校/梁启超著；吴松等点校．昆明：云南教育出版社．2001.8

本书以《乙丑文集》为底本，参照《合集》、广智书局本《饮冰室文集》进行点校，以不改动原文为根本原则，所有的文章都注明了写作和发表的时间、地点，并用现代标点符号进行标点。

4764 饮冰室文集精选/梁启超著．台北：正中书局股份有限公司．2003.8（正中经典系列；文学本纪；AB005）

本书收18篇文章：《三十自述》、《饮冰室读书记》、《饮冰室自由书》、《饮冰室诗话》、《学问之趣味》、《为学与做人》、《敬业与乐业》、《最苦与最乐》等。本书是由梁氏文集中精选出的最具代表性、最脍炙人口的文章，重新整编而成。

4765 饮冰室主人梁启超/杜英穆编著．再版．台北：名望出版社．1988.3（别传丛书；14）

本书与《崇古好辩的辜鸿铭》、《疯子大师章炳麟》合订，是“别传书业第五种：学术名家别传”的第一篇。收 47 篇文章：《十岁应试，誉为神童》、《预见白沙，来迟一步》、《翩翩公子，结亲权门》、《拜师康门，震惊交加》等。有照片。

4766 饮冰室主人自说/梁启超著；程华平编选．南京：江苏人民出版社．1999.3（中国学人自述丛书）

本书从梁启超《饮冰室合集》以及大量已刊、未刊的信札中辑录了梁启超有关其个人生平、思想等方面的自述，该书共分 15 章，包括：生平总述、求知问学、广推时务、奔走维新、宣传为业、护国反袁、政党活动、政党思想、养心立身等。附梁启超年谱和后记。

4767 饮冰室专集/梁启超著．油印本．［出版地不详］：［出版者不详］．1920

本书分 5 部分，包括：张博望班定远合传、赵武灵王传、袁崇焕传、郑和传等。

4768 庸言/梁启超主编．影印本．北京：中华书局．2010.1（中国近代期刊汇刊）

本书共 8 册。《庸言》，1912 年（民国元年）12 月 1 日创刊，由“天津日界旭街十七号庸言报馆”出版。第一卷为半月刊，1914 年改为月刊，同年 6 月停刊，共出两卷三十期。该报由梁启超主办，分建言、专论、译述、艺林、愈载、时事、附录等栏。此影印本是根据中华书局旧藏付梓的，其中所缺第二十至三十号，则由上海社会科学历史研究所补入。

4769 阅读梁启超/夏晓虹著．北京：三联书店．2006.8（学苑话题；03）

本书收录了北京大学中文系教授夏晓虹先生十余年来研究梁启超的随笔、书评、序跋、论文的合集。既有对梁启超生平与著述、事功的总体评述，包括时人与后人、师友与家人的感性印象；也有对梁启超剧曲创作、文类概念与文学史研究的专深探讨或考辨，较为全面地展示了这位近现代政治、学术大家的历史面貌。

4770 曾文正公嘉言钞：一卷附录一卷/梁启超辑．铅印本．上海：商务印书馆，民国六年(1917)

曾国藩（1811－1872），字伯函，号涤生，湖南湘乡人。晚清重臣，湘军创立者和统帅，谥号“文正”。本书辑自曾文正公全集中之书札、家书、家训、日记、文集等 5 种。另附有胡文忠公嘉言钞、左文襄公嘉言钞、曾文正公国史本传等。

4771 中国成文法编制之沿革/梁启超著．台 1 版．台北：台湾中华书局．1957.4

全书 12 章，对自战国以前的成文法至现代的成文法进行了研究。附：《中国法理学发达史论》。

4772 中国佛教十六讲/梁启超，黄忏华，蒋维乔著．北京：长征出版社．2008.10

本书辑录了梁启超的《佛学十八篇》、黄忏华的《中国佛教史》和蒋维乔的《中国佛教史》三部作品，以时间为轴线，从佛教东传伊始到清代末年，详尽地叙述了佛教在中国的发展历程。另外本书还分门别类地对佛教各宗进行了详细地介绍，包括：起源、学统、教义、教判等各方面。

4773 中国佛教研究史/梁启超著．北京：中国社会科学出版社．2008.6（民国学术经典丛书）

本书收入的文章包括：《中国佛法兴衰沿革说略》、《佛教之初输入》、《印度佛教概观》、

《佛陀时代原始佛教教理纲要》、《印度佛教教理在中国之发展》、《佛典之翻译》等。书末有附录。有照片。

4774　中国佛教研究史/梁启超著．影印本．上海：三联书店．1988.2（近代名籍重刊）

本书分12篇，包括：《佛教之初输入》、《千五百年前之中国留学生》、《翻译文字与佛典》、《佛教与西域》、《佛典之翻译》、《读异部宗轮论述记》等。

4775　中国古典文学宝库．第五十四辑/齐豫生，夏于全主编．延吉：延边人民出版社．1999

本书包括：明夷待访录/（明）黄宗羲著、金圣叹评点《西厢》《水浒》/（清）金圣叹著、清代学术概论/（清）梁启超著。

4776　中国近三百年学术史/梁启超著．11版．台北：台湾中华书局．1987.2

本书详细研究十七、十八、十九三个世纪的中国学术史，阐释了学术发展的不同阶段及其相互转化的原因，从哲学和思想层面分析清代的学派、代表人物和典型作品，提出了诸多新见解。全书分16章，包括：反动与先驱、清代学术变迁与政治的影响、阳明学派之余波及其修正、清代经学之建设、两畸儒等。有附录“清明之交中国思想界及其代表人物”。有图表。

4777　中国近三百年学术史/梁启超著．北京：东方出版社．1996.3（民国学术经典文库．思想史类丛；11）

内容提要参见4776。

4778　中国近三百年学术史/梁启超著．太原：山西古籍出版社．2001.10（大学生应读·名家学术经典）

内容提要参见4776。

4779　中国近三百年学术史/梁启超著．天津：天津古籍出版社．2003.5（饮冰室文萃）

内容提要参见4776。

4780　中国近三百年学术史/梁启超著．长沙：岳麓书院．2010.1

内容提要参见4776。本书是梁启超任教清华大学、南开大学等校所编讲义，约撰于1923年冬至1925年春之间。此次再版以1936年中华书局版为底本进行整理，在编辑过程中，本着尊重原著，保持作品原貌的原则，除改正一些显误外，未对民国用法的文字做任何改动。本书有后记。

4781　中国近三百年学术史/梁启超著．北京：团结出版社．2006.12（民国珍本丛刊：插图珍藏本）

内容提要参见4776。

4782　中国近三百年学术史/梁启超著．北京：人民出版社．2008.12

内容提要参见4776。

4783　中国近三百年学术史/梁启超著．北京：中国华侨出版社．2008.5

内容提要参见4776。

4784　中国近三百年学术史/梁启超著．北京：北京市中国书店．1985.3

内容提要参见4776。

4785　中国近三百年学术史/梁启超著．北京：中国社会科学出版社．2008.6（民国学术经典丛书）

内容提要参见4776。

4786　中国近三百年学术史/梁启超著．上海：三联书店．2006.4

内容提要参见4776。

4787　中国近三百年学术史/梁启超著．台北：

里仁书局. 1995.2

内容提要参见 4776。本书与《清代学术概论》合订。有图表。

4788 中国近三百年学术史/梁启超著；张圣洁校点. 石家庄：河北人民出版社. 2004.3

内容提要参见 4776。

4789 中国近三百年学术史/梁启超撰. 铅印本. 上海：辅仁大学，民国间（1912—1949）

本书是一部有关清代学术思想史研究的开拓性著作，为梁启超学术代表作之一。是梁启超任教清华大学、南开大学等校时所编的讲义。本书包括：反动与先驱；清代学术变迁与政治的影响（上）；清代学术变迁与政治的影响（中）；清代学术变迁与政治的影响（下）；阳明学派之余波及其修正；清代经学之建设；两畸儒；清初史学之建设；程朱学派及其依附者；实践实用主义；科学之曙光；清初学海波澜余录。

4790 中国近现代思想史上的道德主义与智识主义：以梁启超思想型塑为线索/梁台根著. 台北：台湾学生书局. 2007.2（文化哲学丛刊）

全书分 8 章，包括：绪论；重塑：知识、权界、经世；革新：思想解放道德觉醒；途径：输入学理重塑道德；新民：群己相谐积私而公；民族：道德主义思想进程；道德主义与智识主义重整；结论。书中附有序、自序和参考书目。

4791 中国历史研究法/梁启超撰. 铅印本. 上海：商务印书馆，民国十一年（1922）

本书是梁启超于 1921 年在南开大学讲授《中国历史研究法》的讲义，是其史学理论观点代表作，也是中国近代资产阶级史学理论的经典著作。本书包括：史之意义及其范围；过去之中国史学界；史之改造；说史料；史料之搜集与鉴别；史迹之论次；附录一、研究文化史的几个重要问题；附录二、中国史叙论；附录三、新史学。

4792 中国历史研究法/梁启超著. 台北：里仁书局. 1994.12

本书包括梁启超先生的三种史学著作：《新史学》、《中国历史研究法》和《中国历史研究法》补编，是其史学方法与历史哲学的代表作。有照片。

4793 中国历史研究法/梁启超著. 上海：商务印书馆. 1930.4（万有文库. 第一集；964 国学小丛书）

本书是梁启超于 20 世纪 20 年代在大学的讲演稿，包括 6 章：史之意义及其范围、过去之中国史学界、史之改造、说史料、史料之搜集与鉴别、史迹之论次。书末附录《研究文化史的几个重要问题》。

4794 中国历史研究法/梁启超撰；汤志钧导读. 上海：上海古籍出版社. 1998.12（蓬莱阁丛书）

内容提要参见 4793。附有《中国历史研究法补编》。有图表。

4795 中国历史研究法·中国历史研究法补编/梁启超著. 影印本. 上海：上海书店. 1989.10（国丛书. 第一编；73）

本书与《历史研究法》/何炳松、《中国历史新研究法》/蔡尚思著、《历史研究法》/吕思勉著合订。《中国历史研究法》与《中国历史研究法补编》根据商务印书馆 1947 年版影印。《中国历史研究法》包括史之意义及其范围、过去之中国史学界、史之改造等章节；《中国历史研究法补编》包括分总论、分论两部分。

4796 中国历史研究法/梁启超著. 北京：人民出版社. 2008.12

本书包括《中国历史研究法》、《中国历史研究法补编》两部分，论述了史之意义及其范围、过去之中国史学界、史之改造、说史料等内容。

4797　中国历史研究法/梁启超著．北京：东方出版社．1996.3（民国学术经典文库．历史类丛；12）

内容提要参见4793。附录：《中国历史研究法补编》。

4798　中国历史研究法/梁启超著．北京：东方出版社．2005.7（中国文库．史学类）

内容提要参见4793。附有《中国历史研究法补编》。有画像。

4799　中国历史研究法/梁启超著．北京：中华书局．2009.5

内容提要参见4793。附录《中国史叙论》、《新史学》、《研究文化史的几个重要问题》。

4800　中国历史研究法/梁启超著．长沙：湖南人民出版社．2010.1

本书分为《中国历史研究法》、《中国历史研究法补编》两部分，内容包括：过去之中国史学界、五种专史概论、文物的专史等。

4801　中国历史研究法/梁启超著．南京：江苏文艺出版社．2008.4（北斗丛书）

本书包括《中国历史研究法》和《中国历史研究法补编》两部分。论述了史之意义及其范围、过去之中国史学界、史之改造等内容。

4802　中国历史研究法/梁启超著．上海：华东师范大学出版社．1995.12（二十世纪国学丛书）

内容提要参见4793。

4803　中国历史研究法/梁启超著．上海：上海古籍出版社．1987.5

内容提要参见4793。

4804　中国历史研究法/梁启超著．上海：上海文艺出版社．1999.1（故事会图书馆文库．学者讲坛丛书）

内容提要参见4793。

4805　中国历史研究法/梁启超著．石家庄：河北教育出版社．2000.12（二十世纪中国史学名著）

本书主要包括：中国历史研究法、中国历史研究法补编、清代学术概论三部分内容。附《梁启超著述要目》，有照片。

4806　中国历史研究法/梁启超撰．上海：上海古籍出版社．2006.4（世纪人文系列丛书．世纪文库）

内容提要参见4793。书中还有中国历史研究法补编。

4807　中国历史研究法补编/梁启超著．上海：商务印书馆．1930.4（万有文库．第一集；964 国学小丛书）

本书分总论、分论两部分。总论包括史的目的、史家的四长、五种专史概论，在分论中，作者详尽地论述了有关人的专史、文物的专史等专史的撰写方法。

4808　中国历史研究法补编/梁启超著．台北：台湾商务印书馆．1966.12（人人文库；157—158）

内容提要参见4807。书后附跋。

4819　中国历史研究法补编/梁启超著．台北：台湾书房出版有限公司．2008.7（名宿经典；8O07）

本书与《中国考古学之过去及将来》、《历史统计学》合刊。内容提要参见4807。

4810　中国历史研究法补编/梁启超著．北京：中华书局．2010.1

内容提要参见4807。附录作者另外两篇讲专史的文章《历史统计学》、《中国考古学之过去及将来》。

4811 中国历史研究法五种/梁启超著. 影印本. 台北：里仁书局. 1982.1

本书分为 5 部分，包括：新史学、中国历史研究法、中国历史研究法补编、古书真伪及其年代和清代学术概论。

4812 中国六大政治家/梁启超等编著. 3 版. 台北：正中书局. 1974.7

本书共 6 编，包括：管子、商君、诸葛武侯、李卫公、王荆公和张江陵。

4813 中国六大政治家. 第二册/梁启超等编著. 渝初版. 重庆：正中书局. 1944

本书为第 5 编王荆公。附录梁启超著《中国法理学发达史论》。

4814 中国六大政治家/梁启超等编著. 重庆：拔提书店. 1941.1

本书共分 5 编，包括：管子、商君、诸葛武侯、李卫公、王荆公。

4815 中国六大政治家：第一、二编合册/梁启超，麦孟华著. 初版. 上海：广智书局. 1909.1

本书第 1 编《管子》，分"叙论"、"管子之时代及位置"、"管子之微时及齐国前此之形势"、"管子之爱国心及其返国"、"管子之初政"、"管子之法治主义"6 章。第 2 编《商君》分"发端"、"战国之时势及商君以前秦国之位置"、"商君之入秦及其进用"、"商君之政略及其变法"、"商君之立法"、"商君之司法"等 9 章。

4816 中国伟人传五种/梁启超著. 再版. 台北：台湾中华书局. 1968.1

本书包括 5 部分：张博望班定远合传、黄帝以后第一伟人赵武灵王传、明季第一重要人物袁崇传、中国殖民八大伟人传、祖国大航海家郑和传。

4817 中国文化史/梁启超著. 7 版. 台北：台湾中华书局. 1980.8

本书分 8 章，包括：母系与父系、婚姻、家族与宗法、姓氏、阶级、乡治、都市。附《国文语原解》和《中国古代币材考》。

4818 中国文化史：社会组织篇/梁启超撰. 铅印本. ［出版地不详］：清华学校，民国间（1912—1949）

本书是梁启超先生所著《中国文化史》组成部分之一《社会组织篇》。包括：母系与父系；婚姻；家族与宗法；姓氏；阶级；阶级（下）；乡治；都市。

4819 中国现代学术经典，梁启超卷/刘梦溪主编；梁启超著；夏晓虹编校. 石家庄：河北教育出版社. 1996.8（中国现代学术经典）

本书包括《梁启超先生小传》、《论中国学术思想变迁之大势》、《清代学术概论》、《中国历史研究法》、《中国历史研究法补编》、《新史学》等内容。

4820 中国之美文及其历史/梁启超著. 4 版. 台北：台湾中华书局. 1987.2

本书收录包括："古歌谣及乐府"、"周秦时代之美文"、"汉魏时代之美文"、"汉魏乐府及其类似之作品"和"唐宋时代之美文"。附《全汉诗种类篇数及其作者年代真伪表》。

4821 中国之美文及其历史/梁启超著. 北京：东方出版社. 1996.3（民国学术经典文库. 文学史类丛；20）

内容提要参见 4820。

4822 中国之武士道/梁启超著. 再版. 台北：台湾中华书局. 1971.3

本书分 43 篇，共介绍了从春秋战国到汉初 71 位以武德闻名天下的人物事迹，并以"新史氏"的身份为每位人物加以述评。包括：孔子、项羽、信陵君、张良、墨子、程婴、田基等人。

4823　中国之武士道/梁启超著；刘泗译．北京：中国档案出版社．2006.6

内容提要参见4822。

4824　中国知识分子第一人：梁启超/黄敏兰著．武汉：湖北教育出版社．1999.8（转型间学人评传书系）

除绪论和附录外，本书分8部分，包括："维新运动的先锋"、"发起思想启蒙运动"、"寻求合理的民主化道路"、"对强权政治的妥协与反抗"等。

4825　中日近代词汇的交流：梁启超的作用与影响（日文版）/李运博著．天津：南开大学出版社．2006.10

本书主要分为4部分：近代中国人的日语观、日语借词在梁启超作品中的出处及其特征、出现在梁启超作品中的日语借词的"性格"、梁启超用词被《汉语大辞典》所收录的实际情况。其中，重点以梁启超的《饮冰室合集》为主要调查资料，从宏观角度考察梁启超作品中的日语借词在中日两国语言史上的语源。

4826　重订分类饮冰室文集全编：二十卷/梁启超著．石印本．上海：广益书局，民国间

本书分为10类20卷：论著类：卷1—3；学说类：卷4—7；学术类：卷8—9；政治类：卷10；历史类：卷11—13；传记类：卷14；文苑类：卷15；小说类：卷16；尺牍类：卷17；杂著类：卷18—20。缺2卷、卷3、卷4。本书18册。

4827　追求民族富强和人性圆满：戊戌变法时期梁启超政治思想透视/龚郭清著．西安：西北大学出版社．2003.3

本书7章，包括导言，政治现实批判，政治理想重建，政治体系探索，变法维新与西方冲击，变法维新与传统资源，变法维新与社会力量等。

4828　追忆梁启超/夏晓虹编．北京：中国广播电视出版社．1997.1（学者追忆丛书）

本书分4辑，第1辑为传记、行状、祭文、轶闻一类综述性文字；第2辑为梁启超逝世当年及四十年代由其学生们集中撰写的一批以评述为主的文章；第3辑以梁之政治经历为中心，记述了从其少年时代直至辞去司法总长、退出政界的各项事迹；第4辑基本为其晚年著述讲学情况的追忆。具体收录了：《我所认识的梁启超与王国维》、《梁任公先生晚年言行记》、《梁任公死时各方挽联忆述》《梁启超和他的儿女们》、《回忆梁启超先生》、《病床日记》等文章。

4829　追忆梁启超/夏晓虹编．北京：三联书店．2009.4（学者追忆丛书）

内容提要参见4828。

4830　自由书/梁启超著．再版．台北：台湾中华书局．1979.2

本书收录文章包括：《成败》、《俾士麦与格兰斯顿》、《自由祖国之祖》、《地球第一守旧党》、《文野三届之别》、《英雄与时势》、《近因远因之说》、《草茅危言》等。

4831　作文入门/梁启超著．北京：教育科学出版社．2007.8（大师背影书系）

本书分为"中学以上作文教学法"和"中国韵文里头所表现的情感"两部分。具体内容涉及提纲、记述文、记事文、论辩之文的写作知识，及奔迸的表情法、回荡的表情法、蕴藉的表情法等内容。有附录《记梁任公先生的一次演讲》。

13.14　严复

4832　'93严复国际学术研讨会论文集/福建省严复研究会编．福州：海峡文艺出版社．1995.12

本书主要讲述了严复研究的历史和现状，严复与中西文化，严复的历史地位及其影响，

各学科角度的严复研究。本书附图。

4833　《严复集》补编/孙应祥，皮后锋编. 福州：福建人民出版社. 2004.7

本书分为诗文、书信、评点、译文 4 类，按撰写或发表的时间先后排列，收录了严复的文选。有照片。

4834　《原强》评注/严复著；通辽柴油机厂工人理论组，通辽师范学院政史系《原强》注释组同注释. 长春：吉林人民出版社. 1976.11

本书是严复针对甲午战争后民族危机空前严重的现实，全面提出了他的改良主义理论和主张。他以达尔文的生物进化论和斯宾塞的社会政治学说为依据，指出一个国家或民族的强弱存亡，关键在于“民力”的强弱，“民智”的高下和“民德”的好坏，并带有作者的评点。

4835　长治久安：理念、制度及其推进：严复政治哲学研究/王建龙著. 上海：上海人民出版社. 2010.5（华东政法大学政治理论部学术研究丛书）

本书内容包括：追求“治道”——变“治乱兴衰”为“长治久安”、近代西方观念的引入、分疏与重构——对自由、民主和平等观念的有机统一、进化论的介入——治道与变道的进一步整合等。

4836　从严复到金岳霖：实证论与中国哲学/杨国荣著. 北京：高等教育出版社. 1996.1

本书包括 5 章内容：实证主义的东渐、徘徊于形而上学与实证论之间、实用主义的引入与变形、新实在论的融入与逸出、走出实证主义。本书有附录：知识与智慧、科学的泛化及其历史意蕴。

4837　翻译家严复传论/高惠群，乌传衮著. 上海：上海外语教育出版社. 1992.10

本书论述了严复的生平与翻译思想，展现了严复的历史地位和翻译思想的重要价值。全书分两章：严复的生平与思想、论严译和严复翻译思想。附录：《严复翻译言论选录》，《严复年谱》。附照片。

4838　富强抑或自由：严复宪政思想研究/杨阳著. 北京：中国人民公安大学出版社. 2009.6

本书共分为 6 章，包括：分析工具、严复宪政思想的形成背景与发展演变、宪政之前提和基础、严复宪政思想的主要内容、严复宪政思想的内在关怀。

4839　赫胥黎天演论/（英）赫胥黎著；严复译.［出版地不详］:［出版者不详］. 1896

本书《导言》包括：“察变”、“广义”、“趋异”、“人为”、“互争”、“人择”、“善败”、“乌托邦”等 18 篇；《论》包括：“能实”、“忧患”、“教原”、“严意”、“天刑”、“佛释”、“种业”、“冥往”等 17 篇。书前有译者自序及吴汝纶叙。

4840　赫胥黎天演论/（英）赫胥黎著；（清）严复译. 石印本.［出版地不详］: 富文书局. 1901

内容提要参见 4839。

4841　侯官严氏丛刻/严复著. 影印本. 台北：文海出版社. 1975.5（近代中国史料丛刊续编. 第十八辑；179）

本书收录了清末著名学者、翻译家严复的著作。全书共收录了《上今上皇帝万言书》、《斯宾塞尔劝学篇》、《原强》、《救亡绝论》、《论世变之亟》等 5 篇文章，本书还有跋。本书附有王蘧常著《严几道年谱》。

4842　侯官严氏丛刻/严复撰. 影印本. 台北：成文出版社. 1968.8（清末民初史料丛书・16）

内容提要参见 4841。本书为严复的作品集。

4843　精读严复/刘琅主编. 厦门：鹭江出版社. 2007.8

本书辑有严复主要译著《天演论》、《群学

肆言》、《群己权界论》和政论文选如《原强》、《辟韩》、《论世变之亟》等篇，充分展现了著者提倡西学、救亡图存、追求国家富强的热烈情怀。

4844 救国、启蒙、启示：严复和中西文化/苏中立著. 长春：东北师范大学出版社. 1992.6

全书分5章，包括："会通中西"；"甲午戊戌间：崇拜西学与标本并治"；"戊戌辛亥间：中西整合与体用统一"；"辛亥辛酉间：回观孔孟与反本复古"；"救国、启蒙、启示"。有前言、附和后记。

4845 科学与爱国：严复思想新探/习近平主编. 北京：清华大学出版社. 2001.11

本书结集了各地学者研讨严复思想的最新论文，并首次披露新出的珍贵文献《严复手批沈瑶庆奏稿》，选载了新近考释而得的严复佚文3篇。

4846 论法的精神/（法）孟德斯鸠著；严复译. 上海：三联书店. 2009.3

本书是孟德斯鸠最重要的、影响最大的著作。该书中提出了追求自由、主张法治、实行分权的理论，对世界范围的资产阶级革命产生了很大影响。

4847 论世变之亟：严复集/严复著；胡伟希选注. 沈阳：辽宁人民出版社. 1994.9（中国启蒙思想文库；8）

本书收有《救亡决论》、《有如三保》、《实业教育》等20余篇文章。

4848 论信达雅：严复翻译理论研究/沈苏儒著. 台北：台湾商务印书馆. 2000.1

本书以严复的信、达、雅翻译理论为主线，研究了严氏理论在中国翻译学史上的历史地位，并采用现代科学方法，对严氏理论的内涵有了深层的剖析。

4849 论严复与严译名著/商务印书馆编辑部编. 北京：商务印书馆. 1982.6

本书编选了多篇研究严复的思想和翻译工作的论著。本书共计收录了《严复与严译名著》、《严复的用心》、《严复的翻译》、《严复的思想批判》、《严复思想试探》、《赫胥黎到严复》、《论严复》、《论严复》等8篇论文。本书有严复生平、著译大事年表、严译简目、主要文献数目和研究论文索引。本书有照片。

4850 论自由/（英）约翰·穆勒著；严复译. 北京：北京理工大学出版社. 2009.1（典藏书架020　第二辑）

本书是自由理论体系的集大成之作，论述了资本主义制度下的公民自由权利，在西方曾被高度评价为"对个人自由最动人心弦，最强有力的辩护"。内容分为：释思想言论自繇、释行己自繇明特操为民德之本、论国群小己权限之分界、论自繇大义之施行等5篇。

4851 论自由：［中英文本］/（英）约翰·穆勒著；严复译. 上海：上海三联书店. 2009.3（一力文库022）

内容提要参见4850。

4852 孟德斯鸠法意/（法）孟德斯鸠著；严复译. 上海：商务印书馆. 1931.3（万有文库. 第1集；235）

本书为严复所译的法国著名学者孟德斯鸠著作《法意》的中文译本。本书共有《法律通论》、《论治制形质》、《治制之精神》、《论教育宜与治制之精神相表里》、《论为国立法必与其治制精神之相得》等29卷内容。本书还附有序、严译名著丛刊例言等内容。

4853 孟德斯鸠法意/（法）孟德斯鸠著；严复译. 台北：台湾商务印书馆. 1977.8（人人文库；特509－511）

本书共29卷，收录了孟德斯鸠列传、法律通论、治制之精神、论三制精神之敝、论法典与其国风土之对待、论通商法律、论制作法典之宜忌等内容。

4854 孟德斯鸠法意/（法）孟德斯鸠著；严复译. 北京：商务印书馆. 1981.11（严译名著丛刊）

内容提要参见 4852。本书还附有重印严译名著丛刊前言、序、严译名著丛刊例言等内容。

4855 名学浅说/（英）哲方斯，W. S. 著；严复译. 北京：三联书店. 1959.7（逻辑丛刊）

本书为严复所翻译的《严译名著丛刊》之一，为英国逻辑学家耶方斯所著《名学浅说》。本书为一本逻辑学的入门书，原书 1876 年在伦敦出版。这本书中第 1 章至第 2 章是绪论的性质，第 3 章至第 14 章讲演绎逻辑，第 15 章至第 27 章讲归纳逻辑。本书还有前言、序、出版说明等内容。

4856 名学浅说/（英）耶方斯著；严复译. 台北：台湾商务印书馆. 1973.7（人人文库；135）

本书共 27 章，收录了论世俗思辨之情状、论文字正当用法、论词句、论有待之词、论事变先后及因果、论消息之术、论试验后推证等文章。

4857 名学浅说/（英）耶方斯著；严复译. 北京：商务印书馆. 1981.9（严译名著丛刊）

内容提要参见 4855。本书还有前言、序、出版说明等内容。

4858 名学浅说/威廉・史坦利・耶方斯著；严复译. 3 版. 台湾：台湾商务印书馆. 2009.5（严复先生翻译名著丛刊）

内容提要参见 4857。本书还附有台湾商务印书馆重印严复先生翻译名著丛刊序、严复先生与商务印书馆以及索引等内容。

4859 穆勒名学/（英）穆勒著；严复译. 上海：商务印书馆. 1931.4（万有文库. 第 1 集；88）

原书分名与辞，演绎推理，归纳推理，归纳方法，诡辩与伦理科学的逻辑，共 6 部分，译者仅译出其中讲述演绎法的全部和讲述归纳法的一小部分；部甲部首为引论，包括：论开宗界说本非定论，辩逻辑之为学为术，论名学乃求诚之学术，言名学论推知不论元知，论名学所以统诸学之理，考名学之利用于何而见；部乙：通论推证思籀部分，分论推证大凡；部丙计有通论内籀大旨，论解例，杂举解例之事实等 13 篇。

4860 穆勒名学/（英）穆勒著；严复译. 北京：商务印书馆. 1981.1（严译名著丛刊）

内容提要参见 4859。

4861 穆勒名学/（英）穆勒著；严复译述. 北京：三联书店. 1959.1（逻辑丛刊）

内容提要参见 4859。

4862 穆勒名学/约翰・斯图亚特・穆勒著；严复译. 再版. 台湾：台湾商务印书馆. 2009.7（严复先生翻译名著丛刊）

内容提要参见 4859。本书还附有台湾商务印书馆重印严复先生翻译名著丛刊序、严复先生与商务印书馆以及索引等。

4863 清史稿. 第四十四册（卷四八四至卷四九一）/赵尔巽等. 北京：中华书局. 1977.8

本书包括卷四百八十四至卷四百九十一：列传二百七十一，文苑一，至列传二百七十八，忠义五。含严复列传。

4864 群己权界论/（英）穆勒著；严复译. 上海：商务印书馆. 1930.4（万有文库. 第一集；146）

本书是自由理论体系的集大成之作，为古典自由主义最重要的著作之一，论述了资本主义制度下的公民自由权利，在西方曾被高度评价为“对个人自由最动人心弦，最强有力的辩护”。内容分为：引论、释思想言论自繇、释行己自繇明特操为民德之本、论国群小己权限之分界、论自繇大义之施行等5篇。本书有序。

4865 群己权界论/（英）穆勒著；严复译. 台北：台湾商务印书馆. 1966.8（人人文库）

内容提要参见4864。

4866 群己权界论/约翰·斯图亚特·穆勒著；严复译. 再版. 台湾：台湾商务印书馆. 2009.6（严复先生翻译名著丛刊）

内容提要参见4865。本书还附有台湾商务印书馆重印严复先生翻译名著丛刊序、严复先生与商务印书馆以及索引等内容。本书为台湾商务印书馆版本。

4867 群学肄言. 一/（英）斯宾塞著；严复译. 上海：商务印书馆. 1931.12（万有文库. 第一集；116）

本书为严复翻译的社会学名著之一，是一部研究社会方法的著作。本书强调“以天演为宗”，以生物学规律研究社会现象，从而论证中国的社会变法。全书分为砭愚、倡学、喻术、知难、物蔽、情瞀、国拘、流梏等16章。《砭愚》与《倡学》两章阐述了社会研究必须有专门的学科，可以成为科学的观点和道理。《喻术》则概括了社会学的主要含义。《知难》述治社会之难。《物蔽》以后各章探讨了社会研究中的客观困难与主观困难。

4868 群学肄言. 二/（英）斯宾塞著；严复译. 上海：商务印书馆. 1931.12（万有文库. 第一集；116）

内容提要参见4867。

4869 群学肄言/（英）斯宾塞著；严复译. 北京：商务印书馆. 1981.1（严译名著丛刊）

内容提要参见4867。本书为据1931年上海商务印书馆版本所重新排印。

4870 群学肄言/赫伯特·斯宾塞著；严复译. 再版. 台湾：台湾商务印书馆. 2009.8（严复先生翻译名著丛刊）

本书是一部研究社会方法的著作。本书强调“以天演为宗”，以生物学规律研究社会现象，从而论证中国的社会变法。全书分为砭愚、倡学、喻术、知难、物蔽、情瞀、国拘、流梏等16章。《砭愚》与《倡学》两章阐述了社会研究必须有专门的学科。《喻术》则概括了社会学的主要含义。《知难》述治社会之难。《物蔽》以后各章探讨了社会研究中的客观困难与主观困难。本书还附有台湾商务印书馆重印严复先生翻译名著丛刊序、严复先生与商务印书馆以及索引等内容。

4871 群己权界论/（英）穆勒著；严复译. 北京：商务印书馆. 1981.1（严译名著丛刊）

本书是自由理论体系的集大成之作，为古典自由主义最重要的著作之一，论述了资本主义制度下的公民自由权利，在西方曾被高度评价为“对个人自由最动人心弦，最强有力的辩护”。内容分为：引论、释思想言论自繇、释行己自繇明特操为民德之本、论国群小己权限之分界、论自繇大义之施行等5篇。本书有序。本书为根据1930年上海商务印书馆所出版的版本重新编印而成。

4872 社会剧变与规范重建：严复文选/卢云昆编选. 上海：上海远东出版社. 1996.6（中国近现代思想家论道丛书）

本书收录了我国清末著名的资产阶级启蒙思想家、翻译家和教育家严复关于文化思想的重要论述。全书共分为文钞、译著按语、典籍评语和书信4个部分，共计61篇论述。本书有序。

4873 社会通诠/（英）甄克思著；严复译. 北京：商务印书馆. 1981.1（严译名著丛刊）

本书为严复所翻译的《严译名著丛刊》之一，为英国学者甄克思所著《社会通诠》。本书分为开宗、蛮夷社会、宗法社会、国家社会 4 个部分，共有社会形式分第一、图腾群制分第二、宗法通论分第三、豢扰禽兽分第四等 14 个章节。本书还有前言、序、出版说明等内容。本书为据 1931 年上海商务印书馆版本所重新排印。

4874　社会通诠/（英）甄克思著；严复译．上海：商务印书馆．1903.1

本书分为 4 部分：开宗、蛮夷社会、宗法社会、国家社会。书前有夏曾佑序、译者序和原序。

4875　社会通诠/（英）甄克思著；严复译．上海：商务印书馆．1931.4（万有文库．第一集；134）

本书为严复所翻译的《严译名著丛刊》之一，为英国学者甄克思所著《社会通诠》。本书分为开宗、蛮夷社会、宗法社会、国家社会 4 个部分，共有社会形式分第一、图腾群制分第二、宗法通论分第三、豢扰禽兽分第四等 14 个章节。本书还有前言、序、出版说明等内容。

4876　社会通诠/（英）甄克思著；严复译．台北：台湾商务印书馆．1977.8（人人文库；2335—2336）

本书是严复对甄克思所作的《社会通诠》的翻译。

4877　社会通诠/爱德华·甄克思著；严复译．再版．台湾：台湾商务印书馆．2009.5（严复先生翻译名著丛刊）

本书为严复所翻译的《严译名著丛刊》之一，为英国学者甄克思所著《社会通诠》。本书分为开宗、蛮夷社会、宗法社会、国家社会 4 个部分，共有社会形式、图腾群制、宗法通论、豢扰禽兽等 14 个章节。本书还附有台湾商务印书馆重印严复先生翻译名著丛刊序、严复先生与商务印书馆以及索引等内容。

4878　生斯世何必无情：严复家书/严复著；王思义编著．沈阳：辽宁古籍出版社．1996.4（中国名人家书精典）

本书辑录了我国清末著名的资产阶级启蒙思想家、翻译家和教育家严复从 1880 年到 1921 年的近 160 封家书，从家书中反映出了严复在思想上的困惑和矛盾，也反映出了严复在思想中崇尚西学，以救时弊，教育子女，济世立业，尊重女性，提倡女学，发扬传统文化的优秀方面。

4879　天津市河东区文史资料．第十四辑；严复学术研讨会文集：纪念严复逝世 80 周年/政协天津市河东区委员会文史资料委员会编．天津：政协天津市河东区委员会．2002.6

本书内容包括：严复与近代中国之社会科学、天演百年论严复、严复启蒙思想的历史贡献、严复论人的近代化、我国近代翻译事业的开拓者—严复、论严复对中国教育近代化的贡献、严复的教育实践和教育思想初探、严复的教育思想与现代化等。书中附有照片和序言。

4880　天演论/（英）赫胥黎原著；严复译著；李珍评注．北京：华夏出版社．2002.10（影响中国近代史的名著）

《天演论》是中国近代著名的启蒙思想家和翻译家严复翻译的英国科学家赫胥黎《进化论与伦理学》一书的节译本。本书首次向国人介绍了达尔文的进化论思想，更重要的是用自然界生物进化和演变规律阐述社会发展规律，揭示出国家落后就要挨打的定律，激发起人们救亡图存、变法维新的新观念。有照片。

4881　天演论/（英）赫胥黎著；严复译．北京：北京理工大学出版社．2010.3

本书译自赫胥黎所著的《进化论和伦理学》。本书用达尔文关于生物进化的原理，来解释社会发展的规律和人们的相互关系，对于生物发生、生物进化作出了科学的解释，并把优胜劣汰的进化观点运用到社会发展的进程中。

4882 天演论/（英）赫胥黎著；严复译．北京：科学出版社．1971.3

《天演论》是十九世纪英国自然科学家赫胥黎所著。严复用文言文翻译了这本书（意译）。本书根据商务印书馆版本，重新翻印了这本书。

4883 天演论/（英）赫胥黎著；严复译．北京：商务印书馆．1981.10

本书译自赫胥黎所著的《进化论和伦理学》，包括上、下两部分，有察变、广义、趋异、人为、互争、人择、善败、乌托邦、汰蕃、择难、人群、制私等章节。

4884 天演论/赫胥黎著；严复译．上海：商务印书馆．1933.12（万有文库．第一集；491）

本书译自赫胥黎所著的《进化论和伦理学》，包括上、下两部分，有察变、广义、趋异、人为、互争、人择、善败、乌托邦、汰蕃、择难、人群、制私等章节。

4885 天演论/（英）赫胥黎著；严复译；欧阳哲生导读．贵阳：贵州教育出版社．2005.9（二十世纪中国人的精神生活丛书；11）

本书包括《天演论》和《进化论和伦理学》，为的是便于对严译本和直译本的区别进行比较。《天演论》包括上、下两部分，有察变、广义、趋异、人为、互争、人择、善败、乌托邦、汰蕃、择难、人群、制私等章节。

4886 天演论：物竞天择适者生存/（英）赫胥黎著；严复译著；冯君豪注解．郑州：中州古籍出版社．1998（醒狮丛书）

《天演论》所阐发的西方文化思想之精义，使当时人耳目为之一新；书中又包含着以儒家为主的中国文化精神。此版全书35篇，每篇由评析、正文、详注、今译4项组成。

4887 天演论：［全译彩图本］/（英）托马斯·赫胥黎著；严复旧译；杨和强，胡天寿白话今译．北京：人民日报出版社．2007.10（醒狮丛书）

《天演论》译作原本为英国著名博物馆学家赫胥黎所著的《进化论和伦理学》。而《天演论》不是对其著作的照搬，严复反驳了赫胥黎的理论，把优胜劣汰的进化观点运用到社会发展的进程中，指出了当时人们亟需救国治国的历史重任。有图。

4888 天演论：［中英文本］/（英）赫胥黎著；严复译．北京：中国青年出版社．2009.3（一力文库026）

本书的主要目的，是用以纠正斯宾塞所谓任凭自然法则控制人类发展的消极论点，书中所阐述的内容，有与我国古代学者观点相符的论断，而且对奋发自强，以求保卫种族生存繁衍之事，反复多次，再三表达了自己的思想。

4889 天演之声：严复文选/严复著；牛仰山选注．天津：百花文艺出版社．2002.1（中国近代思想者丛书）

本书收录了严复的《救亡决论》、《道学外传》、《与梁启超书》等20余篇文章，较为全面系统地体现了严复的社会政治、经济、军事和学术、文学思想。

4890 寻求富强：严复与西方/（美）本杰明·史华兹著；叶凤美译．南京：江苏人民出版社．1990.5（海外中国研究丛书）

本书作者认为，严复站在未经历近代变革的中国传统文化立场上，发现并抓住了欧洲著作中阐述的“集体的能力”这一主题，并在欧洲思想中至少发现了两方面的秘密。

4891 寻求富强：严复与西方/（美）史华兹著；叶凤美译．南京：江苏人民出版社．1989.7（海外中国研究丛书）

本书是美国著名汉学家史华兹研究近代中国哲学、政治思想史的一部具有较高声誉和广泛影响的著作。作者以其独具特色的角度和方法，使人们重新认识了作为一位迷人的西方思想评论家的严复。

4892 亚当史密斯与严复：《国富论》与中国/赖建诚著. 台北：三民书局. 2002.8

全书分 6 章，包括：综观概述、《国富论》的传播、《原富》的翻译和案语、严复对《国富论》的理解、严复的经济见解、结论。有图表，有附录《西洋经济思想对晚清经济思潮的影响》和参考书目。

4893 亚当·斯密与严复：《国富论》与中国/赖建诚著. 杭州：浙江大学出版社. 2009.3

内容提要参见 4892。

4894 严复/牛仰山著. 天津：新蕾出版社. 1993.5（中华历史名人丛书）

本书分 7 章，包括："在求学的道路上磨练成长"、"在痛苦、彷徨中找出路"、"宣传维新变法的思想家"、"戊戌喋血哭林旭"、"近代翻译西学的泰斗"、"主张教育救国"、"投入封建主义思想的怀抱"。有插图。

4895 严复/王栻，俞政编. 南京：江苏古籍出版社. 1984.10（中国历代名人传丛书）

本书是在王栻所著《严复传》的基础上编写的，分 5 章，包括：海军生涯、资产阶级启蒙思想家、政治理论和哲学思想、从进步转到保守、顽固反动的老人。有肖像，有插图，附《严复生平大事年表》。

4896 严复/王中江著. 台北：东大图书公司. 1997.4（世界哲学家丛书）

本书介绍了严复的生命历程并对其科学思想、富强理想、自由民主精神等进行了研究。本书共分为 10 章。

4897 严复/心史编著. 北京：中国国际广播出版社. 1996.3（爱国主义教育丛书）

本书分 9 部分，包括：《少年时代》、《留学英国》、《认知北洋水师学堂》、《为救亡图存而摇旗呐喊》、《惊世骇俗的天演论》、《在维新变法运动中》、《思想理论界的巨人》等。

4898 严复/章回编写. 北京：中华书局. 1962.10（中国历史小丛书）

本书共分 7 章，包括：进了福州船政学堂、接受资本主义文化思想、危急的形势惊醒了严复、《天演论》敲起了警钟、写政论宣传变法、在维新运动中的实际活动和变得顽固反动。有插图。

4899 严复：天演论/严复译；杨佩昌整理. 北京：中国画报出版社. 2010.5

《天演论》是自称为"达尔文的斗犬"的英国著名学者赫胥黎的演讲稿，主要讲述了宇宙过程中的自然力量与伦理过程中的人为力量相互激扬、相互制约、相互依存的根本问题。严复以"信、达、雅"三条为翻译标准，有评论，有发挥的译述。本书导论分为 18 篇、正文分为 17 篇，分别冠以篇名，并对其中 28 篇加了按语。附《论自由》。

4900 严复：中国近代思想启蒙者/林保淳著. 台北：幼狮文化事业公司. 1988.4（中国人丛书）

本书讲述了中国近代思想启蒙者严复的生平事迹。本书共分 11 章。附有年谱、严复在《国闻报》所发表的文章、严复翻译年表。附照片。

4901 严复传/冯保善著. 北京：团结出版社. 1998.7（中国文化巨人丛书. 近代卷）

本书分为 7 章，包括："少年人物江山秀"，"男儿怀抱谁人知"，"一卷生花《天演论》"，"窃哀兮浮萍，泛淫兮无根"，"欲持建鼓挝顽聋"，"人生难是受恩知"，"一庵吾欲送华颠"。该书有附录：《严复简谱》。

4902 严复传/王栻著. 上海：上海人民出版社. 1957.2

本书分 4 章，包括：海军生涯（1853－1894）、维新运动中的一个出色的思想家（1895－1898）、从进步转到保守（1898－1911）、顽固反动的老人。有图表。

4903 严复传/王栻著. 新1版. 上海：上海人民出版社. 1976.8

本书原出版于1957年，通过修改，重新出版。本书分4章，包括：海军生涯（1853－1894），维新运动中的一个出色的思想家（1895－1898）、从进步转到保守（1898－1911），顽固反动的老人。有照片，有肖像。

4904 严复传记资料/朱传誉主编. 影印本. 台北：天一出版社. 1981.1

本书意在收集见诸书刊、报章等有关严复生平思及思想的资料。全书共分6卷，共42篇。本书资料来源丰富。

4905 严复大传/皮后锋著. 福州：福建人民出版社. 2003.10

本书内容包括：少年时代、进身海军、潜心西学、天演惊雷、教育救国、面对革命、执掌北大、译界泰斗等。有附录和后记。有照片。

4906 严复的故事/林国清等著. 福州：海峡文艺出版社. 1996.10（福建历代爱国名人丛书）

严复是我国近代的大思想家、大学者。年少时他就立下报国志，留学英国，学习西方的先进技术。中年时与维新诸君子交往甚密，他翻译的《天演论》在士子中产生巨大反响，由此引起清廷的极大恐慌，数次想秘密逮捕他，多亏大刀王五仗义相救，方保无虞。晚年思想趋于保守。本书再现了严复传奇的一生，同时展现出近代中国波诡云谲、色彩斑斓的社会画面。有插图。

4907 严复翰墨/卢美松主编. 福州：福建美术出版社. 2005.1

本书是在《严复墨迹》的基础上修订重刊的，在内容和编排上都做了补充或调整。该书所采用的严复墨迹大多数来自各有关图书馆、博物馆、档案馆藏品，少部分采用个人收藏或其他公开物。收录的严复手迹绝大多数系初次发表，信札内容更多是首次面世，许多内容极具历史文献价值。为帮助读者赏阅参考，特附《严复传略》介绍其一生大致行迹。有照片。

4908 严复话语系统与近代中国文化转型/韩江洪著. 上海：上海译文出版社. 2006.10（译学新论丛书）

本书依据社会语言学、文体学、翻译改写论、目的论、翻译规范论等理论，综合利用理论阐述、个案分析和历史考证等研究方法，着重借助于英国语言学家诺曼·费尔克拉夫的话语分析框架，重点探讨和分析严复话语对中国文化转型产生重大影响的原因，并揭示其中的奥秘。本书附《严复简谱》、《严复译著目录索引》和《严复研究资料目录索引》。

4909 严复集/严复著；王栻主编. 北京：中华书局. 1986.1（中国近代人物文集丛书）

全书共5册，约120万字，主要收集了有关严复的诗、文、日记、翻译按语、著译等，并进行校勘整理。有附录《严复教育年表》有照片。

4910 严复教育思想研究/崔运武著. 沈阳：辽宁教育出版社. 1993.12（中国近现代教育家系列研究）

本书介绍了严复的生平、教育实践活动，并对其教育思想进行了介评。全书分11章，包括：在中西文化教育的交汇点上、对教育社会功能的高扬与放大、新教育原则的确立与发展、智育论（上、下）、德育论、体育论等。有前言、后记和严复教育年表。有照片。

4911 严复林纾诗文选译/严复，林纾著；马克锋译注. 成都：巴蜀书社. 1997.6（近代文史名著选译丛书）

本书包括严复文章15篇：《论世变之亟》、《原强》、《辟寒》、《救亡决论》、《译天演论自序》、《戊戌八月感事》、《挽黄远庸》、《久雨》等。

4912　严复墨迹/严复著；卢美松主编；北京大学福建校友会编．福州：福建美术出版社．2004.1

本书收录的墨迹包括：对联、条幅、屏条、扇页、诗稿、信札、手稿、眉批等，大多数来自有关图书馆、博物馆、档案馆藏品，少部分采用个人收藏或其他公开物。有照片。

4913　严复年谱新编/罗耀九主编．厦门：鹭江出版社．2004.2

本书叙说从1853年至1921年，直至69岁严复的一生经历。有照片。

4914　严复评传/郭良玉著．开封：河南大学出版社．2000.6

本书介绍了严复的生平事迹，包括：家世、童年、从师就读、入马江学堂、学成归国、百日维新后、慧眼卓识、思想片断等。

4915　严复评传/欧阳哲生著．南昌：百花洲文艺出版社．1994.8（国学大师丛书）

本书记述了严复一生的心路历程与学术活动，共分5章，包括：孤寂先驱：早期求学生涯；维新巨擘：开新文化之先河；辛苦迻译：近世西学第一人；薪烬火传：旧学新辟蹊径；黄昏余晖：中西文化的前瞻。书中有总序、提要严复学术行年简表、主要参考书目、后记等。

4916　严复评传/皮后锋著．南京：南京大学出版社．2006.8（中国思想家评传丛书；195）

本书简要评述了严复译书启蒙、教育救国的一生，对其参与南北和谈等一系列政治活动作出了新的解释和评价。有照片，图。

4917　严复评传/杨正典著．北京：中国社会科学出版社．1997.10

本书全面系统评述了严复的生平及思想学术。作者以自己丰富的学识，对严复的政治思想、美学思想、文化思想、哲学思想、历史观点、伦理思想、教育思想、逻辑思想、翻译理论与特色等分章做了深入的分析，而在分析介绍中多夹有自己的独到见解。

4918　严复评点庄子/福建省文史研究馆，福建博物院编集．影印本．福州：福建人民出版社．2009.7

严复喜欢研读《庄子》每有心得，一定随手批注。全书为两方面的内容：一是《庄子》思想的研究；一是《庄子》一书的文字训释。

4919　严复诗文选/严复著；周振甫选注．北京：人民文学出版社．1959.5

本书包括两部分：文选和诗选，分别收录了17篇和31篇文章。包括：《原强》、《救亡决论》、《论中国之阻力与离心力》、《译天演论自序》、《戊戌八月感事》、《古意》、《侯生行》、《寄散原》等。有照片。

4920　严复诗文选注/（清）严复著；南京大学历史系，国营红卫机械厂《严复诗文选注》注释组选注．上海：上海人民出版社．1976.6

本书收录严复作品19篇，包括：《论世变之亟》、《原强》、《辟韩》、《原强续篇》、《救亡决论》、《译〈天演论〉自序》、《论沪上创兴女学堂事》、《论中国教化之退》等。

4921　严复诗文选注/南京大学历史系，国营红卫机械厂《严复诗文选注》注释组选注．南京：江苏人民出版社．1975.6

内容提要参见4920。有附录《严复生平大事年表》。

4922　严复思想述评/周振甫编．上海：中华书局．1940.8

本书结合严复的实际生活和具体事例，全面地评述严复的思想。全书共4篇，包括：全盘西化时期、中西折衷时期、反本复古时期、三期思想的批判。每篇下又分若干章，每章后附有引用书目。

4923 严复思想新论/刘桂生等编. 北京：清华大学出版社. 1999.12

本书收录了近年来海内外严复研究中具有代表性的新成果，收入学术论文 13 篇。这些论文从严复与中西文化交融互释、严复与自由主义、严复与卢梭、斯宾塞等多个方面，探讨了严复在接受和传播西学过程中对待中西文化态度的前后一贯性及其对近代中国学术文化发展的贡献和意义。

4924 严复思想研究/董小燕著. 杭州：浙江大学出版社. 2006.11

本书包括 8 章：严复生平与时代、进化与衍变的政治经验主义、追求富强的国家观、严复政治思想的特质分析、中西政治文化比较、严复政治思想的矛盾性、严复政治思想的特征分析、严复政治思想的启蒙价值。

4925 严复思想研究/张志建著. 桂林：广西师范大学出版. 1989.7

本书对严复思想的各个方面，包括：哲学思想、政治思想、经济思想、逻辑思想、法律思想、教育思想、文学思想等，都做了概要的阐述，条理明晰，有些问题也提出了自己的思想和见解。

4926 严复思想与近代社会/苏中立，涂光久著. 北京：中国文史出版社. 2006.7（当代学者科研论丛）

本书包括：爱国・经世・近代化、文化・观启蒙思想、大同・社会主义、天演・进化、研究概述・述评以及附录简评《执中鉴西的经世致用与近代社会转型》等内容。

4927 严复思想与中国现代化/黄瑞霖主编. 福州：海峡文艺出版社. 2008.11

本书收录了《严复的爱国主义思想特色及其当代启示》、《严复关于民族问题的论述》、《严复与中国传统道德的现代转向》、《严复政治伦理思想刍议》等文章，以期促进对严复思想的研究，进一步深化对严复在中国近现代社会进步所做的贡献的认识。

4928 严复文集/严复著；书林主编. 北京：线装书局. 2009.6（中国近现代名人文库）

本书收录了严复的杂文。包括：《新反》、《进化》、《论世变之亟》、《原败》、《论译才之难》等作品，充分展现了著者提倡西学、救亡图存、追求国家富强的热烈情怀。

4929 严复文选：注释本/牛仰山选注. 天津：百花文艺出版社. 2006.10

本书所收文章多为严复的代表作，较为全面系统地体现了严复的社会政治、经济、军事和学术、文学思想，包括：《论世变之亟》、《原强》、《辟韩》、《救亡决论》、《论中国之阻力与离心力》、《与梁启超书》等文章。

4930 严复文选：注释本/严复著；杭州市法家著作注释小组编. 杭州：浙江人民出版社. 1976（法家著作选；21）

本书分 4 部分，包括：《严复简介》、《原强》、《辟韩》和《译天演论自序》，每部分有文章的原文、译文和注释。

4931 严复选集/严复著；周振甫选注. 北京：人民文学出版社. 2004.1（近代文学名家诗文选刊）

本书收录了严复的文选和诗选，包括《论世变之亟》、《原强》、《救亡决论》、《辟韩》等。

4932 严复学术思想评传/马勇著. 北京：北京图书馆出版社. 2001.2（二十世纪中国著名学者传记丛书）

内容提要参见 1407。

4933 严复学术思想研究/张志建著. 北京：商务印书馆国际有限公司. 1995.12

本书对严复思想的各个方面，包括哲学思想、政治思想、经济思想、逻辑思想、法律思想、教育思想、文学思想、史学思想、科学思想等，都做了概要的阐述，条理明晰，有些问题也提出了自己的思想和见解。

4934 严复学术文化随笔/严复著；王宪明编. 北京：中国青年出版社. 1999.1（二十世纪中国学术文化随笔大系. 第二辑）

本书分 5 编：政论篇、教育篇、西学篇、中学篇、文史篇，收录严复文章 62 篇。

4935 严复研究资料/牛仰山，孙鸿霓编. 福州：海峡文艺出版社. 1990.1（中国近代文学研究资料丛书）

本书系《中国近代文学研究资料丛书》的一种，所选的材料围绕一个原则：凡是反映严复的生平事迹的重要材料和研究他翻译、文学思想及文学创作的文章。所选文章散见于各种公开出版的书刊。本书内容分 4 部分：严复生平及文学活动、严复翻译研究文章、严复著译目录索引、严复研究资料目录索引。有照片。

4936 严复与道家思想/孙文礼著. 武汉：湖北人民出版社. 2009.4（武汉科技学院·人文社科文库）

内容提要参见 1411。

4937 严复与福泽谕吉：中日启蒙思想比较/王中江著. 开封：河南大学出版社. 1991.5

本书在中日启蒙思想的主题下，从历史的纵向发展和时代的横向联系这一坐标入手，对中日启蒙思想作了整体上的概述，既注意中日与西方的对比，又分析了中日的异同。在此基础上，以严复和福泽谕吉为突出代表，分列文化篇、思想篇和实践篇，全面系统地对他们的启蒙思想进行了透视和比较，展现了严复和福泽谕吉作为中日启蒙大师真实的思想内涵及其共通性和独自性。在不少具体问题上，都做出了深入的考察，并提出了自己的见解和观点。

4938 严复与西方/（美）施沃茨著；滕复等译. 北京：职工教育出版社. 1990.3

本书是美国哈佛大学著名教授本杰明·施沃茨于六十年代写的一本论述严复思想的书。在这本书中，作者始终从中西方思想和文化比较的研究角度出发，立足于近代中西方思想文化冲突的历史背景和当时中国社会历史状况，来剖析严复的思想及其对外来西方文化取舍的态度和立场，并由此进一步反省当时精心翻译和介绍给中国人的那些西方思想。

4939 严复与西方近代思想：关于孟德斯鸠与《法意》的研究/颜德如著. 长春：吉林大学出版社. 2005.1（比较政治思想研究丛书）

本书包括：孟德斯鸠在近代中国的传播、严复翻译思想新论、有关严译《法意》的几个问题、严复对孟德斯鸠思想的理解及其回应、当代中国学者笔下的孟德斯鸠 5 章内容。有附录：《20 世纪以来西方学者对孟德斯鸠的研究》。

4940 严复与中国近代化学术研讨会论文集/福建省严复学术研究会，福州市严复研究会编. 福州：海峡文艺出版社. 1998

本书共收录论文 62 篇，并有附录 4 篇，包括：《〈天演论〉的译著及其伟大影响》、《从〈天演论〉译著初版看严复强烈的爱国主义精神》、《戊戌维新时期严复爱国思想的理性特征》、《从严复就甲午战争事致陈宝琛的三封信看其爱国思想》、《从严译〈天演论〉到孙中山的互助思想》等。

4941 严复与中国近代文化/张广敏主编. 福州：海风出版社. 2003（严复研究丛书）

本书是对我国思想家、教育家、翻译家严复进行研究的论文集，论述其教育思想、政治思想、伦理道德思想，及其在中国近代史上的地位和作用等。

4942 严复语萃/严复著；马勇编. 北京：华夏

出版社. 1993（中国二十世纪思想文库. 新论语）

本书编辑严复的有关语录，分为：对中国传统社会与文化的认识、中西文化之比较、政治理想与政治实践等 5 部分。

4943　严复作品精选/许祖华选编. 武汉：长江文艺出版社. 2005（现代文学名家作品精选）

本作品主要选编了严复的政论文章和少量书信、旧体诗。对严复的译作，本作品只选录了其所作的序、跋等。其中正文的小字体皆为原稿中的注解性文字。

4944　严侯官文集/（清）严复著. 初版. 浙江绍兴：浙江特别译书局. 1903.3

本书分为 7 章："拟上皇帝书"、"西学门径功用说"、"原疆"、"论世变之亟"、"救亡决论"、"辟韩"、"译赫胥黎天演论序"。附录《国闻报论目录》，分"论治学治事宜分二涂"、"有如三保"、"保种余义"、"保教余义" 4 章。

4945　严几道年谱/王蘧常编著. 影印本. 上海：上海书店. 1991（民国丛书. 第三编. 历史、地理类；77）

本书为严复先生的生平传记。

4946　严几道诗文钞/严复著. 影印本. 台北：文海出版社. 1967.5（近代中国史料丛刊. 第 42 辑；417）

本书收录了清末著名学者、翻译家严复的文章著述、诗词等数十篇。全书分为《严几道文钞》五卷，《严几道诗钞》一卷，《严几道文钞》附录一卷。本书有叙言和凡例。

4947　摇篮与墓地：严复的思想和道路/陈越光，陈小雅编著. 成都：四川人民出版社. 1985.4（走向未来丛书）

这是一本侧重人物思想的评传读物。本书把人物放在动荡的年代中，严肃地介绍了严复走过的道路，着重叙述他的思想形成及其发展变化过程。

4948　语言、翻译与政治：严复译《社会通诠》研究/王宪明著. 北京：北京大学出版社. 2005.5（思想史丛书）

本书从文本源流、著译动因、关键词语与观念、政治社会影响等方面，对严译《社会通诠》一书进行了较为系统的研析。有照片，有图。

4949　愈野堂诗集/严复著. 影印本. 台北：台湾商务印书馆. 1977.9（人人文库；2339－2340）

本书为严复所著的诗集。

4950　原富. 上/（英）亚当・斯密著；严复译. 再版. 台湾：台湾商务印书馆. 2009.9（严复先生翻译名著丛刊）

内容提要参见 1437。

4951　原富. 下/（英）亚当・斯密著；严复译. 再版. 台湾：台湾商务印书馆. 2009.9（严复先生翻译名著丛刊）

内容提要参见 1438。

4952　原富. 一/（英）亚丹斯密著；严复译. 上海：商务印书馆. 1929.10（万有文库. 第一集；83）

本书是翻译家严复所翻译的苏格兰经济学家、哲学家亚当・斯密所著《The Wealth of Nations》。本书包含部甲上篇一至篇七，斯密亚丹传和中西年表。

4953　原富. 二/（英）亚丹斯密著；严复译. 上海：商务印书馆. 1929.10（万有文库. 第一集；183）

本书是翻译家严复所翻译的苏格兰经济学家、哲学家亚当・斯密所著《The Wealth of Nations》。本书包含部甲上篇八、九，部甲下篇十。

4954 原富. 三/（英）亚丹斯密著；严复译. 上海：商务印书馆. 1929.10（万有文库. 第一集；83）

本书是翻译家严复所翻译的苏格兰经济学家、哲学家亚当·斯密所著《The Wealth of Nations》。本书包含部甲下篇十一。

4955 原富. 四/（英）亚丹斯密著；严复译. 上海：商务印书馆. 1929.10（万有文库. 第一集；83）

本书是翻译家严复所翻译的苏格兰经济学家、哲学家亚当·斯密所著《The Wealth of Nations》。本书包含部乙引论，篇一至篇五。

4956 原富. 五/（英）亚丹斯密著；严复译. 上海：商务印书馆. 1929.10（万有文库. 第一集；83）

本书是翻译家严复所翻译的苏格兰经济学家、哲学家亚当·斯密所著《The Wealth of Nations》。本书包含部丙篇一至篇四，部丁上篇一至篇三。

4957 原富. 六/（英）亚丹斯密著；严复译. 上海：商务印书馆. 1929.10（万有文库. 第一集；183）

本书是翻译家严复所翻译的苏格兰经济学家、哲学家亚当·斯密所著《The Wealth of Nations》。本书包含部丁篇四、五、六，部丁篇七。

4958 原富. 七/（英）亚丹斯密著；严复译. 上海：商务印书馆. 1929.10（万有文库. 第一集；183）

本书是翻译家严复所翻译的苏格兰经济学家、哲学家亚当·斯密所著《The Wealth of Nations》。本书包含部丁下篇八、九，部戊上篇一。

4959 原富. 八/（英）亚丹斯密著；严复译. 上海：商务印书馆. 1929.10（万有文库. 第一集；183）

本书是翻译家严复所翻译的苏格兰经济学家、哲学家亚当·斯密所著《The Wealth of Nations》。本书包含部戊上、下两部分。

4960 原富. 九/（英）亚丹斯密著；严复译. 上海：商务印书馆. 1929.10（万有文库. 第一集；183）

本书是翻译家严复所翻译的苏格兰经济学家、哲学家亚当·斯密所著《The Wealth of Nations》。本书包含部戊下篇二、三。

4961 原富/（英）斯密著；严复译. 北京：商务印书馆. 1981.11

本书是翻译家严复所翻译的苏格兰经济学家、哲学家亚当·斯密所著《The Wealth of Nations》。包括4部分。

4962 原富/（英）斯密著；严复译. 台北：台湾商务印书馆. 1977.8（人人文库；特506—特508）

本书是严复翻译亚当·斯密的《原富》所作的翻译。全书共分上、中、下三册。

4963 中国近代名家名作宝库. 5，严复林纾卷/周松平主编；严复，林纾著. 呼和浩特：内蒙古人民出版社. 2000.12

本卷共分为两部分。第一部分收录了严复的散文、词篇、日记以及译著；第二部分为林纾的作品。其中分为诗词和译著两部分。

4964 中国近代启蒙思想家：严复诞辰150周年纪念论文集/黄瑞霖主编；福建省严复学术研究会，北京大学福建校友会编. 北京：方志出版社. 2003.12

本书着重就严复的学术思想、政治主张及其社会影响展开研讨，全国各地专家学者从不同角度、不同层面深入探讨了严复思想。包括的论文有：论严复思想的价值与贡献、严复与中国近代文化、严复的宗教思想、论严复与中国近代教育、严复与陈独秀道德观比较、严复与基督教等。

4965 中国融通：严复论集/郭卫东，牛大勇主编．北京：宗教文化出版社．2009.7

本书收录了2008年12月在北京大学召开的“严复思想与中国变革”学术研讨会所提交的论文，共24篇。包括：“关于严复研究的几点认识”、“严复思想研究的意义”、“严复思想中的变革精髓”等。

4966 中国现代学术经典，严复卷/刘梦溪主编；严复著；欧阳哲生编校．石家庄：河北教育出版社．1996.8（中国现代学术经典）

本书包括：《严复先生小传》、《天演论》、《群学肄言》、《群已权界论》、《原强》、《救亡决论》、《说党》等内容。

4967 中华英杰．3/王俊义等主编．杭州：浙江少年儿童出版社．1995.12

本书包括：心系天下的大思想家——孔子、志高行远著青史——司马迁、忧国忧民的诗圣——杜甫、先天下之忧而忧——范仲淹、位卑未敢忘忧国——陆游、倡“天下兴亡，匹夫有责”的学者——顾炎武、呼唤时代风雷——龚自珍传、播西方先进思想——严复等。有插图。

4968 中日近代对西方政治哲学思想的摄取：严复与日本启蒙学者/王克非著．北京：中国社会科学出版社．1996.12（北京日本学研究中心学术专著；3）

本书从翻译文化史的角度切入近代中国和日本的比较研究，对于两国学者如何摄取西方思想以及其中各种因素的影响做出了分析。内容包括：关于进化论思想、加藤弘之对进化论思想的摄取、严复对进化论思想的摄取等。

4969 庄子评点/严复撰；曾克端校录．[出版地不详]：华强印务公司．[出版年不详]（岷云堂丛刊；1）

本书包含29篇文章：《逍遥游》、《齐物论》、《养生主》、《人间世》、《德充符》、《大宗师》、《应帝王》等。

4970 自由的所以然：严复对约翰弥尔自由思想的认识与批判/黄克武著．上海：上海书店出版社．2000.5

本书探讨了严译弥尔的《群已权界论》，全书分5章，包括：导论、清末民初以来学者对严译的讨论、严复对约翰弥尔自由思想的认识：以严译《群已权界论》为中心之分析、严复对约翰弥尔自由思想的接受与批判、结论。有序、自序和附录。

4971 自由的所以然：严复对约翰弥尔自由思想的认识与批判/黄克武著．台北：允晨文化实业公司．1998.4（允晨丛刊；72）

本书探讨了严译弥尔的《群已权界论》，全书分4章，包括：导论、清末民初以来学者对严译的讨论、严复对约翰弥尔自由思想的认识：以严译《群已权界论》为中心之分析、严复对约翰弥尔自由思想的接受与批判。附照片。

13.15 张謇

4972 潮流：张謇在海门/袁蕴豪著．西安：太白文艺出版社．2009.4

本篇有8篇另加3个附记，概括了张謇先生在海门的全过程，挖掘出了极有价值的张謇逸闻轶事，如状元宴谱、金波玉液、史国公酒等。有照片。

4973 传统与前瞻：张謇经济思想研究/王敦琴著．北京：人民出版社．2005.12

本书从分析张謇经济思想产生的源流入手，指出传统文化的陶冶与西方文化的熏染对其思想形成的影响，深入分析张謇经济思想的主要内涵，揭示张謇经济思想在南通城市化进程中的作用和对中国现代化发展的影响。

4974 近代改革家张謇：第二届张謇国际学术研讨会论文集/严学熙主编；南京大学外国学者留学生研修部江南经济史研究室编．南京：江苏古籍出版社．1996.8

本书共收发言、论文115篇。其中张怀西、陈可吼、胡德平、特莱克、李炎诸位先生的发言稿，是编者根据录音整理的。具体包括了张謇的经济立法思想与实践、张謇的货币观、对淮南盐垦事业的调查与认识、论张謇的交通运输思想与实践、张謇与戏剧改革等文章。

4975 近代实业的开山鼻祖：张謇传/行人著．石家庄：河北人民出版社．1995.6（中国大资本家传记系列丛书）

本书共13章，包括：科举之巅论学友、京师无绪空度时、辞官南归拓新境、南通纱厂初起步、垦牧公司又绘图、富强之本在教育、东渡考察为自强、好梦难圆空寄托等内容。

4976 近代中日两国企业家比较研究：张謇与涩泽荣一/周见著．北京：中国社会科学出版社．2004.2

本书以张謇与涩泽荣一为主要研究对象，通过对两者人生经历、实业理想、企业活动的目的、方式以及内容的系统考察和比较，分析了不同的政治体制、经济条件、历史和社会文化背景对中日两国近代企业家命运产生的影响等内容。

4977 开拓者的足迹：张謇传稿/章开沅著．北京：中华书局．1986.12（中国近代文化史丛书）

本书包括以下5章：年少凌风霜、言商仍向儒、更张瑟改弦、人海战风雷、既死愁不休，主要讲述了张謇的实业活动历程，有附录：大事年表。本书附照片。

4978 科教兴国的先驱：教育家张謇传/程斯辉，刘光侠著．北京：北京师范大学出版社．2000.5

本书包括：家世与家庭教育、少年求学生活、科举途中的坎坷、高中状元后的人生道路选择、投身实业与教育、创中国第一所私立师范学校等内容。

4979 口碑：张謇的传说/张自强，杨问春编．上海：上海人民出版社．2003.3

本书反映了张謇的业绩、功勋、个性和品格，以及人民群众对张謇的尊敬和热爱等。书中含有百余则传说，即张彭年轶事、公平爹积德、善心救李家等。本书附照片。

4980 历代日记丛钞．第一一一册～第一一四册/李德龙，俞冰主编．影印本．北京：学苑出版社．2006

《历代日记丛抄》所收典籍，最早为宋赵汴《御试备官日记》，元、明、清及民国人所撰各类日记均有收录，共500多种。有照片。此部分为张謇日记。

4981 论张謇/章开沅著．北京：经济日报出版社．2006.6

本书收录了20世纪60年代以来章开沅先生研究张謇的代表性论文凡18篇。全书包括：评传篇、时代与社会篇、经济与近现代化篇3个部分。有照片。

4982 论张謇：张謇国际学术研讨会论文集/严学熙主编．南京：江苏人民出版社．1993.6

本书收入59篇论文，内容涉及张謇的政治、社会、文化等活动和大生企业系统的形成与兴衰的各个方面。具体包括：关于张謇的历史评价、对张謇的再认识、张謇与清帝辞位之关系、辛亥革命前张謇的企业扩张计划和立宪活动、张謇与近代绅商关系的变化等文章。

4983 末代状元实业先驱：张謇传/周栋著．合肥：安徽文艺出版社．1997.11

张謇是大清王朝状元，后成为中国民族工业的开山第一人。他参与戊戌政变，却明哲保身；“发展实业，注重教育，培育英才”是他研究中国的结论；“欲发奋只在三年，略蹉跎又是一日”是他研究人生的警策。本书描述了他饱经风霜、为国为民不断奉献的一生。

4984 末代状元张謇/王维著. 武汉：长江文艺出版社. 2004.7

本书共26章，是一部以文学形式表现清末状元张謇的长篇小说。全书以张謇大魁天下，弃官从商“实业救国”为主线，将张謇推近历史的矛盾之中，直面没落的晚清王朝。

4985 末代状元张謇传奇/刘培林著. 北京：光明日报出版社. 2007.4

本书是关于张謇的传记文学，包括张謇的读书与成名时期，张謇的金榜题名、大魁天下前后，戊戌政变至宣统三年的张謇，辛亥革命至军阀时期之张謇等趣闻轶事。有照片。

4986 末代状元张謇家族百年纪/常宗虎著. 北京：中国社会出版社. 2000.3

本书介绍了从末代状元张謇经张孝若到张绪武，一个家族三代人以谋社会进步的志向，开放进取的精神，不尚虚浮的家风，影响了中国的百年史。全书分18章，包括：惊世震俗的转变、春风得意马蹄疾、仕途进退为事业、承先业苦心撑持、历史的轮回等。

4987 南通州费君鉴清小传/李详撰；张謇书. 影印本.［出版地不详］：［出版者不详］，民国间（1912－1949）

费启丰（1867－1912），字鉴清，南通平潮镇人，以治家教子、收宗族、倡公益著于乡。本书记述了他一生经历。

4988 啬翁垦牧手牒/张謇撰. 初版影印本. 通海：通海垦牧公司，民国七年（1918）

本书为张謇指导时任通海垦牧公司监督关于该公司工程计划和经营的手牒，江导岷将其编集成册，在戊午（1918）第四次股东代表大会上分发给各股东。

4989 啬翁自订年谱：一卷/张謇编. 铅印本.［出版地不详］：［出版者不详］，民国十四年（1925）

此书为张謇自编年谱，由1922年本排印而成，叙述张氏自诞生到七十岁的立身行事。张謇（1853－1926），字季直，号啬庵，江苏海门人，祖籍江苏常熟。清末状元。中国近代著名实业家。书前有张謇自序。

4990 啬翁自订年谱：一卷/张謇编. 铅印本.［出版地不详］：［出版者不详］，民国间（1912－1949）

内容提要参见4989。

4991 啬翁自订年谱：一卷/张謇编. 影印本.［出版地不详］：［出版者不详］，民国十一年（1922）

内容提要参见4989。书前无自序。

4992 实业录：八卷/张謇撰；张怡祖编. 铅印本. 上海：中华书局，民国二十一年（1932）

本书为张謇关于兴办实业的文论集，共八卷，每卷篇数不一。第1卷有《东海议办认捐本末要略》、《农会议》、《商会议》、《农工商标本争策》、《请兴农会奏》、《厂约》等16篇，卷2有《通海垦牧公司集股章程启》、《为清理兵田咨苏松镇文》、《为盐业致运司函》等19篇，卷3为19篇，卷4为21篇，卷5为8篇，卷6为34篇，卷7为1篇，卷8为11篇。

4993 实业之梦：张謇传/张学君著. 成都：四川人民出版社. 1995.7（强国之梦系列丛书）

本书以传记的形式叙述了清末著名实业家张謇的生平事迹，并对其在历史上的地位做了评价。本书包括：起于田舍、游幕生涯、渡海东征、回乡十载、大魁天下、弃官从商、变法前后、新政先锋等16章内容。本书还有引言和总序。有插图。

4994　伟大的失败的英雄：张謇与南通区域早期现代化研究/严翅君著. 北京：社会科学文献出版社. 2006.4

全书分5章，包括：引言、二元文化人格的现代拓荒者、"儒家千年王国"论和"乌托邦现代化"理想、"新新世界"的实践目标设计及其内在危机、推进现代化力量配置中的种种尴尬、急进务广和悖论中的现代化推进方式。有序、提要、引言、结语、主要参考文献和后记。

4995　一代巨贾：张謇传/周栋著. 合肥：安徽文艺出版社. 1991.2（历代文化名人传记丛书）

本书共分28回，包括：《张季直赶考宿会馆，康长素访友说新闻》、《会试选才瞎子摸象，主考心急一误再误》、《朋友义气泼妇逞强，功名难求兄弟情深》、《中进士仕途过难关，去沈府知交频相望》等。

4996　豫计地方自治经费厘订地方税界限应请开国会议/张謇著. 铅印本. ［出版地不详］：［出版者不详］，清宣统间

张謇所撰"豫计地方自治经费厘订地方税界限应请开国会议"文，论述朝廷宣布立宪章程，明定九年豫备期限，按章筹办城镇各项事宜等，最后得出筹治须财，筹财须税，筹税须定系统比率，定系统比率须国会的结论。书中开列有多种统计表格，有"未奉地方自治章程以前通州自治事宜及建设常年费出入表"、"奉到地方自治章程分年筹备通州自治事宜及建设常年费出入表"、"关系地方官治行政建设及常年费表"等。

4997　中国近代垦牧第一滩：张謇的实践研究/黄志良编著. 南京：河海大学出版社. 2010.6

本书分为3章，论述张謇在中国近代盐垦、治水等方面的实践与理论，内容包括：张謇与中国近代盐垦、张謇与中国近代水利、张謇与中国近代创新。书前有序，书后有附录《中国近代垦牧第一滩研究成果一览》、参考文献和后记。有图、照片。

4998　张季直文钞/张謇撰. 铅印本. 上海：中华书局，民国四年（1915）（现代十大家文钞）

张謇（1853—1926），字季直，号啬庵，江苏海门人。中国近代著名的实业家、教育家，主张"实业救国"。本书收张氏：卫国恤民化枭弭盗均宜变盐法议、复淮浚河标本兼治议、奖励植棉暨纺织业说、送十六省议员诣阙上书序、冯涵初征君农学通释序、实业政见宣言书、上大总统辞职书等16篇文章。

4999　张季直文钞：二卷/张謇撰. 铅印本. 上海：中国图书公司，民国五年（1916）（当代八家文钞）

本书收张氏：徐州应建行省议、请免提苏属积谷款仍留地方办学议、盐业改良后议、养老院记、复苏提学毛论社会性质书、重申改革全国盐政计划宣言书、论严格教育旨趣书、尧舜论等文章52篇。本书2册。

5000　张季子九录. 一/张謇著；张孝若编. 影印本. 上海：上海书店. 1991.12（民国丛书. 第三编. 综合类；94）

本书根据中华书局1931年版影印。本册包括：政闻录卷一至卷六政治类，卷七至卷九农工商类。

5001　张季子九录. 二/张謇著；张孝若编. 影印本. 上海：上海书店. 1991.12（民国丛书. 第二编. 综合类；95）

本书根据中华书局1927年版影印。本册包括政闻录卷十至卷十六水利类，卷十七至卷十九农盐务类。有图。

5002　张季子九录. 三/张謇著；张孝若编. 影印本. 上海：上海书店. 1991.12（民国丛书. 第三编. 综合类；96）

本书根据中华书局1929年版影印。本册包括：实业录卷一至卷八，教育录卷一至卷六，自治录卷一至卷四，慈善录。有图。

5003　张季子九录．四/张謇著；张孝若编．影印本．上海：上海书店．1991.12（民国丛书．第三编．综合类；97）

本书根据中华书局1930年版影印。本册包括：文录卷一至卷十九。

5004　张季子九录．六/张謇著；张孝若编．影印本．上海：上海书店．1991.12（民国丛书．第二编．综合类；99）

本书根据中华书局1928年版影印。本册包括：专录卷一至卷十，外录卷一至卷三。

5005　张季子九录/张謇撰；张怡祖编．铅印本．上海：中华书局，民国二十一年（1932）

本书分为：改闻录19卷；实业录8卷；教育录6卷；自治录4卷；慈善录1卷；文录19卷；诗录10卷；专录10卷；外录3卷；附编等。本书有像及图表。本书30册。

5006　张季子诗录/张謇著．影印本．台中县：文听阁图书有限公司．2009.9（民国诗集丛刊；20）

本书收录了自清同治三年（1864）至民国十五年（1916），这五十二年间张謇所作诗篇，并将其辑录成册。全书共10卷。

5007　张季子诗录：十卷/张謇撰．铅印本．［出版地不详］：［出版者不详］，民国初

本书收录张氏清同治3年至宣统元年诗。卷1：自同治3年甲子讫7年戊辰，收录41首；卷2：自同治8年己巳讫12年癸酉，收录51首；卷3：自同治13年甲戌讫光绪4年戊寅，收录110首；卷4；自光绪5年己卯讫9年癸未，收录64首；卷5：自光绪10年甲申讫13年丁亥，收录46首；卷6：自光绪14年戊子讫17年辛卯，收录63首；卷7：自光绪18年壬辰讫23年丁酉，收录53首；卷8：自光绪24年戊戌讫27年辛丑，收录50首；卷9：自光绪28年壬寅讫29年癸卯，收录48首；卷10：自光绪30年甲辰讫宣统元年辛亥，收录76首。全书共计592首。本书2册。

5008　张季子说盐/张季直著．铅印本．江苏：翰墨林书局，清宣统二年（1910）

本书收录张氏清光绪29年至宣统元年间有关盐政文章23篇：预备资政院建议通改各省盐法草案、变通通九场盐法议略、吕四同仁泰盐业公司整顿通章、同仁泰盐业公司增股启附后议、乙巳年旧法盐业说略、聚煎场第二届帐略等。有像及照片。本书2册。

5009　张季子文录．一/张謇著．影印本．台中县：文听阁图书有限公司．2008.12（民国文集丛刊；14）

本书收录了自清同治三年（1864年）至民国十五年（1926年）张謇一生的著述并将其辑录成册。全书共分为甲政闻录19卷；乙实业录8卷；丙教育录6卷；丁自治录4卷；戊慈禧录1卷；己文录19卷；庚诗录10卷；辛专录10卷；壬外录3卷。本书还有简谱1篇以及附编：张南通先生荣哀录10卷。本书为第1册，包括政闻录9卷。

5010　张季子文录．二/张謇著．影印本．台中县：文听阁图书有限公司．2008.12（民国文集丛刊；15）

内容提要参见5009。本书为第2册，包括政闻录卷10到卷19。

5011　张季子文录．三/张謇著．影印本．台中县：文听阁图书有限公司．2008.12（民国文集丛刊；16）

内容提要参见5009。本书为第3册，包括实业录8卷慈禧录1卷。

5012　张季子文录．四/张謇著．影印本．台中县：文听阁图书有限公司．2008.12（民国文集丛刊；17）

内容提要参见5009。本书为第4册，包括教育录6卷和自治录4卷。

5013 张季子文录．五/张謇著．影印本．台中县：文听阁图书有限公司．2008.12（民国文集丛刊；18）

内容提要参见5009。本书为第5册，包括文录19卷。

5014 张謇/包村编写．北京：中华书局．1965.5（中国历史小丛书．第142种）

本书分5部分介绍了张謇的一生，包括：《热衷功名》、《兴办实业》、《投身于反动的立宪运动》、《反对革命，捧袁世凯上台》、《企业一个个破产》。有图。

5015 张謇/陈有清著．南京：江苏古籍出版社．1988.7（江苏历史人物小丛书）

本书分15部分，介绍了张謇的一生，包括：《归籍南通》、《科场奋进》、《力主抗战》、《弃官回乡》、《开办纱厂》、《经营垦牧》、《创建师范》、《创办纺校》等。有插图。

5016 张謇/鲁石编著．北京：中国国际广播出版社．1996.3（爱国主义教育丛书）

本书分6章，包括：《南通张謇》、《仕途官场》、《办厂垦牧》、《创办教育》、《走向共和》、《勋业长青》。

5017 张謇：状元天地/寒波著．长沙：湖南文艺出版社．1996.10（千秋系列长篇历史小说丛书）

本书为张謇的传记，分32章介绍了其一生。内容包括："南通州，白衣人失意乡居"；"上海滩，张举人初识俊杰"；"甲午战起，张謇重逢袁世凯"；"实业救国，初访江督张之洞"；"武昌逢变，亲聆皇朝丧音"；"荣任总长，张季直一梦黄粱"等。

5018 张謇传/章开沅著．北京：中华工商联合出版社．2001.8

本书共分4篇，少壮篇、转型篇、鼎盛篇、晚晴篇。主要介绍了张謇这个历史人物的光辉一生。有照片。

5019 张謇传：状元大实业家/行人著．武汉：湖北人民出版社．2007.1（民族大实业家传记系列）

本书共分12章，按时间顺序从科举、辞官、南通纱厂、东渡考察、救国等方面详细介绍了民族资本家张謇艰苦创业的传奇一生。有照片。

5020 张謇传记/刘厚生著．上海：龙门联合书局．1958.4

全书分5章，包括：幼年时代之张謇、少壮时代之张謇中年以后之张謇、老年时代之张謇、张謇在黄海垦殖和导淮问题上之事迹。有照片、叙言、附录、结论和后记。

5021 张謇传记/刘厚生著．影印版．香港：龙门书店．1965.11

本书介绍了张謇的生平事迹，记叙了当时国际对华的形势、国内政治动态、社会经济情况等内容。有肖像。

5022 张謇传记/刘垣著．台北：文海出版社．1975.5（近代中国史料续编．第十三辑；128）

本书以传记的形式对我国清末民初的著名实业家张謇的生平事迹进行了详细地叙述。全书共分叙言、幼年时代之张謇、少壮年时代之张謇、中年以后之张謇、老年时代之张謇、张謇在黄海垦殖和导淮问题上之事迹、结论、后记几个部分内容。本书有照片。

5023 张謇创业基地探源/张健，严金凤编著．南京：江苏人民出版社．2010.1

本书通过张謇自1895年起，以唐家闸和天生港地区为依托，在江苏南通及其他相关地方创业安民的艰辛历程、典型情节、社会实景、风土人情，刻画出张謇作为中国近代史上建树独特的思想家、政治家、实业家、教育家的业绩。有图。

5024 张謇：早期现代化的先驱/孟村，张廷栖著．苏州：苏州大学出版社．2010.12

本书包括：起自田舍、书塾生活、客幕生涯、初次入京、大义绝交、恩师垂青、乡居十载、大魁天下、勇肩责任等，再现了张謇开拓奋进、自强不息的一生。

5025 张謇存稿/杨立强编．影印版．上海：上海人民出版社．1987.4

本书根据南通市图书馆所藏张謇未刊文稿，北京图书馆收藏的张謇致赵凤昌（竹君）的亲笔函件及有关资料选辑而成。包括3部分：文电、张季子九录校补稿、家书，有附录。

5026 张謇导淮计划宣言书/张謇撰．铅印本．［出版地不详］：［出版者不详］，民国间

张謇在书中提出了为彻底治理淮河的治标方法——“导淮”。设计了“导淮”的地点，计算了工程土方量及所需银两，同时驳斥了“东海某甲”、“山阳某甲”的观点，指出“治本必先治标”。在其后附的“治淮规画之概要”中以三章的篇幅进行了详细论述：淮泗沂分治、治淮应规定道线分注江海、沂泗分疏。附《治淮规画之概要》。

5027 张謇的文化自觉/黄振平主编．西安：陕西人民出版社．2003.6

本书通过对资料与史实搜集与研究，探讨了张謇对文化艺术的关注、重视和组织、参与的自觉性与主动性，对其体现的民族精神、创造精神进行深入探讨。有图。

5028 张謇和立宪派/李时岳著．北京：中华书局．1962.12

本书分8章，分别为：“从清流派说起”、“投身实业、亦官亦商”、“站在康有为的右面”、“为了抵制革命的立宪”、“立宪运动的最高潮”、“挂起共和招牌”、“为袁世凯窃国效劳”、“改良主义者的悲哀”。有附录。

5029 张謇画传/张廷栖，孟村著．重庆：重庆出版社．2007.10（中国近代实业巨子丛书）

本书以赵鹏的《状元张謇》为底本，进行部分扩写，并对文稿与图片说明作了统稿和校对，展现了张謇的生平事略。有照片。

5030 张謇教育思想研究/张兰馨著．沈阳：辽宁教育出版社．1995.1（中国近现代教育家系列研究）

本书对张謇的生平、教育主张、办学方向及张謇教育思想的历史地位与局限性进行了研究。有照片。

5031 张謇农垦事业调查/姚谦调查整理；张謇研究中心，南京大学海外教育学院编．南京：江苏人民出版社．2000.6

张謇首创的江苏沿海农垦事业，在中国近代经济史上具有重要意义。本书是关于张謇农垦事业的口述史。书末有附录《苏北垦殖公司概况表》和《苏北盐垦区各公司（含部分小仓库）位置图》。

5032 张謇评传/卫春回著．南京：南京大学出版社．2001.12（中国思想家评传丛书；196）

本书分生平和思想上、下两篇，共约30万字。生平篇再现了张謇从一个传统士绅向新兴产业阶层转变的过程，突出介绍其在南通地方所创立的各项开拓性事业，以及在清末立宪运动和建立民国等政治活动中所扮演的重要角色。思想篇则从政治、哲学、文化、经济、教育诸多角度深入分析其辉煌事业的思想基础。

5033 张謇全集/（清）张謇著；张謇研究中心，南通市图书馆编．南京：江苏古籍出版社．1994.10

本书有6卷，包括：政治、经济、实业、事业、艺文、日记。

5034 张謇日记/张謇撰．影印本．江苏：江苏人民出版社．1962

张謇日记全部为 28 册。本书影印的是日记后半部分 15 册：第 10 册、第 15 至 28 册。第 10 册：光绪 9 年 11 月 25 日至光绪 10 年止，为 31－32 岁时所记；第 15－28 册：光绪 18 年 6 月至民国 15 年 6 月 24 日止，为 40－74 岁时所记。本书 15 册。

5035 张謇日记笺注选存/祁龙威著. 扬州：广陵书社. 2007.5

本书对张謇在清光绪二十年（甲午）至清光绪二十七年（辛丑）的日记做了笺注，并附录了他的《帝党与戊戌变法》、《论清末的铁路风潮》两篇论文。

5036 张謇实业与教育思想概论/马斌主编. 苏州：苏州大学出版社. 2006.11

本书从张謇的实业及其实业思想、文化自觉、教育实践及其思想、城市和谐建设思想、为人出世之道、慈善事业及其公益思想以及纺织高等创举等方面介绍了张謇的实业与教育思想。有图。

5037 张謇书法选/中华工商联合出版社编. 北京：中华工商联合出版社. 1993.6

本书分 12 个部分，包括：楷书四时读书乐、行书千字文、小楷书谱、临宋黄庭坚墨竹赋、通州师范附属小学校训、望稼楼联等。

5038 张謇研究百年回眸/王敦琴主编. 南京：南京大学出版社. 2007.10

本书将公开发表张謇研究的论文进行全面的收集和梳理，汇编成册。不仅对人们了解张謇研究历史，研究进展和研究前沿具有重要的作用，而且对引领、推进、深化张謇研究具有重要的意义。

5039 张謇研究论稿/金城主编. 上海：华东理工大学出版社. 2003.6

本书选录了南通工学院热心张謇研究者近年来研究张謇的论文 40 余篇，分别从政治思想、经济建设、文化教育等方面，对张謇在清末民初的伟大实践、先进思想、爱国精神进行了研究。包括：南张北周东游日本之比较、张謇伦理思想述评、试论张謇的农业发展观、张謇家族所创立的金融体系、南通早期现代化的历史背景与发展轨迹、张謇的师德观等。

5040 张謇与近代社会/章开沅，田彤著. 武汉：华中师范大学出版社. 2001.9

本书重点探讨张謇与中国近代社会之间的互动关系，分别从工业近代化的发展道路，工业产品的商品化和资本化，企业的经营与管理机制，历史人物的角色转换，人格与思想演变的深层发觉等侧面，对张謇丰富而复杂的一生重新给以诠释。

5041 张謇与近代中国社会：第四届张謇国际学术研讨会论文集/第四届张謇国际学术研讨会组委会主编. 南京：南京大学出版社. 2007.10

本论文集所收论文涉及张謇与政治、哲学伦理、教育、文学艺术、近代人物、实业、盐垦水利、城市建设、区域发展、晚清社会等各个方面的研究。论题广泛，讨论深入，在史料发掘、研究方法上均有开拓。

5042 张謇与梅兰芳/张绪武，梅绍武主编；南通博物苑编. 北京：中华工商联合出版社. 1999.1

本书记述了两位前辈交往的深厚友谊，内容包括：张謇小传、梅兰芳小传、梅兰芳在南通活动图片、张謇有关梅兰芳的诗文联语、张謇致梅兰芳信函、《张謇日记》有关梅兰芳的记载等。有索引、跋、后记。有照片。

5043 张謇与南通“中国近代第一城”/吴良镛等著. 北京：中国建筑工业出版社. 2006.10（人居环境科学丛书）

本书内容分为历史理论篇、规划设计篇和建筑设计篇 3 部分，对张謇与南通“中国近代第一城”进行了较为整体的与系统的研究，对南通人居环境的建设进行了探索。有照片。

5044 张謇职教思想研究文集/马斌主编．上海：东华大学出版社．2007.12

本书是纪念我国教育家、思想家、慈善家、书法家和政治活动家张謇的一本文集。内容包括：《论张謇教育思想的时代特征》、《张謇与南通纺织职业教育》、《张謇创办南通纺织专门学校的历史贡献》等论文。

5045 张謇——中国早期现代化的前驱/虞和平主编．长春：吉林文史出版社．2004.12（国家清史编纂委员会·研究丛刊）

本书内容包括：言商仍向儒、现代化思想的产生和发展、创建大生资本集团、张謇的盐业改革思想和实践、推动新式教育和文化事业的发展等。

5046 张謇著作及其事业档案资料篇目索引/倪友春等编．南京：江苏人民出版社．1999.2

本书辑录了张謇著作及其创办事业的档案资料多种，按篇目的首字笔画数依次编排。

5047 张謇的生平/宋希尚编．再版．台北：中华丛书编审委员会．1966.10（中华丛书）

本书分9章，包括：《家世》、《苦学》、《张氏对国家的贡献》、《全国水利政策》、《张氏对地方的建树》、《张氏的文学》、《张氏的人生观》等。有照片。

5048 张謇与沈寿/钱佚樵著．台北：畅流半月刊社．1965.3（畅流丛书；31）

本书分12章，包括：《序幕》、《张謇先生简介》、《沈寿夫人小传》、《张謇与沈寿之间》、《张謇与余觉的互诉和沈寿的态度》、《南通日报记者访问笔录》、《张謇的惜忆诗四十八绝句》等。有照片。

5049 张先生传．一卷/曹文麟，顾公毅编．铅印本．［出版地不详］：翰墨林印书局．1947

本文是张謇先生的小传。张謇（1853－1926），字季直，号啬庵，江苏海门人，清末状元，是中国近代著名的实业家和教育家。这篇小传生动而详尽地介绍了张謇先生忧国忧民、艰苦创业的一生。他认为“父教育，而母实业”，认为“非普及教育无以促进政治于良善”等等，他的一生也确实做到了“在实业、在政治、于教育又相成而不悖”。

5050 中国近代化先驱：状元实业家张謇/周新国主编．北京：社会科学文献出版社．2004.12

本书是对中国早期现代化的先驱、近代著名爱国实业家、教育家张謇的研究，全书分6部分，包括：祝辞篇——怀念张謇展未来、实业篇——“状元办厂第一人”、城建篇——“中国近代第一城”、社会篇——地方自治兴国业、文化篇——放眼世界重力行、综述篇——张謇研究开新局。有照片，前言和附录。

5051 中华爱国工程2005高级论坛文集：张謇的爱国实践和当代民营企业发展取向/中华爱国工程联合会编．北京：经济日报出版社．2006.1

本书收入的文章包括：《近代中国民族工商业者的爱国情怀》、《张謇带给当代企业家的深层启迪》、《对民营经济发展之影响初探》等。有彩照。

5052 状元巨商：张謇大传/张莉红著．北京：中华工商联合出版社．1998.5（卓马书库．影响中国的大商人）

本书分13章介绍了张謇的一生，包括：“从状元到实业家”、“田舍郎的自强之路”、“机遇在石头城”、“被李鸿章斥为多事”、“不受礼聘的岁月”、“追逐了26年的状元之梦”、“状元下海”、“寻求改革之路”等。

5053 状元实业家张謇/卫春回著．北京：团结出版社．2009.1

本书共6章，内容包括：青少年时代、乡里活动与大魁天下、投身实业与教育、立宪运动的重要参与者、拥护民主共和、晚年岁月。介绍了状元出身的实业家张謇光辉一生。有照片、图。

5054 状元张謇/赵鹏著. 北京：中华工商联合出版社. 2000.8

本书分“年少凌风霜”、“实业救国、教育救国的实践者”、“政治变革中的张謇”、“大生集团的兴衰与晚年的张謇”4个部分，概括地介绍了张謇的一生。有照片。

13.16 袁世凯

5055 北京兵乱始末记/国事新闻社编. 影印本. 台北：文海出版社. 1966（袁世凯史料汇刊；12）

本书共10编，包括：变兵开始攻打朝阳门之状况、东华门之浩劫、前门大街乱兵抢劫情形、大栅栏变兵及土匪抢劫情形、使馆戒严之情形、兵变中天桥之情、东安市场之劫、东城劫余之一斑等方面。

5056 北洋军阀鼻祖袁世凯/周溯源著. 哈尔滨：黑龙江人民出版社. 1997.3（民国军阀书系）

本书是关于袁世凯的历史传记，介绍了从出生于一个地主家庭到众叛亲离忧惧而亡的一生。全书共13章。内容包括：“显赫家世　纨绔子弟”、“驻兵朝鲜　总理交涉”、“小站练兵　北洋奠基”、“出卖维新　血染顶戴”、“洹上钓翁　东山再起”、“绞杀革命　攘夺总统”、“一意孤行　接受帝位”、“举国声讨　忧惧而亡”等。书中附照片。

5057 北洋军阀史料，袁世凯卷/陈瑞芳，王会娟编辑. 影印本. 天津：天津古籍出版社. 1996.2

全书分为两册6部分，包括：家书、朋僚函电、公牍电文、批示手书、律令法规、其他。书中附图片、序、前言、凡例。

5058 北洋之祖袁世凯/董尧著. 北京：中国财政经济出版社. 2002.5（北洋兵戈；1）

全书共分15章，介绍袁世凯生平事迹的传记小说。内容包括：“靠上皇族，抓住军队，爬上去!”、“辛亥大旗高举，袁氏再度出山”、“得陇望蜀，袁总理终成袁总统”、“礼后还有兵，图穷现匕首”、“总统不忘前清，宰相依旧入阁”、“袁世凯说，中国还得有皇帝”、“皇帝梦短，生死只有八十二天”等。

5059 变革中的危机：袁世凯集团与清末新政/楚双志著. 北京：九州出版社. 2008.10

全书分5章，包括：袁世凯集团扩张的契机，直隶新政，又一幅新政肖像，立宪：变政与权争，换位：权威和秩序的重建。有前言和主要参考文献。

5060 冲冠一怒吴三桂短命皇帝袁世凯/卢志林编著. 北京：中国戏剧出版社. 2005.12（中国名人大传）

全书分两部分：冲冠一怒——吴三桂和短命皇帝——袁世凯，其中短命皇帝袁世凯内容包括：浪荡少年、以屈求伸、创练新军、出卖朋友、纵横官场、内阁总理、窃取胜果、独裁统治等。

5061 从晚清重臣到立宪皇帝——真实的袁世凯/马东玉著. 北京：团结出版社. 2009.11

本书以通俗生动的语言，为我们再现了一个真实的袁世凯。内容包括：名将之后立戎志、十年折冲守东邻、预备立宪运动的领袖、官场斗争中的袁世凯、民国政坛再起风云等。

5062 大元帅训词/袁世凯著. 石印本. ［出版地不详］：［出版者不详］，民国间（1912－1949）

本书为时任中华民国陆海军大元帅袁世凯发表的《训军士词》，训词中对军人提出了具体要求，包括：护国保民、奋勇争先、服从命令、爱惜枪械等。

5063 大总统政治会议训词/袁世凯撰. 石印本. [出版地不详]: [出版者不详], 民国间(1912—1949)

本书为1913年12月15日在大总统府举行的政治会议上，大总统袁世凯发表的训词。袁世凯针对民国肇建，政治建设方面“理论多、实行少”的不利局面，从政体、自由、平等、外交及人才培养等应符合中国人民传统风俗习惯的角度，阐述了个人看法与观点。

5064 帝国梦魇：乱世袁世凯/（英）帕特南·威尔著；秦传安译. 北京：中央编译出版社. 2006.1（经世文库）

全书分17章，包括：导言、袁世凯之谜、共和梦、独裁者、杨度的小册子、45岁的梁启超、梦中的帝国、云南起义、郑家屯事件等。

5065 短命皇帝袁世凯/诚实编著. 北京：中国和平出版社. 1999.1（中国名人大传）

本书描述了袁世凯在争权夺利、巧取豪夺阴谋中的升降沉浮过程，揭露了他们在出卖与被出卖、篡夺与被篡夺、欺诈与被欺诈行径中使用的阴谋伎俩和卑鄙手段。

5066 风雨琼楼：袁世凯沉浮/徐刚著. 北京：中国青年出版社. 1994.4

本作品通过袁世凯的沉浮再现了20世纪初纷繁复杂的社会风貌。

5067 瑰异总统——袁世凯/纪能文，郭剑林. 长春：吉林文史出版社. 1995.3（民初五大总统列传）

全书分10章，包括：中州浪子、登州投军、驻朝总理、练兵大臣、山东巡抚、宦海浮沉、东山再起、临时总统、国会穷途、洪宪皇帝。有照片、引子、尾起和后记。

5068 瑰异总统袁世凯/郭剑林，纪能文著. 长春：吉林文史出版社. 1995.3（2006重印）（民初五大总统传奇）

内容提要参见5067。书中有附录：袁世凯生平大事年表等。

5069 黑白二十四经：曾国藩、李鸿章、袁世凯的修身处世心诀/列国胜编著. 乌鲁木齐：新疆人民出版社. 2004.9

本书分治经篇、修经篇、诚经篇、官经篇等24篇，阐释了曾国藩、李鸿章以及袁世凯三人的修身处世心诀。

5070 洪宪纪事诗本事簿注/刘成禺著. 影印本. 台北：文海出版社. 1966.5（袁世凯史料汇刊；10）

本书收录了袁世凯帝制史事的咏史诗，容纳了民主主义的思想，更具有一种批判的锋芒，且以嬉笑幽默出之，自具风格，在咏史诗史及南社诗歌史上也别具光彩。

5071 洪宪惊梦：窃国大盗袁世凯和他八十三天短命的“洪宪”王朝/张琳璋著. 合肥：安徽文艺出版社. 2009.5

本书是一部长篇历史小说。内容包括：“袁世凯蛰居洹上村，张季直访友彰德府”、“钦差大臣调兵遣将，攻陷汉口屠城三月”、“秘密谋划闪电组阁，软硬两手安排内线”、“细雨拂尘孙文归来，民国肇基舍我其谁”、“尊孔复古宣扬忠孝节义，两面嘴脸加快帝制步伐”等。

5072 洪宪梦：窃国大盗袁世凯传奇/辛泉著. 太原：北岳文艺出版社. 1993.8

全书分64章，介绍了袁世凯一生的生平事迹。内容包括：登州投军、回国钻营、整饬吏治、甲午战事、公车上书、小站练兵、戊戌喋血、武昌首义、东山再起、闭门称帝等。

5073 洹村遗兴/袁世凯书. 影印本. 项城：[出版者不详]，民国间

本书为影印袁世凯自写诗，其中包括：赠庸庵友人七律二首、雨后游湖、啸竹精舍、登楼、晚阴看月、咏海棠二首、落花、榆钱、病

足等。书后有其子袁克文跋。

5074 洹上钓客：袁世凯安阳养病前后/李自存著．郑州：河南人民出版社．1996.4

本书截取袁世凯隐居安阳这一段历史，前后延伸，揭示了袁世凯其人、其事、其术。全书共分7章。包括：皇太后驾崩归黄泉，袁世凯养病下村野；拉拢旧部广施恩惠，眼观六路遥控北洋；横刀能赋阿满诗，归里常思做帝侯；革命军摇撼朝廷，袁世凯讨价出山；皇帝梦圆遭世唾，归葬洹上骂未销等。书中附照片。

5075 绘图袁世凯演义：二集四十四回/通俗小说社编．石印本．上海：世界书局，民国十二年（1923）

本书分上、下两集，共44回。如第1回“效战阵群儿事嬉游延医巫家人惊鬼魅”、第15回“小站练兵功业伊始津沽猎艳财色偕临”、第31回“定密约孙文甘退让施行恫吓隆裕感悲凄”、第41回“正大位草定选举法改政体发起筹安会”、第44回“庆纪元群情反对写遗嘱事业告终”等。各册前附各回目人物肖像图及人物情境图。本书2册。

5076 魂断紫禁城：袁世凯秘事见闻/吴长翼编．再版．北京：中国文史出版社．2001.1

本书内容有：我的父亲袁世凯、回忆父亲二三事、辛亥前后的袁世凯、我所见到的袁世凯、一生投机的袁世凯、禁卫军风波、东安门大街遇炸等。书中附插图。

5077 祸国殃民的袁世凯/赵国城著．上海：少年儿童出版社．1986.1

本书以故事的形式介绍了袁世凯的一生。本书附插图。内容包括：小霸王、落第秀才、结识徐世昌、小站练兵、权大势盛、窃取大总统宝座、逼迫清帝退位、控制责任内阁、暗杀宋教仁等。

5078 介绍窃国大盗袁世凯/陈伯达著．黎城：华北新华书店．1946.2

本书内容分为6个部分，介绍了袁世凯的一生。

5079 介绍窃国大盗袁世凯/陈伯达著．菏泽：冀鲁豫书店．1946

内容提要参见5078。

5080 介绍窃国大盗袁世凯/陈伯达著．初版．威县：冀南书店．1946

内容提要参见5078。

5081 介绍窃国大盗袁世凯/陈伯达著．山西：新华书店晋西北分店．1945.12

内容提要参见5078。

5082 居仁风月：洪宪皇帝袁世凯内幕/陈澄之著．台北：全氏出版社．1962.7

全书分上、下两集。上集内容包括：非萧齐皇帝乃我鲍叔也、望穿凌波故都期待有人、五光十色红黄蓝白黑、生旦净丑加末加六君子。下集内容包括：从五爪金龙说起、长算无如短景何、孤王急情体仁宫等。

5083 居仁日览/阮忠枢等辑．影印本．台北：文海出版社．1968（袁世凯史料汇刊；20—21）

本书是摘录每日各报纸重要新闻，用恭楷誊正，装订成册，名曰居仁要览，逐日呈进，预备袁世凯会余之际，随时浏览。

5084 乱世奸雄袁世凯/（加）陈志让著；傅志明，鲜于浩译．长沙：湖南人民出版社．1988.5

本书生动详尽地论述了袁世凯的一生，以及与其有关的当代中国的社会状况。全书分12章，包括：早年岁月、朝鲜生涯、编练新军、出任巡抚、辛亥革命、民国总统、洪宪皇帝等。有注释、征引书目和译后记。

5085 骆宝善评点袁世凯函牍/袁世凯原著；骆宝善评点．长沙：岳麓书社．2005.8

本书选取袁世凯鲜为人知的书犊约百件，略作引申评述。内容包括：复周馥电、致徐世昌函、复严修函、复张謇函、复端方密函、复张勋函、复詹天佑函等。

5086　民初文献一束/张维翰辑．影印本．台北：文海出版社．1968（袁世凯史料汇刊；20—21）

本书分4部分，包括孙中山于民元十一月三日在上海致袁世凯主张各省行政首长民选函，国民、共和两党首领与临时大总统协定民策大纲八条，民元南北合并前有署名寄袁氏主张对内外必须观听首先发表之事及论内政外交意见书，未署名对于时政意见书。书中附《关袁氏叛国称帝文件》。

5087　民国第一家——袁世凯家族/张永久著．重庆：重庆出版社．2007.5

全书分10章，包括：望族新显、公子正途、发迹台阶、祸福相倚、政治联姻、盘根错节、名士韵事、白云苍狗等。有附录、袁世家族世系简表等。

5088　窃国大盗袁世凯/陈伯达著．初版．重庆：群众杂志社．1946.2（群众丛刊之一）

本书内容包括7部分：出卖“百日维新”、窃取革命果实、讨袁之役的失败、御用国会的兴亡、从总统到皇帝、从宝座上跌下来、袁世凯的复活。

5089　窃国大盗袁世凯/陈伯达著．5版．北京：人民出版社．1954.6

内容提要参见5089。

5090　窃国大盗袁世凯/王玲，高力著．郑州：中州古籍出版社．2007.5（智慧历史现场；15）

该书通过乱世枭雄、风风火火闯朝鲜、人生的重要一站——小站、女统治者屁股后面的男人、野心勃勃的总统等章节，记述了窃国大盗袁世凯的一生。

5091　窃国巨盗：民国军阀统帅袁世凯自述/张明林主编．哈尔滨：黑龙江人民出版社．2003.1（巨人自述．中国卷；10）

本书内容包括：从成名到发迹、戊戌政变之思想人格变化、辛亥革命前后、背叛民主之帝制末路、袁世凯传奇一生等。

5092　清代名人家书/褉霞阁主编．影印本．扬州：江苏广陵古籍刻印社．1997.5

本书分上、下两册，上册收集有郑板桥、纪晓岚、林则徐、左宗棠、张之洞、胡林翼的家书；下册收集有彭玉麟、曾国藩、李鸿章、袁世凯的家书。

5093　清十大名人家书/褉霞阁主编．长沙：岳麓书社．1999.8

本书收集有郑板桥家书、纪晓岚家书、林则徐家书、左宗棠家书、张之洞家书、胡林翼家书、彭玉麟家书、曾国藩家书、李鸿章家书、袁世凯家书。

5094　容庵弟子记/沈祖宪，吴闿生编纂；洹上私乘；袁克文撰．影印本．台北：文海出版社．1966（袁世凯史料汇刊；9）

本书分4卷，书中附有照片、洹上私乘、圭塘倡和诗、国监倡和诗。

5095　外国人眼中的袁世凯/汤伏祥著．广州：广东人民出版社．2008.5

本书在许多翻译书籍中择取了佐藤铁治郎、赫德兰、莫里循、朱尔典、丁格尔、芮恩施、辛博森7位东西方人士的著述，综合评介当时在中国的外国人心目中的袁世凯。

5096　晚清有个袁世凯/赵焰著．桂林：广西师范大学出版社．2009.11（春秋文丛）

全书分18章，包括：“顽童，还是天才?”、“无私，还是抓权?”、“元凶，还是智者?”“变法，还是投机?”、“归隐，还是蓄势?”、“专制，还是民主?”、“英才，还是枭雄?”等。有代后记：历史的意义和附：袁世凯年表。

5097 我所知道的袁世凯/文斐编. 北京：中国文史出版社. 2004.1（揭秘中国军阀丛书）

本书介绍这位登皇帝宝座83天留下千古骂名的人物，讲述了其身历甲午战争、义和团运动、辛亥革命、北洋军阀混战等的历程。

5098 吴三桂袁世凯罪恶合论/［著者不详］. 铅印本. 台南：崇文社，日本昭和十一年（1936）

本书与《读史论略》、《孔教重兴论》、《谒孔陵》、《诸烈妇烈女合传》、《笔斧》等9种书合刊为《彰化崇文社贰十周年纪念诗文集》。合集前有磺溪笔侠序，后附彰化崇文社历年有志者献纳事务费一览表。《吴三桂袁世凯罪恶合论》辑录了彰化崇文社关于明末武将吴三桂和民国总统袁世凯二人的罪恶评论十条，作者有文山高文渊、万华黄文虎、新丰王维桢、新港何际虞、杨梅郭阿寿、台南韩承烈、台南韩承泽、高雄宋义勇。

5099 项城袁氏家集/丁振铎编辑. 影印本. 台北：文海出版社. 1966（项城袁世凯有关资料汇刊；2）

本书共8册，包括：《端敏公遗著》、《中议公遗著》、《文诚公遗著》、《阁学公遗著》等方面。

5100 笑说袁世凯/杨新安著. 北京：大众文艺出版社. 1999.5

本书内容包括：小站练兵、借款子、进贡自来水、筹办警察、打点庆王、篡权、逼宫、国体代表、登极预演等。

5101 辛亥革命与袁世凯/黎乃涵著. 再版. 大连：生活书店. 1948.1

本书分为5章："革命运动的发展"、"革命与妥协"、"袁世凯的窃国阴谋"、"大独裁者与政党政治"、"怎样上场，怎样下场"。

5102 辛亥革命与袁世凯/黎乃涵著. 香港：生活书店. 1948.1（青年自学丛书）

内容提要参见5101。

5103 辛亥革命与袁世凯/黎乃涵著. 再版. 哈尔滨：光华书店. 1948.1（新青年自学丛书）

内容提要参见5101。

5104 辛亥革命与袁世凯/黎乃涵. 上海：生活·读书·新知上海联合发行所. 1949.6（新中国青年文库）

内容提要参见5101。

5105 辛亥革命与袁世凯/黎乃涵著. 香港：崇文书店. 1971.5

内容提要参见5101。

5106 新建陆军兵略录存/袁世凯辑. 影印本. 台北：文海出版社. 1966（项城袁世凯有关资料汇刊；4）

本书分8卷，包括《章制》、《禁令》、《训条》、《操法》等方面。

5107 牛人袁世凯/冉闵大王著. 南京：凤凰出版传媒集团，江苏文艺出版集团. 2010.5

全书分28个部分，内容包括：中原将门的非主流少年、好男儿当兵去、枪杆子里出顶戴、书生意气一团糟、国殇、北洋宏业、战和之间、得偿所望等。

5108 续议外省官制电稿/袁世凯撰. 铅印本. ［出版地不详］：［出版者不详］，清光绪三十二年（1906）

本书为天津袁宫保在光绪三十二年十二月二十四日丑刻，致军机处、官制大臣电报稿，陈述司法独立之利弊及预备立宪等事项。文中有云："此电尤于裁判司法独立一节，不惮苦口力争，非阻立宪也"。

5109 养寿园电稿/沈祖宪辑录. 影印本. 台

北：文海出版社. 1966（袁世凯史料丛刊；3）

本书收有《电禀稿》、《津院去电》、《电稿》等内容。

5110 养寿园奏议辑要/沈祖宪辑录. 影印本. 台北：文海出版社. 1966（项城袁世凯有关资料汇刊；6）

本书共44卷，包括：省城设立学校司片、北洋师范学堂办法大纲等内容。

5111 养寿园奏议辑要：四十四卷/袁世凯撰；沈祖宪辑. 刻本. 河南：项城袁氏，1937

奏议起光绪24年（1898）8月26日，讫光绪33年（1907）7月20日，汇辑有关练兵、强军、剿匪、漕运、铁路、盐务、救代、办学、外务。诉讼等近200折。本书6册。

5112 养寿园奏议辑要：四十四卷/袁世凯撰；沈祖宪辑. 刻本. 项城：项城袁氏，民国二十六年（1937）

内容提要参见5111。

5113 一代枭雄袁世凯/廖一中著. 北京：北京图书馆出版社. 1997.8

本书是关于袁世凯的历史传记。介绍了从放荡公子到跻身维新再到一代枭雄善始恶终的一生，共分16章。内容包括："书香门第 浪荡公子"、"再度赴朝任职期间的活动与挫折"、"苦心经营北洋班底"、"推动立宪"、"外务活动"、"东山再起的权谋与声势"、"走向独裁专制"、"帝制自为"等。书中附照片。

5114 一个日本记者笔下的袁世凯/（日）佐藤铁治郎著；孔祥吉，（日）村田雄二郎整理. 天津：天津古籍出版社. 2005.5（国家清史编纂委员会·文献丛刊）

本书分袁世凯和大火焚烧后遗留的珍贵史料两部分，主要内容有：著者之旨趣及袁世凯之历史、袁世凯免官之原因及其作用、袁世凯之轶事及结论、袁世凯与支那种种关系及东西古今人物之比较等等。

5115 原来袁世凯/张研著. 重庆：重庆出版社. 2006.9（历史大讲堂）

本书3章，包括引子，入仕，维新和鼎革。有照片。

5116 原来袁世凯/张妍著. 香港：中华书局（香港）有限公司. 2004.7

内容提要参见5115。

5117 袁大总统墨宝/袁世凯书. 稿本. ［出版地不详］：［出版者不详］，1911

本书收录了袁世凯的多幅作品。

5118 袁大总统书牍：二卷/袁世凯撰，吴砚云编订. 铅印本. 上海：广益书局，1912

本书分上、下两卷，上卷有莅任誓词、布告军界文、赦免刑罚文等48篇；下卷有致岑云阶君、致东三省都督慰留等32篇，卷末附易宗夔致袁大总统函。本书2册。

5119 袁大总统书牍：二卷/袁世凯撰. 铅印本. ［出版地不详］：新中国图书局，1912

内容提要参见5118。本书为《孙袁书牍》之二，分上、下两卷。

5120 袁大总统书牍汇编/陆纯编. 影印本. 台北：文海出版社. 1966（袁世凯史料汇刊. 续编；11）

全书分9卷，包括：文辞、咨文、政令、奖励、批牍、函牍、补遗。书中附有序、例言和附刊。

5121 袁大总统登极大典/［著者不详］、抄本. ［出版地不详］：［出版者不详］. 民国间［1912—1949］

本书记录了袁世凯元旦举行登极大典的事情。

5122 袁大总统书牍汇编/徐有鹏编辑. 6版. 上海：广益书局. 1920.2

本书分8卷。收著者的文辞、咨文、政令、奖励、批牍、函牍等。

5123 袁氏当国/唐德刚著. 台北：远流出版事业股份有限公司. 2002.8（唐德刚作品集. 民国通史·北京政府篇）

本书上自孙文缔造共和肇始，下至蔡锷护国运动兴起，共7部分，包括：孙文创制，宣统退位，袁氏当国；项城不做虚君，遁初志在首相；世纪末回顾“宋案”与“二次革命”；中山要做独裁党魁，袁氏先做终身总统；帝制酝酿其中的内忧外患；记一失足的帝王之梦；帝制终于覆灭，护国也有难题。书中附有照片。

5124 袁氏盗国记/黄毅编. 影印本. 台北：文海出版社. 1966（袁世凯史料汇刊；13）

本书分为上篇和下篇，共8章，内容包括：袁世凯之秘史、盗国之动机、盗国之运用、运用与外交、国贼之末运等。

5125 袁氏左右：清末民初的流年碎影/秦燕春著. 南京：凤凰出版社. 2009.10

本书从了解袁世凯的“周边”和他的“左右”着手，详尽地刻画了一个多样、丰富、深刻、真实的袁世凯。全书分3辑：第1辑亦为翩翩一代雄，包括：袁世凯与读书人的爱与哀愁、当谭嗣同遭遇袁世凯、南开鼻祖严修与袁世凯等，第2辑未尝寂寞人之情，包括袁世凯的卧室与餐桌、袁世凯教子的传统与现代等，第3辑冷热炎凉态纵横，包括黄秋岳乱弹袁世凯、吕碧城与袁氏父子、洪宪末日帝国等。书中附有前言和主要参考书目。

5126 袁世凯/方可著. 北京：民族出版社. 2003.7（晚清风云人物史话）

本书分为：早年岁月、初露锋芒、小站练兵、出卖志士、剿团保境、北洋新政、组练新军、推动立宪、罢官家居、东山再起、接任总统、铁腕人物、走向专制、帝制自为、奸雄末途等15章。书中附照片。

5127 袁世凯/高有鹏著. 北京：团结出版社. 1998.8

本书是关于袁世凯生平的历史传记。全书共分3卷：狼烟、蛰龙、天幕。

5128 袁世凯/寒波著. 上海：上海人民出版社. 2004.3（晚清历史长篇）

本书是一部长篇历史小说。讲述了袁世凯从一个败家子、小混混，到民国大总统乃至于关门称帝的传奇经历。全书分46章，包括：袁世凯甲午逢厄运；李鸿章暮年临大战；小站练兵，群雄毕聚；世昌设谋，袁世凯绝处逢生；颐和园定策，收回北洋兵权；谋夺兵权，西太后决定惩袁等。

5129 袁世凯/侯宜杰著. 石家庄：河北教育出版社. 2002.1（百年家族）

本书以人物为载体，家族为场景，通过袁世凯家族三代主要成员袁世凯、袁克文、袁家骝等的人生道路全方位反映袁世凯家族的兴盛衰落。内容包括：由贫至富、家族解体、结党营私、罢官归隐、一统南北、皇帝总统、家规家教、一枝独秀等。附《袁世凯家族世系简表》、《袁世凯家族年表》和《主要参考书目》。有照片。

5130 袁世凯/黄雁等编著. 北京：中央广播电视大学出版社. 2000（中外大失败者全传：人物传记丛书）

本书分12章，包括：显赫家世、登州投军、小站练兵、出卖维新、镇压义和、官场沉浮、东山再起、攫取总统等。

5131 袁世凯/青谷，林言椒编著. 北京：三联书店. 1963.1（知识丛书）

本书共14章，详细讲述了袁世凯一生的政治活动，以及袁世凯从称帝到灭亡的具体经过。

5132 袁世凯/秋楠编写. 北京：中华书局. 1962.7（中国历史小丛书）

本书分 5 章，包括：从官僚地主的流氓子弟到清朝新建陆军的首领、投机混进维新派，转身出卖维新派、镇压义和团运动的刽子手，帝国主义的大走狗、施展反革命的两手，篡夺辛亥革命果实、从独裁大总统，到可耻的短命皇帝。书中附插图。

5133 袁世凯/秋楠著. 再版. 北京：中华书局. 1969.7（历史知识小丛书）

内容提要参见 5132。

5134 细说北洋——袁世凯/苏飞编著. 呼和浩特：内蒙古人民出版社. 2009.8

本书介绍了袁世凯的传奇人生故事，叙说了从清末到民国初年北洋军阀从发生发展到执掌政权和最终结束这一段时间的历史。全书分 23 章，包括："放荡少年"、"投笔从戎"、"小站练兵　北洋奠基"、"东山再起　攫取大权"、"杀害革命元勋　礼迎孙黄"、"善后借款　镇压二次革命"、"蔡锷护国军起"、"袁世凯烟消云散"等。

5135 袁世凯/杨光编著. 北京：中国和平出版社. 1996.9（中外名人传记故事丛书. 历史罪人）

本书包括 6 部分：初出茅庐、崭露头角、权倾一时、辛亥风云、专制总统、昙花皇帝。

5136 袁世凯：正传/（日）内藤顺太郎著；张振秋译. 上海：广益书局. 1914.9

本书叙述袁世凯（1859－1916）自幼年到就任中华民国大总统的生平活动。全书分 12 章，包括：总论、幼年时代、洋式练军时代、山东巡抚时代、直隶总督时代（上、下）、革命、中华民国成立等。末附圭塘唱和诗 57 首。

5137 袁世凯别传/寒波著. 上海：上海人民出版社. 1998.9

本书是一本描述袁世凯生平事迹的历史传记，刻画了袁世凯从败尽家产的少年到洪宪皇帝的传奇经历。书中介绍了许多他在军中、朝中、家中不被熟悉的细节。共 48 章，内容包括："袁世凯甲午逢厄运"、"李鸿章暮年临大战"、"勾心斗角，世凯告密邀功"、"颐和园定策，收回北洋兵权"、"辛亥革命，钓鱼翁坐谋渔利"、"一夜大闹兵变，袁世凯就职北京"等。

5138 袁世凯称帝及其败亡/胡柏立著. 郑州：河南人民出版社. 1981.5

本书讲述了袁世凯从称帝到败亡的历史过程，全书分为 5 章：为帝制自为铺平道路、各帝国主义对帝制的态度、灭亡中国的二十一条、帝制的实现、讨袁运动的兴起和袁世凯的败亡。

5139 袁世凯丑恶的一生/向阳编著；于学信绘图. 北京：通俗读物出版社. 1957.4

本书叙述了袁世凯的一生经历，并且环绕袁世凯的一生讲解了辛亥革命前后的中国政治。本书附插图。

5140 袁世凯传/冯国超主编. 北京：中国戏剧出版社. 2001.3（中国皇帝大传）

本书内容包括："少年得志，异国建功"、"巡抚山东，两面应付"、"处心积虑，为帝制谋"、"护国军起，袁世凯消"等。

5141 袁世凯传/冯国超主编. 北京：中国戏剧出版社. 2005.8（中国皇帝大传）

本书通过少年得志异国建功、软硬兼施窃位总统、不断集权伪装共和、原形毕露镇压革命、护国军起袁世凯消等篇章，介绍了袁世凯的一生。

5142 袁世凯传/侯宜杰著. 天津：百花文艺出版社. 2003.3

本书分 36 章，包括纨绔子弟、军旅生涯、驻节朝鲜、仓皇逃归、小站练兵、出卖志士、剿团保教、北洋政绩等，记录了袁世凯的生平经历。书中附照片。

5143　袁世凯传/霍必烈著. 台北：国际文化事业公司. 1988.8（中国名人传记；157）

全书分16章，介绍了袁世凯一生的生平事迹。内容包括：一个纨绔子弟——袁世凯青少年期间、学纵横之术——袁世凯驻使朝鲜、成了北洋军阀头子——袁世凯扩大兵力和卖国期间、篡夺辛亥革命果实——袁世凯暗杀异己期间等。书中附照片。

5144　袁世凯传/李宗一著. 北京：国际文化出版公司. 2006.8

内容提要参见5145。

5145　袁世凯传/李宗一著. 北京：中华书局. 1980.11（中华史学丛书）

本书按时间顺序讲述了袁世凯的生平经历与政治活动。共分11章，包括：家世和青少年时期、在朝鲜的政治活动、小站练兵、血腥镇压义和团、追求封建专制的统一、封建独裁统治的加强、称帝和败亡等。本书附照片。

5146　袁世凯传/徐刚著. 广州：广东旅游出版社. 2005.9

本书共15章以大量的历史细节再现了一个乱世枭雄翻云覆雨、竞逐群雄地官海传奇，生动地描绘了19世纪末20世纪初那个光明与黑暗并存、梦想与绝望同在、进步与颓败共生的时代，展现了一幅末世悲歌式的民众生活图景。

5147　袁世凯传记资料/朱传誉主编. 影印本. 台北：天一出版社. 1985

本书包括：袁世凯的童年轶事、学历问题、袁世凯与戊戌政变、袁世凯与辛亥革命、袁世凯称帝始末等传记资料。

5148　袁世凯的传奇故事/王习耕等编著. 台北：汉湘文化事业公司. 1995.7（纪史文学；17）

本书介绍了袁世凯是如何从一名小官变成“洪宪皇帝”。内容包括：应天承运、洋人之狗、借花献佛、袁段交恶、袁氏家争、洪宪称帝等。

5149　袁世凯的故事/李光羽编著. 济南：山东人民出版社. 1982.11（历史小故事丛书）

本书以故事的形式，介绍了袁世凯一生中的主要活动。内容包括：无赖恶少、投军、小站练军、出卖维新派、东山再起、谋夺大总统、暗杀宋教仁、复辟前奏曲、帝制丑剧等。书中附插图。

5150　袁世凯复辟帝制/李剑桥，吴景山，竭宝峰主编. 沈阳：辽海出版社. 2007.6（中国近代史话；18）

本书全面客观地论述了袁世凯复辟帝制时期的重大历史事件。内容包括：野心家卖国独裁、二次革命护共和、胁迫选举任总统、河南农民大起义、二十一条卖国权、帝制复辟封王爵、被迫流离日本海等。

5151　袁世凯和北洋军阀的故事/黄升任等编. 北京：中共党史出版社. 1999.4（近代中国的故事；5）

本书共分两篇。分别介绍了窃国大盗袁世凯和北洋军阀的故事。内容包括：袁世凯发迹、窃国大盗、宋教仁被刺、扑灭二次革命、筹安会六君子、“洪宪”皇帝登大宝、四面楚歌、八十三天皇帝梦等。

5152　袁世凯家事/杨树标，王国永著. 南昌：江西人民出版社. 2001.9

本书11章，包括显赫家世，发迹之道，私德轶事，荒诞迷信，妻妾成群，兄弟姐妹，子孙后代，袁家骝和吴健雄夫妇，儿女亲家等。附录：《袁世凯年谱简编》，有照片。

5153　袁世凯家书/（清）袁世凯撰，襟霞阁主编. 铅印本. 上海：共和书局，1925

书前冠著者小史，共辑有“与叔保恒书”、

"与于夫人书"、"与兄世勋书"等63通。

5154 袁世凯家书/"中央研究院"近代史研究所编. 影印本. 台北:"中央研究院"近代史研究所. 1990.6(史料丛刊;10)

本家书共83件,并附袁克定、袁乃宽、孔德成等人的题字。时间从1892年至1899年。

5155 袁世凯家族/周岩著. 北京:中国青年出版社. 1991.7

本书介绍了袁世凯的生平以及当时政坛轶闻。书中附照片。内容包括:名落孙山、戊戌风云、结党营私、东山再起、中华帝国、北洋诸将与帝制、众叛新离、袁世凯家族的经济状况等。有史料来源和后记。

5156 袁世凯家族/纪能文著. 北京:金城出版社. 2000.1

全书分27个部分,包括:由袁甲三开始的事业、袁甲三的子侄们、由朝鲜发家的事业、新建陆军和北洋班底、新政中的直隶总督、总统与国会、最后的国会、短命的帝制等。

5157 袁世凯秘辛/袁静雪,袁克齐著. 香港:东西文化事业公司. 198?

本书内容包括:家世和青少年时代、从戎发迹、东山再起、一妻九妾、音容举止和起居饮食、封建家规等。附我的大哥袁克定和二哥袁克文、回忆父亲二三事、袁世凯与徐世昌等。本书附照片。

5158 袁世凯墓图/[著者不详]. 摄影本. [出版地不详]:[出版者不详],民国间

袁世凯墓地亦称袁林,位于安阳桥太平庄北侧,南邻洹水,按照清皇陵的格局采用中西合璧的手法,经两年修建始成。本书即为袁林摄影集。

5159 袁世凯幕府/张学继著. 北京:中国广播电视出版社. 2005.1(晚清四大幕府丛书)

全书上、下两编:幕府概况、重要幕僚。其中上编包括:游幕生涯、幕府演变、幕府特点、主宾关系。下编包括:两大"财神"、警察特务头子、外交助手、机要文案、内廷家臣等。有引言和后记。

5160 袁世凯评传. 2/韩作著. 香港:东西文化事业出版公司. 1963(人物丛书)

全书分23章,包括:袁世凯的身世、袁世凯的婚姻、袁世凯的生活习惯、袁世凯与孙中山的斗法、袁世凯的逼宫游戏、袁篡夺辛亥革命果实的步骤、孙黄北上企图感化袁世凯等。本书附照片。

5161 袁世凯评传/侯宜杰著. 郑州:河南教育出版社. 1986.12(中国近代人物评传丛书)

全书分12部分,包括:青少年时期、驻使朝鲜时期、督练新军时期、山东巡抚时期、直隶总督时期、内阁总理大臣时期、临时总统时期等。书后附有袁世凯大事年表。本书附照片。

5162 袁世凯评传/刘忆江著. 北京:经济日报出版社. 2004.6

全书共上、下两册。共18章,包括:早年生涯、初露峥嵘、小站班底、局外人的收益、新政先锋、维新跨进一大步、"二十一条"本末、洪宪末路等。附前言、跋和后记。书中附照片。

5163 袁世凯窃国记/台湾中华书局编辑部编. 北京:东方出版社. 2008.4

本书详细介绍了袁世凯窃国的整个过程,包括所谓洪宪六君子、东京鸟瞰、清廷的假膏药等内容。

5164 袁世凯全传/侯宜杰著. 北京:当代中国出版社. 1994.5

本书修订《袁世凯一生》而成,大部分章节均有改动。全书分39部分,内容包括:纨绔子弟、驻节朝鲜、小站练兵、北洋政绩、伪倡

立宪、东山再起、屡试和谈、议和阴谋、镇压革命、摧毁共和等。书中附照片。

5165 袁世凯全传/刘华明，郑长兴主编. 北京：印刷工业出版社. 2001（中国大政治家全传）

本书共16章，内容包括：纨绔子弟、少年得志、窃位总统、伪装共和、镇压革命、逼选总统、为帝制谋、护国军起等。

5166 袁世凯全传/王钦祥，宰学明著. 青岛：青岛出版社. 1996.8

本书共16章，主要包括："乱世投胎 乳臭未干闯世界"、"坐镇朝鲜 十二年风云见奇功"、"操练新军 志士血块垒进身台阶"、"抢先改革 功过参半野心狂"、"元勋飞血 国民党人誓师讨袁"等。

5167 袁世凯全传：中国最短命的窃国贼/林阔编著. 北京：中国文史出版社. 2001.1

本书内容包括："操练新军，经营北洋班底"、"推行新政，身手不凡"、"激化矛盾，乱中谋求帝制"、"精心策划，坐皇帝的椅子"、"美梦幻灭，老命暴亡"等。书中附照片。

5168 袁世凯权谋36计/黄进华编著. 北京：中国长安出版社. 2004.11

本书以"三十六计"为框架，通过真实而生动的故事，夹叙夹议，精练地概括了袁世凯的一生。内容包括："伪装共和，实为帝位"、"借口裁军、削减南方军队"、"见风使舵，出卖维新派"、"不动声色，打击同盟会"、"交兵权，以退为进"、"胆大包天，刺杀宋教仁"等。书中附照片。前言、代序、袁世凯年谱、参考书目和后记。

5169 袁世凯权术阴谋奸雄之道/木子著. 北京：经济日报出版社. 2004.1（能臣谋事之道；3）

本书分为晋身之道、争权之道、夺权之道、护权之道、败高亡之道等5编。详细阐述了袁世凯权术阴谋奸雄之道。

5170 袁世凯三部曲. 第一部，逞威属邦/侯宜杰著. 北京：中国青年出版社. 2004.6

本书是描述袁世凯生平的历史长篇小说，共分3部：逞威属邦、宦海沉浮、皇帝总统。第一部分13章，包括：弃书学剑如鱼的水、属邦传警整饬军队、诱擒太公剿除余党、头角崭然狂妄跋扈等。

5171 袁世凯三部曲. 第一部，逞威属邦/侯宜杰著. 北京：线装书局. 2008.9

内容提要参见5170。

5172 袁世凯三部曲. 第二部，宦海浮沉/侯宜杰著. 北京：中国青年出版社. 2004.6

第二部宦海沉浮，共分13章，包括：附和维新夤缘钻营、督练新军有惊无险、观察行情叛卖求荣、剿团保教晋升直督等。

5173 袁世凯三部曲. 第二部，宦海浮沉/侯宜杰著. 北京：线装书局. 2008.9

内容提要参见5172。

5174 袁世凯三部曲. 第三部，总统皇帝/侯宜杰著. 北京：中国青年出版社. 2004.6

第三部皇帝总统，共分11章，包括：拒绝南下嗾使兵变、逼走总理组阁生波、枪毙张方礼迎孙黄、赣下碰壁沪上流血等。

5175 袁世凯三部曲. 第三部，皇帝总统/侯宜杰著. 北京：线装书局. 2008.9

内容提要参见5174。

5176 袁世凯天津档案史料选编/天津市档案馆编. 天津：天津古籍出版社. 1990.12（北洋军阀史料丛书）

本书选收了袁世凯1901年至1916年间在天津的史料144件。

5177　袁世凯伪造民意纪实/云南政报编辑．影印本．台北：文海出版社．1987（近代中国史料丛刊三编．第二十三辑；226）

本书共收录了《中日交涉纪事本末》和《袁世凯伪造民意纪实》两本书。《中日交涉纪事本末》对民国初年一次大战之后中国与日本之间的关系与交涉做了简述，并对政府、两国民众以及西方列强对此事的态度进行了叙述。《袁世凯伪造民意纪实》将袁世凯称帝前利用手下人伪造民意发出各种拥袁称帝的通电与报道的行径进行了披露，对袁世凯称帝的倒行逆施的行为进行了声讨。书中收录了1916年8月21日至12月21日期间其伪造民意之通电，并有附录4篇。本书为中英文双语版。

5178　袁世凯伪造民意纪实/云南政报发行所编．［出版地不详］：云南政报发行所．1916.1

本书收录袁世凯窃国时各界的“推戴”电。后附袁氏通告、誓词及云贵方面反对帝制檄告、国会议员谷钟秀等致驻京各国公使电文。

5179　袁世凯演义/陶菊隐著．北京：中华书局．1979.4

全书共45回，详细讲述了袁世凯的生平事迹、政治活动，以及袁世凯从称帝到灭亡的历史过程。内容包括：“初出茅庐登州报军　再度钻营小站练兵”、“义和团血战八国联军　袁世凯高升直隶总督”、“白云山下英雄血　黄鹤楼头革命潮”、“宋教仁提倡内阁制　朱尔典导演南北和”等。

5180　袁世凯演义/何寿民著．影印本．台北：广文书局．1979（中国近代小说史料汇编；7）

本书共24回，讲述袁世凯的官场、政治活动。内容包括：“改电文革员遭重谴　练军营袁道拜私恩”、“出京门美人悲薄倖　入枢垣疆吏卸兵权”、“出都门避开政界祸　隐洹上团叙家庭欢”等。书中附插图。

5181　袁世凯演义：插图本/贯克著．北京：团结出版社．1993.12

全书分44回，包括：“标榜声华诗文结社　练习武艺拳术延师”、“办营务应机平乱事　保道员随节赴朝鲜”、“小站练兵功业伊始　津沽猎艳财包偕临”、“剿杀拳民血流成河　进献宫闱慈恩特沛”、“川路风潮激生义愤　彰德奉诏再起督师”、“宋教仁车站遭暗杀　赵秉钧公府预机谋”等。

5182　袁世凯一生/侯宜杰著．再版．郑州：河南人民出版社．1984.4

本书按照时间顺序和问题的性质，详尽地叙述了袁世凯一生的政治活动。内容包括：一个纨绔子弟、小站练兵、出卖维新志士、暗害吴禄贞、破坏北方革命、刺杀宋教仁、议和阴谋、篡夺胜利果实等。书中附照片。

5183　袁世凯轶事：十二章/野史氏编．铅印本．上海：文艺编译社，1916

本书12章，包括绪论，幼年之轶事、微时之轶事，驻韩之轶事，练兵及变法时之轶事，东抚之轶事，督直之轶事，外尚之轶事，归队之轶事，再出之轶事等。

5184　袁世凯轶事：袁世凯全传/佚名．影印本．台北市：文海出版社．1966.11（袁世凯史料汇刊．续编；17）

本书由12章组成：幼年时代、朝鲜驻时代、西法练军时代、山东巡抚时代、直隶总督时代、外部尚书时代、革命时代、中华民国成立时代等。书中附有袁世凯照片及其子孙全家照片。

5185　袁世凯与北洋军阀/苏智良，张华腾，邵雍主编．上海：上海人民出版社．2006.6（人文社科新论丛书）

本书收录论文39篇，内容涉及袁世凯与中国近代社会诸问题研究、袁世凯在清末法制改革中的作用、袁世凯中央政府与地方关系的处理研究、袁世凯称帝研究、袁世凯与北洋政府初期的外交等。

5186 袁世凯与北洋军阀/万仁元主编．香港：商务印书馆（香港）公司．1994.7（中国近代珍藏图片库中国第二历史档案馆收藏）

本图片集主要收录袁世凯及北洋军阀有关人物及事件的图片。上起19世纪末，下讫1928年12月东北易帜，北洋军阀覆灭。本图片集收录图片以中国第二历史档案馆馆藏的珍贵照片原件为主。

5187 袁世凯与北洋军阀/谢本书著．上海：上海人民出版社．1984.6

本书叙述了袁世凯一生的政治活动，以及北洋军阀的产生、发展和衰亡的历史过程。全书分22部分，包括：从八旗到新军、北洋军阀统治的开始、袁世凯帝制自为、反袁护国战争、短命的张勋复辟、孙中山领导的护法运动、一九一九年的南北议和等。书中附有照片、引言、北洋军阀统治时期北京政权元首及国务总理更迭简表，北洋军阀系统略图。

5188 袁世凯与朝鲜/林明德著．再版．台北："中央研究院"近代史研究所．1984.12（"中央研究院"近代史研究所专刊；26）

本书分8章，以时间顺序叙述了袁世凯在壬午事变、甲申政变前后的举措、袁世凯对朝鲜财经与外交的操纵、以及袁世凯在甲午战争爆发前后的措施。

5189 袁世凯与近代名流/张华腾著．北京：新华出版社．2003.9

本书对袁世凯同徐世昌、唐绍仪、段祺瑞、康有为、梁启超等重要人物的关系作了详细的叙述。书中附照片。

5190 袁世凯与清末民初的中国政治/李德福著．五家渠：新疆生产建设兵团出版社．2008.7

本书共4章，包括：晚清的袁世凯及其北洋新军、袁世凯集团与清王朝的覆亡、民初袁世凯实行独裁统治的客观必然性、关于袁世凯政权的一般评价。书中附有前言、内容提要、主要参考书目和后记。

5191 袁世凯与戊戌政变/刘凤翰著．再版．台北：传记文学出版社．1979.5（传记文学丛书；91）

本书收录作者研究袁世凯与戊戌政变的5篇论文。内容包括：梁启超"戊戌政变记"考异、清议报一至十期对"戊戌政变记"的刊载、袁世凯"戊戌日记"考订、与萧一山先生谈"戊戌政变的真相"等。有照片和附录《戊戌政变与政变之国际背景》，《戊戌政变的真相》。

5192 袁世凯与中华民国/白蕉编著．上海：人文月刊社．1936.6（人文月刊丛书）

本书介绍中华民国时期袁世凯的主张与活动，以及当时的政局。分5部分：绪论、辛亥革命前后至任大总统时之袁世凯、二次革命前后之袁世凯、洪宪帝制前后袁世凯、余论。书末有《江东阿斗志》及编者后记。

5193 袁世凯与中华民国/白蕉著．影印本．台北：文海出版社．1966（袁世凯史料汇刊续编；14）

内容提要参见5192。

5194 袁世凯与中华民国/白蕉撰．北京：中华书局．2007.6（近代名料笔记丛刊）

本书是一部综述1912年至1916年袁世凯统治时期情况的史料书。除部分评述文字外，大量收录或摘引了同一时期各重大历史事件的文电、报刊评论和报道。

5195 袁世凯真传/冯年臻著．沈阳：辽宁古籍出版社．1997.8（民初北洋十大将帅真传丛书）

本书讲述了袁世凯真实的历史，既有袁世凯的狡猾、卑劣行径，又有他接受新事物标榜民主的行为。附录：《袁世凯生平大事年表》。

5196　袁世凯真相：1859—1916/陶菊隐著. 北京：线装书局. 2008.1

本书是民国大记者陶菊隐以亲身见闻，权威见证了一个真实的袁世凯。内容包括：小站练兵、巧计窃兵权、武昌起义、革命怪事多、角力不如斗智、总统杀人、奖励杀人王、收拾北洋旧将、关门做皇帝、帝制破产等。

5197　袁世凯之祸黔/刘世杰编. 影印本. 台北：成文出版社. 1970.4（清末民初史料丛书；53—55）

本书收录了与袁世凯有关的多篇电文。

5198　袁世凯之新出现：六集/（清）金陵中立呆汉撰. 石印本. 上海：光明书社，1911

本书以史实为基础，夹叙夹议，分集记录了袁世凯宣统间罢官归里后重新出山、组阁、议和等一系列历史过程。

5199　袁世凯奏议/天津图书馆，天津社科院历史出版社研究所编. 天津：天津古籍出版社. 1987.3

本书收录了袁世凯在清朝任职期间的奏章，全书共44卷，奏片800篇以及为数颇多的附单及朱批。内容包括：谢候补侍郎天恩折、时局艰危亟宜讲求练兵折、编修徐世昌请回京供职片、遵旨操练行队折、酌裁教职官缺折、密陈目韩新约情形折等。

5200　袁世凯尊孔复辟丑剧/孙克复等编写. 北京：中华书局. 1975.7（历史知识读物）

本书介绍了袁世凯大搞尊孔读经、复辟封建帝制的历史过程。全书分9章，包括：抬出孔老二的亡灵、拼凑复辟势力的黑班底、反革命的两面手法、卑鄙无耻的谋杀勾当、八十三天的“皇帝”梦等。本书附插图。

5201　远生遗著/黄远庸著. 台北：文海出版社. 1968.12（袁世凯史料汇刊续编；19）

本书分4卷，分别由社会心理变迁中之袁总统、平民之贵族奴隶之平民、三党合并论、遁甲术专门之袁总统、少年中国之自白、个人势力与国家权力之别、不党之言、游民政治等组成。书中附有黄元庸先生遗像。

5202　直隶试办警务学堂暂行章程折稿/袁世凯辑. 刻本.［出版地不详］:［出版者不详］，1902

本文是光绪二十八年袁世凯所上的“仿照西法创设保定警务局并添设警务学堂以资练习”的奏折，内容清单包括：创设主张、招募、局制、职守、办法和赏罚诸条。

5203　中国古代十大黑色人物谋略秘笈：插图珍藏版. 第七卷，袁世凯/徐谦主编. 长春：吉林摄影出版社. 2003.1

本书描述了袁世凯的一生，共分18部分，包括：“变脸有术，投机有道”、“个人利益高于一切”、“无时无刻不在算计别人”、“以退为进、东方再起”“利用矛盾，一石二鸟”、“处处提防，乘机反扑”、“驭内有道，满堂妻子浑不乱”等。

5204　总统皇帝袁世凯/张弘光编著. 台北：大村文化事业公司. 1997.9（大村丛书；45）

本书是关于袁世凯的历史传记。全书共28章：出身、朝鲜崛起、甲午战争受益者、壮大于小站练兵、出卖光绪、青云直上北洋大臣等。

5205　奏定北洋练兵营制饷章/袁世凯编. 铅印本.［出版地不详］：北洋官报总局，1909—1911

本书前为光绪二十八年袁世凯所写奏为厘定营制饷章暨北洋创练常备军情形折，附北洋练兵营制饷章缮具清单一文；后为政务处奏报的回复。清廷拟定照原奏咨行。

13.17　其他人物
（按姓氏拼音排序）

5209　《罗定文史》. 第十一辑，蔡廷锴将军历史资料选辑/中国人民政治协商会议广东省罗定

县委员会文史组编. 罗定：中国人民政治协商会议广东省罗定县委员会文史组. 1987.12

本书收集了蔡廷锴将军有关的历史资料，包括："一·二八"淞沪抗战回忆（节录）、蔡廷锴将军生平事业回忆、曲折的道路 前进的道路、我的祖父蔡廷锴、忆蔡将军往事、忆"一·二八"淞沪抗战中的蔡廷锴将军、关心教育 奖掖后辈、风范长存——纪念蔡廷锴老先生等。本书有前言、照片和题字。

5210 1910，莫理循中国西北行/莫理循图文；窦坤，海伦编译. 福州：福建教育出版社. 2008.12

全书分上、下两册，选取了658幅照片，反映了1910年中国西部当时的地理、气候状况、少数民族生存状态以及传教士在西部的生活等。上册包括：北京、华州、兰州、凉州、嘉峪关、星星峡、乌鲁木齐等地。下册包括：伊犁、喀什、乌鲁克恰提等地。附录：《端方的信》、《莫理循西行备忘录》和《泰晤士报》社论。

5211 1913－1983鲁迅研究学术论著资料汇编. 1，1913－1936/中国社会科学院文学研究所鲁迅研究室编. 北京：中国文联出版公司. 1985.1

本书内容包括：吃人与礼教、评四五六月的创作、《阿Q正传》、读《呐喊》、病中的觉悟、读《热风》、"国骂之研究"、阶级与鲁迅等。书中附有图片。

5212 20世纪初的中国印象：一位美国摄影师的记录/上海市历史博物馆编. 上海：上海古籍出版社. 2001.9

这是一本由美国友人安德森提供的历史照片编辑而成的图录，它记录了安德森的外祖父施塔福当年在中国拍摄、保存的历史镜头。包括：苦难动荡的中国、辛亥年的民族民主革命、充满活力和希望的城市、在商务印书馆、民国初年的神州大地等。书中附有序言和后记。

5213 20世纪的伟大女性——宋庆龄/盛永华著. 广州：广东人民出版社. 2006.8（广东历史文化名人丛书）

本书分8章，包括特殊的家世不凡的童年，爱国女学生踏上革命途，十年携手共艰危，漫漫长路上下求索，为新中国奋斗，在社会主义事业的征程中，"文革"风暴中的火凤凰，金色的余晖。本书附照片。

5214 爱国工程师詹天佑/李光羽编写. 沈阳：辽宁少年儿童出版社. 1984.3（小学生文库）

本书收集了30多个生动感人的小故事，从不同侧面，介绍了我国近代科学界的先驱、铁路工程专家、杰出的爱国者——詹天佑的主要事迹，集中地反映了他志向远大的和强烈的爱国主义思想。本书附图。

5215 爱国将军蒋光鼐/虎门镇人民政府编. 广州：广东人民出版社. 2008.2

本书是虎门人民为纪念抗日英雄蒋光鼐所著。既有国家领导人通过追忆历史对蒋光鼐作出的评价，也有蒋光鼐的同僚旧部以及后人对他功绩人格的追思怀念，亦有英雄的故乡虎门人民对他造福桑梓情怀的回忆。本书附有序、照片、跋。

5216 爱国老人沈钧儒/沈叔羊著. 杭州：浙江人民出版社. 1981.12

本文主要对沈钧儒的一生做了比较详细的叙述，他的一生是革命的一生、为民主主义、为社会奋斗的一生。内容包括：从参加科举到转向革命、发起抗日救国运动并组织救国会、引导中国民主同盟走上正确的革命道路、父亲与鲁迅、爱护和帮助青年、主张改造家庭、一些轶事等。有照片。

5217 爱国重教务实求真：纪念吴玉章同志诞辰一百二十周年/李文海等主编. 成都：四川大学出版社. 1998.12

本书收34篇文章，包括：《我国社会主义

高等教育事业的开拓者》、《主动适应时代需要，不断开拓创新，把吴老的母校办成国内一流大学》、《爱国主义的杰出典范》、《论吴玉章“五四”时期的思想转变》、《吴玉章前期政治思想研究》、《五四运动时期的吴玉章》、《吴玉章与近代中国知识分子的历史选择》等。书中有吴玉章生平简介、编后记和照片。

5218　爱新觉罗·载沣：清末监国摄政王/凌冰著. 北京：文化艺术出版社. 1988.12

本书是清末宣统皇帝的父亲、监国摄政王爱新觉罗·载沣的传记，生动地描绘了他在清末监国摄政的背景及摄政后的活动。

5219　八千里路云追月：尹昌衡都督传奇/田闻一著. 西宁：青海人民出版社. 1993.6

本书分为5大部分，叙述了尹昌衡传奇的一生：夜深沉、“威猛金刚”西征、从将军到囚徒、沉沦成都、大凉山浴血。书中附有内容提要和后记。

5220　八十年来/黄炎培著. 北京：中国人民政治协商会议全国委员会文史资料研究委员会. 1964.1

本文采用笔记体裁，从1878年写至1949年，分做4个时期，在对人生经历的叙述中，映衬着他生活于其中的整个时代。本书附《延安归来》和多幅照片。本书附照片和图。

5221　八十年来/黄炎培著. 北京：文史资料出版社. 1982.8

内容提要参见5220。

5222　八十年来：黄炎培自述/黄炎培著. 上海：文汇出版社. 2000.4

内容提要参见5220。

5223　白朗传：民国农民起义纪实/张显明，余进仓著. 郑州：中州古籍出版社. 2000.1（中州人物志丛书）

白朗起义是中国旧民主主义革命向新民主主义革命过渡时期的一次规模最大的农民起义，又是中国旧式农民战争向中国共产党领导的新式农民战争转化时期的一次农民革命战争。本书是一部纪实性文学作品，详实地记述了白朗起义的发生、发展和失败的过程，反映这一历史悲剧的必然命运。书中附有照片、白朗生平事迹碑记、沁园春和前言。

5224　百花亭畔/高语罕. 上海：亚东图书馆. 1933（如此这般录之一）

“如此这般录”分《百花亭畔》、《病中》、《青年军始末记》3集，记述作者辛亥革命期间的见闻及亲身参与的事件。本书为第1集，叙述徐锡麟刺杀恩铭之事。

5225　半哭半笑楼主：于右任传/张健著. 台北：近代中国出版社. 1980.12（近代中国丛书. 先烈先贤传记丛刊. 18）

本书讲述了于右任的生平事迹，全书共10个章节：艰苦的童年、奋发的少年、英锐的青年、革命的报人、无辜的狱囚、年轻的次长、靖国军领袖、校长到主席、恢宏的院长、诗人书法家。本书附照片。

5226　半农诗歌集评/刘半农等著；赵景深原评；杨扬辑补. 北京：书目文献出版社. 1984.8（中国作家研究资料丛书）

本书汇集了刘半农先生1926年出版的3部诗集，包括他“五四”前后直到1925年所写的《扬鞭集》上、中两卷和他用民歌体写成的《瓦釜集》，同时还收录了集外5篇作为补篇。本书附照片和图。

5227　半农谈影/刘半农著. 北京：中国摄影出版社. 2000.1

本书主要介绍了刘半农对摄影的独到见解，他主张中国的摄影作品应具有自己的民族风格。他在摄影的同时还从事摄影理论研究。本书附照片。

5228 半农杂文二集/刘半农著．上海：上海书店．1983.12

本书收录了杂文49篇，门人商鸿逵序1篇。本书有照片。

5229 苞桑集/黄炎培著．上海：开明书店．1946.11

本书分3卷，收767首，是作者40余年中的诗作。书前有作者自序及江恒源的序。书末附姚维钧为《天长集》作的序文1篇。

5230 报界先驱林白水研究论文集/林立新主编．福州：福建人民出版社．2008.7

本书收录了对林白水的研究论文，包括：《林白水与当代媒体的平民化》、《试论林白水的“知识分子”角色》、《从林白水看民初报人的职业化转向》、《民族民主革命的积极宣传者——林白水》等文。

5231 北大之父蔡元培/陈军著．北京：人民文学出版社．1999.9

本书以蔡元培的生平事迹为主线，再现了蔡元培、鲁迅、李大钊、陈独秀、胡适等人卓远而丰厚的人文情怀。本书附照片。

5232 北大之父——蔡元培/邵连鸿编著．台北：正展出版公司．2001.12（六六术法系列丛书．中华奇人传记丛书；10）

本书在介绍蔡元培生平事迹的同时，突出并点评蔡元培的教育理论与先进思想。有附录：《蔡元培生平大事年表》。

5233 北国工业巨子：周学熙传/姚抗著．石家庄：河北人民出版社．1995.6（中国大资本家传记系列丛书）

全书分19章，包括：开篇、迎着朝阳出生的人、初尝失败的滋味、国际大骗局、大开眼界的东游考察、雷厉风行的“财神爷”、“白手起家”的董事长、利国惠民的京师自来水、终生的耻辱——“善后大借款”等内容。

5234 北京大学图书馆藏胡适未刊书信日记，胡适抄录徐志摩日记澄衷中学日记胡适收藏书信/胡适著；北京大学图书馆编．北京：清华大学出版社．2003.6

本书收录了迄今为止发现的最早的胡适日记，即他在澄衷中学的日记，以及他抄录徐志摩的日记，其中中文书信116封，英文书信141封。附部分日记原稿影印件。

5235 北京的莫理循/（澳）西里尔·珀尔著；檀东锃，窦坤译．福州：福建教育出版社．2003.7

莫理循从1897年开始作为《泰晤士报》驻华记者，1912年被任命为袁世凯的政治顾问，在中国生活了20年，身后留下了大量书信、日记和备忘录，这些文件大多与他在中国的经历有关，为我们从新的角度审视清末民初的历史与社会提供了鲜活的内容。本书基本上是依据他的日记所写的传记，共14章。书中附有照片、中译本序、前言、后记、精选参考书目等。

5236 北京李大钊故居/王洁主编；北京李大利故居管理处编著．北京：文物出版社．2009.1（带你走进博物馆）

本书介绍是李大钊在北京的故居及其生平事迹。党史专家一致认为，北京李大钊故居是李大钊传播马克思主义、创办中国共产党、领导北方工人运动、促成第一次国共合作等一系列革命实践活动最具代表性的历史见证。

5237 北京宋庆龄故居/盛永华编著．北京：文物出版社．1986.1

本书介绍了宋庆龄在北京的故居及其生平事迹。本书附图。

5238 北洋虎将段祺瑞/李勇，周波著．天津：百花文艺出版社．2007.6

自北洋军阀总首领袁世凯阴谋攫夺民国中央政权以后，近十七年里，各路军阀、政客们争权夺利，政坛纷争不断，加上其间无数事变纵横曲折，令这段历史充满跌宕起伏的波澜。本书记述了皖系军阀首领段祺瑞从初露峥嵘，及在中华民国前期政治舞台上扮演重要角色，直至引退后的寓公生涯这一段人生经历。

5239　北洋军阀史料，黎元洪卷/张黎辉等编辑．影印本．天津：天津古籍出版社．1996.1

本书收集了有关民国初年北洋军阀黎元洪的诸多史料，详尽记载了黎元洪的生平事迹，是研究民国史的重要参考资料。

5240　北洋军阀史料，徐世昌卷/林开明等编辑．影印本．天津：天津古籍出版社．1996.1

本书收集了有关民国初年北洋军阀徐世昌的诸多史料，详尽的记载了徐世昌的生平事迹。

5241　北洋军师徐世昌秀才军阀吴佩孚/宋志德编著．北京：中国戏剧出版社．2005.12（中国名人大传）

本书介绍了北洋军师徐世昌和大名鼎鼎的军阀吴佩孚的生平事迹，徐世昌是一个官僚手段纯熟、攀龙附凤奸猾之人；吴佩孚精通诡谋，但最终落个失败可耻的下场。

5242　北洋灵魂—徐世昌/郭剑林著．兰州：兰州大学出版社．1997.3（民国人物大系）

本书介绍了北洋军师徐世昌的生平事迹，主要包括 3 个方面：关于实行地方自治问题、关于和平运动与五四运动问题、关于两个世纪之交的时代问题。本书附照片。

5243　北洋渔翁徐世昌/董尧著．北京：中国财政经济出版社．2002.5（北洋兵戈；4）

本书共 20 章，包括：从翰林院走进练兵场、去西京向朝廷献衷心、他成了东北王、借助老美压日俄、袁世凯到河南养疴去了、奴才才是真正的才、武昌掀起了革命风暴、南方北方还是以和为贵等。

5244　北洋政府国务总理梁士诒史料集/陈奋主编；政协广东省三水县文史资料研究委员会编．北京：中国文史出版社．1991.1

梁士诒是清末民初中国政坛的重要人物。本书收入了梁氏的生平活动忆述、著述、奏折、往来电函及有关的图片、手迹等史料。本书附照片。

5245　北洋之虎段祺瑞/程舒伟，侯建明著．哈尔滨：黑龙江人民出版社．1997.3（民国军阀书系）

本书再现了武昌起义、二次革命、护国战争、直皖大战、两次直奉大战等历史场面，生动全面描述了段祺瑞、曹锟、冯国璋、张作霖、徐树铮等形形色色的历史人物。本书附照片。

5246　北洋之虎段祺瑞/董尧著．北京：中国财政经济出版社．2002.5（北洋兵戈；2）

本书共 40 章，包括：他到北方寻出路、济南的山水不秀丽、到东洋学炮工、小站投靠了袁世凯、在泉城办武备学堂、大街上遇知音、镇压义和团立了大功、北洋出了一只虎等。

5247　北洋之虎段祺瑞民国首富孔祥熙/赵春辉编著．北京：中国戏剧出版社．2005.12（中国名人大传）

本书介绍了曾得到袁世凯的提拔和重用的“北洋之虎”段祺瑞；祖辈父辈都是穷光蛋，从一个捡煤渣穷小子变为旧中国华人首富的孔祥熙的生平事迹。

5248　北一辉的革命情结：在中日两国从事革命的历程/黄自进著．台北：“中央研究院”近代史研究所．2001.1（“中央研究院”近代史研究所专刊；85）

北一辉早年曾是中国秘密组织“同盟会”的正式成员，曾奔走于中日两国革命运动，有着离奇的经历。本书共 3 章，详细讲述了北一辉奔走于中日两国革命的时代背景，分别论述了北一辉投身中国革命的经验和转入日本革命的心路。书中附有照片、前言和征引书目。

5249 笔雄万夫：叶楚伧传/刘革华著. 台北市：近代中国出版社. 1986.6（近代中国丛书. 先烈先贤传记丛刊. 70）

本书分30章，包括：楔子、伶仃勤学的岁月、对革命的心向、从《中华新报》出发、“南社”与革命起义、投笔从戎一书生、创办《太平洋日报》、主编《民立报》副刊等，本书对先烈先贤的身世、生活和思想、学术、操持、云为，以及其对国家民族的贡献，加以明确而平正的叙述。附照片及墨迹。

5250 变风集/于右任撰. 石印本. ［出版地不详］：［出版者不详］，民国间（1912－1949）

本书收录如：黄海杂诗、舟入黄海作歌、天明闻船上笼中鸡鸣、东朝鲜湾歌、舟出东朝鲜湾、舟入大彼得湾、西北利亚杂诗寄王陆一、布蒙共和国立国五年纪念歌等。

5251 表率群伦的林子超先生：林森传/朱西宁著. 台北市：近代中国出版社. 1982.6（近代中国丛书. 先烈先贤传记丛刊. 30）

本书叙述了林子超先生的身世、生活、思想、学术，以及对国家的贡献等方面的内容。本书附照片。

5252 不匮室诗钞/胡汉民著. 影印本. 台北：文海出版社. 1981（近代中国史料丛刊续编. 第八十三辑；826）

本书收录了胡汉民所著诗词与著述文章，汇集为此本《不匮室诗抄》。全书共有《不匮室诗抄》8卷以及《不匮室诗余》1卷，本书还有3篇叙和3篇题辞。

5253 不匮室诗钞：八卷/胡汉民撰. 石印本. 广州：国葬典礼委员会，民国二十五年（1936）

胡汉民（1879－1936），原名衍鸿，字展堂，号不匮室主，广东番禺人，中国国民党早期主要领导人之一。本书为胡汉民诗集选编，包括：《种竹》、《悼陈无恙》、《咏史集曹全碑字》、《西伯利亚雪》等400余首。本书4册。

5254 不匮室诗余：一卷/胡汉民撰. 石印本. 广州：国葬典礼委员会，民国二十五年（1936）

本书为胡汉民词集，包括：《卜算子》、《蝶恋花》、《浪淘沙》、《水调歌头》等20首。本书2册。

5255 不忘国仇问答/冯玉祥编. 3版，复制本. 汉口：三户图书社. 1938.6

作者认为，在全面抗战中，不可忽略民众的力量。因此在抗战期间，急须要做的一件事，就是孙中山先生说的“唤起民众”。就是要民众彻底了解这次抗战的意义是自卫，是争取国家民族的生存。全书共160个问答。以问答的形式，分条列举，把敌人在各地残杀毒害我同胞的种种事实列入其中，编成此书。书中附有作者序。

5256 蔡孑民先生言行录/蔡元培著. 桂林：广西师范大学出版社. 2005.1

本书收录蔡元培先生传略1篇，言论84篇，附录3篇。内容包括：“世界观与人生观”、“欧战后之教育问题”、“致汪精卫君书”、“北京大学新闻学研究会成立之演说”等。

5257 蔡孑民先生言行录/蔡元培著. 长沙：岳麓书院. 2010.1

内容提要参见5256。

5258 蔡孑民先生言行录/蔡元培著. 济南：山东人民出版社. 1998.4（现代中国思想论著选粹. 第一辑）

本书收录蔡元培传略1篇，言论84篇，附录3篇。其中言论分为：关于最重大普遍的问题、关于教育、关于北京大学、关于中西文化的沟通等类别。

5259 蔡廷锴/贺朗著. 广州：广东人民出版社. 1991.9

全书分41章，包括：从军报国、参加北伐、打响第一枪、日寇战败求和、出国考察、重建十九路军、开展反蒋运动、曙光在前、最后的征途等内容。书中附有将军风范（朱学范）、照片和后记。

5260　蔡廷锴/贺朗著. 石家庄：花山文艺出版社. 1997.3（著名民主人士传记丛书）

全书分 42 章，包括：从军报国、参加北伐、打响第一枪、万众一心、立足福建、重建十九路军、重整军旅、曙光在前、最后的征途等内容。书中附有将军风范（朱学范）、照片和后记。

5261　蔡廷锴传/王素秋，王俐著. 哈尔滨：哈尔滨出版社. 1997.12

全书分 7 章，包括：在苦难中成长；从士兵到军长；从奉命剿共到“一·二八”率部抗日；参加闽变，公开反蒋；在逆境中坚持抗日；走向光明；贡献余生。书中附有照片、前言、大事年表和参考书目。

5262　蔡廷锴的故事/邓海涛编著. 汕头：汕头大学出版社. 1998.5（中外英雄人物故事丛书）

本书主要内容包括：蔡廷锴的童年、上学、第一次从军、北伐、交战、日军易帅、持久战、新征途等。

5263　蔡廷锴自传/蔡廷锴著. 台北：龙文出版社股份有限公司. 1989.6（中国现代自传丛书. 第一辑. 1）

本书分上、中、下 3 册，包括：我的故乡、我的家庭、独立生活、家姐出阁、首次北伐、革命失败、周游列国、重整军旅等内容。

5264　蔡廷锴自传. 上/蔡廷锴著. 哈尔滨：黑龙江人民出版社. 1982.2

本书内容包括：我的故乡、我的家庭、独立生活、家姐出阁、从军与娶妻、首次北伐、搭船遇险、革命失败等。书中附有前言和照片。

5265　蔡廷锴自传. 下/蔡廷锴著. 哈尔滨：黑龙江人民出版社. 1982.2

本书内容包括：周游列国、游罢归来、重整军旅、逍遥桂林、云贵之游、困苦之年、困守家乡、后记等。

5266　蔡廷锴自传/蔡廷锴著. 哈尔滨：黑龙江人民出版社. 1982.6

本书内容包括：我的故乡、我的家庭、独立生活、家姐出阁、从军与娶妻、革命失败、周游列国、重整军旅等。书中附有前言和照片。

5267　蔡元培/蔡尚思著. 南京：江苏人民出版社. 1982.12（中国历代名人传丛书）

本书讲述了蔡元培先生的生平事迹、革命活动、教育理论、政治思想等方面内容。书中附有肖像、插图和附录：《蔡元培生平大事年表》。

5268　蔡元培/蔡元培著. 台北：华欣文化事业中心. 1979.3（华欣二十世纪学人丛书；2）

本书共分 7 辑，收有《我在北京大学的经历》、《我在教育界的经验》、《教育独立议》、《大战与哲学》、《美育与人生》、《说民族学》等蔡元培先生的文章以及《追忆蔡先生》等怀念研究蔡元培先生的文章和《蔡元培年谱》。书中附有照片。

5269　蔡元培/崔志海著. 杭州：浙江人民出版社. 1998.4

本书讲述了蔡元培先生的生平经历、革命历程、科教研究、历史地位等方面内容。书中附有插图和附录：《蔡元培生平大事年表》。

5270　蔡元培/丁东，胡艳编著. 北京：中国和平出版社. 1996.4（中外名人传记故事丛书. 教育家）

本书为蔡元培先生小传，主要包括：勤奋好学科举连捷、思想一变委身教育、留学海外赤子忠心、为共和政治和教育事业而努力、奔走于海外力倡学习西方、于我多恕词、学界泰斗人世楷模等。

5271 蔡元培/胡国枢、姚辉、应家淦编著. 杭州：浙江人民出版社. 1985.1（浙江历史小丛书）

本书主要包括：立志献身民主革命事业、最早的学潮、创立爱国学社、留学海外、出任北京大学校长、景仰马克思、不拘一格育人才、文明婚姻传佳话等。

5272 蔡元培/李洪岩编著. 北京：中国国际广播出版社. 1996（爱国主义教育丛书）

本书介绍了蔡元培先生的生平事迹、文化思想、教育事业、革命历程、政治活动等方面内容。

5273 蔡元培/萧超然等著. 北京：昆仑出版社. 1999.1（中华名人丛书首批）

本书包括以下13章：晚清翰林、革命党人、留欧纪行、教育总长、革新北大、摇篮晨曲、和而不同、浮而不沉、科学兴国、民权斗士和最后岁月。本书附照片。

5274 蔡元培/杨扬编. 上海：三联书店. 1997.11（自述与印象）

本书收录蔡元培先生的自述及其亲朋好友、学生弟子所写的有关蔡元培的文章共20余篇。

5275 蔡元培/张晓唯著. 昆明：云南教育出版社. 2008.9

本书内容包括：世人眼中的蔡元培；漫漫求学路；“亦学亦政”，学界领袖；北京大学校长；著述和思想等。

5276 蔡元培/周伟丽撰稿；绍兴蔡元培纪念馆编. 杭州：浙江教育出版社. 2004.7（名人往事）

本书结合大量图片介绍中国近代史上伟大的民主革命家、教育家与思想家的生平，阐述其人生历程，对于中国民主革命、教育文化事业的贡献等。本书附照片。

5277 蔡元培：只手缔造新北大/施龙著. 北京：中国发展出版社. 2008.4

本书记述了著名教育家、社会活动家蔡元培的生平、他的主要事业、他的功绩和主张。

5278 蔡元培传/崔志海著. 北京：红旗出版社. 2009.5

本书介绍了蔡元培的生平事迹，介绍了他的文教活动和主张，以及他的政治立场、思想特色和性格特征等。本书附照片。

5279 蔡元培传/唐振常著. 上海：上海人民出版社. 1985.8

本书讲述了蔡元培先生的教育经历与革命历程。本书附照片。

5280 蔡元培传/张乐天，檀传宝著. 北京：团结出版社. 1998.2（中国文化巨人丛书. 近代卷）

本书讲述了蔡元培先生的生活经历、教育事业、革命历程等方面内容。书中附有肖像和附录：《蔡元培简谱》。

5281 蔡元培传/张晓唯著. 天津：百花文艺出版社. 2009.4

本书共9章，内容包括：从绍兴到北京；办学、革命、留洋；在民国最初的年月里；主持北京大学的六年；“党国元老”和学界领袖等。本书附照片。

5282 蔡元培传/赵庆元著. 合肥：安徽人民出版社. 1998.9

本书共8章，主要包括：商家少年点翰林、热血文士充杀手、东方赤子研西学、博学书生任总长、一代宗师治北大、五四运动护法人、党国元老生激变、民族精英无字碑等。

5283 蔡元培传/周天度著. 北京：人民出版

社. 1984.9

本书按时间顺序讲述了蔡元培先生的生平事迹、革命斗争、政治活动、教育事业、奋斗历程等方面内容。书中附有照片和附录：《蔡元培生平活动年表》。

5284　蔡元培传/周天度著. 北京：中国少年儿童出版社. 1995.12〔希望书库；1－27（总027)〕

本书分为7章，主要内容包括：家庭和青少年时代、参加反清革命斗争、辛亥革命后的政治活动和教育事业、北京大学校长、一段曲折的历程、为争取民主抗日救国而奋斗。

5285　蔡元培传/周天度著. 台北：新潮社. 1994.2（传记文学之旅；19）

本书对蔡元培的生平事迹、思想脉络和革命斗争经历作了详细的介绍和评价。书中附有附录：《蔡元培生平活动年表》。

5286　蔡元培传记资料/朱传誉主编. 台北：天一出版社. 1985

本书收录了蔡元培先生的传略、生平、轶事、著述、教育经历、文化思想、革命生涯等方面的文章。

5287　蔡元培纪念集/中国蔡元培研究会编. 杭州：浙江教育出版社. 1998.4

本书选辑蔡元培先生的亲朋故旧、门生弟子等人所作的有关蔡元培的文章百余篇。本书附照片。

5288　蔡元培讲演集/蔡元培著；马燕编. 石家庄：河北人民出版社. 2004.1（大师说）

本书收录了蔡元培的讲演文本，包括《在世界语学会欢迎会上的演说词》、《养成优美高尚思想》、《在信教自由会之演说》等近百篇。

5289　蔡元培教育思想论析/梁柱著. 北京：高等教育出版社. 2006.12（学思丛书）

本书从历史时代的高度，循理论与实际相结合的原则，多方面、多角度地展现了蔡元培的教育思想，特别是对他的大学教育思想进行了深入的挖掘和颇有创见的论述。本书附肖像。

5290　蔡元培经典文存/蔡元培著. 上海：上海大学出版社. 2008.4（经典启蒙文库）

本书包括《中国伦理学史》和《中学修身教科书》两部分。

5291　蔡元培美学文选/闻笛，水如编. 台北：淑馨出版社. 1989.11

本书收录蔡元培先生有关美学和美育的论文、演说44篇，全面展现出蔡元培先生的美学美育思想。附录：《蔡元培美学美育活动简表》。本书附插图。

5292　蔡元培年谱. 上/陶英惠著. 台北："中央研究院"近代史研究所. 1976.6（"中央研究院"近代史研究所专刊；36）

本年谱按照时间顺序详细记述了蔡元培先生家世、生平、教育事业、科教思想、革命生涯等方面的纪事。本书附照片。

5293　蔡元培年谱/高平叔著. 北京：中华书局. 1980.2

本年谱按时间顺序介绍蔡元培先生的政治活动、教育实践和学术著作等方面内容。本书附照片。

5294　蔡元培年谱长编. 第二卷（1917－1926）/高平叔撰著. 北京：人民教育出版社. 1998.12

本书收录了蔡元培先生在就任北京大学校长时期的演说、提案、公函、言论、著作、等。本书附照片。

5295　蔡元培年谱长编. 上册/高平叔撰著. 北京：人民教育出版社. 1996

本书包括以下7个部分：家世、幼年时代、

旧学时代、委身教育与运动革命时代、游学时代、教育总长时代、第二游学时代。本书附照片。

5296 蔡元培年谱长编．中册（1917－1926）/高平叔撰著．北京：人民教育出版社．1996.11

本书收录了蔡元培先生在就任北京大学校长时期的演说、提案、公函、言论、著作等。本书附照片。

5297 蔡元培评传/张晓唯著．南昌：百花洲文艺出版社．1993.6（国学大师丛书·7）

本书对蔡元培的生平及学术思想作了记述和评论。全书共8章，主要包括：从绍兴到北京、办学·革命·留洋、在民国最初的年月里、主持北京大学的六年、"党国元老"和学界泰斗、著述概观、家庭品格及郊游、最后的岁月及其他等。

5298 蔡元培评传/张晓唯著．再版．南昌：百花洲文艺出版社．2010.3

内容提要参见5297。

5299 蔡元培普通教育思想论纲/王玉生著．北京：中国社会科学出版社．2009.12（越文化研究丛书）

全书共4章。采用历史研究法和文献研究法，系统深入地研究了蔡元培的普通教育思想，构建了较为完整的普通教育思想体系。

5300 蔡元培全集．第一卷：1893－1909/蔡元培著．北京：中华书局．1984.9（中国近代人物文集丛书）

本书按时间顺序收录蔡元培先生撰写的专书、论文、记叙、小说、建议、诗、词、序、跋、演说词、谈话、书信、电报、呈文、宣言、启事、试卷和译文等著作。本书附插图。

5301 蔡元培全集．第一卷/蔡元培著，中国蔡元培研究会编．杭州：浙江教育出版社．1996.12

本书收集整理了蔡元培先生早期论著139篇，并对每篇文章作简略的注释。本书附照片。

5302 蔡元培全集．第二卷：1910－1916/蔡元培著；高平叔编．北京：中华书局．1984.9（中国近代人物文集丛书）

本书按时间顺序收录蔡元培先生撰写的专书、论文、记叙、小说、建议、诗、词、序、跋、演说词、谈话、书信、电报、呈文、宣言、启事、试卷和译文等著作。本书附插图。

5303 蔡元培全集．第二卷：1911－1916/蔡元培著；中国蔡元培研究会编．杭州：浙江教育出版社．1997.3

本书收有《杨笃生先生蹈海记》、《告全国文》、《大学令》、《吾济何故而欲归国乎》、《康德美学述》等1911至1916年蔡元培先生所写的文章。

5304 蔡元培全集．第三卷：1917－1920/蔡元培著；高平叔编．北京：中华书局．1984.9（中国近代人物文集丛书）

木卷为蔡元培先生1917－1920年间的著述，其中包括：《以美育代宗教说》、《在爱国女学校之演说》、《致汪兆铭函》、《石头记索引》、《游保定日记》、《大战与哲学》、《洪水与猛兽》、《美术的起原》等文章。

5305 蔡元培全集．第三卷：1917－1919/蔡元培著；中国蔡元培研究会编．杭州：浙江教育出版社．1997.1

本书收录了蔡元培先生出任北京大学校长时期的文稿318篇。本书附照片。

5306 蔡元培全集．第十卷，函电（1894－1919）/蔡元培著；中国蔡元培研究会编．杭州：浙江教育出版社．1998.8

本书收录了1894到1919年蔡元培先生与友朋的来往函电。本书附图。

5307　蔡元培全集. 第十五卷，日记（1894—1911）/蔡元培著；中国蔡元培研究会编. 杭州：浙江教育出版社. 1998.11

本书收录了1894年到1911年蔡元培先生所写的日记。本书附照片。

5308　蔡元培全集. 第十六卷，日记（1913—1936）/蔡元培著；中国蔡元培研究会编. 杭州：浙江教育出版社. 1998.11

本书收录了1913年到1936年蔡元培先生所写的日记。本书附照片。

5309　蔡元培史学论集/蔡元培著；高叔平编. 长沙：湖南教育出版社. 1987.1

本书收录蔡元培先生有关史学方面的论著65篇，以及蔡元培先生为各种史书作的序跋30余篇，涉及社会经济、政治、文化等方面。本书附肖像。

5310　蔡元培书话/蔡元培著；刘凌，孔繁荣编. 杭州：浙江人民出版社. 1998.11（近人书话系列）

本书包括以下3辑：自序志人、群书博览、域外书叙。第1辑收录了蔡元培的自序、自述及人物传述；第2辑专收蔡元培为各类书籍所写的序跋和评论文章；第3辑主要收录蔡元培为汉译外籍所作的叙录。

5311　蔡元培书信集/高平叔，王世儒编注. 杭州：浙江教育出版社. 2000.5

本书收录了蔡元培自1894年至1940年近50年期间，致他人的信函与电文共1671件，并附有他人致蔡元培信函若干。本书附肖像。

5312　蔡元培文集. 卷一，自传/蔡元培著. 台北：锦绣出版事业公司. 1995.5

本书收有《自写年谱》、《我的读书经验》、《辛亥那年》等自传性的文章，附有《蔡元培生平概述》、《蔡元培的家世与家庭生活》、《蔡元培年表》、《蔡元培著述目录》及冯友兰为《蔡元培自传》所写的跋。

5313　蔡元培文集. 卷二—卷三，教育/蔡元培著. 台北：锦绣出版事业公司. 1995.5

本书收录的是蔡元培从1899年至1921年所写的关于教育的文章，如《绍兴府学堂学友约》、《学堂教科论》、《中学的科学》、《对于学生的希望》等。

5314　蔡元培文集. 卷五，哲学/蔡元培著. 台北：锦绣出版事业公司. 1995.5

本书收有《荀卿论》、《哲学总论》、《群学说》、《哲学大纲》、《非宗教运动》等蔡元培从1894年至1938年所写的关于哲学的论述文章。

5315　蔡元培文集. 卷六，政治、经济/蔡元培著. 台北：锦绣出版事业公司. 1995.5

本书按时间顺序收录了蔡元培关于政治的经济和著述。

5316　蔡元培文集. 卷七，史学、民族学/蔡元培著. 台北：锦绣出版事业公司. 1995.5

本书收录了蔡元培1889年至1937年所写的关于史学和民族学的文章，如《上皇帝书》、《释“仇满”》、《胡焕章传》、《洪水与猛兽》等。

5317　蔡元培文集. 卷十一—卷十二，书信/蔡元培著. 台北：锦绣出版事业公司. 1995.5

本书收录的是蔡元培自1894年至1933年致陶濬宣、汪康年、吴稚晖、孙中山、蒋梦麟等人的信函。

5318　蔡元培文集. 卷十三—卷十四，日记/蔡元培著. 台北：锦绣出版事业公司. 1995.5

本书收录的是蔡元培1894年至1940间所记的日记。

5319　蔡元培文集/蔡元培著；书林主编. 北京：线装书局. 2009.7

本书收录了蔡元培的讲演稿和关于中国伦

理学史的文章，包括：《向参议院宣布政见之演说》、《全国临时教育会议之开会词》、《在世界语学会欢迎会上的演说词》等。

5320　蔡元培文选/聂振斌选注. 天津：百花文艺出版社. 2006.1

本书包括《悼夫人王昭文》、《赠许九香文》、《敬告全国同胞》、《新年梦》、《文明之消化》、《何谓文化》、《华法教育会之意趣》、《刘半农先生不死》等40多篇文章。

5321　蔡元培先生的生平及其教育思想/孙常炜著. 台北：商务印书馆. 1976.2（人人文库；2193—2194）

本书分为上、下两编，分别论述了蔡元培先生的生平事迹和教育思想。本书附照片和附录：蔡孑民先生传略。

5322　蔡元培先生的生平及其教育思想/孙常炜著. 台北：台湾商务印书馆. 2009.3（云五文库·人人丛书；3）

内容提要参见5321。

5323　蔡元培先生纪念集/蔡建国编. 北京：中华书局. 1984.7

本书选辑悼念和纪念蔡元培先生的电文、挽联、讲话、新闻报道、回忆文章共80余篇，反映了蔡元培先生的生平业绩和思想。本书附有蔡元培的自述简历。本书附照片。

5324　蔡元培先生年谱/王世儒编撰. 北京：北京大学出版社. 1998.5

本书旨在记述蔡元培先生的生平、事迹和思想的本相，收录了蔡元培先生的纪事、演说词、题联及函电等文章。本书附照片。

5325　蔡元培先生全集. 续篇/孙常炜编. 台北：台湾商务印书馆. 1991.4

本书包括6个部分，著述之部收有《中学修身教科书》，论文与杂著之部收有《我不识能至否乎》、《在即物而穷其理也》等文章，第3部分为言论演说，第4部分是其所做序跋，第5部分是函电公牍，第6部分是纪念论文辑要。

5326　蔡元培选集/蔡元培著. 香港：香港文学研究社. 1977（中国现代文选丛书）

本书收录蔡元培先生的论述、演讲词、书信、序文、杂文30余篇。本书附肖像。

5327　蔡元培学术论著/蔡元培著. 杭州：浙江人民出版社. 1998.6（近人学术述林）

本书收有《〈石头记〉索隐》、《中国伦理学史》、《哲学大纲》和《五十年来中国之哲学》4部著作。

5328　蔡元培学术文化随笔/桂勤编. 北京：中国青年出版社. 1996.7（二十一世纪中国学术文化随笔大系. 第一辑）

本书包括以下3编：文化思想篇、中国文化篇、教育变革篇。附录：《蔡元培自传》、《蔡元培年谱简编》、跋：《蔡元培与二十世纪中国》。

5329　蔡元培研究集：纪念蔡元培先生诞辰130周年国际学术讨论会文集/丁石孙等著；中国蔡元培研究会编. 北京：北京大学出版社. 1999.8

本书收录了有关蔡元培先生的论文43篇，旨在研究蔡元培先生的教育思想、美育思想、哲学思想、科学思想等方面内容。

5330　蔡元培影集/郑勇编撰. 济南：山东画报出版社. 2001.5

本书叙述了蔡元培先生是民国第一任教育总长、第一任大学院院长、中国第一个国家科研机构中央研究院的第一任院长——这些都足以显示他“开出一种风气、酿成一大潮流，影响到全国，收果于后世”的成就。本书附照片。

5331　蔡元培与北京大学/梁柱，王世儒编著.

太原：山西教育出版社. 1995.4（名人与名校丛书. 第一辑）

本书收录了中共中央、毛泽东、周恩来等有关蔡元培的评价文稿，以及关于蔡元培主持北京大学期间的回忆文章。本书附照片。

5332　蔡元培与北京大学/梁柱著. 银川：宁夏人民出版社. 1983.4

本书讲述了蔡元培先生在北京大学进行的改革工作与教育思想，体现出蔡元培先生勇于革新和首创的精神。本书附照片。

5333　蔡元培哲学论著/高平叔编. 石家庄：河北人民出版社. 1985.8

本书收辑了蔡元培先生 1902－1938 年间撰写的哲学论著、论文、讲稿和哲学书信共 53 篇。附照片。

5334　蔡元培政治论著/蔡元培著；高叔平编. 石家庄：河北人民出版社. 1985.8

本书收录蔡元培先生有关政论方面的奏折、文章、传记、演讲、通信等 240 篇著作。本书附肖像。

5335　蔡元培自述/蔡元培著. 郑州：河南人民出版社. 2004.5（学人自述文丛）

作者按“故乡与家世”、“十年私塾教育”、“科举之路”、“委身教育时代”、“沪上革命”等顺序，叙述了自己传奇的一生经历。书中附有照片和《蔡元培年谱》。

5336　沧白先生论诗绝句百首笺/杨庶堪著；彭伯通笺. 成都：四川人民出版社. 1984.8（古典文学研究丛书）

杨庶堪（1881－1942）字沧白，晚号邠斋，四川巴县人，曾加入同盟会中华革命党，任四川民政厅总厅长、四川省长等职。他在经史词章书法上造诣很高。本书为其传等著作之一，以绝句的形式对苏武、曹操、韩愈、郑珍、苏轼等自汉至清的 98 位诗人的诗作进行了鉴赏和评论，并以《论诗》和《书感》两首作为结语。

5337　沧海生平（书又名：中华民国开国史之亲历）/崔通约. ［出版地不详］：［出版者不详］. 2009

本书是同盟会会员崔通约（1864－1937）的生平自传。末附著者书信、文稿 36 篇。本书附照片。

5338　曹汝霖传/贾熟村编著. 杭州：浙江教育出版社. 1988.8

全书共 6 章，主要内容有：家世学业、官运亨通、大权在握、飞黄腾达、以官经商和穷途末路。本书附有前言及大事记。

5339　曹汝霖等书札/曹汝霖撰. 抄本. ［出版地不详］：［出版者不详］. 1912

本书收录曹汝霖往来书信若干。

5340　曹汝霖一生之回忆/曹汝霖撰. 台北：台北市传记文学出版社. 1970.6（传记文学丛刊十五）

本书为曹汝霖 90 岁时在美国著就的回忆录，主要内容为幼年景象老去未忘怀、完姻后适值戊戌变法、日本明治时代之一瞥、日俄战争引起亲日感、毕业回国派商部行走、北京市政今昔之改观、东三省会议调充文员、初次召见奏陈立宪事、遭弹劾想起端方革职等。书中附有照片、台版序言、日译本序言、前言、陈序、李序、跋语。

5341　曹汝霖一生之回忆/曹汝霖著. 北京：中国大百科全书出版社. 2009.4（回忆录丛书）

内容提要参见 5340。书中附有照片、出版说明、前言、序、跋语。

5342　岑春煊文集/岑春煊著；何平，李露点注；何平修订. 再版. 南宁：广西人民出版社. 1998.7

本书收入岑春煊在护国护法两役中以个人

署名的电稿、函稿和书稿，总计701余篇，另外附他晚年所写的《乐斋漫笔》等。有照片。

5343 查勘旅顺骆马山煤铁矿招商试办章程/盛宣怀撰. 刻本. ［出版地不详］：［出版者不详］，清光绪间（1875—1908）

本书为清末民初政治家、实业家盛宣怀，关于开发旅顺骆马山煤铁资源并试办招商事宜的奏章。

5344 尘梦禅心：苏曼殊画传/邵盈午著. 天津：百花文艺出版社. 2010.5

作为中国近代史上“不可无一，不可有二”的旷世奇才，苏曼殊所走过的道路颇具个人风采，本书展现了苏曼殊的生命、命运及变幻莫测的神秘轨迹。

5345 沉沦的菩提：苏曼殊全传/王长元著. 吉林：长春出版社. 1996.1（中国历代才子传丛书. 第一辑）

本书以小说的形式演绎了我国清末民初的著名诗人、僧人、作家苏曼殊极富传奇色彩的一生。本书共有凄苦的孽缘、初露才情、学子生涯、幻灭的梦想、六榕寺、东渡扶桑、樱山村恋情、望夫崖遗恨等32个章节。本书有插图。

5346 陈定生先生遗书三种/（明）陈贞慧撰. 刻本. 武进：盛氏思惠斋，清光绪二十一年（1895）

陈贞慧（1604—1656），字定生，江苏宜兴人，明末清初散文家。本书为清末民初政治家、实业家盛宣怀所刻陈贞慧遗著，包括：《秋园杂佩》十六种、《山阴录》和《书事七则》。

5347 陈炯明/段云章，倪俊明著；岭南文库编辑委员会，广东中华民族文化促进会合编. 广州：广东人民出版社. 2009.12（岭南文库）

本书分9章，内容包括：早年及其探索道路、在辛亥革命高潮中、反袁斗争中的立场和态度、率粤军援闽与漳州之治、孙陈的如何统一中国之争等。书中附有照片。

5348 陈炯明集. 上卷/段云章，倪俊明编. 广州：中山大学出版社. 1998.9

本书收录了陈炯明的论著、文告、书信、电报、演说、谈话、公牍、杂著等。分为上、下两卷。

5349 陈炯明集/段云章，倪俊明编. 再版，增订本. 广州：中山大学出版社. 2007.10

本书收录了陈炯明的论著、文告、书信、电报、演说、谈话、公牍、杂著等。全书分有上卷（1909－1920）和下卷（1921－1933）两册。

5350 陈炯明叛国史/李睡仙，谢盛之，鲁直之编. 影印本. 台北：文海出版社. 1985（近代中国史料丛刊三编. 第三辑；22）

本书引用当时报刊报道和原始电文，对陈炯明自辛亥革命后在广东的各项活动进行论述。全书分15章，包括：陈炯明叛变之穷源、陈炯明之侥幸成名及其人品心术、北伐定计与改道之原因、陈炯明捣乱粤局之布置、陈炯明叛变之实现、调停之一瞥、香山之惨剧、呜呼广州之言论界等内容。书中附有序、照片、题词、结论、附录、跋。

5351 陈炯明叛国史/鲁直之，谢盛之，李睡仙著. 北京：中华书局. 2007.6（近代史料笔记丛刊）

内容提要参见5350。

5352 陈铭枢回忆录/朱宗震等编. 北京：中国文史出版社. 1997.3

全书分8章，包括：少年的苦难生活、投身辛亥革命、粤军时期、在北伐军中、卷入内战漩涡、淞沪抗战和福建事变、欧游和归国抗战、经营神州国光社。有照片、序、《陈铭枢简谱》、编后记等内容。

5353 陈铭枢纪念文集/民革中央宣传部编著. 北京：团结出版社. 1989.9

本书辑入了陈铭枢的生前好友、民革成员及其亲属的纪念文章近 20 篇，并收入了陈铭枢在不同时期的文章和诗词。全书分 3 部分：纪念文章、陈铭枢文章、陈铭枢诗选，并附录有他的生平事略和照片。

5354 陈少白年谱/陈占勤著. 广州：岭南美术出版社. 1999.8

本书大致上将陈少白先生毕生经历罗列出来，本书还附录了他的一些遗作，以及编者一篇论文。本书有照片及图。

5355 陈少白先生哀思录/陈德芸编辑. 铅印本. [出版地不详]：[出版者不详]，民国二十四年（1935）

本书为陈少白先生纪念文集。全书包括：遗像、题额、像赞、名人题字、序文、传记、年谱、遗著、记事、病情报告、哀挽文字，并附有先生遗著《兴中会革命史要》。

5356 陈少白先生年谱/陈德芸编. 铅印本. [出版地不详]：[出版者不详]，民国二十四年（1935）

陈少白（1869－1934），原名闻韶，号夔石，广东江门人，1895 年入兴中会，1897 年赴台湾设立兴中会台北分会，1900 年奉孙中山之命，回香港办《中国日报》，宣传革命。本书为陈少白先生年谱。

5357 陈少白先生年谱/陈德芸等辑. 影印本. 台北：文海出版社. 1972（近代中国史料丛刊. 第 75 辑；746－8）

本书与《张弼士君生平事略》、《冯平山记事略》两本民国史料合编。《陈少白先生年谱》以年谱的形式记述了陈少白的生平事迹。本书有照片。

5358 陈氏家乘/陈幹纂. 铅印本. 山东：山东印刷公司，民国三年（1914）

陈幹（1881－1927），字明侯，原名贵川，山东省昌邑市白塔村人，近代山东著名的民主革命先驱，在推翻封建王朝的民主革命中，作出不可磨灭的贡献，荣获中华民国临时大总统孙中山颁发之"文虎勋章"。本书为 1914 年陈幹回乡期间，亲自编纂的山东昌邑陈氏族谱。

5359 陈新政先生遗著/陈新政撰. 铅印本. [出版地不详]：[出版者不详]，民国十九年（1930）

陈新政（1881－1924），本名滥，厦门人，清末民初著名爱国华侨。本书为 1926 年陈少苏所辑陈新政在报章发表的 70 余篇署名杂文及其遗著《华侨革命史》，其杂文包括：《几部洋书想换官》、《中立之言如此》、《呜呼汉奸》等。

5360 陈新政先生遗著：一卷，补遗一卷/陈新政撰. [出版地不详]：[出版者不详]，民国十九年（1930）

陈新政（1881－1924），本名滥，厦门人，清末民初著名爱国华侨。本书为 1926 年陈少苏所辑陈新政在报章发表的 70 余篇署名杂文及其遗著《华侨革命史》，其杂文包括：《几部洋书想换官》、《中立之言如此》、《呜呼汉奸》等。

5361 陈旭麓文集. 第一卷，近代史两种/陈旭麓著；熊月之，周武编. 上海：华东师范大学出版社. 1996.12

本卷为专著，收入先生 50 年代初撰写的《辛亥革命》和晚年精心构思的《近代中国社会的新陈代谢》。附照片、人名索引和书名索引。

5362 陈旭麓文集. 第二卷，思辨留踪. 上/陈旭麓著；熊月之，周武编. 上海：华东师范大学出版社. 1996.12

本卷为学术论文，收入先生在各个时期有代表性的学术论著，包括：历史（主要是近代史）总论、学术专题。附人名索引和书名索引。

5363 陈旭麓文集．第三卷，思辨留踪．下/陈旭麓著；熊月之，周武编．上海：华东师范大学出版社．1996.12

本卷为学术论文，收入先生在各个时期有代表性的学术论著，包括：人物研究、史学理论与方法等内容。附人名索引和书名索引。

5364 陈旭麓文集．第四卷，浮想偶存/陈旭麓著；熊月之，周武编．上海：华东师范大学出版社．1996.12

本卷收入先生学术浮想 695 则、序言与书评 35 篇、诗词 64 首、时论与散文 21 篇、书信 163 通，以及附录 4 种。附人名索引和书名索引。

5365 陈旭麓学术文存/陈旭麓著．上海：上海人民出版社．1990.12

本书包括：《中国近代学论略》、《关于中国近代史的年限问题》、《中国近代史上的爱国问题》、《中国近代史上的爱国与卖国》、《中国近代史上的革命与改良》、《近代阶级与历史步伐》、《论革命派与立宪派的同一性》、《军事与近代化》、《对于中国革命史的悬想》等文章，书中附有照片、序言和附录。

5366 程璧光殉国记/程慎修堂编．影印本．台北：文海出版社．1970（近代中国史料丛刊．第 57 辑；567—8）

《程璧光殉国记》分 8 章，包括：程璧光之家族学业及政迹、服官民国后之程璧光、护法筹议之程璧光、护法进行之程璧光上、护法进行之程璧光中、护法进行之程璧光下、程璧光与地方问题和程璧光殉国。书前有叙文一、叙文二。本书与《甲子奉直战史》合订。

5367 程德全守江奏稿/李兴盛，马秀娟主编．哈尔滨：黑龙江人民出版社．1999.12（黑水丛书）

本书包括：《程德全守江奏稿》、《庚子交涉隅录》、《赐福楼笔记》、《赐福楼启事》、《抚东政略》等内容。本书附插图和地图。

5368 程将军（雪楼）守江奏稿/程德全著．影印本．台北：文海出版社．1968（近代中国史料丛刊．第十七辑；165）

本书收录了光绪年间驻守黑龙江省的程雪楼将军在黑龙江期间上奏朝廷的奏章数十份。全书共分为奏稿 17 卷，并有附录：《黑龙江历任将军垦务奏稿》4 卷。

5369 李西屏文集/武昌辛亥革命研究中心编．武汉：湖北人民出版社．2010.3

本书内容包括：武昌首义纪事、座谈辛亥首义、友诤录、甲子北伐纪略、詹大悲传、曹亚伯传、留美期间部分信稿、纪念伟大的革命家孙中山先生、侄女若昕碑志等。本书附照片。

5370 驰骋南粤卷巨澜/广东省武装斗争史编写办公室编．广州：广东人民出版社．1985.11

本书讲述了朱德同志率领南昌起义军和以后的中国工农红军第四军在广东的斗争事迹。本书附照片。

5371 赤帜高擎贯始终：忆朱德同志/人民出版社编．北京：人民出版社．1979.1

本书选收了 16 篇回忆文章，重点介绍朱德同志在中华人民共和国成立后，为巩固无产阶级专政，建设社会主义事业，建立的不朽功勋。本书附照片。

5372 出版巨擘——张元济传/张学继著．杭州：浙江人民出版社．2003.11（浙江文化名人传记丛书）

本书共 10 章，包括从海盐到京城、六年京官生涯、人生角色的大转换、二十八年商务董事长等，记述了我国现代出版业的先驱张元济的一生。

5373 出世入世间/沈潜．上海：上海人民出版社．2008.11

本书知人论世，史论结合，客观地全面再现了黄宗仰独特的心路历程，着重剖析了他以出世精神做入世事业的矛盾纠结，及其对于清末民初佛学复兴思潮的影响。本书附插图。

5374 初期白话诗稿/刘半农编．影印本．北京：书目文献出版社．1984.5（作家研究资料丛书）

本书收录了现代文学家、语言学家刘半农在1917年至1919年期间所创作的诗稿。

5375 传奇将军冯玉祥/余华心著．北京：学苑出版社．2007.9

本书分叱咤风云谱传奇、魂绕中华日万周上、下两篇。记述了我国近代史上伟大的爱国主义者——冯玉祥将军从11岁当清兵，一步一步升迁到总司令高位的不平凡经历。本书作者——冯玉祥儿媳余华心女士在书中首次公开了冯玉祥将军遇难的详情。

5376 船王卢作孚/胡凤亭著．北京：解放军出版社．1995.12（中国红色资本家丛书）

本书全面真实地再现了船王卢作孚辉煌的人生历程，以及这位爱国实业家跌宕起伏的命运。本书附照片。

5377 创办大同垦牧公司/谭延闿等编．石印本．［出版地不详］：［出版者不详］，民国间(1912—1949)

本书主要内容为大生垦牧公司发起人谭延闿等上报政府，计划创办大同垦牧公司，以开发中国东北地区满蒙土地，并从内政、外交、经济三方面阐述了发展满蒙垦牧事业的必要性，并附《满蒙垦种区域及里程费用表》、《领荒三方垦费预算表》，以数据形式论述了其可行性。

5378 创业雄略：卢作孚大传/冉华德著．北京：中华工商联合出版社．1998.6（卓马书库．影响中国的大商人）

本书收入了31篇研究爱国实业家卢作孚的文章，比较全面深入地介绍和评论了卢作孚的经济思想特点，内容涉及国家现代化、企业现代化、乡村现代化建设的理论和实际以及卢作孚的中国文化观、德育观、事业观、人才观等。

5379 春航集/柳亚子编．上海：广益书局．1913.7

本书为冯春航纪念集，包括：摄影、文坛、诗苑、词林、剧评、剧史、杂纂等7部分。

5380 慈卫室诗草：一卷/谭延闿撰．影印本．［出版地不详］：［出版者不详］，民国二十年(1931)

本书为谭延闿个人诗集汇编，包括：《清明上河曲》、《游圆明园》、《月夜过洞庭作》、《题枷锁图》等95首。所收诗作始于1902年，止于1930年，部分诗稿取自其1922年之前的个人日记。

5381 慈卫室诗草·粤行记·讱庵诗稿/谭延闿著．影印本．台北：文海出版社．1971（近代中国史料丛刊．第六十八辑；671）

全书分为3部分：《慈卫室诗草》、《粤行记》和《讱庵诗稿》，书中附有《茶陵谭公年谱》。

5382 从保皇派到秘密党员：回忆我的父亲杨度/杨云慧著．上海：上海文化出版社．1987.4

全书分3章，内容包括：父亲的幼年、受教于王闿运、与孙中山的交往、袁世凯送匾额、为孙中山解围、营救李大钊、忙于为党工作、周总理解危等。书中附有照片、《写在前面》和夏衍序。

5383 从翰林到出版家—张元济的生平与事业/叶宋曼瑛著；张人凤，邹振环译．香港：商务印书馆（香港）公司．1992.1

本书阐述了张元济先生的生平事迹、人生经历和事业历程，展现出张元济在文化建设、教育救国、企业管理等方面对国家的贡献。本书附照片。

5384 从翰林到教育家：蔡元培及其事业/周佳荣著．香港：中华书局（香港）有限公司．2007.11（中华文史专刊；05）

本书共3个部分，上篇是蔡元培先生前半生的传记，记述他在晚清时期的活动和言论，由科举出身到响应辛亥革命，展示他成为民国教育总长的历程；中篇探讨蔡元培的思想和事业，包括他的早年事迹考辨和教育思想述评，他与同时代人物的关系等；下篇介绍有关蔡元培的文献与著作，并综述了这方面的研究概要。书中附有照片和附录：《蔡元培研究论文一览》。

5385 从西方到东方：伍廷芳与中国近代社会的演进/张礼恒著．北京：商务印书馆．2002.6

本书研究了伍廷芳的中西文明观、清末新政时期伍廷芳的法律思想与实践、中华民国初期伍廷芳的法律思想与实践等。

5387 大变动时代的建设者：张元济传/汪家熔编著．成都：四川人民出版社．1985.4（走向未来丛书）

本书讲述了张元济的生平传记，他是中国近代史上一位有才能的先驱者、实干家，一生都处在时代的大变动之中，张元济参加过戊戌变法、辛亥革命、五四运动、抗日战争等历史事件。本书附肖像。

5388 大海：记朱德同志/刘白羽．北京：中国青年出版社．1985.7

本书是一部长篇报告文学，作者记述自己和朱德亲切接触的深刻印象，展现了朱德同志像大海般波澜壮阔的前半生经历。

5389 大海的胸怀一朱德的故事/尹家民．北京：中国少年儿童出版社．1996.2（共和国领袖故事丛书）

本书记述了朱德同志的小故事，主要内容包括：纺机旁的孩子、上学、打土匪、十字路口、朱德的扁担、军长理发、红军的电台、最珍贵的遗产等。

5390 大汉魂：徐锡麟传/彭歌著．3版，修订本．台北：幼狮文化事业公司．1985.3（幼狮传记丛书．爱国青年传记小说；7）

本书分42个部分介绍了徐锡麟的一生。

5391 大湖英烈：罗福星传/罗秋昭著．再版．台北市：近代中国出版社．1985.8（近代中国丛书．先烈先贤传记丛刊．9）

本书17章，记述了罗福星的生平与事迹，附有《罗福星绝命书》、《狱中致游金鸾女士函》和《昭忠塔记》。本书附有照片。

5395 戴季陶（传贤）先生编年传记/陈天锡编．影印本．台北：文海出版社．1977.1（近代中国史料丛刊续编．第四十三辑；421）

本书以编年体史书的形式对戴季陶的生平事迹进行了十分详尽的叙述。本书有增订版自序、序、编辑体例、跋以及附录4篇。本书附照片。

5396 戴季陶传/范小方，包东波，李娟丽著．北京：团结出版社．2007.1

本书对中国现代史上著名而敏感的人物戴季陶一生各个时期在政治、文化、教育方面的思想与活动进行了评价。本书附照片、附图。

5397 戴季陶传/黎洁华，虞苇著．广州：广东人民出版社．2003.6

本书记述了戴季陶一生各时期的政治、文化、教育等方面的活动与思想，从爱情、婚姻、家庭、教育子女等方面情况入手，分析了他回应当时时代问题的方式。

5398 戴季陶传记资料/朱传誉主编．影印本．台北：天一出版社．1985

本书收录戴季陶先生的传略、生平、言论、著作、哲学思想、记者生涯等方面的文章。

5399 戴季陶早年思想研究/刘利民著. 北京：中国社会科学出版社. 2010

本书分 6 章，内容包括：宪政国家的制度设计、政党政治与国家结构形式理论的移植、经济振兴与国家发展的构想、戴季陶论人与社会改造、戴季陶军事与外交思想研究、戴季陶与社会主义的离合。

5400 戴季陶集：1909—1920/戴季陶著，唐文权，桑兵编. 武汉：华中师范大学出版社. 1990.7（辛亥人物文集丛书；5）

本集共收《宪法纲要》（1909 年 12 月 2 日—1910 年 3 月 1 日）、《短评》（1910 年 8 月 5 日）、《剧评》（1910 年 8 月 5 日—8 日）、《并韩》（1910 年 8 月 6 日）、《短评》（1910 年 8 月 7 日）、《文艺小评》（1910 年 8 月 9 日—23 日）、《九哭》（1910 年 8 月 11 日—17 日）等 400 余篇作品。书中附有照片。

5401 戴季陶讲演集/戴季陶讲. 上海：新生书局. 1928.9

本书收录：《军人何以革命》、《日本人应该信仰三民主义》、《我们要怎样宣传主义》、《三民主义的国家观》等 16 篇文章。

5402 戴季陶辛亥文集. 1909－1913/戴季陶著；桑兵等编. 香港：中文大学出版社. 1991.4

本书选辑的是 1909 至 1913 年间戴季陶在《中外日报》、《民立报》、《民权报》等报章上所发表的文章，共 735 篇。内容包括：《戴季陶小传》、《短评》、《痛言》、《日本人之气质》、《中国之资本问题与劳动问题》、《社会之大不幸》、《国民军》、《是社会主义论》、《哀国民》等。全书以文章发表日期为序，分上、下两册，书中附有序言。

5403 戴季陶主义资料选编/中国人民大学中共党史系，中国近现代政治思想史教研室编. 北京：中国人民大学中共党史系，中国近现代政治思想史教研室. 1983.1

本资料是戴季陶具有代表性的著述，按其写作或发表时间的先后编排。主要包括：《戴季陶访孙中山先生谈话》、《人道主义》、《孝》、《民生哲学系统说明》、《八觉》、《党代表制度好不好》、《封建制度与社会阶级》、《革命的根本》等文章。

5404 戴天仇文集/戴季陶著；未兆庐文钞. 影印本. 台中：文听阁图书有限公司. 2008.12（民国文集丛刊；122）

本书收录了戴天仇所著文章 162 篇。全书共分为 3 篇，甲篇为国际问题，共有文章 14 篇；乙篇为国家与社会，共有文章 33 篇；丙篇为单刀直入录，共有 115 篇文章。

5405 丹徒文史资料. 第六辑，辛亥革命先烈赵伯先/刘崇宽，魏楚宾主编；政协丹徒文史资料研究委员会编. 丹徒：政协丹徒县文史资料研究委员会. 1991

本书内容包括：《赵伯先祭母文》、《赵伯先事略》、《赵伯先传》、《赵声传》、《赵声革命事迹》、《赵烈士事略》、《苏曼殊与赵伯先》、《黄花岗义烈记》等。书中附有照片和前言。

5406 党军师袮：廖仲恺传/朱星鹤著. 台北：近代中国出版社. 1983.4（近代中国丛书. 先烈先贤传记丛刊. 41）

本书记述了廖仲恺的生平与事迹，附有《廖仲恺先生诗词选辑》、《廖仲恺先生重要著述》、《廖仲恺先生年表》和《本文主要参考书目》。本书有插图。

5407 缔造未来：宋庆龄陵园/刘国友等编著. 北京：中国大百科全书出版社. 1998.8（百个爱国主义教育示范基地丛书）

本书讲述了宋庆龄的生平、家庭生活以及宋庆龄陵园作为爱国主义教育基地的建设过程等内容。本书附照片。

5408 喋血淞沪：蒋光鼐将军传/詹谷丰著. 桂林：广西师范大学出版社. 2008.12

本书分为 8 章，以翔实的资料记载了主人公从跟随孙中山参加辛亥革命，到中原大战和指挥震惊中外的“一・二八”淞沪抗战以及福建事变的曲折人生历程，展现了一个旧式军人成长为共和国纺织工业部部长的传奇经历。

5409 丁惟汾传记资料/朱传誉主编. 影印本. 台北：天一出版社. 1979.11

本书内容包括：《丁惟汾》、《丁惟汾先生事略》、《追忆丁教育长》、《丁先生言行侧记》、《鼎丞先生是一代完人》、《丁惟汾清刚耿介》、《悼丁惟汾先生》、《治丧公祭哀荣》等。

5410 定襄文史资料. 第二辑，辛亥先驱续西峰/中国人民政治协商会议定襄县委员会文史资料委员会编. 定襄：中国人民政治协商会议定襄县委员会文史资料委员会. 1988

本书为续西峰先生的生平革命史料，分 7 章，包括：青少年时代、任太原巡警道、兴办实（事）业、反对北洋军阀及阎锡山的统治、抱恨而终、续西峰轶事。书中附序、前言、附录和照片。

5411 东北西医的传播者：杜格尔德・克里斯蒂/（英）伊泽・英格利斯著；张士尊译. 沈阳：辽海出版社. 2005.6（清末民初外国人眼中的东北社会丛书）

本书记录了克里斯蒂从出生到 1931 年九・一八事变爆发期间的经历。从东北建立第一家西医诊所，到第一家西医院、第一家女子医院、第一座医学院等。

5412 东北游记续编/卢作孚撰. 石印本. 峡防：峡防团务局，民国间（1912—1949）

本书主要记述了卢作孚自奉天抚顺到哈尔滨经吉林长春到天津北平的沿途见闻，日记体，主要记载沿途风物。卢作孚（1893—1952），原名魁先，别名卢思，重庆市合川人。辛亥革命初，参加同盟会，从事反清保路运动。随后相继担任成都《群报》、《川报》编辑、主笔和记者，积极投身“五四”运动，参加少年中国学会，与黄炎培等人交好。后主张“实业救国”，1925 年秋，弃学从商，奔回合川，创办了民生实业公司，以轮船航运业为基础，兼办其他实业，抗日战争中为中华民族作出了重大贡献，卢本人被称为“航运大王”。卢作孚逝世后，毛泽东曾称赞他是我国四个不能忘记的实业家之一。

5413 东南豪杰王金发/张继舜编著. 杭州：浙江人民出版社. 1986.1

本书介绍了王金发充满传奇的一生。书中搜集了巧遇知音、中秋除害、绿林大“盗”、绝处逢生、独闯鬼域、智运军火、赴港除奸贼、捉放章介眉等故事。

5414 东南洋之新教育. 前编，日本/黄炎培著. 再版. 上海：商务印书馆. 1922.12

本书包括：日本航海事业、共立女子职业学校、东京美术学校、玻璃制造业、青山师范学校等内容。本书附照片。

5415 东南英杰王金发/常万生著. 长春：吉林文史出版社. 1986.8（晚清民国逸史丛书）

本书介绍了王金发短暂的一生。他曾以“绿林豪客”称雄一方，走上革命道路后历蹈险境，出色完成革命党交给的任务。光复杭州，他身任敢死队队长，奋勇突击，任绍兴军政分府都督期间，政绩瑕瑜互见。“二次革命”中他力主武力讨袁，终被捕杀。

5416 东三省各官银号改革办法意见/熊希龄撰. 石印本. ［出版地不详］：［出版者不详］，清宣统间（1909—1911）

本书系熊希龄任东三省正监理官时向上级请示整理、改革官银号之信函。内容主要包括：请求盘查各官银号及限制钞票发行额数等内容。文末附有东三省各官银号钞票总数、贷款总额、限期归还贷款总数表格三张。东三省官银号于光绪三十一年（1905）成立，民国21年（1932）停业，是东北地区最早创办的近代银行，它不仅垄断着东北金融业，还控制着许多工商企业。东三省官银号在我国经济金融史上占有重要地位。熊希龄（1870—1937）清光绪年间先中举人，继中进士，授翰林院庶吉士。受梁启超、唐才常的影响，主张维新立宪。1913年当选民国第一任民选总理。

5417　东三省沿革表/吴廷燮纂修．刻本．天津：徐世昌退耕堂，清宣统间（1909—1911）

本书记录了奉天、吉林、黑龙江三省主要地名自汉朝开始至明的历史沿革和变化。分为6卷：第1、2、3卷为奉天卷；第4、5卷为吉林卷；第6卷为黑龙江卷。每卷均按照从汉至明时间为序，将地名之沿革以表格形式列出。

5418　东三省移民开垦意见书：一卷附录一卷/熊希龄撰．铅印本．［出版地不详］：［出版者不详］，清宣统间（1909—1911）

本书以国民政府之特派调查员报告、所译东西各国书报及从东三省旧档案中所摘取事实为基础，内容主要包括：东三省与各国之关系，俄国向东殖民之计划等，并构想了东三省移民开垦的计划，包括移民的区域、面积、数量、当地作物、产生的费用及移民地区的配套设施，医院、学校等。对移民种类、经由路途、移民后产生的经济效益等内容也作了详细分析。

5419　东三省政略/徐世昌撰．铅印本．［出版地不详］：［出版者不详］，清宣统三年（1911）

本书详细介绍了奉天、吉林、黑龙江三省的政治、经济、地理概貌等情况。共分12卷：边务、蒙务、交涉、军事、官制、民政、财政、旗务、学务、司法、实业、谘议厅议案。其中边务涉及纪建置、交涉等内容；蒙务有蒙旗、筹蒙2篇；交涉主要包括铁路交涉、矿物交涉、森林交涉等；军事包括军政、军学、军备；官制、民政、财政、旗务实业等均以奉天、吉林、黑龙江三省为顺序详加介绍；谘议厅议案包括官制案、设谘条等10类。

5420　东三省政略：十二卷总目一卷/徐世昌撰．铅印本．［出版地不详］：［出版者不详］，清宣统三年（1911）

内容提要参见5419。后附图10册，主要有东三省筹蒙大势图、奉天、吉林、黑龙江全境图等内容。

5421　董必武/胡三香，沛熹著．武汉：长江文艺出版社．2004.6

本书记叙了董必武从青少年时期起就投身反帝反封建斗争，直至新中国成立前夕所走过的道路。有照片。

5422　董必武/李东朗，雷国珍著．石家庄：河北人民出版社．1997.12（中共一大代表丛书）

全书分16章，包括：寒门英子、奔走革命、新的起点、致力国共合作、十年辗转、迎接解放、创建法制、最后的岁月等内容。有总序、主要参考书目和后记。

5423　董必武/孙永猛编著．济南：山东人民出版社．1984.4

本书内容包括：五月榴花、受辱发愤、黄州应试、秀才告状、办报未成、沽衣办学、洗雪国耻、黄麻暴动等。

5424　董必武/谭玉轩、张永远、马鸿儒著．北京：北京师范大学马列主义毛泽东思想研究所．1982.12

本书主要内容包括：探索救国救民的真理、投身反清反袁的斗争、参加创建中国共产党、十年的艰难历程、迎接中华人民共和国诞生、奋斗在司法战线上、为社会主义建设操劳、坚信马列无不胜等。书中附有前言和照片。

5425　董必武/颜吾芟编写．北京：新华出版社．1991.7（中国革命史小丛书）

全书分10部分，包括：投身辛亥革命、创建武汉共产主义小组、湖北大革命的领导者、从中央苏区到陕北、站在抗日民族统一战线的前卫、怒向蒋家王朝、为新中国的政权建设和法制建设贡献力量。

5426 董必武/杨瑞广著．杭州：浙江人民出版社．1996.7（伟人之初．先辈篇）

全书分6章，包括："乐益堂"主人、民主思想启蒙、追随孙中山、结党救中华、主持湖北省党部、在北伐革命中。有结束语和董必武早期活动大事记（1886—1928）。

5427 董必武：摄影集/中共中央文献研究室，新华通讯社编辑．北京：中央文献出版社．1996.3

本书是为了纪念董必武诞辰一百一十周年而编辑。收入本画册的约有董必武的360幅照片。全书分8部分，包括：前言、风采、中国共产党的创建人、为缔造新中国而奋斗、在社会主义建设年代、公余·情趣、悼念和后记。

5428 董必武：摄影集/中国革命博物馆编．广州：广东人民出版社．1994.1

本书搜集了反映董必武生平的部分照片。附董必武生平大事年表和编后记。

5429 董必武传：1886—1975/《董必武传》撰写组著．北京：中央文献出版社．2006.1

本书分上、下两册，共105个部分，主要记叙了伟大的无产阶级革命家董必武所走过的人生历程。内容包括：童年、投身辛亥革命、举办新型学校、策应北伐战争、参加策动反袁称帝的斗争、痛击蒋介石篡权阴谋、长征路上、在中央人民政府成立的日子里、当选国家副主席等。有照片。

5430 董必武传记/胡传章，哈经雄著．武汉：湖北人民出版社．1985.11

本书记述了董必武为党为人民无私奉献的一生。内容包括：植根在人民斗争的土壤中、在旧民主主义革命的征程上搏击、参加创建中国共产党、积极推进第一国共合作、在大革命漩涡的中心、从中央苏区到陕北、为建设新中国而操劳、遵从马列无不胜等。有照片。

5431 董必武传记/胡传章，哈经雄著．武汉：湖北人民出版社，湖北长江出版集团．2006.1

内容提要参见5430。附董必武重要任职表和照片。

5432 董必武传略/董必武传记编写组．北京：法律出版社．1985.4

本书分10章，包括："青少年时期"、"投身辛亥革命"、"积极参与创建中国共产党"、"在大革命的洪流中"、"在抗日民族统一战线的前卫"、"为争取和平民主，反对内战独裁而斗争"、"领导华北人民政府，支持解放战争"、"为人民造福，鞠躬尽瘁"等。有照片。

5433 董必武的故事/建亭编著．郑州：海燕出版社．1999.12（中华人民共和国元勋故事丛书）

本书内容包括：石榴花的故事、发愤练字、反袁被捕、办报受挫、拒蒋顶汪、老头学员、长征路上、肝胆照人、美国之行、转移途中教育子女等。

5434 董必武的故事/吕书臣，董建国著．武汉：湖北少年儿童出版社．2006.1

全书分12部分，主要包括：董必武出世、酷爱读书的小乐益、最恨洋人和官僚、董家出了个小秀才、黄州学案、民主革命的启蒙教育、中山先生密令、辛亥革命的勇士等内容。

5435 董必武的故事/周志纯著．武汉：湖北人民出版社．1980.1（革命先辈的故事丛书）

全书包括24个故事，如：石榴树下、纸的风波、穷人秀才、新的起点、武汉钟声、东方曙光、岁月峥嵘、特制布鞋等。

5436 董必武的故事/周志纯著. 再版. 武汉：湖北少年儿童出版社. 1990.4（革命先辈的故事丛书）

内容提要参见5435。

5437 董必武年谱/《董必武年谱》编辑组编. 北京：中央文献出版社. 1991.5

本书主要记叙了伟大的无产阶级革命家董必武所走过的人生历程。内容包括："青少年时期"、"投身辛亥革命"、"积极参与创建中国共产党"、"在大革命的洪流中"、"在抗日民族统一战线的前卫"、"争取和平民主，反对内战独裁"、"为人民造福，鞠躬尽瘁"、"为新中国建设呕心沥血"等。

5438 董必武年谱/《董必武年谱》编纂组编. 北京：中央文献出版社. 2007.7

本书主要记叙了伟大的无产阶级革命家董必武所走过的人生历程。内容包括："青少年时期"、"投身辛亥革命"、"积极创建中国共产党"、"赴苏学习"、"在抗日民族统一战线的前卫"、"争取和平民主，反对内战独裁"、"为新中国的政权建设和法制建设呕心沥血"等。有照片。

5439 董必武诗选/董必武著. 北京：人民文学出版社. 1986.8

本书内容包括：三台即景、西安夜雨、晨起书感、游武侯偶题、六十初度、谢寿、中秋望月、别长沙等。有照片。

5440 董必武选集/董必武著. 北京：人民出版社. 1985.3

董必武在他六十多年的革命生涯中，曾做过许多讲演、报告，发表过许多评论、文章，写过许多电报、书信，这部选集所收录的上述内容从不同的侧面反映了中国革命的进程，记录了他个人的革命活动。附肖像。

5441 都宪赵整顿吏治三十条并札文：一卷/赵尔巽撰. 刻本. ［出版地不详］：［出版者不详］. 清光绪三十四年（1908）

本书系赵尔巽任东三省总督时为整顿东三省吏治、以保惠民而作。赵尔巽（1844－1927），字公镶，号次珊，又名次山，又号无补，清末汉军正蓝旗人，祖籍奉天铁岭。清代同治年间进士，宣统三年（1911）任东三省总督，也是清朝最后一任东三省总督。武昌起义后在奉天（今辽宁）成立保安会。民国成立时，仍任奉天都督，旋辞职。书中内容为整顿吏治三十条，包括：禁用门丁、裁革陋规、不用代替、开门坐大堂、常下乡、凡事皆列表、亲察监下、偏废治伤药、严缉盗匪、鼓励捕盗保团丁、设立演说会、实行戒烟、多立劝工厂、责成考核等。

5442 督办京畿一带水灾河工善后事宜处编制六七年决算预算呈大总统文/熊希龄编. 铅印本. ［出版地不详］：［出版者不详］. 民国间（1912－1949）

民国六年（1917）7月，海河流域发生特大洪水。短短一周时间，海河流域连降大雨，直隶、京兆两省区（今河北、北京地区）各河因降水过多及山洪暴发，相继堤破河决，103个县顿成泽国，受灾的百姓有635万余人，"为五十年来所未有"之浩劫。灾情十分严重。此时，熊希龄担任国务总理兼财政总长、行政院院长、顺直水利委员会会长、永定河督办等职，并创办水利善后委员会，殚精竭虑地抗灾。他要求政府救灾办赈，并于1917年10月受命就任京畿水灾河工善后事宜处督办。此书即熊希龄申请赈灾拨款之上书，主要包括灾情介绍、赈灾决算、预算等。当时的总统冯国璋随即拨款30万银元，作急赈之用。本书附清册。

5443 读禅阅世/苏曼殊著. 西安：陕西师范大学出版社. 2007.7

本书收集苏曼殊主要佛教文章，以及部分回忆、纪念他的诗文。全书分3章：禅里禅外、化外红尘和君子如水。内容包括：呜呼广东人、讨袁宣言、花朝、别云上人、东行别仲兄、东居杂诗十九首、断鸿零雁记、绛纱记、苏玄瑛传、答芸深先生、晏殊画跋等。本书有插图。

5444　读汉书札记：一卷/宁调元撰；柳亚子辑．铅印本．[出版地不详]：[出版者不详]．民国四年（1915）

本书选取汉书中难懂之句，逐条解释，并有双行小字注解。多引证汉书以佐证当时之先进思想，如“提倡婚姻自主”等。宁调元（1873—1913）字仙霞，号太一，湖南醴陵人。1904年加入华兴会，1905年加入同盟会。参加反清革命活动，遭清政府通缉，逃亡日本，参与编辑《民报》。萍浏醴起义爆发后，回国策应，在岳州被捕，入狱3年。二次革命期间来沪，参与讨袁之役。后赴武汉讨袁起义，被湖北总督黎元洪逮捕杀害。为爱国团体“南社”的重要成员，著有《太一遗书》。

5445　读例存疑：五十四卷/（清）薛允升撰．刻本．北京：翰茂斋．清光绪三十一年（1905）

本书系薛允升对清代律法条目推源、解释之作。薛允升（1820—1901），字克猷，号云阶，陕西长安县（今属西安市）马务村人。进士出身，光绪年间任刑部右侍郎、刑部尚书等职，系晚清著名法律学家，廉直大臣。本书主要内容有：名例律6卷、吏律相关2卷、户律相关9卷、礼律相关2卷、兵律相关5卷、刑律相关25卷、工律相关2卷、总类1卷、都捕则例2卷。本书40册。

5446　读史阅世/张元济著．西安：陕西师范大学出版社．2007.11

本书共分3编，上编为《阅世随笔》，收各体文章54篇，中编为《读史札记》，收文章40篇，下编为《诗词唱和》，收诗144题339首。

5447　赌国——汪精卫/何士夫著．成都：四川人民出版社．1995.4（红茶馆纪实文丛）

本书是讲述汪精卫从一个革命青年退化为民族罪人的历程的纪事文学。全书分为22章：翩翩少年、情人眼中的情人、暗杀、在女人们中间等。附照片。

5448　端方与清末新政/张海林著．南京：南京大学出版社．2007.1

本书是一部关于清末渐进主义改革派代表人物端方的学术著作。内容包括：变局中崛起、初任方面大员、出洋考察宪政、端方与两江政治改良、改良社会风俗与文化环境等。有照片、主要参考资料，附《端方在新政活动中的诸多“第一”》。

5449　端纳与民国政坛秘闻/（澳）端纳口述；（美）泽勒记录整理；符致兴编译．长沙：湖南出版社．1991.11

本书讲述了澳大利亚记者端纳在中国经历的历史事件，他参与了建立民国、反对袁世凯恢复帝制、北伐统一、宣传中国抗战斗争等重大历史活动。

5450　段合肥之三不可及/黄盛元撰．石印本．[出版地不详]：[出版者不详]．民国间（1912—1949）

本书所论段祺瑞三不可及，分别为：一公忠体国，非野心家；二当国之日发财机会甚多，却视同尘垢，分毫不染；三不纵子弟贪图不义之富贵。另附录轶事11则。段祺瑞（1865—1936），原名启瑞，字芝泉，晚号正道老人，汉族，安徽合肥市肥西县金桥乡人，生于1865年3月6日（同治四年二月初九日），为民国时期政治家，皖系军阀首领。

5451　段祺瑞/费敬仲著．影印本．台北：文海出版社．1973（近代中国史料丛刊．第90辑；895）

全书以传记的形式对民国初年北洋政府总理段祺瑞的生平事迹进行了较为详尽的叙述。全书共分为3编。上编段氏之历史，包括家世、幼年及学生时代、留学德国时代、项城练兵时代等 12 部分内容；中编段氏之政绩，包括段氏前清时代之政绩和段氏民国以来之政绩两部分；下编段系之人物，包括军阀官僚两部分。有插图和附录《段氏之史牍以及绪言》。

5452 段祺瑞/苏飞编著. 呼和浩特：内蒙古人民出版社. 2009.8

本书介绍了段祺瑞的一生，同时叙说了从清末到民国初年北洋军阀从发生、发展，到执掌政权和最终结束这一段时间的历史。

5453 段祺瑞传/季宇著. 合肥：安徽人民出版社. 1992.6

本书共 18 章，详细讲述了段祺瑞的生平事迹、政治活动、斗争经历，以及段祺瑞与北洋军阀的发迹史。附录《段祺瑞年谱简编》。

5454 段祺瑞传/季宇著. 再版. 合肥：安徽人民出版社. 1998.3（徽骆驼丛书）

内容提要参见 5453。

5455 段祺瑞段宏业段昌世/周俊旗著. 石家庄：河北教育出版社. 2006.1（百年家族）

全书分 11 部分，包括：武将之家、人生中转站、辛亥风云、五色旗下的陆军总长、运筹天津、困境、日常生活与交往、段家后人等。书中有照片和附录：段祺瑞家族世系简表、段祺瑞家族大事年表和主要参考书目。

5456 段祺瑞秘史/［著者不详］. ［出版地不详］：信史编辑社. 1920.11

本书内容包括：段氏出身之小史、段氏在前清时代之事实记、段氏在民国时代之事实记、段氏三次组阁之政策记等。

5457 段祺瑞幕府与幕僚/李庆东著. 杭州：浙江文艺出版社. 2010.1（民国军政幕府与幕僚）

本书内容包括：段祺瑞生平事略、段祺瑞幕府的兴衰、“小扇子军师”徐树铮、两个“财神”曾与李等。附插图。

5458 段祺瑞年谱/胡晓编著. 合肥：安徽大学出版社. 2007.1（安徽近现代人物研究系列）

本书记述了段祺瑞从出生到辞世每一年的事件，以当时军政活动叙述为主，日常生活记录较少，各个年度的内容也详略不一。时间上从 1865 年至 1936 年。有凡例、主要参考资料、附录和后记。

5459 段祺瑞年谱/吴廷燮撰. 北京：中华书局. 2007.6（近代史料笔记丛刊）

本书记述了段祺瑞从出生到辞世每一年的事件，各个年度的内容详略不一，为研究北洋军阀统治时期的一些重要活动提供了线索。分卷上、卷下两部分，本书与《吴佩孚正传》合订。

5460 段祺瑞与皖系军阀/黄征，陈长河，马烈著. 郑州：河南人民出版社. 1990.10（中华民国史丛书）

本书详细介绍了段祺瑞反动的一生及皖系军阀的兴衰。内容包括：家世与青少年时代、北洋之虎、与袁世凯的微妙关系、皖系统治的建立皖系统治下的中国社会、直皖战争等。

5461 段祺瑞传/徐海主编. 长春：吉林大学出版社. 2010.6

本书 5 章，包括：初露峥嵘、宦海沉浮、最后岁月、段祺瑞的日常生活与人际交往、旁人眼中的段祺瑞其人其事。附录：《段祺瑞大事年表》，有照片。

5462 段祺瑞真传/周俊旗，汪丹著. 沈阳：辽宁古籍出版社. 1997.8（民初北洋十大将帅真传丛书）

本书讲述了段祺瑞的生平事迹，以及皖系军阀的兴衰。有照片和附录：《段祺瑞生平大事年表》、《传主家族及现实简况》。

5463 段祺瑞执政半年之罪案/填海农撰. 铅印本. ［出版地不详］：［出版者不详］. 民国间

［1912—1949］

本书为填海农辑录的段祺瑞执政半年之内有碍民族国家统一和革命的罪状。

5464　段总长五十寿言汇辑/［著者不详］. 铅印本.［出版地不详］:［出版者不详］. 民国三年（1914）

本书所收，为段祺瑞五十岁生日时的祝寿之词和祝寿之文。祝寿题赠以袁世凯、黎元洪列首，祝寿之文以黎元洪列首，其余以收到时间为顺序。

5465　断肠集/黄炎培著. 上海：生活书店. 1936.5

本书收《断肠续命集》、《河车记》（附杂诗20首、泾惠渠1首）、《自管后之青岛瞥记》（附崂山纪游12首）、《怎样救济工商业》、《戈公振哀辞》等11篇杂文、游记，还收《乐农招游太湖卫玉惠泉明剑偕》、《二十四年一月京沪道行》等9首诗。

5466　断鸿零雁记：哀情小说/苏曼殊著，朽道人画. 贴存本.［出版地不详］:［出版者不详］.［出版年不详］

本书系苏曼殊的名著，共分为27章。

5467　敦厚朱德/佘玮著. 北京：中共党史出版社. 2007.6

本书以一个平民的视角生动再现了朱德这位共和国和人民军队的缔造者智勇双全、胆识兼具、亦将亦兵的人格特征和传奇人生。全书分33个部分，包括：最后一个军礼和最后一次接见外宾、从帅府千金的人生传奇看朱门家风、忍气苦读的寒门弟子走出大山觅出路、滇军名将加入中共的一波三折、亦悲亦喜的真情军长、元帅诗人的"故乡"情与山水缘等。本书附照片和主要参考文献。

5468　多棱镜下的蒋介石/王晓华，张庆军主编. 南京：南京大学出版社. 1995.1

本书描述了蒋介石一生的传奇经历，全书包括：家庭、婚姻、思想、外交、军事、权术共6篇。附照片。

5469　峨山日记/林森著.［出版地不详］:"前国民政府故主席林森先生百年诞辰纪念筹备委员会". 1966

本书收集整理了林森的遗著日记多篇。

5470　鄂党史料杂抄/张难先辑. 静电复制本. 北京：北京图书馆. 198?

书名据书名页题；据民国间张难先抄本复制。

5471　二十世纪初康有为保皇会在美国华侨社会中的活动/高伟浓著. 北京：学苑出版社. 2009.4

本书从保皇派势力在海外的形成与扩展、制度与理念变化中的保皇党、康有为与美国保皇党的财务运作、美国保皇会的兴办教育活动、美国保皇会、华侨与清廷高官等多个层面，论述了康有为保皇会在美国的活动及其与美国华侨的关系。附美国七大华人会馆与中华会馆简介。

5472　二十世纪的一面镜子：章士钊论稿/丁仕原著. 海口：海南出版社. 2001.5（社科大视野）

章士钊（1881－1973），著名政治家，诗人，学者。本书分3部分，上编分5方面论述了章士钊的政法观与政治思想，并以王森然的评价"无异于王荆公"来进行小结。中编就章士钊的文学与学术方面的成就进行研究。下编记叙了章士钊与各个党派及无党派人士往来的记录。

5473　二十世纪盛宣怀研究/易惠莉，陈吉龙主编；常州市政协文史委员会盛宣怀研究会编. 南京：江苏古籍出版社. 2002.8

本书选编了各个历史阶段中外学者有代表性的论文21篇，附录了研究资料论文索引和盛宣怀一生经历记要，展示出上世纪盛宣怀研究的成果和他的发展轨迹。

5474 帆影楼纪事/吴芝瑛辑. 影印本. ［出版地不详］：［出版者不详］. 民国间（1912—1949）

帆影楼系吴芝瑛与其夫廉泉共用的斋名。吴芝瑛系桐城学派大家吴汝纶侄女，工诗文，善书法，与秋瑾是好友。廉泉，号南湖，其人思想维新，结识了不少革命党人。后因刊刻《李文忠公文集》，与李鸿章之子李经迈（季皋）产生债务纠纷，廉吴二人不得已把珍藏多年的名画贱价折与李家抵债，此事使二人大受打击。《帆影楼纪事》一书即是吴芝瑛为自己和廉泉辩解之作，此书共分 3 部分：1. 帆影楼旧札，即廉泉与李季皋往来书信及与相关人士往来之书信。2. 帆影楼清单。3. 帆影楼画目，即抵给李家之画目，每幅下面均有详细介绍。并附《李文忠公文集》目录一页。

5475 帆影楼纪事/吴芝瑛著. 影印本. 台北：文海出版社. 1975.5（近代中国史料丛刊续编. 第二十四辑；235—236）

本书收录了吴芝瑛所著多篇文章，对清末民初的社会情况多有描写，为窥见民国初年社会的一本史料，并附有《鞠隐案牍汇存》。有图及像。

5476 反戴季陶的——国民革命观.（一）/响导周报社编. 初版. 上海：响导周报社. 1925.9（响导丛书. 第三种）

本书收入两篇文章：《中国国民革命与戴季陶主义》/瞿秋白著、《给戴季陶的一封信》/陈独秀著。

5477 范鸿仙/范鸿仙著；政协合肥市委员会文史资料委员会编. 合肥：安徽人民出版社. 1989.7

本书搜集整理了范鸿仙烈士的时论杂文近 300 篇，以及许华、王气钟的回忆及纪念文章。

5478 非翁诗稿：一卷/谭延闿撰. 影印本. ［出版地不详］：［出版者不详］. 民国二十年（1931）

本书系谭延闿日记、书札、平日诗作、与友人唱和诗歌等摘录而成，是其近 30 年诗作中的精品。光绪壬寅（1902）谭氏三兄弟即开始写作日记，至庚午（1930）年已得 4 卷，后又有所增补，最终由其弟谭泽园刊行。谭延闿（1879—1930），字组庵，号无畏，湖南茶陵人。他出于官僚家庭，进士及第，有“三湘才子”之誉。1911 年辛亥革命时，他附和革命，曾一度被湖南立宪派推为都督。中国国民党改组后，他的政治地位逐步提高，历任中国国民党中央执行委员、国民革命军第二军军长、国民政府主席、行政院院长等职。后斡旋于几股政治势力之间，1927 年后成为蒋介石的幕僚。

5479 蜚景词选/俞锷撰；柳亚子选. 抄本. ［出版地不详］：［出版者不详］. 民国间（1912—1949）

本书收词 70 余首，多游景、思绪之作。作者系柳亚子好友，多写与其交往中的事情，有感而发、作词志之。此外还有与南社诸位友人如周天石、朱子湘等人的唱和之作。俞锷（1886—1936）江苏太仓人，原名侧，字剑华、一粟，笔名侧人、建华、老剑、懒残等。1902 年留学日本，在日本加入中国同盟会，系太仓人入会加盟之第一人。1909 年组织参加南社，研究文学，鼓吹革命。

5480 粉墨春秋汪精卫/高阳著. 北京：团结出版社. 2005.11（高阳作品集）

全书分上、下两册，共 50 部分，包括：迷途未远、殊途同归、时势英雄、醋海波澜、冤冤相报、为虎作伥、命中注定、力争上游、危机暗伏、大限将日、东京末日等，附高阳大事年表和高阳作品集。

5481 风尘逸士：吴稚晖别传/罗平汉著. 北京：人民文学出版社. 2002.4（近代名士别传

丛书）

本书介绍了吴稚晖独特的一生。全书共15章，包括：艰难求学，搀和维新；初露锋芒，大闹使馆；苏报案发，是非难断；倡无政府，骂西太后；帮助中山，致力国语；勤工俭学，种瓜得豆；妙语国故，薄文不为；漆黑一团，清风明月等。有照片。

5482 风流政客戴季陶/余方德著．上海：上海人民出版社．2003.1

本书共10章，主要内容包括：籍贯之谜、食色性也、动荡年代、追随孙中山、两次护法、家事国事、戴氏理论、血流成河、国策大师等。

5483 冯国璋/韩仲义著．哈尔滨：北方文艺出版社．1995.1（北洋军阀系列丛书）

本书共44章，主要内容有：愤然从军、异国转战、衣锦荣归、北洋练兵、尚书府、密谈、一场天火、入主北京等。本书附照片。

5484 冯国璋/田建群编著．呼和浩特：内蒙古人民出版社．2009.8

本书共14章，主要内容有：坎坷少年时、投笔从戎、加入北洋系、副总统任上、就任大总统、下野退位宦海结束、尾声等。本书附照片。

5485 冯国璋和直系军阀/吕伟俊，王德刚编．郑州：河南人民出版社．1993.7（中华民国史丛书）

本书详细介绍了北洋军阀直系代表人物冯国璋等人的生平及直系军阀的兴衰。共10部分，包括：直系首脑人物的起家、在袁世凯窃国之后、在袁世凯称帝活动中、直系的鼎盛时期、直系统治下的中国社会、彻底覆灭、直系军阀的结局等。本书附照片。

5486 冯国璋家族/潘荣著．北京：金城出版社．2000.1（近代人物家族丛书）

本书共38部分，主要内容有：古村寒家儿、屡试不第、投笔从戎、跻身袁氏帐下、火烧汉口、智取汉阳、称雄江宁、归葬故里等。附录：冯氏壹支家谱、冯国璋大事纪。

5487 冯国璋年谱/公孙訇编著．石家庄：河北人民出版社．1989.1

本书按照时间顺序叙述了冯国璋毕生的言行，揭示出直系军阀兴衰的历程。附录：冯国璋事状、冯国璋的后代们等3篇。本书附照片。

5488 冯国璋真传/张立真著．沈阳：辽宁古籍出版社．1997（民初北洋十大将帅真传丛书）

本书包括明朝开国勋臣后裔、勤学励志、军校秀才第一人、开常备军建制之先、斡旋黎段纠纷、在宁就任代理大总统、病逝京都等62节内容。附有《冯国璋生平大事年表》、《冯氏一支家谱》（节录）和《冯氏一支系统全图》（节录）。

5489 冯玉祥/陈立人著．北京：昆仑出版社．1998.8（中华名人丛书．首批）

本书主要叙述了冯玉祥将军的戎马经历，包括："吃恩饷，长大个"、"滦州起义"、"在袁世凯麾下反袁"、"讨伐张勋"、"南苑练兵"、"志同道合李德全"、"发动北京政变"、"驱逐末代皇帝出宫"等。并附有前言和照片。

5490 冯玉祥/毛斌著．长沙：湖南人民出版社．2009.4

本书共25章，包括：坎坷身世、走向戎行、驻防东北、滦州起义、镇压白朗、护国倒袁、逼下江南、困居信阳、陕西督军、北京政变、出师北伐、中原大战等。

5491 冯玉祥/殷梦昆编著．北京：中国国际广播出版社．1996.3（爱国主义教育丛书）

全书分10章，包括："童年苦涩，少年从军"、"滦州举义，维护共和"、"镇守湘西，督陕督豫"、"北京政变，驱逐溥仪"、"五原誓师，力主北伐"、"中原大战，大权旁落"、"义赴国难，组织察盟”、“坚持抗战，奔走呼号”、“反对内战，被迫赴美”、“投奔光明，魂归中华”。

5492 冯玉祥传/谷丽娟著. 哈尔滨：哈尔滨出版社. 1997.12

全书分8章，包括：平民生平民活、初出茅庐、艰辛起家、发动北京政变、开发西北参加北伐、换帖结拜到“兄弟”失和、混战中原、奔走抗日呼吁民主。有照片、大事年表、参考书目。

5493 冯玉祥传/简又文著. 台北：传记文学出版社. 1982.6（传记文学丛刊；63）

全书分上、下两册，共16章。内容包括：家世及童年、新军的下级军官、革命势力之生长、第十六混成旅、入关出关、首都革命、西北边防督办、国民革命、北伐成功等。有序言、照片、引言、结语和附录。

5494 冯玉祥传/孟醒仁，曹书凡著. 合肥：安徽人民出版社. 1998.3（徽骆驼丛书）

全书分30章，包括：“家世业农，生活艰窘”、“滦州起义，震惊清廷”、“讨伐复辟，一举成功”、“北伐复辟，反遭压抑”、“抗日同盟，收复失地”、“团结抗日，走到南京”、“两次回乡，多做好事”、“反对内战，出国斗争”等。有照片。

5495 冯玉祥传记资料/朱传誉主编. 影印本. 台北：天一出版社. 1981.1

全书分5册，内容包括：“泥水匠的儿子倒戈将军冯玉祥”、“中央宣传部再告北方青年”、“倒戈将军的神话”、“我所见的冯玉祥”、“冯玉祥自讨没趣”、“冯玉祥写自传”、“冯玉祥治军的伎俩”、“细说西北军：冯玉祥年谱”等。

5496 冯玉祥传说故事/曹启文，陈惠芳选编. 杭州：浙江文艺出版社. 1986.2（农村文库. 山海经丛书；28）

本书内容包括：清水祝寿、自己打耳光、还我河山、口试选妻、开封夜访、买西瓜、明码实价、礼尚往来等。

5497 冯玉祥传奇故事/曹启文，陈惠芳编著. 台北：林郁文化事业有限公司. 1994.10（新传奇文学；8）

内容提要参见5496。

5498 冯玉祥的故事/胡佳作编. 石家庄：河北人民出版社. 1985.3

本书内容包括：名字的来历、“丘八诗人”、巧制神父、我是中国军人、不忘国耻、逼蒋抗日、巧戏孔祥熙、以史书断案等。有照片。

5499 冯玉祥的故事/佟亦非，熊先煜著. 重庆：重庆出版社. 1986.3

本书分19章，内容包括：冯玉祥与孙中山、早期军旅生活、响应辛亥革命、反对帝制、反对张勋复辟、反对内战、基督将军、北京政变、家庭生活等。有序和后记。

5500 冯玉祥的故事/甄彩仙编著. 汕头：汕头大学出版社. 1998.5（中外英雄人物故事丛书）

本书记述了冯玉祥将军的小故事，内容分4章，包括：少年时代、青年时期、中年时期、晚年岁月。

5501 冯玉祥读春秋左传札记/冯玉祥著. 影印本. 台中：文听阁图书有限公司. 2008.7（民国时期经学丛书. 第一辑；42）

该书按照鲁国十二君主依次分为12卷：隐公、桓公、庄公、闵公、僖公、文公、宣公、成公、襄公、昭公、定公、哀公，每卷独立安排页码，合计755页。每则札记前摘录《左传》原文，札记所记内容则由《左传》内容生发开来，紧密联系当时的社会现实进行议论。附凡例、自序。

5502 冯玉祥读春秋左传札记/冯玉祥著. 天津：天津大公报代办部. 1934.5

本书排列秩序以经为先，传次之，传则后列冯玉祥之札记。全书分 12 卷，包括：隐公、桓公、僖公、文公、宣公、成公、昭公、哀公等内容。有凡例和自序。

5503　冯玉祥冯理达冯丹宇/钟海涛著．石家庄：河北教育出版社．2006.12（百年家族）

本书以人物为载体，家族为场景，通过冯玉祥家族三代主要成员冯玉祥、冯理达、冯丹宇等的人生道路，全方位反映冯玉祥家族的兴盛衰落。附照片。

5504　冯玉祥家事/杨树标，杨发祥著．南昌：江西人民出版社．2003.9

本书详细地叙述了冯玉祥的家事，全书共分 12 章，包括：平凡家世、戎马生涯、恩爱夫妻、将门之后、个人修养、趣闻轶事、要人私谊、旅美晚年等。

5505　冯玉祥将军/高兴亚著．北京：北京出版社．1982.10

本书是高兴亚的遗著。高兴亚与冯玉祥有过二十余年的交往，并曾在冯身边工作长达十年之久。全书分 8 章，内容包括：辛亥革命前后的冯玉祥、冯玉祥在南北军阀混战中、冯玉祥发动北京政变前后、冯玉祥在北伐战争中、冯玉祥集团的衰落和瓦解、冯玉祥在九一八事变以后、冯玉祥为坚持抗战而奔走呼号、冯玉祥同美蒋反动派彻底决裂。附照片。

5506　冯玉祥将军传奇/王华岑，牛耕编著．哈尔滨：黑龙江人民出版社．1983.10（传记文学丛书）

本书主要内容包括：生死牌、巧斗高桥、基督将军叛教记、泰山办学记、真假冯玉祥、保身主义、并非惹不起的总司令、怒诵讨蒋诗、绝不做中华民族的千古罪人等。有引言和冯玉祥将军小传。

5507　冯玉祥将军传奇：连环画/冯廷仪改编；雷德祖绘画．福州：福建美术出版社．2002.7（雷德祖优秀作品选）

本连环画描述了爱国将领冯玉祥传奇的人生经历中的几个生活故事，这些故事表现了冯玉祥将军艰苦朴素、严以律己的生活作风，疾恶如仇、不畏权势的高贵品质。

5508　冯玉祥将军魂归中华/冯洪达，余华心著．北京：文史资料出版社．1981.8（文史资料丛书）

本书是以冯玉祥将军晚年在美国的生活、斗争、直至他为和平民主献身的经历为主要内容。全书分 28 章，包括：一次重要聚会、从小兵到上将、西安事变、西望延安、公开反蒋开始了、阴谋、遗嘱、在美生活片段等。有照片，附《致蒋介石一封公开信》等。

5509　冯玉祥将军纪念册/中国国民党革命委员会编．［出版地不详］：中国国民党革命委员会．1948

本书分为 6 个部分：插图、冯玉祥将军传略、冯玉祥将军遇难经过、唁电、诔词、附录。书前有冯玉祥照片。

5510　冯玉祥军歌选/谭胜功，黄砚如编．开封：河南大学出版社．1986.7

本书收集了冯玉祥将军亲自编写和厘定的包括从动员参军、士兵入伍到军队的生活、学习、思想教育、军事训练、行军作战等方面的军歌共百余首。如：入伍歌、新兵歌、大中华志气歌、恢复共和歌、励志歌、忠勇歌、爱民歌、战斗精神歌等。附照片和后记。

5511　冯玉祥军事要电汇编．第 1—4 编/民国史料编辑社编．复制本．北平：北平东方学社．1933.4

本书汇集了 1917 年至 1929 年军事要电。共 4 编，分军务、军略、战术、训练、诫勉、政治工作、军政、军需、军械、军医、军运、军法、奖恤、赒抚、征募、用人、爱民、雜组等 18 卷。

5512 冯玉祥幕府与幕僚/阎团结，梁星亮著. 杭州：浙江文艺出版社. 2010.2（民国军政幕府与幕僚）

本书介绍了冯玉祥及其核心幕僚的作为与命运，分上、下两编：幕府概述和重要幕僚。内容包括：幕主生平、幕府演变、幕府特点、主宾关系、军师与参谋、“五虎上将”、其他战将、文职大员等。有前言和参考文献。

5513 冯玉祥年谱/蒋铁生编著. 济南：齐鲁书社. 2003.9（泰山文化研究丛书）

本书记载了冯玉祥一生的主要生活事件、社会交往等，按年、季、月、旬、日的次序编列记载。有关的历史背景材料，随谱按年月编入。

5514 冯玉祥诗歌近作集/冯玉祥著. 复制本. 汉口：三户图书社. 1938.4

全书分 3 辑，包括：生日、迎新年、梅花十首、满天云、桃花坞、过钱塘江、岳王庙、革命等内容。有序和作者自序。

5515 冯玉祥诗歌选/冯玉祥著；弗伐，洪志编. 哈尔滨：黑龙江人民出版社. 1982.5

本书内容包括：我、牵骆驼、江上木舟、芜湖、安庆、败不怕、秋收、可爱的伤兵、小英雄等。有照片。

5516 冯玉祥诗选/冯玉祥著；于舟选编. 成都：四川人民出版社. 1982.7

全书分为 5 个阶段：反清革命前后、北伐战争、绥察战事、抗日救亡和和平民主运动。附录寿冯焕章先生六十大庆、自序诗、冯玉祥先生和他的诗、编后记等内容。

5517 冯玉祥选集. 上卷/冯玉祥选集编辑委员会. 北京：人民出版社. 1985.10

本书内容包括：滦州起义宣言、五原誓师宣言、答日本记者问、谈谈中苏复交、辛亥滦州革命纪实、促进救国大计案、对卢沟桥事变谈话、题西湖秋瑾墓等。附照片和周恩来贺冯玉祥六十寿辰等内容。

5518 冯玉祥选集/冯玉祥著. 北京：人民出版社. 1998.11

本书分上、中、下 3 卷，上卷主要收录冯玉祥将军的文章和讲演，中卷和下卷主要收录其信札、电报、宣言、呈文、令文、布告、提案等。每卷所录文字，均按其形成或发表的时间顺序排列。《冯玉祥传略》及《冯玉祥大事年表》附在下卷之末。

5519 冯玉祥轶事/许尧坤著. 北京：中央文献出版社. 1999.12

本书记述了冯玉祥将军在他所经历的不同历史发展阶段的一些轶事，充分表现了他始终把民族、国家的利益放在第一位的崇高的爱国主义精神。全书共 4 部分，包括：辛亥革命前后、北伐战争前后、抗日救国、为和平民主而斗争。附照片、冯玉祥将军大事年表、后记等。

5520 冯玉祥逸史新乡文史资料. 第二辑/中国人民政治协商会议河南省新乡市委员会文史资料研究委员会，中国国民党革命委员会河南省新乡市委员会编. 新乡：政协河南省新乡市委员会文史资料研究委员会. 1988.9（文史荟萃）

全书分 26 个部分，包括：冯玉祥与蒋介石、冯玉祥将军困居山西建安村、回忆抗日同盟军、跟随冯玉祥赴美考察见闻、秘密抉择、西安事变中冯玉祥的一封电报、办厂办学纪略、好学不倦等。附照片。

5521 冯玉祥与北京政变/张洪祥，杨琪著. 石家庄：河北人民出版社. 1998.8（名人·历史瞬间）

全书分 6 章，包括：一个“叛逆者”的成长、在军阀混战中求生存、有职无权的陆军检阅使、静悄悄的北京政变、一招错满盘输、冯玉祥重振军威。附照片和后记。

5522 冯玉祥政变记/河南省文联图书编辑部编．北京：中国文联出版公司．1985.6

本书内容包括：血溅乌纱、劳资科长、金鸡引凤、儿女传奇、冯玉祥政变记、赶集、马力、傻哥。

5523 奉天三十年（1883－1913）：杜格尔德·克里斯蒂的经历与回忆/（英）杜格尔德·克里斯蒂著；（英）伊泽·英格利斯编；张士尊，信丹娜译．武汉：湖北人民出版社．2007.2（国家清史编纂委员会·编译丛刊）

本书包括："艰难的工作"、"奉天：城市和人民"、"1883－1894 年的进展"、"中日战争爆发之初侧记"、"中日战争的严酷现实"、"奉天大战期间"、"奉天的革命"、"展望未来"等 28 章。附图表。

5525 父亲刘半农/刘小惠著．上海：上海人民出版社．2000.9

本书共 30 部分，内容包括：父亲带我出国、初到英国、在伦敦的岁月、在法国求学、准备回国、在江阴老家、回到北京、三·一八惨案、父亲的自豪、动荡的年代等。本书是其长女所撰的传记。有附录和照片。

5526 改定各省重复县名理由清单/熊希龄，朱启钤编．铅印本．［出版地不详］：［出版者不详］．民国二年（1913）

本书系时任民国国务总理熊希龄和内务总长朱启钤上呈改定重复县名之申请。书前有序，说明县名之重要和现有县名重复之状况。正文内容主要有改定各省重复县名理由清单，将现有县名列于上，随后附拟改县名和改名之理由。书末附有改名前后总对照表一张。

5527 改定各省重复县名理由清单/熊希龄，朱启钤编．铅印本．［出版地不详］：［出版者不详］．民国三年（1914）

内容提要参见 5526。

5528 改定各省重复县名理由清单/熊希龄，朱启钤编．铅印本．［出版地不详］：［出版者不详］，民国间（1912－1949）

内容提要参见 5526。

5529 刚毅木讷的学者革命家：丁惟汾传/杨仲揆著．台北市：近代中国出版社．1983.10（近代中国丛书．先烈先贤传记丛刊．47）

全书分 7 章，包括：地虽不灵人却杰、鱼跃于渊龙飞在天、"鹰扬河朔、风云玄感"、艰苦领导山东革命、革命政治人才的保姆、清操巨著、鲁殿灵光、积善之家有余庆。有插图和附录《丁鼎丞先生记事年表（1874－1954）试编》、本文主要参考资料目录。

5530 高黎贡之子李根源/和金星主编；中共保山市委党史地方志工作委员会编．昆明：云南民族出版社．2005.9

李根源是国民党元老，全国政协第二、三届委员。本书收录他的传记、年谱、诗文及相关文章。有后记、照片。

5531 高山仰止：社会名流忆鲁迅/柳亚子等著．石家庄：河北教育出版社．2000.12（回望鲁迅．散文部分）

本书收录了蔡元培的《忆鲁迅先生轶事》，祝静远的《回忆鲁迅先生》，柳亚子的《鲁迅先生九周年祭》等 80 篇文章。

5532 高旭集/高旭著；郭长海，金菊贞编．北京：社会科学文献出版社．2003.5（国际南社学会·南社丛书）

本书收集了这位 20 世纪初成立的文学团体——南社创始人之一的作品，包括其诗、文与词作，其内容上多抒发爱国热情，排斥专制为主。全书分上、下两编。上编天梅遗集；下编天梅遗集补编。有照片、本书引用书目、参考书目和附录 11 篇。

5533 诰授资政大夫诰封光禄大夫特赏侍郎衔正一品封典布政使衔湖北盐法武昌道浙江候补道显考旭人府君行述/盛宣怀，盛善怀撰．石印本．［出版地不详］：［出版者不详］．清光绪二十八年（1902）

本书系盛宣怀、盛善怀为纪念其父亲盛康所作，书中主要记述了盛康的生平事迹和家族成员。重点记述了他编辑《皇朝经世文续编》、赴鹿鸣宴等事。盛康（1814－1902），字勗存，号旭人，别号待云庵主，晚号留园主人，常州人。道光二十年（1840）中举，道光二十四年（1844）进士，他正处在急剧变化的时代里，反对恪守教条、专注制艺，希望用经世致用的实学来挽救内外交困的清政权。

5534 革命·宪政·调和：章士钊报刊言论研究/张谦著．郑州：河南人民出版社．2009.3

本书分6章，主要内容包括："清末民初政象与报刊舆论"、"主笔《苏报》鼓吹革命排满"、"流亡海外，倡言政党政治"、"坚持独立，追求共和政体"、"回归传统，意在调和"、"章士钊报刊言论思想演变之理路"。

5535 革命第一烈士：陆皓东传/吴东权著．台北市：近代中国出版社．1982.5（近代中国丛书．先烈先贤传记丛刊．29）

本书分30部分，讲述了陆皓东烈士的传记，从陆皓东的日常生活角度讲述了他参加第一次革命，成为第一名烈士的史实。附照片和肖像。

5536 革命女杰：徐宗汉传/郭晋秀著．台北市：近代中国出版社．1984.6（近代中国丛书．先烈先贤传记丛刊．56）

全书分10章，包括："接受革命的洗礼"、"革命的种子萌芽成长了"、"战火促成的姻缘"、"接近黎明的时刻"、"功成身隐抚育孤雏"、"乘桴浮于海"、"至细至久至难的责任"、"奋起保卫山河"、"抗战！抗战！长期抗战！"、"留取丹心一片"。附图像墨迹。

5537 革命诗僧：苏曼殊传/唐润钿著．台北市：近代中国出版社．1980.11（近代中国丛书．先烈先贤传记丛刊．17）

本书分12章：前言、曼殊大师的名字、曼殊大师的身世、没有母爱的童年、庄敬自强的日子、皈依佛门不忘尘世、行万里路求师访道、母子相会同庆硕果等。本书有参考书目、附录《曼殊大师年谱（文公直撰）》、《中山县沥溪乡苏氏家族表》。

5538 革命先驱：乐亭县李大钊纪念馆/杜全忠，王海著．北京：中国大百科全书出版社．1998.8（百个爱国主义教育示范基地丛书）

本书记述了李大钊的故居简介、李大钊的幼年家教、李大钊的社会经济思想、发动领导五四新文化运动、传播马克思主义、宣传十月革命、建立第一次国共合作、为共产主义事业从容就义等内容。附照片。

5539 革命元勋千秋师表：纪念吴玉章诞辰130周年/四川省吴玉章研究会编．北京：中国人民大学出版社．2009.7

本书收录了有关吴玉章研究、纪念和追忆的文章共50余篇，包括：终身追求和捍卫真理的吴玉章、辛亥革命的发动与吴玉章的作用、吴玉章在四川大学的教育实践、吴玉章与钱玄同关于汉字改革主张的异同等。附照片、后记和附录《中共中央在吴玉章60寿辰庆祝会上的祝词》、《毛泽东在吴玉章60寿辰庆祝会上的讲话》。

5540 各国近时政况/（日）小野冢喜平次著；林觉民译．再版．上海：商务印书馆．1913.4

本书分14章，介绍了英、法、德、奥、意、俄、西班牙、葡萄牙、土耳其等国政治概况及发展趋势。

5542 跟随冯玉祥二十余年/王赞亭著．济南：山东人民出版社．1983.1

王赞亭先生自1920年投冯玉祥部当兵，先后在冯部任手枪队长、营长、团长、旅长、副市长等职。中原大战后又跟冯玉祥当随从，前后达 24 年。主要内容：投考学兵连、平民督军、南苑练兵、驱逐溥仪出宫、解西安之围、组织抗日同盟军、泰山隐居、深切怀念冯玉祥将军等。

5544 宫崎滔天书信与年谱：辛亥革命之友的一生/（日）宫崎滔天著；陈鹏仁译．台北：台湾商务印书馆．1982.5（岫庐文库；081）

本书分宫崎滔天的书信和年谱两部分。他的书信和年谱，是他对中国革命的热情、奋斗、艰苦和贡献的总说明，都译自《宫崎滔天全集》第五卷。其中书信是由 229 封中选译的，年谱时间上从 1871 年至 1942 年。附孙中山旅日年表。

5545 共和将军/叶曙明著．广州：花城出版社．2003.8

本书共 12 章，主要内容包括：革命秀才、历史的十字路口、逃出生天、"东方一颗明星"、八月折桂、辉煌岁月、六一六之夜、"共和、共和"等。

5546 共和元勋蒋翊武/漫征著．长沙：湖南人民出版社．2003.7

本书以评论形式，介绍了蒋翊武从一名革命士兵，被推到革命运动前列并担任文学社社长、革命军总司令的要职，以及推翻帝制、肇建共和，成为民主革命的伟大先驱的人生轨迹。

5547 共同的容闳：纪念容闳毕业于美国耶鲁大学 150 周年活动纪实/珠海容闳与留美幼童研究会主编．珠海：珠海出版社．2006.1（珠海历史文化书系．容闳与留美幼童研究丛书）

容闳是中国留学生之父。本书是 2004 年纪念容闳毕业于美国耶鲁大学 150 周年活动的文集，收集了《胡锦涛在耶鲁大学的演讲》、《江泽民在哈佛大学的演讲》等。

5548 孤云野鹤——苏曼殊/陈星著．济南：山东画报出版社．1995.12（名人照相簿丛书．第一辑）

本书主要内容有：小引、横滨新月、六榕沙弥、蒲涧试禅、大同长歌、回归佛陀、良缘胜迹、白马投荒等。

5549 古虞驿亭经氏宗谱：二卷/（清）经元善，（清）经元智纂修．木活字本．上虞：经氏欲仁堂．清光绪二十一年（1895）

本书为浙江省上虞市驿亭镇经氏家族宗谱，详述经氏源流。本书 2 册。

5550 故代理大总统冯公事状/张一麐撰．铅印本．［出版地不详］：［出版者不详］，民国间（1912—1949）

本书为民国代理大总统冯国璋的事状。

5551 顾维钧回忆录．第一分册/顾维钧著；中国社会科学院近代史研究所编．北京：中华书局．1983.5

本书是中国高级职业外交家顾维钧先生的一部长篇回忆录，主要记述了他自北洋政府任职起到 20 世纪 60 年代于海牙国际法庭退休期间的外交生涯。本册内容包括童年及求学时代、担任外交官的头十年、回国任职共 3 卷。

5552 关西儒魂：于右任别传/屈新儒著．北京：人民文学出版社．2002.4（近代名士别传丛书）

本书记述了于右任先生的一生。本书附照片。

5553 广东大都督府谕/胡汉民发．油印本．［出版地不详］：［出版者不详］，民国元年（1912）

本书为装订成册的民国元年（1912）广东都督胡汉民签发的告示。内容为谕令粤省海关税务司将正备取省志愿保证书呈都督核准后，转寄京税务学堂，并令粤省税务处公文下发学生，作为凭据，投税务处交验后入税务学堂学习。

5554 广东文史资料．第七十一辑，一代名将蔡廷锴/广东省政协文史资料研究委员会等编．广州：广东人民出版社．1992.1

本书主要内容包括：怀念蔡廷锴先生、缅怀蔡廷锴将军、蔡将军的选择、回忆与怀念、抗日名将的雄姿、艰难奋斗的历程、永远的怀念、民族英雄蔡廷锴等。有照片、前言、蔡廷锴生平年表等。

5555 广州辛亥三月二十九日革命记/邹鲁撰并书．影印本．长沙：商务印书馆，1939

本书以字帖形式，由邹鲁于1934年撰文，并用楷体手书全篇，述辛亥三月二十九日革命经过。高要张金刻石。

5556 鬼神泣壮烈：徐锡麟传/高岱著．台北：近代中国出版社．1982.3（近代中国丛书．先烈先贤传记丛刊．33）

本书共分22章。讲述了徐锡麟从怀有大志的青年到远渡日本求学再到参加革命直至牺牲的光辉人生。

5557 桂林文史资料．第四十三辑，回忆马君武/周德荣主编；桂林市政协文史资料委员会编．桂林：桂林市政协文史资料委员会．[出版年不详]

本书内容包括：一个苦学生的自述、马君武先生的家世及其事略、马君武轶闻逸事、马君武祖籍家世考、永远怀念我的父亲、马君武在扬州、马君武在中国公学、广西近代最早的翻译家—马君武、马君武与商务印书馆等。书中附有照片和后记。

5558 郭沫若留日十年：1914－1924/武继平著．重庆：重庆出版社．2001.3

本书从考据学的角度将郭沫若1914－1924年在日本的学习、创作及生活情况进行了客观的疏理和理性的阐释，为国内郭沫若研究及1914－1924期间中国留日学者的研究提供了新材料及新的研究视角。附照片。

5559 国比天大：宋庆龄/陈廷一著．北京：东方出版社．2008.6

本书讲述了宋庆龄的情感世界和为国家富强、独立而献身的心路历程。本书附照片。

5560 国会政体：美国政治研究/（美）威尔逊著；熊希龄，吕德本译．北京：商务印书馆．1986.3

本书是一本分析美国国会体制的专著，详细论述了国会组织结构、活动情况以及与行政机构的关系。全书分6部分，包括：导言、众议院、众议院收入与支出、参议院、行政机关、结论。书中附有前言、第十五版序言和索引。

5561 国立北京大学故教授刘半农博士讣告/朱惠等撰．铅印本．[出版地不详]：[出版者不详]，民国二十三年（1934）

本书为著名文学家、语言学家和教育家刘半农的讣告。书中包括刘半农自写履历及其著作目录，附其胞弟刘北茂所撰悼文《哀长兄半农》。

5562 国民党理论家戴季陶/范小方等著．郑州：河南人民出版社．1992.5（中华民国史丛书）

本书介绍了戴季陶的生平和思想理论，并论述了其功过是非。本书附有照片。

5563 国民党左派的旗帜——廖仲恺/姜义华著．上海：上海人民出版社．1985.2（祖国丛书）

全书分18部分，包括："我们是中国人！"、从"国学"转向"西学"、追随孙中山投入革命活动、对三民主义的重新思考、新的努力与新的打击、黄埔军校党代表、为统一广东革命根据地而斗争、站在反帝斗争最前列等内容。书中附有廖仲恺的生平大事年表。

5564 国民修养二种/蔡元培等著．上海：上海文艺出版社．1999.1（故事会图书馆文库．学者讲坛丛书）

本书分2编。第1编“中学修身教科书”，包括例言、上篇、下篇。第2编“华工学校讲义，包括德育三十篇、智育十篇。本书有出版说明、编者的话、《现代中国人的道德要求》、附录《蔡元培传略》。

5565 国民之声：国民党演说员杨德邻稿/杨德邻撰．木活字本．［出版地不详］：［出版者不详］．民国间（1912—1949）

本书为作者1912年以国民党总部发言人身份发布的公开演说，宣传宋教仁的“责任内阁”和“政党政治”的主张，积极支持以宋教仁为代表的政治家通过合法斗争重新掌握政权、以对抗袁世凯的专制独裁。

5566 国之瑰宝：宋庆龄的思想与实践/刘国友等主编；中华人民共和国名誉主席宋庆龄陵园编．福州：福建人民出版社．1997.7（宋庆龄研究丛书）

本书从12个方面阐述了宋庆龄的光辉思想，包括：爱国主义思想、民主主义思想、科学社会主义思想、国际主义思想、统一战线思想、抗日战争的战略思想、祖国统一思想、中国现代化思想等。本书附有插图。

5567 海天之歌：温生才传/魏希文著．修订版．台北：幼狮文化事业公司．1985.3（幼狮传记丛书．爱国青年传记小说；10）

本书叙述了温生才照亮黑暗的时代，振作堕落的社会，富强落后的民族的人生历程。

5568 海西草堂集/徐世昌撰．影印本．北京：中国书店．1991.6（海王边古籍丛刊）

本书是徐世昌的个人诗集，27卷，共收各体诗1800余首。

5569 翰林总统：徐世昌/郭剑林，王爱云著．长春：吉林文史出版社．1995.3（民初五大总统列传）

本书通过翰林降格修武、东三省总督·将军·钦差大臣、悖论与矛盾等章节的内容介绍了翰林总统徐世昌的一生。该书有附录：《徐世昌大事年表》、《徐世昌家族概况》，并附照片。

5570 翰林总统徐世昌/郭剑林，郭晖著．北京：团结出版社．2010.1

内容提要参见5569。

5571 浩气英风：史坚如传/吴东权著．台北市：近代中国出版社．1983.4（近代中国丛书．先烈先贤传记丛刊．42）

全书分5部分，包括：先烈先贤传记丛刊序言、插图、文、后记和本文参考资料。

5572 合肥段氏延庆录/段骏良等辑．铅印本．［出版地不详］：京华印书局，民国十三年（1924）

本书为段祺瑞六十寿辰之际社会各界所致祝寿诗文汇编，包括靳云鹏、沈钧儒、章士钊等所撰寿文、寿诗、寿颂、寿歌、寿联5部分。本书2册。

5573 合肥执政年谱初稿：二卷/吴廷燮编 铅印本．［出版地不详］：［出版者不详］，民国二十七年（1938）

本书为段祺瑞逝世次年，王揖唐、张勺甫嘱吴廷燮所做之段祺瑞年谱。

5574 何应钦：漩涡中的历史/熊宗仁著．贵阳：贵州人民出版社．2001.9

本书将何应钦一生的历史活动归纳为一条全线两对矛盾，即反共的主线、依附性与权势及官场的重点性与他个性品格之间的矛盾。并对“攘外安内”、“何梅协定”、“亲日问题”进行了探讨。本书附有大量历史图片。

5575 何应钦传/熊宗仁著. 贵阳：贵州人民出版社. 1991.7

全书分7编，以丰富翔实的史料，反映了何应钦之得势、得宠的偶然机遇和历史必然性，演绎了他宦海沉浮中的悲喜剧。对似已定论的“何梅协定”、西安事变中何应钦的主战目的等，提出了自己的看法。书中附有照片、序言、前言、附件一二、后记、再版后记，并收录了何应钦生平大事年表和本书征引资料目录。

5576 何应钦传/熊宗仁著. 再版. 太原：山西人民出版社. 1993.1

内容提要参见5575。

5577 何应钦大传/李仲明著. 北京：团结出版社. 2008.10（民国系列丛书）

本书分12章，内容包括：青少年时代、初涉政坛、黄埔建功、势极而衰、抗战中的国军管家、得意与失势、蒋家王朝代言人、海岛余年等。书中附有照片。

5578 河北文史资料选集. 第三辑/中国人民政治协商会议河北省委员会文史资料研究委员会编. 石家庄：河北人民出版社. 1981.11

本辑是李大钊年谱专辑，书末附公祭仪式和李大钊著作目录。本书有照片。

5579 河间冯公荣哀录/冯国璋治丧处辑. 铅印本. ［出版地不详］：冯国璋治丧处，民国九年(1920)

本书为冯国璋逝世之际，社会各界如徐世昌、段祺瑞、黎元洪、王揖唐等所做哀悼言辞汇编。包括：祭文、诔词、挽诗、挽联等四部分。本书4册。

5580 河南文史资料. 第四十辑，樊钟秀与建国豫军/中国人民政治协商会议河南省委员会文史资料委员会，中国人民政治协商会议宝丰县委员会学习文史委员会编. 郑州：中国人民政治协商会议河南省委员会文史资料委员会. 1991.11

全书分3部分：回忆录·事略、文电、新闻报道（1922－1930年）。内容包括：樊钟秀事略、樊钟秀小传、樊钟秀与建国豫军、樊钟秀轶事、樊钟秀与胡氏兄弟、孙大元帅给樊钟秀的训令、阎锡山祭樊钟秀文、豫军编练新兵等。书中附有照片。

5581 盍簪书屋遗诗/（清）吴鸣钧撰. 铅印本. 吴江：［出版者不详］，民国间（1912－1949）

本书收入吴鸣钧遗诗39首，由沈昌眉于民国6年获得后托柳亚子付印。书中附有沈昌眉所做序、跋、《灵芬馆诗话》、《橐余丛话》和郭凤、吴家骥等人题吴鸣钧画诗及挽吴鸣钧诗多首。

5582 赫克尔一元哲学/马君武译. 复制本. ［出版地不详］：［出版者不详］. ［出版年不详］（新文化丛书）

全书分4篇，包括“论人类：讲述人类进化”、“论灵魂：讲述思维形成历史”、“论世界：讲述基本物质规律”、“论上帝：解释宗教的产生”。书前有序文、第一版自序和1908年改正本自序。书末附录有《认识论》、《心理学在生物科学系中之位置》、《灵魂生活进化之主要阶级》、《一元主义及二元主义之根本冲突》及译名表。

5583 黑暗与光明的消长/蔡元培著. 北京：东方出版社. 1998.6（民国奇才奇文. 蔡元培卷）

全书分5编，包括：科举时论、面向新生活、优美与崇高、诗韵与人情、哀思与家事。本书附有蔡元培口述传略和蔡元培生平大事年表。

5584 衡山正气集/［著者不详］. 石印本. ［出版地不详］：［出版者不详］，民国间（1912－1949）

本书是为纪念刘道一烈士慷慨就义而编印

的文集。书中收录黄侃所撰像赞、袁世凯题词、章炳麟等撰刘道一传记三篇、汪寄生撰《刘道一碑文》、汪精卫撰《刘道一先生死事论》、孙文挽诗等，皆为诸家墨迹影印。

5585 红尘孤旅：苏曼殊传/张国安著．台北：业强出版社．1992.4（中国文化名人传记；8）

本书以传记的形式叙述了清末民初时期著名的诗人、僧人、作家苏曼殊短暂而富有传奇色彩的一生。本书分为序曲；佛门章，行云流水一孤僧；革命章，披发长歌览大荒；情爱章，谁解无情作有情；文心章，才调已千秋；尾声，向明山独参空慧。

5586 红尘孤旅苏曼殊/张国安著．上海：上海书店出版社．1999.2（中国文化名人传记丛书）

内容提要参见 5585。

5587 红桑/黄炎培著．上海：展望周刊社．1954.7

本书所收录的诗集前面一部分是蒋介石反动统治的黑暗时期的产物，表现了作者忧国忧民的热情；后面一部分是新中国时代的产物，反映了新中国的面貌和远景。

5588 红桑/黄炎培著．香港：新中国画报社．1950

本书收录了黄炎培在不同时期所创作的诗句十余首，诗中体现了黄炎培爱国思想和政治主张。

5589 洪水祸/雨尘子著．南昌：百花洲文艺出版社．1996.12（中国近代小说大系）

本书收录了多篇小说，包括《洪水祸》/雨尘子著，《泰西历史演义》/洗红庵主演说，《回天倚谈》/王瑟离主人撰，《乌托邦游记》/萧然有生著，《碧血幕》/吴门天笑生编述，《小额》/友梅松龄编、曼卿杨旭评，和苏曼殊小说6篇——《断鸿零雁记》、《天涯红泪记》、《绛纱记》、《焚剑记》、《碎簪记》、《非梦记》。

5590 鸿爪集/章开沅著．上海：上海古籍出版社．2003.7

本书是章开沅的史学论文和其他杂著作品集。全书共4篇，即思言篇、萍踪篇、拾贝篇、故事篇。

5591 胡汉民/周聿峨，陈红民著．广州：广东人民出版社．1994.12（岭南文库）

本书系统论述了胡汉民的生平与思想。全书分为序言、从爱国到革命、同盟会的杰出宣传家、领导武昌起义、执掌革命政权、在困境中苦斗、从容共到反共、反共清党的先锋、蒋胡矛盾的激化、抗日反蒋活动、最后时日、结语、附录一：胡汉民活动年表、附录二：参考文献举要、后记等15个部分。

5592 胡汉民传记资料/朱传誉主编．影印本．台北：天一出版社．1979.11—1985（传记资料第十一辑）

本书共7册，收录了有关民国初年资产阶级民主革命家胡汉民的各种资料，包括报纸、期刊、文集、论文等，所收资料时间到1984年为止。

5593 胡汉民的政治思想/成台生著．再版．台北：黎明文化事业公司．1982.9

本书将胡汉民的生平及其有关讨论政治问题的言论，以历史、归纳分类比较等方法整理分析，进行了系统介绍。本书共分7部分，包括：序、导论、胡汉民对三民主义理论之阐扬、胡汉民对改革政治的各种看法、胡汉民对外交的看法、胡汉民对党务的主张、结论。书中附有序、自序、附录和参考书目。

5594 胡汉民评传/王炯华著．武汉：湖北人民出版社，湖北长江出版集团．2008.5

本书以独特的视角，全方位客观公正地评述了胡汉民波澜曲折的一生，展现了他学养丰富、特立独行、守法养廉、不谋私利的本色，以及在“反共”、“剿共”中表现出来的历史局限性。

5595 胡汉民评传/周聿峩，陈红民著. 广州：广东人民出版社. 1989.10

本书以历史唯物主义的观点，实事求是地评述了胡汉民的一生，同时对一些聚讼纷纭的问题，也作了详细的考证和探讨。

5596 胡汉民评传/须力求著. 郑州：河南教育出版社. 1990.4（近代史人物评传）

内容提要参见5591。

5597 胡汉民先生遗稿/胡汉民著；中华民国史料研究中心编. 再版. 台北：台湾中华书局. 1978.11

本书为胡汉民诞辰一百周年时，由台湾当局“国史馆”就其馆内收藏的胡汉民的文章、诗词手稿及墨宝等，所编成的文集，以示纪念。本书分为编辑例言、胡汉民先生手撰自撰稿、胡汉民先生手撰孙逸仙先生言行小识稿、胡汉民先生手撰诗稿、胡汉民先生手撰联稿、胡汉民先生手书隶书七字联等。

5598 胡汉民言行录/时希圣编. 上海：广益书局. 1929.12

本书分论文（上、下）、演讲词、诗词录4编。书中附有照片、《写在第一页上》、《胡汉民先生小传》、《胡汉民先生言行杂录》。

5599 胡适留学日记. 上/胡适著. 合肥：安徽教育出版. 1999.10（胡适著译精品选）

本书是作者在美国留学期间（1910－1917）的日记和杂记共17卷，记录了他的文学主张、思想演变、心理生活及与朋友的通行和谈话。本册所记为1910－1914年，附照片及图。

5600 胡适留学日记. 下/胡适著. 合肥：安徽教育出版. 1999.10（胡适著译精品选）

本书是作者在美国留学期间（1910－1917）的日记和杂记，附照片及图。本册所记为1915－1917年。

5601 胡适留学日记/胡适著. 长沙：岳麓书社. 2000.11

本书收集了作者在留学美国期间（1910－1917）的日记和杂记，按时间顺序，分为17卷。本书抒写了作者留学期间的私人生活、内心生活、思想演变的历史，是研究胡适其人及其所处时代的第一手资料。附照片及图。

5602 胡适日记/胡适著；沈卫威编. 太原：山西教育出版社. 1997.11（中国现代作家日记丛书）

本书收集了胡适1910年至1948年间的日记，这些日记是胡适思想发展和寻知求识的记录，是他参加文学活动的真实再现，也是他的时事追踪和交友的实录。附照片。

5603 胡适日记全编. 1，1910－1914/胡适著；曹伯言整理. 合肥：安徽教育出版社. 2001.10

本书收录了胡适的全部日记资料，本册收1910－1914年的日记，包括：“藏晖室日记”、“留学日记”、“卷1－卷8”。附照片。

5604 胡适日记全编. 2，1915－1917/胡适著；曹伯言整理. 合肥：安徽教育出版社. 2001.10

本书收录了胡适的全部日记资料，本册收1915－1917年的日记，包括：卷8－卷17。附照片。

5605 胡适书信集：1907－1962/胡适著；耿云志，欧阳哲生编. 北京：北京大学出版社. 1996.9

本集收入了作者在1907－1933年期间致母亲、妻子等人的书信，其中部分书信系首次刊出。附照片及部分手稿影印件。

5606 湖海行吟草/柳亚子撰. 铅印本. ［出版地不详］：［出版者不详］，民国间

本书为《三子游草》所收，是高吹万、柳

亚子、姚石子三人各领家眷自上海去杭州畅游西湖所作诗文合集。《湖海行吟草》收诗十余首，多为赠友、咏叹时事之作，比如“中日条约签字之日适见所谓圭塘唱和集者感题一绝”等，《三子游草》附录另有柳亚子诗数首。

5607 虎禅师论佛杂文：一卷/杨度撰．刻朱印本．［出版地不详］：［出版者不详］，民国间（1912—1949）

本书收录了杨度6篇记述佛学的文章，包括《逍遥游辞并引》、《新续高僧传序》、《我佛偈赠美国贝博士并序》、《菩提三偈序》、《楞严偈并序》、《轮回偈并序》。

5608 虎禅师论佛杂文：一卷续一卷/杨度撰．刻朱印本．［出版地不详］：［出版者不详］，民国间（1912—1949）

本书分为初编和《续》，初编包括《逍遥游辞引》、《新续高僧传序》、《我佛偈序赠美国贝博士》、《菩提三偈序》、《楞严偈序》、《轮回偈序附诗二首》；《续》包括《唯识八偈序》、《除习偈序答畸道人附来诗二首复书一首》、《真如生灭偈序》、《佛法偈序》、《江亭词序附词一首》。

5609 虎禅师论佛杂文：一卷续二卷/杨度撰．刻朱印本．［出版地不详］：［出版者不详］，民国间（1912—1949）

本书分为初编、《续》及《二续》，收录了杨度全部佛学著作。初编包括《逍遥游辞引》、《新续高僧传序》、《我佛偈序赠美国贝博士》、《菩提三偈序》、《楞严偈序》、《轮回偈序附诗二首》；《续》包括《唯识八偈序》、《除习偈序答畸道人附来诗二首复书一首》、《真如生灭偈序》、《佛法偈序》、《江亭词序附词一首》、《六根偈序答妹庄》；《二续》包括《新佛教论答梅光羲君》。

5610 华北霸王：冯玉祥/张家昀著．台北：INK印刻文学生活杂志出版有限公司．2009.2（中国历代争议人物；11）

本书分为上、下两篇。上篇7章为冯玉祥传，包括：“家乡与家族”、“早期军旅生涯”、“成为军阀”、“北伐战功”、“交出军政实力”、“沉潜与读书”、“最后的旅程”。下篇5章为是非争议，包括：“生理、性格和心理”、“舆论界、基督教和外国关系”、“与北洋政府的是非”、“与国共两党的是非”、“将弁故旧”。有前言、后记、冯玉祥年表及黎东方所著《忆冯》。

5611 华甲寿言/赵尔巽等撰．铅印本．［出版地不详］：宝许盦，日本大正十五年（1926）

本书是内藤虎六十寿辰贺寿诗文集，其中收有内藤虎自撰诗二首及赵尔巽、傅增湘、张元济等人的贺寿诗及信札，另有日人贺寿诗文多篇。

5612 怀念林伯渠同志/中共临澧县委编．长沙：湖南人民出版社．1986.1

本书收集了林伯渠同志生前的战友和在他身边工作过的同志为怀念他而作的诗词20余首、文章40余篇。附林伯渠同志生平简表。有照片。

5613 淮上英杰：柏文蔚传/宜建人著．台北市：近代中国出版社．1983.3（近代中国丛书．先烈先贤传记丛刊．40）

本书有本刊序言、图片、墨迹、文、后记、参考书目。本书有照片。

5614 黄陂政书：一卷/黎元洪撰；易国干等辑．石印本．上海：晋益书局，民国五年（1916）

本书收集了黎元洪在1912年10月任副总统之前，任鄂省都督两年内的电稿，以时间先后编次，时间跨度为1911年8月24日至1911年10月18日。本书16册。

5615 黄帝子孙之元气/于右任著．北京：东方出版社．1998.6（民国奇才奇文．于右任卷）

本书包括以下 4 个部分：忧国忧民、放言时局、艺文丛谈、风雨人生。讲述了于右任的生平业绩、学术思想等内容。

5616　黄季刚诗文钞/黄季刚著．武汉：湖北人民出版社．1985.9

本书是根据黄季刚先生四子黄念祥先生的手抄本整理校订而成，包括：量守碎金、劳者自歌两部分。前者除若干政论性文字之外尚有辞赋等杂体文 52 篇，后者按诗体分类，包括诗词共 1393 首。本书附有黄侃遗像、遗墨和墓地的照片。

5617　黄季刚先生手写日记/黄季刚著．影印本．台北市：台湾学生书局．1977.6

本书收录黄季刚先生手写的六祝斋日记、散叶日记等日记多篇。

5618　黄季刚先生遗书/黄侃撰．台北：石门图书公司．1980.2

全书共 14 册，收录了《批注说文》、《手批文始》、《圈点十三经白文》、《评点昭明文选》等著作。并附有《黄季刚先生遗书影印记》。

5619　黄季刚先生遗著篇目举要初稿/徐复辑．铅印本．南京：金陵大学国学研究班，民国二十四（1935）

本书分“专著”、“学术”、“文录”、“诗录”、“词录”5 部分，编录黄侃先生的诗文及学术论著，论文录其篇名、发表于何年何杂志，论著则录其何年何社出版，个别条目下有提要。

5620　黄季刚与友人论治小学书/黄侃撰．抄本．［出版地不详］：［出版者不详］，民国间（1912—1949）

本书以问答的形式论述了研治《说文》、音韵该从何入手，诗文用韵等问题。书中后附“黄侃声韵通例”、“曾运乾切韵五声五十一纽考”、“曾运乾喻母古读考”。

5621　黄乃裳传：维新志士·拓荒者·革命党人/詹冠群著．福州：福建人民出版社．1992.6

全书分 7 章：青少年时代、维新志士、寻觅、创建“新福州”、同盟会前后、在辛亥革命的洪流中、晚年的日子。书中有照片和年谱简编。

5622　黄石文史资料．第十九期，辛亥革命先驱曹亚伯：纪念曹亚伯先生诞辰一百二十周年/尹迪生主编；政协黄石市学习、文史资料委员会编．黄石：政协黄石市学习、文史资料委员会．1995.11

本书内容包括：先严曹亚伯与中山先生的友谊、略述父亲生前事、孙中山与曹亚伯、回忆儿时聆听亚伯公故事两则、曹亚伯在昆琐事、祖父的晚年、曹亚伯先生、革命畸人曹亚伯等。书中附有序、历史照片一组、附录和编后。

5623　黄炎培/尚丁著．北京：人民出版社．1986.11（祖国丛书）

本书简述了黄炎培的生平，介绍了他的教育救国思想及其对革命道路的记述，并收录了黄炎培的一些诗词与文章。本书附有肖像。

5624　黄炎培/王华斌，王燕子著．石家庄：花山文艺出版社．1997.3（著名民主人士传记丛书）

本书讲述了著名的政治活动家、教育家黄炎培先生的生平事迹，介绍了黄炎培一生所成就的事业和贡献，展现了他独特的精神风范。本书附照片。

5625　黄炎培：方圆人生/许纪霖，倪华强著．上海：上海教育出版社．1999.5（二十世纪文化名人与上海）

本书介绍了黄炎培在上海的生活情况、教育救国思想、革命斗争经历和为和平与民主呼喊等内容。本书附照片。

5626　黄炎培教育论著选/黄炎培著；田正平，

李笑贤编. 北京：人民教育出版社. 1993.1（中国近代教育论著丛书）

本书选辑黄炎培1907年至1949年的教育论著共104篇，分为论文、演讲、书信、报告等。本书附照片。

5627 黄炎培教育思想研究/田正平，周志毅著. 沈阳：辽宁教育出版社. 1997.6（中国近现代教育家系列研究）

本书分上、下两篇，深入研究了黄炎培的教育思想，分析了他在中国近现代教育史上的地位。本书附照片。

5628 黄炎培教育文集. 第一卷/黄炎培著；中华职业教育社编. 北京：中国文史出版社. 1994.3

本书包括：江苏南汇县党狱始末记、为学务工会立案禀川沙厅文、理想的家庭、江苏今后五年间教育计划书、告教育界用人者、教育前途危险之现象、学校教育采用实用主义之商榷等内容。本书附照片。

5629 黄炎培教育文集. 第二卷/黄炎培著；中华职业教育社编. 北京：中国文史出版社. 1994.6

本书包括：新大陆之教育、中华职业教育社宣言书、本社宣言书之余义、南风篇、南洋荷属华侨教育研究会之盛况、南洋华侨教育商榷书、职业教育析疑等内容。本书附照片。

5630 黄炎培教育文集. 第三卷/黄炎培著；中华职业教育社编. 北京：中国文史出版社. 1994.1

本书包括：中国教育史要、吾国中学制度之历史观、中华职业教育社宣言、三十五年来中国之职业教育、怎样办职业教育、日本的中学制度改革、职业教育该怎么样办等内容。本书附照片。

5631 黄炎培教育文集. 第四卷/黄炎培著；中华职业教育社编. 北京：中国文史出版社. 1995.3

本书包括：吾师蔡孑民先生哀悼辞、痛悼我师蔡孑民先生联、关于职业指导、高中女生的升学问题、从困勉中得来、本刊创刊十周年告海内外青年书、做个中国的傅步兰等内容。本书附照片。

5632 黄炎培教育文选/黄炎培著. 上海：上海教育出版社. 1985.8

本书按时间顺序收录了黄炎培具有代表性的研究教育的文章89篇，系统地反映了黄炎培教育思想的发展过程。本书附照片。

5633 黄炎培考察教育日记. 第1集/黄炎培著. 上海：商务印书馆. 1914

本书记述了安徽、江西、浙江三省的教育状况、社会状况及山川名胜等。本书附照片。

5634 黄炎培考察教育日记. 第2集，山东直隶/黄炎培著. 上海：商务印书馆. 1915

本书记述了山东、直隶两省教育情况，以及津浦、胶济两线沿途的社会状况、自然风貌等。本书附照片。

5635 黄炎培年谱/许汉三编. 北京：文史资料出版社. 1985.8

本书按照时间顺序，主要讲述了黄炎培从事教育研究和倡办职业教育时期，参加爱国民主运动时期，从事政治活动、社会活动，领导中国民主建国工作时期的纪事。该书附有黄炎培著作目录和肖像。

5636 黄炎培日记/黄炎培著. 北京：华文出版社. 2008.9

本书根据黄炎培先生手稿整理而成，记载了黄炎培先生1911年至1949年的主要活动及生活状况。本书附插图。

5637 黄炎培研究文集. 一/朱宗震，陈伟忠主

编. 成都：四川人民出版社. 1997.4

本集收录《黄炎培与民盟及民建》、《黄炎培和宪政运动》、《黄炎培抗战建国社会实践平议》、《黄炎培与中国共产党的合作》等文章。

5638 黄炎培研究文集. 三/朱宗震，徐汇言主编；黄炎培故居管理所编. 成都：四川人民出版社. 2009.3

本集收录了《黄炎培的出版活动与思想》、《黄炎培职业教育思想的形成及其实践》、《黄炎培在 1946 年旧政协会议中的言行评析》等文章。

5639 黄叶楼遗稿/刘三著；陆繁霜原辑；黄太玄原勘订；刘颍白校勘. 北京：中国人民大学出版社. 1996.2（南社丛书. 第一套）

本书乃刘三先生遗作，歌行近体共 270 篇。记录了其愤世嫉俗、悲天悯人之志，抚时感逝、怀人念旧之情，与夫山水游观、园林琴酒之趣。有照片，附补遗及附录。

5640 黄远生遗著/黄远庸著. 影印本. 台北：文海出版社. 1987（近代中国史料丛刊三编. 第二十一辑；201—2）

本书收录了黄远庸的生前著作多篇。全书共分为四卷，卷一包括论说第一；卷二和卷三为通讯第二；卷四包括时评第三和杂著第四。本书有插图。本册为第二册，包括卷三和卷四。

5641 邹鲁回忆录/邹鲁. 北京：东方出版社. 2010

本书分 4 卷，第 1 卷记述家世、幼年往事、读书、加入国民党，直至讨伐袁世凯失败；第 2 卷主要记述陈炯明叛变及参与讨陈、西山会议的召开，以及中央特别会的成立等；第 3 卷记叙中山大学的创立和办学，以及教育思想等；第 4 卷重点记述从中山大学去职，以及战后的反思等。

5642 回顾录/邹鲁著. 长沙：岳麓书社. 2000.9（旧籍新刊丛书）

本书是邹鲁回忆录，分 4 卷，包括：从家世说到幼年、私塾教育、办学与入党、创办广东大学与读校三民主义、编辑党史、西山会议、内忧外患、团结抗日等内容。书中附有自序和重印后记。

5643 回忆李大钊/［著者不详］. 北京：人民出版社. 1980.7

本书收有 29 篇文章，包括：《杰出的共产主义战士》、《回忆李大钊先生》、《忆跟李大钊同志在一起的难忘岁月》、《光荣牺牲——回忆我父亲李大钊烈士被捕的前前后后》、《守常先生和他的遗文》、《众志成城不可推》、《我所知道的守常》、《纪念李大钊同志殉难三十周年》等。本书有后记、照片。

5644 回忆我的父亲李大钊/李星华. 上海：上海文艺出版社. 1981.1

本书分 4 辑：父亲的童年时代、革命纪事、父亲对我们的教育、牺牲。本书有后记、照片。

5645 回忆我的父亲朱德委员长/朱敏著. 北京：中国少年儿童出版社. 1978.5

本书记录了朱德与毛泽东、周恩来等人之间的伟大革命友谊及其对子女的教育。

5646 会泽笔记会泽四秩荣庆录/唐继尧. 影印本. 台北：文海出版社. 1972（近代中国史料丛刊. 第 78 辑；777—778）

本书是《会泽笔记》、《会泽四秩荣庆录》两本民国史料合订。《会泽笔记》收录了唐继尧的笔记及诗文共 187 条。《会泽四秩荣庆录》会泽玉照、弁言、寿文、寿诗等内容。本书有照片。

5647 毁家忧国一奇人：张人杰传/张素贞著. 台北市：近代中国出版社. 1981.5（近代中国丛书. 先烈先贤传记丛刊. 20）

全书分为 22 个部分，包括：丝业世家，名门子弟；旅法经商，古玩致富；初晤孙中山，慷慨认捐；加盟入党，筹组银行；安邦讨袁，改良社会；诀别孙中山，辅佐蒋公；支撑危局，胆识超人；排斥共党，择善固执等内容。书中附有照片和先烈先贤传记丛刊序言。

5648 击败胡雪岩：中国商父盛宣怀和他的商业帝国/丁离著．北京：当代世界出版社．2001.1

本书主要介绍了19世纪末中国官办资产阶级的典型人物——盛宣怀，并认为他的主要功绩在于引领并促进了中国资本主义工商业的发展。

5649 集隋志字赵声先生传略/陈玉庠集．影印本．南京：正中书局，民国二十五年（1936）

本书为辛亥革命烈士赵声的传记，简述了烈士的生平、言行事迹及就义情况。书中字体是辑《隋志》字而成，本书为叶楚伧题签。

5650 集魏志字方声洞先生传略/古晓风集．影印本．南京：正中书局，民国二十五年（1936）

本书为辛亥革命烈士方声洞的传记，简述了烈士的生平、言行事迹及就义情况。书中字体是辑《魏志》字而成。

5651 集魏志字史坚如先生传略/韩德溥集．影印本．南京：正中书局，民国二十五年（1936）

史坚如（1879—1900），广东番禺人。史可法之后裔。1899年在加入兴中会。1900年在广州响应惠州起义，不幸被捕，备受酷刑，坚贞不屈，英勇就义，年仅二十二岁，孙中山赞其“命世之英才”，“为共和革命牺牲的第二个健将”。本书即选定魏碑一种，就其字集成史坚如先生传略一文，以为字帖，词句既浅显自然，章法更如原迹。

5652 集魏志字温生才先生传略/王成康集．影印本．南京：正中书局，民国二十五年（1936）

温生才（1870－1911年），广东梅县人。著名民主革命先驱。1907年加入同盟会。1911年致南洋同志绝笔书曰：“自从徐（锡麟）、汪（兆铭）二君事失败后，继起无人，弟思欲步二君后尘。”暗杀广州将军孚琦后，被捕就义。本书即选定魏碑一种，就其字集成温生才先生传略一文，以为字帖，词句既浅显自然，章法更如原迹。

5653 纪念李大钊/北京大学图书馆，首都博物馆．北京：文物出版社．1985.12

本图集共收有图版292幅，反映了李大钊光辉的一生，歌颂了李大钊的革命气节和革命功业。

5654 纪念李大钊/王海编著．北京：中央文献出版社．2008.11

本书共分为3个部分：学习研究、纪念与缅怀、民间故事采撷，收集了近年来对李大钊及同时代人物关系的研究成果。本书附照片。

5655 纪念宋庆龄同志/中华人民共和国名誉主席宋庆龄同志故居编．北京：文物出版社．1982.5

本图集讲述了宋庆龄壮丽的一生、坎坷而又伟大的革命道路，以及她的高贵品德与高尚情操。

5656 纪念宋庆龄文集/上海孙中山故居宋庆龄故居和陵园管理委员会，上海宋庆龄研究会编．上海：上海人民出版社．1993.12

本书收录了各界人士纪念宋庆龄的论文，以表达作者对宋庆龄的崇敬与怀念。本书附肖像。

5657 纪念朱德/中国革命博物馆编．北京：文物出版社．1986.6

本图集包含大量的有关朱德的珍贵照片和文字，借此来纪念朱德同志诞辰一百周年和逝世十周年，展现了这位革命老英雄的本色。

5658 寂寞秋桐：章士钊别传/陈书良著. 长春：长春出版社. 1999.8

章士钊（1881—1973），一生跨越中国近现代史 3 个时代，他与孙中山、黄兴、段祺瑞、袁世凯、陈独秀、蒋介石都有恩怨交往，与毛泽东终生保持着特殊的友谊。本书分游侠少年、风流欧亚、老虎总长、律师生涯、重庆时代、文史馆长、文革风云、星陨香江 8 章，全面地介绍这位“百年大老”，附有引言、附录、照片。

5659 甲寅存稿. 上/章士钊著. 影印本. 台中：文听阁图书有限公司. 2008.12（民国文集丛刊；106）

《甲寅》杂志为章士钊、陈独秀等人于 1914 年创刊，仅出十期就被禁，但在近代史上却极有影响。此本即为章士钊在《甲寅》杂志上发表的文章结集，大多为政论文章，对于考察章士钊早期思想有重要参考价值。《甲寅存稿》为章士钊名作，分为上、下两册。上册分为社说和附甲寅月刊存稿两部分。

5660 甲寅存稿. 下：章士钊青鹤杂记/章士钊著. 影印本. 台中：文听阁图书有限公司. 2008.12（民国文集丛刊；107）

《甲寅》杂志为章士钊、陈独秀等人于 1914 年创刊，仅出十期就被禁，但在近代史上却极有影响。此本即为章士钊在《甲寅》杂志上发表的文章结集，大多为政论文章，对于考察章士钊早期思想有重要参考价值。《甲寅存稿》为章士钊名作，分为上、下两册。下册包括：社说、译论、通讯、时评、附独立周报存稿 5 部分。

5661 甲寅杂志存稿/章士钊著. 再版. 上海：商务印书馆. 1923

上卷分社说，甲寅月刊存稿；下卷分社说。译论、通讯、时评、独立周报存稿。集著者政论、通讯、所译西方政论等。

5662 甲寅杂志甲寅周刊/章士钊主编. 影印本. 北京：国家图书馆出版社. 2009.5（民国期刊资料分类会编）

中国近现代史上的传奇人物章士钊，曾因主编《甲寅》杂志、《甲寅》周刊成为“甲寅”派的主将。《甲寅》杂志是《新青年》之前最有影响的进步期刊之一，并与《新青年》有着极为复杂的相成相反的关系，是研究《新青年》及“五四”新文化运动不可或缺的史料。全书分 5 册，第 1 至 3 册为甲寅杂志，第 4 至 5 册为甲寅周刊。

5663 艰难的国运与雄健的国民/李大钊. 北京：东方出版社. 1998.6（民国奇才奇文. 李大钊卷）

本书内容包括：李大钊先生的铁肩道义，家国世情，妙手文章和译文。

5664 江苏文史资料. 第七十七辑，常州名人传记. 第二辑，中国第一代实业家盛宣怀/易惠莉著；江苏省政协文史资料委员会，常州市政协文史资料委员会合编. 南京：《江苏文史资料》编辑部. 1994.10（江苏文史资料；77）

本书分 7 章，包括：优越与忧患的青少年时代、不失时机投身洋务实业运动、亦商亦官的中年生涯、实业活动的顶峰、教育与实业并进、亦官亦商的晚年、以实业家身份走完人生之路。书中附有序和照片。

5665 江西文史资料选辑. 一九八八年第三辑. 总第二十九辑，纪念湖口起义七十五周年，李烈钧将军/中国人民政治协商会议江西省委员会文史资料研究委员会编. 南昌：《江西文史资料选辑》编辑部. 1988.7

编入本辑的文章，分为序言、专著、演讲、函电、公牍、追忆、大事记等 7 个部分，内容包括：李烈钧将军自传、孙大元帅戡乱记、离赣前于议会演讲词、致各界论用人之道电、武宁上将李烈钧、忆先父等。其中李烈钧的著作均保持原貌。书中附有照片和后记。

5666　将吏法言/徐世昌纂. 刻本. 天津：徐氏静远堂，民国八年（1919）

徐世昌（1855－1939），号菊人，天津人，清光绪十二年（1886）进士。历任清练兵大臣，政务大臣，东三省总督。民国成立，任国务卿。民国七年（1918），当选北京政府大总统。是书为徐氏亲撰，旨在阐论地方文武官吏为政之道，及事权责任所寄，共分 8 卷。卷 1 言督军，卷 2 至卷 3 言省长。卷 4 至卷 8 言知事，援古证今，分条契要，总为一书。中以知事职掌之阐述最详，为研究近代制度史之重要资料。本书 4 册。

5667　将吏法言/徐世昌著. 影印本. 台北：文海出版社. 1975.5（近代中国史料丛刊续编. 第二十辑；207）

本书为徐世昌所著有关国家治理、军队治理以及法律法规的论述和言论书籍。全书共分为 8 卷，卷 1 为督军，卷 2 为省长上，卷 3 包括省长下和道尹，卷 4 至卷 8 为知事一到知事五。本书有序。

5668　将吏法言/徐世昌著. 影印本. 台北：成文出版社. 1969.3（清末民初史料丛书；37）

本书分上、下两卷。上卷的主要内容有：权限、安民、赏罚、贵和等。下卷的主要内容有：贵俭、惩贪、职守、巡方等。

5669　蒋伯器先生讣告/蒋蓟等撰. 影印暨铅印本. ［出版地不详］：［出版者不详］，民国间（1912－1949）

蒋尊簋（1882－1931），字伯器，诸暨紫东乡浒山村人。清光绪二十六年（1900），以官费选送日本留学，与海宁蒋方震（百里）同以精通军事著称，章太炎称之为"浙江二将"，时人又加蔡锷号为"南方三杰"。民国后，历任广东省都督府军事部长、浙江都督、浙闽宣抚使等等，多有建树。1931 年 8 月病逝。本书为其讣告，内收像赞诔词挽词等 45 篇，讣闻 1 篇，哀启 1 篇，行状 1 篇。

5670　蒋公哲学思想与中西哲学/周世辅，周玉山编著. 台北：正中书局. 1995.4（三民主义学术理论丛书）

全书研究蒋介石的哲学思想，分内、外两篇。其中内篇包括 4 辑：宇宙哲学（含进化论）、人生哲学与伦理观、历史观、认识论（含方法论）。书中附有自序、总结和参考书目。

5671　蒋光鼐的故事/黄俏燕编著. 汕头：汕头大学出版社. 1998.5（中外英雄人物故事丛书）

本书收集了民族英雄蒋光鼐将军的小故事，分为早年岁月、早年征战、淞沪抗战、福建事变、从将军到部长等内容。

5672　蒋光鼐将军/民革中央宣传部编. 北京：团结出版社. 1989.1

蒋光鼐（1888－1967），杰出的爱国民主人士、抗日名将。本书辑入了蒋光鼐生前友好及亲属的纪念文章和蒋光鼐在不同时期发表的文章。书中附有蒋光鼐多幅照片、说明、年表。

5673　蒋家王朝：一代枭雄蒋介石的兴衰历程/张益珲等主编. 北京：经济日报出版社. 1998.10

本书讲述了蒋介石一生的传奇经历、历史地位、作用及影响，以及蒋家王朝的兴衰历程。附照片。

5674　蒋介石/（美）克罗泽著；封长虹译. 呼和浩特：内蒙古人民出版社. 1992.9

本书描写了蒋介石一生的政治经历、生活道路、个人情趣、为人处世等。本书附照片。

5675　蒋介石/（苏）沃龙佐夫著；王长国等译. 北京：新华出版社. 1992.1

本书介绍了蒋介石从 8 岁丧父到当上中华民国总统，直至病死台湾的一生，既描写了蒋介石一生中经历的重大事件，也披露了他生活中的一些轶事和趣闻。

5676　蒋介石：全译本/（美）布赖恩·克罗泽

著；封长虹译．呼和浩特：内蒙古人民出版社．1995.7

本书共分为24章，内容包括：保守的革命者、革命时机已经成熟、求学日本、动荡与背叛、加入共产国际、孙中山逝世前后、北伐、上海事变等。本书附照片。

5677　蒋介石“导师”张静江传/张建智著．北京：团结出版社．2008.11

本书分为“上篇”和“下篇”，内容为1928年前的张静江和1928年后的张静江，重现了张氏传奇性的一生。有图，照片。

5678　蒋介石别传/［著者不详］．台南：风云丛书海外出版社．198?（风云书系 53）

本书记述了蒋介石的生平事迹、人生经历、政治活动等方面内容。附有蒋介石墨宝等。本书附插图。

5679　蒋介石成败录/徐骏华著．北京：团结出版社．2004.12（蒋介石厚黑权谋书系）

本书分为博、术、治3篇，包括尚志、博运、应变、用人驭臣术、治国与治党等12章。有照片。

5680　蒋介石传/（德）施罗曼，（德）费德林史坦著；辛达谟译．台北：黎明文化事业公．1985.1

本书记述了蒋介石的生平、政治、军事、外交等内容。本书附照片。

5681　蒋介石传/何虎生著．北京：华文出版社．2005.8

本书内容包括：乡里少年初长成、从辛亥革命到永丰舰赴难、国民党新右派的领袖、北伐和清党、建立和稳定南京国民政府、南京政府的内政和外交、中国全面抗战的开始、从发动内战到大决战失败、病逝于台湾岛等31章。有照片。

5682　蒋介石传/王俯民著．北京：经济日报出版社．1989.8

本书共分为8章，内容包括：追随孙文、北伐与反共、对日抗战、发动全面内战、大厦将倾、兵败逃台、惊魂初定和建设台湾。有照片。

5683　蒋介石传/王俯民著．3版．北京：经济日报出版社．1997.8

内容提要参见5682。

5684　蒋介石传/杨树标著．北京：团结出版社．1989.6

本书共分为5章，内容包括：“蒋介石是怎样上台的”、“蒋介石又是怎样把各派军阀搞倒的”、“蒋介石的法西斯统治”、“蒋介石的抗战、妥协和反共”、“蒋介石在大陆上的垮台”。本书附照片。

5685　蒋介石传：最新版全译本/（美）布赖恩·克罗泽著；封长虹译．北京：国际文化出版公司．2010

内容提要参见5674。

5686　蒋介石传 1887－1949/杨树标，杨菁著．杭州：浙江大学出版社．2008.1

本书通过大量真实的资料向世人介绍了蒋介石的一生，他那扑朔迷离的家世，蜚短流长的婚恋，风雨载途的宦海，难挽既倒的兵败，不堪回首的逃亡，色厉内荏的反攻，是是非非的性格，有惊无险的劫难，神秘兮兮的亡故等，使读者对这位传奇的政治人物有一个全面的了解。有照片。

5687　蒋介石传稿/严如平，郑则民著．北京：中华书局．1992.12

本书共分为13章，内容包括：蒋介石的青少年时期、从沪杭光复到护法失败、争夺最高权之路、出师北伐与清党反共、在南京的初期统治与派系角逐中、专制独裁与反共战争、对日本侵略的妥协退让、被迫向联共抗日转变等。有照片。

5688 蒋介石大传：1887－1975/何虎生著. 再版. 北京：华文出版社. 2007.1

内容提要参见 5681。

5689 蒋介石大传：公正、客观、形象、完整地评述蒋介石/刘红著. 北京：团结出版社. 2001.2

本书分 6 篇，揭示了曾在中国呼风唤雨的蒋介石的兴衰史，内容从溪口与蒋介石的早年、黄埔与蒋介石的崛起到台北与蒋介石的逃亡。有照片。

5690 蒋介石大传：公正、客观、形象、完整地评述蒋介石的一生/刘红著. 3 版. 北京：团结出版社. 2006.1

内容提要参见 5689。

5691 蒋介石的处世为人/陈枫著. 3 版. 北京：团结出版社. 2008.5

本书分 7 章介绍了蒋介石的处世为人，内容包括：厚黑为人处世、圆滑为人处世、韬略为人处世、诡谋为人处世、日常为人处世等。

5692 蒋介石的处世为人/陈枫著. 北京：团结出版社. 2006.9

蒋介石的为人处世，其实就是蒋氏的经世之术。在处世之中，对于自己，他好强好胜，由此能够“自强”和“奋斗”；对于他人，他以软硬两手和明暗之术灵活处理，体现一代强人的蛮横和阴险。有照片。

5693 蒋介石的家情家事/文昊编. 北京：中国文史出版社. 2004.1（我所了解的蒋家王朝内幕丛书）

本书记述了蒋介石母亲的身世，蒋介石的元配夫人，蒋介石与宋美龄，蒋介石与其子，蒋介石与孔、宋两大家族，及蒋介石侍从的回忆等。

5694 蒋介石的家事与国事/王晓华，张庆军主编. 北京：团结出版社. 2010.6

本书介绍了蒋介石的家庭、婚姻、思想、外交、军事、权术等。有照片。

5695 蒋介石的六面谜云/王晓华等著. 台北县：台湾先智出版事业公司. 1995.12（内幕中国系列丛书；10）

本书从家庭、婚姻、思想、外交、军事、权术等不同角度描述出蒋介石一生的传奇经历。本书附照片。

5696 蒋介石的人际世界/程舒伟，雷庆主编. 长春：吉林人民出版社. 1997.12

本书着重叙述了蒋介石的人际交往，透露了国民党统治的真实面貌和蒋家王朝的黑幕。有照片。

5697 蒋介石的终身幕僚张群/杨跃进著. 北京：团结出版社. 2007.11（亲历历史系列）

本书对张群作为幕僚的一生进行了认真的梳理和客观公正的撰述，重点对张群所从事的政治外交活动，尤其是对日谈判问题，以客观平实的笔调进行了记述和分析。

5698 蒋介石的纵横生涯/李延辉著. 长春：吉林文史出版社. 1995.5

本书共分为 7 章，内容包括：崭露头角、异军突起、纵横捭阖、暗掌中枢、独领风骚、一意孤行、“光荣”与梦想。

5699 蒋介石和陈立夫、陈果夫/王学庆著. 长春：吉林文史出版社. 1994.3（蒋介石政治关系大系）

本书主要描述的是蒋介石和陈立夫、陈果夫之间的关系。蒋介石靠二陈父辈之力在政治上起家，二陈借蒋介石之光在国民党内立足。

5700　蒋介石和他的元配夫人/薛家柱，王月曦著．天津：百花文艺出版社．1994.3

本书以蒋介石与毛福梅的婚配为主线，记叙了蒋介石的家事和情感经历。

5701　蒋介石和他的掌权术/宋平著．台北：风云时代出版有限公司．1993.12（风云名人传记系列；07）

本书讲述了蒋介石的生平、政治活动、革命活动等内容。

5702　蒋介石家世，浙江文史资料选辑第三十八辑/浙江省政协文史资料委员会编．杭州：浙江人民出版社．1988.10（浙江文史资料选辑；第三十八辑）

本书是《浙江文史资料选辑》第二十三辑的重编增订本，提供了关于王采玉、蒋介石母子身世的真实史料。本书保留了第二十三辑所载的三篇有关蒋氏家世的史料文章，删去了占原书三分之二以上篇幅的与蒋氏家世无关的其他史料，增添的篇幅大部分是近年来新征集到的史料。全书集中于蒋氏家世这一专题。书中附有前言、附录和照片。

5703　蒋介石家世/齐鹏飞编著．北京：团结出版社．1994.4

本书共分为4编19章，第1编：维桑与梓、第2编：福兮祸兮、第3编：经文纬武、第4编：天荫无庇。书中附有附录，后记和多幅照片。

5704　蒋介石家世/齐鹏飞著．北京：团结出版社．2002.7（蒋氏家族系列）

内容提要参见5703。

5705　蒋介石家世春秋/《团结报》编辑部编．北京：中国青年出版社．1991.1

本书主要讲述的是蒋介石的家世及其与故乡人事有关的种种情况。有照片。

5706　蒋介石家事・家书/萧心力，王春明编写．再版．北京：华文出版社．2000.6

本书主要内容是以蒋介石本人为中心，叙述了他和他的父母、四房妻室及其第二代和第三代等十多位的生平事迹，同时收录了蒋介石的七封家书和五篇日记。

5707　蒋介石家族的女人们/赵宏著．北京：团结出版社．2002.7（蒋氏家族系列）

本书介绍了毛福梅、陈洁如、宋美龄、章亚若、蒋孝章等蒋氏家族中女性们生活的各个侧面。有照片。

5708　蒋介石家族的女人们/赵宏著．再版．北京：团结出版社．2007.1（蒋氏家族系列）

内容提要参见5707。

5709　蒋介石交往与谋略/祁隆主编．北京：华文出版社．2001.9

本书介绍了蒋介石的生平及其政治谋略，包括蒋介石与孙中山、与毛泽东、与周恩来、与邓演达、与冯玉祥、与龙云等人的交往。有照片。

5710　蒋介石揭秘/河阳等主编．北京：中共中央党校出版社．1994.1

本书分为9章，内容包括：家世之谜，婚恋之谜，沉浮之谜，兵败之谜，逃台之谜，反攻大陆之谜，大难不死之谜，性格之谜等等。

5711　蒋介石揭秘/河阳等主编．台北：巴比伦出版社．1995.6

内容提要参见5710。

5712　蒋介石崛起与北伐/杨天石著．台北：风云时代出版股份有限公司．2009.12（揭开民国史的真相；3　杨天石文选）

本书作者曾赴美亲手查阅蒋介石笔记手稿，取得极为珍贵的历史资料，在本书中对民国初年的政局形势、革命运动等诸多历史上的谜团进行了解析和探究。本书包括：蒋介石为何刺杀陶成章、蒋介石的早年思想、蒋介石1923年访苏纪实、国民党档案中的毛泽东手迹、中山舰事件之谜、北伐时期左派力量与蒋介石的矛盾及斗争等11部分内容。本书有照片。

5713　蒋介石诔辞说屑/安淑萍，王长生著．台北县：传记文学出版社股份有限公司．2009.5（传记文学　传记系列；012）

本书是蒋介石一生所撰诔辞之选萃和述评，分为诔辞人物关系篇、家族篇、母子篇、唁电挽额篇、频于丧祭篇、外国政要篇、褒扬令篇、国葬篇等19章。本书有胡志伟序和照片。

5714　蒋介石秘录/（日）古屋奎二执笔；木吉雨等编译．南宁：广西人民出版社．1989.1

本书共分为38章，内容包括：青春的记录、时机成熟、第二次革命浪潮、青年士官时代、在苏联旅行、孙文之死等。有照片。

5715　蒋介石秘录．第二卷/日本《产经新闻》社撰；（日）古屋奎二主笔；《蒋介石秘录》翻译组译．长沙：湖南人民出版社．1988.12

本书共分为21章，内容包括：第二次革命浪潮、对日本的屈辱外交、阴谋恢复帝制、袁世凯的终结、参谋长日记、日本军占领山东半岛、护法战争、陈炯明叛变等。

5716　蒋介石秘录：全译本．第一卷/日本《产经新闻》社撰；（日）古屋奎二主笔；《蒋介石秘录》翻译组译．长沙：湖南人民出版社．1988.12

《蒋介石秘录》原载日本《产经新闻》由古屋奎二执笔，本书以蒋介石的活动为主线，从可读性出发摘录了有关内容，其中不少是鲜为人知的，是研究中国现代史和蒋介石的重要参考书。

5717　蒋介石秘录：全译本．第三卷/日本《产经新闻》社撰；（日）古屋奎二主笔；《蒋介石秘录》翻译组译．长沙：湖南人民出版社．1988.12

本书共分22部分，包括：统一政权的诞生、内忧外患、九一八事变、日本占领东北全境、一·二八淞沪事变、华北决战、暴风雨中的协调外交、高涨的抗日浪潮和西安事变的真相等。

5718　蒋介石秘录：全译本．第四卷/日本《产经新闻》社撰；（日）古屋奎二主笔；《蒋介石秘录》翻译组译．长沙：湖南人民出版社．1988.12

本书共分为17章，内容包括：突然爆发的全面战争、和平调停无效、战况恶化、汪兆铭背叛、大东亚的野心、内部敌人共产党、孤立的日本、日美开战等。

5719　蒋介石秘录的秘录/郭桐著．北京：档案出版社．1988

本书作者以史实纠正了《蒋总统秘录》一书中的一些谬误，披露了蒋氏家史、蒋介石寄身革命、对日外交与抗战、推行金融新体制等诸多鲜为人知的隐秘。

5720　蒋介石秘史/程舒伟，孙启泰，王光远著．再版．北京：团结出版社．2007.1（蒋氏家族系列）

本书详细叙述了蒋介石的家世、出身、求学、人生观等方方面面，再现了蒋介石与盟兄弟、黑社会巨头、地方军阀、幕僚等复杂交往之内幕。

5721　蒋介石秘史/程舒伟等著．北京：团结出版社．2002.7（蒋氏家族系列）

内容提要参见5720。

5722　蒋介石年谱/李勇，张仲田编著．北京：中共党史出版社．1995.11

本书主要记述了蒋介石从1887年出生至1975年在台北病逝的88年人生旅程中的重要

言行。

5723 蒋介石年谱初稿/万仁元，方庆秋主编；中国第二历史档案馆编．北京：档案出版社．1992.12（中华民国史档案资料丛书）

本书系根据毛思诚撰《蒋公介石年谱初稿》秘本和《民国十五年以前之蒋介石先生》二书互校辑录而成。书中照录了曾在秘本中被蒋介石亲手删改的许多文字。

5724 蒋介石评传/（美）汪荣祖，李傲著．北京：中国友谊出版公司．2000.5

本书以史料为经，严谨的考证为纬，有别于坊间野史式的传记小说，以求真之著史精神，重塑蒋氏一生功过及其历史定位，包括：发迹以前、粤海波澜多、枪杆子出政权、内斗内行、金陵梦魇、被迫抗战、蜀中无大将、还都前后等。书中有照片和序。

5726 蒋介石评传/（日）石丸藤太著；吴世汉，邢必信译．再版．南京：经世半月刊社．1937.3

本书共分19章，叙述蒋介石幼年、青年、军官学校时代的生活，讲述了蒋介石在中国近代史上的作为和对内、对外实行的政治、经济政策和方针。有图。

5727 蒋介石评传/（苏）沃隆佐夫著；姜汉章等译．台北：巴比伦出版社．1992.9

本书讲述了蒋介石的传奇经历，全书分为8章：通往孙中山兵营之路、狐假虎威、强化独裁专制意味着政权的衰弱、入侵、从珍珠港到开罗、大厦将倾独木难支、垮台、父与子。

5728 蒋介石评传/汪荣祖，李敖著．台北：商周文化事业公司．1995.4（商业周刊人物；11）

本书详细地讲述了蒋介石传奇的人生经历，全书分为12章，讲述了蒋介石发迹以前、枪杆子出政权、被迫抗战、作弄李宗仁、父与子、朝代的终结等内容。本书附照片。

5729 蒋介石评传：李敖作品/李敖，汪荣祖著．北京：中国友谊出版公司．2004.8

本书旨在以史料为经，考证为纬，重塑蒋氏一生功过及其历史定位。

5730 蒋介石评说古今人物/戎向东编著．北京：团结出版社．2003.1

本书通过蒋介石对人物的评说，反映了蒋介石的个性特征、人际交往、思想观点及政治谋略等多个方面。书中涉及古今中外170多位历史人物，如孔子、孙中山、毛泽东、罗斯福等。

5731 蒋介石评说古今人物/戎向东编著．再版．北京：团结出版社．2007.1（蒋氏家族系列）

内容提要参见5730。

5732 蒋介石其人/李敖著．北京：人民文学出版社．1994.12

本书是从李敖6卷本《蒋介石研究》中精选17篇文章而成。文中披露了如西安事变、淮海战役等重大历史事件的真相以及蒋介石与李宗仁、张学良、杨虎城、陈布雷、杜聿明等人的关系，从而使蒋介石多疑善妒、独裁暴戾的性格昭然若揭。

5733 蒋介石其事/李敖著．北京：人民文学出版社．1994.12

本书是从李敖的6卷《蒋介石研究》中精选出的文章，旨在记录蒋介石的本来面目，拆穿蒋家王朝的神话。

5734 蒋介石全传/黎东方著．台北：大同出版事业公司．198?

本书讲述了蒋介石的生平事迹、革命活动、战争经历等方面内容。本书附照片。

5735 蒋介石全传/张宪文，方庆秋主编．郑州：河南人民出版社．1996.5

本书详述了蒋介石复杂曲折、耐人寻味的人生历程。有照片。

5736 蒋介石全纪录：1887－1975/郑闯琦著. 北京：华文出版社. 2009.1

本书评述了蒋介石的一生，以350幅珍贵的历史图片再现了这个历史上的风云人物。全书包括："顽劣少年，忍辱含恨"、"野心难展，年华蹉跎"、"在广东为军事统帅"、"把水搅浑，夺得了最高权力"、"北伐军的最高统帅"、"鲜血染红的南京政府"、"三妻一妾，迎新弃旧"、"对新军阀的武力解决"等共13章内容。有照片。

5737 蒋介石少年时代/沈寂. 香港：天地图书公司. 1995

本书介绍了蒋介石的家世，以及他少年时代的家庭生活和个人性格。本书附照片。

5738 蒋介石生平/宋平著. 长春：吉林人民出版社. 1987.8

本书共分为传记和年谱两大部分。作者以历史唯物主义的观点，记述了蒋介石从出生到逝世的整个一生。有照片。

5739 蒋介石生平/宋平著. 长春：吉林人民出版社. 1988.6

内容提要参见5738。书中附有照片、序言、附录、注释和后记。

5740 蒋介石图传：1887—1975/师永刚，杨素编著. 武汉：长江文艺出版社. 2005.1（世纪华人画传丛书）

本书是编者与蒋氏家族的御用摄影师合作出版的由蒋氏私家相册组成的新型传记，包括：盐商的儿子、金陵春梦等8章，并附有《前述大历史格局中的蒋介石先生》和《蒋介石年谱》。

5741 蒋介石外传/程舒伟著. 北京：团结出版社. 1994（蒋介石系列）

本书对蒋氏的家世、出身、童年、求学、人生等做了叙述。有照片。

5742 蒋介石先生传记/黄杰编. 上海：中庸书店. 1937.3

本书分为15章，介绍了蒋介石的幼年时代、求学时代、第一次第二次革命时代、北伐的行进、下野并结婚、新生活运动与国民经济建设运动以及五十寿辰等。

5743 蒋介石详传/王俯民著. 北京：中国广播电视出版社. 1993.5

本书分为上、下两册，共10章，包括：追随孙文、挥师北伐、逐鹿中原、"围剿"红军、对日抗战、发动内战、兵败逃台、在台政策方针等。

5744 蒋介石信函秘事/王安华著. 郑州：河南人民出版社. 2007.3

本书收集的蒋介石信函反映了他一生的各个侧面，内容涉及家庭、婚姻、政治、军事、外交等各个领域。有照片。

5745 蒋介石研究/李敖著. 北京：华文出版社. 1988.2（台湾纵横；6）

本书包括22篇文章，"蒋介石的辫子问题"、"蒋介石是日本士官学校毕业的吗"、"蒋介石加入了'丈夫团'吗"、"蒋介石是哪一年见孙中山的"、"紧要关头蒋介石在哪儿"、"蒋介石为什么不把父母合葬"、"蒋介石怎样对待老同志"、"林森的《弹劾蒋中正电》"等。

5746 蒋介石研究/李敖著. 北京：中国友谊出版公司. 2006.9

本书内容包括："蒋介石是日本士官学校毕业的吗"、"蒋介石加入了"丈夫团"吗"、"蒋介石是哪一年见孙中山的"、"蒋介石与一·二八"等内容。有照片。

5747 蒋介石研究/李敖著. 台北：李敖出版社. 1986.1

本书主要研究了蒋介石的毕业院校、蒋介石见到孙中山的时间、蒋介石的特务观、蒋介石与国库资金等 22 个问题。本书附插图。

5748 蒋介石研究：解读蒋介石的政治理念/庹平著. 北京：团结出版社. 2001.7

本书从伦理观、民众观、民族观和政治观 4 个方面对蒋介石的言论进行了研究。有照片。

5749 蒋介石研究三集/李敖著. 3 版. 台北：李敖出版社. 1987.6（真相丛书；4）

本书主要研究了蒋介石对待伤兵的态度、蒋介石小气的性格、蒋介石的鞠躬症、蒋介石与孟良崮之役等 17 个问题。

5750 蒋介石研究四集/李敖著. 台北：李敖出版社. 1987.1（真相丛书；5）

本书主要研究蒋介石的教育程度、蒋介石与黄埔军校、蒋介石与地下代表等 15 个问题。

5751 蒋介石研究续集/李敖著. 3 版. 台北：李敖出版社. 1987.9（真相丛书；3）

本书主要研究蒋介石暗杀革命元勋、蒋介石作弄李宗仁、蒋介石遗嘱依法无效、蒋介石与真假保密局等 19 个问题。本书附照片。

5752 蒋介石一家人：从溪口、南京到台北/刘艳宇编著. 北京：华文出版社. 2001.9

本书是一部蒋氏家族的生活照、蒋家王朝的政治照、南京岁月的全景照和台湾日子的写实照。有照片。

5753 蒋介石一家人：从溪口·南京到台北/刘艳宇编著. 再版. 北京：华文出版社. 2007.4

内容提要参见 5752。

5754 蒋介石轶事/王光远编著. 北京：中国文史出版社. 2007.1

本书由 150 余个各自独立成篇的历史故事组成，匡正了对蒋介石捕风捉影的描写，还原历史的真实，披露了蒋介石鲜为人知的趣闻轶事，展示了蒋介石阴险、复杂的一生。有照片。

5755 蒋介石与结拜兄弟/严如平主编. 北京：团结出版社. 1994.12（蒋介石系列）

本书收录了记叙蒋介石与其金兰兄弟的文章 19 篇，解释了他为什么要结拜这么多异姓兄弟、这些异姓兄弟都是些什么人、他们在结盟之后都做了些什么、后来的结局怎样等。有照片。

5756 蒋介石与结拜兄弟/严如平主编. 北京：团结出版社. 2002.7（蒋氏家族系列）

内容提要参见 5755。

5757 蒋介石与结拜兄弟/严如平主编. 再版. 北京：团结出版社. 2007.1

内容提要参见 5755。

5758 蒋介石与日本的恩恩怨怨/翁有为，赵文远等著. 北京：人民出版社. 2008.1

本书对蒋日关系做了全面的介绍和分析，展示了蒋日关系的全貌：从青年蒋介石赴日留学到辛亥革命后避难日本，再到寻求日本支持、执行对日妥协政策，直至走上抗战道路。有照片。

5759 蒋介石与他的把兄弟/董长贵等主编. 长春：吉林人民出版社. 1994.11

本书描述了蒋介石与他的把兄弟之间的“金兰”之谊和权谋之计。

5760 蒋介石与他的家族/万高潮，王健康，魏明康编. 再版. 北京：中国文史出版社. 2005.7（蒋介石秘事）

本书介绍了蒋介石的故乡、蒋氏家庭秘史、蒋母身世、蒋介石的婚姻、家庭生活，以及与宋美龄的结合。有照片。

5761 蒋介石与中国文化/陈铁健，黄道炫著. 香港：中华书局（香港）有限公司. 1992.4（百家文库·人文集·现代文化）

本书包括中国文化中的蒋介石、道统的承继者、文化中心观与社会文化运动、蒋介石与中国新文化、蒋介石与中国俗文化五章内容。

5762 蒋介石早年/王光远编著. 北京：中国文史出版社. 2008.1

本书讲述蒋介石青少年时代直至1924年出任黄埔军校校长前的生活经历，以年代为序，真实客观地介绍蒋介石早年的活动。有照片和图。

5763 蒋介石之迷/老久，锋涛编. 台北：风云时代出版有限公司. 1995.4（风云名人传记；20）

本书共14章，主要讲述了蒋介石的身世、权力、婚恋、命运等内容。本书附照片。

5764 蒋氏秘档与蒋介石真相/杨天石著. 北京：社会科学文献出版社. 2002.2（近史探幽系列）

本书收录了《蒋介石为何刺杀陶成章》、《蒋介石与二次北伐》、《九一八事变后的蒋介石》、《蒋介石与韩国独立运动》等文章。

5765 蒋委员长书信集/蒋中正著. 再版. 上海：建国书店. 1938.4

本书是蒋介石的书信集，主要包括：《上总理书》、《与邓仲元赎》、《与谭组安书》、《与张静江书》、《与胡展堂书》、《与展堂精卫书》、《与精卫仲凯书》、《与杨沧白书》、《复戴季陶书》等。

5766 焦达峰/周学舜著. 上海：上海人民出版社. 1984.2（中国近代史丛书）

本书讲述了焦达峰的生平事迹。共分16章：浏阳、捞刀河畔，开明家庭，少年豪气，服膺“谭唐”，歃血为盟，东渡日本，创立共进会，两湖暴动等。

5767 教头总统——冯国璋/潘荣著. 长春：吉林文史出版社. 1995.3（民初五大总统列传）

本书共分7部分，包括“文试不第、从军得手”、“练兵办学、名扬京畿”、“威震东南的江宁霸主”、“敌之洪宪、图谋自立”、“在府院之争中周旋”、“与段祺瑞斗法”、“思想、家庭及财产”。

5768 教头总统冯国璋/潘荣著. 重印. 长春：吉林文史出版社. 2006.3（民初五大总统传奇）

内容提要参见5767。

5769 教育之梦：蔡元培传/马征著. 成都：四川人民出版社. 1995.7（强国之梦系列丛书）

本书分19章，主要包括：传统文化的洗礼、仕途风云、委身教育、志在民族革命、留学德国、出任中华民国第一任教育总长、第二游学时期、出任北京大学校长等。本书有总序、引言、插图。

5770 孑民言录/蔡元培著. 影印本. 台中：文听阁图书有限公司. 2008.12（民国文集丛刊；78）

本书是较为系统地记述蔡元培言行的言行录。全书共有蔡元培传略1篇，言论84篇。言论分为6类，即：关于最重大普遍问题、关于教育、关于北京大学、关于中西文化的沟通、普通的问题、范围较小关系较轻的问题。本书有图。

5771 孑民自述/蔡元培著；朱鸿召编选. 南京：江苏人民出版社. 1999.3（中国学人自述丛书）

本书分12章：故乡岁月、家世血缘、经办新式学校、委身革命、留学与游学、出任教育总长、主持北京大学、从大学院到中央研究院等。本书有总序、蔡元培年谱、惟有人格担道义和照片。

5772 今日之革命/胡汉民著. 上海：中央书局. 1928（革命丛书）

本书分 6 章，论述了革命的意义、原因、对象、定义以及革命者的态度。

5773 谨防扒手/刘半农著. 北京：华文出版社. 1998.3（名家百味文库）

本书收录的是刘半农的代表作品，内容包括：《半农杂文集自叙》、《诗与小说精神上之革新》、《致钱玄同》、《复王敬轩书》、《作揖主义》、《随感录·七》、《辟〈灵学丛志〉》、《中国之下等小说》等。

5774 近代出版家张元济/王绍曾著. 新 1 版，增订本. 北京：商务印书馆. 1995.8

本书主要介绍了近代出版事业的开拓者张元济先生的生平事迹，以及张元济先生校史的始末和在史学上的贡献等。有照片。

5775 近代法制改革者——伍廷芳/张富强著. 广州：广东人民出版社. 2008.1（广东历史文化名人丛书）

本书描述了伍廷芳主持清末法律改革和民初司法改革实践的历史，并对其一生的功过作了客观的评价。有图。

5776 近代实业家周学熙研究/程莉著. 合肥：合肥工业大学出版社. 2006.8

本书运用史学实证论与经济学、统计学、财政学、企业管理等多学科相结合的研究方法，对周学熙的实业、财政改革活动进行了全方位的梳理与研究。全书共分 8 章，书中附有导言、结语、参考文献和后记。

5777 近代史资料. 总 114 号/李学通主编；中国社会科学院近代史研究所近代史资料编辑部编. 北京：中国社会科学出版社. 2006.1

本书内容包括：癸丑日记（上）、康有为致梁启超未刊手札、张謇与黎元洪等往来电、湘鄂米案电存、胡适在北平兄弟会上的演说、华北蒙疆的鸦片、抗战时期的中学生活等。

5778 近代中国留学生之父——容闳/刘中国，黄晓东著. 广州：广东人民出版社. 2005.7（广东历史文化名人丛书）

本书行文朴素灵动，史论夹带幽默，以发展、文明、富强作为一条线索，着重凸显容闳在近代中国学习西方中创下的丰功伟绩。

5779 蕲水汤先生遗念录/汤化龙撰. 铅印本. [出版地不详]：[出版者不详]，民国八年（1919）

汤化龙（1874－1918）字济武，湖北蕲水人。日本法政大学毕业。历任湖北省谘议局议长、湖北省军政府民政总长、南京临时政府陆军部秘书处长、北京临时参议院副议长、众议院议长、教育总长兼学术委员会长。本书是其身后友人所辑遗著，内有书札，与晨钟报记者 15 通；游美日记，起戊午（1918）6 月 5 日止于 8 月 25 日；游美演说 5 通，分别为贺茂丸同舟欢迎会、美西留学生恳亲会、波士顿中华商会、维多利亚华侨学校演说、美东留学生恳亲会等。

5780 京畿水灾惨状图/熊希龄辑. 铅印本. [出版地不详]：[出版者不详]，民国七年（1918）

1917 年夏，淫雨连绵，天津、保定低洼各处，尽成泽国，被灾 125 县，灾民 630 万。本书即收录有灾民照片 53 幅，附有中英文说明，“望仁人义士观兹惨状，轸念同胞，俾得继续援赈”。

5781 泾原故旧记/于右任撰. 铅印本. [出版地不详]：[出版者不详]，民国间

于右任（1879－1964），国民党元老。祖籍泾阳，11 岁入三原读书，18 岁后，“往来泾阳三大书院间（味经、崇实、宏道）”。本书即分为泾阳故旧小传和三原故旧小传两部分，记录了他在这里结识的好友的生平。其中泾阳故旧

小传中记录7人，三原故旧小传中记录13人。

5782 经史百家序录/（清）汤寿潜辑．石印本．［出版地不详］：会文学社，清光绪二十八年（1902）

汤寿潜（1856—1917），字蛰先，浙江萧山人。清末民初实业家和政治活动家。辛亥革命胜利后，被推举为浙江首任都督，全浙铁路公司总理，沪杭铁路总督办，是浙江路权运动的领袖。本书是其集十三经、二十四史、九通、五礼通考、春秋大事表以及读史方舆纪要等书之后序论而成。本书12册。

5783 经元善集/（清）经元善著；虞和平编．武汉：华中师范大学出版社．1988.7（辛亥人物文集丛书；2）

本书辑录经元善的主要著作和函电186件，内容涉及经济、政治、文化、教育、新闻、宗教、救灾、公益、妇运等方面。本书附肖像。

5784 惊蛰：林觉民传/高阳．4版，修订本．台北：幼狮文化事业公司．1988.3（幼狮传记丛书．爱国青年传记小说；3）

本书讲述了林觉民的生平事迹，及其革命斗争经历，弘扬了爱国青年的无私奉献精神。

5786 精读蔡元培/刘琅主编．厦门：鹭江出版社．2007.8

本书收录了蔡元培的两本专著《中国伦理学史》和《中学修身教科书》，以及作者的多篇论文和讲演文章，包括《对于新教育之意见》、《就任北京大学校长之演说》、《洪水与猛兽》等。书中还附有《蔡元培先生学行小传》、《蔡元培先生学术年表》，以便让读者详细了解其学术生涯的轨迹。

5787 精读刘师培/刘琅主编．厦门：鹭江出版社．2007.8

本书辑有其著作《中国中古文学史》，及《汉宋学术异同论》、《字义起于字音说》、《群经大义相通论》等评论古今学术思想和“小学”、经学、校释古书等方面的文章多篇，从多个方面体现了他的学术思想和成就。

5788 景梅九评传/景克宁，赵瞻国著．太原：山西人民出版社．1990.11

本书系统地介绍了景梅九的生平、革命思想、政治活动、军事思想、社会经济地位、学术思想、文化贡献、哲学思想、历史地位等方面内容。书中附照片。

5789 九录录/张啬庵著．台北：国风出版社．1964.5

本书收录了张啬庵传记以及他关于政治、工商、水利等方面的文章及家书、日记等10卷。本书附肖像。

5790 救国必读/冯玉祥讲述．复制本．重庆：黄埔出版社．1938.10（黄埔丛书；17）

本书收《军人读训讲释》、《党员守则讲释》、《“十不”标语讲释》3篇。

5791 居觉生先生全集/居正著．台湾：［出版者不详］．1952

全书分为两册，内容包括：第1编总类，第2编党务，第3编政治，第4编杂著、梅川居士文集、禅悦集。书中附有照片和附录：居觉生先生哀思录。

5792 居易初集：三卷/（清）经元善撰．铅印本．上海：上海同文社，清光绪二十九年（1903）

经元善（1840—1903），号居易子、居易居士，浙江上虞人。经元善首创协赈公所，涉足洋务企业，是成功的洋务企业家。他热心教育，创办经正女学，开中国女学先河。本书即是其书牍公文的结集，共分三卷，其中卷一收录书牍电文14通，卷二收录公牍条陈19通，卷三收录书牍时文35通。本书3册。

5793 居正传记资料/朱传誉主编. 影印本. 台北：天一出版社. 1979.11

全书分两册，内容包括：居正、居正革新司法、居正先生谈辛亥革命、缅怀觉生先生二三事、梅川日记、最后一次访觉老、居正事略、梅川老人之风骨等。书中附有编辑凡例和照片。

5794 居正文集/居正著；罗福惠，萧怡编. 武汉：华中师范大学出版社. 1989.1（辛亥人物文集丛书；4）

本书内容包括 6 类：专集、论说、杂著、诗词、记事、函牍，每类按时间顺序编次。本书附照片。

5795 君宪救国论/杨度著. 铅印本. [出版地不详]：筹安会，民国间（1912—1949）

杨度（1874—1931），别号虎公，湖南湘潭姜畲石塘村人，是中国近代史上一个奇特的政治家，先后投身截然对立的政治派别，热心于帮助袁世凯复辟，是其巨大政治污点。本书内容分上中下三卷，以客问虎公答的对话形式阐述“非立宪不足以救中国，非君主不足以成立宪。立宪则有一定法制，君主则有一定之元首，皆所谓定于一也”的观点。

5796 君宪问题文电汇编/杨度等编. 铅印本. [出版地不详]：正蒙印书局，民国四年（1915）

本书是杨度等人积极帮助袁世凯复辟，热心搜罗的各省拥护帝制的往复电函及请愿书。全书分为两册：第一册收录自 1913 年 8 月 15 日至 9 月 30 日各团体及各省机关拥袁电函；第二册收录了京兆、直隶等全国 34 省及蒙古王公联合会，中国回教俱进会，上海、京师商务总会以及全国商会联合会等团体拥袁帝制的第一次请愿书。本书 2 册。

5797 抗日名将蔡廷锴/贺朗著. 广州：广东人民出版社. 2005.9（岭南文化知识书系）

本书介绍了抗日名将蔡廷锴的一生，包括：从军报国、北伐立功、严阵以待、皇军威风扫地、英烈永生、立足福建、出国考察、重建十九路军等 14 章内容。

5798 考察日本菲律宾教育团纪实/黄炎培著. 上海：商务印书馆. 1917.9

本书收录了游程日记、菲律宾的概况及教育行政、日本及菲律宾的师范教育、日本的军国民教育、菲律宾的农工商业教育、华侨教育等。

5799 科学家丛书/杜升云主编. 北京：中国华侨出版社. 1996.4（“中华魂”华夏名人传记系列）

本书关于詹天佑的文章，记述了他的家世、童年家境、留学生活，以及他报效祖国、投身铁路的辉煌业绩等内容。

5800 科学家的故事，詹天佑/徐榕文；任至昌，张蔚昕画. 上海：华东师范大学出版社. 2006.9

本书讲述了詹天佑少年时代的学习生活，以及詹天佑在留学回国后为中国铁路建设事业所作的贡献。

5801 科学巨人詹天佑/邵纯著. 乌鲁木齐：新疆人民出版社. 1997.8

本书从詹天佑动荡的童年遭遇、留美 9 年、归国后的冷遇与曲折、到投身祖国新兴铁路事业等方面，记述了詹天佑不平凡的一生。本书附照片。

5802 倥偬集/陈幹撰. 铅印本. [出版地不详]：[出版者不详]. 民国间（1912—1949）

陈幹（1881—1927），字明侯，山东省昌邑白塔村人，近代著名民主革命先驱，在推翻封建王朝的民主革命中，作出了不可磨灭的贡献，荣获孙中山颁发的“文虎勋章”。1927 年因蒋桂之争，遇害。著有《倥偬集》、《欧战拾遗》、《鲁案》、《威案》等。《倥偬集》收录其文 72 篇，近体诗 122 首，古诗 10 首。

5803　孔子·蔡元培·西南联大：中国教育的发展和转折/袁征著. 北京：人民日报出版社. 2007.1

本书内容分为上、中、下3篇，上篇是关于孔子的讨论，试图从根源上认识中国传统教育的一些基本特征。中篇是对宋代教育的研究，集中探讨中国古代教育从中期进入后期的转折。下篇研究中国现代教育。本书有自序、主要参考文献、后记、图片、照片。

5804　宽容与妥协：章士钊的调和论研究/郭华清著. 天津：天津古籍出版社. 2004.7（"近现代中国政治与社会变迁"研究丛书）

本书共6章，对章士钊这个经历过晚清、民国、新中国三个不同时代的重要历史人物进行了研究，全面研究了他推崇的调和论及其在社会变迁中的应用。

5805　旷代逸才/杨度著. 北京：东方出版社. 1998.6（民国奇才奇文系列. 杨度卷）

全书分4部分：湖南一少年、乱世雄才、退隐庄释、旷代逸才。书中附有"旷代逸才"杨度（吴相湘）和杨度生平年表（彭国兴）。

5806　旷代逸才：杨度. 上/唐浩明著. 长沙：湖南文艺出版社. 1995.10（长篇历史小说系列）

全书分为上、中、下三册，共16章，介绍了杨度投身革命的过程。该书以杨度为引线，串起袁世凯、曹锟、汪精卫、孙中山、黄兴、蔡锷等诸多人物，淋漓尽致地描绘了20世纪初中国有识之士的救国之举。书前附有作者肖像。上卷内容包括：名师访徒、帝王之学、浅涉政坛、佛门俗客、入日榜眼和亡命扶桑。

5807　旷代逸才：杨度. 中/唐浩明著. 长沙：湖南文艺出版社. 1995.10（长篇历史小说系列）

全书分为上、中、下三册，共16章，介绍了杨度投身革命的过程。该书以杨度为引线，串起袁世凯、曹锟、汪精卫、孙中山、黄兴、蔡锷等诸多人物，淋漓尽致地描绘了20世纪初中国有识之士的救国之举。本书为中卷，包括借尸还魂、丁未政潮、投身袁府、山雨欲来和洹上私谋。

5808　旷代逸才：杨度. 下/唐浩明著. 长沙：湖南文艺出版社. 1995.10（长篇历史小说系列）

全书分为上、中、下三册，共16章，介绍了杨度投身革命的过程。该书以杨度为引线，串起袁世凯、曹锟、汪精卫、孙中山、黄兴、蔡锷等诸多人物，淋漓尽致地描绘了20世纪初中国有识之士的救国之举。本册为下卷，包括一拍即合、筹安会首、小红低唱、由庄入佛、中山特使。

5809　旷代逸才：杨度/唐浩明著. 台北：汉湘文化事业股份有限公司. 1995.9（历史经典；22—26）

这是一部以一个颇具神秘色彩的人物作为主人公，而再现清末民初时代风云的长篇历史小说。此人就是杨度。本套书分6册，展现了清末新政、辛亥革命、洪宪帝制、军阀交战等一系列近代中国的大事，涉及诸如王闿运、张之洞、袁世凯、梁启超、蔡锷、孙中山、黄兴、汪精卫等近代名人。

5810　岿然砥柱立中流——冯玉祥/孙江林，魏荣编. 石家庄：河北教育出版社. 1992.12（中华百年爱国故事丛书）

本书描写了冯玉祥一生对真理的探求和生命不息、战斗不止的英雄气节。附画像及插图。

5811　傀儡总统黎元洪/刘振岚，张树勇著. 郑州：河南人民出版社. 1990.1（中华民国史丛书）

本书介绍了黎元洪的生平并对黎元洪在政治上的作用和地位进行了评价。本书附照片。

5812　傀儡总统黎元洪/苏源等著．哈尔滨：黑龙江人民出版社．1997.3（民国军阀书系）

本书讲述黎元洪的生活经历、政治道路和革命生涯。书中有照片和附录：《黎元洪大事年表》，《黎元洪后代概况》。

5813　困惑帝王师：杨度别传/毛炳汉著．长春：长春出版社．1999.8

全书分5章，介绍了近代颇具传奇色彩的才子和名人杨度。他曾参与“公车上书”，又为“筹安会六君子”之首，帮助孙中山渡过难关，为营救李大钊卖掉房产，最后成了中国共产党的秘密工作者。

5814　朗吟诗草/宁调元撰．铅印本．［出版地不详］：［出版者不详］，民国四年（1915）

宁调元（1873－1913），字仙霞，号太一，湖南醴陵人。早年加入华兴会，又入同盟会，创办《洞庭波》杂志，参与编辑《民报》，主编《帝国日报》，又创办《民声日报》，鼓吹革命。二次革命期间，参与讨袁之役，不幸遇害。著有《太一遗书》。本书即为《太一遗书》之一种，分为三卷，分别收录其诗文41首，47首和46首。

5816　乐国吟/柳弃疾等撰．铅印本．［出版地不详］：磨剑室，民国十一年（1922）

磨剑室柳弃疾（1886－1958），字安如，别号亚子，江苏吴江人。清末，发起南社，倡导革命，年二十即以诗文驰名海内，思想新颖，积极抨击旧社会。书法狂草，自成一家。卒于北京。著作丰富，散见报刊，尚未编辑成集。而本书即是柳亚子与其好友同游西塘时酬唱之作的结集，内有蓬心草、蓬心和草、蓬心和草补、蓬心和草屑、蓬心补草、蓬心续草等六种。

5817　雷神：喻培伦传/司马中原著．3版，修订本．台北：幼狮文化事业公司．1985.3修订1991.4印（幼狮传记丛书．爱国青年传记小说；9）

本书共10章，主要讲述了喻培伦的生平、爱国思想和英雄事迹。

5818　雷铁厓集/雷铁厓著；唐文权编．武汉：华中师范大学出版社．1986.7（辛亥人物文集丛书）

全书分两部分，包括：1904年11月至1915年1月所写文集和1904年12月至1916年所写诗集。书中附有照片和附录：黄花岗烈士等传略18篇、《民报》续刊启、《民报》续刊公函、重兴《民报》广告、垦殖协会蜀支部章程、蜀支部垦殖股份有限公司章程、雷铁厓生平简明年表。有肖像。

5820　雷铁崖与近代革命思潮研究/周术槐著．贵阳：贵州民族出版社．2007.11

本书介绍了雷铁崖的革命生涯以及爱国主义思想，分11章，包括：雷铁崖思想产生的社会根源、雷铁崖与反对封建专制的民主主义思想、雷铁崖与反帝思想、雷铁崖与国粹主义思想、雷铁崖与爱国主义思想、雷铁崖与无政府主义思想、雷铁崖与广州黄花岗起义、雷铁崖与辛亥革命等。书中附有前言、后记和附录。

5821　黎大总统事略/贺培新．抄本，蓝丝栏．［出版地不详］：［出版者不详］．1912

黎元洪（1864－1928），字宋卿，曾任北洋政府总统。

5822　黎副总统书牍/黎元洪撰．铅印本．上海：广益书局，民国元年（1912）

黎元洪（1864－1928），字宋卿，湖北黄陂人。中华民国临时政府成立后，被选为副总统兼领鄂督；北洋政府时期任总统。本书分为二集，每集又分上下两卷。其中第一集卷上收录书牍23篇，附电文6篇；卷下收录书牍7篇，附来函1篇，另附录誓师词2篇，祭告文2篇，布告3篇，檄文6篇，谕2篇，通告2篇，照会4篇。第二集卷上收录宣言3篇，书牍16篇附电文7篇；卷下收录书牍10篇附电文4篇，咨文 1 篇，批牍 1 篇，示谕 7 篇，附录 5 篇。本书 4 册。

5823 黎副总统书牍三集/黎元洪撰；汪锡纯编辑. 铅印本. 上海：新中国图书局，民国元年（1912）

黎元洪（1864—1928），字宋卿，湖北黄陂人。中华民国临时政府成立后，被选为副总统兼领鄂督；北洋政府时期任总统。本书分上下两卷，卷上收录其演说词 3 篇，书牍 16 篇，附电文 8 篇；卷下收书牍 13 篇附电文 8 篇，公牍 7 篇，另附录他人书牍 8 篇。

5824 黎副总统政书：三十四卷/黎元洪撰；易国干等辑. 铅印本. 湖北：湖北官纸印刷局，民国三年（1914）

本书收录临时政府时期，黎元洪发表的各类政书。本书共分 34 卷，收录各类政书总计 2383 篇。本书 16 册。

5825 黎副总统政书：三十四卷/黎元洪撰；易国干等辑. 石印本. 上海：上海古今图书局，民国四年（1915）

本书收录临时政府时期，黎元洪发表的各类政书。全书共分 34 卷，收录各类政书总计 2383 篇。本书 24 册。

5826 黎元洪传记资料/朱传誉主编. 影印本. 台北：天一出版社. 1981.1—1979.11

本书收集了黎元洪的生平和从政的资料。内容包括：谈黎元洪、大总统黎公碑、黎元洪传、民初国会中的保守党政党、黎元洪与辛亥武昌起义、黎元洪段祺瑞的一段恩怨等。

5827 黎元洪家族/葛培林等著. 北京：金城出版社. 2000.1（近代人物家族丛书）

本书记述了黎元洪一生的传奇经历及其家族的概况。书中附有《黎元洪生平大事纪》。

5828 黎元洪黎绍基黎昌晋/侯杰，姜海龙著. 石家庄：河北教育出版社. 2006.1（百年家族）

本书共 15 章，包括家本黄陂生于汉阳、知兵协统、北京政府副总统，到初任总统、日落津门等章节，围绕黎元洪、黎绍基、黎昌晋等中心人物，展现了百年间黎元洪家族成员活动的历史图景。本书附照片。

5829 黎元洪年谱资料/民间不老人编. 打字油印本. 上海：薛民见，1961

黎元洪（1864—1928），字宋卿，湖北黄陂人。武昌起义爆发，被推举为中华民国军政府鄂省大都督。本书记载了起自黎氏先世及其直系家属至民国二十四年 11 月 24 日（阴历）国民政府在武昌土公山为其举行“国葬”止的相关资料。民间不老人，薛明剑号。附：大总统碑文/章炳麟撰、元洪姓氏之谜/薛民见撰。

5830 黎元洪评传/沈云龙著. 台北：“中央研究院”近代史研究所. 2005.8（“中央研究院”近代史研究所专刊；7）

本书虽然范围是以黎元洪为中心，却也能借此反映出自辛亥革命武昌起义之后至民国十二年这一段时间的国事运动和政潮起伏。全书共 20 章，对黎元洪自辛亥革命以来经历之事件与接触之人物，均有详细的论述。

5831 黎元洪评传/沈云龙著. 影印本. 台北：文海出版社. 1972.3（近代中国史料丛刊. 第 79 辑. 790）

本书以评传的形式对民国大总统黎元洪的生平事迹做了较为详尽的叙述，并对他的功绩做出了一定的评价。全书共分为开国三杰之由来、“床下都督”之传说、民国初期之宁汉龃龉、黎氏“四亡”“五哭”之通电、诱杀张振武、方维之失策、癸丑前后袁黎关系之微妙、卸除鄂都督后之北京幽居生活等 20 章内容。书中附有赵恒惕先生题签、张知本先生序、参考书目和校后跋。

5832 黎元洪武昌电文/黎元洪撰. 油印本.

［出版地不详］：［出版者不详］，民国间（1912—1949）

本书为黎元洪任副总统期间所写致北京袁大总统、各部总长、军界统一会、南京参议院黄留守、军官联合会、各省都督、各议会、各分府、各司令、各军统、各统制、各师长、各埠报馆等电文，意即希望全国一致，维护统一，革旧布新，并提出一系列改革意见。

5833 李敖大全集. 9，蒋介石研究续集蒋介石研究三集/李敖著. 北京：中国友谊出版公司. 1999.1

本书研究了蒋介石与张群合照、蒋介石怎样暗杀革命元勋、蒋介石与江阴炮台、蒋介石与杜夫人、蒋介石怎样作弄李宗仁、蒋介石怎样逃亡等问题。本书附照片。

5834 李敖大全集. 10，蒋介石研究四集蒋介石研究五集/李敖著. 北京：中国友谊出版公司. 1999.1

本书研究了蒋介石的教育程度、蒋介石与红色黄埔、蒋介石怎样谋杀杨虎城、蒋介石与陈布雷、蒋介石与张学良、蒋介石卖国冠军、蒋介石与日本降将、蒋介石与“雷案”等问题。本书附照片。

5835 李敖大全集. 11，蒋经国研究蒋介石研究六集论定蒋经国国民党研究/李敖著. 北京：中国友谊出版公司. 1999.1

本书研究了孙中山蒋介石与道统、孙中山蒋介石与迁都、蒋介石与中华民国亡国、蒋介石与报告狂、蒋介石与吴稚晖、蒋介石与吴国桢事件等问题。本书附照片。

5836 李敖大全集. 24～25，蒋介石评传·蒋介石的真面目/李敖著. 北京：中国友谊出版公司. 2000.11

本书包括蒋介石评传、蒋介石的真面目两部分。作者以丰富的史料、客观的态度、严谨的考证，揭露出蒋介石的真面目。

5837 李敖论蒋介石/李敖著. 台北：全能出版社. 1987.8

本书主要研究蒋介石的教育程度、蒋介石与黄埔军校、蒋介石与地下代表、蒋介石自承亡国等15个问题。本书附插图。

5838 李敖论蒋介石/李敖著. 台北：天元图书公司. ［出版年不详］

本书主要研究蒋介石的特务观、蒋介石与国库资金、蒋介石的宗教信仰等22个问题。本书附插图。

5839 李大钊/《李大钊》画册编辑委员会编. 北京：解放军文艺出版社. 1989.11

本画册包括大量的珍贵照片和文字，从不同时期、不同方面描写革命先烈李大钊的光荣事迹。

5840 李大钊/华岩编著. 北京：中国和平出版社. 1996.9（中外名人传记故事丛书. 革命领袖）

本书共10个部分，包括李大钊领导“五四运动”、男儿尚雄飞、庶民的胜利、北国的松、开天辟地等内容。

5841 李大钊/金凤编写. 北京：新华出版社. 1990.6（中国革命史小丛书）

本书详细讲述了李大钊为求中国解放而奋斗的短暂一生。

5842 李大钊/李权兴，李志强，张秀华著. 长春：时代文艺出版社. 2004.9

本书用诗歌讴歌了中国共产主义的先驱者李大钊，反映了李大钊的生平、思想和革命实践活动。本书附照片。

5843 李大钊/王朝柱著. 北京：中国青年出版社. 1989.1

本书讲述了李大钊的革命生涯，并凭借大量珍贵的第一手史料，从宏观角度全景式地展示了二十世纪初的中国。

5844　李大钊/王朝柱著. 北京：中国青年出版社. 1991.6（青年革命传统教育系列丛书. 革命领袖卷）

本书记叙了李大钊同志东渡归来后，在北大宣传马克思主义，领导发起“五四”运动，及至筹建中国共产党这一重要历史时期的革命活动。

5845　李大钊/臧克家. 北京：作家出版社. 1959.6（《诗刊》丛书）

本书是一部传记长诗，共16章，从各个方面描写了李大钊的斗争生活和崇高的品质。

5846　李大钊/张静如，马模贞编著. 上海：上海人民出版社. 1981.5

本书分8章，包括：革命的开始、从事新文化运动、传播马克思主义、筹建中国共产党、促进国共合作、领导北方革命群众运动、坚持地下战斗、生命的光华等内容。本书有后记和照片。

5847　李大钊/朱成甲编著. 北京：中国国际广播出版社. 1996（爱国主义教育丛书）

本书讲述了李大钊的生平事迹，包括：童年的不幸、民族的苦难、从旧塾馆到新学堂、少年立志及客观现实的矛盾、现代政治运动的最早洗礼、东京留学与反袁斗争等内容。

5848　李大钊：人生寄语/唐锡强，朱强娣选编. 合肥：安徽人民出版社. 1995.12（品味人生文丛）

本书包括以下10个部分：人间正道；放眼看世界；时弊、愤世；世界、人生与历史；变革现状；科学、民主、自由、解放；报国、忧国、爱国；寄语青年；情操、道德、修养；治学、求知。每部分的内容按时间顺序编排。

5849　李大钊传. 上/朱成甲著. 北京：中国社会科学出版社. 2009.1

本书包括出生的家庭与社会环境、从科举道路到进入新学堂、北洋法政专门学校招生与入学后的思想矛盾、东京留学、反袁思想与捍卫民主法治、打破矛盾生活的探索、支持孙中山的护法斗争等29个章节。本书附照片。

5850　李大钊传/本书编写组编. 北京：人民出版社. 1979.4

本书分9章，主要包括：少年时代、革命民主主义者、中国最早的马克思主义传播者、五四运动的领导者之一、中国共产党的创始人之一、领导北方工人运动、促进革命统一战线、在北方的革命风暴中等内容。本书有附录（《李大钊同志生平活动简表》、《李大钊同志著作目录》）、编后记和照片。

5851　李大钊传/朱文通主编；董宝瑞等著. 天津：天津古籍出版社. 2005.5

本书全面介绍了李大钊先生的一生，共8部分，包括：人生路上迈出的第一步、深研政理的有志青年、求学日本、艰难探索、选择马克思主义、中国共产党的主要创始人、献身革命等。本书附照片。

5852　李大钊传/朱志敏著. 北京：红旗出版社. 2009.5

本书包括家世与童年、法政六年、留学岁月、回国办报、在北京大学、接受与传播马克思主义、参与创建中国共产党等8部分。本书附照片。

5853　李大钊传/朱志敏著. 济南：山东人民出版社. 1998.4（21世纪中国思想史传记丛书）

本书分析了李大钊的思想和实践活动并作了评价，具有很强的理论性，达到了可读性与学术性的结合。本书附照片。

5854　李大钊传略/尚恒其主编. 北京：中国社会出版社. 1995.11（万安丛书）

本书包括：李大钊烈士碑文、回忆父亲李大钊、李大钊传略、李大钊烈士丧事记、李大钊生平主要活动简表等内容。

5855 李大钊传说故事集/何宗禹编. 北京：中国民间文艺出版社. 1989.9（河北民间文学丛书）

本书按照时间顺序讲述了李大钊光荣的一生事迹，缅怀了李大钊的高贵品质，赞扬了他的高风亮节和无私奉献的革命精神。

5856 李大钊的故事/黄真，姚维斗编著. 石家庄：河北人民出版社. 1980.1

本书分 36 节，包括：失去爹妈的孩子、少年立大志、辛亥革命中牺牲了的老师、渡海东去、给全国人民写信、反对袁世凯做皇帝、我们要推翻侵略者的铜像等。本书有后记、照片。

5857 李大钊的故事/孔丽贞编著. 汕头：汕头大学出版社. 1998.5（中外英雄人物故事丛书）

本书讲述了李大钊三拜塾师求学、升学深造立志报国、留学东京、归国办报、促进革命统一战线、领导北方革命等故事。

5858 李大钊的故事/张先翱编. 沈阳：辽宁人民出版社. 1983.3

本书收集 30 个小故事，真实而生动地记述了我国最早的马克思主义者、党的创始人之一、共产主义运动的先驱者李大钊同志英勇战斗的一生。

5859 李大钊的军事活动/肖裕声著. 北京：军事科学出版社. 1988.1

本书共 10 章，包括：探讨和宣传马克思列宁主义军事理论、开创中国共产党在北方地区的军事工作、发展中国共产党在北方地区的武装力量、重整冯玉祥国民军等内容。附录：《李大钊军事活动大事年表》。本书附照片。

5860 李大钊的军事活动/萧裕声著. 再版. 北京：军事科学出版社. 1999.9

内容提要参见 5859。

5861 李大钊的青年时代/姚维斗，黄真编著. 石家庄：河北人民出版社. 1985.8（名人的青年时代丛书）

本书讲述了李大钊青年时代的先进事迹和崇高思想品质，文章材料翔实，语言通俗。本书附照片。

5862 李大钊故居/河北省爱国主义教育基地资料丛书编委会编. 石家庄：河北人民出版社. 1996.9（河北省爱国主义教育基地资料丛书）

本书以李大钊故居纪念馆的馆藏资料为基础，讲述了李大钊的英雄事迹和崇高精神。本书附肖像。

5863 李大钊纪念馆/河北省爱国主义教育基地资料丛书编委会编. 石家庄：河北人民出版社. 1999.9（河北省爱国主义教育基地资料丛书）

本书对纪念馆园区和有关李大钊的文物做了重点介绍，在叙述李大钊的主要事迹的同时，还介绍了李大钊纪念馆的建筑格局与整体概貌。本书附照片。

5864 李大钊烈士碑文小楷帖/张瑞龄. 石家庄：河北美术出版社. 1984.9

本书收录了张瑞玲为李大钊书写的碑文，表达了他对李大钊的怀念和敬仰之情。

5865 李大钊年谱/李大钊年谱编写组编. 兰州：甘肃人民出版社. 1984.4

本书介绍了李大钊一生的重要言行，以及他的思想发展过程。附录：公祭仪式，李大钊著作目录。本书附照片。

5866 李大钊全集/李大钊. 石家庄：河北教育出版社. 1999.6

本全集共分 4 卷，以发表或写作时间为序，收入文稿 577 篇。本书附照片。

5867 李大钊全集/中国李大钊研究会编注. 北京：人民出版社. 2006.3

本书编为 5 卷。第 1 卷：1912 年 6 月至 1917 年 2 月；第 2 卷：1917 年 3 月至 1919 年 7 月；第 3 卷：1919 年 8 月至 1920 年下半年；第 4 卷：1920 年下半年至 1924 年 6 月；第 5 卷：1924 年 7 月至 1927 年 4 月，诗歌、书信、联合署名文章及译文，也编入第 5 卷。所有篇目，均分类按写作或发表的时间先后编排。本书附照片。

5868 李大钊生平纪年/韩一德，姚维斗著. 哈尔滨：黑龙江人民出版社. 1987.2

本书按大事记、事略、著译、述要 4 个部分编写，反映了李大钊的生平活动和思想发展。本书附照片。

5869 李大钊生平史料编年/张静如. 上海：上海人民出版社. 1984.8

本书是一本史料书，汇集了有关李大钊生平的材料时间起止为 1989 年到 1927 年。本书附照片。

5870 李大钊诗浅释/周红兴，李如鸾编. 成都：四川人民出版社. 1979.5

本书收录李大钊的 25 首遗诗，编者对这些遗诗的写作背景、诗文含义做了扼要的说明与疏解，对于难懂的词语和典故做了详细的注释，对一些诗的写作年代作了考证，对书刊上发表的这些遗诗中的许多错误作了校订。本书有前言、照片。

5871 李大钊诗帖/贺兴中编撰. 北京：科学普及出版社. 1999.8

本书选编了李大钊先生的诗 22 首，主要以楷体书写，展现了诗作的哲理性与艺术性的统一。本书附肖像。

5872 李大钊诗文选读/张萍，刘学东主编；中共唐山市委宣传部等编. 北京：红旗出版社. 2004.1

本书从李大钊发表过的作品中遴选出 74 篇，包括诗歌、散文、游记、政论、论文，记录了他为挽救民族危亡不断追求真理和献身共产主义事业的光辉一生。本书附照片。

5873 李大钊诗文选集/李大钊. 北京：人民出版社. 1959.4

本书收集整理了李大钊创作的诗歌、随感录、散文、游记、政论、学术论文等，反映出李大钊同志热爱祖国和为革命奋斗不懈的精神。本书附照片。

5874 李大钊诗文选集/李大钊著. 北京：人民出版社. 1981.1

本书分为诗歌，随感录，散文、游记、通信，政论、学术论文 4 辑。本书有前言、重版后记、照片。

5875 李大钊史事综录：1889－1927/北京大学图书馆，北京李大钊研究会编. 北京：北京大学出版社. 1989.3

本书收录李大钊生平活动文献资料 800 多篇。

5876 李大钊史学思想研究/张文生著. 北京：中国社会科学出版社. 2006.12

本书围绕李大钊史学思想的形成、内容及其地位和影响诸问题，展开了全面而深入的系统论述。

5877 李大钊思想研究/（日）后藤延子著；王青等编译. 北京：中国社会出版社. 1999.1

本书为一位日本学者对李大钊思想的研究，书中包括：李大钊的早期思想、李大钊对“世界史”的发现、李大钊的东西文化论、三个影响李大钊的日本人、李大钊与日本文化、李大钊与马克思主义经济学等内容。

5878 李大钊思想研究/吕明灼. 石家庄：河北

人民出版社. 1983.8

本书包括两篇：战斗的革命民主主义思想、不断前进的马克思主义思想，展现了李大钊思想在中国近现代思想史上的巨大作用与崇高地位。

5879　李大钊同志革命思想的发展/张静如. 武汉：湖北人民出版社. 1957.3

本书是作者的一篇论文习作，根据李大钊同志的主要著作，把李大钊的思想依历史的发展作了简单的整理。

5880　李大钊童年的故事/安文生等著. 北京：中国文联出版公司. 1997.3

本书讲述了李大钊童年时期坎坷的家庭生活经历，以及他受到良好的家教和严明的师训，展现出李大钊少儿时期勤奋好学、严于律己和勇于探索的高贵品质。本书附插图。

5881　李大钊文集/李大钊. 北京：人民出版社. 1984.1

本书按时间顺序收录了李大钊从 1912 年至 1927 年的著作，记录了李大钊为促进中国革命运动的发展作出的伟大贡献。本书附照片。

5882　李大钊文集/李大钊著；中国李大钊研究会编注. 北京：人民出版社. 1999.10

本文集分 5 卷，收录了李大钊的作品。第 1 卷 1912 年 6 月至 1917 年 2 月，第 2 卷 1917 年 3 月至 1919 年 7 月，第 3 卷 1919 年 8 月至 1920 年下半年，第 4 卷 1920 年下半年至 1924 年 6 月，第 5 卷 1924 年 7 月至 1927 年 4 月，诗歌、书信、联合署名文章及译文也编入第 5 卷。所有篇目均分类按写作或发表的时间先后编排。有照片。

5883　李大钊先生传：初稿本/张次溪. 北京：宣文书店. 1951.8

本书记录了革命导师李大钊先生的英勇奋斗、杀身成仁的光荣历史和革命事迹。

5884　李大钊选集/李大钊. 北京：人民出版社. 1959.4

本书按写作和发表的时间顺序，收录了李大钊自 1918 至 1926 年所创作的论文、演讲、杂文、讲义等，共 133 篇。本书附照片。

5885　李大钊研读/杜全忠编著. 北京：中央编译出版社. 2006.5

和别的李大钊诗词作品相比，本书注重对其家乡、出身、家庭状况的研究，包括李大钊生平简介、李大钊故居简介、祖谱家世、岳父赵文隆家等内容。本书附照片。

5886　李大钊研究. 第一辑/河北省李大钊研究会编. 石家庄：河北人民出版社. 1991.4

本书由 1989 年 10 月在唐山市召开的纪念李大钊诞辰 100 周年大会暨学术讨论会的 20 余篇论文组成。

5887　李大钊研究辞典/李权兴等主编；李大钊研究辞典编委会编. 北京：红旗出版社. 1994

本书分著述题解、生平史事、思想研究、中外事件、中外人物、中外书刊、中外地名、词语典故、文献资料和研究进展共 10 篇。本书附照片。

5888　李大钊研究论文集/韩一德，王树棣编. 石家庄：河北人民出版社. 1984.1

本书收入 1927 年至 1983 年间，史学、哲学和文学工作者等撰写的有关李大钊的研究论文及考证文章、资料等共 80 篇。

5889　李大钊研究论文集/中国李大钊研究会编. 北京：人民出版社. 1999.1

本书以李大钊 105 周年诞辰纪念学术讨论会的论文为主，同时也选收了发表在报刊上发表的文章，及日本学者的 6 篇文章。

5890　李大钊研究论文集：纪念李大钊诞辰一百周年/梁柱等著. 北京：北京大学出版

社. 1989.1

本书包括李大钊与五四精神、李大钊与共产国际、论李大钊的文学思想、李大钊在中国现代哲学史上的历史地位、李大钊与中苏关系、李大钊留学日本和留日对他的影响等内容。附录：李大钊研究论著目录。

5891 李大钊研究论文选集/中国李大钊研究会编. 昆明：云南教育出版社. 2009.10

本书分两篇，上篇为“论述篇”，主要收录了有关李大钊生平、思想、学说和政治活动等方面的文章；下篇为“研析篇”，主要收录了有关李大钊研究中需要考辨、析疑的问题的研究论文。附照片。

5892 李大钊研究论札/杨纪元著. 北京：中共中央党校出版社. 1992.6

本书从各个侧面反映了李大钊的生平、事迹、思想和革命实践活动。

5893 李大钊研究探微/杨纪元著. 西安：陕西人民出版社. 1999.4

本书汇集了作者在1986－1989年期间，研究整埋李大钊的思想和革命实践活动的23篇文稿，侧重于李大钊对中国革命一些基本问题的论述和探索，诸如，关于无产阶级及其领导权问题、统一战线和第一次国共合作问题、武装斗争思想和军事实践活动问题、民族解放和社会主义竞争问题、国际关系和中日友好问题。同时，还反映了这一期间国内外在研究李大钊方面的新情况、新进展。

5894 李大钊研究文集/中共中央党史研究室科研局编. 北京：中共党史出版社. 1991.6

本书从李大钊百年诞辰研究学术讨论会的论文中选取了30篇文章，并将江泽民同志代表中共中央在会议上的讲话和胡乔木、胡绳同志在开幕式上的发言一起汇编而成。

5895 李大钊与天津/刘民山著. 天津：天津社会科学院出版社. 1989.12

本书介绍了李大钊在天津的政治活动、早期译著述评等内容。附照片。

5896 李大钊与五峰山/董宝瑞. 石家庄：河北人民出版社. 1984.12

本书记述了李大钊同志青年时代的战斗足迹，他曾多次到“五峰山”，或游览、或避难，在这里研究、传播马列主义，与山里人结下了深厚情谊，五峰山也成为了他的第二故乡。有插图。

5897 李大钊语萃/李大钊著；许全兴编. 北京：华夏出版社. 1993.9（中国二十世纪思想文库. 新论语. 第一辑）

本书分爱国自强之薪胆精神、青春中华之创造、民主与自由、马克思主义与中国、唯物史观、人生哲学等12部分，编收了李大钊相关语录。附照片。

5898 李大钊早期思想和近代中国/朱成甲著. 石家庄：河北人民出版社. 1989.7

本书描述了李大钊从一个朴实的爱国者，经过艰难的奋斗和反思，成为中国第一位马克思主义理论家的轨迹，并描述了李大钊的个人生活和社交活动。有肖像。

5899 李大钊早期思想与近代中国/朱成甲著. 北京：人民出版社. 1999.1

本书以李大钊为中心，以他的早期的思想发展为线索，涉及这一时期的所有重大政治事件和主要历史人物。

5900 李大钊哲学研究/晋荣东著. 上海：华东师范大学出版社. 2000.6

本书对李大钊如何移植、取舍和批判西方哲学，尤其是对西方历史哲学，进行比较详细的考察和研究，并着力发掘了李大钊哲学研究中曾被忽略的许多有价值的思想。

5901 李大钊箴言录/胡建选编．杭州：浙江人民出版社．2001.11

本书包括人生探源篇、人格陶养篇、治学悟道篇、经世济民篇、立志创业篇、处世哲理篇6部分。

5902 李根源传/陆星．北京：中国文史出版社．1998.11

本书分22章，主要包括：青少年求学时代、东渡留学、创办云南讲武堂、与蔡锷等人领导云南重九起义、辛亥革命后在云南的政治活动、积极参加二次革命、创立欧事研究会、参加护国运动等。本书有附录一《李根源生平主要活动年表》、附录二《李根源主要著作书目》、后记、照片等。

5903 李根源纪念文集/沈家明主编．昆明：云南美术出版社．2005.9（云南历史文化丛书）

本书收有46篇文章：《李根源对云南的历史文化贡献》、《我的父亲李根源》、《李根源一生的爱国爱乡情》、《李根源与辛亥云南起义》、《李根源在广东》、《李根源和朱德》、《李根源的爱国民主图强精神》、《李根源的平民意识》等。本书有《探寻古典激发当代》总序、序。

5904 李根源先生诞生百年纪念集/沈雁冰等著．[出版地不详]：[出版者不详]．1980

本书收录了沈雁冰、梁漱溟、郭影秋等人题辞和诗词，以此纪念李根源先生。

5905 李佳白与清末民初的中国社会/胡素萍著．广州：中山大学出版社．2009.1

全书分4章，包括：李佳白的青少年时代和早期在山东的活动、李佳白与清末民初的中国政治、李佳白与清末民初的中国文化、李佳白与清末民初的中外关系。书中附有照片、绪论、余论、参考文献、附录：李佳白生平年表和后记。

5906 李烈钧/项立岭著．上海：上海人民出版社．1986.5（中国近代史丛书）

本书分为11篇，内容包括：投笔从戎、在辛亥革命中、二次革命的先锋、流亡国外、护国举义、追随孙中山护法、北伐及讨陈、随孙中山北上等。有肖像。

5907 李烈钧传记资料/朱传誉主编．影印本．台北：天一出版社．1979.11

本书包括：李烈钧传，李烈钧——长于应变、忠于革命得志士、云南起义与唐继尧蔡锷李烈钧、复成桥畔喋血记、记当国元勋李烈钧（上、下）等。

5908 李烈钧集/李烈钧著；周元高等编．北京：中华书局．1996.6（中国近代人物文集丛书）

本书收录了李烈钧先生从1911年11月至1946年2月的著述及各类文件1200余篇，大体上反映了他的主要思想。

5909 李烈钧将军自传/李烈钧著．影印本．台北：文海出版社．1971.1（近代中国史料丛刊．第六十七辑；666—7）

本书共分为家世追述及求学时期、从事革命、辛亥起义、督赣时期、讨袁之役、周游列国计图再举等12部分。本书有自序、附录和跋。本书有照片。

5910 李烈钧将军自传/李烈钧撰．北京：中华书局．2007.6（近代史料笔记丛刊）

内容提要参见5909。

5911 李烈钧评传/洪喜美著．台北县："国史馆"．1994.6（民国人物传记丛书；1）

本书描述了李烈钧先生的生平事迹，也体现了近代中国走向民主共和的艰辛又曲折的路程。有肖像。

5912 李烈钧文集/李烈钧著；徐辉琪编辑．南昌：江西人民出版社．1988.10（文史资料丛

书）

本书分上、下两篇。上篇收录李烈钧的函电、公牍、演说稿、谈话录、诗词等；下篇收录李烈钧的著述。附：武宁李公协和先生事略。有照片。

5913 李烈钧杂文选/李烈钧著. 北京：中国文联出版社. 2003.1（八月潮文学丛书）

本书包括《聆听新年的钟声》、《中国人的骨气》、《甜的并非都是糖》、《十月的螃蟹》、《多难兴邦》等杂文。

5914 李石曾传记资料/朱传誉主编. 影印本. 台北：天一出版社. 1979—1985

全书分3册，内容包括：李石曾、李石曾先生与集文运动、我与世界、李石老的书法、李石曾四度结婚故事、永恒的怀念—追念李石曾先生、当代新人物：李石曾、李石曾先生逝世十年祭等。书中附有编辑凡例和插图。

5915 李石曾最新革命论著初刊/李石曾著；革命周报社编. 复制本. 上海：革命周报社. 1928.9

全书共9篇文章，包括：《现今革命之意义》、《不官主义与民生主义》、《政治哲学中之党派观》、《纪念孙先生诞辰》、《分治合作问题》、《党之统一与提高党权》、《分治合作与专政集权二者之分析与比较》、《和平之哲学观》、《集权与均权》。书中附有作者像和序言。

5916 李书城传/李新福著；湖北省潜江市政协文史资料委员会编. 北京：中国文史出版社. 1990.10

全书分9章，包括："身世与少年"、"东渡日本留学"、"辛亥革命前后的活动"、"追随孙中山"、"在大革命的洪流中"、"反对蒋介石的独裁统治"、"主张抗战，坚持御侮"、"迎接新中国的诞生"、"为新中国的繁荣昌盛尽心力"。书中附有照片、序、李书城在留日期间的两篇代表作、李书城年表和后记。

5917 李燮和与沪宁光复/饶怀民著. 长沙：湖南师范大学出版社. 1998.6

本书包括：年少露峥嵘、三湘举义兵、南洋坎坷路、沪宁建奇功、列兵筹安会、抑郁伴万年等内容。

5918 李印泉先生病疽记/尹明德撰. 铅印本. [出版地不详]：[出版者不详]. 民国十七年（1928）

李根源（1879—1965），字印泉，山东青州人，生于云南腾冲。近代名士，国民党元老。本书记录了民国十七年印泉先生因疽住院治疗的全过程，从正月二十一日起至三月二十一日痊愈出院止，共"施行割治手术六次，接血四次，割放流注脓水二次，补皮二次"。

5919 李印泉先生传/杨王琼辑. 铅印本. [出版地不详]：[出版者不详]，民国二年（1913）

李根源（1879—1965），字印泉，山东青州人，生于云南腾冲。近代名士，国民党元老。本书收录有李印泉先生小像，天南记者李印泉先生传，民主报记者记李君事，杨琼赠李印泉先生长歌一首等。

5920 俚语证古/丁惟汾著. 影印本. 济南：齐鲁书社. 1983.10

本书共14卷，内容包括：天、地、形貌、声容、饮食、衣服、家宅、器用等。书中附有出版说明、诂雅堂主治学记、俚语证古自序以及手稿本书影。

5921 历代吏治举要/徐世昌纂. 铅印本. [出版地不详]：[出版者不详]，民国八年（1919）

徐世昌（1855－1939），号菊人，天津人，清光绪12年（1886）进士。历任清练兵大臣，政务大臣，东三省总督。民国成立，任国务卿。民国七年（1918），当选北京政府大总统。本书内容包括：省长、道尹、县知事等人的多种职责。另附有历代方镇治盗奖罚表。

5922 历史文集/吴玉章著. 北京：人民出版社. 1963.10

本书共收 19 篇文章：《在中国历史学会成立会上的讲话——历史研究工作方向》、《在辛亥革命学术讨论会上的讲话》、《研究史前时期的方法（摘自讲义《中国历史教程》、《夏禹传子是中国由母系氏族社会到男系氏族社会的一大转变（讲义）》、《宗法家族制度在中国历史发展中的特殊作用（讲义）》等）。书中附有序言和照片。

5923 历史文集/吴玉章著. 香港：三联书店香港分店. 1978.8

内容提要参见 5922。

5924 历有争议的陈炯明/段云章，沈晓敏，倪俊明编著. 广州：中山大学出版社. 2006.10

本书采取略远详近重在学术的思路，选辑 20 世纪 50 年代以来由中国大陆、香港、台湾和美国学者撰写的一些有代表性的文章 423 篇，图书 250 种，尤其注重关键时期关键问题，点出争点、暗示其观点内涵。

5925 梁士诒/李吉奎著；岭南文库编辑委员会，广东省政协学习和文史资料委员会合编. 广州：广东人民出版社. 2005.8（岭南文库）

本书介绍了梁士诒的生平，内容包括：家世与科名、交通系的形成、倾覆清廷的功臣、居于嫌疑之地的高官、积极支持袁氏帝制活动、在外交财政经济方面的活动等。

5926 梁士诒传记资料/朱传誉主编. 影印本. 台北：天一出版社. 1981.1

本书收录了《民国人物小传》、《梁士诒的一生》、《梁士诒与梁启超》、《民国初年的几任财政总长》、《盛宣怀梁士诒结怨始末》等 9 篇文章。

5927 寥寥集/沈钧儒著；沈叔羊编. 北京：三联书店. 1978.5

本书是一本诗歌集，集中反映了作者从事革命的事迹，诗中的字句表达了作者对祖国、对人民、对朋友、对子女的深挚情感。有照片。

5928 寥寥集/沈钧儒著；嘉兴市沈钧儒纪念馆编. 北京：群言出版社. 2004.12

内容提要参见 5927。

5929 廖党代表讲演集/廖仲恺著. ［出版地不详］：［出版者不详］.［出版年不详］

本书收入作者 7 篇文章：《救国的三要件》、《作事必须有恒心》、《学生当耐受军事训练》、《革命党应有的精神》、《对教导团全体官兵演说》、《对入伍生训话》、《中国实业的现状及产业落后的原因》。

5930 廖氏三叶蝉吟集/廖宇春等撰. 石印本. ［出版地不详］：［出版者不详］，清宣统元年(1909)

廖宇春（1870—1923），字少游，上海松江人。武昌起义后，以调停南北和平为名，谋划拥护袁世凯为民国总统，奔走南北，联络议和，贡献颇大。1923 年卒。本书收录其祖父裴舟诗草、其父石愚诗钞、其少游诗草等 3 种共计诗文 122 篇。

5931 廖仲恺/刘玉娥著. 天津：新蕾出版社. 1993.5（中华历史名人丛书）

全书分 7 部分，包括：青少年时代、投身民主革命运动、对三民主义的重新思索、艰苦斗争与新的觉醒、改组国民党的坚强支柱、执行三大革命政策的楷模、继承孙中山遗志、献身国民革命。

5932 廖仲恺/尚明轩，尚列著. 北京：中国青年出版社. 1994.1（青年革命传统教育系列丛书. 革命烈士卷）

全书分 6 章，包括："青少年时代（1877—1902）"、"追随孙中山，投身民主革命（1903—1912 年）"、"协助孙中山进行反袁护法斗争，阐发和宣传孙中山的革命学说（1913－1922年8月）”、“为国民党改组惨淡经营（1922年9月—1924年1月）”、“国民党左派的光辉旗帜”、“无产阶级的好朋友”（1924年2月—1925年2月）、“继承孙中山遗志，为中国民主革命洒尽最后一滴血（1925年3月—1925年8月）”。

5933 廖仲恺：连环画/柯逢改编；雷德祖绘画. 福州：福建美术出版社. 2002.7（雷德祖优秀作品选）

本书通过波澜壮阔的革命历史画卷，塑造了廖仲恺、何香凝等人的动人形象，讴歌了廖仲恺等民主革命先驱者的不朽功勋和光辉业绩。

5934 廖仲恺传/尚明轩著. 北京：北京出版社. 1982.8

全书分为6章，包括：“青少年时代（1877—1902年）”、“参加民主革命运动（1903—1912)”、“协助孙中山进行反袁护法斗争，阐发和宣传孙中山的革命学说（1913－1922年8月）”、“国民党改组的坚强支柱（1922年9月—1924年1月）”、“三大政策的忠实执行者”、“无产阶级的好朋友”（1924年2月—1925年2月）、“继承孙中山遗志，为中国民主革命事业奋斗终生（1925年3月—1925年8月）”。书中附有前言、何香凝传略、廖仲恺主要活动年表。

5935 廖仲恺集/廖仲恺著. ［出版地不详］：［出版者不详］. 1926

本书收入作者《中国和世界》、《中国人民和领土与新国家建设上之关系》、《立法部之两院制》、《全民政治序》、《钱币革命与建设》等25篇文章。书前有汪精卫的纪念文章《廖仲恺先生传略》和《廖仲恺先生的功业和遗思》。书前冠廖仲恺遗像及何香凝手写体《有感》诗一首。

5936 廖仲恺集/廖仲恺著；广东省社会科学院历史研究室编. 增订本. 北京：中华书局. 1983.5（中国近代人物文集丛书）

本书内容包括：三大民权、中国和世界、国民的努力、致蒋介石函、统一军政财政命令、最后一篇的教训、帝国主义侵略史谈、双清词草等。书中附有照片、前言和增订说明。

5937 廖仲恺年谱/（美）陈福霖，余炎光著. 长沙：湖南出版社. 1991.9

本书包括以下几部分：序、编辑者序言、廖仲恺年谱（1878－1897年；1897－1903年；1903－1911年；1912－1923年；1924－1925年）和附录（中国革命党时期廖仲恺化名金佐治之探讨）。

5938 廖仲恺先生哀思录/仲恺先生纪念筹备委员会. ［出版地不详］：仲恺先生纪念筹备委员会. 1925.11

本书分为6个部分：遗像、附图、传略、论说、祭文和挽联。书前有廖氏遗像及治丧照片5张。

5939 廖仲恺先生逝世周年纪念特刊/千甫等著. 广州：国民军总司令部政治部. 1926.8

书中收入《廖仲恺先生传略》、《廖先生事迹一斑》、《廖先生殉难周年纪念》、《纪念廖先生我们所不能忘记的几件事》、《八月二十日纪念节的重大意义》、《我所认识的廖仲恺先生》、《我们为什么要纪念廖仲恺先生》、《纪念廖先生的意义》等纪念文章16篇。书前有廖仲恺像。

5940 廖仲恺先生文集/廖仲恺著；中国国民党中央委员会党史委员会编辑. 台北：中国国民党中央委员会党史委员会. 1983.6

本文集分5个部分：译著、函电、公牍、演讲、诗词，各类以时间顺序进行编排，便于检索，时间不明者依类编次。书中附有照片、凡例和传略。

5941 廖仲恺先生殉难资料及哀思录/苏东国编. 影印本. 台北：文海出版社. 1985（近代中国史料丛刊三编. 第三辑；25）

本书包括："中华民国史事纪要（摘录）"、"陈公博：苦笑录（摘录）"和"廖仲恺先生哀思录"。其中"廖仲恺先生哀思录"又分7部分，包括：遗像、附图、传略、论说、祭文、挽联和附录。

5942 廖仲恺先生自书诗词/廖仲恺书．影印本．［出版地不详］：［出版者不详］．1930

本书是廖仲恺手书其所做诗词的影印本。

5943 廖仲恺研究：廖仲恺先生逝世八十周年纪念活动文集/罗川山主编．广州：广东人民出版社．2007.12（惠州文化建设丛书第一辑）

本书是"纪念廖仲恺先生逝世八十周年学术研讨会"活动文集，分为总论、历史篇、文化篇、精神篇、传承篇、贺信等几部分内容，并附有序和后记。

5944 列兵毛泽东：辛亥革命时期的新军生活/吴海勇著．北京：中央文献出版社．2010.1

本书内容包括：1911年/18岁、投笔从戎的冲动、行伍的规训、兵友与军痞、兵营读报、胜利的退伍等。

5945 林白水/王植伦著．福州：福建教育出版社．1992.9（福建近代名人传记丛书）

本书记述了林白水的生平事迹与为国捐躯的无畏精神，再现了清末民初的社会环境。本书有插图。

5946 林白水传/林慰君著；政协会议北京市委员会文史资料研究委员会编．台北：传记文学出版社．1969.11（传记文学丛书；38）

本书为林白水之女为其父所撰写的传记。包括传记正文《父亲的一生》以及《作者最后的几句话等》。本书有题字、梁序、成序、自序、跋，附录。本书有照片。

5947 林伯渠/涂绍钧著．北京：中国文联出版公司．1991.5

本书19章，包括：澧水少年、同盟会员、密使东北、在护国护法之役中、迷雾茫茫、踏上新征途、国共合作的桥梁、挥师北伐等。有丁玲所写《永恒的记忆》（代序）。有照片。

5948 林伯渠传/《林伯渠传》编写组编．北京：红旗出版社．1986.1

本书分13章，包括：青少年时代、参加旧民主主义革命、由民主主义者转变为共产主义者、帮助孙中山改组国民党、在北伐和反对蒋汪的斗争中、从南昌到莫斯科、长征前后、致力于抗日民族统一战线等，书前附王震序。有照片。

5949 林伯渠的故事/孙东升编著．郑州：海燕出版社．1999.12（中华人民共和国元勋故事丛书）

本书分29部分，包括：小引、少年时代、求学生涯、追随孙中山参加革命、致力于国共合作、投身农运、投师北伐、从事反蒋斗争、参加南昌暴动等。有肖像、照片及插图。

5950 林伯渠的青少年时代/涂绍钧等著．武汉：长江文艺出版社．2008.12

本书通过一系列妙趣横生的小故事，真实地展现一代革命家林伯渠传奇的前半生，反映他关注民生、关注儿童、关注教育的先进思想。附林伯渠自传、林伯渠大事记。有照片。

5951 林伯渠日记/林伯渠著．长沙：湖南人民出版社．1984.1

本日记的起止时间是从1913年8月至1917年9月，中缺1914年10月至12月和1915年全年的日记。为我们研究民国初年的历史提供了珍贵的资料。

5952 林伯渠文集/林伯渠著．北京：华艺出版社．1996.3

本书收入林伯渠同志1907年至1956年的著作共84篇，其中有31篇是首次公开发表。

包括自传（1941 年）、吉林劝学总所兼宣讲所成立缘起（节录）（1907 年 10 月 6 日）、请保护征收金融机关（1917 年 2 月）等。有肖像。

5953 林森传记资料/朱传誉主编. 影印本. 台北：天一出版社. 1979.11

本书收录了关于林子超先生的生活、品德、轶事、风范、学术，以及政治活动等的历史资料。

5954 林子超先生纪念集/台北市林森县文教基金会主编. 台北：正中书局. 1992.1

本书包括：林子超的家世、轶事、学术思想、著作、海外工作，以及林子超对于辛亥革命的贡献，林子超的革命活动等方面内容。书中附有照片和附录：《国民政府林故主席森墓志铭》、《林主席之风范》等。

5955 刘半农传/赵沛著. 南京：江苏文艺出版社. 2001.2

本书内容有：野猫头的儿子、常州府学堂、梦幻与现实、痛苦的飞翔、自动退学了、白昼和黑夜、从江边小城到冒险家的乐园等。

5956 刘半农传/朱洪著. 北京：东方出版社. 2007.3

本书叙述了刘半农 44 年的人生，侧重于他的成长过程、思想的变迁，在翻译、语音实验学、文学、戏剧、教育改革等方面的贡献等。

5957 刘半农传记资料/朱传誉主编. 影印本. 台北：天一出版社. 1981.1

本书共 3 册，收录了有关刘半农的各种传记资料，包括期刊杂志、报章所刊资料、私家日记、碑铭、墓志、行述、行状、年谱、纪念文、回忆录、合集和专著等，所收资料时间截止于 1981 年。

5958 刘半农代表作/刘半农著；臧恩钰编. 郑州：黄河文艺出版社. 1987.12（中国现当代著名作家文库）

本书选编了刘半农的 40 多首新诗，20 多篇杂文和部分民歌。

5959 刘半农年谱/徐瑞岳编著. 徐州：中国矿业大学出版社. 1989.11

刘半农，中国文学家、语言学家。本年谱介绍了他的生平事迹、思想风貌、文学活动和学术成就。

5960 刘半农评传/徐瑞岳编著. 上海：上海文艺出版社. 1990.10（中国现代文学研究丛书）

本书共 12 章，概述了刘半农先生一生的业绩，引用了一些鲜为人知的资料并提出了一些独到的见解。

5961 刘半农散文经典/刘半农著. 北京：印刷工业出版社. 2001.3（中国现代散文经典文库）

本书收录了刘半农的《两盗》、《欧洲花园》、《琴魂》、《天明》、《寄周启明》等 74 篇经典散文。

5962 刘半农诗选/刘半农著. 北京：人民文学出版社. 1958.2

本书收录了刘半农的两本诗集《扬鞭集》和《瓦釜集》，以及刘半农所译的外国诗篇。《扬鞭集》有自序一篇，诗 59 首。《瓦釜集》有代自叙一篇，诗歌 21 首，还有附录《手攀杨柳望情哥词》14 首。刘半农所译诗篇 26 首。本书还有附录一篇。本书有照片。

5963 刘半农书话/刘半农著；陈子善编. 杭州：浙江人民出版社. 1998.11（近人书话系列）

本书共分为 3 辑。第 1 辑为《著述叙录》，收入刘半农为自己的新诗集、杂文集和众多语言学著作所作的序跋，以及他为自己校点、校勘的古典小说和诗集、编纂整理的字典、敦煌学和民俗学资料等所做的序跋。第 2 辑为《书林漫拾》，收入刘半农为友人、学生和外国学者的各类著作所作的序跋，以及他为自己翻译和为他人校订的外国文学及民间故事所做的序跋。第3辑为《品书题记》，为刘半农的读书札记和藏书题识。本书还有总序、叙略各1篇。

5964 刘半农文集/刘半农著；书林主编．北京：线装书局．2009.7

本书收录了《反日救国的一条正路》、《三十五年过去了！》、《两盗》、《欧洲花园》、《卖萝卜人》等作品。

5965 刘半农文选/刘半农著；徐瑞岳编．北京：人民文学出版社．1986.12

本书收录了《我之文学改良观》、《诗与小说精神上之革新》、《刘半农致钱玄同》、《奉答王敬轩先生》、《随感录·七》、《辟〈灵学丛志〉》、《中国之下等小说》、《寄周启明》等63篇文章。本书还有附录两篇和编后记。有照片。

5966 刘半农选集/刘半农著．香港：文学研究社．1980.5（中国现代文选丛书）

本书共分为两辑，第1辑为诗，共收录了诗27首；第2辑为杂文，共收录文章22篇。本书有前言1篇。

5967 刘半农研究/徐瑞岳编著．南京：江苏古籍出版社．1987.8

本书包括刘半农论和刘半农传两部分，并附有刘半农生平年表及刘半农笔名堂号辑注。

5968 刘半农研究资料/鲍晶编．天津：天津人民出版社．1985.2（中国现代文学史资料汇编．乙种．中国现代作家作品研究资料丛书）

本书共分为生平资料、文学主张及著作自述、研究论文、著译年表、研究资料等8个部分。本书还有编辑说明和编后记各1篇。本书有照片。

5969 刘半农作品精选/彰军编．桂林：广西师范大学出版社．1995.6

本书在选编上侧重于刘半农的杂文，兼收少许抒情散文，分为精致小品、杂言随想、书信3个部分。

5970 刘道一烈士：刘道一烈士就义八十周年纪念专辑/政协湖南省湘潭市委员会文史资料研究委员会编．长沙：湖南大学出版社．1988.6

本书分4部分，包括：刘道一烈士遗作、《衡山正气集》选刊、征集诗文等。其中《衡山正气集》选刊包括：《挽刘道一》/孙文撰、《挽刘道一》/黄兴撰、《刘烈士像赞》/黄侃撰等29篇文章。

5971 刘揆一集/刘揆一著；饶怀民编．武汉：华中师范大学出版社．1991.7（辛亥人物文集丛书；6）

本书收录了刘揆一所著文集（1907－1946），和别人所作的怀念性文章。有肖像及照片。

5972 刘揆一集/饶怀民编．长沙：湖南人民出版社．2008.8（湖湘文库）

本书辑录了刘氏各个时期编著、刻印的单行本著作以及散见于《复报》、《民主报》、《亚东丛报》、《生计》等报纸杂志上的文章。本书有照片。

5973 刘揆一与辛亥革命/饶怀民著．长沙：岳麓书社．1992.3

本书介绍了刘揆一的生平及在辛亥革命中的活动。本书有序、后记、照片。

5974 刘申叔文钞/刘师培撰．初版铅印本．［出版地不详］：文明书局、中华书局，民国四年（1915）

刘师培（1884－1919），字申叔，号左盦，江苏仪征人。民主主义革命者，经学大师、国学大师。然而参与拥袁帝制，是其人生一大政治污点。本书收录其论古代人民以尚武立国等论文共计28篇。本书3册。

5975 刘申叔文存/刘师培撰．铅印本．北京：宁武南氏，民国间（1912－1949）

刘师培（1884－1919），字申叔。本书收录其著作有中国地理教科书等共计36种。本书29册。

5976 刘申叔先生遗书/刘师培撰；郑裕孚，钱玄同辑．铅印本．北京：宁武南氏，民国二十五年（1936）

刘师培（1884－1919），字申叔。本书由南桂馨出资，钱玄同、郑裕孚等搜集，编纂而成，凡74种，其中有关经学小学的论著22种，讨论学术文辞的13种，群书校释24种，诗文集4种，读书札记5种，学校教科书6种。本书74册。

5977 刘申叔先生遗书校勘记：一卷/郑裕孚撰．铅印本．北京：宁武南氏，民国二十五年（1936）

本书为《刘申叔先生遗书》的校勘，对《白虎通义斠补》、《白虎通义阙文补订》等12种遗书的讹误、阙漏、异体、衍文等进行了细致的校勘和订正。

5978 刘申叔遗书/刘师培著．影印本．南京：江苏古籍出版社．1997.3

本书收录了刘师培的著作74篇。其中甲类，论群经及小学者，22篇；乙类，论学术及文辞者，13篇；丙类，群书校释，24篇；丁类，诗文集，4篇；戊类，读书记，5篇；己类，学校教本，6篇，本书还有刘申叔先生遗书总目、左盦年表、左盦著述编年、刘先生行述、亡侄师培墓志铭等多篇内容，本书有照片。

5979 刘申叔遗书补遗/万仕国辑校．扬州：广陵书社．2008.12

本书收集了《刘申叔遗书》失收的文章，包括《国文典问答》，《安徽、江苏、江宁乡土历史》、《地理教科书》以及刘师培发表在《中国白话报》、《警钟日报》上的文章等，是研究刘师培的重要资料。

5980 刘师培评传/方光华著．再版．南昌：百花洲文艺出版社．2010.3（国学大师丛书）

本书分为10章，包括：经学世家的余脉、民族革命的闯将、铤而走险的叛徒、凄怆乖舛的余生、刘师培学术研究的观点与方法、刘师培与中国近代经学、刘师培与中国近代史学、刘师培与中国近代子学等内容。书中附有序言、引言、英文提要、附录和后记。

5981 刘师培：评传·作品选/赵慎修编著．北京：中国文史出版社．1998.6（清末民初文人丛书）

本书共分为两部分，一为评传：“不愿做第二人”的刘师培；二为作品选，收录论文27篇，专著4篇，诗词12首。本书还附有序和后记。本书有照片。

5982 刘师培及其文学研究/冯永敏著．台北：文史哲出版社．1992.11（文史哲集成；266）

本书包括绪论、刘师培的时代背景——旧邦新造、刘师培的生平行谊——从异彩到异端、刘师培的文学观、刘师培的创作论、刘师培的文体论、刘师培的文学史研究、刘师培的韵文作品等12章内容。本书还有自序、书影、附录、主要参考书目和照片。

5983 刘师培经典文存/刘师培著；洪治纲主编．上海：上海大学出版社．2004.5（经典启蒙文库．国学大师系列）

本书选收了刘师培13篇作品，即《中国中古文学史讲义》、《古历管窥》、《理学字义通论》、《论文杂记》、《文章源始》等。书末附有刘师培生平及著作年表。

5984 刘师培论学论政/李妙根编．上海：复旦大学出版社．1990.8（中国近现代思想文化史史料丛书）

本书收录了刘师培1919年逝世之前在《苏

报》上发表的单篇论文、札记、序跋、随笔等。

5985 刘师培年谱/万仕国编著. 扬州：广陵书社. 2003.1

本年谱以公历纪年，每年分“事略”及“著述”两部分。“事略”以记录生平为主，兼及国内外有较大影响的事件。“著述”以刊发先后为序，注明期刊名称、期号、出版时间、栏目及署名。有照片。

5986 刘师培年谱长编/陈奇著. 贵阳：贵州人民出版社. 2007.9

本书是一部全面、系统反映刘师培生平及著述的《年谱》，为刘师培研究乃至中国近代思想文化史、中国近代史的研究提供了便利。

5987 刘师培评传/方光华著. 南昌：百花洲文艺出版社. 1996.12（国学大师丛书；28）

本书包括经学世家的余脉、民族革命的闯将、铤而走险的叛徒、凄怆乖舛的余生、刘师培学术研究的观点与方法、刘师培与中国近代经学、刘师培与中国近代史学、刘师培与中国近代子学等10章内容。本书还有总序、重写近代诸子春秋、序、英文提要、附录、后记等内容。本书有照片。

5988 刘师培书话/刘师培著；张先觉编. 杭州：浙江人民出版社. 1998.1（近人书话系列）

本书辑录了《刘申叔先生遗书》中刘师培所作书序、题跋、读书札记及其他有关书事文字，共140篇。本书共分八辑：读书随笔46篇、读书续笔12篇、经史题检14篇、诸子校义15篇、集部跋语7篇、编著有言15篇、西窗披襟2篇、书事漫志4篇。本书还有总序、叙意各一篇。

5989 刘师培思想研究/陈奇著. 贵阳：贵州人民出版社. 1999

本书包括：难圆进士梦、攘夷排外、激烈派第一人、东亚一卢骚、国粹主将、《民报》撰稿人、社会主义讲习会派首领、叛徒内奸和帝制祸首、北大岁月9章内容。本书还有前言和后记。

5990 刘师培辛亥前文选/（清）刘师培著. 北京：三联书店. 1998.6（中国近代学术名著）

本书选辑了刘师培辛亥革命前论学论政的文章与著作共38篇，分为一般性政论（9篇）、宣传无政府主义的文章（5篇）、清代学术专论（5篇）和杂论古代中世纪学术文化（19篇）4部分，比较全面的展示了刘师培在晚清政治和学术方面论著的全貌。本书还有编例、导言和附录等内容。

5991 刘师培辛亥前文选/刘师培著；李妙根编. 香港：三联书店（香港）公司. 1998.7（中国近代学术名著丛书）

本书选辑刘师培在19世纪初至辛亥革命前所创作的部分思想学说名著。

5992 刘先生行述/陈钟凡撰. 铅印本. 北京：宁武南氏，民国间（1912—1949）

本书介绍了刘师培的籍贯、生平、家承、治学等方面的概况，重点突出了刘师培在版本的考订、辨伪、选择上的审慎，经义研究上见解的独到，以及治学态度的严谨等几个方面。

5993 留美拓荒人——容闳的故事/金维新著. 上海：同济大学出版社. 1994.5

本书描述中国第一代赴美留学之一的容闳动荡而坎坷的一生。

5994 柳亚子传/张明观著；高铦，谷文娟编. 北京：社会科学文献出版社. 1997.5

全书在中国近现代的历史背景下，展现了柳亚子的一生，展示了他的革命事迹、著述活动和思想发展，是第一部较为详尽的长篇传记。全书分为少年时代：欲凭文学播风潮，青年时代：建南社鼓吹革命，中年时代：在时代的激流中不断前进，晚年时代：为新中国成立后建设而奋斗四个部分，共 61 章。本书还有序两篇、附录两篇和插图。

5995 柳亚子家书/柳亚子著；上海图书馆历史文献中心近代文献部编. 长沙：岳麓书社. 1997.5

本书分编为两部分。第 1 部分为柳亚子致亲属的信，自 1919 年至 1950 年 12 月共计 387 封。第 2 部分为儿女致双亲的信，自 1920 年至 1940 年共计 137 封。两部分书信均按年月顺序排列。本书有序、附录四篇和插图。

5996 柳亚子年谱/柳无忌编. 北京：中国社会科学出版社. 1983.5

本书以年谱的形式叙述了柳亚子的一生。全书有序 1 篇，附录 4 篇：《柳亚子先生墓碑文》、《吴江胜溪柳氏世系表》、《柳亚子家属六代世系表》、《参考资料》，后记 1 篇和插图。

5997 柳亚子诗词选/柳亚子著；柳无非，柳无垢选辑. 北京：人民文学出版社. 1959.12

本书共收录了我国著名文学家、革命家、民主人士柳亚子的诗词共 660 首，其中诗作 624 首，词作 36 首，作品按年排序。本书有序和插图。

5998 柳亚子诗词选/柳亚子著；柳无非，柳无垢选辑. 再版. 北京：人民文学出版社. 1981.4

本书共收录了我国著名文学家、革命家、民主人士柳亚子的诗词共 660 首，其中诗作 624 首，词作 36 首，作品按年排序。本书有序和插图。

5999 柳亚子诗歌新探/邵迎武著. 北京：中国人民大学出版社. 1996.4（南社丛书. 第一套）

全书共分为 8 章：立足现实、注重革命性的审美取向，将抗争精神与忠贞精神对象化的“诗史”价值，“大鹏”意象——贯穿于柳诗的动态象征，以“诗家语”创造超信息门，富于艺术意味的言语结构，精神个性的斗争——丰富、主情、超越、独特的意境，柳诗的“明月”原型极其深层结构，对《感事呈毛主席》一诗的文本阐释。本书还有附录、后记各一篇和插图。

6000 柳亚子诗文选/柳亚子著；李昌集选注. 上海：华东师范大学出版社. 1995.4（中国近代文学丛书）

本书重点收录了柳亚子辛亥革命前后至 1921 年的作品 152 篇，其中文章 8 篇，诗 121 篇，词 23 篇。本书还有总序、前言、柳亚子年表和编后语。

6001 柳亚子诗选/柳亚子著；徐文烈笺，刘斯翰注. 广州：广东人民出版社. 1981.12

柳亚子的诗反映了前清末年直到新中国成立后这一长时期的历史，本书收录了《放歌》、《百字令》、《怀人诗十章》、《阙题》、《满江红》、《哭伯先》、《感事》、《海上杂诗》等 442 首。

6002 柳亚子诗选/柳亚子著；徐文烈笺，刘斯翰注. 再版. 广州：广东人民出版社. 1985.7

内容提要参见 6001。

6003 柳亚子诗选注/柳亚子原著；崔阔注. 石家庄：《大学生文选》编辑部. 1981.4

柳亚子是晚清至新中国的一位重要诗人，本书收录了其部分作品并进行了注解，包括：《放歌》、《题太平天国战史》、《怀人诗十章》、《送太一入粤》、《绝命词》、《空言》、《感旧五绝句》等。

6004 柳亚子史料札记/张明观著. 上海：上海人民出版社. 2008

本书内容包括：大胜柳氏老宅的格局、大胜柳氏老宅毁于何时、关于柳树芳的《胜溪竹枝词》、何时从大胜迁居黎里等。

6005 柳亚子文/柳亚子撰. 抄本. ［出版地不详］：［出版者不详］，民国间（1912—1949）

本书包括《赵夫人传》、《江左少年夏完淳传》、《孙璋传》、《复社名流吴日生传》等，并附汪国垣撰《三百年前一位青年抗战的民族文艺家——夏完淳》。

6006 柳亚子文集，书信辑录/柳亚子著；上海图书馆编. 上海：上海人民出版社. 1985.1

本书收入柳亚子书信330封，按时间顺序排列，从1908年至1952年，内容丰富。本书有出版说明、序各1篇和插图。

6007 柳亚子文集：磨剑室诗词集/柳亚子著；柳亚子文集编辑委员会编. 上海：上海人民出版社. 1985.1

本书收了柳亚子所作诗词5000余首，分为诗集、词集、补编3部分10辑。第1辑包括《磨剑室初集》10卷，第2辑包括《磨剑室诗二集》10卷；第3辑包括《湖隐集》、《岁寒集》等10卷；第4辑包括《横流集》、《新春集》等21卷；第5辑包括《图南集》、《流亡集》两卷；第6辑包括《马参鸾集》10卷；第7辑《巴山集》等8卷；第8辑包括《光明集十六卷；第9辑包括《北长集》4卷。词集为1辑，包括《磨剑室词初集》等6卷。本书还有出版说明、编者的话、在柳亚子先生逝世二十五周年纪念会上的讲话等。本书有插图。

6008 柳亚子先生五十晋七寿典纪念册/文学创作社编. 桂林：文学创作社. 1943

本书收入柳亚子的赋及自传体小说《五十七年》的第一、二节。有肖像。

6009 柳亚子文集：自传·年谱·日记/柳亚子著；柳亚子文集编辑委员会主编. 上海：上海人民出版社. 1986.11

本书收录了柳亚子的多篇著作，包括《自传》、《自谱年谱》、《八年回忆》、《乘桴日记》、《旅港日记》、《北行日记》、《五十七年》等。本书还有出版说明、编后语各1篇，有附录5篇：《分胡胜溪柳氏世系表》、《分湖柳氏祖先谱传》、《柳公钝斋墓志铭》、《柳亚子传记》、《柳亚子》。本书有插图。

6010 柳亚子文集补编/柳亚子著；郭长海，金菊贞编. 北京：社会科学文献出版社. 2004.8（国际南社学会·南社丛书）

本书收录了漏收于《柳亚子文集》的自1903年至1954年间创作的诗、词、随笔、文论、书信等180多篇作品及联语。

6011 柳亚子选集/柳亚子著；王晶曜等主编. 北京：人民出版社. 1989.1

本书将柳亚子先生毕生著述的精华分为3大部分：文章，诗词和日记、回忆录、自传。书前附有照片、手迹等近二三十幅。

6012 柳亚子早期活动纪实：1907－1925/陈一飞，马巧根主编；吴江县档案局（馆）编. 北京：档案出版社. 1991.12

全书包括宣言、评论文章、诗词、往来书信等，比较系统地反映柳亚子先生早期在吴江和外地进行爱国宣传等方面的活动情况。有照片。

6013 卢作孚的梦想与实践/赵晓铃著. 成都：四川人民出版社. 2002.4

本书介绍了民生公司创始人、总经理、著名爱国实业家卢作孚先生（1893－1952）的事迹，对他的社会改革试验进行了探讨。

6014 卢作孚和民生公司/周凝华，田海蓝著. 郑州：河南人民出版社. 1998.8（中华民国史丛书．人物系列）

本书以传记的形式对著名实业家卢作孚的生平事迹和其一手创办的民生公司的发展历程进行了简要的叙述。本书共分为卢作孚的青少年时代、卢作孚的抉择与民生公司的崛起、卢作孚的“一桩事业”与民生公司争夺川江航权的斗争、民生公司的发展壮大与卢作孚的经营管理、卢作孚的中国现代化追求与职工的民生精神教育、卢作孚的救亡活动与民生公司的战时发展、卢作孚的海运蓝图与民生公司的困境、卢作孚率船归来与民生公司的归宿等 8 章内容。本书还有编辑说明、序言、引子、后记以及附录两篇和照片。

6015 卢作孚画传/刘重来著. 重庆：重庆出版社. 2007.1（中国近代实业巨子丛书）

本书图文并茂，再现了卢作孚传奇人生。

6016 卢作孚集/卢作孚著；凌耀伦，熊甫编. 武汉：华中师范大学出版社. 1991.5（辛亥人物文集丛书；7）

本书收录了我国著名实业家卢作孚的各种论著 109 篇。本书还有序、前言以及附录 3 篇。本书有照片。

6017 卢作孚年谱/张守广编. 南京：江苏古籍出版社. 2002.1

本书根据大量档案、期刊、民生公司及其相关企业的有关报告等第一手资料，及已有的研究成果，记述了著名企业家卢作孚的个人生平、事迹、思想、事业、著作、交往及相关的重大史实，并附有作者简评。

6018 卢作孚文集/卢作孚著；凌耀伦，熊甫编. 北京：北京大学出版社. 1999.3

内容提要参见 6016。

6019 卢作孚研究文集/凌耀伦，周永林编. 北京：北京大学出版社. 2000.9

本书收入了 31 篇研究爱国实业家卢作孚的文章，比较全面深入地介绍和评论了卢作孚的经济思想，包括：国家现代化、企业现代化、乡村现代化建设的理论和实际以及卢作孚的中国文化观、德育观、事业观、人才观等的内容。

6020 卢作孚与民国乡村建设研究/刘重来著. 北京：人民出版社. 2007.11

本书从卢作孚的人生轨迹、乡建思想、乡建模式、乡建成就、乡村城市化探索、以工辅农及其西部情结、人格魅力等诸方面对卢作孚在嘉陵江三峡的乡村建设运动进行了全面、系统地探究。附肖像，照片。

6021 卢作孚追思录/周永林，凌耀伦主编. 重庆：重庆出版社. 2001.1

本书共收文章 51 篇，作者多为卢作孚先生的至亲好友，从各个角度，深情缅怀卢作孚先生在漫漫人生路上历经的坎坷，冰清玉洁的人品，守护民族自尊，开创内河交通运输之伟业。

6022 鲁迅全集. 第十五卷，日记：1912－1926/鲁迅. 北京：人民文学出版社. 2005.11

本书收录了 1912 年 5 月到 1926 年 10 月作者所记日记。日记中所记与鲁迅交往的人物和书报刊的注释总附于全部日记之末（第十七卷），其余注释均排于每月日记之末。书中附有鲁迅照片、日记封面和日记手迹照片。

6023 陆征祥传/罗光著. 香港：真理学会. 1949.9（世界名人传记丛书）

本书主要记述了曾任巴黎和会中国代表团团长的陆征祥不平凡的一生，以及他在民国时期对中国外交事业所作的贡献。

6024 陆征祥传/石建国著. 石家庄：河北人民出版社. 1999.12（民国外交官传记丛书）

本书主要记述了曾任巴黎和会中国代表团团长的陆征祥不平凡的一生，以及他在民国时期对中国外交事业所作的贡献。

6025 绿城歌客/马君武撰. 石印本. [出版地不详]：文明书局，1916

封面题名为小说名画大观。本书收录了近代著名小说家翻译之作，自伦理教育以至侦探社会言情等凡二十类，类各十余篇。每篇附以精图，均倩时下名手为之。图与事合，惟妙惟肖，既阅读小说，又玩名画，一举两得。全书分为教育类、伦理类、道德类、家庭类、历史类、政治类、爱国类、外交类、军事类、科学类、冒险类、侦探类、哀情类、侠情类、奇情类、社会类、警世类、滑稽类、神怪类共十九类。本书12册。

6026 乱世枭雄：蒋介石/陈廷一著. 北京：东方出版社. 2008.9

本书共有身世密传、追随中山、争权夺利、迁都之争、政治姻缘、挑战军阀、五次“剿共”、民族之战等14章内容。本书有照片。

6027 论蒋介石成败/（美）史迪威等著. 台北：郑南榕.［出版年不详］（自由时代系列丛书；4）

本书收录史迪威论蒋介石、杜鲁门论蒋介石、蒋介石婚姻生活考、成败论蒋介石、蒋介石与黄埔建军、蒋介石的性格等15篇文章。

6028 论美国与东方交际事宜/伍廷芳撰. 石印本.［出版地不详］:［出版者不详］，清光绪间

伍廷芳（1842－1922），本名叙，字文爵，又名伍才，号秩庸，后改名廷芳，广东新会西墩人，清末民初的外交家、法学家。本书为伍氏于光绪二十六年（1900）在美国费城宾夕法尼亚大学之讲演稿。19世纪末，美国借美西战争战胜西班牙之机，夺取了菲律宾。这一事实被伍氏称为：美国的势力已达海外的亚洲，这样既与我国同洲，如能以保美洲者保东亚，则东亚可安，列邦虽觊觎，亦将观望而不敢遽发，或亦因势利导之一策乎。提出：言此义以立言非特为中计，亦所以为美计也。书签题美国费城大书院演说。

6029 逻辑指要/章士钊著. 影印本. 上海：上海书店. 1991.12（民国丛书. 第三编. 哲学、宗教类；9）

本书为章士钊与金岳霖逻辑学著作的合订本。《逻辑指要》是关于中国逻辑史的一部专著，作者在该书中称逻辑为正思之学，即给所有思想立种种法式，相互推校、参照，“以期所得信为最正确者而归依”。本书与《逻辑》合订。

6030 马君武博士生平事迹/秦道坚编撰.［出版地不详］:［出版者不详］. 1980.10

全书包括：简介、马君武博士的家庭、马君武博士的治学和办学精神、马君武博士的诗词与作风、马君武博士的亲笔遗墨、马君武博士著作（四篇）和附录《马君武追随国父革命纪略》。书中附有照片。

6031 马君武传/欧正仁. 内部发行. 南宁：中国人民政治协商会议广西壮族自治区委员会文史资料研究委员会. 1982.1

马君武是我国民主革命时期的政治活动家、教育家、爱国诗人。此书分《勤奋学习》、《寻求救国与革命之路》、《学者诗人》及《一代宗师》四章。后附有他的诗选。

6032 马君武集：1900－1919/马君武著；莫世祥编. 武汉：华中师范大学出版社. 1991.10（辛亥人物文集丛书；8）

本书收录了1900－1919年间马氏的著译作品及此后马氏回忆这段期间活动的文稿。本集分文集、诗集和附录3部分，均以时间先后为序。

6033 马君武诗选/马君武著. 南宁：广西纪念马君武先生诞生一百周年筹委会. 1981.7

本书为纪念马君武先生100周年诞辰特编印出版。包括：《归桂林途中》、《漓江舟中》、《西湖》、《寄生虫》、《别英伦》、《故乡》、《天台山》、《扬州》等诗篇。书中附有照片。

6034 马君武先生百年诞辰纪念特刊/马君武先生百年诞辰纪念特刊搜编委员会编辑. 台北：马君武先生百年诞辰纪念特刊搜编委员会. 1981.6

全书包括：遗像、题词、生平留影、行谊关系图片、序传、遗墨拾零、遗作选例、纪念

专文、附刊、纪念筹备和编辑后记。

6035 马君武先生纪念册/马君武先生纪念册编纂委员会辑. 铅印本. [出版地不详]：[出版者不详]. 民国间（1912—1949）

本书是关于马君武先生的一本相册。

6036 马叙伦/江渤著. 沈阳：辽宁教育出版社. 1987.1

本书对现代民主革命家、忠诚的爱国主义者、中国共产党的亲密朋友、著名教育家、中国语言文字学家、诗人和书法家马叙伦的生平和思想发展作了叙述和评介。有照片。

6037 马叙伦/江渤著. 再版. 沈阳：辽宁教育出版社. 1995.8

内容提要参见 6036。

6038 马叙伦/卢礼阳著. 石家庄：花山文艺出版社. 1999.9（著名民主人士传记丛书）

本书以传记的形式叙述了我国著名学者、教育家、革命家马叙伦的生平事迹。本书共分为：乔正书塾，高材生大哭；十里洋场，开辟"新世界"；江南岭南，"快播革命种"；扎根故乡，"送清朝的终"；"还我初服"，教书匠进京；反袁南下，欲"彰彼恶德"；重返北大，痛失陈先生等 25 章的内容。本书还附有序、马叙伦年表、后记等内容。本书有照片。

6039 马叙伦诗词选/马叙伦著；周德恒编. 北京：文史资料出版社. 1985.3

本书诗选以 1948 年马叙伦于香港候船时手书《寒香宧诗》册页两卷及 1948 年以后新作《寒香宧诗补编》两卷为基础，共选出 336 首。词选部分以马叙伦早年自辑之《寒香宧词稿》为基础，共计收词 93 首。本书有照片。

6040 马叙伦言论集/马叙伦著. 初版. 临沂：山东新华书店. 1946.8（民主言论选）

本书收入作者的《卷头语》、《走上民主的路吧!》、《政治协商会的大礁是什么?》、《关于国民大会最后的饶舌》、《新春试笔》、《写在政治协商会议闭幕以后》、《怎样结束昆明惨案》、《重庆有我们的中央政府吗?》等 25 篇文章。

6041 马叙伦言论集/马叙伦著. 再版. 大连：大众书店. 1947.5

内容提要参见 6040。

6042 马叙伦与中国民主促进会/马烈著. 广州：广东人民出版社. 2004.5（中国各民主党派主要创始人传记丛书）

本书介绍了中国民主促进会的创始人之一马叙伦的生平，共 15 章，内容包括：反对清朝封建专制统治、为抗日反蒋而奔走呐喊、反对内战、成立中国民主促进会、在第二条战线冲锋陷阵等。有照片。

6043 马叙伦政论文选/马叙伦著；民进中央宣传部编. 北京：文史资料出版社. 1985.4

本书选辑了 1945 年 4 月至 1948 年 10 月期间，马叙伦在《民主》、《周报》、《群众》、《文汇报》等进步报刊上发表的部分文章，共计 50 篇，本书还附有马叙伦生平和照片。

6044 曼殊大师全集. 1—4 册/苏玄瑛著；文公直编. 胜利后再版. 上海：教育书店. 1947.1

本书收录了清末民初著名诗人、僧人、作家苏曼殊的各种著作。本书分为了序、传、年谱、诗文集、小说集、附录。诗文集共有 5 卷，11 种，335 题，721 篇章，分为诗集和文集两部分；小说集共有 2 卷，8 种，43 章，包括创作和译作两部分。附录 3 卷，3 编，62 题，107 篇。本书有插图。

6045 曼殊大师全集/苏曼殊著；文公直编. 影印本. 台北：文海出版社. 1971.1

本书分为诗文集和小说集。本书有序、传、年谱、附录。本书有肖像。

6046 曼殊代表作/苏曼殊著；织云编. 上海：亚细亚书局. 1928

全书有《例言》、《曼殊传略》、《曼殊遗诗》、《曼殊遗札》、《燕子随笔》、《非梦记及其他小说》6章，分上、下两册。

6047 曼殊外集：苏曼殊编译集4种：［中英文本］/朱少璋编. 北京：学苑出版社. 2009.1

本书收录了苏曼殊4种编译材料：《文学因缘》、《潮音》、《拜伦诗选》和《汉英三昧集》，集中反映出苏曼殊在翻译方面的成就。

6048 曼殊遗迹. 第一册/萧纫秋藏；柳亚子编. 复印本. 上海：［出版者不详］. 1940

本书收录了清末民初著名诗人、僧人、作家苏曼殊的手迹影印件。全书共包括影印件95篇，其中梵文墨迹1篇，汉文墨迹1篇，遗画24篇，手札3篇，杨沧白曼殊画题跋3篇，杂记42篇，摄影及题识2篇，遗物照片2幅，以及孙中山先生曼殊遗墨题字、曼殊大师像等。

6049 毛泽东同志的青少年时代和初期革命活动/萧三著. 北京：中国青年出版社. 1980.7

全书分6章，包括：帝国主义和封建主义双重压迫下的少年、卷入辛亥革命运动的漩涡、他是怎样认真学习和刻苦锻炼的、“组织起来”的第一页（社会活动的初步经验）、站在新文化运动—新民主主义运动的前哨、传播马克思主义，建立中国共产党、大规模地努力作工人运动。书中附有照片和在毛泽东思想旗帜下前进（序言）。

6050 毛泽东早期文稿：1912.6－1920.11/毛泽东著；中共中央文献研究室，中共湖南省委《毛泽东早期文稿》编辑组编. 长沙：湖南出版社. 1990.7

本书编入了目前收集到的毛泽东早期的全部文稿。自1912年6月起至1920年11月，有文章、书信、诗词、读书批注、日志、纪事录、谈话、广告、报告、通告、启事、文电、章程、课堂笔记等151篇。附照片。

6051 毛泽东早期文稿：1912.6－1920.11/中共中央文献研究室，中共湖南省委《毛泽东早期文稿》编辑组编. 再版. 长沙：湖南出版社. 1995

内容提要参见6050。

6052 毛泽东早期文稿：1912.6－1920.11/中共中央文献研究室，中共湖南省《毛泽东早期文稿》编辑组编. 再版. 长沙：湖南人民出版社. 2008.11（湖湘文库；380）

内容提要参见6050。

6053 毛主席论近代中国人民革命斗争：1840－1919/山西师范学院政史系历史教研组翻印. 太原：山西师范学院政史系历史教研组. 1972.3

全书分10个部分，包括：人民，只有人民，才是创造世界历史的动力；近代中国社会的性质和特点；近代中国社会的主要矛盾；近代中国革命的对象和任务；近代中国社会各阶级分析和中国革命的动力、近代中国革命发生的原因和性质；近代中国人民的革命斗争；近代中国的文化；近代中国革命的前途等内容。书中附有注释。

6054 毛主席论中国近代史/华中师范学院历史系中国近现代史教研室编. 北京：中国人民大学. 1974.4

全书分8章，包括：总论；帝国主义和中国封建主义相结合，把中国变为半殖民地和殖民地的过程，也就是中国人民反抗帝国主义及其走狗的过程；近代中国人民的革命斗争；根本的革命力量是工农，革命的领导阶级是工人阶级；资产阶级不能领导中国革命到胜利；近代文化思想战线上的斗争；近代历史人物、党派、团体；旧民主主义革命向新民主主义革命的转变。书中附有附录：《毛泽东选集》中有关中国近代史的注释。

6055 缅怀朱德委员长/朱敏著. 南昌：江西人民出版社. 1978.7

本书介绍了朱德同志的生平事迹，重点讲述了朱德同志在中国革命时期的生活、革命思想、作战方针及参与策划的重要历史事件。

6056 民初风云传奇：蒋介石与共产党的斗争史/张禹清著；金恕贤改编. 台北：汉湘文化事业公司. 1995.2（纪史文学；11—12）

本书共32章，以故事的形式讲述了蒋介石的政治活动及斗争的历史。

6057 民初时期的阎锡山/曾华壁著. 台北：台湾大学出版委员会. 1981.6（台湾大学文史丛刊）

本书分6章：阎锡山与民国筹建、袁世凯当政时期（民国元年至五年）、皖系当政时期（民国六年至九年）、直系当政时期（民国九年至十三年）、临时执政政府时期（民国十三年十一月至十五年四月）、阎锡山与民初时期之山西建设（民国六年至十六年）。本书有自序、绪论、结论、参考书目。

6058 民初议员列传/（日）佐藤三郎，井上一叶同编. 再版，影印本. 台北：天一出版社. 1975

本书为中日英文本，记述了民初当选为议员的政治家们的传记。附《民初政党及议会史》。有照片。

6059 民国大老——吴稚晖/路小可著. 兰州：兰州大学出版社. 1997.4（民国人物大系）

全书共14章，包括：家世与童年、博取科举功名、由“陋儒”到维新、《苏报案》之前后、主笔《新世纪》、民国初年的活动、鼓吹海外兴学之枝枝叶叶、科学人生观论战的押阵大将、卷在国民革命的潮流中等内容。

6060 民国大总统黎元洪/鲁永成主编；全国政协文史资料委员会等编. 北京：中国文史出版社. 1991.9

本书讲述了黎元洪的出身，投身水师学堂和在清朝从管轮到协统的经历；介绍了武昌起义时黎元洪被推为湖北军政府都督和北上任副总统、大总统的情景以及晚年寓居天津和从事经营活动等情况。书中有照片和附录：黎元洪年谱，黎氏族谱，关于黎元洪的家世及族谱。

6061 民国第一家：蒋介石家世/齐鹏飞著. 北京：团结出版社. 2007.1（蒋氏家族系列）

本书是民国第一家——蒋介石家族的全记录。中国国民党的历史，很大程度上就是一部蒋家王朝史。本书编纂的初衷，是为了从蒋氏家族的兴衰透视20世纪中国社会的沧桑。

6062 民国第一位法学家：王宠惠传/段彩华著. 台北市：近代中国出版社. 1982.1（近代中国丛书. 先烈先贤传记丛刊. 24）

本书有渊源、旭日、海的启事、在日本、纽约相聚、履痕、回国、密使北方等13章内容。本书还附有王宠惠先生大事年表、后记。本书有插图。

6063 民国第一杀手：“爷头邦”帮主王亚樵传/西尔枭著. 北京：文化艺术出版社. 2009.2

本书描述了一代乱世枭雄，来自安徽的王亚樵，推行比较激进的革命恐怖主义的一生。

6064 民国胡展堂先生汉民年谱/蒋永敬编著. 影印本. 台北：台湾商务印书馆. 1981.1（新编中国名人年谱集成. 第十二辑）

胡汉民先生为中国近代革命运动中杰出的理论家之一。他前后21年追随孙中山先生参加革命精诚无间。本书分年记述了胡汉民先生的生平。

6065 民国李雪生先生根源自撰年谱/李根源著. 影印本. 台北：台湾商务印书馆. 1981.1（新编中国名人年谱集成. 第十四辑）

本书为李根源先生自撰年谱，全书共3卷，记述了他五十岁之前的事迹。正文前有王云五手书《新编中国名人年谱集成附详尽索引序》及本书编委会的《序》书末附有李根源45岁时周兆麟为其笔录的《简历》和金天翮所作《跋》。

6066 民国李石曾先生煜瀛年谱/杨恺龄撰．影印本．台北：台湾商务印书馆．1980.5（新编中国名人年谱集成．第八辑）

李石曾以逊清相国贵公子，敝履富贵尊荣，力赞革命，至民国成立，跻为元勋。本书为其年谱。书中附有照片、新编中国名人年谱集成附详尽索引序、序、褒扬令和后记。

6067 民国奇才于右任/陈四长，潘志新著．北京：中国青年出版社．1989.6（中国现代名人传记丛书）

本书包括生于乱世、苦命的母亲、侠义赶脚人、斗口于家、九姑娘受托育孤、上学、父亲回来了、先严庭训等70章内容。本书附有代序和后记。本书有照片。

6068 民国十年之吴佩孚/改造湖北同志会．影印本．台北：文海出版社．1981（近代中国史料丛刊续编第八十辑；795）

全书包括序论、吴佩孚已往之行径、乘机渔利之吴佩孚、吴佩孚掘堤殃民写实、吴佩孚发起庐山会议之反响、舆论包围之吴佩孚、任人笑骂之吴佩孚等内容。本书还附有德一斋主人所编《吴佩孚战史》。

6069 民国十五年以前之蒋介石先生/毛思诚主编．台北：[出版者不详]．[出版年不详]

本书按时间顺序讲述了民国十五年之前蒋介石在教育、政治、革命等方面的经历。

6071 民国十五年以前之蒋介石先生：八编/毛思诚辑．铅印本．[出版地不详]：[出版者不详]，民国二十六年（1937）

本书为蒋介石40岁之前的个人纪年史传。毛思诚做过蒋介石的训蒙教师，历任黄埔军校秘书处少校秘书、国民革命军总司令部中校秘书、总司令办公厅文书科上校科长、国民革命军战史编纂委员会常委、国民政府主席办公室秘书、监察院监察委员等职，蒋介石曾将手卷、日记、毕业文凭、公牍等交他收藏，作者利用这些珍贵的一手资料，参以公署档案、书刊报纸、传闻故事等，辑成此书。书中记载蒋介石的每日工作生活，细致翔实，是研究蒋介石生平的珍贵资料。全书共分为8编：包括幼年时期、少年时期、留学时期、光复时期、违难时期、韬养时期、黄埔训练时期、北伐开始时期。本书20册。

6072 民国图治刍议/伍廷芳撰．铅印本．上海：商务印书馆，民国四年（1915）

本书包括：论前清不国之原因、论中国改共和之原理、论民国应用何等治法、论教育亟须改良、论财政之挽救、论钱法之措置、论国家生财之大纲、论矿产为开源之大利等30章。

6073 民国吴稚晖先生敬恒年谱/杨恺龄撰编．台北：台湾商务印书馆．1981.4（新编中国名人年谱集成．第十三辑）

本书为吴稚晖门人杨恺龄根据其遗稿所作之年谱，共两卷。书中附有照片、新编中国名人年谱集成附详尽索引序、本书编委会序、褒扬令和跋。

6074 民国枭雄：论蒋介石“功”与“过”/张禹清编著．台北：汉宇出版公司．1995.8（历史宝库；5—6）

本书讲述了蒋介石的成败历史，书中包含蒋介石建立黄埔军校、革命军北伐、中原大战、抗日战争等主要历史事件。

6075 民国于右任先生年谱/刘延涛编．影印本．台北：台湾商务印书馆．1981.1（新编中国名人年谱集成．第十二辑）

本书收录于氏世系图、于右任先生年谱等。附录：《于右任先生治丧纪要》。有肖像。

6076 民国元老李根源/谢本书，李成森著. 昆明：云南教育出版社. 1999.9

本书以人物传记的形式对著名的资产阶级民主革命家、民国元老、杰出的爱国民主人士李根源先生的生平事迹进行了详细的叙述。本书包括腾冲是故乡·家史源流长、长在边疆·心系中华、留学日本·加入革命组织、筹办讲武堂·培养军事干部、片马烽火骤起·探险西南边陲、辛亥风云·昆明起义、腾越起义·滇西事变、入京为众议员·被通缉逃亡日本等22章内容。本书附有《李根源生平简表》、序、跋各1篇。有照片。

6077 民牧良箴/唐继尧辑. 铅印本. 云南：云南省公署，民国十五年（1926）

本书收：清蒋士铨著《官戒诗》与清倭仁著《吏治辑要》两书。唐继尧在序中言："前清以科举取士，则学非所用……；民国用人注重法律政治，入仕者必由法政学校毕业，以故有不能尽泥古编者……。公余之暇浏览载籍，见倭文端公之《吏治辑要》，蒋心余先生之《官戒诗》于临民极有裨益。因汇编成帙，颜《民牧良箴》，刊发各地方官，以资循省……"

6078 民元前的鲁迅先生/王冶秋著. 复制本，东北版. ［出版地不详］：峨嵋出版社. 1948.10

全书共4章，介绍了鲁迅从出生到32岁的生活经历，包括："故乡与童年"、"由困顿走入歧途"、"海外八年"、"归来与走出"。书中附有许寿裳和陶冶公的悼诗、鲁迅的自传和《自题小像诗》、景宋的《民元前的鲁迅先生》、许寿裳的《鲁迅先生年谱》及著者后记。

6079 民治起点/蔡元培著. 广州：新世纪出版社. 1998.1（学者小品经典. 第一辑）

本书分为文与论、诗与联两部分。其中文与论包括：《科学之修养》、《告北大同学诸君》、《说青年运动》、《民治起点》等。诗与联包括：《佛学》、《西湖柳》、《文人》、《拿破仑》等。

6080 民主斗士——冯玉祥传/张传华著. 北京：团结出版社. 2000.8（民国知名人物丛书）

冯玉祥先生是中国近现代史上杰出的爱国将领。本书分为5篇，记叙了冯玉祥将军的少年时期经历和从联蒋到反蒋，最终成为抗战英雄和民主斗士的事迹。

6081 民主革命先驱刀安仁/曹成章著. 北京：中国社会科学出版社. 2010.3（中国边疆民族地区历史与地理研究丛书）

本书共分30个章节，运用民族学与历史学相结合的方法，对刀安仁参加腾越民主革命的历史进行了研究。具体内容包括：腾越傣族社会经济、忠诚镇守国门、奋勇抗击入侵、革命党人秦力山、秦力山在干崖等。有照片，地图。

6082 闽都骄子：林觉民传/管伯华，云北著. 福州：海峡文艺出版社. 1992.3

本书共20个章节，主要内容包括：历史在哪里留下脚印、热情的空想、凌云壮志、驱除鞑虏、清澈的瞳仁、在水一方、梦者的惊觉、历史的呼吸等。

6083 名家谈修养/蔡元培等著. 台北：牧村图书有限公司. 2002.11（名家名著精选；11）

本书收有《信仰，理想，热忱》、《饮酒》、《修德》、《论幽默感》、《低级趣味》、《谈人生的志趣》、《谈价值意识》、《青年成功的要素》等47篇文章。书中附有前言。

6084 名人谈蒋介石/齐甫编. 乌鲁木齐：新疆人民出版社. 1996.12

本书收集了一些名人的回忆性文章，可以让读者更全面地了解蒋介石其人。

6085 明夷词钞：一卷/宁调元撰；柳亚子辑. 铅印本. ［出版地不详］：［出版者不详］，民国四年（1915）

宁调元（1873－1913）字仙霞，号太一，湖南醴陵人。1904年加入华兴会，次年留学日本，并加入同盟会。曾创办《洞庭波》杂志，后改名《汉帜》，又参与编辑《民报》，主编《帝国日报》，创办《民声日报》等。后赴武汉讨袁，被湖北总督黎元洪逮捕并杀害。著有《太一遗书》。本书共辑录了宁调元词作共 7 首：《蝶恋花》、《归自谣》、《芳草渡》、《长相思》、《鹊踏枝》、《千秋岁》、《相见欢》等。

6086　明夷诗钞：二卷/宁调元撰；柳亚子辑. 铅印本. ［出版地不详］：［出版者不详］，民国四年（1915）

本书辑录了宁调元（1873－1913）诗歌数首，如《梅题画》、《冬夜漫成三什》、《日居五什》、《冬夜怀笃朋》、《读史感书》、《幽室六什》、《岁暮感赋》、《多清福》等。

6087　明遗老腾冲指挥佥事李钟英先生碑文/李根源辑. 铅印本. 京师：京华印书局，民国间（1912－1949）

此为李根源所录其先祖李钟英的碑文，述及李钟英入仕履历等。后附李根源邦人，友朋赵藩、赵铨等人阅碑文后所撰题咏。

6088　磨剑室词/柳亚子撰. 抄本. ［出版地不详］：［出版者不详］，民国间（1912－1949）

本书分 6 卷，收录有柳亚子丁未至壬申间（1907－1932）的词作，包括卷 1《大有·步韵答慧云见怀之作》，卷 2《金缕曲·题慧云沧桑红泪词》等。书衣有柳亚子 1950 年题赠北京图书馆识语。本书有柳亚子钢笔题记。

6089　磨剑室文录/柳亚子著；中国革命博物馆，上海人民出版社编. 上海：上海人民出版社. 1993.12（柳亚子文集）

本书分磨剑室初集、二集、三集、四集及补遗 5 大部分。本书附照片。

6090　磨剑室藏革命文库目录/柳亚子藏；胡道静等编. 阿英抄本. ［出版地不详］：［出版者不详］，民国三十年（1941）

本书内容分 7 部分，共收 136 条书目，分别为：著录 23 条，翻译 15 条，历史 24 条，小说 17 条，丛书 5 条，杂志 48 条，汇编 3 条。郑振铎西谛旧藏。

6091　莫理循眼里的近代中国，北京的莫理循/沈嘉蔚编撰；窦坤等译. 福州：福建教育出版社. 2005.9

本书收有多幅莫理循拍摄的清末民初老照片，记录了莫理循在北京的生活，包括：1894，莫理循的中国之行；中国的莫理循；莫理循的中国大家庭；莫理循的图书馆；莫理循结交的中国人士等内容。

6092　莫理循眼里的近代中国，目击变革/沈嘉蔚编撰；窦坤等译. 福州：福建教育出版社. 2005.9

本书收有多幅莫理循拍摄的清末民初老照片，包括：古老中国的风土人情；西北民众肖像；思茅民俗；蒙、藏、滇边的政情；酷刑在 1905 年废止；编练新军；扑灭鼠疫；辛亥革命与孙文的纸币；袁世凯步向帝制等内容。

6093　莫理循眼里的近代中国，世纪之交的战乱/沈嘉蔚编撰；窦坤等译. 福州：福建教育出版社. 2005.9

本书包括莫理循与在华洋人、基督教在中国，使馆解围与庚变善后等内容，重点放在他与中国的关系上，涉及中国事务的西方人士的照片尽量收入，每张均附有中英文对照的说明。

6094　莫理循与清末民初的中国/窦坤著. 福州：福建教育出版社. 2005.1

本书对莫理循与清末民初中国的关系进行了比较客观的研究与分析，同时依据原始资料考证了莫理循在华活动中的一些具体史实。本书共 5 章，包括：绪论；对中国的初步认识；任《泰晤士报》驻京记者及其对中国的宣传；莫理循与辛亥革命；任北京政府顾问及其对中国的影响；结论。书中附有引言和附录：《莫理循生平简表》。

6095 母亲的回忆/朱德等著；张学新，孙玉蓉选. 合肥：安徽教育出版社. 1997.1（峥嵘岁月丛书）

本书是老一辈无产阶级革命家的散文合集。收录了《清贫》、《长征纪事》、《囚语》、《老山界》、《母亲的回忆》等。

6096 南湖集古诗：一卷/廉泉撰；吴芝瑛编. 铅印本. ［出版地不详］：［出版者不详］，民国七年（1918）

本书包括以下几部分：读三十六天诸圣仙佛诗用集古体赋呈济师六首，题李季皋自反录十首，自反录索隐题词十首，集菊池惺堂所刊嘉道六家诗，集嘉道六家诗寄秀山督军铁珊上将六首，集嘉道六家诗寄子铭将军塞厓秘书六首，招隐十首寄书髓主人。

6097 南湖诗意/吴观岱画；吴芝瑛书；小万柳堂藏. 3版，影印本. 上海：文明书局，清宣统三年（1911）

吴观岱，原名宗泰，以字行，自号江南老画师，无锡人，善画山水、人物。本书共12帧，所画皆南湖诗意，包括：淞波帆影、南园逭暑、空谷团年、寒厓立雪图、三桥夕浪、南湖春泛、西泠寒食、文庐式孝等。本书题名据书名页，版权页题吴观岱南湖诗意。

6098 南湖诗意/吴观岱画；吴芝瑛书；小万柳堂藏. 影印本. 上海：文明书局，民国十九年（1930）

内容提要参见6097。

6099 南幽百绝句：一卷/宁调元撰；柳亚子辑. 铅印本. ［出版地不详］：［出版者不详］，民国四年（1915）（太一遗书）

宁调元简介参见6085。本书辑录了宁调元绝句共110首，分别为原诗四十什、至日诗七十什，两组绝句前均有小序。全文前有高旭、傅专、刘泽湘等题辞。

6100 南幽笔记：一卷/宁调元撰；柳亚子辑. 铅印本. ［出版地不详］：［出版者不详］，民国四年（1915）（太一遗书）

宁调元宁调元简介参见6085。本书收录了宁调元光绪三十三年—三十四年（1907－1908）在狱中读《汉书》及《沟洫志书》等所做的笔记。

6101 南幽杂俎：二卷/宁调元撰；柳亚子辑. 铅印本. ［出版地不详］：［出版者不详］，民国四年（1915）（太一遗书）

宁调元宁调元简介参见6085。本书收录同狱中之斩决者，孔子之教忠，孔子之右文，党案一班，劳动党之檄文及笔记等文章。

6102 宁调元集/宁调元著；杨天石，曾景忠编. 长沙：湖南人民出版社. 2008.1（湖湘文库；357）

宁调元的著作在他就义后曾由傅尃、刘谦等人收集，经柳亚子整理，按诗、词、文、札记等体裁分卷排列出版。本书将《太一遗书》列为上编，本书编者辑录所得则列为下编。此外，《宁调元被捕案卷》作为附录收在书末。

6103 宁海文史资料. 第二辑，童保喧专辑/中国人民政治协商会议浙江省宁海县委员会文史资料研究委员会编. 宁海：中国人民政治协商会议浙江省宁海县委员会文史资料研究委员会. 1990.8

本书内容包括：辛亥革命浙江临时都督童保喧、童保喧（伯吹）年表、童保喧诗抄。书中附有照片、《大总统令》、《童师长祠堂记》、《童师长传赞》及挽联、编后记等。

6104 女汉奸与汪精卫/幽燕编著. 北京：国际文化出版公司. 1997.1

本书讲述了川岛芳子与大汉奸汪精卫的秘史。附照片。

6105　女权篇/（英）斯宾塞（Spencer，H）撰；马君武译．铅印本．［出版地不详］：少年中国学会，1902

全书共分为十节。第一节之要旨，试论男女之权。第二节论平等自由之天则，男女两类莫不适用。第三节辟男女不同权之论。第四节论今日妇人之状态。第五节论女人服从男人之风。第六、七节证夫唱妇随之格言不可用。第八节驳夫妇同权不相睦之说，论夫妇和睦，组织家庭之幸福，非有平等自由不可。第九节论妇人可操政治权，而反对之说，皆据终焉。第十节是对各节的总结。

6106　女中之杰——宋庆龄/孙永猛著．济南：山东人民出版社．1985.3

本书以传记的形式叙述了宋庆龄光荣而伟大的一生。全书共包括前言、不平凡的父亲、信守诺言、要像孙先生那样生活、小小生命、一句名言、“举起共和国的旗帜！”、在中山先生最困难的时期等 52 个部分的内容。

6107　裴舟诗草：一卷/廖宇春撰．石印本．［出版地不详］：［出版者不详］，清宣统元年(1909)

本书分裴舟诗草、石愚诗钞、少游诗草 3 部分。其中，裴舟诗草有题沈屺云司马遗照、和张诗舲观察重葺平津馆落成原韵、书梅花扇送李东云观察升任都转并题一绝等篇。石愚诗钞有归棹图、再迭前韵、独登狼山浮图绝顶眺大江望金陵有感、晚泊等。少游诗草有忆淮阴、忆维扬、登君山、黄溪山居、赴日本江户游学等篇。书中涵盖了廖宇春及其祖父的作品，为明家学渊源，播作艺林佳话而刊印。书名页题《廖氏三叶蝉吟集》。

6108　霹雳手段：吴樾传/林适存著．台北市：近代中国出版社．1981.12（近代中国丛书．先烈先贤传记丛刊．23）

本书分 17 章：造时势的英雄、一花一世界、彩霞满空、青春结伴好还乡、煮酒论英雄、手提三尺剑、淮南自古多英杰、降魔神杖等。本书有先烈先贤传记丛刊序言、参考书目和照片。

6109　平凡的神圣——陶行知/章开沅，唐文权著．武汉：湖北教育出版社．1992.3

本书考察评析了陶行知跌宕起伏、具有传奇色彩的一生。有肖像及照片。

6110　平民主义/李大钊著；刘建国评注．北京：华夏出版社．2002.1（影响中国近代史的名著）

本书是中国共产党早期领导人李大钊撰写的一部具有反帝反封建思想的重要著作，以马克思列宁主义思想为指导，运用阶级斗争学说，对新民主主义革命初期中国革命所面临的一系列问题作了初步探讨。

6111　菩萨心肠的革命家：居正传/赵玉明著．台北市：近代中国出版社．1982.1（近代中国丛书．先烈先贤传记丛刊．25）

全书分 16 部分，包括：地灵人杰、立志东飞、东京三年、光华中兴、江汉风云、武昌首义、民国开光、讨袁之役、非常国会等内容。书中附有先烈先贤传记丛刊序言、图片和附录：《居觉生先生年表》。

6112　蕲水汤先生遗念录/汤化龙撰．影印本．台北：成文出版社．1969.3（清末民初史料丛书；33）

本书收录汤化龙游北美书札 15 通，日记 1 段，演说稿 5 件，其中书札及日记皆汤氏手笔。演讲稿或为他人笔记，或录自温哥华大汉报，仅《美东留学生恳亲会讲词》为汤氏手书。

6113　气贯长虹：李大钊/江沛，姬丽萍著．济南：山东画报出版社．1998.1（二十世纪华人名人小传记丛书）

本书以传记的形式叙述了我国共产主义运动的先驱和最早的马克思主义者、中国共产党的主要创始人李大钊光辉而伟大的一生。本书共分为5章：上下求索、东渡扶桑、“高撞自由之钟”、铁肩担道义、浩气贯长虹。本书有插图。

6114 前国民政府主席林公子超遗集/“国史馆”，中国国民党中央委员会党史史料编纂委员会编辑．台北：“前国民政府故主席林森先生百年诞辰纪念筹备委员会”．1966.2

本书内容分为前编、正编及附编。前编包括林森的照片、墨迹、遗嘱、事略、墓志铭以及孙中山的函电、手令等内容；正编均为林森的遗著，包括训词、函电、演讲、杂著等内容；附编包括记述林森的文字及悼文。本书附照片。

6116 墙头草总统黎元洪/何娟编著．北京：中国戏剧出版社．2005.12（中国名人大传）

本书内容包括：无奈被逼当都督、随风倒向革命党、用心良苦争权位、心狠手辣菩萨变屠夫、巧设圈套处死元勋、举起屠刀血洗湖北等。

6117 瞧，这人：日记、书信、年谱中的胡适（1891—1927）/邵建著．桂林：广西师范大学出版社．2007.12

本书分3部分：成长年代（1891－1910）、负笈北美（1910－1917）、海归以后（1917－1927），介绍了胡适思想的形成、发展与变化。

6118 峭谷诗稿/张肖鹄著；辛亥革命武昌起义纪念馆选注．武汉：湖北教育出版社．1991.1

本书收录了辛亥志士张肖鹄的诗作500余首，以及其学生增补的4首佚诗。

6119 且顽老人七十岁自叙/李平书撰．影印本．台北：文海出版社．［出版年不详］（近代中国史料丛刊续编．第五辑；45—46）

安曾，字平书。三十岁改名钟珏，号瑟斋。六十岁时别号且顽。他七十岁后由地方人士公举，服务市政多年。上海的地方自治和市政改良，包括修路、筑桥、办学、设医院等一系列实业、文教卫生、警务与市政规划，及上海辛亥革命的源起、过程、结果，其与同盟会、光复会人物的联络合作等都在本书中予以了详述。全书共两册，书中附有墨迹和照片。

6120 钦商盛宣怀/汤黎著．武汉：崇文书局．2009.1

本书结合时代大背景，选取盛宣怀一生的主要活动加以描述，以期能客观地评价这个人物。本书附插图。

6121 秦力山集/（清）秦力山撰；彭国兴，刘晴波编．北京：中华书局．1987.1（中国近代人物文集丛书）

本书收集了秦力山（1878－1906）的诸多作品，如：论衡州向道隆勤王之事、汉变烈士事略、吊汉难死友、政党说、论非立大政党不足以救将亡之中国、说奴隶、中国灭亡论、亡国篇等。

6122 秦中文牍/李根源撰；薛正清辑．铅印本．［出版地不详］：［出版者不详］，民国间（1912—1949）

本书为李根源在1917年任陕西省长时的公文、电文汇编，反映了李根源在陕西整顿吏治、开办学校、发展工矿水利各业的治绩，后附其演说词、序跋、祭文、祝寿文、省长公署办事细则、陕西省公署职员表等。

6123 青年蒋介石/崔晓忠编著．北京：华文出版社．2003.5

本书讲述了蒋介石参加辛亥革命、主政黄埔军校、带领黄埔学生平息商团叛乱、游刃于国共之间、半年之余打下半壁江山建立南京国民政府等故事。

6124 青年蒋介石/崔晓忠编著．再版．北京：华文出版社．2007.8

内容提要参见6123。

6125 青年朱德/谢储生著. 广州：广东教育出版社. 1995.8（帅星升起丛书）

本书讲述了朱德从出生到1927年八一南昌起义的经历。本书共分为：琳琅山下一佃户、童年家贫志不穷、除夕逼债家破离、幸拜恩师席聘三、寒门弟子求学难、新旧斗争县学堂、千里迢迢从军行、投宿临阳小客栈等42章内容。本书有序1篇。

6127 清末巨商王炽：同庆丰纪事/葛永才著. 昆明：云南民族出版社. 1998.10

本书全面记述了同庆丰及其外埠分号天顺祥近40年发展与衰落的历史，客观公允地评述了清末富商巨贾王炽。

6129 清容闳酌拟银行章程/（清）容闳撰. 抄本. [出版地不详]：[出版者不详]，清末民初（1851—1921）

本书内容主要是容闳建议中国创设银行，宜参酌美国银行定例，因其最称精善。他强调先必示民以信，同时拟请筹拨官款设总银行于京都，开矿供银行铸币，并预见到创办之后，风气日开，各省分行将踊跃继起。原书应附容闳拟就的银行章程四十条，今无存。本书2册。

6130 清儒得失论：刘师培论学杂稿/（清）刘师培著. 北京：中国人民大学出版社. 2004.9（朗朗书房. 国学基础文库）

本书辑有《清儒得失论》、《汉宋学术异同论》、《字义起于字音说》、《群经大义相通论》等著述。

6131 清史稿. 第四十二册（卷四五八至卷四七五传）/赵尔巽等撰. 北京：中华书局. 1977.8

本书包括卷四百五十八至卷四百七十五，包含徐延续、唐炯、何璟、张兆栋等人列传。

6132 情僧长恨——苏曼殊/宋益乔著. 太原：北岳文艺出版社. 1987.5（作家艺术家文学传记丛书）

本书分上、中、下3篇，讲述了诗人苏曼殊的生平事迹以及坎坷的人生道路。本书附照片。

6133 情僧梦露：苏曼殊画传/邵盈午著. 北京：团结出版社. 2006.1

本书包括难言之恫话童年、披发长歌览大荒等7个章节，以画传的形式介绍了苏曼殊的一生。

6134 情僧诗僧苏曼殊/刘诚，盛晓玲著. 上海：学林出版社. 2004.5

本书记述出身于日本的苏曼殊于清末民初动荡的中国社会中的情感生活与创作，并对其诗歌进行了评价。

6135 秋园杂佩：一卷/（清）陈贞慧撰. 刻本. 武进：盛氏思惠斋，清光绪二十一年～二十四年（1895—1898）（常州先哲遗书）

本书包括庙后菜、兰、庞公榛、竹菇、香橼、鹦鹉啄金杯、湘管及黄熟等14篇文作，其中杜鹃原文和永定海棠原文缺。对于书中所记及作者的创作意趣，友人在序中论述道："皆记载耳目间物，近而小者，或曰心远地偏，以消永日，其杂佩之谓乎……陈子意者……博文武之道未坠于地。"

6136 求索：一九二二年前的朱德/罗歌编著. 昆明：云南人民出版社. 1985.3

本书力图遵循历史唯物主义的原则，以朱德从一个普通的佃农的儿子如何成长为一个爱国主义名将，尔后又转变为一个马克思主义者为主线，反映了他的光辉革命业绩，赞颂他的高尚品德和革命情操。本书有照片。

6137 曲石丛书：五种/李根源撰辑. 刻本. 腾冲：李氏曲石精庐，民国间（1912—1949）

本丛书为李根源所编印，收李根源所撰吴郡西山访古记五卷、虎阜金石经眼录一卷补一卷、洞庭山金石二卷，及清文含所撰文氏族谱续集一卷、曹琨撰腾越杜乱纪实一卷。李根源自撰三书为民国十五年（1926）闲居时，独游苏州西山及虎阜等地，访碑碣及先生墓志所做。本书10册。

6138　趋庭记述：二卷/（清）经元善辑．刻本暨石印本．上虞：上虞经氏，清光绪二十三年（1897）

本书共分两卷，前有同治四年（1865）上谕两道、褚成博序、沈善登序、资政公遗像、资政公坟山图、敬修义塾图。正文收资政公自叙义塾碑记、义塾规条碑记、义塾田亩碑记、急公好义捐山碑记、续捐义山碑记、义渡俚言碑记等。本书2册。

6139　渠园外篇十种/夏莲居著．北京：华艺出版社．2009.7

本书收录夏莲居所写：鲁东胜稿、明湖片影、海外吟、倦游咏、一吁草、欣然录、弦外音、艺林漫兴、中山引、秀丽辞、与辛亥革命山东独立前后记。附生字表。

6140　渠园外篇十种/夏莲居著．扬州：广陵书社．2009.7

内容提要参见6139。

6141　全民政治论/（美）威尔科克斯著．廖仲恺译．沪二版．上海：中国文化服务社．1946.1（中国国民党丛书）

本书分为4章："序论"、"创制权"、"复决权"、"罢官权"。书前有廖仲恺的"译序"。

6142　权力的十字架：冯国璋传/季宇著．天津：百花文艺出版社．1997.3

本书为一部历史长篇小说，主要描述了北洋名将冯国璋的戎马生活和政治生涯。小说艺术地再现了清末至民国初期数十年的风云变幻，再现慈禧驾崩、清帝退位、辛亥革命、袁世凯称帝等重大历史事件，涉及袁世凯、段祺瑞、冯国璋、黄兴、张勋等众多著名历史人物。本书共有15章内容。

6143　攘书/刘光汉撰．初校铅印本．［出版地不详］：［出版者不详］，民国间（1912—1949）

作者在目录中说："'攘'字从'襄'得声，阚土怀远为'襄'，故'攘'字即为'攘夷'之'攘'，今《攘书》之义取此。"本书用朱、墨二种笔进行校改，共有《华夏篇》、《夷裔篇》、《夷种篇》、《苗黎篇》、《胡史篇》、《溯姓篇》、《渎姓篇》、《辨姓篇》等16篇文章。

6144　攘书：一卷/刘师培撰；郑裕孚，钱玄同辑．校印本．宁武：宁武南氏，民国二十三年～二十五年（1934—1936）

本书为《攘书》的定本，收入《刘申叔先生遗书》，亦为铅印本，共有《华夏篇》、《夷裔篇》、《夷种篇》、《苗黎篇》、《胡史篇》、《溯姓篇》、《渎姓篇》、《辨姓篇》等16篇文章。

6145　热血不禁真爱国：读唐继尧诗忆云南往事/百纳．昆明：云南人民出版社．2005.12

本书分"诗"、"文"、"记"3部分。"诗"部分收录有唐继尧诗歌30首，包括《大同歌》、《有感》、《自由花》等。"文"部分收有纪念文章6篇，包括《我的舅父唐继尧》、《唐继尧与近代云南教育》等。"记"部分收有《晨草军书夜放歌》、《唐继尧督滇大事记》两篇文章。

6146　人淡如菊——张元济/李西宁著．香港：中华书局（香港）公司．1999.11（二十世纪中国名人小丛书；14）

本书讲述了张元济的生平事迹。本书共分6章：短暂的仕途之旅、高山流水成绝音、灵魂的炼狱、从涉园涵芬楼到东方图书馆、人淡如菊、仁者寿。附照片。

6147　人中麟凤——柳亚子/吴国良，殷安如主编；吴江市文化局柳亚子纪念馆编．苏州：苏州大学出版社．1994.3

本书包括柳亚子诗选、柳亚子自传、柳亚子年表，另有缅怀柳亚子先生的文章多篇。本书附照片。

6148 仁智的山水：张元济传/吴方著．上海：上海文艺出版社．1994.12（世纪回眸．人物系列）

本书介绍了张元济的生平事迹。全书包括：从南方到北方、冠盖京华、在南洋公学、青季十年、出版家、仁山智水、落日楼台、沧海又沉浮等 9 章。本书附有引言，后记，附录和照片。

6149 仁智的山水：张元济传/吴方著．台北：业强出版社．1995.2（中国文化名人传记；21）

内容提要参见 6148。

6150 日记的胡适：他和影响了那个时代的他们/李伶伶，王一心著．西安：陕西人民出版社．2007.11

本书根据胡适的日记，尤其从他与蔡元培、马寅初、傅斯年、陈独秀、辜鸿铭、鲁迅、梅兰芳、郭沫若、徐志摩、孙中山、毛泽东、蒋介石、陈垣、张爱玲等诸位著名人物交往的记录中解读了他的内心世界。

6151 荣禄/杨剑利等著．北京：民族出版社．2003.7（晚清风云人物史话）

本书包括：功臣世家、宦海沉浮、旧臣图新、政变疑案、镇压拳民、功过是非等 6 章。

6152 荣县文史资料选辑．第七辑，雪眉诗集/龙鸣剑著；中国人民政治协商会议四川省荣县委员会文史资料研究委员会编．复制本．荣县：中国人民政治协商会议四川省荣县委员会文史资料研究委员会．1988.1

本书内容包括：纪念龙鸣剑烈士、龙鸣剑其诗其人、辛亥革命的真正英雄、过香溪（4 首）、过三峡（1 首）、枕上口占（1 首）、怀古四章（4 首）、洞中自嘲（1 首）等。

6153 容闳/钱炳寰编写．北京：中华书局．1963.9（中国历史小丛书；117）

本书讲述了接受西方资本主义教育的中国第一人容闳的留学经历，以及他回国后的思想发展和政治活动。

6154 容闳/伍莉洁编著．北京：中国国际广播出版社．1996（爱国主义教育丛书）

本书包括：童年时代、出国留学、回到祖国、访查太平军、投奔曾国藩服务于洋务派、教育计划的实现与夭折、参加变法维新、晚年倾向革命 8 个章节。

6155 容闳/徐行著．天津：新蕾出版社．1993.5，1994.10 重印（中华历史名人丛书）

本书讲述了容闳执著追求、不断探索、不断前进的一生，全书分为 4 个部分：早年的坎坷经历、为教育救国奔忙、终于实施的留学教育计划、晚年的新探索。

6156 容闳：向西方学习的先驱/顾长声著．上海：上海人民出版社．1984.11（祖国丛书）

本书讲述容闳的生平与留学经历，展现了他的爱国思想和社会实践，以及容闳对近代中国的进步事业产生的积极影响。附录《生平大事年表》。本书附插图。

6157 容闳传/刘中国，黄晓东著．珠海：珠海出版社．2003.7

本书介绍了中国近代化的先驱人物容闳，他是一位满怀激情的伟大爱国者、一位富有远见的伟大教育家、中国近代化的推动者和实践者、一位与时俱进的伟大革命家等。

6158 容闳传记资料/朱传誉主编．影印本．台北：天一出版社．1979.11

本书共两册，收录了关于容闳的各种资料，包括报纸、期刊、文集、论文等。

6159 容闳评传/陈汉才著．广州：广东高等教

育出版社．2008.1

本书介绍了中国现代化先驱——容闳的生平事迹，包括苦难的童年、扬起赴美留学的风帆、学成归国、启动了中国近代留学教育的年轮等章节。

6160　容闳与科教兴国：纪念容闳毕业于美国耶鲁大学150周年论文集/珠海容闳与留美幼童研究会主编．珠海：珠海出版社．2006.1（珠海历史文化书系．容闳与留美幼童研究丛书）

本书是纪念容闳的论文集，包括《容闳关于教育近代化的思想及其影响》、《简论近代新中国运动的先驱者容闳》、《从19世纪的中日美关系看留美幼童》等。

6161　容闳与中国近代化/吴文莱主编．珠海：珠海出版社．1999.1

本书介绍了容闳的爱国思想、教育救国思想、改革主张、容闳与辛亥革命、容闳与西学东渐等方面内容，展现出容闳对中国近代化的深远影响与卓越贡献。

6162　容闳自传：我在中国和美国的生活/容闳著；石霓译注．上海：百家出版社．2003.8

本书描述了其赴美之前的早期教育，及在美国学习8年后回到中国的历程。

6163　容闳自传：我在中国和美国的生活：［中英文本］/容闳著；恽铁樵，徐凤石译．北京：团结出版社．2005.1（名人名传）

容闳号称我国“留学第一人”。本书前5章叙述了作者赴美前的早期教育，以及到美国后的学习经历。后6章介绍了作者8年后重返中国的情况。

6164　柔暗总统黎元洪/李书源著．长春：吉林文史出版社．1995.3（民初五大总统列传）

本书分7章，包括：“水陆两栖”的清军将领，卷入革命大潮，副总统时代（一），副总统时代（二），在“洪宪”的闹剧中，风云际会：出任总统，二度出山。书中附有照片和附录：《黎元洪大事年表》、《黎元洪后代概况》。

6165　柔暗总统黎元洪/潘荣著．长春：吉林文史出版社．1995.3，2006重印（民初五大总统传奇）

本书内容包括：水陆两栖的清军将领、卷入革命大潮、副总统时代、在洪宪闹剧中等章节，记录了黎元洪的一生。有照片。

6166　锐舰：海军耆宿萨镇冰传/萨支辉，萨本仁著．天津：天津人民出版社．2010.1

本书包括励志报国、十年沉浮、为善最乐3篇，记述了萨镇冰跌宕起伏又富有传奇的人生轨迹。

6167　萨镇冰/王植伦，高翔著．福州：福建教育出版社．1988.7（福建近代名人传记丛书）

本书是一部历史传记小说，包括欲登“风火轮”、精英会马江、初试露锋芒、龙旗飘海上、志士别华夏、漂洋赴英伦、苦学为兴国、游子归神州等23个章节。本书还有附有《萨镇冰（鼎铭）先生年表》和照片。

6168　萨镇冰传：一生跨越四个历史时期的近代爱国海军宿将/萨本仁著．北京：海潮出版社．1994.1（汕头大学人文科学丛书；3）

萨镇冰（1859—1952），字鼎铭，近代中国海军的奠基人之一，本书介绍了他的生平行迹和重要言论诗文等。

6169　三晋枭雄：阎锡山传/苗挺著．北京：中国华侨出版社．2005.1（谈故说今丛书）

本书力图从历史唯物主义的角度认识和看待阎锡山这个历史人物，通过复杂的历史事件揭示了阎锡山的人生过程。有照片。

6170　三十三年落花梦/（日）宫崎滔天著；王文英标点．初版．上海：大达图书供应社．1934.1

本书包括落花梦醒、故乡之山川、余之家庭、中学校及大江义塾、为耶苏教徒、思想之变迁与初恋、定大方针等28个部分。书前有孙中山自序。

6171　三十三年之梦/（日）宫崎滔天著；启彦译．台北：帕米尔书店．1984.1（帕米尔文丛；07）

本书共28章，包括：半生梦醒念落花、故乡的山河、我的家庭、中学和大江义塾、自暴自弃的回顾、成为基督教徒、思想的变化和初恋、建立了根本方针等。有照片和附录：宫崎滔天著《三十三年之梦》解说、先父滔天的一些事迹等。

6172　三十三年之梦：宫崎滔天自传/陈鹏仁译．台北：水牛图书出版事业公司．1989.7（文史丛书；67）

本书由序一、序二、自序及28章组成：半生梦醒念落花、故乡的山河、我的家庭、中学和大江义塾、自暴自弃的反动、成为基督教徒、思想的变化与初恋、大方针已定等。书中附有附录：宫崎滔天著《三十三年之梦》解说、宫崎滔天与《三十三年之梦》、关于《三十三年之梦》及其中文译本。

6173　三十三年之梦：回忆录/（日）宫崎滔天著；佚名初译，林启彦译注释．广州：花城出版社．1981.8

内容提要参见6171。

6174　三通考辑要：三种/汤寿潜辑要．铅印本．［出版地不详］：图书集成局，清光绪二十五年（1899）

本书是作者为《文献通考》、《续文献通考》、《清文献通考》所作辑要。本书30册。

6175　山西土皇帝阎锡山北洋之“狗”冯国璋/曹小玲编著．北京：中国戏剧出版社．2005.12（中国名人大传）

本书讲述了阎锡山这个中国近代史上知名人物，通过复杂的历史事件揭示阎锡山的人生过程，以及北洋军阀首领冯国璋的在风云变幻的时代大潮中的演出与结局。

6176　山西王阎锡山/蒋顺兴，李良玉著．郑州：河南人民出版社．1990.10第1版，1996.5重印（中华民国史丛书·人物系列）

本书讲述了阎锡山复杂的一生。辛亥革命时，他在山西举起反清大旗，崭露头角；军阀争斗中，他乘机纵横捭阖，壮大了势力；他苦心经营山西，使山西成为阎记独立王国；他虽曾积极抗战，但后又反共恐日；在大是大非的解放战争中，坚决反共反人民，不得不败逃台湾。他以革命始，却以反革命终。

6177　山西王阎锡山/王树森著．上海：上海人民出版社．2010.6

本书讲述了阎锡山复杂的一生，他长期依附北洋军阀和国民党反动派，使山西成为阎记独立王国。

6178　山西文史资料．第六十辑，1988年第6辑　我所知道的阎锡山/中国人民政治协商会议山西省委员会文史资料研究委员会编．太原：中国人民政治协商会议山西省委员会文史资料研究委员会．1988.11

本书内容包括：侯外庐谈阎锡山、赵戴文和杨爱源谈阎锡山、阎锡山在广州、阎锡山离晋去台始末、“太原五百完人”调查报告、阎锡山乡居纪实及其他、我和阎锡山接触过的一些往事、关于阎锡山的琐事回忆等。书中附照片。

6179　山阴中天乐乡沈冤纪略/（清）汤寿潜辑．铅印本．［出版地不详］：［出版者不详］，民国间（1912—1949）

本书为汤寿潜辑录的山阴县天乐乡先贤关于水利的议论，以供谘议局评议。包括从府县志中摘录的《刘忠介天乐水利议》、《刘忠介建茅山闸记》、《刘忠介茅山闸议》及数条有关记载，另有《宣统二年山阴劝业所报告劝业道调查农田水利区域之一》、《葛陛纶废坝刍言》，末附《山阴县天乐乡议事会上咨议局陈请书》及《山阴天乐乡水利图》。

6180 上海图书馆藏盛宣怀档案萃编/上海图书馆编. 上海：上海古籍出版社. 2008.11

本书包括：商战求富、激荡楸枰、赈灾济贫、欧风美雨、风尚习俗5个部分，涵盖了盛宣怀一生的主要活动，每部分再细分子目，挑选最有代表性的档案，精心编排，并附有中英文提要，其中不少文档是首次披露。

6181 上下古今谈/吴敬恒著. 新版. 台北：传记文学出版社. 1985.11（传记文学丛书；90）

全书分20回，包括：画地球半个向半个，尊孔教知之为知之；鬼神万变缩为良心，星斗满天合成吸力；论吸力两类分六种，算空气一寸十五斤；伦敦戏法说明真空，纽约电报证定时差；新学问太阳开黑幕，全日局八曜叠重规；望远镜先登荷兰市，写真术创始协南城；量黑斑太阳生旋转，重日至历意合东西；琥珀留名迅雷减色，磁电交感新器登场等内容。书中附有序。

6183 少年吴玉章/宇心著. 成都：四川少年儿童出版社. 1996.6（革命家少年时代丛书）

本书分6章：走在小路上、写上的和写不上的、穿城九里三、悠悠寸草心、亚洲崛起有黄人、没有打结的句号。书中附有插图、序和后记。

6184 少年吴玉章/宇心著. 成都：四川少年儿童出版社. 1999.9（革命家少年时代丛书）

内容提要参见6183。

6185 少年张澜/张亚旭著. 成都：四川少年儿童出版社. 1996.6（革命家少年时代丛书）

本书收录了张澜先生青少年时代的23个小故事，记录了张澜先生的生活和成长过程。本书附插图。

6186 少年张澜/张亚旭著. 成都：四川少年儿童出版社. 1999.9（革命家少年时代丛书）

内容提要参见6185。

6187 少年中国/李大钊等著；黄伟林，李咏梅编选. 桂林：漓江出版社. 1996.12（革命英烈文丛. 随感卷）

本书收入了李大钊、赵世炎、张太雷、瞿秋白、方志敏等九位革命英烈的77篇随感文字，真实详尽地展示出他们悲壮人生历程背后闪光的思想亮点。本书附有序、编后记和照片。

6188 少年朱德/罗歌著. 成都：四川少年儿童出版社. 1996.6（革命家少年时代丛书）

本书力图遵循历史唯物主义的原则，以朱德从一个普通的佃农的儿子如何成长为一个爱国名将，尔后又转变为一个马克思主义者为主线，反映了他的光辉革命业绩，赞颂了他的高尚品德和革命情操。本书共有朱德故里、朱德家朱德的母亲、减薪的童年、启蒙、灾祸临头、良师席聘三等26个章节。本书有序和后记。

6189 少泉府君讣告/林隆起等撰. 刻本. 北京：[出版者不详]，民国十五年（1926）

本书为民国时中国报业的先驱人物林白水先生的讣告。林白水是其时运用白话报进行民主宣传的第一人。1926年8月6日，林白水惨遭军阀张宗昌毒手，故京城报界同仁以此昭告天下。

6190 少游诗草/（清）廖宇春撰. 石印本. [出版地不详]：[出版者不详]，宣统元年（1909）

本书为《廖氏三叶蝉吟集》之一，收廖宇春诗一百余首。前有宣统元年（1909）陈光宪序和廖氏自序。

6191 邵青门全集/（清）邵长蘅撰. 铅印本.

［出版地不详］：［出版者不详］，民国二十三年～二十五年（1934—1936）

本书为邵长蘅诗文总集，收入《常州遗书》，于光绪丁酉（1897）用庚辰增编本重刻。此书分三部分：《青门簏稿》、《青门旅稿》和《先哲青门剩稿》。其中，《青门簏稿》有古近体诗六卷，凡诗三百九十二首；序记碑传杂文十卷，凡一百七十六篇，附《邵氏家录》上下卷；《青门旅稿》有古近体诗二卷二百四十九首，序记碑传杂文四卷五十一篇；《青门剩稿》有古近体诗三卷一百八十八首，序记碑传杂文五卷七十一篇，附墓志铭和祭文。访书总目后有宋荦、王士禛、彭鹏（康熙乙亥仲冬）、王元烜（康熙癸酉嘉平葑菲）序。

6192　绍兴文史资料选辑. 第四辑，徐锡麟史料/中国人民政治协商会议浙江省绍兴县委员会文史资料工作委员会编. 绍兴：绍兴县政协文史资料工作委员会. 1986

本书包括4部分：遗著、传略、悼念、附录，遗著中分文选、诗词楹联、书函三部分。内容包括：小不忍则乱大谋论、越王勾践论、山东出相山西出将论、王业不偏安论、察罕论、光复军告示、法庭宣言、绝命词等。书中附有前言、照片和后记。

6193　绍兴文史资料选辑. 第六辑，陶成章史料/绍兴县政协文史资料工作委员会编. 绍兴：中国人民政治协商会议浙江省绍兴县委员会文史资料工作委员会. 1987.11

本书内容包括：陶成章、我所知道的陶成章、陶成章青少年时代、孙中山与陶成章、陶成章与光复会、陶成章与鲁迅、魏兰与陶成章、光复会等。书中附有照片、序言、陶成章年谱、陶成章世系表、编后记等。

6194　绍兴文史资料选辑. 第十七辑，朱庆澜/胡锡财主编；中国人民政治协商会议浙江省绍兴县委员会学习文史委员会编. 绍兴：政协浙江省绍兴县委员会学习文史委员会. 2000

本书内容包括：朱庆澜传略、辛亥元老慈善先驱、忆朱子桥将军、朱庆澜在辛亥革命中的点滴贡献、忆朱子桥将军二三事、先父朱庆澜先生二三事、朱庆澜轶事三则、黑龙江省立女子教养院记等。书中附有序、照片和后记。

6195　涉园序跋集录/张元济著. 台北：台湾商务印书馆. 1979.9

本书是张元济所作的序跋集。

6196　沈钧儒/沈人骅编著. 北京：群言出版社. 1998

本书是沈钧儒长孙沈人骅在其已故叔父沈叔平未完成的《沈钧儒画传》的基础上充实，修订而成，共分11个部分计有图片476幅，比较完整地反映了沈钧儒的一生。

6197　沈钧儒/张连茎编著. 北京：中国国际广播出版社. 1996.3（爱国主义教育丛书）

全书共有早年留学日本、主张立宪救国、投身革命、“我是中国人”、救国运动的棋手、“七君子”的“家长”、坚持团结抗日、反对内战，拥抱新中国8个部分内容。

6198　沈钧儒传/周天度，孙彩霞著. 北京：人民出版社. 2006.7

本书介绍了沈钧儒先生历尽沧桑，饱经忧患，为反对帝国主义侵略和封建专制主义的压迫，建立一个独立自由、民主富强和法治的新中国而奋斗的一生。有照片。

6199　沈钧儒纪念文集/［著者不详］. 北京：三联书店. 1984.9

本书收录了社会各界人士，全书由挽诗和怀念文章两部分组成，共收录了78篇诗文。本书还有中华人民共和国董必武副主席在纪念沈钧儒副委员长大会上的悼词和沈钧儒副委员长生平事略。本书有照片。

6200 沈钧儒家书/沈钧儒纪念馆编. 北京：群言出版社. 2008.6

本书首次汇集了沈钧儒两百多封写给妻子、儿女和其他亲人的家信，时间从1901年至建国后，跨度近60年。有照片。

6201 沈钧儒文集/沈钧儒著；周天度编. 北京：人民出版社. 1994.12

本书收录了沈钧儒1903年至1961年间所做的文章，包括《汉初弛商贾之律记》、《好政府与法》、《家庭新论》、《致蒋介石电》、《辛亥革命杂怀》等，是他从清末参加科举和投身救国运动起直至为社会主义事业工作长达60年的思想和活动的记录。

6202 沈钧儒与中国宪政民主/陈水林，陈伟平著. 北京：当代中国出版社. 2003.2

本书将中国宪政民主政治的发展历程概况为8个阶段，展示了中国宪政民主政治由皇朝体制经由国民党一党专制向中共领导多党合作和政治协商制度的成长过程，重点评述了沈钧儒在这一历史过程中的作用和贡献。有照片。

6203 沈尹默苏曼殊诗册/苏玄瑛撰. 石印本. [出版地不详]：东亚图书馆. 民国间（1912—1949）

本书选有苏曼殊72首诗，由沈尹默书写。书末有沈尹默题词2首。

6204 盛尚书愚斋存稿初刊：一百卷卷首一卷卷末一卷/盛宣怀撰. 刻重印本. 北京：中国书店，1987

本书所收为盛宣怀的各种奏稿及电报稿：卷1至卷20为"奏稿"，卷21至卷23为"电奏稿"，卷24至卷100为"电稿"。卷首有盛氏遗像、神道碑、墓志铭、行述、陈夔龙序、唐文治序、魏家骅序、张一麟序、福开森茂序与盛宗琦序。卷末有《山东新清河记碑文》、《福山县德政碑文》、《烟台广仁堂碑文》、《面洋公学碑文》、《附祀潘文勤公祠碑文》、吕锦端题《奏稿》和《电稿》的二跋。此外，本书卷首为目录，末附《苦斋东游日记》。

6205 盛宣怀/海草编著. 北京：中国国际广播出版社. 1996（爱国主义教育丛书）

本书共12章，讲述了盛宣怀出身封建官僚家庭、科举不第而转办洋务、参与创办轮船招商局、经营电报局、办北洋大学堂和南洋公学、与袁世凯的矛盾和斗争等方面内容。

6206 盛宣怀/寒波著. 上海：上海人民出版社. 2004.3（晚清历史长篇）

本书包括常州城宣怀出世、顺天府盛李结盟、租界借洋债引出传奇买办等36章，讲述了19世纪末20世纪初盛宣怀的生平事迹。同时本书也对李鸿章作了大量描写，并且是了解当时上海各种变化和上海买办兴起的生动资料。附照片。

6207 盛宣怀/寒波著. 香港：天地图书公司. 1997.3（千古风流历史小说系列）

本书包括"清清秦淮水，盛宣怀宁沪逢知己"、"萧萧大雁塔，佳公子陋巷遇美人"、"开展洋务运动，李鸿章畅抒鸿图"、"出师不利，火轮船难撼老帆船"、"龙潭虎穴，沙船帮大闹永安街"等34章和1篇后记。

6208 盛宣怀/宋路霞著. 石家庄：河北教育出版社. 2002.1（百年家族）

本书以人物为载体、家族为场景，通过盛宣怀家族三代主要成员盛康、盛宣怀、盛毓度等的人生道路，全方位反映盛宣怀家族的兴盛衰落。

6209 盛宣怀：中国近代工业之父/宋路霞著. 台北县：立绪文化事业公司. 2001.1（新世纪丛书. 传记；84）

本书以传记的形式较为详细地记叙了中国近代工业之父盛宣怀以及其盛氏家族200年间

的兴衰史。本书共有序、引言、龙城之望、末世才人、洋务巨擘、力挽中国、魂断铁路、重闱深处、豪门联姻、乡关何处、公子天下、小姐心事、遗产风波、野火春风、钓鱼岛之谜、海上寻踪、附录、后记18部分。附有插图。

6210 盛宣怀别传/寒波著. 上海：上海人民出版社. 1997.11

本书讲述了盛宣怀的生平与创业史，及其与李鸿章的关系等方面内容，同时描写了当年上海的状况。本书附插图。

6211 盛宣怀传/夏东元著. 成都：四川人民出版社. 1988.4

本书记载了盛宣怀在洋务运动中创办并经营轮船、电报、纺织、煤铁矿、铁路等实业，创办银行、开办中国近代大学堂等活动，如实并全面地反映和评价了盛宣怀的一生及其在中国近代史上的作用与贡献。本书附照片。

6212 盛宣怀传/夏东元著. 再版. 天津：南开大学出版社. 1998.8

内容提要参见6211。附录：盛宣怀一生经历记要、盛宣怀的业绩等。本书附照片。

6213 盛宣怀传：图文版/夏东元著. 上海：上海交通大学出版社. 2007.5（杰出交大人丛书）

内容提要参见6211。

6214 盛宣怀档案名人手札选/上海图书馆历史文献研究所编. 上海：复旦大学出版社. 1999.9

本书收录了孙中山、李鸿章、张之洞等七十余人与盛宣怀往来或与之相关的信札百余通，涉及中国社会政治、经济、文化等多方面内容。本书附插图。

6215 盛宣怀档案资料选辑/陈旭麓等主编. 上海：上海人民出版社. 1979.5

本丛书收有《辛亥革命以后》、《湖北开采煤铁总局荆门煤铁》、《中日甲午战争》、《汉冶萍公司》、《中国通商银行》等书。

6216 盛宣怀家族/宋路霞著. 上海：上海科学技术文献出版社. 2009.8（家族中国丛书）

本书采用纪实文学的形式，将口述史料和档案文献相结合，配合历史图片，讲述了近代上海第一豪门盛宣怀家族的历史。

6217 盛宣怀年谱长编/夏东元编著. 上海：上海交通大学出版社. 2004.4（上海交通大学出版社）

本谱记述了盛宣怀的重要经历，将能反映其一生事业、思想、言行的来往函电、条陈、企业章程、奏稿等原文择其最有代表性的全文或节录于谱中。基本以时间顺序编排，但“附件”以及为了说明某一问题而编为一组的函电，则不拘时间先后。每篇原始资料前，作者附摘要以方便读者。

6218 盛宣怀实业函电稿/吴伦霓霞，王尔敏编. 香港：香港中文大学中国文化研究所. 1993（香港中文大学中国文化研究所史料丛刊；6）

本书内容为旅日侨商古物鉴赏家程伯奋先生所藏盛宣怀手书及其与同僚往来函札，分为轮船、电报、铁路、煤铁厂以及纺织5大类。有欧阳中石序、绪言、凡例、校后记。

6219 盛宣怀未刊信稿/北京大学历史系近代史教研室整理. 北京：中华书局. 1960.4

本书收录了盛宣怀的奏稿、函电、书信等百余篇。

6220 盛宣怀与上海交通大学/陈先元，田磊编著. 太原：山西教育出版社. 1996.3（名人与名校丛书）

本书叙述了盛宣怀由办实业而兴教育的史实，研究和总结了盛宣怀的教育经历、教育经验和成果。本书附照片。

6221 嵊县文史资料．第二辑，王金发学术讨论会暨殉难七十周年纪念会资料专辑/中国人民政治协商会议嵊县委员会文史资料委员会编．嵊县：中国人民政治协商会议嵊县委员会文史资料委员会．1985.6

全书分3部分：学术讨论会、纪念会资料汇编；学术讨论会、纪念会论文史料汇编；附录。内容包括：在王金发学术讨论会上的欢迎词、王金发学术讨论会小结、论王金发、王金发简论、鲁迅与王金发、王金发与宋教仁案、王金发的冤案、王金发家世及其革命思想的形成、王金发与黄怡等。书中附有照片、序和编后。

6223 诗词为媒：毛泽东与柳亚子/石玉坤，张树德著．北京：中共中央党校出版社．1999.1（伟人之间）

本书循着毛泽东与柳亚子的交往，展示出毛泽东与柳亚子伟大而珍贵的友谊。

6224 诗人革命家：胡汉民/墨人著．再版．台北：近代中国出版社．1984.4（近代中国丛书．先烈先贤传记丛刊．7）

本书以传记的形式，对国民党的重要领导人胡汉民的生平事迹进行了介绍。全书分40章，书中附有先烈先贤传记丛刊序言、前记和照片。

6225 诗僧苏曼殊/（日）中薗英助著；甄西译．太原：山西教育出版社．1999.1

本书共10章，主要包括：风潇潇兮东海寒、未完成的革命浪漫谛克的“惨社会”、白马投南海、恶女何震的深情、踏过樱花第几桥、爪哇岛的苦闷之音、让鲜花开遍幽暗的地狱、回归西湖的日子等。

6226 诗僧苏曼殊评传/慕容羽军著．香港：当代文艺出版社．1996.3（慕容羽军作品；1）

本书以评传的形式对清末民初的著名诗人、作家苏曼殊的生平进行了简要的叙述，并对其一生进行了较为准确的评价。本书包括题记、研究苏曼殊的人、在大革命浪潮的边缘、文学性格的显露、“遭际有难言之恫”、内心世界与现实世界之间、职业与宗教的确认、馋嘴和尚的食经、交际圈朋友群、三下南洋的辨证、南社——历史旁证的归结、行云流水诗情、小说的时代痕迹、湖上诗魂和曼殊年谱等。本书附有插图。

6227 石家庄文史资料．第十二辑，辛亥革命暨吴禄贞殉难八十周年纪念专集/中国人民政治协商会议河北省石家庄委员会文史资料研究委员会编．石家庄：中国人民政治协商会议河北省石家庄委员会文史资料研究委员会．1991

本书内容包括吴禄贞的遗传，友朋为其所作的祭文、碑铭和挽联等，并收集了近年来海内外发表的有关吴禄贞的传记和回忆文章。本书附有《吴禄贞年表》、《辛亥革命北方大事简表》、《清常备军步兵年表清末新建陆军步队营制》。书中附有编后记。

6228 石叟牌词/谭人凤撰．兰州：甘肃人民出版社．1983.7

《石叟牌词》系自述经历之作，计49组，每组由词、图、叙、评4部分组成。本书附有序、附录和照片。

6229 石愚诗抄/廖宇春撰．影印本．［出版地不详］：［出版者不详］，民国九年（1920）

此书为《廖氏三叶蝉吟集》之一，收廖宇春诗50余首。前有宣统元年（1909）陈光宪序和廖氏自序。

6230 实斋笔记/章开沅著．上海：东方出版中心．1998.5（现代中华学人笔记丛书）

本书分7部分，包括：历史寻踪、师友杂忆、海外学记、域外寻史、辛亥期刊、史料拾零、治史偶感。

6231 实斋笔记/章开沅著．西安：陕西人民出

版社．2008.3（大家小品丛书）

内容提要参见 6230。

6232 史海抔浪集：陈独秀并辛亥革命问题研究/张湘炳．天津：天津社会科学院出版社．1993.1

本书是作者有关陈独秀并辛亥革命问题研究的文集，共收文章 40 篇。内容包括：陈独秀家庭情况详叙、陈独秀与暗杀活动、陈独秀与安徽公学、陈独秀与岳王会、论辛亥革命在安徽的阶段性发展、辛亥革命时期安徽人民的革命活动、光复会与安徽等。书中附有照片。

6233 史学思想史/李大钊撰．铅印本．上海：上海图书馆，1962

本书为李大钊在北京大学的讲义，共有六篇文章：《鲍丹的历史思想》、《孟德斯鸠的历史思想》、《韦柯及其历史思想》、《孔道西》、《马克思的历史哲学与理恺尔的历史哲学》、《唯物史观在现代社会学上的价值》。

6234 史学要论/李大钊．长春：时代文艺出版社．2009.7（老北大讲义）

本书集中地体现了李大钊在唯物史学方面的观点，他运用马克思主义的世界观和方法论，探讨了什么是历史、什么是历史学、历史学的系统、史学在科学中的地位、史学与其相关学问间的关系、现代史学的研究及于人生态度的影响 6 个专题。

6235 世徽楼诗稿：四卷/叶楚伧撰．铅印本．[出版地不详]：中正书局，民国三十五年(1946)

本书为叶楚伧的诗集，凡四卷。卷 1 为古风和近体诗 20 首，卷 2 有五言绝句 4 首、五言律诗 21 首，卷 3 有七言绝句 108 首，卷 4 为七言律诗 103 首。正文前有吴敬恒序，卷末有叶溯中跋。

6236 世纪回眸：意大利神父南怀谦清末民初中国写真/临时澳门市政局澳门艺术博物馆制作．澳门：临时澳门市政局澳门艺术博物馆．2001.10

本画册是意大利神父南怀谦在 1904 年到达中国时所拍摄，那是中国历史上非常艰难的一个时期，封建王朝正走向灭亡，通向现代的道路正在开辟。

6237 世界历史/（清）晏彪撰；（清）廖宇春编辑．铅印本．甘肃：官报书局，光绪三十四年（1908）

本书为晏彪教授世界历史课的讲义，共分 3 期。第 1 期为“上世史”，第 2 期为“中世史”，第 3 期为“近世史”。

6238 是天民之先觉者：陈少白传/黄雍廉著．台北市：近代中国出版社．1983.1（近代中国丛书．先烈先贤传记丛刊．50）

本书以传记的形式记录了民国开国元勋、辛亥革命的领导者之一陈少白的生平事迹。本书有推动时代巨轮的先知、风雷奋厉起南天、东京与台湾的艰难播种工作、错抬举了康有为、以龙头之龙头策划革命再举、搭起一座贯通国内外的革命桥梁等 11 个章节。有附录：《陈少白先生记事年表》、序言和照片。

6239 守常文集．二卷/李大钊．再版．上海：北新书局．1950.1

本书收录了我国共产主义运动的先驱和最早的马克思主义者、中国共产党的主要创始人李大钊的著作多种。全书共分为两卷，上卷有唯物史观在现代史学上的价值、物质变动与道德变动、原人社会于文字书契上之唯物的反映、东西文明根本之异点等 12 篇文章；下卷有我的马克思主义观、平民主义、“五一”运动史等 18 篇文章。

6240 守常文集/李大钊．影印本．上海：上海书店．1989.1（民国丛书．第一编；92）

内容提要参见 6239。

6241 首义元勋张振武/刘荣盛著. 武汉：湖北人民出版社. 2000.4

本书收集了大量翔实的史料，详细介绍了首义元勋张振武（1877－1912）短暂的一生，以及他为中国革命所作的卓越贡献。

6242 书生仗剑起西陲：杨庶堪传/廖汀著. 台北市：近代中国出版社. 1983.11（近代中国丛书. 先烈先贤传记丛刊. 52）

全书分为42个部分，内容包括：书香门第、嗜书的少年、英雄儿女情共长、志同道合、成都播种、同盟会、重庆布棋、再到成都、黄花岗、保路风潮等。书中附有：本刊序言、插图和附录：《杨沧白先生记事年表（1881－1942）》。

6243 蜀道/黄炎培著. 4版. 上海：开明书店. 1948.4

本书分11章，内容包括：入川境以前、三峡、自重庆飞成都、灌县与青城山、成都第一旬、川北行、重庆与北碚、自内江自流井回成都、峨眉、再留成都两旬、归去来兮。每章分若干小节。书后附留告四川青年同学书、改造新四川管见、蜀游百绝句等。

6244 蜀光人物：建校八十周年暨张伯苓接办蜀光七十周年纪念文集/卢从义主编；蜀光中学校，蜀光中学自贡校友会编. 成都：四川人民出版社. 2007.10

本书为蜀光中学建校八十周年暨张伯苓接办蜀光七十周年纪念文集，内设专论、校董先生、掌校人、经师人师、莘莘学子等专题。书中附有图片、序言、附录、后记。

6245 双清词草/廖仲恺撰. 影印本. ［出版地不详］：开明书店，1928

本书实际上是一部廖仲恺的诗集。

6246 双清集/熊希龄撰. 石印本. ［出版地不详］：［出版者不详］，民国十八年（1929）

本书为己巳（1929）6月，熊希龄60岁生日时，其女熊芷将熊希龄诗词编集，以赠亲友。该集有诗《癸丑热河避暑行宫杂咏》、《谒岳王庙》、《寿王赐余五十》、《观渔》、《听潮》、《望海》等150首，其中还有长篇排律，如《丙寅十月二十九日为淑雅夫人五十初度赋赠》达1300字。本集前有赵祖铭题诗二首、葛毓题诗四首。

6247 双清文集. 上卷/廖仲恺著；尚明轩，余炎光编. 北京：人民出版社. 1985.1

本书内容包括：进步与贫乏、社会主义史大纲、无政府主义与社会主义、菩萨蛮、呈孙中山文、三大民权、中国和世界、国民的努力、致蒋介石电等。书中附有照片、序、廖仲恺何香凝事略和编辑说明。

6248 双十荷马李将军的故事/（美）莪班尼恩上尉口述；（美）葛礼著；胡百华译. 台北：传记文学出版社. 1970.9（传记文学丛刊；17）

全书分为22章，包括：四十年以后、革命的背景、逃出中国、血誓、西部军式中学、华人区的子弟、清廷的丧钟、见了美国总统、革命到来等。书中附有照片、著者献词、黎东方先生序文和译者弁言。

6249 双照楼诗词稿：小休集上下集合编/汪兆铭撰. 铅印本. ［出版地不详］：民信公司，民国十九年（1930）

本书为汪兆铭诗词集，收诗170首，词18首。《小休集》前有汪兆铭自序，云：“长劳而暂息，人生所宜然，亦人生之至乐也……因即以《小休》名吾集云。”《扫叶集》为《小休集》后续之作，因该集中有《重九登扫叶楼》一诗，故名如此。扉页作者有“亚子社长惠教　汪兆铭　精卫（印）”数字。扉页后一面为粘贴的勘误表。勘误表后为作者《小休集序》。书末有曾仲鸣跋。

6250 双照楼诗词稿/汪精卫撰. 刻本. ［出版地

不详]：[出版者不详]，民国三十一年（1942）

本书收汪精卫200余首诗词，分《小休集》（上、下卷）和《扫叶集》二集。《小休集》前有汪兆铭自序云："长劳而暂息，人生所宜然，亦人生之至乐也……因即以《小休》名吾集云。"《扫叶集》为《小休集》后续之作，因该集中有《重九登扫叶楼》一诗，故名如此。

6251 双照楼诗词稿/汪兆铭撰．刊本．[出版地不详]：泽存书库，民国三十一年（1942）

本书题签和扉页书名均为小篆，分《小休集》和《扫叶集》二集，收有汪精卫200余首诗词。此本比那须太郎本多《舟夜》、《夜泊》、《不寐》等数首诗及《疏影》、《百字令·水仙花》、《金缕曲》、《浣溪沙·过吴淞口》等七首词。

6252 双照楼诗词稿/汪兆铭撰．刻本．[出版地不详]：泽存书库，民国三十一年（1942）

内容提要参见6251。

6253 双照楼诗词稿/汪兆铭撰．铅印本．[出版地不详]：中华日报社，民国三十年（1941）

内容提要参见6251。

6256 双照楼诗词稿/汪兆铭撰．铅印本．北京：那须太郎出版，民国三十年（1941）

内容提要参见6250。书前有汪氏为全书所作之序，书中并有日人黑根祥所作的注释及其对民信公司本的校改勘误。书末有黑根祥作《编辑者跋》。

6257 双照楼诗词稿/汪精卫著．影印本．香港：[出版者不详]．[出版年不详]

内容提要参见6249。

6258 双照楼诗词稿/汪精卫撰．台北县：汉京文化事业有限公司．2004.3（四部刊要．集部·别集类）

内容提要参见6249。

6259 水龙吟：吴樾传/南郭著．3版（修订本）．台北：幼狮文化事业公司．1988.7（幼狮传记丛书．爱国青年传记小说；1）

本书以小说的体裁描述了对清末辛亥革命的先驱者吴樾的生平事迹。全书共分为15个部分和1篇《出版的话》。

6260 水竹村人集：十二卷目录一卷/徐世昌撰．[出版地不详]：中正书局，民国七年（1918）

本集为徐世昌的诗文集，共12卷。卷1有《听雨》、《雨后》、《秋思》、《西园病起》、《幽居》、《夜风》等74首，卷2有《新竹》、《高槐》、《晚晴登楼》、《雨后偕九弟瓜农至淀北园》等76首，卷3有《由京师至天津途中作》、《竹隐楼午卧》、《朱润春画红绿梅二树片诗作一截句应之》等102首，卷4有50首，卷5有60首，卷6有78首，卷7有94首，卷8有81首，卷9有74首，卷10有97首，卷11有64首，卷12有82首。该集前有柯劭忞戊午（1918）春三月序。

6261 水竹村人年谱：二卷，附录一卷/贺培新编．朱丝栏稿本．武强：贺培新，民国间（1912—1949）

本书分卷上、卷下、附录共3册，系徐世昌先生的年谱。该谱内容起自清咸丰五年（1855，1岁），讫至民国二十八年（1939，85岁），是武强贺培新据郭则沄二卷本《水竹村人年谱稿》整理而成，前面附有徐世昌祖先及其父母小传。附录辑录了各界对徐世昌先生相关事迹、经历的记叙。

6262 水竹村人年谱：二卷/贺培新编．朱丝栏抄本．武强：武强贺氏，民国间（1912—1949）

本书分卷上、卷下、附录共三册，系徐世昌先生的年谱。该谱内容起自清咸丰五年（1855，1岁），讫至民国二十八年（1939，85岁），是武强贺培新据郭则沄二卷本《水竹村人年谱稿》整理而成，前面附有徐世昌先祖及其父母小传。本书2册。

6263 水竹村人诗选：二十七卷/徐世昌撰．刻本．天津：徐氏退耕堂，民国间（1912－1949）

本书共十册，选录了徐世昌《海西草堂集》、《海西草堂题画诗》中近两千首古今体诗。共27卷，后四卷为题画诗。本书前有汾阳王式通序、例言、附录、总目。附录为各家序文评语。

6264 水竹居主人日记．三，明治四十四年（一九一一）元月三十日至大正三年（一九一四）元月二十五日农历辛亥年元月至癸丑年十二月/张丽俊著；许雪姬等编纂·解读．台北："中央研究院"近代史研究所：台中县文化局．2001.8（"中央研究院"近代史研究所史料丛刊；43）

水竹居主人日记共28册，始于1907年，止于1937年，是难得一见的珍贵日记。作者是台中县丰原下南坑人张丽俊，日记以工整楷书，详载日治时期丰原的民生、社会种种，时间长达二十八年。藉由本书可阅读到关于当时商社经营、人际悲欢、台湾礼俗及张家的家族史等第一手资料，是研究二十世纪前半台湾社会变迁重要的史料。书中附有序和解读凡例。

6265 水竹屯人诗集/徐世昌著．台北：文海出版社．1971.12（近代中国史料丛刊．第六十七辑；663）

本书收录了民国初期北洋政府大总统徐世昌所作诗文、词歌等，共12卷。本书有叙和照片。

6266 顺直河道改善建议案/熊希龄撰．石印本．北京：慈祥印刷工厂，民国间（1912－1949）

本书综括了顺直河道改善会对于顺直河道改善的历年办理情形，主要概述了九处治标工程和五端治本计划，以及熊希龄个人的八条河道改善建议。

6267 思想者的产业：张伯苓与南开新私学传统/华银投资工作室著．海口：海南出版社．1999.10

全书分6章，包括：《从孔夫子到张伯苓》、《大学校长张伯苓》、《张伯苓的"我思"：批判与拯救》、《"危乎高哉"：私立南开》、《屈身拾起金苹果：融资与实业》、《自由与宽容：私立南开的中产阶级风格》。有照片、张伯苓生平大事年表和后记。

6268 思想自由兼容并包：北京大学校长蔡元培/金林祥著．济南：山东教育出版社．2004.11（中国著名大学校长书系）

本书分7章，主要包括：一代宗师、出长北京大学、大学是研究高深学问的学府、思想自由、改革办学体制、营造校园学术氛围、春风化雨的人格魅力。本书有总序、附录：《蔡元培大事年表》、主要参考书目、后记、肖像、照片。

6269 四川北碚文史资料．第三辑，北碚开拓者卢作孚/重庆市北碚区政协文史资料工作委员会，重庆市北碚区卢作孚塑像及配套设施筹建委员会编．复制本．重庆：重庆市北碚区政协文史资料工作委员会，重庆市北碚区卢作孚塑像及配套设施筹建委员会．1988.12

本书包括：中国的根本问题是人的训练、缅怀挚友卢作孚先生、纪念卢作孚先生、纪念父亲卢作孚、我所知道的卢作孚先生的艰辛历程、纪念民族企业家卢作孚先生、卢作孚与天府煤矿、卢作孚与北碚图书馆等。书中附有照片、手迹和前言。

6270 四大寇——尢列：低调的不平凡/尢迪光，尢迪桓著．香港：尢迪桓．2007.2

本书讲述尢列先生的生平事迹，主要包括尢列的故乡、著作、尢列与反清革命、尢列在海外工作等方面的内容。本书附照片和肖像。

6271 四十年来之中国与我/吴铁城撰．铅印本．台湾：［出版者不详］，1957

吴铁城（1888—1953），广东香山人。生于江西九江。国民党政要，陆军中将。本书为其自撰回忆录，详细记述了其生平经历和与之相关的重大事件，对中国四十年间的政治与社会情况也进行了详细叙述，是民国时期重要的珍贵史料。全书共分 14 章，包括童年时代的回忆、辛亥革命前后、民国的初生与挫折、海上流亡、扰攘十年间、中国国民党改组前后、东北使命、在上海……后七章因作者重病中断，仅存目录。

6272 泗阳张沌年谱/张星烺述. 影印本. 台北：广文书局. 1971.11（年谱丛书. 中国历代名人年谱汇编. 第一辑. 97—100）

本书以年谱的形式叙述了张屯谷居士的生平事迹。

6273 淞沪铁路展造滨北一程并行车收支细目清册/盛宣怀编. 稿本. ［出版地不详］：［出版者不详］. 1905

本书为盛宣怀在淞沪铁路展造与行车方面收支细目账册。

6274 宋庆龄/黄维钧编著. 北京：中国和平出版社. 1996.4（中外名人传记故事丛书. 革命领袖）

本书介绍了宋庆龄的成长过程和她为革命献身的感人故事，以及她在中国革命事业中取得的卓越成就。本书语言生动，通俗易懂，集思想性和娱乐性于一体，有助于教育青少年继承和弘扬中华民族的传统美德，树立科学的世界观和人生观，发扬爱国主义精神，努力进取，勤奋学习。书中附有附录。

6275 宋庆龄/［著者不详］. 香港：广角镜出版社. 1981.11

本书介绍了宋庆龄的生平，收录了宋庆龄的著作和评论宋庆龄的文章。有照片。

6276 宋庆龄/陈兆丰主编；上海市孙中山宋庆龄文物管理委员会编著. 上海：上海教育出版社. 2009.12

本书记叙了宋庆龄的生平事迹。内容包括：传奇的父亲、快乐的童年、嫁给革命、旅居德国、救国入狱、在天安门城楼上、大江南北的足迹、大地的女儿等。有照片。

6277 宋庆龄/贺继乐编著. 北京：中国国际广播出版社. 1996.3（爱国主义教育丛书）

本书描写了我国爱国主义、民主主义、国际主义和共产主义战士、中华人民共和国的名誉主席宋庆龄伟大的一生。全书共有童年和少女时代、爱情革命和理想、在大革命的洪流中、为抗日救亡奔走呼号、为新中国而奋斗、鞠躬尽瘁死而后已等 6 章内容。

6278 宋庆龄/蒋洪斌著. 南京：江苏人民出版社. 1987.2

本书以传记的形式叙述了宋庆龄的非凡经历及对中国革命和建设事业所作出的贡献，展示了她作为爱国主义、民主主义、国际主义和共产主义战士的一生。全书共分 15 章，包括：家庭及青少年时代、献身于“中山先生的主义”、致力于中国人民革命事业、忠贞不渝地坚持新三民主义、组织“中国民权保障同盟”、为抗日救亡而奔波呼号、奔走营救“七君子”、坚决支持党的抗日民族统一战线的主张等内容。本书还附有宋庆龄生平活动年表、后记和照片。

6279 宋庆龄/宋庆龄基金会编辑. 北京：中国建设杂志社. 1984（长城丛书）

本书收录了宋庆龄一生中各个阶段的数十幅珍贵照片，全景式地展现了她光辉而伟大的一生。本书有前言。

6280 宋庆龄/邹英毅著. 北京：昆仑出版社. 1999.1（中华名人丛书. 首批）

本书以传记的形式、写实的手法对宋庆龄的生平事迹进行了详尽的描述。本书由黄浦江的水 佐治亚的风、追随孙中山 走上革命路、在悲痛中站起来、流亡海外 两出国门、敢死为救国 义勇护英豪、八年抗战 八载征尘、“国民党的失败，在我意料之中”、尽瘁国事 心系平民等11章内容组成。本书有插图。

6281 宋庆龄：二十世纪的伟大女性/伊斯雷尔·爱泼斯坦（Epstain，Israel）著；沈苏儒译. 北京：人民出版社. 1992.3

本书是中籍波兰人爱泼斯坦用英文写成，并由与作者长期共事的沈苏儒译成中文。全面记述了宋庆龄的非凡经历及对中国革命和建设事业所作出的贡献，展示了她作为爱国主义、民主主义、国际主义和共产主义战士的一生。

6282 宋庆龄：二十世纪的伟大女性/伊斯雷尔·爱泼斯坦（Epstain，Israel）著；沈苏儒译. 北京：人民出版社. 2008.9

内容提要参见6281。

6283 宋庆龄：宋氏女杰/杨百灵编著. 延吉：延边人民出版社. 2002.10（世界伟人传记丛书）

本传记通过16章介绍了宋庆龄的一生，包括：神秘家世、少年教育、求学生涯、孙中山的亲密战友、革命的路上、英年逝夫、坚如磐石、心中的希望等。有插图。

6284 宋庆龄传/陈漱渝著. 长春：北方妇女儿童出版社. 1988.12

本书分10章，介绍了宋庆龄的一生，包括：“家世与青少年时代”、“孙中山的亲密战友和得力助手”、“志先生之志，行先生之行”、“为民族争独立，为人权争保障”、“投身抗日救亡洪流，从事战时救济工作”、“为新中国而奋斗”、“走上国家领导人岗位，致力妇幼福利事业”、“梦魇般的十年”等。有附录《宋庆龄年谱简编》、照片。

6285 宋庆龄辞典/张磊主编. 广州：广东人民出版社. 1996.1

本书共收1073年条目，包括宋庆龄著作历史文献、思想理论、史迹、纪念场所及与其有关的历史人物、政治制度、事件、文化教育、军事外交等12类。词条的拟定由北京、上海等地65位专家教授承担，文字简朴、资料翔实，具有全、深、新的特点，反映了宋庆龄研究的最新成果。本书有照片。

6286 宋庆龄大传：把自己的爱情、幸福和快乐与中国命运紧密相连的伟大女性/陈冠任著. 北京：团结出版社. 2003.1

宋庆龄是20世纪最伟大的女性之一。本书记录了她为国家、民族无私奋斗的一生以及她的精神、品质和意志等。

6287 宋庆龄的非常之路/刘家泉著；李力安主编. 北京：人民出版社. 2001.7

本书介绍了宋庆龄的生平，包括冲破阻力与孙中山结为伴侣的宋庆龄、孙中山逝世后的宋庆龄、大革命失败后的宋庆龄、太平洋战争爆发后的宋庆龄和“文化大革命”中的宋庆龄共5章内容。有题字。

6288 宋庆龄的故事/马光复编著. 沈阳：辽宁人民出版社. 1983.3

本书收集28个故事，从不同侧面反映了宋庆龄伟大光荣的一生。有插图。

6289 宋庆龄的故事/王思梅著. 石家庄：河北少年儿童出版社. 1995.8（她们与世纪同行丛书）

本书分60篇故事讲述了宋庆龄的一生，包括：从故事中认识了父亲、幸福的童年、庆龄的情结、和爸爸探讨人生、小辫子当上“皇后”、“盒子”的故事、她为祖国变化、为中华民族崛起而讴歌的女孩等。书前有序和宋庆龄简历。有照片。

6290 宋庆龄的故事/王霞编著. 汕头：汕头大学出版社. 1998.5（中外英雄人物故事丛书）

本书讲述了宋庆龄少年时代的生活经历、从恋爱到婚姻的经过，以及宋庆龄参加革命等故事。

6291　宋庆龄的故事/张久荣，陈日浓，张锡昌编著. 上海：中国福利会出版社. 2009.11（中华子孙丛书）

本书介绍了宋庆龄的生平事迹，记录了宋庆龄的光辉一生。有照片。

6292　宋庆龄的思想实践与和谐社会建设学术研讨会论文集/许德馨主编. 上海：中国福利会出版社. 2008.5

本书收录了学术论文49篇，从国际主义、妇女解放、儿童教育、扶助贫困等方面，探究了宋庆龄思想的丰富内涵，及其对推进和谐社会进程的重大意义。附《"宋庆龄的思想实践与和谐社会建设"学术研讨会综述》。有照片。

6293　宋庆龄画册/宋庆龄基金会，新华出版社编. 北京：新华出版社. 2001.6

本画册收录了新中国成立后宋庆龄作为党和国家领导人参与国务和外交活动以及她与共和国伟人交往的珍贵图片墨迹共230余幅。附有《在宋庆龄诞辰一百周年纪念大会上的讲话》、《宋庆龄生平大事年表》。

6294　宋庆龄画传/陈廷一著. 北京：作家出版社. 2006.5（世纪华人画传丛书）

本书配有200多张首次公开的照片与珍藏艺玩、文献邮票，披露了宋氏王朝的发迹，宋庆龄的情感和心路历程，孙中山为何婉拒宋霭龄而青睐宋庆龄等内容。有照片。

6295　宋庆龄画传/陈廷一著. 北京：作家出版社. 2008.11

本书共分41章，记录了宋庆龄的一生，书中附有大量照片。有附录《宋庆龄大事年表》。

6296　宋庆龄纪念集/［著者不详］. 香港：香港文汇报编印. 1981.1

本书是宋庆龄所作的自传，其中还附录了宋庆龄的一些著作。附照片。

6297　宋庆龄纪念集/宋庆龄著. 北京：人民出版社. 1982.3

本书收录了中共中央关于宋庆龄逝世的公告、决定，回忆与悼念文章，世界各国领导人、政党、友好人士和团体的唁电、唁函等。有照片。

6298　宋庆龄来往书信选集/上海宋庆龄故居纪念馆编译. 上海：上海人民出版社. 1995.12

本书信集共收入宋庆龄来往书信263封。除78封中文书信外，其余均为英文信。建国以前为94封，建国以后为169封。这263封书信中还包括了少量的电报。有照片。

6299　宋庆龄年谱/尚明轩等编著. 北京：中国社会科学出版社. 1986.10

本书是一部简明而全面地反映宋庆龄生平和思想的年谱。书中具体而翔实地再现了宋庆龄在仅70年的革命生涯里，坚持不懈地为中国民主革命、社会主义革命建设，为保卫世界和平和促进人类进步事业所作的伟大贡献，以及她顺应时代潮流，从革命民主主义者发展成为伟大的共产主义者的光辉历程。有照片。

6300　宋庆龄年谱：1893－1981/盛永华著. 广州：广东人民出版社. 2006.8

本书分上、下两编，上编（1893－1949）记述她的家世，跟随孙中山先生革命和支援解放区的工作等；下编（1949－1981）记述了她作为新中国领导人之一的政务活动。有照片，书末有附录。

6301　宋庆龄年谱长编：1893－1981/尚明轩主编. 北京：社会科学文献出版社. 2009.10（中国社会科学院老年学者文库）

本书采用记事与专题相结合的方式，记述

了宋庆龄的生平和思想。分为上、下两卷，上卷从1893年出生至1948年，下卷为1949至1981年部分。卷首有《宋庆龄生平概论》，上下卷末均有附录。有照片。

6302 宋庆龄年谱长编：1893—1948/尚明轩主编. 北京：北京出版社. 2002.12

本书以记述其1893年至1948年的生平思想活动为主，兼收与其生活有关的各方面资料，力求引用原件，影印件或最初发表的书报资料，全文采用平叙和纲目两种体裁。卷首有《宋庆龄生平概论》，卷末附录《宋庆龄著作总目》、《本书征引书目》。

6303 宋庆龄全传/陈廷一著. 青岛：青岛出版社. 1996.7

本书描述了宋庆龄的一生。主要内容有：神秘家世、少年教育、美国求学、铁血共和、宁汉分裂、中流砥柱、正义呼声、国之瑰宝等33章。

6304 宋庆龄全传/陈廷一著. 再版. 青岛：青岛出版社. 2003.7

内容提要参见6303。

6305 宋庆龄全传/陈廷一著. 北京：中国社会出版社. 2004.1

内容提要参见6303。书后附有引用及参考书目和资料等内容。

6306 宋庆龄全传/陈廷一著. 再版. 北京：中国社会出版社. 2008.1

内容提要参见6303。

6307 宋庆龄书信集/宋庆龄著，吴全衡，杜淑贞主编. 北京：人民出版社. 1999.12

本书所收信件，自1909年至1981年，共计953封，大体涵盖了她一生各个主要历史时期的工作和生活，记录了她同海内外各方面人士、亲属和故旧的交往。

6308 宋庆龄题词选/张爱荣等编. 北京：中国和平出版社. 1988.1

本书共辑录了宋庆龄半个多世纪来的题词130条，反映出宋庆龄对祖国、对人民伟大的爱。

6309 宋庆龄图传：1893—1981/刘东平著. 北京：中国青年出版社. 2006.1

本书介绍了伟大女性宋庆龄的一生。包括"引子"、"出生之谜和若有所思的小姑娘"、"从她的两眼和额头流溢出内心的光彩"、"笃爱共忧乐与第一夫人的日子"、"对孙中山名声的忠诚，支撑她不屈不挠地抗争"、"庆龄与子文，手足亲情和政治威势之间"、"中华人民共和国诞生前后的孙夫人"等。有照片。

6310 宋庆龄伟大光荣的一生/宋庆龄基金会编. 北京：中国和平出版社. 1987.9

本书是用图片反映宋庆龄光辉生平和伟大业绩的大型画册，收集了她生前各个历史时期的珍贵照片近300幅。每幅照片附有中英对照的简要说明。

6311 宋庆龄选集/宋庆龄著. 北京：人民出版社. 1966.11

本选集的文章共144篇，分为5部分：第1部分是第一次国内革命战争时期及这个时期以前的文章；第2部分是第二次国内革命战争时期的文章；第3部分是抗日战争时期的文章；第4部分是第三次国内革命战争时期的文章；第5部分是中华人民共和国成立以后的文章。有照片。

6312 宋庆龄选集/宋庆龄著；宋庆龄基金会编辑. 北京：人民出版社. 1992.10

本书分上、下两卷，收录宋庆龄1912年至1981年间的文章共358篇。按写作或发表的时间为序编排。有照片。

6313 宋庆龄永远的美丽/刘东平著. 郑州：大

象出版社．2003.9（大象人物聚焦书系）

本书通过大量历史照片，凸现了宋庆龄的人物性格和命运。书中还以“补白”方式选摘传主的自述、他人的评点等文字。有照片。

6314　宋庆龄与国共关系/季鸿生著．武汉：武汉出版社．2003.10（国共关系与两岸关系丛书）

本书研究了宋庆龄在国共两党关系中的历史地位与重要作用。

6315　宋庆龄在香港/刘家泉著．北京：中共中央党校出版社．1997.7

本书根据作者到香港搜集的大量第一手珍贵资料，以文学的笔触，记述了二十年代宋庆龄多次陪同孙中山到香港，和三四十年代为了支持抗战在香港战斗了整整四年的不平凡经历。本书介绍了香港的历史。有照片。

6316　宋庆龄自传/宋庆龄著．香港：华光出版社．1938.1

本书收录了纪念宋庆龄的文章以及宋庆龄所作的文章。附照片。

6317　宋庆龄走过的道路/宋庆龄基金会编．北京：中国和平出版社．1993.1

从1988年起，每逢1月27日宋庆龄诞辰，宋庆龄基金会都在《人民日报》等报刊上发表纪念文章，系统地概述1949年前宋庆龄在各个历史阶段的革命业绩。本书是将5年来发表的文章进行的汇编。有照片。

6318　苏曼殊/李蔚著．珠海：珠海出版社．2008.5（珠海历史文化书系．珠海历史名人）

本书在努力搜集史料和吸收有关成果的基础上，以纪实的写法，详实地写出了苏曼殊一生的事迹，阐述了苏曼殊对中国现代文学、绘画所作出的重要贡献。

6319　苏曼殊/邵盈午著．台北：“国家出版社”．2002.2（中国文化巨人丛书；2）

本书以传记的形式较为详细地记叙了清末民初著名诗人、作家苏曼殊的生平事迹。全书共分7章，分别是：难言之恫话童年；披发长歌览大荒；激愤与颓伤；亦僧亦俗两风流；独向遗编：吊拜伦；芒鞋破钵何人识；一切有情，都无挂碍。本书还有总序、苏曼殊简谱、主要参考书目、后记等部分。

6320　苏曼殊/徐星平著．北京：中国青年出版社．1995.9（中国现代名人传记系列丛书）

本书描述了苏曼殊的身世、生平、业绩以及在坎坷道路上的苦斗精神，展现这位诗僧在中国近代文坛的成就。本书附照片。

6321　苏曼殊：评传·作品选/姜静楠编著．北京：中国文史出版社．1998.6（清末民初文人丛书）

本书分3部分，包括：“评传：浪漫的诗僧”、“作品选”、“后记”。其中作品选包括：诗歌49首、译诗6首、杂文5篇、书信3封和两部小说。

6322　苏曼殊之文艺特色研究/林律光编著．台北县：花木兰文化出版社．2010（古典文学研究辑刊·初编；9）

苏曼殊是一位慧秀孤标的文人雅士。他的作品表现出的自我形象具有真情实感，给人以深刻的印象。其独特的艺术风格对封建社会、中国文现代化产生积极深远的影响。

6323　苏曼殊传/（美）柳无忌著；王晶㬊译．北京：三联书店．1992.3（文化生活译丛）

本书介绍了苏曼殊的坎坷身世，令人瞩目的诗才及纯真的秉性，对他从革命志士转变为僧侣的传奇一生作了评价。

6324　苏曼殊传/邵盈午著．北京：团结出版社．1998.7（中国文化巨人丛书．近代卷）

本书讲述了苏曼殊的人生经历与文学创作

思想。附录《苏曼殊简谱》。

6325 苏曼殊传：情僧长恨/宋益乔著．太原：北岳文艺出版社．1987.5，1992.9 重印（作家艺术家文学传记丛书）

本书分上、中、下 3 篇，讲述了诗人苏曼殊坎坷的人生道路。附照片。

6326 苏曼殊传记资料/朱传誉主编．影印本．台北：天一出版社．1985.1

本书收录关于苏曼殊的各种资料，包括论文、回忆录等，所收资料时间截止于 1984 年。

6327 苏曼殊传论/毛策著．北京：中国人民大学出版社．1995.4（国际南社学会南社丛书．第一套）

本书分为上、下两篇，描述了苏曼殊悲剧性的人生际遇以及他别具一格的诗歌创作思想。附录《苏曼殊年谱简编》。

6328 苏曼殊传奇/李蔚著．台北：国际村文库书店．1993.1（国际村文库；1）

本书以传记的形式较为详尽地叙述了清末民初的著名作家、诗人、僧人苏曼殊的生平事迹。全书分为横滨苏家、河合氏姐妹、幼年、回国、故乡、就学、钓虾、苏家的衰败等 120 章内容。本书还有编辑手札、后记、附录各 1 篇。本书有插图。

6329 苏曼殊大师新传/刘心皇著．台北：东大图书公司．1984.2（沧海丛刊）

本书对苏曼殊的血统和身世问题进行了详细的考证，对他在各个时期的活动进行了扼要的叙述，并且对他的思想、诗、散文、小说和绘画进行了评价。本书共分为 8 章，分别是：姓氏、名号、别署及其家世、幼年时代青年时代、处清末天涯奔波、清亡前后曼殊讲学南洋、中华民国开国时代、忧患时期、余音、评价。本书还有胡序和代序：关于苏曼殊大师。

6330 苏曼殊的浪漫/陆爱玲著．台北：精美出版社．1985.2（精美丛刊）

本书以小传的形势对清末民初的著名诗人、作家、僧人苏曼殊的生平事迹进行了扼要的叙述。全书共有：诗僧，糖僧，学问僧、受尽冷落的童年、重返日本寻母求学、回国为革命效力、冠盖满京华，斯人独憔悴、弃绝红尘，落发出家、游学印度南洋、赴日母子像风、一画难求刁钻大师等共 16 章内容。

6331 苏曼殊集/苏曼殊著；查振科选编．沈阳：沈阳出版社．1998.6（禅悟五人书）

本书收录苏曼殊所创作的随笔、小说、诗歌等 50 余篇。附录《苏曼殊年谱》。

6332 苏曼殊集/苏曼殊著；张竟无编．北京：东方出版社．2008.8

本书收录了除译著之外目前能搜集到并为学界公认的苏曼殊的所有文字，分为杂著集、小说集、诗集、书札集 4 大部分。

6333 苏曼殊年谱及其他/柳亚子，柳无忌编．再版．上海：北新书局．1928.1

本书收《苏曼殊年谱》、《苏曼殊年谱后序》、《苏玄瑛传》、《苏玄瑛新传》、《苏玄瑛新传考证》、《苏曼殊之我观》、《苏曼殊作品提要》、《苏曼殊作品索引》等 26 篇文章。书前有柳无忌序及苏曼殊照片、手迹照片等。

6335 苏曼殊评传/李蔚著；珠海市政协编．北京：社会科学文献出版社．1990.9

苏曼殊是我国近代杰出的思想启蒙者和文坛奇才，本书对苏曼殊的一生作了评价，还收录了苏氏的故事及趣闻。

6336 苏曼殊全集/柳亚子编．北京：当代中国出版社．2007.5

本书共分 4 册，第 1 册为苏曼殊的诗集、译诗集、文集和书札集；第 2 册为苏曼殊的杂著集和翻译小说集；第 3 册为苏曼殊的小说集，还包括柳亚子和杨鸿烈所著苏曼殊的传记；第4册为附录，内容为苏曼殊友人的相关诗文。

6337 苏曼殊全集/苏曼殊著；柳亚子编．影印本．北京：中国书店．1985.9

本书收录了苏曼殊的著作，主要包括：诗集、译诗集、文集、书札集、杂著集、译小说集、小说集等。

6338 苏曼殊诗酬韵集/苏曼殊，霍洁尘撰．铅印本．［出版地不详］：尘影斋，民国二十三年（1934）（芳心尘影斋丛刊）

本书与霍洁尘著《梵月碧泠词》合一册。共收苏曼殊诗38题，每首皆附霍洁尘和诗一章。前有苏曼殊和霍洁尘照片、罗琼宇序及三首题词。

6339 苏曼殊诗画论/黄永健著．北京：中国社会科学出版社．2001.9（深圳大学文库．文化美学书系）

本书内容包括：苏曼殊的生平及其思想、苏曼殊的绘画及其身份、画禅与禅画、诗禅与画禅、苏曼殊的画学思想等。

6340 苏曼殊诗集：卷四/苏玄瑛编；方履信校．再版．上海：群众图书公司．1935.7

本书收录作者中文诗、英文诗及英汉对照诗各若干首。

6341 苏曼殊诗集：一卷/苏玄瑛撰；柳无忌编．铅印本．吴江：吴江柳无忌，民国十六年（1927）

本书是柳亚子之子柳无忌所编苏曼殊诗集，收录了苏曼殊共35题诗歌，前有柳亚子序，后附校勘记。

6342 苏曼殊诗笺注/苏曼殊著；刘斯奋笺注．广州：广东人民出版社．1981.12（广东地方文献丛书）

本书把现存苏曼殊诗作四十七题、九十九首、断句四联和译诗十首，加以笺注，并对苏曼殊的为人和诗作了评价。

6343 苏曼殊诗析论/顾蕙倩著．台北县：花木兰文化出版社．2009.9（古典诗歌研究汇刊．第六辑；25）

本书共分为绪论、本论5章与结论。首章绪论概言苏曼殊诗的研究现状、方法与架构。第2章则分别对清末民初的政治思潮、思想文化、社会环境及文学潮流诸方面加以论述。第3章介绍了曼殊的童年、学习历程、性情气质各方面，试图呈现其多样化的人格特质。第4、5章分别探讨苏曼殊诗歌的语言和内容。第6章从整体诗作归纳其诗的风格特征。结论则是将其诗纳入历史、文学的演进历程和其整体生命中进行评价。本书附有参考书目。

6344 苏曼殊书信集/苏曼殊著．上海：开华书局．1933.6

本书收录作者1906年7月至1918年2月间与刘三书、柳亚子、何震生、邵元冲、刘半农、徐忍茹、孙伯纯等人的书信160余封。

6345 苏曼殊说禅/大荒，隐尘编著．北京：中国广播电视出版社．2006.6

本书共6章，内容包括：孤独的禅、情色的禅、艺术的禅、流浪的禅、积极的入世态度、寂寞身后事。

6346 苏曼殊图像：画家·诗人·僧徒·情侣的一生/陈世强著．北京：中国青年出版社．2008.7

本书梳理了苏曼殊扑朔迷离的一生，以画传为载体，记录了苏曼殊艺术创作与心路历程。

6347 苏曼殊文集/苏曼殊著；马以君编注．广州：花城出版社．1995.8（近代岭南文学名家书系）

本书分为上、下两册，收录了苏曼殊的诗歌、小说、杂论·序跋、题画·题照、笔记、书信、翻译诗·文·小说等作品。

6348 苏曼殊文集/苏曼殊著；书林主编. 北京：线装书局. 2009.7

本书收录了苏曼殊的散文、小说、译作、诗歌、题款，包括《告宰官白衣启》、《燕影剧谈》、《断鸿零雁记》、《绛纱记》等作品。

6349 苏曼殊小说集/苏曼殊；浙江人民出版社编. 杭州：浙江人民出版社. 1981.7

本书收录苏曼殊创作的6篇小说，及其所译的《惨世界》。

6350 苏曼殊小说诗歌集/苏曼殊著. 北京：中国社会出版社. 1982.9（中国近代文学丛书）

本书收录了苏曼殊所创作和翻译的小说7篇，诗歌50余篇。

6351 苏曼殊新传：无执著而后无所依恋/陈星著. 台北县：新朝社文化事业公司. 1996.11（阅读；12）

本书以翔实的史料，生动的文笔，记叙了19世纪末20世纪初中国佛门的一位传奇人物苏曼殊的一生。本书共有横滨新月、凄凄白鹤、六榕沙弥、东瀛探母、蒲涧试禅、大同长歌、回归佛陀、良缘胜迹、白马投荒等19章内容。本书还有小引、尾声和《苏曼殊生平年表简编》等。本书有插图。

6352 苏曼殊选集/苏曼殊著. 香港：香港文学研究社. 1978（中国现代文选丛书）

本书选编了苏曼殊的各种文学作品，分为小说、诗、书简、杂文4部分。收有《断鸿零雁记》、《绛纱记》、《碎簪记》、《领海幽光录》、《日本僧飞锡潮音跋》、《书谱自序》等。

6353 苏曼殊研究/柳亚子著；柳无忌编. 上海：上海人民出版社. 1987.12

本书分为：年表、传略类；作品、书目类；专著、研评类和题序、通讯类4部分，书后有附录。

6354 苏曼殊之生涯与作品/（日）米泽秀夫撰；徐蔚南译. 抄本，钢笔朱格. ［出版地不详］：［出版者不详］. 1933

本书记述了苏曼殊的生平事迹并选录了他的部分作品。

6355 苏曼殊作品精选/苏曼殊著；汪树东，龙红莲选编. 武汉：长江文艺出版社. 2003.3（现代文学名家作品精选）

本书分为小说、散文、诗歌、跋画、书信等5个部分，收录了《断鸿零雁记》、《天涯红泪记》、《无过错稿》、《碧伽女郎传》等苏曼殊的代表性作品。

6356 雎宁文史资料. 第九辑/政协睢宁县文史资料委员会编. 睢宁：政协睢宁县文史资料委员会. 1996.3

本书包括周祥骏诗文选载和纪念周祥骏文萃两部分。选录了《更生斋全集》中的部分作品及其发表在《南社》等刊物上的诗文，另有周祥骏的通信和悼念他的诗文。有照片。

6357 孙烈士竹丹遗事/柳弃疾等辑. 铅印本. ［出版地不详］：［出版者不详］，民国六年（1917）

孙烈士即孙元（1882—1911），字竹丹，江苏上元人，中国同盟会皖分会会长。熊成基（1887—1910），字味根，江苏扬州府甘泉县人。二人均为革命烈士。本书为孙元及熊成基生平遗事合编，内容包括柳亚子所写的《孙竹丹传》《孙竹丹后传》及《熊烈士供词》、《熊案始末记》等文章。前有孙烈士竹丹遗像。

6358 孙眉年谱/黄健敏编著. 北京：文物出版社. 2006.10（孙中山与翠亨历史文化丛书）

孙眉（1854－1915）字德彰、号寿屏，孙中山胞兄。本书以记述孙眉先生生平活动为主，兼收了与此相关的资料。有附录《孙昌墓碑》、

《孙眉家族世系表》。有照片，图。

6359 孙逸仙夫人：宋庆龄传略/张戎，（英）乔恩·哈利戴著；傅伍仪，张爱荣译. 北京：中国和平出版社. 1988.1

本书简要描述了宋庆龄从童年到逝世的主要经历和可歌可泣的伟大人生。

6360 孙中山夫人：宋庆龄传略/张戎，（英）哈利戴著；傅伍仪，张爱荣译. 北京：中国和平出版社. 1992.12

内容提要参见6359。有照片。

6361 太一诗存：四卷/宁调元撰；柳亚子辑. 铅印本.［出版地不详］：［出版者不详］，民国四年（1915）（太一遗书）

宁调元生平参见6085。太一是宁调元的号。本书辑录了宁调元诗歌共55首。

6362 太一遗书：十二种补遗二卷/宁调元撰；柳亚子辑. 铅印本.［出版地不详］：［出版者不详］，民国四年（1915）

本书收集了十二种诗文集：朗吟诗草三卷，明夷诗钞二卷，南幽百绝句一卷，太一诗存四卷，明夷词钞一卷，太一文存一卷，太一笺启一卷，庄子补释一卷，读汉书札记一卷，太一从话，南幽杂俎二卷，南幽笔记。另附诗存补遗、笺启补遗两卷。本书3册。

6363 太乙丛话：五卷/宁调元撰；柳亚子辑. 铅印本.［出版地不详］：［出版者不详］，民国四年（1915）（太一遗书）

宁调元生平参见6085。本书共五卷，前三卷采集明遗民中殉国自靖者和隐遁终身者之轶事，第四卷为其评论诗词的札记，第五卷记古近杂事。

6364 太乙笺启：一卷/宁调元撰；柳亚子辑. 铅印本.［出版地不详］：［出版者不详］，民国四年（1915）（太一遗书）

宁调元生平参见6085。本书辑录了宁调元与傅钝根、章太炎、文穆晞、刘禹臣、高天梅、柳亚子等人信笺数篇。

6365 太乙文存：一卷/宁调元撰；柳亚子辑. 铅印本.［出版地不详］：［出版者不详］，民国四年（1915）（太一遗书）

宁调元生平参见6085。本书辑录了宁调元文章共10篇。

6366 坛坫健者：王正廷传/张腾蛟著. 台北市：近代中国出版社. 1983.8（近代中国丛书. 先烈先贤传记丛刊. 46）

本书分12章，包括：灵秀之乡出俊杰、一个杰出的留学生、献身国民革命、周旋在北洋政府中、衔命出席巴黎和会、坚守原则拒绝签字、另一段漫长的政治生涯、中国体育事业的先驱等。有本刊序言、插图、附《王正廷先生记事年表》。

6367 谭平山传/元邦建著. 北京：黑龙江人民出版社. 1986.10

本书分10章，包括："青年时代"、"广东党、团组织创建人之一"、"为革命统一战线的建立而斗争"、"推动广东革命根据地的统一"、"维护革命统一战线的巩固"、"参加领导南昌起义"、"在曲折的道路上摸索"、"走上光辉的大道"、"为新中国的建立和巩固而奋斗"等。本书附照片、《谭平山主要活动年表》、《谭平山主要著述目录索引》。

6368 谭平山传/陈登贵，巫忠著. 北京：广东高等教育出版社. 1999.7

本书分8章，包括："青年时代，开始关心国家和民族的命运"、"创建广东党团组织、开展工农运动"、"国共合作的核心人物"、"参与领导南昌起义"、"组建第三党"、"抗战时期在武汉和重庆"、"组建三民主义同志联合会，促进民主派大联合"、"为祖国社会主义事业鞠躬尽瘁"。书中附《谭平山简谱》。

6369 谭平山文集/谭平山著，《谭平山文集》编辑组编. 北京：人民出版社. 1986.9

本书收集了谭平山从1918年到1955年间所创作的论文、报告、讲话稿及、书信共105篇，按写作或发表的时间顺序排列。本书附照片和《谭平山主要活动年表》。

6370 谭平山研究史料/中共广东省委党史资料征集委员会等编. 北京：广东人民出版社. 1989.1（广东革命史料丛刊）

本书分3部分，包括：谭平山的著述，有关谭平山生平活动的历史资料和回忆、论述谭平山的资料。书中附照片、《谭平山年谱简编》。

6371 谭人凤集/石芳勤编；谭人凤著. 长沙：湖南人民出版社. 1985.8

本书广泛搜集了谭人凤从1883年冬至1918年5月的文稿、函电、演说、诗词近300篇。书中附有附录。

6372 谭人凤集/谭人凤著；石芳勤编. 长沙：湖南人民出版社. 2008.10（湖湘文库；356）

本书收录了从1883年冬到1918年7月中国资产阶级革命家谭人凤所作的文稿、函电、日记等，并做了注释。书中附有《谭人凤生平大事记》。

6373 谭延闿：政坛不倒翁/许顺富著. 桂林：广西师范大学出版社. 2007.3（现代人物探索书系）

本书共9章，包括：官宦之家的少年俊才，立宪运动的弄潮儿，第一次督湘，第二次督湘，第三次督湘，讨贼军总司令，建国军北伐联军总司令，国民政府代理主席、主席，第一任行政院长。书中附有前言、结束语、《谭延闿年谱》、参考文献和后记。

6374 谭延闿传记资料/朱传誉主编. 影印本. 台北：天一出版社. 1979－1985

全书分5册，内容包括：谭延闿、谭延闿通而有节、谭延闿休休有容、首任行政院谭延闿、再谈谭延闿（上）、再谈谭延闿（下）、民国一完人谭延闿、谭延闿书简、谭延闿的眼泪等。书中附有编辑凡例。

6375 谭延闿诗札/谭延闿撰. 影印本. 上海：中华书局，民国二十六年（1937）

本书为谭延闿致简叔乾论诗书札，由简叔乾提供原件影印。后附谭延闿弟谭泽闿跋二则。据谭跋，简叔乾曾“馆余家近十年”，所收信札乃谭延闿在湘南、广州以及丁卯（1927）定都南京后所撰，其中民国19年（1930）一通，为谭延闿绝笔之作。

6376 谭组庵论诗书手札/谭延闿撰并书. 影印本. 上海：中华书局，民国二十六年（1937）

本书为影印谭延闿致谭吉光论书、论诗信札十余通。各信札所用笺纸或为“瓶斋重摩船山笺”，或为“国民革命军第二军司令部用笺”，原钤“谭延闿印”、“海光阁”等印。

6377 汤济武讣告/汤聘莘等撰. 铅印本. ［出版地不详］：［出版者不详］：民国七年（1918）

汤化龙（1874－1918），字济武，湖北蕲水县人。著名立宪派人士。此书首列讣告，述及民国七年（1918）9月1日晚8时其在英属坎拿大遇害，年仅四十五岁；次列黎元洪所题汤济武遗像；最后有“蕲水汤先生行状”，叙述汤济武生平事迹。

6378 汤寿潜研究/政协萧山市委员会文史工作委员会编. 北京：团结出版社. 1995.9

本书是汤寿潜学术研讨会的论文集，由研讨会、纪念碑揭幕情况、论文和附录4个部分组成。有照片。

6379 唐才常和自立军/皮明庥著. 长沙：湖南人民出版社. 1984.1

本书共6章，讲述了唐才常的生平事迹，阐述了他的变法思想及哲学思想；介绍了自立军的有相关史料，及自立军起事的纲领、经过、性质和意义等。书中附有照片。

6380 唐才常集/湖南省哲学社会科学研究所编. 北京：中华书局. 1980.6

本书3卷。卷1收有《钱币与革议》、《论公私》、《论情法》等文章；卷2为书信，收有《上父书》、《上江标书》等；卷3收有《南京四奸咏》、《忆香渠》、《侠客篇》等诗歌。附有《唐烈士才常墓志铭》、《唐才常烈士年谱》和《唐才常遗著目录草编》。本书附有照片。

6381 唐才常与自立军起义/朱月白编著. 北京：中国国际广播出版社. 1996（爱国主义教育丛书）

本书讲述了唐才常从倡导湖南维新到领导自立军起义的历史事迹。

6382 唐继尧/东南编译社. 影印本. 台北：文海出版社. 1967（近代中国史料丛刊. 第三辑；30）

全书共分为7编39章，分别是革命时代、督军时代、护国时代、靖国时代、政变时代、返滇时代、建设时代等。本书有照片，还附有《东大陆主人言志录》。

6383 唐继尧传/郑学溥. 香港：陈鸿澄自刊. 1997.3

本书分9章，包括：少年时代、留学日本、重九起义、北伐入黔、护国首义、靖国护法、下野出亡、二次回滇等。

6384 唐继尧传奇/王丕震. 昆明：云南人民出版社. 2001.1（云南历史小说丛书）

本书分33章，包括：辛亥前的云南、这些头面人物、辛亥云南起义、革命成果归袁、二次革命失败、唐继尧来督滇、唐继尧和龙云、各走各的道路等。有作者照片。

6385 唐继尧护国讨袁文稿/唐继尧著；杜奎昌辑注. 昆明：云南人民出版社. 2005.5

本书辑录了唐继尧的88篇文稿及附录的孙中山等人的12篇文稿，辑注者对文稿所涉及的有关事件、有关人物所作的注释中引用了大量资料，有助于人们了解当年以云南为中心发生的护国运动的本来面貌。

6386 唐继尧评传/谢本书. 郑州：河南教育出版社. 1985.2（中国近代人物评传丛书）

本书讲述了唐继尧作为滇系军阀首领的成长、发家、演变、衰亡的历史过程。有肖像。

6387 唐继尧侵川阴谋之披露/川军前敌各军总司令部编. 铅印本. ［出版地不详］：川军前敌各军总司令部，民国九年（1920）

据“编者自记”，此书为川军前敌各军司令部所编印唐继尧军的电文汇编，目的是“揭露唐军意欲夺取川省军政大权假联军之名而行兼并之实，并唤醒川人，一致对敌，驱唐出境”。

6388 唐继尧研究集/刘光顺. 昆明：云南民族出版社. 1996.11

本书分为唐继尧评传、唐继尧研究论文集和文献参考3个部分。收有《唐继尧评传》及《唐继尧记论》、《唐继尧研究浅见》等论文。

6389 唐继尧与西南政局/杨维真. 台北：台湾学生书局. 1994.1

本书除绪论和结论外，分5章，包括：出身与崛起、北伐与督黔、护国讨袁、靖国护法、回滇与覆亡。

6390 唐群英年谱/李天化，唐存正主编. 香港：天马图书出版公司. 2002.8

本书介绍了唐群英的生平、年谱，辑录其文稿拾遗，讲述了唐群英与各革命人物的关系并选录了专家学者对唐群英的评述。附照片。

6391 唐群英评传/蒋薛，唐存正著. 长沙：湖南出版社. 1995.8

本书包括踏波东洋寻求救国之道、匹妇有责投身革命斗争，破产兴教唤起女界觉醒等 6 个部分，并附有《唐群英大事年表》、《各地宣传唐群英资料索引》等 9 篇文献。

6392 唐群英诗赞/蒋薛主编；南岳诗社等合编. 衡阳：编者自刊. 1997.5

本书收集了唐群英本人遗作和清末民初一些名人给她的赠诗、祝词，以及当代诗人赞颂唐群英的诗词和评述其诗作的文章。有照片。

6393 唐群英史料集萃/王辉主编；衡阳市妇女联合会编. 衡阳：衡阳市妇女联合会. 2006.10

本书内容包括：生平概要、存稿选登、社交实录、轶事撷英、史料考证、资料索引等 6 部分，有照片。

6394 唐绍仪传/张晓辉，苏苑著；政协珠海市委员会编. 珠海：珠海出版社. 2004.12

本书是中华民国第一任内阁总理唐绍仪的传记，共分 9 章，叙述了他留学美国后来进入政坛，成为内阁总理及晚年惨遭暗杀的一生。书内附有照片、大事年表、子孙亲属表、后记。

6395 唐绍仪研究论文集/珠海市政协，暨南大学历史系编. 广州：广东人民出版社. 1989.12

唐绍仪（1862－1938）是近代中国政治舞台上的著名人物。本书内容包括：《略论唐绍仪的政治生涯》、《关于评价问题》、《清末外交新秀唐绍仪的崛起》、《1901 到 1904 年的天津海关道唐绍仪》、《1908 年的日美之行》、《出使欧日八国考察财政述谈》、《论辛亥南北议和与唐绍仪》、《孙中山与唐绍仪》等文章。有照片、附录及后记。

6396 唐绍仪与清末民国政府/张焕宗著. 石家庄：河北人民出版社. 1998.8（名人·历史瞬间）

本书介绍了唐绍仪在从清末至民国的不同政府中所从事的政治、外交等活动，以及他在这些政府中的地位、作用和影响。全书分清末政府对外交涉重臣、中华民国首任内阁总理、南京国民政府的小县长、国民政府与日争夺对象 4 个章节，并附前言、照片、后记。

6397 唐振常散文/唐振常著. 杭州：浙江文艺出版社. 2000.1

本书收有《百年沧桑话戊戌》、《曾·左·李》、《李二先生非汉奸》、《张之洞巧宦热中》、《清末三屠》、《东南互保幕后策划》、《张元济与蔡元培》、《五老七贤》、《北大能容蔡元培否》、《世纪之交说上海》等文章。有照片和作者自序。

6399 陶成章传/陶侃，谢一彪著. 北京：人民出版社. 2009.5（越文化研究文库）

本书用翔实的史料，重现了光复会著名领导人陶成章的生平事迹。内容包括：求知若渴，东瀛拒俄，联络会党等内容。

6400 陶成章集/陶成章著；汤志钧编. 北京：中华书局. 1986.1（中国近代人物文集丛书）

本书收集了陶成章年轻时写的课艺，及其二十世纪初的论文、函电、传记、序跋和专著，是研究陶成章思想和中国近代历史的重要参考资料。

6401 陶成章信札/湖南省哲学社会科学研究所编注. 长沙：湖南人民出版社. 1980.1

本书为湖南省哲学社会科学研究所收藏的陶成章信札的排印本，其中多是写给光复会会员李燮和等人的，记录了光复会和同盟会合并与分裂的背景和内幕，“公函”事件和《民报》纠纷的梗概，以及陶成章对孙中山等人的基本态度，是研究辛亥革命史的重要史料。信札藏有 42 件，本书所排印信札共计 38 件。后还附有一篇无署名且缺前半部分的呈函，赵必振的题识和岑生平的《陶成章与光复会》一文。

6402 陶成章信札/湖南省社会科学院编注. 再

版，修订本. 长沙：岳麓书社. 1985.12

内容提要参见6401。

6403 腾冲叠水河李氏宗谱：附录碑传集/李根源纂辑. 铅印本. [出版地不详]：[出版者不详]，民国年间（1912—1949）

李氏族谱包括《明洪武敕书》、《世系图》、《世系表》、《世官纪》、《先德纪》、《命名定派诗》等部分，该族谱前有乾隆五十九年（1794）李颖樟序，民国元年（1912）王兴序、赵藩序，清宣统元年（1909）孙光庭序，民国元年（1912）杨琼序（此照原书顺序罗列）。《碑传集》，补刊于民国八年（1919）。本书2册。

6404 腾冲青齐李氏宗谱：五卷/李学诗，李根源纂. 腾冲：青齐李氏宗祠出版，民国二十年（1931）

本书为云南腾冲青齐李氏族谱，凡5卷，附增编。其卷1为《家训》、《命名定派字》、《世系表一》、《世系表二》，卷2为《世系表三》，卷3为《碑传集一》，卷4为《碑传集二》，卷5为《钟英府君墓碑题词》、《石生公遗诗》和增编《希白从兄年谱传志》。本族谱由陈宝琛题签书衣，章炳麟题写书名。各卷题名者亦各异。本族谱前有民国十九年（1930）年周钟岳序、张耀曾序、金天羽序、徐震序、金震东序、李学诗序，民国二十年（1931）费树蔚序、黄侃序、袁嘉谷序。本书5册。

6405 天城记忆：美国传教士费佩德清末民初拍摄的杭州西湖老照片/沈弘，（美）罗伊·休厄尔著. 济南：山东人民出版社. 2010.8

本书收录了费佩德在1908年至1939年拍摄的杭州西湖老照片。包括：西湖全景图、宝石山、宝俶塔、大佛寺、大石佛、昭庆寺、东岳庙、孤山、平湖秋月等。本书还记录了《费佩德家族与杭州西湖》一文。

6406 天风澥涛馆六十自述：一卷/谢持编. 铅印本. 上海：二我轩，民国间（1912—1949）

本书先述其家世，后按年叙述其人生及革命历程，书末叙其兄弟子女。谢持（1876—1939），原名振心，字铭三，一字慧生。四川富顺人。室名天风澥涛馆。激进革命派，早年曾在成都等地策划起义。宋教仁案后，曾参与刺杀袁世凯。1914年入中华革命党。1917年参加广东护法，任孙中山大元帅府参议、代理秘书长。1923年被提名参与改组国民党，但反对孙中山联俄联共新政策。此后顽固反共，成为国民党右派。书衣有“邠斋”题写书名，并钤“杨庶堪印”。

6407 天河文史. 第九期，潘达微与黄花岗/黄大德编著；政协广州市天河区委员会《天河文史》编委会编. 广州：政协广州市天河区委员会《天河文史》编委会. 2001.12

本书的出版是为了纪念辛亥革命90周年暨潘达微诞辰120周年。全书分8章，包括：“舍身护忠骨，缔造黄花岗”、“启蒙着先声，推动新文化”、“强国先立本，敢为实业家”、“悲悯存天性，公益慈善家”、“画坛推领袖，丹青亦千秋”等。有国民政府褒扬老同盟会会员潘达微令、照片、前言、序、引子、后记；附潘达微文选、有关史料、回忆与怀念文章。

6408 天女散花：民国诗僧苏曼殊传/林佩芬著. 台北：时报文化出版公司. 1986.6（历史小说；51）

本书包括苏曼殊的文学生命——写在“天女散花”前面、红楼隔面相望冷、望帝春心托杜鹃、远路应悲春晼晚、珠箔飘灯独自归和尾声等内容。

6409 天涯红泪/苏曼殊著. 北京：东方出版社. 1998.6（民国奇才奇文. 苏曼殊卷）

本书分为：情僧俗缘、凄雨苦文、稗海丽珠三个部分，收录了苏曼殊的主要作品，以及《苏曼殊略传》与《苏曼殊生平大事年表》。

6412 铁军名将：陈铭枢/朱宗震，汪朝光著.

兰州：兰州大学出版社．1996（民国人物大系；2）

全书分9章，包括：青少年时代（1889－1910）、革命的骁将（1911－1927）、内战中的徘徊（1927－1931）、主持淞沪抗战（1931－1932）、创建人民政府（1933－1936）、报国无门（1937－1942）、在民主运动中奋起（1943－1949）、建设新中国（1949－1965）、将军的文化。书中附有后记。

6413　铁路巨擘——詹天佑/经盛鸿主编．兰州：兰州大学出版社．2000.11（民国人物大系）

本书描述了詹天佑赴美留学，学习西方先进的科学技术和学术思想，归国献身祖国的铁路和科技事业，勇于作为、敢于创新、推动中国近代化的光辉业绩和心路历程。

6414　铁路总公司造送淞沪铁路购地造路造车养路等项收支细数四柱清册/盛宣怀编．稿本．[出版地不详]：[出版者不详]．1902

本书是盛宣怀所记1897年至1898年建造淞沪铁路时的收支四柱清册。

6415　童保暄日记/宁海县政协教文卫体和文史资料委员会编．宁波：宁波出版社．2006.11

本书共11卷，记录了童保暄自光绪四十三年（1908年元月初一）至病逝前亲身经历或耳闻目睹的事件以及自身的思想和观点等。有照片。

6416　头号汉奸汪精卫　汪伪走狗周佛海/崔广志编著．北京：中国戏剧出版社．2005.12（中国名人大传）

本书内容有：投机革命参加同盟会、假夫妻弄假成真、策划反蒋屡遭失败、汪蒋合流遇刺受伤、卖国求荣发艳电、逃脱追杀投靠日本等。

6417　退耕堂政书/徐世昌撰．台北：成文出版社．1968.9（清末民初史料丛书；15）

本书为徐世昌在清末所撰奏议集。

6418　拓疆龙：清末爱国大臣吴大澄东疆勘界风云录，长篇历史纪实小说/王松林，张术曾著．长春：时代文艺出版社．1999.7（长白风．第二集）

本书共分18部分，包括16章节、楔子和尾声。再现了清朝集学者和政治家于一身的历史英雄吴大澄收复珲春以及收回图们江出海权的英雄事迹。

6419　瓦釜集/刘半农著．北京：北新书局．1926.4

本书为著者用江阴方言仿江阴民歌“四句头山歌”所作的诗集。书末附《手攀杨柳望情哥词》及周作人的《中国民歌的价值》。

6420　宛溪叟传/赵熙撰；蒲殿俊书．影印本．[出版地不详]：[出版者不详]，民国间（1912—1949）

此书系陈开沚之生平传记。陈开沚（1855—1926）又名陈宛溪，三台客家人。是当时的蚕业巨子，著有《裨农最要》等不少有关养蚕的著作。

6421　晚清大变局中的杨度/蔡礼强著．北京：经济管理出版社．2007.10

全书分6章，在晚清社会结构转变的时代大背景下，以科举制度的变革为主线，再现了杨度早期乡绅阶段的生活和思想，剖析了杨度从传统士绅向近代新式知识分子转变的原因和心路历程。书中附有绪论、参考文献和后记。

6422　汪精卫/黄雁等编著．北京：中央广播电视大学出版社．2000.9（中外大失败者全传：人物传记丛书）

本书分12章，包括：汪家宠儿、投笔从戎、萍踪游侠、联共北伐、国民政府主席、反共道路、宁汉合流——谁主沉浮、刺客遇刺等内容。

6423 汪精卫/王光远，姜中秋编著. 北京：中国和平出版社. 1996.4，1996.9 重印（中外名人传记故事丛书. 历史罪人）

本书包括 16 个部分：汪精卫加入同盟会、谋炸摄政王、孙中山的助手、“七一五”叛变、蒋汪合作、暗中通敌、公开投敌等。

6424 汪精卫·国民党·南京政权/王克文著. 台北县：“国史馆”. 2001.12（民国史学丛书；14）

本书辑录了讨论汪精卫和国民党关系的 11 篇论文，包括：《不负少年头——汪精卫与辛亥革命》、《孙中山》、《汪精卫与三次广州政权》、《宁汉分裂前后之汪精卫》、《反共以后——汪精卫与国民党左派》、《北伐后国民党之党务整理》等。附照片。

6425 汪精卫财宝之谜/蒲生子，韵稔著. 长沙：湖南文艺出版社. 1986.11

本书内容由 3 部分组成：汪精卫财宝之谜、副领事失踪案、汉奸缪斌之死。

6426 汪精卫传/王关兴著. 合肥：安徽人民出版社. 1993.12

本书分析了汪精卫在各个历史时期的活动、思想、个性、品质的变化，注重把他个人的活动置于当时国内外的历史环境中予以考察分析，努力做到纵向反映他的历史演变，刻画他所扮演的历史角色；横向从多侧面描绘他的政治、思想、理论及文学创作活动。

6427 汪精卫传/王美真编. 台北：国际文化事业公司. 1988.4（中国名人传记；6）

全书共分为 22 章：“青少年时代”、“参加同盟会”、“谋刺清摄政王”、“革命队伍中的妥协派”、“与蒋公初次交恶”、“宁汉分裂”、“从反蒋到联蒋”等。附照片。

6428 汪精卫传/闻少华著. 北京：团结出版社. 2007.1

本书以其政治生涯为主轴介绍了汪精卫的生平事迹。附照片。

6429 汪精卫传/闻少华著. 北京：中国友谊出版公司. 1994.5（真实丛书）

本书记述了汪精卫的家庭身世、一生经历和政治活动。附照片。

6430 汪精卫传/闻少华著. 长春：吉林文史出版社. 1988.2（中国历史人物丛书）

本书讲述了汪精卫的生平事迹。全书内容包括：清寒的少年时代、辛亥革命时期的风云人物、政治上的小休时期等。附照片。

6431 汪精卫大传/陈大为著. 北京：华文出版社. 2010.5

本书记述了汪精卫的一生，内容包括：“身世清贫，少年坎坷”、“辛亥革命，风云人物”、“异国他乡，逃避革命”、“国共合作，跟着孙中山”、“分共反共，宁汉合流”等 15 章。附照片。

6432 汪精卫和他的情侣/王建平著. 长春：北方妇女儿童出版社. 1994.5

本书讲述了汪精卫和他妻子陈璧君在日本侵华和汪投敌卖国大背景下的经历和最终的命运。附照片。

6433 汪精卫集/汪精卫著. 影印本. 上海：上海书店. 1929.10 初版，1930.5 三版（民国丛书. 第四编. 综合类；97）

全书共分为 4 卷：第 1 卷所录为同盟会时代在海外编辑《民报》时之作；第 2 卷所录为民国初年以来之作，涉及反帝国主义和废除不平等；第 3 卷所录为演说词，以演讲之先后为序；第 4 卷所录为杂著，包括书信、杂文、诗词等。本书有照片。

6434 汪精卫评传/李理，夏潮著. 武汉：武汉

出版社．1988.4

本书作者力图从“不隐善，不瞒恶”的角度，实事求是地反映汪精卫的一生。附照片。

6435　汪精卫评传/蔡德金著．成都：四川人民出版社．1988.4

本书讲述了汪精卫的生平事迹。全书分为13章：参加同盟会、辛亥革命前后、在大革命的疾风骤雨中、从革命到反革命的转变、联合各派反蒋等。附照片。

6436　汪精卫评传/李理，夏潮著．再版．武汉：武汉出版社．1996.6

内容提要参见6434。

6437　汪精卫全传：中国最卑劣的汉奸王/林阔编著．北京：中国文史出版社．2001.9

本书内容有：“身世清贫，少年坎坷”、“辛亥革命，风云人物”、“对日妥协，一退再退”、“乌合之众，粉墨登场”、“疯狂掠夺，血腥屠杀”、“穷途末路，汪逆之死”等。附照片。

6438　汪精卫生平/谭天河著．广州：广东人民出版社．1996.11

本书讲述了汪精卫的生平事迹，分析了他如何成为了中华民族的千古罪人。内容包括：汪氏世家、负笈东瀛、革命伊始、奔走南洋、暂作刺客、一身二任、孙中山的得力助手、坐上第一把交椅等。

6439　汪精卫生平纪事/蔡德金，王升编著．北京：中国文史出版社．1993.6

本书是作者根据多年研究汪精卫所积累的资料，如汪精卫的言论、著述以及报纸杂志的报道、国内外公开与部分尚未公开的档案和私人函电与日记等，按时间先后顺序，以客观记述为主，详细辑录而成。附照片。

6440　汪精卫文选/徐逸如选辑．复制本．上海：文林书局．［出版年不详］

本书收录了汪精卫的《论革命之趋势》、《由论革命决不致召瓜分之祸》、《我们怎样实行三民主义》、《武力与国民结合》、《一个根本观念》、《在陆军军官学校就党代表职演讲评》等文章。

6441　汪精卫先生尺牍：一卷／汪精卫撰．铅印本．上海：振学社国光书局．民国二年（1913）（章谭汪黄四家尺牍）

此书系《章谭汪黄四家尺牍》之第三册，包括：《与徐佛苏书》、《与南洋同志书》、《致广东各团体》、《致广东陈炯明等》、《致孙总统》等。

6442　汪精卫先生传/雷鸣著．影印本．上海：上海书店．1989.1（民国丛书．第一编；88）

本书包括一个革命斗士的诞生、民报时代与南洋时代、庚戌蒙难、辛亥革命前后、欧洲往来、政治生活第一章、国府主席与中山舰事件、从宁汉分裂到宁汉合作等21章内容。本书还有序、附录和照片。

6443　汪精卫先生庚戌蒙难别录/张江裁编述．铅印本．［出版地不详］：双肇楼．1941

本书附《汪精卫先生自述》、《秋庭晨课图记》。书衣有著者墨笔题记。

6444　汪精卫先生庚戌蒙难实录/张江裁纂．铅印本．［出版地不详］：燕归来簃，民国二十九年（1940）

本书系纪念汪精卫宣统二年（1910）刺杀摄政王载沣之事。前有汪精卫自序，赵尊岳、龙沐勋、樊仲云、胡泽吾序。又有江亢虎、吴廷燮等人的题词。汪精卫（1883－1944）本名兆铭，字季新，笔名精卫。袁世凯统治时期到法国留学。回国后于1919年在孙中山领导下，驻上海创办《建设》杂志。1921年孙在广州就任非常大总统，汪任广东省教育会长、广东政府顾问，次年任总参议。抗日战争期间投靠日本，沦为汉奸，后死于日本。

6445 汪精卫先生庚戌蒙难别录/张江裁遍述. 铅印本. [出版地不详]: 双肇楼, 民国三十年(1941)

内容提要参见6444。

6446 汪精卫叛国前后/王云高著. 北京: 中国华侨出版公司. 1991

本书为长篇传记小说，文笔生动、引人入胜，披露了许多鲜为人知的史实。

6447 汪精卫先生年谱/张江裁纂. 铅印本. [出版地不详]: 东莞张氏拜袁堂. 1943 (汪精卫先生行实录)

本书是张江裁（1909—1963）所撰汪精卫年谱。

6448 汪精卫先生文钞：四卷/汪兆铭撰. 石印本. [出版地不详]: 协社, 民国元年(1912)

本书为汪精卫先生自撰文集，前有作者小像及《汪精卫先生事略》（协社同人谨识）。全文分4卷，卷1包括民族的国民和驳新民丛报最近之非革命论两部分，卷2包括再驳新民丛报之政治革命论和杂驳新民丛报，卷3包括斥为满洲辨护者之无耻、驳革命可以召瓜分说、驳革命可以召内乱说，卷4包括满洲立宪与国民革命、希望满洲立宪者盍听诸、再告希望满洲立宪盍听诸。本书附照片。本书4册。

6449 汪精卫先生行实录/张江裁等撰. 铅印本. 东莞: 东莞张氏拜袁堂, 民国三十二年(1943)

本书包括《汪精卫先生年谱》、《汪精卫先生著述年表》、《汪精卫先生庚戌蒙难实录》、《北京银锭桥史迹志》、《汪精卫先生行实录》等5种。全书前有汪精卫先生行实录序三篇（周佛海、樊仲云、龙沐勋）。年谱前有武进赵尊岳序、廖恩焘忏庵题粤白话诗二律、江宁吴廷燮序。年表前有虞山钱萼孙、武进赵尊岳序。实录前有自序一篇，侯官林敳祯、武进赵尊岳及广安顾鳌序三篇，又有题词数首。

6450 汪精卫集团沉浮记/何卓改编. 成都: 四川人民出版社. 1989.1

本书系根据香港春秋出版社出版的《汪政权的开场与收场》改编而成。书中提供了大量的关于汪伪政府的内幕秘闻。

6451 汪精卫先生行实续录/张江裁编. 铅印本. 东莞: 东莞张氏拜袁堂, 民国三十二年(1943)

本书与张江裁编《中国史迹风土丛书》合刻一册，继《汪精卫先生行实录》而编，主要内容为汪精卫先生行实记录，前有张江裁序，共包括七篇文章：《省斋公遗事》（张江裁）、《歼我良士哀哉不能言》（新世纪周刊）、《滴滴泪》、《故人故事》、《庚戌程家柽劫狱事》、《汪先生正月的回忆》、《双照楼家世》。

6452 汪精卫先生著述年表/张江裁辑. 铅印本. [出版地不详]: 东莞张氏拜袁堂. 1943 (汪精卫先生行实录)

本书是张江裁所辑汪精卫。著述年表。

6453 汪兆铭庚戌被逮供词/汪兆铭. 刻本. [出版地不详]: 东莞张氏. 1912

本书是汪精卫刺杀摄政王沣被捕后在刑部狱中两次亲笔供辞全文。东莞张氏即张沧海，张江裁之父，汪精卫同学。

6454 王宠惠传记资料/朱传誉主编. 影印本. 台北: 天一出版社. 1979.11

本书收录了散见于各类书刊、报章中的王宠惠先生的资料，包括：学术著作、演讲辞等，还收有《王宠惠先生传略》及其轶事。附肖像。

6455 王宠惠传记资料/朱传誉主编. 影印本. 台北: 天一出版社. 1985.1

内容提要参见6454。

6456 王宠惠法学文集/王宠惠著;《王宠惠法学文集》编委会编. 北京: 法律出版社.

2008.8（东吴法学先贤文丛）

本书包括宪法与宪政、民法学、国际法、刑法学、司法、外交、军政文教等几部分内容。有照片。

6457 王宠惠与近代中国/余伟雄著. 台北：文史哲出版社. 1985.7（文史哲学集成；156）

本书就王氏生平与其早年参加革命运动，及其对中国外交、司法、法学多方面的成就，作了研究。有照片。

6458 王宠惠与中华民国/虎门镇人民政府编. 广州：广东人民出版社. 2007.2

本书收集了研究中国近代史上的著名政治人物、法学家、外交家王宠惠的生平、思想以及家世的论文 47 篇，文章系海峡两岸学者及王宠惠先生之故旧门生和亲属所写。有照片。

6459 王金发传奇/童炽昌著. 杭州：浙江人民出版社. 1984.5（浙江历史小丛书）

本书以丰富的史实为依据，真实再现了王金发一生的非凡经历，王金发曾以"绿林豪客"称雄一方，走上革命道路后历蹈险境，出色完成革命党交给的任务。光复杭州，他身任敢死队队长，奋勇突击，任绍兴军政分府都督期间，政绩瑕瑜互见。"二次革命"中他力主武力讨袁，终被捕杀。

6460 王韬评传：附容闳评传/张海林著. 南京：南京大学出版社. 1993.11（中国思想家评传丛书；185）

本书介绍了中国近代思想家王韬的生活经历，剖析了他在政治、经济、外交和文化教育等方面思想变化的历程。本书附照片。

6461 王正廷传/完颜绍元著. 石家庄：河北人民出版社. 1999.12（民国外交官传记丛书）

本书主要记述了民国时期国际舞台上著名的外交活动家——王正廷不平凡的一生，以及他对外交事业所作的突出贡献。

6462 王正廷的外交生涯/完颜绍元著. 北京：团结出版社. 2008.12（长镜头丛书）

本书分为 15 章，内容包括：风声雨声读书声、徜徉在基督与革命之间、在辛亥革命的洪流中、从民初政争到二次革命、护法运动的前前后后、抗争凡尔赛、折冲京华、流产的"首都革命"、曲折反复的中日谈判等。

6463 威猛金刚：尹都督传奇/蒋维明著. 成都：四川大学出版社. 2008.1（尹昌衡学术研究系列丛书）

全书分 11 章，包括：东校场兵变、夜走皇城、单骑平叛、枭雄授首、蜀都风云、京华春梦等。书中附有前言、《敬谒尹昌衡都督铜像》、《历史与文学的对话》、后记。

6464 为邦百年集/何应钦著. 台北：黎明文化事业股份有限公司. 1987.4

本书分为专著、论述、演讲、报告、函电、建议、序跋、谈话、游记、艺文几部分。书中附有自序和照片。

6465 为了忘却的纪念：北大校长蔡元培/萧夏林编. 北京：经济日报出版社. 1998.5

本书包括蔡元培文录《我在北京大学》及由北大名人撰写的文章合辑《北京大学之父》两部分。本书有序、照片。

6466 为政尚异论：章士钊文选/章士钊著；李妙根编选. 上海：上海远东出版社. 1996.6（中国近现代思想家论道丛书）

本书收有《论统一制》、《论主权》、《学理上之联邦论》、《宪法问题》等文章，突出了章士钊所主张的"为政尚异"的理论，并体现了其思想的变化。

6467 维新·济世·救亡：纪念熊希龄先生诞辰一百二十周年文集/周少连，吴汉祥编. 北京：中国文史出版社. 1990.12（湖南文史书系；1）

全书分 3 部分，包括：回忆与纪念、学术研究、资料汇编。书中附有照片、题词、贺词、手迹和印谱。

6468 伟大的播种者：李大钊的故事/张建国. 武汉：湖北少年儿童出版社. 1984.1（革命先辈的故事丛书）

本书分 26 部分，介绍了李大钊的一生，包括：引子、降生到人世间、爷孙相依为命、启蒙教育、勤于思考、赢西瓜、初露才华等。

6469 伟大的播种者——李大钊的故事/张建国编著；方湘使插图. 武汉：湖北人民出版社. 1980.1（革命先辈的故事丛书）

本书分 26 节，主要包括：引子、降生到人世、爷孙相依为命、启蒙教育、勤于思考、赢西瓜、初露才华、勇于改正错误等。本书有编者的话、附录：《研究李大钊 学习李大钊——在首都纪念李大钊同志诞辰九十周年大会上报告的摘要》、插图。

6470 伟大的道路：朱德的生涯和时代/（美）艾格妮丝·史沫特莱著；龚念年译. 香港：香港七十年代杂志社. 1977.6

本书分 12 篇 44 章，内容包括：道路的起点、走向革命之路、灾难深重、探索、在大革命的岁月里、土地革命的开始、《上杭之歇》和反围剿等。有附录。

6471 伟大的道路：朱德的生平和时代/（美）艾格妮丝·史沫特莱著；梅念译. 北京：三联书店. 1979.4

内容提要参见 6470。有照片。

6472 伟大的道路：朱德的生平和时代/（美）艾格妮丝·史沫特莱著；梅念译. 北京：东方出版社. 2005.12

内容提要参见 6470。有照片。

6473 伟大的宋庆龄/于培明，袁梦德著. 北京：中国少年儿童出版社. 1984.5

本书分 32 部分，包括：我也决定要同你一样、我不能不想中国、中国在召唤我、我从来没有这么快活过、这是我一生中最幸福的日子、中国不能没有你、共产党人是我们的同志等。有照片，有插图。

6474 伟人之初：林伯渠/王渔，王砚平著. 杭州：浙江人民出版社. 1996.12（伟人之初. 先辈篇）

本书分 6 部分，包括：名门之子、走职业革命家之路、转折、在改组国民党中、北伐前后、在革命的危急关头。附《林伯渠早期活动大事记（1886－1927）》，有前言，有后记。

6475 文昌文史. 第三期，纪念宋庆龄同志专辑之一/中国人民政治协商会议广东省文昌县委员会文史组编. 文昌：中国人民政治协商会议广东省文昌县委员会文史组. 1987.4

本书内容包括：《宋庆龄传略》、《宋庆龄原籍考实》、《宋氏家族与我家本是亲属》、《国母宋庆龄的严亲宋耀如先生的史略》、《宋庆龄堂弟谈宋庆龄祖居》、《忆宋子文故乡行》、《宋庆龄对孙中山的爱情》、《宋庆龄同志为什么葬在上海?》等。本书附有照片。

6476 文明的呼唤：蔡元培文选/蔡元培著；聂振斌选注. 天津：百花文艺出版社. 2002.1（中国近代思想者丛书）

本书收入蔡元培的 50 多篇文章，集中全面地反映了蔡元培的教育思想、科学民主思想、美学思想和伦理道德观念。本书有编辑前言及前言。

6477 文史资料. 第二辑，冯玉祥将军治军忆要/彭秉信著；中国人民政治协商会议山东省济阳县委员会编. 济阳：中国人民政治协商会议山东省济阳县委员会. 1986.7

全书分 12 章，包括：带兵、待兵、教兵、练兵、军纪、风纪、用人、作风、爱民、培育青年、爱国教育、政治工作。书中附有编者的话、前言和结束语。

6478 文选黄氏学/黄季刚著. 台北：文史哲出版社. 1977.1（文史哲学集成）

黄侃（1886－1935），字季刚，又字季子。本书是黄侃对《文选·序》及前60卷所作的批注，书前有《文选黄氏学序》1篇。

6479 问礼亭诗初集/戴传贤辑. 铅印本. 南京：南京考试院，民国二十五年（1936）

民国二十一年戴季陶在洛阳得永明石刻"孔子问礼图"，翌年建亭于南京考试院以储之。戴氏遍邀"当代硕彦"：汪兆铭、钮永建等94人，咏诗纪之。本书即众人题咏之诗集。本书有图及照片。

6480 我的父亲冯玉祥将军/冯理达著. 成都：四川人民出版社. 1984.12

本书分19章，内容包括：自幼从军报国、反对袁贼称帝、讨伐张勋复辟、首都革命、五原誓师、怒斥汪精卫、笑声泪影离乡赴美国、忠魂归去等。书中附有照片、将军和女儿（代序）、后记。

6481 我的父亲林白水/林慰君著；政协会议北京市委员会文史资料研究委员会编. 北京：时事出版社. 1989.3

林白水是辛亥革命时期著名报人，1926年遭军阀枪杀。本书是其女儿所写的传记，书中还收有林白水生前亲朋好友和后人的纪念文章。

6482 我的父亲卢作孚/卢国纪著. 重庆：重庆出版社. 1984.12

本书作者是卢作孚次子，根据自己和亲属们的回忆，参考几十年来搜集到的有关资料，所作的回忆录。书中介绍了卢作孚的家世、童年时代、到成都去刻苦自学、投身辛亥革命、到上海去寻求救国真理等内容。有照片。

6483 我的父亲卢作孚/卢国纪著. 成都：四川人民出版社. 2003.3

内容提要参见6482。

6484 我的父亲张元济/张树年著. 上海：东方出版中心. 1997.9

全书通过深情的笔墨，介绍了张元济与家人的生活细节、与亲友交往的趣事，重现了一个既严厉又慈爱的父亲形象，从家庭生活的一个侧面反映出一代大家在推动20世纪中国文化产业化进程中的艰辛和努力。

6485 我的父亲张元济/张树年著. 天津：百花文艺出版社. 2006.6

内容提要参见6484。

6486 我的父亲朱德/朱敏著；顾保孜执笔整理. 沈阳：辽宁人民出版社. 1996.12（父辈丛书）

本书分3篇，包括：黄土圣地、地狱天堂、平凡伟大，讲述朱德的一生。

6487 我的生活/冯玉祥著. 哈尔滨：黑龙江人民出版社. 1981.2

本书是冯玉祥的回忆录，从其出生一直叙述到北伐胜利。共40章，主要包括：我的家世、康格庄、入伍前后、河边的眼泪、光绪二十六年、从维军的教习到武右军的兵、两次秋操、新民府、倒袁之役等内容。书后附有后记。有照片。

6488 我的生活/冯玉祥著. 哈尔滨：黑龙江人民出版社. 1984.3

内容提要参见6487。书中附有照片、寿冯焕章先生六十大庆、冯玉祥先生遇难经过等内容。

6489 我的生活/冯玉祥著. 影印本. 上海：上海书店. 1996（民国丛书. 第五编. 历史·地理类；83）

内容提要参见 6487。书中附有作者肖像。

6490　我的生活/冯玉祥著．长沙：岳麓书社．1999.4（旧籍新刊）

内容提要参见 6487。

6491　我的生活/冯玉祥著．北京：解放军文艺出版社．2002.7（冯玉祥自传；1）

内容提要参见 6487。内附卷首诗、出版说明、照片。

6492　我的生活/冯玉祥著．北京：世界知识出版社．2006.12（冯玉祥自传第 1 卷）

内容提要参见 6487。书中附有照片、出版说明和序言。

6493　我的生活/冯玉祥著．北京：中国工人出版社．2007.9（三昧人物志．记忆书系）

内容提要参见 6487。

6494　我们的父亲柳亚子/柳无忌等著．北京：中国友谊出版公司．1989.9

本书为柳亚子先生的子女所著，共 30 篇短文，记载了柳亚子的生平事迹，另有其他人纪念柳亚子先生的文章两篇。附录《柳亚子年表》等 3 篇。

6495　我所认识的蒋介石/冯玉祥著．四版．上海：上海文化出版社．1949.11

本书包括"第一次同蒋介石见面"、"'九一八'的蒋介石"、"'一·二八'上海大战的蒋介石"、"'七七'抗战的蒋介石"、"背叛孙总理中山先生遗教的蒋介石"、"一心一意要做袁世凯的蒋介石"等七十七章节。附冯玉祥将军国庆演词及冯蒋结拜书图片。

6496　我所认识的蒋介石/冯玉祥著．3 版．香港：七十年代杂志社．1975.9

内容提要参见 6495。书前有照片及《重版序言》。

6497　我所认识的蒋介石/冯玉祥著．哈尔滨：黑龙江人民出版社．1980.10

内容提要参见 6495。附有作者照片、简介、绪言和冯玉祥将军国庆演词（1948 年）及其亲笔遗嘱。

6498　我所认识的蒋介石/冯玉祥著．北京：解放军文艺出版社．2002.7（冯玉祥自传；3）

内容提要参见 6495。内附有卷首诗、照片、前言、出版说明、跋、附录等。

6499　我所认识的蒋介石/冯玉祥著．北京：中国文史出版社．2004.6

内容提要参见 6495。

6500　我所认识的蒋介石/冯玉祥著．北京：世界知识出版社．2006.12（冯玉祥自传第 3 卷）

内容提要参见 6495。

6501　我所认识的蒋介石/冯玉祥著．西安：陕西师范大学出版社．2007.1

内容提要参见 6495。

6502　我所认识的蒋介石/冯玉祥著．台北：捷幼出版社．2007.8（认识中国系列）

内容提要参见 6495。附有绪言、冯玉祥简历、冯玉祥将军"双十国庆"演讲词、跋。

6503　我所认识的蒋介石/冯玉祥著．哈尔滨：北方文艺出版社．2010（冯玉祥书丛）

内容提要参见 6495。附照片。

6504　我所知道的冯玉祥/文思主编．北京：中国文史出版社．2003.1（民国高层内幕大揭密丛书）

本书介绍了冯玉祥将军报国从军、创办学校、矢志抗日的经历及其治兵治军的才能，并附有一些珍贵的历史图片。

6505　我所知道的汉奸汪精卫和陈璧君/文斐

编. 北京：中国文史出版社. 2005.1（中国百年百部文史珍品书系；日伪政权大揭秘丛书）

本书记述了汪精卫与陈璧君早期立志反清、在护法运动中生死相随，及后来汪投敌卖国两人夫唱妇随、成为历史的罪人等内容。

6506　我所知道的阎锡山/文思主编. 北京：中国文史出版社. 2003.1（民国高层内幕大揭密丛书）

本书共分 9 章，包括："乘势而起，独揽山西军政大权"、"朝秦暮楚，明争暗斗各派军阀"、"联冯倒蒋，双管齐下问鼎中原"、"苦心孤诣，经营打造独立王国"、"软硬兼施，铁腕治军精于攻心"、"精打细算，聚财高手搜刮模范"、"认贼作父，眉来眼去暗通日寇"等。有照片。

6507　我眼中的朱德/郭思敏，天羽编. 石家庄：河北人民出版社. 1992.12

本书撰稿人有政治家、军事家、记者、高级官员、国际友人及在朱德身边工作过的秘书、医生、卫士等，均以亲历、亲闻、亲见为基础，再现了朱德思想和生活的各个侧面。

6508　我在北京大学的经历/蔡元培等著. 武汉：湖北人民出版社. 2003.3（改变那个世纪的人和事）

本书收有蔡元培《我在北京大学的经历》、毛泽东的《毛泽东自传》、张佐良的《周恩来的最后 1323 天》、朱德的《与尼姆·韦尔斯谈个人经历》以及陈独秀的《实庵自传》等。本书有照片。

6509　我在六十岁以前/马叙伦著. 台北：龙文出版社. 1994.12（中国现代自传丛书. 第四辑. 7）

本书是马叙伦所作的回忆录，介绍了他 60 岁之前的事迹，如：武昌起义后，与章炳麟创办《大共和日报》；新中国成立后，历任文化、教育、中科院委员等职等。附照片。

6510　我在美国和在中国生活的追忆/容闳著；王蓁译. 北京：中华书局. 1991.1

容闳号称我国"留学第一人"。本书前 5 章叙述了容闳留学以前所受的早期教育，以及到美国后的学习情况。后 6 章介绍了作者 8 年后回国的情形。

6511　我在中国和美国的生活：［英文版］/（美）容闳著. 太原：山西教育出版社. 2002.1（华裔美国作家英语名著系列丛书）

本书记述了作者赴美国留学生涯和奔走于中美之间为清廷做事的经历。他是第一个从耶鲁大学毕业的中国留学生，曾国藩和李鸿章采纳了他派遣幼童留学美国的建议，他为推动中国历史的进程作出了贡献。

6512　我在中国和美国的生活：容闳回忆录：［中英文本］/容闳著；恽铁樵，徐凤石等译. 北京：东方出版社. 2006.1（"名人回忆录"系列）

内容提要参见 6510。

6513　无补老人哀挽录/［著者不详］. 铅印本. ［出版地不详］：［出版者不详］，民国间（1912—1949）

赵尔巽（1844—1927），字公镶，号次珊，又名次山，又号无补，清末汉军正蓝旗人，祖籍奉天铁岭。清代同治年间进士，授翰林院编修。宣统三年（1911）任东三省总督。1914 年任清史馆总裁，主编《清史稿》。1925 年段祺瑞执政期间，任善后会议议长、临时参议院议长。本书辑录了社会各界名流及其亲友为其所作祭文（张作霖、潘复、熊希龄等）、哀挽诗文联（吴士鉴、赵万毅、张作霖、陈宝琛、陆宗舆等）等数篇。全文不分卷。书前有无补老人遗像、赵公行状（表侄撰）、大元帅令（民国十六年九月五日）。

6514　无悔的狂澜：张澜传/赵遵生著. 北京：人民文学出版社. 2004.4

本书介绍了我国伟大的爱国主义者、中国民主同盟的创造者与领导者张澜，讲述其从晚清到新中国成立各个历史时期的活动。书中有后记和照片。

6515　无尽庵遗集/周实撰．铅印本．上海：国光印刷所，民国元年（1912）

周实（1885－1811），字实丹，又字剑灵，号无尽、和劲、吴劲、山阳酒徒，江苏省淮安县人。近代诗人、南社著名诗人、散曲家，民主革命烈士。本书为周实作品遗集。其中文一卷（含札记序一篇，札记四卷散佚）、诗四卷、诗话二卷、尊情录一卷、词曲一卷，共五类。书前有周烈士实丹遗像、序 11 篇、周烈士实丹传、又有阮烈士梦桃（字梦桃，号翰轩，别号汉宣，原名书麒）传附、周烈士就义始末、祭周阮二烈士文两篇、题辞及题词数首等。本书 2 册。

6516　吴佩孚先生集/赵恒惕等编．影印本．台北：文海出版社．1971（近代中国史料丛刊．第六十八辑；673）

全书分为 4 部分，包括：著述、年谱、传记和追忆录。书中附有图像、褒扬令、孔德成序和编辑后记。

6517　吴铁城传记资料/朱传誉主编．影印本．台北：天一出版社．1979.11

全书分为两册，内容包括：《吴铁城》、《吴铁城二三事》、《记革命元勋吴铁城》、《不老的铁老》、《吴铁老的生平和风范》、《吴铁老风范长存》、《回忆铁老二三事》、《我所认识的吴铁老》等。书中附有编辑凡例和插图。

6518　吴铁城先生纪念集/祝秀侠等编．影印本．台北：文海出版社．1975（近代中国史料丛刊续编．第十七辑；169）

全书分 3 部分：吴铁城先生纪念集、吴铁城先生逝世十周年纪念集、吴铁城先生逝世二十周年纪念集。其中吴铁城先生纪念集包括：遗像；褒扬令；吴铁城先生生平事略；纪念文；治丧营葬纪要；祭告文；哀輓文辞；赙赠纪献。吴铁城先生逝世十周年、二十周年纪念集包括：悼念韩国之友、铁老在上海、怀念铁城先生、我所认识的吴铁城先生、纪念吴铁城先生、铁老的风范、铁老与东北、吴铁老二三事等文章。

6519　吴虞和他生活的民国时代：1911－1949/冉云飞著．济南：山东人民出版社．2009.11（二十世纪学人系列）

本书包括生活面貌，人物交往和思想历程 3 个部分，第一部分记述了吴虞现实生活中的看病买房等细节，第 2 部分研究了他同廖平、陈独秀、周作人等人的交往，第 3 部分探讨了他与北京大学的关系，并对他进行了心理学分析。

6520　吴玉章的故事/饮冰编著．郑州：海燕出版社．1999.12（中华人民共和国元勋故事丛书）

本书分 17 章，包括："家世、身世及思想历程"、"路漫漫而上下求索"、"东瀛求学为救国"、"敢当宣传革命的鼓手"、"为革命赴汤蹈火在所不辞"、"烽火故园情"、"革命需要有铁的纪律"、"革命不是为了做官"等。书中附有肖像、照片及插图。

6521　吴玉章对联导读/陈述琪编著．成都：四川人民出版社，四川出版集团．2010.2

本书收录吴玉章生前撰写的 45 副对联，其文字解说包括注释和导读。注释重在注明对联所涉及的人物、地名、事件，解释有关成语、典故。导读重在介绍对联的历史背景。书中附有参考书目、后记和附录。

6522　吴玉章回忆录/吴玉章著．北京：中国青年出版社．1978.11

本书收 10 篇文章：《从甲午战争到辛亥革命的回忆》、《回忆"五四"前后我的思想转变》、《第一次大革命的回忆》、《关于〈救国时报〉的回忆》、《回忆林伯渠同志》、《南泥湾修养追记》、《美蒋和平阴谋的破产》等。书中附有照片、《吴玉章同志七十年谱》和后记。

6523 吴玉章年谱/刘文耀，杨世元编；中共四川省委党史研究室组织编写．成都：四川人民出版社．1998.12

本书以翔实可靠的历史文献资料为依据，记述了吴玉章的活动，时间从 1878 年到 1966 年，书中附有《吴玉章年谱》跋。

6524 吴玉章生平影集/中共四川省委党史工作委员会，重庆市博物馆编．重庆：重庆出版社．1988.11

本书分 6 章：1878－1913、1913－1925、1925－1938、1938－1949、1949－1966、家庭生活剪影。书中附前言、年表、后记和照片。

6525 吴玉章诗选/吴玉章著．成都：四川人民出版社．1983.1

本书收有：《东游述志》、《一九〇四年留学日本时自题相片诗》、《莽莽神州》、《和印泉老兄“七七”三年抗战纪念感赋原韵〔五首〕》、《和朱总司令游南泥湾》、《答谢董老寿诗》、《敬和熊老寿我新诗》等 40 首诗。书中附有照片。

6526 吴玉章同志诞辰一百周年纪念专刊/中国人民大学《教学与研究》编辑部编辑．北京：中国人民大学出版社．1978.12

本书收有：《毛主席在庆贺吴玉章同志六十诞辰大会上的祝词》、《中共中央祝吴玉章同志六十大寿的贺词》、《吴玉章同志诗选（二十五首）》、《怀念吴老　学习吴老》、《深切怀念我们敬爱的老校长吴玉章同志》等 23 篇文章。书中附有照片。

6527 吴玉章同志革命故事/何其芳著．初版．［出版地不详］：太岳新华书店．1949.3

本书包括 4 篇文章：《中共中央电贺吴玉章同志七十大寿》、《吴玉章同志在华大祝寿会上的讲话》、《吴玉章同志革命故事》、《吴玉章同志年谱》。

6528 吴玉章往来书信集/吴玉章著；程文，陈岳军编著．重庆：重庆大学出版社．1993.7

本书收辑了吴玉章书信电函（最早为 1905 年，最晚为 1964 年）219 件，反映了他一生的重大革命实践活动。本书有照片、编者的话和附录：《吴玉章生平活动纪事（1878 年至 1966 年）》。

6529 吴玉章文集/吴玉章著；中共四川省委党史工作委员会编．重庆：重庆出版社．1987.1

本书分上、下两卷。上卷收有吴玉章同志关于政治、教育和语言文字改革等方面的著述，下卷收入历史论文、关于辛亥革命及新民主主义革命的回忆，以及著者的自述和传略。书中附有照片。

6530 吴玉章与中国民主革命/吴达德著．重庆：西南师范大学出版社．1998.11

本书分 10 编。包括：家世・青少年时代、留学日本、辛亥革命风云中、反对北洋军阀统治的斗争、留法勤工俭学、从“五四”运动到加入中国共产党、在国民革命的洪流中、在苏联与在欧洲等。书中附有照片、序、后记和附录：中共中央祝吴玉章同志六十大寿的贺词、中共中央祝吴玉章同志七十诞辰的贺电等。

6531 吴樾传/庄桓撰．朱丝栏抄本．［出版地不详］：庄去病，民国三十六年（1947）

吴樾，字孟侠，一作孟霞，安徽桐城县高甸人。辛亥革命烈士。本书为吴樾小传。书末有说明：作传年月不详，原稿抄至第九页第五行止，以下为仲所录，三十六年二月十日去病谨志。钤“庄去病印”。

6532 吴樾一生/张湘炳著．合肥：安徽少年儿童出版社．1987.1（安徽名人故事丛书）

本书讲述我国近代史上著名的民主革命烈

士吴樾，从一个文弱书生走上革命道路，直至献出了年轻生命的感人故事。

6533　吴兆麟传/吴德志著．武汉：湖北人民出版社．1996.11

本书记述了吴兆麟的生平事迹、为人品德、政治活动、历史功绩。书中附有照片和附录：《吴兆麟年谱简编》。

6535　吴芝瑛传/惠毓明辑．铅印本．［出版地不详］：［出版者不详］，民国二十五年（1936）

吴芝瑛（1867—1933），字紫英，别号万柳夫人。桐城县高甸人。工诗、文、书法，被誉为“三绝”。生于诗书之家。夫廉泉，有诗名，人称“无锡才子”。本书为吴芝瑛传，内容主要包括吴芝瑛夫人传略（惠毓明）、吴芝瑛夫人遗墨、吴芝瑛夫人遗著、吴芝瑛夫人哀荣录。书中有王西神、胡朴安、蔡元培、徐世昌题字，前有吴东园、杨佑甫序，宗子威、张健荪、吴绛珠、王玉佩题辞，编者惠毓明言及吴芝瑛夫人遗像四幅（青年、中年、写经、老年）。书后有廉建中跋、胡介昌尾言。

6536　吴稚晖传记资料/朱传誉主编．影印本．台北：天一出版社．1979—1985

全书分 12 册，内容包括：《永远与自然同在》、《追念吴稚晖先生》、《吴稚晖先生传略》、《吴稚晖先生事略》、《吴稚晖先生行谊》、《吴稚晖先生光辉的一生》、《吴稚晖砥柱中流》、《大人物的小故事》、《吴稚老的风格》等。书中附有编辑凡例和照片。

6537　吴稚晖近著/吴稚晖著；李晓峰编．再版，复制本．北京：北新书局．1926.9

本书包括：《溥仪先生》、《国民党不加入善后会议》、《怎么办呢》、《苦矣》、《我也来试一试看》、《试验过的善后会议》、《我亦一讲中山先生》、《章士钊—陈独秀—梁启超》等 29 篇文章。

6538　吴稚晖先生大传/陈洪，陈凌海编撰．［出版地不详］：［出版者不详］．［出版年不详］

本书以编年拟撰，约 21 万言，介绍了吴稚晖先生的一生功绩，并择要收录了吴稚晖的一些文章和章论。书中附有徐悲鸿为吴稚晖所作的画像、序和编纂凡例。

6539　吴稚晖先生纪念集/杨恺龄编．影印本．台北：文海出版社．1975.3（近代中国史料丛刊续编．第十三辑；130）

全书分为两部分：吴稚晖先生纪念集和吴稚晖先生纪念集（一百十岁诞辰纪念特辑）。其中吴稚晖先生纪念集分 16 部分，包括：遗像、褒扬令、事略、纪念文、祭文、挽联、吊唁函电、治丧纪要等内容。吴稚晖先生纪念集（一百十岁诞辰纪念特辑）分二十八个部分，包括：吴稚晖先生遗像、吴校长对学生训话、里昂中法大学始末记、里昂中法大学之今昔等内容。

6540　吴稚晖先生文存/周云青编纂．3 版，复制本．上海：医学书局．1926.1

全书分上、下两册，收录了吴稚晖先生的杂论、书信 47 篇。内容包括：《溥仪先生》、《国民党不加入善后会议》、《婉告太戈尔》、《国音沿革序》、《寒崖诗集序》、《中国之社会教育应兼两大责任》、《三十年前日记之一斑》、《氏族先后辨》、《释尔雅名义》等。书中附有序。

6541　吴稚晖学术论著、续编、三编/吴稚晖著；梁冰弦编．影印本．上海：上海书店．1927.12（民国丛书．第三编．综合类；85）

吴稚晖学术论著，包括：《印度洋口占》、《机器促进大同说》、《青年与工具》、《上下古今谈序》、《军人与服从》、《巴黎之清晨》等。续编包括：《以政学治政学》、《释非政学》、《物质文明与科学》、《移读外籍之外见》。三编包括：《论善恶之变化》、《论普及教育》、《说孝》、《论国利民福》、《混蛋世界》等。书中附有照片。

6542　吴稚晖学术论著续编/吴稚晖著；梁冰弦

编．再版．上海：启智书局．1935.10

本书收有长短文6篇：《以政学治非政学》、《释非政学》、《移读外籍之外见》、《勤工俭学传书后》、《物质文明与科学》、《甲寅游法记》。

6543 五十自述记/陆宗舆撰．铅印本．北京：北京日报社，民国十四年（1925）

本书为陆宗舆自述从出生到五十岁时的立身行事，特别是其历经的外交风云。书前有民国三年（1914）汪大燮序，书末附《驻日时代交涉案情》。

6544 五十自述记/陆宗舆撰．铅印本．北京：文楷斋，民国间（1912—1949）

内容提要参见6543。

6545 伍廷芳传/张礼恒著．石家庄：河北人民出版社．1999.12（民国外交官传记丛书）

本书主要讲述了中国首位留英博士、第八任驻美公使、民国外交总长——伍廷芳的不平凡的一生以及其对外交事业所做的贡献。有照片。

6546 伍廷芳的外交生涯/张礼恒著．北京：团结出版社．2008.11（长镜头丛书）

本书包括：风雨沧桑路、小荷才露尖尖角、任职香港的酸甜苦辣、第八任驻美公使、在民国外交总长任上、护法军政府的外交总长等内容。有肖像，有照片。

6547 伍廷芳集/伍廷芳著；丁贤俊，喻作凤编．北京：中华书局．1993.8（中国近代人物文集丛书）

本书选编了伍廷芳进入清朝北洋大臣幕府后的著述、奏折、电报、函札、宣言、通告、会谈记录等文件，以辛亥革命后的文件为主。有照片。

6548 伍廷芳评传/丁贤俊，喻作凤著．北京：人民出版社．2005.12（国家清史编纂委员会·研究丛刊）

本书包括：绪言、归国幼侨的少年时代、伍廷芳与中国最糟的日报、平庸·进取·殊荣——海外就业经历、第一次出使美国、社会文化思想、进出军政府等内容。有照片。

6549 伍廷芳轶事/陈此生编著．3版．上海：上海宏文图书馆．1924.2

本书记述了伍廷芳打趣塾师、妙解四书、夜遇苏曼殊、调侃罗斯福等轶事。附录：《伍博士言行略记》（陈此生）、《伍先生轶事》（意宏馆主）两篇。有照片。

6550 伍廷芳与清末政治改革/张云樵著．台北：联经出版事业公司．1987.4

本书以伍廷芳生平志业为经，近百年史事为纬，远溯了葡、荷、英、法、美、俄势力东渐的历史，并详述鸦片战争以来我国对外各大战役，以及洋务运动、康梁变法与革命运动等。

6551 伍先生（秩庸）公牍/［著者不详］．影印本．台北：文海出版社．1971（近代中国史料丛刊．第六十六辑；652）

本书将伍廷芳所发政见、文章、著述汇集成书。全书共分为上下两卷，并有编辑说明。本书还附有伍廷光所编《伍廷芳》。

6552 伍秩庸博士哀思录/［著者不详］．铅印本．［出版地不详］：［出版者不详］，民国间（1912—1949）

本书为悼念伍廷芳逝世的纪念诗文集，谭延闿题写书名。其内容有（伍廷芳）遗像、附图（国葬伍廷芳典礼）、哀启、墓表、诔文、挽诗、挽联、挽幛、横幅和附录（大连追悼会和一周广东追悼会）。其中，诔文、挽诗、挽联、挽幛和附录按挽者姓氏笔画多少顺序排列，其联衔致挽者则视题衔人姓氏而定。

6553 武昌首义总指挥吴兆麟上将纪念集/刘珣主编．北京：团结出版社．1991.9

本书内容包括：《吴兆麟自述》、家属的追忆及众人纪念他的文章。书中附照片。

6554 武功文史资料．第四辑，咸阳文史资料．第六辑，辛亥革命前后的焦易堂先生/中国人民政治协商会议陕西省咸阳市委员会、武功县委员会文史资料委员会编．咸阳：中国人民政治协商会议陕西省咸阳市委员会、武功县委员会文史资料委员会．1992.10

本书内容包括：《忆焦易堂先生同我的交往》、《他曾追随孙中山致力国民革命——记辛亥革命老人焦易堂》、《先父焦易堂跟随孙中山先生革命的一段经历》、《从孙中山致焦易堂的几封信说起》、《孙文致焦易堂书札说明》、《焦易堂先生派焦步辕回陕参加靖国军》等文章。书前有序言、照片和题字。书后有附录《焦易堂先生革命略历》、编后。

6555 武宁文史资料．第六辑，李烈钧年谱/张竞渊编撰；政协江西省武宁县委员会文史委员会编．武宁：政协江西省武宁县委员会文史委员会．1997.10

本书是一本关于李烈钧的比较详细的分年大事录，记录时间从1882年到1946年。书中附有照片、前言、《李烈钧先生简历》和后记。

6556 西学东渐记/（清）容闳著；徐凤石，恽铁樵原译；张叔方补译；杨坚，钟叔河校点．长沙：湖南人民出版社．1981.1（走向世界丛书）

全书分22章，包括：幼稚时代、小学时代、初游美国、学成归国、入世谋生、太平军中之访查、与曾文正之谈话、予之教育计划等内容。书中附有照片、《走向世界丛书》总序、自序、代跋和附录。

6557 西学东渐记/容闳等著．长沙：岳麓书社．1985.7（走向世界丛书）

本书与《游美洲日记》（祁兆熙著）、《随使法国记》（张德彝著）、《苏格兰游学指南》（林汝耀等著）合订，共22章，主要包括：幼稚时代、小学时代、初游美国、大学时代、对太平洋战争之观感、购办机器、第二次归国、戊戌政变等。

6558 西学东渐记/容闳著．影印本．台北：文海出版社．1973（近代中国史料丛刊．第95辑；944）

全书共包括幼稚时代、小学时代、初游美国、中学时代、大学时代、学成归国、入世谋生、经商之阅历等22章内容。本书有照片。

6559 西学东渐记/容闳著；恽铁樵，徐凤石译．珠海：珠海出版社．2006.11（珠海历史文化书系．珠海历史名人著作丛书）

本书是容闳晚年的回忆录，回顾了他以“西学东渐”之志寻“维新中国”之路，却屡遭曲折磨难的生命历程，并总结其经验教训，饱含着他对祖国前途和命运的忧心瞩望。

6560 西学东渐记：中国留学生之父的足迹与心迹/容闳著；沈潜，杨增麒评注．郑州：中州古籍出版社．1998.1（醒狮丛书）

本书是《西学东渐记》的译注本，译注部分介绍了《西学东渐记》的写作背景和经过、主要内容、历史地位。

6561 西域忠魂：清末关外三义士之孔才传/张立云，孔繁丛著．五家渠：新疆生产建设兵团出版社．2009.12（北庭文化系列丛书；1）

本书共20回，包括：古城春秋、英雄少年、千山万水、古道沧桑、塞外桃源、大漠枭雄、北庭怀古、西域烽火、引狼入室、同仇敌忾等内容。书中附有引子、序言、后记和附记：《孔才后裔家族传世记略》。

6562 惜抱轩文集/（清）姚鼐撰；周义祥整理．济南：山东画报出版社．2004（四库家藏；142）

本书共16卷，包括论、考、书、序、传、

墓志铭等各种作品，以《四库备要》本为底本，《四部丛刊》本为校本整理而成。本书与《严复诗集》、《谭嗣同书简集》合订。

6563 侠骨忠魂：郑士良传/王怡著. 台北市：近代中国出版社. 1983.5（近代中国丛书. 先烈先贤传记丛刊. 45）

本书讲述了淡水墟首富郑士良散尽家产，投身革命的故事。书中附有照片和肖像。

6564 夏别士先生遗诗/夏曾佑撰. 朱丝栏抄本. ［出版地不详］：梅翘，民国间

夏曾佑（1863－1924），字遂卿，一作穗卿，号别士、碎佛，浙江杭州人。近代诗人、历史学家，曾任教育部社会教育司司长、北平图书馆馆长，早年曾与梁启超、谭嗣同交往密切。本书收夏氏清末至民国初年诗150余首。

6565 夏曾佑穗卿先生诗集/夏曾佑著. 台北：文景书局. 1997.2

本书收录了清末民初著名诗人夏曾佑先生的诗作共109首。本书还有附录《悼亡友夏穗卿先生》。

6566 先父李燮和的生平：纪念辛亥革命九十周年/李兴潇，李兴藻. 长沙：［出版者不详］. 2001.10

本书是李燮和（1873－1927）为中国民主革命奋斗的一生，并论及辛亥革命时期各革命团体内部的关系，华东地区的革命格局，上海、南京光复的经过以及民国时期的“筹安会”等各方面问题。书中附有照片和前言。

6567 先君年谱/张钟芸编. 铅印本. 成都：球新印刷厂，民国二十八年（1939）

张培爵（1876－1915），字列五，号智涵，别署志韩，四川隆昌（今荣昌）县荣隆场人。中国民主革命先驱，辛亥革命烈士。本书为《先烈张列五先生手札》之附录。

6568 先君事略/李希泌撰. 油印本. 腾冲：李氏滇云曲石精庐，1978

李根源（1879－1965），字印泉，又字养溪、雪生，号曲石，别署高黎贡山人，云南腾冲县人。近代名士、国民党元老。本书为《曲石诗录》之附录。

6569 先烈廖仲恺先生殉国纪念日/民团周刊社编. 初版. ［出版地不详］：民团周刊社. 1939.4（丙种丛刊. 第七种. 纪念丛刊. 第二辑；之五）

本书中收有4篇文章：《廖仲恺先生的生平》、《廖仲恺先生的成仁》、《廖仲恺先生的革命精神》、《廖仲恺先生与农工运动》。

6570 先烈张列五先生手札/张培爵撰. 铅印本. 成都：球新印刷厂，民国二十八年（1939）

本书收张培爵与廖绪初、李宗吾、李寒友、干弟、金兄及子女信札29通。后附：《张培爵小传》/杨庶堪撰、《纪张君列五被难事》/梅际郇撰、《张君权厝志》/向楚撰、《前蜀军都督四川民政长张公墓表》/向楚撰、《先君年谱》/张钟芸编等。有照片、书影。

6571 先总统蒋公全集/蒋介石著；张其昀主编. 台北：中国文化大学出版部. 1984.1

全书共分两卷。第1卷为专著类，第2卷为演讲类。

6572 现代名家名作，刘半农/瑞峰主编. 北京：中央民族大学出版社. 2005.5

本书收录刘半农作品81篇，包括：《三十五年过去了！》、《两盗》、《欧洲花园》、《拜轮家书》、《阿尔萨斯之重光》、《马丹撒喇倍儿那》、《琴魂》、《诗人的修养》等。

6573 现代名家名作，苏曼殊/瑞峰主编. 北京：中央民族大学出版社. 2005.5

本书收集整理了苏曼殊所创作的散文、小说、诗歌、题画等百余篇。

6574　现代名著宝库．第十一辑，诗歌部分/禹裔，齐豫生主编．延吉：延边人民出版社．1999

本书内容包括《尝试集》、《女神》、《冬夜》、《扬鞭集》、《志摩的诗》、《死水》等。有肖像。

6575　现代启蒙语境下的审美开创：苏曼殊文学论/黄轶著．上海：上海人民出版社．2008.11

本书从宏阔的视角对苏曼殊的创作和翻译进行了分析，尽力还原和探索作为作家的苏曼殊在20世纪初中国文学审美形态从古典向现代转型过程中所受的影响，并对其重要的文学史价值进行了评论。

6576　湘西文史资料．总第三十辑，熊希龄资料专辑/中国人民政治协商会议湘西土家族苗族自治州委员会文史资料研究委员会编．吉首：政协湘西土家族苗族自治州委员会文史资料研究委员会．1993.9

本书内容包括：《中国近代教育史上光辉的一页》、《永远怀念熊院长》、《我所知之熊希龄》、《难忘的回忆》、《熊希龄与袁世凯》、《熊希龄妙语连珠》、《熊希龄的外孙女回乡记》、《熊希龄先生魂归故土》等。书中附有熊希龄文选、熊希龄先生遗墨、熊希龄先生大事年表和照片。

6577　向着新的理想社会/李大钊著；高瑞泉编选．上海：上海远东出版社．1995.7（中国近现代思想家论道丛书）

本书选编了李大钊在近代思想史上富于原创性、开拓性的论著。通过这些论著可以了解这位启蒙思想家曾经为重建现代性的民族文化、改塑国人的灵魂怎样披荆斩棘、深入探讨，也可以看出这位中国最早的马克思主义者怎样以宽阔的视野、宽容的心态、理性的评判去对待各种思想资源。

6578　萧山文史资料选辑．第四辑，汤寿潜史料专辑/政协浙江省萧山市委员会文史工作委员会编．萧山：政协浙江省萧山市委员会文史工作委员会．1993.3

全书分5卷，内容包括：《汤寿潜与浙江铁路风潮》、《辛亥革命时期的汤寿潜》、《绍兴汤先生墓志铭》、《首任浙江都督汤寿潜》、《立宪派中的反袁人物汤寿潜》、《汤寿潜与南浔镇》、《东南铁道大计划（1910年）》、《徐烈士墓表（1912年）》等。书中附有照片、前言、杂录、赠存资料目录、编后记和文史工作委员会成员名录。

6579　箫剑诗魂：柳亚子评传/周广秀著．北京：社会科学文献出版社．2002.1

本书较为全面、详尽地介绍了柳亚子的生平，革命功绩和文学、学术成就，并做了评价；在展示其生活、思想历程的基础上，突出了其刚正坦白的品格，揭示其成为历史名人的社会背景和心路历程。

6580　小休集：二卷·扫叶集：一卷/汪兆铭撰．铅印本．［出版地不详］：中华日报社，民国三十年（1941）

汪兆铭，字季新，笔名精卫。本书为《双照楼诗词稿》之两种。《小休集》为其自宣统2年至民国18年间所作。收：《辛亥三月二十九日广州之役余在北京狱中偶闻狱卒道一二未能详也诗以寄感》、《十年三月二十九日黄花岗七十二烈士墓下作》等150余首诗词。《扫叶集》："小休集后续有所作，稍加编次复成一帙，中有重九登扫叶楼诗一首，颇道出数年来况味，因以扫叶名此集"，收诗134首，词14首。

6581　校长如何实践其治校理念：蔡元培的经验/吴家莹著．台北：学富文化事业有限公司．2008.4

本书主要构建和诠释了蔡元培带领北大转型的经验。本书共5章，分别是担任校长的历程、对北大新发展方向的诠释、在北大既有脉络中孕育的新构想、蔡氏推动新北大构想的经过、北大变成怎样的新面貌。本书有4篇序和导读，并有索引。

6582 谢持日记未刊稿/谢持著．影印本．桂林：广西师范大学出版社．2007.12

全书共6册，是作者1913年至1918年、1924年至1928年及1931年共12年的亲笔日记。书中附有作者照片及《谢持残存史料》。

6583 心魔——苏曼殊/何士夫著．成都：四川人民出版社．1995.4（红茶馆纪实文丛）

本书共19章，描写了苏曼殊波澜壮阔的一生。附录：《苏曼殊年谱》，《苏曼殊情诗小辑》。本书附照片。

6584 辛亥札记 梅川日记合刊/居觉生遗著．台北："中央文物供应社"．1946.8

著者又称梅川居士，本书分90多节记述辛亥革命前后的史实，这些史实多为作者所亲见。大部分篇幅记武昌起义。叙言中还提到作者与苏曼殊的交往。

6585 辛亥革命老人刘莘园遗稿/刘莘园著，刘一鸣，龙先绪整理．贵阳：贵州人民出版社．2003.12

本书是作者作为经历晚清、民国、共和国三个历史时期、一生坚持孙中山民主革命立场的前国民党将领，研究辛亥革命史、西南军阀史、贵州近代史的诗文稿。附照片。

6586 辛亥革命烈士诗文选/萧平编，吴小如注．北京：中华书局．1962.12

本书收录辛亥革命烈士诗文91篇。展现了光辉的民族主义思想和强烈的革命意志，表现了他们为推翻反动黑暗的清王朝政权，为祖国的繁荣昌盛，视死如归的气概。

6587 辛亥革命前的蔡元培/周佳荣著．香港：波文书局．1980.9（中国现代史丛书之；13）

本书是描写辛亥革命前的蔡元培的传记。全书共分为9章：幼年时代、科举之途、新旧冲突、南洋公学等，并附录《晚清时期蔡元培年表》。

6588 辛亥革命前的鲁迅先生/王冶秋著．上海：新文艺出版社．1956.10

本书是王冶秋于1942年在抗战时期的重庆写的，对于鲁迅先生在辛亥革命前的情况，提供了一些宝贵的资料。本书略作删节，重印出版，分4章：故乡与童年、由困顿走入异途、海外十年、归来与出走。

6589 辛亥革命关河诸先烈蜀战殉国记/赵端著．［出版地不详］：［出版者不详］．1925

本书记录了辛亥革命时四川起义经过及战斗中牺牲的起义者的情况。

6590 辛亥革命前后/陈旭麓等主编．上海：上海人民出版社．1979.5（盛宣怀档案资料选辑之一）

本书分6部分，包括：清末腐朽政情、关于四川保路运动、关于武昌起义、关于汉冶萍公司问题、关于"二次革命"、盛宣怀的匿产复产活动。辑录了盛宣怀的亲笔函稿、电稿、奏稿、家信及朋僚来函和档案中其他相关资料，如合同、账册等。卷首附编辑说明及图片8幅。

6591 辛亥革命先驱国学大师——黄侃传/叶贤恩著．北京：中国文史出版社．2004.1（华夏教育文丛）

本书记述了黄侃推倒清王朝、缔建中华民国时所立的功绩，以及他作为国学大师，在文字、音韵、训诂等方面的学术成就。附照片。

6592 辛亥溅泪集：四卷/苏舆撰．石印本．［出版地不详］：［出版者不详］，民国间（1912—1949）

本诗集记辛亥武昌起义之后之时事，并将当时清廷举措及时人重要文电附注各诗后。

6593　辛亥名宿王和顺/韦纬组，谢汉俊．南宁：接力出版社．1994.9（八桂俊杰丛书）

本书分 12 章介绍了王和顺的生平事迹，包括：狱中、鹰击长空、马盛治毙命、梅龟山大捷、陇烈大会战、转战千里、防城扬威。有照片。

6594　辛亥革命老——焦易堂先生/焦维和著．[出版地不详]：[出版者不详]．2006

本书介绍了焦易堂（1879－1950）追随孙中山积极投身辛亥革命的生平。

6595　辛亥先烈井勿幕先生遗作及纪念文选/井勿幕著；井晓天编著．西安：陕西人民出版社．2010.1

本书包括 3 部分：一为井勿幕先生遗作，以井勿幕先生在《夏声》杂志上发表的论著、时评为主，以及辛亥革命期间井勿幕先生的遗墨、遗诗和藏书、抄本简介等；二为井勿幕先生传记事略、纪念碑铭、追念诗文；三为井勿幕先生纪念文选。本书附照片。

6596　辛亥英杰张恭传/严朴，宋瑞楠著．贵阳：贵州人民出版社．1992.8

张恭毕生为推翻清廷建立民国而奋斗，在浙江至今流传着许多他的趣闻轶事。本书生动、全面地介绍了张恭的一生。有照片。

6597　辛亥英杰张恭传/严朴，宋瑞楠著．再版．贵阳：贵州人民出版社．2000.12

内容提要参见 6596。

6598　辛亥英雄尹昌衡/田闻一著．成都：四川大学出版社．2009.8（尹昌衡学术研究系列丛书）

本书分 34 章，包括：红袖添香遇险，深夜里，“四川屠户”赵尔丰思绪绵绵，兵变、骇人听闻的成都兵变，砥柱中流，动人春色何须多，尹都督的婚礼，雪域将星今晨陨落等。有插图。

6599　辛亥元勋黄明堂/肖定吉著．南宁：接力出版社．1994.3（八桂俊杰丛书）

黄明堂（1868－1939），历任护国军第二混成旅旅长，讨贼军南路总司令、中央直属第四军军长等职，本书记述了他的生平业绩。有肖像。

6600　辛亥札记/梅川居士觉生撰．铅印本．重庆：大东书局，民国三十四年（1945）

居觉生（1876－1951）湖北广济人。名正，号觉生，初名之骏，别号岳崧，又号梅川居士。早年留学日本，专攻法律，并加入同盟会。民国之后，担任司法院院长。书中主要记录了其所经历之开国大事，所记甚详，被称为开国信史。所记武昌革命事迹，尤为宝贵。前有熊十力序。札记内容主要包括 4 方面：清末叶，各地发动之革命党；历史上群众革命事件之回顾；湖北自古之抗暴传统；清末革命思潮澎湃于全国之现状。

6601　辛亥札记/梅川居士觉生撰．铅印本．上海：大东书局，民国三十六年（1947）

内容提要参见 6600。

6602　新编曲石文录/李根源著；李希泌编校．昆明：云南人民出版社．1988.1

本文集共收作者生前所撰文章、电文、题跋等 180 篇。附肖像及照片。

6603　新编温生才行刺始末记/天恨生辑．石印本．[出版地不详]：[出版者不详]，清末

天恨生，王天恨之笔名。本书记温生才刺杀镇粤将军孚琦及被捕就义之事。全书共 18 章，包括：温生才之人格、温生才之行刺、温生才在番之供词、温生才之流血等。有图及像。书名页等题“徐锡麟第二温生材”。

6604　新出绘图皖案徐锡麟/[著者不详]．石印本．上海：裕记书庄，清光绪三十三年（1907）

本书记徐锡麟击毙安徽巡抚恩铭及就义之事。全书分为绪言、起事原因、机谋败露、党人定罪、皖案上谕等12节。有像，目录题“新出皖案徐锡麟遗事”。

6605 新化文史．第十二辑，陈天华百周年祭：1905－2005/晏石城等主编；新化县政协学习文史委员会，新化县茰江诗社常务委员会编．新化：新化县政协学习文史委员会，新化县茰江诗社常务委员会．2006.4

全书分4部分：天华文选、文献摘英、纪念诗文、年谱传记。内容包括：《述志》、《猛回头（节录）》、《绝命辞》、《诗作拾遗》、《天华曲》、《天华广场记》、《纪念联》、《陈天华年谱》等。书中附有启卷名言、序、凡例和后记。

6606 新论廖仲恺/黄雁行主编；吴少忠，周兴樑编著．广州：广东人民出版社．2009.1（惠州文化建设丛书．第2辑；1）

本书内容包括：廖仲恺的思想情操研究、廖仲恺的革命实践研究、廖仲恺的社会交往研究和廖仲恺哀荣之史事钩沉。书中附有照片、前言和后记。

6607 星火燎原全集．第一卷/朱德，聂荣臻等著．北京：解放军出版社．2009.9

《星火燎原》是由千余位人民解放军将士半个世纪前撰写的英雄篇章、系统再现了中国共产党独立领导革命战争的光辉历程。本卷收有朱德、罗荣桓、陈毅、谢觉哉等人的文章。

6608 熊成基传/许凤仪，赵尔俊，王虎华著．南京：江苏文史资料编辑部．1998.2（江苏文史资料．第107辑；扬州文史资料．第18辑）

全书分5章，包括：立志报国、安庆起义、谋图再举、英勇就义、光耀千秋。书中附有照片和《熊成基年表》。

6609 熊克武传/周富道，马宣伟著．重庆：重庆出版社．1989.10

本书记叙了熊克武先生一生的经历和业绩。全书分12章，包括：青少年时代；奉命返川，组织起义；广州起义，九死一生；组建蜀军，率师返川；兴师讨袁，沦落海外；护国反袁，胜利返渝；响应护法，主持川政；同志成仇，血战千里等。书后附《在熊克武先生诞辰100周年纪念座谈会上的讲话》及照片。

6610 熊希龄：从国务总理到爱国慈善家/周秋光主编；湖南省政协文史资料研究委员会编．长沙：岳麓书社．1996.9（二十世纪湖南文史资料文库）

本书讲述了熊希龄由从政到从善的人生之路，分4编：综合回忆、政治生涯、慈幼事业、生平轶事。书中附有熊希龄部分印签、手迹、照片和《主要活动年表简编》。

6611 熊希龄传/周秋光著．长沙：湖南师范大学出版社．1996.6（湖湘文化研究丛书）

本书介绍了熊希龄的一生，包括：拔起边陬之地、探求改革之路、襄办湖南新政、创设学堂报馆、生死存亡之间、遭受革职之后、解脱政治桎梏、重新步入政坛等内容。书中附有照片。

6612 熊希龄传/周秋光著．天津：百花文艺出版社．2006.1

内容提要参见6611。

6613 熊希龄集．上册/熊希龄著；林增平，周秋光编．长沙：湖南人民出版社．1985.1（湖南近代名人文集丛书）

本书收录了熊希龄先生的著述及各类文件，包括：试卷、奏折、呈文、条陈、政论、专著、演说、谈话、函电、札记、诗词、启事、序跋、联语、题词、祝辞、祭文以及由他签署的各类公文、命令、批示、布告、委任状、证券、合同、数据等，均按时间顺序编次。书中附有照片、墨迹和部分印谱。

6614　熊希龄集/周秋光编．长沙：湖南出版社．1996.11

内容提要参见6613。

6615　熊希龄集/周秋光编．长沙：湖南人民出版社．2008.9（湘湖文库）

全书共8册，所收录的篇章，最早有1891年熊希龄青年时代在长沙校经书院应试的考卷和作文，最晚有他1937年12月25日逝世前数日给亲属的函件，使读者能较全面掌握他思想演化的脉络。书中附有照片、部分手迹和印鉴。

6616　熊希龄与慈善教育事业/周秋光著．长沙：湖南教育出版社．1991.8

全书分7章，包括：宦海浮沉的政治生涯、投身社会的慈善事业、创办香山慈幼院、香山慈幼院的发展、发展中的各类教育、香山慈幼院的结局、慈善观与教育思想及其他。书中附有照片和后记。

6617　熊希龄与香山慈幼院/北京香山慈幼院校友会编．天津：南开大学出版社．2009.8（历史纪念画册）

本书介绍了香山慈幼院的概况与发展，及其教育体系，并介绍了创办人熊希龄先生的生平。全书分4部分，包括：香山慈幼院创办人熊希龄先生、香山慈幼院（1920－1949）、香山慈幼院的系列教育体系、新中国成立后的香山慈幼院。书中附有照片、地图、前言、主要参考书目和编后记。

6618　徐大总统诗集：十二卷/徐世昌撰．石印本．［出版地不详］：［出版者不详］，民国间

本书又名《水竹邨人集》，汇集的是徐世昌离职后的诗作，包括《听雨》、《思秋》、《山居》、《晚眺》、《春雷》、《寒庭》、《祈雨》、《书怀》等数百首。柯劭忞在序文中，称其诗作优游闲肆、简淡清远、旷然自放。有像。本书6册。

6619　徐镜心/马庚存编著．北京：中共党史出版社．2005.6（山东革命文化丛书．中国共产党的创立和大革命时期；16）

徐镜心烈士是山东民主革命的先驱，他一生追随孙中山先生，是辛亥革命时山东省主要领导人。本书介绍了徐镜心从少年到英勇捐躯的事迹。有照片。

6620　徐镜心/张久深编著；龙口市政协文史资料委员会，山东省政协文史资料委员会合编．济南：山东人民出版社．1991.6

徐镜心，又名文衡，字子鉴，一生追随孙中山先生，是辛亥革命时山东省主要领导人，本书汇集了关于徐镜心的传记资料。有附录《驳贺长雄〈共和宪法持久策〉》、《辛亥革命的先驱——亡父徐镜心》、《辛亥革命山东烈士墓重修纪略》、《徐镜心年表》。有照片，有肖像。

6621　徐烈士碑传录/章炳麟等著．［出版地不详］：［出版者不详］．［出版年不详］

本书包括《徐锡麟传》和《烈士徐君墓表》。附录《起义示文》。书前有徐锡麟遗墨及徐锡麟、陈伯平、马宗汉遗像。

6622　徐鼐霖集/徐鼐霖著；夏润生编注．长春：吉林文史出版社．1989.6（长白丛书；2集）

本书分两卷，卷一收文45篇，卷二收诗20首。本书附照片、《赐福楼启事》。

6623　徐绍桢集：一八六一～一九三六/徐绍桢著；陈正卿，徐家阜编校．成都：四川师范大学出版社．1991.6

本书辑录了徐绍桢从1880年至1930年间所做的奏札、函电、规章、诗文等。包括：《题秦云五画梅歌》、《四书质疑前记》、《致徐绍枚论学函》、《江浙联军总司令整顿各军内务令》、《致陈其美联军派员与皖军联络电》、《孙中山就职临时大总统代表十七省颂词》、《南京卫戍条例》等。书中附有《〈学寿堂日记〉选辑》及孙

中山等给徐绍桢的委任状、电、函等。本书有照片。

6624　徐世昌/沃丘仲子著．上海：崇文书局．1918.10

费行简（1871 或 1872－1954），字敬仲，笔名沃邱仲子，王闿运之弟子，本书为其所做徐世昌传，包括徐氏历史之概略、东三省之治绩、清室退位后之徐世昌、袁氏僭号前后之徐世昌、黎冯时代之徐世昌、徐氏对人之观念等15 章。

6625　徐世昌/沃丘仲子著．再版．上海：崇文书局，1919

内容提要参见 6624。

6626　徐世昌/警民著．台北：文海出版社．1967

内容提要参见 6624。

6627　徐世昌家族/苏全有，陈九如著．北京：金城出版社．2000.1（近代人物家族丛书）

本书分 73 部分，包括：官宦门第、双桂承欢、初涉政坛、助袁小站练兵、创建军事理论、力挽新军危局、戊戌政变中等。该书有附录《徐世昌族谱》和《徐世昌大事记》。

6628　徐世昌评传/沈云龙著．台北：传记文学出版社．1979.8（传记文学丛刊；52）

本书讲述了徐世昌的生平事迹，共分为 23 章：徐世昌早年从政之经历、徐世昌经营东三省之筹划、徐世昌督东时期之对日交涉、徐世昌督东时期之对俄交涉、徐世昌督东时期之用人行政、徐世昌内调邮传部时之朝局、徐世昌对辛亥清廷之影响、徐世昌对袁世凯篡夺政权之协助等。附照片。

6629　徐锡麟/东方未名著．天津：新蕾出版社．1993.5（中华历史名人丛书）

本书以传记的形式介绍了近代中国历史的著名英雄、杰出的民主革命家、光复会领袖、辛亥革命的先驱者徐锡麟的生平事迹。内容包括：报仇雪耻乡、兴学倡体育、光复会领袖、捐官谋军权、巾帼一知己和血洒安庆城等内容。

6630　徐锡麟/徐和雍著．合肥：安徽教育出版社．1983.8

本传记讲述了徐锡麟光辉灿烂的一生。全书分 8 章：富有抱负的青年、投身社会改革、出国寻求救国真理、踏上民主革命征途、“捣穴覆巢”之计、筹组皖浙起义、安庆起义、革命精神永存。

6631　徐锡麟集/（清）徐锡麟著；徐乃常编．北京：中国文史出版社．1993.5

本书将现存徐锡麟的作品汇编成集，包括徐氏生前编定的《正气集》、徐氏生前往来书信、年谱、徐氏事迹考、诗词和其他著述。

6632　徐自华诗文集/徐自华著；郭延礼编校．北京：中华书局．1990.5

全书收文 17 篇，诗词 589 篇。分为正编和附录两部分，正编为徐自华作品。附录有《徐自华年谱简编》、传记材料和诸家序跋。

6633　许崇智与民国政局/关玲玲著．台北：大安出版社．1991.3

全书分 3 篇：许崇智与民初之三次革命、许崇智与广东革命政府、去职后之许崇智。本书旨在对许氏一生经历做平实而详尽的探讨，着重叙述了许崇智在民国六年至十四年广东革命政府时期的活动，对许氏一生经历的几个转折点也做了详尽的叙述。本书有自序，书后有结论和附录 5 篇。有照片。

6634　续修四库全书．295－300，史部·正史类/顾廷龙主编，《续修四库全书》编纂委员会编．影印本．上海：上海古籍出版社．2009

本书为《清史稿》五百三十六卷。

6635　续修四库全书．1571－1573，集部·别

集类/顾廷龙主编；《续修四库全书》编纂委员会编. 影印本. 上海：上海古籍出版社. 2002.5

本书收录了清末著名实业家、中国商业之父盛宣怀的《愚斋存稿》，共100卷，收录其各类著述、电报、文章、奏折、游记等。

6636 学界泰斗：名人笔下的蔡元培、蔡元培笔下的名人/袁进编. 上海：东方出版中心. 1999.3（走近二十世纪文化名人丛书. 第三辑）

本书是蔡元培卷，共选收文章94篇。分上下两编，上编收录了陈独秀、柳亚子等人的文章，再现了蔡元培在世纪之初首创"学术自由"、"教育独立"从而开一代风气之先成为新文化运动奠基人的大师风范。下编为蔡元培回忆鲁迅、刘半农等人的文章。本书有总序和编者序。

6637 学寿堂日记/徐绍桢著. 影印本. 台北：文海出版社. 1971.1（近代中国史料丛刊；607）

本书收录了徐绍桢于民国15年所著日记，全书按12个月分为12卷，本书还有勘误和跋。

6639 雪生年录/李根源著. 影印本. 台北：文海出版社. 1966（近代中国史料丛刊. 第二辑；15）

本书记录了李根源从出生至民国12年期间的人生经历。全书共分为3卷，还附有附录和跋。

6640 雪生年录：三卷/李根源编. 铅印本. 腾冲：李氏曲石精庐，民国二十三年（1934）

本书是李根源自撰的传记性资料。李根源（1879－1965），字印泉，又字养溪、雪生，别署高黎贡山人，云南腾冲县人。国民党元老，曾担任过云南讲武堂校长、陕西省省长、农商总长。1923年因反对军阀曹锟贿选毅然退出北洋政府，从此在政坛上销声匿迹。直到1937年全面抗日战争爆发后，他才又以云贵监察使的身份，出现在云南抗日战场前线，指挥云南人民抗击日寇。新中国成立后，历任西南军政委员会委员、西南行政委员会委员、全国政协委员等职。1965年病逝于北京。

6641 寻访宋庆龄在上海的足迹/上海宋庆龄基金会编. 上海：中国福利会出版社. 2008.11

本书描述了宋庆龄在上海的故居，记录了她在上海所从事的活动。有图，有照片。

6642 寻生还乡吟：一卷/李根源撰. 铅印本. 腾冲：[出版者不详]，民国间（1912—1949）

李根源（1879－1965），字印泉，又字养溪、雪生，号曲石，别署扁黎贡山人，生于云南腾越（今云南腾冲）。近代名士。此书为《曲石丛书》之一，是李根源返回故乡腾冲时所作的七言绝句百首，诗中有注释。书前有李俊辅《集定庵绝句三首题〈雪生还乡吟〉〈惕山西行诗〉合刊》和作者民国二十九年（1940）序。

6643 延寿新法/伍廷芳撰. 铅印本. 上海：商务印书馆，民国三年（1914）

本书由徐鸿禨题写书名，谈论益寿延年之法。除总论外，尚有论人身之功用、论食物之所食、论食之有法、论食之有时、论饮水、论睡时、论太阳之利弊、论天气之宝贵等13章。本书前有徐鸿禨序（无写作时间）和民国三年（1914）作者自序。

6644 阎锡山/上海诛孽社编. 上海：上海诛孽社. 1916

本书介绍了阎锡山（1883－1960）在清末、民国初期的历史。

6645 阎锡山/艾斐，占魁著. 石家庄：河北人民出版社. 1984.4

本书描写了阎锡山的政治生涯和家庭内幕，深入地刻画了阎锡山的历史形象，再现了从清朝末年到新中国诞生这半个世纪风云突变的历史过程。

6646 阎锡山/乔希章著. 北京：华艺出版社. 1992.11

阎锡山（1882－1960 年），曾领导辛亥太原起义被推为山西都督，后成为中国军阀并追随蒋介石。本书是一部纪实文学著作，记述了阎锡山的主要活动。

6647 阎锡山/苏飞编著. 呼和浩特：内蒙古人民出版社. 2009

本书是一本细致的历史人物传记，以史评笔法叙述了北洋军阀从发生发展到执掌政权和最终结束这一段时间的历史。有照片。

6648 阎锡山传/雒春普著. 太原：山西人民出版社. 2004.1

本书采用传统史学的实录风格，让历史人物回到历史中去。描述了阎锡山的人生历程，以及他对历史所产生的影响。有照片。

6649 阎锡山传/景占魁著. 北京：中国社会出版社. 2008.1

本书包括以下部分：从河边到东瀛的人生之旅、辛亥风暴中的搏击、乱世纷争下的求存、大革命潮流下的抉择、中原大战前后的沉浮、民族危机加剧下的奋起、抗战烽火中的进退、狂澜巨卷下的覆灭、大厦将倾下的挣扎、孤岛上的最后十年。有照片。

6650 阎锡山传/王振华著. 北京：团结出版社. 1998.5

本书分上、下两册，包括：一个聪明顽皮的孩子、断肠人在天涯、他上了“诺亚方舟”、山雨欲来风满楼、戎马倥偬惊与险、一盘胜棋被打乱、一路风雪一路惊、宦途险恶多变故等内容。有照片。

6651 阎锡山传/王振华著. 影印本. 北京：团结出版社. 1998.8

内容提要参见 6650。书中有照片和后记。

6652 阎锡山传记资料/朱传誉主编. 影印本. 台北：天一出版社. 1975.11

本书共 5 册，收录了有关阎锡山的各种类型的资料，包括报纸和期刊上发表的文章、文集、论文、回忆录等，所收资料截止于 1984 年。

6653 阎锡山大传/李茂盛著. 太原：山西人民出版社. 2010.2

本书以大量资料史实，较详尽地记述了阎锡山的一生，以及他对历史所发生的影响。有照片。

6654 阎锡山档案：要电录存. 第一册/何智霖编注. 台北：“国史馆”. 2003.4

全书分 3 卷，包括：二次革命前维护党国暨外蒙边衅案、袁氏称帝案（一）和袁氏称帝案（二）。书中附有编辑凡例、导言和人名索引。

6655 阎锡山和山西省银行/中国人民银行山西省分行，山西财经学院金融史编写组编. 北京：中国社会科学出版社. 1980.1（中华民国史资料丛稿）

本书按时间顺序共分为 4 个部分，讲述了山西省银行从随着阎锡山军阀政权的建立而产生，到随其军阀政权的崩溃而灭亡的历史过程。

6656 阎锡山家事/杨树标，宋振春著. 南昌：江西人民出版社. 2001.9

本书对阎锡山的思想、观念、家族、渊源、婚丧嫁娶、乡党戚谊、发迹之道等方面进行了全面的叙述；同时考察了他作为传统文化的信徒所颁布的那一套“治家格言”。有照片。

6657 阎锡山军事活动年谱/赵政民编著；山西省政协文史资料委员会编. 太原：山西古籍出版社. 1999.11

本书分为阎锡山的五十余次作战、阎锡山军事活动年谱、阎锡山活动点滴 3 部分。有照片。

6658 阎锡山评传/中共中央党校《阎锡山评传》编写组编．北京：中共中央党校出版社．1991.5

本书是一部介绍阎锡山生平的传记作品。书中详细地记述了阎锡山的曲折生涯，对其在不同历史时期的主要思想和活动给予了客观评价。有照片。

6659 阎锡山全传/李茂盛等著．北京：当代中国出版社．1997.1

本书根据历史唯物主义的原则，对阎锡山复杂多变的一生作了较为详尽的记述。文中评论不多，重在依实叙史。有照片。

6660 阎锡山统治山西史实/山西省政协文史资料研究委员会编．太原：山西人民出版社．1981.3

本书主要是根据当事人的回忆编写，共分18章，包括：家庭状况和青少年时期、辛亥革命时期的山西、效忠袁世凯和割据山西、推行所谓用民政治和村本政治等。

6661 阎锡山统治山西史实/山西省政协文史资料研究委员会编．再版．太原：山西人民出版社．1984.9

内容提要参见6660。

6662 阎锡山研究：一个美国人笔下的阎锡山/（美）季林著；牛长岁等译．哈尔滨：黑龙江教育出版社．1990.7

本书是国外探究军阀阎锡山的生涯和政策的一部专著。作者是美国新泽西州普林斯顿大学的著名历史学教授，多年从事阎锡山研究。1967年本书在美国出版，原名《山西军阀阎锡山》。该书试图通过对阎锡山政权的研究，使人们对军阀的种种政治现象有所了解，呈现了作者独特的研究道路。

6663 阎锡山与晋系/王翔主编．南京：江苏古籍出版社．1999.8

本书分23部分，包括：早年岁月、倡举义旗、就任都督、临身履薄、大权独揽、出任省长、保境安民、省外扩张等。有附录《阎锡山的家世与亲戚》。

6664 阎锡山早年回忆录/阎锡山著．台北：传记文学出版社．1968.10（传记文学丛书；29）

本书是阎锡山晚年时应亲友之请所写的回忆录，只完成了其早年的一部分，但仍有较重要的史料价值。本书共分为4章，分别是：我幼年时代背景与献身革命的经过、掌握山西武力与太原起义的前后、二次革命的波折与民初山西的境遇、袁世凯称帝过程中我的处境与观感。本书还有附录1篇：《阎公锡山传略》。本书有插图。

6665 阎锡山这个人/王树森著．上海：上海人民出版社．1999.11

本书试图以历史唯物主义观点，在错综复杂的矛盾冲突中展现阎锡山的经历和命运，以生动的笔调叙事陈情，为研究山西近代现代史提供了有用的资料，也是一本了解山西近现代史的生动教材。该书分15章。

6666 阎锡山之兴亡/陈少校著．香港：致诚出版社．1972.5（传记文学丛书；29）

本书是“军阀别传”之第一种，以阎锡山为重心，描述其于辛亥革命时自封为山西都督起，至被赶出大陆为止的历程。书中有阎蒋斗法、阎冯分合、中原大战、阎日勾结等曲折内幕。并收有抗战期间阎锡山与日寇之间的种种密约和文件。书后附有蒋冯阎“中原大战”地区图。

6667 颜惠庆传/陈雁著．石家庄：河北人民出版社．1999.12（民国外交官传记丛书）

本书主要记述了民国时期曾任北京政府外交总长的颜惠庆不平凡的一生，以及他与中国外交事业千丝万缕的联系。有照片。

6668 燕子龛诗/苏曼殊，施蛰存辑录. 南昌：江西人民出版社. 1981.9（百花洲文库. 第一辑）

本书包括：燕子龛诗 99 首、诸家投赠、唱和、题画、哀悼诗 168 首及苏曼殊的传记。

6669 燕子龛诗/苏曼殊著；施蛰存辑录. 南昌：百花洲文艺出版社. 1993.8（文学快餐丛书. 中国古典文学卷）

内容提要参见 6668。

6670 燕子龛诗笺注/苏曼殊，马以君笺注. 成都：四川人民出版社. 1983.1

本书对苏曼殊的多篇诗作给予了注释，并对各诗的背景和本事作了详细介绍。本书附照片。

6671 燕子山僧传：民国诗僧苏曼殊传奇/朱少璋著. 香港：获益出版事业公司. 1997.8（获益文丛）

本书共分为 7 章，第 1 章是传奇身世即文章，综述了曼殊的生平行谊；第 2 章是赢得生前身后名；第 3 章为才如江海命如丝，是本书对曼殊的评论部分；第 4 章文人千古尽疏狂，第 5 章是要从苦处得甘来，这两章交代了曼殊的独特性格和奇闻妙事；第 6 章共谱炉峰百载缘为补充部分；第 7 章谁道禅僧不解情，为全书的总结部分。本书还有自序、简传、楔子、附录、后记等部分。本书有插图。

6672 扬鞭集/刘半农著. 北京：中国文联出版公司. 1996（中国现代诗歌名家名作原版库；3）

本书以 1926 年 6 月北新书局版为底本，分上、下两卷，包括：《游香山纪事诗》、《相隔一层纸》、《题小蕙周岁日造像》、《其实》、《案头》、《丁巳除夕》、《窗纸》、《拟古二首》等。书前有周作人的序。

6673 扬州文史资料. 第六辑，纪念辛亥革命烈士熊成基诞辰一百周年专辑/中国人民政治协商会议江苏省扬州市委员会文史资料研究委员会编. 扬州：中国人民政治协商会议江苏省扬州市委员会文史资料研究委员会. 1987.2

本书包括：《熊烈士事略》、《熊成基先生传》、《我与熊成基的交往》、《熊成基史迹回忆》、《熊成基慷慨就义记》、《熊成基被逮捕始末记》、《熊成基自书供词》、《辛亥革命时期的岳王会》等。书中附有照片、前言和有关熊成基的清政府所藏档案。

6674 杨度/唐浩明著. 北京：人民文学出版社. 2002.7（唐浩明文集）

全书分为上、中、下三册，共 16 章，介绍了杨度投身革命的过程，集中体现了中国近代知识分子阶层的矛盾和困惑。该书以杨度为引线，串起袁世凯、曹锟、汪精卫、孙中山、黄兴、蔡锷等诸多人物，淋漓尽致地描绘了 20 世纪初中国有识之士的救国之举。

6675 杨度/唐浩明著. 北京：人民文学出版社. 2008.11（唐浩明文集）

内容提要参见 6674。

6676 杨度：长篇历史小说文史对照本/唐浩明原著、评点. 武汉：长江文艺出版社. 2005.2

内容提要参见 6674。

6677 杨度：图文版/唐浩明著. 北京：作家出版社. 2006.10

内容提要参见 6676。

6678 杨度传/何汉文，杜迈之编著. 长沙：湖南人民出版社. 1979.8

本书对杨度的生平事迹、思想发展、政治活动和精神面貌，以及晚年投身革命的转变，提供了翔实的材料，并作了生动的阐述。书中包含引言和后记，还附有照片、手迹数幅。

6679 杨度集/杨度著；刘晴波主编. 长沙：湖南人民出版社. 2008.1（湖湘文库；352—353）

本书分上、下两册，收录了杨度的论文、讲演、函电、公牍、诗词、联语、杂著（课卷、试卷、书序、公启、碑文）、日记等，大体上以写作时间先后为序。并附有杨度的生平年表。

6680 杨度日记：1896－1900/北京市档案馆编. 北京：新华出版社. 2001.1

本书收录了杨度从1896年到1900年的日记，按时间顺序编排，分5部分。附有《杨氏史例》。

6681 杨度外传/田遨著. 郑州：河南人民出版社. 1984.8

全书分上、中、下3卷。作者通过对杨度的描写，不但真实地反映了一个爱国者的探索和所走的曲折道路，也再现了当时政治斗争的风云变幻。书中附有后记。

6682 杨毓麟集/杨毓麟撰；饶怀民编. 长沙：岳麓书社. 2008.12（湖湘文库；249）

杨毓麟是辛亥革命时期杰出的资产阶级民主革命家、宣传家。本书汇集了他的论著、时评、家书、诗词、小说等多种作品，其中包括：《述长芦盐法》、《论本报所处之地位并祝其前途》、《年关》等篇章。书中附有前言。

6683 姚光全集/姚昆群，昆田，昆遗编. 北京：社会科学文献出版社. 2007.6（国际南社学会·南社丛书）

本书收录了姚光的著作，分文集、诗集、书牍偶存、专著、读书札记5部分。文集收集了复庐文稿、复庐文稿续编、复庐文稿三编，诗集收录了荒江樵唱、浮梅草、续浮梅草、倚剑吹箫楼诗集，书牍偶存收集了1907年至1945年的往来书信，专著收集了金山卫佚史、金山艺文志，读书札记收集了《史记》札记和自在室读书随笔。书中有照片和附录。

6684 叶楚伧诗文集/叶楚伧著；叶元编. 上海：三联书店. 1988.1

本书收录了叶楚伧的诗文，并附有《叶楚伧先生简历》和《叶楚伧先生墓碑记》。有照片。

6685 一代革命巨星——李大钊/和飞编. 石家庄：河北教育出版社. 1992.12（中华百年爱国故事丛书）

本书讲述了李大钊的生平事迹和革命斗争生涯，展现了李大钊大无畏的革命精神和作为一名共产党人的优秀品格。有画像和插图。

6686 一代名人张元济/王英编著. 济南：济南出版社. 1992.4

本书是一本研究张元济先生的专集，收录文章30篇，包括：《张元济小传》、《戊戌变法期间的张元济》、《浙江保路运动主将》、《张元济被绑架经过》、《慎选贤能理要政》等。有照片。

6687 一代女魂：唐群英的传奇故事/曾启球，唐存正执笔；中共衡山县委宣传部编著. 长沙：湖南文艺出版社. 2000.7

本书以大量的史料为基础，用几十个真实的故事，反映了中国同盟会第一个女会员——唐群英富有传奇色彩的一生，是一部进行爱国主义教育和思想品德教育的纪实性文学作品。有肖像和插图。

6688 一代人师：蔡元培传/黄肇珩著. 台北：近代中国出版社. 1982.3（近代中国丛书. 先烈先贤传记丛刊. 27）

本书分14章：序页、冲击、探索、酝酿、蜕变、植基、播种、澎湃等。本书有照片、先烈先贤传记丛刊序言和附录。

6689 一代学人胡适/杜英穆编著. 再版. 台北：名望出版社. 1988.1（别传丛书；16）

本书与《监察之父于右任》、《幽默大师林

英穆》合订，是“别传丛书第五种：学术名家别传”的第7篇。该书收122篇文章：《学位之多，无出其右》、《三岁读诗，岂非神童》、《慈母养育，含辛茹苦》、《初入学堂，连升四级》等。有照片。

6690 一代奇人：李石曾传/陈纪滢著. 台北市：近代中国出版社. 1982.8（近代中国丛书先烈先贤传记丛刊；72）

全书分20章，内容包括：家世与祖籍、石曾先生的诞生与幼年、石曾先生的青年时期、从义和团到民国创立、留洋与革命生活之自述、华侨协社与共党之渗入、清室善后及故宫博物院、石老的晚年与孟都等。书中附有先烈先贤传记丛刊序言、自序和插图。

6691 一代振奇人：李石曾传/陈纪滢著. 再版. 台北市：近代中国出版社. 1984.4（近代中国丛书. 先烈先贤传记丛刊. 35）

内容提要参见6690。

6692 一代宗师马君武/王咏著. 南宁：接力出版社. 1994.3（八桂俊杰丛书）

马君武（1881－1940），广西桂林人，历任孙中山临时政府实业部次长，大总统孙中山政府秘书长等职。全书分4章，包括：命运之光、铁血博士、广西省长和一代宗师。书中附有照片、《八桂俊杰丛书》序和附录《关于马君武博士之死》。

6693 一对小兔子：胡适夫妇两地书/陈漱渝，李致编. 长沙：湖南教育出版社. 2006.12

本书由两部分构成：胡适致江冬秀信，共收入1911－1946年129通（包括信函、电报和明信片）；江冬秀致胡适信，共收入1913－1941年135通（包括明信片）。

6694 一个澳大利亚人在中国/（澳）莫理循著；窦坤译. 福州：福建教育出版社. 2007.4（莫理循书系）

1894年作者弃医从文、背井离乡来到中国，从中国上海溯长江而上，穿越中国西南至缅甸，进行了为时半年的旅行，并生动记述了清末中国西南的风土人情、政治经济、宗教习俗等。本书分两部分：1894年穿越西南和1910年穿越西北，包括：中国医生、从昭通到东川、在昆明、从昆明到大理、北京到河南，从河南至西安府、西安府、新疆、前往乌鲁木齐等内容。书中附有照片。

6695 一个东方外交官眼中的美国/伍廷芳著；李欣译. 上海：学林出版社. 2006.9

本书是作者根据对美国社会长期的观察及对中西文化的细心剖析撰写的一部东西文明比照集，内容涉及了社会的方方面面，从政府、教育、商业、礼仪、妇女、服装等角度展开。有照片。

6696 一个诗人眼中的宋庆龄/柯岩著. 北京：中国文史出版社. 2001.10

本书包括彼美人兮、情之所钟、至亲骨肉、肝胆相照、掌上明珠等篇章，介绍了宋庆龄的人生，展示了她的美德。

6697 一九一九年南北议和函牍/［著者不详］. 稿本. ［出版地不详］：［出版者不详］，民国七－九年（1918－1920）

本稿汇集了朱启钤任南北议和北方总代表时所收电报、信函等270件。

6698 一诺九鼎：朱葆三传/钱茂伟，应芳舟著. 北京：中国社会科学出版社. 2008.2（浙商名人研究丛书，浙江文化研究工程成果文库）

本书对朱葆三的生平事迹做了详细介绍，内容包括：独闯上海、沪上绅商、金融巨子、投资网络、为民请命、参与新政、财长任上、商会会长、乐善好施等。有图。

6699 一腔热血千行泪：赵声传/杨宋莹著. 台北：近代中国出版社. 1980.12（近代中国丛

书．先烈先贤传记丛刊．19）

全书共20章节，主要包括：家世和少年时代、母亲去世以后、从事教育工作、逃出袁世凯的牢笼、加入同盟会、回乡省亲、鞠躬尽瘁、身后哀荣等。书中附有照片和先烈先贤传记丛刊序言1篇。

6700　一生之回忆/曹汝霖撰．香港：春秋杂志社．1966.1

本书为曹汝霖90岁时在美国著就的回忆录，包括幼年景象老去未忘怀、完姻后适值戊戌变法、日本明治时代之一瞥、日俄战争引起亲日感、毕业回国派商部行走、北京市政今昔之改观、东三省会议调充文员、初次召见奏陈立宪事、遭弹劾想起端方革职等。书中附有作者像、序、前言、跋语。

6701　一世狂澜：张澜的民主生涯/群言出版社，凤凰卫视编著．北京：群言出版社．2007.10

本书以简练整洁的文字追忆了开国元老、民主革命家——中华人民共和国副主席、全国人大副委员长、全国政协副主席、民盟中央主席张澜先生矢志不渝地坚守和平民主的理想并为之奋斗的一生。书中有照片和肖像。

6702　一世枭雄：蒋介石/李理，夏潮著．北京：金城出版社．1994.9

本书记录了蒋介石从出生于浙江溪口到在台湾故去的一生，对蒋介石的思想、心态、举措和处事，做了客观的描述。有照片。

6703　一世枭雄蒋介石/李理，夏潮著．武汉：湖北人民出版社．2004.3

本书包括：兰舟催发、东游取火、新瓶旧酒、节外生枝、牧野脱缰、都门栽柳、饮马韩江、青云独步、江南春绿、袖里乾坤、北定中原等27章。有照片。

6704　一蓑烟雨任平生：于右任传奇/阎欣宁著．北京：团结出版社．2010.1

本书分14章，包括：夜遁开封府；文扬上海滩；辛亥年间的义旗与其他；秀才总司令；北平，一个开端也是一个结束；莫斯科之行；发兵大西北；爱与恨编织起来的岁月经纬等。有照片。

6705　一位东方外交家看美国/（清）伍廷芳著；李伯宏译．天津：南开大学出版社．2009.7

本书介绍了伍廷芳奉命出使美国时的所见所闻，涉及政治、经济、教育、社会、艺术、体育、服饰等多个方面。本书为汉英对照版。

6706　一位东方外交家眼中的美国/伍廷芳撰．太原：山西教育出版社．2002.1（华裔美国作家英语名著系列丛书）

本书作者是清末民国初年的一个具有博士头衔的外交家，书中讲述了他对中西方文化同异的看法，并提出了一些具有前瞻性的改善中美关系的建议。有画像和照片。附词汇表。

6707　一字一泪/三余书社编辑．香港：三余书社．1912

本书系黎元洪传记。

6708　一尊推不倒的铜像——詹天佑/唐鲁峰著．石家庄：花山文艺出版社．1994.2

本书分39章，描写了詹天佑先生的一生，包括一条从所未闻的消息、“这是一件大事”、离家之前、在“出洋志愿书”上签字、赴“花旗国”、归国途中等内容。

6709　义烈千秋：彭家珍大将军/宋海常主编；成都市政协文史资料委员会等编．成都：成都出版社．1991.9

本书讲述了彭家珍大将军的生平和义举，展现了他献身革命事业的无畏精神和英雄气概，书中收录大量有关彭家珍的书信、传略、悼文等。本书附照片。

6710 忆我的爸爸董必武/董良翚著. 北京：中国文联出版公司. 1995.6

全书分32个部分，包括：一个突然打来的电话、相册的劫难、一张收据、同志和朋友、爸爸填词和写诗、书和印章、爸爸的文房四宝、深深印在我心里的总司令等内容。有照片、开头语和后记。

6711 亦僧亦俗的文化奇人——苏曼殊/敖光旭著. 广州：广东人民出版社. 2008.1（广东历史文化名人丛书）

本书探讨了苏曼殊的佛学思想与革命及其艺术创作之间的关系，以及他在中国比较文学研究方面所取得的成就和地位。

6712 拥兵抗命的韩复榘/杜英穆编著. 再版. 台北：名望出版社. 1977.4（别传丛书；18）

本书讲述了韩复榘从军旅出身的小人物到山东省主席，最后堕落为通敌叛国的民族罪人的一生。内容包括：绝处逢生，入伍从军；随军入川，一战惨败；临阵脱逃，妙计救主；因祸得福，青云直上；大胆作风，故意刁难；假皇帝案，轰动一时；所谓禁毒，表面文章；选拔人才，视同儿戏；难兄难弟，一丘之貉等。

6713 永恒的魅力：一个诗人眼中的宋庆龄/柯岩著. 上海：百家出版社. 1988.6

本书依据历史史实，描写了宋庆龄追随孙中山，并从此走上革命道路的一生。除引子和尾声外，该书分5章：彼美人兮、情之所钟、至亲骨肉、肝胆相照和掌上明珠。有照片。

6714 永远与自然同在：吴稚晖传/赵淑敏著. 台北：近代中国出版社. 1980.6（近代中国丛书. 先烈先贤传记丛刊. 15）

全书分10部分，包括：人生的楔子、思想的蜕变、吹起革命的号角、语同音的奋斗、学海普渡、育种培根、艰辛的统一之路、从圣战到和平、风雨之中迎宪政、回返自然。书中附有照片、先烈先贤传记丛刊序言、序曲和后记。

6715 尤列集/尤嘉博编纂. 香港：编纂者. 1987.8

本书包括尤列事略、尤列先生遗著、诗集等内容。书中有照片、肖像和附录：《尤氏家谱》等。

6716 游泸草：二集/章士钊，潘伯鹰撰. 铅印本. ［出版地不详］：［出版者不详］，1944

本书分前后二集，前集为章士钊撰，汇集其民国三十二年（1943）之夏，避暑峨眉道经泸州，匝月中唱酬之诗篇；后集为同年七月，潘伯鹰所撰长句。

6717 右任诗存/于右任撰. 铅印本. ［出版地不详］：［出版者不详］，民国五年（1916）

于右任（1879—1964），国民党元老，擅诗书。本书收录其从光绪间至民国14年诗作共131首，其中多首难得一见，其他诗存未见著录。

6718 右任诗存：十卷/于右任著. 台北：中华丛书委员会. 1956.8（中华丛书）

本书是于右任的诗词集。共分上、下两卷。附照片。

6719 右任诗存：二卷/于右任撰；王陆一，刘延涛笺. 铅印本. 台北：中华丛书委员会，1956（中华丛书）

本书是于右任诗文汇编，分上下两册，其中上册6卷，下册4卷。其内容分别是：上册卷一收录诗11首、卷二收45首、卷三收91首、卷四收23首、卷五收43首、卷六收40首。下册卷一为诗，收150首；卷二词，收40首；卷二曲，收38首；卷四补遗，收入诗13首，词3首。

6720 右任诗存初集：六卷/于右任撰；王陆一笺；上海大学同会会编辑. 铅印本. 上海：大东书局，民国三十七年（1948）

本书是于右任诗作汇编，共分6卷，其中

卷一收录诗 11 首，卷二收 46 首，卷三收 91 首，卷四收 24 首，卷五收 43 首，卷六收 41 首。

6721 右任诗存二集/于右任撰．铅印本．上海：大东书局，民国三十六年（1947）

本书以年为次，收录于右任历年诗作，其中民国 22 年 1 首，民国 24 年 2 首，26 年 4 首，27 年 8 首，29 年 4 首，30 年 48 首，31 年 3 首，32 年 16 首，33 年 2 首，34 年 2 首，35 年 18 首，共计 108 首。

6722 右任诗存笺：六卷/于右任撰；王陆一笺．铅印本．［出版地不详］：［出版者不详］，民国十九年（1930）

本书是于右任诗作汇编，共分 6 卷，其中卷一收录诗 11 首，卷二收 47 首，卷三收 91 首，卷四收 24 首，卷五收 43 首，卷六收 41 首，与别本收录略有出入。

6723 右任文存/于右任．影印本．台中县：文听阁图书有限公司．2008.12（民国文集丛刊；113）

本书包括《先君子新三公墓表》、《先伯母房泰富韧性述》、《我的青年时期》、《民立报发刊词》、《跋宋克书杜少陵壮游诗》、《标准草书自序》等 29 篇文章。

6724 于右任传/李秀谭，朱凯著．西安：陕西人民出版社．1989.3

本书介绍了在于右任先生的思想与鲜明的个性，叙述了他丰富多彩而又曲折复杂的人生道路。有照片，有书影。

6725 于右任传/许有成．天津：百花文艺出版社．2007.1

本书主要介绍了国民党元老于右任先生丰富多彩而又曲折复杂的人生道路。有照片。

6726 于右任传记资料/朱传誉主编．影印本．台北：天一出版社．1981.1

本书意在收集见诸书刊、报章等有关于右任生平及其思想的资料。本书分 8 卷，共 118 篇文章。

6727 于右任的故事/潘志新编著．西安：三秦出版社．1995.4

本书包含 51 篇关于于右任先生的文章，此外还有屈武写的代序《于右任和国共合作》、《真诚的爱国者》和附录《翁婿壮怀统一业》。有照片。

6728 于右任集/于右任著；刘永平编．西安：陕西人民出版社．1989.11

本书分为文录和短评，收有于右任 1905 年至 1963 年所写文章和短评，附有《〈神州日报〉发刊周》、《宋渔父先生遗事》、《黄帝功德纪》及《于右任年表》。

6729 于右任年谱/陈墨石编著．银川：宁夏人民出版社．2004.8

本书是介绍当代中国民主革命的先驱、爱国诗人、书法艺术大师于右任先生伟大平凡一生的资料性读物。年谱记录了他的生平事迹，叙述了他从事艺术活动和艺术创作的情况。有照片。

6730 于右任年谱/刘凤翰著．台北：传记文学出版社．1967.8

本书是记录于右任先生一生重要事迹的年谱。附照片。

6731 于右任诗词曲选/于右任著；朱凯，李秀潭选编．北京：时事出版社．1984.8（台湾丛书）

本书选编了于右任的一部分诗词曲作品，并按照写作时间加以编排，还作了一些简注和有关史实背景方面的说明。

6732 于右任诗词选/杨中州选注．郑州：河南

人民出版社．2007.10

本书共收集于右任900多首诗词，这些诗歌大都反映了对时代人、事的真情实感，或揭露列国列强恃强欺弱，或痛斥祸国殃民的反动势力，寄深情于劳苦大众。有照片。

6733 于右任诗词选注/于右任著；马天祥，杨中州编注．西安：陕西人民出版社．1984.10

本书收录了于右任先生的作品，并加笺注。笺的部分，说明年月，提供时代背景；注释部分，着重疏解文义。

6734 于右任诗歌萃编/于右任著；庞齐编著．西安：陕西人民出版社．1986.3

本书按五绝、五律、七绝、七律、古风以及词、曲等分类编排，六言入古。附录有作者同时代有关人物的诗文数篇，以及编者关于于右任诗歌艺术的文章。有照片。

6735 于右任诗集/于右任著；刘永平编．北京：团结出版社．1996.12

本书收集了于右任在祖国大陆期间的所有作品，及居台期间的晚年诗作，总计近1100首，按时间顺序编排，卷末附有编者所写《于右任先生年谱》。有照片。

6736 于右任书法集/于右任书；刘永平主编．武汉：武汉出版社．2003.12

本书包括名文编、诗词编、楹联编、墓志铭编等4部分。有照片。

6737 于右任先生/中国人民政治协商会议陕西省委员会文史资料委员会等编．西安：陕西人民出版社．1991.5

本书收录了有关于于右任的资料近百篇，包括与于先生有交往的有关人士的亲历、亲见、亲闻的回忆文章和文献资料。有照片。

6738 于右任先生创办革命报刊之经过及其影响/陈祖华著．台北：于右任先生纪念管理委员会．1967.4

本书讲述了于右任创办革命报纸的经过及其影响。全书共分为5章：绪论、民呼日报、民呼报案、民吁日报、民立报、结论。附照片。

6739 于右任先生手札：一卷/中国标准草书学社，中国第二历史档案馆辑．影印本．杭州：西泠印社出版社，1994

本书据民国间稿本影印，共收入于右任上世纪二三十年代写给十位友人的三十八封书信，记录了他在上海、北京、陕西、重庆、南京等地的革命活动、人情交往、书法艺事等。

6740 于右任先生诗文选粹/于右任著．［出版地不详］：［出版者不详］，1948

本书收录于右任先生诗文精粹。有肖像。

6741 于右任先生文集/于右任著；于右任先生百年诞辰纪念筹备委员会编辑．台北："国史馆"．1978.4

本书共分4篇：革命文征、著述、演讲、函电。附照片。

6742 于右任先生援助韩国革命党人文献及史料目录/陕西同乡会文献委员会编辑．台北：陕西同乡会文献委员会．1969.5（陕西文献丛刊；2）

本书共分为3篇：上海民吁日报小史、于右任先生与韩国、民吁报刊出安重根行刺伊藤博文始末及其影响。附照片。

6743 于右任辛亥文集/于右任著；傅德华编．上海：复旦大学出版社．1986.9（中国近现代思想文化史史料丛书）

本集选编的是从1905年至1913年"二次革命"失败这一时期于右任宣传反清革命，主张建立资产阶级共和国以及用资产阶级文化取代腐朽的封建文化的文章，所选各篇按发表在报刊上的时间先后顺序编排。末附《本人从前办报的经过》和《怀恩记》。

6744　于寓真书柳亚子诗词选/于寓真书．天津：百花文艺出版社．1997.4

本书包括柳亚子所创作的诗128首，词9阕。本书附照片。

6745　愚斋存稿/（清）盛宣怀撰．影印本．台北：文海出版社．1963.6

本书卷一至二十为奏折20卷、卷二十一至二十三为电奏稿3卷、卷二十四至一百电稿为77卷。卷末附《山东新清河记碑文》、《福山县德政碑文》、《烟台广仁善堂碑文》等。有愚斋遗像、神道碑、墓志铭、序、跋。

6746　愚斋存稿/（清）盛宣怀撰．影印本．台北：文海出版社．1975.5（近代中国史料续编．第十三辑；122—126）

本书收录了清末著名实业家、中国商业之父盛宣怀的各类著述、电报、文章、奏折、游记等，共计一百余卷。

6747　愚斋存稿：一百卷卷首一卷卷末一卷/盛宣怀撰．刻本．武进：武进盛氏，民国间

本书与《愚斋东游日记》合印。卷首有神道碑、墓志铭、行述序文等，卷1—20为奏稿，卷21—23为电奏稿，卷24—100为电稿，卷末有山东新清河记碑文等4篇，并附跋文2篇。本书51册。

6748　盛氏图书馆善本书目：四卷/盛宣怀藏并编．抄本．［出版地不详］：愚斋，民国间

本书收录的是盛宣怀私人图书馆的善本图书目录。

6749　愚斋图书馆藏书目录：十八卷，附录二卷/盛宣怀藏；缪荃孙等编．铅印本．上海：大成印务社，1932

本书为盛宣怀图书馆藏书目录，全书10册，附：《丛书目》等。

6750　愚斋存稿初刊：一百卷卷首一卷卷末一卷/盛宣怀撰．刻本．［出版地不详］：武进盛氏，1939

本书卷首有神道碑、墓志铭、行述序文等，卷1—20为奏稿，卷21—23为电奏稿，卷24—100为电稿，卷末有山东新清河记碑文等4篇，并附跋文2篇。本书46卷。

6752　愚斋东游日记/盛宣怀撰．刻本．［出版地不详］：盛宣怀思补楼，清末

日记起光绪戊申（1908）八月初七日，止于十一月初二日，详细记录盛宣怀赴日就医之经过。

6753　愚斋东游日记/盛宣怀撰．影印本．扬州：江苏广陵古籍刻印社，1998

本书据思补楼藏版影印，内容提要参见6752。本书2册。

6754　愚斋未刊信稿：光绪廿二年至民国四年/（清）盛宣怀撰．影印本．台北：文海出版社．1975.5（近代中国史料续编．第十三辑；126）

本书收录了清末著名实业家、商业之父盛宣怀的未刊电稿，时间从光绪二十二年至民国四年，并附有《盛宣怀家书》。

6755　跃起作龙鸣：禹之谟史料/禹坚白等编．长沙：湖南教育出版社，2010.4

本书内容主要包括：传记、禹之谟传、禹之谟之死难、丙午靖州禹之谟之狱、禹之谟历史及被逮原因、禹之谟与同盟会湖南分会、禹烈士的惨烈牺牲、禹烈士轶事等。有照片。

6756　禹之谟/成晓军著．上海：上海人民出版社．1984.4（中国近代史丛书）

本书共16章，内容包括：不安分的少年、幕游生活、抗敌立功、可贵的结论、关键的一步、求学日本、实业活动中的大胆尝试、兴学育才等。有出版说明、禹之谟像。

6757　禹之谟史料/陈新宪等编．长沙：湖南人

民出版社．1981.1

本书辑录的资料分为6大部分：传记、遗著、时评、悼念文词、回忆录、附录。各篇资料除少数从其他长篇中摘录外，基本上全文照录。书中附有多幅照片、前言。

6758　喻培伦/拾风著．上海：上海人民出版社．1987.7（祖国丛书）

本书分14部分，介绍了喻培伦的一生，包括：富裕家庭的娇子、好苗有了好园丁、第一课、选择与起步、一个一个新课题、参加同盟会等。有照片。

6759　豫材封翁哀思录/曹汝霖辑．铅印本．［出版地不详］：［出版者不详］，1925

曹成达（1856—1922），字豫材，曹汝霖之父。本书收有祭文、挽诗、诔词、墓铭等16项内容。

6760　《豫敬》日记/豫敬撰．稿本．［出版地不详］：［出版者不详］，1909—1949

本书收录日记起清宣统元年（1909）1月，止民国二十七年（1938）2月，有间断。共6册。

6761　元勋之路：朱德的故事/刘学民主编．成都：四川人民出版社．1997.10（中国农村文库）

本书讲述了朱德的生平事迹和革命斗争经历，赞扬了这位无产阶级革命家、政治家的伟大精神和高尚情操。

6762　康有为评传/董士伟著．再版．南昌：百花洲文艺出版社，2010.3（国学大师丛书）

本书将传主放在风雷激荡的时代思潮交汇点上，从旧学与新学、中学与西学的冲突融合中介绍了康有为一生思想、学术主张的建树与演变，从而勾画出康有为不同以往的新形象——一个悲剧的启蒙思想家。书前有总序、重写近代诸子春秋、序一、序二、英文提要；书后有主要参考论著目录、《康有为学术行年简表》、康有为佚文《戒缠足会启》和后记。

6763　远生遗著/黄远庸著．台北：文海出版社．1968.12（袁世凯史料汇刊续编）

1915年，黄远庸在旧金山被暗杀。为了纪念黄远庸先生，本书辑录其生前的文字，包括论说、通讯、时评、杂著4部分。

6764　远生遗著·黄远生遗著附录/黄远庸著．影印本．上海：上海书店．1990.12（民国丛书．第二编．综合类；99）

本书收录了黄远庸的《远生遗著》和《黄远生遗著附录》。《远生遗著》共分为两卷：卷一包括论说第一和通讯第二；卷二包括通讯第二、时评第三和杂著第四，以及跋。《远生遗著附录》包括《对于三大势力之警告》和《记者眼光中之孙中山》两篇文章。

6765　远生遗著．一/黄远庸著．影印本．台中县：文听阁图书有限公司．2008.12（民国文集丛刊；111）

本书共分为4卷，卷1包括论说第一；卷2和卷3为通讯第二；卷4包括时评第三和杂著第四。本书有插图。本册为第一册，包括序、卷1和卷2。

6766　远生遗著．二/黄远庸著．影印本．台中县：文听阁图书有限公司．2008.12（民国文集丛刊；112）

本书共分为4卷：卷1包括论说第一；卷2和卷3为通讯第二；卷4包括时评第三和杂著第四。本书有插图。本册为第二册，包括卷3和卷4。

6767　远生遗著/黄远庸著．影印本．北京：商务印书馆．1984.5

本书收录了黄远生有关政治、外交、经济、社会、历史和民族等多方面的著作。本书附肖像。

6768 粤东公牍辑要：八卷/朱庆澜撰. 铅印本. ［出版地不详］：［出版者不详］，民国六年(1917)

此书收录民国五年（1916）粤东兵变之后，朱庆澜治理期间发布的条文、电报等，涵盖政治、经济、文化等多个方面。卷1为布告30余条，卷2为指令40余条，卷3为批20条，卷4为训80条，卷5为咨22条，卷6为呈15条，卷7为电报40余条，卷8为训词并附会堪办法和意见书。

6769 粤行集：一卷/谭延闿撰. 影印本. ［出版地不详］：［出版者不详］，民国二十年(1931)

民国十二年（1923）谭延闿有广东之行，本书为其手书出行之际所作诗词之影印本，文献、艺术价值很高。

6771 云梦文史资料. 第一辑，纪念吴禄贞诞生一百零五周年专辑/中国人民政治协商会议湖北省云梦县委员会文史资料研究委员会编. 云梦：政协湖北省云梦县委员会文史资料研究委员会. 1985.7

本书包括：《吴禄贞的一生》、《回忆先父吴大将军禄贞》、《先烈吴禄贞殉难记》、《大总统抚恤吴张周三烈士令》、《一代英杰——吴禄贞先烈的主要业绩》、《吴禄贞督办延吉边务》、《回忆燕晋联军的经过》、《吴禄贞一死关大计》等文章。本书有照片，书末有编辑说明。

6772 云梦文史资料. 第七辑：纪念吴禄贞殉难八十周年，盖世之杰/中国人民政治协商会议湖北省云梦县委员会文史资料委员会编. 云梦：云梦政协文史资料委员会. 1991.5

本书包括：《吴禄贞与两湖革命》、《我对吴禄贞的片断回忆》、《吴禄贞首先参加革命的见闻录记》、《革命先烈吴禄贞先生略史及其遗笔》、《吴禄贞与延吉边务交涉》、《戍边杂记》、《吴禄贞赴娘子关前后》、《辛亥六镇兵变纪实》等文章。书中附有照片。

6773 云南王唐继尧·流氓大亨黄金荣/韩宇. 北京：中国戏剧出版社. 2005.1（中国名人大传）)

本书为唐继尧和黄金荣的传记。唐继尧部分包括武装夺权，投机革命；翻云覆雨争贵州；争做护国标兵等11篇；黄金荣部分包括上梁不正下梁歪、救主教名声大扬等9篇。

6775 云阳程氏家乘：四卷/程德全等纂修. 铅印本. ［出版地不详］：［出版者不详］，民国八年（1919）

本书是民国七年程德全命其子等人纂修的家谱，分为四卷。卷一有序文、源流考、世系图、诰封、旌表、祠记等；卷二是民国初年各名家、政要撰写的寿序等；卷三为四川云阳程氏始祖至二十世德钫谱系；卷四为二十一世至二十三世可观谱系，后附坟图二十五幅。

6776 允公允能日新月异：南开大学校长张伯苓/梁吉生著. 济南：山东教育出版社. 2003.12（中国著名大学校长书系）

全书分8章，包括：确立教育信念、南开教育情结、以教育力量使中国现代化、造成“现代能力”之学生、“不认识体育的人，不应该做学校校长”、“大学最要者即良教师”、构建有特色的私立大学管理体系、教育家开拓者一代人师。书中附有照片、引言、《张伯苓生平大事年表》、主要参考文献、后记等内容。

6777 再造文明的尝试：胡适传（1891－1929）/罗志田著. 北京：中华书局. 2006.6

本书由12部分构成：引言、语境、受学、留学、关怀、尝试、讲学、议政、落伍、转折、净友和舆论。附照片。

6778 再造文明之梦：胡适传/罗志田著. 成都：四川人民出版社. 1995.7（强国之梦系列丛书）

本书包括10部分：语境、受学、留学、关怀、尝试、讲学、议政、落伍、转折和评说。

附插图。

6779 早年蒋介石/王舜祁著. 北京：团结出版社. 2008.11

本书讲述了蒋介石童年时代直至率兵北伐的生活经历。有照片。

6780 造送萍醴铁路工程购地造路造车各款收支银两数目清册/盛宣怀编. 稿本. [出版地不详]：[出版者不详]. 1905

本书为盛宣怀所记造萍醴铁路时所用银两收支账目。

6781 曾国藩传/王定安著. 重庆：重庆出版社. 1998.8（清末稗史精选丛书）

本书包括曾国藩传、李鸿章传、张之洞传、乐斋随笔 4 个部分。

6783 詹眷诚技监建设铜像碑文史传事实/[著者不详]. 铅印本. [出版地不详]：[出版者不详]，民国八年（1919）

詹天佑（1861—1919），字眷诚。本书前有民国八年七月"故交通部技监汉粤川铁路督办詹君之碑"文，汇集詹天佑去世后政府颁布的各种公文，包括交通总长曹汝霖请优恤并宣付史馆立传文，交通部、教育部训令，还有詹天佑事实册、詹督办遗呈等。

6784 詹天佑/杨薇编著. 1996 重印. 北京：中国和平出版社. 1996.4（中外名人传记故事丛书. 中国科学家）

本书介绍了我国伟大的铁路工程师詹天佑的生平，全书分为 9 个部分，包括：小小机器迷、留美生活、学非所用的七年、滦河大桥与西陵铁路、一生事业的高峰、通车大典、抑郁的晚年和鞠躬尽瘁。

6785 詹天佑/北京市第一〇一中学编写. 北京：中华书局. 1959.3（中国历史小丛书）

本书用浅显扼要的文字介绍了詹天佑的生平事迹，并评价了他在历史上应有的地位，共分 9 章。有图，有照片。

6786 詹天佑/胡文中著. 广州：广东人民出版社. 2009.8（岭南文化知识书系. 南粤先贤）

本书介绍了中国铁路第一人詹天佑一生的经历，内容包括：肩负重托，赴美留学；博学中西，学成归国；北上筑路，扬名中外等 8 章。书末附《詹天佑学成归国服务足迹图》及大事记。

6787 詹天佑/李希泌，王真著. 天津：新蕾出版社. 1993.5（中华历史名人丛书）

本书共分 10 章，包括：少年留学美国、挨过蹉跎岁月、献身铁路事业、勘测京张铁路、战胜关沟天险、欢庆伟大胜利、主持汉粤川铁路、培养中华人才等。有图。

6788 詹天佑/任喜贵，贾本义主编. 北京：中国铁道出版社. 2006.4

本书是一本资料性画册，内容以图片为主，其中包括詹天佑的呈文、手书、信件、工程日记、工程报告、演说词等，展示了詹天佑伟大光辉的一生。有图，有地图。

6789 詹天佑/王秋霞编著. 北京：中国国际广播出版社. 1998（中外科学家发明家丛书）

本书包括以下 6 章：两次鸦片战争后的中国、童年、异国求学、学非所用的日子、筑路生涯和逝世。

6790 詹天佑/徐盈等著. 北京：中国青年出版社. 1956.12

本书是詹天佑的传记，分 11 个部分介绍了他的一生。有照片。

6791 詹天佑/徐盈等著. 1998 重印. 北京：中国青年出版社. 1998.6（中学生文库）

内容提要参见 6790。

6792 詹天佑/张寿武编著. 北京：中国国际广播出版社. 1996.3（爱国主义教育丛书）

本书分8章，包括：幼年时代、留学美国、艰难的报国之路、举步维艰的中国铁路交通事业、忍辱负重埋头苦干十五载、修筑京张铁路的准备阶段、京张铁路的施工、詹天佑与粤汉川铁路。

6793 詹天佑/子如改编；王企玟绘画. 上海：学林出版社. 2009.9

本书以连环画的形式展现了詹天佑正直、勇敢、不畏艰苦、忘我劳动、关心群众利益等高尚的道德品质。

6794 詹天佑：1861－1919/徐子方著. 南京：江苏文艺出版社. 1999.8（中外名人传记丛书）

本书为关于詹天佑生平的通俗读物，共两编，内容包括：生平和家世，充满挑战和机遇的年代，迷人的"奇技"、"奇器"，出洋留学，从纽海文到耶鲁，回国前后，希望和失望，"扬武号"传奇及其他等。

6795 詹天佑：京剧/刘颖华著. 沈阳：辽宁人民出版社. 1958.8

詹天佑是我国最早的、杰出的铁路工程师，又是最实用的火车自动挂钩的发明人。本剧是通过他修建京张铁路的故事，歌颂了他不像外国势力低头，能够依靠群众，克服困难，勇于革新的精神。有照片。

6796 詹天佑：七场话剧/濮思温，刘振烝著. 北京：中国戏剧出版社. 1983.12（当代戏剧创作丛书）

《詹天佑》是一部历史剧，它描写詹天佑为兴办民族铁路事业，在资金匮乏、技术力量短缺的困难情况下，不顾封建势力的阻挠破坏和帝国主义的威逼利诱，在民众的支持下，终于实现了修建中国人自己的铁路的夙愿，显示了中华民族奋发图强的高尚气节。而丧权辱国的清政府，后来出卖路权，扼杀民意，终于导致了詹天佑的悲剧命运。本书附有《选材与开掘——评传记剧〈詹天佑〉》、《民族魂——我们时代的最强音》和《真实基调、联想——一个编辑的话》等3篇文章。

6797 詹天佑：五幕六场话剧/王忠和，王德仁编剧. 沈阳：辽宁人民出版社. 1958.11

本剧本讲述了詹天佑修建京张铁路的故事，歌颂了詹天佑高度爱国主义思想和在科学技术上刻苦钻研、勇于革新的精神。

6798 詹天佑传/茅家琦，高宗鲁著. 南京：江苏古籍出版社. 1987.11

詹天佑（1861－1919），杰出的爱国铁路工程师，本书记述了他青少年时代的生活以及为了中国铁路事业的发展鞠躬尽瘁的一生。附肖像。

6799 詹天佑传记资料/朱传誉主编. 影印本. 台北：天一出版社. 1979－1985

本书收集了有关詹天佑的文献42篇，包括：《詹天佑》、《詹天佑先生事略》、《詹天佑先生年谱》、《中国铁路先进詹天佑》等。

6800 詹天佑创业著述精选和创业哲学思想研究：詹天佑主张以建设求社会进步/詹天佑著；詹同济编著. 广州：广东省地图出版社. 1999.4

本书分3部分，包括：詹天佑创业著述精选、詹天佑英文书信日记译文摘编、西学东渐革新建设家詹天佑创业精神及哲学思想研究。有照片。

6801 詹天佑的故事/包村编写. 上海：上海人民出版社. 1957.1

本书分8部分，包括：从青龙桥的铜像谈起、出生在广东南海的一个孩子、出洋留学、扬武军舰的驾驶官、为祖国建筑铁路、京张铁路总工程师、铁路通车了和永远值得我们纪念的人。

6802 詹天佑的故事/左长春编. 济南：明天出版社. 1992.11

本书分7部分，包括：闪光的铜像、童年时代、出国留学、归国以后、铁路事业的开始、修建京张铁路、贡献了毕生精力。有插图。

6803 詹天佑的故事/左长春编著；昭明、冷珍插图. 济南：山东人民出版社. 1980.1

本书是河北、山东、河南三省协作编辑、出版的《历史小故事丛书》的一种。它描写了我国科学技术界的先驱詹天佑的一生，他从小热爱科学，为了救国出洋留学，回国后把毕生精力贡献给祖国铁路建设事业。他的事迹为后人所称颂。

6804 詹天佑和茅以升/任东流，陆加编写. 杭州：浙江人民出版社. 1958（工农发明家的故事丛书）

本书分两部分：《詹天佑和京张铁路》和《茅以升和钱塘江大桥》。

6805 詹天佑和中国铁路/凌鸿勋，高宗鲁编. 台北："中央研究院"近代史研究所. 1977.4（"中央研究院"近代史料丛刊；4）

本书收13篇文章：《詹天佑的生平与时代》、《詹天佑先生年谱》、《我怎样写詹天佑年谱》、《对凌著"詹天佑先生年谱"的几点商榷》、《Memoir of Tian Yow》、《京张铁路工程照片之出现及展览》、《京张铁路工程照片发现经过》、《卸载京张铁路史料展览之后》等。有照片。

6806 詹天佑和中国铁路/徐启恒，李希泌著. 上海：上海人民出版社. 1957.12

本书分7章，包括：幼年时代、清季洋务派的自强运动与詹天佑出洋留学、毕业归国、詹天佑与关内外铁路、詹天佑修建京张铁路、詹天佑与汉粤川铁路、詹天佑出席协约国监管远东铁路会议与逝世。有地图、肖像和照片。

6807 詹天佑和中国铁路/徐启恒，李希泌著. 再版. 上海：上海人民出版社. 1978.8

内容提要参见6806。

6808 詹天佑评传/经盛鸿著. 南京：南京大学出版社. 2001.5（中国思想家评传丛书；193）

本书系统、生动地介绍了詹天佑曲折而光辉的一生，并从思想史的角度，对詹天佑的爱国思想、科技与管理思想、教育与人才思想、政治与伦理思想等，进行了整理、论述与分析。有图，有肖像。

6809 詹天佑评传/詹同济译编著. 珠海：珠海出版社. 2008.5（珠海历史文化书系. 容闳与留美幼童研究丛书；2）

本书分3编22章，包括幼年留洋，学习新知；引进西学，建设祖国，奋斗终生；詹天佑创业观念与振兴中华历史作用。附《詹天佑生平年表》，以及"容闳与留美幼童研究"丛书王杰序和"容闳与留美幼童研究"丛书第2辑刘福祥序。

6810 詹天佑日记书信文章选/詹同济编译. 北京：北京燕山出版社. 1989.12

本书中日记和书信译自詹天佑英文手稿，文章选编自其遗著。本书不仅记载了其事业活动和思想发展，而且从一个侧面反映了当时的历史背景。有照片。

6811 詹天佑日记书信选集/詹同济译编著. 珠海：珠海出版社. 2008.5（珠海历史文化书系. 容闳与留美幼童研究丛书）

本集选出詹天佑先生的225封书信、电报，涉及筑路中的工程建设、机车选型、材料管理、人员任用、上下级关系、亲情、友情、维权以及反映历史背景的重要史实等多个方面，真实地反映了詹天佑的工作与生活。

6812 詹天佑生平志：詹天佑与中国铁路及工程建设/詹同济等编写. 广州：广东人民出版

社. 1995.12

本书分15章介绍了詹天佑的生平，包括：诞生于南海民籍之家；受政府派遣首批出洋留学；毕业归国受冷遇；循序以进，献身修筑关内外铁路事业等。有照片。

6813 詹天佑书信选集/詹同济译编注；铁道部詹天佑纪念馆，广州詹天佑故居纪念馆，武汉詹天佑故居陈列馆编. 广州：华南理工大学出版社. 2006.1

本书收录了詹天佑先生的225封书信、电报，涉及筑路中的工程建设、机车选型、材料管理以及反映历史背景的重要史实等多个方面，真实地反映了詹天佑的工作与生活的情感与行为，尤其是集中体现了詹天佑的爱国精神。有照片。

6814 詹天佑文集/詹天佑科学技术发展基金会，詹天佑纪念馆编. 北京：中国铁道出版社. 2006.7

本书包括：文章选、日记（译文）、书信选（译文）3部分。有照片、肖像。

6815 詹天佑文选/詹天佑著；詹同济编译. 北京：北京燕山出版社. 1993.7

本书收录了《京张铁路调查报告》、《汉粤川铁路就款计工办法》等文章36篇和部分书信。有照片。

6816 詹天佑先生年谱/凌鸿勋著. 台北：中国工程师学会. 1961.1

本书介绍了詹天佑先生的生平，包括其所处之时代环境，赴美留学之经过等。书中有胡适和罗家伦为本书作的序。附照片。

6817 詹天佑研究文集/王成廉主编. 北京：中国铁道出版社. 1997

本书分始建、沧桑、人物、交往和风物5个专题，通过大量照片反映了京张铁路创业、演变和发展的过程。有照片。

6818 詹天佑——引进西学振兴中华之工学家/詹同济译编著. 珠海：珠海出版社. 2007.1

本书共两编，包括："詹天佑创业文献选编"和"詹天佑引进西学振兴中华之观念与成就（詹公天佑评传）"。书末附有《詹天佑生平年表》和《詹公天佑业绩诗词颂青龙桥道情》。有照片。

6819 詹天佑之路/雷风行著. 北京：中国铁道出版社. 2009.10（铁路老照片纪实文学丛书）

本书在晚清到民国初期的历史大背景下解读詹天佑，着重记述人物的活动、心灵与命运，揭示了詹天佑之路是一条追求爱国、进步、民主、科学之路。有图，有照片。

6820 张伯苓传/郑致光，杨光伟编著. 天津：天津人民出版社. 1989.6

全书分为24个部分，包括：风华壮志、严馆时代、早期教育方针、南开大学的创立与发展、从"女中"到"研究部"、"我的政治梦"、胜利后复校、晚节可风等内容。书中附有照片、《张伯苓大事年表》和后记。

6821 张伯苓传记资料/朱传誉主编. 影印本. 台北：天一出版社. 1979.11

本书包括：《张伯苓先生小传》、《伟大教育家张伯苓先生》、《倡导力行教育的张伯苓先生》、《追念张故校长伯苓先生》、《怀念伯苓先生》、《百年树人谈南开》、《张伯苓先生二三事》、《张伯苓勇于律己》等文章。

6822 张伯苓的大学理念/梁吉生主编. 北京：北京大学出版社. 2006.4（中国高等教育史丛书）

本书分为张伯苓思想档案和我看张伯苓两部分，精选了张伯苓先生有代表性的教育论说16篇，张伯苓教育思想研究论文17篇，反映了张伯苓先生对中国现代教育事业的贡献，汇集了上世纪40年代以来中外学者对张伯苓教育思想的研究成果。书中附有照片和后记。

6823 张伯苓纪念文集/南开大学校长办公室编. 天津：南开大学出版社. 1986.1

本书收集了37篇纪念著名爱国教育家张伯苓先生的文章，包括《致张伯苓信》、《张伯苓先生与周恩来总理》、《早期的南开中学》、《我所受的南开教育》、《从南开发展过程看张伯苓校长》、《校长教诲和南开精神》等。有照片和张伯苓大事年表。

6824 张伯苓教育论著选/张伯苓著；崔国良编. 北京：人民教育出版社. 1997.11（中国近代教育论著丛书）

本书收录了张伯苓从1904到1948年的讲演、论文、书信、报告、序文、题词等近140篇，并将其1951年的《遗嘱》收入作为附录一；将其胞弟张彭春在南开期间所写的教育论文共20余篇收入作为附录二；将张伯苓主要教育论著目录收入作为附录三。选文按写作或讲演时间顺序排列，书前附有照片。

6825 张伯苓教育思想研究/梁吉生著. 沈阳：辽宁教育出版社. 1994.7（中国近现代教育家系列研究）

全书分为13章，记述了张伯苓先生的办学生涯及其教育思想的形成、发展、历史地位及其贡献。书中附有照片、序言、引言、结束语、大事年表、参考资料和后记。

6826 张伯苓教育言论选集/张伯苓著；王文俊等编. 天津：南开大学出版社. 1984.9

为了纪念张伯苓先生，也为了便于人们研究其教育思想，特编辑此书，主要选取散见于历年南开各种出版物上的演讲和文章，共计160余篇，去其重复或内容不关教育的，最后收录了107篇。书前附有照片、前言、序，书末附有《张伯苓教育活动纪事》。

6827 张伯苓私档全宗/梁吉生，张兰普编. 北京：中国档案出版社. 2009.9

本书分上、中、下3卷，共收录张伯苓来往函电3630余件，其中信函约3000件，电报630余件。书中附照片。

6828 张伯苓图传/梁吉生著. 武汉：湖北人民出版社. 2007.9（文化名人图传系列）

本书通过大量珍贵图片记述了张伯苓富有传奇的风雨人生、执著无悔的教育历程，缅怀了其丰富的教育实践、深邃的教育思考，并重新解读他在教育上恪守不二的道德追求。

6829 张伯苓先生传/孙彦民编著. 台北：台湾中华书局. 1971.9（近代中国教育史料丛刊）

本书共8章，包括先生的家世与生平、先生的教育思想、先生的名言、先生的修养与轶事、南开校史、南开校务和南开的贡献。有照片、序和《张伯苓先生年谱》。

6830 张伯苓先生纪念集/郭荣生，张源编. 影印本. 台北：文海出版社. 1975（近代中国史料丛刊续编. 第十八辑；180）

全书分3部分：张伯苓先生逝世纪念专辑、八旬诞辰纪念册、张伯苓先生百年诞辰纪念册。书中附有《张伯苓先生年谱》。

6831 张伯苓与南开/王文田等著. 台北：传记文学出版社. 1968.10（传记文学丛书；26）

本书包括：张伯苓先生与南开、教育家张伯苓、张伯苓先生小传、张伯苓先生年谱4部分，并附有照片、《四十年南开学校之回顾》和《南开四十年大事记》。

6832 张伯苓与南开大学/梁吉生编著. 太原：山西教育出版社. 1995.7（名人与名校丛书. 第一辑）

全书分4部分：创办南开大学、张伯苓的教育思想、南开的教学生活、“巍巍乎吾南开大校长”。书中附有照片、序、《张伯苓生平大事年表》、后记等内容。

6833 张伯苓张彭春张锡禄/侯杰，秦方著. 石

家庄：河北教育出版社. 2004.10（百年家族）

本书共计14章，包括目睹世艰弃戎从教、从私塾先生到南开中学校长、皈依上帝、南开大家庭、南开大学的缔造者、生命的最后日子、张门后辈子孙等章节，围绕张伯苓、张彭春、张锡禄等中心人物，展现了百年间张伯苓家族成员活动的历史图景。有前言、《张伯苓家族世系简表》、《张伯苓家族年表》和主要参考书目。

6834 张东荪/张耀南著. 台北：东大图书公司. 1998.8（世界哲学家丛书）

本书是全面研究张东荪生平及思想的一部专著。全书共分6章。第1章悲凉之旅，纵向叙述张东荪复杂多变的八十七年人生；第2章世俗日常，横向介绍他的性情、家庭、交友等情况，以及他与政治之关系；第3章知识论，重点探讨张东荪知识论与金岳霖知识论之不同；第4章宇宙观，分析其架构论之得失；第5章道德哲学，确定张东荪及其哲学的价值与贡献。附《东荪先生年表》，索引。

6835 张东荪传/左玉河著. 北京：红旗出版社. 2009.5

本书全面反映张东荪的生平，是学术界一部系统研究张东荪政治活动及政治思想的专著。附照片。

6836 张东荪传/左玉河著. 济南：山东人民出版社. 1998.5（国学精粹丛书；37）

本书分为12章：幼年失怙研佛学留学东洋觅新知、动了爱国念头从事研究政治、决然舍弃政治致力文化研究、鼓吹基尔特社会主义引发社会主义论战等。附照片。

6837 张东荪知识论研究/张耀南著. 台北：洪叶文化事业公司. 1995.12（世界哲学家丛书）

本书对张东荪的知识论进行了详尽的考察。全书共分为4章：条理、多元、解释和架构。

6838 张季直传记资料/朱传誉主编. 影印本. 台北：天一出版社. 1985

本书收集了见诸书刊、报章等有关张季直生平及其思想的资料，全书共6卷54篇。

6839 张嘉璈与中国银行的经营与发展：1912—1935/毛知砺著. 台北县："国史馆". 1996.9（民国人物传记丛书；3）

全书分4章，包括：中国银行的成立与特质、张嘉璈服务中国银行的始末、国家银行时期的经营与管理、特许银行时期的经营与管理。书中附有序、自序、前言、附录、征引书目、索引和图表。

6840 张澜/安然著. 北京：台海出版社. 2005.4

本书内容包括：保路讨袁，毕生反帝爱国；力倡教育爱国，门下桃李芬芳；面对强寇入侵，坚持抗战；直面独裁统治，力争民主；带领民盟与中共精诚合作，同舟共济等。书中附有照片、代序、代跋和作者后记。

6841 张澜/陈麟辉，张春美编写. 北京：新华出版社. 1991.5（中国革命史小丛书）

本书分7章，包括：立志教育救国、四川保路运动领导人、反对帝制复辟、从开明教育家到共产党人的挚友、就任中国民主政团同盟主席、迎来中华民族的新生等。

6842 张澜/冯维纲著. 成都：四川人民出版社. 1991.6

本书是张澜先生家乡四川南充地区和西充县为他写的传记，全书共27章，详细叙述了张澜先生一生的革命事迹。本书附照片。

6843 张澜传/林淇著. 上海：上海文艺出版社. 1993.9

本书记述了张澜怀抱民主思想，爱祖国、爱人民的一生经历。本书附照片。

6844 张澜传略/谢增寿，康大寿编著. 北京：档案出版社. 1992.12（中国现代人物研究丛

书）

本书记述了张澜（1872－1955）的生平事迹与政治活动，附《张澜生平活动大事年表》。本书附照片。

6845 张澜纪念文集/龙显昭，郭光杰主编．成都：四川教育出版社．1999.11

本书入选的学术论文，多是学者长期研究的成果，怀念回忆性文章也多是作者亲历亲见亲闻，编排体例，按张澜生平活动的时间顺序。附照片。

6846 张澜评传/余科杰著．北京：群言出版社．2002.4

本书包括：勤耕苦读，立志报国；保路先锋，为民请命；反袁称帝，主持川政；五四时期的探索；在走向联共的道路上等。书中有照片、代序、结语、后记和附录：张澜生平大事记。

6847 张澜诗选/张澜著；黎品，周子瑜编．北京：中国文史出版社．1986.12

本书收集了张澜先生的《过五丁峡》、《即事》、《咏梅二首》、《独坐》、《乡居杂感二十首并引》、《题画菊》、《自励并勖诸儿女》、《田家乐》等诗作。书中附有《张澜诗选》读后记、后记和张澜先生生平事略。

6848 张澜思想研究丛谈/张利源著．成都：巴蜀书社．1997.1

本书全面阐述了张澜的哲学思想、清廉思想、政治思想、人才思想、教育思想等。本书附照片。

6849 张澜文集/龙显昭主编；四川师范学院《张澜文集》编辑组编．成都：四川教育出版社．1991.12

本书收集了张澜的演说、函札、文电、公牍和杂著等186篇。本书附照片。

6850 张澜先生年谱/崔宗复编．重庆：重庆出版社．1985.5

本书收录了《张澜先生年谱》，以及各界人士在张澜先生追悼会上的悼词和在纪念张澜先生诞辰110周年大会上的讲话。书中附照片。

6851 张澜与中国民主同盟/戚如高，潘涛著．广州：广东人民出版社．2004.5（中国各民主党派主要创始人传记丛书）

全书共14章，包括："川北圣人"的早期履历、民主办学、从统一建国同志会到中国民主政团同盟、政治协商会议前后、不和谐的音符等。书中附有照片、前言、参考文献和后记。

6852 张列五先生手札/张培爵撰．铅印本．[出版地不详]：[出版者不详]，1912－1949

张列五（1876－1915），即张培爵，列五是他的字。张培爵是同盟会重庆支部的核心人物，武昌起义爆发后，与该校监督、同盟会领导人杨庶堪等于11月22日发动重庆起义，宣布重庆独立。后于1915年4月被袁世凯杀害。此书为张培爵先生生前手札的汇编，包括多篇写给廖绪初、李宗吾、李寒友以及自己的兄弟、子女的书信，并附有纪传、纪被难事、权厝志、墓表和年谱。

6853 张难先传奇/傅献瑞著．北京：中国文史出版社．1990.12

本书描写了"湖北三怪"之一张难先的一生。全书分11章，包括：古刹枪声、考场风波、投身革命、武昌风云、武当奇遇、怪人异事、西湖主政、迎来曙光等内容，并附有《张难先传略》。

6854 张难先文集/章开沅主编．武汉：华中师范大学出版社．2005.5（辛亥人物文集丛书；11）

本书收录了《湖北革命知之录》、《湖北丙午党狱汇纪》、《义痴六十自述》、《六十自述补遗》、《六十以后续记》、《桑榆随笔》、《解放后稿》、《广师留记》等文章。

6855 张溥泉先生回忆录日记/张继著. 影印本. 台北：文海出版社. 1985（近代中国史料丛刊三编. 第三辑；24）

全书分回忆录和日记两部分。其中回忆录附《先生自撰年谱》；日记包括：游巴黎日记、游瑞士日记、从民国二十一年到民国三十六年日记三部分。

6856 张溥泉先生全集/张继著；“中央改造委员会”，党史史料编纂委员会编辑. 影印本. 台北：“中央文物供应社”. 1951.10

全书分两册，共5编，包括：专著、文辑、讲演、杂著和附录。书中附有遗像和凡例。

6857 张溥泉先生全集：补编/张继著；“中央改造委员会”，党史史料编纂委员会编辑. 台北：“中央文物供应社”. 1952.6

全书分4编，包括：专著、文辑、讲演和札记。书中附有编校后记。

6858 张元济：书卷人生/周武著. 上海：上海教育出版. 1999.5（二十世纪文化名人与上海）

本书共分9章，包括：从京师到上海、走上现代出版之路、教科书革命、多事之秋、老新党与新潮流、新时代的旧学家、图书馆之梦、在国难中、迟暮情怀。有照片。

6859 张元济：书卷中岁月悠长/汪凌著. 郑州：大象出版社. 2002.9

本书以简练的文字和丰富的图片展现了张元济辉煌的一生，除正文外，还选摘了传主自述他人的评点。

6860 张元济传/柳和城著. 南京：南京大学出版社. 1996.9

本书介绍了张元济的一生，情节严格遵照史实，虚构部分则以传主信件、诗文以及家属回忆、采访等第一手资料为基础概括而成。有照片。

6861 张元济的生平与事业：1867—1959/叶宋曼瑛著. 北京：商务印书馆. 1985.4

本书为英文版，介绍了张元济的生平与事业，包括“Introduction”（导记）、“The Budding Reformer”（改革的先驱）、“Zhang Yuanji and The Hundred Days Reform”（张元济与百日维新）、“Gentry Reformer and Constitutionalist”（维新派和立宪派）等章节。

6862 张元济傅增湘论书尺牍/张元济，傅增湘著. 北京：商务印书馆. 1983.10

张元济、傅增湘是我国两位重要的目录学家、版本学家、校勘学家。本书收录了他们1912—1948年的往来书信600余封。

6863 张元济年谱/张树年主编；柳和城等编著. 北京：商务印书馆. 1991.12

本书以编年形式详述了我国近代著名出版家张元济先生的生平。全书分13章，书后有附录。有照片。

6864 张元济评传/张荣华著. 南昌：百花洲文艺出版社. 1997.3（国学大师丛书；26）

本书依时间顺序选择张元济先生生平思想和实践中的若干问题进行评析，试图通过几个不同的侧面描写来突显其独特贡献和精神风貌。全书基本上由一些专题述评构成。

6865 张元济全集. 第1卷，书信/张元济著. 北京：商务印书馆. 2007.10

本书收录张元济先生信札4475件，收录了少量张元济亲笔批注的友朋来信，选编了200件朋友来信或其他资料作为附件。本卷收录了致丁榕（斐章）、王云五、王国维、王宠惠等人的信。

6866 张元济全集. 第2卷，书信/张元济著. 北京：商务印书馆. 2007.10

本书收录了张元济先生信札 4475 件，及少量张元济亲笔批注的友朋来信，并选编了 200 件友朋来信和其他资料作为附件。本卷收录了致严复、严修、李根源、李宗仁等的信。

6867 张元济全集. 第 3 卷，书信/张元济著. 北京：商务印书馆. 2007.10

本书收录张元济先生信札 4475 件，收录了少量张元济亲笔批注的友朋来信，选编了 200 件有朋友来信或其他资料作为附件。本卷收录了袁同礼、袁树勋、莫伯骥、夏曾佑等的信。

6868 张元济全集. 第 6 卷，日记/张元济著. 北京：商务印书馆. 2008.12

本卷收入张元济先生 1912 年至 1918 年间的商务印书馆馆事日记。

6869 张元济全集. 第 7 卷，日记/张元济著. 北京：商务印书馆. 2008.12

本书收入存世的张元济先生的日记。包括：1912 年至 1923 年商务印书馆馆事日记、1937 年生活日记残本和 1949 年 9 月至 10 月的赴会日记等。

6870 张元济日记/张元济著. 北京：商务印书馆. 1981.9

本书包含张元济 1912 至 1926 年间的日记。

6871 张元济日记/张元济著；张人凤整理. 石家庄：河北教育出版社. 2001.1（近世学人日记丛书）

本书分上、下两卷，上卷所收内容为张元济先生在 1912 至 1918 年的日记，下卷收录 1919 年至 1949 年的日记。

6872 张元济诗文/张元济著. 北京：商务印书馆. 1986.10

本集辑录张元济先生的诗词文章，其中很多篇从未发表过，有些诗文代拟了标题。除有关商务印书馆 7 篇外，诗文都按题材分类，同类按写作先后排序，无法查考的各件放在书末。

6873 张元济书札/张元济著. 北京：商务印书馆. 1981.6

本书收录张元济的日记、书札 27 篇，包括：《致缪荃孙（筱珊）》、《致沈曾桐（子封）》、《致汪康年（穰卿）》、《致梁启超（任公）》、《致熊希龄（秉三）》、《致孙宝琦（慕韩）》、《致张謇（季直）》等。

6874 张元济书札：增订本/张树年，张人凤编. 北京：商务印书馆. 1997.12

本书包括张元济多封的书信。

6875 张元济研究论文集：纪念张元济先生诞辰 140 周年暨第三届学术思想研讨会论文集/王祖利主编；张元济研究会，张元济图书馆编. 北京：中国文史出版社. 2009.8

本书收录了《浅论张元济的功绩与爱国思想》、《张元济早年的教育思想》、《商务印书馆与上海》、《论张元济对合众图书馆的贡献》等共 32 篇论文。有照片。

6876 张元济轶事专辑/中国人民政治协商会议浙江省海盐县委员会文史资料工作委员会编. 海盐：中国人民政治协商会议浙江省海盐县委员会文史资料工作委员会. 1990.1

本书内容包括：张元济年谱（家世），“戊戌政变”的回忆，中央研究院 21 周年纪念演词，张元济与梁启超、蔡元培交往片段，略述先严为家乡办学始末，张元济对教育事业的贡献，张元济先生轶事，略谈张元济的诗风等。书中附有照片和前言。

6877 章士钊传/白吉庵著. 北京：作家出版社. 2004.9

本书结合丰富插图介绍我国著名政治活动家及学者章士钊的生平，记述其参加辛亥革命、执教北大等活动。书中附有引言、后记、《章士钊年表》。

6878 章士钊全集/章士钊著；章含之，白吉庵主编. 上海：文汇出版社. 2000.2

本书分为10卷，收录了章士钊先生撰写的专著、论文、通讯、时评、诗词、小说、译文、书信、电文、启示、题词等，凡与人联合署名发表或确知为人代拟之电文、函札、宣告等均予收录。书中附有前言、凡例、章士钊晚年照。

6879 章士钊社会政治思想研究：1903－1927年/邹小站著. 长沙：湖南教育出版社. 2001.4（博士论丛）

本书共有5章，系统地论述了1903－1927年间章士钊的思想，力图借他反映出当时知识分子面临的共同问题及他们思想中的一些共同趋向。书中附有序、前言、结语、附录、后记。

6880 章士钊师友翰墨/刘凤桥著. 沈阳：万卷出版公司. 2005.5（万卷名家收藏）

本书收录了章士钊及数十位与章士钊有关的名人墨迹、图片，书中文字部分叙述了其作为民主壮士的一生。

6881 章士钊诗词集/章士钊著. 长沙：湖南人民出版社. 2009.1（湖湘文库；363）

本书为章士钊先生和程潜先生诗词的合集。其中章士钊先生诗词集依时间分为5辑，每辑先排诗，后排词。本书与《程潜诗集》合订。

6882 章士钊与近代名人/丁仕原著. 北京：中国文史出版社. 2006.1

本书记述了章士钊与辛亥名人、北洋权贵、共产党领袖、文化界名流等社会各界名人之间的交往。本书附有章士钊先生像、序、附录、后记。

6883 赵伯先传/柳诒徵撰. 铅印本. ［出版地不详］：［出版者不详］，1912－1949

本书为柳诒徵所作的赵伯先小传。赵声（1881－1911），原名毓声，字伯先，号百先，江苏丹徒（今镇江）大港镇人，革命党人，广州起义失败后病逝于香港。文中记述了他在新军、求学日本、投身革命以“预备他日手拯神州出之茫茫巨浸中，使复见青天白日耳”的一生。

6884 赵尔丰：雪域将星梦/田闻一著. 北京：十月文艺出版社. 1997.6

本书分20章，包括：“密林深处的较量”、“开杀戒，‘赵屠户’的由来”、“藩篱破，衔命西征”、“巴塘亮新招，杀戮攻心相交替”、“一夜白头的战争”、“爱美之心，人皆有之”、“‘西天双柱’，玉垒默契”、“受挫都在春风得意时”等及引子1篇。书中附有后记。

6885 赵尔丰·雪域将星梦/田闻一著. 成都：四川美术出版社. 2005.5

内容提要参见6884。书中有照片、修订再版后记等内容。

6886 赵尔丰川边奏牍/赵尔丰，吴丰培著. 成都：四川人民出版社. 1984

本书对赵尔丰的公牍进行了整理分类，并将来文，及属员对他的详文，作为附注，以详始末。另选各书之传，汇编为小传。对于他的功过，亦作了适当的评价。书中附有照片。

6887 赵尔丰与瞻对改流/徐正光主编；张秋雯撰著. 台北：蒙藏委员会. 2001.8（蒙藏专题研究丛书；109）

本书分3章：赵尔丰经略川边缘起、再论收瞻的契机及争论和赵尔丰收瞻改流的几番转折。本书有引言、余论、参考书目和后记。

6888 赵尔丰奏议公牍全集：十八卷/赵尔丰撰. 油印本. 北京：民族文化宫图书馆，1961

本书据重庆市图书馆刘赞廷藏稿和四川省民族事务委员在刘家中搜集到的一些资料复制而成，是赵尔丰在驻藏大臣兼川滇边务大臣任上的公文，共十八卷。前有刘赞廷序、赵尔丰列传及清史馆总裁赵尔巽呈请大总统令川督将赵尔丰灵榇眷属送回原籍文。本书 18 册。

6889 赵尔巽等文札/赵尔巽等撰. 铅印本. [出版地不详]: [出版者不详], 1875—1908

赵尔巽（1844－1927），字公镶，号次珊，又名次山，又号无补，清代同治年间进士，授翰林院编修。1914 年任清史馆总裁，主编《清史稿》。本书为其在山西巡抚等任上的文件汇编。

6890 赵恒惕传记资料/朱传誉主编. 影印本. 台北：天一出版社. 1979—1981

全书两册，包括《赵资政夷午先生事略》、《赵资政夷午先生病程经过》、《赵恒惕先生之回忆》、《新年怀惕老》、《湖南省自治之终结》、《赵恒惕的事功》、《赵夷午先生传略》等文章。书中附有照片和编辑凡例。

6891 赵声/吴原编著. 南京：正中书局. 1936

吴原系日知会会员。本书记述了赵声的生平事迹。

6892 赵声/肖梦龙著. 南京：江苏古籍出版社. 1984.4（江苏历史人物小丛书）

本书讲述了赵声的生平事迹与革命经历，全书共 13 章，包括：义侠少年、游历江淮、投笔从戎、东渡日本、会晤孙中山、尽忠革命等。本书附插图。

6893 赵氏族谱：四卷世系表一卷/赵尔巽编. 刻本. 四川：赵尔巽四川督署，1912—1949

本书为赵氏家族族谱，封面书“戊午春修”(1918)。内容包括赵氏家族世系表和从始祖开始一直到十一世为止的详细族谱。本书 5 册。

6894 赵氏族谱：四卷世系表一卷/赵尔巽编. 刻本. 四川：赵尔巽四川督署，1910

本书赵氏家族族谱，除第二册中另有正蓝旗顺天府祭田义宅存案原呈等和赵氏宗祠经费章程等文件外，其余部分均与上书相同。本书 6 册。

6895 浙江文史资料选辑. 第二十三辑，蒋介石史料/中国人民政治协商会议浙江省委员会文史资料研究委员会编. 再版. 杭州：浙江人民出版社. 1985.8

本书包括《我在蒋介石身边的时候》、《蒋介石的故乡》、《解开蒋母王采玉身世之谜》、《戴笠与军统局》、《我所知道的戴笠》、《胡宗南其人》等。书中附有前言和再版的话。

6896 浙江文史资料选辑. 第三十六辑，陈英士/中国人民政治协商会议浙江省委员会文史资料研究委员会编. 杭州：浙江人民出版社. 1987.9

本书内容包括：辛亥革命时期的陈其美、陈其美与护国战争、孙中山与陈其美、陈其美与黄兴、陈其美与于右任、陈英士与章太炎、陈其美与蒋介石的关系、《沪军都督》序等内容。有照片。

6897 浙江文史资料选辑. 第三十八辑，蒋介石家世/浙江省政协文史资料委员会编. 杭州：浙江人民出版社. 1988.1

本书收有：《武岭蒋氏宋谱纂修始末》、《蒋介石的故乡》、《解开蒋母王采玉身世之谜》、《毛福梅与蒋氏父子》、《我在蒋介石身边的时候》、《蒋介石在溪口的最后日子》等史料。有照片。

6898 真正的解放/李大钊. 广州：新世纪出版社. 1998.10（学者小品经典. 第一辑）

本书选文在尽量反映李大钊革命斗争足迹的前提下，尽量从多侧面表现出李大钊作为革命家、学者和文学艺术家的不同风采。除论文外，也收取李大钊的部分诗歌、游记和随感杂文。

6899 拯中原于涂炭，登亿兆于康庄：李维格的理想与事业/王同起，瞿晃良编著. 北京：中

国档案出版社. 2000.10

本书分研究和资料两大部分。在收集整理资料的基础上对李老先生的生平及主要事迹进行了分析，以期展现出他孜孜以求的伟大爱国事业和高尚情操，勾勒出他奋斗终生的曲折经历。书中附有序、附录、后记、李维格先生大事年表本书和照片。

6900 整理币制案/曹汝霖撰. 油印本. ［出版地不详］：［出版者不详］，1918

本书为曹汝霖向大总统所呈整理谨缮币制节略草案。除此之外还有金券条例、币制局官制等文件。

6901 正道居感世集续编/段祺瑞撰. 铅印本. ［出版地不详］：［出版者不详］，民国间

段祺瑞（1865－1936），原名启瑞，字芝泉，晚号正道老人，安徽合肥人。为民国时期政治家，皖系军阀首领，北洋元老，与王士珍、冯国璋并称为“北洋三杰”。本书是其文章汇编，收录三篇，分别是：儒释异同论、产猴论、因雪论。

6902 正道居集/段祺瑞撰. 铅印本. ［出版地不详］：［出版者不详］，民国间（1912－1949）

段祺瑞（1865－1936），原名启瑞，字芝泉，晚号正道老人，安徽合肥人，民国时期著名政治家。本书为段祺瑞寓居天津期间所作诗文合集，包括：《圣贤英雄异同论》、《内感篇》、《外感篇》、《灵学要志叙》、《灵学特刊序》、《儒释异同论》、《产猴记》、《因雪记》等文 8 篇，《赋答修慧长老》、《砭世咏》、《策国篇》、《孔道》等诗 32 篇。

6903 正道上行——马叙伦传/余丽芬著. 杭州：浙江人民出版社. 2008.11（浙江名人研究大系；浙江文化名人传记丛书）

本书共分 11 章，内容包括：硕儒其初、际会辛亥风云、沐受“五四”风潮、激浊扬清整改教育、参加大革命建设浙江民政、争取和平与民主等。有图。

6904 政府大政方针宣言/熊希龄编. 铅印本. ［出版地不详］：［出版者不详］，1912－1949

本书内容涉及财政、实业、交通、司法与教育等诸多方面。特别是在财政方面论述尤为详细，包括：改革税制、整顿金融、改良国库等。熊希龄等宣布此大政方针目的在于“求政府与国会之一致，一致之后则循此方针而各加备勉，以尽其所应尽之责任”。

6905 政界大迷信：从溥仪到蒋介石/李慕白著. 深圳：海天出版社. 1993.6

本书讲述了政界人物溥仪、袁世凯、军阀及蒋介石与戴笠等人。

6906 之东/黄炎培著. 上海：生活书店. 1934.11

本书是宁波、绍兴、温州、台州四地游记。收文 16 篇。书后有结束语。“之东”指浙江东部。

6907 执政幕影——段祺瑞幕府/李庆东著. 长沙：岳麓书社. 2001.9（近代名人幕府丛书）

本书主要对段祺瑞幕府中的“小扇子军师”徐树铮，“四大金刚”靳、段、傅、曲，两个“财神”曾与李，段家政党“安福系”等进行了介绍。

6908 智民之梦：张元济传/陈建民著. 成都：四川人民出版社. 1995.7（“强国之梦”系列丛书）

本书共 15 章，主要内容有：海盐世家江南才子、仰慕西学兴办学堂、关心国事变法维新、南洋公学再展鸿图、搜书藏书服务社会、砥砺气节陶冶国魂、时局变幻智民梦醒、出版大家爱国学者等。

6909 智民之师张元济/张人凤著. 济南：山东画报出版社. 1998.10（名人照相簿丛书）

本书研究了张元济的生平与事业，以他一

生倾注主要精力的商务印书馆为中心。全书共分15部分，包括："海盐世家　江南才子"、"仰慕西学　兴办学堂"、"关心国事　变法维新"、"南洋公学　再展宏图"等。有照片。

6910　中国奥运第一人：张伯苓的故事/孙海麟主编. 北京：人民出版社. 2008.5

本书以翔实的史料讲述了中国奥运第一人张伯苓的历史功绩。读者将循着张伯苓先生的人生轨迹，重温奥林匹克运动在中国的缘起与发展。书中附有引言、参考文献和后记。

6911　中国奥运先驱张伯苓/孙海麟主编. 北京：人民出版社. 2007.12

本书以令人信服的史实，介绍了中国奥运先驱张伯苓先生倡导奥林匹克运动、追求奥林匹克理念的感人故事。全书分5部分：张伯苓的中国奥运梦想、张伯苓在南开的体育实践、张伯苓与近代中国体育、张伯苓与体育名人、张伯苓的体育思想。有照片、序、主要参考文献和后记。

6912　中国的建设问题与人的训练/卢作孚著. 上海：生活书店. 1934.10

本书包括《建设中国的困难及其必循的道路》、《中国的根本问题是人的训练》、《从四个运动做到中国统一》、《我们的要求和训练》等12篇文章。

6913　中国的莫理循/（澳）莫理循著；窦坤译. 福州：福建教育出版社. 2007.3（莫理循书系）

本书介绍了一个澳大利亚人传奇的人生旅途，他弃医从文、背井离乡来到中国，担任了15年的《泰晤士报》驻华首席记者，并深深地介入了中国政治。全书分3部分，内容包括：青少年时代、最崇高的职业、揭露贩奴贸易、义和团起义、北岩的魅力、支持中国、背信弃义的日本、傻瓜王朝等。书中附有序言、主要参考书目和后记。

6914　中国的拿破仑：蒋介石之命运/（苏）沃龙佐夫著；董友忱等译. 北京：中共中央党校出版社. 1992.2

本书是苏联史学界推出的第一部评述蒋介石的专著，1989年底由苏联政治书籍出版社出版。作者为苏联科学院远东研究所高级研究员、历史学副博士。作者认为蒋介石和拿破仑的手段和军略有很多相似之处，只是中国的现实为这种"拿破仑主义"赋予了某些独特之处。本书包括通向孙中山营垒之路，贪天之功为己有等8章。

6915　中国第一位留学生容闳/张文骊著. 台北：黎明文化事业公司. 1993.12

本书叙述了清末民初著名实业家容闳的生平事迹。本书共有诞生、中国书·西洋书、囚徒回笼、西塾关门、小职业、水田中奇迹、特殊奖品、童工等85章内容。本书还有绪言1篇。

6916　中国共产主义运动的先驱/首都博物馆编. 北京：北京出版社. 1984

本书图文并茂地介绍了李大钊的一生。

6917　中国古代十大黑色人物谋略秘笈：插图珍藏版. 第九卷，阎锡山/徐谦主编. 长春：吉林摄影出版社. 2003.10

该书介绍了"中庸学大师"阎锡山独特狡诈的生存方式。全书共分19部分。

6918　中国杰出的铁道工程师詹天佑传/李希泌，徐启恒著. 复写本. [出版地不详]：[出版者不详]. 1954

本书内容包括：詹天佑的家庭及其幼年时代、詹天佑毕业归国、詹天佑与山海关内外铁路、詹天佑修建京张铁路等。

6919　中国近代名家名作宝库. 12，徐志摩苏曼殊卷/周松平主编；徐志摩，苏曼殊著. 呼和浩特：内蒙古人民出版社. 2000.12

本卷共分两部分。第一部分收录了徐志摩的诗歌、散文以及小说；第二部分收录了苏曼殊的诗歌、小说、杂论、笔记和译著。

6920 中国近代名家名作宝库．13，蔡元培卷/周松平主编．呼和浩特：内蒙古人民出版社．2000.12

本书分哲学、杂文、美育三部分，共收录蔡元培的文章约70篇：《世界观与人生观》、《哲学大纲》、《大战与哲学》、《哲学与科学》等。

6921 中国历代生计政策批评/马君武著．再版，复制本．上海：中华书局．1933.5

本书是对中国历代国民生计政策之评述。全书共7部分，包括：井田制度、西汉时代国民生计状态——平准法、王莽之均产废奴运动、东汉时代崇儒学用循吏劝农桑之效、王安石新法、历代河渠事业和清代铁路事业。

6922 中国名作家散文经典作品选，瞿秋白·刘半农/黄清选编；瞿秋白，刘半农著．北京：中国言实出版社．2000.4

本书收录了瞿秋白和刘半农的《世纪末的悲哀》、《心的声音》、《为汪局长脱靴》等30多篇散文。

6923 中国女学集议初编/经元善等编．铅印本．［出版地不详］：［出版者不详］，清光绪间(1875—1908)

清末维新派实业家、教育家经元善于光绪23年（1897）10月在上海开办了中国女学堂，开创中国女子教育之先河。本书是经元善等人详考史籍方册，敬搜掌故，广采圣训、奏稿、报章等，所得之兴办女学之理论资料汇编。包括：《沪上创办中国女学一品香会议第一集》、《论上海创设女学堂之善》、《中国女学大会中西女客启》、《论中国女学》等奏稿、报摘25篇。

6924 中国人能做到：民国实业家卢作孚/清秋子著．南京：凤凰出版社．2010.1

本书描述了民国著名实业家、教育家和社会改革家卢作孚的传奇一生。介绍了卢作孚的经营智慧，管理思路，以及在人才培训、道德重建方面的宝贵经验，还包括了他在社会转型、民族复兴方面的深刻见解。附照片。

6925 中国商父——盛宣怀/国亮，美玲著．北京：国际文化出版公司．1996.11

本书以小说的形式再现了盛宣怀创业的艰辛过程，书中既有商场上的尔虞我诈、波云诡谲，又有官场上的钩心斗角、刀光剑影。总之，盛宣怀的一生就是一部翻腾的近代中国史。

6926 中国十外交家/石源华主编．上海：上海人民出版社．1999.5

本书介绍了10位外交家的生平，包括郭嵩焘、李鸿章、曾纪泽、黄遵宪、陆征祥、颜惠庆、顾维钧、王正廷、陈友仁和宋子文。有照片。附近代中国外交机关历任行政首长小传。

6927 中国铁路之父——詹天佑/谢放著．广州：广东人民出版社．2008.11（广东历史文化名人丛书）

本书描述了詹天佑赴美留学，学习西方先进的科学技术和学术思想，归国献身祖国的铁路和科技事业，勇于作为、敢于创新、推动中国近代化的光辉业绩和心路历程。有图。

6928 中国通商银行/陈旭麓等主编．上海：上海人民出版社．2000.1（盛宣怀档案资料选辑；5）

本书辑录了中国通商银行函稿565件，以及银行往来电报钞存8本，时间自1896至1920年。

6929 中国统一刍议/陈炯明著．复制本．［出版地不详］：［出版者不详］．1931

全书分3章，包括理论、办法和忠告。

6930 中国文法通论/刘半农著. 上海：群益书社. 1921.1

本书共分 3 讲，分别讲述了文法的定义、文法的研究范围和研究方法，并论述了词的分类、搭配关系及句子的结构与分类。

6931 中国现代美学名家文丛，蔡元培卷/金雅主编；蔡元培卷原著. 杭州：浙江大学出版社. 2009.3

本书分为上、下两编，包括《对于新教育之意见》、《在北京通俗教育研究会演说词》、《民族学上之进化观》、《孔子之精神生活》、《美学的对象》、《美术批评的相对性》、《中国之书画》等文章。书中有肖像、序论、导读和两篇附录：《我在北京大学的经历》、《我在教育界的经验》。

6932 中国现代名家经典文库，李大钊卷/姜德铭主编；李大钊著. 北京：中国戏剧出版社. 2001.11

本卷分黑暗的东方、真正的解放、我的自传和译文 4 部分，收录了李大钊的政论及学术代表作。

6933 中国现代名家经典文库，刘半农卷/姜德铭主编；刘半农著. 北京：中国戏剧出版社. 2001.11

本卷收录了刘半农包括《半农杂文》在内的散文代表作，从中可领略到这位五四时期学术大家和新文学倡导者文学创作的独特风貌。

6934 中国现代名家经典文库，苏曼殊卷/姜德铭主编；苏曼殊著. 北京：中国戏剧出版社. 2001.11

本卷收录了苏曼殊的代表作品，分为随笔、小说、诗歌、题画・题照和书信 5 个部分。

6935 中国现代学术经典，蔡元培卷/刘梦溪主编；蔡元培著；欧阳哲生编校. 石家庄：河北教育出版社. 1996.8

本书收录了作者的三本专著《中国伦理学史》、《中学修身教科书》、《石头记索隐》以及多篇文章，包括：《美术的起原》、《教育独立议》、《中国之书画》等。本书有总序，编例，并附有《蔡元培先生小传》、《蔡元培先生学术年表》、《蔡元培先生著议要目》。

6936 中国新诗库. 第二辑，刘半农卷/刘半农著；周良沛编选. 武汉：长江文艺出版社. 1990.5

本书收录刘半农诗作 52 篇，包括：《相隔一层纸》、《题小蕙周岁日造象》、《丁巳除夕》、《听雨》、《大风》、《沸热》、《中秋》、《落叶》等。

6937 中国早期工业化：盛宣怀（1844～1916）和官督商办企业/（美）费维恺著；虞和平译. 北京：中国社会科学出版社. 1990.1（中国近代史研究译丛）

本书以近代中国绅士资本家盛宣怀创办的轮船招商局、中国电报局、华盛纺织厂和中国通商银行四家官督商办企业为主，详细阐述了中国早期工业化的经济成就和问题、人事和政策、社会和制度等，并对中国的经验与日本和西方的经验进行了富有启发性的比较研究。

6938 中国新诗库．第三辑，胡适卷/胡适著；周良沛编选. 武汉：长江文艺出版社. 1991.5

本卷收录胡适新诗 38 首，包括《一念》、《应该》、《他》、《中秋》、《鸽子》等。附《尝试集》胡适序、钱玄同序和《胡适的诗》（蒲凡）。

6939 中国政府一九一七年运河七厘金币借款/熊希龄撰. 油印本. [出版地不详]：[出版者不详]，[1912－1949]

中国政府为整理山东与直隶省间之运河，与美国广益公司商定借款。合同共 12 条，于 1917 年 11 月 20 日由民国政府督办水灾河工善后事宜处熊希龄与广益公司在北京签订。

6940　中国之命运/蒋中正著. ［出版地不详］: 青年军出版社. ［出版年不详］

本书分8章，包括：中华民族的成长与发达、国耻的由来与革命的起源、不平等条约影响之深刻化、由北伐到抗战、平等新约的内容与今后建国工作之重心、革命建国的根本问题、中国革命建国的动脉及其命运决定的关头、中国的命运与世界的前途。附地图。

6941　中华百杰图传，科海先驱/陈显泗主编. 海口：海南国际新闻出版中心. 1996.2

本书分10册，以连环画的形式介绍了“旷世全才　张衡”、“历算巨匠　祖冲之”、“梦溪奇士　沈括”、“天算巨星　郭守敬”、“天地大师　徐光启”、“大旅行家　徐霞客”、“医药至圣　李时珍”、“实学大家　宋应星”、“铁路之父　詹天佑”、“科技旗帜　李四光”。

6942　中华民国开国前革命史/冯自由著. ［出版地不详］: 中国文化服务社. 1944.5（中国国民党丛书）

全书分上中下三卷。包括中国革命之动机、兴中会、香港中国报及同盟会、中国同盟会及民报、日知会、光复会、南洋华侨与革命运动、丁未镇南关之役等51章节。

6943　中华民族的人格/张元济著；张人凤辑. 沈阳：辽宁教育出版社. 2003.3（新世纪万有文库）

本书包括诗、文、古籍序跋、书札4部分，均按撰写时间先后排列。书后附张元济抗战时期著作选辑。

6944　中华名人成才故事：双色图文，詹天佑/高洪波主编. 太原：希望出版社. 2005.1

本书在晚清到民国初期的历史大背景下解读詹天佑，着重记述人物的活动、心灵与命运，揭示了詹天佑之路是一条追求爱国、进步、民主、科学之路。

6945　中华世纪坛绍兴四名人/王云根主编；绍兴历史文化研究基地理事会编. 北京：方志出版社. 2003.11（越文化精品丛书）

全书分4编，包括：王羲之档案、蔡元培档案、鲁迅档案和马寅初档案。本书有照片、序、附录：《马寅初出生地之我见》。

6946　中华英杰. 4/庄似旭主编. 杭州：浙江少年儿童出版社. 1995.12

本书分11章介绍了詹天佑的一生，包括：小传、童年的梦想、留学、游子归国、终于盼到了这一天、中国第一位铁路总工程师、勘测京张铁路、光荣应该属于大家等。有插图。

6947　中华英杰谱. 卷二十一，辛亥烈士/王新全主编. 延吉：延边大学出版社. 2006.7（爱国主义教育丛书）

本书介绍了民主革命斗士谭人凤、为共和革命牺牲的第一人陆皓东、为救国泄公愤的徐锡麟、为共和宪法流血的宋教仁等辛亥烈士的生平事迹。

6948　中鱼集/沈钧儒著. 影印本. 上海：上海书店. 1990.12（民国丛书. 第二编. 综合类；100）

本书包括中鱼集、章乃器论文集、荒谬集3部分，论述了抗战、宪政、文化及乡村建设、中日纠纷、币制金融等问题。

6949　忠义之花：彭家珍传/章君谷著. 3版（修订本）. 台北：幼狮文化事业公司. 1988.3（幼狮传记丛书. 爱国青年传记小说；2）

本书叙述了我国清末著名的革命家彭家珍的生平事迹。全书共分为9个章节。

6950　重读张伯苓/沈卫星主编. 北京：光明日报出版社. 2006.6

本书是一部纪念张伯苓先生诞辰130周年的文集，包括校友追忆、海外回声、南开追思、教坛解读、剧评寄思等，并提供了相关资料以及部分图文的来源。书中附有照片、前言和后记。

6951 重印总税务司赫德筹饷节略/梁士诒辑．铅印本．［出版地不详］：［出版者不详］，1914

本书为清光绪三十年总税务司赫德的筹饷节略一件，节略分为四部分，其宗旨为整顿地丁钱粮，与当时欧战情事相同，故梁氏将其印刷出版。

6952 周学熙传/郝庆元著．天津：天津人民出版社．1991.4

全书分15章，包括：家世与举业、弃举业习制艺、创设银元局、督办天津官银号、启新的崛起、收回开平的斗争、兴办京师自来水、晚年的转折等内容。书中附有作者肖像、遗墨、序、《周氏三代世系简表》、《周学熙大事年表》和后记。

6953 周学熙传：北国工业巨子/姚抗著．武汉：湖北人民出版社，湖北长江出版集团．2007.1（民族大实业家传记系列）

本书展示了周学熙艰苦创业的实干精神与商战谋略，介绍了他开办滦州煤矿公司并与英商投资的开平煤矿公司联合，组成开滦矿务总局等内容。书中附有照片。

6954 周学熙传记汇编/周小鹃编．兰州：甘肃文化出版社．1997.8

本书包括《周止庵先生自叙年谱》手抄本的整理本、周学熙早年撰写的《东游日记》和周叔贞旧作《周止庵先生别传》。书中附有照片、内容简介、代序、前言、跋以及《周馥生平述要》等内容。

6955 止庵诗存/周学熙著．台北县：花木兰出版社．2009.10

本书与《榕荫草堂诗集》/林鼎燮著合订。有张元济序，周学熙自序。

6956 周学熙集/虞和平，夏良才编．武汉：华中师范大学出版社．1999.10（辛亥人物文集丛书；10）

本书分为11编，内容包括：北洋银元局、东游日记、北洋工艺总局、天津官银号、启新洋灰公司、滦州煤矿公司、京师自来水公司、自叙年谱等。

6957 周止庵先生自叙年谱/周学熙叙．影印本．台北：文海出版社．1985（近代中国史料丛刊三编．第一辑；8）

本书是中国近代实业家周学熙先生的自叙年谱。上卷从同治四年到民国五年；下卷从民国六年至民国三十六年。书中附有后记和照片。

6958 朱德/纪承编著．济南：山东人民出版社．1984.7（农村文库．老一辈无产阶级革命家故事）

全书有76部分，包括：艰辛的童年、自强不息、寻求新思想、弃旧图新、靠教育不能救国、投笔从戎、参加辛亥革命等。附有肖像。

6959 朱德/史继中编著．1996重印．北京：中国和平出版社．1996.4（中外名人传记故事丛书．革命领袖）

本书分为19个部分，包括：红军总司令是仪陇人、难忘的教师生活、爱国主义名将、寻找中国共产党、投身党的军事运动、南昌起义、红军不怕远征难、开国元戎，人民公仆等。书中有附录。

6960 朱德/吴殿尧著．北京：昆仑出版社．1998.1（中华名人丛书＝Chinese celebrities series．首批）

本书分13章，包括：大山之子、奋身军界、出国求索、力挽狂澜、井冈红旗、开辟中央苏区、奋战反围剿、征途漫漫等。有照片。

6961 朱德/姚建平，刘本良著．杭州：浙江人民出版社．1996.6（伟人之初．领袖篇）

本书讲述了朱德在不同时期的生活情况，全书包括 7 章：大巴山的儿子、向往、在云南讲武堂、誓拼热血铸中华、五四运动前后、远涉重洋寻正道、在北伐革命中，书后附朱德早期生平简表。

6962 朱德/郑春兴主编．长春：时代文艺出版社．2009.7

本书讲述了朱德苦难的童年、艰辛的求学经历和青年时代追求真理、报效祖国、成长为一名伟大共产主义战士的历程。有照片。

6963 朱德/中共中央文献研究室，新华通讯社编辑．北京：中央文献出版社．1996.12

本书从大量朱德照片中，精选出五百幅，以纪念朱德诞辰 110 周年。

6964 朱德：1886－1976/中共中央文献研究室朱德研究组编著．成都：四川人民出版社．2009.4（红色经典 领袖传记丛书）

这部传记图文并茂，形象生动地再现了朱德波澜壮阔又富有传奇色彩的一生，全面反映了朱德的业绩、思想和风范。

6965 朱德传/金冲及主编；中共中央文献研究室编．北京：中央文献出版社．1993.8

本书记述了朱德同志的家庭身世、革命生涯及其伟大的革命业绩。有照片。

6966 朱德传/金冲及主编；中共中央文献研究室编．修订本．北京：中央文献出版社．2006.8

本书依据中央档案馆保存的 5000 余件朱德文稿、电报、书信、讲话记录，朱德参加的中共中央、全国人大常委会和从工农红军到人民解放军的重要会议记录，朱德的大量工作笔记，以及朱德在 1937 年的口述等材料编纂而成。

6967 朱德的故事/李琦，梁平波主编．杭州：浙江人民美术出版社．1994.8（共和国领袖的故事）

本书分 50 个故事，介绍了朱德的事迹，包括：我说是红司令、向全国进军的命令、伫马太行、最后一次相见、朱德和刘少奇、最后的握手等。有照片。

6968 朱德的故事/窦益山编．北京：解放军出版社．1985.8

本书分 23 部分，包括：琳琅山下、求索、前驱、到马克思的故乡去、红色堡垒、南昌黎明前、会昌城边等。

6969 朱德的故事/窦益山编著．南昌：21 世纪出版社．1996.4（百种爱国主义教育图书）

本书分 14 章，包括：佃农的儿子、求索、辛亥前锋、到马克思故乡去、一个伟大的黎明、艰苦转战、湘南暴动、奔向井冈山等。

6970 朱德的故事/林高编写．沈阳：辽宁人民出版社．1982.9

本书收集了朱德青少年时代以及参加革命后，有关生活、学习和战斗的一些小故事。集中地反映了朱德优秀的革命品质，崇高的道德情操，伟大的共产主义精神。有插图。

6971 朱德的故事/彤丹，鲁崇明编著．太原：山西人民出版社．1998.9（老一辈无产阶级革命家的故事；4）

本书分 19 章，包括：历经坎坷寻正道、紧急应变提前起义、革命的旗帜不能丢、井冈山会师、井冈山上的文化教员、三打龙岩城、第四次反围剿等。

6972 朱德的故事：青少年时代/余炽，余纪著．重庆：重庆出版社．1984.5（小学生文库）

本书为一部故事集，分 32 部分，包括：他在这里出生、母亲、这是一个吃人的世界、英雄业绩的召唤、读书、不屈的孩子、搬家、三岔河口等。

6973 朱德的青少年时代/罗歌，吴显果著. 成都：四川少年儿童出版社. 2006.1

本书记述了朱德同志青少年时代的生活经历以及他如何开始了革命的道路，包括朱德故里、朱德家世、伟大母亲、艰辛童年、初入学堂、灾祸临头、十年寒窗、追求光明等篇章。

6974 朱德的青少年时代/周知民，陶玉霞编著. 北京：现代出版社. 1997.12（中外名人的青少年时代：系列丛书. 军事家卷）

本书分9章，包括：佃农的后代；艰难的私塾生活；聪颖的孩子与机智的指挥员；“声东击西”的故事；交友、强身，救国救民等。

6975 朱德风范词典/刘学琦主编. 北京：中国工人出版社. 1991.5

本书精选了朱德同志在各个历史时期，体现中华民族优秀品质并堪为朱德风范的嘉言602则，撰为词条，并分类编排目录。

6976 朱德故里/朱德同志故居纪念馆编. 北京：文物出版社. 1986.10（革命文物丛书）

本书图文并茂地介绍了朱德的故乡。有照片。

6977 朱德画册/中共中央文献研究室朱德研究组，新华出版社编. 北京：新华出版社. 1999.7

本书分5部分，包括：风采、求索、征程、公仆和丰碑。有照片。

6978 朱德画传/廖心文主编；中共中央文献研究室，中共四川省委编著. 成都：四川人民出版社. 2006.11

本书精心选择了900余幅图片，以及一些手迹、文献资料，形象、生动地再现了朱德波澜壮阔又富有传奇色彩的一生，全面反映了朱德的业绩、思想和风范。

6979 朱德军事活动纪事/袁伟，吴殿尧主编. 北京：解放军出版社. 1996.11

本书是一部编年体著作，包括早期军事活动、土地革命战争时期、抗日战争时期、解放战争时期和社会主义时期等部分。

6980 朱德历险纪实/刘学民著. 北京：中共中央党校出版社. 1996.11

本书通过珍贵翔实的历史资料，展现了朱德在探索救国救民道路、参与创建人民军队及领导和指挥革命战争的战斗生涯中最具传奇色彩、鲜为人知的三十个惊险片段。有照片。

6981 朱德年谱/中共中央文献研究室编. 北京：人民出版社. 1986.12

本书从1979年开始编写，记录了朱德的一生。

6982 朱德年谱：一八八六～一九七六（新编本）/吴殿尧主编；中共中央文献研究室编. 北京：中央文献出版社. 2006.11

此书是在1986年出版的《朱德年谱》基础上编写的。新编本对原《朱德年谱》作了必要的订正、大量的补充和改写，增加了100多万字。

6983 朱德青少年时代的故事/徐兆文，金策编写. 北京：中国国际广播出版社. 1990.10

本书记述了朱德同志从1886年诞生至1922年加入中国共产党这段时间的主要活动，共分为8章，基本上根据活动内容按时间先后顺序编写。书中故事是根据多方面收集到的文史资料和回忆录编写而成的。

6984 朱德人生画卷/中共中央党史研究室科研部编. 北京：中共党史出版社. 1996.10

本书收入文章86篇，作者大多是从事中共党史和近现代史研究的专家、学者，还包括朱德的亲属和曾在他身边工作过的秘书等。每篇文章采用的史实，描述的角度以及表达的感情各有不同，展示了朱德伟大人生的各个侧面，共同构成他的人生画卷。

6985　朱德诗词集/中共中央文献研究室编. 北京：中央文献出版社. 2007.6

本书共收录朱德在各个历史时期创作的诗歌550篇，按照写作时间编次。

6986　朱德诗选集/朱德著. 北京：人民文学出版社. 1963.9

本书收录朱德《太行春感》、《出太行》等诗作54篇。附《郭沫若同志给出版社的一封信》。有照片。

6987　朱德诗选注/朱德著；胡国强选注. 重庆：西南师范大学出版社. 1986.6

本书收入朱德同志已公开发表的诗篇119首，这些诗反映了朱委员长在旧民主主义革命及其后各个历史时期的革命活动。按写作时间的先后选注。有照片。

6988　朱德同志的青少年时代/北京师范大学《朱德同志的青少年时代》编写组编. 南昌：江西人民出版社. 1979.12（革命先辈的故事丛书）

朱德同志的青少年时代，正是各帝国主义大举入侵中国，中国日益沦为半殖民地半封建社会的时代。本书描写了年轻的朱德同志勇敢地投身于中国人民反帝反封建的战斗历程，歌颂了他为了中国人民的解放事业甘洒热血的革命精神和崇高品德。

6989　朱德元帅/解放军画报社编辑. 北京：长城出版社. 1986.9

全书分6部分，图文并茂地介绍了朱德的一生，包括：青少年时期、入党前后、红军时期、抗日战争时期、解放战争时期、社会主义革命和建设时期。有照片。

6990　朱德元帅/刘学民，王法安，肖思科著. 再版. 北京：解放军文艺出版社. 2007.2

本书是关于朱德元帅的长篇传记，以时间为序，真实全面地再现了朱德元帅的革命生涯。有照片。

6991　朱德元帅的一生/刘启光，潘克定著. 天津：新蕾出版社. 1985.1

本书是一部故事集，以大量翔实的历史资料为依据，比较全面地记述了朱德同志九十年艰难曲折的人生历程和他为党为人民所建立的丰功伟绩。

6992　朱德珍闻/刘晴，谭晓萍主编. 北京：中央文献出版社. 2006.4

本书记叙了朱德少年刻苦求学救国，投笔从戎，参加同盟会，反对袁世凯复辟帝制，去德国留学、加入共产党，一路上协助毛泽东运筹帷幄，决胜千里，彻底打垮国民党蒋介石的反动统治，为中国革命的成功立下了丰功伟绩的事迹。

6993　朱德自述/中共中央文献研究室第二编研部编. 北京：国际文化出版公司. 2009.8

本书收录了朱德1937年春在延安先后接受美国记者艾格尼丝·史沫特莱、尼姆·威尔斯（即海伦·福斯特·斯诺）访问时对他个人生平的口述记录，及其记述生平经历的文章。

6995　追悼吴烈士大会纪念册/旅京安徽同乡会辑. 铅印本. 京师：京华印书局，1912

本书是旅京安徽同乡追悼吴樾（1878－1905）烈士大会的纪念册，主要包括：会场记事及演说报告六篇、祭文三篇、挽联若干，并附录《桐城吴烈士英骸归葬事缘起》等文。

6996　追悼援鄂阵亡将士挽词/谭延闿等撰. 木活字本. [出版地不详]：[出版者不详]，1911

本书收录了谭延闿、陈炳焕等政府长官、军队、商务会、学校、教员、励进会等个人及团体追悼援鄂阵亡将士的挽联和挽词。

6997 追杀汪精卫/胡月伟著. 杭州：浙江文艺出版社. 2005.8

本书为长篇纪实小说。作者以生动的文笔描摹了一幅总裁与首相、政客与外交家、军官与间谍、记者与流氓的众相图，深刻地揭露了汪精卫夫妇晦暗的心态及其堕落的轨迹。附照片。

6998 追忆蔡元培/陈平原，郑勇编. 北京：中国广播电视出版社. 1997.1（学者追忆丛书）

本书内容分 5 辑，包括：生平综述，办爱国学社、创中国教育会、筹组光复会等的前北大时期，蔡氏入主北大、揭开中国教育文化史新篇章的黄金时代，蔡元培离开北大、蛰居香港直至去世的回忆文章，对蔡氏的评价。本书有总序、后记。

6999 追忆蔡元培/陈平原，郑勇编. 增订本. 北京：三联书店. 2009.4（学者追忆丛书）

本书内容分 5 辑，包括：生平综述，办爱国学社、创中国教育会、筹组光复会等的前北大时期；蔡氏入主北大、揭开中国教育文化史新篇章的黄金时代，蔡元培离开北大、蛰居香港直至去世的回忆文章，对蔡氏的评价。本书有总序、三联增订版序、后记。

7000 追忆先父李燮和/李兴潇，李兴藻. 长沙：[出版者不详]. 2004.5

本书回顾了李燮和为中国民主革命奋斗的一生，并论及辛亥革命时期各革命团体内部的关系，华东地区的革命格局，上海、南京光复的经过和民国时期的南北议和谈判以及“筹安会”等各方面的问题。书内附有李燮和的照片、前言、附录。

7001 追忆祖父沈钧儒/沈人骅著；周秉德，沈清编辑整理. 北京：红旗出版社. 2008.10

本书分为 10 章，追忆了民主爱国人士沈钧儒的生平，并收集了纪念、介绍、回忆沈钧儒的文章。有图、照片。

7002 紫雾：卢作孚评传/雨时，如月著. 北京：作家出版社. 2003.2

本书记录了卢作孚先生的生平和事迹。全书由初航、漩流、击浪、紫雾、归航、彼岸 6 部分组成。

7003 自反录：六卷/蒋中正撰. 铅印本. 上海：中华书局，1931

本书共分 6 卷，内容包括：建议类、战略类，宣言类、报告类、命令类、文电类，书函类一，书函类二，论说类、序跋类，哀祭类、杂著类。前附蒋中正手迹题签及序。本书 6 册。

7004 自治案件汇钞/徐世昌编. 朱格抄本. [出版地不详]：[出版者不详]，1914

本书主要收录 1913—1914 年间与自治制度有关的电文等共 17 篇，包含有：直隶民政长通饬各属令稿两篇、大总统令 3 篇、通电各省行政长官文 3 篇、内务部指令 3 篇、呈请自治经费支配暂行办法候核夺文 1 篇、财政部函 1 篇、国务院函 1 篇、直隶行政公署咨文 1 篇、复吉林民政长电 1 篇、复云南民政长电 1 篇。

7005 宗仰上人集/黄宗仰著；沈潜，唐文权编. 武汉：华中师范大学出版社. 2000.4（辛亥人物文集丛书；9）

本书分文录、诗词录两部分，按时间顺序编排，如实地反映了黄宗仰在不同时期的思想趋向和主要活动，折射了中国近代史上一次次的风云变幻。本书有肖像、彩照。

7006 总统画家徐世昌/章用秀著. 南昌：江西美术出版社. 2009.6

本书介绍了徐世昌的生平与创作，着重剖析他的绘画特点和艺术风格，评价了他在推动中国画创作进程中所发挥的作用，并收录了大量历史照片和他的丹青墨宝。有照片。

7007 总统言论选集·一/蒋中正著；秦孝仪编. 台北：“中华文化出版事业委员会”. 1965

本书选录了蒋介石一生发表的著述和事记，分为两册。

7008 总统言论选集．二/蒋中正著；秦孝仪编．台北："中华文化出版事业委员会"．1962

内容提要参见 7007。

7009 邹鲁年谱/冯双编著．广州：中山大学出版社．2010.2（中山大学图书馆学术丛书第三种）

本书以记述邹鲁的生平思想活动为主，收录与谱主活动有关的史料。全书分上、下卷。上卷（1885 年至 1932 年）：记述谱主的家世、求学、加入同盟会、推翻帝制、北伐、当选国会议员、筹备建立国立广东大学等经历。下卷（1933 年至 1954 年）：记述了他第二次出任中大校长、抗日、反蒋至联蒋，及到台湾省后的工作和生活等经历。书中附有照片、前言、索引、参考文献和后记。

7010 邹鲁未刊稿/程焕文，张靖，周旖辑注．桂林：广西师范大学出版社．2008.3（中山大学图书馆学术丛书第二种）

全书分上、下两册，辑录了中山大学图书馆获赠未刊的关于邹鲁的材料。本书分为照片、书画作品、函件、治丧文稿、遗产文件、杂项等六部分。书中附有序、整理说明、凡例、原文释读、附录和后记。

7011 邹鲁文存/梅萼编．影印本．台北：文海出版社．1985（近代中国史料丛刊三编．第三辑；23）

全书分 6 部分：国会文件、杂志论文、主张清党后之言论、传记杂文、专著专件、译件。内容包括：弹劾案查办案、建议案意见书、中俄协约之结果、袁世凯之约法会议、中华民国之司法、西山会议、广州三月二十九日之役记等。书中附有邹鲁启事和序言。

7012 邹鲁文存/邹海滨著．影印本．台中县：文听阁图书有限公司．2008.12（民国文集丛刊；第一编 115）

内容提要参见 7011。

7013 邹鲁先生文集/邹鲁著；中国国民党中央委员会党史委员会编辑．台北：中国国民党中央委员会党史委员会．1984.6

全书分 10 编，包括：议案、论著、演讲（附谈话）、序跋、公牍、碑记、诗词、杂著等内容。书中有照片和附录。

7014 走向深渊：头号汉奸汪精卫/秦亢宗著．北京：国际文化出版公司．1999.1

本书展现了汪精卫从早年跻身民主革命到堕落为反共、反人民的民族罪人的演变过程，以及日本军国主义在侵华战争中的种种行为。

7015 奏稿：清光绪三十二年/盛宣怀撰．铅印本．［出版地不详］：［出版者不详］，1906

本书主要是盛宣怀所撰有关铁路建设方面的奏折、文稿、咨文等共 14 篇。包括：《奏报总公司第二起淞沪铁路报销折》、《奏报总公司第三起淞沪浜北及萍醴铁路报销折》、《商部议复淞沪浜北及萍醴铁路报销折》等。

14 有关辛亥革命的外文图书

7016 Bankers and diplomats in China，1917－1925：the Anglo－American relationship（银行家与外交家在中国 1917－1925：英美关系）/Dayer，Roberta Allbert.（蒂亚尔，罗伯塔）. London（伦敦）：Frank Cass（弗兰克卡斯）. 1981

本书对当时美国的中国政策及英美关系进行了全新的阐释。内容包括：1842－1914 年外国对中国的控制、第一次世界大战对中国的影响、从法国凡尔赛到美国华盛顿（1919－1922）、银行家与外交家（1922－1923）、临城火车大劫案和广州危机（1923）、日本影响下的转变（1924）、团结的结束（1925）、中国民族主义的问题等。

7017 China and the international system，1840－1949：power，presence，and perceptions in a century of humiliation（中国和国际体系 1840－1949：百年国耻）/David Scott.（大卫·斯科特）. Albany，NY（奥尔巴尼，纽约）：State University of New York Press（纽约州立大学出版社）. 2008

本书包括国际关系和历史背景、国耻始于第一次和第二次鸦片战争、中国试图"觉醒"、耻辱进一步加深、风雨飘摇的中国以及与日本和西方的战争耻辱等内容。

7018 China awakened（日新宏议）/Min-ch'ien T.Z. Tyau.（徐世昌）. New York（纽约）：NY：Macmillan company（麦克米伦公司）. 1922

本书包含以下章节：教育改革，外国教育的改革，知识产权重生，新女性，婚姻改革，社会转型，生长舆论，新爱国主义，学生运动，人民之声，改善通讯，工商进展，工党的觉醒，司法改革，自我尊重国际态度，断裂与中央权力，加入世界战争，参加和平会议和结论。

7019 China diplomacy，1914－1918.（战时中国外交，1914－1918）/Chi，Madeleine（玛德琳）. Cambridge，Mass.（剑桥，马萨诸塞州）：Harvard Univ. Pr.（哈佛大学出版社）. 1970

本书包含以下 6 部分：战争蔓延至远东、日本企图霸占中国、袁世凯热衷称帝、欧洲的遏制、美国的和解、中国加入战争。

7020 China's customs revenue since the revolution of 1911（辛亥革命以来中国海关的税收）/by Wright，Stanley. Third edition，revised and enlarged with the assistance of John H. Cubbon〔（英）魏尔特著；第三版由约翰卡本补充〕. 3 版. Shanghai（上海）：Statistical Dept. of the Inspectorate General of Customs（海关稽查总局统计处）. 1935

本书全面描述了 1911 年至 1934 年期间海关税收的征收和储存方式，以及为解决革命前期的财政混乱而采取的一系列措施。

7021 Chinese historiography on the revolution of 1911：a critical survey and a selected bibliography.（辛亥革命史评）/Hsieh，Winston.（温斯顿·谢）. Stanford，Calif.（斯坦福，加利福尼亚州）：Hoover Institution Pr.（胡佛研究所出版社）. 1975

了解关于辛亥革命的史学作品和中国现代史的趋势之间的关系，是帮助我们更好地理解辛亥革命的第一步。本书不但对此进行了调研，而且提供了精心挑选的最新的研究辛亥革命书目。

7022 Chinese students in Japan in the late Ch'ing period（清末留日学生）/Huang Fu-ch'ing; translated by Katherine P. K. Whitaker.（黄福庆）. Tokyo（东京）：Centre for East Asian Cultural Studies（东亚文化研究中心）. 1982

本书研究了 1896 年至 1911 年间的留日学生，共分 6 章，分别是：时代背景、留学日本的发轫、学生的特质与政策的配合、学习生活与环境、文化活动和政治活动。

7023 Fifty years of Chinese philosophy，1898－1948（中国哲学五十年 1898－1948）/［by］O. Brière. Translated from the French by Laurence G. Thompson. Edited with an introd.，by Dennis J. Doolin.（布赖尔著. 汤普森. 劳伦斯译于法语版）. New York（纽约）：Frederick A. Praeger，Pub.（Frederick A. Praeger，Pub.）. 1965

本书对二十世纪上半叶的中国哲学进行了研究，作者在书中描述了西方思想对东方哲学的影响，分析了佛家与孔家思想的追随者和西方的达尔文、尼采、杜威、马克思和黑格尔在中国的学生之间的冲突。本书不仅对中国当时的思想进行了概述，而且提供了大量的注释书目并对该领域的主要作品进行了编目。

7024 Huang Hsing and the Chinese revolution（黄兴和中国革命）/Xue，Jundu（薛君度）. Calif（斯坦福，加利福尼亚）：Stanford University Press（斯坦福大学出版社）. 1961

本书描述了辛亥革命的主要领导者之一黄兴的一生。共包括 10 章内容：黄兴的早期生活、华兴会和长沙起义、结识黄兴前孙中山领导的运动、同盟会、反清斗争、“三二九”起义、武昌起义、中华民国的建立和反抗袁世凯等。

7025 Mme Sun Yat-sen：Soong Ching-ling（孙中山夫人：宋庆龄传略）/Chang，Jung〔张戎，（英）Jon Halliday（乔恩・哈利戴）著〕. Middlesex（哈蒙兹沃斯，米德尔塞克斯）：Penguin Books Ltd（企鹅图书出版公司（Penguin Books Ltd））. 1986

本书分 7 个阶段介绍了宋庆龄不平凡的一生，分别是：从童年到成婚（1893－1915），中国的“第一夫人”（1915－1925），流亡时期（1925－1931），蒋介石控制下的上海（1931－1937），抗日战争（1937－1945）和解放战争（1946－1949），人民共和国（1949－1966），“文化大革命”和最后岁月：（1966－1981）。

7026 Recollections of the revolution of 1911：a great democratic revolution of China.（回忆辛亥革命：中国近代史上一次伟大的民主革命）/Wu，Yuzhang，1878－1966.（吴玉章著）. 4th ed.. Beijing（北京）：Foreign Languages Pr.（外文出版社）. 1981

为了纪念辛亥革命 50 周年，作者于 1962 年出版了《辛亥革命：中国近代史上一次伟大的民主革命》。1981 年，此书再版时更名为《回忆辛亥革命：中国近代史上一次伟大的民主革命》，但内容不变。介绍了辛亥革命爆发的原因、取得的成果和最终失败的原因，包括 1984 年甲午中日战争、义和团运动和武昌起义等 23 章内容。

7027 Selected works of Zhu De（朱德选集）/Zhu，De（朱德）. Beijing（北京）：Foreign Languages Press（外文出版社）. 1986

朱德（1889－1976）是无产阶级革命家和军事家。本书收录了他的重要作品 65 篇，其中 32 篇是首次出版。这些作品中的五分之三是关于军事的。

7028 The Chinese revolution of 1911（辛亥革命）/Chin-Tung Liang（梁敬錞）. Jamaica（杰梅卡），NewYork（纽约）：John's University Press（圣约翰大学出版社）. 1962

梁敬錞（1893－1984），历史学家、北京大学法学学士、英国伦敦大学经济学院硕士。长期投身高等教育，曾任北京大学、北京朝阳大学、司法讲习所教授。本书对引起辛亥革命的诸多事件进行了详细描述，并且提供了革命期间及之后动乱时期的信息。本书对史实资料进行了深入的研究，包括亲身参与辛亥革命的人士的描述，还参照使用了未经发表的私人资料。

7029 The Chinese Revolution of 1911：new perspectives/ edited by Chün-tu Hsüeh（薛君度）.（辛亥革命新论）/Xue，Jundu，（薛君度等编著）. Hongkong（香港）：Joint Pub. Co.（HK）〔三联书店（香港）有限公司〕. 1986

薛君度，1922 年出生于广州，原名炯裳，著名辛亥革命研究专家、历史学家、国际问题专家以及杰出的社会活动家。本书共 7 篇文章，前两篇为作者所写，其余 5 篇是他人于 1981 年为纪念辛亥革命七十周年而发表的。这些文章包括一些对辛亥革命这段历史的新发现和新的理解，并且总结了 1949 年之前这个领域的研究成果。

7030 The collection and disposal of the maritime and native customs revenue since the Revolution of 1911，with an account of the loan services administered by the Inspector General of Customs（辛亥革命以来海关和常关税收的征收与处理）/S. F. Wright〔（英）魏尔特〕. 再版. Shanghai（上海）：Statistical Dept. of the Inspectorate General of Customs（海关稽查总局统计处）. 1927

本书包括以下内容：税收的征收、储存、减免和分配，税收的第一笔费用，外债，庚子赔款，国债，海关盈余的处理等。

7031 The gospel of Chung Shan：according to Paul Linebarger＝中山之使命/edited with introduction and comment by Paul Myron Anthony Linebarger（林百克）. Paris（巴黎）：For sale at Brentano's（For sale at Brentano's）. 1932

本书于 1932 年首次出版法语版。作者林百克伴随孙中山先生参加革命十八年，可谓知其最深、了解革命最切者之一。本书收录的是一系列演讲资料，时间为 1906 年 9 月 28 日至 1932 年 6 月 1 日。同时，作者通过回忆，加入了他自己的简要说明。

7032 The government and politics of China 1912—1949（中国政府与政治）/Ch'ien Tuan－sheng（钱端升）. Stanford，Calif.（斯坦福，加利福尼亚）：Stanford University Press（斯坦福大学出版社）. 1970

本书共有 25 章内容。第 1 章概述了中国的邻国、领土、资源、民族、语言等情况；第 2 和第 3 章简述了中国古代的政治思想和政治机构；第 4 章至第 7 章概述了 1928 年以前国民政府前期的政治发展；第 8 章和第 9 章描述了国民党的政治指导理论和实践；第 10 章至第 19 章，是本书的主体内容，介绍国民政府的组织和运行情况；第 20 章至第 24 章，继续介绍了当时的政治情况；最后一章对全书进行了总结。

7033 The great road：the life and times of Chu The（伟大的道路：朱德的生平和时代）/Smedley，Agnes〔（美）艾格妮丝·史沫特莱〕. New York（纽约）：Monthly Review Press（每月评论出版社）. 1956

这本书倾注了史沫特莱的全部心血，记录了中国人民敬爱的朱德同志 60 岁以前所走过的道路，生动地展现了中国新民主主义革命壮丽多姿的历史。

7034 The man who brought the Olympics to China：the story of Zhang Boling（中国奥运先驱：张伯苓）/Sun Hailin（孙海麟编）. Beijing（北京）：New World Press（新世界出版社）. 2008

本书介绍了以天津南开学校创始人之一、爱国教育家张伯苓先生为代表的奋发图强的中国人，张伯苓在寻求强国之路的艰难跋涉中，倡导奥林匹克运动、追求奥林匹克理念的感人实践，有力地昭示了现代奥林匹克理念是全人类拥有的共同财富，在追求与传播现代奥林匹克理念方面，中国人没有落伍，炎黄子孙同样拥有美好的梦想。本书包括以下 5 部分：张伯苓的中国奥运梦想；张伯苓在南开的体育实践；张伯苓与近代中国体育；张伯苓与体育名人；张伯苓的体育思想。

7035 The military dimension of the Chinese revolution：the New Army and its role in the Revolution of 1911（军事近代化与中国革命）/Edmund S. K. Fung. 〔（澳）冯兆基〕. Vancouver，［B. C.］（温哥华）：University of British Columbia Press（英属哥伦比亚大学出版社）. 1980

本书分析了晚清时期湖北新军在清王朝的覆灭中所扮演的角色。包括 3 部分内容：第 1 部分为陆军改革与社会反响，包括新军的形成、管理机制改革与军事财政、军事教育与民族主义和军事改革引起的社会反响等 4 章内容；第 2 部分是军心动摇与兵变，包括湖北新军的革命运动、大江南北的其他军队和华南新军与北洋军等 3 章内容；第 3 部分是革命及其后果，包括辛亥革命、1912－1913 年的陆军状况和辛亥革命的影响等 3 章内容。

7036 The political reconstruction of China：an essay submitted in partial fulfilment of the requirements for the degree of master of arts in St. John's University，Shanghai（中国政治重组：为取得圣约翰大学的文学硕士学位而提交的论文）/Eu-Yang Kwang，M. A. （Eu-Yang Kwang）. Shanghai（上海）：St. John's Univ.（圣约翰大学）. 1922

本书分别从中央政府的重组、省政府的重组和地方政府的重组等方面论述了清末民初中国政府的重组情况。

7037 The revolution of 1911（辛亥革命）/the Compilation Group for the "History of Modern China" series（《中国近代史丛书》编写组）. Peking（北京）：Foreign Languages Press（外文出版社）. 1976

本书分析了辛亥革命爆发的社会背景、各种革命团体的兴起、革命者领导的武装起义以及辛亥革命失败的原因等。

7038 The revolution of 1911：turning point in modern Chinese history（中国近代历史的转折：辛亥革命史）/edited by Dong Caishi；written by Lu Bowei and Wang Guoping；［translated by He Fei］.（董蔡时主编，卢伯炜、王国平编著，何飞译）. Beijing（北京）：Foreign Languages Pr.，1991.（外文出版社）. 1991

本书力图再现辛亥革命这段史实，包含以下内容：中国资本主义的发展；孙中山成立兴中会；20 世纪早期中国的政治形势；资产阶级革命的蔓延；同盟会的成立；同盟会领导的资产阶级运动；立宪运动的失败；武昌起义及其影响；南北和平对话以及南京临时政府的成立；孙中山退位，袁世凯称帝，临时政府移到中国北方；二次革命的失败。

7039 The Revolution of 1911：a great democratic revolution of China/ Wu Yu-Chang.（辛亥革命：中国近代史上一次伟大的民主革命）/ Wu Yu-Chang（吴玉章著）. 初版. Peking（北京）：Foreign Languages Press（外文出版社）. 1962

本书为外国读者介绍辛亥革命暨纪念其 50 周年而作，介绍了辛亥革命爆发的原因、取得的成果和最终失败的原因，包括 1894 年甲午中日战争、义和团运动和武昌起义等 23 章内容。

7040 The Revolution of 1911：a great democratic revolution of China/ Wu Yu-Chang.（辛亥革命：中国近代史上一次伟大的民主革命）/ Wu Yu-Chang（吴玉章著）. 再版. Peking（北京）：Foreign Languages Press（外文出版社）. 1963

内容提要参见 7039。

7041　The revolution of 1911：a great democratic revolution of China.（辛亥革命：中国近代史上一次伟大的民主革命）/Wu Yu-Chang（吴玉章著）．3 版．Peking（北京）：Foreign Languages Press（外文出版社）．1963

内容提要参见 7039。

7042　The subtle revolution：poets of the "old schools" during late Qing and early Republican China（微妙的革命：清末民初的"旧派"诗人）/Jon Eugene von Kowallis（寇致铭）．Berkeley，Calif.（伯克利，加利福尼亚）：Calif.：Institute of East Asian Studies，University of California（东亚研究中心，加利福尼亚大学）．2006

本书对中国文学现代意识源起于白话文运动及西方文学的影响这种主张提出质疑，通过对王闿运（1833－1916）、邓辅纶（1828－1893）（见第一章）、樊增祥（1846－1931）、易顺鼎（1858－1920）（见第二章）、陈三立（1852－1937）、郑孝胥（1860－1938）（见第三章）及其他清末民初的著名诗人，如张之洞（1837－1909）、陈衍（1856－1937）、金天羽（1873－1947）、狄葆贤（1873－）、王揖唐（1878－1946）以及钱仲联（1908－2003）等人的研究，重新检视了新诗与旧体诗之间错综复杂的关系。

7043　The three principles of the people＝San min chu i（三民主义）/Sun，Yat-sen（孙中山；两个补充章节由 Chiang Kai-shek 编写）．Taipei（台北）：China Pub. Co（中国出版公司）．[出版年不详]

本书包括民族主义、民权主义和民生主义三个部分；并从国家的生育、社会福利、教育、健康和幸福等方面对民生主义进行了详细的补充说明。

7044　The triple demism of Sun Yat-sen（中山孙文三民主义）/translated from the Chinese，annotated and appraised by Paschal M. d'Elia，S. J.；with introduction and index（孙中山著，Paschal M. d'Elia，S. J. 注释评价）．Wuchang（武昌）：The Franciscan press（方济会出版社）．1931

本书是孙中山论三民主义的演讲集，由中文版翻译而成。在说明部分介绍了《三民主义》的作者孙中山和"三民主义"的含义；第一部分详细介绍了民族主义、民权主义和民生主义；第二部分对三民主义进行了分析和评价。

7045　Warlord soldiers：Chinese common soldier，1911－1937（中国的兵 1911－1937）/Diana Lary（戴安娜）．Cambridge（剑桥）：Cambridge Univ. Pr.（剑桥大学出版社）．1985

本书对"兵"这一重要社会阶层的来龙去脉作了全面的探讨，包括：兵的来源，这些人如何进入军中，官兵间的关系，兵匪关系，"灰鼠灰狼"——穿着灰色制服的军人对平民所作的掠夺，兵的心态及残暴化的过程，离开军队的三种方式——逃亡、裁兵和退伍，对民国社会的影响等内容。

7046　Woman in world history：life and times of Soong Ching Ling（Mme. Sun Yatsen）（宋庆龄传）/Israel Epstein〔（美）伊斯雷尔·爱泼斯坦〕．Beijing（北京）：Foreign Languages Press（外文出版社）．2004

本书全面记述了宋庆龄的非凡经历及其对中国革命和建设事业所作出的巨大贡献，充分展示了宋庆龄作为爱国主义、民主主义、国际主义和共产主义战士的伟大光荣的一生。书中史实极为丰富，材料多是作者在与宋长期交往中亲身经历或宋庆龄晚年亲自向作者提供的。

7047　Woodrow Wilson's China policy，1913－1917（伍德罗·威尔逊的中国政策）/Li，Tien-yi（李田意）．New York，N. Y.（纽约）：

Octagon Books（Octagon Books）．1952

本书论述了美国总统伍德罗·威尔逊对待中国的政策，包括以下几部分内容：学术背景、美国退出联盟、美国承认中华民国、日本威胁下的保护制度、威尔逊对袁世凯的支持、第一届威尔逊内阁时期美国在中国的经济活动和结论。

7048　アヘン戦争から辛亥革命：日本人の中国観と中国人の日本観（从鸦片战争到辛亥革命：日本人的中国观与中国人的日本观）/王晓秋著；中曽根幸子，田村玲子訳（王晓秋著；中曽根幸子，田村玲子译）．東京（东京）：東方書店（东方书店）．1991.12

本书是近代中国事件录。在两国文献的基础上比较分析了日本与中国的六大事件。

7049　コオロギと革命の中国（蟋蟀与革命的中国）/竹内実著（竹内实著）．東京（东京）：PHP研究所（PHP研究所）．2008.1

本书内容分为7个部分：中国的革命，蟋蟀的故事，阿Q与小D·“复仇”的诗，短刀的故事，秋风秋雨愁煞人，血统、军阀、还有《观看》，再提蟋蟀的故事·山东省之事。

7050　ラストエンペラーと近代中国：清末中華民国（末代皇帝与近代中国：清末中华民国）/菊池秀明著（菊池秀明著）．東京（东京）：講談社（讲谈社）．2005.9（880－02　中国の歴史；10）

本书共分10章，以甲午战争后清王朝的濒临灭亡为背景，记述了清朝末代皇帝溥仪的传奇命运，描绘了内外交困并孕育中华新生的历史。有照片。

7051　北京大学元総長蔡元培：憂国の教育家の生涯（北京大学校长蔡元培：忧国教育家的一生）/中目威博著（中目威博著）．東京（东京）：里文出版（里文出版）．1998.5

全书共分4章：清朝末期的知识分子、中华民国初期的活动、北京大学校长——学问的自由王国的创建者和在民国政府管辖下。

7052　戴季陶の対日観と中国革命（戴季陶的对日观与中国革命）/嵯峨隆著（嵯峨隆著）．东京（东京）：東方書店（东方书店）．2003.7

本书以孙文的秘书兼翻译、蒋介石政权的思想支柱、国民党的日本通——戴季陶的日本观为重点，研究了其政治思想与中国革命的内在联系性，以及随着中国革命的进程，他的对日观所发生的变化。附《我的日本观》全文译文。

7053　馮玉祥と中國の西北角：『馮玉祥治軍日記』ヨリ抄訳（冯玉祥与中国的西北角：《冯玉祥治军日记》抄译）/馮玉祥撰；村不二男譯述（冯玉祥撰；村不二男译述）．油印本．［出版地不详］：［出版者不详］．1943.11

本书为作者对《冯玉祥治军日记》的选录和翻译。

7054　革命揺籃期の北京：辛亥革命から山東出兵まで（革命摇篮期的北京：从辛亥革命到山东出兵）/藤原鎌兄著；小島麗逸編（藤原镰兄著；小岛丽逸编）．東京（东京）：社会思想社（社会思想社）．1974.10

本书收录了藤原鎌兄在《新支那》《高日本》和《北京周报》等报刊上发表的文章。

7055　国際環境のなかの近代日本（国际环境中的近代日本）/黒沢文貴，斎藤聖二，櫻井良樹編（黑泽文贵，齐藤圣二，樱井良树编）．東京（东京）：芙蓉書房出版（芙蓉书房）．2001.10

本书收录了12位学者撰写的论文共13篇。研究了日本以“自立”和“现代化”作为目标构建近代国家的历史。

7056　講座中国近現代史（讲座中国现代史）/野沢豊，田中正俊編集（野泽丰，田中正俊编集)．東京（东京）：東京大学出版会（东京大学出版会）．1978

本书共分 7 卷，包括中国革命的起点——总论、义和团运动、辛亥革命、五四运动、中国革命的发展、抗日战争、中国革命的胜利等内容。

7057 近代中国の立憲構想：厳復・楊度・梁啓超と明治啓蒙思想（近代中国的立宪构想：严复・杨度・梁启超与明治启蒙思想）/李暁東著（李晓东著）．東京（东京）：法政大学出版局（法政大学出版局）．2005.5

本书考察了严复、梁启超、杨度等人为实现独立富强的中国执著地追求立宪制的过程，并将其与福泽谕吉等日本明治时期的知识分子进行比较。

7058 近代中国の政治文化：民権・立憲・皇権（近代中国的政治文化：民权・立宪・皇权）/野村浩一著（野村浩一著）．東京（东京）：岩波書店（岩波书店）．2007.10

本书以辛亥革命推翻清王朝统治后，民权・立宪・皇权三种政治文化的动态分析为出发点，在五四新文化运动、孙文三民主义、马克思列宁主义、毛泽东思想等与近代中国的自由主义运动相互交错中，探寻中国 20 世纪前半期的政治过程。描绘出中国近代诸多潮流中重新形成的独特的发展方向，确认了 20 世纪中国在新旧重合时期获得的多样的思想成果和丰富的思想课题。并考察了从民国到中华人民共和国，中国革命是如何继承和变化的。

7059 近代中国の中央と地方：民国前期の国家統合と行財政（近代中国的中央与地方：民国前期的国家统一与行财政）/金子肇著（金子肇著）．東京（东京）：汲古書院（汲古书院）．2008.3（880—02 汲古叢書；77）

本书以从专制王朝时代向近代中国过渡，行政、财政结构最为典型的中华民国前期为对象，着眼于其行政、财政的发展，系统性的分别考查了国家统合时期中央和地方的实际情况。

7060 近代中国教育史資料：清末編（近代中国教育史资料：清末篇）/多賀秋五郎著（多贺秋五郎著）．東京（东京）：日本学術振興会（日本学术振兴会）．1972

本编引用了《学部奏咨辑要》《大清宣统新法令》《大清法规大全》《政府官报》《内阁官报》等资料，为教育史的研究提供了充实的资料来源。

7061 競雄女侠伝：中国女性革命詩人秋瑾の生涯（竞雄女侠传：中国女革命诗人秋瑾的一生）/永田圭介著（永田圭介著）．東京（东京）：編集工房ノア（诺亚编集工房）．2004.9

本书描写了为推翻清朝统治、寻求女性解放、挺身而出甘当革命基石的女革命家——秋瑾悲壮的一生。有照片。

7062 李大釗文献目録：付選集未収資料（李大钊文献目录：附选集未收资料）/丸山松幸，斎藤道彦編（丸山松幸，齐藤道彦编）．東京（东京）：東京大学東洋文化研究所附属東洋学文献センター刊行委員会（东京大学东洋文化研究院附属文献センター刊行委员会）．1970.3

全书分 4 部分：著译年表、刊登著译论文报刊一览、参考文献目录和选集未收资料。

7063 李大釗文献目録：付選集未収資料（李大钊文献目录：附选集未收资料）/丸山松幸，斎藤道彦編（丸山松幸，齐藤道彦编）．東京（东京）：汲古書院（汲古书院）．1980

内容提要参见 7062。

7064 李鴻章：清末政治家悲劇の生涯（李鸿章：清末政治家的悲剧生涯）/梁啓超著；張美慧訳（梁启超著；张美惠译）．東京（东京）：久保書店（久保书店）．1987.12

本书分 12 章，包括绪论、李鸿章的位置、李鸿章出世以前与那个时代的中国形势、作为军事家的李鸿章（上）、作为军事家的李鸿章（下）、洋务时代的李鸿章、甲午战争时代的李鸿章、作为外交家的李鸿章（上）、作为外交家的李鸿章（下）等。

7065　立憲主義と三民主義・五權憲法の原理（立宪主义与三民主义・五权宪法的原理）/宮澤俊義，田中二郎著（宫泽俊义，田中二郎著）．東京（东京）：中央大學（中央大学）．1937.12

本书共分4章：西方议会制的特色、西方权威制的特色、三民主义五权宪法的原理和比较的・批判的・展望的查省。

7066　梁啓超：西洋近代思想受容と明治日本：共同研究（梁启超：接受西洋近代思想与明治日本：共同研究）/狭間直樹編（狭间直树编）．东京（东京）：みすず書房（みすず书房）．1999.11

本书收录日本学者研究梁启超的文章共13篇，分为"来日以前"、"思想学术"、"史传文学"和"批评评论"4类。

7067　梁啓超とジャーナリズム（梁启超与报界）/陳立新編（陈立新编）．東京（东京）：芙蓉書房出版（芙蓉书房）．2009.6

本书广泛搜集了中文、日文及英语资料，对梁启超在报界的活动及其意义进行了分析。

7068　梁啓超年譜長編．第1卷，1873－1899（梁启超年谱长编．第1卷，1873－1899）/丁文江，趙豊田編；島田虔次編訳（丁文江，赵丰田编；岛田虔次编译）．東京（东京）：岩波書店（岩波书店）．2004

本长编秉承了西人"画我像我"的宗旨，采用平述和纲目并用的体例，按年分类连缀事件，各年有论述本年大事的综述性文字，然后按事情先后，分目辑述。其特点是以梁启超的往来信札为主，共收录其与师友往来信札700余件，保存了大量珍贵史料。本卷为1873－1899年内容。

7069　梁啓超年譜長編．第2卷，1900－1907（梁启超年谱长编．第2卷，1900－1907）/丁文江，趙豊田編；島田虔次編訳（丁文江，赵丰田编；岛田虔次编译）．東京（东京）：岩波書店（岩波书店）．2004

内容提要参见7068，本卷为1900－1907年内容。

7070　梁啓超年譜長編．第3卷，1908－1914（梁启超年谱长编．第3卷，1908－1914）/丁文江，趙豊田編；島田虔次編訳（丁文江，赵丰田编；岛田虔次编译）．東京（东京）：岩波書店（岩波书店）．2004

内容提要参见7068，本卷为1908－1914年内容。

7071　梁啓超年譜長編．第4卷，1915－1922（梁启超年谱长编．第4卷，1915－1922）/丁文江，趙豊田編；島田虔次編訳（丁文江，赵丰田编；岛田虔次编译）．東京（东京）：岩波書店（岩波书店）．2004

内容提要参见7068，本卷为1915－1922年内容。

7072　梁啓超年譜長編．第5卷，1923－1929（梁启超年谱长编．第5卷，1923－1929）/丁文江，趙豊田編；島田虔次編訳（丁文江，赵丰田编；岛田虔次编译）．東京（东京）：岩波書店（岩波书店）．2006

内容提要参见7068，本卷为1923－1929年内容。

7073　留日回顧：中国アナキストの半生（留日回顾——一个中国无政府主义者的半生）/景梅九著；大高巖，波多野太郎訳（景梅九著；大高严，波多野太郎译）．東京（东京）：平凡社（平凡社）．1966.12

本书为景梅九著辛亥革命回忆录《罪案》之日译本。

7074 留日学生の辛亥革命（留日学生的辛亥革命）/小島淑男著（小岛淑男著）．東京（东京）：青木書店（青木书店）．1989.8

本书共分 8 章，详细描写了辛亥革命前后，中国留日学生的活动情况，如结成“留日中国国民会”派遣代表归国等。

7075 留日学生名簿（留日学生名簿）/高橋君平編（高桥君平编）．東京（东京）：日華学会（日华学会）．1936.12

本书将日本学校分为 8 类，统计了在日的中国留学生。8 类学校分别是：文部省直辖学校、其他官省及公共团体设立学校、军官学校、私立学校、女子私立学校、一般预备学校、学校外实习研究和中等学校。

7076 留学生派遣から見た近代日中関係史（从留学生派遣看近代日中关系史）/大里浩秋，孫安石編著（大里浩秋，孙安石编著）．東京（东京）：御茶の水書房（御茶水书房）．2009.2

本书为论文集，收录留中日本人的相关论文 3 篇、留日中国人的相关论文 6 篇，通过对中日两国互派留学生的史实的挖掘，考察了近代中日关系的历史。

7077 鲁迅雑感選集（鲁迅杂感选集）/鲁迅著；瞿秋白編；金子二郎訳（鲁迅著；瞿秋白编；金子二郎译）．東京（东京）：ハト出房（ハト出房）．1953.10

本书为瞿秋白编《鲁迅杂感选集》日译本。

7078 滿洲・支那・朝鮮：新聞記者卅年回顧録（满洲・中国・朝鲜：新闻记者三十年回顾录）/楢崎觀一著（楢崎观一）．东京（东京）：大阪屋號書店（大坂屋号书店）．1934.11

全书分 4 部分：“满洲篇”、“中国篇”、“朝鲜篇”和“新闻篇”。附有《凡人传》（拟小说）、《蔡锷与凤仙》（中国革命历史剧）、《落叶集》（歌集）。有照片。

7079 民族と国家：辛亥革命（民族与国家：辛亥革命）/村田雄二郎責任編集；深町英夫，吉川次郎編集協力（村田熊二郎责任编集；深町英夫，吉川次郎协助编集）．東京（东京）：岩波书店（岩波书店）．2010.6（新編原典中国近代思想史；第 3 卷）

本书以 19 世纪末 20 世纪初、义和团事件前后的政治混乱与列强“瓜分”中国的危机感为背景，将主张推翻旧体制以重建中国的革命论发展的结果，归结为辛亥革命的爆发。展现了在谋求近代国家形成的相同思想基座上，具有地域个性的革命派学说和主张对原有王朝体制进行改革的立宪派学说并存的图景。

7080 南方熊楠：進化論・政治・性（南方熊楠：进化论・政治・性）/原田健一著（原田建一著）．東京（东京）：平凡社（平凡社）．2003

本书是著者在多年研究的基础上，参考了大量资料写就的，将南方熊楠放在大背景及其著作上下文的语境下进行分析，分为进化论、政治和性三个部分。

7081 南方熊楠：親しき人々（南方熊楠：与他亲近的人们）/笠井清著（笠井清著）．東京（东京）：吉川弘文館（吉川弘文馆）．1982.1

本书共分 4 个部分：与孙文的深交、与德川赖伦的因缘、碧梧桐再度来访和与六鹈保别离。

7082 南方熊楠：森羅万象を見つめた少年（南方熊楠：凝视宇宙的少年）/飯倉照平著（饭仓照平著）．東京（东京）：岩波書店（岩波书店）．1996.3

本书描写了试图通过自学将科学、文学，以及东西方的各种知识进行综合，不拘泥于常规的明治时期博物学者南方熊楠。他从家乡和歌山出发，先后到东京、美国、英国进行学习和钻研。本书通过其日记、书信、草图等，追溯其充满好奇心而又认真、自由奔放的生活经历。有图，有照片。

7083　南方熊楠の思想と運動（南方熊楠的思想与运动）/後藤正人著（后藤正人著）．京都（京都）：世界思想社（世界思想社）．2002.6

本书从大正中期一直写到1941年，从法律社会史、政治思想史的角度描述了南方熊楠，包括：粘菌学者・思想家、为保护自然而奋斗、与国际友人的来往等内容。

7084　南方熊楠人と思想（南方熊楠人与思想）/飯倉照平編（饭仓照平编）．東京（东京）：平凡社（平凡社）．1974.9

本书共分为4个部分：评论、交际、回想和座谈会。

7085　南方熊楠珍事評論（南方熊楠奇事评论）/南方熊楠著；長谷川興蔵，武内善信校訂（南方熊楠著；长谷川与藏，武内善信校订）．東京（东京）：平凡社（平凡社）．1995.5

本书收录了南方熊楠在其20岁左右留学美国时戏作风格的传阅新闻，伦敦私记的部分，及其与南方常男往来书简等。有照片。

7086　女性は天の半分を支える：『宋慶齢選集』に学ぶ（女性能顶半边天：学《宋庆龄选集》）/仁木ふみ子著（仁木ふみ子著）．東京（东京）：ドメス出版（ドメス出版）．1976.8

全书分为5个部分："但是，我们是同志啊"、"中国妇女未获得自由进行的战斗"、"为了养育革命继承人"和"继续真实的证言"。有前言《无名烈士——题九女冢》。

7087　清代学術概論：中国のルネッサンス（清代学术概论：中国的文艺复兴）/梁啓超著；小野和子訳注（梁启超著；小野和子译注）．東京（东京）：平凡社（平凡社）．2003.9

本书为《清代学术概论》日译注释本。

7088　清国人日本留学日記：1905－1912年（清国人日本留学记：1905－1912）/黄尊三著；さねとうけいしゅう，佐藤三郎訳（黄尊三著；さねとうけいしゅう，佐藤三郎译）．東京（东京）：東方書店（东方书店）．1986.4

本书为黄尊三所著《三十年日记》（全四册）第一册《留学日记》之日译本。有照片。

7089　清国商業綜覧．第1巻（清国商业纵览．第1卷）/根岸佶編（根岸佶编）．東京（东京）：丸善（丸善）．1906.12

本书包括《中国商业买卖一斑》和《中国商业簿记法一斑》两部分。

7090　清国商業綜覧．第5巻（清国商业综览．第5卷）/根岸佶編（根岸佶编）．東京（东京）：丸善（丸善）．1907.5

本书为清国重要商品志，分为14章，包括米，豆、豆饼及豆油，油脂及蜡、鸦片、羊毛、麻、棉花、棉丝等。

7091　清国文明記（清国文明记）/宇野哲人著（宇野哲人著）．東京（东京）：講談社（讲谈社）．2006.5（880－03　講談社学術文庫；[1761]）

本书描述了传统习惯尚存的中国旧时气象。

7092　清國商業地理（清国商业地理）/勝部國臣撰（胜部国臣撰）．東京（东京）：博文館（博文馆）．1905.9（880－03　帝国百科全书；第135编）

本书分为两编，共12章。第1编包括前11章：中国总论、中国通商总论、中国通商四大区域、列国的经营、中国矿山、交通、金融机构要、通货等；第2编包括第12章开口地及商业地。有地图。

7093　清末・民国期郷村における義務教育実施過程に関する研究（清末・民国时期乡村义务教育实施过程相关研究）/朝倉美香著（朝仓美香著）．東京（东京）：風間書房（风间书房）．2005.2

本书描述了中国19世纪后半期至1948年

义务教育课程的实施情况。学校的经费问题等进行了重点研究。

7094　清末民初中国官紳名録（清末民初中国官绅名录）/田原天南編（田原天南）．北京（北京）：中國研究會（中国研究会）．1918.12

本书录列了清末民初所有的官绅人士，介绍了他们的字号、籍贯、经历、官位等，书前有全笔画索引、发音索引和姓氏别表。

7095　清末日中関係史の研究（清末日中关系史研究）/菅野正著（菅野正著）．東京（东京）：汲古書院（汲古书院）．2002.10（880－02　汲古叢書；41）

本书以近代的中国和日本为对象，包括"近代华南社会中的日本"、"以排斥日货为其形态的民族运动"、"义和团事件及其周边"等内容。

7096　清末中国における日本観と西洋観（清末中国的日本观和西洋观）/佐々木揚著（佐佐木扬著）．東京（东京）：東京大学出版会（东京大学出版会）．2000.12

本书以一般认为的洋务运动时期的中国为对象，针对清朝官僚是如何看待日本与西洋这一问题，列举了以前的研究中未曾列举的事例进行了探讨，从文人官僚的对外观这一视角分析了当时的政治和思想情况。

7097　清末中国の青年群像（清末中国青年群像）/横山宏章著（横山宏章著）．東京（东京）：三省堂（三省堂）．1986.1

本书描写了清王朝崩溃前期的年轻人谋求共和的历史图景。

7098　仁あり義あり、心は天下にあり：孫文の辛亥革命を助けた日本人（有仁有义、心系天下：帮助过孙文辛亥革命的日本人）/保阪正康著（保阪正康著）．東京（东京）：朝日ソノラマ（朝日有声杂志）．1992.2

本书共分3部分。后附辛亥革命相关地图、年谱。有照片。

7099　日本を開く：柳田・南方・大江の思想的意義（开发日本：柳田・南方・大江的思想意义）/鶴見和子著（鹤见和子著）．東京（东京）：岩波書店（岩波书店）．1997.12

本书分4部分，包括从内发性发展论的视点考虑"开发日本"、柳田国男、南方熊楠、大江健三郎。

7100　日本財界と近代中国：辛亥革命を中心に（日本金融界与近代中国：以辛亥革命为中心）/李廷江著（李廷江著）．東京（东京）：御茶の水書房（御茶水书房）．2003.12

本书以日本金融界在中国的发展为中心，分析了甲午战争与辛亥革命时期的中日关系。

7101　日本華僑・留学生運動史（日本华侨・留学生运动史）/日本華僑華人研究会編著；陳焜旺主編（日本华侨华人研究会编著；陈焜旺主编）．川口（川口）：日本僑報社（日本侨报社）．2006.10

本书讲述了日本华侨由来的历史发展，重点讲述在1945年日本战败，1949年中华人民共和国成立，1972年中日邦交正常化等背景下，生活在日本的华侨、留学生的生存状况，很多内容为亲历考实录，日文于2004年12月由日本桥报社出版。

7102　日本華僑・留学生運動史（日本华侨・留学生运动史）/日本華僑華人研究会編著；陳焜旺主編（日本华侨华人研究会编著；陈焜旺主编）．川口（川口）：日本僑報社（日本侨报社）．2004.12

本书共分3部分：华侨・留学生来日、变迁・留学生运动史和华侨运动史。有照片。

7103　日本留学と革命運動（日本留学与革命运动）/上垣外憲一著（上垣外宪一著）．東京

（东京）：東京大学出版会（东京大学出版会）．1982.8

本书研究了金玉均、俞吉浚、梁启超、孙文、黄兴、秋瑾、陈天华、李光洙、鲁迅等人在日本留学的情况，描绘了当时儒教文化与西洋文化、传统与近代化相互矛盾、相互交织的图景。

7104　日本留学精神史：近代中国知識人の軌跡（日本留学精神史：近代中国知识分子的轨迹）/厳安生著（严安生著）．東京（东京）：岩波書店（岩波书店）．1991.12

从甲午战争到辛亥革命，中国有很多男女学生东渡日本求学，在东亚的历史变动中，他们究竟有着怎样的精神体验，本书通过很多事例，明示了其内在的涵义。

7105　日本留学支那要人録（赴日留学中国要人录）/興亜院政務部編（兴亚院财政部编）．東京（东京）：興亜院政務部（兴亚院政务部）．1942.3

本书收录了留日归国曾经或当时正活跃在军事、政治、经济、文化等各界，并具有重要地位的中国人约一千六百名，并附其主要经历。

7106　日本人の自伝（日本人的自传）/佐伯彰一，鹿野政直監修（佐伯彰一，鹿野政直监修）．東京（东京）：平凡社（平凡社）．1980—1982

本书25册，收录了日本人的自传性文章，如宫崎滔天和南方熊楠的自传等。

7107　日本外交文書：清国事変（辛亥革命）〔日本外交文书：清国事变（辛亥革命）〕/外務省編纂（外务省编纂）．東京（东京）：巖南堂書店（严南堂书店）．2005.4

本书12章，包括武昌事变爆发及扩大与北京政变、各地状况、对事变的应急措施、京奉铁道的守备、革命政府及其对外关系与孙文大总统就职、官革双方的保护及要求援助、四国团体的财政援助、满蒙情势特别是革命派的行动等。

7108　日中戦争史資料：八路軍・新四軍（日中战争史资料：八路军・新四军）/日中戦争史研究会編・訳（日中战争史研究会编・译）．東京（东京）：龍溪書舎（龙溪书社）．1991.8

本书辑录与日军作战的八路军和新四军的作战策略等资料。

7109　三民主義（三民主义）/孫文著；安藤彦太郎訳（孙文著；安藤彦太郎译）．東京（东京）：岩波書店（岩波书店）．1980

本书分上、下两册，为孙文《三民主义》之日译本。

7110　三民主義（三民主义）/孫文著；金井寛三訳（孙文著；金井宽三译）．東京（东京）：改造社（改造社）．1938.8

本书为孙文《三民主义》日译本。前有田川大吉郎《孙中山先生》一文及译者序。

7111　三民主義：孫文遺嘱（三民主义：孙文遗嘱）/グスタフ・アマン著；高山洋吉訳（グスタフ・アマン著；高山洋吉译）．東京（东京）：育生社（育生社）．1939.11

本书正文包括清朝的瓦解、孙逸仙的遗嘱和国民政府的成立3部分。前有译序、原著者序、绪言、评言，后附与建国有关的文件。

7112　三民主義．上—下（三民主义．上—下）/孫文著；安藤彦太郎訳（孙文著；安藤彦太郎译）．東京（东京）：岩波書店（岩波书店）．1957

本书为孙文《三民主义》日译本。

7113　三民主義．続篇（三民主义．续篇）/孫文著；金井寛三訳（孙文著；金井宽三译）．東京（东京）：改造社（改造社）．1936.2

本书为改造社《三民主义》日译本出版后，

作为后续翻译的“建国大纲”、“实业计划”等文章的合集本。

7114 三民主義と中国の革命（三民主义与中国的革命）/井出季和太著（井出季和太著）．東京（东京）：六興出版部（六兴出版部）．1947.10

全书分6章，分别为：三民主义的历史背景、三民主义解说、三民主义与中国国民革命的成果、国共关系与现阶段的中国国民革命和结语。

7115 世界大思想全集．第2期，社会・宗教・科学・思想篇．23，三民主義・実践論等（世界大思想全集．第2期，社会・宗教・科学・思想篇．23，三民主义，实践论等）/古在由重［ほか］編；孫文，毛澤東著；山口一郎［ほか］譯（古在由重等编；孙文，毛泽东著；山口一郎等译）．東京（东京）：河出書房新社（河出书房新社）．1961.3

本书为孙中山《三民主义》和毛泽东《实践论》之日译本。

7116 宋教仁の研究（宋教仁研究）/松本英紀著（松本英纪著）．京都（京都）：晃洋書房（晃洋书房）．2001.3

本书分为8个章节：从英雄革命到近代革命、中部同盟会与辛亥革命、宋教仁与“间岛”问题、围绕宋教仁“致李・胡二星使书”、中华民国临时约法的完成与宋教仁、宋教仁周边的人们、中华革命党与欧事研究会、二十一条问题与孙文。后附《宋教仁年谱》、《宋教仁研究文献》。

7117 孙中山故居藏书目录（孙中山故居藏书目录）/上海孙中山故居管理处，日本孙文研究会合编（上海孙中山故居管理处，日本孙文研究会合编）．東京（东京）：汲古書院（汲古书院）．1993

本书分5部分：欧文编、汉语编、日本编、欧文编著者索引和后记。

7118 孫文・講演「大アジア主義」資料集：1924年11月日本と中国の岐路（孙文・讲演“大亚细亚主义”资料集：1924年11月日本与中国的歧路）/陳徳仁，安井三吉編（陈德仁，安井三吉编）．京都（京都）：法律文化社（法律文化社）．1989.9

本书收录了孙文在出席神户商业会议所等五团体举行的欢迎会上所发表演说《大亚洲主义》及相关资料。包括《大亚洲主义》原文、采访・会谈记录、报纸・杂志相关评论、外交史料、相关人士回忆、孙文的日本观、其他和英文篇等8个部分。

7119 孫文とアジア：1990年8月国際学術討論会報告集（孙文与亚洲：1990年8月国际学术研讨会报告集）/日本孫文研究会編（日本孙文研究会编）．東京（东京）：汲古書院（汲古书院）．1993.6

本书包括孙文与亚洲、孙文与亚洲诸民族、孙文与日本、孙文的西方知识等4个部分。

7120 孫文と南方熊楠：孫文生誕140周年記念国際学術シンポジウム論文集（孙文与南方熊楠：纪念孙文诞辰140周年国际学术讨论会论文集）/孫文研究会編（孙文研究会编）．東京（东京）：汲古書院（汲古书院）．2007.8

本书包括开会辞、四份祝辞、主要内容（分三个单元：对话的各种情况、理想社会的建设、孙文・熊楠与亚洲）、综合评语、闭会辞和后记，并附《与会人员名单》。

7121 孫文と日本（孙文与日本）/貝塚茂樹著（贝冢茂树著）．東京（东京）：講談社（讲谈社）．1967.2

本书共分7部分。分别为中国革命与日本志士、伟大的革命家的诞生、伦敦遭难的真相、在日本建立革命本部、东京兴奋的人们、辛亥革命的破绽、革命尚未成功。后附孙文略年谱。

7122 孫文と神戸：辛亥革命から90年（孙文与神户：自辛亥革命以来90年）/陳徳仁，安井三吉著（陈德仁，安井三吉著）．神户（神户）：神戸新聞総合出版センター（神户新闻综合出版センター）．2002.1

1924年，孙文曾在日本神户进行名为“大亚洲主义”的演讲，本书描述了孙中山当年在神户的活动及辛亥革命后神户的发展和取得的成就。

7123 孫文と袁世凱：中華統合の夢（孙文与袁世凯：中华统一之梦）/横山宏章著（横山宏章著）．東京（东京）：岩波書店（岩波书店）．1996.1

本书共分7章：揭开波澜的序幕、辛亥革命与孙文的苦恼、宋教仁的挑战与孙文的败北、帝制的统合与袁世凯的挑战、军阀割据与南北对立、从国共合作再出发和超越孙文的死——广东国民政府的成立。

7124 孫文の經濟思想（孙文的经济思想）/出口勇藏著（出口勇藏著）．京都（京都）：高桐書院（高桐书院）．1946.12

全书分为5章：中国民族革命的类型、三民主义的研究方法、三民主义的本质、民族主义和民生主义。

7125 孫文主義．上卷（孙文主义．上卷）/［孫文著］；外務省調查部第三課編訳（孙文著；外务省调查部第三课编译）．東京（东京）：外務省調查部（外务省调查部）．1935

本书分为7个部分：三民主义、建国方略、五权宪法、国民党政纲、国民政府建国大纲、地方自治开始实行法和大亚细亚主义。

7126 孫文主義．中卷（孙文主义．中卷）/［孫文著］；外務省調查部第三課編訳（孙文著；外务省调查部第三课编译）．東京（东京）：外務省調查部（外务省调查部）．1936

本书分为两部分：革命方略、讲演及谈话。

7127 孫中山の革命と政治指導（孙中山的革命与政治领导）/横山宏章著（横山宏章著）．東京（东京）：研文出版（研文出版）．1986.4

本书收录了作者研究孙中山的7篇论文，内容涵盖军政、财政、党政、劳农、外交等多个方面。

7128 天の涯までも：小說・孫文と宋慶齡（即使到天涯：小说・孙文与宋庆龄）/平路著；池上貞子訳（平路著；池上贞子译）．東京（东京）：風濤社（风涛社）．2003.6

本书是一本描写孙文与宋庆龄夫妇晚年的活动和内心世界的小说。有照片。

7129 天津の近代：清末都市における政治文化と社会統合（天津的近代：清末城市政治文化与社会统一）/吉澤誠一郎著（吉泽诚一郎著）．名古屋（名古屋）：名古屋大学出版会（名古屋大学出版会）．2002.2

本书以天津这一城市为立足点，以支撑统治的价值观的变化和社会合并的应有状态为核心，描绘出地域的主要原因和国际契机的互相作用交织的“近代”实像。

7130 外蒙問題と西藏問題（外蒙问题与西藏问题）/蔡元培著；井東憲訳（蔡元培著；井东宪译）．［出版地不详］：［出版者不详］．1940

此书摘自蔡元培《我が民族》（《民族学新论》），为其第8章。

7131 衞藤瀋吉著作集．第1卷，近代中国政治史研究（卫藤沈吉著作集．第1卷．近代中国政治史研究）/衞藤瀋吉著（卫藤沈吉著）．東京（东京）：東方書店（东方书店）．2004.6

本书以一九六八年东京大学出版会出版的《近代中国政治史研究》为原本。包括清代中国与欧洲、辛亥革命的国际共同研究两部分。

7132 先秦政治思想史（先秦政治思想史）/梁启超［著］；重澤俊郎譯（梁启超著；重泽俊郎

译）．大阪（大坂）：創元社（创元社）．1941

本书为梁启超《先秦政治思想史》日译本。前有译者序。

7133　先秦政治思想史（先秦政治思想史）/梁啓超著；重澤俊郎訳（梁启超著；重泽俊郎译）．東京（东京）：大空社（大空社）．1998.2

本书为1941年的译本之影印版。

7134　現代中国革命の起源：辛亥革命の史的意義（现代中国革命的起源：辛亥革命的历史意义）/菊池貴晴著（菊池贵晴著）．東京（东京）：巖南堂書店（严南堂书店）．1973.3

本书分为12个部分，分别为：辛亥革命的前提条件、中国的变革——三条路线、中国同盟会与三民主义的展开、革命运动的昂扬、近代民族运动的蓬勃发展与其影响、风靡全国的农民暴动、立宪运动的开展、列强的铁道投资与四川暴动等。

7135　辛亥革命（辛亥革命）/野沢豊著（野泽丰著）．東京（东京）：岩波書店（岩波书店）．1972.2

本书共分5部分："外患"与"内忧"、统制与反抗、指导与同盟、光明与黑暗、"民主"与"君主"。

7136　辛亥革命：思想の形成（辛亥革命：思想的形成）/近藤邦康著（近藤邦康著）．東京（东京）：紀伊國屋書店（纪伊国屋书店）．1972.9

全书分为4部分：十九世纪末的中国、《黄帝魂》、革命思想的三潮流和《民报》创刊一周年纪念会。

7137　辛亥革命：中国近代化の道程（辛亥革命：中国近代化的过程）/胡縄［ほか］著；安藤彦太郎編訳（胡绳等著；安藤彦太郎编译）．東京（东京）：早稲田大学出版部（早稻田大学出版部）．1986.3

本文共收录与辛亥革命相关文章6篇。其中前5篇为编者翻译的中国学者的作品，最后1篇为编者所著。

7138　辛亥革命：中国近代史における偉大な民主主義革命（辛亥革命：中国近代史上伟大的民主主义革命）/呉玉章著（吴玉章著）．北京（北京）：外文出版社（外文出版社）．1964

本书为吴玉章著《辛亥革命》日译本。有照片。

7139　辛亥革命から満州事変へ：大阪朝日新聞と近代中国（从辛亥革命到满洲事变：大阪朝日新闻与近代中国）/後藤孝夫著（后藤孝夫著）．東京（东京）：みすず書房（みすず书房）．1987.9

本书通过从1911年至1931年20年间《大阪朝日新闻》关于中日关系的社论，研究日本对内宣称"大正民主"，对外走上帝国主义道路的过程。

7140　辛亥革命と日本政治の変動（辛亥革命与日本政治的变动）/櫻井良樹著（樱井良树著）．東京（东京）：岩波書店（岩波书店）．2009.12

本书共分3部分：辛亥革命爆发与日本的反应、辛亥革命前后驻屯军动向、中国情势的展开与日本政局。

7141　辛亥革命と章炳麟の斉物哲学（辛亥革命与章炳麟的齐物哲学）/高田淳著（高田淳著）．東京（东京）：研文出版（研文出版）．1984.11

本书共分4部分：章炳麟与佛学、章炳麟的道家论、《齐物论译》的思想、《齐物论译》之后。后有"论章炳麟与戴震"。

7142　辛亥革命の多元構造：辛亥革命90周年国際学術討論会（神戸）〔辛亥革命的多元构造：辛亥革命90周年国际学术讨论会（神

户)〕/孫文研究会編（孙文研究会编）．東京（东京）：汲古書院（汲古书院）．2003.12

本书是在神户召开的“辛亥革命 90 周年国际学术讨论会”学术报告论文集。包括辛亥革命中的民主与集权、辛亥革命与华侨等内容。

7143　辛亥革命の体験：老革命家の認識と回想（辛亥革命的体验：老革命家的认识与回想）/呉玉章著；渡辺竜策訳（吴玉章著；渡边龙策译）．東京（东京）：弘文堂（弘文堂）．1964

本书为吴玉章著《辛亥革命》日译本。有照片。

7144　辛亥革命の研究（辛亥革命研究）/小野川秀美，島田虔次編（小野川秀美，岛田虔次编）．東京（东京）：筑摩書房（筑摩书房）．1978.1

本书是京都大学人文科学研究所辛亥革命研究班的研究报告集，共收录《辛亥革命时期的孔子问题》等 13 篇文章。

7145　辛亥革命を成功させたのは日本人だ（促使辛亥革命成功的是日本人）/西川東洋著（西川东洋著）．東京（东京）：新生出版（新生出版）．2008.6

本书记述了本堂平四郎警官协助保护在日本的革命志士，为辛亥革命的胜利作出重大贡献的事迹。

7146　辛亥革命見聞記（辛亥革命见闻记）/ファルジュネル［著］；石川湧，石川布美訳（ファルジュネル著；石川涌，石川布美译）．東京（东京）：平凡社（平凡社）．2003.9

本书共分为革命的起源、云南的革命、在中国南部、上海的革命、上海的外国人、第一次国民议会、宪法、在中国中部等 17 章。有照片。有地图。

7147　辛亥革命期の中日外交史研究（辛亥革命时期的中日外交史研究）/兪辛焞著（俞辛焞著）．東京（东京）：東方書店（东方书店）．2002.9

本书共分为 8 章，分别为：辛亥革命的暴发与中日外交、南京临时政府与中日外交、日本的满蒙政策与闽浙沿岸渗透、北京政府与中日外交、孙文访日与中日外交、第二革命期的中日外交、第一次世界大战的爆发与中日外交、洪宪帝制与中日外交。

7148　辛亥革命史研究（辛亥革命史研究）/中村義著（中村义著）．東京（东京）：未来社（未来社）．1979.1

本书分为 5 章：从变法到新政、立宪派的思想与行动、革命派的思想与行动、湖南民众运动、湖南省光复前后。后附补论两则：《清末政治与洋务派》和《辛亥革命的前提》。

7149　新編辛亥革命文献目録（新编辛亥革命文献目录）/山根幸夫編（山根幸夫编）．東京（东京）：東京女子大学東洋史研究室：燎原書店（东京女子大学东洋史研究室：燎原书店）．1983.11

本书为纪念辛亥革命七十周年而编写，分为两部分：辛亥革命、孙文与辛亥群像。

7150　原典中国近代思想史（原典中国近代思想史）/西順蔵編（西顺藏编）．東京（东京）：岩波書店（岩波书店）．1977.4

全书共分 6 册。包括从鸦片战争到太平天国、洋务运动与变法运动、辛亥革命、从五四运动到民国革命、毛泽东思想的形成与发展、从国共分裂到解放战争等内容。

7151　袁世凱：正伝（袁世凯：正传）/内藤順太郎著（内藤顺太郎）．東京（东京）：博文館（博文馆）．1913.11

全文分为 12 章，记述了袁世凯的一生，前有《袁世凯年谱》，后附《圭塘唱和歌》。有照片。

7152 袁世凱と近代中国（袁世凯与近代中国）/J. チェン著；守川正道訳（J. チェン著；守川正道译）. 東京（东京）：岩波書店（岩波书店）. 1980.8

本书为陈志让所著《Yuan shin-kai》日译本，后附竹内实所写《大正时期的中国》和对袁世凯的评价。

7153 袁世凱総統：「開発独裁」の先駆（袁世凯总统："开发独裁"的先驱）/アーネスト・P・ヤング著；藤岡喜久男訳（アーネスト・P・ヤング著；藤冈喜久男译）. 東京（东京）：光風社出版（光风社）. 1994.12

在清朝末期备受列强欺压的中国，袁世凯开始时协助孙文发动1911年的辛亥革命，推翻清政府、建立共和国，但后又与其分道，在内忧外患不断地情况下，建立中央集权的帝位，从而形成了近代中国非常特殊的一个阶段。本书从这一新视角对袁世凯进行描写。有照片，有地图。

7154 張謇と辛亥革命（张謇与辛亥革命）/藤岡喜久男著（藤冈喜久男著）. 札幌（札幌）：北海道大学図書刊行会（北海道大学图书刊行会）. 1985.9

全书分为两部分。第1部分包括4章：朝鲜问题、戊戌变法、东南互保和辛亥革命；第2部分包括5章：科举、创建通州纱厂、袁世凯与壬午・甲申事变、美驻华公使雷音须。

7155 張謇伝稿：中国近代化のパイオニア（张謇传稿：中国近代化的先驱者）/章開沅著；藤岡喜久男訳（章开沅著；藤冈喜久男译）. 東京（东京）：東方書店（东方书店）. 1989.1

本书为章开沅著《开拓者的足迹——张謇传稿》（中华书局1986）日译本。

7156 章炳麟・章士剣・魯迅：辛亥の死と生と（章炳麟・章士钊・鲁迅：辛亥的生与死）/高田淳著（高田淳著）. 東京（东京）：龍溪書舎（龙溪书社）. 1974.9

本书共分3章，分别为：戊戌・庚子前后的章炳麟的思想、辛亥后的章炳麟、章炳麟・章士钊・鲁迅。

7157 章士剣と近代中国政治史研究（章士钊与近代中国政治史研究）/鐙屋一著（镫屋一著）. 東京（东京）：芙蓉書房出版（芙蓉书房）. 2002.2

本书研究了因其保守主义思想而在《革命中国》上遭到严厉批判的章士钊的思想与行动。通过对他政治思想的核心文本《议会主义政治论》的分析，从新的视角分析了近代中国政治史。

7158 政府と民間：対外政策の創出（政府与民间：对外政策的创出）/近代日本研究会編（近代日本研究会编）. 東京（东京）：山川出版社（山川出版社）. 1995.11

本书共收录论文11篇。

7159 支那分割論（中国分割论）/酒巻貞一郎著（酒卷贞一郎著）. 東京（东京）：啓成社（启成社）. 1913.7

本书共分为6部分：绪论、中国历代革命、辛亥仲秋的革命、中华民国的活力、论中国的分裂分割、中国分割与列强的军备。后附《袁世凯》。

7160 支那革命に於けるプロレタリアートのヘゲモニー：廣東から上海へ. 第三一四部（中国革命中无产阶级的领导权：从广东到上海. 第三—四部）/アヂアチクス著；別府重夫譯（Asiaticus 著；别府重夫译）. 東京（东京）：上野書店（上野书店）. 1929.5

本书为Asiaticus著《从广东到上海》一书译本第三册，收录该书第三、四部。

7161 支那革命の第一階段（中国革命的第一阶段）/アヂアチクス著；別府重夫譯（Asiaticus 著；别府重夫译）．東京（东京）：上野書店（上野书店）．1929.3

本书为 Asiaticus 著《从广东到上海》一书译本第一册。书前有原著者序和编辑者序。

7162　支那近世學術史．1－2 卷（中国近代学术史．1－2 卷）/梁啓超著；岩田貞雄訳（梁启超著；岩田贞雄）．東京（东京）：人文閣（人文阁）．1942.4

本书为梁启超《中国近代学术史》日译本。分上、下两卷。

7163　支那歴史研究法（中国历史研究法）/梁啓超著；小長谷達吉譯（梁启超著；小长谷达吉译）．東京（东京）：改造社（改造社）．1938.7

本书为梁启超《中国历史研究法》日译本。前有译者序。

7164　支那學概論：原譯對照（中国学概论：对照版）/章太炎著；武田熙譯注（章太炎著；武田熙译注）．東京（东京）：巖松堂書店（严松堂书店）．1937.3

本书为章炳麟《国学概论》中日对译版。书前有原著者及其事业介绍、译者序。有照片。

7165　中国「女権」概念の変容：清末民初の人権とジェンダー（中国“女权”概念的改观：清末民初的人权与社会性差异）/須藤瑞代著（须藤瑞代著）．東京（东京）：研文出版（研文出版）．2007.2

本书共分为 8 章：序章、未来的女性与过去的女性、有“人权”的“国民之母”、“女权”的发展、批判贤妻良母论、“人权”·“女权”·“母权”、补论和终章。

7166　中国とソ連：三民主義から毛沢東まで（中国与苏联：从三民主义到毛泽东）/ヘンリ・ウェイ著；尾上正男訳（ヘンリ・ウェイ著；尾上正男译）．東京（东京）：日本外政学会（日本外政学会）．1957.11

本书共分为 15 章：中国与俄国的革命、寻求与中国进行国交的苏联、在中国苏联势力的发展、在中国苏联势力的丧失、战争关头的中国与苏联、中国·苏联的和解、苏联的援中抗日政策、对日战争胜利后的同盟与隔离、中国的内战与美苏的冷战、国民政府败北前夜的苏联外交、中国在联合国对苏联的非难、中苏同盟条约的诸协议、中苏两国的友好与合作、综合与分析。

7167　中国の近代化と地方政治（中国的近代化与地方政治）/横山英編（横山英编）．東京（东京）：勁草書房（劲草书房）．1985.4

本书共分为 7 部分：关于二十世纪初地方政治近代化的备忘录、清末上海的政治近代化与地方自治、辛亥革命前的各种改革与湖南、浙江辛亥革命的政治发展与国家统一、一九二〇年代前半期的各省“法团”势力与北京政府、一九二〇年代前半期的湖南省政治民主化运动、清末的上海地方自治运动。

7168　中国の近代化と明治維新（中国近代化与明治维新）/彭沢周著（彭泽周著）．京都（京都）：同朋舎出版部（同朋舍出版部）．1976.8

本书共分为 8 章：康有为的变法运动与明治维新、《日本辩证考》的完成与其影响、日中两国的初期民权思想与进化论、梁启超的革命维新观与中国变革论、伊藤博文与戊戌变法、康有为经济思想考、从经济思想看福泽谕吉与康有为、《文学与国策》（Education in Japan）与中国的近代教育。有照片。

7169　中国の歴史：近・現代篇 3・4（中国的历史：近·现代篇．3·4）/陳舜臣著（陈舜臣著）．東京（东京）：集英社（集英社）．2001.2

本书包括两部分：在黎明燃烧——辛亥革命；大同之梦——民国诞生。有照片。

7170　中国の歴史：近・現代篇．3，黎明に燃

ゆ：辛亥革命（中国的历史：近现代篇. 3，在黎明燃烧：辛亥革命）/陳舜臣著（陈舜臣著）．東京（东京）：平凡社（平凡社）．1988.5

本书包括秋家之女、暗杀与立宪、教育热等内容。有照片。

7171 中国マルクス主義の原像：李大釗の体用論的マルクス主義（中国马克思主义的原像：李大钊的体用论马克思主义）/木下英司著（木下英司著）．東京（东京）：新泉社（新泉社）．2000.9

本书详细探讨了20世纪前半期，在列强侵略与军阀割据的中国，为中国民众解放苦苦斗争的中国共产党创始人之一李大钊的思想。

7172 中国マルクス主義の源流：李大釗の思想と生涯（中国马克思主义的源流：李大钊的思想与人生）/M. メイスナー著；丸山松幸，上野惠司訳（Maurice Meisner 著；丸山松幸，上野惠司译）．東京（东京）：平凡社（平凡社）．1961.11

本书为 Maurice Meisner 著《Li Ta-chao and the Origins of Chinese Marxism》日译本。

7173 中国革命の先駆者たち（中国革命的先驱者们）/島田虔次著（岛田虔次著）．東京（东京）：筑摩書房（筑摩书房）．1965.10

本书包括：梁启超文三篇、某革命家的遗书、陈天华“狮子吼”、中国的卢梭、关于章炳麟等5个部分。

7174 中国近代化の社会構造：辛亥革命の史的位置（中国近代化的社会构造：辛亥革命的历史位置）/東京教育大学アジア史研究会編（东京教育大学亚洲史研究会编）．東京（东京）：教育書籍（教育书籍）．1960.8

本书收有小岛淑男《辛亥革命中的上海独立与商业绅士阶层》等7篇文章。

7175 中国近代経済史研究：清末海関財政と開港場市場圏（中国近代经济史研究：清末海关财政与通商口岸市场圈）/浜下武志著（滨下武志著）．東京（东京）：東京大学東洋文化研究所（东京大学东洋文化研究所）．1989.3（東京大学東洋文化研究所報告）

全书共分为4章，分别为：清末财政与海关、H. B. Morse 与中国海关、海关与贸易统计、通商口岸与地方市场，后有结论——厘金·地方市场·金融网。附《中国海关史相关资料目录》。

7176 中国近代史（中国近代史）/復旦大学歴史系，上海師範大学歴史系編；浜下武志［ほか］訳；野原四郎，小島晋治監訳（复旦大学历史系，上海师范大学历史系编；滨下武志等译；野原四郎，小岛晋治监译）．東京（东京）：三省堂（三省堂）．1981.5

本书为复旦大学历史系和上海师范大学历史系编著的《中国近代史丛书》（上海人民出版社，1972年）的日文全译本。共分3册。

7177 中国近代史研究入門：現状と課題（中国近代史研究入门：现状与课题）/辛亥革命研究会編（辛亥革命研究会编）．東京（东京）：汲古書院（汲古书院）．1992.3

本书为“纪念辛亥革命八十周年东京国际学术会议”论文集。共收论文16篇。后附《〈东京商业会议所月报〉等中国相关报道目录——附内容简介》。

7178 中国近代思想史研究（中国近代思想史研究）/近藤邦康著（近藤邦康著）．東京（东京）：勁草書房（劲草书房）．1981.12

本书分为3章：清末变法论与谭嗣同的思想——变法与圣人之道、章炳麟革命思想的形成——从戊戌变法到辛亥革命、民国与李大钊的思想——从辛亥革命到五四运动。后附书评四则。

7179 中国近現代史の諸問題：田中正美先生退官記念論集（中国近现代史的诸问题：纪念

田中正美先生辞官论文集）/田中正美先生退官記念論集刊行会編（田中正美先生退官纪念论集刊行会编）．東京（东京）：国書刊行会（国书刊行会）．1984.2

本书内容包括：清末民众运动的诸形态、中国与帝国主义、辛亥革命与国家统一、中国共产党与农民运动。

7180　中国歴史学の新しい波：辛亥革命研究について（中国历史学的新波澜：辛亥革命研究相关）/狭間直樹，森時彦編（狭间直树，森时彦编）．东京（东京）：霞山会（霞山会）．1985.2

本书分为 4 章：辛亥革命研究的新波澜，资料的收集与整理、刊行，人物与思想史的研究和作为地方史的辛亥革命研究。

7181　中国留学生史談（中国留学生史谈）/さねとうけいしゅう著（さねとうけいしゅう著）．東京（东京）：第一書房（第一书房）．1981.5

本书介绍了日华学堂的教育，日本的五四运动，曾教授过周恩来的松本龟次郎的留学生教育等，探寻了中国留学生为重建祖国、在被蔑视与排斥的苦闷中前进的足迹。

7182　中国民族政策の研究：清末から1945 年までの「民族論」を中心に（中国民族政策研究：以从清末到 1845 年的“民族论”为中心）/松本ますみ著（松本ますみ著）．東京（东京）：多賀出版（多贺出版）．1999.2

本书研究了超越国家的民族观、民族论的起源，和以此为基础的民族政策——区域自治论。

7183　中国人の日本語学習史：清末の東文学堂（中国人学习日语的历史：清末的东文学堂）/劉建雲著（刘建云著）．東京（东京）：学術出版会（学术出版会）．2005.11（学術叢書）

本书从日语学习的角度，对清末学习日语主要场所的东文学堂进行了考察，主要集中于清末中国人是如何学习日语的，这对清末的中日关系产生了什么样的影响等问题。作者指出：初期同文馆没有日语课程，不重视日语人才的培养。甲午战争之后，才真正开始日语的教育，而在辛亥之后，留学热潮转向西方。随着日本的入侵，学习日语的潮流也已不复存在。

7184　中国人女性の日本留学史研究（中国女性的日本留学史研究）/周一川著（周一川著）．東京（东京）：国書刊行会（国书刊行会）．2000.2

本书在文献资料及原留日女学生口述的基础上研究了她们民国初期在日本的实际情况及相关政策。

7185　中国人日本留学史（中国人日本留学史）/さねとう・けいしゅう著（さねとうけいしゅう著）．東京（东京）：くろしお出版（くろしお出版）．1960.3

全文共分 9 章，包括中国人留学日本的原因、日本留学的变迁、留学生在日本的生活、留日学生的翻译活动、对中国出版界的贡献、日本词汇向中文词汇融合、留日学生的革命运动等。有照片。

7186　中国人日本留学史（中国人日本留学史）/さねとう・けいしゅう著（さねとうけいしゅう著）．東京（东京）：くろしお出版（くろしお出版）．1970.10

全文共分为 9 章，包括中国人留学日本的原因、日本留学的变迁、留学生在日本的生活、留日学生的翻译活动、对中国出版界的贡献、日本词汇向中文词汇融合、留日学生的革命运动等。有照片。

7187　中国人日本留学史稿（中国人日本留学史稿）/実藤恵秀著（实藤惠秀著）．東京（东京）：日華学会（日华学会）．1939

本书共分 10 章：外国留学的机会（西洋文

化与中国）、日本留学的背景（西洋留学）、日本留学的原因（日，中，两国文化地位的逆转）、初期的日本留学（明治二十九年到明治三十三年）、涨潮期的日本留学（明治三十四年到明治三十八年）等。前有著者所写绪论。有照片，有图表。

7188 中国人日本留学史研究の現段階（中国人日本留学史研究的现阶段）/大里浩秋，孫安石編（大里浩秋，孙安石编著）．東京（东京）：御茶の水書房（御茶水书房）．2002.5

本书描述了民国时期日中留学生交流的具体情况，从广义的“学”的联系这一视点重新构建了20世纪中日关系史，收有《近代中国的日本留学与日本教育者们》等9篇论文。

7189 中国史．5，清末～現在（中国史．5，清末～现在）/松丸道雄［ほか］編（松丸道雄等编）．東京（东京）：山川出版社（山川出版社）．2002.6（世界歴史大系）

本书分为政治、经济、社会·文化等多个项目。

7190 中国新聞史の源流：孫文と辛亥革命を読む（中国报纸史的源流：解读孙文与辛亥革命）/孔健著（孔健著）．東京（东京）：批評社（批评社）．1994.9

孙文与辛亥革命推翻了中国两千多年的专制王朝制度，实现了近代中国的理想。本书通过梳理中国近代报纸的发展轨迹，解读了中华民族在理想与挫折中生存的革命史。

7191 中國大革命史（中国大革命史）/瞿秋白撰；中國問題研究會譯（瞿秋白撰；中国问题研究会译）．東京（东京）：プロレタリア科學研究所（プロレタリア科学研究所）．1932.3

本书为瞿秋白递交给中国共产党第六次大会的报告书《中国革命与共产党》日译本。书前有译者序。

7192 中華留学生教育小史；中国人日本留学史稿（中华留学生教育小史；中国人日本留学史稿）/佐藤尚子［ほか］編集（佐藤尚子等编集）．東京（东京）：日本図書センター（日本图书センター）．2005.1（880－02 中国近現代教育文献資料集．1，日中両国間の教育文化交流．第1巻）

本书由《中华留学生教育小史》（《中华五十日游记》附录）和《中国人日本留学史稿》两部分组成。有照片。有图表。

7193 中華民國革命秘笈：附中華革命軍陣中日誌支那革命實見記（中华民国革命秘笈：附中华革命军阵地日记中国革命实地见闻记）/萱野長知著（萱野长知著）．東京（东京）：アイシーメディックス（アイシーメディックス）．2004

全文共18章，分别为：从淘气少年到第二个洪秀全，学生时代的革命运动，初期的失败，三民主义、五权宪法的开端及日本有志之士的同情与牺牲，中国同盟会成立，黄花岗与中部同盟会，屡次失败后肃亲王与汪精卫的狱中问答，辛亥革命等。后附：革命秘闻、唱和集、孙中山年谱和党员誓约书。

7195 En commemoration de Sun Yat-sen grand precurseur de la revolution（《纪念伟大的革命先行者孙中山》）/［著者不详］．Peking（北京）：Editions en Langues Etrangeres（外文出版社）．1967

本书包括“董必武副主席开幕词”、“周恩来总理的讲话”、“孙中山：坚决而不妥协的革命者/宋庆龄”、“国民党革命委员会何香凝主席的讲话”等4部分内容。

7197 La revolution de 1911：une grande revolution democratique dans l'histoire miderne de Chine（《辛亥革命：一个伟大的中国近代民主革命》）/Wu，Yuzhang（吴玉章）．Peking（北京）：Editions en Langues Étrange res（外文出版

社). 1963.7

本书分 4 章：关于辛亥革命、我对中日甲午战争到辛亥革命的回忆、结论、关于作者。

7198 Russes et Chinois avant 1917（**《1917 年之前的俄国人和中国人》**）/Bennigsen, Alexandre.（本尼格森·亚历山大）. Paris（巴黎）: Flammarion（弗拉马里翁）. 1974

本书分 4 章：年表、介绍、第一部分：事实及第二部分：文件内容和问题的状态。

7199 Империалистическая политика Англии в Китае в 1900－1914 годах（**1900－1914 年英国在中国的帝国主义政策**）/П. И. Остриков（П. И. 奥斯特里科夫著）. ［出版地不详］: Наука（科学出版社）. 1978.1

本书旨在研究一次世界大战前，帝国主义时期的英国在中国的对外扩张政策。主要包括下面 5 章内容：1900－1907 年在中国的英国政策与帝国主义矛盾的激化、1900－1907 年英帝国主义在中国的经济扩张、1907－1914 年英国在中国帝国主义扩张、1911－1913 年英帝国主义与辛亥革命和 1900－1914 年英国在中国西藏的帝国主义扩张。

7200 Русско－китайские отношения, 1689－1916: Официальные документы（**1689－1916 年俄中关系：官方文件**）/П. Е. Скачков, В. С. Мясников.（П. Е. 斯卡奇科夫，В. С. 马雅斯尼科夫编）. ［出版地不详］: Изд－во восточной литературы（东方文学出版社）. 1958.10

本书收集了俄罗斯帝国时期外交部的官方和非官方出版物中发表的其与中国外交、贸易关系相关数据，以及中俄签订的双边条约、协议和公约等外交文件。

书名索引

A

B

C

D

E

F

G

H

J

K

L

M

N

O

R

S

T

W

X

Y

Z

著译者索引

A

B

C

D

E

F

G

H

J

K

L

M

N

O

P

Q

R

S

T

W

X

Y

Z

英文

日文

法文

俄文